黑龙江省精品工程专项资金资助出版
船舶舾装技术丛书（第一分册）

船 体 设 备

（上册）

主　编　叶邦全

副主编　桑　巍　黄　维　施海涛

主　审　梁启康

哈尔滨工程大学出版社
Harbin Engineering University Press

内容简介

船体设备包括舵设备、锚设备、系泊设备、拖曳设备、救生设备、起重设备、货物舱舱口盖与滚装设备、货物装载与系固及船舶减摇鳍装置。本丛书对这些设备的型式和构造、配置方式及有关规范规则的要求做了详细的论述,并附有大量的图表。

本书可供船舶舾装专业的教学用书,也可供舾装设备设计维修的工程技术人员参考。

图书在版编目(CIP)数据

船体设备 / 叶邦全主编. — 哈尔滨:哈尔滨工程大学出版社,2022.12
(船舶舾装技术丛书)
ISBN 978-7-5661-3344-1

Ⅰ.①船… Ⅱ.①叶… Ⅲ.①船体设备 Ⅳ.①U667

中国版本图书馆 CIP 数据核字(2021)第 249320 号

船体设备
CHUANTI SHEBEI

选题策划 史大伟 薛 力 **责任编辑** 唐欢欢 雷 霞 **封面设计** 李海波

出版发行:哈尔滨工程大学出版社
地　　址:哈尔滨市南岗区南通大街 145 号
邮政编码:150001
发行电话:0451-82519328
经　　销:新华书店
印　　刷:武汉精一佳印刷有限公司
开　　本:787 mm×960 mm　1/16
印　　张:67.5
字　　数:1294 千字
版　　次:2022 年 12 月第 1 版
印　　次:2022 年 12 月第 1 次印刷
定　　价:265.00 元(含上、下册)
http://www.hrbeupress.com
E-mail:heupress@hrbeu.edu.cn

出　品:船海书局　www.ship-press.com
告 读 者:如发现本书有印装质量问题请与船海书局发行部联系
服务热线:4008670886

"船舶舾装技术丛书"编委会

主　任

梁启康

副主任委员

李存军　　陶安祥　　刘春亚

委　员

马　力　王晶晶　陈贤雷　厉　梁　王海荣

杨瑞良　江东新　纪俊祥　戴元伦　荆夕庆

童宗鹏　叶林昌　刘松林　周长江　孙宏亮

（以上排名不分先后）

"船舶舾装技术丛书"编写组成员

主　编

叶邦全

主　审

梁启康

副主编

桑　巍　黄　维　施海涛

组　员

王　健　李　坤　刘　刚　刘　琰　吴　彬

孟繁涛　杨　奕　杨春云　周晓葵　俞　赟

施海涛　唐　凡　桑　巍　黄　果　黄　维

黄晓雷　眭国忠　韩立维　瞿晓文

前　　言

　　船舶舾装专业内容丰富,涉及的知识范围广,许多内容直接关系到船舶的安全性、适用性、居住性和经济性。"船舶舾装技术丛书"共四个分册,即《船体设备》《船舶舱面属具》《船舶舱室设备和内装》和《钢质海船的防腐蚀及安全营运》。每一分册包括若干章节,对于舾装专业各种系统进行了全面的论述,包括各种舾装设备的型式、组成及其配置方式,有关的国际公约、法规和船级社规范的要求,以及甲板和舱室机械的型式介绍等,并附有大量图表。

　　本丛书旨在传播船舶舾装的技术知识,对于从事船舶舾装设计的技术人员是一本很好的参考书,对于从事船舶建造和设备配套工作的人员来说也是一本有用的工具书。

　　"船舶舾装技术丛书"各分册的主要修订人员如下:

　　一分册《船体设备》:第1章舵设备由吴彬负责修订;第2章锚设备由施海涛负责修订;第3章系泊设备由黄维负责修订;第4章拖曳设备由施海涛负责修订;第5章救生设备由黄维和眭国忠负责修订;第6章起重设备由 秦云根 提供;第7章货物舱舱口盖与滚装设备,其中7.1节货物舱舱口盖由刘刚负责修订,7.2节滚装通道设备由黄果和黄晓雷编写;第8章货物装载和系固由刘刚负责修订;第9章船舶减摇装置由杨奕和杨春云编写。

　　二分册《船舶舱面属具》:第1章人孔盖和小舱口盖由桑巍负责修订;第2章船用门和窗中的2.1节～2.4节,除2.3节第2.3.3条外,均由桑巍负责修订;2.3节第2.3.3条以及2.5节～2.21节由刘琰和周晓葵负责修订;第3章船用梯、第4章栏杆和风暴扶手、第5章船上专用通道、第6章天幕和第7章自然通风筒均由桑巍负责修订。

　　三分册《船舶舱室设备和内装》:第1章舱室设备,除1.6节外,由周晓葵负责修订,1.6节船用电梯由唐凡编写;第2章船舶结构防火由刘琰负责修订;第3章舱室内装材料及其构造由刘琰负责修订;第4章舱室隔热由李坤负责修订;第5章舱室甲板铺材与敷料由刘琰负责修订;第6章舱室隔声与吸声由刘琰负责修订。

四分册《钢质海船的防腐蚀及安全营运》:第1章钢质海船的防腐蚀保护,除1.5节外,由黄维、王健和韩立维负责修订,1.5节钢质海船的外加电流阴极保护由瞿晓文负责修订;第2章航行设备由施海涛负责修订;第3章桅樯及信号设备由桑巍负责修订;第4章船用消防器材由施海涛负责修订;第5章失事堵漏器材由施海涛负责修订;第6章船舶外部和内部标志由俞赟负责修订;第7章直升机甲板设施由孟繁涛负责修订。

"船舶舾装技术丛书"在编辑过程中得到了业内同人的大力支持,多位专家提供了详细、准确的资料,确保编辑工作的顺利进行,在此表示诚挚的感谢!

由于本次编辑出版工作历时两年,其中收录的技术数据、规则和规范可能有些变动,希望专业读者能够谅解并多提宝贵意见,我们将在修订或再版的时候改正过来。

希望本丛书能给广大读者带来帮助!

编者

2022 年 12 月

目　　录

第1章 舵 设 备

1.1 船舶操纵性的基本概念

1.1.1 船舶操纵性简述

船舶操纵性是指船舶用其控制装置来改变或保持其运动速率、姿态和方向的能力。船舶操纵性的优劣关系到船舶的安全性和经济性。

良好的船舶操纵性应具备：

（1）足够的航向稳定性能；

（2）中小舵角良好的应舵性能；

（3）符合要求的大舵角回转性能；

（4）适中的主机停车时惯性停船和主机逆转时倒车停船的响应性能。

1.1.2 舵与船舶的航向稳定性

船舶在航行时无时无刻不受到风、浪、流等环境条件的干扰，不可能按照理想的直线航行；其稳定性的分类如图 1-1 所示。

如果这些外界干扰去掉之后，船舶能够自动稳定在直线航行状态上，但航线与原航线发生了一定的偏离，则称为直线稳定性，习惯上也称为航向稳定性。

如果这些外界干扰去掉之后，船舶通过一段时间的操纵，使其稳定在直线航行状态上，新航线与原航线平行，则称为方向稳定性；新航线在原航线的延长线上，则称为位置稳定性。

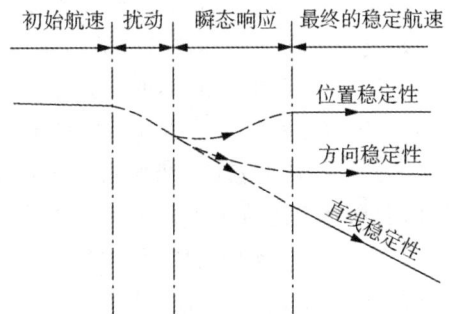

图 1-1 船舶稳定性分类

航向稳定性好(即直线稳定性好)的船舶,在去除外界干扰后,船舶最终的航向偏离较小,只需要通过较少的操纵即可恢复到原先的既定航向上,使实际航线与既定航线吻合度高,保证了船舶的经济性。航向稳定性不好的船舶,将使航行的长度和时间有所增加,主机和操纵装置所消耗的功率也随之增加,降低了船舶的经济性。

作为目前应用最广泛的操纵装置,舵设置于船的尾端,在 0°时相当于船体的呆木,提高了船舶的航向稳定性;当船舶偏离既定航向,又可利用它转动时产生的转船力矩,把船舶纠正到既定航向上来。

通常采用平均操舵频率和平均转舵角来衡量船舶操纵对既定航向保持性的优劣。根据航行中的实践经验,船舶为了保持在既定航向上的航行,平均操舵频率不大于每分钟 4~6 次,平均转舵角为 3°~5°,则为满意。

1.1.3 舵与船舶的回转性能

船舶操纵性的另一个重要方面是机动性。机动性好的船舶,易于绕过障碍物,避免与其他船舶相碰或者触礁,在狭窄航道或港口航行时,亦便于转弯或掉头。船舶机动性中研究得最多的是船舶的回转运动,一方面是因为回转运动是船舶操纵中常见的一种运动,另一方面是因为回转运动的最后阶段是定常运动,便于进行理论分析。

船舶的回转运动是通过转舵产生的回转力矩实现的,历经"转舵阶段"和"过渡阶段"后平衡在"定常阶段",此时作用于船体上的诸力矩达到平衡,船舶以一定的角速度匀速回转,船舶中心的轨迹成圆形。

通常,所谓的"回转运动"是指,直线航行的船舶,将舵转至某一舵角,并保持此舵角,船舶将做曲线运动。此时,船舶中心的运动轨迹称为回转圈,如图 1-2 所示。

船舶回转运动的相关参数定义如下(图 1-2):

A_d——纵距,船舶自发出操舵指令位置到艏向改变离初始航向 90°位置时,沿初始航线方向在船艏点量取的距离。

L_k——反向横距,船舶自发出操舵指令后,离开初始航线向回转中心反侧横移,沿垂直于初始航线方向在船艏点量取的最大距离。

T_r——正向横距,船舶自发出操舵指令位置到艏向改变离初始航向 90°位置时,沿垂直于初始航线方向在船艏点量取的距离。

D_T——战术回转直径,船舶自发出操舵指令位置到艏向改变离初始航向 180°位置时,沿垂直于初始航线方向在船艏点量取的距离。

D_0——定常回转直径,船舶进入定常阶段后,回转圈的直径。

在满舵条件下的定常回转直径称为最小回转直径,是表征船舶回转性能的重

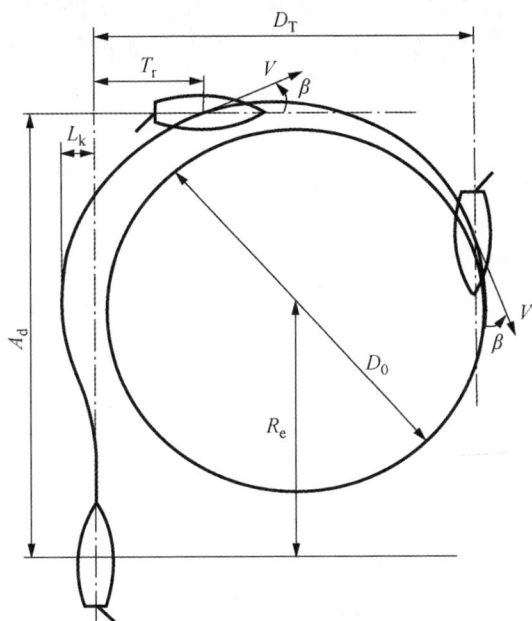

图 1-2　船舶中心的回转运动轨迹

要指标。在给定的舵角下,回转直径越小,则回转性能越好;航速的增加将导致回转直径增大,同时也会导致船舶回转静外倾角增大。

对于通常把舵安装在船体尾部的船舶而言,适当增加舵面积或使舵远离船舯,能够使其回转性能变好,而又不损害其航向稳定性。

1.1.4　船舶操纵性标准的要点

2002 年 12 月 IMO 通过了《船舶操纵性标准》(MSC.137(76)决议)和《船舶操纵性标准的解释性说明》(MSC/Circ.1053),替代了 1993 年 11 月通过的《船舶操纵性暂行标准》(A.751(18)决议)及 1994 年 6 月通过的《船舶操纵性暂行标准的解释性说明》(MSC/Circ.644)。

《船舶操纵性标准》规定:本标准应适用于船长 100 m 及以上配备舵的自航船舶和所有化学品船及气体运输船,不应适用于相关规则所定义的高速船;本标准接受船舶在设计阶段按缩尺模型试验或数学模型计算预测其操纵性能的符合性,并应进行足尺试验以验证预测的结果。

《船舶操纵性标准》中船舶几何尺寸的定义如下:

船长(L)——船舶首尾垂线之间的长度;

船舯点——船舶沿中纵剖面在艏艉垂线之间中心线上的点；

测试速度（V）——船舶在不小于 85% 主机最大输出功率时船速的 90%。

《船舶操纵性标准》规定的操纵性能的衡准如下：

（1）回转能力

回转圈操纵时，纵距（A_d）应不超过 4.5 倍船长（L），战术回转直径（D_T）应不超过 5 倍船长（L）。

（2）初始回转能力

操左右舷 10° 舵角，艏向角离初始航向改变 10° 时，船舶的纵距（A_d）应不超过 2.5 倍船长（L）。

（3）偏航纠正和航向稳定能力

① 10°/10°Z 形操纵试验测得的第一超越角值不应超过：

10°	$L/V < 10$ s
20°	$L/V \geqslant 30$ s
$(5+0.5(L/V))°$	$10 \leqslant L/V \leqslant 30$ s

② 10°/10°Z 形操纵试验测得的第二超越角值不应超过：

25°	$L/V < 10$ s
40°	$L/V \geqslant 30$ s
$(17.5+0.75(L/V))°$	$10 \leqslant L/V \leqslant 30$ s

③ 20°/20°Z 形操纵试验测得的第一超越角值不应超过 25°。

（4）停船能力

全速倒车停船试验测得的航迹行程不应超过 15 倍船长（L）。如因船舶排水量大而使该衡准值不切实际时，主管机关可修订该值，但不得超过 20 倍船长（L）。

Z 形操纵试验，系指当船舶偏离初始航向达到给定角度时交替向两舷操一定舵角的操纵。

第一超越角，系指 Z 形操纵试验中紧接着第二次操舵增加的航向偏离值。

第二超越角，系指 Z 形操纵试验中紧接着第三次操舵增加的航向偏离值。

全速倒车停船试验，系指测定从发出全速倒车指令时起至船舶停在水中时的航迹行程。

航迹行程，系指从发出全速倒车指令时起至船舶停在水中为止，船舯点沿其轨迹量取的距离。

上述衡准值应在不使用任何辅助操纵装置下实现。该辅助装置在正常营运中不是连续使用，也不是随时可供使用。

上述衡准值应均满足左右舷操舵，且船舶的状态及环境条件为：深水、无限水域，静水环境，满载（夏季载重线吃水）无纵倾状态，以测试速度稳态进入。

若船舶的状态及环境条件不同于上述规定,则应按 IMO 指定的《船舶操纵性标准的解释性说明》(MSC/Circ. 1053)的要求予以修正。

若标准操纵表明船舶具有动不稳定性,可另做试验以确定不稳定的程度。另做试验的指南,诸如螺线试验或回直试验,均包含在《船舶操纵性标准的解释性说明》(MSC/Circ. 1053)中。

1.1.5　船舶回转横倾角的估算

船舶进行回转运动时,其横倾的规律一般是:操舵开始后的片刻,船舶向回转中心一侧(即内侧)横倾,称为初始内倾;此后,船舶向回转中心相反一侧(即外侧)倾斜,并作 1～2 次振荡,振荡中的外倾角称为动态外倾角;待船舶进入"定常阶段"的回转后,就此稳定在一个向外侧横倾的角度上,称为回转静外倾角,可用 ϕ_R 表示。船舶在回转运动中的横倾角典型变化如图 1-3 所示。

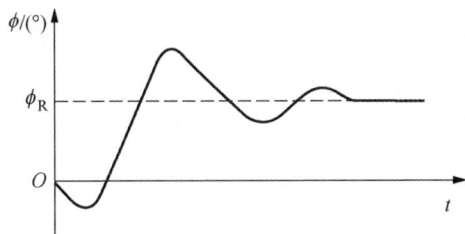

图 1-3　船舶回转运动中横倾角的典型变化

回转静外倾角 ϕ_R(°),可用费尔索夫公式计算:

$$\phi_R = 1.4 \frac{\nu_0^2}{GML}\left(z_g - \frac{d}{2}\right) \tag{1.1.1}$$

式中　ν_0——回转开始时的初始航速,m/s;

　　　GM——初稳心高度,m;

　　　L——船舶垂线间长,m;

　　　z_g——船舶重心距基线的高度,m;

　　　d——船舶吃水,m。

需注意的是,式(1.1.1)忽略了舵力所致的横倾力矩,故仅适用于低速船舶。

回转静外倾角 ϕ_R(°),也可用贝克(G. S. BAKER)公式计算:

$$\phi_R = 1.55 \frac{\nu_0^2}{\frac{D_0}{2}}\frac{a}{GM} \tag{1.1.2}$$

式中　ν_0——回转开始时的初始航速,m/s;

　　　D_0——定常回转直径,m;

　　　a——水阻力作用点距重心的垂直距离,m,一般在 $d/3$～$d/2$ 的范围内;

　　　GM——初稳心高度,m;

　　　d——船舶吃水,m。

回转静外倾角与回转开始时的初始航速 v_0 的平方成正比关系,与初稳心高度 GM 成反比关系。这表明高速船回转时,回转静外横倾角要比低速船大得多。特别是在顺风顺浪航行中的船舶,满舵掉头时,回转静外横倾角叠加风和浪的作用,有可能使船舶处于危险状态而导致翻船倾覆。

1.2 舵的形式及其剖面的几何特性

1.2.1 船用舵的形式

船体的形状对船舶操纵性有重要影响,但是如果没有专门的操纵装置,船舶是不能按预定的航线航行的。为了使船舶具有合适的操纵性,必须配备专门的操纵装置,以使船舶具备按驾驶者意图改变航向的能力。

船舶常用的操纵装置有舵、转动导流管、侧向推进器、Z形推进器(又称全回转导管螺旋桨)等。其中,舵的结构简单,工作可靠,造价低廉,是至今为止应用最广泛的船舶操纵装置。

船用舵是小展弦比的平板或机翼型结构,设置于船舶尾部;当它转动时,舵上产生的水动力的合力在垂直于船体中心线方向上的分力相对于船舯横剖面形成了转船力矩。

舵的形式有很多,除了普通舵之外还有:襟翼舵、鱼尾舵、制流板舵、扭曲舵、整流帽舵、主动舵、转柱舵等。

图 1-4 所示为普通舵的主要形式;为了方便探讨其特点,习惯上按下述方法分类。

(1) 按舵叶的支承形式分

① 尾框底骨支承的舵——舵叶的底部支承于尾框底骨上,如图 1-4 中的 I 型和 II 型;

② 半悬挂舵——舵叶的上部支承于舵柱或挂舵臂的舵钮上,下部呈悬挂状,如图 1-4 中的 III 型;

③ 悬挂舵——舵叶悬挂在船体外,舵叶与舵杆连接并使舵杆深入船体内部进行支承,且仅在船体内部设有支承点,如图 1-4 中的 IV 型。

(2) 按舵杆轴线在舵叶宽度上的位置分

① 不平衡舵——舵杆轴线靠近舵叶前缘(导边),舵的面积几乎全部分布在舵杆轴线的后方,如图 1-4 中的 I 型;

② 平衡舵——舵叶面积分布于舵杆轴线的前后,如图 1-4 中的 II 型、III 型和 IV 型。

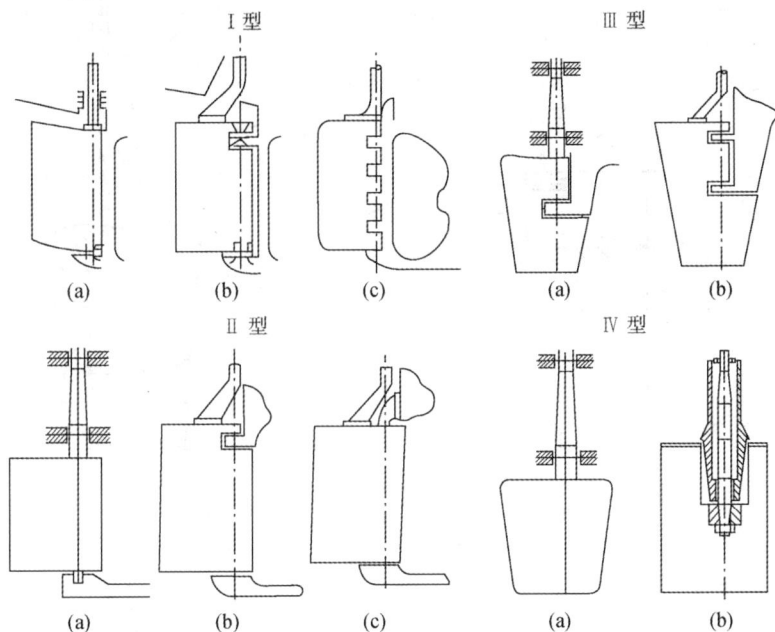

图 1-4　舵的主要形式

（3）按舵叶剖面的形状分

① 流线型舵——舵叶剖面呈流线型；

② 单板舵——舵叶主体是单块板。

除了部分非自航驳船外，目前，绝大多数海船都采用流线型舵。

1.2.2　舵的基本参数

常用的舵的基本参数如图 1-5 所示。

A——舵面积。舵未转动时，可转动部分的舵叶轮廓在船舶中纵剖面上的投影面积。

h——舵高，也称翼展。对于矩形舵和梯形舵，为舵叶上缘与下缘之间平行于舵杆轴线的距离；对于其他形状的舵，应取上缘与下缘之间的平均距离，即平均高度 h_m。

b——舵宽，也称弦长。在垂直于舵杆轴线的舵叶剖面上，舵叶前缘与舵叶后缘之间的距离；对于非矩形舵，应取平均舵宽 b_m。

λ——舵的展弦比。舵高（翼展）与舵宽（弦长）的比值 $\lambda = h/b = h^2/A$；对于非矩形舵 $\lambda = h_m/b_m = h_m^2/A$。

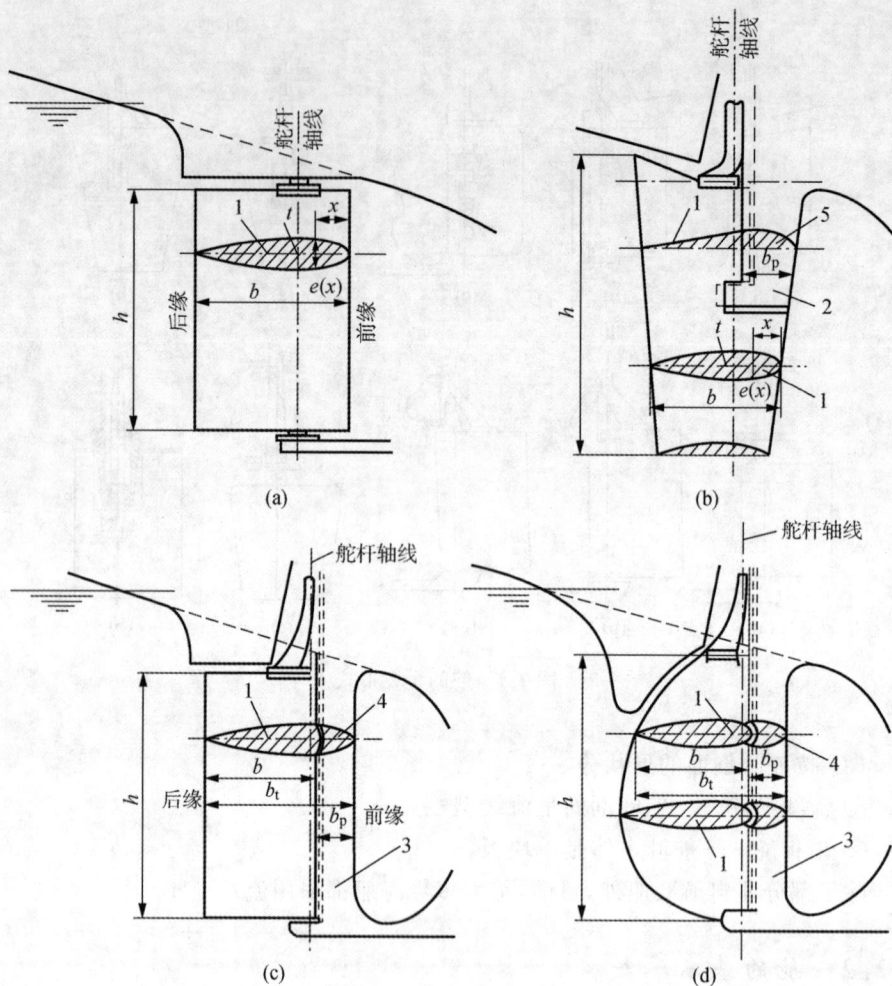

1—舵剖面;2—挂舵臂;3—舵柱;4—舵柱剖面;5—挂舵臂剖面。

图 1-5 舵的基本参数图

(a) 尾框底骨支承的平衡舵;(b) 半悬挂舵;(c)(d) 设置在舵柱后面的舵。

A_p——舵柱面积。舵高(翼展)范围内,舵柱在船舶中纵剖面上的投影面积。

A_h——挂舵臂面积。舵高(翼展)范围内,挂舵臂在船舶中纵剖面上的投影面积。

A_f——舵的平衡面积。位于舵杆轴线之前的舵叶面积。

β——舵的平衡比。舵的平衡面积与舵面积的比值 $\beta = A_f/A$。

A_t——舵加挂舵臂(或舵柱)的面积,是指舵面积与挂舵臂面积(或舵柱面积)

之和,即 $A_t = A + A_h$ 或 $A_t = A + A_p$。

b_p——舵柱宽度。在垂直于舵杆轴线的舵柱剖面上,舵柱前缘和后缘之间的距离;对于非矩形舵,应取平均宽度 b_{pm}。

b_t——舵加舵柱组合体剖面的宽度,也称组合体剖面的弦长。在垂直于舵杆轴线的舵叶和舵柱剖面中,从舵柱前缘到舵叶后缘之间的距离;对于非矩形舵,应取组合体平均宽度 b_{tm}。

λ_t——舵加挂舵臂(或舵柱)组合体的展弦比。组合体高度与宽度之比值 $\lambda_t = h/b_t = h^2/A_t$;对于非矩形舵,$\lambda_t = h_m/b_{tm} = h_m^2/A_t$。

1.2.3 舵剖面的几何参数

舵剖面是由垂直于舵杆轴线的平面截得的舵叶剖面,通常沿高度方向厚度不变的矩形舵的各个剖面的形状完全相同;非矩形舵虽然各个剖面的舵宽(也即弦长)不同,但一般均采用相同厚度比,因而其各个剖面的形状相似。

流线型舵的剖面呈流线型,其剖面形状通常为对称剖面,导流管的剖面为不对称剖面。图 1-6 所示为三种剖面的形状。

舵剖面的几何参数定义如下。

b——剖面弦长,连接剖面的前缘和后缘的直线(弦线)长度。

b_f——连接剖面的前缘和最大厚度处的直线长度。

b_a——连接剖面的最大厚度处和后缘的直线长度。

y_1,y_2——从弦线(x 轴)垂直量取的剖面轮廓线的纵坐标值。对称剖面的中心线为直线,且与弦线重合,因此 $y_1 = y_2$;不对称剖面的中心线坐标值为 $y_0 = (y_1 + y_2)/2$。

x——沿弦线(x 轴)从剖面前缘量取的横坐标值,剖面后缘的横坐标值即为 b。

e——剖面在任意 x 值处的厚度 $e = |y_1| + |y_2|$。

t——剖面的最大厚度。

$\bar{t}$——剖面的厚度比 $\bar{t} = t/b$。

历年来,各国发表了许多船用舵系列的水动力试验结果,他们给出了各种剖面形状、展弦比、厚度比、侧投影形状、尖端形状等舵的水动力资料。这些系列通常以提出的单位或个人命名,其中主要有以下系列:

NACA 系列——美国国家航空咨询委员会

National Advisory Committee for Aeronautics 的缩写;

НЕЖ 系列——茹柯夫斯基(Н. Е. Жуковский);

ЦАГИ 系列——苏联中央流体动力学研究所

Центральный Аэрогидродинамический Институт 的缩写;

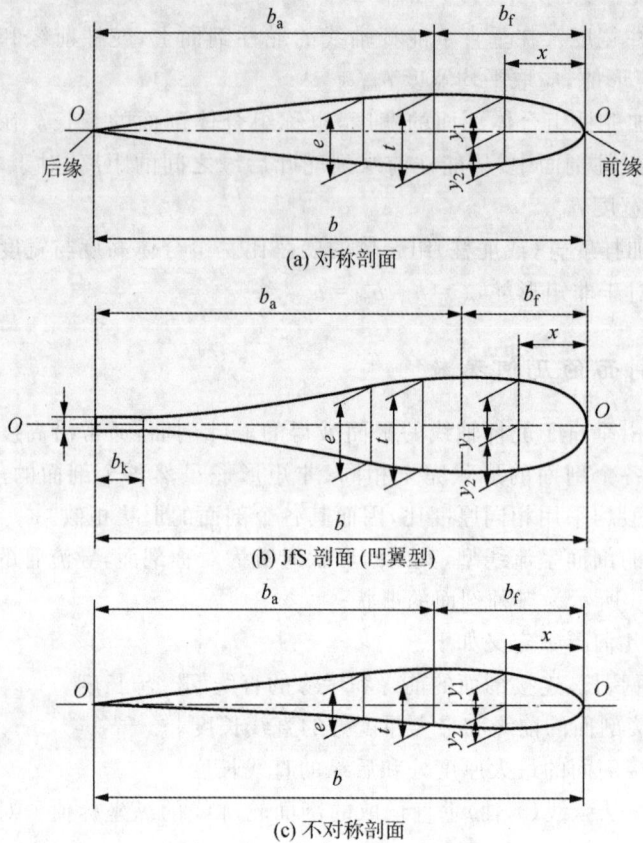

(a) 对称剖面

(b) JfS 剖面 (凹翼型)

(c) 不对称剖面

图 1-6　剖面几何参数图

Gö 系列——哥汀根（Göttingen）大学；

TMB 系列——泰勒船模试验池（Taylor Model Basin）；

NSS 系列——瑞典国家船模试验室；

JfS 系列——德国汉堡大学造船学院；

芒克系列——Munk。

上述系列剖面的型值和水动力资料，收录在有关船舶原理和船舶设计的手册中。

NACA 系列是常用的剖面，其编号方式同剖面形状有关。如 NACA 0015 的 4 位数字中，前两位 00 表示对称剖面，后两位数字表示厚度比，即数字 15 表示厚度比 $\bar{t}=0.15$。任意厚度为 t 的 NACA 00 剖面的纵坐标值 $y(x)$ 可按下式计算：

$$y = \pm t\left[1.484\,5\sqrt{\frac{x}{b}} - 0.630\,0\,\frac{x}{b} - 1.758\,0\left(\frac{x}{b}\right)^2 + \right.$$

$$\left. 1.421\,5\left(\frac{x}{b}\right)^3 - 0.507\,5\left(\frac{x}{b}\right)^4\right] \tag{1.2.1}$$

当 $x=0$ 时，$\dfrac{\mathrm{d}y}{\mathrm{d}x}=\infty$；当 $x=b$ 时，$y=0.010\,5t$；当 $x=0.3b$ 时，$\dfrac{\mathrm{d}y}{\mathrm{d}x}=0$，则 $y=\dfrac{t}{2}$。

剖面前缘（$x=0$ 时）的曲率半径为 $1.1\dfrac{t^2}{b}$，最大厚度在距前缘 $0.3b$（b 为剖面弦长）处。

经过改进的 НЕЖ 剖面，其编号方法也同剖面形状有关。如 НЕЖ 015，其中 3 位数字中的第 1 位 0 表示对称剖面，后面两位数字表示厚度比，即数字 15 表示厚度比 $\bar{t}=0.15$。

表 1-1 列出了 NACA、改进型 НЕЖ 及 ЦАГИ 等剖面任意厚度比（$\bar{t}$）的相对坐标值，其中 x 为离剖面前缘的距离，y 为离剖面中心线的高度，$x=\bar{x}\cdot b/100$，$y=\pm\bar{y}\cdot\bar{t}\cdot b/100$。

表 1-1　NACA、改进型 НЕЖ 及 ЦАГИ 对称剖面的相对坐标值

$\bar{x}/\%$		0	0.50	0.75	1.00	1.25	1.75	2.50	3.25	5.00	7.50	10.00
$\bar{y}/\%$	NACA	0	6.2	10.3	14.1	15.8	18.6	21.8	24.5	29.6	35.0	39.0
	НЕЖ	0	6.8	10.8	14.8	16.6	19.2	22.6	27.0	31.1	36.9	41.0
	ЦАГи	0	10.3	14.5	20.5	22.7	26.7	31.0	34.8	41.0	46.2	48.3
$\bar{x}/\%$		15.00	20.00	30.00	40.0	50.00	60.00	70.00	80.00	90.00	95.00	100.00
$\bar{y}/\%$	NACA	44.6	47.8	50.0	48.4	44.0	38.0	30.5	21.9	12.1	6.7	1.1
	НЕЖ	46.0	49.0	49.5	47.0	40.9	33.4	24.0	15.0	7.5	3.0	0
	ЦАГи	49.8	49.8	46.1	38.7	29.4	21.8	15.1	9.2	4.5	2.5	1.0

哥汀根剖面也是一种性能较好的剖面，表 1-2 列出了某些哥汀根剖面的相对坐标值。

德国汉堡大学造船学院提出的 JfS 剖面是一种凹翼型剖面，根据发表的敞水试验资料分析，其性能较上述诸剖面优越。表 1-3 列出了几种 JfS 对称剖面的相对坐标值，表中符号的意义见图 1-6(b)。

表 1-2 某些哥汀根剖面的相对坐标值

No 剖面型号	$\bar{t}$	$\bar{x}/\%$, $\bar{y}/\%$	0	1.25	2.5	5.0	7.5	10	15	20	30	40	50	60	70	80	90	95	100
Gö409	0.128	$\bar{x}/\%$	0	14.5	19.5	27.0	32.0	36.5	42.0	45.5	49.5	49.5	46.5	40.5	33.0	23.5	11.5	5.0	0
Gö410	0.165	$\bar{y}/\%$	0	16.0	22.5	31.0	36.5	40.0	45.0	48.0	49.5	45.5	39.0	31.0	22.0	13.5	6.0	2.5	0
Gö411	0.132	$\bar{x}/\%$	0	8.0	13.5	23.0	29.5	35.0	41.5	46.0	50.0	49.5	46.0	40.5	33.5	24.5	13.5	7.5	0
Gö443	0.05	$\bar{y}/\%$	0	12.0	17.0	24.0	29.0	33.0	39.0	44.0	49.0	50.0	47.0	41.0	32.5	23.0	12.0	6.0	0

表 1-3 某些 JIS 对称剖面的相对坐标值

剖面型式		0	2.5	7.5	15	20	40	60	70	90	100
	$\bar{x}/\%$	0	0.5	1.25	2.5	5.0	7.5	10.0	15.0	20.0	25.0
	x/b_f	0	0.02	0.05	0.1	0.2	0.3	0.4	0.6	0.8	1.0
JfS58TR15	y/b	0	0.020 25	0.030 62	0.040 89	0.053 01	0.060 45	0.065 49	0.071 49	0.074 24	0.075 0
JfS58TR25	y/b	0	0.033 74	0.051 04	0.068 14	0.088 35	0.100 75	0.109 16	0.119 15	0.123 74	0.125 0

剖面型式		0	2.5	7.5	15	20	40	60	70	90	100
	$\bar{x}/\%$	0	0.4	1.0	2.0	4.0	6.0	80.0	12.0	16.0	20.0
	x/b_f	0	0.02	0.05	0.1	0.2	0.3	0.4	0.6	0.8	1.0
JfS61TR15 JfS62TR15	y/b	0	0.020 25	0.030 62	0.040 89	0.053 01	0.060 45	0.065 49	0.071 49	0.074 24	0.075 00
JfS61TR25 JfS62TR25	y/b	0	0.033 74	0.051 04	0.068 14	0.088 35	0.100 75	0.109 16	0.119 15	0.123 74	0.125 00

表 1-3　（续）

剖面型式	$\bar{x}/\%$	25.0	31.5	38.0	44.5	51.0	57.5	64.0	70.5	77.0	83.5	90.0	100.0
	$\dfrac{x-b_f}{b_a-b_k}$	0	0.1	0.2	0.3	0.4	0.5	0.6	0.7	0.8	0.9	1.0	—
JfS58TR15	y/b	0.075	0.073 66	0.069 22	0.061 74	0.052 06	0.041 5	0.031 5	0.023 3	0.017 9	0.015 4	0.015	0.015
JfS58TR25	y/b	0.125	0.122 77	0.115 36	0.102 9	0.086 77	0.069 1	0.052 4	0.038 8	0.029 8	0.025 7	0.025	0.025
剖面型式	$\bar{x}/\%$	20.0	27.0	34.0	41.0	48.0	55.0	62.0	69.0	76.0	83.0	90.0	100.0
	$\dfrac{x-b_f}{b_a-b_k}$	0	0.1	0.2	0.3	0.4	0.5	0.6	0.7	0.8	0.9	1.0	—
JfS61TR15	y/b	0.075	0.073	0.067 34	0.058 91	0.048 9	0.038 6	0.029 3	0.022 1	0.017 4	0.015 4	0.015	0.015
JfS61TR25	y/b	0.125	0.121 66	0.112 24	0.098 19	0.081 49	0.064 4	0.048 9	0.036 8	0.029 1	0.025 6	0.025	0.025
剖面型式	$\bar{x}/\%$	20.0	27.5	35.0	42.5	50.0	57.5	65.0	72.5	80.0	87.5	95.0	100
	$\dfrac{x-b_f}{b_a-b_k}$	0	0.1	0.2	0.3	0.4	0.5	0.6	0.7	0.8	0.9	1.0	—
JfS62TR15	y/b	0.075	0.072 71	0.066 3	0.056 8	0.045 5	0.033 9	0.023 5	0.015 4	0.010 2	0.007 89	0.007 5	0.007 5
JfS62TR25	y/b	0.125	0.121 15	0.110 2	0.093 78	0.074 2	0.054 05	0.035 8	0.021 5	0.012 31	0.008 19	0.007 5	0.007 5

图 1-7 列出了各种舵剖面的形状。设置于舵柱后面的舵与舵柱形成组合体，不仅要考虑组合体的水动力特性，还要考虑强度和结构上的因素。实际上，舵与舵柱组合体的剖面是平衡舵剖面的变形。

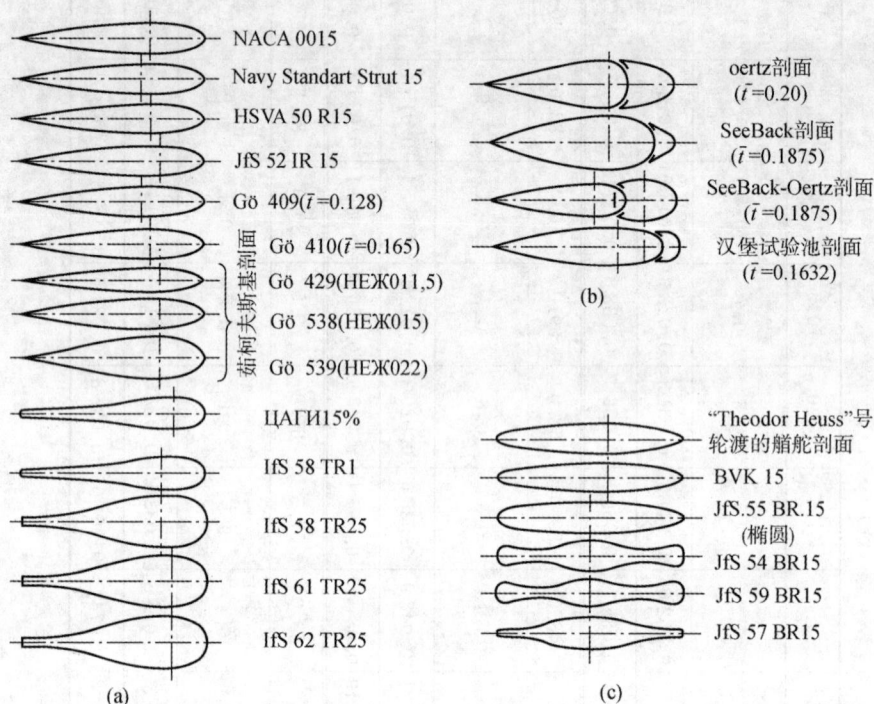

图 1-7 各种舵剖面的形状

(a)用于平衡舵；(b)用于舵与舵柱组合体；(c)用于艏舵。

艏舵的平衡系数通常约为 0.5，舵剖面相对于弦长中点呈对称，或接近于对称，其形状如图 1-7(c)所示。其中，德国汉堡大学造船学院提出的 JfS57BR15 剖面的相对坐标值列于表 1-4。

表 1-4 JfS57BR15 剖面的相对坐标值

$\dfrac{x}{b}$	0	0.05	0.10	0.15	0.20	0.25
$\dfrac{y}{b}$	0.007 50	0.009 39	0.014 52	0.021 58	0.031 26	0.041 25
$\dfrac{x}{b}$	0.30	0.35	0.40	0.45	0.50	
$\dfrac{y}{b}$	0.051 24	0.060 42	0.067 98	0.073 11	0.075 00	

1.3 舵叶水动力的一般概念

1.3.1 基本定义

图 1-8 中的水动力参数定义如下：

α—— 攻角，水流方向同舵叶的对称平面（Ox_1）之间的夹角。

α_g—— 几何攻角，在舵叶前面无限远处的水流速度 v_∞ 的方向同舵叶的对称平面之间的夹角。

α_e—— 剖面有效攻角或局部攻角，局部的水流速度方向同剖面的弦之间的夹角，即计及斜流角时的攻角。

C—— 舵的压力中心，舵叶水动力合力与包含该合力的剖面的弦线的交点，通常压力中心的位置由自该剖面前缘（即坐标原点）量起的横坐标值（x_p）确定，压力中心系数 $C_p = \dfrac{x_p}{b}$。

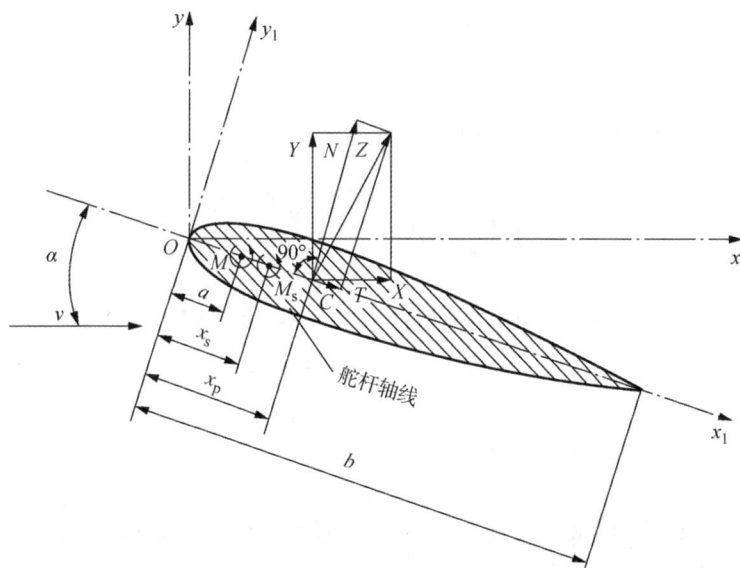

图 1-8 舵叶水动力及坐标系

水动力的合力 Z 可由其分力（升力 Y 和阻力 X 或是法向力 N 和切向力 T）得到，且按下述关系式确定：

$$\begin{cases} Z = \sqrt{Y^2 + X^2} = \sqrt{N^2 + T^2} \\ N = Y\cos\alpha + X\sin\alpha \\ T = X\cos\alpha - Y\sin\alpha \\ Y = N\cos\alpha - T\sin\alpha \\ X = T\cos\alpha + N\sin\alpha \end{cases} \qquad (1.3.1)$$

合力 Z 相对于 Ox_1 轴上距坐标原点的距离为 a 的点的水动力矩为

$$M = N(x_p - a) \qquad (1.3.2)$$

舵杆的水动力矩按下式计算：

$$M_s = N(x_p - x_s) \qquad (1.3.3)$$

式中，x_s 为在舵叶上包含合力 Z 的剖面上，自坐标原点到舵杆轴线之间的距离。

通常把阻挠舵向舷侧方向转动的力矩作为正值；反之，把帮助舵向舷侧方向转动的力矩作为负值。

舵的水动力分量 N，T，Y，X 及力矩 M 还可用无因次形式表示：

$$\begin{cases} \text{法向力系数 } C_n = \dfrac{N}{\dfrac{\rho v^2}{2}A} \\[3mm] \text{切向力系数 } C_t = \dfrac{T}{\dfrac{\rho v^2}{2}A} \\[3mm] \text{升力系数 } C_y = \dfrac{Y}{\dfrac{\rho v^2}{2}A} \\[3mm] \text{阻力系数 } C_x = \dfrac{X}{\dfrac{\rho v^2}{2}A} \\[3mm] \text{力矩系数 } C_m = \dfrac{M}{\dfrac{\rho v^2}{2}Ab} \end{cases} \qquad (1.3.4)$$

式中　ρ——水的密度，淡水为 1 000 kg/m³，海水为 1 025 kg/m³；

　　　v——水流速度，m/s；

　　　A——舵面积，m²。

上述无因次水动力系数之间的关系如下：

$$\begin{cases} \sqrt{C_n^2 + C_t^2} = \sqrt{C_y^2 + C_x^2} \\ C_n = C_y \cos\alpha + C_x \sin\alpha \\ C_t = C_x \cos\alpha - C_y \sin\alpha \\ C_y = C_n \cos\alpha - C_t \sin\alpha \\ C_x = C_t \cos\alpha + C_n \sin\alpha \\ C_m = C_n C_p \end{cases} \tag{1.3.5}$$

1.3.2　单独舵的水动力特性

船后舵在实际使用中受到船体和螺旋桨尾流的影响。但是,舵的水动力试验通常是在没有船体和螺旋桨的条件下进行的,即所谓的单独舵水动力试验,船体和螺旋桨尾流的影响另行分别考虑。通常,水动力试验的结果以无因次形式表达,以便于实际使用。

图 1-9 所示为不同展弦比 λ 的 NACA 00 剖面的舵的无因次水动力系数 C_x,C_y,C_p 与攻角 α 的关系曲线图。由图可见,攻角 α 为 $10° \sim 16°$ 时,C_y 的变化与 α 之间呈线性关系。当 α 值大于上述数值时,舵叶表面的水流开始与舵分离,C_y 值的增加趋缓,直到 α 值增加到某一值时(不同的展弦比 λ 有不同的值),C_y 值达到最大值 C_{ymax}。此时的攻角称为临界攻角(或失举角)α_c。随后,尽管 α 值再继续增大,C_y 值则急剧下降。

从图 1-9 中还可看出一个现象,即随着展弦比 λ 值的减小,C_y 曲线的斜率也在减小,而临界攻角 α_c 则增大,以至当 $\lambda \leqslant 0.5$ 时,曲线 $C_y = f(\alpha)$ 在小攻角时将不能保持线性关系,直线段已不复存在。

对于 $0.5 \leqslant \lambda \leqslant 2.5$ 范围的船用舵来说,剖面形状对其水动力有明显的影响。图 1-10 显示了 $\lambda = 1.0$ 的不同剖面形状的舵的水动力特性。相对而言,剖面的最大厚度向前端靠近以及凹陷部分增加的舵,其 C_y 值则较大。

在攻角 $\alpha < \alpha_c$ 的区域内,C_y 曲线的斜率随着厚度比的增加而稍有减少。而 α_c 和 C_{ymax} 则随着厚度比的增加而增大。当把舵布置在螺旋桨后面时,为了尽可能提高推进器加舵这一组合体的效率,厚度比可大致取为 15%,厚度比大于 25% 是不合适的。但是,当舵叶从上到下剖面厚度比减小时,会使 C_y 值略有增加。

通常舵的展弦比 λ 为 $0.5\sim2.5$,在这个范围内舵的外形对 C_y 值的影响不大。因此,计算 C_y 值时,舵的外形可不予考虑。但是,这一点对半悬挂舵是不适用的:这种形式的舵在挂舵臂或呆木的底边处剖面宽度急剧地改变,而且挂舵臂和呆木对舵水动力的影响使其有效展弦比大于实际展弦比。因此,对于半悬挂舵不应采用相同展弦比的矩形舵试验所得到的 $C_y = f(\alpha)$ 数值。

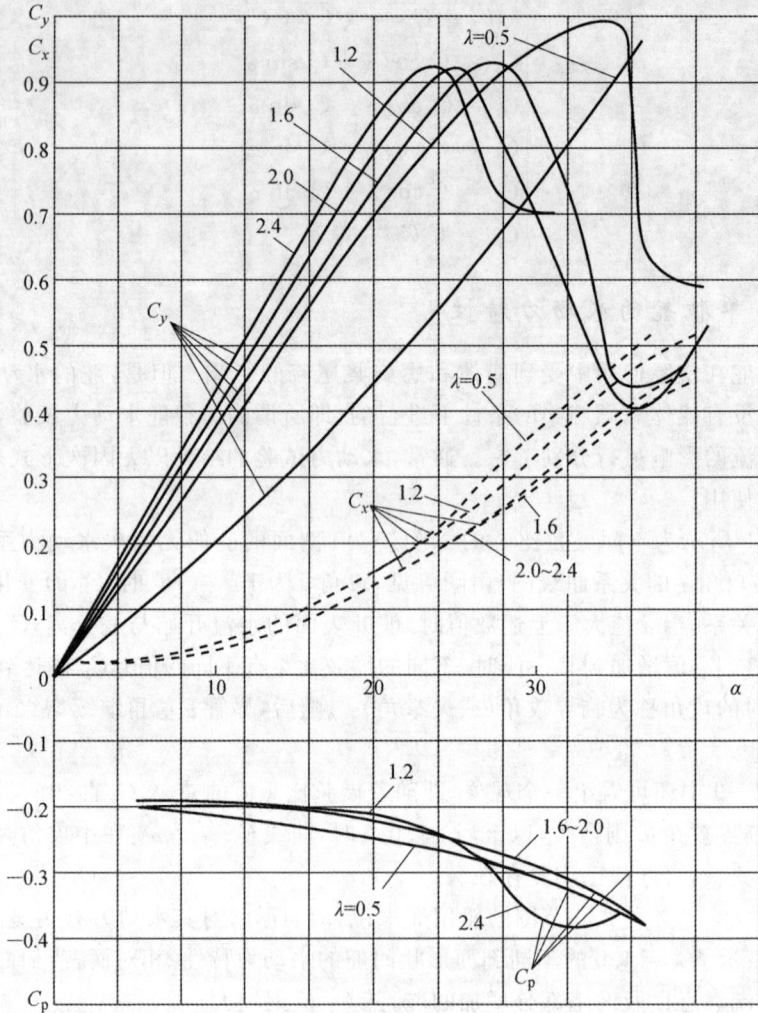

图 1-9 NACA 00 剖面的水动力特性曲线

在攻角 $\alpha < \alpha_c$ 的区域内,除了 $\alpha = 0$ 的附近区域外,C_x 值都远小于 C_y 值。由式 (1.3.1) 这组计算式及图 1-8 可知,同 $Y\cos \alpha$ 相比,$X\sin \alpha$ 值显得很小,而且法向力 N 与升力 Y 在数值上相差无几。因此,在缺乏 C_x 值的试验资料的情况下,$0.8 < \lambda < 2.5$ 的舵的 C_n 可按以下近似式确定:

$$C_n \approx C_y \left(1 + \frac{\alpha^3}{2}\right) \tag{1.3.6}$$

式中,α 的单位为 rad。

单独舵的模型试验资料通常给出的力矩系数 C_m 是相对于舵的导边的数值 C_{m0}

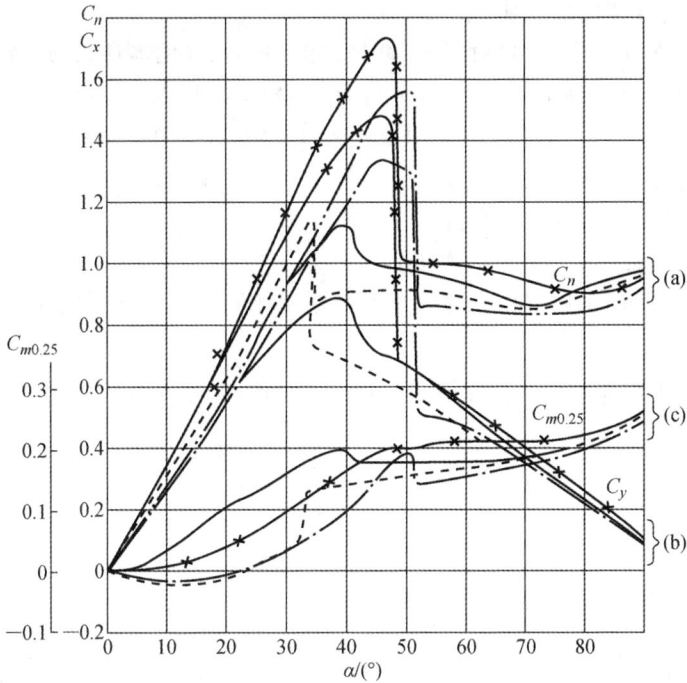

图 1-10　$\lambda = 1.0$ 的不同剖面形状的舵的水动力曲线

(a) $C_n = C_n(\alpha)$；(b) $C_y = C_y(\alpha)$；(c) $C_{m0.25} = C_{m0.25}(\alpha)$

——TMB 07507515；……NACA 0015；— · — NACA 0025；—×× JfS62TR25

或相对于离开舵的导边 $1/4$ 弦长处的轴线的数值 $C_{m0.25}$。如果已知 C_n 和 C_{m0}，则距导边为 a 的轴线处的力矩系数 C_{ma} 可按下式计算：

$$C_{ma} = C_{m0} - C_n \frac{a}{b} \tag{1.3.7}$$

式中，b 为弦长。

同样：

$$C_{m0.25} = C_{m0} - 0.25 C_n \tag{1.3.8}$$

采用对称剖面的单独舵，当 $\alpha = 0$ 时，$C_m = C_{m0} = C_{m0.25} = 0$。

压力中心系数为

$$C_p = \frac{C_{m0}}{C_n} = \frac{C_{m0}}{C_y \cos\alpha + C_x \sin\alpha} \approx \frac{C_{m0}}{C_y\left(1 + \frac{\alpha^3}{2}\right)} \tag{1.3.9}$$

1.3.3　舵柱和挂舵臂的影响

作用于安装在舵柱后面的舵的水动力取决于舵与舵柱的尺度比、剖面形式以及舵加舵柱组合体的展弦比。

实际上，对舵的水动力特性的研究是在漂角 $\beta = 0$（见本章1.3.4节图1-12）的情况下的研究。试验研究显示，如果一个组合体的面积 A_t 同一个无舵柱的平衡舵的面积 A 相等，且该组合体的展弦比 λ_t 也同该平衡舵的展弦比 λ 相同，则在同样的条件下，受舵柱的影响，该组合体的升力将小于平衡舵的升力。

舵加舵柱组合体的升力系数 C_{yt} 可按下式计算：

$$C_{yt} = K_p \cdot C_y \tag{1.3.10}$$

式中 C_y——与舵加舵柱组合体面积及展弦比相同的无舵柱平衡舵的升力系数；

K_p——折减系数，小于1。

图1-11所示为 $C_{yt} = f(\alpha)$ 及 $K_p = f(\bar{A})$ 曲线，是哥汀根试验室的试验结果。图中的 $\bar{A}$ 按下式计算：

$$\bar{A} = \frac{A}{A_t} \tag{1.3.11}$$

式中 A——舵面积；

A_t——舵加舵柱的总面积，见1.2.2节。

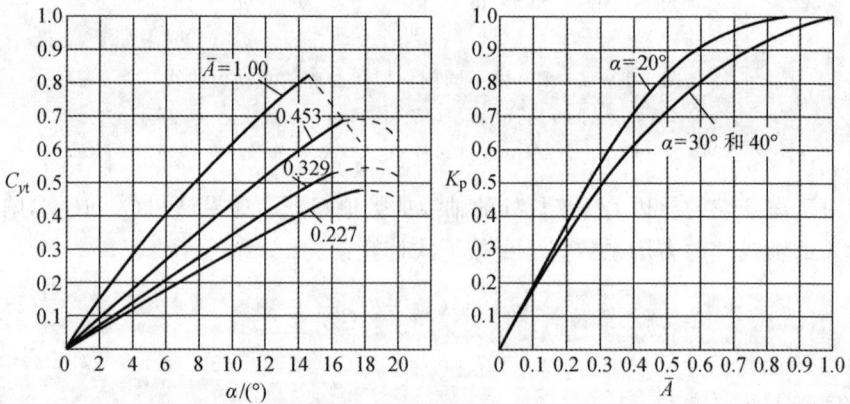

图 1-11 舵柱影响曲线

按照彼尔西茨（Р. Я. Першиц）的统计数据和鲍德里（Г. Х. Боттомлъ）的图表，折减系数 K_p 可按下式计算：

$$K_p = 1.872\bar{A} - 0.591\bar{A}^2 - 0.281\bar{A}^3 \tag{1.3.12}$$

在缺乏试验资料的情况下，舵加舵柱组合体中，舵的升力系数 C_{yR} 可按下式计算：

$$C_{yR} = C_{yt} \frac{A_t}{A} - C_{yp} \frac{A_p}{A} \tag{1.3.13}$$

式中　A_p——舵柱面积,见 1.2.2 节;

　　　C_{yp}——舵柱升力系数。

舵柱升力系数 C_{yp} 可按下式计算:

$$C_{yp} = (1.69 - 0.89\bar{b})C_{yt} \tag{1.3.14}$$

式中,$\bar{b} = \dfrac{b}{b_t}$,b 为舵的平均宽度,b_t 为舵加舵柱组合体的平均宽度。

舵柱的存在从根本上改变了舵上的压力分布,使得舵的压力中心前移。由于带有舵柱的舵常为不平衡舵,在缺乏试验资料的情况下,舵柱后面的舵的压力中心位置可按无舵柱的舵进行估算,由此而引起的水动力矩计算误差偏于安全。

设置于挂舵臂后面的半悬挂舵的水动力特性,不仅取决于其展弦比和剖面形状,而且还受到挂舵臂的影响,情况十分复杂,至今还没有可靠的计算方法,甚至没有近似的经验公式;这一复杂情况的原因在于,半悬挂舵的水动力特性取决于大量的比其他形式的舵多得多的因素。因此,当前确定半悬挂舵水动力特性的可靠方法是做模型试验。

1.3.4　自由水面、船体和螺旋桨的影响

1.3.4.1　自由水面的影响

自由水面对舵的影响很复杂,在弗劳德数 $Fr = v/\sqrt{gb} < 0.4$ 时,自由水面如同坚壁,穿过水面的舵的有效展弦比相当于其水下部分几何展弦比的两倍。随着 Fr 值的增加,自由水面的影响逐渐减少直至消失。

对较高速度的船来说,当 $0.5 \leqslant Fr \leqslant 0.7$ 时,由于自由水面的影响,舵的升力明显减少。这是因为大气中的空气侵入舵表面的稀释区,空气的侵入导致升力急剧下降。避免这种情况的最有效的方法是尽可能使舵的上缘浸没水中,而且把舵布置在船体尾部的下面。

现代海船在大多数情况下,其尾部型线以及舵与螺旋桨组合体的布置可以使得自由水面对舵的影响减少到足以略去不计的程度。但在空载(压载)航行时,舵往往非常接近自由水面,甚至穿出水面。尽管如此,对一艘船舶来说,由于空载(压载)航行时,舵设备所承受的负荷比重载航行时小。因此,设计舵设备时,自由水面的影响可以不予考虑。

在大多数运输船舶上,船本身不会产生空泡,但在高速船舶、滑行艇、水翼艇上则可能产生空泡。这些船舶不属于本章叙述的范围。

1.3.4.2　船体的影响

船后舵的船体影响,主要表现在三个方面。

（1）有效展弦比 λ_e 的变化

如果舵的上缘与船底之间的间隙等于零，理论上其有效展弦比 $\lambda_e = 2\lambda_\circ\lambda_e$ 随着舵的上缘与船体之间的间隙增大而减小，这一影响对于设置舵的区域是平底的船舶应予以考虑。但一般船舶设置舵的区域不是平底，因此船体对于 λ_e 的影响很小，而且这种影响随着转舵角 δ 的增加而迅速降低。所以，在舵的水动力计算中，船体对 λ_e 的影响通常不予考虑。

（2）有效攻角 α_e 的变化

船舶在做曲线运动时，舵受到船体整流效应的影响。如图 1-12 所示，当船舶以漂角 β 和角速度 ω 做回转运动时，若不考虑船体对水流的影响，则在舵轴处的几何漂角 β_R 为

$$\beta_R = \beta + \arctan \frac{x_R \omega \cos \beta}{V + x_R \omega \sin \beta} \tag{1.3.15}$$

这时舵的几何攻角 α_g 为

$$\alpha_g = \delta \pm \beta_R \tag{1.3.16}$$

在式(1.3.16)中，若船舶回转运动及舵绕舵杆轴线转动的方向相同则取正号，方向相反则取负号。

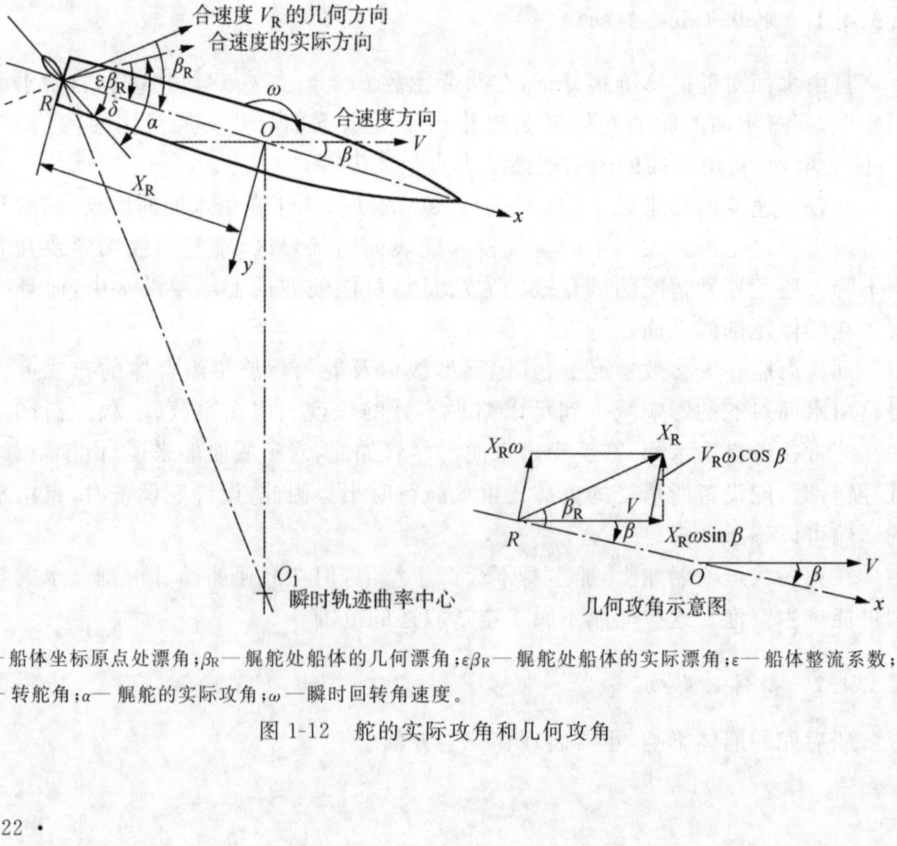

β—船体坐标原点处漂角；β_R—艉舵处船体的几何漂角；$\varepsilon\beta_R$—艉舵处船体的实际漂角；ε—船体整流系数；
δ—转舵角；α—艉舵的实际攻角；ω—瞬时回转角速度。

图 1-12　舵的实际攻角和几何攻角

实际上由于船体对艉部附近水流的影响,使水流有沿船长方向流动的趋势,所以在舵杆轴线处的实际漂角 $\overline{\beta_R}$ 比几何漂角 β_R 要小一些。

$$\overline{\beta_R} = \varepsilon \beta_R \qquad (1.3.17)$$

式中,ε 为船体对水流的整流系数,$\varepsilon < 1$。

因此,舵的有效攻角 α_e 为

$$\alpha_e = \delta \pm \varepsilon \beta_R \qquad (1.3.18)$$

在正常回转时,舵的有效攻角 α_e 总是小于转舵角 δ。但在做 Z 形试验时,反向操舵使船舶摆脱回转状态时,有效攻角 α_e 会大于转舵角 δ。即使 $\alpha_e > \delta_{max}$(最大转舵角),对于常规的舵翼型,其舵杆力矩并不比 $\alpha_e = \delta_{max}$ 时计算所得的舵杆力矩大。因为,当 $\alpha_e > \delta_{max}$ 时,力矩系数 C_m 的值变化不大(见图 1-10)。但需注意,对于升力系数较大的舵剖面形状(如图 1-101 的西林舵),当 $\alpha_e > \delta_{max}$(最大转舵角)时,其舵杆力矩仍会继续增加,需要特别考虑。

(3) 有效进速的变化

船体为一曲面,船后的流场比较复杂,对船后舵的水流特性有很大影响,其中最主要的是船体的伴流降低了舵的迎流速度。舵的迎流速度 ν_R 为

$$\nu_R = \nu(1 - \psi_R) \qquad (1.3.19)$$

式中　ν——船速;

　　　ψ_R——舵处的伴流系数。

舵处的伴流系数 ψ_R 的值可按表 1-5 确定。设置在舵柱后面的舵的 ψ_R 值,平均比螺旋桨处的伴流系数大 30%。

表 1-5　舵处的伴流系数 ψ_R

舵的布置和形式	简图	公式
矩形或梯形舵的上边缘靠近船体,间隙小于舵的最大厚度		$\psi_R = \left(0.68C_B - 0.25 + \Delta\psi + 0.18\dfrac{h_1}{H}\right)u$ 式中　C_B 为船舶方形系数; 　　　$\Delta\psi = 0$ 用于方尾船舶; 　　　$\Delta\psi = 0.18$ 用于巡洋舰尾船舶; 　　　$u = 1.0$ 当舵布置在船体中心线上时; 　　　$u = C_B + 0.15$ 当舵布置在船体中心线的两侧时

表 1-5 （续）

舵的布置和形式	简图	公式
船体与矩形或梯形舵的上边缘之间的间隙大于舵的最大厚度	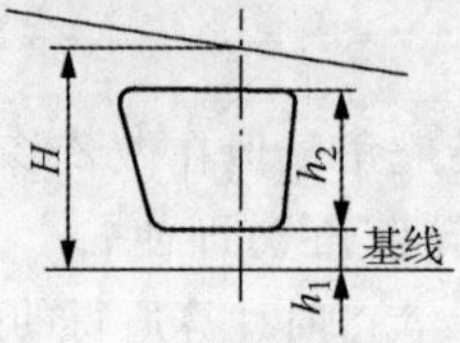	$\psi_R = \left(0.65C_B - 0.43 + \Delta\psi + 0.18\dfrac{2h_1 + h_2}{H}\right)u$ 式中，C_B，$\Delta\psi$，u 的定义同上
在高度上任意布置的半悬挂舵	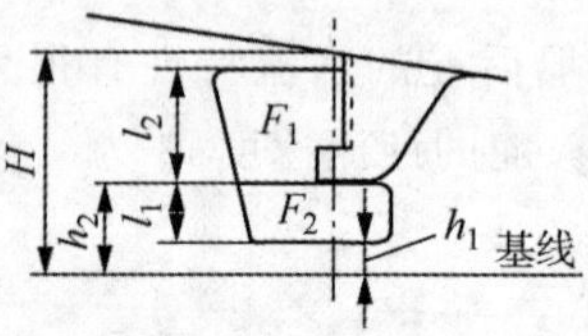	$\psi_R = 1 - \sqrt{\dfrac{F_1(1-\psi_1)^2 + F_2(1-\psi_2)^2}{F}}$ 式中 $\psi_1 = \left(0.68C_B - 0.43 + \Delta\psi + 0.18\dfrac{2h_1 + l_1}{H}\right)u$； $\psi_2 = \left(0.68C_B - 0.43 + \Delta\psi + 0.18\dfrac{2h_2 + l_2}{H}\right)u$； $F = F_1 + F_2$； 其余符号见左图

在水动力计算中，由于受船体影响，舵上的法向力 N 和舵杆力矩 M 近似地按下式计算：

$$N = C_n k_n \frac{\rho v^2}{2} A \qquad (1.3.20)$$

$$M = C_m k_n \frac{\rho v^2}{2} Ab \qquad (1.3.21)$$

式中，k_n 为船体影响系数，按下式计算：

$$k_n = (1 - \psi_R)^2 \qquad (1.3.22)$$

在式（1.3.20）及式（1.3.21）中，C_n 和 C_m 均按单独舵的系数计算。

1.3.4.3 螺旋桨的影响

按照理想推进器理论，流向螺旋桨的流速 v_p 为

$$v_p = v(1 - \psi_s) \qquad (1.3.23)$$

式中　　v——船速；

ψ_s——螺旋桨伴流系数。

在舵的水动力计算中,通常按理想推进器理论确定螺旋桨尾流的轴向平均速度 υ_x 为

$$\upsilon_x = \upsilon_p \sqrt{1+\sigma_p} \tag{1.3.24}$$

式中,σ_p 为螺旋桨的推力载荷系数(为无因次值),按下式计算:

$$\sigma_p = \frac{8P}{\pi \rho \upsilon_p^2 D^2} = \frac{8P_e}{\pi \rho (1-\vartheta)\upsilon_p^2 D^2} = \frac{8K_1}{\pi \lambda_p^2} \tag{1.3.25}$$

式中　$P = \dfrac{P_e}{1-\vartheta}$——螺旋桨推力,N;

　　　$P_e = \dfrac{R}{Z}$——螺旋桨有效推力,N;其中,R 为船舶阻力,N;Z 为螺旋桨个数;

　　　ρ——介质(水)密度,淡水为 1 000 kg/m³,海水为 1 025 kg/m³;

　　　D——螺旋桨直径,m;

　　　ϑ——推力减额系数;

　　　$K_1 = \dfrac{P}{\rho n^2 D^4}$——螺旋桨推力系数;其中,$n$ 为螺旋桨转速,r/s;

　　　$\lambda_p = \dfrac{\upsilon_p}{nD}$——螺旋桨进速比;

　　　υ_p——流向螺旋桨的流速,m/s,见式(1.3.23)。

在螺旋桨尾流中,舵的临界攻角 α_c 大于在单独舵试验中的值,而且 α_c 随着滑脱比 s 的增加而增加。

$$s = 1 - \frac{\nu_p}{nH} \tag{1.3.26}$$

式中　ν_p——同式(1.3.25);

　　　n——螺旋桨转速,r/s;

　　　H——螺旋桨的螺距,m。

当螺旋桨的滑脱比 s 很小(相应的螺旋桨的负荷也很小)时,舵上的压力中心的移动非常小,可不予考虑。但当滑脱比 $s>0.5$ 时,压力中心的位置将发生很大的变化,但是至今为止还没有可靠的计算其移动距离的方法;因此,确定螺旋桨尾流中舵的压力中心的最可靠的方法是模型试验。

综上所述,在舵的水动力计算中,螺旋桨尾流的影响被归结为在轴向诱导速度影响下螺旋桨尾流轴向平均速度 ν_x 的计算。

当舵的全部面积处于螺旋桨尾流中时,法向力 N 为

$$N = C_n \frac{\rho \nu_x^2}{2} A \tag{1.3.27}$$

式中　C_n——舵的法向力系数；

　　ν_x——螺旋桨尾流中的轴向平均速度，见式(1.3.24)。

如果仅仅是部分舵面积 A_1 处于螺旋桨尾流中，则法向力 N 为

$$N = C_n \frac{\rho v_x^2}{2} A_1 + C_n \frac{\rho v_R^2}{2}(A - A_1) \qquad (1.3.28)$$

式中　C_n——舵的法向力系数；

　　v_R——舵的迎流速度，见式(1.3.19)。

在上述概念的基础上可得知，由于受螺旋桨影响

法向力　　　　　　　　$N = C_n k_s \frac{\rho v^2}{2} A \qquad (1.3.29)$

舵杆力矩　　　　　　　$M = C_m k_s \frac{\rho v^2}{2} A \qquad (1.3.30)$

螺旋桨影响系数　　$k_s = 1 + \frac{A_1}{A}\left[(1-\sigma_P)\left(\frac{1-\psi_S}{1-\psi_R}\right)^2 - 1\right] \qquad (1.3.31)$

综合考虑船体和螺旋桨的影响可以得出

$$N = C_n k_n k_s \frac{\rho v^2}{2} A \qquad (1.3.32)$$

$$M = C_m k_n k_s \frac{\rho v^2}{2} Ab \qquad (1.3.33)$$

式中，C_n 和 C_m 均为单独舵的系数。

1.4　舵参数的选择和水动力特性计算

1.4.1　舵的数目及形式的确定

舵的数目及形式的确定，应与船尾型线和螺旋桨配合良好，以保证：

螺旋桨有通畅的来流，供水充足；

舵能充分吸收螺旋桨尾流的动能，并将之转化为转船力矩；

舵的上缘与船底间隙足够小，利用边界效应可适当提高舵效；

舵、螺旋桨和尾部船体之间的互相干扰较少；

使舵、螺旋桨有效地受到船体遮蔽保护，以避免损伤。

（1）舵的数目的确定

舵的数目，除了与操纵性要求相关外，还与船尾线型和螺旋桨数目有关。增加舵的数目虽然容易满足较高的操纵性要求，但也造成了舵设备更加复杂和较高的造价。因此，在实际使用中除特殊要求外，总是趋向于取最小数量的舵。

在一般情况下,为了提高舵效,总是将舵设置在螺旋桨后面,使其处于螺旋桨尾流之中。因此,在海船上,单桨单舵和双桨双舵得到广泛应用,而且绝大多数海洋运输船都是单桨单舵。

出于某些特殊考虑,有些船舶设置的舵与螺旋桨数目不等。冰区航行的船舶为了防止舵受到严重损害,某些巨型客船为了简化舵设备等,会为此而设置双桨单舵。在这种情况下,比那些把舵设置在螺旋桨后面并处于螺旋桨尾流中的船舶,其操纵性要稍差些。在浅吃水船上,通过增加舵的数目以保证足够的舵面积和合适的展弦比,因此出现了单桨三舵和双桨三舵的船舶。

(2) 舵的形式的确定

不平衡舵通常设置在单桨船的舵柱后面。也有某些双桨船舶或非自航船舶在中纵剖面的呆木后面设置不平衡舵。这些舵用一个或多个舵销支承,如图 1-4 中的 Ⅰ 型所示,常用在密实或者大块碎冰区航行的船舶上。

设有尾框底骨的无舵柱单桨船上,为了减小转舵力矩,常设置尾框底骨支承的平衡舵,如图 1-4 中的 Ⅱ 型所示,其中 Ⅱ(a)型大多用于中小型船,Ⅱ(b)及 Ⅱ(c)型多用于大中型船。考虑到舵结构的简化和拆装方便,Ⅱ(b)型用得较多,Ⅱ(c)型(带舵轴的舵)已很少采用。

半悬挂舵即所谓的马林那(Mariner)舵,如图 1-4 中的 Ⅲ 型所示,其在无尾框的单桨单舵船舶、双桨单舵船舶及多桨多舵船舶上使用甚多,且采用舵销将舵支承在呆木或挂舵臂上。其中,Ⅲ(a)型的舵与舵杆采用锥体连接,Ⅲ(b)型的舵与舵杆采用法兰连接(因其在连接处的弯矩较小)。呆木或挂舵臂可提高船舶的航向稳定性,且能弥补半悬挂舵水动力特性较差的缺点。

悬挂舵,如图 1-4 中的 Ⅳ 型所示,在无艉柱的单桨或多桨船舶上均有使用,且应尽可能设置在螺旋桨后面。相对于半悬挂舵,Ⅳ(a)型悬挂舵的舵杆承受的弯矩要大得多(襟翼舵更是如此);为使舵杆直径减小,下舵承应尽量安装在接近船底处。Ⅳ(b)型的悬挂舵设有舵杆围阱,下舵承设置在围阱下端。舵杆穿过围阱深入舵叶内部与之连接(多采用无键锥体连接),由此减小了舵杆所承受的弯矩和下舵承处的支承反力,以适应更高航速船舶的要求。目前,在大型的集装箱船中得到较多的应用。

某些要求倒航时具有良好操纵性的船舶,如渡船、拖船等,可设置艏舵或倒车舵。艏舵一般效率较低,已很少采用。这类船舶目前更多的是配置全回转导管螺旋桨(如 Z 型推进器)或侧向推进器。

表 1-6 所列为各种船舶的舵的典型配置方式及其舵面积比。

表 1-6　各种船舶的舵的形式及面积比

船型		舵设备形式(图 1-4)	舵面积比 χ/%	辅助操纵设备
单艉轴海洋干货船和油船		Ⅱ型或Ⅲ型	1.3~1.9	
小型单艉轴客船		Ⅲ型或Ⅳ(a)型	1.8~4.0	
超大型双艉轴客船		Ⅲ型或Ⅳ(b)型,双舵(螺旋桨后面)	1.4~2.0	配置侧向推进器
		Ⅲ型或Ⅳ(b)型,单舵(呆木后面)	1.3~1.9	建议配置侧向推进器
限制吃水的超大型双艉轴干货船和油船		Ⅲ型,双舵(螺旋桨后面)	2.0~2.5	
双艉轴江—海联运船舶	$\sigma_e^{①}<2.0$	Ⅲ型,双舵(螺旋桨后面)	2.0~3.5	如果 $L/B>8.0$,配置侧向推进器
	$\sigma_e^{①}\geqslant2.0$	转动导流管		
冰区航行的干货船和油船	密实冰区	Ⅰ(c)型	1.6~2.0(组合体面积比 1.9~2.4)	
	大块碎冰区	Ⅰ(b)型或Ⅲ(b)型		
	稀疏碎冰区	Ⅰ型或Ⅲ型		
破冰船		Ⅰ(c)型或Ⅱ(b)型	1.6~2.3	
海洋火车或汽车渡轮		Ⅲ型(螺旋桨后面)	2.0~4.0	配置侧向推进器
拖轮		Ⅱ型或双支点转动导流管	2.5~4.0	
推轮		转动导流管		

注:① σ_e 为推进器有效推力载荷系数,计算航速时。

1.4.2　舵面积的确定

船舶线型确定以后,舵面积的选择将直接影响船舶的操纵性。对于大中型船舶来说,操纵性已成为考核船舶性能的重要指标(见本章 1.1.4 节)。

在舵面积选择中经常采用的参数为舵面积比 χ,其被定义为舵面积与船舶水下部分在中纵剖面上的投影面积之比值,按下式计算:

$$\chi = \frac{A}{Ld} \times 100\% \qquad (1.4.1)$$

式中,A 为舵面积,L 为规范船长,d 为夏季载重线吃水。

目前,在船舶设计中确定舵面积的方法主要有以下几种。

1.4.2.1　按母型船选择舵面积

对于船舶操纵性指标没有明确定量要求,而仅仅是希望有较好的操纵性的情况下,可以找一艘操纵性良好且与所设计船舶的船型及主尺度接近的船舶作为母型船,按该母型船的舵面积 A_0 确定所设计的船舶的舵面积 A,按下式计算:

$$A = \frac{A_0 Ld}{L_0 d_0} \qquad (1.4.2)$$

式中　L_0,d_0——母型船的船长及吃水;

　　　　L,d——所设计船舶的船长及吃水。

1.4.2.2　按船型统计资料选择舵面积

表 1-6 中提供了某些船型的舵面积比的资料,表 1-7 也列出了类似的资料,均可供选择舵面积时作为参考。这种方法选择舵面积的困难在于,统计资料中舵面积比的上下限范围较大,使用时往往很难把握尺度,通常只能在船舶设计的初期使用。

表 1-7　各种船舶的舵面积比

船型	$\chi/\%$	船型	$\chi/\%$
单螺旋桨船	1.6~1.9	机动性较高的船舶	2.0~4.0
双螺旋桨单舵船	1.5~2.5	拖网渔船和有限航区船舶	2.5~5.5
双螺旋桨双舵船(总面积)	1.7~2.1	海洋拖船	3.0~6.0
油船	1.3~1.9	引水船和渡船	2.5~4.0
大型高速客船	1.2~1.7	超大型货船和客船	1.4~2.0
运河快速客船	1.8~2.0	小型货船和客船	1.7~2.3
沿海航行船舶	2.3~3.3	近海船舶	2.0~3.3

1.4.2.3 按船级社规范选择舵面积

(1) 中国船级社(CCS)规范

CCS《钢质海船入级规范》(2009 年版)第 10 篇"散货船结构(CSR)",适用于船长 90 m 或以上,在全球不受限制航行的单舷侧和双舷侧散货船。为达到充分的操纵性能,建议可移动舵叶面积 $A(\text{m}^2)$ 的尺寸不小于由下式计算所得之值:

$$A = c_1 \cdot c_2 \cdot c_3 \cdot c_4 \cdot \frac{1.75 \cdot L \cdot T}{100} \tag{1.4.3}$$

式中 c_1——因子,取 0.9;

       c_2——舵类型因子;

       $c_2 = 1.0$(一般情况)

       $c_2 = 0.9$(半悬挂舵)

       $c_2 = 0.7$(高升力舵)

       c_3——舵剖面形状因子;

       $c_3 = 1.0$(NACA 翼型和平边翼型)

       $c_3 = 0.8$(中空翼型和混合翼型)

       c_4——舵系布置因子;

       $c_4 = 1.0$(位于螺旋桨尾流之内的舵)

       $c_4 = 1.5$(位于螺旋桨尾流之外的舵)

       L——规范船长,m,沿夏季载重水线自艏柱前缘量至舵杆中心线的距离,应不小于夏季载重水线长的 96% 且不必大于 97%;

       T——型吃水,m,在船中横剖面上自基线量至夏季载重水线的垂直距离。

对半悬挂舵,挂舵臂投影面积的 50% 可包括在舵叶面积 A 内。舵如多于一个,每个舵的面积可减小 20%。

根据 CCS《钢质海船入级规范》(2011 年修改通报),上述内容已被删除,式 (1.4.3) 计算所得的最小舵面积的要求仍具有一定的借鉴意义。

(2) 德国劳氏船级社(GL)规范

GL *Rules & Guidelines* (2014)"I-1-1""Section 14 A. 4"中,也有舵面积的推荐尺寸。

为了使船舶达到令人满意的操纵性,可转动部分舵叶面积 $A(\text{m}^2)$ 的建议尺寸应不小于由下式计算所得之值:

$$A = c_1 \cdot c_2 \cdot c_3 \cdot c_4 \cdot \frac{1.75 \cdot L \cdot T}{100} \tag{1.4.4}$$

式中 c_1——船型因子;

$c_1 = 1.0$(普通船舶)

$c_1 = 0.9$(排水量超过 50 000 t 的散货船和液货船)

$c_1 = 1.7$(拖船和拖网渔船)

c_2, c_3, c_4, L 和 T 与 CCS 规范相同,见式(1.4.3)。

（3）挪威船级社（DNV）规范

DNV *Rules for Classification of Ships*（2008）中的指导性说明建议,直接在推进器后面工作的舵(单舵或多舵)的总面积 $A(\text{m}^2)$ 应不小于按下式计算所得之值:

$$A = \frac{TL}{100}\left[1 + 50\,C_\text{B}^{\,2}\left(\frac{B}{L}\right)^2\right] \tag{1.4.5}$$

式中　L——规范船长,m,沿夏季载重水线自艏柱前缘量至舵杆中心线的距离,应不小于夏季载重水线长的 96% 且不必大于 97%;

　　　T——型吃水,m,平均夏季型吃水;

　　　B——船宽,m,夏季载重水线时的最大型宽;

　　　$C_\text{B} = \dfrac{\Delta}{1.025LBT}$——方形系数,其中,$\Delta(\text{t})$ 为型吃水为 T 时在海水中的排水量。

对于在港湾、运河或其他狭窄水道内频繁航行的船舶,按上述公式确定的舵面积应予适当增加。对于设有流线型舵柱的船舶,舵柱侧面积的一半可计入按上述公式确定的舵面积。对于设有挂舵臂的船舶,位于舵叶顶部水平线以下的挂舵臂的面积,可计入按上述公式确定的舵面积。

不直接在推进器后面工作的舵,按上述公式确定的舵面积应至少增加 30%。

对于具有特殊剖面或特殊构造的能够提高舵效的舵(如襟翼舵或转动导流管等),按上述公式确定的舵面积可予适当减小。

对于具有大的干舷或高的连续上层建筑的船舶,应当考虑增加舵面积。

当船舶全速前进且舵转至极限位置(最大舵角)时,较大的舵面积将引起船舶过分大的横倾角。这一点对于客船、渡船、车辆滚装船等船舶尤为重要,这些船舶会因其速度、吃水、重心和稳心的垂向高度等的综合影响,使得在回转直径较小时导致船舶过分大的横倾角。

DNV *Rules for Classification of Ships*（2011）中,上述内容已被删除,式(1.4.5)计算所得的最小舵面积的要求仍具有一定的借鉴意义。

1.4.2.4　按图谱确定舵面积

为满足《船舶操纵性标准》(MSC.137(76)决议)的要求,舵面积可按图 1-13 及图 1-14 确定,其适用于除双体船、高速船及特种作业船以外的机动海船,舵剖面为 NACA00 的常用舵型。

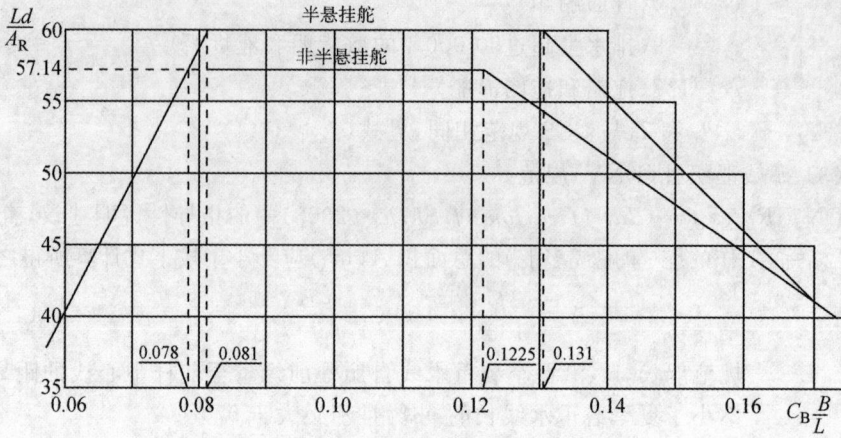

图 1-13　按正常操纵性要求确定舵面积的图谱

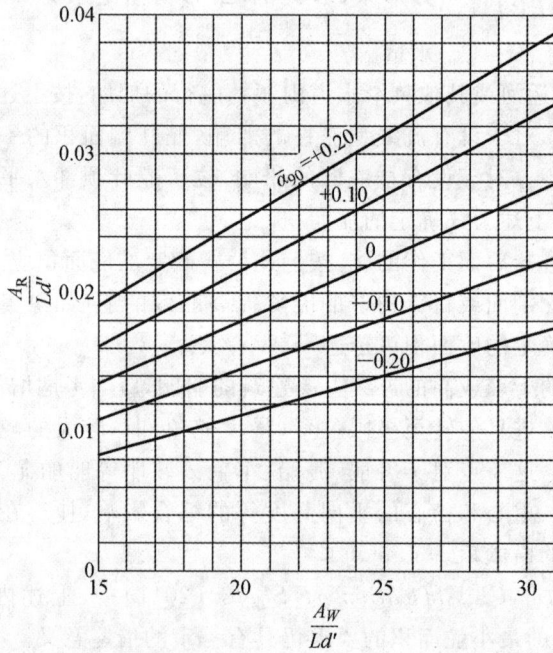

图 1-14　按抗风操纵性要求确定舵面积的图谱

图 1-13 及图 1-14 中的符号为

L——船舶垂线间长，m；

B——型宽,m;

d——夏季载重线吃水,m;

d'——给定航行状态的平均吃水,m;

C_B——方形系数;

A_R——舵的可动部分面积,m^2;

$\dfrac{Ld}{A_R}$——舵面积系数;

A_W——吃水 d' 时的船舶水上部分侧向受风面积,m^2。

关于图 1-13 及图 1-14 的使用方法说明如下。

(1) 舵的可动部分面积 A_R 不必大于按图 1-13 中相应曲线所给定的舵面积系数确定的舵面积,但是:

①不在螺旋桨尾流中的舵,其面积应按图 1-13 所确定的值再增加 50%;

②在港区、运河或其他狭窄水域内频繁操纵的船舶,其舵面积应按图 1-13 所确定的值做适当增加;

③拖船或拖网渔船的舵面积应按图 1-13 所确定的值再增加 70%;

④高升力舵(如襟翼舵、导流管舵)或特殊剖面的舵,其面积应按图 1-13 所确定的值做适当减少;

⑤舵面积大的客船、渡船和滚装船等,回转时可能产生过大的横倾角,应做估算。

(2) 客船、渡船和滚装船等侧向受风面积较大的船舶,其舵面积尚应按图 1-14 校核,校核时应注意:

① $\bar{a}_{90} = a/L$,其中 a 为自船舯至水线以上侧向面积形心的距离(形心在船中后为正);

②图 1-14 适用于单桨单舵或双桨双舵的船舶;对于双桨单舵的船舶,其舵面积应增加 50%;

③舵的可动部分面积 A_R 应取按图 1-13 和图 1-14 所确定的数值中的大者。

1.4.3　舵与螺旋桨组合体的设计

舵与螺旋桨组合体的设计,是为了使舵的外形及船体尾部线型和螺旋桨的配合更好;同时还应考虑轴包架、轴支架及尾框架的形状。某型船的舵与螺旋桨组合体的设计外观如图 1-15 所示。

舵与螺旋桨组合体的设计,应注意以下几个方面。

(1) 适当增加舵的高度 h 和展弦比 λ,以提高应舵性能。

(2) 尽可能减小舵的上缘同船体之间的间隙。

图 1-15　某型船的舵与螺旋桨组合体

(3) 为了避免引起船体尾部振动,对于设在螺旋桨尾流中的舵,其导边至螺旋桨叶梢之间的距离不宜太小。对中低速和小功率船舶,该距离可取为 $(0.15\sim0.20)D(D$ 为螺旋桨直径);对高速船或大功率船舶,可取为螺旋桨直径 D。双桨单舵船舶,由于舵不在螺旋桨尾流中,则该距离应不小于 $(0.75\sim1.00)D$。

(4) 双桨双舵船舶的螺旋桨宜采用外旋型,很少采用内旋型;且舵位于通过螺旋桨轴线的垂直平面的外侧,两者之间的距离以保证在不拆卸舵的情况下,能够拆卸艉轴即可,对于舵效几乎没有影响。同时,双舵船舶还应校核舵转到最大舵角时的可能性,舵向内转动时应保证舵与船体之间一定的间隙,舵向外转动时应尽量不超过水线面的轮廓。

(5) 平衡舵的平衡比直接影响到舵机功率的确定。虽然较大的平衡比可使舵机功率减小,但平衡比过大可能会造成不利后果。因为在最大舵角时将使舵处于过平衡状态,舵的转动加快,对于液压舵机来说液压缸因其液压油来不及补充而造成真空,对于手动舵机来说会导致舵轮失控危及操舵人员。为了防止这种情况发生,规范要求计算舵的扭矩时其最小舵力臂 $R_{\min}=0.1c(c$ 为舵叶平均宽度)。实际使用中,船后舵的平衡比通常为 $0.2\sim0.3$(DNV *Rules for Classification of Ships*(2008)的指导性说明建议:平衡比不大于 0.23)。半悬挂舵包括挂舵臂在内的平衡比可按平衡舵确定,但挂舵臂以下部分舵面积的平衡比约为 0.35。

(6) 冰区航行船舶应设舵的保护装置,见 1.6.1 节。

(7) 某些保持直线航行能力(即航向稳定性)较差的船舶,如肥大型船、浅吃水船等,设置稳定鳍或增加呆木面积均有利于改善航向稳定性。

1.4.4 按模型试验资料计算舵的水动力特性

舵的水动力计算能够采用模型试验资料是最接近实际的方法,这些资料通常有:自航模型试验资料、舵的模型试验资料和单独舵的图谱资料。

自航模型试验要求实船与船模之间满足的相似条件为:几何相似、运动相似和动力相似。事实上,这些相似条件都不可能完全满足,尤其是螺旋桨的形状相似和转速相似很难实现,舵上的力和扭矩的精确测量更是困难。而且自航模型试验价格昂贵,在一般情况下只能同操纵性试验结合做些测量。

为了得到比较精确的舵的水动力参数,对于某一个具体的舵可以利用风洞做模型试验,通常也只做单独舵的模型试验,然后由试验结果确定 $C_n(\alpha)$ 和 $C_t(\alpha)$ 或 $C_y(\alpha)$ 和 $C_x(\alpha)$,用于实际的单独舵计算,再加上船体及螺旋桨影响的修正得到实际舵的水动力值。需要注意的是风洞试验时应保持足够高的雷诺数 $Re = \dfrac{Vb}{\nu}$(b 为舵的弦长或平均宽度),并在试验结果中注明。

在舵的设计中,经常采用的是各个研究机构发表的舵的图谱。目前,这一类图谱主要有 NACA 系列、НЕЖ 系列、ЦАГИ 系列、Gö 系列、TMB 系列和 JfS 系列等(见 1.2.3 节)。表 1-8~表 1-10 所列为几种展弦比为 $\lambda = 1.0$ 的舵的水动力特性表。

表 1-8 和表 1-9 仅列出了 C_y,C_n 及 $C_{m0.25}$ 的值,但是据此可计算出 C_x,C_p 的值分别为

$$C_x = \frac{C_n - C_y \cos\alpha}{\sin\alpha} \tag{1.4.6}$$

$$C_p = \frac{C_{m0.25}}{C_n} + 0.25 \tag{1.4.7}$$

如果给出 C_{m0} 值,则可按式(1.3.9)计算 C_p 的值。

当舵的实际展弦比与所用图谱的展弦比不同时,可按普兰特(Prandtl)公式进行换算。

$$\alpha_2 = \alpha_1 + 57.3\frac{C_{y_1}}{\pi}\left(\frac{1}{\lambda_2} - \frac{1}{\lambda_1}\right) \tag{1.4.8}$$

$$C_{x_2} = C_{x_1} + \frac{C_{y_1}^2}{\pi}\left(\frac{1}{\lambda_2} - \frac{1}{\lambda_1}\right) \tag{1.4.9}$$

$$C_{y_2} = C_{y_1} \tag{1.4.10}$$

式中,下标 1 表示模型舵;下标 2 表示实船舵;α_1 和 α_2 的单位均为度(°)。

在流经舵叶的水流发生分离之前,可取:

$$C_{p2} \approx C_{p1} \tag{1.4.11}$$

表 1-8 λ=1.0 时舵的水动力特性（正车时）

剖面型式	系数	α/(°)										$C_{y最大}$ / $C_{n最大}$ / $C_{m0.25最大}$	$α_c$/(°)
		0	5	10	15	20	25	30	35	40	45		
NACA0015 (Re=0.79×10⁶)	C_y	0	0.141	0.289	0.441	0.622	0.775	0.926	0.713	0.686	0.631	1.052	34
	C_n	0	0.143	0.292	0.444	0.630	0.795	0.962	0.887	0.914	0.902	1.153	
	$C_{m0.25}$	0	−0.014	−0.021	−0.019	−0.006	0.004	0.026	0.126	0.137	0.141	0.141	
NACA0025 (Re=0.78×10⁶)	C_y	0	0.132	0.270	0.419	0.586	0.732	0.883	1.033	1.192	1.325	1.336	46
	C_n	0	0.134	0.275	0.428	0.599	0.756	0.916	1.102	1.294	1.479	1.549	
	$C_{m0.25}$	0	−0.010	−0.015	−0.015	−0.008	0.004	0.026	0.058	0.099	0.146	0.194	
TMB075 075 15 (Re=0.69×10⁶)	C_y	0	0.136	0.294	0.441	0.575	0.670	0.780	0.856	0.862	0.717	0.865	39
	C_n	0	0.141	0.309	0.473	0.629	0.760	0.921	1.055	1.120	0.992	1.143	
	$C_{m0.25}$	0	0.001	0.030	0.069	0.102	0.122	0.154	0.178	0.194	0.171	0.194	
JIS58TR15 (Re=0.78×10⁶)	C_y	0	0.161	0.322	0.500	0.670	0.867	1.051	1.146	0.906	0.740	1.182	34
	C_n	0	0.164	0.327	0.508	0.686	0.897	1.104	1.095	1.184	1.038	1.265	
	$C_{m0.25}$	0	−0.001	−0.001	0.007	0.023	0.046	0.074	0.188	0.216	0.193	0.216	
JIS58TR25 (Re=0.78×10⁶)	C_y	0	0.149	0.313	0.488	0.660	0.844	1.022	1.206	1.324	1.410	1.448	48
	C_n	0	0.153	0.321	0.503	0.685	0.887	1.091	1.309	1.472	1.617	1.691	
	$C_{m0.25}$	0	0.069	0.014	0.024	0.042	0.067	0.100	0.132	0.160	0.194	0.211	
JIS61TR25 (Re=0.79×10⁶)	C_y	0	0.117	0.322	0.495	0.678	0.856	1.037	1.213	1.327	0.720	1.342	41
	C_n	0	0.151	0.330	0.511	0.703	0.990	1.109	1.325	1.487	1.024	1.487	
	$C_{m0.25}$	0	−0.002	0.002	0.014	0.031	0.057	0.087	0.125	0.154	0.200	0.208	
JIS62TR25 (Re=0.78×10⁶)	C_y	0	0.162	0.329	0.516	0.708	0.893	1.084	1.259	1.378	1.467	1.478	46
	C_n	0	0.165	0.337	0.530	0.733	0.938	1.159	1.376	1.538	1.695	1.728	
	$C_{m0.25}$	0	0	0.005	0.019	0.039	0.064	0.097	0.131	0.153	0.181	0.198	

表 1-9 λ=1.0 时舵的水动力特性（倒车时）

剖面型式	系数	\multicolumn{10}{c} α/(°)										$C_{y最大}$ $C_{n最大}$ $C_{m0.25最大}$	α_r/(°)
		5	10	15	20	25	30	35	40	45	50		
NACA0015 ($Re=0.56\times10^6$)	C_y	0.241	0.385	0.532	0.643	0.771	0.918	1.022	1.059	1.010	0.572	1.050	40.0
	C_n	0.246	0.397	0.561	0.692	0.857	1.061	1.249	1.380	1.450	0.986	1.45	
	$C_{m0.25}$	-0.077	-0.157	-0.222	-0.287	-0.339	-0.418	-0.458	-0.489	-0.492	-0.347	-0.492	
NACA0025 ($Re=0.56\times10^6$)	C_y	0.267	0.412	0.553	0.672	0.738	0.767	0.672	0.894	0.529	0.478	0.908	37
	C_n	0.274	0.431	0.585	0.730	0.830	0.921	0.864	1.210	0.872	0.899	1.210	
	$C_{m0.25}$	-0.088	-0.165	-0.235	-0.300	-0.340	-0.362	-0.332	-0.447	-0.333	-0.335	-0.45	
TMB075 075 15 ($Re=0.56\times10^6$)	C_y	0.182	0.336	0.532	0.705	0.885	1.033	1.104	1.095	1.022	0.624	1.106	36
	C_n	0.188	0.352	0.569	0.772	0.999	1.211	1.370	1.464	1.487	1.062	1.49	
	$C_{m0.25}$	-0.073	-0.148	-0.224	-0.317	-0.387	-0.429	-0.467	-0.483	-0.473	-0.341	-0.485	
JfS58TR15 ($Re=0.56\times10^6$)	C_y	0.132	0.272	0.537	0.648	0.771	0.932	1.059	1.114	1.069	0.610	1.114	40
	C_n	0.137	0.284	0.570	0.707	0.868	1.086	1.289	1.422	1.492	1.021	1.514	
	$C_{m0.25}$	-0.083	-0.157	-0.225	-0.281	-0.335	-0.415	-0.463	-0.494	-0.498	-0.353	-0.521	
JfS58TR25 ($Re=0.56\times10^6$)	C_y	0.151	0.293	0.428	0.674	0.785	0.885	0.927	0.975	0.610	0.558	0.975	40
	C_n	0.160	0.313	0.464	0.755	0.912	1.071	1.169	1.308	0.952	0.970	1.308	
	$C_{m0.25}$	-0.089	-0.168	-0.233	-0.297	-0.361	-0.415	-0.437	-0.461	-0.345	-0.344	-0.461	
JfS61TR25 ($Re=0.56\times10^6$)	C_y	0.142	0.298	0.444	0.662	0.771	0.894	0.955	0.999	0.638	0.596	1.00	42
	C_n	0.150	0.319	0.486	0.751	0.900	1.071	1.189	1.324	0.966	1.011	1.357	
	$C_{m0.25}$	-0.077	-0.153	-0.219	-0.281	-0.333	-0.412	-0.436	-0.466	-0.342	-0.349	-0.474	
JfS62TR25 ($Re=0.56\times10^6$)	C_y	0.147	0.423	0.577	0.705	0.866	0.976	1.039	1.048	0.975	0.553	1.050	37
	C_n	0.153	0.445	0.620	0.780	0.982	1.147	1.280	1.382	1.431	0.983	1.431	
	$C_{m0.25}$	-0.082	-0.163	-0.236	-0.305	-0.387	-0.448	-0.475	-0.486	-0.481	-0.342	-0.486	

表 1-10　λ＝1.0 时首舵的水动力特性（具有 JfS57BR15 剖面（$Re=0.72\times10^6$））

系数	$\alpha/(°)$										
	0	2	5	10	15	20	25	27	28	29	30
C_y	0	0.59	0.148	0.293	0.435	0.572	0.698	0.735	0.751	0.825	0.877
C_x	0.028	0.031	0.037	0.068	0.123	0.217	0.349	0.401	0.427	0.470	0.506
C_n	0	0.060	0.150	0.300	0.452	0.612	0.780	0.837	0.863	0.949	1.013
$C_{m0.5}$	0	−0.022	−0.045	−0.081	−0.101	−0.111	−0.097	−0.101	−0.104	−0.117	−0.123

系数	$\alpha/(°)$										
	35	40	42	43	45	50	55	60	70	80	90
C_y	0.985	1.038	0.996	0.704	0.667	0.603	0.535	0.455	0.307	0.154	0.00
C_x	0.703	0.889	0.965	0.724	0.736	0.794	0.841	0.880	0.940	0.944	0.962
C_n	1.210	1.366	1.385	1.009	0.992	0.995	0.996	0.990	0.987	0.956	0.962
$C_{m0.5}$	−0.140	−0.127	−0.120	−0.086	−0.086	−0.077	−0.073	−0.067	−0.048	−0.03	−0.00

1.4.5　按近似公式计算舵的水动力特性

在舵设备的设计中，舵的结构、舵杆及连接零件的主要尺寸均按船级社规范的要求确定。舵的水动力特性计算的目的在于确定转舵力矩并据此选择合适的舵机。

在缺乏单独舵的水动力特性试验资料的情况下，可按近似公式进行计算，这里介绍几种常用的计算公式。

（1）易格（Jaeger）公式

易格公式适用于对称机翼剖面的舵

$$C_y = 0.09\frac{\alpha}{1.3+\dfrac{2}{\lambda}} \tag{1.4.12}$$

$$C_x = 0.18\left(\frac{\alpha}{10}-1\right) \tag{1.4.13}$$

$$C_p = \frac{x_p}{b} = \begin{cases} 0.25 & (25°\leqslant\alpha\leqslant30°) \\ 0.33 & (\alpha\geqslant35°) \end{cases} \tag{1.4.14}$$

式中　α——攻角，(°)；

　　　λ——展弦比。

（2）孟德尔（Mandel）近似公式

孟德尔近似公式是根据大量试验工作，特别是 NACA 系列的试验结果所得出的半经验公式。

升力系数：

$$C_y = \left(\frac{\mathrm{d}C_y}{\mathrm{d}\alpha}\right)_{\alpha=0} \alpha + \frac{C_\mathrm{D}}{\lambda}\alpha^2 \qquad (1.4.15)$$

式中，$\left(\dfrac{\mathrm{d}C_y}{\mathrm{d}\alpha}\right)_{\alpha=0}$ 为当 $\alpha=0$ 时，升力系数曲线的斜率。

$$\left(\frac{\mathrm{d}C_y}{\mathrm{d}\alpha}\right)_{\alpha=0} = \frac{1.8\pi\lambda}{1.8 + \cos\Lambda\sqrt{\dfrac{\lambda^2}{\cos^4\Lambda} + 4}} \qquad (1.4.16)$$

距离舵叶导边 1/4 弦长（或平均宽度）处的力矩系数：

$$C_{m0.25} = \frac{1}{57.3}\left[0.25 - \left(\frac{\mathrm{d}C_m}{\mathrm{d}C_y}\right)_{C_y=0}\right]\left(\frac{\mathrm{d}C_y}{\mathrm{d}\alpha}\right)_{\alpha=0} - \frac{\alpha^2}{2\lambda}C_\mathrm{D} \qquad (1.4.17)$$

$$\left(\frac{\mathrm{d}C_m}{\mathrm{d}C_y}\right)_{C_y=0} = 0.5\left[1 - \frac{0.555\sqrt{(\lambda^2+4)}+1}{\lambda+2}\right] \qquad (1.4.18)$$

式(1.4.15)～式(1.4.18)中：

α——几何攻角，rad；

Λ——后掠角为距舵叶导边 1/4 弦长的点的连线与舵杆轴线的夹角，见图 1-16；

C_D——横流阻力系数，即沿 Oy_1 轴（图 1-8）舵移动时的阻力系数，可按图 1-17 查取。

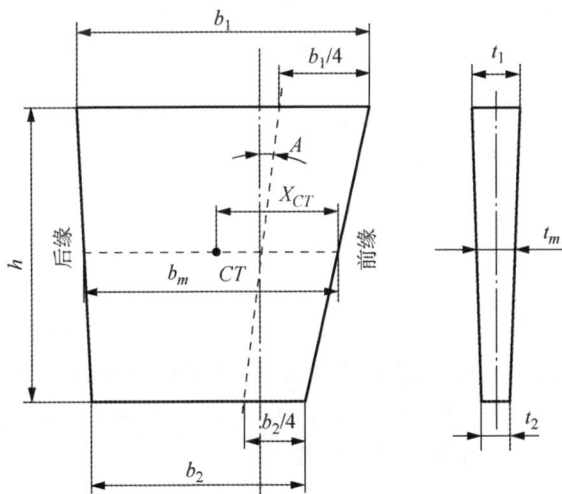

图 1-16　用于式(1.4.16)的舵外形图

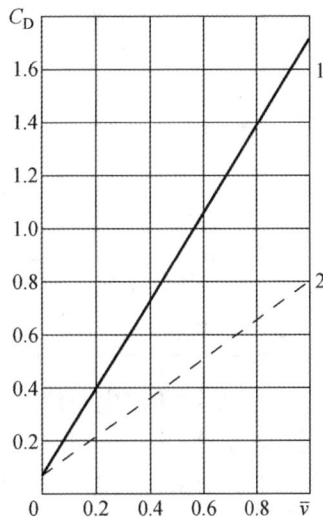

1—直边缘；2—圆弧边缘。

图 1-17　横流阻力系数曲线

图 1-17 中 $\bar{\nu}$ 为收缩率,按下式计算:

$$\bar{\nu} = \frac{b_2}{b_1} \tag{1.4.19}$$

式中,b_1、b_2 见图 1-16。

舵的阻力系数 C_x 按下式计算:

$$C_x = C_{x0} + \frac{C_y^2}{0.9\pi\lambda} \tag{1.4.20}$$

式中,C_{x0} 为当 $\alpha = 0$ 时的 C_x 值,对于 NACA 0015 剖面,$C_{x0} = 0.0065$。

（3） 乔赛尔(Jösel)公式

乔赛尔公式是最常用的计算舵力的公式,它忽略了船体及螺旋桨的影响,也忽略了展弦比的影响。然而,由于其十分简便,且偏于安全,因此仍然得到使用。

$$P_n = 9.81 \times \frac{41.35 \sin \alpha}{0.195 + 0.305 \sin \alpha} A\nu^2 \tag{1.4.21}$$

$$x_c = (0.195 + 0.305 \sin \alpha)b \tag{1.4.22}$$

式中 P_n——作用在舵上的法向力,N;

x_c——压力中心距舵叶导边的距离,m;

A——舵面积,m^2;

ν——航速,m/s;

b——舵的平均宽度,m;

α——转舵角,(°)。

经修正的乔赛尔公式为

$$P_n = 9.81 \times K \frac{\sin \alpha}{0.2 + 0.3 \sin \alpha} A\nu^2 \tag{1.4.23}$$

式中,K 为修正系数,按表 1-11 查取。

表 1-11　系数 K

$\alpha/(°)$	5	10	15	20	25	30	35
K(尾流影响显著时)	31	33	35	36	37	38	40
K(伴流影响显著时)	10	12	15	17	18	21	22

据试验,压力中心位置与作用在舵上的流速无关,且展弦比对其影响也甚微。而且据统计,按式(1.4.22)计算的压力中心位置有一定的准确性,因此在采用其他经验公式计算舵力时,也常常采用该式计算压力中心位置。

（4）藤井、津田公式

藤井、津田根据机翼型舵试验结果提出的计算作用在舵上的法向力 P_n(N)及压力中心距舵叶导边的距离 x_c(m)的方法,考虑了展弦比 λ 的影响,适用于 $0.5 \leqslant$

$\lambda \leqslant 3$ 的舵。

$$P_n = \frac{6.13\lambda\sin\alpha}{\lambda + 2.25} \times \frac{1}{2}\rho A v^2 \tag{1.4.24}$$

$$x_c = \left(0.165 + 0.210\,\sin\alpha + \frac{7}{\alpha}\sin\alpha\right)b \tag{1.4.25}$$

式中　ρ——介质密度,见式(1.3.25);

　　　α——转舵角,(°)。

1.4.6　舵的空泡现象

船舶在高速航行过程中,由于船体对水的作用,提高了水的流速,且船体迅速离开后水来不及填补,导致该区域的压力骤减;因压力降低,若某处的压力降至临界值以下,导致爆发式的汽化,形成气泡,使该区域的水出现类似沸腾的现象,称为空泡。一般认为,压力的临界值即为该温度时水的汽化压力(或称饱和蒸汽压力)。

通常的民用船舶由于航速不高,一般不存在舵的空泡现象。但对于航速较高(>22 kn)且螺旋桨负荷较重(>700 kW/m²)的船舶(特别是集装箱船的航速一般较高),一般需要考虑舵的空泡现象。图 1-18 显示了某型船在坞修时清晰可见的舵的空泡现象。

挂舵臂空泡剥蚀

半悬挂舵凹口处的舵叶和挂舵臂的空泡剥蚀

舵叶表面空泡剥蚀

图 1-18　某型船的舵的空泡剥蚀现象

1.4.6.1 舵的空泡阶段和空泡数

舵的空泡现象,一般可以分为两个阶段:在空泡的第一阶段,舵表面的压力重新分布,使压力中心移向舵叶随边,从而显著增大舵杆扭矩;在空泡的第二阶段,舵的升力将降低,压力中心重新向舵叶导边移动。舵空泡的第一阶段如图 1-19 所示,$v > v_0'$ 时的表面压力中心(虚线所框示区域的中心)相比 $v < v_0'$ 时的表面压力中心(实线所框示区域的中心)向舵叶随边移动,p_d 也向舵叶随边移动。图中,纵坐标为压力 p,横坐标为对称剖面翼型的弦长,v 为航速,v_0' 为发生空泡的临界航速,$\ominus$ 为表面压力降低一侧,$\oplus$ 为表面压力升高一侧,p_d 为发生空泡时的临界压力值(一般,该临界压力值即为该温度时水的汽化压力)。

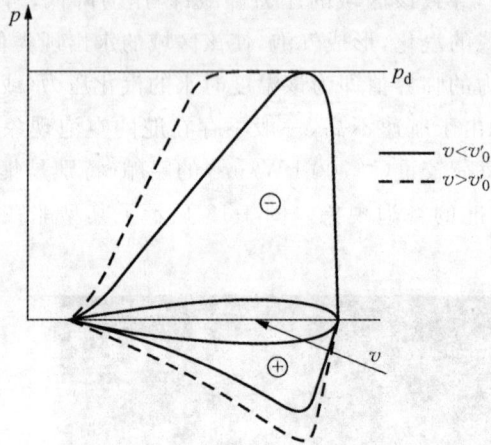

图 1-19 对称剖面翼型发生空泡时的表面压力分布线图

用以衡量是否会发生空泡的数值,称之为空泡数。舵的空泡数 σ 按下式计算:

$$\sigma = \frac{P_0 + P_h - P_V}{\frac{1}{2}\rho v_R^2} \tag{1.4.26}$$

式中 P_0——大气压,1.01×10^5 Pa;

  P_h——浸水部分舵面积形心处的水压力,$P_h = \rho g h_1$,Pa;

  ρ——水的密度,海水取 1.025×10^3 kg/m³;

  g——重力加速度,一般取 9.8 m/s²;

  h_1——浸水部分舵面积形心的浸深(即水面以下的深度),m;

  P_V——水的汽化压力,Pa,随水的温度而变化,见表 1-12;

  v_R——舵的迎流速度,m/s,在螺旋桨后时,应计入螺旋桨的诱导速度。

表 1-12　水的汽化压力随温度的变化

水温 $t/℃$	5	10	15	20	25	30	35	40	45
汽化压力 $p/(\text{N}\cdot\text{m}^{-2})$	871.8	1 227.1	1 704.0	2 336.9	3 166.6	4 241.4	5 622.2	7 374.6	9 582.1

由式(1.4.26)可得知,当舵的迎流速度 v_R 加大时,空泡数 σ 减小,空泡影响增大。当空泡数 σ 小于 2.0 时,就可能产生空泡。

在空泡的第一阶段,因压力中心后移而显著增大舵杆扭矩。图 1-20 为厚度比 $t'=0.2$(t' 即为 1.2.3 节中的厚度比 $\bar{t}$)、剖面最大厚度离舵叶导边的相对位置 $\overline{n}_s=0.25$、展弦比 $\lambda=1$,具有 HEЖ 翼型的矩形舵在有空泡($\sigma=0.7$)和无空泡时的舵杆扭矩系数变化。扭矩系数的变化,也与剖面最大厚度的位置有关,当剖面的最大厚度向舵叶随边移动时,扭矩系数的变化就相对减小(图 1-21)。

在空泡的第二阶段:舵的升力将依空泡数 σ 的减小而降低;图 1-22 显示了空泡对升力的不利影响。

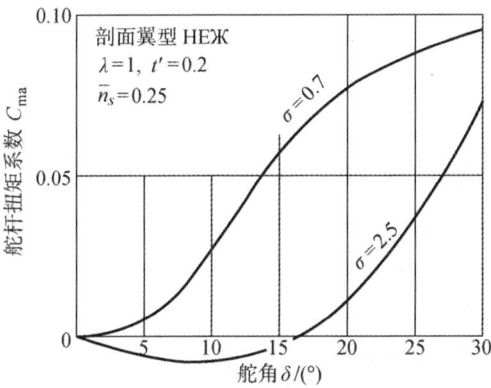

图 1-20　有空泡和无空泡时的舵杆扭矩系数变化

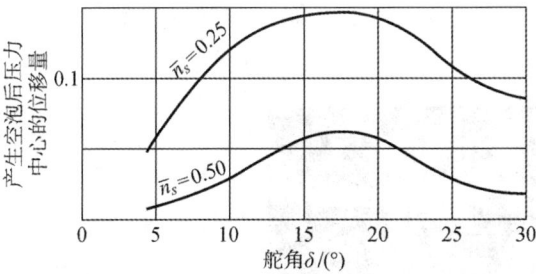

图 1-21　空泡时剖面最大厚度的位置对压力中心位置的影响

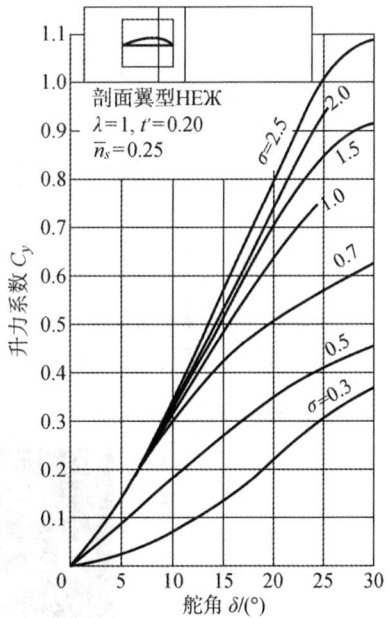

图 1-22　空泡对升力的不利影响

舵位于螺旋桨尾流中时,舵的空泡将受此影响。西山(Nishiyama)对某艘高速集装箱船在水洞中做舵空泡试验时,曾对该船螺旋桨尾流做了测定,发现就右旋桨而言:螺旋桨中心轴线下方的尾流,对舵叶有一个 $10°\sim16°$ 的指向船体左舷的斜流角,相当于舵叶在轴线下方部分获得一个附加右舵角;螺旋桨中心轴线上方的尾流,对舵叶有一个 $10°\sim18°$ 的指向船体右舷的斜流角,相当于舵叶在轴线上方部分获得一个附加左舵角;如图 1-23 所示。螺旋桨中心轴线上下方反向的尾流斜角,将导致在左右舵角时,舵的空泡状态是有一定区别的。

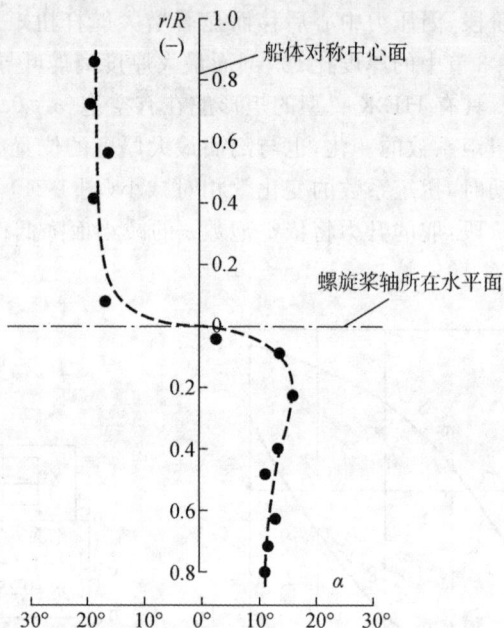

图 1-23　某艘高速集装箱船螺旋桨尾流对舵叶的斜流角

同时,如果螺旋桨自身产生空泡,则在船舶航行过程中,该部分空泡也将可能作用在舵叶上,对舵叶表面产生空泡剥蚀现象。图 1-24 显示了某螺旋桨自身产生空泡的现象。

图 1-24　某螺旋桨自身产生空泡的现象

1.4.6.2　舵的空泡现象分类

舵的空泡现象,根据发生的部位、形状、大小、形成的机理等,可分为三类:舵侧表面空泡、舵底空泡和不规则的舵表面空泡。

（1）舵侧表面空泡

舵侧表面的空泡发生在转舵后舵表面吸力面(压力降低)的一侧,如图 1-25 的位置 2、位置 3 和图 1-26 的位置 4。作为吸力面的该侧近导边区域(负压最高)的压力会降低,产生空泡;随着舵角的增大,压力降低越多,空泡现象会越来越严重,最终可发展成片状空泡,且空泡在该区域不断产生和溃灭,产生空泡剥蚀现象。

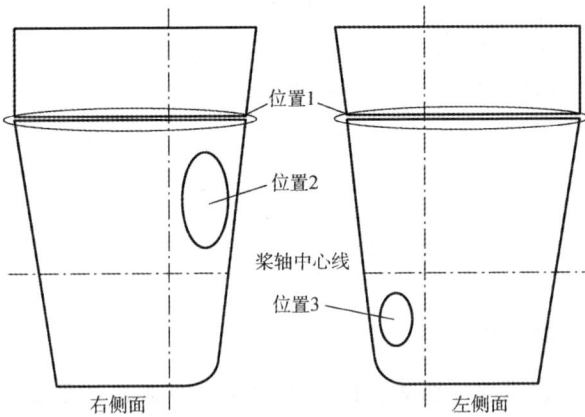

图 1-25　悬挂舵的表面空泡区域划分

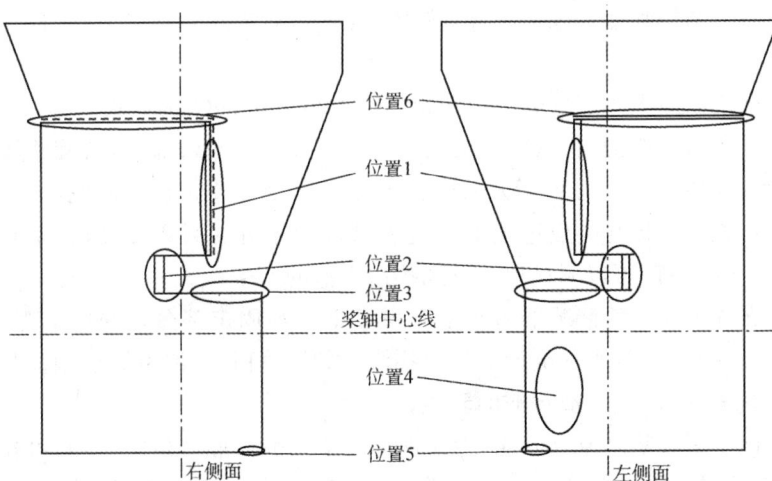

图 1-26　半悬挂舵的表面空泡区域划分

舵侧表面的片状空泡,因转舵后的压力降至汽化压力后形成、发展、溃灭,相比其他两种舵的空泡类型而言,其影响面积相对最大,空泡剥蚀现象也相对严重。但为保持船舶航向稳定,经常使用的是小舵角(一般操舵角度在5°以内),在该范围内一般不会产生空泡。

(2)舵底空泡

舵叶的底板和旁板在导边底部以及两侧一般采用直角(或棱角)连接居多,如图1-26的位置5,该处会产生较为严重的舵底空泡。舵叶导边底部存在绕舵底的扰流,螺旋桨的尾流加剧了这部分的扰流,使水流经过时速度和压力发生突变,产生分离,形成低压区,从而引起空泡的产生;相关实验表明,即使在零舵角下,该区域也会产生空泡现象,且随着舵角的增大空泡明显加重,面积明显增大。

(3)不规则的舵表面空泡

如图1-25的位置1和图1-26的位置1、位置2、位置3、位置6所示,舵叶的转动部分与固定部分之间均有缝隙(不规则的舵表面);在舵叶转动后,舵表面的形状在缝隙处产生突变,使之呈现不光顺过渡,水流经过这些缝隙时的速度和压力均产生波动,从而引发空泡。从图1-25和图1-26的对比可以简单看出,悬挂舵相比半悬挂舵大大减少了不规则的舵表面空泡的产生。

1.4.6.3　舵的空泡的防治

舵的空泡除了恶化舵的水动力特性外,还对舵叶表面产生了空泡剥蚀现象,严重时将破坏舵的结构,影响船舶的航行安全。

为减少舵的空泡、改善其所产生的不良影响,可采取以下措施:

(1)只要结构强度和施工允许,舵的剖面厚度就应尽量地薄,即选取尽量小的厚度比;

(2)舵剖面最大厚度处离导边的距离应不小于 $0.3b$(b 为弦长);

(3)采用扭曲舵剖面,以螺旋桨轴线为中心分为上下两部分,右旋桨按图1-23所示的螺旋桨轴线为中心上下方采用反向扭曲,可延迟空泡产生的舵角;

(4)对舵叶底板与旁板连接的导边两侧进行光滑的圆弧过渡,特别是导边底部采用大圆弧过渡,可以明显地改善和控制空泡的产生;

(5)在施工允许的情况下减小舵叶转动部分与固定部分之间的缝隙,或在缝隙处设置制流板,限制水平端面的横向扰流,同时也可将空泡引导至制流板的边缘而相对远离舵叶,减少空泡对舵的剥蚀;

(6)位于螺旋桨尾流内的舵,为改善螺旋桨空泡对舵产生的影响,可拉长桨毂帽的长度,或使舵和螺旋桨偏置一个横距(0.05~0.10倍螺旋桨直径);

(7)目前对半悬挂舵在缝隙处的空泡改善,常包覆不锈钢材料以保护舵叶。

舵的空泡首先将舵叶表面的油漆破坏，从而加快舵叶钢材的腐蚀。包覆一定强度的不锈钢材料，使空泡剥蚀作用在不易被破坏的不锈钢材料上，可起到保护作用。

1.5　舵设备的一般布置

1.5.1　舵设备简述

舵设备通常由舵叶、舵杆、舵销或舵轴、上舵承、下舵承、止跳装置、舵角限位装置、舵机及其控制系统等组成。不同形式的舵由于其同船体连接方式或是舵叶与舵杆的连接方式不同，舵系的组成方式也会有所不同。

采用动力操舵的船舶应设置舵机舱用于安装舵机、应急操舵装置、储备油箱及控制设备等。舵机舱应易于到达，并尽可能同其他机器处所分开。舵机舱应布置适当，以保证有通向操舵机械及控制器的工作通道。且应保证万一有液体发生泄漏时，仍能具有适宜的工作条件。这些布置应包括：扶手、栏杆和格栅板或其他防滑地板。

舵机舱内应设有下列工作设施：同驾驶室联系的通信设施，供在舵机舱内应急操舵时使用的舵角指示器等。驾驶室和舵机舱均应设有指明操舵装置控制系统和转舵系统转换过程的正确操作程序的永久性框图显示牌等。

1.5.2　不平衡舵系统

在单桨船上，不平衡舵总是设在舵柱后面；而在双桨船上，不平衡舵设于艉部船体中心线处同船身组成一体的呆木后面。舵柱的形式应同舵叶剖面配合，使得流向舵叶的水流顺畅，不产生涡流。

不平衡舵结构中，作为舵叶支承构件的下舵杆可采用锻钢件、铸钢件或钢板焊接的代舵杆结构。舵叶与上舵杆大多采用水平法兰连接，下舵销伸进尾框底骨的承座内。图 1-27 所示为设置一个舵销固定的不平衡舵，通常用于小型船舶；图 1-28 所示为设置两个舵销固定的不平衡舵；设置三个舵销固定的不平衡舵，则是在上、下舵销之间加设一个中间舵销。

图 1-28 中舵杆的下部为扫帚状法兰，因此当舵从舵钮上卸下时不必拆除或者提升舵杆。但是上、下法兰的布置应使得舵叶向一侧旋转，而舵杆向另一侧旋转时，两个法兰之间留有 20～30 mm 的间隙，同时应考虑上舵销的拆装方便。舵叶与舵柱之间的间隙应保证舵能自由转动，通常该间隙为 30～50 mm。

设置一个或两个舵销固定的不平衡舵中，为了预防艉柱同海（或河）底碰撞而引起舵的向上移动，可在舵系中某个合适的部位设置可拆卸的限止装置，如

船体设备

图 1-28中所示的零件 8。在图 1-27 中,则是在下舵承下方为舵杆加设一个止推环。这些方法较复杂,更为简易的方法是,在紧挨着舵叶顶部的舵柱上焊接固定的挡块,或在舵钮的间隙中嵌入一个挡块并焊接固定。

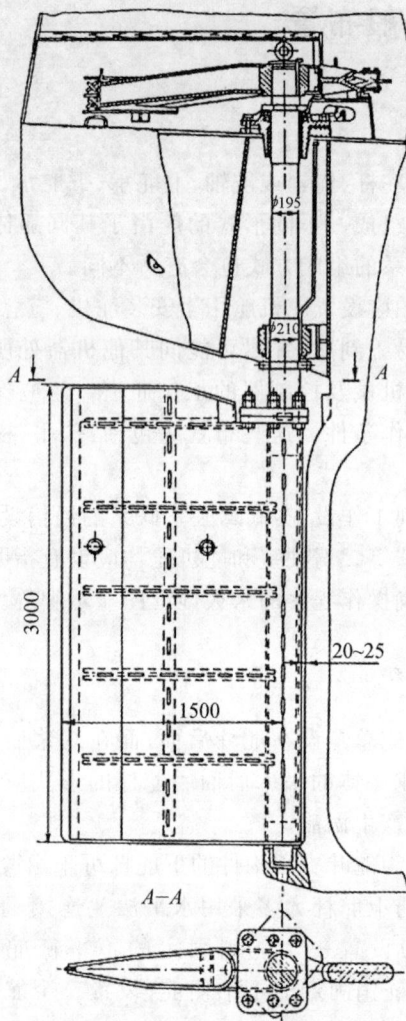

图 1-27 设置一个舵销固定的不平衡舵

在不平衡舵系统中,由下舵销结构承受舵和舵杆重力的做法目前已很少采用。而是如同其他形式的舵系一样,由上舵承承受舵叶和舵杆的重力。一旦上舵承磨损导致舵下落时,下舵销作为备用支承。

· 48 ·

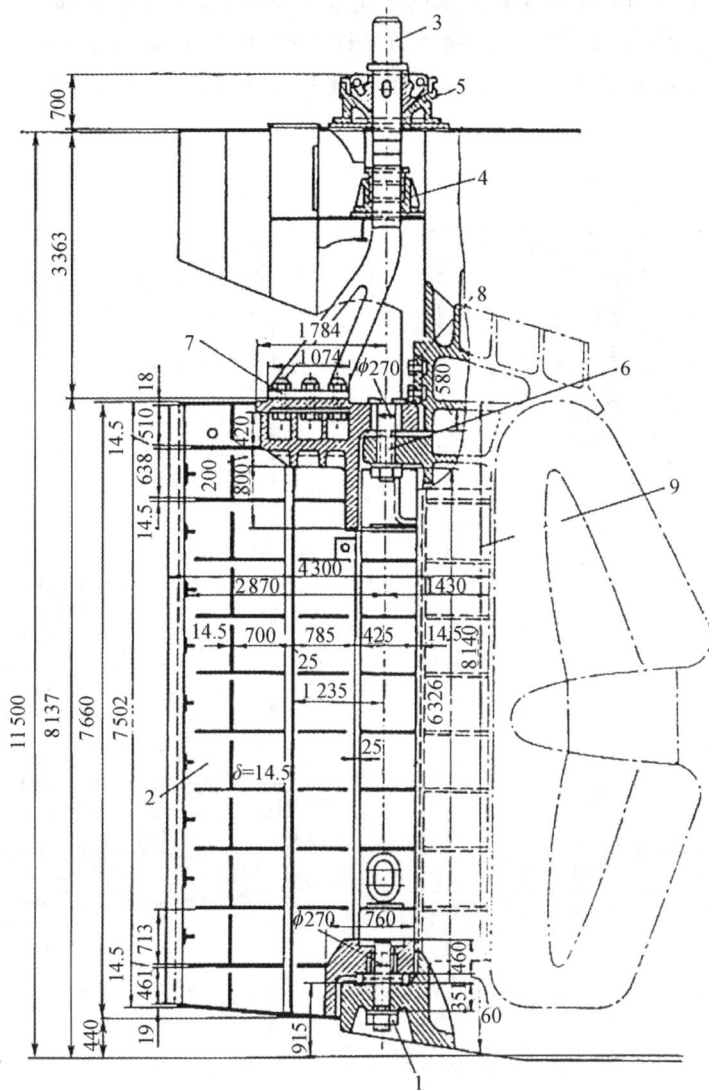

1—下舵销；2—舵叶；3—上舵杆；4—下舵承；5—上舵承；6—上舵销；7—连接法兰；
8—舵的止跳装置；9—舵柱。

图 1-28　设置两个舵销固定的不平衡舵

1.5.3　尾框底骨支承的平衡舵系统

尾框底骨支承的平衡舵通常设置一个或两个舵销，或是带有舵轴等形式。

设置一个舵销的尾框底骨支承的平衡舵中，舵销设在舵叶下部插入尾框底骨的承座中，舵叶的上部用法兰或锥体与舵杆连接，如图 1-29 所示。舵杆的下舵承设于船体最下部或舵轴筒内，并尽可能靠近舵叶，以减小下舵承处舵杆所受到的弯矩。

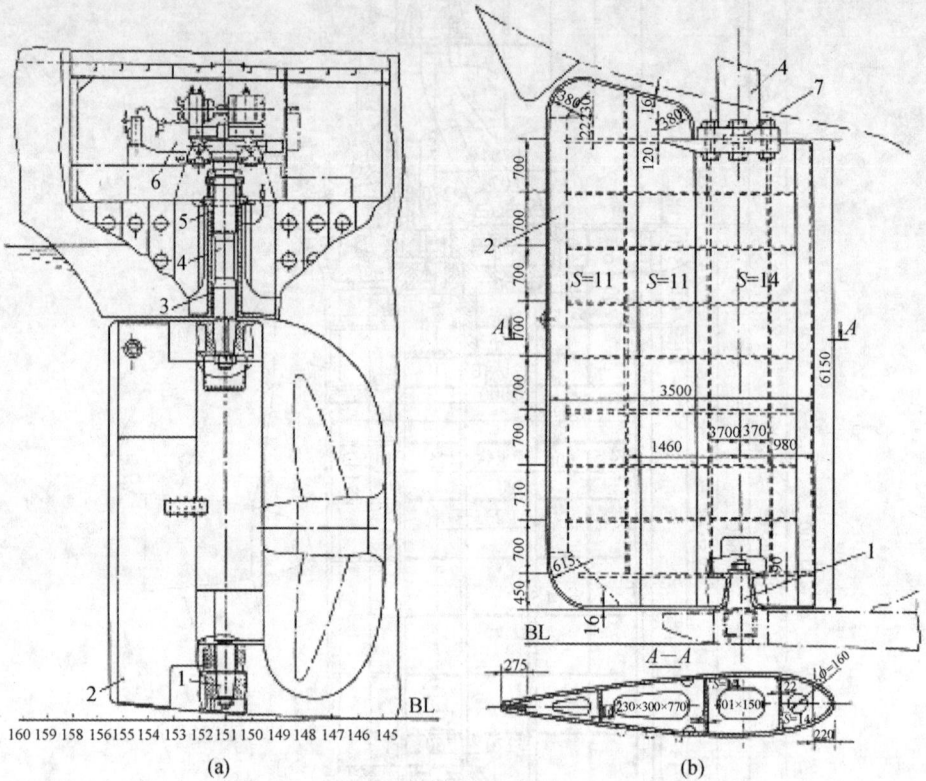

1—下舵销；2—舵叶；3—下舵承；4—舵杆；5—上舵承；6—舵机；7—连接法兰。

图 1-29　设置一个舵销的双支点平衡舵

(a) 舵叶与舵杆用锥体连接；(b) 舵叶与舵杆用法兰连接。

设置两个舵销的尾框底骨支承的平衡舵，在各种类型的运输船中得到广泛使用，如图 1-30 所示即为一例。该图所示结构中为便于安装时提升舵叶，在上舵销以下部分的舵叶有一段为可拆体，待安装完毕后再与舵叶焊合。

设置舵轴的尾框底骨支承的平衡舵又称辛浦莱(Simplex)型平衡舵，曾得到广泛使用，如图 1-31 所示。其舵轴上端用垂直法兰固定在艉柱上，下端插入尾框底骨的承座内。下舵杆为管状结构，两端设舵轴承，舵轴插入其中。舵杆的下部形状应考虑舵轴拆装的方便。

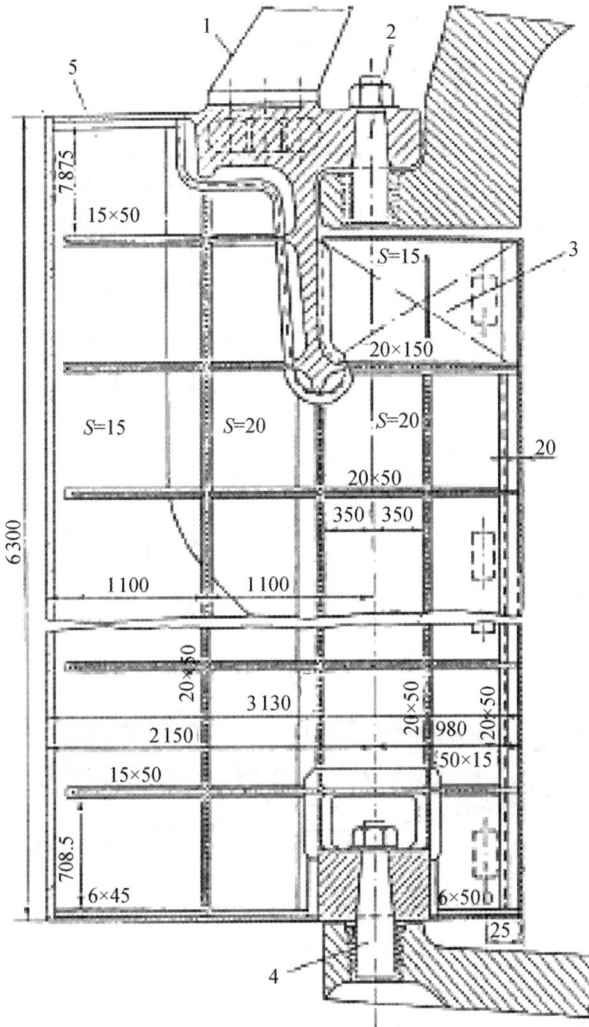

1—舵杆;2—上舵销;3—可拆体;4—下舵销;5—舵叶。

图 1-30 设置两个舵销的双支点平衡舵

各类尾框底骨支承的平衡舵的舵叶及舵杆的重力均由上舵承承受。

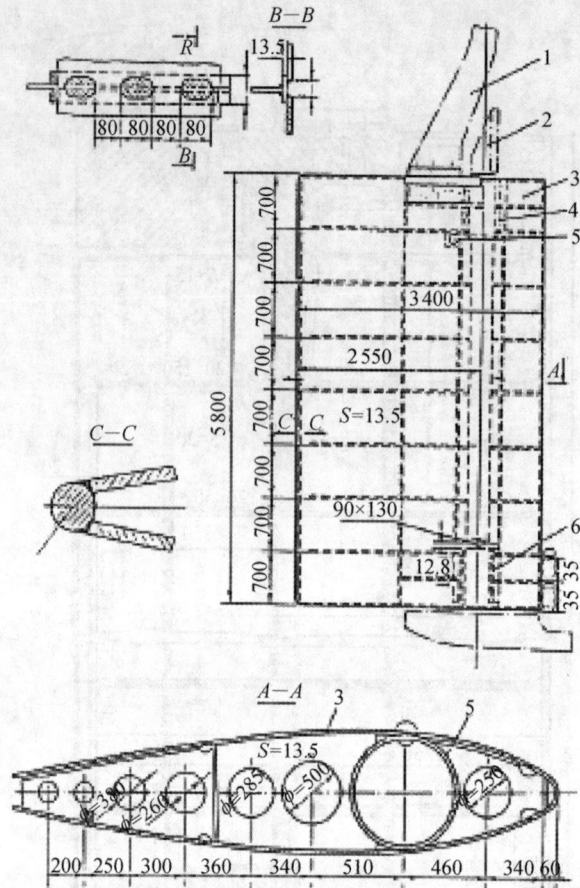

1—舵杆;2—舵轴;3—舵叶;4—舵轴的上轴承;5—焊接管;6—舵轴的下轴承。

图 1-31　辛浦莱型平衡舵

1.5.4　半悬挂舵系统

半悬挂舵通常设置一个或两个舵销,并固定于挂舵臂上或呆木上(如双螺旋桨单舵船舶)。舵叶上部(挂舵臂或呆木范围内)相当于一个不平衡舵,舵叶下部则为平衡舵,所以也有人称为半平衡舵;其舵叶和舵杆的重力也均由上舵承承受。该种形式的舵在大小不同的各种干散货船、集装箱船和客船上应用非常广泛。

图 1-32 所示的半悬挂舵设置两个舵销,舵叶上部设有铸钢件同舵杆法兰连接并用于安装上舵销,下舵销安装处也设有铸钢件。图 1-33 所示为设置一个舵销,舵杆与舵叶采用法兰连接的半悬挂舵。图 1-34 所示为设置一个安装在呆木上的舵销,舵杆与舵叶采用锥体连接。

舵杆与舵叶采用法兰连接,可以保证当螺栓和舵销卸下后,水平拆卸舵叶。舵杆与舵叶采用锥体连接,则需下降舵叶(或提升舵杆),距离应不小于上舵杆锥形体及其下部的整体长度。

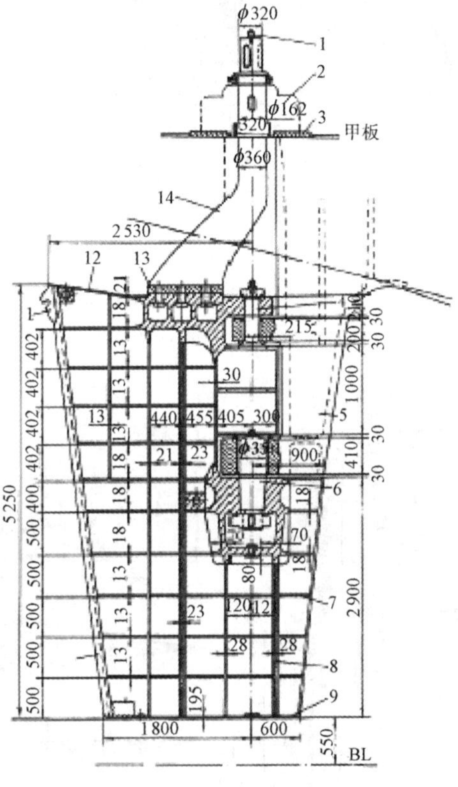

1—吊环螺钉;2—上舵承;3—舵承支承板;4—上舵销;
5—挂舵臂;6—下舵销;7—水平隔板;8—垂直隔板;
9—舵叶底板;10—舵叶后边缘型材;11—吊钩;12—舵叶顶板;13—连接法兰;14—舵杆。

图 1-32　设置两个舵销和法兰连接的半悬挂舵

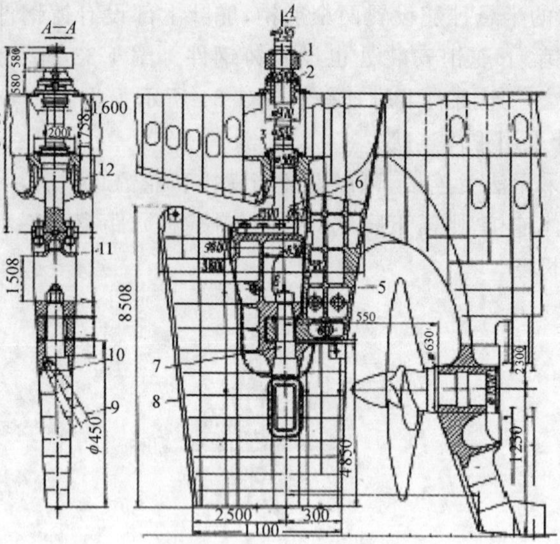

1—舵机和舵炳；2—上舵承；3—下舵承；4—上舵杆；5—挂舵臂；6—舵销螺母；7—舵销；8—舵叶；9—舵销拆卸时的位置；10—舵销的上部铸钢件；11—连接法兰铸钢件；12—舵轴筒。

图 1-33 设置一个舵销和法兰连接的半悬挂舵

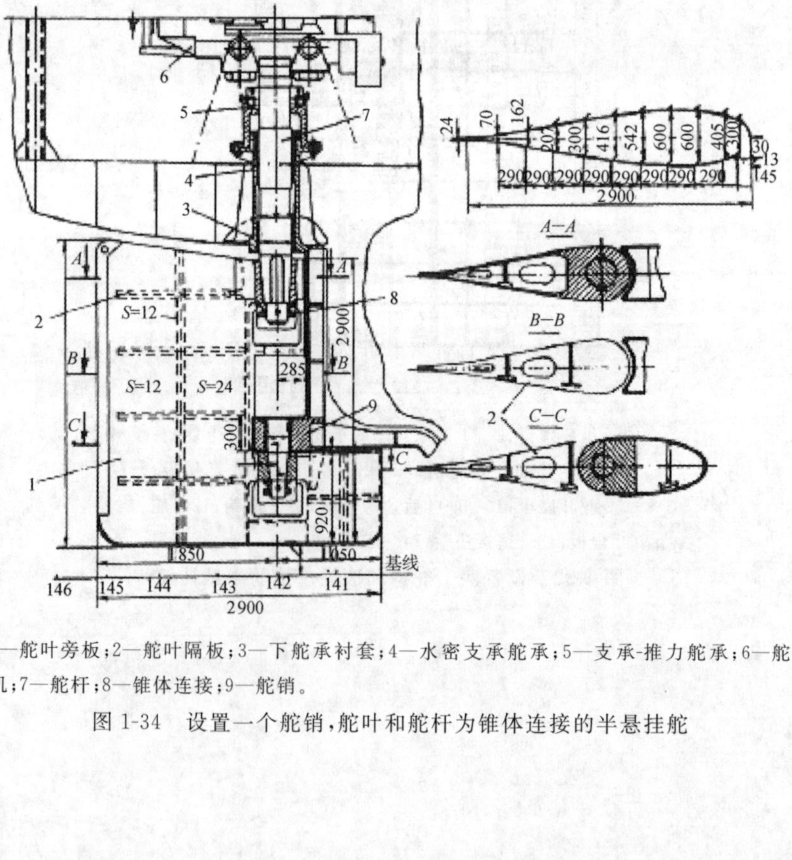

1—舵叶旁板；2—舵叶隔板；3—下舵承衬套；4—水密支承舵承；5—支承-推力舵承；6—舵机；7—舵杆；8—锥体连接；9—舵销。

图 1-34 设置一个舵销,舵叶和舵杆为锥体连接的半悬挂舵

1.5.5　悬挂舵系统

　　悬挂舵在中小型船舶中广泛使用,尤其是在双螺旋桨的近海调查船及作业船舶中使用相当普遍。在大型运输船中原先较少采用悬挂舵,但随着近年来集装箱船向着超大型化发展,带有舵杆围阱的悬挂舵(舵杆围阱伸入舵叶内部并在其下端设置舵承的形式)已经得到越来越广泛的应用。

　　常见的悬挂舵,其舵杆和舵叶通常采用锥体连接,如图 1-35 所示。舵叶中设有供舵杆锥体插入的铸钢承座,并用螺母固定;下舵杆由垂直隔板与舵叶旁板组成的箱型构件替代。在悬挂舵中,舵叶与舵杆的质量均由上舵承承受,应尽可能地加

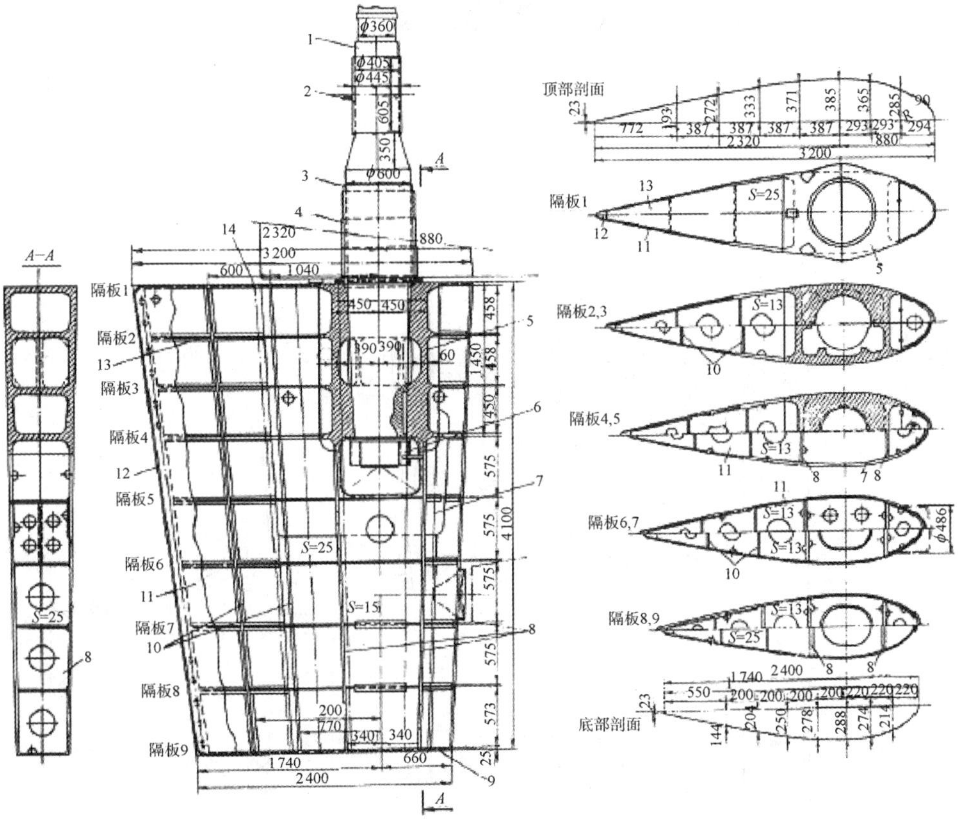

1—舵杆;2—上舵承处轴套;3—下舵承处轴套;4—下舵承衬套;5—铸钢体;6—锁紧螺母;
7—加厚板;8—垂直隔板;9—舵叶底板;10—垂直隔板;11—舵叶旁板;12—舵叶后边缘型材;
13—水平隔板;14—舵叶顶板。

图 1-35　锥体连接的悬挂舵

大上、下舵承之间的距离,以减小舵承的径向载荷。在这种形式的悬挂舵系统中,下舵承处舵杆承受了作用在舵叶上的全部水动力载荷所产生的弯曲力矩,而下舵承则承受了最大的支承力。

　　带有舵杆围阱的悬挂舵如图 1-36 所示。舵杆围阱由船内向下伸出船底,并插

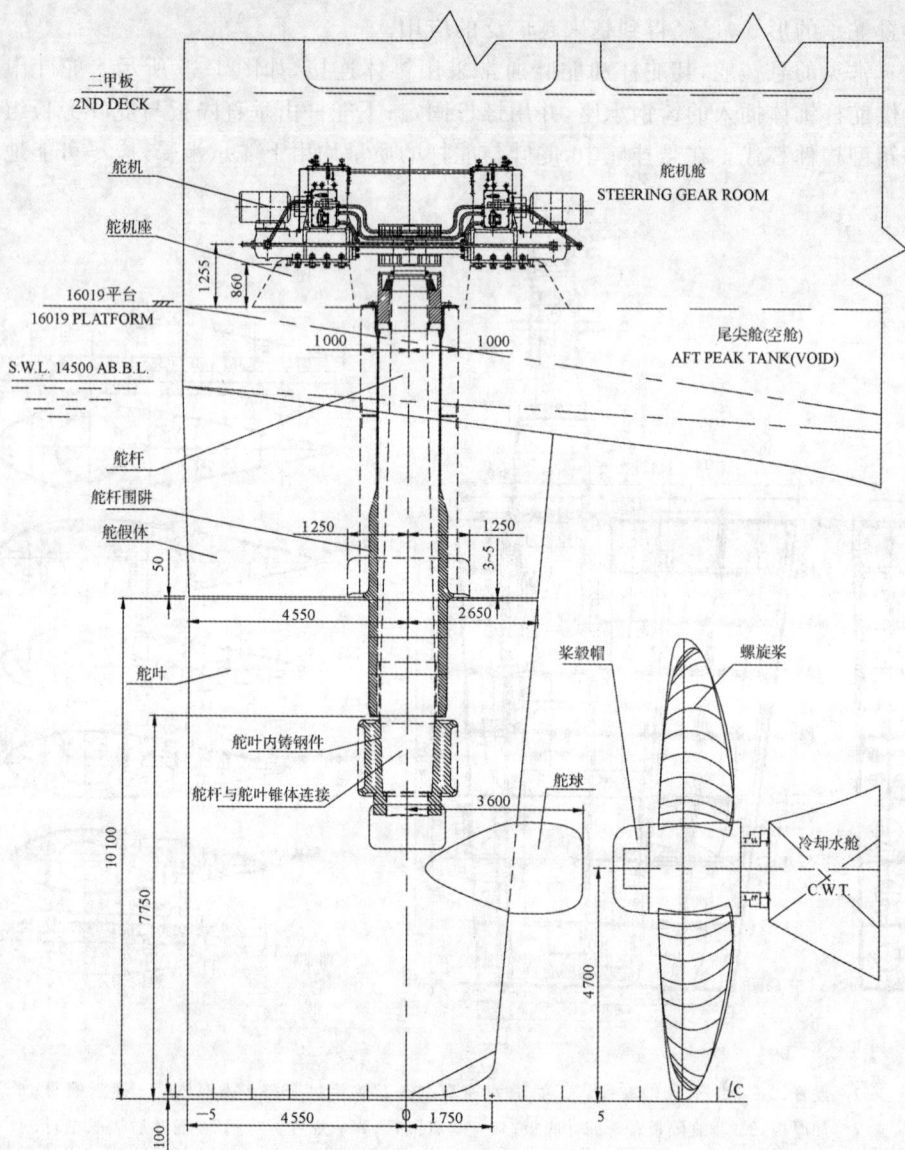

图 1-36　带有舵杆围阱的悬挂舵

入舵叶内,围阱下端设有舵杆下舵承,舵杆通过围阱伸出轴承外同舵叶连接。该种形式的悬挂舵系统,使作用在舵叶上的水动力载荷中心距下舵承的距离大大减小,从而大大减小了舵杆所承受的弯曲力矩。

1.6　舵设备零部件尺寸的确定

1.6.1　规范及材料

1.6.1.1　规范

舵设备中的重要零件,诸如舵叶、舵杆、舵销及其螺母,舵轴、连接螺栓、轴承、舵扇、舵柄、舵链等,均应按照承担入级检验的船级社的规范确定其结构尺寸。

本节主要引用 CCS《钢质海船入级规范》(2018 年版及 2019 年修改通报和变更通告)(以下简称 CCS《海船规范》)及 CCS《材料与焊接规范》(2018 年版及 2019 年修改通报和变更通告)关于舵设备的规定,适当引述其他国家船级社的规定作为补充。

1.6.1.2　航行冰区船舶的附加标志及对舵设备的要求

CCS《海船规范》规定对航行于冰区且符合表 1-13 对应要求的具有 CCS 船级的船舶,可授予其对应的冰级附加标志。

表 1-13　CCS 冰级附加标志与对应要求的 CCS《海船规范》章节

适用的冰区航行水域	冰级附加标志	对应要求的规范章节	具有破冰能力的船舶补充要求
极地开敞海域	PC1～PC7	第 8 篇第 13 章第 1～2 节	
冬季波罗的海或其他相似冰况海域	B1*、B1～B3	第 2 篇第 4 章第 2 节	第 8 篇第 9 章
除大块固定冰以外的漂流浮冰海域(如中国北方冬季沿海)	B	第 2 篇第 4 章第 3 节	—

(1) 冰区航行船舶

CCS《海船规范》规定,船舶及需破冰船辅助的船舶冰级标志应按如下规定进行授予(所要求的主机功率见规范第 3 篇第 14 章):

　　B1*——船舶的结构、主机功率及其他特性能够确保船舶在严重冰况下具有正常航行的能力,且不需要破冰船的辅助;

　　B1——船舶的结构、主机功率及其他特性能够确保船舶在严重冰况下具有正常航行的能力,但在需要时应有破冰船的辅助;

　　B2——船舶的结构、主机功率及其他特性能够确保船舶在中等冰况下具有正常航行的能力,但在需要时应有破冰船的辅助;

　　B3——船舶的结构、主机功率及其他特性能够确保船舶在轻度冰况下具有正常航行的能力,但在需要时应有破冰船的辅助。

　　CCS《海船规范》对冰区航行船舶的冰级标志加强要求与 2017 年《芬兰-瑞典冰级规则》(FSICR)的冰级对等关系及最大营运航速的最小值,列于表 1-14。

表 1-14　冰区航行船舶的冰级标志对等关系及最大营运航速的最小值

CCS 冰级标志	FSICR 冰级标志	航速/kn
B1*	IA Super	20
B1	IA	18
B2	IB	16
B3	IC	14
B	II	—

注:实际上,CCS 规范的 B 级要求高于 FSICR 规则的 II 级。

　　对于舵柱、舵杆、舵销、舵机的尺寸和舵机功率,表 1-14 中的航速要求是在设计计算时所用的最大营运航速的最小值。如船舶的最大营运航速大于表中数值,则计算时应采用实际的最大营运航速。舵的局部尺寸应按整个舵处于冰带的假定予以确定,并且舵板及其骨材采用中部区板材和骨材的冰压 p 进行设计。

　　对 B1* 和 B1 冰级的船舶,应尽可能(或等效方法)设置延伸至低位冰区水线(LIWL)之下的冰刀(图 1-29(b)),以防舵(舵杆和舵的上部)直接与冰接触。对于具有片形舵的船舶,舵和冰刀的设计应给予特殊考虑。

　　对 B1* 和 B1 冰级的船舶,应对其倒退入冰脊时,舵被迫偏离船中位置而产生的大负荷给予关注。应安装适当的装置如止舵器以吸收上述载荷。

　　在转舵机械中,应安装液压释放阀。舵系统受力部件(如舵杆、舵杆接头、挂舵臂等)的尺寸应能承受舵杆中引起屈服应力的载荷。

　　(2)极地级船舶

　　极地级船舶,可在极地冰区独立航行,其船体结构和推进功率应能在表 1-15 相应冰级的冰况下独立操作,且保持续航速。

　　极地级(PC)附加标志及其描述如表 1-15 所示。

表 1-15　极地级描述

极地级	冰况描述(基于世界气象组织对海冰的专用术语)
PC 1	全年在所有极地水域
PC 2	全年在中等厚度的多年冰冰况下
PC 3	全年在二年冰冰况下,可夹多年冰
PC 4	全年在厚当年冰冰况下,可夹旧冰
PC 5	全年在中厚当年冰冰况下,可夹旧冰
PC 6	夏季/秋季在中厚当年冰冰况下,可夹旧冰
PC 7	夏季/秋季在薄当年冰冰况下,可夹旧冰

　　极地级船舶的挂舵臂、舵、冰刀及其他受冰载荷冲击的船体附属件的板材料,应选用材料级别Ⅱ。位于低位冰区水线向下 0.3 m 以上的船体附属部分,材料级别Ⅱ所对应的钢级不低于表 1-16 所示的露天板材的钢材等级的要求。位于低位冰区水线向下 0.3 m 以下的船体附属部分,材料级别Ⅱ所对应的钢级不低于表 1-17 所示的要求。

表 1-16　露天板材的钢材等级

板厚 t,mm	材料等级Ⅰ				材料等级Ⅱ				材料等级Ⅲ					
	PC1 至 PC5		PC6 和 PC7		PC1 至 PC5		PC6 和 PC7		PC1 至 PC3		PC4 和 PC5		PC6 和 PC7	
	MS	HT	MS	HT	MS	HT	MS	HT	MS	HT	MS	HT	MS	HT
$t\leqslant10$	B	AH	B	AH	B	AH	B	AH	E	EH	E	EH	B	AH
$10<t\leqslant15$	B	AH	B	AH	D	DH	B	AH	E	EH	E	EH	D	DH
$15<t\leqslant20$	D	DH	B	AH	D	DH	B	AH	E	EH	E	EH	D	DH
$20<t\leqslant25$	D	DH	B	AH	D	DH	B	AH	E	EH	E	EH	D	DH
$25<t\leqslant30$	D	DH	B	AH	E	EH2	D	DH	E	EH	E	EH	E	EH
$30<t\leqslant35$	D	DH	B	AH	E	EH	D	DH	F	FH	E	EH	E	EH
$35<t\leqslant40$	D	DH	D	DH	E	EH	D	DH	F	FH	E	EH	E	EH
$40<t\leqslant45$	E	EH	D	DH	E	EH	D	DH	F	FH	E	EH	E	EH
$45<t\leqslant50$	E	EH	D	DH	E	EH	D	DH	F	FH	F	FH	E	EH

1.6.1.3 舵系零部件的材料

这里所述的舵系零部件主要是指舵结构(包括舵杆、舵销)、通海的舵杆围阱以及与船体直接连接的下舵承等,它们的钢质零部件所用的材料包括钢板、型钢、锻钢件和铸钢件,通常为碳素钢。

(1)钢板、扁钢和型钢

用于制造舵、挂舵臂的板材均可采用正常气温下船体结构用钢,一般应不低于由材料级别Ⅱ所对应的钢级。对于承受集中力的舵结构(如半悬挂舵的下舵承或平衡舵的上部分)应取材料级别Ⅲ所对应的钢级。各材料级别要求的钢级,如表1-17所示。

表 1-17　各材料级别要求的钢级

材料级别	Ⅰ		Ⅱ		Ⅲ	
板厚/mm	低碳钢	高强度钢	低碳钢	高强度钢	低碳钢	高强度钢
$t \leqslant 15$	A	AH	A	AH	A	AH
$15 < t \leqslant 20$	A	AH	A	AH	B	AH
$20 < t \leqslant 25$	A	AH	B	AH	D	DH
$25 < t \leqslant 30$	A	AH	D	DH	D	DH
$30 < t \leqslant 35$	B	AH	D	DH	E	EH
$35 < t \leqslant 40$	B	AH	D	DH	E	EH
$40 < t \leqslant 50$	D	DH	E	EH	E	EH

表1-17中所列的各个钢级,其中:

① A、B、D、E 4 个等级为一般强度船体结构用钢,适用于厚度不超过 150 mm 的钢板以及厚度不超过 50 mm 的型钢,屈服强度 R_{eH} 不小于 235 N/mm²。

② AH、DH、EH 3 个等级为高强度船体结构用钢,适用于厚度不超过 150 mm 的钢板以及厚度不超过 50 mm 的型钢,按其最小屈服强度可分为 AH32、DH32、EH32(屈服强度 R_{eH} 不小于 315 N/mm²),AH36、DH36、EH36(屈服强度 R_{eH} 不小于 355 N/mm²),AH40、DH40、EH40(屈服强度 R_{eH} 不小于 390 N/mm²)。

③ 各个等级钢材的化学成分、热处理和力学性能详见 CCS《材料与焊接规范》。

(2)锻钢件

船体结构用锻钢件适用于建造舵轴、舵柱、舵杆、舵销及其螺母、连接螺栓和键等用的碳钢、碳锰钢或合金钢的锻钢件,其化学成分应符合表1-18的规定,拉伸试验结果应符合表1-19的规定。

表 1-18　船体结构用锻钢件的化学成分

钢材种类	化学成分/％									
	C	Si	Mn	S	P	Cr	Mo	Ni	Cu	残余元素总量
碳钢碳锰钢	0.23[①②]	≤0.45	0.30~1.50	≤0.035	≤0.035	≤0.30[③]	≤0.15[③]	≤0.40[③]	0.30[③]	≤0.85
合金钢	④	≤0.45	④	≤0.035	≤0.035	④	④	④	≤0.30[③]	—

注:① 如果按下式计算所得的碳当量(C_{eq})不超过 0.41％,则含碳量可超过 0.23％的限制。

$$C_{eq} = C + \frac{Mn}{6} + \frac{Cr + Mo + V}{5} + \frac{Ni + Cu}{5}(\%)$$

② 不用于焊接结构的碳钢和碳锰钢的含碳量最大可为 0.65％。

③ 这些元素作为残余元素考虑。

④ 技术条件应提交备查。

⑤ 舵杆和舵销应按焊接结构件考虑。

表 1-19　船体结构用锻钢件的力学性能

钢种	抗拉强度[①②] R_m 不小于 /(N/mm²)	屈服强度 R_{eH} 不小于 /(N/mm²)	伸长率 A_5 不小于/％		断面收缩率 Z 不小于/％	
			纵向	切向	纵向	切向
碳钢碳锰钢	400	200	26	19	50	35
	440	220	24	18	50	15
	480	240	22	16	45	30
	520	260	21	15	45	30
	560	280	20	14	40	27
	600	300	18	13	40	27
合金钢	550	350	20	14	50	35
	600	400	18	13	50	35
	650	450	17	12	50	35

注:① 对抗拉强度<600 N/mm² 的各强度级锻钢,其抗拉强度的范围均为 120 N/mm²;
　　对抗拉强度≥600 N/mm² 的各强度级锻钢,其抗拉强度的范围均为 150 N/mm²。

② 当材料的规定最小抗拉强度为中间值时,其所对应的其他力学性能要求均可用内插法求得。

船体结构用锻钢件的热处理：

①除另有规定外，碳钢和碳锰钢应采用下列状态之一交货：完全退火，或正火，或正火加回火（回火温度应不低于 550 ℃），或淬火加回火（回火温度应不低于 550 ℃）；

②除另有规定外，合金钢应以淬火加回火（回火温度应不低于 550 ℃）状态交货。

用于焊接结构的碳钢和碳锰钢锻钢件的含碳量一般不超过 0.23%，常选用钢号为 20、25、15 Mn、20 Mn、25 Mn 等优质碳素结构钢（GB/T 699—1999）。不用于焊接结构的碳钢和碳锰钢锻钢件的含碳量最大可为 0.65%，常选用钢号为 30、35、30 Mn、35 Mn 等优质碳素结构钢。碳钢、碳锰钢和合金钢锻钢件的硫和磷的含量均不得超过 0.035%。

锻钢件采用 GB/T 699—1999 规定的优质碳素结构钢时，分为两种情况：

①在不要求测定冲击吸收功（A_{KU2}）的情况下，一般按正火状态交货；

②对于要求测定冲击吸收功（A_{KU2}）的 25 号～50 号钢以及 25Mn～50Mn 号钢，则按淬火加回火状态交货。

对于冰区航行的船舶，如其冰级标志为B1*或 B1 时，该船的舵杆和舵轴或舵销所采用的锻钢件，除应按规定进行力学性能试验外，还应做－10 ℃的夏比 V 型缺口冲击试验，试样 1 组 3 个，平均冲击功应不低于 27 J。

舵杆和舵轴等船体结构锻钢件应进行超声波检测。对法兰根部和锥度部分，应进行表面裂纹检测。

（3）铸钢件

舵结构系统中的铸钢件诸如上舵承和下舵承的本体（座）及盖、舵叶结构中与舵杆和舵销连接的铸钢件等零部件，通常采用船体结构用的碳钢或碳锰钢的铸钢件，其化学成分应符合表 1-20 的要求，其力学性能应符合表 1-21 的要求。

表 1-20　船体结构用铸钢件的化学成分/%

C	Mn①	Si	P	S	残余元素②			
					Cu	Cr	Ni	Mo
≤0.23	≤1.60	≤0.60	≤0.04	≤0.04	≤0.30	≤0.30	≤0.40	≤0.15

注：① Mn 的含量不宜小于实际含碳量的 3 倍。

② 残余元素的总含量应不大于 0.80%。

③ 当按下式计算的碳当量 C_{eq} 不超过 0.41% 时，则含碳量可超过 0.23% 的限制。

$$C_{eq} = C + \frac{Mn}{6} + \frac{Cr + Mo + V}{5} + \frac{Ni + Cu}{15} \ (\%)$$

表 1-21　船体结构用铸钢件的力学性能

抗拉强度[1] R_m 不小于 /(N/mm^2)	屈服强度 R_{eH} 不小于 /(N/mm^2)	伸长率 A_5 不小于 /%	断面收缩率 Z 不小于 /%
400	200	25	40
440	220	22	30
480	240	20	27

注:① 抗拉强度的上限应不超过表列要求加 150 N/mm^2。

　② 抗拉强度为中间值时,其所对应的 R_{eH}、A_5 和 Z 最小值,均可用内插法求得。

铸钢件应采用下列方法之一进行热处理:① 完全退火;② 正火;③ 正火加回火,回火温度应不低于 550 ℃;④ 淬火加回火,回火温度应不低于 550 ℃。

用于焊接结构的碳钢和碳锰钢铸钢件(如舵的铸件)的含碳量一般不超过 0.23%,常用的钢号为 ZG200-400C。不用于焊接结构的碳钢和碳锰钢铸钢件的含碳量不超过 0.3%,常用的钢号为 ZG230-450C。船体结构用铸钢件的硫和磷的含量均不得超过 0.04%。

船体重要结构的铸钢件(如舵承、挂舵臂等)应进行夏比冲击试验。试样通常取自其轴线在试件厚度的 1/4 处,试验温度为 0 ℃,冲击能量应不低于 27J。

凡用作舵的铸钢件,均应进行超声波检测和磁粉检测,并应符合公认的有关标准。其他铸钢件的检测应按船级社批准图纸中的规定进行。

(4) 舵的钢板的材料系数

舵的钢板一般选用船体结构用钢,其要求应满足 CCS《海船规范》第 2 篇第 1 章第 3 节的规定,材料系数 K 见表 1-22。

表 1-22　舵的钢板的材料系数

屈服强度 R_{eH}/(N/mm^2)	材料系数 K
235	1.0
315	0.78
355	0.72
390	0.68(0.66[1])
460	0.62[2]

注:①仅适用于满足本篇第 7 章第 1 节 7.1.1.4 要求的集装箱船的强力甲板和舱口围板;

　②仅适用于集装箱船的上甲板板、舱口围板及其顶板且厚度 t 满足 500 mm<t≤100 mm 的钢板。

（5）舵杆、舵销、键和连接螺栓的材料系数

CCS《海船规范》规定，舵杆、舵销、键和连接螺栓所使用材料的最小屈服应力应不小于 200 N/mm²。舵章节的规范要求基于材料的屈服应力为 235 N/mm²；所用材料的屈服应力若不同于 235 N/mm²，则材料系数 K 应按下式计算得到：

$$K = \left(\frac{235}{R_{eH}}\right)^e \tag{1.6.1}$$

式中 $e=0.75$ 对于 $R_{eH}>235$ N/mm²；

$\quad\quad e=1.00$ 对于 $R_{eH}\leqslant235$ N/mm²；

$\quad\quad R_{eH}$——所用材料规定的最小屈服应力，N/mm²，应不大于 $0.7R_m$ 或 450 N/mm²，取其小值；

$\quad\quad$ 其中，R_m——所用材料的抗拉强度，N/mm²。

1.6.2　舵系的受力计算

1.6.2.1　基本情况

本节适用于普通剖面型舵，以及部分为了提升舵力，采用特殊布置以剖面优化加强型的舵。对于剖面形状不包含在本节中的舵型，需要特殊考虑。

本节规定适用于钢质舵。非钢质舵需要特殊考虑。

1.6.2.2　舵力和舵杆扭矩

（1）无缺口舵叶

① 舵力是舵尺寸计算的基础，舵力 $C_R(N)$ 应按下式计算：

$$C_R = 132K_1K_2K_3AV^2 \tag{1.6.2}$$

式中 A——舵叶面积，m²；

$\quad\quad V$——最大服务航速，kn，按本款②项计算；

$\quad\quad K_1$——系数，依据展弦比 λ 而定，按式（1.6.4）计算；

$\quad\quad K_2$——依据舵的类型以及剖面形状选取的系数，见表 1-23；经 CCS 认可，可采用试验提供数据；

$\quad\quad K_3$——系数，

$\quad\quad\quad K_3=0.8$，当舵位于螺旋桨尾流之外时；

$\quad\quad\quad K_3=1.15$，当舵在螺旋桨导流管后面时；

$\quad\quad\quad K_3=1.0$，其他情况。

表 1-23 系数 K_2

翼型		K_2	
		正车时	倒车时
NACA-00 哥汀根翼型		1.1	0.80
平边翼型		1.1	0.90
中空翼型		1.35	0.90
升力舵		1.7	应作专门考虑: 如不可知:1.30
鱼尾型		1.4	0.8
单板型		1.0	1.0
混合翼型 (e.g. HSVA)		1.21	0.9

② 最大服务航速 V(kn):船舶按其设计在营运中以最深航行吃水、螺旋桨最大转速(r/min)和发动机的相应最大持续功率(MCR)所保持的最大航速。

对于正车工况,当航速小于 10 kn 时,V 应被下式取代:

$$V_{min} = (V + 20)/3 \tag{1.6.3}$$

对于倒车工况,应采用最大倒车航速 V_{astern},且该航速应不小于 0.5 V。

冰区航行的船舶,其最大服务航速应不小于本章 1.6.1 节 1.6.1.2 条(1)款的规定。

③系数 K_1 应按下式计算:

$$K_1 = (\lambda + 2)/3 \tag{1.6.4}$$

$$\lambda = b^2/A_t \tag{1.6.5}$$

式中 λ——展弦比,按式(1.6.5)计算,取值应不大于 2;

b——舵面积的平均高度，m，见图 1-37，按式(1.6.7)计算；

A_t——舵叶面积 A 以及高度 b 范围内可能设有的舵柱或挂舵臂面积，m^2。

④ 舵叶的平均宽度 c(m)及平均高度 b(m)，如图 1-37 所示，按下列各式计算：

$$c = \frac{x_2 + x_3 - x_1}{2} \tag{1.6.6}$$

$$b = \frac{z_3 + z_4 - z_2}{2} \tag{1.6.7}$$

式中　x_1，x_2，x_3——X 轴坐标值，m；

z_2，z_3，z_4——Z 轴坐标值，m。

⑤ 对于正车和倒车工况，舵杆扭矩 Q_R(N·m)均应按下式计算：

$$Q_R = C_R r \tag{1.6.8}$$

$$r = c(\alpha - k) \tag{1.6.9}$$

式中　C_R——舵力，N，按式(1.6.2)计算；

r——力臂，m，按式(1.6.9)计算，对于正车工况，$r_{min}=0.1c$；

c——舵面积的平均宽度，m，见图 1-37，按式(1.6.6)计算；

α——系数，正车时取 0.33，倒车时取 0.66；对襟翼舵可特殊考虑，如不能提供试验数据，正车时取 0.40，倒车时取 0.66；

$k=\dfrac{A_f}{A}$——系数，即本章 1.2.2 节中舵的平衡比 β；其中 A_f 为位于舵杆前的舵叶部分面积，m^2，见图 1-37。

(2) 有缺口的舵叶(半悬挂舵)

①舵叶面积可分为两个矩形或两个不规则四边形部分，面积分别为 A_1 和 A_2，见图 1-38；因此，舵叶面积 A 按下式计算：

$$A = A_1 + A_2 \tag{1.6.10}$$

②力臂 r_1 与 r_2 应按下式计算：

$$r_1 = c_1(\alpha - k_1) \tag{1.6.11}$$

$$r_2 = c_2(\alpha - k_2) \tag{1.6.12}$$

③舵力 C_R 应按式(1.6.2)计算，其中的舵叶面积 A 按式(1.6.10)计算，其余与本条(1)款的要求相同。

各部分的舵力可按下式计算：

$$C_{R1} = C_R \frac{A_1}{A} \tag{1.6.13}$$

$$C_{R2} = C_R \frac{A_2}{A} \tag{1.6.14}$$

④根据舵力和力臂，各部分的合成扭矩可按下式计算：

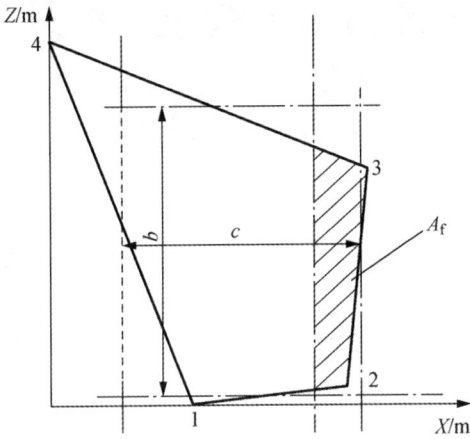

图 1-37　舵的平均宽度及平均高度计算图

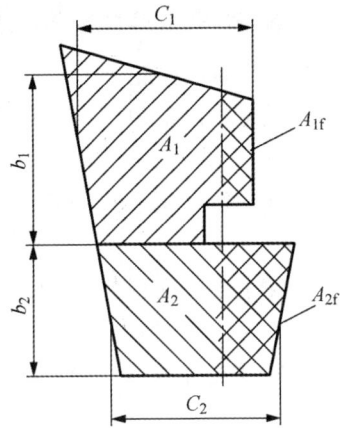

图 1-38　有缺口的舵叶示意图

$$Q_{R1} = C_{R1} r_1 \qquad\qquad (1.6.15)$$

$$Q_{R2} = C_{R2} r_2 \qquad\qquad (1.6.16)$$

对于正车工况和倒车工况下,舵杆的总扭矩 Q_R(N·m),应按下式计算:

$$Q_R = Q_{R1} + Q_{R2} \qquad\qquad (1.6.17)$$

对于正车工况,舵杆的总扭矩 Q_R(N·m)应不小于下式计算所得之值:

$$Q_{Rmin} = 0.1 C_R \frac{A_1 c_1 + A_2 c_2}{A} \qquad\qquad (1.6.18)$$

式(1.6.10)至式(1.6.18)中:

c_1,c_2——舵叶面积 A_1,A_2 部分所对应的平均宽度,m,见图 1-38;

k_1,k_2——舵叶面积 A_1,A_2 部分所对应的系数;其中,$k_1 = \dfrac{A_{1f}}{A_1}$,$k_2 = \dfrac{A_{2f}}{A_2}$

A_{1f},A_{2f}——舵叶面积 A_1,A_2 部分所对应的位于舵杆中心线前的面积,m²,见图 1-38;

α——系数,正车时取 0.33,倒车时取 0.66。对于舵位于挂舵臂之类固定结构之后的类型,正车时取 0.25,倒车时取 0.55;

r_1,r_2——舵叶面积 A_1,A_2 部分所对应的力臂,m,按式(1.6.11)和式(1.6.12)计算;

C_{R1},C_{R2}——舵叶面积 A_1,A_2 部分所对应的舵力,N,按式(1.6.13)和式(1.6.14)计算;

Q_{R1},Q_{R2}——舵叶面积 A_1,A_2 部分所对应的扭矩,N·m,按式(1.6.15)和式(1.6.16)计算。

1.6.2.3 舵杆十舵叶系统受力分析

（1）普通悬挂舵

普通悬挂舵的典型结构形式见图 1-35，其载荷、弯矩及剪力分布如图 1-39 所示，按下列公式计算受力。

舵叶的载荷 P_R（kN/m）：

$$P_R = C_R / (l_{10} \times 10^3) \qquad (1.6.19)$$

下舵承处的舵杆弯矩 M_b（N·m）：

$$M_b = C_R \{ l_{20} + [l_{10}(2c_1 + c_2)/3(c_1 + c_2)] \} \qquad (1.6.20)$$

上舵承支持力 B_3（N）：

$$B_3 = \frac{M_b}{l_{30}} \qquad (1.6.21)$$

下舵承支持力 B_2（N）：

$$B_2 = C_R + B_3 \qquad (1.6.22)$$

式中 l_{10}，l_{20}，l_{30}——各构件长度，m，见图 1-39；

  c_1，c_2——舵叶底边和顶边的宽度，m，见图 1-39；

  C_R——舵力，N，按式（1.6.2）计算。

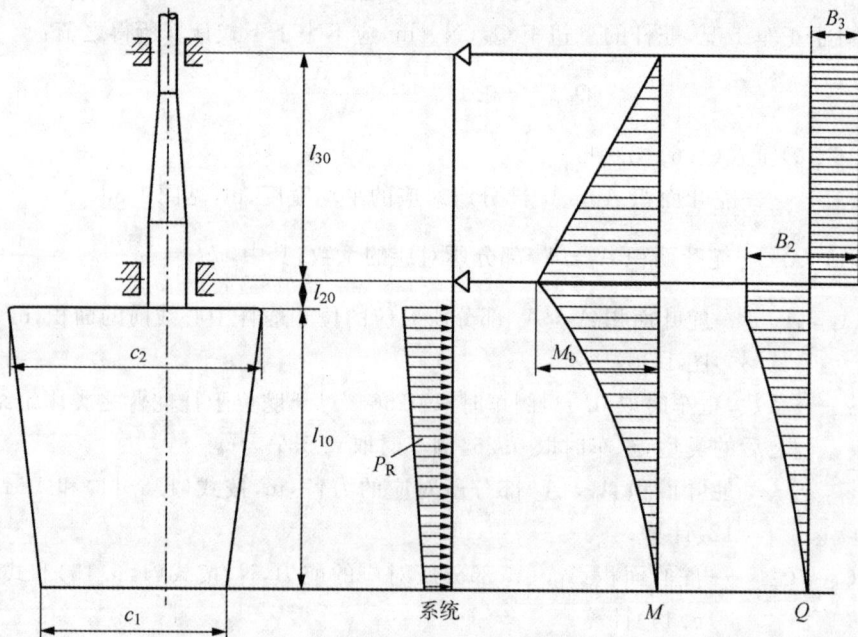

图 1-39 普通悬挂舵的弯矩及剪力分布图

（2）有舵杆围阱的悬挂舵

有舵杆围阱的悬挂舵的典型结构形式见图 1-36,其载荷、弯矩及剪力分布如图 1-40 所示,按下列公式计算受力。

舵叶的载荷 P_R(kN/m):

$$P_R = C_R / [(l_{10} + l_{20}) \times 10^3]\qquad(1.6.23)$$

舵杆围阱轴承处的舵杆弯矩 M_{CR}(N·m)取以下公式计算所得值的大者:

$$M_{CR1} = C_{R1}(CG_{1Z} - l_{10})\qquad(1.6.24)$$

$$M_{CR2} = C_{R2}(l_{10} - CG_{2Z})\qquad(1.6.25)$$

式中　l_{10}, l_{20}, l_{30}——各构件长度,m,见图 1-40;

　　　C_R——舵力,N,按式(1.6.2)计算;

　　　C_{R1}——舵叶面积 A_1 部分所对应的舵力,N;舵叶面积 A_1 见图 1-40,按式 (1.6.13)计算;

　　　C_{R2}——舵叶面积 A_2 部分所对应的舵力,N;舵叶面积 A_2 见图 1-40,按式 (1.6.14)计算;

　　　CG_{1Z}——舵叶面积 A_1 部分所对应的重心距基线的垂直距离,m;

　　　CG_{2Z}——舵叶面积 A_2 部分所对应的重心距基线的垂直距离,m。

上舵承支持力 B_3(N):

$$B_3 = (M_{CR2} - M_{CR1})/(l_{20} + l_{30})\qquad(1.6.26)$$

舵杆围阱轴承处的支持力 B_2(N):

$$B_2 = C_R + B_3\qquad(1.6.27)$$

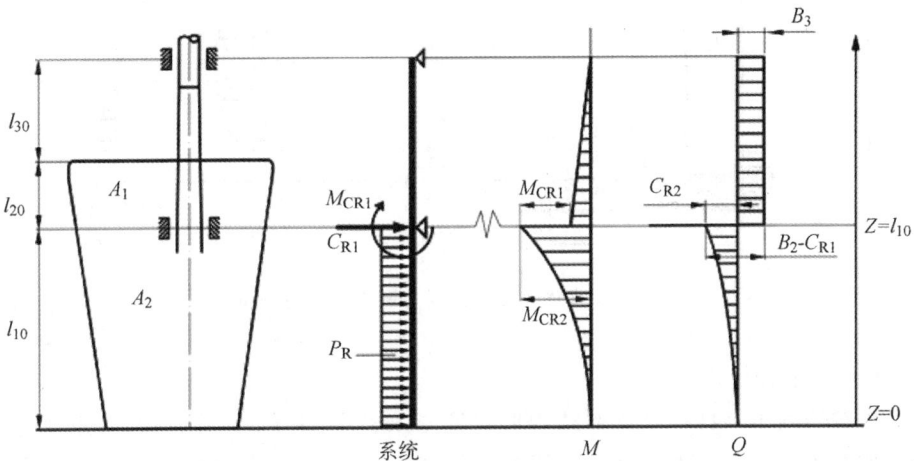

图 1-40　有舵杆围阱的悬挂舵的弯矩及剪力分布图

（3）尾框底骨支撑的舵

尾框底骨支撑的舵的典型结构形式见图 1-29（b），其载荷、弯矩及剪力分布如图 1-41 所示，弯矩、剪力、扭矩以及支持力大小由直接计算方法得到。

舵叶的载荷 P_R（kN/m）按下式确定：

$$P_R = C_R / (l_{10} \times 10^3) \tag{1.6.28}$$

尾框底骨支撑处的弹簧常数 Z（kN/m）按下式确定：

$$Z = 6.18 \times I_{50} / l_{50}^3 \tag{1.6.29}$$

式中 l_{10}，l_{20}，l_{30}，l_{40}，l_{50}——各构件长度，m，见图 1-41；l_{20} 是舵体下缘至尾框底骨中心的距离；l_{50} 是尾框底骨的有效长度；

I_{10}，I_{20}，I_{30}，I_{40}，I_{50}——各构件的惯性矩，cm^4，见图 1-41；I_{20} 是尾框底骨中舵销的惯性矩；I_{50} 是尾框底骨绕 z 轴的惯性矩；

C_R——舵力，N，按式（1.6.2）计算。

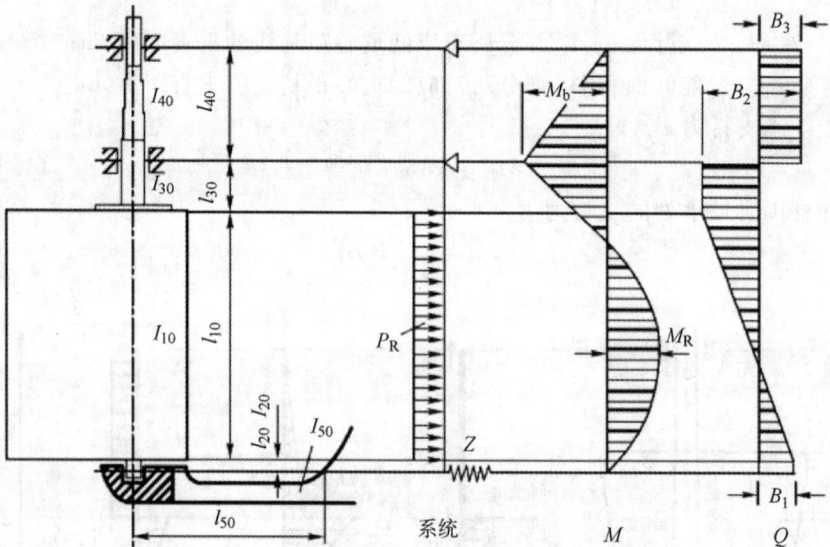

图 1-41 尾框底骨支撑的舵的弯矩及剪力分布图

（4）单舵销的半悬挂舵

单舵销的半悬挂舵的典型结构形式见图 1-33 和图 1-34，其载荷、弯矩及剪力分布如图 1-42 所示，弯矩、剪力、扭矩以及舵承处的支持力大小由直接计算方法得到。

舵叶的载荷 P_{R10}，P_{R20}（kN/m）按下式确定：

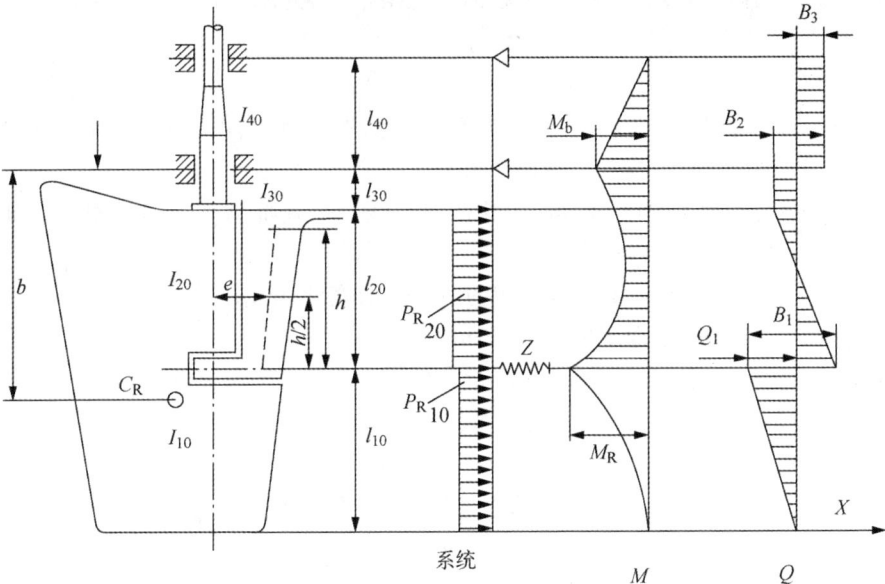

图 1-42　单舵销的半悬挂舵的弯矩及剪力分布图

$$P_{R10} = \frac{C_{R2}}{l_{10} \times 10^3} \qquad (1.6.30)$$

$$P_{R20} = \frac{C_{R1}}{l_{20} \times 10^3} \qquad (1.6.31)$$

式中　l_{10}，l_{20}，l_{30}，l_{40}——各构件长度，m，见图 1-42；

　　　I_{10}，I_{20}，I_{30}，I_{40}——各构件的惯性矩，cm^4，见图 1-42；

　　　C_R——舵力，N，按式(1.6.2)计算；

　　　C_{R1}——舵叶面积 A_1 部分所对应的舵力，N，按式(1.6.13)计算；

　　　C_{R2}——舵叶面积 A_2 部分所对应的舵力，N，按式(1.6.14)计算。

　　挂舵臂处的支撑弹簧常数 $Z(kN/m)$ 按下式确定：

$$Z = 1/(f_b + f_t) \qquad (1.6.32)$$

式中　f_b——作用于支承中心的 1 kN 单位力所造成的挂舵臂的单位位移，m/kN，
　　　　按式(1.6.33)计算；

　　　f_t——因扭矩产生的单位位移，m/kN，按式(1.6.34)计算。

$$f_b = \frac{1.3h^3}{6.18I_n} \qquad (1.6.33)$$

式中　h——挂舵臂的高度，m，从挂舵臂上端曲率过渡点向下量至挂舵臂舵销中
　　　　线处的垂向距离，见图 1-42；

I_n——挂舵臂水平剖面对 x 轴的惯性矩,cm^4,见图 1-42。

$$f_t = \frac{he^2 \sum u_i/t_i}{3.14 \times 10^8 F_T^2} \tag{1.6.34}$$

式中　h——挂舵臂的高度,m,从挂舵臂上端曲率过渡点向下量至挂舵臂舵销中
　　　　　线处的垂向距离,见图 1-42;

　　　e——挂舵臂扭转力臂,m,从舵杆中心线量至挂舵臂 $h/2$ 高度处剖面形心
　　　　　的水平距离,见图 1-43;

　　　u_i——形成挂舵臂平均截面积的各块板的宽度,mm;

　　　t_i——各块板 u_i 宽度内的板厚,mm;

　　　F_T——挂舵臂的平均截面积,m^2。

挂舵臂的弯矩及剪力分布如图 1-43 所示。

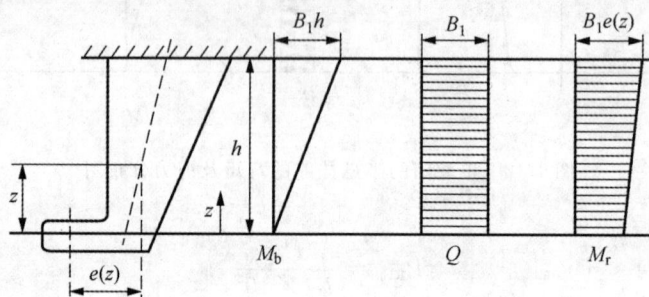

图 1-43　单舵钮的半悬挂舵的挂舵臂的弯矩及剪力分布图

挂舵臂所受的弯矩 $M_b(\text{N} \cdot \text{m})$ 按下式计算:

$$M_b = B_1 z \tag{1.6.35}$$

$$M_{bmax} = B_1 h$$

式中　z——力臂,m,自挂舵臂销中线处向上量取的垂向距离,见图 1-43,其中
　　　　$z_{max} = h$。

　　　B_1——挂舵臂支承处支持力,N,按式(1.6.37)计算。

挂舵臂所受到的扭矩 $M_T(Z)(\text{N} \cdot \text{m})$ 按下式计算:

$$M_T(Z) = B_1 e(z) \tag{1.6.36}$$

式中,$e(z)$ 为挂舵臂扭转力臂,m,从舵杆中心线量至挂舵臂高度 z 处剖面形心的水
　　　平距离,见图 1-43。

挂舵臂所受的剪力 $Q(\text{N})$ 即为 $B_1(\text{N})$,按下式计算:

$$B_1 = C_R b/(l_{20} + l_{30}) \tag{1.6.37}$$

式中　l_{20},l_{30}——各构件长度,m,见图 1-42;

b——力臂,m,从舵力 C_R 的作用点向上量至下舵承中线处的垂向距离,见图 1-42。

（5）有两个共轭弹性支点的半悬挂舵

有两个共轭弹性支点的半悬挂舵的典型结构形式见图 1-32,其载荷、弯矩及剪力分布如图 1-44 所示,弯矩、剪力、扭矩以及支持力大小由直接计算方法得到。

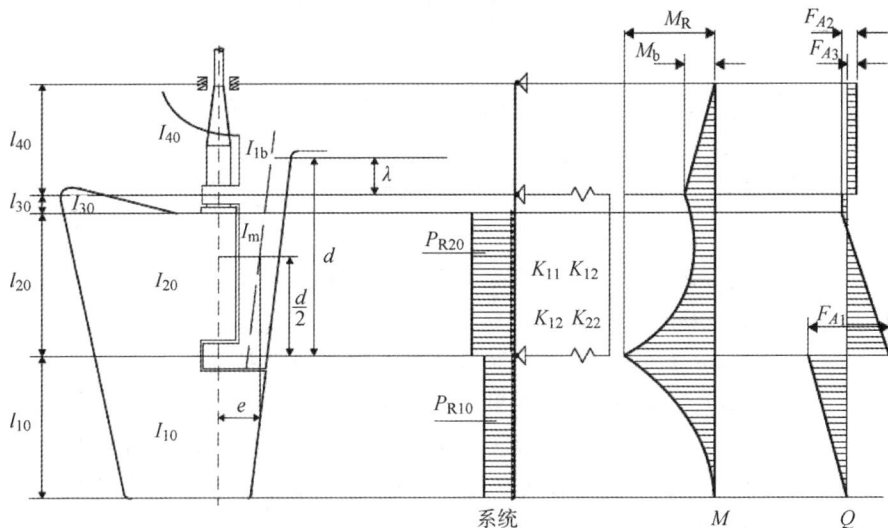

图 1-44　有两个共轭弹性支点的半悬挂舵的弯矩及剪力分布图

舵叶的载荷 P_{R10}, P_{R20}(kN/m)按下式确定:

$$P_{R10} = \frac{C_{R2}}{l_{10} \times 10^3} \qquad (1.6.38)$$

$$P_{R20} = \frac{C_{R1}}{l_{20} \times 10^3} \qquad (1.6.39)$$

式中　l_{10}, l_{20}, l_{30}, l_{40}——各构件长度,m,见图 1-44;

　　　I_{10}, I_{20}, I_{30}, I_{40}——各构件的惯性矩,cm⁴;

　　　C_R——舵力,N,按式(1.6.2)计算;

　　　C_{R1}——舵叶面积 A_1 部分所对应的舵力,N,按式(1.6.13)计算;

　　　C_{R2}——舵叶面积 A_2 部分所对应的舵力,N,按式(1.6.14)计算。

图 1-44 中显示的两个共轭弹性支承在水平方向的位移 y_i 由下式定义:

在挂舵臂下支承处

$$y_1 = -K_{12}B_2 - K_{22}B_1 \qquad (1.6.40)$$

在挂舵臂上支承处

$$y_2 = -K_{11}B_2 - K_{12}B_1 \tag{1.6.41}$$

式中　y_1，y_2——挂舵臂上下支承处的水平位移，m；

　　　B_1，B_2——挂舵臂上下支承处的水平支撑力，kN；

　　　K_{11}，K_{22}，K_{12}——挂舵臂柔性常数，m/kN，按有两个共轭弹性支点的挂舵臂计算，见图1-44，按下式计算：

$$K_{11} = 1.3 \times \frac{\lambda^3}{3EI_{1h}} + \frac{e^2\lambda}{GI_{th}} \tag{1.6.42}$$

$$K_{22} = 1.3 \times \left[\frac{\lambda^3}{3EI_{1h}} + \frac{\lambda^2(d-\lambda)}{2EI_{1h}}\right] + \frac{e^2\lambda}{GI_{th}} \tag{1.6.43}$$

$$K_{12} = 1.3 \times \left[\frac{\lambda^3}{3EI_{1h}} + \frac{\lambda^2(d-\lambda)}{EI_{1h}} + \frac{\lambda(d-\lambda)^2}{EI_{1h}} + \frac{(d-\lambda)^3}{3EI_{2h}}\right] + \frac{e^2\lambda}{GI_{th}} \tag{1.6.44}$$

式中　d——挂舵臂高度，m，从挂舵臂上端曲率过渡点向下量至挂舵臂下支承中线处的垂向距离，见图1-44；

　　　λ——高度，m，从挂舵臂上端曲率过渡点向下量至挂舵臂上支承中线处的垂向距离，见图1-44；如果$\lambda=0$，则对于只有一个弹性支点的挂舵臂，以上公式收敛至弹簧常数Z的公式，基于假定该部分为中空横截面；

　　　e——挂舵臂扭转力臂，m，从舵杆中心线量至挂舵臂$d/2$高度处剖面形心的水平距离，见图1-44；

　　　I_{1h}——在挂舵臂上支承以上部位，挂舵臂对x轴的惯性矩，m⁴；应注意I_{1h}是高度λ范围内的平均值，见图1-44；

　　　I_{2h}——在挂舵臂上下支承之间部位，挂舵臂对x轴的惯性矩，m⁴；应注意I_{2h}是高度$d-\lambda$范围内的平均值，见图1-44；

　　　I_{th}——挂舵臂抗扭刚度因子，m⁴，应注意I_{th}是挂舵臂高度d范围内的平均值；对任何薄壁封闭剖面：$I_{th} = \dfrac{4F_T^2}{\sum_i \dfrac{u_i}{t_i}}$；

　　　F_T——挂舵臂薄壁封闭剖面内外界限所封闭面积的平均值，m²；

　　　u_i——构成挂舵臂平均截面积的各块板的长度，mm；

　　　t_i——上述各板的厚度，mm。

挂舵臂的弯矩及剪力分布如图1-45所示，计算公式如下所述。

① 挂舵臂计算剖面的弯矩M_{BH}（N·m），可按下式计算所得：

在挂舵臂上下支承之间

$$M_{BH} = F_{A1}z \tag{1.6.45}$$

在挂舵臂上支承以上

$$M_{\text{BH}} = F_{A1}z + F_{A2}(z - d_{lu}) \tag{1.6.46}$$

式中 F_{A1}——挂舵臂下支承处支持力,N,见图 1-44,与 B_1 相等;

F_{A2}——挂舵臂上支承处支持力,N,见图 1-44,与 B_2 相等;

z——力臂,m,自挂舵臂下支承中线处向上量取的垂向距离,见图 1-45,其中 $z_{\max} = d$;

d_{lu}——力臂,m,挂舵臂上下支承之间的垂向距离,见图 1-45;

$d_{lu} = d - \lambda$。

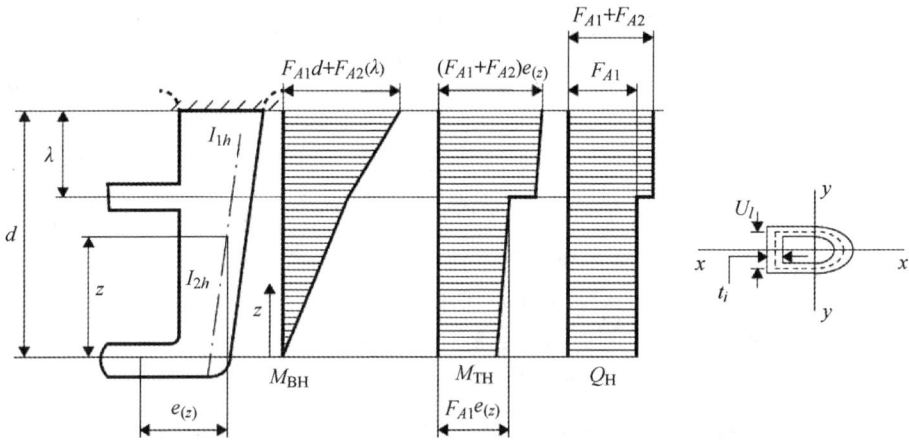

图 1-45 有两个共轭弹性支点的半悬挂舵的挂舵臂的弯矩及剪力分布图

② 挂舵臂计算剖面的剪力 Q_{H}(N)应按下式计算所得:

在挂舵臂上下支承之间

$$Q_{\text{H}} = F_{A1} \tag{1.6.47}$$

在挂舵臂上支承以上

$$Q_{\text{H}} = F_{A1} + F_{A2} \tag{1.6.48}$$

式中,F_{A1},F_{A2} 为支持力,见本款①项。

③ 挂舵臂计算剖面的扭矩 M_{TH}(N·m)应按下式计算得到:

在挂舵臂上下支承之间

$$M_{\text{TH}} = F_{A1}e_{(z)} \tag{1.6.49}$$

在挂舵臂上支承以上

$$M_{\text{TH}} = F_{A1}e_{(z)} + F_{A2}e_{(z)} \tag{1.6.50}$$

式中 F_{A1},F_{A2}——支持力,N,见本款①项;

$e_{(z)}$——挂舵臂扭转力臂,m,从舵杆中心线量至挂舵臂高度 z 处剖面形心的水平距离,见图 1-45。

④ 挂舵臂剪应力计算。

对位于上下支承之间的挂舵臂剖面,剪应力 τ_S(N/mm^2)按式(1.6.51)计算;扭转应力 τ_T(N/mm^2),对于中空的挂舵臂应按式(1.6.52)计算。

$$\tau_S = \frac{F_{A1}}{A_H} \tag{1.6.51}$$

$$\tau_T = \frac{M_{TH}\,10^{-3}}{2F_T t_H} \tag{1.6.52}$$

对位于上支承以上的挂舵臂剖面,剪应力 τ_S(N/mm^2)按式(1.6.53)计算;扭转应力 τ_T(N/mm^2),对于中空的挂舵臂应按式(1.6.54)计算。

$$\tau_S = \frac{F_{A1} + F_{A2}}{A_H} \tag{1.6.53}$$

$$\tau_T = \frac{M_{TH}\,10^{-3}}{2F_T t_H} \tag{1.6.54}$$

式中　τ_T——扭转应力,N/mm^2。上述公式应用于中空的挂舵臂,对于实心的挂舵臂,τ_T 应由 CCS 在个案基础上具体分析考虑;

F_{A1},F_{A2}——支持力,N,见本款①项;

A_H——挂舵臂在 y 方向的有效剪切面积,mm^2;

M_{TH}——挂舵臂计算剖面的扭矩,N·m;

F_T——被薄壁挂舵臂剖面内外边界围住区域的平均面积,m^2;

t_H——挂舵臂厚度,mm;对于一个特定剖面的挂舵臂,当 t_H 最小时,τ_T 最大。

⑤ 对于长度 d 范围内的一般挂舵臂剖面,弯曲应力 σ_B(N/mm^2)按下式计算:

$$\sigma_B = \frac{M_{BH}}{W_x} \tag{1.6.55}$$

式中　M_{BH}——挂舵臂计算剖面的弯矩,N·m;

W_x——挂舵臂计算剖面的绕 x 轴的剖面模数,cm^3。

1.6.3 舵杆

舵杆上端常用带键、紧配或无键连接等方法同舵柄连接,并支承在上舵承处。舵杆下端常用水平法兰、锥体带键或无键连接等方法与舵叶连接。下端竖直的舵杆,其端部构成圆锥体(图1-46)或水平法兰(图1-47(b))。下端弯曲的舵杆,其端部结构构成水平法兰,如图1-47(a)所示。

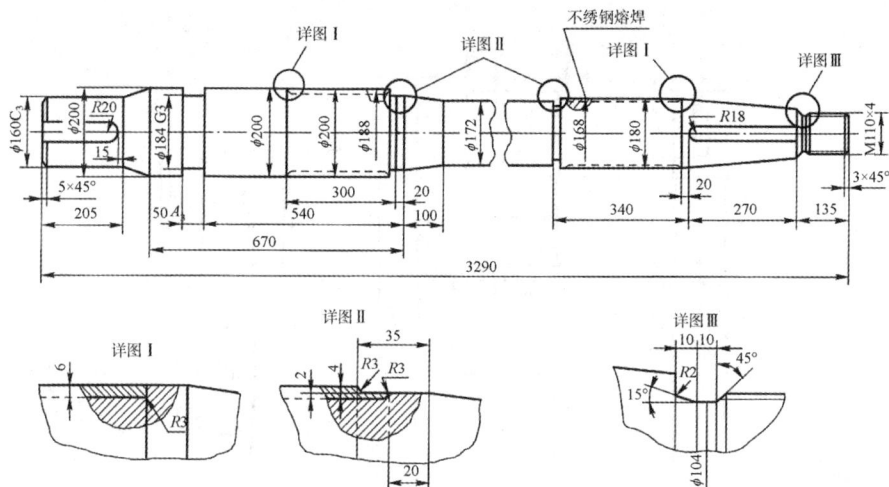

图 1-46　下端构成圆锥体的舵杆

舵杆一般为锻钢件。舵杆下端的法兰通常同舵杆一起锻造,但有时为简化舵杆的制作,法兰同舵杆本体分别锻造,然后通过电焊连接,这就要求采用高质量的焊接程序以保障连接的强度。下端弯曲的舵杆可采用铸、锻、焊结合的方式进行制造,即直杆部分采用锻造,弯曲部分连同法兰采用铸造,经热处理后把这两部分用电焊连接,焊后再做热处理及探伤检查。

为了使舵杆避免被海水腐蚀,应对舵杆采取适当的保护措施,诸如合适的密封装置、在舵杆表面涂刷专用涂料,以及在舵杆工作的轴颈处加设保护衬套(图 1-46)等。

舵杆工作表面的保护衬套常用的材料为青铜或不锈钢。表 1-24 所列为保护衬套推荐的厚度值。衬套长度照例应当超过舵承的支承表面长度约 100 mm(每边 50 mm),衬套与舵杆被保护表面采用基轴制过盈配合,其过盈值如表 1-25 所列。

表 1-24　舵杆轴颈处保护衬套厚度

舵杆颈部直径/mm	衬套壁厚/mm		舵杆颈部直径/mm	衬套壁厚/mm	
	青铜	不锈钢		青铜	不锈钢
50 以下	2.5	2.5	100～150	6～10	5～8.5
50～70	3.0	3.0	150～300	10～16	8.5～14
70～80	4.0	4.0	300～400	16～20	14～17
80～90	5.0	5.0	400～500	20～24	17～21
90～100	6.0	5.0	500～600	24～30	21～26

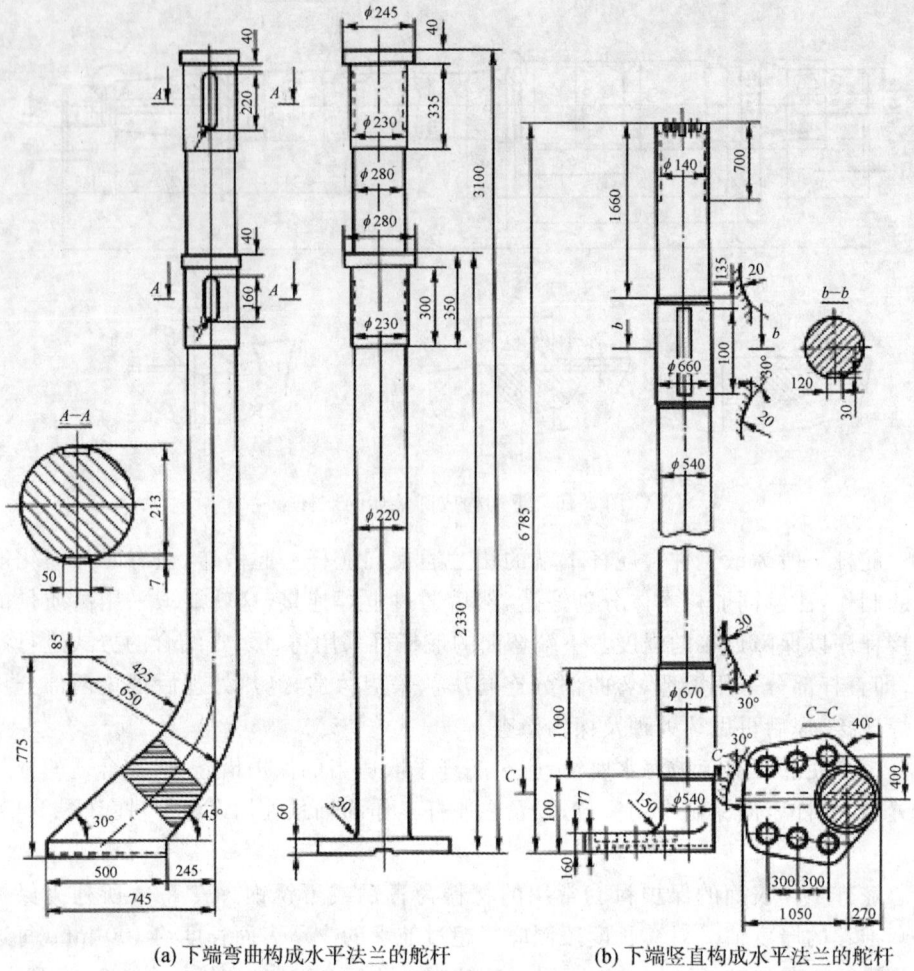

(a) 下端弯曲构成水平法兰的舵杆　　　　(b) 下端竖直构成水平法兰的舵杆

图 1-47　下端构成水平法兰的舵杆

表 1-25　衬套与轴颈的过盈配合值

舵杆颈部直径/mm	100	200	300	400	500
过盈值按颈部直径的百分数/%	0.12	0.11	0.10	0.09	0.08

CCS《海船规范》对于舵杆尺寸的规定如下：

（1）传递舵杆扭矩的舵杆直径应满足扭转切应力 $\tau_t(\mathrm{N/mm^2})$ 不超过 $68/K$。

（2）传递扭矩的舵杆直径 $d_t(\mathrm{mm})$ 应不小于下式计算所得之值：

$$d_t = 4.2 \sqrt[3]{Q_R K} \tag{1.6.56}$$

式中 Q_R——舵杆扭矩,N·m,见 1.6.2 节式(1.6.8)及式(1.6.17);

K——舵杆材料系数,见 1.6.1 节 1.6.1.3 条(5)款。

(3) 合成应力要求的舵杆直径

舵杆的等效弯矩和扭转合成应力 σ_c(N/mm²)不超过 118/K。

等效应力 σ_c(N/mm²)应按下式计算得到:

$$\sigma_c = \sqrt{\sigma_b^2 + 3\tau_t^2} \tag{1.6.57}$$

式中

弯曲应力

$$\sigma_b = \frac{10.2M}{d_c^3} \times 10^3 \ N/mm^2 \tag{1.6.58}$$

扭转切应力

$$\tau_t = \frac{5.1Q_R}{d_c^3} \times 10^3 \ N/mm^2 \tag{1.6.59}$$

(4) 舵杆直径 d_c(mm)应不小于按下式计算所得之值:

$$d_c = d_t \sqrt[6]{1 + \frac{4}{3}\left(\frac{M}{Q_R}\right)^2} \tag{1.6.60}$$

式中 d_t——传递扭矩的舵杆直径,mm,见式(1.6.56);

Q_R——舵杆的总扭矩,N·m,见式(1.6.56);

M——计算剖面处的舵杆弯矩,N·m。

当使用屈服应力超过 235 N/mm² 的钢材而导致舵杆直径明显减小时,CCS 可要求对舵杆弹性变形进行评估。为防止在轴承处产生过大的边缘应力,应避免较大的舵杆变形。

舵柄处舵杆直径,若不考虑舵机引起的附加弯矩,只承受扭矩。通常情况下,这一直径可保持到上舵承处。自上舵承向下,舵杆弯矩逐渐增加至下舵承处达到最大值。故,舵杆直径自上舵承向下,应逐渐增大至下舵承处的舵杆直径达到最大值,其锥体的长度应不小于直径差额的三倍,锥体上端部应特别注意避免存在任何缺口。

拖船在计算舵力时,最大服务航速 V 应取不小于 10 kn。

按表 1-14 授予冰级符号的船舶,由于在计算舵力时已对最大服务航速进行了适当的修正,可按上述计算公式确定舵杆直径。

对于单板舵,舵杆直径按上述公式计算;对悬挂单板舵,其下段的三分之一可向下过渡至下舵杆直径的 0.75 倍。

1.6.4 舵叶

1.6.4.1 流线型舵

现代海船绝大多数采用焊接结构的流线型剖面的舵叶,它主要由舵叶旁板、垂直隔板、水平隔板以及连接舵杆或舵销的铸钢件等组成。

流线型舵的下舵杆通常以箱形结构代替,该箱形结构由设在铸钢件下方的两块连续垂直隔板和有效舵叶旁板组成。其余的垂直隔板可连续,也可在水平隔板处切断(图 1-35 及图 1-48)。除了组成箱形结构的垂直隔板不应开孔外,其余的垂直隔板和水平隔板可以开孔,孔的大小应不超过隔板宽度的一半。

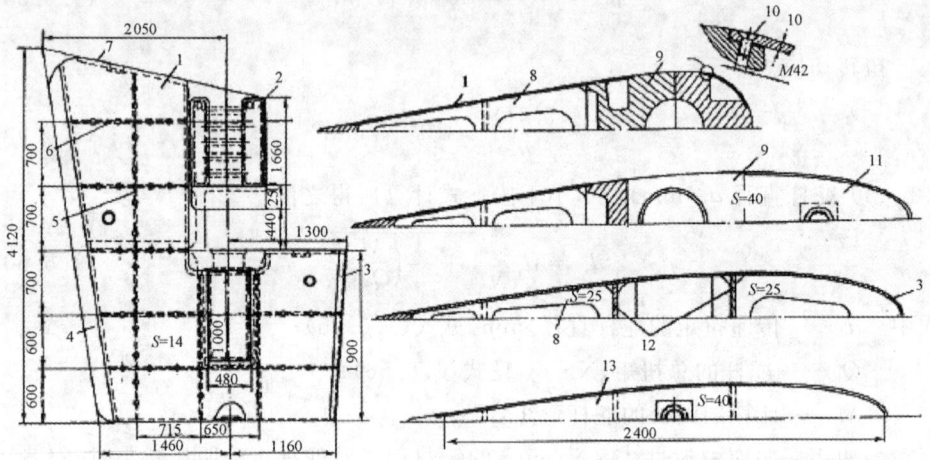

1—舵叶旁板;2—可拆板;3—前边缘舵叶旁板;4—尾端型材;5—垂直隔板(间断);6—长圆形塞焊缝;7—舵叶顶板;8—水平隔板;9—舵杆承座;10—固定螺钉;11—端板;12—组成下舵杆的垂直隔板;13—舵叶底板。

图 1-48 半悬挂流线型舵的舵叶

舵叶的导边通常用钢板弯制。舵叶的随边形式较多,最简单的方法是将两侧的舵叶旁板搭接,但这种形式较易产生裂纹;因此通常的做法是加设型材,如扁钢、圆钢、半圆钢或按舵叶的随边线型加工的专用型材,如图 1-49 所示。

在人员不能进入舵叶内进行焊接时,舵叶旁板同隔板的连接常常采用这样的方式:在一侧的舵叶旁板上用间断的填角焊缝将隔板焊接在舵叶旁板上;另一侧隔板上设有垫板,沿着该垫板在舵叶旁板上开长圆形塞焊缝孔进行焊接,如图 1-50 所示。当使用塞焊时,塞焊孔长度应至少 75 mm,最小宽度为舵叶旁板厚度的 2 倍。塞焊孔两端为半圆,塞焊孔端部的间距应不大于 125 mm;应采用合适的填料

（如环氧腻子）填充绕孔边界填角焊后留下的塞焊孔。不应在塞焊孔内填满焊肉。在有大的面内应力垂直于塞焊处以及半悬挂舵的缺口处,不可用塞焊,应使用带有垫板的连续对接焊。

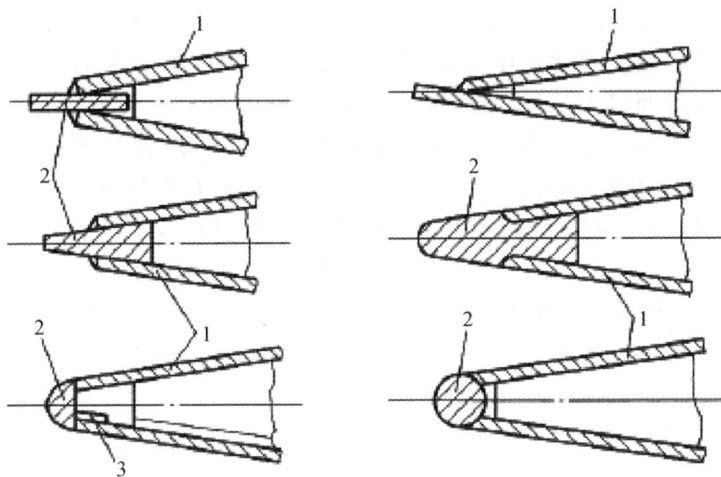

1—舵叶旁板;2—尾端型材;3—安装垫板。

图 1-49　舵叶随边的型材

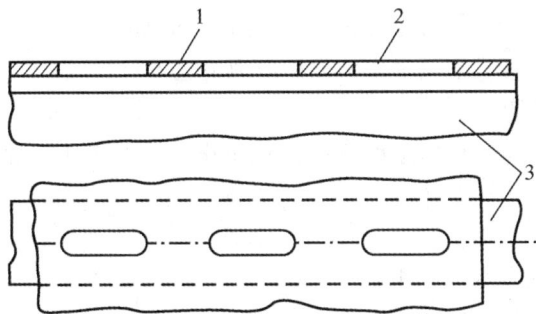

1—舵叶旁板;2—长圆形塞焊孔;3—隔板。

图 1-50　舵叶塞焊示意

　　为了便于舵叶的安装和拆卸,在舵叶的适当位置处开孔安装钢管,供穿过吊索用;钢管的内径为 70~100 mm,钢管两端不应突出在舵叶旁板外面。舵叶安装完毕后,应用木质塞子或其他方式封住开孔以保持舵叶外表面的光顺。也可在舵叶旁板外设置起吊眼板,而起吊眼板需在舵叶安装完毕后割除。

设有舵销的舵以及舵杆与舵叶采用锥体连接的舵,在舵叶开口处设有可拆盖板,以便拆装舵杆或舵销的连接螺母。该可拆盖板与舵叶采用螺钉或焊接固定。

舵叶制作完成后,应按规范要求做密性试验,密性试验合格后进行舵叶内涂装。舵叶顶板和舵叶底板应设有放泄孔,配置用黄铜或不锈钢制作的放泄塞,使得为舵叶灌注沥青液后能将多余的沥青液倒出;有时在舵叶内部涂装后,填充聚氨酯自发泡沫塑料。近年来随着环保要求的提升,对于舵叶内的涂装,采用灌注沥青液的方法已经不做推荐,建议采用更为环保的气相缓蚀剂。

气相缓蚀剂的工作原理是:在常温下自动不断地升华,挥发成气体,当这种气体在舵叶腔体内达到饱和状态时,就能对舵叶等金属材料实行防锈保护。

CCS《海船规范》对于流线型舵的舵叶结构的规定如下:

(1) 许用应力

舵叶水平剖面的剖面模数和面积应满足下述的系列应力不超过许用应力值。

① 一般剖面,除了如下述②要求的舵叶有缺口的剖面处以外:

弯曲应力　　　　$\sigma_b \leqslant 110 \ kN/mm^2$

剪切应力　　　　$\tau \leqslant 50 \ kN/mm^2$

等效应力　　　　$\sigma_e = \sqrt{\sigma_b^2 + 3\tau^2} \leqslant 120 \ kN/mm^2$

②半悬挂舵挂舵臂舵销处缺口处的剖面

弯曲应力　　　　$\sigma_b \leqslant 75 \ N/mm^2$

剪切应力　　　　$\tau \leqslant 50 \ N/mm^2$

等效应力　　　　$\sigma_e = \sqrt{\sigma_b^2 + 3\tau^2} \leqslant 100 \ N/mm^2$

即使采用高强度钢,本项要求的许用应力值也不可折减。

(2) 舵叶板的厚度

舵叶旁板、顶板和底板的厚度 t(mm)应不小于按下式计算所得之值:

$$t = 5.5 \ s\beta \sqrt{K} \sqrt{d + \frac{C_R}{A} \times 10^{-4}} + 2.5 \qquad (1.6.61)$$

式中　　d——夏季载重水线吃水,m;

　　　　C_R——舵力,N,按式(1.6.2)计算;

　　　　A——舵叶面积,m^2;

　　　　$\beta = \sqrt{1.1 - 0.5\left(\dfrac{s}{b}\right)^2}$——板格系数,其中,$s$ 为板格的短边长度,m;b 为板格的长边长度,m;如 $b/s \geqslant 2.5$,则 β 最大取 1;

　　　　K——舵叶材料系数,见 1.6.1 节 1.6.1.3 条(4)款及表1-22。

舵叶导边板的厚度应不小于1.2倍的舵叶旁板的厚度,但也不必大于22 mm。舵叶隔板的厚度应不小于舵叶旁板厚度的70%,且不小于8 mm。

与实心体(如与舵杆或舵销锥体连接的铸钢件)连接处的舵板,应按下述(3)款④项的要求进行加厚。

在半悬挂舵缺口处,舵板(铸钢承座实心体处除外)的倒角圆弧半径应不小于5倍舵板厚度,且不小于100 mm。舵叶旁板的焊接应避免焊到圆弧处,接近圆弧处的边及焊脚应磨平。

(3) 舵叶结构与锻钢件或铸钢件的连接

① 舵杆或舵销的锻钢或铸钢承座,应设置凸缘用于与舵叶旁板、水平隔板或垂直隔板连接。当隔板厚度小于下述值时,可不要求设有凸缘:

a. 10 mm,对焊接于半悬挂舵下舵销承座的隔板和焊接于悬挂舵舵杆承座的垂直隔板;

b. 20 mm,对其他隔板。

② 舵叶的承座,一般应通过两个水平隔板和两个垂直隔板与舵叶结构连接。

③ 与舵杆承座连接的舵叶结构,由垂直隔板和舵叶旁板组成,其剖面模数 W_s (cm³)应不小于按下式计算所得之值:

$$W_s = C_s d_c^3 \left(\frac{H_E - H_X}{H_E}\right)^2 \frac{K}{K_s} 10^{-4} \qquad (1.6.62)$$

式中　C_s——系数,应取:

　　　　$C_s = 1.0$,如舵叶旁板无开口或该开口由板用全焊透封闭;

　　　　$C_s = 1.5$,如所考虑的舵叶旁板横剖面有一开口;

　　　　d_c——按式(1.6.60)计算的下舵承处舵杆直径,mm;

　　　　H_E——舵叶下缘和实心承座上缘之间的垂直距离,m;

　　　　H_X——所考虑剖面和实心承座上缘之间的垂直距离,m;

　　　　K——舵叶材料系数,见1.6.1节1.6.1.3条(4)款;

　　　　K_s——舵杆材料系数,见1.6.1节1.6.1.3条(5)款。

舵叶剖面的实际剖面模数应按舵叶对称轴计算,其计及剖面模数的有效舵叶宽度 b(m)应不大于按下式计算所得之值:

$$b = s_v + 2H_X/3 \qquad (1.6.63)$$

式中,s_v 为两垂直隔板的间距,m,见图1-51。

舵杆螺母的通道开口,如未由板用全焊透封闭,则开口应相应扣除。

④ 承座附近的水平隔板厚度以及这些隔板之间的舵叶旁板的厚度 t_H(mm)应不小于按下式计算所得之值的大者:

$$t_H = 1.2t$$
$$t_H = 0.045d_s^2/S_H \qquad (1.6.64)$$

式中　t——厚度,mm,按式(1.6.61)计算;

　　　　d_s——直径,mm,应按如下取值:

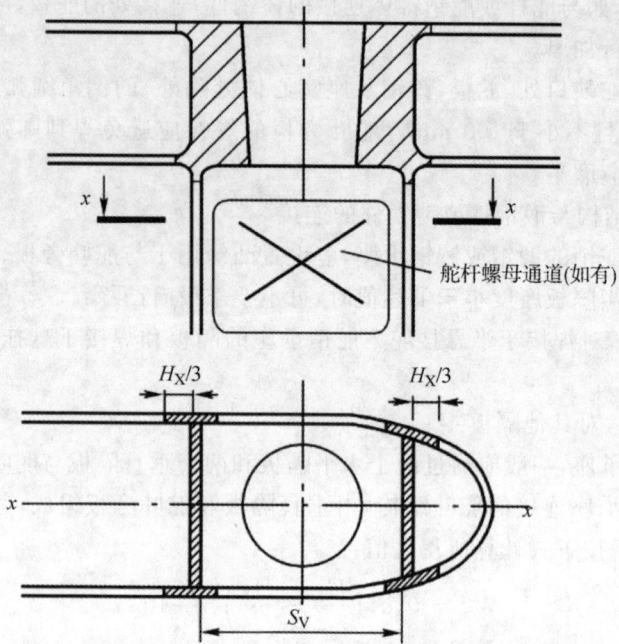

图 1-51 舵叶与舵杆承座连接处剖面(舵叶两侧开孔)

$d_s = d_c$，承座与舵杆相连时，按式(1.6.60)计算；

$d_s = d_p$，承座与舵销相连时，按式(1.6.79)计算；

S_H——两个水平隔板间的距离，mm。

加厚水平隔板应延伸至至少实体前后一个垂直隔板。

⑤ 与舵杆承座焊接的垂直隔板和舵杆承座以下的舵叶旁板的厚度，mm，应不小于表 1-26 中的值。

表 1-26 垂直隔板和舵叶旁板的厚度表

舵的形式	垂直隔板厚度/mm		舵板厚度/mm	
	无开口舵叶	有开口舵叶	无开口舵叶	有开口舵叶
由尾框底骨支撑的舵	$1.2t$	$1.6t$	$1.2t$	$1.4t$
半悬挂舵和悬挂舵	$1.4t$	$2.0t$	$1.3t$	$1.6t$

注：t 为舵板厚度，mm，按式(1.6.61)计算。

加厚垂直隔板及舵叶旁板应延伸至实体之下至少一个水平隔板。

1.6.4.2　单板舵

单板舵的舵叶厚度 t_b(mm)应不小于按下式计算所得之值：

$$t_b = 1.5\,sV\sqrt{K} + 2.5 \qquad (1.6.65)$$

式中　s——加强筋间距，m，应不大于 1 m；

　　　V——航速，kn，同式(1.6.2)中所要求的最大服务航速；

　　　K——舵叶材料系数，见 1.6.1 节 1.6.1.3 条(4)款及表 1-22。

单板舵的加强筋厚度 t_a(mm)应不小于舵叶厚度 t_b(mm)。

单板舵的加强筋的剖面模数 W(cm³)应不小于按下式计算所得之值：

$$W = 0.5\,sC_1^2 V^2 K \qquad (1.6.66)$$

式中　s——加强筋间距，m，应不大于 1 m；

　　　C_1——自舵的后边缘(随边)至舵杆中心线的水平距离，m；

　　　K——材料系数，视所用材料而定；若是锻钢，则见 1.6.1 节 1.6.1.3 条(5)款；若是钢板，则见 1.6.1 节 1.6.1.3 条(4)款及表 1-22。

1.6.5　舵杆与舵叶的连接

舵杆与舵叶的连接，目前常用的方式有法兰连接和锥体连接。

1.6.5.1　法兰连接

舵杆与舵叶的法兰连接中最常用的是水平法兰连接，很少采用垂直法兰连接。

连接法兰的形状和尺寸取决于连接的强度要求、法兰所在处的舵剖面的形状及螺栓布置的要求等因素。连接螺母应采用开口销或焊接的制动板紧固以防止螺母松动和脱落。为了保护螺栓和螺母的外露部分，应填敷水泥或其他填充物。水平法兰的连接面处，最好设置紧配键，以减少螺栓受力。

(1)CCS《海船规范》对于水平法兰连接的要求

①连接螺栓直径 d_b(mm)应不小于按下式计算所得之值：

$$d_b = 0.62\sqrt{\dfrac{d_s^3 K_b}{ne_m K_s}} \qquad (1.6.67)$$

式中　d_s——舵杆直径，按式(1.6.56)计算的直径 d_t 和按式(1.6.60)计算的直径 d_c，取大值，mm；

　　　n——螺栓总数，应不小于 6；

　　　e_m——螺栓中心与螺栓系统中心平均间距，mm；

　　　K_s——舵杆材料系数，见 1.6.1 节 1.6.1.3 条(5)款；

　　　K_b——螺栓材料系数，见 1.6.1 节 1.6.1.3 条(5)款。

②连接法兰的厚度 t_f(mm)应不小于按下式计算所得之值取大者：

$$t_f = d_b \sqrt{\frac{K_f}{K_b}}$$ (1.6.68)

$$t_f = 0.9 d_b$$

式中 d_b——按不超过 8 个螺栓数计算所得的螺栓直径,mm；

$\quad\quad K_f$——连接法兰的材料系数,见本章 1.6.1 节 1.6.1.3 条(5)款；

$\quad\quad K_b$——螺栓材料系数,见本章 1.6.1 节 1.6.1.3 条(5)款。

③螺栓孔与法兰边之间的距离应不小于 $0.67 d_b$。

④舵杆与法兰的焊接节点应满足图 1-52 的要求或者相当设计。

⑤连接法兰的螺栓应为铰孔螺栓,螺母应有可靠的止动装置。

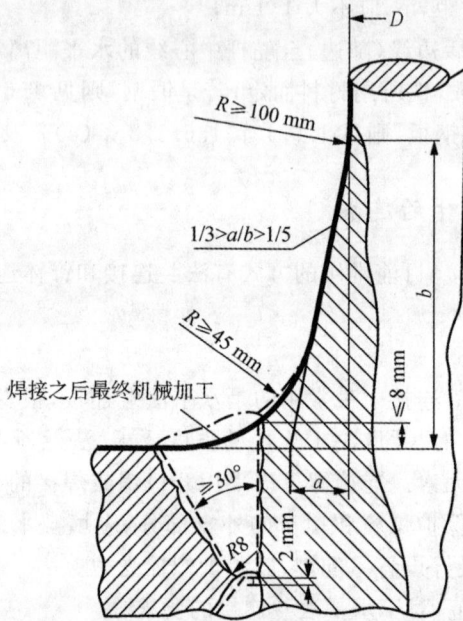

图 1-52　舵杆与法兰的焊接节点

(2) CCS《海船规范》对于垂向法兰连接的要求

①连接的螺栓直径 d_b(mm)应不小于按下式计算所得之值：

$$d_b = 0.81 \frac{d_s}{\sqrt{n}} \sqrt{\frac{K_b}{K_s}}$$ (1.6.69)

式中 d_s——连接法兰处的舵杆直径,mm；

$\quad\quad n$——螺栓总数,至少应有 8 个；

$\quad\quad K_s$——舵杆材料系数,见 1.6.1 节 1.6.1.3 条(5)款；

K_b——螺栓材料系数,见 1.6.1 节 1.6.1.3 条(5)款。

②螺栓面积对法兰中心的静矩 $m(cm^3)$ 应不小于按下式计算所得之值:

$$m = 0.000\ 43d_s^3 \qquad (1.6.70)$$

式中,d_s 的定义见式(1.6.69)。

③连接法兰的厚度应不小于螺栓直径,螺栓孔外侧的材料宽度应不小于 $0.67d_b$。

④连接法兰的螺栓应为铰孔螺栓,螺母应有可靠的止动装置。

1.6.5.2　锥体连接

舵杆与舵叶的锥体连接可分为有键连接和无键连接,其锥体长度一般不小于 1.5 倍的下舵承处的舵杆直径,且锥体部分应无阶梯地过渡到圆柱部分。

(1)有键锥体连接

采用有键连接时,键沿着锥体母线安装。键的材料总是比舵杆或承座(一般为舵叶上部铸钢件)的材料强度高。键的尺寸根据其受剪面和受挤压的侧面情况确定。对于传递大扭矩的锥体连接应设置两个键,但在计算时只考虑一个半键起作用,这是因为键与键槽不可能制作得绝对精确。

CCS《海船规范》对于有键锥体连接的要求如下:

①锥度和连接长度

不使用液压拆装的锥体连接,在直径方向上的锥度 c 应在 $1:8 \sim 1:12$ 之间。其中,$c = (d_0 - d_u)/l$,见图 1-53。

锥体连接应由螺母紧固。螺母的紧固,例如采用如图 1-53 所示的紧固板。

锥体应精确适配,其连接长度 l 一般应不小于 $1.5d_0$。

②键的尺寸

锥体连接的舵杆与舵叶之间应设有一个键,其剪切面积 $a_s(cm^2)$ 应不小于:

$$a_s = \frac{17.55Q_F}{d_k R_{eH1}} \qquad (1.6.71)$$

式中　Q_F——舵杆的设计屈服扭矩,Nm,$Q_F = 0.026\ 64\ d_t^3/K$;

　　　d_t——按式(1.6.56)计算的舵杆直径,mm,如实际直径 d_{ta} 大于计算要求的直径 d_t,应取实际直径 d_{ta},但不必大于 $1.145d_t$;

　　　K——舵杆材料系数,见 1.6.1 节 1.6.1.3 条(5)款;

　　　d_k——舵杆锥体装键处的平均直径,mm;

　　　R_{eH1}——键材料规定的最小屈服应力,N/mm²。

在键与舵杆或承座之间的(未打磨)键有效表面积 $a_k(cm^2)$ 应不小于:

$$a_k = \frac{5Q_F}{d_k R_{eH2}} \qquad (1.6.72)$$

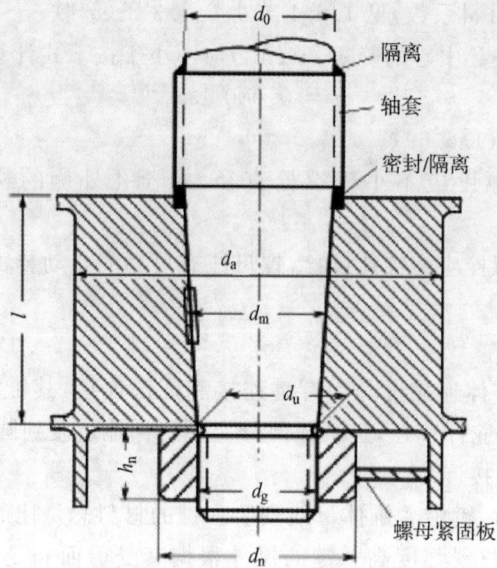

图 1-53　舵杆与舵叶的有键锥体连接

式中，R_{eH2}（$\mathrm{N/mm^2}$）为键、舵杆或承座材料的最小屈服应力，其他参数同式（1.6.71）的相关要求。

③螺母的尺寸

螺母的尺寸按图 1-53 所示，应符合下列要求：

螺纹外径　　　$d_g \geqslant 0.65 d_0$

螺母高度　　　$h_n \geqslant 0.6 d_g$

螺母外径　　　$d_n \geqslant 1.2 d_u$ 或 $d_n \geqslant 1.5 d_g$，取较大者。

④应证明 50％的设计屈服扭矩通过锥体连接摩擦传递，可按下述本条（2）款②项计算当扭矩 $Q'_F = 0.5 Q_F$ 时所要求的推入压力和推入长度。

⑤除了本款上述②项和④项的要求，当舵杆和舵叶通过有键锥体连接时，认为所有的扭矩都通过键传递，键的尺寸和推入压力和推入长度应特殊考虑。

（2）具有特殊拆装专用装置的锥体连接

具有特殊拆装专用装置的锥体连接，通常称为无键锥体连接，它是利用舵杆和承座（一般为舵叶上部铸钢件）的锥体表面之间的摩擦力传递扭矩。为使这两个锥体表面之间有足够的摩擦力，需施加较高的压力，目前常用的施力的方法是液压螺母装配法，见图 1-54。

CCS《海船规范》对于无键锥体连接的要求如下：

①舵杆直径如超过 200 mm，建议通过液压连接进行压入配合。在此情况下，

锥体应更细长,锥度 c 在 $1:12\sim 1:20$ 之间。

如采用液压方式连接,螺母应有效紧固于舵杆或舵销,例如采用如图 1-51 中所示的扁材。

为使舵杆和承座的锥体表面之间的连接能安全传递扭矩,推入压力和推入长度应由本款下述的②项和③项确定。

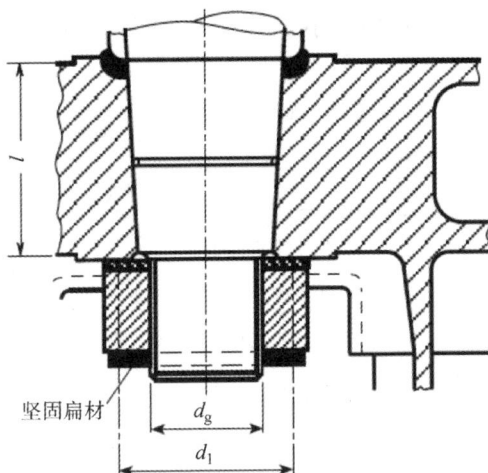

图 1-54　舵杆与舵叶的无键锥体连接

② 推入压力

推入压力 $P_{req}(\text{N}/\text{mm}^2)$ 应不小于以下两式计算所得之值的大者:

$$P_{req1} = \frac{2Q_F \times 10^3}{d_m^2 l \pi \mu_0} \qquad (1.6.73)$$

$$P_{req2} = \frac{6M_b \times 10^3}{l^2 d_m} \qquad (1.6.74)$$

式中　Q_F——按本节 1.6.5.2 条(1)款②项确定的舵杆设计屈服扭矩,N·m;

　　　d_m——锥体的平均直径,mm,见图 1-53;

　　　l——锥体连接的长度,mm,见图 1-54;

　　　μ_0——摩擦系数,等于 0.15;

　　　M_b——锥体连接的弯矩(例如悬挂舵),N·m。

应证明推入压力不超过锥体的许用表面压力。锥体的许用表面压力 $P_{perm}(\text{N}/\text{mm}^2)$,应按下式计算确定:

$$P_{perm} = \frac{0.95R_{eH}(1-\alpha^2)}{\sqrt{3+\alpha^4}} - P_b \qquad (1.6.75)$$

式中　$P_b = \dfrac{3.5M_b \times 10^3}{l^2 d_m}$　　　N/mm^2；

　　R_{eH}——舵枢材料规定的最小屈服应力，N/mm^2；

　　$\alpha = \dfrac{d_m}{d_a}$；

　　d_m——锥体的平均直径，mm，见图 1-53；

　　d_a——舵枢外径，mm，应不小于 $1.25d_0$，见图 1-53。

③推入长度

推入长度 Δl(mm)应满足下式：$\Delta l_1 \leqslant \Delta l \leqslant \Delta l_2$。

最小推入长度 Δl_1(mm)按下式计算：

$$\Delta l_1 = \frac{P_{req} d_m}{E\left(\dfrac{1-\alpha^2}{2}\right)c} + \frac{0.8R_{tm}}{c} \tag{1.6.76}$$

最大推入长度 Δl_2(mm)按下式计算：

$$\Delta l_2 = \frac{P_{perm} d_m}{E\left(\dfrac{1-\alpha^2}{2}\right)c} + \frac{0.8R_{tm}}{c} \tag{1.6.77}$$

上述两式中

　　P_{req}——锥体的推入压力，N/mm^2，见本款②项；

　　P_{perm}——锥体的许用表面压力，N/mm^2，见式(1.6.75)；

　　E——弹性模量，取 $2.06 \times 10^5 N/mm^2$；

　　R_{tm}——平均粗糙度，mm，等于 0.01；

　　c——锥体连接的锥度，见本节 1.6.5.2 条(2)款①项所述。

　　其他参数的定义与式(1.6.75)相同

④推入力

如采用液压方式连接，则所要求的锥体推入力 P_e(N)可按下式计算：

$$P_e = P_{req} d_m \pi l\left(\frac{c}{2} + 0.02\right) \tag{1.6.78}$$

式中各参数的定义与式(1.6.73)、式(1.6.76)相同。

　　式(1.6.78)中，数值 0.02 是采用油压摩擦系数的基准。该值是变量，视机加工和粗糙度的具体细节而定。如在装配过程中，产生了因舵的质量引起的部分推入效应，可在确定所需的推入长度时予以考虑，并应经 CCS 批准。

1.6.6　舵销和舵钮

　　舵叶与舵柱或挂舵臂之间采用舵销连接时，舵叶及舵柱或挂舵臂上相应设置的数个有孔的突出物，即为舵钮。舵销插入舵钮孔中，使舵叶与舵柱或挂舵臂可靠地连接。图 1-55 所示为不平衡舵与舵柱的连接方式,图 1-56 和图 1-57 所示均为半悬挂舵与挂舵臂的连接方式。

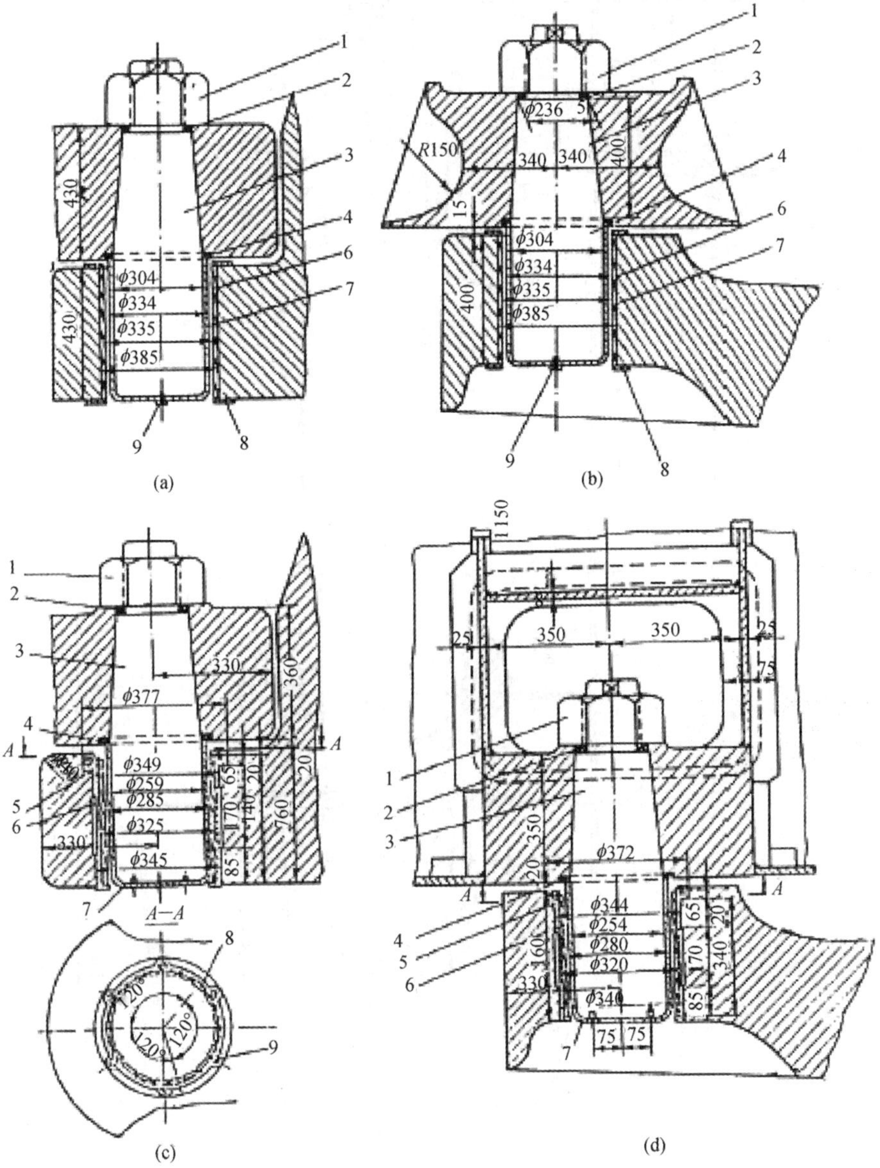

1—螺母;2、4—密封圈;3—舵销;5—安装套;6—轴承衬;7—轴套;8—挡圈;9—定位螺钉。

图 1-55　不平衡舵的舵销连接

(a)(b)上舵销;(c)(d)上舵销。

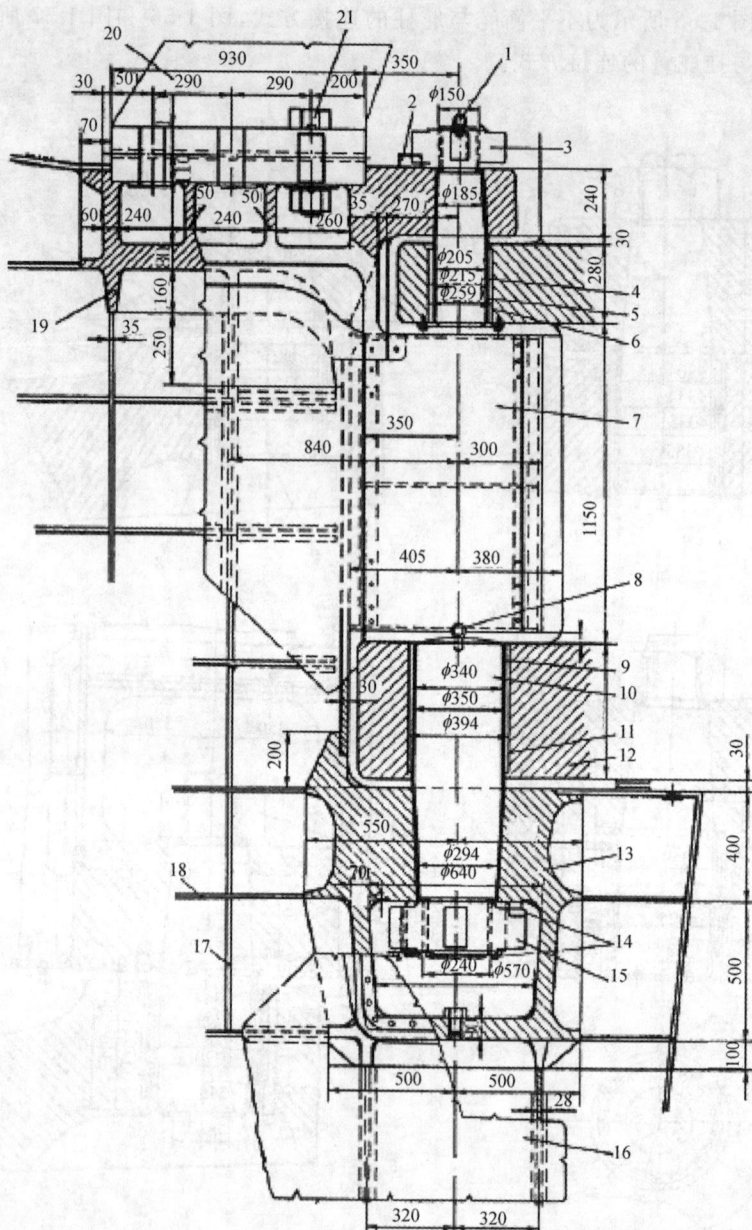

1—吊环螺钉;2,14—止动块;3—上舵销螺母;4—上舵销;5—上舵销轴套;6—上舵销衬套;7—可拆板;8—下舵销吊环螺钉;9—下舵销轴套;10—下舵销;11—下舵销衬套;12—挂舵臂;13—舵叶铸钢件;15—下舵销螺母;16—舵叶旁板;17—垂直隔板;18—水平隔板;19—连接法兰铸钢件;20—带法兰的舵杆;21—法兰连接螺栓。

图 1-56　双舵销半悬挂舵的连接

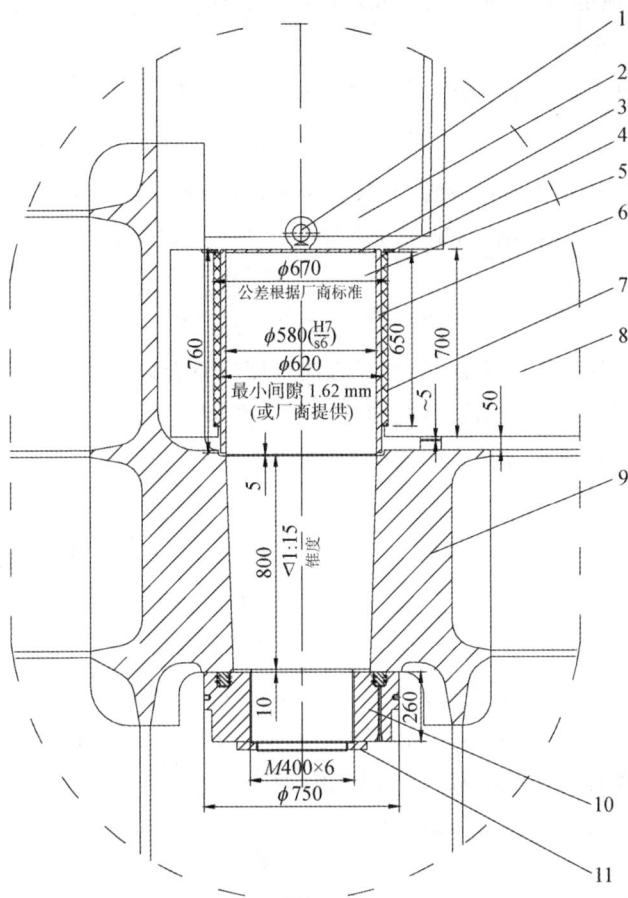

1—舵销吊环螺钉；2—舵叶可拆体；3—舵销保护盖板；4—舵销衬套挡圈；5—舵销；6—舵销轴套；

7—舵销衬套；8—挂舵臂；9—舵叶铸钢件；10—液压螺母；11—液压螺母止动板。

图 1-57　单舵销半悬挂舵的舵销连接

舵销一般为锻钢件，通常用锥体连接的方式固定，如同舵叶和舵杆的锥体连接一样，但很少用键。因为由舵销轴承产生的摩擦力矩不大，但由于锥体承受一定的弯矩，所以应按本章 1.6.5 节 1.6.5.2 条锥体连接的要求进行设计。

舵销锥体部分应无阶梯地过渡到圆柱部分，锥体端部有螺纹端，用螺母紧固，螺母应装设止动装置或开口销。

舵销的工作部位用耐磨和耐腐蚀的材料制成的轴套包覆，轴套的材料可以是青铜、黄铜或不锈钢。舵销与轴套采用过盈配合。轴套两端与舵销接触处，有时开槽并填充密封填料，如腻子、橡胶绳或环氧树脂，以防水进入它们的接触表面。

CCS《海船规范》对于舵销尺寸和连接的规定如下。

（1）舵销尺寸

舵销直径 d_p(mm)应不小于下式计算：

$$d_p = 0.35 \sqrt{B_1 K_p} \qquad (1.6.79)$$

式中　B_1——舵销轴承处的支撑力，N，式(1.6.37)为计算之一；

　　　K_p——舵销材料系数，见1.6.1节1.6.1.3条(5)款。

（2）舵销的连接

① 锥度

舵销与承座的连接如为锥形，直径方向锥度应符合以下规定：

对于有键或者其他手动安装舵销且由止动螺母锁紧的舵销，为 $1:8\sim1:12$；

对于以油压和液压螺母装配的舵销，为 $1:12\sim1:20$。

② 舵销的推入压力

所要求的舵销与承座的推入压力 P_{req}(N/mm²)应按下式计算：

$$P_{req} = 0.4 \frac{B_1 d_0}{d_m^2 l} \qquad (1.6.80)$$

式中　B_1——舵销轴承处的支撑力，N，式(1.6.37)为计算之一；

　　　d_0——舵销直径，mm，见图1-53，可按式(1.6.79)计算；

　　　d_m——锥体的平均直径，mm，见图1-53；

　　　l——锥体的长度，mm，见图1-54。

③ 舵销的推入长度

舵销的推入长度，应按本章1.6.5节1.6.5.2条(2)款③项"推入长度"的方法计算，采用要求的舵销和承座的装配信息（包括推入压力和材料属性等）得到。

④ 舵销处的配套螺母

螺母和螺纹的最小尺寸，应依据本章1.6.5节1.6.5.2条(1)款③项"螺母的尺寸"，采用要求的舵销装配信息得到。

⑤ 舵销承座

舵钮处舵销承座的长度，应不小于舵销轴套外径。

舵销承座的厚度，应不小于0.25倍的舵销轴套外径。

1.6.7　舵杆和舵销的轴承

与轴套配合的轴承衬套的材料有铁梨木、白合金、合成材料（如酚醛树脂热塑材料）以及钢（不锈钢或耐磨钢）、青铜和热压青铜-石墨材料等。铁梨木由于资源匮乏目前已不采用;白合金必须用油润滑,合成材料通常为水润滑,金属衬套可用水润滑、也可用油润滑。一般合成材料的使用寿命为 10 年,且更换方便,因而获得广泛采用。轴套与轴承衬套匹配时,两者的硬度差应不小于 65,常用的匹配方式如:铁梨木对青铜或黄铜,青铜对不锈钢,合成材料对青铜或不锈钢。

衬套同舵钮孔采用紧配合,轴承端部设止动垫圈固定或制成凸肩。

CCS《海船规范》对于舵杆和舵销轴承的规定如下:

(1) 衬套和轴套的厚度

① 舵杆轴承

轴承应有衬套和轴套,衬套和轴套的最小厚度 t_{min} 应取为

$$t_{min} = 8 \text{ mm}, \quad 金属材料和合成材料$$

$$t_{min} = 22 \text{ mm}, \quad 木材$$

② 舵销轴承

任何衬套或轴套的厚度 t(mm)应不小于下式及上述①项定义的最小厚度。

$$t = 0.01\sqrt{P} \tag{1.6.81}$$

式中,P(N)为相关轴承的支承力。

(2) 最小轴承表面积

轴承应提供足够的润滑。

支承面积 A_b(mm²),取为投影面积,即支承面长度乘以轴套外径所得之值,应不小于:

$$A_b = \frac{P}{q_a} \tag{1.6.82}$$

式中　P——轴承的支承力,N;

　　　q_a——按表 1-27 确定的许用表面压力,N/mm²。

表 1-27 所列为各种不同轴承材料的许用表面压力;如有许用表面压力大于表中所列数值,且已经由试验验证的,可按供应商说明书选取。

表 1-27　各种轴承材料的许用表面压力

轴承(衬套)材料	q_a(N/mm²)
铁梨木	2.5
白合金,油润滑	4.5
邵氏硬度 D 级 60~70 的合成材料[①]	5.5[②]

表 1-27　（续）

轴承(衬套)材料	$q_{\mathrm{a}}(\mathrm{N/mm^2})$
钢材[3]、青铜和热压青铜-石墨材料	7.0

注：① 压痕硬度试验应在 23 ℃及具有 50%湿度情况下，按公认的标准进行。合成材料应是认可型的。

② 根据轴承供应商说明书与试验，表面压力超过 5.5 N/mm² 可能被接受，但无论如何不超过 10 N/mm²。

③ 不锈钢和耐磨钢，并以认可方式同舵杆衬套组合。

（3）轴承尺寸

轴承长度与直径的比值应不大于 1.2。

轴承长度 L_{p}(mm)应满足 $D_{\mathrm{p}} \leqslant L_{\mathrm{p}} \leqslant 1.2 D_{\mathrm{p}}$，其中 D_{p}(mm)为舵杆或舵销轴套外径。

（4）轴承间隙

金属材料轴承的径向间隙 δ(mm)应不小于按下式计算所得之值：

$$\delta = \frac{d}{1\,000} + 1.0 \tag{1.6.83}$$

式中，d(mm)为舵杆或舵销轴套外径。

如采用非金属材料轴承，轴承的径向间隙应考虑材料的膨胀和热膨胀特性予以专门确定，除非生产商推荐并提供更小间隙的成功使用经验的报告，否则该间隙应不小于 1.5 mm。

1.6.8　舵轴及其轴承

舵轴又称为可拆舵柱，用于辛浦莱型双支点平衡舵，如图 1-31 所示。

舵轴下端为锥体，其形状如同舵销，固定在艉柱的尾框底骨的承座中。上部为垂直法兰同推进器柱连接。舵轴在舵叶内的上、下部分均设有轴承，如图 1-58 所示。图 1-59 所示的辛浦莱型舵的舵叶，其铸钢轴承座设置在舵叶内钢管的上、下端，轴承衬套为铁梨木或条状酚醛树脂材料，并镶嵌在轴承座内的青铜安装套内。舵叶与尾框底骨之间设置平的或楔形的支承环，其表面有向外延伸的槽，工作表面用海水润滑。楔形支承环的外径为 1.5～1.6 倍的舵轴直径，其总厚度为 0.2 倍的舵轴直径。

CCS《海船规范》(2015 年版)中，在第二分册第 2 篇第 3 章中，对舵轴的要求如下：

（1）舵轴在下轴承处的直径 D_1(mm)不小于按下式计算所得之值：

$$D_1 = 20.5 \sqrt[3]{A V_{\mathrm{d}}^2 E} \tag{1.6.84}$$

式中　A——舵叶面积，m²；

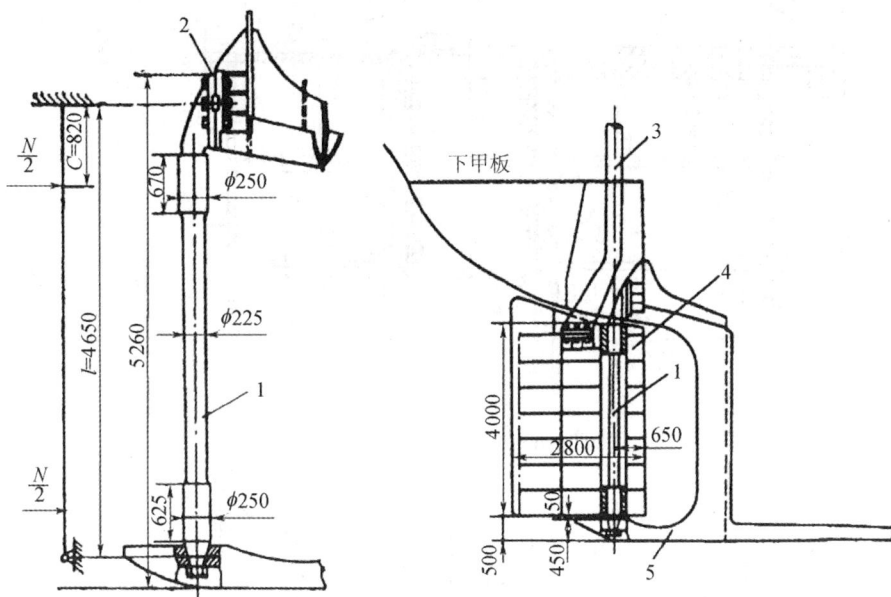

1—舵轴；2—连接法兰；3—舵杆；4—舵叶；5—尾框架。

图 1-58　辛浦莱型舵的舵轴

V_d——舵的设计航速，kn，按本章 1.6.2 节 1.6.2.2 条(1)款②项确定；

$E=\dfrac{1}{2}(a+b)$；其中 a，b 见图 1-60，m。

(2) 上轴承处的舵轴直径 $D_2=1.1D_1$，上下轴承之间的舵轴直径应为 $0.9D_1$。

(3) 舵轴上端垂直法兰连接螺栓应至少有 6 个，螺栓直径应等于 $0.28D_1$。螺栓中心至法兰中心平均距离应不小于 $0.9D_1$，且不小于 80 mm；螺栓中心距法兰边缘的距离应不小于螺栓直径的 1.2 倍。垂直法兰的厚度应等于螺栓直径的 0.9 倍。

(4) 舵轴下端的锥体、螺母等尺寸应符合本章 1.6.5 节 1.6.5.2 条(1)款"有键锥体连接"的有关要求。

(5) 轴承长度 l_b（见图 1-60）应使其支承面的长度和直径之比不大于 1.2。

上述 CCS《海船规范》(2015 年版)的内容，在 2016 年的修改通报中已经全部删除。目前的舵设计中，已经基本不采用设置舵轴的舵。

CCS《海船规范》(2018 年版)对于舵轴的轴承的规定，与本章 1.6.7 节对于"舵杆和舵销的轴承"的规定相同。

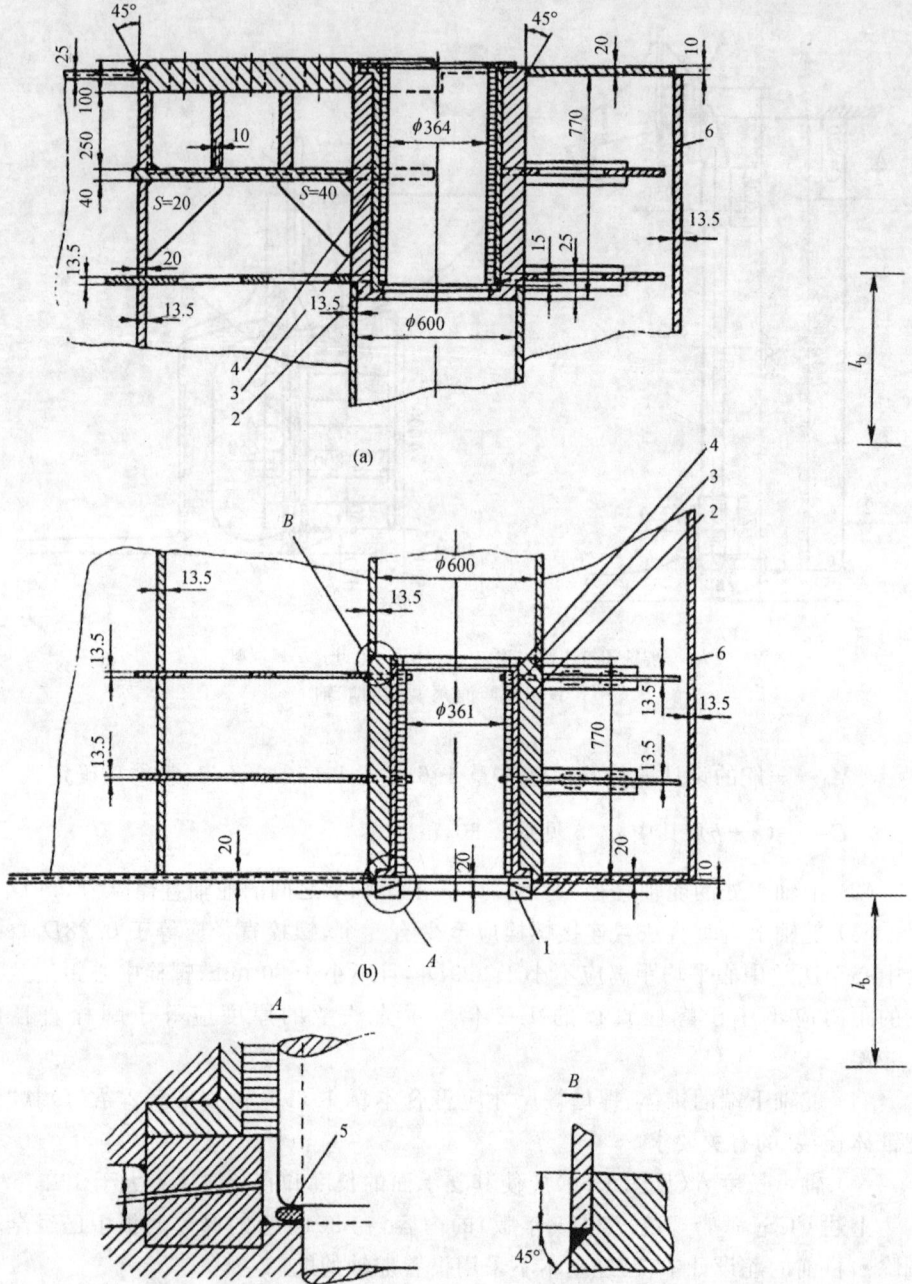

1—支承环;2—轴承本体;3—铁梨木衬套;4—安装套;5—O形密封圈;6—舵叶。

图 1-59　辛浦莱型舵的舵叶下舵杆及其端部轴承

(a)上部;(b)下部。

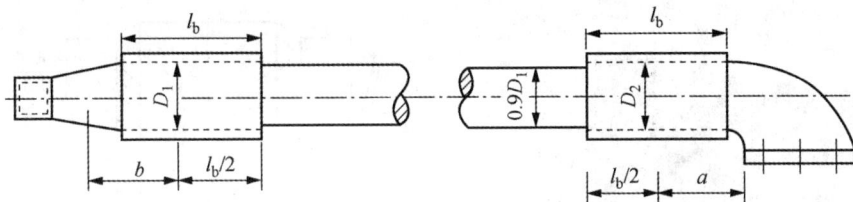

图 1-60　舵轴计算图

1.6.9　舵杆围阱

舵杆围阱作为悬挂舵的支承体,下端设有伸入舵叶结构内部的下舵承,有效地减小了舵杆所承受的弯曲力矩,其典型设计如图 1-36 所示。

舵杆围阱采用钢板焊接或为锻钢件。

舵杆围阱的上端应伸入船体,并与加强的船体结构牢固连接,其典型的模型见图 1-61。

CCS《海船规范》对舵杆围阱的强度要求如下:

(1) 材料、焊接以及与船体的连接

本要求适用于伸入舾柱以下的舵杆围阱,这种布置的舵杆围阱承受舵力。

舵杆围阱的钢材应保证可焊性,化学成分中的含碳量不超过 0.23%,或者碳当量 C_{eq} 不超过 0.41%(见 1.6.1 节 1.6.1.3 条(2)款及表 1-18)。

舵杆围阱板材的钢级一般不应低于材料级别 II 所对应的钢级,钢级要求见 1.6.1节 1.6.1.3 条(1)款及表 1-17。

舵杆围阱与外板或导流尾鳍底部的连接焊缝应为全焊透。

凸肩圆角半径 r(mm)如图 1-62 所示,应尽可能大,并满足下式要求:

$$\left.\begin{array}{ll} r = 60 \text{ mm} & \text{当 } \sigma \geqslant 40/K(\text{N/mm}^2) \\ r = 0.1d_c, \text{且不小于 } 30 \text{ mm} & \text{当 } \sigma < 40/K(\text{N/mm}^2) \end{array}\right\} \quad (1.6.85)$$

式中　d_c——舵杆直径,mm,应满足本章 1.6.3 节(3)款合成应力要求的舵杆尺寸;

　　　σ——舵杆围阱的弯曲应力,N/mm²;

　　　K——材料系数,见 1.6.1 节 1.6.1.3 条(4)和(5)款。

弧形可用打磨方式制成。如用砂轮打磨,应在焊缝方向上避免砂轮划痕。应用模板核查弧形的精度。应至少检查四个,并向验船师提交报告。

非钢质材料舵杆围阱应由 CCS 作特殊考虑。

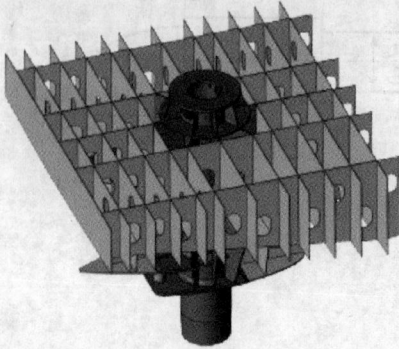

图 1-61　舵杆围阱与尾部船体的典型
模型

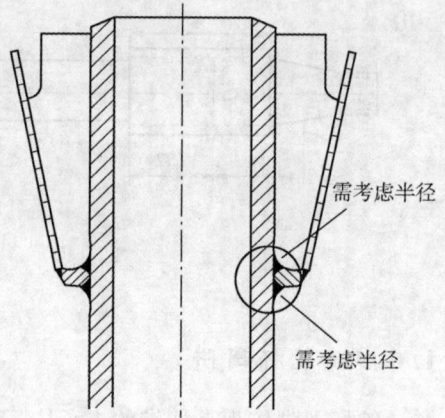

图 1-62　凸肩圆角半径示意

（2）结构尺寸和许用应力

舵杆围阱的尺寸应使弯曲和剪切的合成应力不超过 $0.35R_{eH}$。

焊接的舵杆围阱弯曲应力 $\sigma(\mathrm{N/mm^2})$ 应满足下式：

$$\sigma \leqslant 80/K \tag{1.6.86}$$

式中　R_{eH}——所用材料的屈服应力，$\mathrm{N/mm^2}$；

　　　σ——舵杆围阱的弯曲应力，$\mathrm{N/mm^2}$；

　　　K——材料系数，见 1.6.1 节 1.6.1.3 条（4）和（5）款，应不小于 0.7。

在计算弯曲应力时，所计跨距是下舵杆轴承高度中点与舵杆围阱在船壳外板或导流尾鳍底部的夹入点之间的距离。

1.6.10　舵承

舵承，按其受力状态可分为支承舵承及支承推力舵承，按其安装位置可分为上舵承、中间舵承及下舵承，按其密性可分为水密舵承及非水密舵承；舵承的摩擦副可采用滑动轴承或滚动轴承。

上舵承通常为支承推力舵承，它不仅承受由作用在舵叶上的水动力引起的径向负荷，还承受由舵杆和舵叶等的重力引起的轴向力。某些船舶的上舵承已成为某种柱塞式舵机或转叶式舵机的一个组成部分时，可以不必另设上舵承。

图 1-63 所示为水密滑动支承-推力上舵承（即平面摩擦水密上舵承），轴向力由平面摩擦片承受，适用的舵杆直径为 200~500 mm。图 1-64 及图 1-65 所示为滚子上舵承，前者为非水密，后者为水密，这两种上舵承均采用双列向心球面滚子轴承。图 1-66 所示的两种均为水密支承-推力上舵承，图 1-66(a)所示设置双列向心球面滚

子轴承,图 1-66(b)所示为轴向负荷由推力球轴承承受,径向负荷由滑动轴承承受。

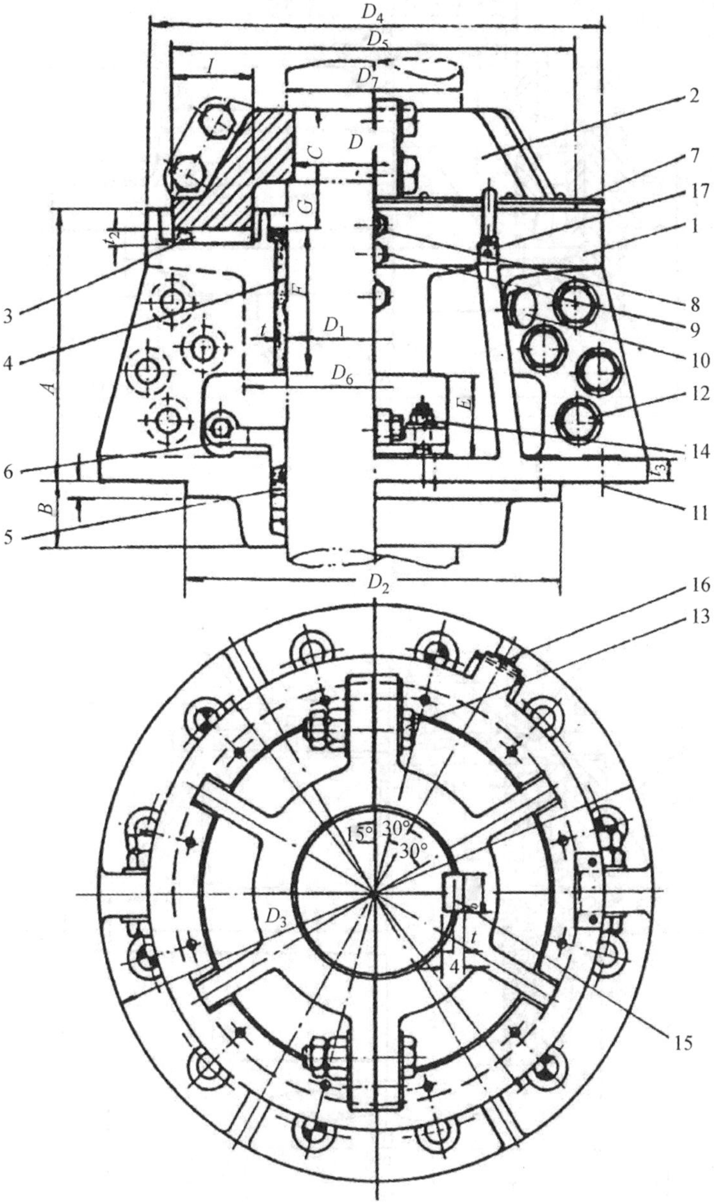

1—舵承本体;2—舵承架;3—摩擦片;4—衬套;5—水密填料;6—压盖;7—挡尘板;8—注油接头;
9—泄油塞;10—油杯;11—舵承连接螺栓及螺母;12—本体连接螺栓及螺母;13—舵承架连接螺
栓及螺母;14—压盖螺栓及螺母;15—键;16—摩擦指示器;17—管状油杯。

图 1-63　平面摩擦水密上舵承

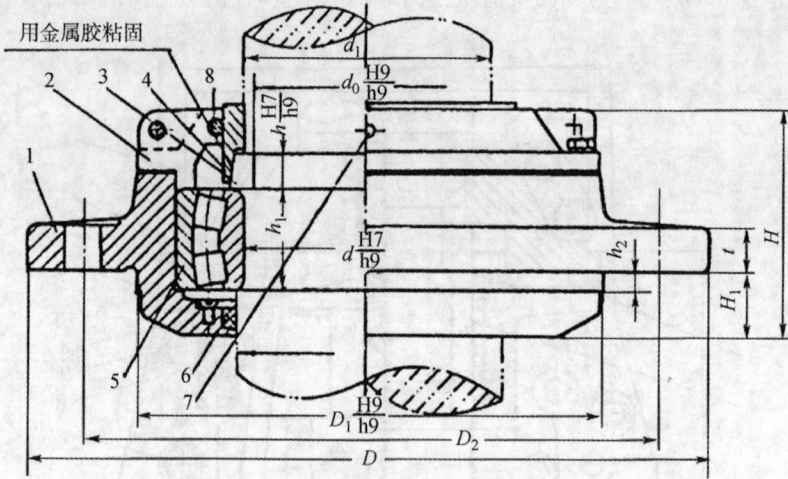

1—舵承本体；2—压盖；3—挡圈；4—套圈；5—滚子轴承；6—毡封油圈；7—油杯；8—O形密性圈。

图 1-64　非水密滚子上舵承

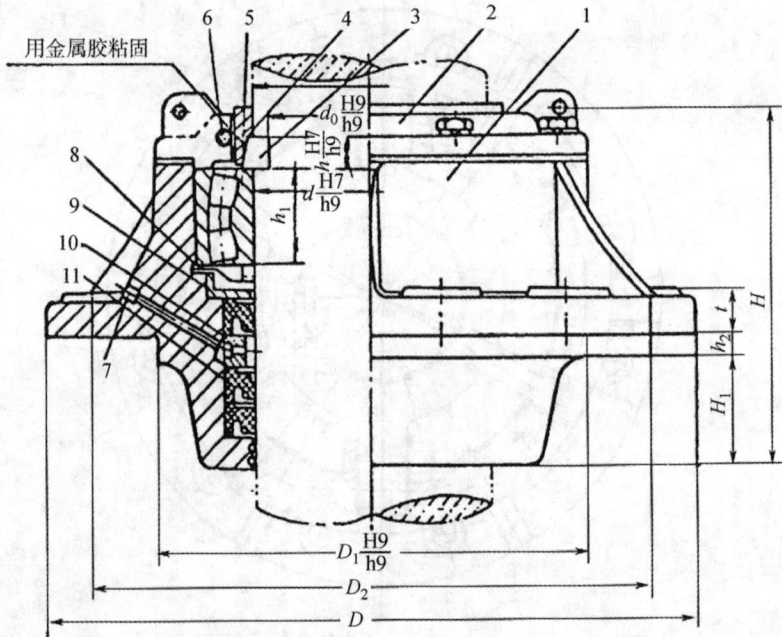

1—舵承本体；2—压盖；3—挡圈；4—套圈；5—滚子轴承；6—O形密性圈；7—油杯；8—分油盘；9—压圈；10—分油杯；11—胶质密封环。

图 1-65　水密滚子上舵承

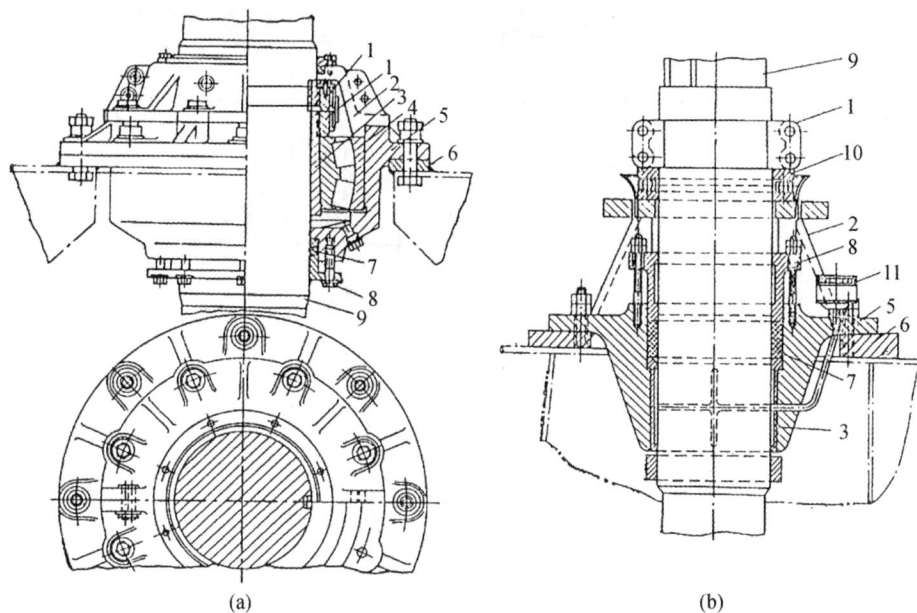

1—压紧止推环;2—上盖;3—支承衬套;4—球面滚子轴承;5—本体;6—支承板;7—密封填料函;
8—压盖;9—舵杆;10—止推球轴承;11—油杯。

图 1-66　水密支承-推力上舵承

(a) 滚子轴承式;(b)球轴承式。

中间舵承和下舵承均为支承舵承,仅能承受径向负荷,中间舵承用得很少。图1-33 所示的半悬挂舵形式中的下舵承,现已普遍不采用,仅单独设置轴套和衬套支承,采用船体结构围阱包住舵杆并使该区域水密;设有两个以上舵销的舵,有时不设下舵承(图 1-32)。图 1-67 所示的水密下舵承,其本体为铸钢件,同船体结构焊接固定,舵承下端设有密封圈和压盖,适用于泥沙较多的浅水水域。

通海的舵杆围阱,应在最大载重水线之上安装密封填料函,以防止海水进入舵机舱,冲走舵承上的润滑剂。如果上舵承安装位置低于最大载重水线时,还需另设一道密封填料函。

舵轴承采用滑动轴承时,CCS《海船规范》对于舵杆、舵轴和舵销的轴承的规定,见 1.6.7 节。

舵轴承采用滚动轴承时,安全系数的计算如下。

(1) 支承轴承的安全系数 n_0 按下式计算:

$$n_0 = \frac{Q_c}{P_i} \qquad\qquad (1.6.87)$$

式中　Q_c——滚动轴承的允许静载荷,kN;

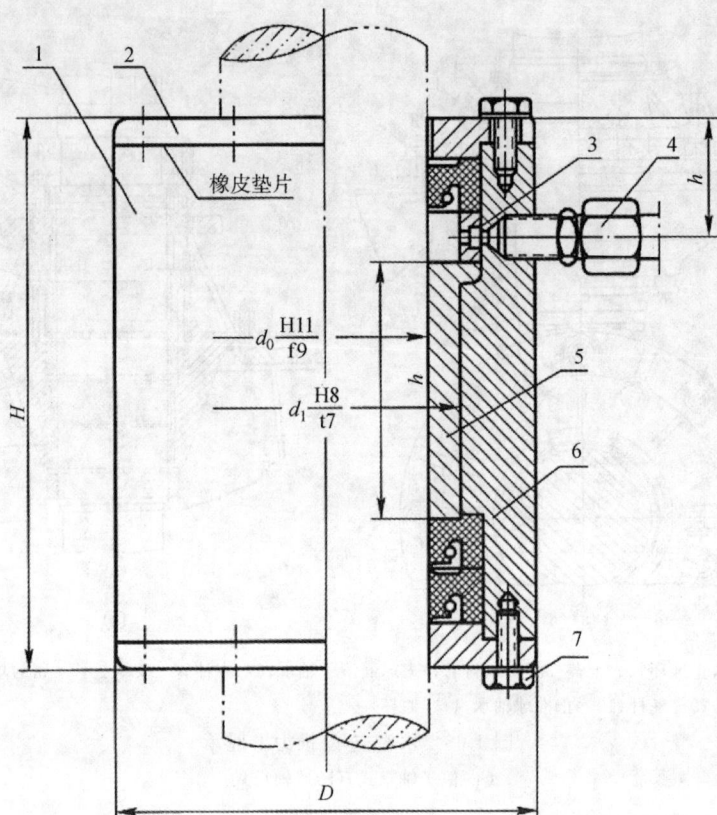

1—舵承本体;2—压盖;3—分油圈;4—旋入螺纹接头;5—衬套;6—胶质密封圈;
7—六角头螺栓。

图 1-67　滑动水密下舵承

P_i——轴承上的径向负荷,等于舵杆在该处支点的支反力,kN。

对于普通舵和辛浦莱舵,$2 \leqslant n_0 < 3$;

对于半悬挂舵,$3 \leqslant n_0 < 4$;

对悬挂舵和转动导流管,$4 \leqslant n_0 < 5$。

(2)支承-推力轴承的安全系数 n_y 按下式计算:

$$n_y = \frac{Q_c}{Q_P} \tag{1.6.88}$$

式中　Q_c——滚动轴承的允许静载荷,kN;

Q_P——换算工作负荷,kN,按下式计算。

$$Q_P = 1.3[P_i + m(P_r + P_s)] \tag{1.6.89}$$

式中　P_i——轴承上的径向负荷,等于舵杆在该处支点的支反力,kN;

$(P_r + P_s)$——舵叶和舵杆的质量组成的轴向负荷,kN;

m——换算系数(按轴承标准选择)。

1.6.11 止跳装置

船舶在航行时,舵叶因受到波浪冲击和其他因素的影响,可能会发生垂向移动。为防止舵叶被抬升,应配有适当的防止舵上抬的止跳装置。

止跳装置根据舵的结构形式可以采取不同的方式。图 1-27 中的不平衡舵在下舵承下面的舵杆上设置挡圈,图 1-28 中零件 8 是另一种防止舵抬升的挡块。目前最常用的是在舵叶顶板焊接固定的挡块如图 1-68 所示。

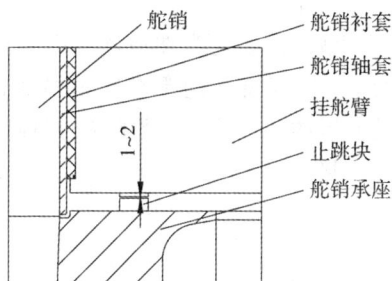

图 1-68 目前最常用的挡块典型示意图

悬挂舵亦可在下舵承的下端面与舵叶上端面之间设置专用的止跳环,其构造如图 1-69 所示,止跳环或挡圈制成对称形状,用螺栓连接成整圈,空套在舵杆上。

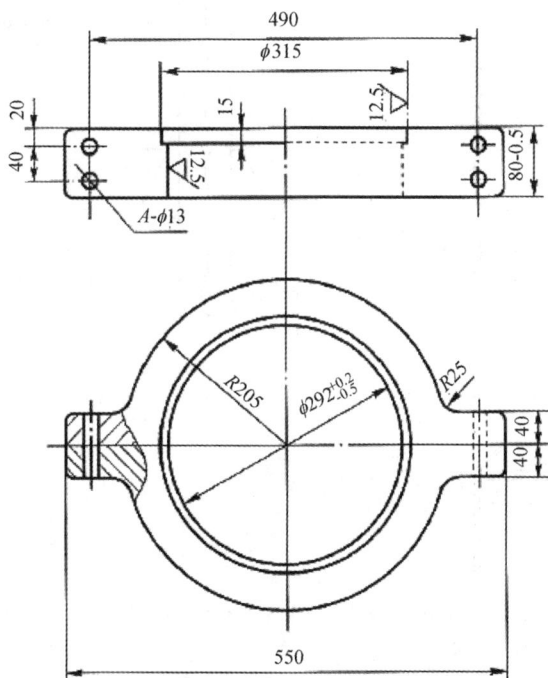

图 1-69 止跳环

1.6.12　舵角机械止动装置

动力转舵的操舵装置,除装设限位开关或类似设备以限制最大的操舵角外,还应设置机械止动装置,以便限位开关失效时,能限制转舵角度。该角度应比最大操舵角大 $1.5°\sim2°$。

液压舵机通常在液压缸内部设有机械止动装置,因此不必另行设置机械止动装置。电动舵机通常在舵扇两侧设置机械止动装置。图 1-70 所示为舵角机械止动装置的一种形式,设于舵柄两侧。止动装置应有坚固的结构,并同船体结构牢固地连接。

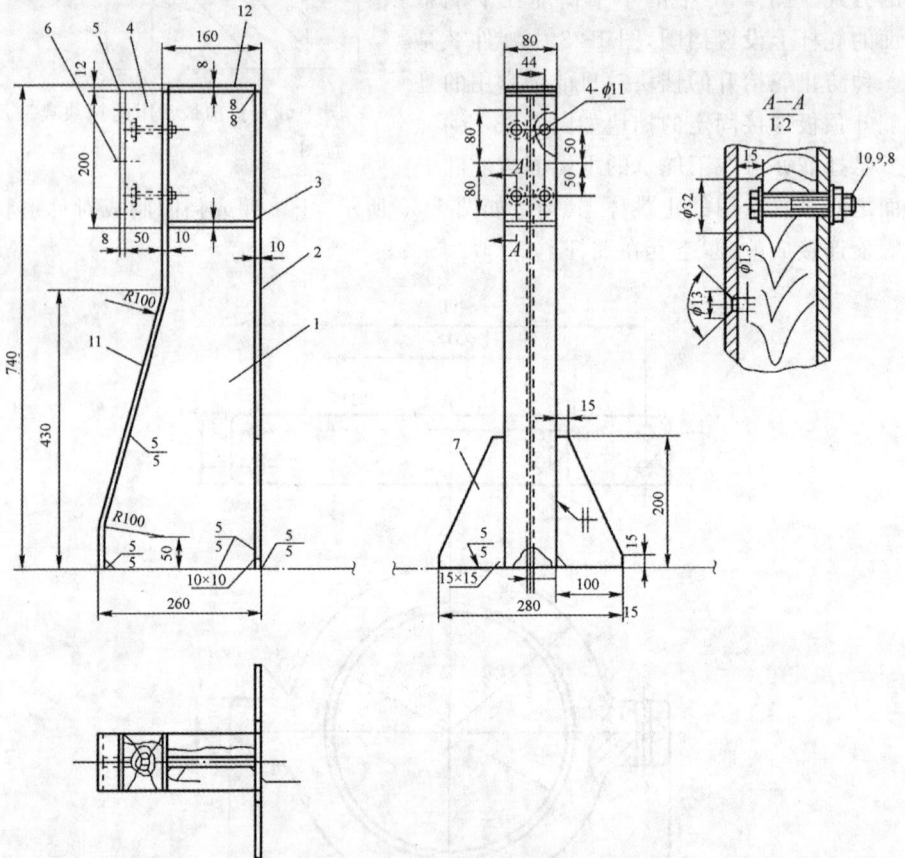

1—支架板;2—支架面板;3,7—肘板;4—碰垫(硬橡皮或木块);5—垫板衬套;6—螺钉;8—螺栓;9—螺母;10—垫圈;11—面板;12—顶板。

图 1-70　舵角机械止动装置

1.7　转动导流管

1.7.1　转动导流管的形式及基本参数

转动导流管是具有特定剖面形状的环状装置,同螺旋桨安装在同一轴线上,螺旋桨位于导流管最小截面处。导流管的转动轴线通过螺旋桨圆盘面,桨叶端部同该处导流管内壁之间的间隙应尽可能地小,通常不超过螺旋桨直径的 0.5％ 或 10 mm。转动导流管能显著改变螺旋桨尾流的方向。

安装转动导流管的船与安装普通舵的船相比,前者的回转性能显著提高,特别是低速航行时的机动能力。但是,仅仅安装转动导流管的船舶的航向稳定性较差,尤其是在主机停车船舶依靠惯性运动时,作为操纵工具效果很差。增加了稳向叶的转动导流管弥补了这一不足,改善了航向稳定性,从而保证了船舶的操纵性。加之导流管能显著提高重负载螺旋桨的推进效率。因此,转动导流管在沿海港作拖轮、破冰船以及内河货船上得到广泛应用。

导流管的稳向叶是平板或流线型的翼,垂直设置于导流管尾端后面(图 1-71),处于舵杆轴线平面内。设置稳向叶的导流管优点显著,如可提高推进效率及降低舵杆力矩等。因此,除了在小艇中采用不带稳向叶的导流管外,大多数导流管均配有稳向叶。

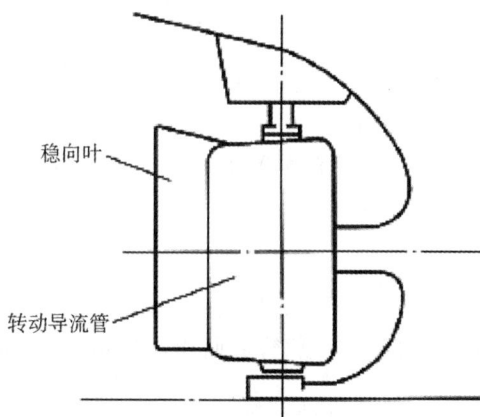

图 1-71　带有稳向叶的导流管

转动导流管的几何参数(图 1-72)如下。

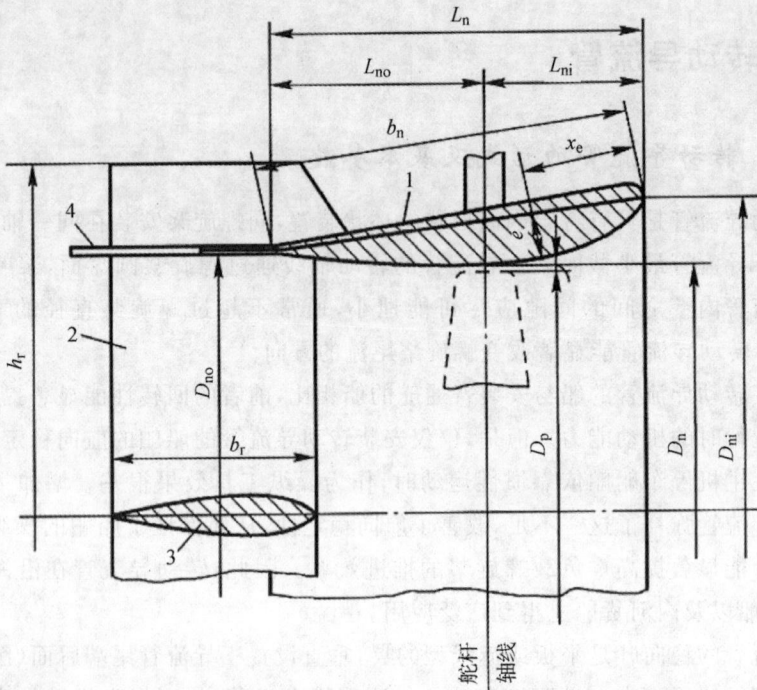

1—导流管;2—稳向叶;3—稳向叶剖面;4—稳向叶制流板。

图 1-72 转动导流管的几何参数

L_n—导流管长度。

b_n—导流管剖面的弦长。

D_p—导流管内的螺旋桨直径。

Δ—桨叶梢端同导流管内壁之间的间隙,通常不超过 $0.5\%D_p$ 或 10 mm。

$D_n = D_p + 2\Delta$—螺旋桨处导流管的内径。

$\overline{L}_n = \dfrac{L_n}{D_p}$—导流管长度比。

$A_n = \dfrac{\pi}{4}D_n^2 = \dfrac{\pi}{4}(D_p + 2\Delta)^2$—导流管截面积,系指在螺旋桨圆盘面处的导流管截面积。

L_{ni}—导流管入口段的长度。

$\overline{L}_{ni} = \dfrac{L_{ni}}{D_p}$—导流管入口段的长度比。

D_{ni}—导流管入口处的直径。

$A_{ni} = \dfrac{\pi}{4} D_{ni}^2$——导流管入口处的面积。

L_{no}——导流管出口段的长度。

$\overline{L}_{no} = \dfrac{L_{no}}{D_p}$——导流管出口段的长度比。

D_{no}——导流管出口处的直径。

$A_{no} = \dfrac{\pi}{4} D_{no}^2$——导流管出口处的面积。

x_e——导流管剖面最大厚度处距前边缘的距离。

e——导流管剖面最大厚度。

$\theta_1 = \dfrac{A_{ni}}{A_n}$——导流管伸缩比。

$\theta_2 = \dfrac{A_{no}}{A_n}$——导流管扩张比。

$k = \dfrac{L_{ni}}{L_n}$——导流管平衡系数。

b_r——导流管稳向叶宽度(弦长)。

h_r——导流管稳向叶高度。

A_r——导流管稳向叶面积。

1.7.2 转动导流管的剖面形式

转动导流管的剖面可采用改进的 NACA 非对称剖面,或是尾部加厚的专用剖面,以改进倒车时的导流管性能。

在实际设计中,转动导流管总是同螺旋桨连在一起的。适用于转动导流管的剖面有:荷兰 19 号导流管,苏联推荐的导流管及德意志民主共和国造船研究所推荐的 SVAD7.32 导流管,上述三种导流管的剖面型值可查阅《船舶设计实用手册总体分册》(第 3 版)的有关章节。此外,上海交通大学船模试验池提出的 JD75 导流管和 JD7704 导流管结构均比较简单。因篇幅所限本章不作详细介绍。

当导流管直径不大时($1.0 \text{ m} \leqslant D_P \leqslant 1.5 \text{ m}$),通常设置平板稳向叶。当 $D_P >$ 1.5 m 时,设置流线型剖面的稳向叶可能更为合理;稳向叶剖面的厚度比一般为弦长的 $10\% \sim 15\%$,其后边缘应该足够得尖,以保证后退且导流管转动角度很小时水流从稳向叶处分离,使得舵杆所承受的扭矩减少。在较大的转动导流管上,在螺旋桨轴线处,稳向叶还可做成整流帽的线型。

1.7.3 带有稳向叶的导流管的水动力特性

无稳向叶的导流管,在船舶依靠惯性运动及低速航行时,作为操纵工具效果很差。增加了稳向叶以后,大大改善了船舶的航向稳定性和回转性能,从而保证了船舶的操纵性。同时,稳向叶将降低船舶前进时的舵杆扭矩以及提高螺旋桨的推进效率。

无稳向叶的导流管几乎只用在小艇上(如救生艇和工作艇等),代替舵作为小艇的操纵工具。

带有稳向叶的导流管在进行水动力计算时,可将导流管与稳向叶分开处理。此时,导流管的水动力取决于其几何参数及螺旋桨的工作状态。

(1) 导流管的水动力特性

导流管的升力系数 C_{yn} 和扭矩系数 C_{mn} 分别为

$$C_{yn} = \frac{Y_n}{\frac{1}{2}\rho v_p^2 A_c} \tag{1.7.1}$$

$$C_{mn} = \frac{M_n}{\frac{1}{2}\rho v_p^2 A_c L_n} \tag{1.7.2}$$

式中 Y_n ——导流管的升力;

ρ ——水的密度,淡水为 $1\,000$ kg/m³(102 kgf $\cdot$ s²/m⁴),海水为 $1\,025$ kg/m³ (104.5 kgf $\cdot$ s²/m⁴);

$v_p = v(1-\psi)$ ——螺旋桨+导流管组合体范围内的平均流速,其中 ψ 为伴流系数,v 为航速;

A_c ——导流管特征面积,见式(1.7.8);

M_n ——导流管的舵杆扭矩;

L_n ——导流管长度。

在缺乏模型试验资料的情况下,升力系数 C_{yn} 和扭矩系数 C_{mn} 均可按彼尔西茨的经验公式计算,即

$$C_{yn} = \left[\frac{dC_{yn}}{d\alpha}\right]\alpha \tag{1.7.3}$$

$$C_{mn} = C_{yn}(C_p - k) \tag{1.7.4}$$

式中 α ——攻角,rad;

C_p ——导流管压力中心系数,见式(1.7.7);

k ——导流管平衡系数。

升力梯度值：

$$\left[\frac{\mathrm{d}C_{yn}}{\mathrm{d}\alpha}\right]_{\alpha=0} = \frac{\left[1+0.25\left(1+\sqrt{1+\sigma_p}\right)^2\right]\left[0.55-0.35\overline{L}_n\right]}{2\overline{L}_n} + \frac{\sigma_p}{4\overline{L}_n} \quad (1.7.5)$$

式中　$\overline{L}_n$——导流管长度比；

　　　$\sigma_p = \dfrac{0.025P}{D_P^2 \upsilon_n^2}$——螺旋桨推力负荷系数；

　　　$\upsilon_n = \upsilon(1-\psi_n)$——导流管内螺旋桨处实际来流速度；

　　　υ——航速；

　　　ψ_n——导流管内螺旋桨处的伴流系数，见式(1.7.6)。

正车时，导流管内螺旋桨处的伴流系数按下式计算：

$$\psi_n = 0.165\,(C_B)^{Z_B}\sqrt{\frac{\sqrt[3]{V}}{D_P}} - \Delta W \quad (1.7.6)$$

式中　C_B——船舶方形系数；

　　　Z_B——螺旋桨数目；

　　　V——船舶排水体积；

　　　D_P——导流管内螺旋桨直径。

　　　$\Delta W = 0.1(Fr-0.2)\geqslant 0$——$Fr = \dfrac{\upsilon}{\sqrt{gL}} > 0.2$ 时的修正值。

导流管压力中心系数的计算公式为

$$C_p = C_{po}(a+bk)\left[(-0.37+1.78\alpha)+(1.64-2.12\alpha)\overline{L}_n\right] \quad (1.7.7)$$

式中　C_{po}——按系列试验得到的压力中心系数(见图1-73)；

　　　a,b——按图1-74和图1-75确定的经验系数；

　　　k——导流管平衡系数；

　　　α——攻角，rad；

　　　$\overline{L}_n$——导流管长度比。

导流管特征面积为

$$A_c = \pi D_n L_n \quad (1.7.8)$$

式中　D_n——螺旋桨处导流管的内径；

　　　L_n——导流管长度。

导流管的升力 Y_n 和舵杆扭矩 M_n 可表示为

$$Y_n = C_{yn}\frac{1}{2}\rho\upsilon_p^2\pi D_n L_n \quad (1.7.9)$$

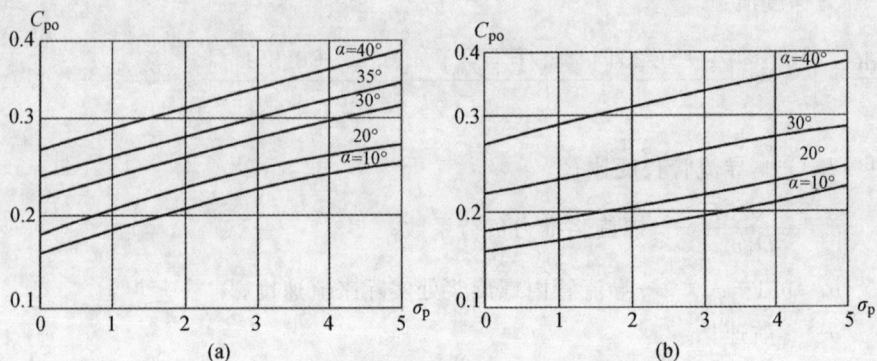

图 1-73　按系列试验得到的压力中心系数 C_{po}

(a)正车时；(b)倒车时

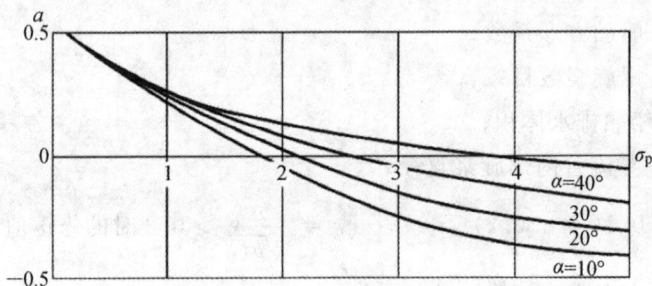

图 1-74　经验系数 a

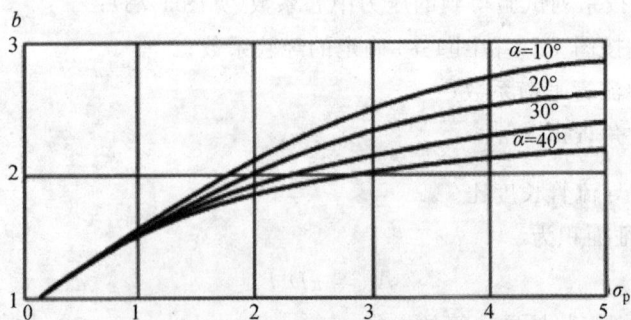

图 1-75　经验系数 b

$$M_{n} = C_{mn} \frac{1}{2} \rho v_{p}^{2} \pi D_{n} L_{n}^{2} \qquad (1.7.10)$$

由于导流管采用的平衡系数通常为 $0.35 \leqslant k \leqslant 0.5$，因此在转动时，导流管上的压力分布所形成的舵杆扭矩始终是负值，总是要使转角增加。

（2）导流管稳向叶的水动力特性

在正车时，稳向叶上的水动力合力的法向分力 N_r 相对舵杆轴线形成的力矩 M_r，同导流管上合力的法向分力 N_n 所形成的力矩 M_n 刚好相反，见图 1-76(a)；因此，稳向叶减小了导流管正车时的舵杆水动力扭矩，使其总的舵杆力矩值 M_f 为

$$|M_f| = |M_r| - |M_n| \qquad (1.7.11)$$

在倒车时，相对于舵杆轴线，由导流管和稳向叶上的力所形成的扭矩始终是负值，见图 1-76(b)；因此，倒车时，带有稳向叶的导流管的舵杆总的扭矩 M_s 为

$$M_s = M_r + M_n \qquad (1.7.12)$$

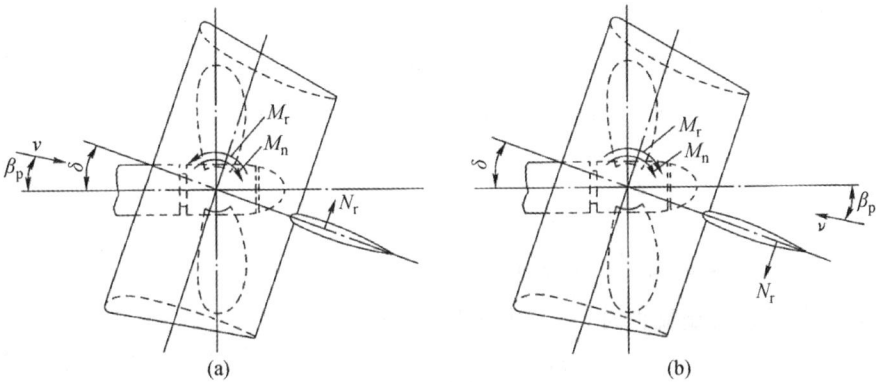

图 1-76　转动导流管受力示意图

(a)正车时；(b)倒车时。

为了保证最小的舵杆扭矩，所设置的稳向叶的尺寸最好能够满足下式：

$$|M_f| = |M_s| \qquad (1.7.13)$$

但由于稳向叶的设置对操纵性有很重要的影响，因此，稳向叶的尺寸选择，实际上总是使得 $|M_s| > |M_f|$。

因此，带稳向叶的转动导流管的升力 Y_c 为转动导流管本体的升力 Y_n 与稳向叶的升力 Y_r 之和

$$Y_c = Y_n + Y_r \qquad (1.7.14)$$

其升力值的大小取决于螺旋桨工况：在全速时，$Y_n > Y_r$；当螺旋桨转速降低时，比值 Y_r/Y_n 将增大；在低速时，特别是在惯性航行时，Y_n 大大地减小，此时 Y_r 具有重要意义。

导流管转动时,稳向叶的有效攻角 α_{re} 可按彼尔西茨经验公式计算:

$$\alpha_{re} = (0.1\alpha_n + 0.143\alpha_n^2)(4.5 - 3.5\overline{L}_n) \tag{1.7.15}$$

式中　α_n——导流管本体的攻角,rad;

$\overline{L}_n$——导流管长度比。

处于螺旋桨尾流之中的稳向叶上的流速 υ_r 为

$$\upsilon_r = \upsilon_p \sqrt{1 + \sigma_p} \tag{1.7.16}$$

式中　υ_p——螺旋桨+导流管组合体范围内的平均流速,见式(1.7.1);

σ_p——螺旋桨推力负荷系数,见式(1.7.5)。

由于转动导流管处于任意转角时,稳向叶的攻角均不大,因而稳向叶的升力系数 C_{yr} 可按线性关系处理

$$C_{yr} = \frac{dC_{yr}}{d\alpha}\alpha_{re} \tag{1.7.17}$$

当稳向叶不设置制流板时,按白拉恩德列公式计算为

$$\frac{dC_{yr}}{d\alpha} = \frac{2\pi}{1 + \dfrac{2}{\lambda_r}} \tag{1.7.18}$$

式中,λ_r——导流管稳向叶的展弦比。

当稳向叶设置制流板时,公式计算为

$$\frac{dC_{yr}}{d\alpha} = \alpha_\infty \approx 5.7 \text{ rad} \tag{1.7.19}$$

而处于螺旋桨尾流之外的部分稳向叶的升力梯度值为

$$\left(\frac{dC_{yr}}{d\alpha}\right)_H = \frac{2\pi}{1 + \dfrac{b_r}{h_H}} \tag{1.7.20}$$

式中　b_r——导流管稳向叶宽度(弦长);

h_H——所指部分(螺旋桨尾流之外)的稳向叶高度。

因而,处于螺旋桨尾流之中的部分稳向叶的升力 Y_{rB} 为

$$Y_{rB} = \left(\frac{dC_{yr}}{d\alpha}\right)_B \alpha_{re} \frac{\rho\upsilon_r^2}{2}A_B \tag{1.7.21}$$

处于螺旋桨尾流之外的部分稳向叶的升力 Y_{rH} 为

$$Y_{rH} = \left(\frac{dC_{yr}}{d\alpha}\right)_H \alpha_n \frac{\rho\upsilon_R^2}{2}A_H \tag{1.7.22}$$

式(1.7.21)和式(1.7.22)中

α_{re}—稳向叶的有效攻角,见式(1.7.15);

υ_r—处于螺旋桨尾流之中的稳向叶上的流速,见式(1.7.16);

A_B—处于螺旋桨尾流之中的部分稳向叶面积;

α_n—导流管本体的攻角,rad;

υ_R—处于螺旋桨尾流之外的稳向叶上的流速,按式(1.3.19)计算;

A_H—处于螺旋桨尾流之外的部分稳向叶面积。

稳向叶全部升力 Y_r 为

$$Y_r = Y_{rB} + Y_{rH} \tag{1.7.23}$$

稳向叶引起的转动导流管的舵杆扭矩 M_r 为

$$M_r = N_r L_r \approx Y_r L_r \tag{1.7.24}$$

式中　L_r——稳向叶上升力作用点至舵杆轴线的距离,正车时可近似认为

$L_r = L_{no} + \dfrac{1}{4}b_r$,其中 L_{no} 为导流管出口段的长度,b_r 为导流管稳向叶宽度(弦

长)。

此外,在船舶方案设计时,转动导流管的舵杆扭矩 M_a(Nm)也可用下式进行简易估算

$$M_a = 13.34C_a D_P P_B \tag{1.7.25}$$

式中　D_P——导流管内的螺旋桨直径,m;

P_B——主机制动功率,kW,即指示功率扣除主机内部机械损失;

C_a——系数,当航速在 10 kn 以下时,$C_a = 2.8 \sim 3.0$;当航速为 $12 \sim 13$ kn 时,$C_a = 3.3 \sim 3.6$。

1.7.4　转动导流管系统的一般布置

转动导流管的数目和螺旋桨的数目相同;其安装形式多为悬挂式,在单桨船上也有采用双支点式的形式,见图 1-77;其传动装置及支承结构(舵杆、上舵承、下舵承、下舵销)同通常的舵设备相似,导流管及舵杆的质量应由上舵承承受,即使导流管支承在艉柱的尾框底骨上时,也是如此。

海船的导流管,其长度比通常为 $\overline{L}_n = 0.6$,内河船的导流管通常为 $\overline{L}_n = 0.8$。舵杆轴线和螺旋桨圆盘面一般位于离开导流管前边缘距离 $L_{ni} = (0.35 \sim 0.50)L_n$ 处。短导流管($\overline{L}_n = 0.6$)通常的平衡系数为 $k = 0.50$,而长导流管通常的平衡系数为 $0.35 \leqslant k \leqslant 0.40$。因此,转动导流管无论是前进还是后退时,都是平衡的。

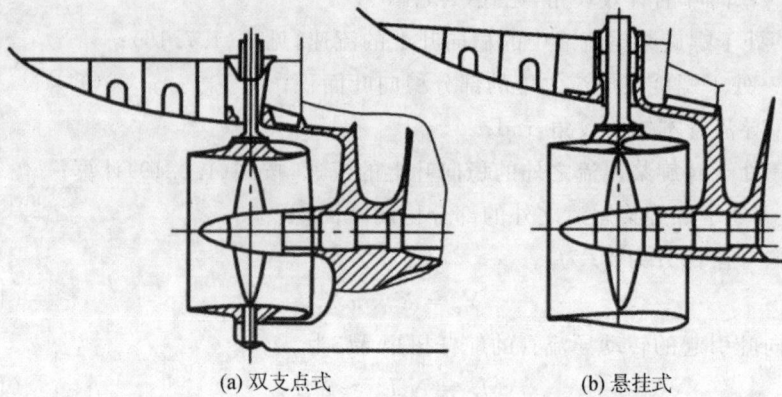

(a) 双支点式   (b) 悬挂式

图 1-77 转动导流管的安装形式

为了使稳向叶坚固地连接于导流管,稳向叶的高度 h_r 通常做得比导流管出口处的直径 D_{no} 大一些,且在导流管的上下部(有时甚至在中部)设置制流板,这既可加强与导流管的连接,也可限制稳向叶端部的绕流,从而提高稳向叶的水动力特性。如果尾部空间允许,稳向叶也可自导流管上端向上延伸(10%~20%)D_n(螺旋桨处导流管的内径)的高度,以改善船舶的航向稳定性。

稳向叶的宽度 b_r 要根据平衡比、倒车时舵机的功率结合航向稳定性的要求来选择:增大稳向叶的宽度固然可以减小正车时的舵机功率,且有利于改善船舶的航向稳定性,有利于提高惯性航行(主机停车)时的舵效;但是却会大大增加倒车时的舵机功率。在通常情况下,稳向叶的宽度 b_r 是螺旋桨直径 D_p 的 0.3~0.8 倍,按照正车和倒车时的舵杆扭矩的比值选取;稳向叶伸入导流管内的相对宽度一般在 1/4~1/3 之间。当稳向叶设有整流帽时,该整流帽的前边缘与桨毂整流帽后边缘的间隙一般可取为 50~60 mm,该整流帽的最大直径可取为桨毂直径的 1.0~1.2 倍。

对于尺寸较小的船,流线型剖面的稳向叶在制造工艺上较为困难,故通常采用带加强筋的平板,通过加强筋或加厚平板的厚度使其刚度和强度得到保证。采用流线型剖面的稳向叶,厚度比通常为 10%~16%。

图 1-78 所示为典型的海洋拖轮的转动导流管装置,设有上舵承和下舵承,前者为支承-推力轴承,后者为支承轴承。图 1-79 所示的转动导流管装置中,因舵杆缩短,只设置了一个舵杆轴承,但其结构相当复杂。

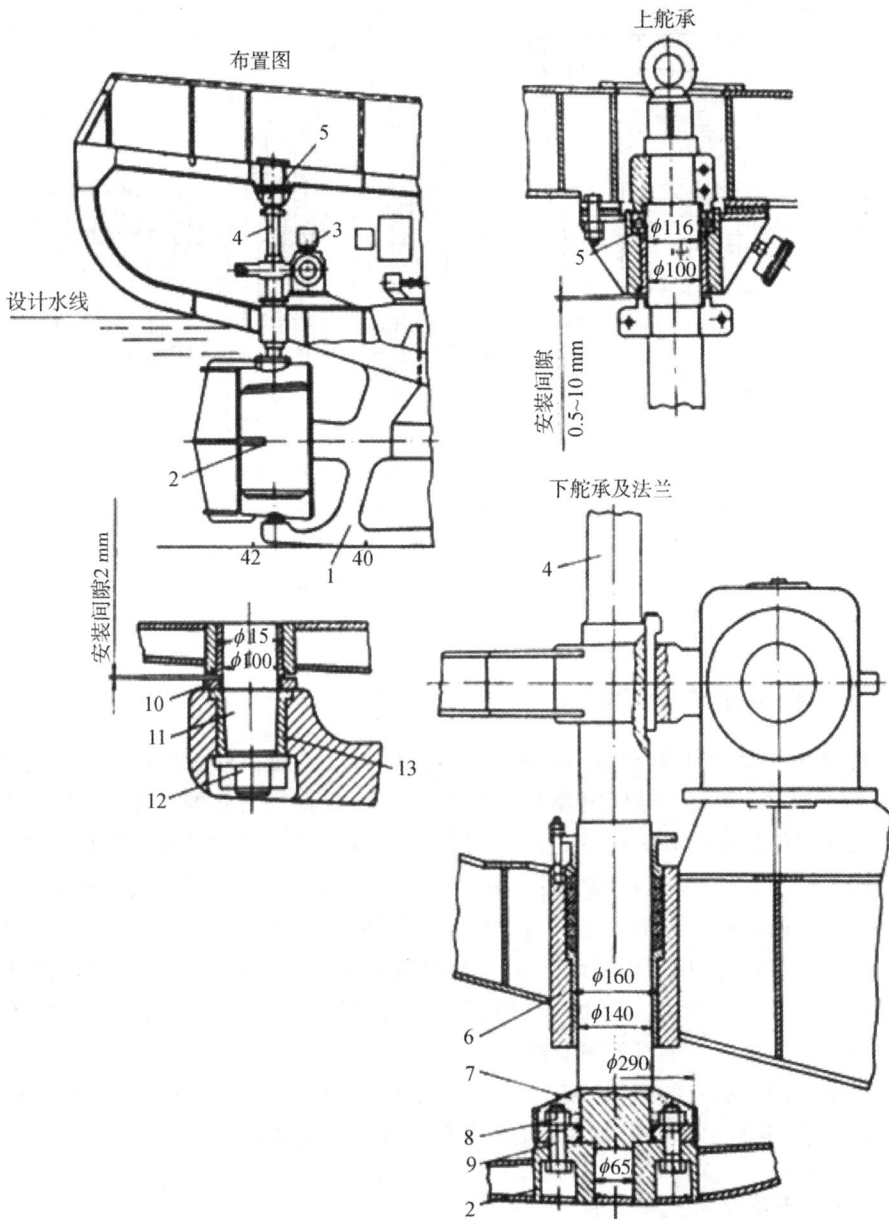

布置图

上舵承

$\phi 116$
$\phi 100$

安装间隙 0.5~10 mm

设计水线

安装间隙 2 mm

$\phi 115$
$\phi 100$

下舵承及法兰

$\phi 160$
$\phi 140$
$\phi 290$
$\phi 65$

1—推进器柱；2—导流管；3—舵机；4—舵杆；5—上舵承；6—下舵承；7—水泥；8—螺母；9—法兰连接螺栓；10—支承环；11—下舵销；12—舵销螺母；13—舵销轴承。

图 1-78　海洋拖轮的转动导流管装置

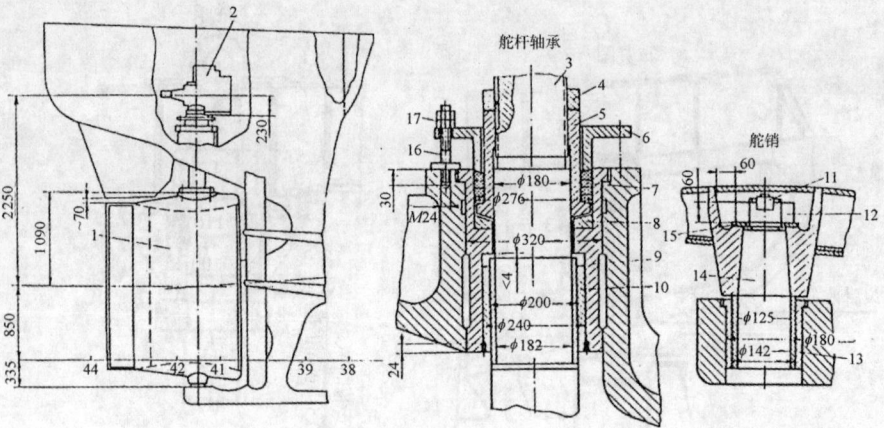

1—导流管；2—舵机；3—舵杆；4—锁紧螺母；5—推力轴承；6—压盖；7—含油填料；8—支承垫块；9—中间座体；10—支承衬套；11—止动板；12—舵销螺母；13—支承衬套；14—舵销；15—垫圈；16—双头螺柱；17—螺母。

图 1-79　港内拖轮的转动导流管装置

1.7.5　转动导流管的结构

转动导流管是由内、外壳板，内部环形隔板和纵向筋板焊接而成的环形结构，如图 1-80 所示。内、外壳板用若干钢板焊接制成，根据导流管的尺寸，壳板可设置环形对接焊缝以及沿外表面的接缝。内部环形隔板之一通常设置于舵杆轴线处，上部同连接法兰焊接（连接法兰将导流管固定在舵杆上），下部同舵销承座焊接（双支点式）；纵向筋板按导流管径向基本均布。连接法兰和舵销承座应与内部环形隔板和纵向筋板相连，用于承受作用于其上的弯矩和扭矩。转动导流管的稳向叶可以是可拆的或是焊接的。采用可拆的，便于螺旋桨的拆卸；采用焊接的，则只有在转动导流管维修时才能拆卸螺旋桨。

关于转动导流管的结构，ABS、BV、DNV GL、LR、NK 和 RINA 等船级社均有明确的规定，现将 BV《海船规范》对于导流管的要求引述如下。

1.7.5.1　导流管的一般要求

（1）本规范所适用的导流管，其尺寸应满足传递给螺旋桨的功率 $P(kW)$ 小于下述公式的计算值：

$$P = \frac{16\,900}{d_M} \tag{1.7.26}$$

式中，d_{M}(m)为导流管内径，见图 1-82，同 1.7.1 节图 1-72 的 D_{n}。

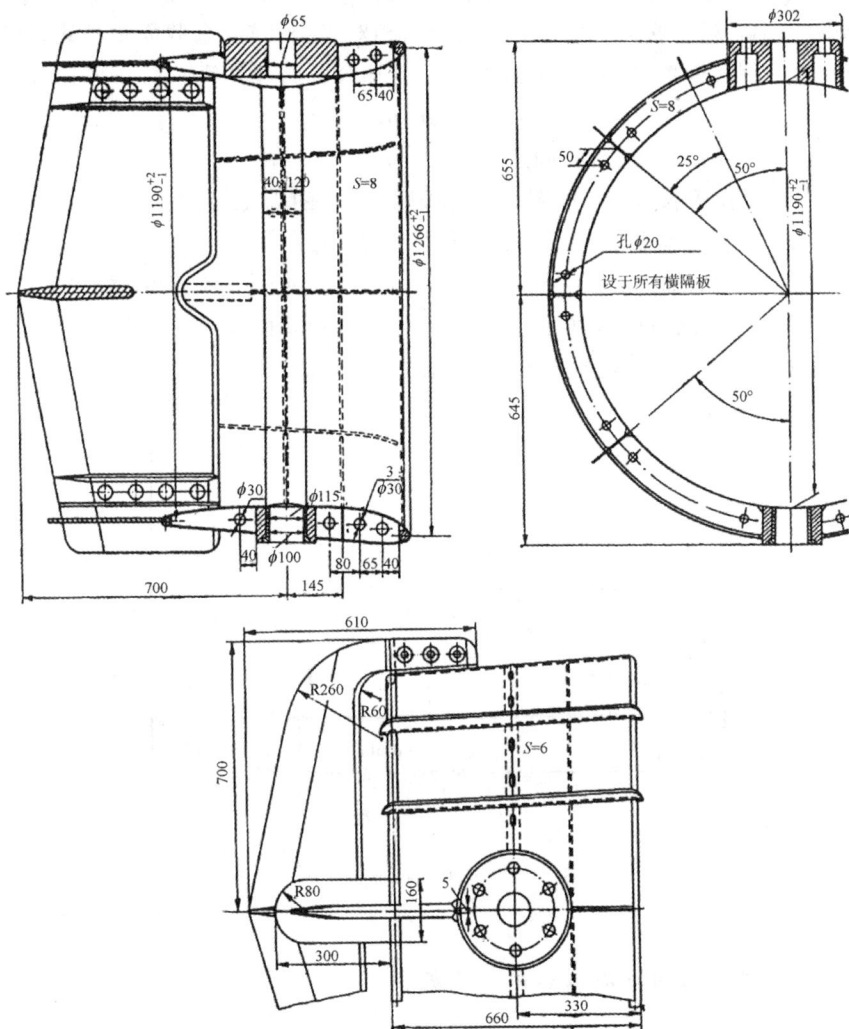

图 1-80　转动导流管结构图

对于传递给螺旋桨的功率 P(kW)大于式(1.7.26)的计算值的转动导流管，应按照一事一议的原则与船级社进行沟通。

本规范也适用于固定导流管的尺寸设计。

(2) 转动导流管的基本构成包含双壳环形结构、内部环形筋板和垂直于导流管的纵向筋板。

内部环形筋板之一设置于导流管的转动轴方向上(即舵杆轴线处)。

(3) 转动导流管双壳环形结构的半截面如图 1-81 所示(本图取自 DNV GL《海船规范》,与 BV 规范的文字描述亦相吻合),相对于中和轴(全截面中心线,垂直于舵杆轴线)的剖面模数 $W_N(cm^3)$,应不小于下述公式的计算值:

$$W_N = nd_M^2 b V_{AV}^2 \tag{1.7.27}$$

式中 d_M——导流管内径,m,同式(1.7.26);

b——导流管长度,m,同图 1-72 和图 1-81 中的 L_n;

V_{AV}——夏季载重水线时的最大服务航速,kn;

n——系数;选取转动导流管时,取 1.0;当选取固定导流管时,则取 0.7。

(4) 导流管的制造应特别注意,确保内外壳板和筋板焊接的可靠。

(5) 导流管内壳板应考虑进行适当的防腐蚀保护。

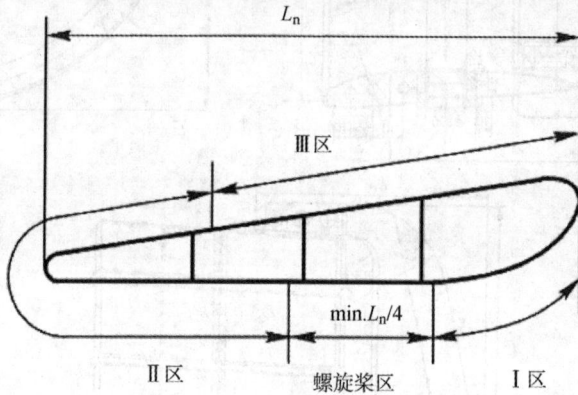

图 1-81 导流管剖面示意图

1.7.5.2 导流管的内外壳板和内部筋板

(1) 导流管内壳板的厚度 $t_F(mm)$ 应不小于以下公式的计算值:

$$对于 P \leqslant \frac{6\,100}{d_M} \qquad t_F = (0.085\sqrt{Pd_M} + 9.65)\sqrt{K} \tag{1.7.28}$$

$$对于 P > \frac{6\,100}{d_M} \qquad t_F = (0.085\sqrt{Pd_M} + 11.65)\sqrt{K} \tag{1.7.29}$$

式中 P——螺旋桨的功率,kW,按式(1.7.26);

d_M——导流管内径,m,同式(1.7.26);

K——材料系数,见 1.6.1 节 1.6.1.3 条(4)款。

导流管厚度 t_F 的延伸长度应等于导流管总长的四分之一(如图 1-81 中的螺旋桨区,min. $L_n/4$),且包含螺旋桨叶梢的横剖面应在该范围内。

上述导流管厚度 t_F 区域之外的内壳板的厚度应不小于(t_F-7) mm,但是不得小于 7 mm。这些区域为图 1-81 中的 Ⅰ 区和 Ⅱ 区,DNVGL 规范明确 Ⅱ 区应延伸并超过最后一块环形筋板,但 BV 规范未明确。

(2) 导流管外壳板(图 1-81 中的Ⅲ区)的厚度应不小于(t_F-9) mm,但是不得小于 7 mm。

(3) 导流管内部环形筋板和纵向筋板的厚度应不小于(t_F-7) mm,但是不得小于 7 mm。

位于导流管顶部和舵销支承区域的内部环形筋板,其厚度应不小于 t_F。

根据导流管的形式,若使用经认可的不锈钢材料,船级社可接受导流管的厚度作适当减小。

1.7.5.3　导流管的舵杆

(1) 双支点式转动导流管舵杆的直径 d_{NTF}(mm)应不小于下式计算所得之值(不适用于悬挂式):

$$d_{NTF} = 6.42 \sqrt[3]{M_T K} \qquad (1.7.30)$$

式中　M_T——扭矩,Nm,取下述两式中的大者;

$$M_{TAV} = 0.3 S_{AV} a$$
$$M_{TAD} = S_{AD} b$$

K——材料系数,见 1.6.1 节 1.6.1.3 条(4)款;

S_{AV}——导流管正车时所受到的力,N,按下式计算;

$$S_{AV} = 150 V_{AV}^2 A_N$$

S_{AD}——导流管倒车时所受到的力,N,按下式计算;

$$S_{AD} = 200 V_{AD}^2 A_N$$

A_N——面积,m^2,按下式计算;

$$A_N = 1.35 A_{1N} + A_{2N}$$

A_{1N}——面积,m^2,按下式计算;

$$A_{1N} = L_M d_M$$

A_{2N}——面积,m^2,按下式计算;

$$A_{2N} = L_1 H_1$$

V_{AV}——正车最大服务航速,kn,同式(1.6.3)中的 V;

V_{AD}——倒车航速,kn,应不小于 $0.5 V_{AV}$;

a,b,L_M,d_M,L_1,H_1:导流管的几何参数,见图 1-82。

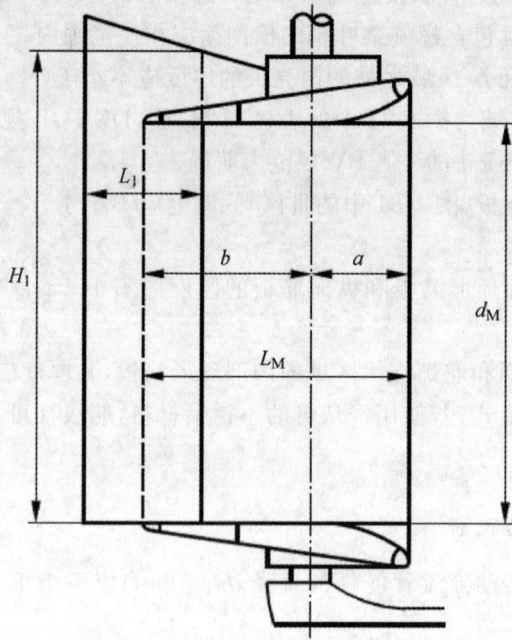

图 1-82　BV《海船规范》中的导流管几何参数

导流管舵杆的直径可自锥形体逐渐向上过渡至上舵杆支承处,该处的舵杆直径 d_{NT}(mm)应不小于下式计算所得之值

$$d_{NT} = 0.7d_{NTF} \qquad (1.7.31)$$

1.7.5.4　导流管的舵销

(1) 双支点式转动导流管舵销 d_A(mm)的直径应不小于下式计算所得之值

$$d_A = \left(\frac{0.35V_{AV}}{V_{AV} + 3} \sqrt{S_{AV}} + 30 \right)\sqrt{K} \qquad (1.7.32)$$

式(1.7.32)中的参数定义,同式(1.7.30)。

(2) 导流管舵销的长度和直径之比应不小于 1 但不大于 1.2。

舵销长度应使得舵销轴承支承面的表面压力不超过所用材料的许用表面压力,即:

$$p_F = \frac{0.6S'}{d'_A \, h'_A} \leqslant p_{F, ALL} \qquad (1.7.33)$$

式中　p_F——舵销轴承支承面的表面压力,N/mm^2;

　　　　S'——导流管所受到的力,N,S_{AV} 和 S_{AD} 之大者(见式(1.7.30));

d'_A——实际舵销直径，mm；

h'_A——实际支承面长度，mm；

$p_{F,ALL}$——支承面所用材料的许用表面压力，N/mm²，见表 1-27。

1.7.5.5　导流管的连接

（1）法兰连接的螺栓直径

法兰连接螺栓的直径 d_B(mm)应不小于按下式计算所得之值：

$$d_B = 0.62\sqrt{\dfrac{d_{NTF}^3 K_B}{n_B e_M K_S}} \tag{1.7.34}$$

式中　d_{NTF}——按式(1.7.30)所得的导流管舵杆的直径，mm；

　　　K_B——连接螺栓的材料系数，见 1.6.1 节 1.6.1.3 条(5)款；

　　　n_B——螺栓的数量，不小于下述，

　　　　　当 d_{NTF}≤75 mm 时，为 4；

　　　　　当 d_{NTF}>75 mm 时，为 6

　　　e_M——平均距离，自螺栓轴线至法兰连接面中心轴线(如螺栓系统的中心)，mm；

　　　　K_S——导流管舵杆的材料系数，见 1.6.1 节 1.6.1.3 条(5)款。

当采用有键法兰连接时，法兰连接的螺栓可采用非铰孔螺栓。键的截面积为 $0.25d_{NT} \times 0.10d_{NT}$(mm²)。键槽设置于每片法兰连接面，同时应确保至少两个螺栓为铰孔螺栓。

螺栓轴线至法兰连接面边缘的距离应不小于 $1.2d_B$。

（2）连接法兰的厚度

连接法兰的厚度 t_P(mm)应不小于按下式计算所得之值：

$$t_P = d_B\sqrt{\dfrac{K_F}{K_B}} \tag{1.7.35}$$

式中　d_B——法兰连接螺栓的直径，mm，见式(1.7.34)；

　　　K_B——连接螺栓的材料系数，见 1.6.1 节 1.6.1.3 条(5)款；

　　　K_F——导流管法兰的材料系数，见 1.6.1 节 1.6.1.3 条(4)或(5)款。

（3）液压装配锥体连接的压入长度

导流管舵杆锥体的压入长度 Δ_E(mm)应满足下式要求：

$$\Delta_0 \leqslant \Delta_E \leqslant \Delta_1 \tag{1.7.36}$$

Δ_0(mm)应取下式计算之大者：

$$\left.\begin{aligned}\Delta_0 &= 6.2\frac{M_\mathrm{T}\eta\gamma}{cd_\mathrm{m}t_\mathrm{S}\mu_\mathrm{A}\beta}\\\Delta_0 &= 16\frac{M_\mathrm{T}\eta\gamma}{c\,t_\mathrm{S}^2\beta}\sqrt{\frac{d_\mathrm{NTF}^6-d_\mathrm{NT}^6}{d_\mathrm{NT}^6}}\end{aligned}\right\}\tag{1.7.37}$$

Δ_1(mm)应按下式计算

$$\Delta_1 = \frac{2\eta+5}{1.8}\cdot\frac{\gamma d_0 R_\mathrm{eH}}{10^6 c(1+\rho_1)}\tag{1.7.38}$$

$$\rho_1 = \frac{80\sqrt{d_\mathrm{NTF}^6-d_\mathrm{NT}^6}}{R_\mathrm{eH}d_\mathrm{m}t_\mathrm{S}^2\left[1-\left(\dfrac{d_0}{d_\mathrm{E}}\right)^2\right]}\tag{1.7.39}$$

式中 M_T——扭矩，N·m，同式(1.7.30)；

η——系数，有键连接取1，无键连接取2；

c——锥体连接的锥度；

$\mu_\mathrm{A}=\sqrt{\mu^2-0.25c^2}$——系数；

μ，γ——系数，舵杆和支承座均为钢质时，$\mu=0.15$，$\gamma=1$；舵杆为钢质和支承座为球墨铸铁时，$\mu=0.13$，$\gamma=1.24-0.1\beta$；

$\beta=1-\left(\dfrac{d_\mathrm{m}}{d_\mathrm{E}}\right)^2$——系数；

d_m——锥体连接的平均直径，mm，见图1-53；

d_E——支承座的外径，mm，同图1-53中的d_a；

d_NTF，d_NT——导流管舵杆直径，mm，分别见式(1.7.30)和式(1.7.31)，一般考虑材料系数为1；

t_S——锥体连接的长度，mm，同图1-53中的l；

d_0——锥体的下端直径，mm，同图1-53中的d_u；

R_eH——材料的屈服应力，N/mm²，同式(1.6.1)。

(4)锁紧装置

应设有适当的锁紧装置，以防止因意外而使螺母松动乃至丢失。

1.8 襟翼舵

1.8.1 襟翼舵的基本原理

根据机翼理论，两个弦长和展弦比相同的机翼，其中一个是具有拱度的弯曲机翼，另一个是对称剖面的机翼，在相同的冲角下，前者的升力大于后者，这是拱度的作用使流体产生了较大的折向所致。如图1-83所示，具有拱度的弯曲机翼产生了托举力也即升力。

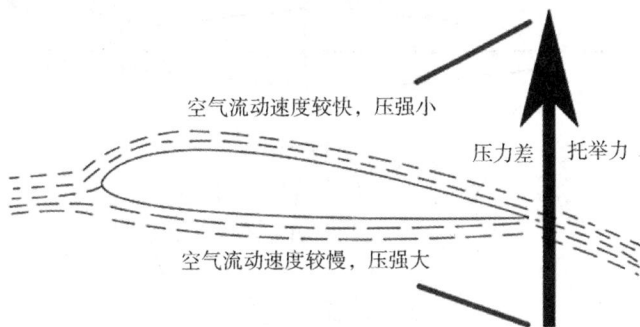

图 1-83　具有拱度的弯曲机翼产生的升力

　　对于船用舵来说,为改善回转性能,应尽可能将船舶的前进推力转变为使得船舶转动的横向力也即升力。但是普通的对称剖面机翼舵,由于受到转舵角的限制,不可能使经过舵叶的水流达到充分的折向,因此真正能转化为横向力的前进推力成分很少。

　　襟翼舵是带有可转动尾翼的舵,如图 1-84 所示,舵叶分为主体和尾翼两部分,并用铰接轴连接。当舵叶处于中位(即零舵角)时,舵的主体和尾翼在同一平面内,整个舵叶剖面呈对称机翼状。但当舵离开中位开始转动时,尾翼除了跟随主体转动外,同时绕铰接轴转动,使得尾翼与主体之间的夹角也随同增加,从而使得整个舵变得与变拱度的机翼相似。

　　襟翼舵的舵叶随舵角的变化成为可变拱度的曲面,因此通过合理划分舵叶主体和尾翼之间的比例,以及采用机械装置使尾翼的转角接近于主体转角的两倍,即当舵处于满舵位置时,舵叶主体转角 α 为 45°,而尾翼相对于舵叶主体的转角 θ 可达到 45°,此时尾翼与船体中纵剖面处于垂直的状态。在这种情况下,满舵时,螺旋桨尾流经过舵叶主体和尾翼两次折向后,全部尾流折向 90° 方向(图 1-84),几乎可使推进器推力的一半转变为横向转船力,从而大大提高了襟翼舵的舵效。

　　由此可见,襟翼舵在中位时,如同普通的对称剖面机翼舵,因此仍然保留了良好的航向稳定性;当襟翼舵离开中位后,如同变拱度的曲面,大大增加了升力,从而改善了船舶的回转性能。因此,襟翼舵在近年来得到越来越多的使用,诸如一般的中小型船舶(包括干货船、油船等)在采用襟翼舵后,进出河港不再需要拖船绑拖或帮助靠离码头。拖船、渔船、自航耙吸式挖泥船等采用襟翼舵后,提高了其作业性能。特别是在海上以低速进行作业且要求操纵性良好的船舶,如海洋调查船、测量船、地球物理勘探船、科研考察船等,襟翼舵无疑是很好的选择。

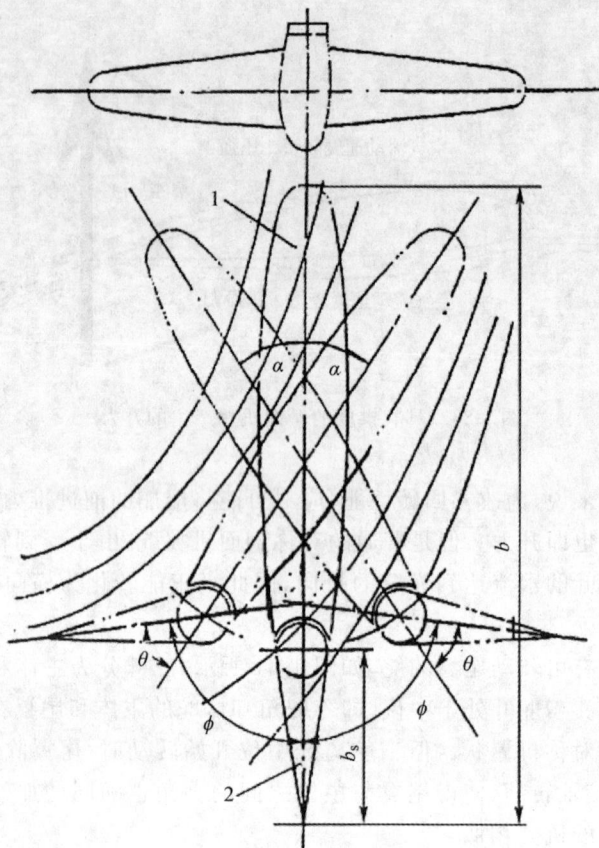

1—主体;2—尾翼。

图 1-84　襟翼舵的舵叶

1.8.2　襟翼舵的类型及配置方式

襟翼舵按其舵叶形状可分为矩形舵和梯形舵。由于矩形舵的舵叶结构较简单、制造方便,特别是从主体和尾翼铰接部分及水下传动机构等重要零部件的制造、拆装和维修的方便性考虑,目前一般采用矩形襟翼舵。

襟翼舵按其支承方式可分为悬挂舵(见图 1-85)和双支点平衡舵(见图 1-86),按其传动机构形式又可分为齿轮式、滑块式、导杆式、摇臂式及曲柄式等。

海船襟翼舵的配置主要有两种方式:

(1)单桨单舵

舵置于桨后正中,舵叶高度应尽可能大于螺旋桨直径。但舵的下缘不应超出桨叶的叶尖太多,以减小左右操舵力不均衡的影响。舵的前边缘距桨叶的距离以不拆卸舵即能拆装桨叶为原则,其间隙一般为螺旋桨直径的 0.15～0.25。

(2) 双桨双舵

舵位于桨叶后方的尾流区内,一般正对桨叶中心。但若因其他原因(如拆卸推进器轴等)需要,舵可向两舷处外移或内移,其位移量约为螺旋桨直径的 0.10～0.15。

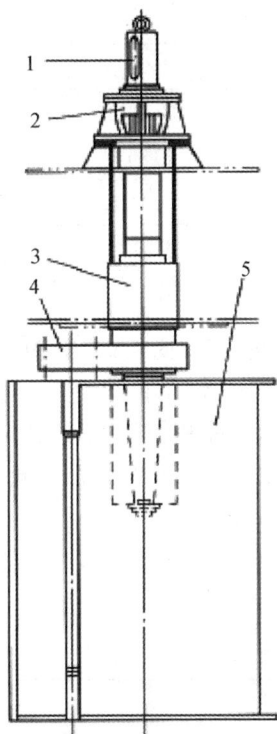

1—舵杆;2—上舵承;3—下舵承;
4—传动机构;5—舵叶。

图 1-85 悬挂式襟翼舵

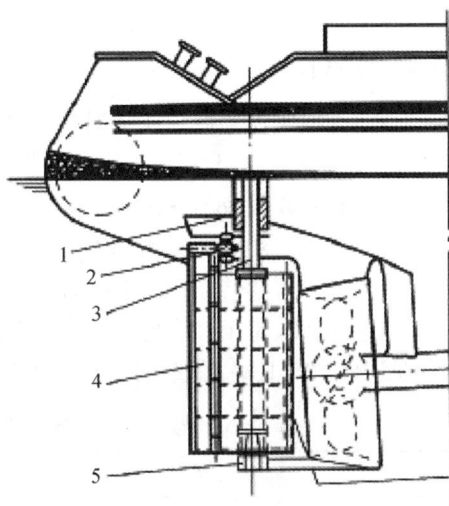

1—下舵承;2—传动机构;3—舵杆;4—舵叶;5—下舵托。

图 1-86 双支点式襟翼舵

1.8.3 襟翼舵的基本参数

1.8.3.1 舵面积

通常采用两种方式确定舵的面积:其一为利用实践中积累的资料,参照母型船确定舵面积;其二为用解析船舶运动方程式确定舵面积。事实上,前一种方法用得较多而后一种方法很少采用。

在缺乏母型船的情况下,常常采用以舵面积比 χ 表示的统计资料,其中舵面积

A 应是包括尾翼在内的舵面积。襟翼舵的 χ 值可参照海船的统计值（表 1-7）及表 1-28。

表 1-28　几种襟翼舵的舵面积比 χ 值

船舶类型	$\chi/\%$
海峡渡船	3.80
5 000 t 江海油船	3.58
1 000 t 海盐驳	2.94
11 000 t 海洋地球物理勘探船（双舵）	3.35
载重量 7 800 t 集装箱船	1.48

1.8.3.2　展弦比 λ

一般来说，襟翼舵的展弦比 λ 对性能的影响与普通舵相仿（图 1-9），面积相同而展弦比不同的舵，他们的最大升力系数相近，但对应的失举角不同。展弦比越小，其最大升力系数对应的舵角（也即失举角）越大；反之，当舵角相同（未达到失举角）时，展弦比越大，对应的升力系数越大。由此产生的结果是，当舵面积相同时，展弦比较大的舵叶，其转舵扭矩较小，反之亦然。这也是一般海船的舵采用较大展弦比的原因。此外，对于襟翼舵来说，其传动机构的尺寸对于展弦比的选择可能会有较大的影响。表 1-29 为襟翼舵常用的展弦比 λ 的值。

表 1-29　襟翼舵常用的展弦比 λ

船舶类型	λ
双桨沿海船舶悬挂舵	1.0～2.0
双桨双舵客船	1.2～1.8
双桨双舵推船	1.3～1.8
油船	1.4～2.0

1.8.3.3　舵叶剖面形状与厚度比 $\bar{t}$

常用的普通流线型舵的舵叶剖面形状见 1.2.3 节所述。然而，襟翼舵由于其升力系数比普通流线型舵增加很多，几乎可达 1.5 倍，且水动力压力中心位置明显地向后移，再加上襟翼舵传动机构附加扭矩的影响导致舵杆扭矩大大增加。平衡系数的增加则使得舵杆在舵叶剖面上的位置相对后移，虽然有利于减小舵杆扭矩，但总的结果仍然是舵杆直径增大。

为使襟翼舵的舵叶具有足够的厚度，因而采用较大的厚度比。通常襟翼舵的舵叶采用 NACA 型剖面,对于尾框底骨支撑的平衡舵(图 1-5(a)),其厚度比 $\bar{t}$ 的取值可达到 18%,而悬挂舵厚度比 $\bar{t}$ 的取值一般不小于 21%。为了保证舵杆在舵叶上的安装,舵叶剖面的最大厚度位于约 0.45 的舵宽(弦长)处。为此推荐采用表 1-30 列出的 NACA66 和 NACA67 机翼型剖面,这两种剖面的最大厚度分别为位于 0.45 及 0.5 弦长处,可较好地解决舵杆与舵叶的连接,以及舵叶主体与尾翼铰接等问题。根据表 1-30 画出舵叶剖面的型线之后,按尾弦比 $\bar{b}_s$ 确定舵叶主体和尾翼的铰接中心。然后作出与舵叶剖面相切的圆,该圆直径 D 即为铰接轴(又称副舵杆)的轴套外径,如图 1-84 所示。

表 1-30　舵叶剖面型值表

站号[①] (以弦长 b% 计)	舵叶相对厚度之半(以弦长 b% 计)			
	NACA66₂[②]—0015	NACA66₃[②]—0018	NACA66₄[②]—0021	NACA67.1[②]—0015
0	0	0	0	0
0.50	1.122	1.323	1.525	1.167
0.75	1.343	1.571	1.804	1.394
1.25	1.675	1.952	2.240	1.764
2.5	2.235	2.646	3.045	2.395
5.0	3.100	3.690	4.269	3.245
7.5	3.781	4.513	5.233	3.900
10.0	4.358	5.210	6.052	4.433
15.0	5.286	6.333	7.569	5.283
20.0	5.995	7.188	8.376	5.940
25.0	6.543	7.848	9.153	6.454
30.0	6.956	8.346	9.738	6.854
35.0	7.250	8.701	10.154	7.155
40.0	7.430	8.918	10.407	7.359
45.0	7.495	8.998	10.500	7.475
50.0	7.450	8.942	10.437	7.497
55.0	7.283	8.733	10.186	7.421
60.0	6.959	8.323	9.692	7.231
65.0	6.372	7.580	8.793	6.905
70.0	5.576	6.597	7.610	6.402

表 1-30　（续）

站号[1] （以弦长 $b\%$ 计）	舵叶相对厚度之半（以弦长 $b\%$ 计）			
	NACA66$_2$[2]-0015	NACA66$_3$[2]-0018	NACA66$_4$[2]-0021	NACA67.1[2]-0015
75.0	4.632	5.451	6.251	5.621
80.0	3.598	4.206	4.796	4.540
85.0	2.530	2.934	3.324	3.327
90.0	1.489	1.714	1.924	2.021
95.0	0.566	0.646	0.717	0.788
100.0	0	0	0	0

① 站号从舵叶剖面导缘计算起；

② 66 和 67 为试验结果年度，下标 2 为型号，0015 为 $\bar{t}=0.15$，其余与此相似。

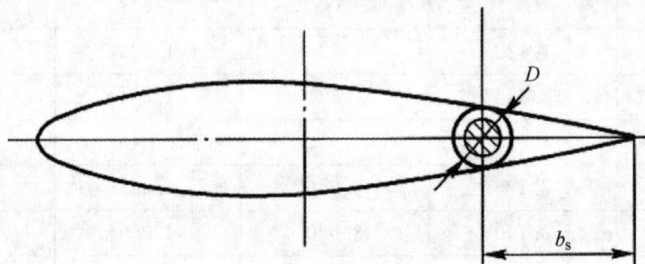

图 1-87　舵叶主体与尾翼铰接处的形式

1.8.3.4　尾弦比 $\bar{b}_s$

尾翼弦长 b_s 与舵叶宽度（即弦长）b 之比称为尾弦比（b_s 和 b 见图 1-84）：

$$\bar{b}_s = \frac{b_s}{b} \tag{1.8.1}$$

襟翼舵的性能主要取决于尾弦比 $\bar{b}_s$，即使只有一个很小的尾翼（如 $\bar{b}_s=0.10$）也会导致其升力系数比普通的流线型舵有显著提高。

实验表明，$\bar{b}_s$ 在 $0.20\sim0.30$ 的范围内，襟翼舵的水动力特性很接近。但是由于 $\bar{b}_s=0.30$ 时，尾翼的水动压力要比 $\bar{b}_s=0.20$ 时增加达 50% 左右，导致传动机构尺寸明显加大，附体阻力增加。所以一般不推荐使用 $\bar{b}_s>0.30$ 的襟翼舵，而是以 $0.20\leqslant\bar{b}_s\leqslant0.25$ 的范围为主。为方便使用水动力特性曲线，通常采用尾弦比为 0.20 和 0.25 两种。$\bar{b}_s<0.20$ 的襟翼舵，除旧船改造因受船尾结构和布置的限制不得不采用外，也应尽量少用。不推荐采用 $\bar{b}_s\leqslant0.15$ 的襟翼舵。

1.8.3.5　转角比 ε 与主舵角 α

襟翼舵的舵叶主体与尾翼之间的相对转角 θ 与舵叶主体转舵角（简称主舵角）α 之比称为转角比 ε（见图 1-84）：

$$\varepsilon = \frac{\theta}{\alpha} \tag{1.8.2}$$

尾翼的绝对转角 ϕ 为

$$\phi = \theta + \alpha \tag{1.8.3}$$

转角比 ε 的选择是为了获得最佳的横向力，同时提高襟翼舵的制动作用。因此，选择 ε 的原则是使尾翼的最大绝对转角 ϕ_{max} 达到或接近于 90°。然而，为了更有效地减小船舶的回转直径，某些船舶的最大绝对转角 ϕ_{max} 可达到 120°，此时舵有使船舶产生倒航的作用。

转角的变化规律由襟翼舵传动机构的形式决定，可分为变转角比和定转角比。

（1）变转角比

转角比 ε 值随主舵角 α 的变化而变化时，称为变转角比。此类襟翼舵的主体和尾翼之间的传动机构有导杆式、滑块式、曲柄式和直线摇臂式等，转角比应根据不同的传动机构进行计算。

以导杆式传动机构为例，其传动原理如图 1-88 所示。图中导杆定位轴固定于

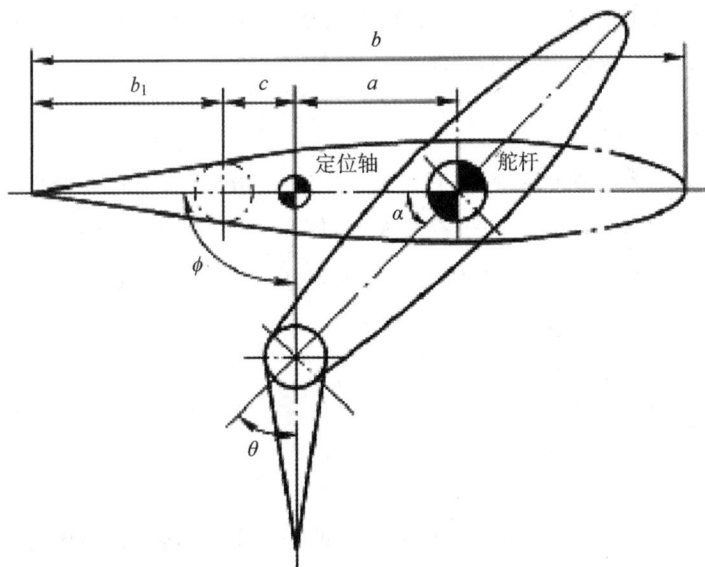

图 1-88　导杆式机构传动原理图

船体尾部结构中,它与舵杆之间的距离保持不变。导管设在尾翼顶部。当舵转动时,导杆通过导管使尾翼相对于舵叶主体转动,定位轴与尾翼铰接轴之间的距离随舵的转动而改变。

由图 1-88 可得知:

$$\tan \theta = \frac{a\sin \alpha}{c + a(1 - \cos \alpha)} \tag{1.8.4}$$

式中　a——舵杆中心到定位轴中心的距离;

　　　c——定位轴中心到铰接轴中心的距离。

由式(1.8.4)可得知,尾翼的相对转角 θ 随主舵角 α 的变化取决于 a 和 c 的值或该两数值之比。尾翼的最大绝对转角通常为 $\phi_{max} = 90°$;因此当设计的最大舵角为 $\alpha_{max} = 45°$ 时,则尾翼相对于主体的最大转角 $\theta_{max} = 45°$;据此代入式(1.8.4)可得出 $c/a = \sqrt{2} - 1$,将其再代入式(1.8.4)则可得出:

$$\theta = \arctan \frac{\sin \alpha}{\sqrt{2} - \cos \alpha} \tag{1.8.5}$$

(2) 定转角比

转角比 ε 值在主舵角 α 变化时保持某一确定的数值,称为定转角比。齿轮式传动机构可实现定转角比,直角摇臂式传动机构也可实现接近于定转角比的传动。

定转角比的选择与展弦比 λ 有关,尾翼的最大绝对转角通常为 $\varphi_{max} = 90°$。因此,当 $\lambda \approx 0.80$ 时,最大主舵角 $\alpha_{max} = 45°$ 为最佳,此时的转角比 $\varepsilon \leqslant 1.0$。当 $1.0 \leqslant \lambda \leqslant 1.2$ 时,最大主舵角 $\alpha_{max} = 35°$ 为佳,此时的转角比 $\varepsilon \approx 1.5$。当 $\lambda \geqslant 1.3$ 时,最大主舵角 $\alpha_{max} = 30°$ 为佳,此时的转角比 $\varepsilon = 2.0$。

1.8.3.6　平衡系数 β

舵的平衡系数 β 值的选取,不仅要考虑舵的扭矩特性,而且要考虑对尾翼传动机构的影响。β 值选小会使传动机构变大,附体阻力增加。因此,有时为了使传动机构紧凑而取较大的 β 值,以至使舵杆产生一定的负扭矩。β 值选取同尾弦比 $\bar{b}_s$ 及转角比 ε 有关,其范围如下:

当 $\bar{b}_s = 0.20 \sim 0.30$ 时:

$\varepsilon = 1.0, \beta$ 取 $0.42 \sim 0.46$;

$\varepsilon = 1.5, \beta$ 取 $0.46 \sim 0.50$;

$\varepsilon = 2.0, \beta$ 取 $0.49 \sim 0.52$。

变转角比的襟翼舵则以 $\theta_{max}/\alpha_{max}$ 时的 ε 值为依据,参照上述范围选择 β 值。

1.8.4　襟翼舵的水动力特性

襟翼舵水动力特性的一般概念如同普通流线型舵(见 1.3 节所述)。但由于尾翼的作用,襟翼舵的水动力特性发生了很大的变化。因此,普通流线型舵的试验数据和计算方法已不适用于襟翼舵。襟翼舵的水动力特性的考虑,需要得到专门的相关数据,并据此进行水动力特性分析和计算。

1.8.4.1　襟翼舵的水动力特性图谱

国内的一些大学和研究机构对于襟翼舵的水动力特性做了大量的试验研究,并将试验结果绘制成图谱;本节提供部分图谱供设计参考。为方便使用,图谱中的所有符号统一命名如下:

C_y——襟翼舵的升力系数;

C_x——襟翼舵的阻力系数;

C_p——襟翼舵的压力中心系数;

C_{yz}——尾翼的升力系数;

C_{xz}——尾翼的阻力系数;

C_{mz}——尾翼(铰链轴)的扭矩系数。

华中理工大学在低速回流式风洞内,对 NACA67.1 - 0015 剖面的襟翼舵进行了单独舵系列(见表 1-31)试验,试验的雷诺数为 $Re = 5.6 \times 10^5$。本节选取其中 $\lambda = 1.0$ 的图谱,见图 1-89 至 1-92,供设计者参考。

表 1-31　襟翼舵的单独舵试验系列

剖面形式	NACA67.1－0015		NACA0020
λ	1	0.59,1.0,1.2,1.6,2.0	1.23
$\bar{b}_s$	0.15,0.20,0.25,0.30,0.35	0.25	0.25

上述图谱给出了 $\lambda = 1.0$ 时的水动力特性曲线。对于不同展弦比的舵,设计时可参照普通流线型舵的方法,采用普兰特公式(见 1.4.4 节)进行换算,计算出水动力特性系数。

1.8.4.2　襟翼舵的水动力特性计算

(1)按船级社规范确定舵力和舵杆扭矩

CCS《海船规范》对于襟翼舵的舵力和舵杆扭矩的计算如 1.6.2 节所述,并据此确定舵系主要零部件的尺寸。

表 1-32 列出了国外某些船级社对于襟翼舵的舵力和舵杆扭矩计算中的系数 K_2 及压力中心系数 α 的规定。

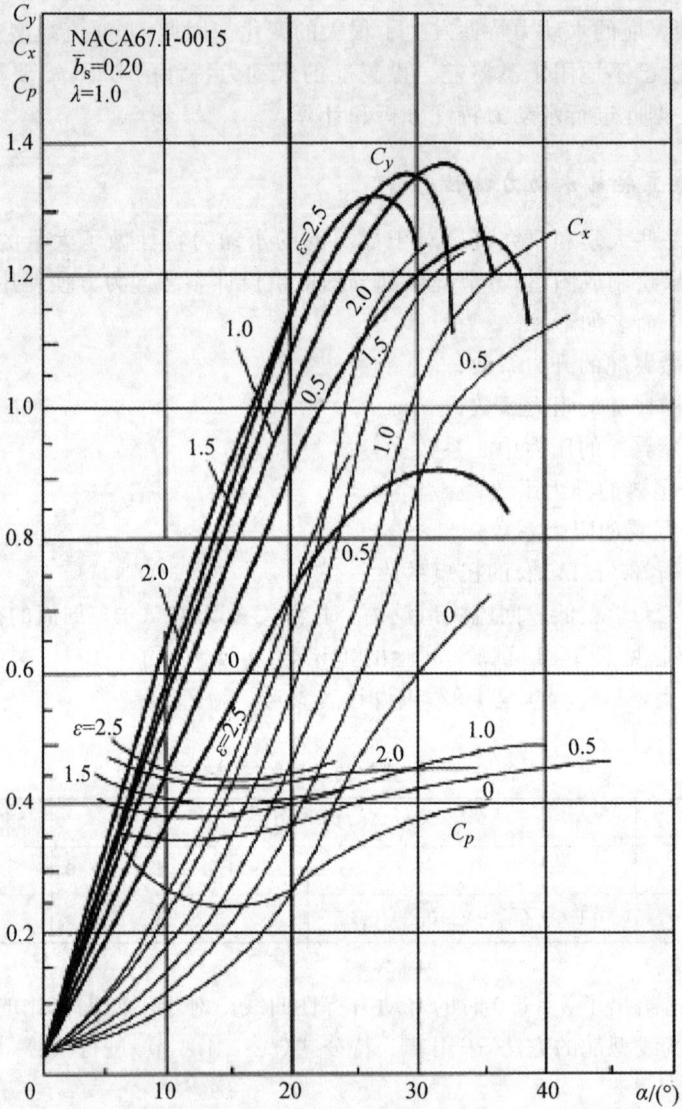

图 1-89 $\lambda=1.0$，$\bar{b}_s=0.20$ 的襟翼舵 C_y，C_x，$C_p-\alpha$ 曲线

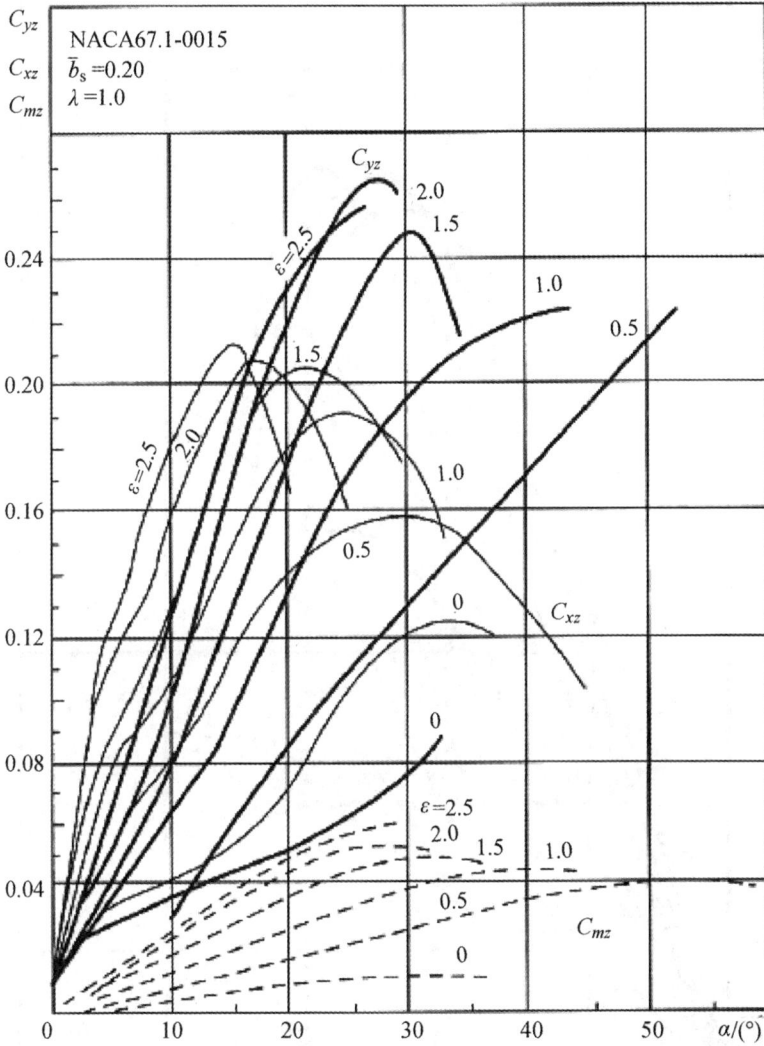

图 1-90　$\lambda=1.0, \bar{b}_s=0.20$ 的襟翼舵尾翼 C_{yz}，C_{xz}，$C_{mz}-\alpha$ 曲线

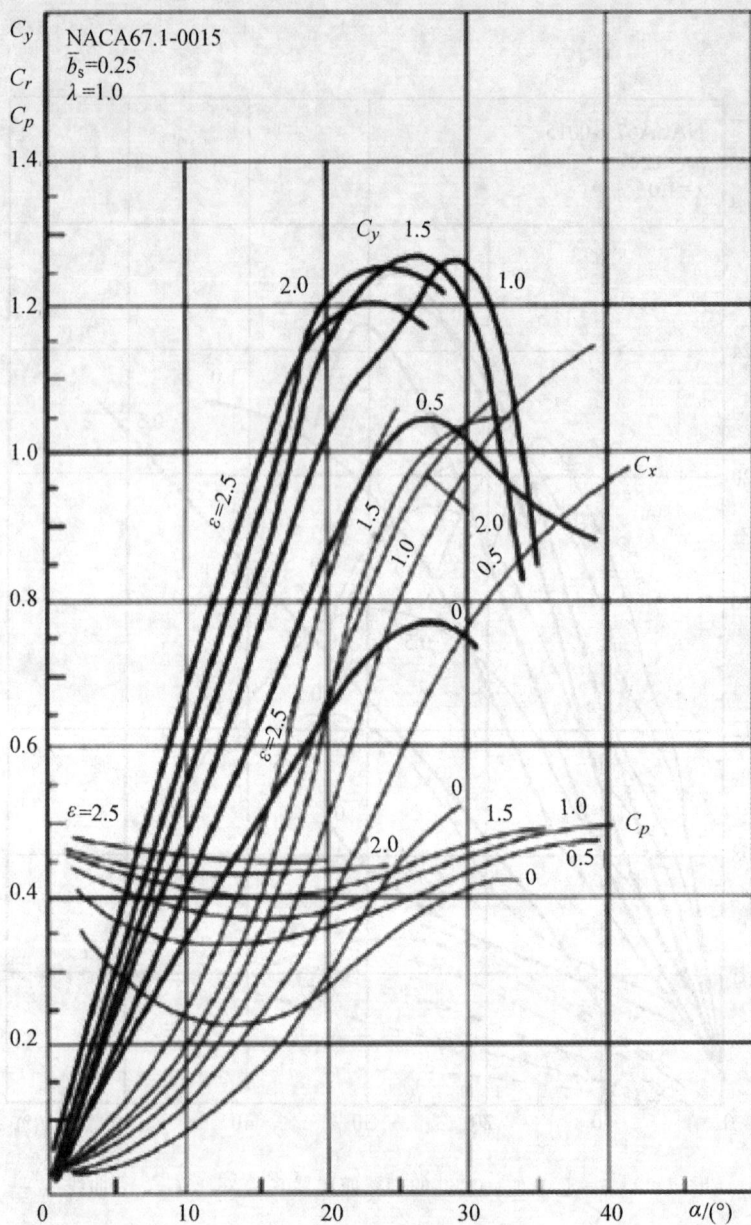

图 1-91 $\lambda=1.0, \bar{b}_s=0.20$ 的襟翼舵 C_y，C_x，$C_p-\alpha$ 曲线

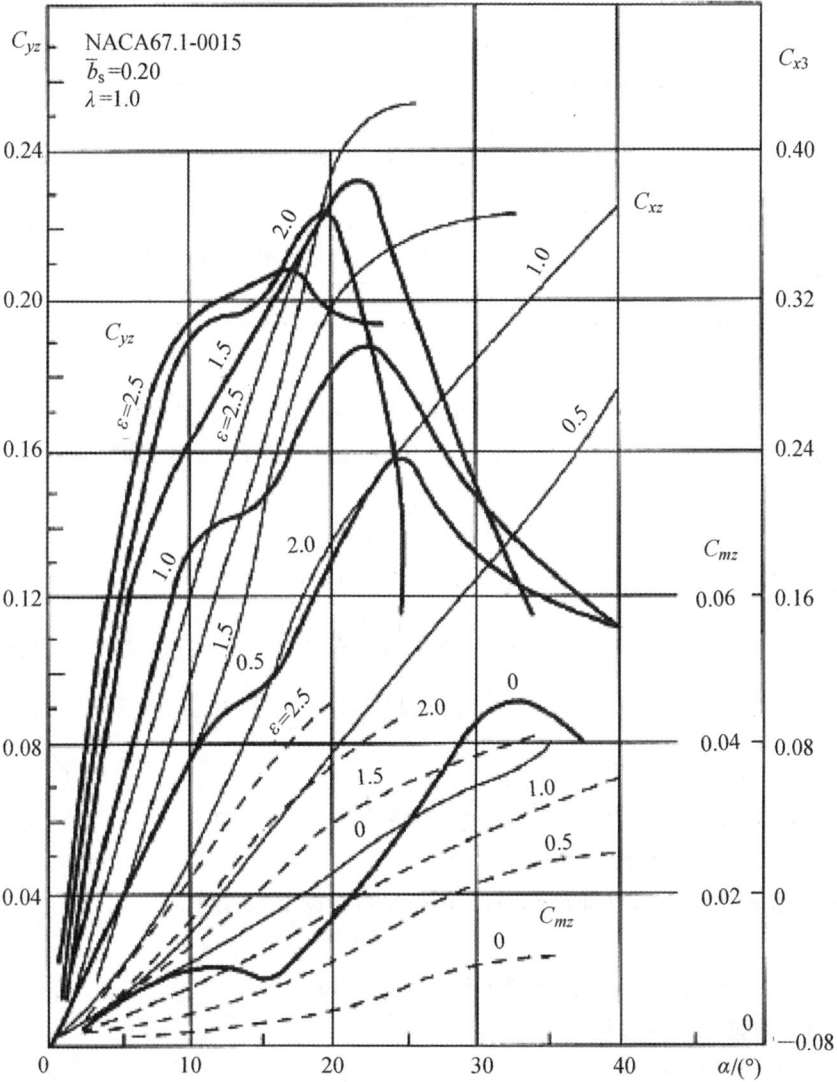

图 1-92 $\lambda=1.0$、$\bar{b}_s=0.25$ 的襟翼舵尾翼 C_{yz}，C_{xz}，$C_{mz}-\alpha$ 曲线

表 1-32　襟翼舵的系数 K_2 及 α

船级社	计算舵力的系数 K_2		计算舵杆扭矩壁矩的系数 α	
	正车时	倒车时	正车时	倒车时
DNVGL	1.7	特殊考虑,若为未知,可取1.3	特殊考虑	
BV	1.7	1.3	特殊考虑	
NK	1.7	特殊考虑,若为未知,可取1.3	特殊考虑,若无法确定,可取0.4	
ABS	1.7	若为未知,可取1.3	特殊考虑,若无法确定,可取0.4	特殊考虑

(2) 按襟翼舵水动力特性图谱计算

可参照 1.8.4 节提供的或来源可靠的襟翼舵水动力特性图谱取得舵的升力系数 C_y 及阻力系数 C_x 的数值,然后得出相应的法向力系数 C_n 和切向力系数 C_t:

$$C_n = C_y\cos\alpha + C_x\sin\alpha \tag{1.8.6}$$

$$C_t = C_x\cos\alpha - C_y\sin\alpha \tag{1.8.7}$$

由此可求得舵的法向力 P_n(N) 和切向力 P_t(N):

$$P_n = C_n\frac{1}{2}\rho v_r^2 A \tag{1.8.8}$$

$$P_t = C_t\frac{1}{2}\rho v_r^2 A \tag{1.8.9}$$

式(1.8.8)及式(1.8.9)中

ρ—水的密度,淡水为 1 000 kg/m³,海水为 1 025 kg/m³;

v_r—流经舵叶的水流速度,m/s。

舵的水动压力中心到舵杆轴线的距离 b_H(m)按下式计算:

$$b_H = (C_p - \beta)b \tag{1.8.10}$$

式中　C_p——压力中心系数,查图 1-89 及图 1-91;

β——舵的平衡系数;

b——舵宽,m。

舵的水动力扭矩 M_R(N·m)按下式计算:

$$M_R = P_n b_H \tag{1.8.11}$$

尾翼的水动力扭矩 M_z(N·m)按下式计算:

$$M_z = C_{mz}\frac{1}{2}\rho v_r^2 A_z b_s \tag{1.8.12}$$

式中　C_{mz}——尾翼（铰链轴）的扭矩系数，查图 1-90 及图 1-92；

A_z——翼面积，m^2；

b_s——襟翼舵的尾翼弦长，m。

尾翼作用在定齿轮上的力对舵杆形成的扭矩 M_{Rz}（N·m）按下式计算：

$$M_{Rz} = M_z(1+\varepsilon)K_{z1}K_{z2} \tag{1.8.13}$$

式中　ε——转角比；

$K_{z1}=3.0\sim4.5$——舵叶主体与尾翼铰接轴传动机构摩擦与变形的附加负荷系数；

$K_{z2}=2.0\sim3.5$——尾翼附连水及水动力阻尼的附加负荷系数。

舵杆扭矩 M_t（N·m）按下式计算：

$$M_t = M_R + M_{Rz} \tag{1.8.14}$$

作用在定齿轮上的同舵的法向力 P_n 方向相同的尾翼的法向力 P_{nz}（N）按下式计算：

$$P_{nz} = M_z/r_z \tag{1.8.15}$$

式中，r_z 为定齿轮的节圆半径，m。

舵杆的法向力 P_N（N）按下式计算：

$$P_N = P_n + P_{nz} \tag{1.8.16}$$

舵杆的切向力 P_T（N）按下式计算：

$$P_T = P_t + P_{nz}\tan 20° \tag{1.8.17}$$

舵杆受力 P（N）按下式计算：

$$P = \sqrt{P_N^2 + P_T^2} \tag{1.8.18}$$

1.8.5　襟翼舵的传动机构

襟翼舵的设计，当舵处于中位时，要求翼型剖面是对称的。当舵向两舷转动时，则舵叶的翼型由对称逐渐变为非对称形状，直至所要求的拱度。因此，在舵叶主体和尾翼之间需要一个可靠而又耐用的传动机构，目前常用的传动机构形式有导杆式、齿轮式、摇臂式和滑块式等。

1.8.5.1　导杆式传动机构

导杆式传动机构系变转角比传动机构，如图 1-93 所示。当舵叶主体转动时，铰接轴中心则以 $\overline{OA}$ 为半径旋转，其轨迹为 $\overline{A'AA''}$。导杆在主体带动下，一方面以定位轴中心 O' 为圆心转动，同时在导体的限制下沿 $\overline{O'A'}$ 或 $\overline{O'A''}$ 方向做往复运动。由于导体同尾翼固定，因此尾翼方位与导杆相同，尾翼相对于主体的转角为 θ。更详细的工作原理见图 1-88。

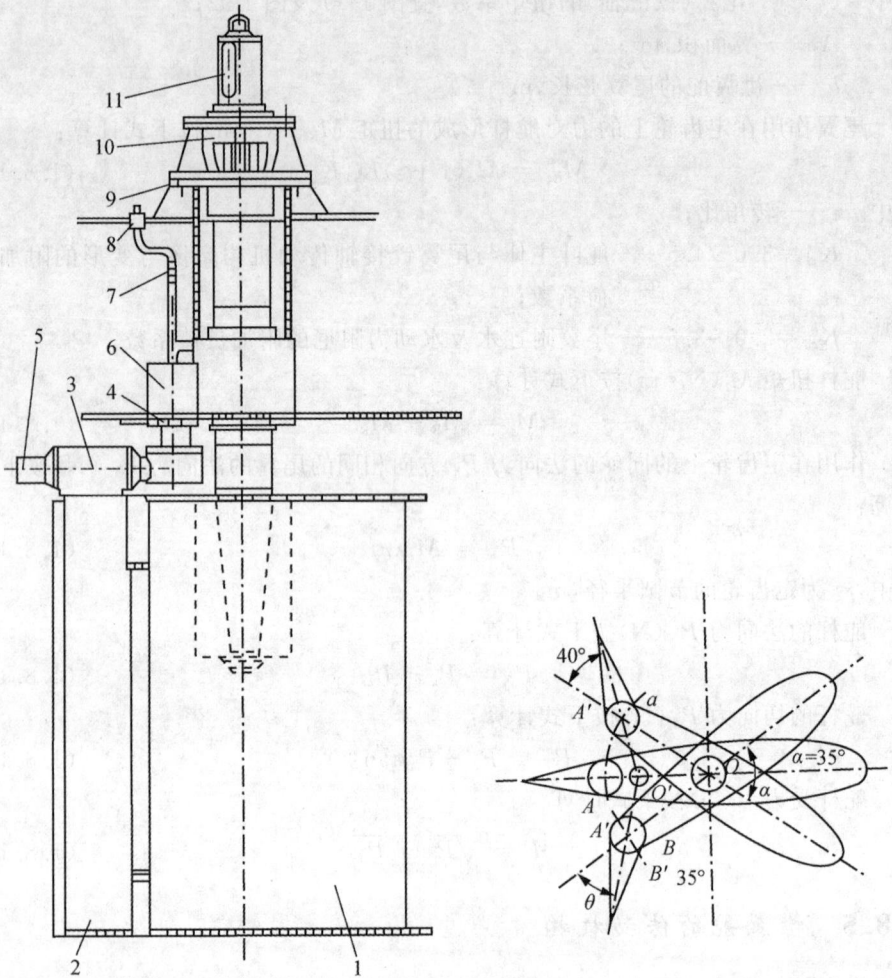

1—主体；2—尾翼；3—导体；4—定位轴；5—导杆；6—定位轴座；7—滑油管；8—接头与油嘴；9—上舵承座；10—上舵承；11—舵杆。

图 1-93　导杆传动襟翼舵

设计导杆传动机构时，建议尾翼相对转角 θ 与主体转角 α 之间的关系控制在下述范围内：

$$\theta = \arctan\left[\sin\alpha/\left(\frac{3}{2}-\cos\alpha\right)\right] \sim \arctan\left[\sin\alpha/(\sqrt{2}-\cos\alpha)\right] \quad (1.8.19)$$

根据经验，大于上述范围时，传动机构承受载荷较高，容易损坏。小于上述范围时，舵叶的水动力性能降低，使襟翼舵提高舵效的优点不能充分发挥。

1.8.5.2　齿轮式传动机构

齿轮式传动机构可分为开敞式和封闭式,前者之前常用于内河船舶(现考虑到内河泥沙等情况也已较多采用封闭式),后者用于海船。图 1-94 所示为封闭式齿轮传动机构,传动装置安装在流线型的水密罩壳内,以免海水腐蚀。

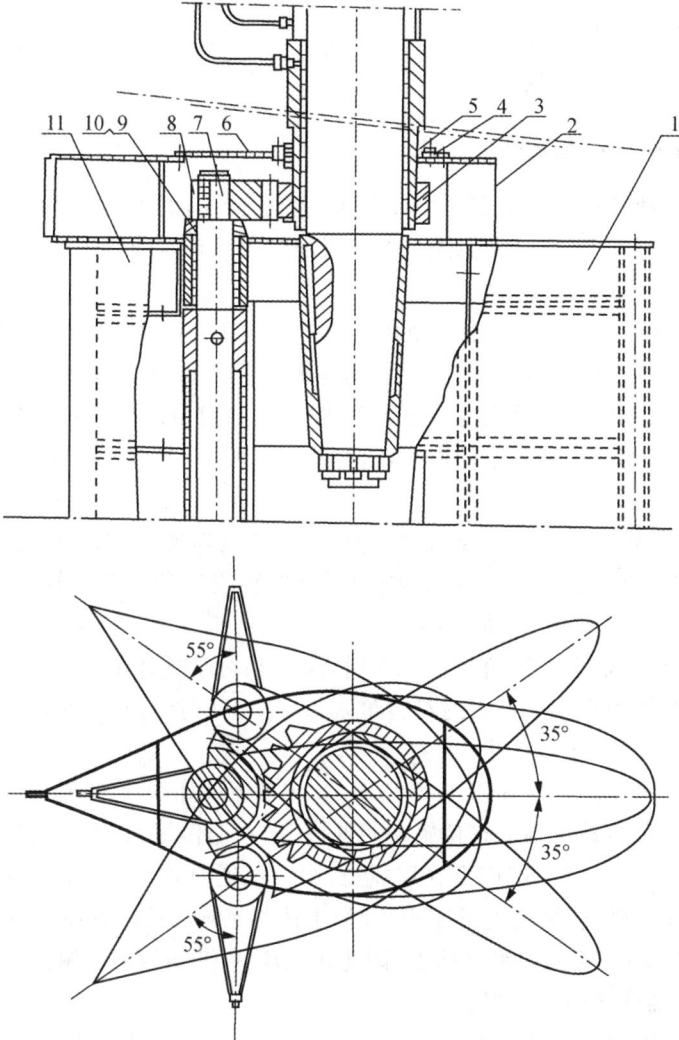

1—舵叶主体;2—导流密封壳体;3—定齿轮;4,9—O 形密封圈;5—J 形密封圈;
6—盖板;7—铰接轴;8—动齿轮;10—承重垫圈;11—尾翼。

图 1-94　封闭式齿轮传动襟翼舵

齿轮传动机构系定转角比传动机构，它有一个与舵杆同心的定齿轮和一个安装在主体与尾翼两者的铰接轴上端且与尾翼固定在一起的动齿轮。当舵杆转动时，动齿轮绕定齿轮转动，两齿轮之间的差动使得尾翼相对于主体产生转动，使舵叶的机翼型剖面形状发生变化。两齿轮的齿数比（传动比）决定了机翼型剖面的变化规律，传动比即为转角比 ε：

$$\varepsilon = Z_2/Z_1 \tag{1.8.20}$$

式中　Z_1——动齿轮齿数；

　　　Z_2——定齿轮齿数。

1.8.5.3　摇臂式传动机构

摇臂式传动机构可分为直角摇臂式和直线摇臂式，由于其结构简单，安装较方便和使用可靠等优点，目前在海船上的襟翼舵中得到较多的应用。

（1）直角摇臂式传动机构

图 1-95 所示为一个典型的直角摇臂式机构传动的襟翼舵，其运动轨迹如图 1-96 所示。O 点为舵杆中心，B'' 点为主体与尾翼的铰接轴中心。定位短轴固定在船体尾部，其中心为 O' 点。摇臂垂直于尾翼弦线（直角摇臂由此得名），一端固定在尾翼上，另一端通过连杆小轴同连杆连接，摇臂长度 $a = B''D''$。连杆同时又与定位短轴连接，连杆长度 $r = O'D''$。

当舵杆连同舵叶主体转动时，铰接轴（B'' 点）的轨迹为 $C'B''A'$。通过直角摇臂带动连杆以 O' 为中心转动，连杆小轴（D'' 点）的轨迹为 $CD''A''$，同时使尾翼绕铰接轴旋转，可实现定转角比传动。

设计要求：当最大主舵角 $\alpha_{max} = 30°$ 时，尾翼相对于主体的最大转角 $\theta_{max} \approx 60°$，尾翼相对于船体中心线的最大绝对转角 $\phi_{max} \approx 90°$，此时转角比 $\varepsilon \approx 2$。

（2）直线摇臂式传动机构

直线摇臂式传动机构如图 1-97 所示，其传动原理如图 1-98 所示。

直线摇臂式传动机构的定位轴（O' 点）固定在船体尾部，它与舵杆（O 点）均在船舶中纵剖面上。摇臂一端固定在尾翼上，另一端通过连杆小轴同连杆连接，连杆同时又与定位短轴连接。当舵处于中位时，主体与尾翼的铰接轴中心（B 点）以及连杆小轴（A 点）亦在船舶中纵剖面上。因此，O'、B、A 和 O 四点在俯视平面上连成一条直线，直线摇臂式因此而得名。

当舵杆连同舵叶主体绕 O 点转动时，铰接轴（B 点）的轨迹为 $B'BB''$，通过摇臂带动连杆以 O' 为中心转动，连杆小轴（A 点）的轨迹为 $A'AA''$，同时使尾翼绕铰接轴旋转。直线摇臂式传动机构不能实现定转角比传动。

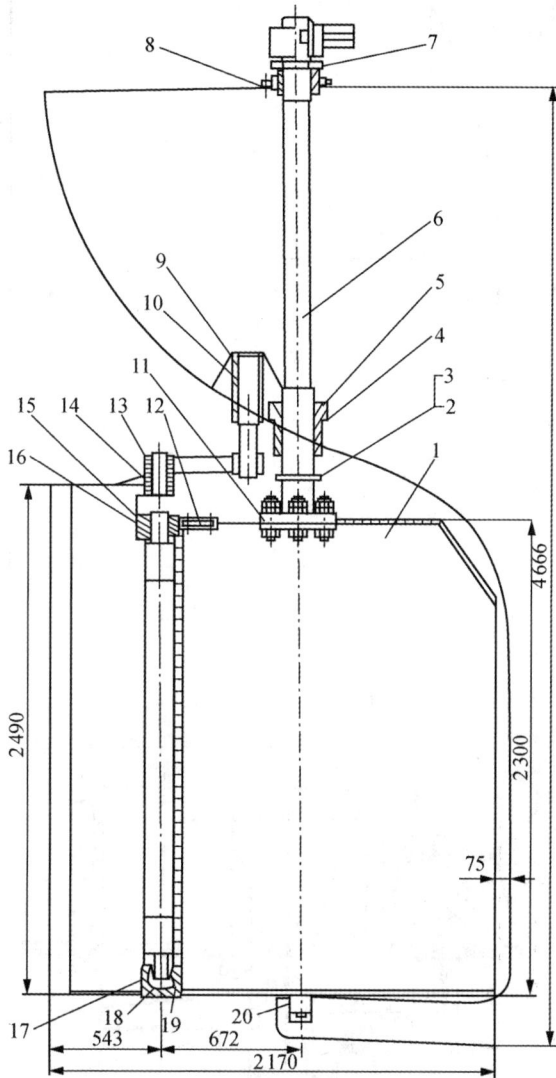

1—舵叶;2—套环;3—止跳环;4—下舵承;5—下舵承压盖;6—舵杆;7—上舵承压盖；8—上舵承;9—定位短轴;10—套管;11—舵叶连接法兰;12—上舵承连接法兰;13—连杆;14—直角摇臂;15—上轴承;16—衬套;17—铰接轴;18—垫块;19—下承座;20—舵销。

图 1-95　直角摇臂传动的襟翼舵

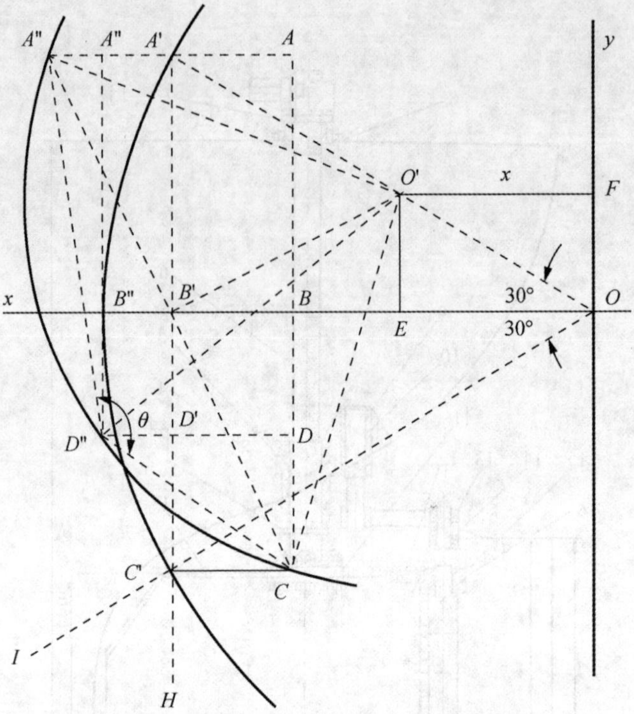

图 1-96 直角摇臂式传动机构的运动轨迹

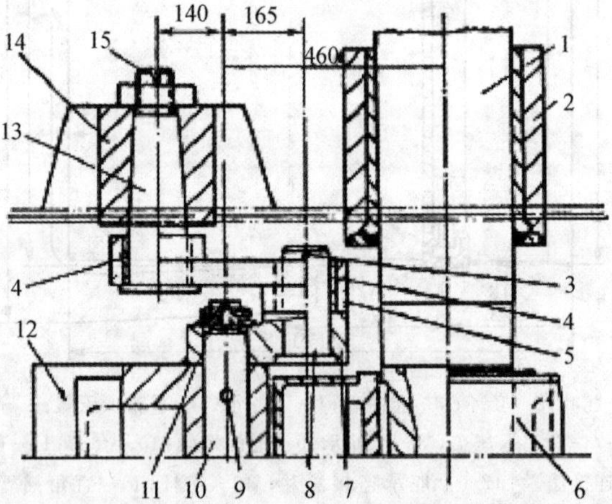

图 1-97 直线摇臂传动机构

1—舵杆;2—下舵承;3—圆锥销;4—衬套;5—连杆;6—舵叶主体;7—摇臂;8—连杆小轴;9—圆柱销;10—铰接轴;11—垫片、螺母、开口销;12—尾翼;13—定位轴;14—轴承座;15—螺母、开口销。

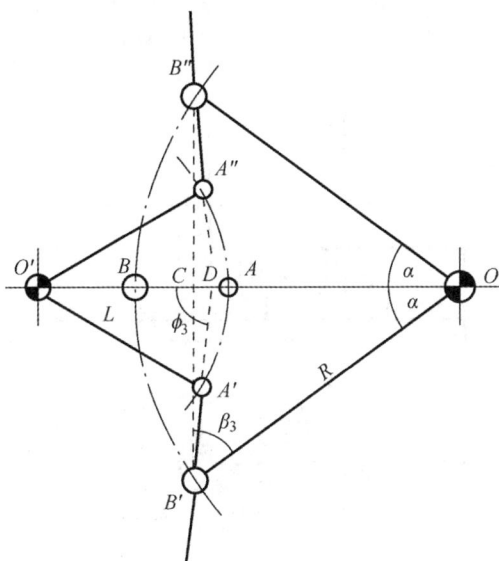

图 1-98　直线摇臂式传动原理图

1.8.5.4　滑块式传动机构

典型的滑块式传动机构如图 1-99 所示,定位轴安装在船体尾部,拨叉固定在尾翼上,滑块套装在定位轴上并嵌入拨叉滑槽内。当舵处于中位时,拨叉滑槽的中心线、尾翼剖面的中心线、滑块中心以及定位轴中心四者在俯视平面上连成一线。当舵杆连同舵叶转动时,连接舵叶主体和尾翼的铰接轴位置发生变化;由于定位轴位置未变,致使定位轴与铰接轴之间的距离发生变化,从而迫使拨叉带动滑块绕定位轴旋转,同时使滑块在拨叉滑槽内移动。由于拨叉同尾翼连在一起,因此拨叉的转角正好是尾翼的绝对转角 ϕ。

滑块式传动机构可实现变转角比,其尾翼相对于主体的转角 θ 与主舵角 α 的关系如下:

$$\tan \theta = \frac{l \sin \alpha}{f + l(1 - \cos \alpha)} \qquad (1.8.21)$$

式中　l——舵杆中心到定位轴中心的距离;

　　　f——定位轴中心到铰接轴中心的距离。

滑块式传动机构有开敞式和封闭式。图 1-100 所示为封闭式滑块传动的襟翼舵,其拨叉与铰接轴用键连接,尾翼同铰接轴用销子连接,因此拨叉随尾翼转动。滑块套装在定位轴上,并在拨叉滑槽内滑动,同时绕定位轴转动。

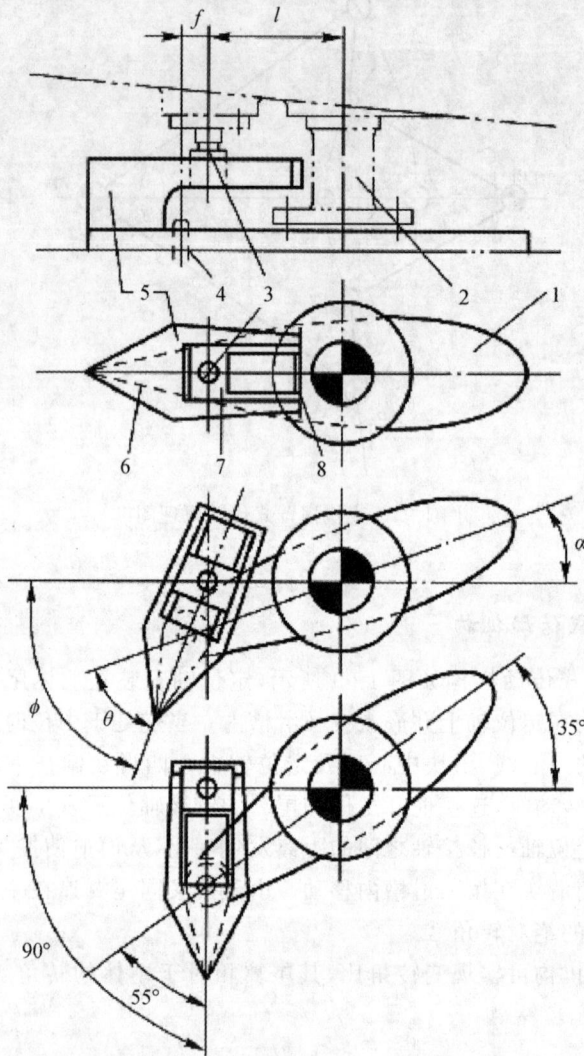

1—舵叶主体；2—舵杆；3—定位轴；4—铰接轴；5—拨叉；6—尾翼；
7—滑块；8—端盖。

图 1-99 滑块式传动机构原理图

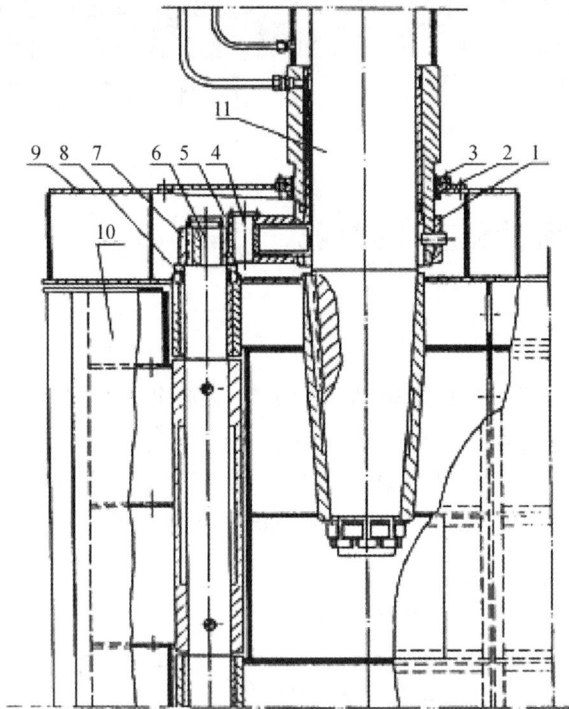

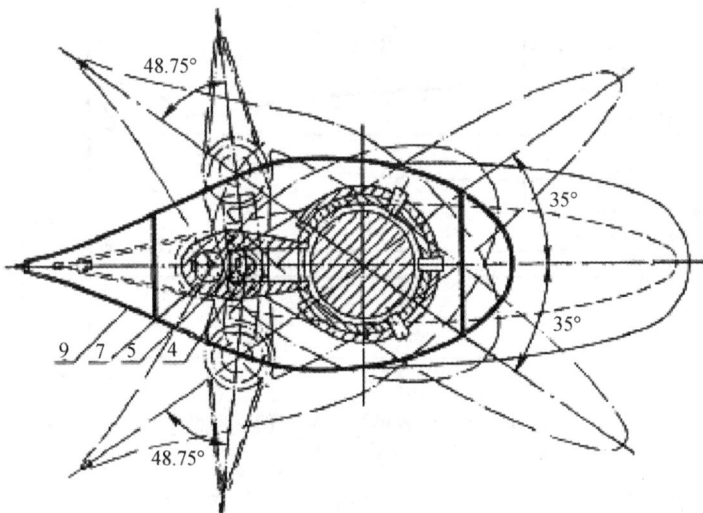

1—定位轴座架；2，8—Y 型密封圈；3—J 型密封圈；4—定位轴；5—滑块；6—铰接轴；
7—拨叉；9—导流密封壳体；10—尾翼；11—舵杆。

图 1-100　封闭式滑块传动的襟翼舵

滑块式传动机构的优点是,当主舵角 α 在 $5°\sim35°$ 范围内变化时,转角比 ε 则在 $4.24\sim1.57$ 的范围内变化。因此,小舵角时的舵效明显高于定转角比传动的舵效,而在最大舵角时的转角比减小,与定转角比传动时的舵效相当,因此舵的性能明显改善。

1.9 鱼尾舵、制流板舵和扭曲舵

1.9.1 鱼尾舵

鱼尾舵亦称蒂姆舵,1962 年在原联邦德国造船技术协会的刊物上,蒂姆(H. Thieme)发表了他的试验报告。他在平板、NACA 及 JfS 剖面后缘的两侧加装楔形板并在尾端加封板(图 1-101),然后进行试验发现,加装这种楔形整流尾后舵效明显提高,由于剖面形状如同鱼尾,因而人们称这种舵为鱼尾舵。

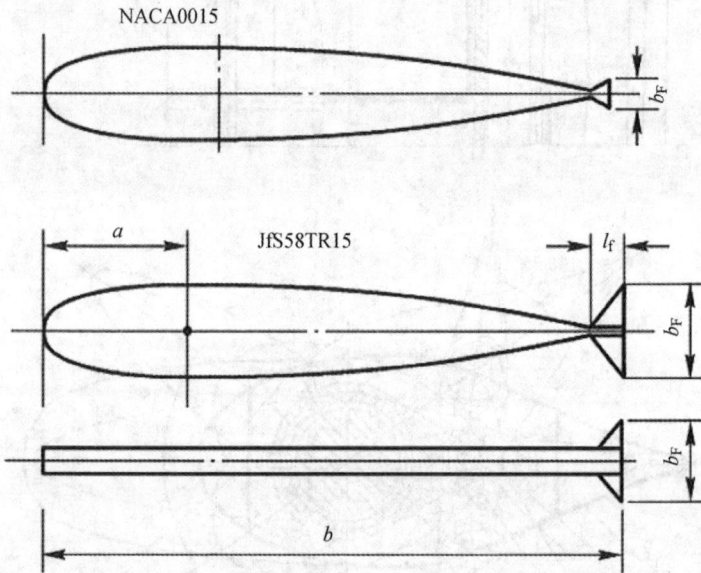

图 1-101 加装楔形整流尾的舵的剖面

蒂姆的试验得出的结论为:

(1) 无论什么样剖面的舵,整流尾都能不同程度地提高舵效;

(2) 整流尾的宽度 b_F 与舵剖面弦长 b 之比以 0.07 为最佳,b_F/b 大于 0.05 后,升力的增加率渐趋平缓;

（3）展弦比小的舵，加装整流尾的作用更为显著；

（4）剖面性能较好的舵加装整流尾的效果，不如剖面性能较差的舵加装整流尾的效果显著；具体地讲，在 JfS58TR15 剖面的舵上加装整流尾不如在 NACA0015 剖面的舵上加装同样的整流尾取得的效果好，但前者的舵效和升力系数还是高于后者。

对于这一现象可以这样解释：对于不同剖面形状的单独舵而言，在同一攻角下，升力系数或法向力系数的数值越是大的舵，其舵效越好。实际上可以把各种舵在零舵角时的升力系数曲线的斜率 $C_{y\alpha}$ 或法向力系数曲线的斜率 $C_{n\alpha}$ 作为舵效的标志，当舵经偏转及产生攻角时，迎流压力面和背流吸力面两侧的流线不对称，形成拱度和速度环量，产生升力。鱼尾舵能增大流线的拱度和速度环量，以致与不加装整流尾而具有相同展弦比的 NACA 剖面的舵相比，舵效可增大 20% 左右。虽然整流尾会使舵的阻力有所增大，压力中心略向舵叶后边缘方向移动，尤其在后退时，整流尾变成平头平边，使后退时舵效降低；但是只要选择合适的剖面形状和合理的整流尾结构，仍可获得高的升阻比（升力与阻力之比值），并尽可能保持足够的后退时的舵效。

1.9.2　制流板舵

在舵高（也即翼展）方向的两端安置平板，即构成制流板舵，如图 1-102 所示。

这种端部平板也即制流板可装在一端，也可装在两端，其作用是抑制端部横向绕流，增大纵向绕流的速度环量，相当于增大了舵的有效展弦比，其效果与制流板面积（扣除舵剖面面积后的有效制流板面积）和制流板形状有关。

理论上，当舵叶两端的制流板面积无限大时，舵的展弦比也趋向无限大，此时，舵称为二因次舵。而当一端的制流板面积无限大时，按镜面效应，舵的有效展弦比为原有展弦比的两倍。但制流板面积越大，增加的水阻力也越大。因此除了应使制流板与来流速度平行外（减少分离阻力），还需控制制流板的面积。

常用的制流板都是有圆角的矩形板，或是后边缘削去两角，并在左右有向下折边的矩形板，如图 1-103 和 1-104 所示。

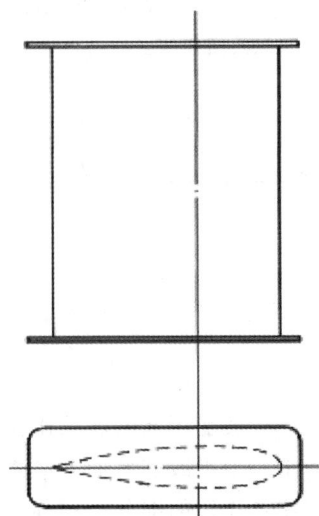

图 1-102　带有端部制流板的舵

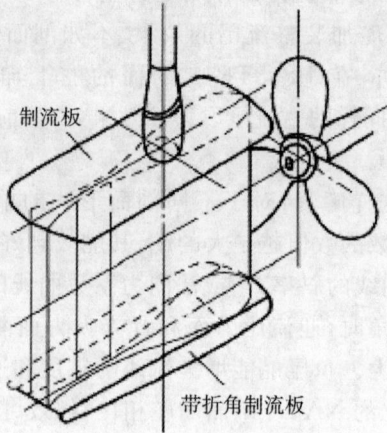

图 1-103 西林舵及其制流板

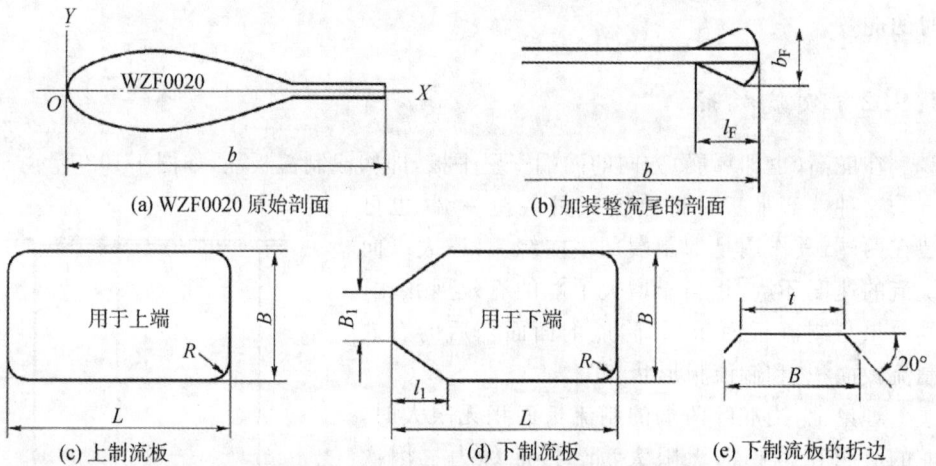

(a) WZF0020 原始剖面

(b) 加装整流尾的剖面

(c) 上制流板

(d) 下制流板

(e) 下制流板的折边

$B/L=0.376$；$L_1/L=0.367$；$B_1/B=0.768$；$R=B/10$；$t=0.2b$；$b_F/b=0.0862$；$l_F/b=0.1845$；$B/t=2.05$

图 1-104 WZF0020 舵的剖面及其制流板

  一般船用舵的展弦比在 1～2 范围内。按升力线理论，舵上的升力线一般在压力中心附近或舵剖面的最大厚度处附近。因此，在最大厚度附近的制流板面积是起主要作用的部分。这种对称机翼型的制流板，在模型风洞试验和实船试验中都已证明提高了舵效，改善了小舵角时的航向致变性（避让）和航向保持性（把定）。

  西林舵(universal schilling rudder，USR)起源于德国，其剖面前部接近于 JfS 剖面，舵杆离前边缘为 $0.4b$（b 为剖面弦长），中部为细腰形，尾部呈锥形但向尾端逐渐变厚,如图 1-103 所示。整流尾(也称鱼尾)长 $l_F = 0.2b$,鱼尾宽度 $b_F = 0.086\ 2b$,上下两端设矩形制流板,其下端制流板有向下的折边,制流板宽度 $B = 0.376b$,制流板长度 $L = b$。

据国外资料,西林舵的最大舵角可达 $75°$,从而使得螺旋桨尾流偏转达 $90°$ 以上,使船舶获得侧向推力,大大提高了船舶的回转性能和横移能力。目前国外已将西林舵应用于各种大小吨位的船舶上。

WZF0020 为武汉交通科技大学提出的舵模,它与西林舵比较接近(图 1-104),它的剖面型值列于表 1-33,水动力特性曲线如图 1-105 所示。

表 1-33　7WZF0020 型值(未含鱼尾)　　　　　　　(单位:%)

x/b	1.25	2.5	5.0	7.5	10	15	20	30
y/b	4.30	5.84	7.68	8.92	9.54	10.0	9.84	8.46
x/b	40	50	60	65.6	70	80	90	100
y/b	6.16	4.00	1.846	1.232	1.232	1.232	1.232	1.232

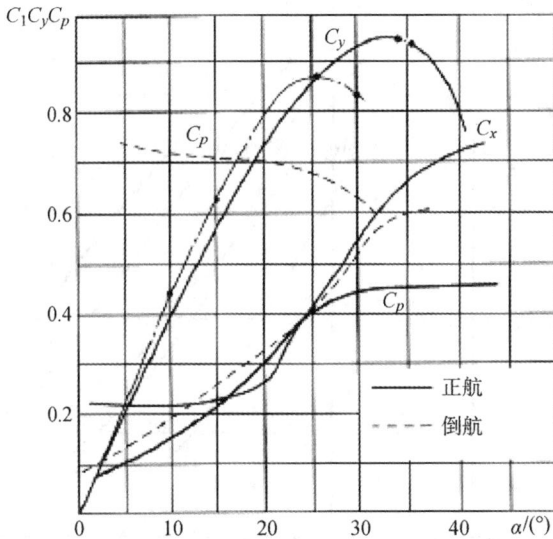

图 1-105　WZF0020 舵模水动力特性曲线

WZF0020 舵模风洞试验结果表明:

(1) 加装鱼尾后,阻力系数 C_x 略有增大,而升力系数 C_y 有较大的增加,压力中心位置向舵叶后边缘有微小的移动;

（2）制流板对升力系数 C_y 的影响超过了整流鱼尾对升力系数 C_y 的影响，宽的制流板效果优于窄的制流板，且对阻力系数 C_x 和舵杆扭矩系数 C_m 的增大影响不大。

（3）制流板与鱼尾的综合效果可与襟翼舵媲美；

（4）模型试验时失举角小于 35°，但在船体伴流和螺旋桨尾流的影响下，失举角应会有较大的增加。

1.9.3 JDYW 舵

上海交通大学船舶与海洋工程流体力学研究所于 20 世纪 90 年代初提出了交大小鱼尾剖面舵，简称 JDYW 舵型，将其与 NACA 剖面、НЕЖ 剖面、JfS 剖面及 WZF 剖面做了比较，图 1-106 所示为五种剖面的型值变化情况，相应的剖面形状如图 1-107 所示。

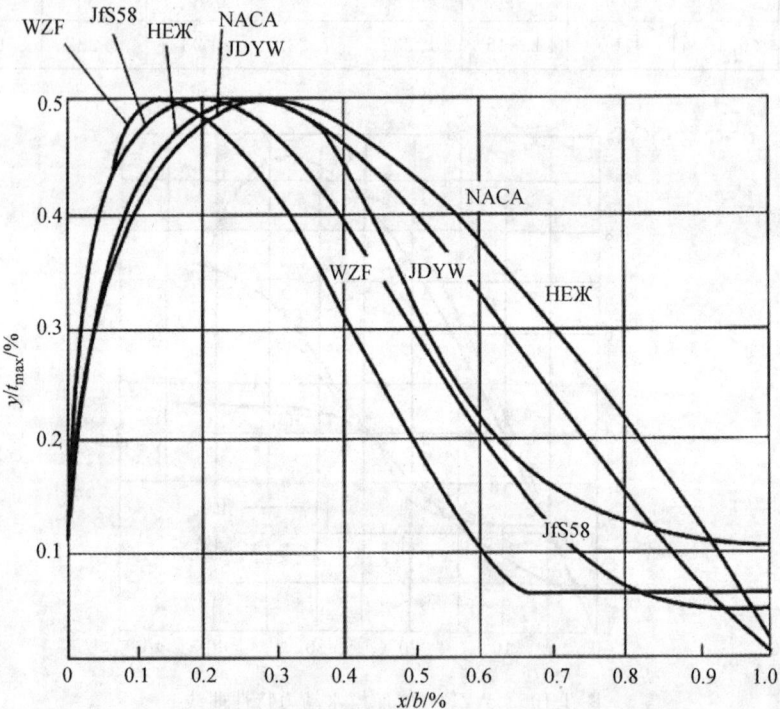

图 1-106 五种剖面型值变化曲线（均不带鱼尾）

带鱼尾的 JDYW 舵的剖面为对称机翼型，鱼尾宽 $b_F = 0.057\,6b$，鱼尾长 $l_F = 0.06b$，不含鱼尾的 JDYW 舵剖面型值列于表 1-34。

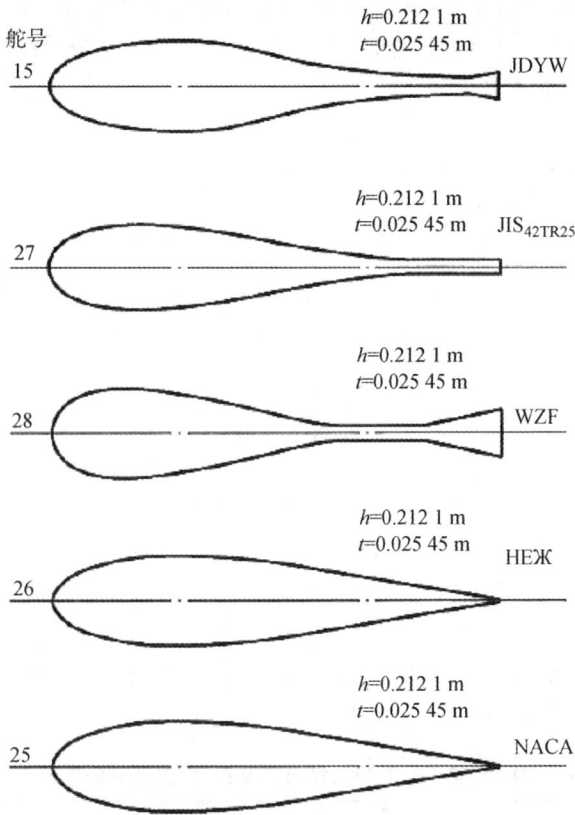

图 1-107 五种舵模剖面形状

表 1-34 JDYW 舵剖面型值表(未含鱼尾)

$\bar{x}$	$\bar{y}$	$\bar{x}$	$\bar{y}$	$\bar{x}$	$\bar{y}$	$\bar{x}$	$\bar{y}$	$\bar{x}$	$\bar{y}$
0	0	2.5	22.2	20	47.8	50	33	80	12.9
0.5	7.4	3.25	25.0	25	49.45	55	26.6	85	12
0.75	10.8	5.0	30.0	30	50	60	21.4	90	11.3
1.0	14.1	7.5	35.1	35	49	65	17.7	94	10.8
1.25	15.8	10.0	39	40	45.6	70	15.4	100	10.3
1.75	18.6	15	44.6	45	40	75	14		

注: $\bar{x} = x/b(\%)$; $\bar{y} = y/t_{\max}(\%)$; 艏端曲率 $r_F = 1.1 \times t_{\max}^2/b$。

对上述五种剖面的舵型,按等面积、等展弦比模型在拖曳水池中做了敞水舵的水动力特性比较试验,对它们的法向力系数 C_n 及斜率 C_{na} 做了比较,其结果列于表 1-35,其中 JDYW 舵型性能最好。

表 1-35　五种舵型的尺度及舵效

舵模编号	舵型	展弦比 λ	厚度比 t/b	外形	试验 $Re(\times 10^5)$	C_{na}	比较
15	JDYW	1.5	0.18	矩形,平衡	1.98	3.446 5	1.45
25	NACA	1.5	0.18	矩形,平衡	1.98	2.377 7	1
26	HEж	1.5	0.18	矩形,平衡	1.98	3.064 9	1.29
27	JfS62TR25	1.5	0.18	矩形,平衡	1.98	3.170 2	1.33
28	WZF	1.5	0.18	矩形,平衡	1.98	3.403 3	1.43

为了分析展弦比 λ、厚度比 t/b、尾宽比 b_F/b 及尾长比 l_F/b 等因素对 JDYW 舵水动力特性的影响,展弦比 λ 取 6 个位级、厚度比 t/b 取 4 个位级、尾宽比 b_F/b 及尾长比 l_F/b 各取 2 个位级,采用正交表 $L_{24}(6\times4\times2^3)$,设计制造了 24 个面积相同的木质矩形 JDYW 舵模,做了前进、后退的敞水舵的水动力试验测试。表 1-36 列出了在舵角分别为 5°、10° 及 15°时的升阻比平均值 Y/X。

表 1-36　JDYW 舵正交系列舵模尺度及正、倒航试验的舵效和升阻比

试验编号（舵号）	λ	l_F/b	b_F/b	t/b	Re 数 $(\times 10^5)$	正航		倒航	
						C_{na}	L/D	C_{na}	L/D
1	3.0	0.24	0.057 6	0.06	1.37	5.031	5.177	5.804	2.459 5
2	3.0	0.21	0.057 6	0.18	1.37	4.653	6.666	5.402	3.255 9
3	3.0	0.18	0.086 4	0.06	1.37	5.363	4.689	5.53	2.657 7
4	3.0	0.15	0.086 4	0.06	1.37	5.561	5.551	4.47	2.458 7
5	2.5	0.24	0.086 4	0.18	1.5	4.476	3.902	5.042	2.126 6
6	2.5	0.21	0.086 4	0.06	1.5	4.363	4.314	4.7	2.289 2
7	2.5	0.18	0.057 6	0.06	1.5	4.301	3.822	5.558	2.993 5
8	2.5	0.15	0.057 6	0.18	1.5	4.446	4.149	4.5	2.149 7
9	2.0	0.24	0.057 6	0.06	1.68	3.978	3.606	4.842	2.386 3
10	2.0	0.21	0.057 6	0.18	1.68	3.548	4.704	4.7	2.226 9

表 1-36　（续）

试验编号（舵号）	λ	l_F/b	b_F/b	t/b	Re 数（$\times 10^5$）	正航		倒航	
						C_{ni}	L/D	C_{ni}	L/D
11	2.0	0.18	0.086 4	0.18	1.7	4.05	3.104	3.84	2.028 4
12	2.0	0.15	0.086 4	0.06	1.71	4.242	2.268	3.81	2.373 7
13	1.5	0.24	0.086 4	0.18	1.99	3.453	2.651	3.38	2.200 4
14	1.5	0.21	0.086 4	0.06	1.99	3.112	3.354	3.317 6	2.059 1
15	1.5	0.18	0.057 6	0.06	1.98	3.447	3.904 5	3.374	2.223 2
16	1.5	0.15	0.057 6	0.18	1.98	2.817	3.616	3.84	2.644 4
17	1.0	0.24	0.057 6	0.06	2.03	2.519	2.421	3.438	1.852 2
18	1.0	0.21	0.057 6	0.18	2.03	2.215	3.019	2.693	2.138 5
19	1.0	0.18	0.086 4	0.18	2.03	2.672	2.364	2.464	1.935 1
20	1.0	0.15	0.086 4	0.06	2.03	2.806	2.675	2.464	2.079
21	0.5	0.24	0.086 4	0.18	2.87	1.973	2.640	1.719	1.836 3
22	0.5	0.21	0.086 4	0.06	2.87	1.998	1.523	2.063	1.927 6
23	0.5	0.18	0.057 6	0.06	2.29	1.678	2.280	1.948	1.651 8
24	0.5	0.15	0.057 6	0.18	2.29	1.651	2.448	1.834	1.827 2

　　JDYW 舵型不仅可用于悬挂舵，也可用于半悬挂舵。对于 JDYW0022 带制流板和 NACA0022 带制流板两种舵型所做的敞水舵和船、桨后舵的水动力特性比较测试试验结果列于表 1-37，JDYW0022 带制流板的舵的性能明显优于 NACA0022带制流板的舵的性能。

表 1-37　设置制流板的 JDYW 剖面舵与 NACA 剖面舵的试验结果比较

舵模	试验	C_{ni}	比较
JDYW0022＋制流板	敞水舵	3.094	1.30
NACA0022＋制流板	敞水舵	2.38	1.00
JDYW0022＋制流板	船、桨后舵	7.2	1.309
NACA0022＋制流板	船、桨后舵	5.5	1.00

　　厚度比为 0.18（展弦比 λ 为 0.5，1.5，2.5）及 0.24（展弦比 λ 为 1.0，2.0，3.0）的 6 个 JDYW 舵模的敞水特性数据列于表 1-38，可供设计计算 JDYW 舵时使用。

表 1-38　JDYW 剖面舵敞水水动力特性（试验雷诺数 $Re > 1.2/10^5$）

t/b	λ	$\alpha/(°)$	0	5	10	15	20	25	35	C_{na}	L/D
0.18	2.5	C_x	−0.12	−0.14	−0.18	−0.26	−0.54	−0.66	−0.84	4.301	3.82
		c_y	−0.0014	−0.357	−0.746	−1.169	−1.044	−1.08	−0.998		
		c_p	—	0.28	0.28	0.29	0.40	0.40	0.40		
	1.5	C_x	−0.1	−0.1	−0.13	−0.22	−0.35	−0.61	−1.08	3.447	3.91
		c_y	−0.0013	−0.34	−0.67	−1.025	−1.405	−1.62	−1.82		
		c_p	—	0.27	0.28	0.29	0.31	0.36	0.39		
	0.5	C_x	−0.1	−0.1	−0.14	−0.2	−0.31	−0.43	−0.96	1.678	2.28
		c_y	−0.0013	−0.16	−0.31	−0.51	−0.79	−1.09	−1.64		
		c_p	—	0.26	0.27	0.30	0.33	0.35	0.38		
0.24	3.0	C_x	−0.12	−0.13	−0.17	−0.24	−0.54	−0.67	−0.92	5.031	5.177
		c_y	−0.0014	−0.41	−0.91	−1.39	−0.97	−1.08	−1.15		
		c_p	—	0.26	0.28	0.30	0.39	0.38	0.37		
	2.0	C_x	−0.12	−0.135	−0.17	−0.25	−0.37	−0.64	−0.78	3.978	3.606
		c_y	−0.0013	−0.34	−0.67	−1.053	−1.409	−1.007	−0.90		
		c_p	—	0.31	0.29	0.29	0.31	0.40	0.39		
	1.0	C_x	−0.11	−0.13	−0.17	−0.235	−0.365	−0.54	−0.96	2.549	2.421
		c_y	−0.0013	−0.25	−0.48	−0.76	−1.07	−1.43	−1.67		
		c_p	—	0.24	0.26	0.29	0.30	0.32	0.35		

对 24 个舵模敞水特性的正交试验结果，采用工程平均法，获得 192 个全因素组合舵模的敞水特性近似值，为便于工程应用，采用多元选元正交多项式回归程序，以展弦比 λ、厚度比 t/b、尾宽比 b_F/b 及尾长比 l_F/b 为变量，以法向力系数斜率 C_{na}、升阻比平均值 Y/X 及舵角 5°、10° 及 15° 时的压力中心系数 C_p 为指标，得到前进、后退运动的两组敞水特性经验估算公式，可供设计估算使用。

（1）正航敞水性能估算公式

$C_{na} = 3.158\,8 - 5.187\,5(t/b) - 5.46\lambda(l_F/b) + 29.181\,7\lambda(b_F/b) - 15.159\,3(b_F/b)$

$Y/X = 0.208\,9 + 1.723\lambda^2(t/b)$

$C_p(5°) = 0.231\,3 + 0.131\,6\lambda - 0.550\,6\lambda(t/b) + 0.306\,4(t/b) - 1.054\,6(b_F/b)$

$$C_p(10°) = 0.277\ 6 + 0.681\ 9\lambda(t/b)(b_F/b) - 0.122\ 2\lambda(b_F/b)(l_F/b)$$

$$C_p(15°) = 0.306 - 0.095\ 8(l_F/b)$$

（2）倒航敞水性能估算公式

$$C_{ni} = -1.436\ 7 + 19.158\ 6(t/b) + 0.238\ 5\lambda - 6.724\lambda(t/b) - 2.949\ 4(b_F/b)$$

$$(Y/X)_i = 0.740\ 3 - 19.990\ 8(t/b) + 0.848\ 1\lambda + 113.744\ 5(t/b)(l_F/b)$$
$$- 71.764\ 1(b_F/b)$$

$$C_p(5°) = -0.154\ 0 + 1.373\ 5(t/b) - 0.122\ 1\lambda(l_F/b) - 0.573\lambda^2(l_F/b) + 0.129\ 8\lambda$$
$$+ 5.721\ 1(b_F/b)$$

$$C_p(10°) = 0.262\ 6 + 0.651\ 9(t/b) + 0.040\ 1\lambda - 0.180\ 5(t/b) + 2.232\ 2(b_F/b)$$
$$- 0.090\ 4(l_F/b)$$

$$C_p(15°) = 0.343\ 1 + 1.106\ 8\lambda^2(l_F/b) - 0.101\ 5(t/b) - 1.916\ 8\lambda(b_F/b)$$
$$- 1.105\ 8\lambda^2(b_F/b) + 3.368\ 8(b_F/b)$$

1.9.4　扭曲舵

扭曲舵亦称反应舵,流线型平衡舵或是带有固定舵柱的流线型舵都可做成该种形式。其基本形式为舵叶导边,以螺旋桨轴线为界,上下扭曲,扭曲偏度以在螺旋桨轴线处为最大,向上下两端逐渐减小,舵叶剖面仍为流线型。

前述 1.4.6 节中的图 1-23 体现了某艘较高航速集装箱船螺旋桨尾流对舵叶的斜流角:就右旋桨而言,螺旋桨轴线下方的尾流,对舵叶有一个指向船体左舷的斜流角,相当于舵叶在轴线下方部分获得一个附加右舵角;螺旋桨轴线上方的尾流,对舵叶有一个指向船体右舷的斜流角,相当于舵叶在轴线上方部分获得一个附加左舵角;左旋桨斜流角方向相反。扭曲舵将位于螺旋桨中心轴线下方和上方的舵叶区分为两个部分,该两部分在舵叶的前边缘分别向斜流角方向偏转一定的角度,减小螺旋桨尾流对舵叶的斜流角,降低附加舵角的影响,从而可以有效地降低舵叶产生空泡的风险。图 1-108 体现了适用于右旋桨的扭曲舵的舵叶扭曲方向。图 1-109 体现了常规 NACA 舵翼型和扭曲舵翼型的不同流线情况。

扭曲舵除了能够有效地改善舵叶空泡现象外,因其扭曲方向与桨叶旋向相反,可抑制尾流的扭转,吸收尾流旋转的能量,提高推进效率,起到整流作用。扭曲舵的作用相当于一个固定的导叶置于螺旋桨尾流中,使尾流中的轴向诱导速度增大,增加其推力。螺旋桨滑脱比越大,轴向诱导速度越大,则增加的推力也越大。

扭曲舵的设计简述如下。

（1）舵叶导边的扭曲应以螺旋桨轴线为分界。对于右旋桨而言,舵叶导边在轴线上部向左舷扭曲、轴线下部向右舷扭曲;对于左旋桨而言则反之。

（2）扭曲偏度以在螺旋桨轴线附近为最大,对于具有正常毂径比的螺旋桨,

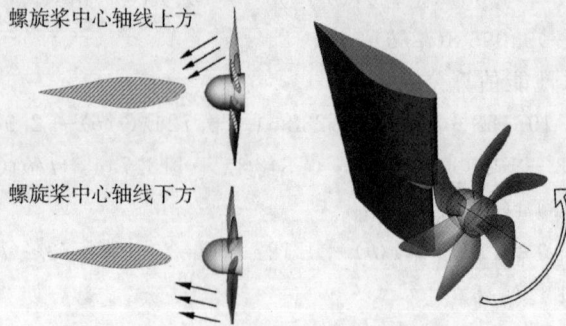

图 1-108　适用于右旋桨的扭曲舵的舵叶扭曲方向

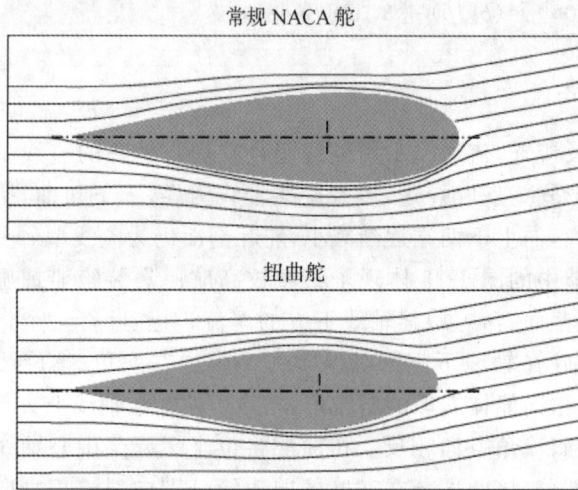

常规 NACA 舵

扭曲舵

图 1-109　常规 NACA 舵翼型和扭曲舵翼型的不同流线情况

$0.1R$(R 为螺旋桨桨叶半径)处的扭曲偏度可按下式计算：

$$e_{0.1R} = 0.85 \frac{d}{2} \qquad (1.9.1)$$

式中，d 为桨毂直径。

最大扭曲偏度算出后，还应根据剖面的扭曲度是否光顺而加以适当修正。

（3）相应于螺旋桨各半径处的扭曲偏度，可按下式计算：

$$e_r = e_{0.1R} \frac{\sin^2 \phi_r}{\sin^2 \phi_{0.1R}} \qquad (1.9.2)$$

式中，ϕ 为螺旋桨各剖面的螺距角，且

$$\phi = \tan^{-1} \frac{H}{2\pi r} \tag{1.9.3}$$

式中, H 为螺旋桨螺距, r 为螺旋桨各剖面的半径。

（4）舵叶剖面中线上的扭曲起点距舵叶导边一般不大于 30% 剖面弦长, 扭曲后的中线应为一光顺的曲线; 舵叶各剖面中线的扭曲起点应在同垂线上。

（5）在扭曲部分舵叶剖面的做法, 可参考螺旋桨机翼剖面的形状; 应注意勿使舵叶导边形状太钝, 但亦不宜过锐。

（6）扭曲舵应尽可能靠近螺旋桨, 以尽量利用螺旋桨尾流的旋转动能。

（7）在螺旋桨轴线处, 舵叶导边扭曲的作用很小; 为了避免舵叶在该处结构上的不连续性, 可将螺旋桨桨毂帽的延长部分做在扭曲舵上, 或在该处增加一个整流帽。

1.10　其他形式的舵和操纵装置

为了提高船舶的操纵性能或推进效率, 曾经出现过各种形式的舵, 这里再简单介绍其中的一部分。

（1）整流帽舵

整流帽舵是在螺旋桨后方顺着螺旋桨轴线, 在舵上设置整流帽（现通常称为舵球）, 整流帽的形状为对称机翼剖面的旋转体或近似于椭圆体, 其基本形式如图 1-110 所示。由于整流帽填充了通常是涡流低压区的空间, 从而使得螺旋桨桨毂区的尾流得到改善, 不仅提高了螺旋桨的推力和效率, 消除了螺旋桨桨毂帽后的空泡腐蚀现象, 还能改善船尾的振动情况。

（2）主动舵

主动舵是一种带有小型导管螺旋桨的舵, 其基本形式如图 1-111 所示。转舵时与处于舵叶中部后缘的螺旋桨一起转动, 在舵剖面中心线方向

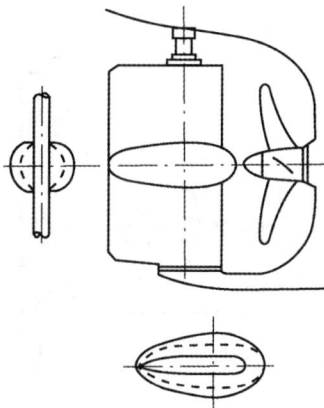

图 1-110　整流帽舵的基本形式

产生推力。由于主动舵的最大舵角可达到 70°～90°, 故而所产生的转船力矩远远大于普通舵所产生的转船力矩, 从而提高了低速、停主机极低速、惯性淌航、倒航和在风浪中的操纵性。主动舵适用于推船、拖船、测量船、电缆敷设船、捕鲸船等操纵性要求很高的船舶。但是主动舵结构很复杂, 而且它的这些特性在许多情况下都可用侧向推进器代替, 因此已使用得越来越少。

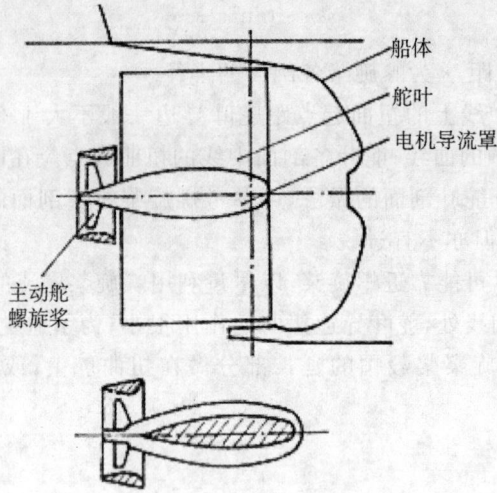

图 1-111　主动舵的基本形式

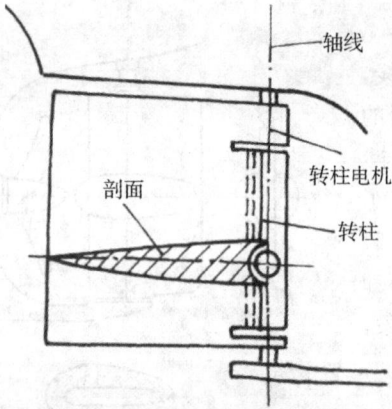

图 1-112　转柱舵的基本形式

（3）转柱舵

转柱舵是由普通流线型舵同转柱组合而成的舵，其基本形式如图 1-112 所示。根据马格努斯效应，转柱舵利用转柱旋转时所产生的环流与来流叠加而产生升力的原理工作。舵左转时转柱必须顺时针旋转，舵右转时转柱以逆时针旋转。这样舵的吸力面水流加速，压力面水流减速，从而增加环流和升力，推迟失举角。转柱产生的升力除与转柱长度和直径之比值有关外，还与转柱的旋转线速度与水流速度之比值有关。转柱的升力随这个比值增加而增大。装有转柱舵的船舶在低速航行时具有很好的机动性，转柱停止旋转时即作为普通舵使用。

（4）其他形式

实际设计中，上述各种形式的舵还会采用组合形式，如半悬挂襟翼舵、带舵杆围阱的悬挂襟翼舵等，可根据实际需求进行选择。

此外，提高船舶操纵性的舵装置还有推进器＋正倒车舵、喷水推进＋舵等组合装置。

对于某些操纵性要求更高的船舶,如推船、拖船、火车渡船、航标船、物探船、消防船、海洋补给船等,可配置可调螺距螺旋桨、侧向推进器或 Z 型推进器等装置,可以更有效地提高船舶的操纵性能。

1.11 操舵装置

1.11.1 操舵装置的基本要求

1.11.1.1 操舵装置的基本性能

操舵装置按其使用要求可分为主操舵装置和辅助操舵装置。

(1) 主操舵装置

主操舵装置系指在正常航行情况下,为驾驶船舶而使舵产生动作所需的机械、转舵机构、舵机装置动力设备(如设有),以及其附属设备和向舵杆施加转矩的部件(如舵柄及舵扇)。

① 主操舵装置和舵杆应具有足够的强度,并能在船舶最大航海吃水和最大营运前进航速时进行操舵,使舵自任一舷的 35°转至另一舷的 35°,并且于相同条件下自一舷的 35°转至另一舷的 30°,所需时间不超过 28 s。

② 为满足上项的要求,当舵柄处的舵杆直径(不包括航行冰区的加强)大于 120 mm 时,主操舵装置应为动力操作。

③ 主操舵装置和舵杆应设计成在船舶最大后退航速时不致损坏。但这一设计要求不需要在试航中的最大后退航速和最大舵角进行验证。

(2) 辅助操舵装置

辅助操舵装置系指在主操作装置失效时,为驾驶船舶所必需的设备。这些设备不应属于主操舵装置的任何部分,但可共用其中的舵柄、舵扇或作同样用途的部件。

① 辅助操舵装置应具有足够的强度和足以在可驾驶的航速下操纵船舶,并能在应急情况下迅速投入工作。

② 应能在船舶最大航海吃水和以最大营运前进航速的一半但不小于 7 kn 时进行操舵,使舵自一舷的 15°转至另一舷的 15°且所需时间不超 60 s。

③ 为满足上项的要求,以及在任何情况下当舵柄处的舵杆直径(不包括航行冰区的加强)大于 230 mm 时,辅助操舵装置应为动力操作。

(3) 人力操舵装置

人力操舵装置只有当其操作力不超过 160N,且确保其结构不致对操作手轮产生破坏性的反冲作用时,方可装船使用。

1.11.1.2　海船操舵装置的配置

除非主操舵装置符合下述(2)款和(5)款的规定,否则每艘船舶均应设置一套主操舵装置和一套辅助操舵装置。主操舵装置和辅助操舵装置的布置,应满足当其中一套发生故障时不致引起另一套也失效。

(1) 主、辅助操舵装置动力设备的布置应:

① 在动力源发生故障失效后又恢复输送时,能自动再起动;

② 能从驾驶室控制使其投入工作;

③ 任一台操舵装置动力设备的动力源发生故障时,在驾驶室发出视觉和听觉报警。

(2) 如主操舵装置具有两台或两台以上相同的动力设备,则在下列条件下可不设置辅助操舵装置:

① 对于客船,当任一台动力设备不工作时,主操舵装置仍能按本节第1.11.1.1条(1)款①项的要求进行操舵;

② 对于货船,当所有动力设备都工作时,主操舵装置能按本节第1.11.1.1条(1)款①项的要求进行操舵;

③ 主操舵装置应布置成当其管系或一台动力设备发生单项故障时,此缺陷能被隔离,使操舵能力能够保持或迅速恢复。

(3) 操舵装置应设有有效的舵角限位器,应有保持舵位稳定的有效措施。以动力转舵的操舵装置,应装设限位开关或类似设备,使舵在达到舵角限位器前停住。装设的限位开关或类似设备应与转舵机构本身同步,而不应与舵机的控制相同步。

(4) 操舵装置应有保持舵位稳定的有效措施。

(5) 10 000 总吨及以上的每艘油船、化学品船、液化气体运输船和 70 000 总吨及以上的其他每艘货船,其主操舵装置应设有两台或两台以上符合本条(2)款规定的相同的动力设备。

(6) 10 000 总吨及以上的每艘油船、化学品船、液化气体运输船,除本条(7)款的规定外,其操舵装置应符合下列规定:

① 主操舵装置应这样设置,即由于主操舵装置的一套动力转舵系统的任何部分(但除舵柄、舵扇或为同样目的服务的部件或因转舵机构卡住以外)发生单项故障以致丧失操舵能力时,应能够在 45 s 内重新获得操舵能力;

② 主操舵装置应包括下列两者之一:

a. 两个独立和分开的动力转舵系统,每个系统均能满足本节 1.11.1.1 条(1)

款①项的要求；

b. 至少有两套相同的动力转舵系统,在正常运行中同时工作能满足本节第
1.11.1.1 条(1)款①项的要求;当需要符合此要求时,各个液压动力转舵系
统应互相连接,任一系统中液压流体丧失时应能被发现,以及有缺陷的系统
应能自动隔离,以使其他动力转舵系统保持安全运行;

③非液压形式的操舵装置应能达到同等的标准;

(7) 对 10 000 总吨及以上但小于 100 000 载重吨的油船、化学品船、液化气体
运输船的操舵装置,如能达到同等的安全衡准和符合下列规定时,可采用不同于本
条(6)款所述的方法,即对一个或几个转舵机构不必应用单项故障标准:

①由于管路或一台动力设备的任何部分发生单项故障而丧失操舵能力时,应
能在 45 s 内恢复操舵能力;

②如操舵装置只具有单一的转舵机构,则应提交设计时的应力分析,包括疲劳
分析和断裂力学分析(如适用时)和对所使用的材料、密封装置的安装、试验、检查
以及有效地维护规定等。

1.11.1.3　操舵装置的供电和控制系统

(1) 操舵装置控制系统的布置如下:

①对主操舵装置,应在驾驶室和舵机舱两处都设有控制器。

②当主操舵装置按本节 1.11.1.2 条(2)款的规定设置时,应设置两套独立的
控制系统,且每套系统均应能在驾驶室控制。但并不要求设双套操舵手轮或手柄。
如控制系统是由液压遥控传动装置组成时,除 10000 总吨及以上油船、化学品船、
液压气体运输船外,不必设置第 2 套独立控制系统。

③对于辅助操舵装置,应在舵机舱进行控制。如辅助操舵装置是用动力操纵
的,则也应能在驾驶室进行控制,并应独立于主操舵装置的控制系统。

(2) 能从驾驶室操纵的主、辅助操舵装置的控制系统应满足下列要求:

①在舵机舱应设有能将驾驶室操纵的任何控制系统从正在运转的操舵装置上
断开的设施;

②此控制系统应能在驾驶室某一位置被投入工作。

(3) 舵角的位置应:

①如主操舵装置为动力操舵,则应在驾驶室进行显示。舵角的显示装置应独
立于操舵装置的控制系统;

②在舵机舱内应能看到舵角的指示。

(4) 如适用,在驾驶室操舵位置处应固定展示如下标准告示牌,或者与本节
1.11.1.4 条(3)款所述的操作告示牌合并。

注意：

当两台动力设备同步运转操舵时，如舵机未响应操舵指令，则两台泵应依次停机直至恢复控制。

该标准告示牌针对由两个相同动力系统进行同步控制的舵机，通常具有各自的控制系统或独立的(部分或相互)控制系统进行同步操作。

(5) 操舵装置的电源及线路敷设

①对于电动或电动液压操舵装置，应在驾驶室和合适的主要机械控制位置装设指示其电动机正在运转的设备。

②由一台或多台动力设备组成的每一电动或电动液压操舵装置，应至少由主配电板设两路独立馈电线直接供电。但其中的一路可以通过应急配电板供电。符合本节 1.11.1.2 条(2)款要求的电动或电动液压主操舵装置中的每一动力设备，应由主配电板设一路独立馈电线直接供电，上述馈电线中的一路可以通过应急配电板供电。与电动或电动液压主操舵装置联用的电动或电动液压辅助操舵装置，可与供电给此主操舵装置的电路之一连接。电动或电动液压操舵装置的供电电路应有足够的容量，使之能同时向与其连接且可能需要同时工作的所有电动机供电。

③在小于 1600 总吨的船上，按本节 1.11.1.1 条(2)款③项要求为动力操作的辅助操舵装置，如其不是电动的或由主要用于其他用途的电动机来驱动的，则主操舵装置可由主配电板以一路馈电线供电。

④在驾驶室操纵的每一主操舵装置及辅助操舵装置的电控制系统，应由位于舵机舱内某处且与相应的操舵装置动力线路联用的独立线路供电。此控制系统也可直接由主配电板或应急配电板设独立线路供电，该独立线路应临近于相应的操作装置动力线路，并与它位于同一汇流排区段内。上述主操舵装置和辅助操舵装置，其控制系统的电源线路只应设置短路保护。

⑤本条所要求的电力线路和操舵装置控制系统及其附件、电缆和管子，应在它们的整个长度范围内尽可能地远离。

(6) 对于舵柄处舵杆直径大于 230 mm(不包括航行冰区加强)的所有船舶，应设有能在 45 s 内向操舵装置自动提供的替代动力源。这种动力源，应为应急电源或位于舵机舱内的独立动力源，其容量至少应能向符合本节 1.11.1.1 条(2)款②项规定的操舵装置的一台动力设备及与其联用的控制系统和舵角指示器提供足够的能源。若此独立动力源仅专用于该目的，在 10 000 总吨及以上的每艘船舶上，其替代动力源应具有足够供应至少连续工作 30 分钟的能量；而在任何其他船舶上则至少为 10 分钟。

(7) 如操舵装置的替代动力源为一台位于舵机舱内独立的由发动机驱动的液压泵，其发动机的自动启动装置应符合应急发电机组自动启动的有关规定。

1.11.1.4　操舵装置及舵机舱的一般布置

（1）舵机一般应以紧配螺栓或螺栓及止推板等可靠地固定在具有足够刚性的船舶基座上。

（2）舵机舱应：

①易于到达，并尽可能与机器处所分开；

②布置适当，以保证有通向操舵装置及控制器的工作通道，且为保证万一液压流体发生泄漏时有适宜的工作条件，这些布置应包括扶手、栏杆和格栅板或其他防滑地板。

③当应急操舵位置设在舵机舱内时，则舵机舱应设置第二逃生通道，除非舵机舱已有一条直达露天甲板的通道。

（3）在驾驶室和舵机舱内应设有永久性框图显示牌，以指明操舵装置控制系统和转舵系统转换过程的正确操作程序。

（4）驾驶室与舵机舱之间，应设有通信设施。

1.11.2　船用舵机扭矩的确定

操舵装置的选择实质上是舵机的选择，包括舵机形式和舵机扭矩的确定。在确定舵机扭矩时，除了应考虑舵上的水动力造成的舵杆扭矩外，还应计及舵系统各支承处的摩擦力矩，而其中最主要的是舵杆轴承的摩擦力矩。

舵机总的计算扭矩 $T_c(\mathrm{N \cdot m})$ 可按下式计算：

$$T_c = T + \sum T_{fi} \tag{1.11.1}$$

$$\sum T_{fi} = 0.5\mu \sum d_i P_i \tag{1.11.2}$$

式(1.11.1)及式(1.11.2)中：

T——作用于舵上的水动力引起的舵杆扭矩，N·m，应按 1.4.4 节和 1.4.5 节所述计算，通常按船级社公式简化计算；

$\sum T_{fi}$——诸舵承处摩擦力矩之和，N·m；

μ——舵承处的摩擦系数，见表 1-39；

d_i——舵承处的舵杆直径，m；

P_i——舵承处的支承反力，N，应按作用于舵上的水动力直接计算，也可按船级社公式简化计算。

表 1-39　舵承处摩擦系数 μ

滑动轴承摩擦系数		滚动轴承摩擦系数	
钢对青铜	0.06~0.10	滚动球轴承	0.015
青铜对青铜	0.04~0.14	滚柱轴承	0.030
层压胶布对青铜	0.12~0.14 润滑油		
	0.15 海水润滑		

在设计初始阶段,舵承的总的摩擦力矩 T_f 可按水动力引起的舵杆扭矩 T 估算:

不平衡舵

$$T_f = (0.10 \sim 0.15)T \tag{1.11.3}$$

非悬挂式平衡舵

$$T_f = (0.15 \sim 0.20)T \tag{1.11.4}$$

悬挂舵

$$T_f = (0.20 \sim 0.30)T \tag{1.11.5}$$

不同形式的舵机,其相对于舵角的扭矩曲线是不同的。图 1-113 所示为拨叉式、摆缸式和转叶式电动液压舵机的扭矩曲线示意图。

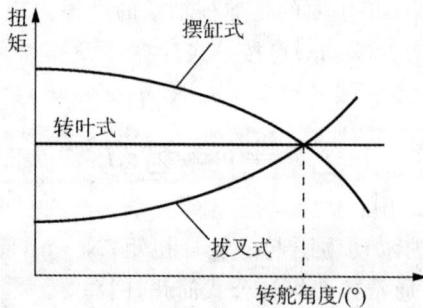

图 1-113　拨叉式、摆缸式和转叶式电动液压舵机的扭矩曲线示意图

在选择舵机时,应匹配舵机扭矩曲线和舵叶水动力扭矩曲线,使得在任一舵角下,舵机扭矩始终大于舵叶水动力扭矩。图 1-114 所示为某型拨叉(柱塞)式舵机的扭矩曲线,图 1-115 所示为某型悬挂扭曲舵的水动力扭矩曲线。

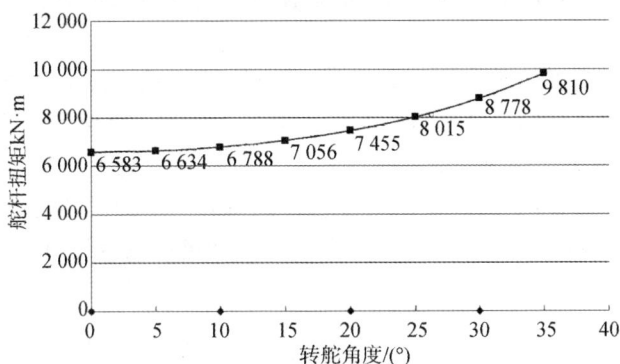

图 1-114　某型拨叉(柱塞)式舵机的扭矩曲线

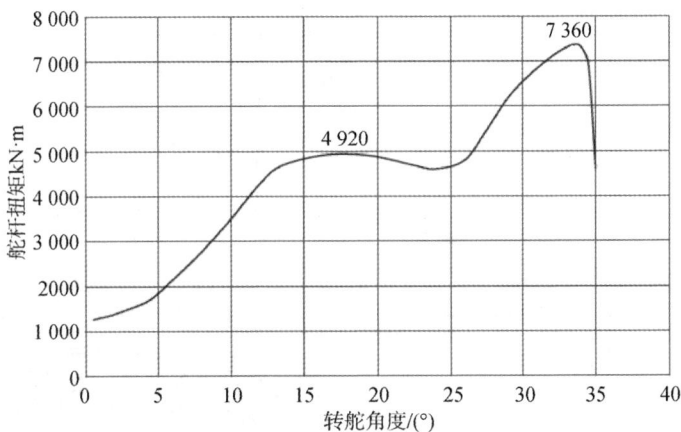

图 1-115　某型悬挂扭曲舵的水动力扭矩曲线

1.11.3　船用舵机的形式

舵机按其动力源可分为:液压舵机、电动舵机及人力舵机。液压舵机又可分为:手动、机动以及电液驱动。现代船舶上广泛使用电液驱动的液压舵机,人力舵机仅在小艇、非自航驳船及小型船舶上使用,电动舵机已逐渐被液压舵机取代。

1.11.3.1　人力舵机

人力舵机是依靠人力来转动舵叶,人通过操舵系统直接控制转舵装置。它结构简单,但受到人力的限制,常用于小艇、非自航驳船及小型船舶。

人力舵机的主要形式有：舵索传动式、刚性传动式以及手动液压式。

（1）舵索传动式

舵索传动式舵机如图 1-116 所示。使用舵柄的缺点是传动时两侧舵索的收放长度有所不同，影响操舵稳定性，因此尽可能采用舵扇。舵索通常应采用链条，但直径小于 15 mm 的舵链可用破断负荷相当的柔韧镀锌钢丝绳代替。系统中的部分舵链可用牵杆代替，牵杆的直径应为舵链直径的 1.2 倍。导向滚轮（链轮）的节圆直径应不小于舵链直径的 12 倍。在每一侧的舵链中应装设弹簧缓冲器。

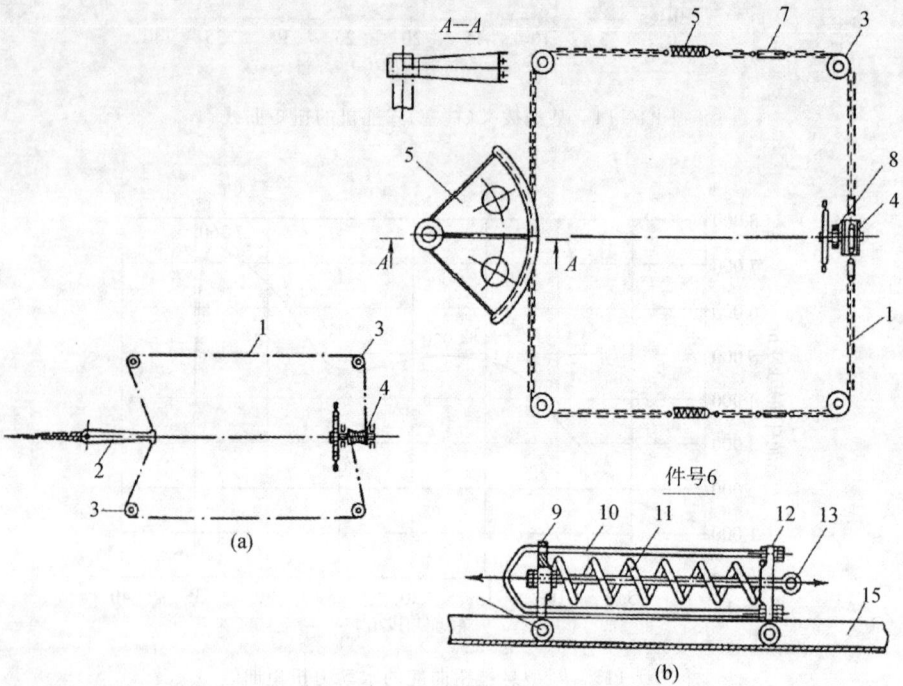

1—操舵索（链）；2—舵柄；3—导向滚轮；4—手操舵滚筒（或链轮）；5—舵扇；6—缓冲器；7—松紧螺旋扣；
8—减速装置；9，12—调整板；10，13—拉杆；11—弹簧；14—滚轮；15—导轨。

图 1-116　舵索传动的人力操舵装置

（2）刚性传动式

刚性传动式舵机较操舵索（链）传动更为可靠，适用于小型船舶及非自航驳船。图 1-117 所示的人力操舵轴系传动装置采用小轴（或管状轴）传动，其长度为 3～4 m。轴与轴之间采用万向接头连接，并设置补偿联轴节以补偿船体变形产生的轴向位移，其补偿值为 ±35 mm。中间轴承可采用滑动轴承或滚动轴承，其间距为70～80 倍轴径。

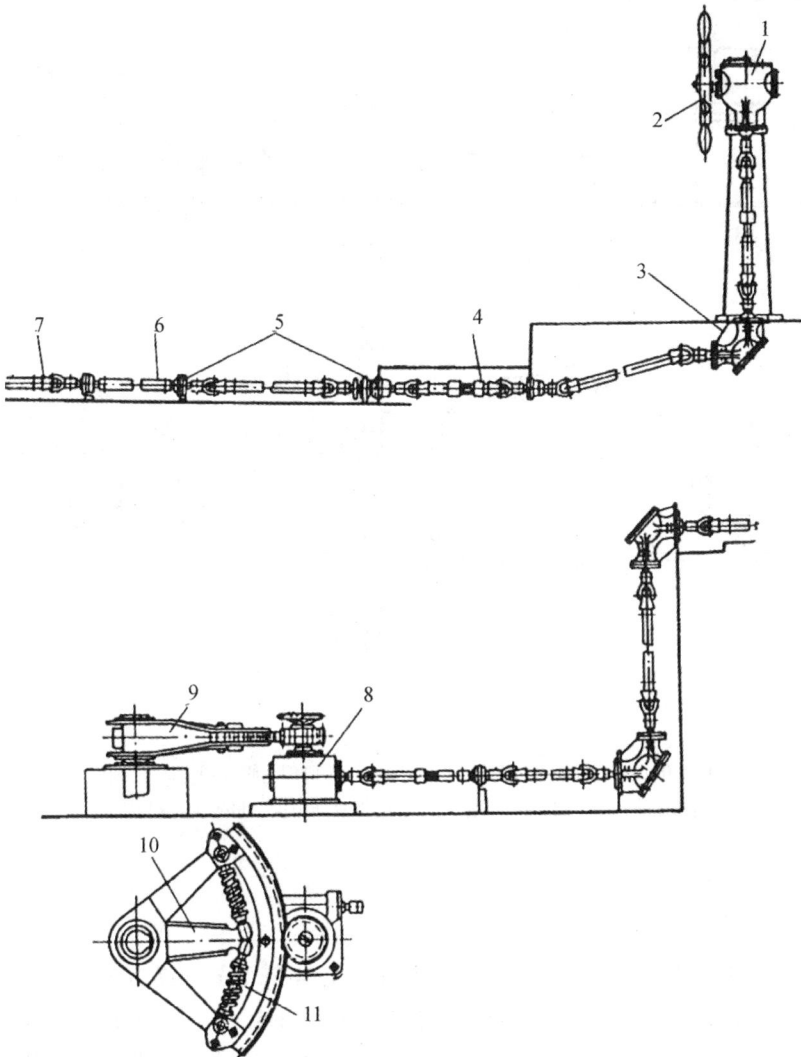

1—手操舵机；2—舵轮；3—转角传动齿轮；4—补偿联轴器；5—轴承；6—小轴；7—万向接头；
8—蜗杆传动装置；9—舵扇；10—舵柄；11—缓冲弹簧。

图 1-117　刚性传动的人力操舵轴系传动装置

（3）手动液压式

　　手动液压式舵机主要由推舵机构、舵机操纵台及管系组成。图 1-118 所示为国产 5 kN·m 中铰摆缸式手动液压舵机的推舵机构。手动液压泵设于操纵台内，通过舵轮操纵改变液压油的流向。手动液压式舵机用于渔船、驳船、交通艇等小型机动船舶或无动力船舶。

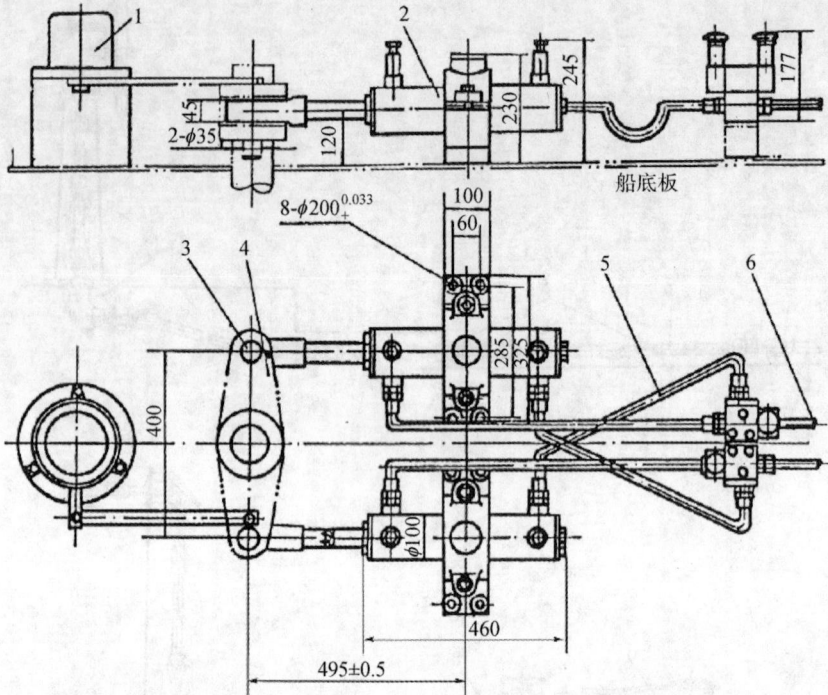

1—舵角发讯器；2—液压油缸总成；3—销轴；4—舵柄；5—胶管；6—油管($\phi16x2$)。

图 1-118　5 kNm 中铰摆缸式手动液压式舵机的推舵机构

1.11.3.2　电动舵机

电动舵机及其控制系统、舵角限制器和应急操舵装置组成了电动操舵装置。电动舵机的电源为直流或交流，通常用于中等尺度的船舶。电动舵机的转舵扭矩通常在 6.3 kN·m～160 kN·m 的范围内，过大的转舵扭矩将使电动舵机显得过分庞大和笨重。

电动舵机通常由电动机（直流或交流）、减速箱、制动装置、舵扇及缓冲弹簧组成，舵扇空套在舵杆上，舵柄与舵杆连接，舵扇与舵柄之间设置缓冲弹簧。因此其工作方式为：电动机通过减速箱驱动舵扇，再通过缓冲装置带动舵柄使舵转动。缓冲弹簧的作用是减少传动装置承受的冲击负荷。

电动舵机的减速装置主要有两种形式：一种为电动机经蜗杆、蜗轮及行星齿轮减速；另一种为电动机经蜗杆、蜗轮及正齿轮减速。图 1-119 所示为常用的电动舵机。

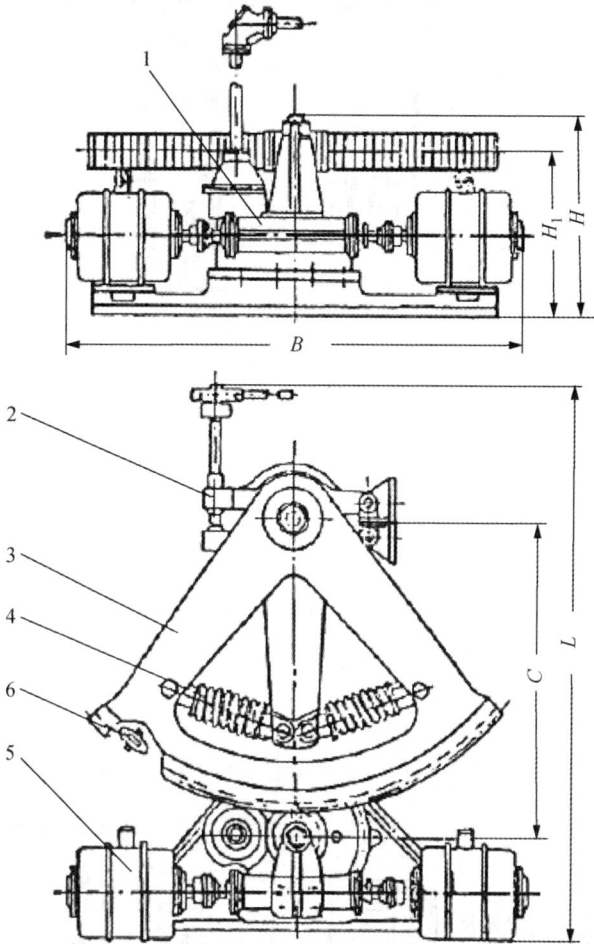

1—减速箱;2—制动装置;3—舵扇;4—缓冲装置;5—电动机;6—舵扇托轮。

图 1-119 蜗杆、蜗轮及行星齿轮减速的电动舵机

电动舵机通常配手动应急操舵装置,通过小轴传动系统用手轮直接操纵舵扇转动,见图 1-120。应急操舵装置通常设在舵机舱内或舵机舱上面的甲板上。

电动舵机具有工作可靠、操作简便、动作迅速准确、维护保养简单等特点。但电动舵机结构复杂、制造精度要求高、体积庞大和质量较大,目前几乎不再采用,而由性能更好的各种电液驱动的液压舵机代替。

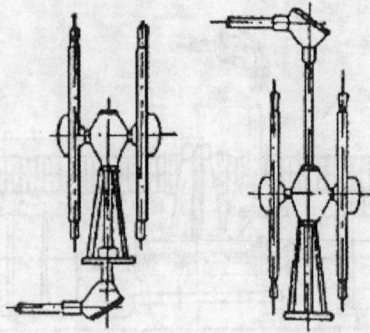

图 1-120　电动舵机的手动应急操舵装置

1.11.3.3　液压舵机

液压舵机是利用液体的不可压缩性及流量、流向和压力的可控性的操舵机构，其主要部分为：油泵、推舵机构及控制阀件等。液压舵机通过控制系统把舵机操纵台发出的操舵信号传递给舵机，以使其按照驾驶人员的意图及时准确地转舵，并在舵叶转到给定舵角时自动停止，从而保证实际舵角与指令舵角的一致性。

电动液压舵机是目前使用最为广泛的动力操纵的操舵装置，通常设置专用的油泵电动机组（或称动力柜）作为动力源，如图 1-121 所示。此外还应配有储备油箱，用以补充动力柜的油箱。

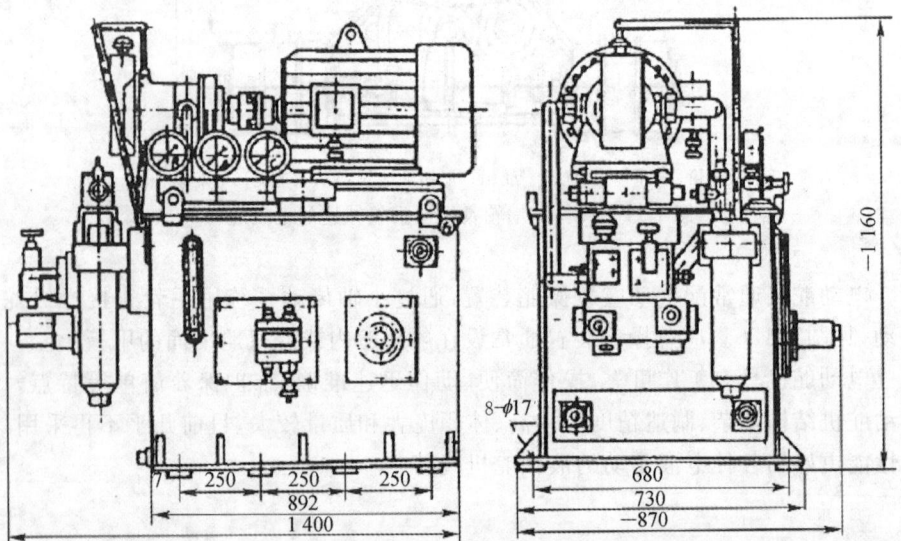

图 1-121　带有油箱的油泵电动机组

　　电动液压舵机的推舵机构按其动作方式基本上分为两类:一类为往复式,目前常用的有采用柱塞式油缸的拨叉式推舵机构和采用活塞式油缸的摆缸式推舵机构;另一类为回转式,可分为转叶式转舵机构和圆弧形撞杆式转舵机构。

　　(1) 拨叉式电动液压舵机

　　采用柱塞式油缸的拨叉式推舵机构的电动液压舵机,可称为拨叉式电动液压舵机,其按泵的形式可分为变量泵式和定向泵式。变量泵式的控制系统普遍采用辅助泵驱动伺服机构(浮动式杠杆追随机构)控制主油泵的流向和流量,也有采用力矩马达控制油泵改变流向和流量,因此又称为泵控式液压舵机,一般为所需转舵扭矩较大,也即所需功率较大的液压舵机。定向泵式则用换向阀(电磁阀、电液阀、液控阀等)改变油流方向,故而又称阀控式液压舵机,适用于中小功率的液压舵机。

　　拨叉式电动液压舵机通常采用叉形舵柄(图 1-122):柱塞在两个油缸之间滑动,柱塞中间设有柱塞销及滑块同叉形舵柄连接;随着柱塞的移动,滑块在叉口内滑动,带动叉形舵柄转动。图 1-123 及图 1-124 所示为典型的两油缸单柱塞的拨叉式推舵机构。图 1-125 所示为四油缸双柱塞的拨叉式推舵机构,其使舵柄两侧受力形成力偶,可大大减小舵杆及舵承的磨损,适合于大中型转舵扭矩的舵机。

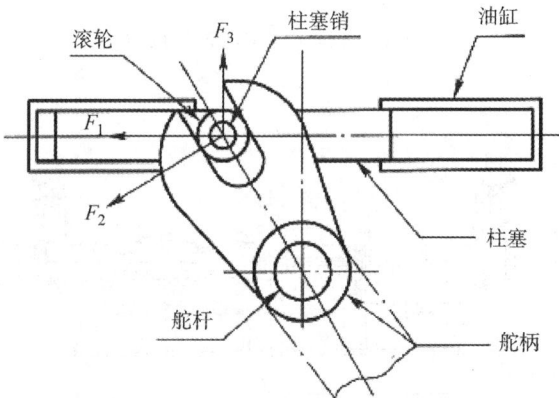

图 1-122　叉形舵柄

　　拨叉式推舵机构工作可靠,密封性好,易于加工,便于维护,适应的转舵扭矩范围广,可从 5 kN·m 至 2 000 kN·m 以上,甚至可达到 8 000 kN·m 以上,因此柱塞式电动液压舵机得到了广泛应用。

　　(2) 摆缸式电动液压舵机

　　摆缸式电动液压舵机通常设置双作用活塞式油缸,按照缸体转动轴的位置可分为端铰式(图 1-126)和中铰式(图 1-127)。

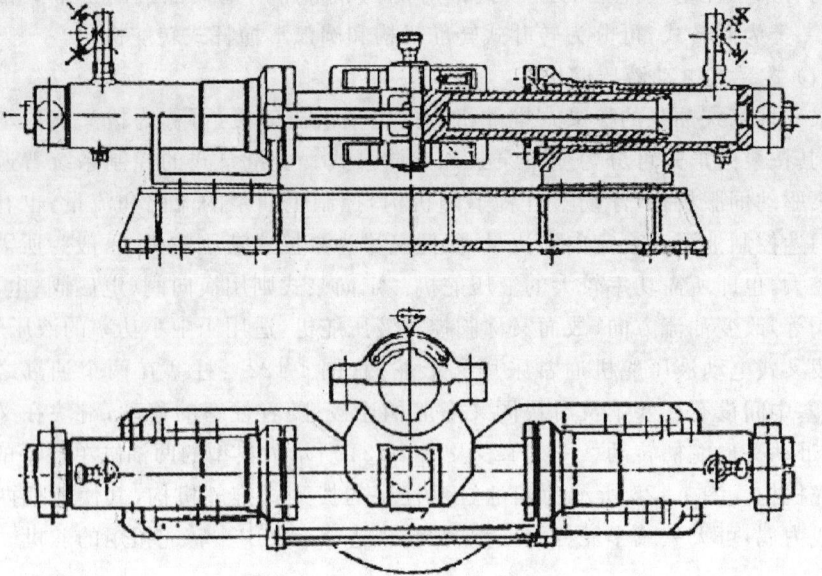

图 1-123 拨叉式单舵推舵机构

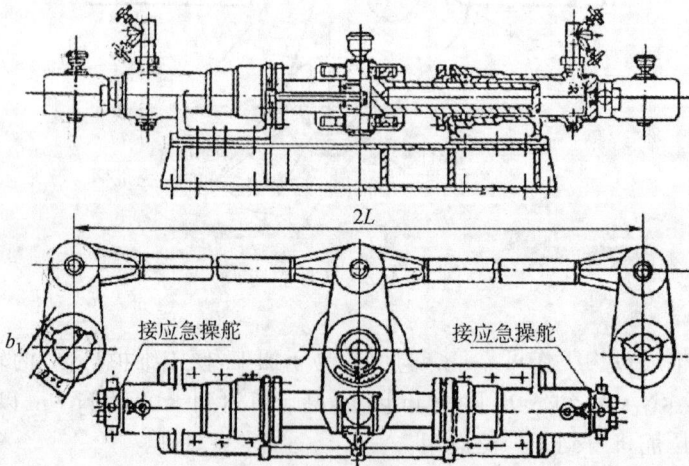

2L

接应急操舵   接应急操舵

b_1

图 1-124 拨叉式双舵推舵机构

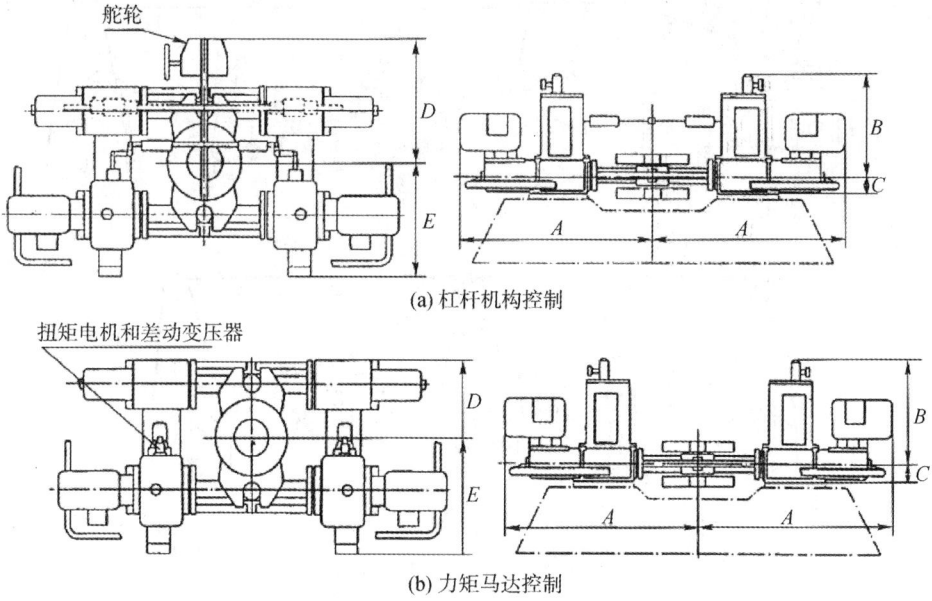

(a) 杠杆机构控制

(b) 力矩马达控制

图 1-125 四油缸双柱塞拨叉式推舵机构

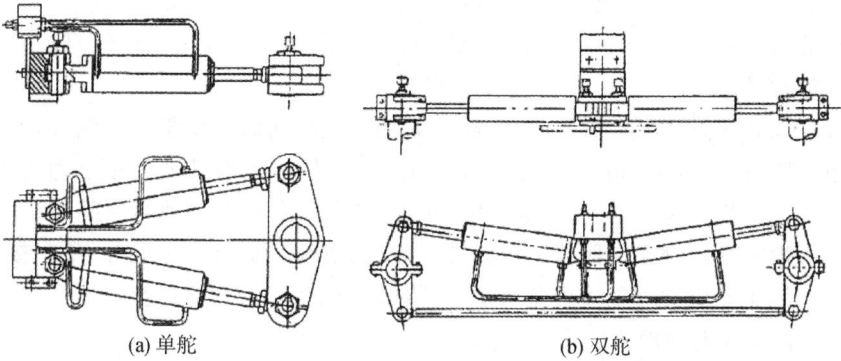

(a) 单舵

(b) 双舵

图 1-126 端铰摆缸式推舵机构

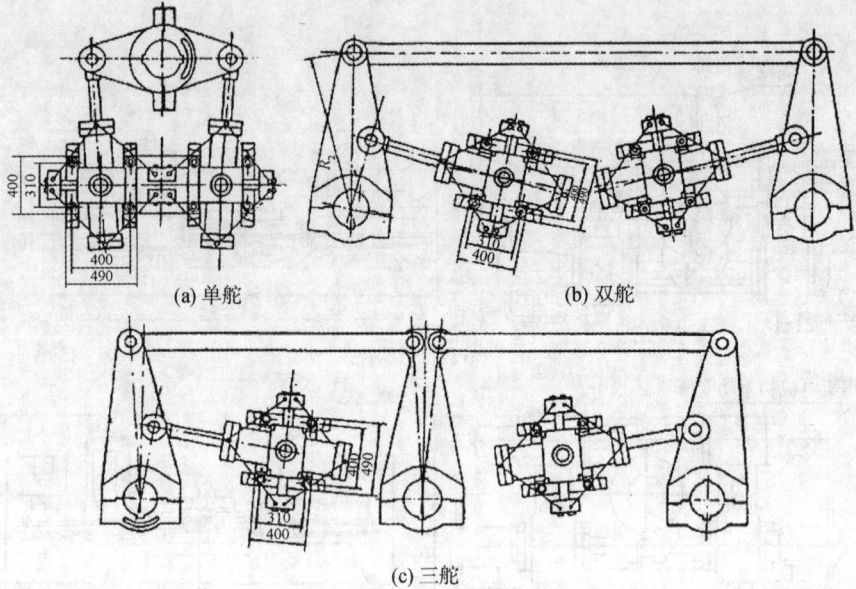

(a) 单舵　　　　(b) 双舵

(c) 三舵

图 1-127　中铰摆缸式推舵机构

　　摆缸式推舵机构的主要优点是质量小,布置灵活,但转舵扭矩特性不够理想,其转舵扭矩随着舵角的增大而减小。工艺上对油缸和活塞杆加工精度及密封要求均较高,而且为适应缸体的摆动必须采用口径较大的高压软管。此外,铰接点的磨损也较大,机构工作时会出现撞击现象。因此,摆缸式转舵机构一般用于功率不大的电动液压舵机。国产的摆缸式电动液压舵机规格在 6.3 kN·m 至 160 kN·m 之间较为常见。

　　拨叉式和摆缸式电动液压舵机,除了采用电控换向阀或变量泵控制外,对于较小转矩的舵机(30 kN·m 以下)还可采用直控式操舵,也即其油泵用电动机驱动,油泵及推舵机构的进出油管均通到驾驶室同舵机操纵台的手动换向阀连接,操舵时由舵机操纵台控制换向阀改变油流方向,从而改变转舵方向。此外,所有拨叉式及摆缸式液压舵机均可配置应急操舵装置,通常该装置设在舵机舱内进行操作。

　　(3) 转叶式电动液压舵机

　　采用液压油驱动转子叶片的转舵机构,可称为转叶式电动液压舵机,其将液压传动和机械传动"融合"起来,在油压的作用下,促使转子叶片带动舵杆连同舵叶一起转动,且只需改变供油方形即可控制转舵方向。转叶式转舵机构按其构造上的不同特点可分为端盖式和翻边式。端盖式安装较方便,如图 1-128 所示。图 1-129 所示分别为端盖式和翻边式。图 1-130 所示为圆弧形撞杆式转舵机构,这种转舵机构密封性好,适用于高油压。

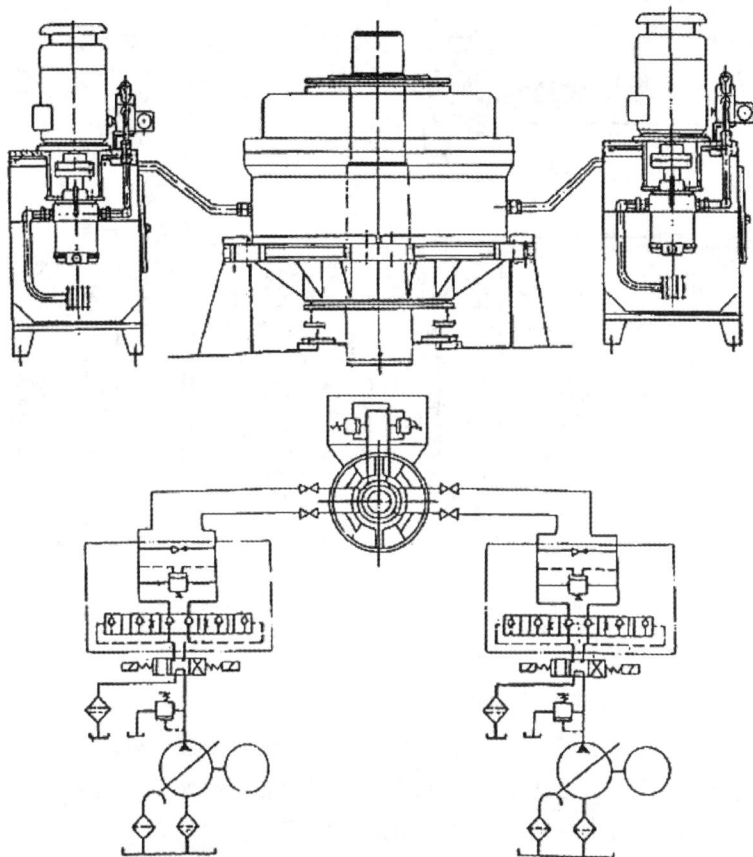

图 1-128 单舵双动力柜的端盖转叶式电动液压舵机

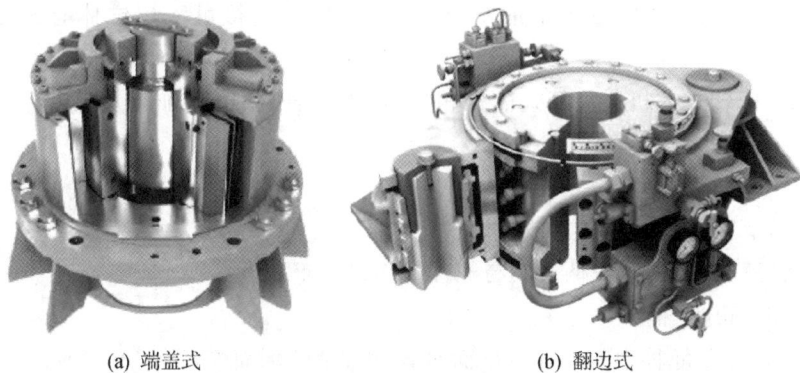

(a) 端盖式   (b) 翻边式

图 1-129 端盖式和翻边式的转叶式转舵机构

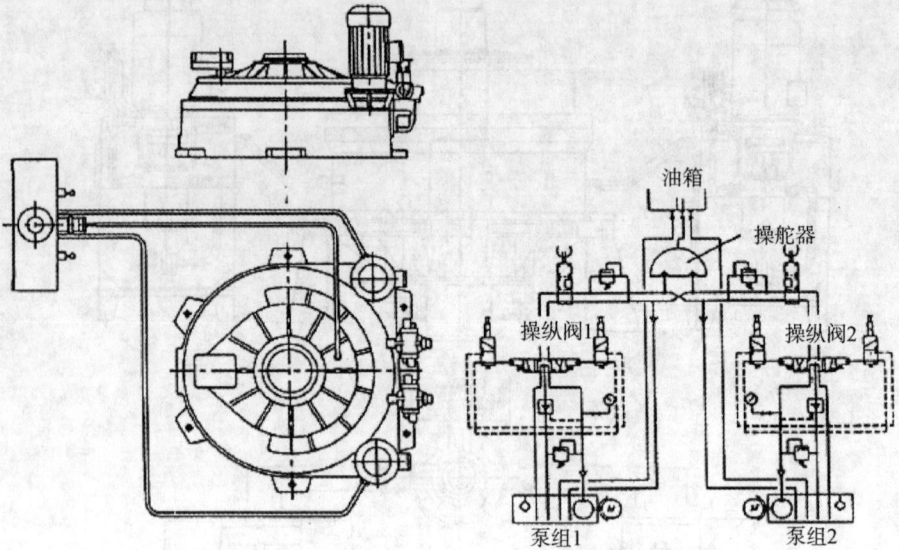

图 1-130　圆弧形撞杆式转舵机构

回转式舵机较往复式舵机的优点如下：

①结构紧凑，体积小，质量小，噪声低，振动小，抗污染能力强；

②舵角转动范围大，可达±45°～±70°，可满足目前任何一类舵的转舵角要求；

③扭矩输出恒定，任一转舵角时的扭矩输出都是相同的；

④舵杆受力均匀，传动效率高；转叶式转舵机构不会对舵杆造成径向力，圆弧形撞杆式转舵机构造成的径向力也较小；磨损较小，机械效率较高；

⑤安装方便，无须设置上舵承，舵杆与舵机的连接可采用锥体有键或无键连接。

当然，回转式舵机与往复式舵机相比，前者的密封性能、加工及安装精度要求均较高。

1.11.3.4　舵扇与舵柄及其与舵杆的连接

CCS《海船规范》对舵柄及其与舵杆的连接要求如下：

（1）舵扇与舵柄

①舵柄在距舵杆中心的任一剖面对其垂直轴的剖面模数 $W(\mathrm{mm}^3)$ 应不小于按下式计算所得之值：

$$W = 0.14\left(1-\frac{D_s}{R}\right)D_t^3(K_t/K_s) \tag{1.11.6}$$

式中　D_s——舵柄上计算剖面到舵杆中心线的距离，mm，不超过销轴孔径，
　　　　　见图 1-131；

　　　D_t——舵柄处的舵杆直径，mm，但计算时取值不必大于按本章 1.6.3 节
　　　　　式(1.6.56)计算值的 1.145 倍；

　　　R——舵扇半径或舵柄长度，mm；

　　　K_t——舵柄材料系数，见本章 1.6.1 节 1.6.1.3 条(5)款；

　　　K_s——舵杆材料系数，见本章 1.6.1 节 1.6.1.3 条(5)款。

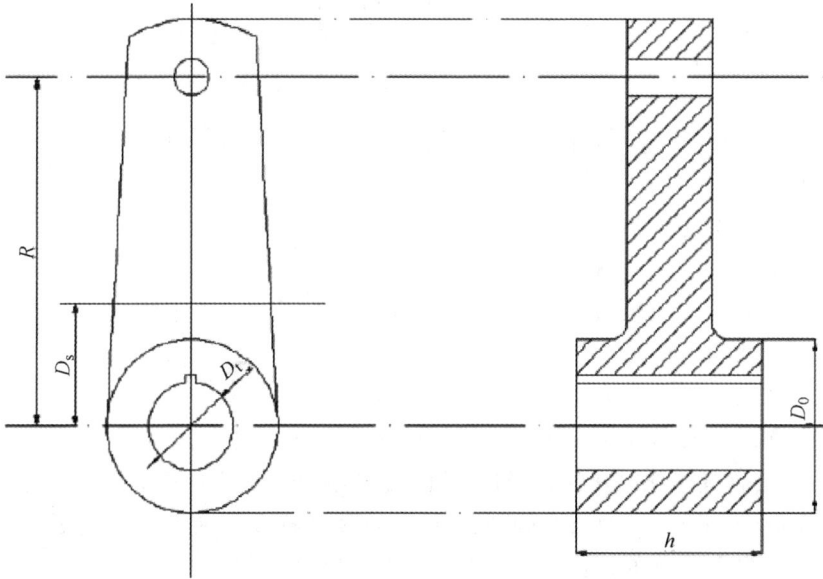

图 1-131　拨叉式或摆缸式舵机的舵柄

　　对于一个幅条以上的舵扇，各幅条的剖面模数总和应不小于式(1.11.6)的要求。

　　矩形舵柄剖面的宽度与高度之比应不大于 2。

　　②舵扇、舵柄毂的高度 $h \geqslant 1.0D_t$，外径 $D_0 \geqslant 1.8D_t$，见图 1-131。当舵柄毂的高度 h 大于 D_t 时，外径 D_0 的要求可相应减少。应保证 $h \times D_0^2 \geqslant 3.24D_t^3$，且无论如何 D_0 不能小于 $1.6D_t$。

　　③若舵柄(舵扇)毂由两个半块对合组成，应至少安装一个键，且在每一端至少配置两个螺栓进行栓固。螺栓应进行预紧，每个螺栓的预紧力应对应螺栓材料许用应力的 70%；如使用双键，预紧力可适当降低。全部螺栓的总剖面积 A_b(mm²)应不小于按下式计算所得之值：

$$A_{\mathrm{b}} = 0.2 \frac{D_{\mathrm{t}}^3}{b}(K_{\mathrm{b}}/K_{\mathrm{s}}) \qquad (1.11.7)$$

式中　b——两端螺栓中心线的距离,mm;

　　　　K_{b}——螺栓材料系数,见本章 1.6.1 节 1.6.1.3 条(5)款;

　　　　D_{t}, K_{s}——同式(1.11.6)。

④舵柄(舵扇)与舵柄之间的连杆剖面积 A_{r}(mm^2)和剖面惯性矩 I_{r}(mm^4)应不小于按下式计算所得之值:

$$A_{\mathrm{r}} = 0.12 \frac{D_{\mathrm{t}}^3}{R}(K_{\mathrm{r}}/K_{\mathrm{s}}) \qquad (1.11.8)$$

$$I_{\mathrm{r}} = 6.6 \frac{D_{\mathrm{t}}^3 l^2}{R} \times 10^{-6}(K_{\mathrm{r}}/K_{\mathrm{s}}) \qquad (1.11.9)$$

式中　l——连杆长度,mm;

　　　　K_{r}——连杆材料系数,见本章 1.6.1 节 1.6.1.3 条(5)款;

　　　　R——被动舵的舵柄长度,mm;

　　　　D_{t}, K_{s}——同式(1.11.6)。

⑤对于转叶式舵机,其转子和叶片应满足本条(1)款①项和②项中对于舵柄毂及舵柄的要求。

(2)舵柄与舵杆的连接

①舵柄与舵杆的连接应保证在任何操作情况下,可将机械力由转舵机构传递到舵杆。舵柄与舵杆的连接传递的扭矩 T_{d}(N·m)应不小于 2 倍的舵机设计扭矩,但不必大于式(1.6.71)计算的舵杆设计屈服扭矩 Q_{F}。舵机设计扭矩为与液压管系和操舵装置部件的计算所用的设计压力对应的舵机扭矩。

②如通过摩擦传递扭矩,舵柄与舵杆连接的平均表面压力 p_{r}(N/mm^2)应不小于下式计算所得之值:

$$p_{\mathrm{r}} \geqslant \frac{2T_{\mathrm{fr}}}{\pi D_{\mathrm{m}}^2 l f} \times 10^3 \qquad (1.11.10)$$

式中　T_{fr}——摩擦传递的扭矩,N·m;

　　　　　　$=T_{\mathrm{d}}$,无键连接;

　　　　　　$=0.5T_{\mathrm{d}}$,有键连接;

　　　　T_{d}——舵柄与舵杆连接传递的扭矩,N·m,按本款①项确定;

　　　　D_{m}——舵杆直径或锥体的平均直径,mm;

　　　　l——与舵杆有效连接部分的长度,mm;

　　　　f——摩擦系数,对于液压连接取 0.15,对于干式连接取 0.18。

③如为锥形连接,应使用螺母进行紧固防止发生轴向的位移。螺母的尺寸应能保证在不考虑舵柄与舵杆之间摩擦力的情况下,承受舵及舵杆的质量,可参照本

章 1.6.5 节 1.6.5.3 条(1)款③项的要求。

④当舵柄与舵杆之间使用了多只胀紧套或锥形套筒连接,如图 1-132 所示,还应考虑轴向力的影响。此时舵柄与舵杆的连接传递的扭矩 T_{d1}(N・m)应不小于下式计算所得之值:

$$T_{d1} = \sqrt{T_d^2 + (2WD_m)^2 \cdot 10^{-4}} \qquad (1.11.11)$$

式中　T_d——舵柄与舵杆连接传递的扭矩,N・m,按本款①项确定;

　　　W——舵以及舵杆的质量,kg;

　　　D_m——舵杆直径或锥体的平均直径,mm。

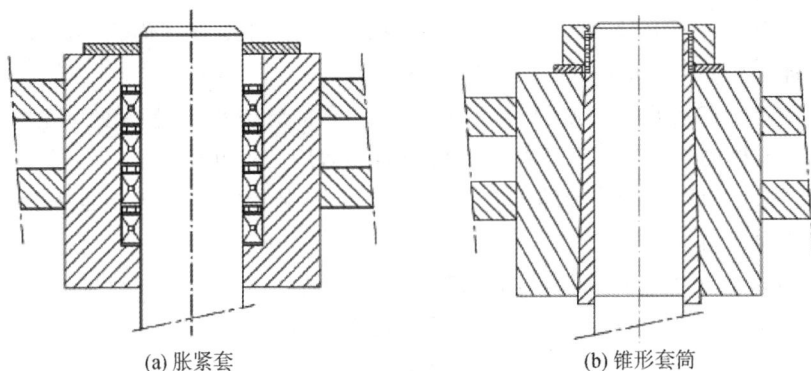

(a) 胀紧套　　　　　　　　　　　(b) 锥形套筒

图 1-132　转叶式舵机的舵柄与舵杆的连接

⑤无键锥形连接的直径锥度应不大于 1∶15,有键锥形连接的直径锥度应不大于 1∶10。

⑥如为有键连接,键的剪切面积 A_s(cm²)应不小于按下式计算所得之值:

$$A_s = \frac{70(T_d - k_{key} T_{fr})}{D_k R_{eH}} \qquad (1.11.12)$$

式中　T_d——舵柄与舵杆连接传递的扭矩,N・m,按本款①项确定;

　　　k_{key}——系数,按下列情况确定:

　　　　　　0.7,舵柄毂由两块对合,并有螺栓进行夹紧;

　　　　　　0.9,舵杆与舵柄进行液压装配;

　　　　　　1.0,其他情况。

　　　T_{fr}——摩擦传递的扭矩,N・m,按下式计算;

$$T_{fr} = \frac{\pi p_r D_m^2 l f}{2} \times 10^{-3}$$

其中　p_r——舵柄与舵杆连接的平均表面压力,N/mm²,按本节式(1.11.10)确定。当采用液压装配或冷缩配合的锥形连接时,应取为推入平均表面压力；

D_m, l, f——同式(1.11.10)；

D_k——舵杆装键处的平均直径，mm；

R_{eH}——键材料的屈服应力，N/mm²。

⑦如为有键连接，键的受挤压面积 A_k(cm²)(不计圆边部分)应不小于按下式计算所得之值：

$$A_k = \frac{22(T_d - k_{key} T_{fr})}{D_k R_{eH}} \qquad (1.11.13)$$

式中各参数的定义同式(1.11.12)。

⑧当安装两个键时，每个键的剪切面积 A_s(cm²)和受挤压面积 A_k(cm²)可取为按单键计算所得之值的 2/3。

⑨键槽应有足够的圆弧倒角，倒角的半径通常应不小于键厚度的5%。舵杆及舵柄上键槽的挤压应力应不超过所用材料屈服应力的90%。

⑩当采用液压装配或冷缩配合的锥形连接，应按下列要求确定推入长度和推入平均表面应力：

a. 推入长度 S(mm)应满足下式要求：

$$S_1 \leqslant S \leqslant S_2 \qquad (1.11.14)$$

$$S_1 = \frac{1}{k_1} \left[\frac{2p_r D_m k_2^2}{E(k_2^2 - 1)} + 0.02 \right] \qquad (1.11.15)$$

$$S_2 = \frac{1}{k_1} \left[1.6 R_{eH} D_m \frac{k_2^2}{E \sqrt{3k_2^4 + 1}} + 0.02 \right] \qquad (1.11.16)$$

式中 S_1——最小推入长度，mm；

S_2——最大推入长度，mm；

p_r——舵柄与舵杆连接的平均表面压力，N/mm²，按式(1.11.10)计算；

k_1——锥体的直径锥度；

$k_2 = (D_m + 2t_a)/D_m$——系数其中，t_a——舵柄毂的平均厚度，mm；

D_m——锥体的平均直径，mm；

R_{eH}——舵柄毂或舵杆材料的屈服应力，取小者，N/mm²；

E——弹性模量，取 2.06×10^5，N/mm²。

b. 推入平均表面压力 P(N/mm²)应按下式计算：

$$P = \frac{SE(k_2^2 - 1)k_1}{2D_m k_2^2} \qquad (1.11.17)$$

式中 S——按式(1.11.14)确定的推入长度，mm；

k_1, k_2, D_m, E——同上述 a 项。

第2章 锚 设 备

2.1 锚设备简述

锚泊又称抛锚系留,是船舶的一种停泊方式。

根据船舶使用要求,锚设备主要有 3 种,即:临时锚泊设备、定位锚泊设备及深海系留锚泊设备。

临时锚泊设备通常称为航行锚泊设备,供船舶在锚地、港内或遮蔽水域内等待泊位或潮水时临时停泊之用,并非设计成供船舶在恶劣天气中处于完全开敞的远离海岸的水域中,或在行进或漂移中系住船舶之用。因为在后者的情况下,锚泊设备所承受的巨大负荷,特别是大型船舶,会使设备的某些部件损坏甚至失落。临时锚泊设备通常按船级社规范配置。

定位锚泊设备是在作业时需要控制船位,或在有限范围内改变船位的船舶所配置的锚泊设备。通常以船舶本身为中心,向四周抛出若干个锚及锚索系住船舶。因此,又称为多点锚泊系统或辐射状锚泊系统。这种锚泊设备通常用于起重船、打捞船、潜水作业船、各种非自航挖泥船、钻探船等需要定位作业的船舶。定位锚泊设备根据作业水域的水深及作业要求的环境条件配置。如果定位锚泊设备中有两套满足临时锚泊设备的要求,则此定位锚泊设备可以代替规范要求的临时锚泊设备。

深水锚泊设备系指某些需要在深水进行系留作业的船舶,如海洋调查船、海洋测量船等根据作业水域的水深和环境条件配备的专用的锚泊设备。

锚泊设备由下列主要部分组成:锚、锚索、锚链筒、锚架、掣锚器、掣链器、导链滚轮、导索(链)器、起锚机械、锚链管、锚链舱和弃锚器等。

2.2 锚设备布置

2.2.1 艏部锚设备

艏部锚设备系指航行锚设备,通常采用无杆转爪锚和电焊有档锚链。锚的质量和数量以及锚链的规格和长度均按照船级社规范确定。中小型船舶一般设置双链轮卧式锚机;大型船舶,尤其是首部甲板宽度较大的船舶配置单侧式(单链轮)卧式锚机较为合适。运输船舶很少使用立式起锚绞盘,但是,某些船舶由于能用于布置锚设备的甲板面积很小,或是由于其他原因不适合采用卧式锚机时,使用立式起锚系缆绞盘。

布置艏部锚设备很重要的一点是正确地确定锚链筒的位置。锚链筒或导链滚轮与卧式锚机的链轮轴或锚绞盘轴线之间应有足够的距离,以便设置掣链器和掣锚器,但距离不应太大。锚链围绕锚机的链轮应有足够的包角(110°~130°)。当不设置导链滚轮时,锚链在锚链筒的甲板锚眼圈处不应有强烈的弯折。且甲板锚眼圈与掣链器之间应有足够的距离,使得抛锚时锚链有舒展的余地;收锚时转环不应通过导链滚轮(有导链滚轮时),也不得落在掣链器上(无导链滚轮时)。

图 2-1 所示为一艘典型的中型货船(设置双链轮卧式锚机)的锚设备布置。它的优点是布置较紧凑,缺点是锚机占据甲板中央位置,两个锚链筒的角度不易调整,且导链滚轮也要调整到一个合适的斜度,以便锚链顺畅收放,从而给设计和施工带来一定的困难。

图 2-2 所示是一艘大型油船配置单侧式锚机的锚设备布置。它的优点是布置紧凑,锚机与带掣链器的导链滚轮靠得很近,锚机距锚链筒的距离小,因此占用甲板面积较少。锚机链轮、导链滚轮及锚链筒中心线可设计成处于同一个垂直于基面的平面内;锚链筒中心线在水平面上的投影与外板轮廓线基本垂直。从而使锚能够顺利地进入锚链筒,并且使得锚头与外板能很好地贴合。

图 2-3 和图 2-4 所示是配置起锚系缆绞盘的锚设备布置。它的优点是锚绞盘对于锚链筒的位置及锚链舱的位置的确定没有多大的限制,缺点是锚链筒、锚绞盘及进入锚链舱的锚链管这三者之间需要设置锚链导槽,增加了设备,占用了较多的甲板面积。单绞盘锚设备在军舰及小船上经常使用,双绞盘锚设备在车/客渡船、滚装船上广泛使用。

图 2-5 所示为一艘海洋拖轮的锚设备布置。通常,拖轮的锚链筒应配置锚穴,艏锚不应凸出在船壳板外,以免靠船作业时损伤被靠的船舶。

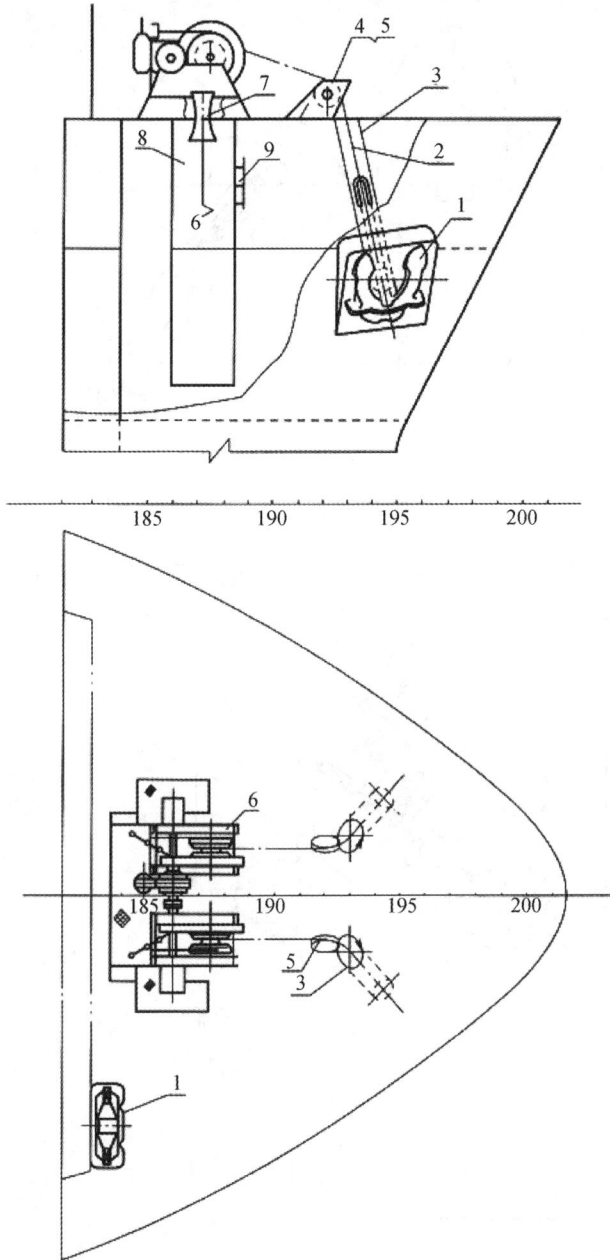

1—锚;2—锚链;3—锚链筒;4—导链滚轮;5—掣链器;6—锚机;7—锚链管;8—锚链舱;9—弃锚器。

图 2-1　中型货船锚设备布置

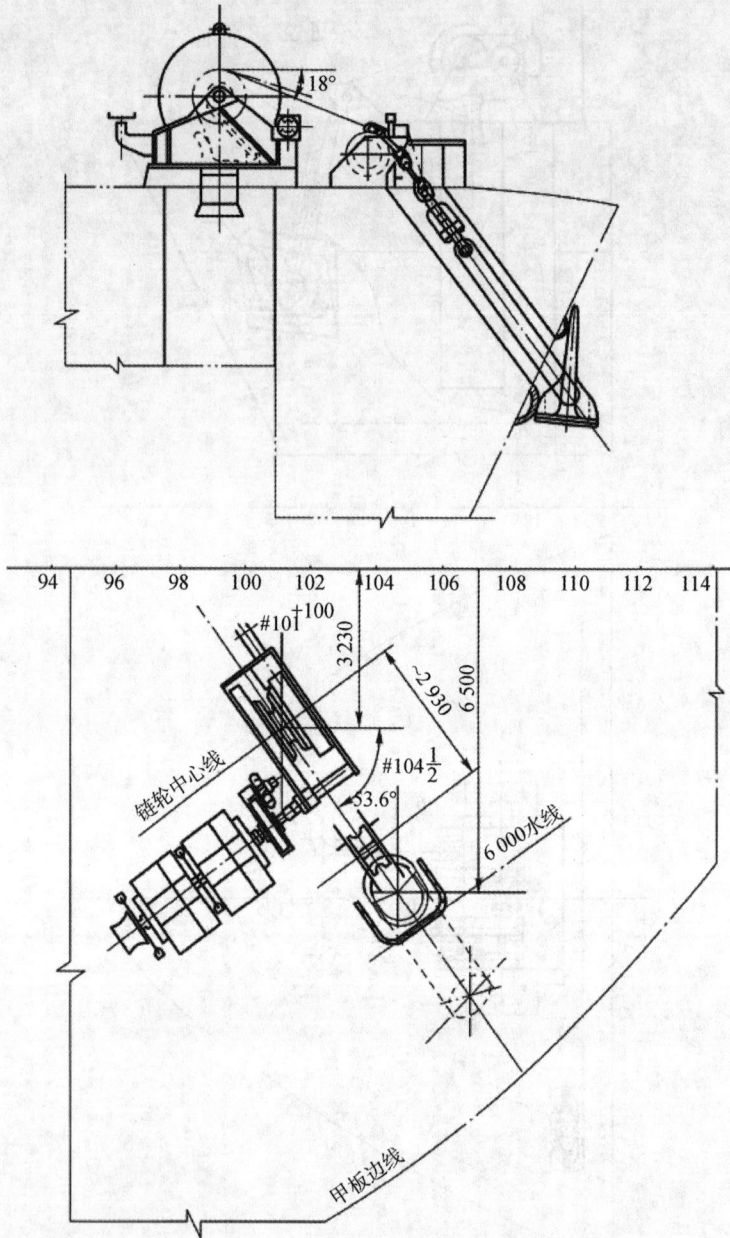

图 2-2　大型油船锚设备布置

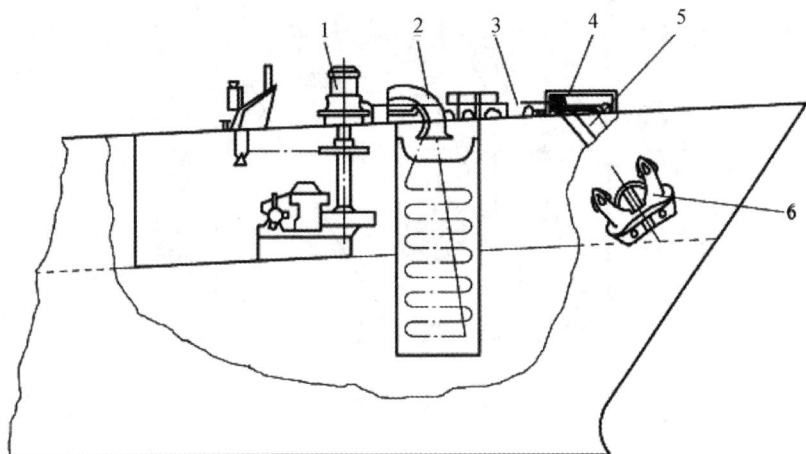

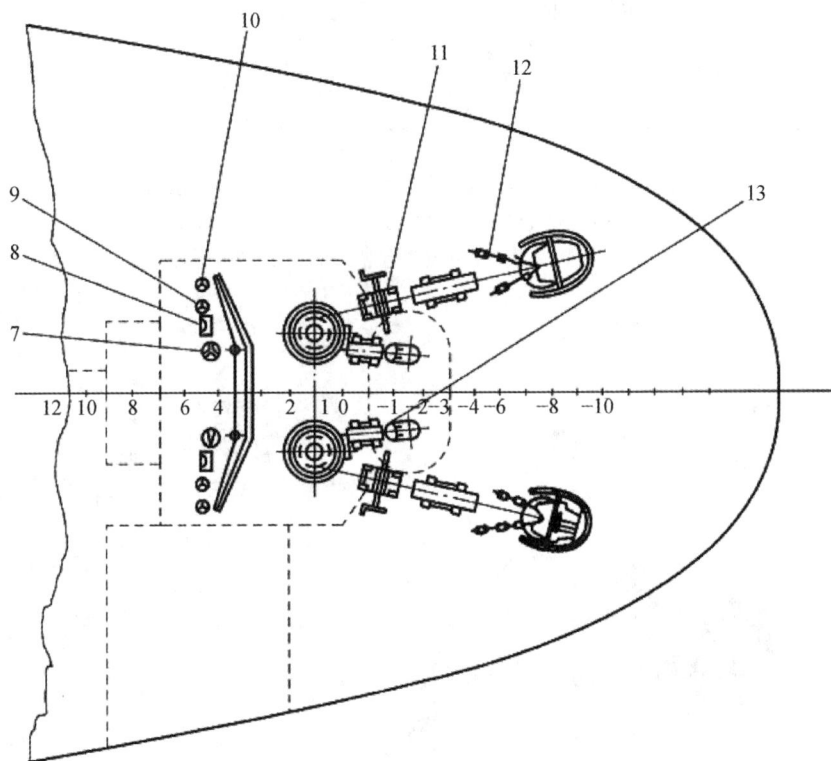

1—起锚系缆绞盘;2—锚链管;3—锚链;4—防浪盖;5—锚链筒;6—霍尔锚;7—带式掣动器操纵器;8—绞盘头控制器;9—弃锚器遥控手轮;10—锚链冲水系统手轮;11—螺旋掣链器;12—掣锚索;13—锚链导槽。

图 2-3　双绞盘起锚设备布置

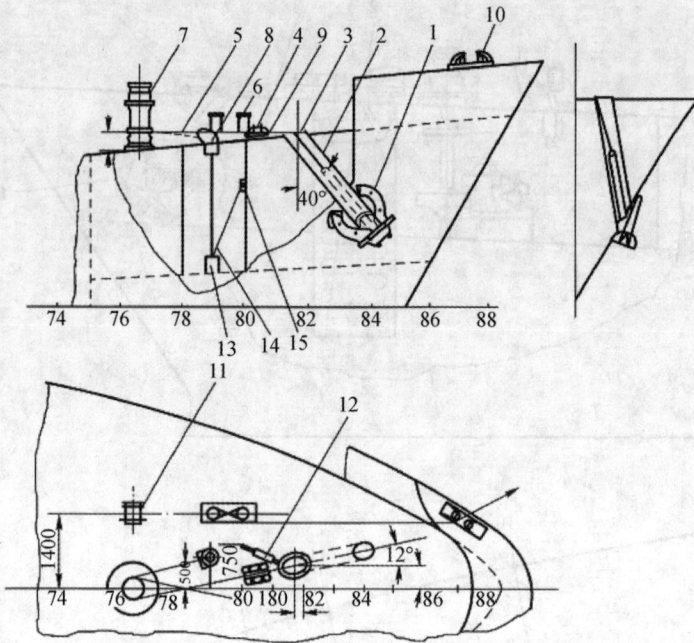

1—锚；2—锚链筒；3—锚链筒防链盖；4—掣链器；5—锚链；6—带缆桩；7—电动起锚系统绞盘；8—锚链管；9—掣链器座；10—导缆器；11—系船索卷车；12—掣链钩；13—眼板；14—卸扣；15—弃锚器。

图 2-4　单绞盘起锚设备布置

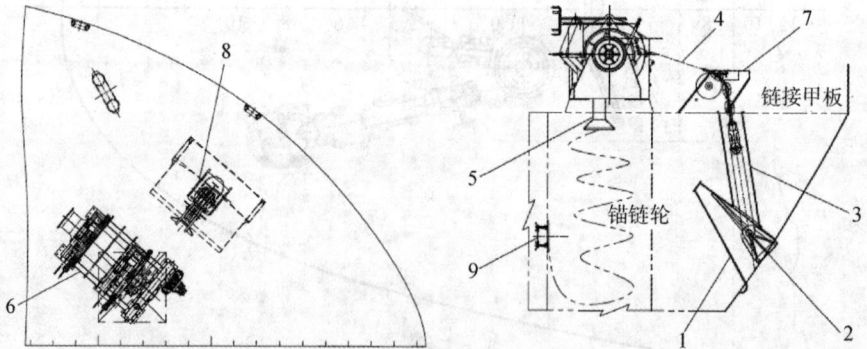

1—暗式锚穴；2—锚；3—锚链筒；4—锚链；5—锚链管；6—起锚机；7—滚轮闸刀掣链器；8—防浪盖；9—弃锚器。

图 2-5　8 000 kW 拖船锚设备布置

2.2.2　艉部锚设备

民用海洋船舶极少设置艉部锚设备,尤其是运输船舶一般不设艉部锚设备,需要设置艉部锚设备的船舶通常有下列几种情况:

(1)由于停泊场所狭窄,不允许船舶在抛锚系留时绕锚泊点回转。因此,抛艏、艉锚以限制船舶的位置,如江海直达船舶和通过圣劳伦斯运河的船舶等。

(2)某些作业船舶由于作业需要,同时抛艏、艉锚使船舶相对稳定,如救生船、潜水作业船、航道测量船等。

(3)登陆舰艇抛艉锚供绞滩使用。

艉部锚设备可同艏部锚设备一样配置,采用无杆转爪锚和锚链,设置锚链筒、掣链器、锚机和锚链舱等,如图 2-6 所示。但也有些船舶采用钢丝绳代替锚链,配置锚绞车或用绞盘收放锚索和锚。还有的船甚至不设锚链筒,仅配置导缆器和锚吊杆,不用时将锚吊起放在甲板上。

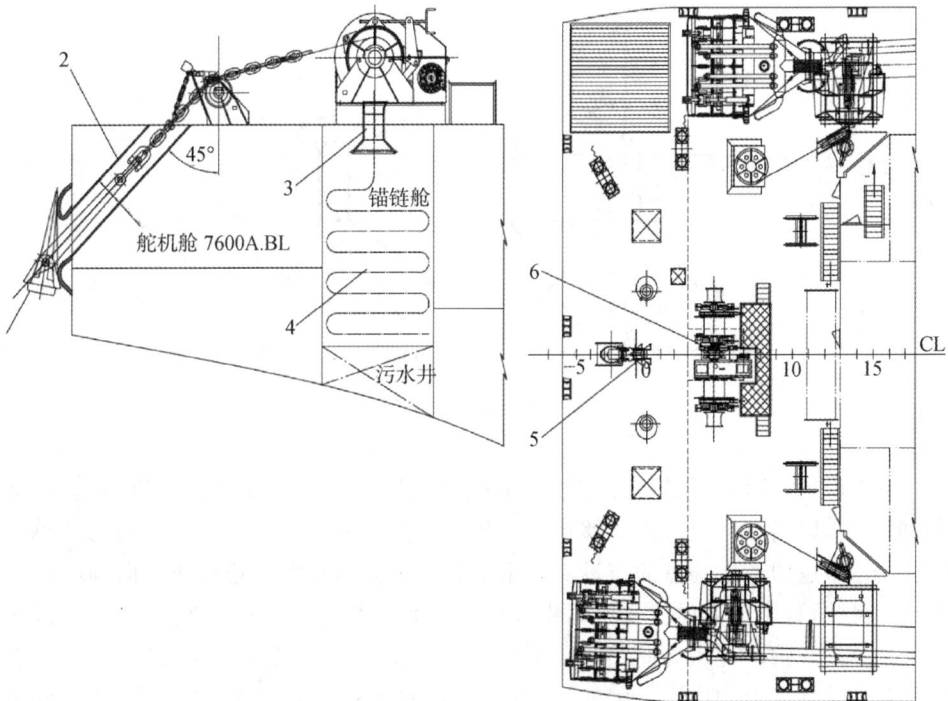

1—艉锚;2—锚链筒;3—锚链管;4—锚链;5—滚轮闸刀掣链器;6—艉锚机。

图 2-6　耙吸挖泥船配置的艉锚设备

2.2.3 辐射状锚泊系统

辐射状锚泊系统又称多点锚泊系统,是海洋工程作业船舶常用的定位设施。锚泊点的数目及设备的配置主要取决于船型、水深、环境条件及作业要求等。图 2-7 所示为常用的几种辐射状锚泊布置示意图。

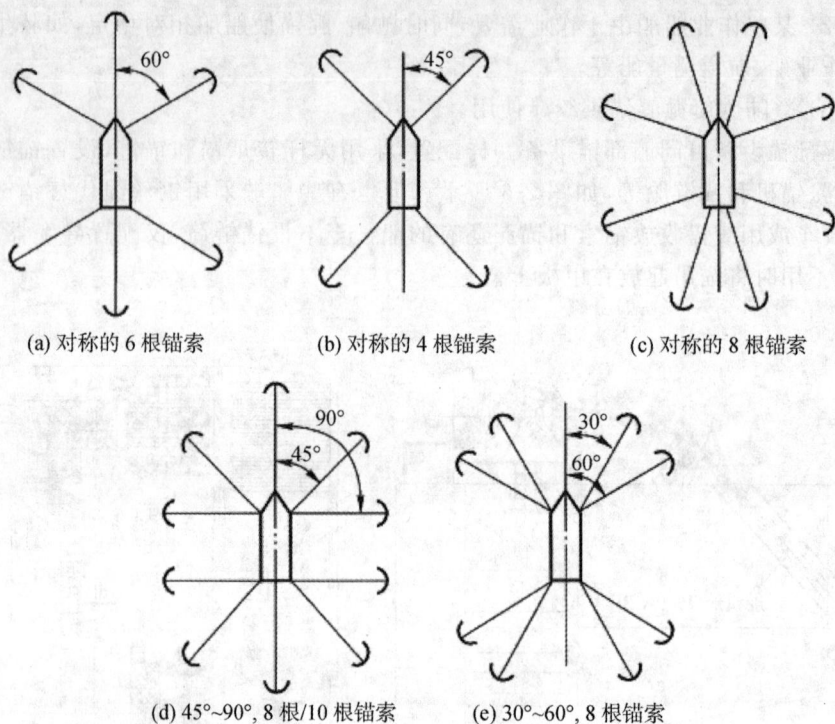

(a) 对称的 6 根锚索   (b) 对称的 4 根锚索   (c) 对称的 8 根锚索

(d) 45°~90°, 8 根/10 根锚索   (e) 30°~60°, 8 根锚索

图 2-7 常用辐射状锚泊布置

一般说来,任何一艘特定的船舶,都能按两种要求布设锚位。一种是"全向迎浪"的形式,即锚点布设考虑能够承受从任一方向来的最大环境力;另一种是"单向迎浪"形式,也即考虑锚点的布设对于承受有一个方向环境力较其他方向强时更为有利。因此,将船首方向或受风面积最小的一面对准这一环境力较强的方向,以减小外力对其影响。迎风方向锚索面对这一方向的夹角也较小一些,以期能有较多的锚索承受环境力的作用。因此,合理的锚布置方式有利于保持船位以及降低锚索负荷。

船舶在作业过程中受到环境力的作用,引起船舶的偏移。同时,锚泊系统产生了抵抗这一环境力的反作用力,这种反作用力竭力要使船舶恢复原位,这就是通常所说的"复原力"。复原力随偏移量的增大而增大;反之,复原力越大说明锚泊系统抵抗环境力的能力越大,复原力显示了锚泊系统承受环境力作用的能力。

多点锚泊系统总的来说是一种非线性的弹性系统,其中各单个锚系的受力是不一样的。但是,抛锚时,每根锚索施加的预张力是一样的。因此,在环境力作用下,迎着风浪流的少数锚索张力的增加要比两侧快,而下风锚索的张力实际上趋于减少,上、下风锚索张力的变化会造成锚泊系统的不平衡。所有锚索张力的水平分力沿着环境力作用方向(一般认为与船位偏移方向一致)合成,即构成复原力的值。当环境力同复原力相等时,船舶不再继续偏移。但实际上环境力在不断变化,特别是波浪周期性地对船舶产生作用,使船舶始终处于运动状态,其偏移及复原力也随着船舶的运动而变化。

辐射状锚泊系统的效率很低,真正起到保持船位作用的锚索数量不到50%,而其中甚至只有1~2根能保证大部分复原力。在恶劣海况下,还必须人为地放松下风锚索,以减少上风锚索的负担。海况特别恶劣时,一切作业停止,除放松下风锚索外还须将上风锚索尽可能放出,此时就不再考虑船位的保持了。

辐射状锚泊系统对锚的要求是抓力大,稳定性好,常用锚的形式有:丹福斯锚、轻量型锚、斯蒂汶锚、德尔泰锚等。锚索常选用钢丝绳,并设置锚绞车。图 2-8 所

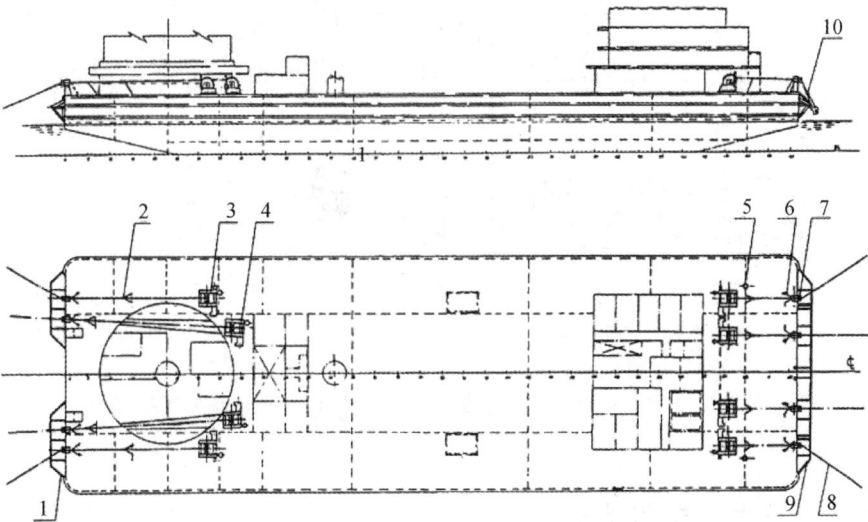

1—舷锚架;2—掣钢索器;3—带副滚筒液压锚绞车;4—液压锚绞车;5—单滚轮导缆器;
6—掣锚器;7—转动导索器;8—钢丝绳锚索;9—艏锚架;10— 5 500 kg 轻量型锚。

图 2-8　海洋工程船舶定位锚泊设备布置图

示为一种常见的海洋工程船舶的定位锚泊设备布置图。8台锚绞车均布置在露天甲板的前后部，锚索直接从绞车通过甲板端部的导缆器引向船外，但需要占用较大的甲板面积。

图2-9所示为3 000吨起重船定位锚泊设备布置图，8台锚机均设置于舱内，通过导向滑轮将锚索引到主甲板，并再次通过甲板上的导向滑轮将锚索导至舷边导索器并引向舷外，这种布置锚机无须占用主甲板作业区域，但需要在甲板和舱内设置若干垂直和水平导向滑轮。

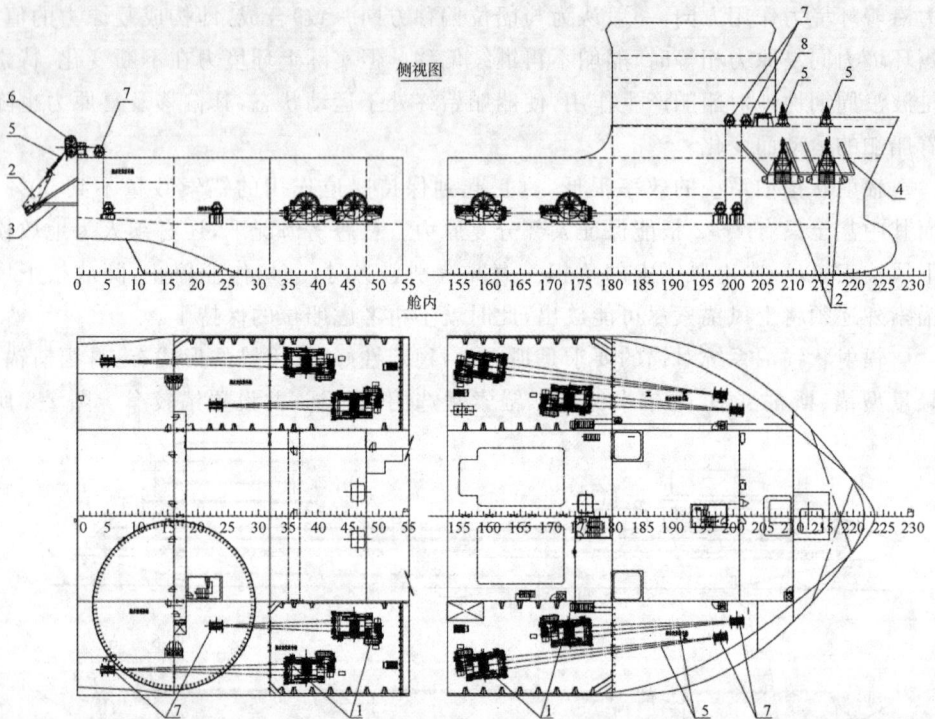

1—1 000 kN定位锚绞车；2—10 000 kg STEVPRIS锚；3—艉锚架；4—艏锚架；5—钢丝绳锚索；6—舷边转动导索器；7—垂直导向滑轮；8—水平导向滑轮。

图2-9　3 000吨起重船定位锚泊设备布置图（锚绞车布置于舱内）

2.2.4　其他形式锚设备

其他形式锚设备即某些船舶为了满足作业需要设置的特殊形式锚设备，如绞吸式挖泥船设置的横移锚系统和三缆定位锚系统。

绞吸挖泥船的工作特点是绞刀桥架和船体绕船舶某一点摆动作业,在摆动过程中利用绞刀的切削力挖松水底的泥沙,并利用泥泵的真空吸力和排压将泥沙吸入排泥管并运送到抛泥处所。因此绞吸式挖泥船需设置可使绞刀头摆动的横移锚系统和可使船舶绕定位点轴线自由摆动的定位系统。图 2-10 所示为绞吸式挖泥船的横移锚系统和三缆定位锚系统示意图。

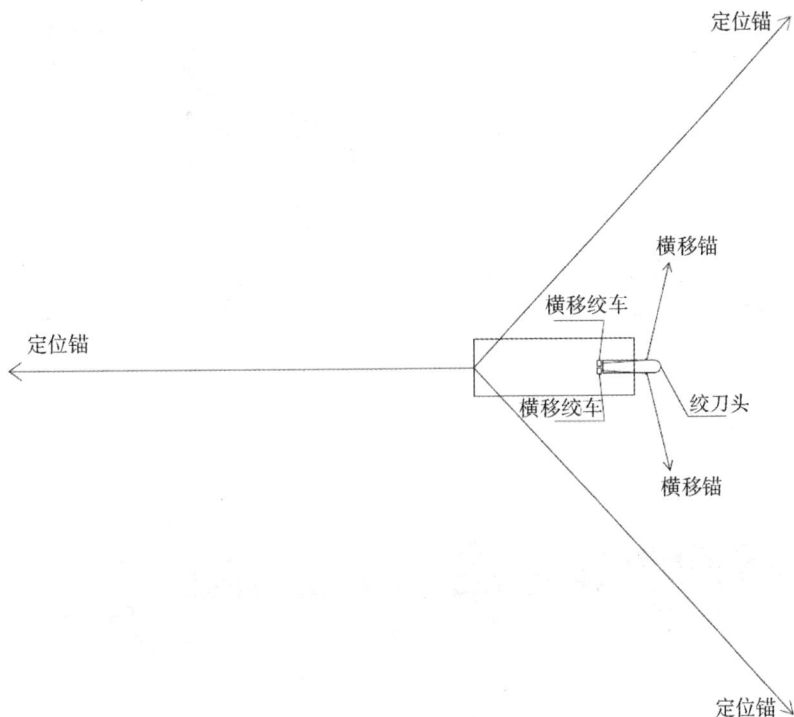

图 2-10 绞吸式挖泥船横移锚系统和三缆定位锚系统示意图

绞吸式挖泥船固定和移船的定位系统有两种:钢桩台车定位系统和三缆定位锚系统,本书只介绍三缆定位锚系统的锚设备。

(1) 横移锚系统

横移锚系统又称抛锚杆系统,其工作原理是通过艏部两个横移锚拉动绞刀架,使绞吸式挖泥船绕艉部定位系统左右摆动完成挖泥工作。在挖泥过程中,绞吸式挖泥船在定位系统作用下,不断向前移动,即每过一段时间,左右横移锚就要向前移位一次。

不设抛锚杆系统的绞吸式挖泥船必须配备专用的锚艇进行横移锚移位,设置横移锚系统则可使绞吸式挖泥船自行抛起锚,从而提高了挖泥船的工作效率。目前几乎所有新建的绞吸式挖泥船都配有横移锚系统。

横移锚系统对称布置在船舶的左右舷,主要由抛锚杆、起锚绞车、回转绞车、上下绞点、横移锚、锚搁架、立柱、千斤索和起吊滑轮等组成,如图 2-11 所示。

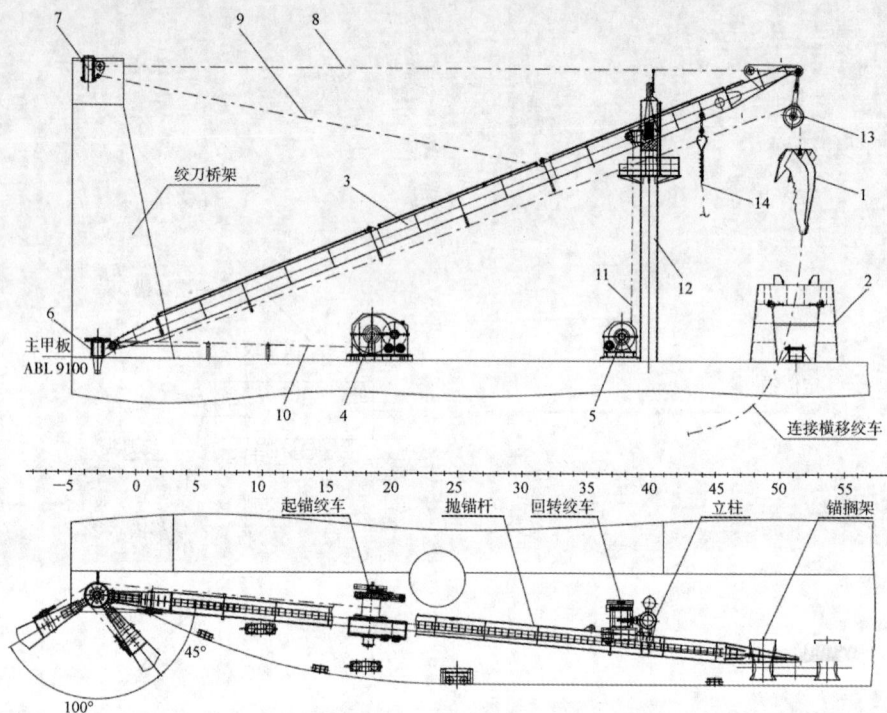

1—Stevshark 大抓力锚;2—锚搁架;3—抛锚杆;4—起锚绞车;5 —回转绞车;6—下绞点;7—上绞点;8—千斤索;9—辅助索;10—起升索;11—回收索;12—立柱;13—起吊滑轮;14—短链。

图 2-11　绞吸挖泥船横移锚系统布置图(左右舷对称布置)

抛锚杆是横移锚系统的主要结构件,用于将横移锚从船内转出并抛到舷外指定位置。抛锚杆越长,可以将锚抛出更远的距离,减少起抛锚次数,提高挖泥作业效率,但其长度受船体尺度和实际布置的限制,目前常规的抛锚杆长度在 30~40 m 之间。抛锚杆为箱型杆状结构,其强度校核按照《船舶与海上设施起重设备规范》中对吊杆装置的要求进行计算。抛锚杆前端部和中部设置眼板,用于连接千斤索和辅助索,前端部还设置起吊滑轮用于导向起锚索。

横移锚的规格由横移绞车的拉力以及施工底质条件确定。起锚绞车用于起抛横移锚,其额定拉力一般取为 5 倍的锚重。回收绞车用于将抛锚杆回收到舷内,立柱用于搁放抛锚杆,锚搁架用于存放横移锚。

（2）三缆定位锚系统

三缆定位锚系统主要设备包括:3 台定位锚绞车、3 个大抓力锚、3 根锚索、导向滑轮组、定位筒体和上下固定装置等,通过伸出船底的定位筒抛出 3 根锚索与定位锚相连(图 2-10),收紧锚缆如同定位桩,用以实现绞吸式挖泥船围绕定位点轴线自由摆动。该系统承受风、浪、流等环境载荷以及绞刀工作时的切削力和横移拉力,可以通过控制 3 根锚缆移动船位。相比钢桩台车定位系统,三缆定位锚系统具有经济性好、抗风浪能力强、适应较大水深、结构简单、操作维护方便等优点,但也存在定位精度不高、容易发生船舶移位等缺点,从而给绞刀正常工作带来不利影响。

通常三缆定位锚系统的定位筒体布置于船体外,称为外置式三缆定位锚系统,如图 2-12 所示,该系统拆装维护较方便。

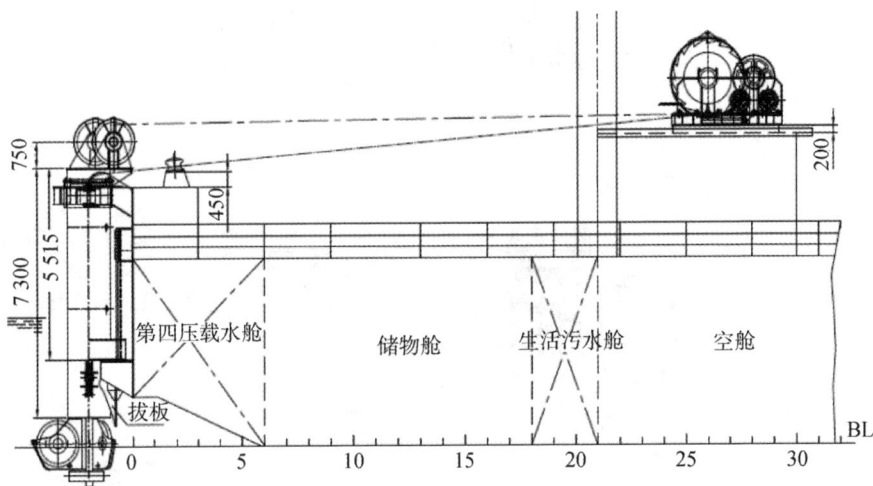

图 2-12　外置式三缆定位锚系统

目前已开发出一种定位筒体布置于船体内的三缆定位锚系统,称为内置式三缆定位锚系统,如图 2-13 所示,其解决了外置式定位系统在恶劣海况下受波浪拍击易损坏的问题,并具有占用甲板空间较小以及对航行阻力没有影响等优点,但其拆装维护没有外置式方便。

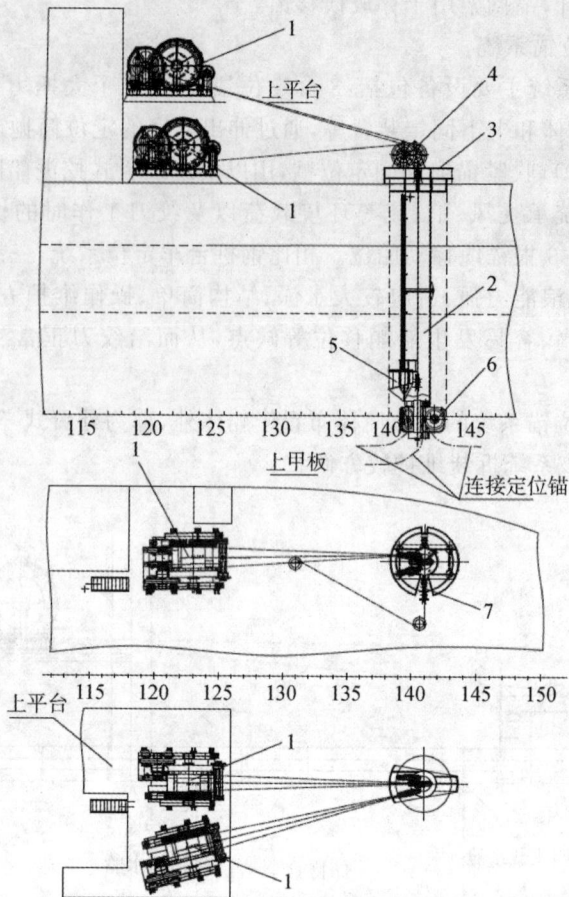

图 2-13　内置式三缆定位锚系统

2.3　抛锚时作用于船舶的环境力

船舶在锚泊时受到风、海流及波浪等环境力的作用。这些力按其不同的作用方向组合构成作用于船舶的外力,由锚泊系统承受。

2.3.1　风力

风力作用于船舶水线以上部分,风力的大小可通过风洞试验获取,在缺乏资料的情况下也可按下式计算:

$$F_{W} = 0.613 \sum (C_{s}C_{h}A_{i})V_{W}^{2} \tag{2.3.1}$$

式中　F_{W}——风力(N);

　　　C_{s}——形状系数,按所计算构件的形状查表 2-1;

　　　C_{h}——高度系数,按所计算构件的中心至海平面以上的垂直距离 h 查表 2-2;

　　　A_{i}——受风构件的正投影面积(m^{2});

　　　V_{W}——设计风速(m/s),系指静水面以上 10 m 高处的持续风速。

表 2-1　风力形状系数 C_{s}

构件形状	C_{s}
球形	0.4
圆柱形	0.5
船体(水线以上表面)、甲板室	1.0
甲板下光滑表面	1.0
群集甲板室或类似结构	1.1
甲板下暴露的梁和桁材	1.3
小部件	1.4
孤立的结构(起重机、梁)	1.5
钢索	1.2
桁架结构(井架、起重机吊臂、桅杆)	1.25

表 2-2　风力高度系数 C_{h}

海平面以上高度/m	C_{h}	海平面以上高度/m	C_{h}
0～15.3	1.00	137.0～152.5	1.60
15.3～30.5	1.10	152.5～167.5	1.63
30.5～46.0	1.20	167.5～183.0	1.67
46.0～61.0	1.30	183.0～198.0	1.70
61.0～76.0	1.37	198.0～213.5	1.72
76.0～91.5	1.43	213.5～228.5	1.75
91.5～106.5	1.48	228.5～244.0	1.77
106.5～122.0	1.52	244.0～259.0	1.79
122.0～137.0	1.56	259 以上	1.80

在计算受风面积时应遵循下列原则：

（1）可以用成群的甲板室总的投影面积取代对于每个甲板室面积的计算，但形状系教 C_s 取为 1.1；

（2）孤立的结构，如起重机应单独计算；

（3）桅杆、起重吊臂等开式桁架结构，可近似地取一侧投影面积的 60％。

2.3.2 海流力

海流力作用于船体水下部分，海流力的大小可通过模型拖曳试验获取，试验的模型应包括推进器、舭龙骨、轴支架及其他附属体。

船形船舶的海流力可采用计算方法确定，目前这类计算方法很多，这里介绍几种方法。

（1）按美国石油学会《浮式结构物定位系统的设计和分析》（API RP2SK）推荐的公式计算

船形船体首向或尾向的海流力 F_a（N）按下式计算：

$$F_{cx} = 2.89 SV_c^2 \tag{2.3.2}$$

船形船体侧向海流力 F_{cy}（N）按下式计算：

$$F_{cy} = 72.37 SV_c^2 \tag{2.3.3}$$

式（2.3.2）及式（2.3.3）中：

S——包括附属体在内的船体湿表面积（m²）；

V_c——设计流速（m/s）。

（2）按经验公式计算海流力

①首向海流力 R_f（N）

$$R_f = (\eta \xi_f + \xi_B + \xi_T) \frac{\rho V_c^2}{2} S + \Delta R_D \tag{2.3.4}$$

式中 ξ_f——摩擦阻力系数，按式（2.3.5）计算；

η——系数，按表 2-3 查取；

ξ_B——突出体阻力系数，对于单螺旋桨船可取（0.1～0.3）×10⁻³，对于双螺旋桨船可取（0.2～0.6）×10⁻³；

ξ_T——船外板粗糙度系数，对于新油漆的船可取（0.2～0.3）×10⁻³；对于坞修后 6～8 个月，船外板已有锈蚀的船可取（0.5～0.6）×10⁻³；

ρ——水的密度，淡水为 1000 kg/m³，海水为 1025 kg/m³；

V_c——设计流速，m/s；

S——船体湿表面积，m²；

$\triangle R_D$——螺旋桨阻力，N，按式（2.3.6）计算。

表 2-3　系数 η

L/B	η
6.0	1.04
8.0	1.03
10.0	1.02
12.0	1.01

注：L—船长；B—船宽

摩擦阻力系数 ξ_f 可按柏兰特-许立汀公式计算：

$$\xi_f = 0.455\,(\lg Re)^{-2.58} \tag{2.3.5}$$

式中，$Re = \dfrac{V_c L}{\nu}$——雷诺数。

螺旋桨阻力 ΔR_D(N)按下式计算：

$$\Delta R_D = 490\theta D^2 V_c^2 \tag{2.3.6}$$

式中　θ——螺旋桨盘面比；

　　　D——螺旋桨直径，m；

　　　V_c——设计流速，m/s。

②侧向海流力 R_B(N)

$$R_B = \frac{1}{2} C_v \rho V_c^2 A \tag{2.3.7}$$

式中　C_v——侧向海流力系数，可取 0.6～0.8；

　　　ρ——海水密度，kg/m³，见式(2.3.4)；

　　　V_c——设计流速，m/s；

　　　$A=LT$——船体水下部分侧投影面积，m²。L 为船舶设计水线长，m，T 为吃水，m。

③湿表面积 S(m²)的计算

按谢米克(B. H. Семек)公式：

$$S = LT\left[2 + 1.37(C_B - 0.274)\frac{B}{T}\right] \tag{2.3.8}$$

按穆勒根(C. П. Мурагин)公式：

$$S = LT\left(1.36 + 1.13C_B \frac{B}{T}\right) \tag{2.3.9}$$

式(2.3.8)及式(2.3.9)中：

　　　L——设计水线长，m；

T——吃水，m；

B——船宽，m；

C_B——方形系数。

④海流速度 V_c 的确定

海流速度 V_c(m/s)应为潮汐流及风生流之和，虽则海流速度随着水深的增加而减小，但对于水面船舶而言可不计水深的影响。

$$V_c = V_w + V_T \qquad (2.3.10)$$

式中 V_w——海面上的风生海流的流速，m/s，按式(2.3.11)计算；

V_T——海面上的潮生海流的流速，m/s。

对于敞开海面，在缺乏统计资料的情况下，静水面的风生海流的流速 V_w(m/s)可按下式确定：

$$V_w = 0.01V_{10} \qquad (2.3.11)$$

式中，V_{10}——海面以上 10 m 处的持续风速，m/s，见式(2.3.1)中的 V_w。

2.3.3　波浪力

船舶在波浪作用下引起一个平均偏移，并在平均偏移的范围内做摆动运动包括：纵荡、横荡及摇首等。使得船舶产生平均偏移的波浪力即为波浪平均漂移力，可视作定常环境力，按 APIRP2P(第 1 版)推荐的方法确定。

由艏向或艉向波浪引起的平均漂移力 F_{mds}(N)按下式计算：

$$F_{mdx} = 0.13C_{mdh}B^2LH_s^2 \qquad (2.3.12)$$

由侧向波浪引起的平均漂移力 F_{mdy}(N)按下式计算：

$$F_{mdy} = C_{mdh}B^2LH_s^2 \qquad (2.3.13)$$

式(2.3.12)及式(2.3.13)中：

C_{mdh}——平均波浪漂移力系数，N/m⁵；

B——船宽，m；

L——船舶水线长，m；

H_s——设计波高，m。

C_{mdh} 值可按 T_s 及 T_h 值查图 2-14 取得，该图中：

T_s——有义波浪周期，s。当 T_s 值无法从海洋统计资料中取得时，可由图 2-15确定；

T_h——表征波浪周期，s。

对于艏向或艉向波浪：

$$T_8 = 0.33\sqrt{L/0.304\,8} \qquad (2.3.14)$$

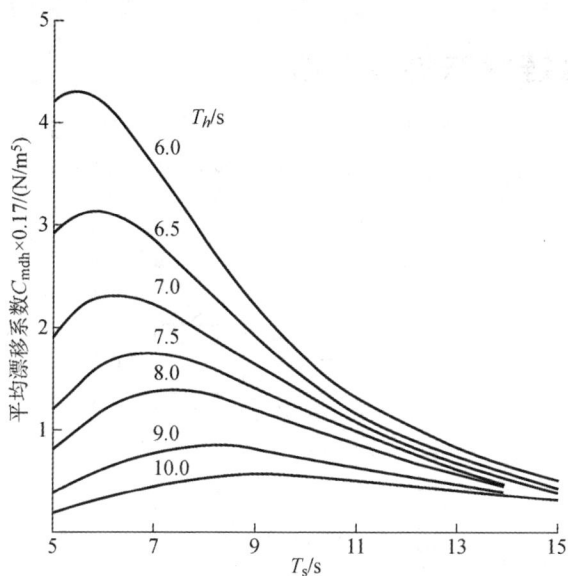

图 2-14　船形船体波浪漂移力系数

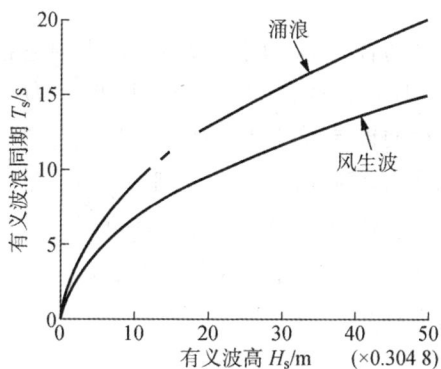

图 2-15　波高与波浪周期函数

对于侧向波浪：

$$T_h = 0.64 \sqrt{(B + 2D_h)/0.304\,8}$$ (2.3.15)

式(2.3.14)及式(2.3.15)中：

L、B——设计水线长及船宽，m；

D_h——船舶吃水，m。

2.4 锚索悬链状态特性分析

　　船舶在抛锚系留时,锚索呈悬链状态。无论是锚链还是钢丝绳都有良好的柔性和均匀的质量,因此采用单一的锚链或钢丝绳的锚索可视作简单悬链线,如图 2-16所示。

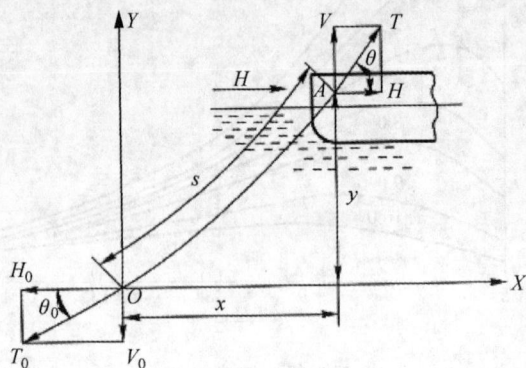

图 2-16　锚索悬链状态受力图

　　作用于船舶的环境力的合力 H 为水平方向,该力通过锚索作用于锚。在不发生走锚时,锚的水平抓力 H_0 与环境力 H 平衡,即 $H_0 = H$。

　　根据简单悬链线方程的推导可得出下列方程。

　　锚点 O 处的垂向力 V_0 及锚索张力 T_0 分别为

$$V_0 = H_0 \tan \theta_0 = H \tan \theta_0 \tag{2.4.1}$$

$$T_0 = \sqrt{H_0^2 + V_0^2} = H \sec \theta_0 \tag{2.4.2}$$

且可得出下列一组方程式:

$$\frac{w}{H} s = \tan \theta - \tan \theta_0 \tag{2.4.3}$$

$$\frac{w}{H} y = \sec \theta - \sec \theta_0 \tag{2.4.4}$$

$$\frac{w}{H} x = \ln \left(\frac{\sec \theta + \tan \theta}{\sec \theta_0 + \tan \theta_0} \right) \tag{2.4.5}$$

或

$$\frac{w}{H} x = \ln \left(\frac{\sec \theta_0 - \tan \theta_0}{\sec \theta - \tan \theta} \right) \tag{2.4.6}$$

式(2.4.3)～式(2.4.6)中:

w——锚索在海水中的单位长度质量负荷,锚链为其空气中质量负荷的 0.87,
　　钢丝绳为其空气中质量负荷的 0.83;

s、y、x、θ_0 及 θ——见图 2-16。

锚链筒出口处 A 点的锚索张力 T 及其垂向分力 V 分别为

$$T = \sqrt{H^2 + V^2} = H\sec\theta = H\left(\sec\theta_0 + \frac{wy}{H}\right) \tag{2.4.7}$$

$$V = T\sin\theta \tag{2.4.8}$$

一般情况下,锚索应有足够的长度,使得悬链线在锚点处与海底相切($\theta_0 = 0$)。在这种情况下,锚仅仅受到水平力 H_0 的作用($V_0 = 0$)。由此,上述式(2.4.3)~式(2.4.6)可简化为

$$\frac{w}{H}s = \tan\theta \tag{2.4.9}$$

$$\frac{w}{H}y = \sec\theta - 1 \tag{2.4.10}$$

$$\frac{w}{H}x = \ln(\sec\theta + \tan\theta) = \ln\left[1 + \frac{w}{H}(s + y)\right] \tag{2.4.11}$$

或

$$\frac{w}{H}x = \ln\left(\frac{1}{\sec\theta - \tan\theta}\right) = \ln\left[\frac{1}{1 + \frac{w}{H}(y - s)}\right] \tag{2.4.12}$$

由式(2.4.11)和式(2.4.12)可得:

$$\mathrm{e}^{\frac{wx}{H}} = \sec\theta + \tan\theta = 1 + \frac{w}{H}(y + s) \tag{2.4.13}$$

$$\mathrm{e}^{-\frac{wx}{H}} = \sec\theta - \tan\theta = 1 + \frac{w}{H}(y - s) \tag{2.4.14}$$

由此可得:

$$\frac{w}{H}y = \frac{\mathrm{e}^{\frac{wx}{H}} + \mathrm{e}^{-\frac{wx}{H}}}{2} - 1 \tag{2.4.15}$$

或以习惯的方式表示:

$$\frac{w}{H}y = \cosh\frac{wx}{H} - 1 \tag{2.4.16}$$

$$\frac{w}{H}s = \sinh\frac{wx}{H} \tag{2.4.17}$$

由于 $\sec^2\theta = 1 + \tan^2\theta$,则可得到:

$$\left(\frac{w}{H}y + 1\right)^2 = 1 + \left(\frac{ws}{H}\right)^2 \tag{2.4.18}$$

$$s = \sqrt{y^2 + 2\frac{Hy}{w}} \tag{2.4.19}$$

锚链筒出口处 A 点的锚索张力 T 为

$$T = \sqrt{H^2 + V^2} = H + wy \qquad (2.4.20)$$

2.5 按船级社规范配置锚设备

2.5.1 舾装数计算

海船航行(临时)锚泊设备中,舾锚的质量和数量以及舾锚链的规格和长度通常按船级社规范确定。目前,各国船级社的规范统一采用 IACS 提出的舾装数计算方法及舾锚和舾锚链的配置要求,这些要求适用于无限航区船舶。

需要指出的是,舾装数计算公式的基础是:假定的最大水流速度为 2.5 m/s,最大风速为 25 m/s,最小出链长度在 6~10 之间。出链长度系指抛出锚链的长度与水深之比。对于船长大于 135 m 的船舶,所要求的锚泊设备可认为适用于最大水流速度为 1.54 m/s,最大风速为 11 m/s,最大有义波高为 2 m。

假定在正常情况下锚泊时,仅用一只舾锚及锚链。所配置的锚泊设备能使船舶在良好的锚地底质上系留,以防止走锚现象。在不良的锚地底质上,锚的抓力将会明显降低。

(1) 由 IACS 提出的并为各国船级社采用的舾装数 N 按下式计算:

$$N = \Delta^{\frac{2}{3}} + 2Bh + \frac{A}{10} \qquad (2.5.1)$$

式中　Δ——夏季载重水线下的型排水量,t;

　　　B——船宽,m;

　　　h——从夏季载重水线到最上层甲板室顶部的有效高度,m,对最下层高 h_1 从上甲板中心量起,或具有不连续的上甲板时,从上甲板最低线及其平行于升高部分甲板的延伸线量起,即:

$$h = a + \sum h_i \qquad (2.5.2)$$

其中　a——从船中夏季载重水线至上甲板的距离,m;

　　　h_i——各层宽度大于 $B/4$ 的甲板室,在其中心线处量计的高度,m,如图 2-17 所示。

　　　A——船长 L 范围内,夏季载重水线以上的船体部分和上层建筑以及各层宽度大于 $B/4$ 的甲板室的侧投影面积的总和(m^2)。

(2) CCS《钢质海船入级规范》规定,海洋拖船的舾装数 N 按下式计算:

$$N = \Delta^{\frac{2}{3}} + 2(aB + \sum b_i h_i) + \frac{A}{10} \qquad (2.5.3)$$

式中　a、B、h_i 以及 A 的含义与计算方法与式(2.5.1)相同；

　　b_i——上层建筑宽度或各层宽度大于 $B/4$ 的甲板室的宽度，m。

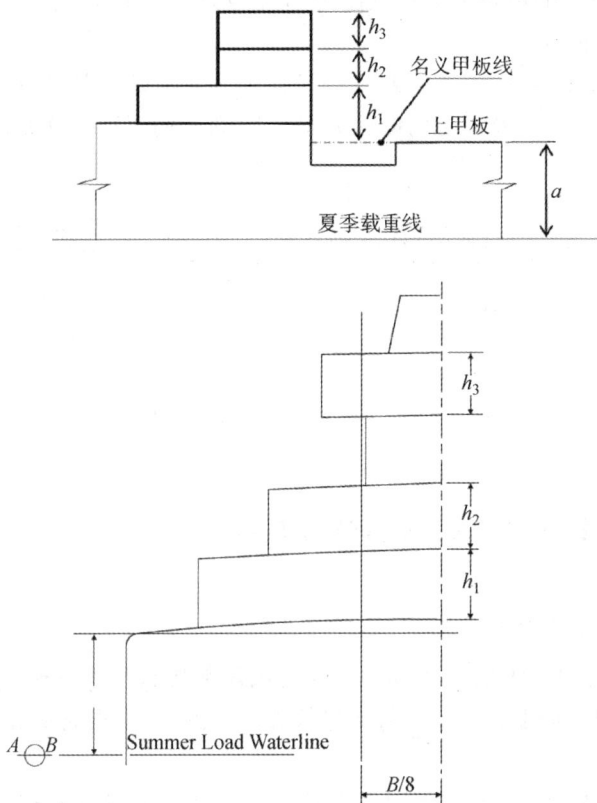

图 2-17　高度的计入图

（3）关于舾装数计算的几点说明

CCS《钢质海船入级规范》定义的"船长 L"即规范船长，系指沿夏季载重水线处水线，是由艏柱前缘量至舵柱后缘的长度；对无舵柱的船舶，是由艏柱前缘量至舵杆中心线的长度；但均不应小于夏季载重水线处水线总长的 96％，且不必大于97％。对于具有非常规船首和船尾的船舶，其船长 L 需特别考虑。对于箱形船体，L 为沿夏季载重水线自船首端壁前缘量至船尾端壁后缘的长度。对于无舵杆的船舶（如设有全回转推进器的船舶），L 为夏季载重水线总长的 97％。对于"船宽 B"定义为：在船舶的最宽处，由一舷的肋骨外缘量至另一舷的肋骨外缘之间的水平距离。

计算 h 和 A 时，不必计入舷弧和纵倾，即 h 是船中干舷与各层宽度大于 $B/4$

的舱室高度之和。

凡是超过 1.5 m 高度的挡风板和舷墙,均应视为上层建筑和甲板室的一部分。

宽度大于 $B/4$ 的甲板室如在宽度为 $B/4$ 或以下的甲板室之上,应计入上面的甲板室而忽略下面的甲板室。

在确定 h 和 A 时,可不考虑舱口围板高度和集装箱之类任何甲板货的高度。在确定 A 时,高 1.5 m 及以上的舷墙如图 2-18 所示的阴影部分面积应计入 A。

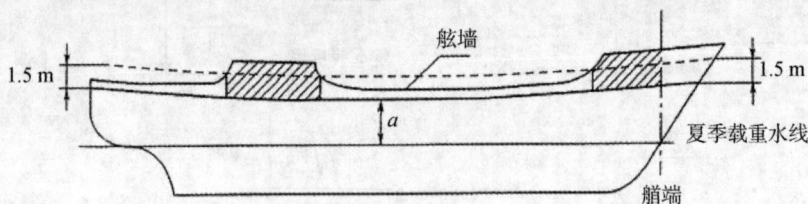

图 2-18　舾装数所包括的舷墙或挡风板有效面积

2.5.2　无限航区海船锚及锚链的配备

2.5.2.1　艏锚及艏锚链的配备

CCS《钢质海船入级规范》规定,无限航区海船应根据上述舾装数计算式计算所得的数值并根据船舶种类及航行水域按表 2-4 及表 2-5 配备艏锚(系指普通无杆锚)及艏锚链。

对于大件运输船,在舾装数计算时应计入设计可装载最多成套大件和项目设备的侧向迎风总面积。如不能提供成套大件和项目设备的侧向迎风总面积时,艏锚及艏锚链可按舾装数增大 2 挡选取。

表 2-4　各类船舶按舾装数 N 配置锚及系泊设备的说明

船　型	要求配置的设备
货船、散货船、油船、耙吸式挖泥船、渡船等	按 N 选取
拖船	按 N 选取
近海供应船	按 N 选取,但锚链按 N 增大 2 挡选取
有人驳船	按 N 选取
无人驳船	按 N 选取,但艏锚可以仅配 1 只,锚链可仅配一半长度

表 2-4　(续)

船 型	要求配置的设备
起重船、打桩船或其他类似作业的船舶	按 N 选取,但起重机、打桩机等的侧投影面积应计入 N。若作业用锚满足本表的要求,可代替艏锚。若用钢索代替锚链时,则其长度应不小于 1.5 倍相应的锚链值,其破断负荷应与相应锚链的破断负荷相同。锚与钢索之间应装有短锚链,其长度为 12.5 m 或锚存放位置至锚机的距离。在钢索与锚链的衔接处应加转环

表 2-5　海船的锚泊和系泊设备

序号	舾装数 N		艏锚		有挡艏锚链				拖索		系船索		
	超过	不超过	数量	每只质量/kg	总长度/m	直径			长度/m	破断负荷/kN	数量	每根长度/m	破断负荷/kN
						CCS 1 级	CCS 2 级	CCS 3 级					
1	50	70	2	180	220	14	12.5		180	98.1	3	80	37
2	70	90	2	240	220	16	14		180	98.1	3	100	40
3	90	110	2	300	247.5	17.5	16		180	98.1	3	110	42
4	110	130	2	360	247.5	19	17.5		180	98.1	3	110	48
5	130	150	2	420	325	20.5	17.5		180	98.1	3	120	53
6	150	175	2	480	275	22	19		180	98.1	3	120	59
7	175	205	2	570	302.5	24	20.5		180	111.8	3	120	64
8	205	240	3	660	302.5	26	22	20.5	180	129.4	4	120	69
9	240	280	3	780	330	28	24	22	180	150	4	120	75
10	280	320	3	900	357.5	30	26	24	180	173.6	4	140	80
11	320	360	3	1 020	357.5	32	28	24	180	206.9	4	140	85
12	360	400	3	1 140	385	34	30	26	180	223.6	4	140	96
13	400	450	3	1 290	385	36	32	28	180	250.1	4	140	107
14	450	500	3	1 440	412.5	38	34	30	180	276.5	4	140	117
15	500	550	3	1 590	412.5	40	34	30	190	306.0	4	160	134
16	550	600	3	1 740	440	42	36	32	190	338.3	4	160	143
17	600	660	3	1 920	440	44	38	34	190	370.7	4	160	160

表 2-5 （续 1）

序号	舾装数 N		艏锚		有挡艏锚链				拖索		系船索		
	超过	不超过	数量	每只质量/kg	总长度/m	直径			长度/m	破断负荷/kN	数量	每根长度/m	破断负荷/kN
						CCS 1级	CCS 2级	CCS 3级					
18	660	720	3	2 100	440	46	40	36	190	406.0	4	160	171
19	720	780	3	2 280	467.5	48	42	36	190	441.3	4	170	187
20	780	840	3	2 460	467.5	50	44	38	190	480.0	4	170	202
21	840	910	3	2 640	467.5	52	46	40	190	517.8	4	170	218
22	910	980	3	2 850	495	54	48	42	190	559.0	4	170	235
23	980	1 060	3	3 060	495	56	50	44	200	603.1	4	180	250
24	1 060	1 140	3	3 300	495	58	50	46	200	647.2	4	180	272
25	1 140	1 220	3	3 540	522.5	60	52	46	200	691.4	4	180	293
26	.1 220	1 300	3	3 780	522.5	62	54	48	200	738.4	4	180	309
27	1 300	1 390	3	4 050	522.5	64	56	50	200	785.5	4	180	336
28	1 390	1 480	3	4 320	550	66	58	50	200	835.5	4	180	352
29	1 480	1 570	3	4 590	550	68	60	52	220	888.5	5	190	352
30	1 570	1 670	3	4 890	550	70	62	54	220	941.4	5	190	362
31	1 670	1 790	3	5 250	577.5	73	64	56	220	1 024	5	190	384
32	1 790	1 930	3	5 610	577.5	76	66	58	220	1 109	5	190	411
33	1 930	2 000	3	6 000	577.5	78	68	60	220	1 168	5	190	437
34	2 000	2 080	3	6 000	577.5	78	68	60	220	1 168			
35	2 080	2 230	3	6 450	605	81	70	62	240	1 259			
36	2 230	2 380	3	6 900	605	84	73	64	240	1 356			
37	2 380	2 530	3	7 350	605	87	76	66	240	1 453			
38	2 530	2 700	3	7 800	632.5	90	78	68	260	1 471			
39	2 700	2 870	3	8 300	632.5	92	81	70	260	1 471			
40	2 870	3 040	3	8 700	632.5	95	84	73	260	1 471			
41	3 040	3 210	3	9 300	660	97	84	76	280	1 471			
42	3 210	3 400	3	9 900	660	100	87	78	280	1 471			

表 2-5　（续 2）

序号	舾装数 N		艏锚		有挡艏锚链				拖索		系船索		
	超过	不超过	数量	每只质量/kg	总长度/m	直径			长度/m	破断负荷/kN	数量	每根长度/m	破断负荷/kN
						CCS 1级	CCS 2级	CCS 3级					
43	3 400	3 600	3	10 500	660	102	90	78	280	1 471			
44	3 600	3 800	3	11 100	687.5	105	92	81	300	1 471			
45	3 800	4 000	3	11 700	687.5	107	95	84	300	1 471			
46	4 000	4 200	3	12 300	687.5	111	97	87	300	1 471			
47	4 200	4 400	3	12 900	715	114	100	87	300	1 471			
48	4 400	4 600	3	13 500	715	117	102	90	300	1 471			
49	4 600	4 800	3	14 100	715	120	105	92	300	1 471			
50	4 800	5 000	3	14 700	742.5	122	107	95	300	1 471			
51	5 000	5 200	3	15 400	742.5	124	111	97	300	1 471			
52	5 200	5 500	3	16 100	742.5	127	111	97	300	1 471			
53	5 500	5 800	3	16 900	742.5	130	114	100	300	1 471			
54	5 800	6 100	3	17 800	742.5	132	117	102	300	1 471			
55	6 100	6 500	3	18 800	742.5		120	107					
56	6 500	6 900	3	20 000	770		124	111					
57	6 900	7 400	3	21 500	770		127	114					
58	7 400	7 900	3	23 000	770		132	117					
59	7 900	8 400	3	24 500	770		137	122					
60	8 400	8 900	3	26 000	770		142	127					
61	8 900	9 400	3	27 500	770		147	132					
62	9 400	10 000	3	29 000	770		152	132					
63	10 000	10 700	3	31 000	770			137					
64	10 700	11 500	3	33 000	770			142					
65	11 500	12 400	3	35 500	770			147					
66	12 400	13 400	3	38 500	770			152					
67	13 400	14 600	3	42 000	770			157					
68	14 600	16 000	5	46 000	770			162					

2.5.2.2 艉锚的配备

艉锚又称大流锚,其质量至少为艏锚的 35%。艉锚索可采用锚链或钢丝绳,当采用锚链时,可以是有挡锚链或具有相等破断负荷的无挡锚链。在大船上,建议设置一个艉锚链筒,并配备一根与艉锚质量相适应的锚链。用于艉锚的钢丝绳应采用不少于 72 根钢丝编织成的 6 股钢丝绳,常用的如 $6 \times 19 + FC$、$6 \times 37 + FC$ 等镀锌钢丝绳。

表 2-6 及表 2-7 分别为 LR 和 GL《钢质海船入级规范》对 $50 \leqslant N < 205$ 船舶的艉锚及艉锚索的配置要求。艉锚及艉锚索均不作为船舶入级条件。

表 2-6　LR《钢质海船入级规范(2011)》对艉锚及艉锚索的配置要求

舾装数 N		字符	艉锚(普通无杆锚)质量/kg	艉锚钢丝绳或锚链	
超过	不超过			最小长度/m	最小破断强度/kN(tf)
50	70	A	60	80	64.7(6.60)
70	90	B	80	85	73.5(7.50)
90	110	C	100	85	81.4(8.30)
110	130	D	120	90	89.2(9.10)
130	150	E	140	90	98.1(10.00)
150	175	F	165	90	107.9(11.00)
175	205	G	190	90	117.7(12.00)

表 2-7　GL《钢质海船入级规范(2010)》对艉锚及艉锚索的配置要求

登记号	舾装数 N		艉锚(普通无杆锚)质量/kg	艉锚钢丝绳或锚链	
	超过	不超过		最小长度/m	最小破断强度/kN
101		50	40	80	65
102	50	70	60	80	65
103	70	90	80	85	75
104	90	110	100	85	80
105	110	130	120	90	90
106	130	150	140	90	100
107	150	175	160	90	110
108	175	205	190	90	120

2.5.3　关于艉锚的若干规定

船用锚按其抓持性能可分为三类即：普通锚、大抓力锚和超大大抓力锚。

普通锚系指传统的无杆(stockles)锚和有杆锚。普通无杆锚诸如霍尔锚、斯贝克锚、日本 JIS 无杆锚、巴尔特无杆锚、美国海军无杆锚、万向接头型无杆锚等常用作船舶的艉锚，其特点是能适应多种底质，收放及贮存方便。普通有杆锚如海军锚，带有横杆，致使收放及贮存不便，目前已很少使用。

大抓力锚(high holding power anchor，简称 HHP 锚)乃是相对于普通无杆锚而言抓力较大的锚。具有相同质量的大抓力锚和普通无杆锚，前者的抓力至少为后者的 2 倍。目前常用的大抓力锚如 AC-14 锚、波尔 N 型锚、波尔 TW 型锚、德尔秦锚、单福斯锚、轻量型锚等。

超大抓力锚(super high holding power anchor，简称 SHHP 锚或 very high holding power anchor，简称 VHHP 锚)则是比上述大抓力锚的抓力更大的锚，超大抓力锚的抓力应至少为相同质量普通无杆锚抓力的 4 倍。

各国船级社根据 IACS 提出的要求，对于这三类锚制订了细则，其内容基本相同，本手册综合叙述如下：

2.5.3.1　普通锚

采用普通锚作为艉锚时，应符合下述要求：

(1) 每个艉锚(普通无杆锚)的质量按本节表 2-5 确定。

(2) 单个艉锚的质量可以与本节表 2-5 中所列的锚质量相差 -7% 至 $+7\%$ 的范围内。

(3) 普通无杆锚的锚头质量(包括销子与转轴在内)应不小于该锚质量的 60%。

(4) 可以采用有杆的艉锚，但其质量(不包括横杆)应不小于本节表 2-5 所规定的无杆锚质量的 80%，锚(横)杆质量应不小于锚质量(不包括横杆，但计入连接卸扣)的 25%。

2.5.3.2　大抓力(HHP)锚

大抓力锚应符合下述要求：

(1) 大抓力锚应是适合船舶使用，并按船级社有关规范的规定证明其抓力高于同等质量普通锚抓力两倍的锚，且不需要预先作调整及在海底进行特殊的布放。

(2) 当采用大抓力锚作为艉锚时，每只锚的质量应不小于表 2-5 所规定的普通无杆艉锚质量的 75%。

2.5.3.3 超大抓力(SHHP)锚

超大抓力锚应符合下述要求:

(1)超大抓力锚应是适合船舶使用并按船级社有关规范的规定证明其抓力高于同等质量普通锚抓力四倍的锚,且不需要预先作调整及在海底进行特殊的布放。

(2)超大抓力锚的质量通常不超过 1 500 kg,且限于有限航区船舶使用。

(3)超大抓力锚用作艏锚时,每个锚的质量可减少到不小于表 2-5 要求的普通无杆锚质量的 50%。

2.5.3.4 第三个锚

如备有 3 个锚,其中两个应与其锚链相连并放在船上可随时启用的位置。第三个锚用作备锚,不作为入级的要求。

2.5.4 关于艏锚链的若干规定

各国船级社根据 IACS 提出的要求.对于艏锚链的规定如下:

(1)表 2-5 中规定的锚链均为有挡锚链。CCS 1 级锚链(拉伸应力小于 400 N/mm^2)不能用于大抓力锚和超大抓力锚,CCS 3 级锚链仅适用于链径为 20.5 mm 或以上的锚链。

(2)每级锚链的长度应为 27.5 m,用 D 形或无凸缘的卸扣(如肯特卸扣)连接,表 2-5 中所列的锚链总长度应尽可能平均分配给两只艏锚的锚链。但是由于表 2-5 中规定的锚链总长均为 27.5 m 的整倍数,因此当该数值为偶数时,左右锚链的长度(或节数)应相等;而当该数值为奇数时,通常右锚链应比左锚链多 1 节。

(3)船舶如可能在水流速度大于 2.5 m/s 的区域抛锚,船级社可要求在锚和其余锚链之间设一段较重的锚链,以增强锚的固定能力。

(4)对 N 小于 90 的船舶,可用试验载荷相等的无挡锚链代替。

(5)对于船长小于 40 m 的船舶,可使用钢丝绳替代有挡或无挡锚链,且应满足下述要求:

①钢丝绳的总长应为本节表 2-5 中的有挡锚链相应要求长度的 1.5 倍,最小破断强度应与相应的 CCS1 级有挡锚链破断强度相同;

②在钢丝绳和锚之间应设一段短的锚链,其长度为 12.5 m 或锚存放位置至锚机的距离,取小者。

③所有与钢丝绳(包括钢丝绳的中间部分)接触的表面都需要进行倒圆,倒圆半径不小于 10 倍的钢丝绳直径。

(6)锚链于连接锚的一端应设 1 个转环;

（7）锚链的内端（在舱内的末端）应系固在船体结构上，并能在锚链舱外易于到达的地方迅速解脱。

2.5.5　有限航区海船锚及锚链的配备

2.5.5.1　有限航区分类

按 CCS《钢质海船入级规范》的规定，海船的航行水域可分为无限航区和有限航区，前者系指船舶在无限制水域航行，后者又可分为 1 类航区、2 类航区和 3 类航区。有限航区分类及船舶的航行限制如表 2-8 所示。

表 2-8　有限航区分类

类别及船舶附加标志	航行限制	
	距岸距离/n mile	
1 类航区（R1）	200（夏季/热带＊）	100（冬季＊）
2 类航区（R2）	20（夏季/热带＊）	10（冬季＊）
3 类航区（R3）	遮蔽水域＊＊	

＊季节按 1966 年国际载重线公约的附则Ⅱ附录Ⅰ的规定。

＊＊遮蔽水域包括海岸与岛屿、岛屿与岛屿围成的遮蔽条件较好，波浪较小的海域，且该海域内岛屿与岛屿之间、岛屿与海岸之间横跨距离不超过 10 n mile，或具有类似条件的水域。

2.5.5.2　有限航区船舶锚及锚链的配备

有限航区船舶的艏锚和艏锚链可根据本章 2.5.1 节和 2.5.2 节的要求配备锚设备，并按下述规定减免：

（1）除本条（2）款规定之外，在 2 类航区内航行的船舶，其锚泊设备可按舾装数 N 降低 1 挡选取。船长小于 30 m 的交通艇或专线渡船，艏锚可仅配 1 只，锚链可配一半的长度；

（2）在 2 类航区内航行的起重船、打桩船或其他类似的工程船舶和耙吸式挖泥船，锚泊设备可按舾装数 N 降低 2 挡选取；

（3）在 3 类航区内航行的船舶，锚泊设备可按舾装数 N 降低 2 挡选取。船长小于 30 m 的交通艇或专线渡船，艏锚可仅配 1 只，锚链可配一半的长度；

（4）在具有防波堤的港口水域作业的船舶，其锚泊设备可按舾装数 N 之半选取，锚链可配一半的长度。

（5）有限航区船舶的艏锚可采用超大抓力锚，每只超大抓力锚的质量可为表 2-5 中规定的普通无杆艏锚质量的 50％。超大抓力锚的质量一般应不超过

1 500 kg。

2.6 船用锚的类型及其特性

2.6.1 船用锚的基本要求

船用锚的特性直接关系到船舶能否可靠地抛锚系留,因此对其性能提出了多方面的要求,主要如下:

(1) 抓力大,这是最基本的要求。衡量船用锚抓持性能的表征值通常称为抓力系数(或称抓重比):

抓力系数=锚在底质中的最大抓力/锚在空气中的质量

尽管锚的质量越大,抓力也越大,但是大多数锚随着质量的增加,其抓力系数呈下降趋势。

(2) 能适应各种不同底质。一般船舶由于航行区域广阔,底质情况变化很大,因此所配置的锚要求能适应多种底质,如砂、硬泥、软泥、泥和砂的混合底质及砾石等。

(3) 结构坚固。船舶在抛起锚及系留过程中可能承受各种复杂的载荷,因此锚必须有坚固的结构,以保证使用安全。

(4) 稳定性好,再入土容易。船舶在抛锚及系留过程中,由于风向和流向的变化使船舶绕锚点回转,不均匀的底质会使锚爪受力不均,导致锚翻身并被拔出底质,因此良好的稳定性对锚来说十分重要。通常带横杆的锚稳定性较好,但也造成锚的收藏不便。在某些情况下,如船舶转向或负荷突然增加,锚仍有可能从底质中被拔出,因此要求锚具有再次啮入底质的能力。

(5) 入土距离短。锚被抛入水中后,在锚索的牵动下,锚爪逐渐地啮入底质,从开始到全部啮入底质发挥出最大抓力的这段距离越短越好。

(6) 拔锚力小。起锚时,将锚从底质中拔出来的力越小越好,这有利于减轻锚机的负担。

(7) 自洁性好。锚在起锚离开底质时,不应带有很多泥土,否则会加重锚机的负担。因此,锚在水中收起的过程中,所带的泥土应基本清除干净。

(8) 收藏方便。一般船舶的锚收藏在锚链筒内,通常无杆转爪锚比较容易被收进锚链筒内,有杆锚及固定爪锚可存放在锚架上。

2.6.2 船用锚的形式及构造特征

无论是一般船舶的临时(航行)锚泊设备还是工程作业船舶的定位锚泊设备,

大多数采用拖曳(埋置)式锚,其形式繁多。通常按锚的构造特征可分为转爪锚和固定爪锚,两者又可分为无杆锚和有杆锚,但是此种分类并非十分严格。

2.6.2.1　无杆转爪锚

无杆转爪锚形式最多,船舶的艏锚绝大多数采用无杆转爪锚,这类锚多数适合于收藏在锚链筒内,目前常用的无杆转爪锚形式如下。

(1) 霍尔锚

霍尔锚是典型的普通无杆锚,通常用作航行锚泊设备的艏锚。常用的霍尔锚如图 2-19 所示,其锚柄截面为矩形或圆形,折角(锚爪与锚柄之间的最大夹角)为 $42°$。另一种短杆霍尔锚,其锚柄较短,折角为 $38°$。

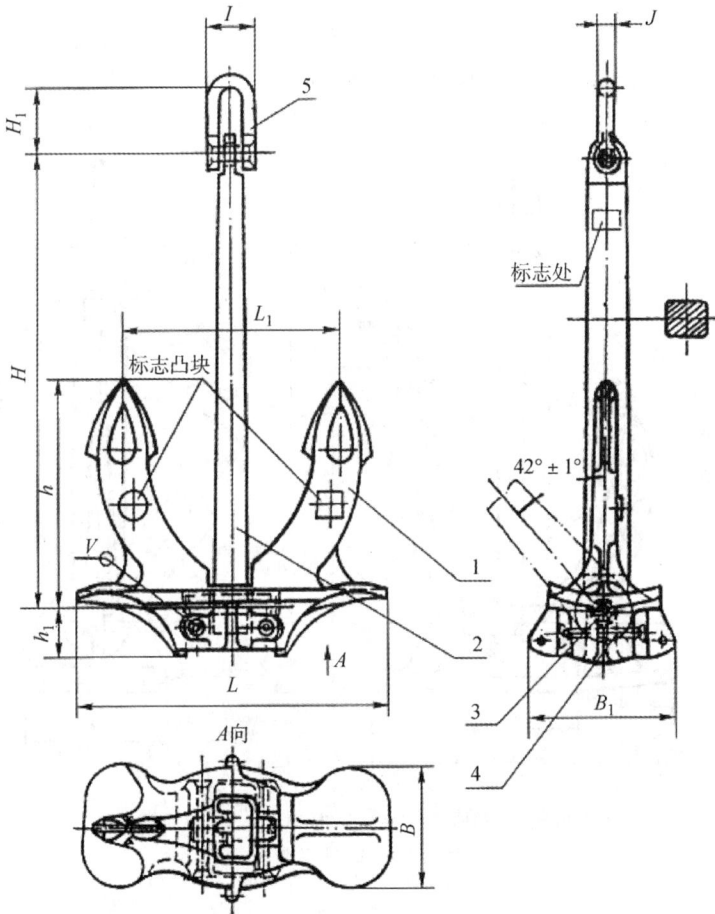

1—锚爪;2—锚柄;3—小轴;4—横销;5—A 型锚卸扣。

图 2-19　霍尔锚

霍尔锚对于各种泥、砂底质均有良好的适应能力,且收藏方便。其主要缺点是在收锚过程中,当锚爪转向船体一侧时,往往贴着船壳板滑移,以致损坏船壳板表面的涂料,甚或顶住船壳板。

霍尔锚的锚爪(锚头)为铸钢件,锚柄和锚卸扣为铸钢件或锻钢件,小轴和横销为锻钢件。我国造船行业已制订霍尔锚标准。

(2) 斯贝克锚

斯贝克锚亦是普通无杆锚,如图 2-20 所示,折角为 42°(或 40°)。斯贝克锚通常用作航行锚泊设备的艏锚,其基本性能与霍尔锚相似。它的最主要的特点是锚头重心略低于转轴(小轴),因此当锚吊起时,锚爪随即竖直与锚柄大致上在同一平面内,从而在收锚过程中避免了锚爪与船壳板发生抵触的可能。斯贝克锚特别适用于艏部线型较肥大的船舶,尤其适用于带球艏的船舶。

斯贝克锚的锚爪(锚头)为铸钢件,锚柄和锚卸扣为铸钢件或锻钢件,小轴和横销为锻钢件。我国造船行业已制订斯贝克锚标准。

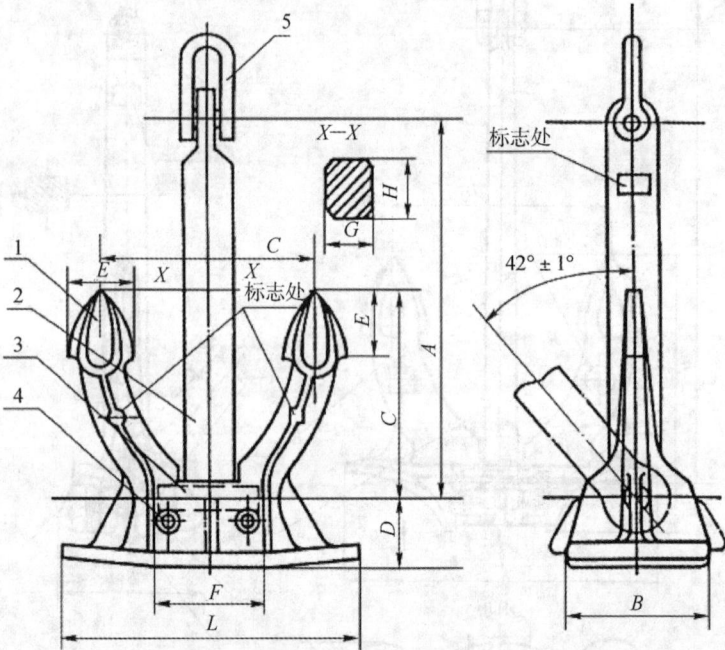

1—锚头;2—锚柄;3—小轴;4—横档;5—A 型锚卸扣。

图 2-20　斯贝克锚

(3) AC-14 锚和 AC-14 平衡锚

AC-14 锚系大抓力锚(图 2-21),折角为 35°。AC-14 锚通常用作航行锚泊设备的艏锚,它的性能十分优良,抓力大,能适应各种泥、砂底质,稳定性好,便于收藏,因此在各种大型运输船舶和舰船上得到广泛使用。AC-14 锚的锚爪(锚头)为铸钢件,锚柄和锚卸扣为铸钢件或锻钢件,小轴和横销为锻钢件。我国造船行业已制订 AC-14 锚标准。

AC-14 平衡锚是 AC-14 锚的改进形式,如同斯贝克锚,当锚吊起时锚爪随即竖直。

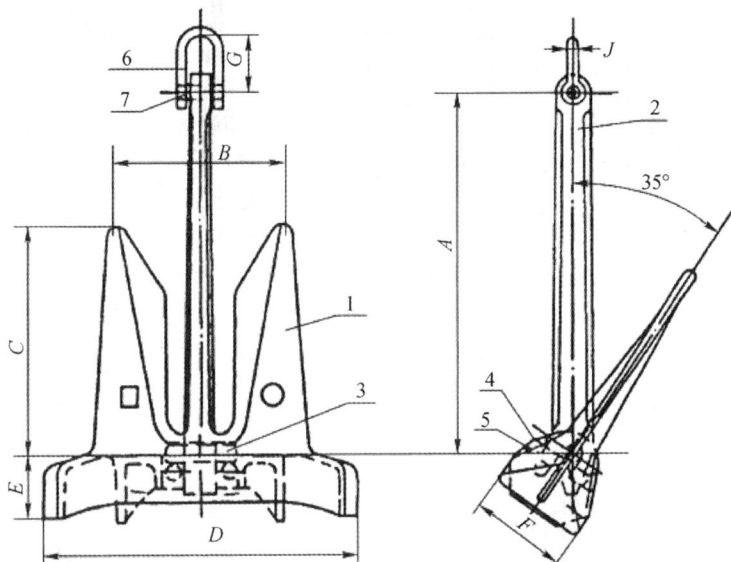

1—锚头;2—锚柄;3—小轴;4—横挡;5—封头;6—锚卸扣本体;7—锚卸扣横销。

图 2-21　AC-14 锚

(4) 波尔 N 型锚和波尔 N 型平衡锚

波尔 N 型锚系大抓力锚(图 2-22),折角为 42°。波尔 N 型锚既可用作航行锚泊设备的艏锚,也可用于工程作业船舶的工作锚。它的性能优良,在各种泥、砂底质中均有较好的适应能力,稳定性好,便于收藏。

波尔 N 型锚的锚爪(锚头)为钢板焊接的空心结构,大锚的锚柄和锚卸扣为铸钢件或锻钢件,小锚的锚柄可采用厚钢板制作,小轴和横销为锻钢件。我国造船行业已制订波尔 N 型锚标准。

波尔 N 型平衡锚是波尔 N 型锚的改进形式,如同斯贝克锚,当锚吊起时锚爪随即竖直。其形式如图 2-23 所示。

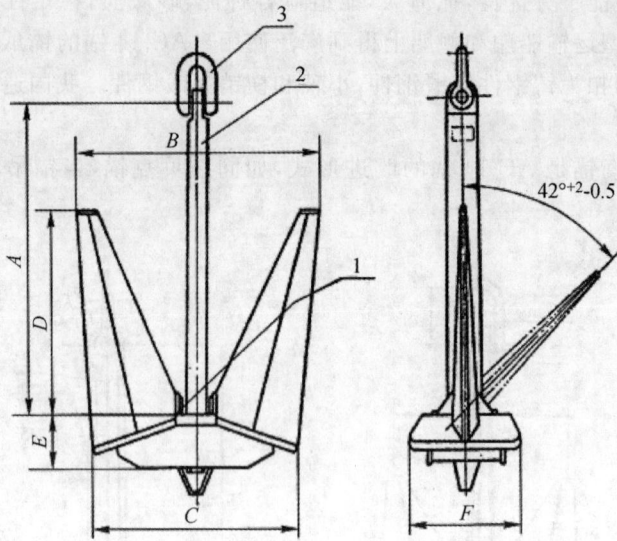

1—锚爪;2—锚柄;3—锚卸扣。

图 2-22　波尔 N 型锚

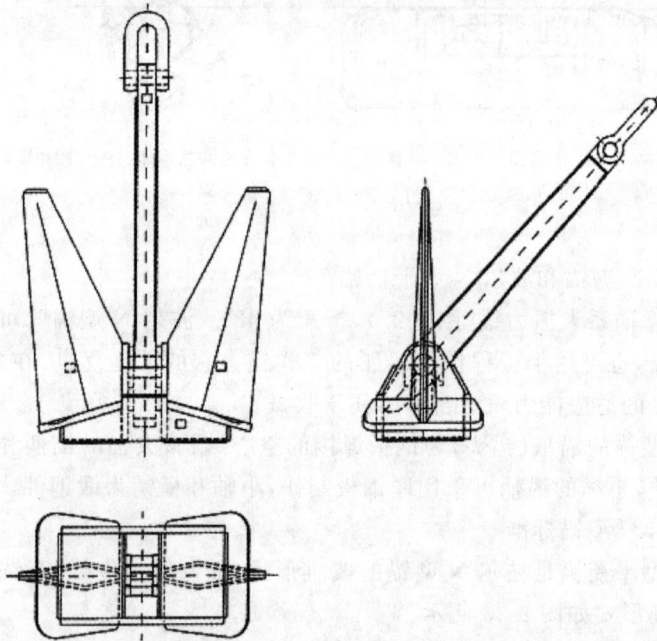

图 2-23　波尔 N 型平衡锚

(5) 波尔 TW 型锚和波尔 TW 型平衡锚

波尔 TW 型锚系大抓力锚(图 2-24),折第角为 40°。波尔 TW 型锚既可用作航行锚泊设备的艏锚,也可用于工程作业船舶的锚泊定位系统。它同波尔 N 型锚相比,结构更简单,制造更容易,性能更好。

波尔 TW 型锚的锚爪(锚头)为钢板焊接结构,大锚的锚柄和锚卸扣为铸钢件或锻钢件,小锚的锚柄可采用厚钢板制作,小轴为锻钢件。

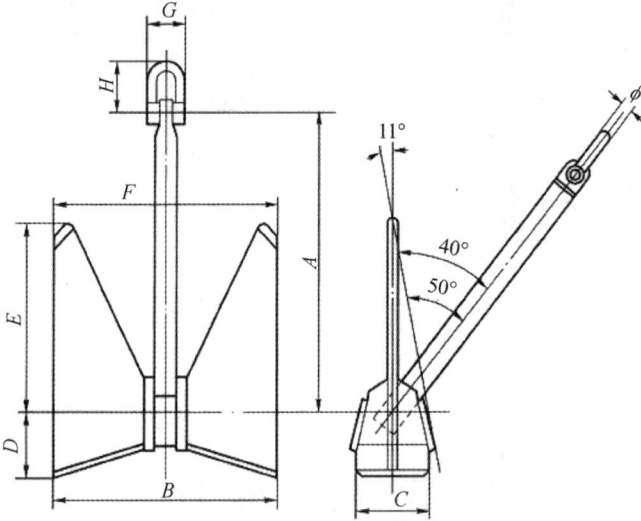

图 2-24 波尔 TW 型锚

波尔 TW 型平衡锚是波尔 TW 型锚的改进形式,如同斯贝克锚,当锚吊起时锚爪随即竖直。其形式如图 2-25 所示。

(6) 阔鳍型德尔泰锚

阔鳍型德尔泰锚(flipper delta anchor)系大抓力锚(图 2-26),主要用于工程作业船舶的锚泊定位系统。这种锚性能十分优良,适用于各种泥、砂及砾石等底质。通常情况下折角为 32°(或 35°),在遇到特别松软的底质时,可临时将折角改为 50°。阔鳍型德尔泰锚不适宜收藏在锚链筒内,通常存放在锚架上。

德尔泰锚的构造不同于一般的无杆锚,它的锚爪较尖,两爪尖之间的空隙较小,拖曳时容易啮入土中。锚爪下部较宽,起到了有杆锚稳定杆的作用,而且不会缠住抛(或起)锚用的锚头缆。锚爪是开式结构且有开孔,一旦在系泊过程中锚索受到过大的冲击负荷或是锚存放在锚架上受到波浪拍击,这些孔将起到缓冲和减负的作用。

德尔泰锚的锚爪(锚头)为钢板焊接结构。锚柄和锚卸扣为铸钢件或锻钢件。

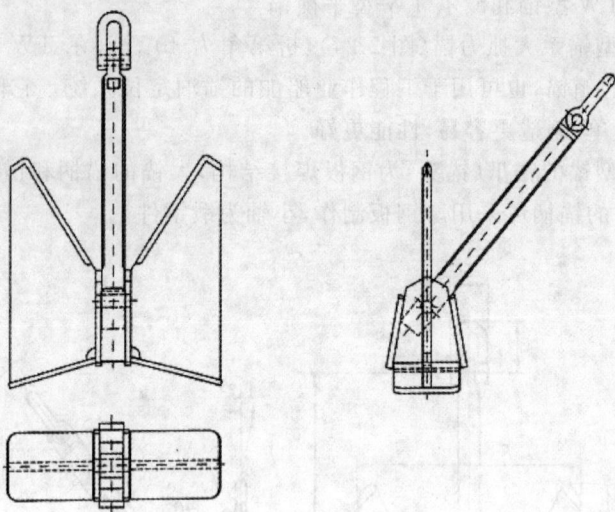

图 2-25　波尔 TW 型平衡锚

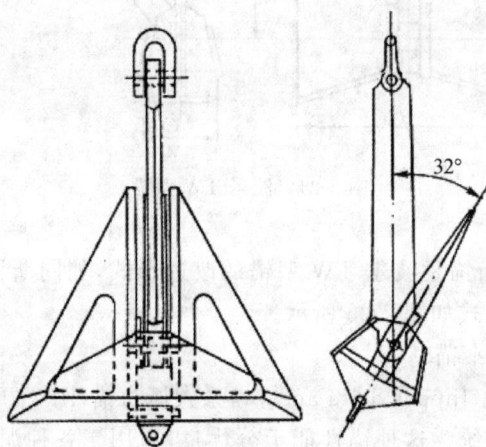

图 2-26　阔鳍型德尔泰锚

（7）其他无杆转爪锚

目前,国外船舶上常用的普通无杆转爪锚有:巴尔特无杆锚(baldt stockles anchor)、美国海军无杆锚(U. S. Navy stockles anchor)、万向接头型(union universal type)无杆锚、日本 JIS 无杆锚等,其形式如图 2-27 所示。这些锚都是铸钢锚,它们的性能同霍尔锚相似。

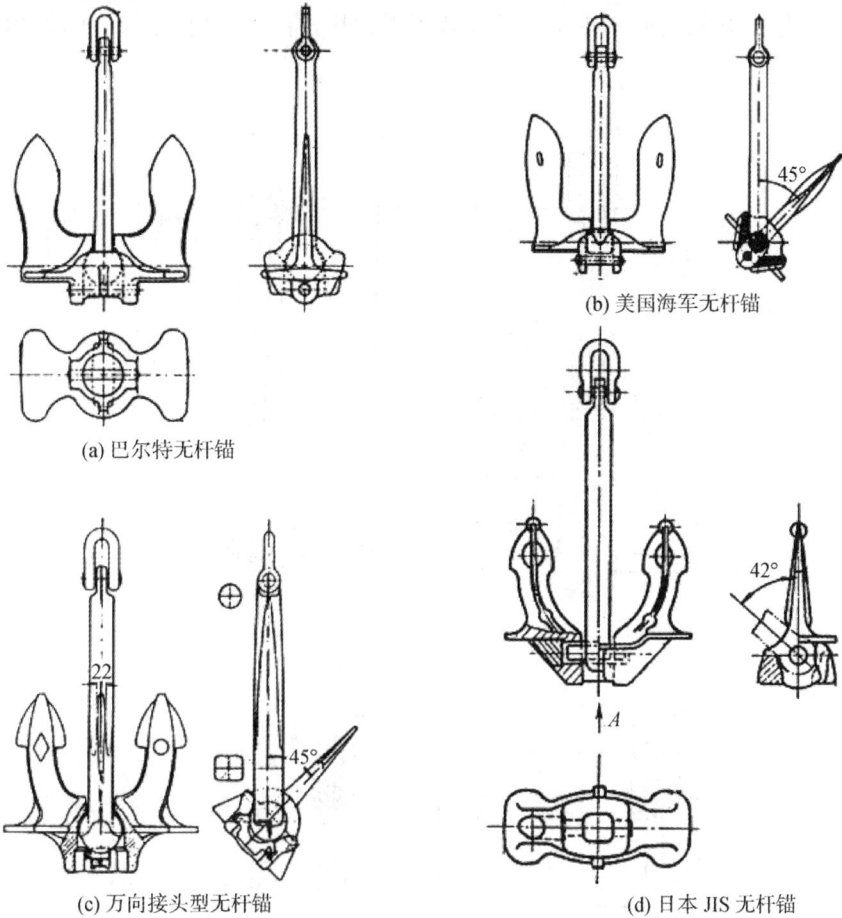

(a) 巴尔特无杆锚

(b) 美国海军无杆锚

(c) 万向接头型无杆锚

(d) 日本 JIS 无杆锚

图 2-27　国外船舶常用的普通无杆转爪锚

2.6.2.2　有杆转爪锚

有杆转爪锚大多用于工程作业船舶的锚泊定位系统，也可兼作艏锚。有杆转爪锚通常带有稳定杆，锚爪较长且面积较普通无杆锚大，折角较小（30°～35°）。某些有杆转爪锚，在遇到淤泥的情况下，可将折角加大到 50°，以提高锚的抓力。目前国内外常用的有杆转爪锚形式如下。

（1）轻量型锚

轻量型锚（LWT 锚）系大抓力锚，锚爪头部（锚冠）处设有横杆，它既是锚爪的旋转轴，又是锚的稳定杆，可使锚在转向时保持稳定，不会翻转。图 2-28（a）所示为折角 30°的轻量型锚,适用于砂及硬泥底质,在淤泥中抓力较小。图 2-28(b)所示的轻量型锚。其锚柄同锚爪接触处设置可拆楔块,有楔块时折角为 30°,适用于砂

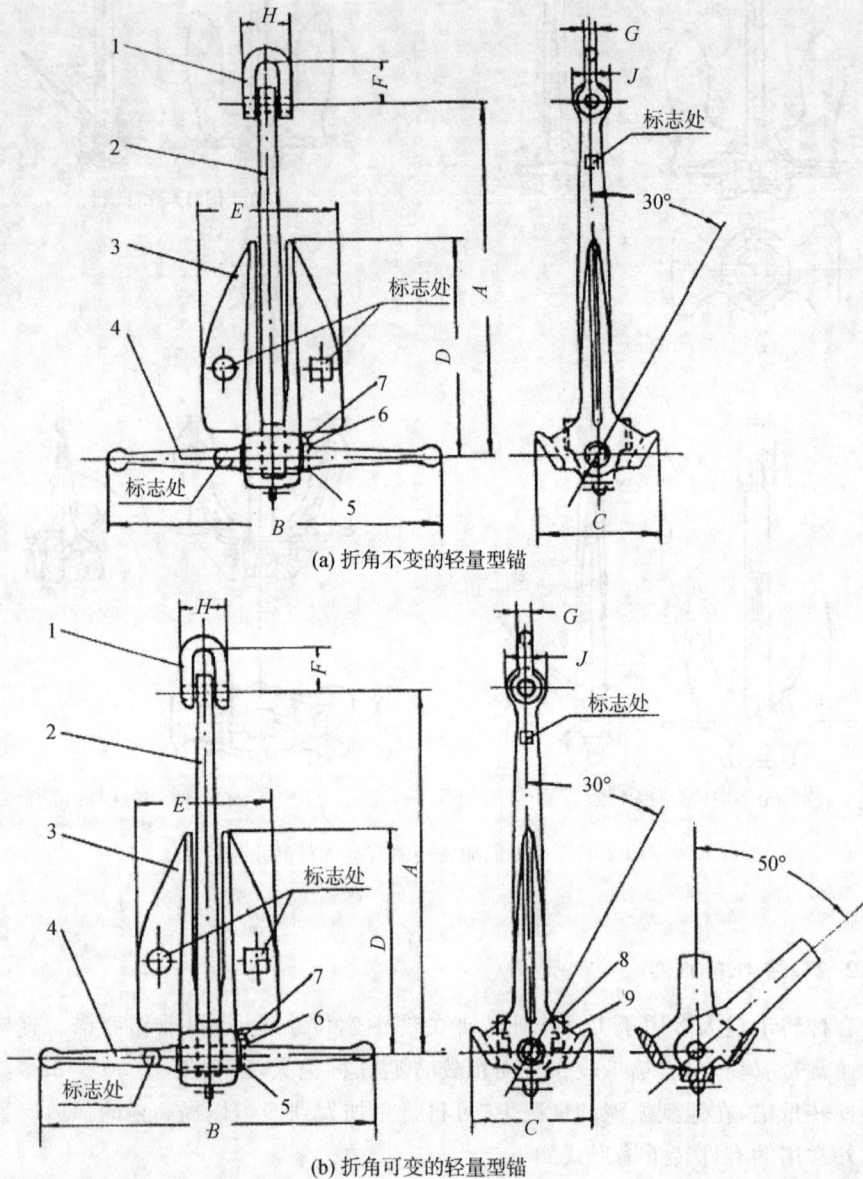

(a) 折角不变的轻量型锚

(b) 折角可变的轻量型锚

1—锚卸扣;2—锚柄;3—锚爪;4—锚横杆;5—垫圈;6—插销;7—小链;8—楔块;9—螺栓。

图 2-28 轻量型锚

及硬泥底质；拆去楔块后折角变成 50°，适用于淤泥底质。轻量型锚的锚爪很尖，容易啮入土中，收起后通常存放在锚架上。

轻量型锚的锚爪（锚头）、锚柄及横杆为铸钢件，锚卸扣可为铸钢件或锻钢件，其余零件均为锻钢件。我国造船行业已制订轻量型锚标准。

（2）丹福斯锚

丹福斯锚（danforth anchor）系大抓力锚，锚爪头部（锚冠）处设有横杆。折角为 30°，不可改变，适用于泥砂底质，在淤泥中抓力较小。图 2-29 所示为丹福斯锚的两种形式，主要差别是锚爪头部的构造有所不同。

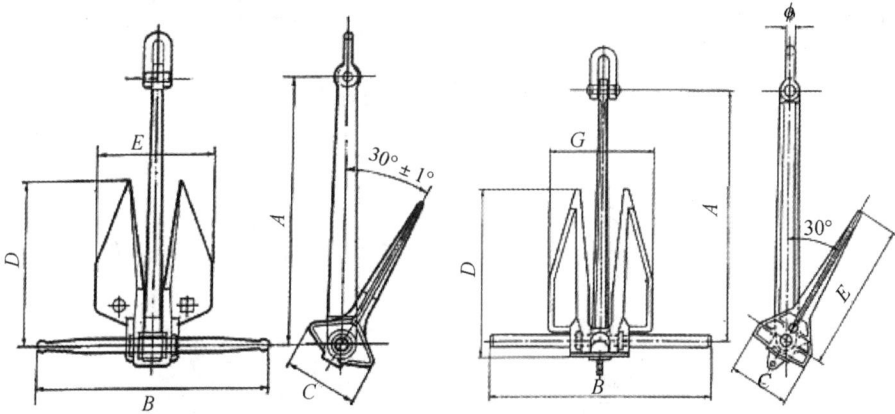

图 2-29　两种形式的丹福斯锚

丹福斯锚的锚爪（锚头）、锚柄及横杆为铸钢件，锚卸扣可为铸钢件或锻钢件，其余零件均为锻钢件。

（3）斯达托锚、穆尔法斯特锚和近海钻井Ⅱ型锚

斯达托锚（Stato anchor）、穆尔法斯特锚（Moorfast anchor）和近海钻井Ⅱ型锚（Offdrill Ⅱ anchor）均为国外海洋工程作业船舶使用的铸钢大抓力有杆锚，它们的形式如图 2-30 及图 2-31 所示。这三种锚的折角均可变换为 34°或 50°，较小的折角用于砂或硬泥，较大的折角用于淤泥。

（4）斯蒂汶系列锚

斯蒂汶系列锚系指由荷兰弗里霍夫锚具公司（Vryhof anchors B.V）研制的用于挖泥船、起重船、铺管船等海洋工程作业船舶锚泊系统的锚，包括斯蒂汶 MK3 锚（Stevin MK3 anchor）、史蒂芙菲克斯锚（Stevfix anchor），史蒂芙莫特锚（Stevmud anchor），史蒂芙狄格锚（Stevdig anchor）及钩锚（hook anchor）等，它们的形式如图 2-32 所示。这些锚均为大抓力有杆锚，其共同的特点是：

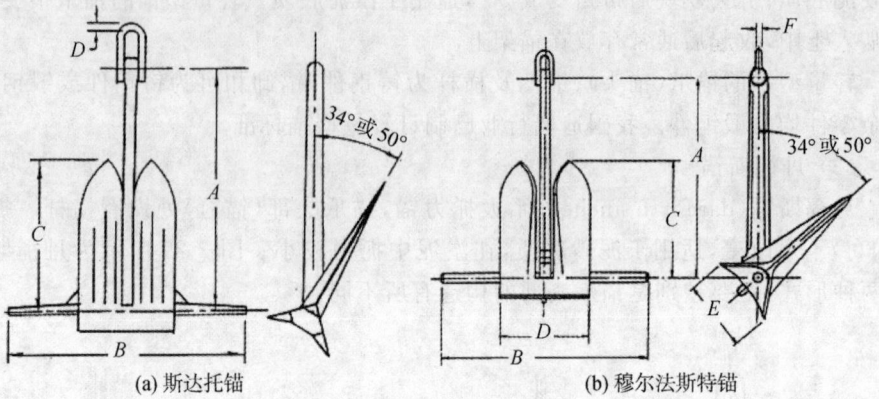

(a) 斯达托锚　　　　　　　　　　　(b) 穆尔法斯特锚

图 2-30　两种大抓力有杆锚

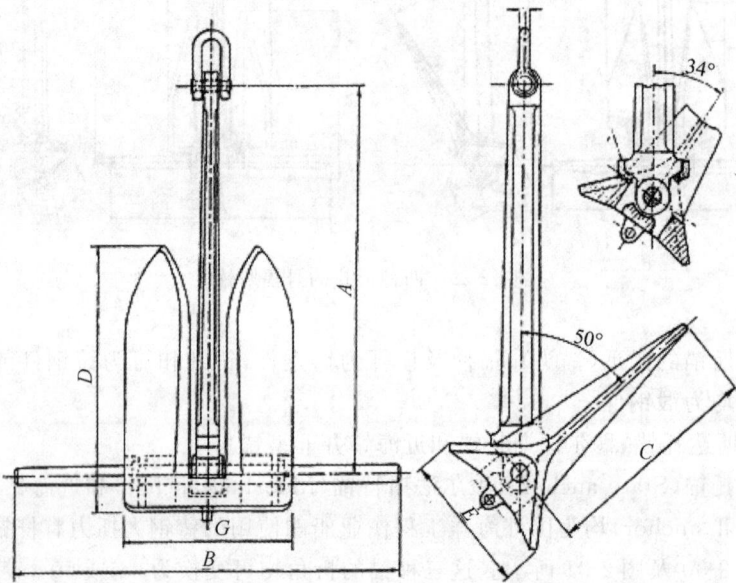

图 2-31　近海钻井 Ⅱ 型锚

①锚爪面积均远大于上述各类铸钢大抓力有杆锚,几乎是相同质量单福斯锚锚爪面积的 3～4 倍,因此特别适合于软泥和淤泥底质;

②锚爪为钢板焊接结构,稳定杆(器)直接焊在锚爪上,不可拆卸;

③锚爪折角可变换为 32° 或 50°,较小的折角用于砂或硬泥,较大的折角用于淤泥。

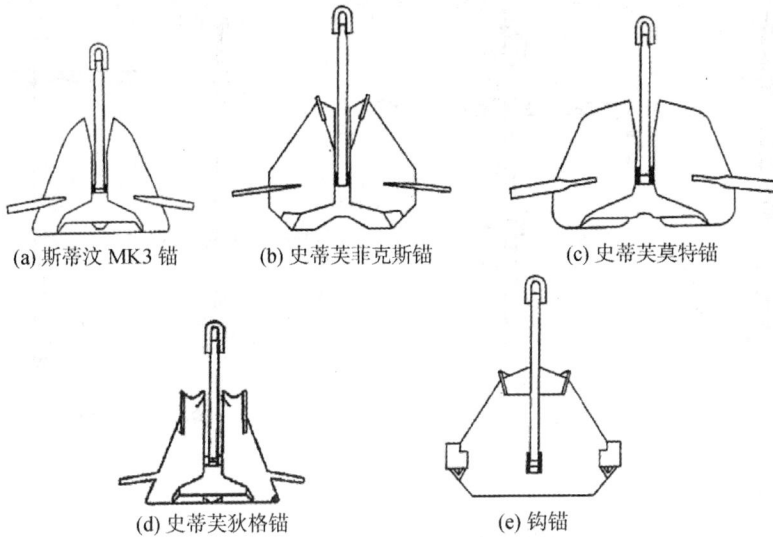

(a) 斯蒂汶 MK3 锚　　(b) 史蒂芙菲克斯锚　　(c) 史蒂芙莫特锚

(d) 史蒂芙狄格锚　　　　(e) 钩锚

图 2-32　斯蒂汶系列锚

2.6.2.3　固定爪锚

固定爪锚的锚爪和锚柄制成一体，称为锚体。目前常见的固定爪锚有以下几种。

（1）海军锚

海军锚是有杆锚，如图 2-33 所示，其横杆设在靠近锚卸扣处，同锚爪成交叉状。锚着地后，一旦受力，以横杆的一端为支点，使锚爪旋转啮入底质。海军锚的锚体和横杆均为铸钢件，我国造船行业已制订海军锚标准。

海军锚适用于砂、硬泥及砾石等底质，也可用于礁石底质。其缺点是收藏不便，不能进入锚链筒；抛锚时始终有一个锚爪露出在底质之外，容易同锚索纠缠，甚或危及在其上通过的船舶，造成船底破损。因此，除非特殊需要，目前已很少采用海军锚。

（2）单爪锚

单爪锚如图 2-34 所示，其形状如同切去一只锚爪的海军锚，性能也同海军锚相似，锚体和横杆均为铸钢件。单爪锚抛锚时必须吊住锚头，使锚爪向下，缓慢地放到水底，然后收紧锚索使锚爪啮入底质。

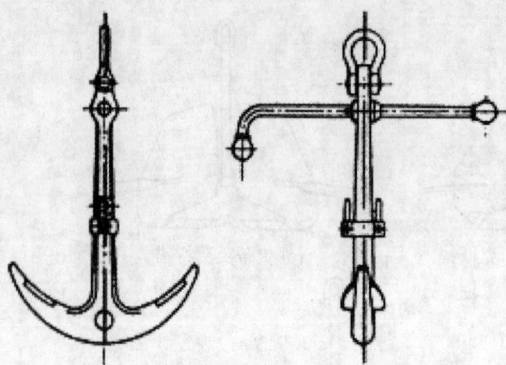

图 2-33　海军锚

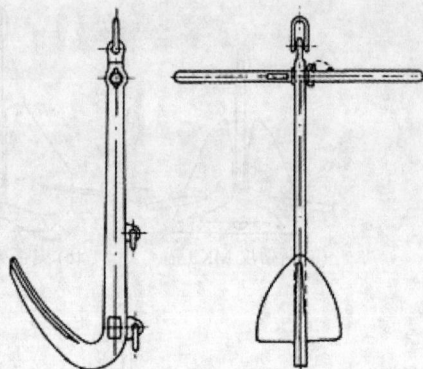

图 2-34　单爪锚

（3）四爪锚

四爪锚如图 2-35 所示，锚体为锻钢件，不设横杆。一般使用质量较小，用于小船。这种锚适用于砂、硬泥、砾石及礁石等底质。

（4）布鲁斯 SS 锚

布鲁斯 SS 锚（Bruce SS anchor）如图 2-36 所示。这种锚的锚体为高强度合金钢铸件，锚爪有 3 个齿，不设横杆，能适应砂、硬泥及淤泥等多种底质，且其抓力不因锚重的增加而有所降低。布鲁斯 SS 锚主要用于海洋工程装置系泊系统。

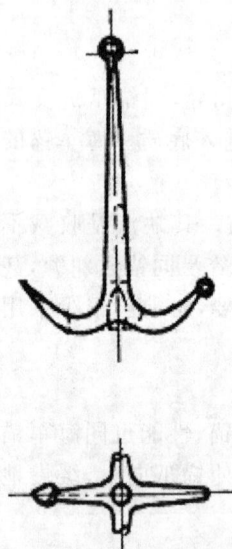

图 2-35　四爪锚

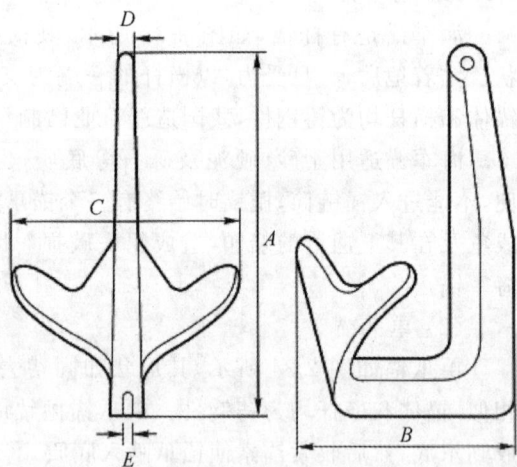

图 2-36　布鲁斯 SS 锚

（5）布鲁斯 TS 锚

布鲁斯 TS 锚（Bruce TS anchor）如图 2-37 所示。这种锚由布鲁斯 SS 锚演变而来。锚体为钢板焊接结构，锚爪也有 3 个齿，且锚爪的角度可调节，以适应不同的底质，锚柄则由两块并列的钢板加上中间斜隔板构成。锚的抓力由锚爪和锚柄一起提供，因此其性能较上述布鲁斯 SS 锚更加优良。布鲁斯 TS 锚主要用于海洋工程装置系泊系统。

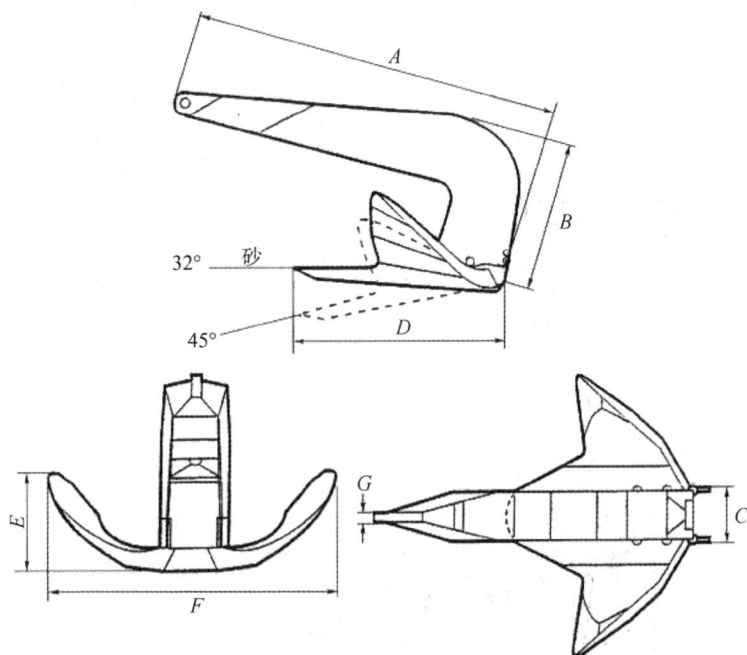

图 2-37　布鲁斯 TS 锚

（6）布鲁斯 FFTS 锚

布鲁斯 FFTS 锚（Bruce FFTS anchor）如图 2-38 所示。该种锚虽然是由布鲁斯 TS 锚演变而来，但是锚爪形状已有很大改变。锚体为钢板焊接结构，锚爪有两个尖齿，且锚爪的角度可调节，以适应不同的底质，锚柄则由两块并列的钢板加上中间斜隔板构成。其抓力较上述布鲁斯 TS 锚更大，主要用于海洋工程装置系泊系统。

（7）史蒂芙帕瑞斯锚

史蒂芙帕瑞斯锚（Stevpris anchor）目前有两种形式即 MK5 和 MK6，分别如图 2-39 和图 2-40 所示。这两种锚均为钢板焊接结构，锚爪面积大，犁形锚柄及带有

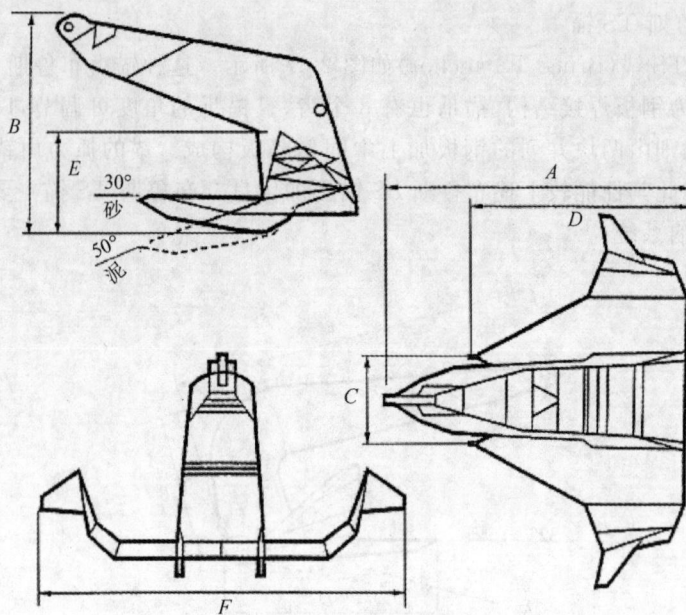

图 2-38　布鲁斯 FFTS 锚

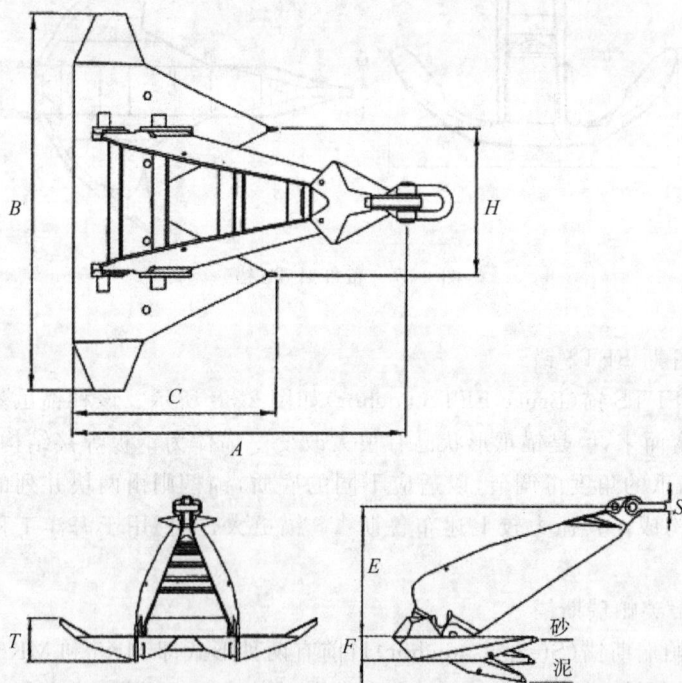

图 2-39　史蒂芙帕瑞斯 MK5 型锚

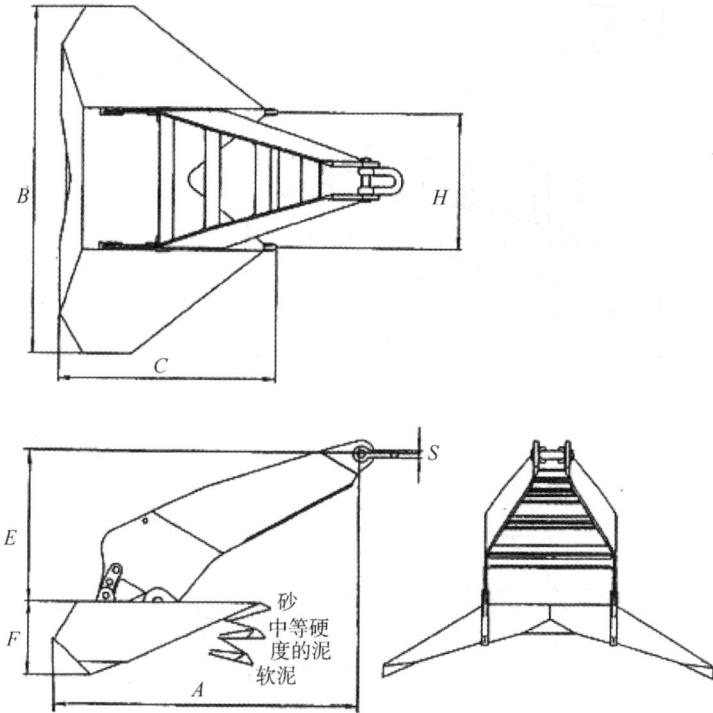

图 2-40　史蒂芙帕瑞斯 MK6 型锚

两个尖齿的锚爪使锚更深地啮入底质中,且达到最大抓力所需的拖曳距离较短。锚爪与锚柄之间的夹角可调节,在极软的黏土(淤泥)中为 50°,一般的黏土中为 41°,砂和硬泥中为 32°,并可承受一定的垂向负荷。MK6 型比 MK5 型抓力更大,两者均用于海洋工程装置系泊系统。

(8) 史蒂芙夏克锚

史蒂芙夏克锚(Stevshark anchor)如图 2-41 所示,乃是史蒂芙帕瑞斯 MK5 型锚的变种。两者的区别在于,史蒂芙夏克锚配置了锯齿形锚柄以及做了特殊加强的可经受更高负荷的锚爪尖端,从而使其能更好地穿透硬的底质诸如珊瑚礁以及砂-石混合的底质。史蒂芙夏克锚主要用于海洋工程装置系泊系统。

2.6.2.4　其他形式的锚

以上介绍的都是拖曳式锚,此外还有一些特殊形式的锚如菌形锚、半球形水泥锚、重力锚、飞箭埋式锚等,其制作材料有铸钢、钢材、混凝土等,主要用于系留物的永久性系固。

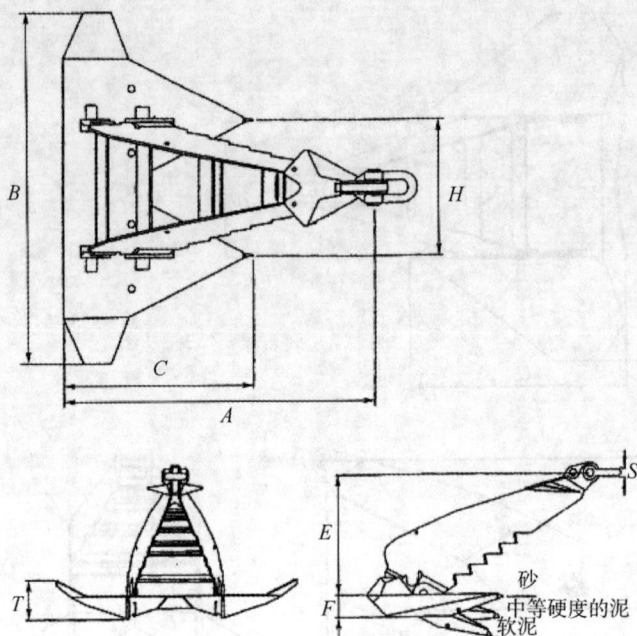

图 2-41　史蒂芙夏克锚

近年来,随着海洋工程装置的发展,出现了多种用于永久性系泊系统的锚,其中著名的如桩锚、吸力锚(又称负压锚)、法向承力锚(VLA 锚)、板锚(Plate Anchor)等。这些锚都是钢质结构,但海上安装工艺均远比拖曳式锚复杂得多。

2.6.3　船用锚的抓持特性、啮入深度及拖曳距离

船用锚的抓持特性取决于诸多因素,首先是锚型,不同形式的锚在同样的底质中的抓力不尽相同,这就是会出现如此众多形式的锚的根本原因。

另一个因素是就大多数锚而言,在砂或硬泥中的抓力较大,在软泥或淤泥中的抓力则明显减小,除非是为某种底质特殊设计的锚。但是几乎大多数转爪锚都不适用于瞧石,只有海军锚和四爪锚对于这类底质有较好的适应能力。

再就是锚在底质中"浸泡"的时间越长,锚的抓力会提高。这是因为锚周围被扰动了的底质随着时间的推延而固结,变得更硬。

需要注意的是评价一个锚的好坏不完全取决于其抓持特性也即抓力的大小,选择过程中最后的决定往往是多种因素的组合,如同本章2.6.1节所述。例如,某些海洋工程装置用的锚,虽然抓力非常大,但在海上安装(敷设)的工艺极为复杂,就不适宜临时系泊的船舶使用,因此必须根据船舶的作业要求综合考虑。

本书提供某些锚的抓持特性资料,供选择时参考。表 2-9 列出了各类锚大致的抓力系数,表 2-10 所示为各类锚按其级别的抓力系数范围,图 2-42 所示为各类锚在软泥中的抓力,图 2-43 所示为各类锚在砂中的抓力。锚的啮入深度以及拖曳距离和锚抓力的关系见图 2-44 及表 2-11。

表 2-9　各类锚大致的抓持特性

序号	锚型	抓力系数		适用底质
		砂、黏土	淤泥	
1	海军锚	6～8	6～8	各种底质
2	普通无杆锚*	3～4	3～4	各种底质
3	丹福斯锚	10～12	5	砂及黏土
4	轻量型锚	10～12	10～12	折角 30°适用于砂及黏土,折角 50°适用于淤泥
5	波尔锚	6	6	各种底质
6	AC-14 锚	8～10	8～10	各种底质
7	史蒂汶锚	28(砂),17～32(硬泥)	18	各种底质
8	史蒂芙莫特锚	—	35	淤泥
9	斯达托锚	13	13	折角 34°适用于砂和黏土,折角 50°适用于淤泥
10	穆尔法斯特锚	13	13	淤泥
11	阔鳍型德尔泰锚	25	15	各种底质
12	布鲁斯铸钢锚	40	40	各种底质

* 普通无杆锚系指:霍尔锚、斯贝克锚、巴尔特无杆锚、美国海军无杆锚、万向接头型无杆锚、日本 JIS 无杆锚等。

表 2-10　质量 10 t 的各种拖曳埋置锚的抓持特性

锚的级别	抓力系数	锚的名称	附注
A	33～55	史蒂芙帕瑞斯锚、史蒂芙夏克锚、布鲁斯 FFTS 锚	此类锚具较大的穿透底质的能力
B	17～25	布鲁斯铸钢锚、布鲁斯 TS 锚、霍克锚	此类锚的锚柄如弯曲的胳臂,有利于穿透底质
C	14～26	史蒂汶锚、史蒂芙菲克斯锚、史蒂芙莫特锚、阔鳍型德尔泰锚	此类锚具有开敞的锚冠以及相对较短的锚柄和稳定杆,锚爪转动的枢轴在接近重心处
D	8～15	丹福斯锚、轻量型锚、斯达托锚、穆尔法斯特、近海钻井 II 型锚、博世锚	此类锚在锚爪后部设置较长的稳定杆兼作锚爪转动的枢轴,并具有相对较长的锚柄
E	8～11	AC-14 锚、斯托克司锚、Snugstow 锚、Weldhold 锚	此类锚具有很短的稳定器(系指锚冠部分),锚爪转动的枢轴在后部,并具有相对较短的横截面为矩形的锚柄
F	4～6	美国海军无杆锚、Beyers 锚、Union 锚、斯贝克锚	此类锚的锚柄截面为矩形,无稳定杆,锚的稳定依靠锚冠
G	<6	单爪锚、海军锚、Dredger 锚、Mooring 锚	锚爪面积小,稳定杆设在锚柄端部

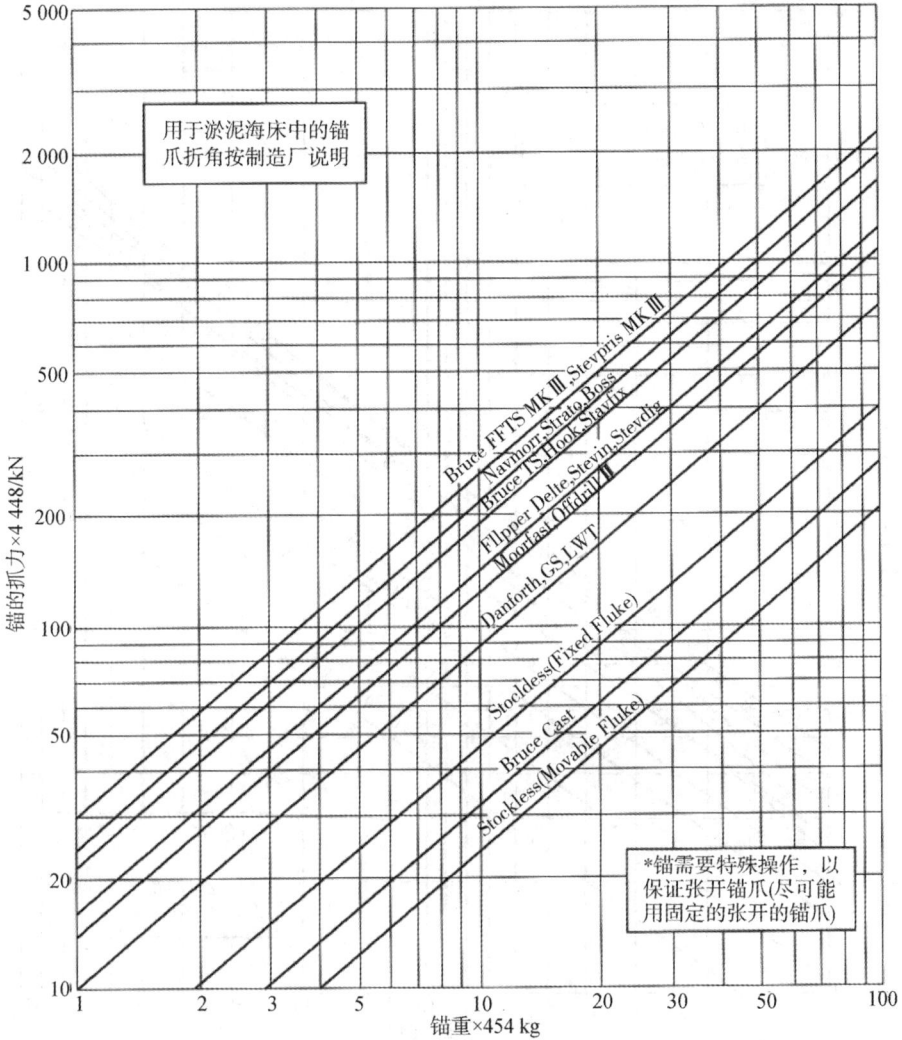

图 2-42　各类锚在软泥中的抓力

注:本图除了改进的 Moorfast(或 Offdrill)和 Stevpris 锚的抓力曲线是根据近几年的模型和现场试验以及现场经验得到的外。其余均取自海洋民用工程研究室(1987)"海洋系泊用拖曳埋置锚"技术数据表 83。图中的设计曲线大体上采用了试验数据的下限。反映了适用于 1987 年锚的设计数据。此后,对新锚设计做了研究。但是这些新的设计的性能参数还不够,因此他们的设计曲线未包含在内。设计曲线不包括安全系数。

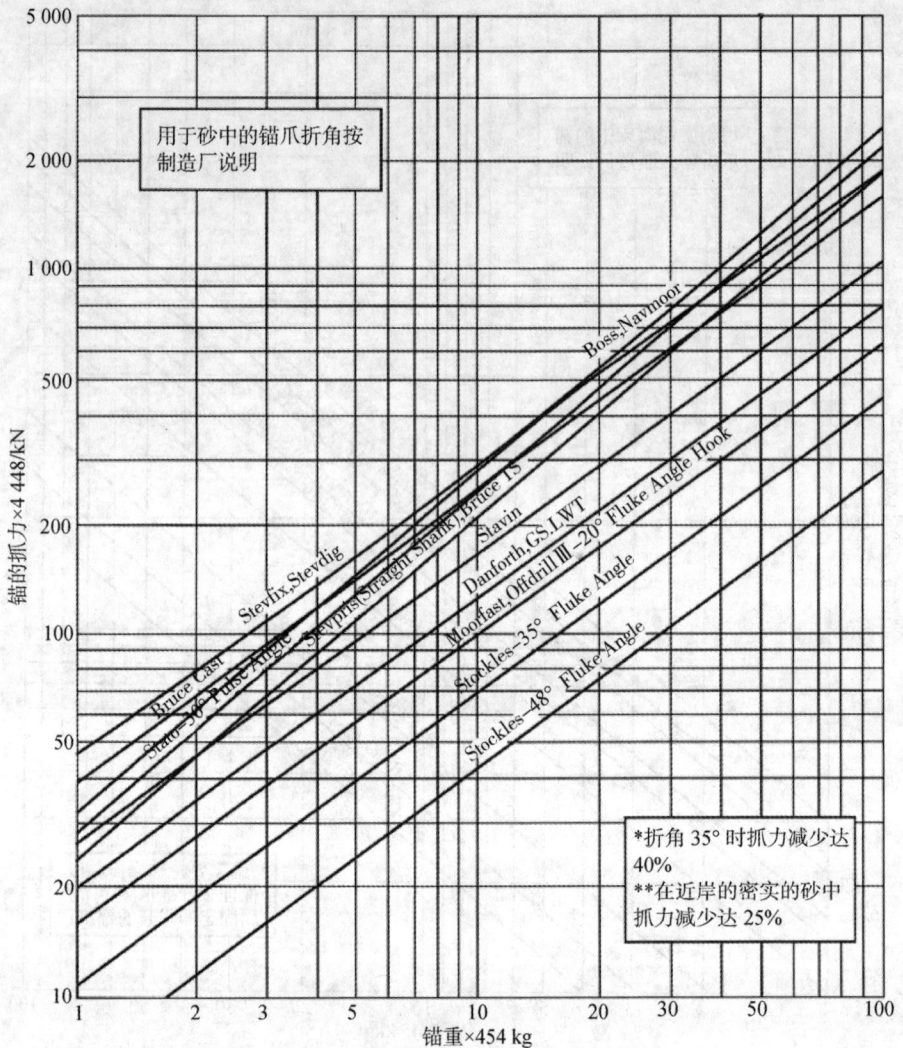

图 2-43　各类锚在砂中的抓力

注：本图取自海洋民用工程研究室(1987)"海洋系泊用拖曳埋置锚"技术数据表 83。图中的设计曲线大体上采用了试验数据的下限。反映了适用于 1987 年锚的设计数据。此后，对新锚设计做了研究。但是这些新的设计的性能参数还不够，因此他们的设计曲线未包含在内。

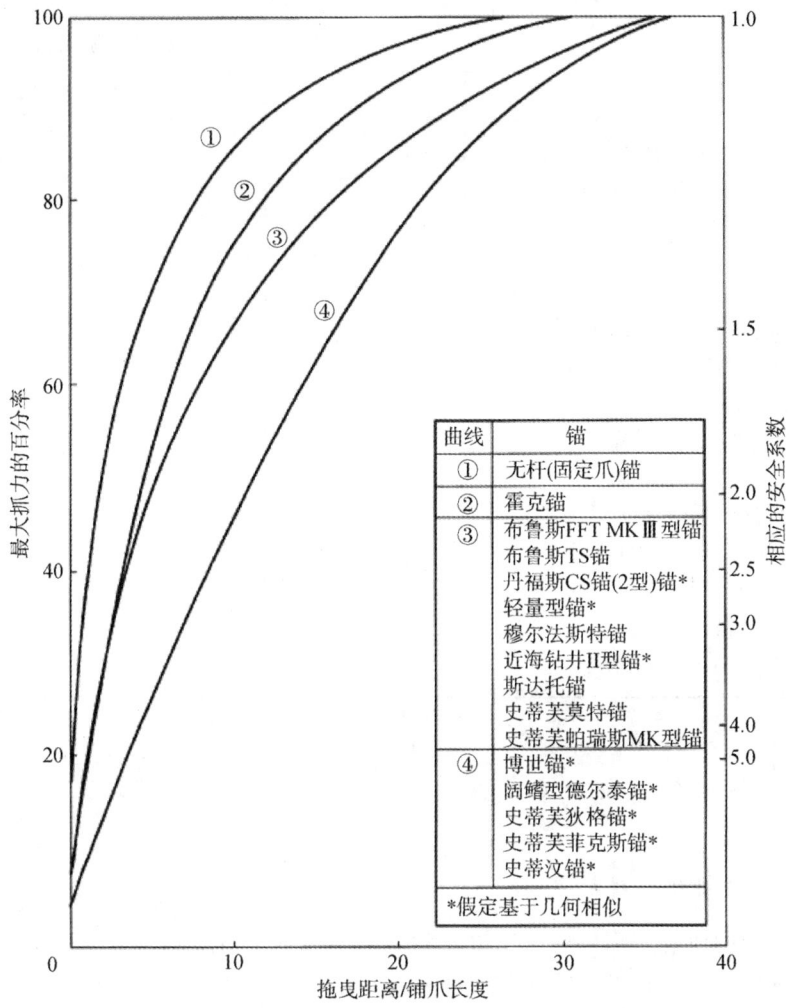

曲线	锚
①	无杆(固定爪)锚
②	霍克锚
③	布鲁斯FFT MK III 型锚 布鲁斯TS锚 丹福斯CS锚(2型)锚* 轻量型锚* 穆尔法斯特锚 近海钻井II型锚* 斯达托锚 史蒂芙莫特锚 史蒂芙帕瑞斯MK型锚
④	博世锚* 阔鳍型德尔泰锚* 史蒂芙狄格锚* 史蒂芙菲克斯锚* 史蒂汶锚*
*假定基于几何相似	

图 2-44　锚的拖曳距离与抓力的关系

表 2-11 锚爪啮入底质的深度

锚　型	锚爪正常啮入底质的深度（锚爪长度的倍数）	
	砂或硬泥	软泥（软的淤泥和黏土）
无杆锚	1	3（固定爪无杆锚）
穆尔法斯特（Moorfast）锚 近海钻井Ⅱ型（Offdrill Ⅱ）锚	1	4
博世（Bos）锚 丹福斯 CS(2 型)(Danforth CS(type 2))锚 阔鳍型德尔泰（Flipper Delta）锚 轻量型（LWT）锚 斯达托（Stato）锚 史蒂芙菲克斯（Sterfix）锚	1	4.5
史蒂芙帕瑞斯（Stevpris）MKⅢ型锚 布鲁斯（Bruce）FFTS MKⅢ型锚 布鲁斯（Bruce）TS 锚 霍克（Hook）锚 史蒂芙莫特（Stevmud）锚	1	5

2.6.4　船用锚的材料和试验

2.6.4.1　船用锚的材料

船用锚的所有零部件应采用镇静钢制作，根据不同的制造方法可分为

铸钢件——锚爪、锚柄、锚（横）杆和锚卸扣等；

锻钢件——锚柄、锚（横）杆、锚卸扣、小轴、横销等；

钢板焊接件——锚爪、眼板；

轧制棒材——锚卸扣、小轴、横销等。

所有材料的化学成分、力学性能及其试验方法均应符合船级社《材料与焊接规范》的规定。

（1）铸钢件

锚的铸钢零部件通常采用船体结构用的并经铝化处理细化晶粒的焊接结构用碳钢和碳锰钢铸钢件，其化学成分及力学性能见本分册第 1 章表 1-20 及表 1-21。

用于超大抓力锚的铸钢件,每批还应取一组 3 个夏比冲击试样,在 0 ℃下进行试验,其平均冲击功应不低于 27 J。

铸钢件应采用下列方法之一进行热处理:①完全退火;②正火;③正火加回火(回火温度不低于 550 ℃)

锚的铸钢零部件常用的钢号如 ZG200-400C、ZG230-450C 等。

(2)锻钢件

锚的锻钢零部件通常采用船体结构用的碳钢和碳锰钢锻钢件。其化学成分应符合本分册第 1 章表 1-18 的规定,力学性能应符合表 1-19 的规定。

锻钢件的热处理,除另有规定外,碳钢和碳锰锻钢钢件应采用下列状态之一交货:①完全退火;②正火;③正火加回火(回火温度不低于 550 ℃);④淬火加回火(回火温度不低于:550 ℃)。

焊接结构的碳钢和碳锰钢锻钢件的含碳量一般应不超过 0.23%,常选用钢号为 20,25、15 Mn、20 Mn、25 Mn 等优质碳素结构钢。用于锚的小轴和横销等零部件的锻钢件,常选用钢号为 30、35、30 Mn、35 Mn 等优质碳素结构钢。

(3)钢板焊接件

钢板焊接的锚爪(头)通常采用 B 或 D 级一般强度船体结构用钢或 A32,A36,D32,D36 级高强度船体结构用钢,其中 D 级钢用于寒冷地区的锚。各个等级钢材的化学成分和力学性能详见 CCS《材料与焊接规范》。

(4)轧制棒材

锚卸扣、小轴、横销等零件采用轧制钢棒材制作时,其材料要求如同上述锻钢件和钢板焊接件。

2.6.4.2 锚的检验

锚在制造完成后,应在未经油漆的情况下进行外观检查、称重和试验。所有的零部件应清除表面的氧化皮、浮砂等杂质,以使其达到光洁的程度,且无裂纹、缺口、夹渣或影响产品使用性能的其他缺陷,并进行如下试验:

(1)铸钢零部件的坠落试验和锤击试验

锚的每个铸钢零部件(锚头、锚柄、锚横杆、锚卸扣的本体和横销等)应按下列要求进行坠落和锤击试验:

①将每个铸钢零部件提升到 4 m 高度(锚柄或锚横杆置于水平位置,锚头的冠部向下),使其自由下坠到具有抗冲击载荷能力的钢砧(在硬水泥地上设置厚度不小于 100 mm 的钢板)上,锚的铸钢零部件应不断裂;

②坠落试验后,将每个铸钢零部件用非金属的绳索吊离地面,然后用质量为 3~7 kg 的钢锤敲击,以声音鉴别铸钢零部件,应无裂纹和其他缺陷。

（2）锚的拉力验证试验

每个名义质量（包括横杆在内）不小于 75 kg 的普通锚，56 kg 的大抓力锚和 38 kg的超大抓力锚应在装配完整后按规定进行拉力验证试验，具体要求如下。

①锚的拉力试验载荷应符合表 2-12 的规定，表中锚的质量计算如下。

（a）对于普通无杆锚为锚的实际总质量；

（b）对于普通有杆锚（如海军锚、单爪锚）为不包括横杆的锚的实际质量；

（c）对于大抓力锚按锚的实际质量的 1.33 倍计；

（d）对于超大抓力锚按锚的实际质量的 2 倍计。

表 2-12　锚的拉力试验负荷

锚的质量 m_a /kg	拉力试验载荷 Q /kN	锚的质量 m_a /kg	拉力试验载荷 Q /kN	锚的质量 m_a /kg	拉力试验载荷 Q /kN	锚的质量 m_a /kg	拉力试验载荷 Q /kN
50	23.2	1 200	231.0	4 800	645.0	11 000	1 070.0
55	25.2	1 250	239.0	4 900	653.0	11 500	1 090.0
60	27.1	1 300	247.0	5 000	661.0	12 000	1 110.0
65	28.9	1 350	255.0	5 100	669.0	12 500	1 130.0
70	30.7	1 400	262.0	5 200	677.0	13 000	1 160.0
75	32.4	1 450	270.0	5 300	685.0	13 500	1 180.0
80	33.9	1 500	278.0	5 400	691.0	14 000	1 210.0
90	36.3	1 600	292.0	5 500	699.0	14 500	1 230.0
100	39.1	1 700	307.0	5 600	706.0	15 000	1 260.0
120	44.3	1 800	321.0	5 700	712.0	15 500	1 270.0
140	49.0	1 900	335.0	5 800	721.0	16 000	1 300.0
160	53.3	2 000	349.0	5 900	728.0	16 500	1 330.0
180	57.4	2 100	362.0	6 000	735.0	17 000	1 360.0
200	61.3	2 200	376.0	6 100	740.0	17 500	1 390.0
225	65.8	2 300	388.0	6 200	747.0	18 000	1 410.0
250	70.4	2 400	401.0	6 300	754.0	18 500	1 440.0
275	74.9	2 500	414.0	6 400	760.0	19 000	1 470.0
300	79.5	2 600	427.0	6 500	767.0	19 500	1 490.0

表 2-12　（续）

锚的质量 m_a /kg	拉力试验载荷 Q /kN	锚的质量 m_a /kg	拉力试验载荷 Q /kN	锚的质量 m_a /kg	拉力试验载荷 Q /kN	锚的质量 m_a /kg	拉力试验载荷 Q /kN
325	84.1	2 700	438.0	6 600	773.0	20 000	1 520.0
350	88.8	2 800	450.0	6 700	779.0	21 000	1 570.0
375	93.4	2 900	462.0	6 800	786.0	22 000	1 620.0
400	97.9	3 000	474.0	6 900	794.0	23 000	1 670.0
425	103.0	3 100	484.0	7 000	804.0	24 000	1 720.0
450	107.0	3 200	495.0	7 200	818.0	25 000	1 770.0
475	112.0	3 300	506.0	7 400	832.0	26 000	1 800.0
500	116.0	3 400	517.0	7 600	845.0	27 000	1 850.0
550	125.0	3 500	528.0	7 800	861.0	28 000	1 900.0
600	132.0	3 600	537.0	8 000	877.0	29 000	1 940.0
650	140.0	3 700	547.0	8 200	892.0	30 000	1 990.0
700	149.0	3 800	557.0	8 400	908.0	31 000	2 030.0
750	158.0	3 900	567.0	8 600	922.0	32 000	2 070.0
800	166.0	4 000	577.0	8 800	936.0	34 000	2 160.0
850	175.0	4 100	586.0	9 000	949.0	36 000	2 250.0
900	182.0	4 200	595.0	9 200	961.0	38 000	2 330.0
950	191.0	4 300	604.0	9 400	975.0	40 000	2 410.0
1 000	199.0	4 400	613.0	9 600	987.0	42 000	2 490.0
1 050	208.0	4 500	622.0	9 800	998.0	44 000	2 570.0
1 100	216.0	4 600	631.0	10 000	1 010.0	46 000	2 650.0
1 150	224.0	4 700	638.0	10 500	1 040.0	48 000	2 730.0

注：①如锚的质量为中间值时，其拉力试验载荷可由内插法确定。

②当普通锚的质量 $m_a > 48\,000$ kg 时，其拉力试验负荷 Q 为：$Q = 2.059\,m_a^{2/3}$ kN。

③当大抓力锚的质量 $m_a > 36\,000$ kg 时，其拉力试验负荷 Q 为：$Q = 2.452\,m_a^{2/3}$ kN。

②用于移动式系泊系统的大抓力锚，其拉力试验载荷应不小于与之匹配使用的锚索最小破断负荷的 50%（DNV-OS-E301,2008,Ch. 3 See. 2 C503）。

③锚的拉力试验方法及残余变形测量

（a）拉力试验作用点，一端在锚卸扣处，另一端在锚冠中心至锚爪尖之间的 1/3 处，如图 2-45 所示；

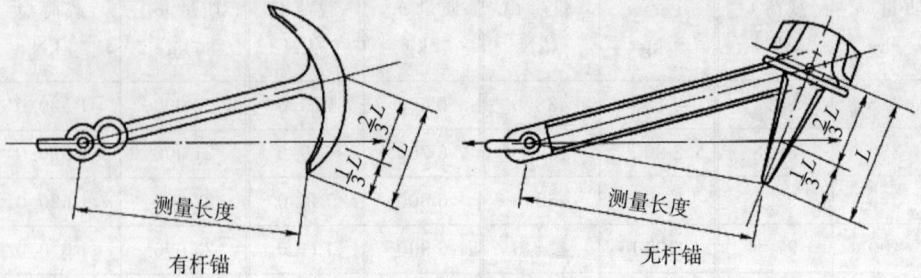

图 2-45　锚的拉力试验图

（b）无杆（转爪）锚应先在一面拉试后，再翻转到另一面进行同样的试验；

（c）有杆（固定爪）锚的两个锚爪应分别进行试验；

（d）试验前，应在邻近锚卸扣处的锚柄上及锚爪尖端处各做一个标记（打冲眼或划线），作为测量间距用；

（e）试验时，应将拉力加至规定负荷的 10%，保持 5 min 后，测量并记录两标记之间的距离。然后，缓慢加载到规定的试验载荷，保持 5 min 后，逐渐卸载至规定载荷的 10%，再测量两标记之间的距离。无杆（转爪）锚的残余变形应不超过标距长度的 1%，有杆（固定爪）锚应无明显的残余变形。

④经拉力试验后的锚应按表 2-13 的要求做外观检查和无损检测，转爪锚的锚爪应能灵活地自由转动到其设计的最大角度。

表 2-13　拉力试验后锚的外观检查和无损检测

检查方法		普通锚	大抓力锚	超大抓力锚
外观检查		应检查锚的所有受力部位，不应存在裂缝和其他明显的缺陷	应检查锚的所有受力部位，不应存在裂缝和其他明显的缺陷	应检查锚的所有受力部位，不应存在裂缝和其他明显的缺陷
无损检测	磁粉或渗透	铸钢件的浇口和冒口部位；焊接锚的焊缝；锚的所有焊接修补处	铸钢件的浇口和冒口部位，焊接锚的焊缝；锚的所有焊接修补处；锚的高应力区域（验船师认为有必要时）	铸钢件的所有表面；焊接锚的焊缝；锚的所有焊接修补处；锚的高应力区域（验船师认为有必要时）

表 2-13　（续）

检查方法		普通锚	大抓力锚	超大抓力锚
无损检测	超声波	不要求	钢板焊接锚的焊缝（验船师认为有必要时）	钢板焊接锚的焊缝；铸钢件的浇口和冒口部位；锚的高应力区域（验船师认为有必要时）

2.6.5　大抓力锚和超大抓力锚的认可试验

为认可大抓力锚或超大抓力锚,应进行海上(床)试验,以证明其抓力高于普通无杆锚的抓力。一般来说,海上试验总是对生产厂家提出的锚的系列进行认可,并作为形式认可提交船级社审查。但是,也可以是对某一种规格的锚进行试验和认可。为此,各国船级社根据 IACS 提出的要求,对于大抓力锚和超大抓力锚的海上试验制订了细则,其内容基本相同,本手册综合叙述如下。

(1) 大抓力锚和超大抓力锚的设计应保证,当锚从通常形式的锚链筒中抛落到海床上时,不论其最初的角度和位置如何,都能有效地抓住海底。对此若有疑问,需提供锚的这种能力的证明。

(2) 拟认可的大抓力锚,应在不同类型的底质中进行比较试验,借以证明该锚的抓力至少为相同质量普通无杆锚抓力的 2 倍。如果拟对大抓力锚系列进行认可,试验所用的锚的规格应尽可能代表整个质量系列。为此,至少应选取该系列中两个规格的锚进行试验,锚的选择方法如下:

① CCS、DNVGL——被试验的两个规格锚中,较大的锚的质量应不小于该系列中最大规格的锚的质量的 1/10,较小的锚的质量应不小于较大的锚的质量的 1/10。

② BV、LR——在需要认可的锚的系列中,最大规格的锚的质量应不大于被试验的最大规格锚的质量的 10 倍,最小规格的锚的质量应不小于被试验的最小规格锚的质量的 0.1 倍。

(3) 拟认可的超大抓力锚,应在不同类型的底质中进行比较试验,借以证明该锚的抓力至少为相同质量普通无杆锚抓力的 4 倍或为已被认可的相同质量大抓力锚抓力的 2 倍。如果拟对超大抓力锚系列进行认可,试验所用的锚的规格应尽可能代表整个质量系列。为此,至少应对三个规格——代表该质量系列中最大的(bottom)、中间的(middle)和最小的(top)——锚进行试验。

(4) 在大抓力锚系列试验中,每个质量规格用于试验的两种形式锚即普通无杆锚和大抓力锚的质量应大致知同。

（5）在超大抓力锚系列试验中,每个质量规格用于试验的两种形式锚即普通无杆锚和超大抓力锚或大抓力锚和超大抓力锚的质量应大致相同。

（6）超大抓力锚的质量通常不超过 1 500 kg,其抓力试验负荷应不大于验证试验负荷。

（7）通常用拖船拖曳锚进行试验,拉力应采用测力计测量或由近期内经校验的拖船系柱拖力-推进器转速曲线确定。根据具体情况,船级社可接受岸基试验。同此前已经认可的大抓力锚或超大抓力锚进行比较的试验可被接受作为认可依据。

（8）试验时,同锚连接的锚链或钢丝绳的直径应与该锚的质量相适应。试验过程中,配备的锚链或钢丝绳的长度应足以使得作用在锚上的拉力达到近乎水平的程度。为此,锚链的长度通常为锚链筒口至海底的垂直距离的 10 倍,但至少应为 6 倍。钢丝绳的长度应不小于自船上的出索点（船尾导向滑轮处）至海底的垂直距离的 20 倍。

（9）试验应至少在三种不同的底质中进行,通常为软泥（soft mud）或淤泥（silt）、砂（sand）或砾石（gravel）以及硬黏土（hard clay）或类似的混合底质。

（10）每个锚应在每种底质中进行 3 次试验,如有可能应注意锚的稳定性及其是否容易破土。

在海上试验中,推荐采用测力计测量拖力（锚的拉力）是因为通过连接在锚索上的测力传感器测得的数值与流速流向无关。若是采用拖船的拖力-推进器转速曲线推算拉力,则试验时必须限定流速,以减少误差,并对流速引起的船体顶流或逆流阻力的影响进行修正。

海上试验时,试验水域不必太深,以减小锚索的长度。图 2-46 所示为海上试验的设备布置情况。图中的拖曳用锚索为钢丝绳,其长度应不小于从舻部导向滑轮到海底高度的 20 倍,锚索与锚连接处设有带转环的短锚链（三环或五环套）。在拖船上,锚索可同拖缆机或拖钩连接。记录器将记录整个拖曳过程中拉力的变化。当试验锚型较多的情况下,建议另配一艘小型的具有起吊能力的工作船,供存放试

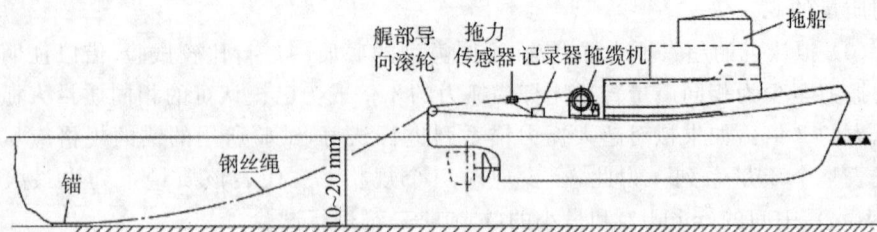

图 2-46 锚的海上试验设备布置图

验用的锚。试验时,其跟在拖船后面,执行抛、起锚和换锚作业。

2.6.6　船用锚的强度校核

　　船用锚应根据其构造特点进行受力分析并对其零部件进行强度校核,受力分析的状态为锚做拉力验证试验时的状态。本节以霍尔锚为例阐述锚的受力分析及其零部件强度校核的一般方法,锚的受力状态如图 2-47 所示,拉力验证负荷 P_t 作用在锚卸扣上及锚爪上距锚爪尖端 $1/3l$ 处(l 为锚爪长度)。

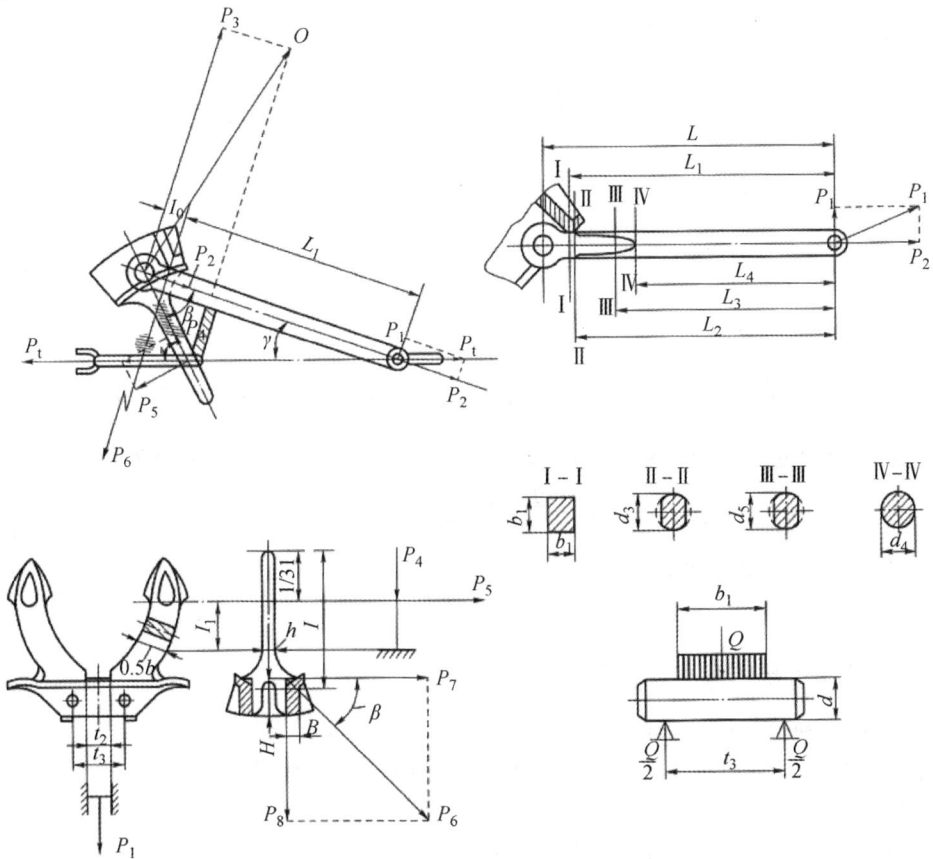

图 2-47　霍尔锚及其零部件受力计算图

已知数据:

P_t——锚的拉力试验负荷,取验证试验负荷;

β—— 锚爪折角,(°);

L——锚柄长度；

l——锚爪长度；

l_0——锚柄与锚冠接触处至锚爪小轴中心的距离。

计算数据：

$$\gamma = \arctan\left(\dfrac{\dfrac{2}{3}l\sin\beta}{L - \dfrac{2}{3}l\cos\beta}\right)(°) \tag{2.6.1}$$

$$\alpha = \beta + \gamma(°) \tag{2.6.2}$$

$$P_1 = P_t\sin\gamma \tag{2.6.3}$$

$$P_2 = P_t\cos\gamma \tag{2.6.4}$$

$$P_3 = \frac{P_1 L_1}{l_0} \tag{2.6.5}$$

$$P_4 = P_t\cos\alpha \tag{2.6.6}$$

$$P_5 = P_t\sin\alpha \tag{2.6.7}$$

$$P_6 = P_1 + P_3 \tag{2.6.8}$$

2.6.6.1 锚爪应力计算

将锚爪视作臂长为 $\dfrac{2}{3}l$，承受外力 P_4 及 P_5 作用的悬臂梁，在接近锚冠处选择一截面，并计算该截面（两个锚爪）的面积 F_1 和剖面模数 W_1 则该截面的应力为

$$\sigma_1 = \frac{P_5 l_1}{W_1} + \frac{P_4}{F_1} \leqslant 0.8\sigma_s \tag{2.6.9}$$

式中 l_1——计算截面离开力 P_5 作用点的距离；

σ_s——锚爪材料屈服强度。

2.6.6.2 锚冠中间部分截面的应力计算

锚冠中间部分（两端嵌固，间距为 l_2）作为锚柄支承点，作用于其上的力 P_6 可分解为 P_7 和 P_8。该处截面可简化为高度 H 和宽度 B 的矩形截面，该截面应力计算如下：

$$P_7 = P_6\cos\beta \tag{2.6.10}$$

$$P_8 = P_6\sin\beta \tag{2.6.11}$$

$$\sigma_2 = \frac{3}{4}l_2\left(\frac{P_7}{B^2 H} + \frac{P_8}{H^2 B}\right) \leqslant 0.8\sigma_s \tag{2.6.12}$$

2.6.6.3 锚柄应力计算

锚柄可视作一端支承在锚爪小轴上，中间支承在锚冠中间部分的两支点外伸

梁,在锚卸扣处的作用力为 P_1 及 P_2。锚柄在长度方向为变截面的,因此应选择若干个截面作强度校核。其中,离开锚卸扣中心距离为 L_1 处的锚柄截面(见图 2-47 中锚柄的Ⅰ—Ⅰ截面)应力为

$$\sigma_3 = \frac{P_1 L_1}{W_2} + \frac{P_2}{F_2} \leqslant 0.8\sigma_s \tag{2.6.13}$$

式中　$L_1 = L - l_0$(见图 2-47);

　　　W_2——Ⅰ-Ⅰ截面的剖面模数;

　　　F_2——Ⅰ-Ⅰ截面的面积。

2.6.6.4　小轴应力计算

锚柄绕小轴旋转,最大角度为 β。小轴按简支梁计算,作用在小轴上的负荷 Q 在锚柄厚度 b_1 范围内均匀分布(见图 2-47)。

$$Q = \sqrt{P_2^2 + P_3^2} \tag{2.6.14}$$

弯矩　　　　　　$M = \frac{Q}{4}\left(l_3 - \frac{b_1}{2}\right) \tag{2.6.15}$

小轴应力　　　$\sigma_4 = \frac{M}{W_3} = \frac{8Q}{\pi d^3}\left(l_3 - \frac{b_1}{2}\right) \leqslant 0.8\sigma_s \tag{2.6.16}$

式中　d——小轴直径;

　　　l_3——横销孔中心距。

2.7　锚索

2.7.1　锚链

船用锚链包括普通链环、加大链环、末端链环、肯脱卸扣、D 型连接卸扣、末端卸扣、转环和转环卸扣。

船用锚链按其普通链环的形式可分为有挡锚链和无挡锚链;按链环的制造方法又可分为电焊锚链、铸造锚链和锻造锚链。

在现代造船中,使用得最多的是电焊锚链,铸造锚链已很少使用,锻造锚链几乎已经绝迹。本手册着重介绍电焊锚链及其附件的规格及技术要求以及锚链的配套方式。

2.7.1.1　船用锚链的等级

根据 CCS《材料与焊接规范》的规定,有挡锚链根据公称强度可分为 1,2 和 3

共三个等级，与其他国家船级社规定的锚链等级对照如表 2-14 所示。

表 2-14　各国船级社船用锚链等级对照表

锚链名称	各国船级社锚链等级					
	CCS	LR	ABS	DNV-GL	BV	NK
一级有挡锚链	1 级	U1	Grade1	NVK1	BV-Q1	Grade1
二级有挡锚链	2 级	U2	Grade2	NVK2	BV-Q2	Grade2
三级有挡锚链	3 级	U3	Grade3	NVK3	BV-Q3	Grade3

按 GB/T549-2017《船用锚链》的规定分为 A 型——有挡锚链和 B 型——无挡锚链，如表 2-15 所示。

表 2-15　船用锚链分类

形式	级别	材料牌号	名　　称	公称规格
A	M1	CM370	一级有挡锚链及附件	11～162
	M2	CM490	二级有挡锚链及附件	
	M3	CM690	三级有挡锚链及附件	
B	M1	CM370	一级无挡锚链及附件	6～50
	M2	CM490	二级无挡锚链及附件	6～90
	M3	CM690	三级无挡锚链及附件	30～90

2.7.1.2　船用锚链及其附件的形式

船用锚链及其附件的种类和代号为

组成锚链的基本零件——有挡普通链环（C）、无挡普通链环（OP）；

连接普通链环和锚的各种连接件通称锚链附件——加大链环（EL）、末端链环（E）、肯特卸扣（KS）、末端卸扣（ES）、D 型连接卸扣（JS）、转环（SW）以及Ⅰ型转环卸扣（SWS（Ⅰ））和Ⅱ型转环卸扣（SWS（Ⅱ））。

普通链环及锚链附件的形式如图 2-48 所示。转环卸扣设置于锚端链节与锚的连接端，其形式有两种，如图 2-49 所示，其中Ⅰ型转环卸扣可取代锚卸扣直接与锚柄连接的；Ⅱ型转环卸扣可与锚卸扣连接或直接与锚柄连接。设置转环卸扣的锚端链节不必再配转环和末端卸扣。

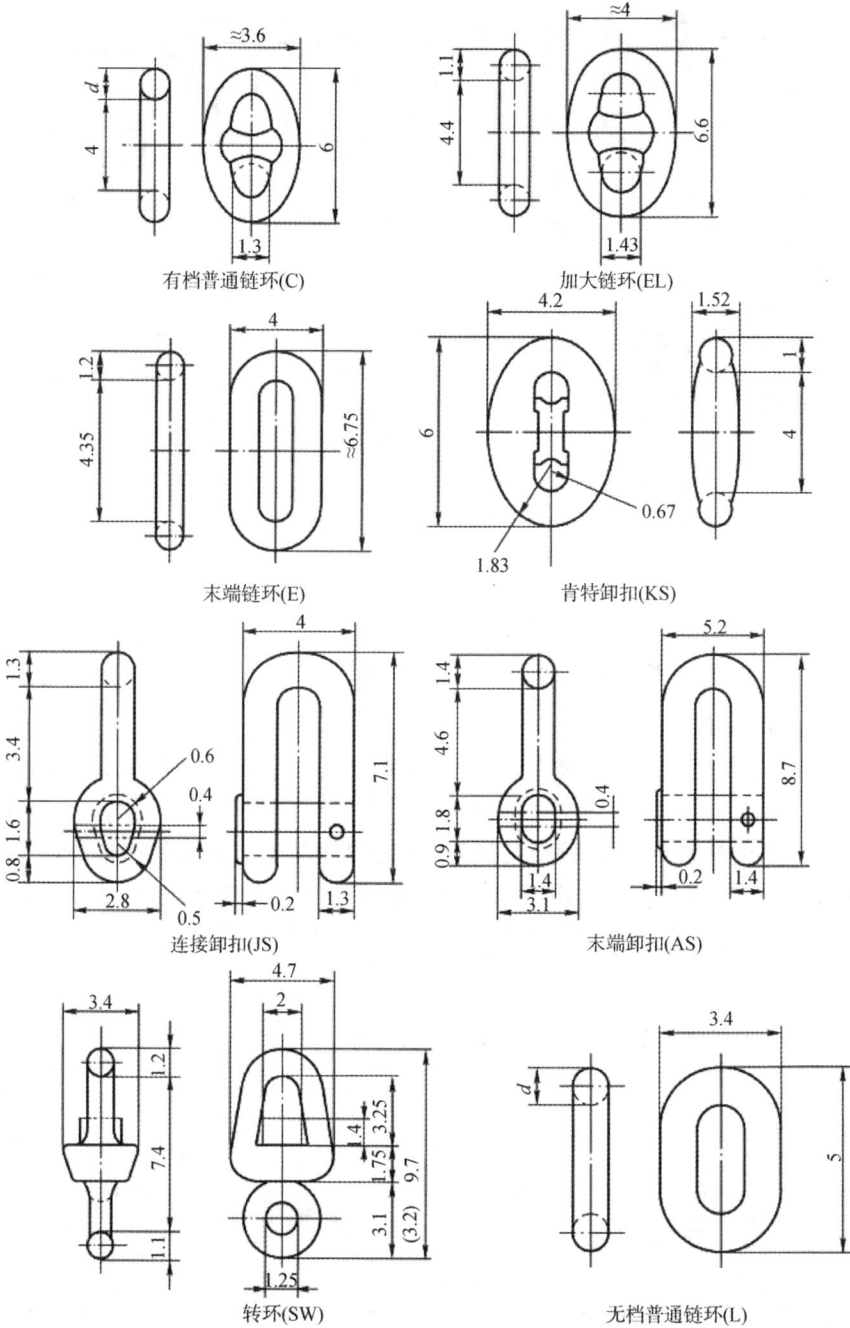

图 2-48 普通链环及锚链附件的形式

注:图中所有数字均表示普通链环公称直径的倍数。

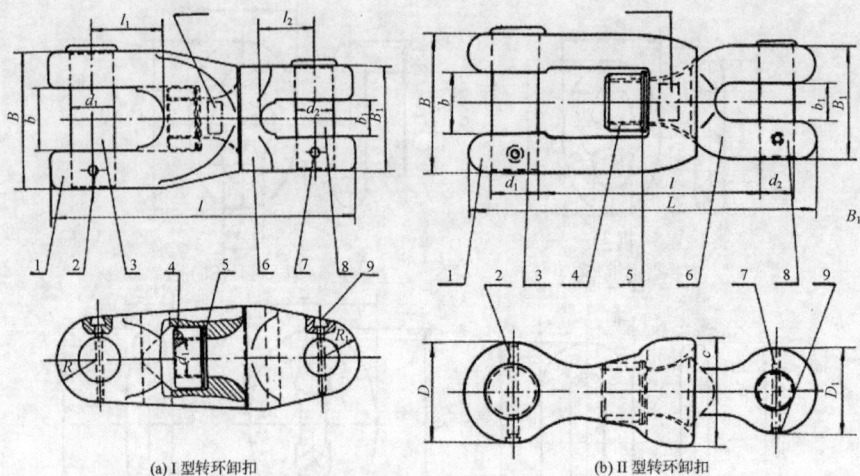

(a) I 型转环卸扣　　　　　　　　(b) II 型转环卸扣

1—锚端转体；2—圆锥销；3—横销；4—螺母；5—垫圈；6—链端转体；7—圆锥销；8—横销；9—填料。

图 2-49　转环卸扣的形式

2.7.1.3　电焊锚链的材料和制造

（1）电焊锚链的材料

船用锚链及其附件的材料应为镇静钢，电焊锚链及其附件通常采用轧制圆钢制造。

根据 CCS《材料与焊接规范》的规定，锚链用轧制圆钢按其公称抗拉强度和适用产品种类分为 M1、M2 和 M3 三个等级，且除 M1 级锚链钢外，其他各等级的锚链钢均需经细化晶粒处理。锚链钢的化学成分和力学性能分别如表 2-16 和表 2-17 所示。

表 2-16　锚链用圆钢的脱氧方法和化学成分

锚链钢等级	脱氧方法	化学成分/%					
		C	Si	Mn	P	S	Al
M1	镇静	≤0.20	0.15~0.35	≥0.40	≤0.040	≤0.040	
M2	镇静细晶处理	≤0.24	0.15~0.55	≤1.60	≤0.035	≤0.035	≥0.020
M3	镇静细晶处理	应符合 CCS 接受的标准					

表 2-17　锚链用圆钢的力学性能

锚链及附件用材料等级	屈服点 R_{eH} /(N/mm²)	抗拉强度 R_m /(N/mm²)	伸长率 A_5 /%	断面收缩率 Z/%	夏比 V 型缺口冲击试验	
					试验温度/℃	冲击功/J
M1	无要求	370～490	≥25	无要求	无要求	无要求
M2	≥295	490～690	≥22	无要求	0	≥27
M3	≥410	≥690	≥17	40	0(−20)	≥60(35)

（2）电焊锚链的制造

电焊锚链的链环应直接采用轧制锚链圆钢制作，并应尽量采用闪光对接焊制造，但直径≤26 mm 的 1 级和 2 级无挡锚链的链环也可采用电阻对接焊。

有挡链环的横挡应采用与锚链钢相应的可焊材料制成（轧制或锻制的低碳钢），且其含碳量应小于 0.24%。有挡链环的横挡压入链环后，应只在与闪光焊缝相对的一侧处焊接，横挡的两端与链环之间应无肉眼可见的缝隙。

锚链附件如卸扣、转环和转环卸扣等，至少应采用不低于 2 级的锚链钢用锻造方法制造。锚（末端）卸扣允许采用铸造方法制造，其材料等级应不低于 2 级锚链钢。

（3）电焊锚链的热处理

锚链或附件应根据其等级按表 2-18 规定的交货状态进行必要的热处理。热处理应在锚链或附件制造完工后且未进行拉力试验、破断试验和成品锚链材料力学性能试验之前进行。

表 2-18　锚链的交货状态

锚链及附件的等级	锚链	附件
1	焊态或正火	不适用
2	焊态或正火①	正火
3	正火、正火加回火或淬火加回火	正火、正火加回火或淬火加回火

注：①当 2 级锚链以锻的方法制造时，则应进行正火处理。

（4）成品锚链的试验

①所有的成品锚链应进行拉力和破断试验，不应断裂和出现裂纹。

②拉力试验：每节锚链（27.5 m）应做拉力试验，有挡锚链按相应等级施加的试验载荷见表 2-19（无挡锚链的拉力试验载荷按经船级社认可的标准确定）。当卸除负荷后，锚链不应有明显的缺陷，且其永久伸长应不超过原始长度的 5%。

表 2-19　有挡锚链的拉力和破断试验载荷

试验载荷	CCS 1 级	CCS 2 级	CCS 3 级
拉力载荷/kN	$0.006\,86d^2(44-0.08d)$	$0.009\,81d^2(44-0.08d)$	$0.013\,73d^2(44-0.08d)$
破断载荷/kN	$0.009\,81d^2(44-0.08d)$	$0.013\,73d^2(44-0.08d)$	$0.019\,61d^2(44-0.08d)$

③破断试验:验船师应在每批不超过 4 节的锚链中取不少于 3 个链环的锚链作为试样,并按表 2-19 规定的破断载荷进行试验(无挡锚链的破断试验载荷按经船级社认可的标准确定)。试验时,破断载荷至少保持 30 s。试验链环应与锚链在同一制造过程中制成,并与锚链一起进行焊接和热处理。如果施加所规定的载荷之后,试样未出现破断现象,则认为试样已通过该项试验。

④链环力学性能试验:2 级和 3 级锚链应以每 4 节焊接锚链为一批;对锻造锚链则以浇铸炉号和热处理炉号分批,每批不大于 4 节锚链。每批锚链应按表 2-20的要求制取 1 个拉伸试样和 2 组各 3 个夏比 V 型缺口冲击试样进行试验。拉伸试样和 1 组 3 个冲击试样应在与焊缝相对部位的母材上截取,而另 1 组 3 个冲击试样的缺口应位于焊缝中心。试验链环应与该批锚链一起制造和热处理。链环力学性能应符合表 2-21 的规定。

表 2-20　完工锚链和附件的力学性能试验取样数量

等级	制造方法	供货状态	母材拉伸试验	夏比冲击试验	
				母材	焊缝
1	闪光对接焊	焊接、正火	不要求	不要求	不要求
2	闪光对接焊	焊接	1	3	3
		正火	不要求	不要求	不要求
	锻造或铸造	正火	1	3①	不适用
3	闪光对接焊	正火、正火加回火、淬火加回火	1	3	3
	锻造或铸造	正火、正火加回火、淬火加回火	1	3	不适用

注:①仅适用于附件。

(5)锚链附件的试验

①拉力试验:所有的附件应按表 2-19 规定的相应锚链的拉力载荷进行拉力

试验。

②破断试验：对由 25 个或不足 25 个卸扣、转环、转环卸扣、加大链环和末端链环组成的每个制造批量（炉罐号、链径和热处理相同）应取 1 个附件作为破断试验试样；而对肯特卸扣则以 50 个或不足 50 个为一个制造批量，取 1 个链环作为试样，按表 2-19 所规定的破断载荷进行破断试验。凡做过破断试验的附件一般不可再使用。若末端链环和加大链环是与锚链一起制造、热处理和试验时，则不必再进行破断试验。

③对相同炉批号、同炉热处理、尺寸相似的锻造或铸造锚链附件可作为一个制造批量。在热处理后每批至少应抽取一个附件按本条（4）款④项的规定截取试样，进行力学性能试验。试验结果和复试均应满足表 2-21 的规定。

表 2-21　完工锚链和附件的力学性能

锚链及附件等级	屈服强度 R_{eH} /(N/mm²)	抗拉强度 R_m /(N/mm²)	伸长率 A_5 /%	断面收缩率 Z /%	夏比 V 型缺口冲击试验		
					试验温度/℃	冲击功/J	
						母材	焊缝
2	≥295	490～690	≥22	无要求	0	≥27	≥27
3	≥410	≥690	≥17	≥40	0(−20)[①]	≥60(35)	≥50(27)

注：① 3 级完工锚链的冲击试验温度通常为 0 ℃。当订货方有要求时，可按 −20 ℃ 冲击为交货条件。

2.7.1.4　锚链的配套

一根完整的锚链通常分为若干链节。其中，一端是同锚连接的锚端链节，另一端是固定在锚链舱内的末端链节，两者之间则是若干中间链节。有挡锚链的链节与链节之间采用肯特卸扣或 D 型连接卸扣连接，两种连接方式的主要区别在于：肯特卸扣可直接与普通链环连接；D 型连接卸扣则必须通过末端链环和加大链环同普通链环连接。无挡锚链的链节与链节之间，则采用 D 型连接卸扣连接。

采用肯特卸扣连接的锚链在通过锚链筒、掣链器及链轮时，阻力较小。而用 D 型连接卸扣连接时，相应的阻力较大。但后者比前者在使用上更加可靠。

有挡锚链的锚端链节、末端链节和中间链节以及无挡锚链的配置方式阐述如下：

（1）有挡锚链的锚端链节

有挡锚链的锚端链节有多种配套方式，根据与中间链节和锚连接方式的不同，常见的配套方式有以下几种：

①用肯特卸扣连接的锚端链节如图 2-50（a）所示，整根锚端链节长度为 27.5 m（不包括末端卸扣），用肯特卸扣与中间链节连接。

②用肯特卸扣连接的锚端附加短链节如图 2-50(b)所示,该附加短链节用肯特卸扣与中间链节连接。

③用 D 型连接卸扣连接的锚端链节如图 2-50(c)所示,整根锚端链节长度为 27.5 m(不包括末端卸扣),用 D 型连接卸扣与中间链节连接。

④用 D 型连接卸扣连接的锚端附加短链节如图 2-50(d)所示。该链节用 D 型连接卸扣与中间链节连接。

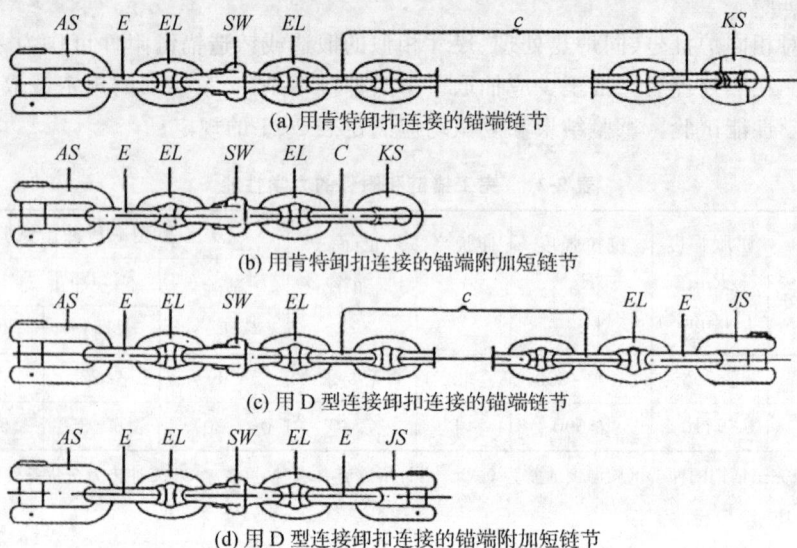

(a) 用肯特卸扣连接的锚端链节

(b) 用肯特卸扣连接的锚端附加短链节

(c) 用 D 型连接卸扣连接的锚端链节

(d) 用 D 型连接卸扣连接的锚端附加短链节

图 2-50 典型的锚端链接配套形式

⑤配置转环卸扣的锚端链节配套形式与上述 4 种相似,但是其中与锚连接的转环及其他附件均采用转环卸扣代替,如图 2-51 所示。

(2) 有挡锚链的末端链节

有挡锚链的末端链节一般不配置转环,其配套方式同弃锚装置形式有关,常见的配套方式有以下几种:

①用肯特卸扣连接的末端链节如图 2-52(a)所示,整根末端链节长度为 27.5 m,用肯特卸扣与中间链节连接。如果根部是同锚链舱内带有缺口的眼板连接,可加设 D 型连接卸扣。

②用肯特卸扣连接的末端附加短链节如图 2-52(b)所示,该附加短链节用肯特卸扣与中间链节连接。

③用 D 型连接卸扣连接的末端链节如图 2-52(c)所示,整根末端链节长度为 27.5 m,用 D 型连接卸扣与中间链节连接。

(a) 配置 I 型转环卸扣的锚端链节

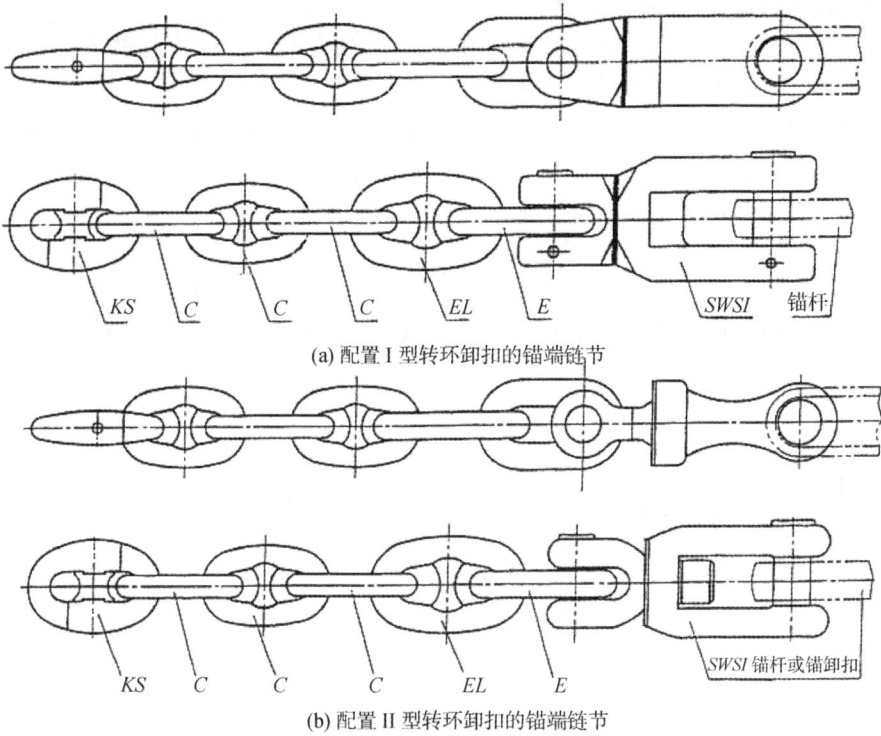

(b) 配置 II 型转环卸扣的锚端链节

图 2-51　配置转环卸扣的锚端链节

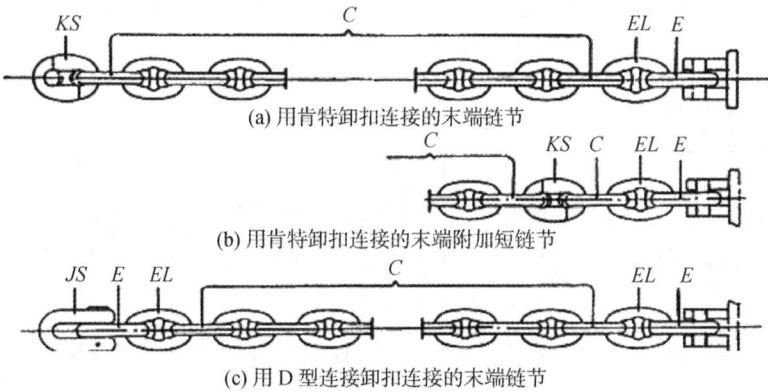

(a) 用肯特卸扣连接的末端链节

(b) 用肯特卸扣连接的末端附加短链节

(c) 用 D 型连接卸扣连接的末端链节

图 2-52　典型的末端链节配套形式

（3）有挡锚链的中间链节

有挡锚链的中间链节,其长度一般为 27.5 m。中间链节根据其同其他链节的

连接方式,基本上只有两种配套方式:

①用肯特卸扣连接的中间锁节如图 2-53(a)所示,27.5 m 的长度内包括 1 个肯特卸扣。除此之外,均为普通链环,且其数目为奇数。

②用 D 型连接卸扣连接的中间链节如图 2-53(b)所示,27.5 m 的长度内包括 1 个 D 型连接卸扣。中间链节两端各设置 1 个加大链环和 1 个末端链环,除此之外,均为普通链环,且其数目为奇数。

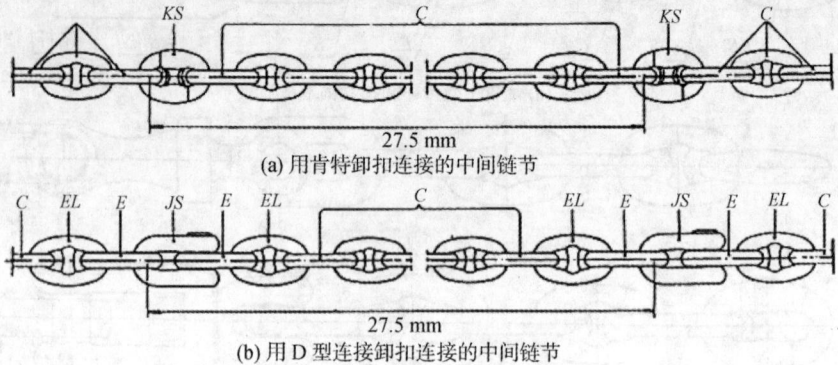

(a) 用肯特卸扣连接的中间链节

(b) D 型连接卸扣连接的中间链节

图 2-53　中间链节配套形式

(4) 无挡锚链的配套方式

无挡锚链的链节与链节之间,采用 D 型连接卸扣连接。因此,其锚端链节、末端链节和中间链节的配套方式与 D 型连接卸扣连接的有挡锚链大致相同,如图 2-54所示。

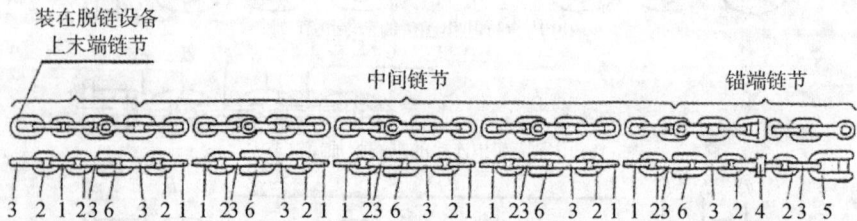

1—普通链环;2—加大链环;3—末端链环;4—转环;5—末端卸扣;6—D 型连接卸扣。

图 2-54　无挡锚链的配套方式

2.7.2　钢丝绳锚索

一般来说,船舶临时锚泊设备的艏锚应采用锚链。但是,船长小于 40 m 的船舶以及起重船、打桩船或其类似作业的船舶的艏锚,可用钢丝绳代替锚链,其替代方式详见本章 2.5.2 节及 2.5.5 节所述。此外,艉锚也可采用钢丝绳锚索。

在工程作业船舶的定位锚泊系统中,经常采用 6×37 类镀锌钢丝绳作为锚索。该类钢丝绳的股芯为钢丝,绳芯为天然或合成纤维索(FC)或 7×7 钢丝绳(即金属绳芯—IWR),如图 2-55 所示。常用的 6×37 类纤维索绳芯钢丝绳有:6×36WS+

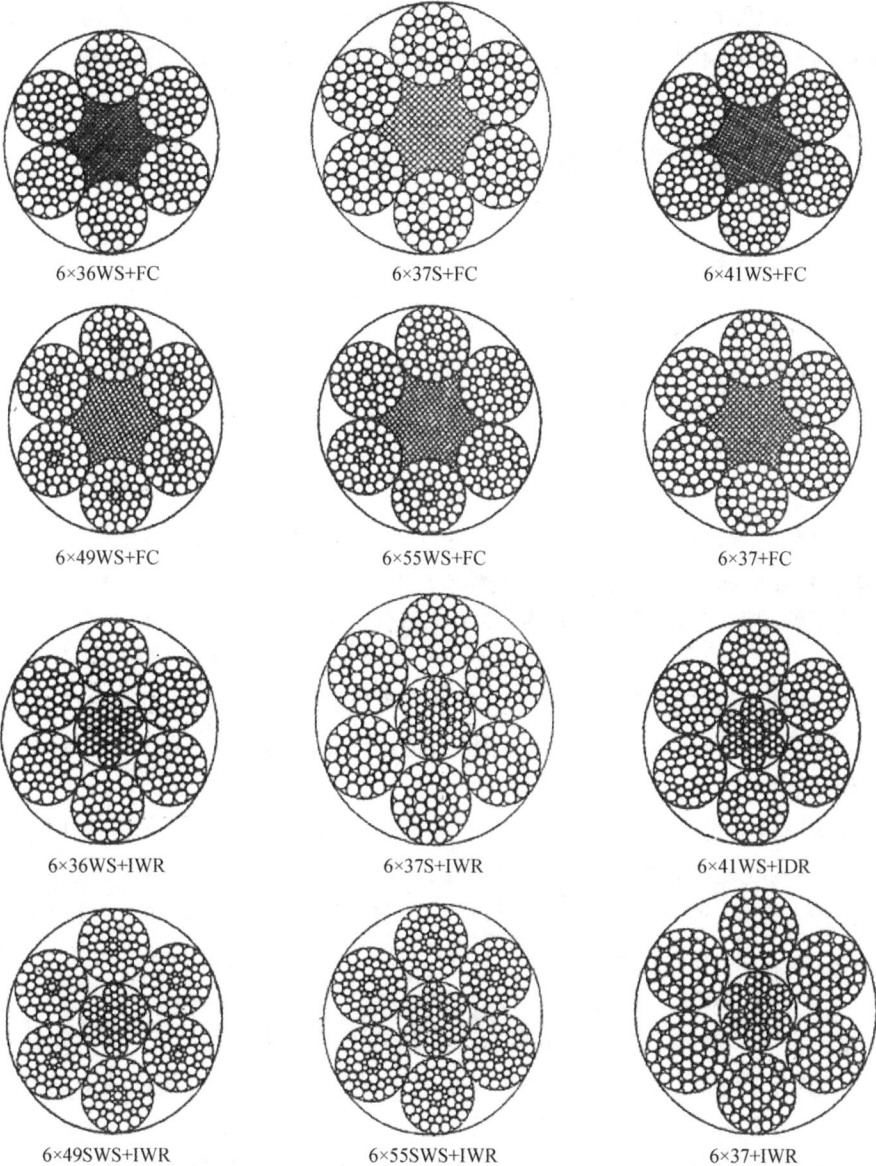

6×36WS+FC	6×37S+FC	6×41WS+FC
6×49WS+FC	6×55WS+FC	6×37+FC
6×36WS+IWR	6×37S+IWR	6×41WS+IDR
6×49SWS+IWR	6×55SWS+IWR	6×37+IWR

图 2-55 钢丝绳形式

FC、6×37S+FC、6×41WS+FC、6×49SWS+FC、6×55SWS+FC 和 6×37+FC。金属绳芯钢丝绳有:6×36WS+IWR、6×37S+IWR、6×41WS+IWR、6×49SWS+IWR、6×55SWS+IWR 和 6×37+IWR 等。

当设置锚绞车收放锚索时,一般采用钢丝抗拉强度不小于 1 670 N/mm² 的金属绳芯钢丝绳,且其同锚连接端应配置钢索索节或套环。采用钢丝绳锚索时,钢丝绳与锚之间应配置适当长度的锚链段,以避免钢丝绳直接同海床发生摩擦。该锚链段在与锚连接端配有转环或转环卸扣,可释放钢丝绳拉紧时引起的扭矩。

2.8 掣链器和掣锚器

2.8.1 掣链器

掣链器是船舶在航行或抛锚系留时夹住锚链的装置。

CCS《钢质海船入级规范》规定,止(掣)链器应能承受相当于锚链试验的拉力负荷,且其应力应不大于其材料屈服点的 90%。

DNV《船舶规范》规定,止(掣)链器及其附件应能承受 80% 的锚链最小破断负荷,其受力部件不会产生永久变形。止链器的设计应使单个链环不会产生附加弯矩,且链环被均衡地止住。经特殊考虑,可采用从一侧止住链环的圆钢锚链止链器,通过计算或原型试验证明其强度满足要求。

常用的掣链器有:闸刀掣链器、螺旋掣链器、滚轮闸刀掣链器和导轨滚轮舌形掣链器等。

闸刀掣链器是利用闸刀卡住通过导槽的垂直链环止住锚链,构造简单,使用方便。我国造船行业目前使用的闸刀掣链器适用于直径为 12.5～68 mm 的锚链,其形式如图 2-56 所示。

螺旋掣链器设有一对夹紧锚链用的夹块,并配有操纵螺杆,可使夹块同时收紧或放开,结构较复杂,但使用可靠。目前我国造船行业中常用的螺旋掣链器有两种形式。图 2-57 所示为普通型(A 型),适用于链径为 22～66 mm 的 1 级或 2 级锚链。图 2-58 所示为带有垂直滚轮的掣链器(B 型),适用于链径为 50～102 mm 的 1 级、2 级及 3 级锚链。

滚轮闸刀掣链器将闸刀掣链器和导链滚轮的功能组合在一起,其特点是结构紧凑,安装方便,操作容易。图 2-59 所示为我国造船行业目前常用的滚轮闸刀掣链器,适用于链径 70～132 mm 的 1 级、2 级和 3 级有挡锚链。

导轨滚轮舌形掣链器配置舌形掣链器及导链滚轮,结构紧凑,安装方便,操作容易。图 2-60 所示为我国造船行业目前常用的导轨滚轮舌形掣链器,适用于链径为 73～120 mm 的 1 级和 2 级有挡锚链。

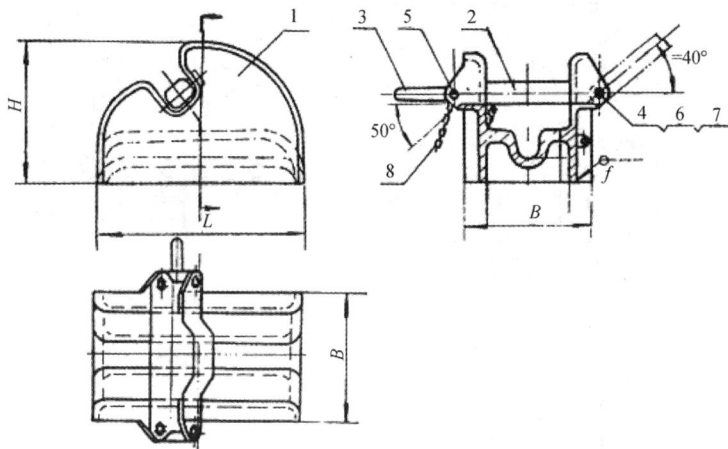

1—本体;2—闸刀;3—把手;4—轴;5—销子;6—垫圈;7—开口销;8—小链条。

图 2-56　闸刀掣链器

注:图示为右开闸刀掣链器,左开与之对称。

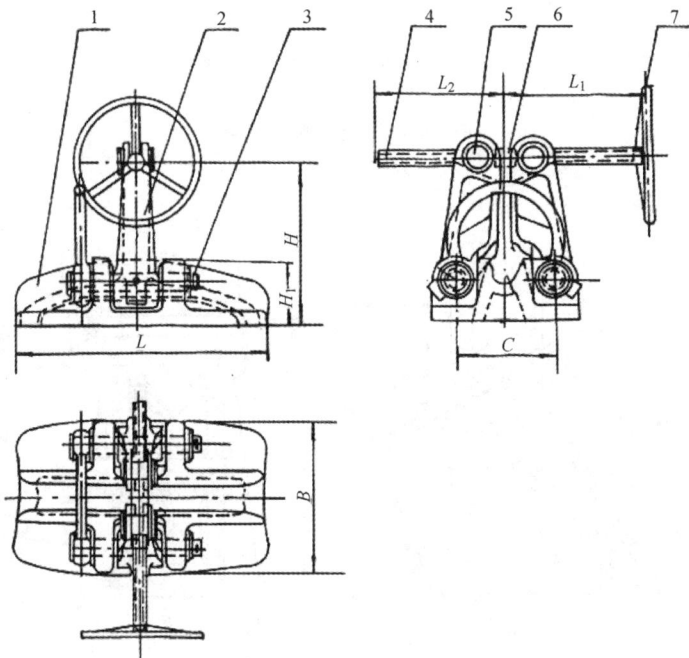

1—底盘;2—夹块;3—销;4—螺杆;5—销轴;6—挡环;7—手轮。

图 2-57　A 型螺旋掣链器

注:图示为右式掣链器,左式掣链器与之对称。

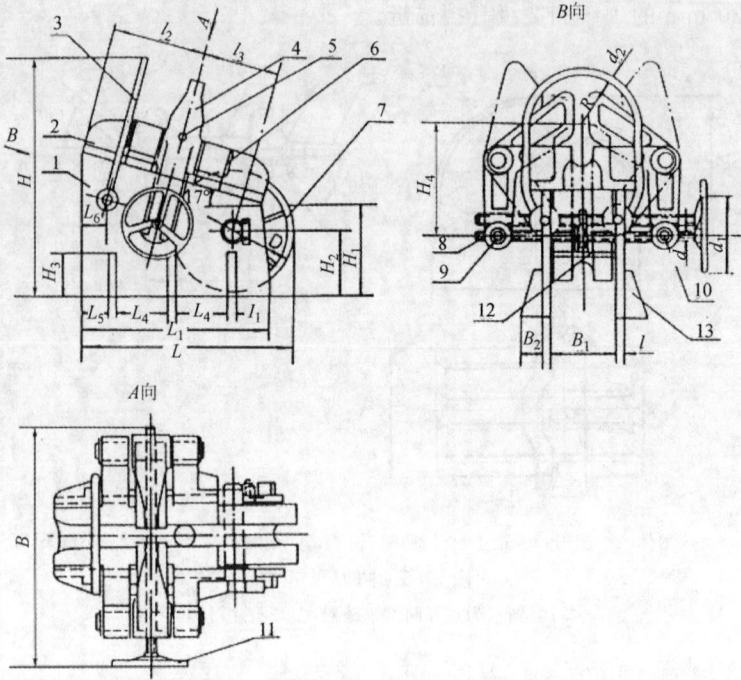

1—基座;2—底盘;3—挡环;4—夹块;5—压注油杯;6—销轴;7—滚轮;8—螺杆;9—销轴(左螺旋);10—销轴(右螺旋);11—手轮;12—定位座;13—肘板。

图 2-58 B 型螺旋掣链器

注:本图为右式,左式与此对称。

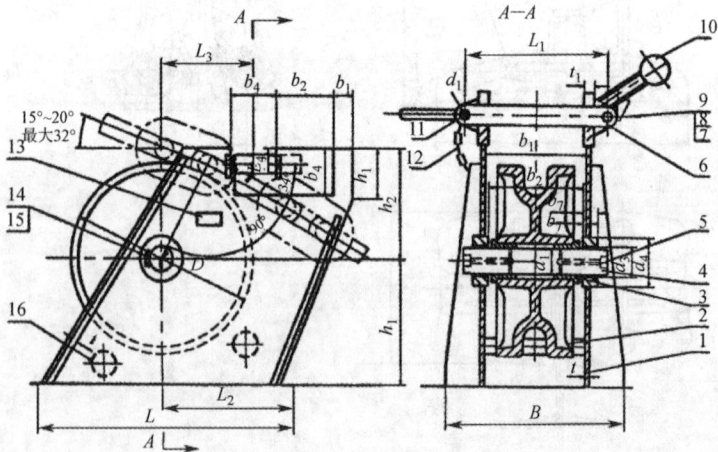

1—本体;2—滚轮;3—衬套;4—滚轮轴;5—油杯;6—闸刀;7—销轴;8—垫圈;9—开口销;10—平衡锤;11—销子;12—小链;13—标记;14—止动板;15—紧定螺钉;16—定位管。

图 2-59 滚轮闸刀掣链器

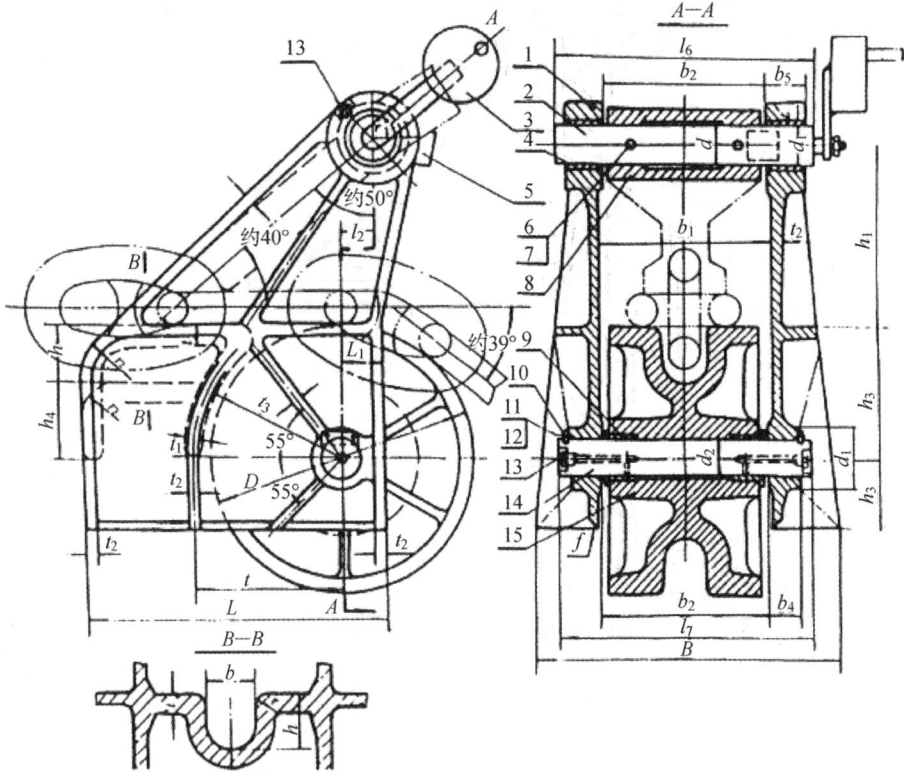

1—本体；2—挡块轴；3—平衡锤；4,9—衬套；5—挡块座；6—螺栓；7—螺母；8—挡块；10—止动板；11—六角螺栓；12—弹簧垫圈；13—直通式压注油杯；14—轴；15—滚轮。

图 2-60　导轨滚轮舌形掣链器

2.8.2　掣锚器

掣锚器为船舶航行时紧固锚的装置。我国造船行业目前常用的掣锚器有三种形式，即：掣锚索、掣锚链条和掣链钩。

掣锚索如图 2-61 所示，使用时钢丝绳穿过链环拴在系绳柱上，然后收紧螺旋扣将锚拴住。适用锚重为 500～12 300 kg。

掣锚链条形式如图 2-62 所示。使用时链条从锚卸扣或末端链环处穿过，同脱钩连接，然后收紧索具螺旋扣将锚拴住。适用锚重为 100～2 850 kg。

掣链钩的形式如图 2-63 所示，使用时叉钩扣住锚链，然后收紧索具螺旋扣将锚拴住。适用的锚链直径为 13～67 mm。

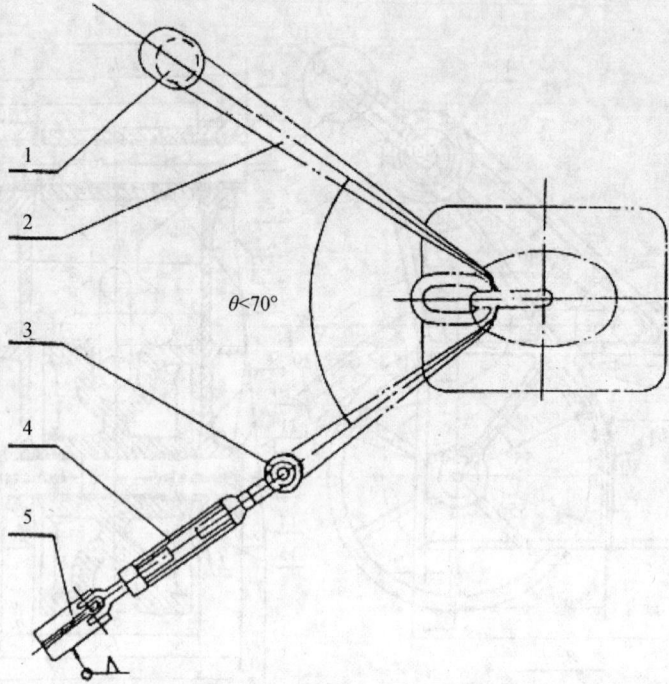

1—系绳柱；2—钢丝绳；3—小滚轮；4—开式索具螺旋扣；5—眼板。

图 2-61　掣锚索

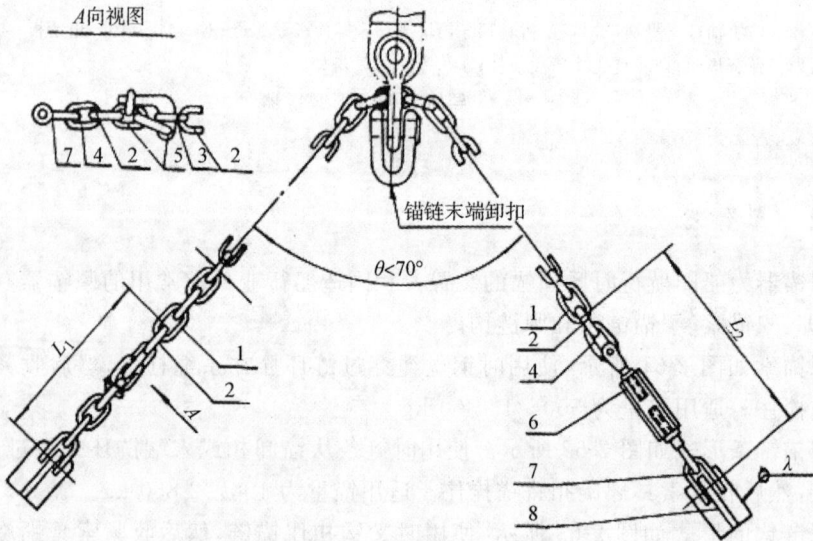

*A*向视图

锚链末端卸扣

$\theta<70°$

1—小链环；2—中链环；3，4—大链环；5—脱钩；6—开式索具螺旋扣；7—卸扣；8—眼板。

图 2-62　掣锚链条型

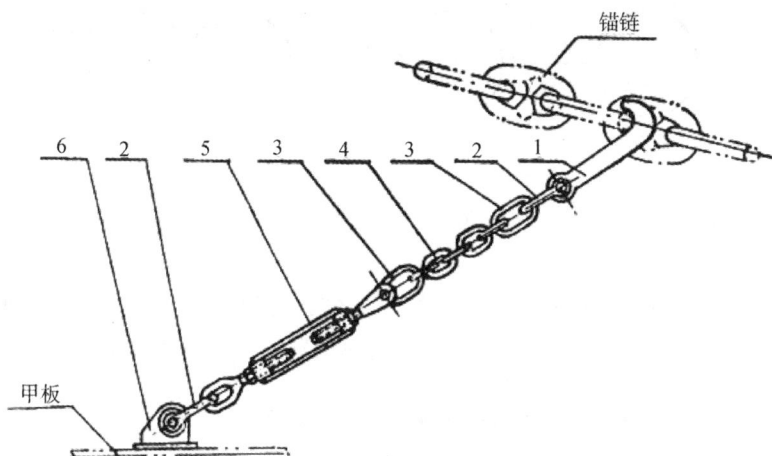

1—叉钩；2—卸扣；3—末端链环；4—普通链环；5—开式索具螺旋扣；6—眼板。

图 2-63　掣链钩

2.9　锚链舱和锚链管

2.9.1　锚链舱的位置及其要求

锚链舱是存放锚链的舱室,艏部锚链舱应尽可能设在防撞舱壁之前,但也可设置在防撞壁之后。艉部锚链舱应设在艉尖舱舱壁之后。设置在艏、艉尖舱以外的锚链舱应为封闭式的水密结构。由于锚链的质量很大,会影响到船的重心高度,因此应尽可能将锚链舱设在较低的位置,这一点对于中小型船舶尤为重要。锚链舱的容积应足以存放收入舱内的全部锚链,并依靠其自重自行堆放,不需要由人工整理锚链。

2.9.1.1　CCS《钢质海船入级规范》关于锚链舱及锚链管的要求

CCS《钢质海船入级规范》规定,船长为 24 m 及以上的船舶,锚链管与锚链舱应符合下述要求。

(1) 锚链管与锚链舱应水密延伸至露天甲板,但分离的锚链舱之间的舱壁(图2-64(a))或相邻锚链舱之间的公共舱壁(图2-64(b))不必是水密的。

(2) 如设有出入开口装置,则应以坚固的钢质盖与间距紧密的螺栓予以关闭与紧固。

图 2-64　锚链舱布置

（3）导出锚链的锚链管应设有永久附连在上面的关闭装置（如带有缺口能与锚链相配合的铁板，或带有绑扎件能系在坚固位置上的帆布罩），以减少进水。

2.9.1.2　MSA《法规》关于锚链舱及锚链管的要求

MSA《国内航行海船法定检验技术规则》规定，锚链管和锚链柜（舱）应符合下述要求。

（1）远海航区船舶的锚链管和锚链柜应水密延伸至露天甲板。若设有出入口，则应用坚固的盖关闭并用间距紧密的螺栓紧固。

（2）其他航区船舶的锚链管和锚链柜应水密延伸至干舷甲板，且若在干舷甲板以下部分之上设有出入口，则应用坚固的盖关闭并用间距紧密的螺栓紧固。若设有上层建筑，则锚链管和锚链柜至少应自干舷甲板风雨密延伸至露天甲板，且若在该延伸部分之上设有出入口，则应保持风雨密关闭。

2.9.2　锚链舱的形式及容积计算

锚链舱的形式很多，基本上可分为圆形、矩形（包括正方形）、梯形和组合形。通常圆形锚链舱为独立结构，梯形锚链舱按船体首部形状由船体外板、舱壁及底部结构构成，矩形和组合形锚链舱或为独立结构，或是依托舱壁设置。图 2-65 所示为一个面依托舱壁设置的锚链舱。

（1）圆形锚链舱

圆形锚链舱通常为封闭式的水密结构，舱壁的构架设于锚链舱外。舱壁的厚度应考虑严重的腐蚀，但舱壁的内面不必铺设木材。舱的下部应设有钢格栅，底部设有污水井，供舱底水管抽污水用。锚链舱应在锚链堆放高度以上的位置开设人孔并加设水密盖。人孔下部的舱壁设置作为踏步的切口，如图 2-66 所示。

圆形锚链舱的内径 D_c 建议取为 $30d_c \sim 35d_c$（d_c 为锚链直径）。对于型深较小的小型船舶，锚链舱的直径可适当放大，但不应超过 $40d_c$。

圆形锚链舱的高度 H_c（m）（见图 2-67）可按下式确定：

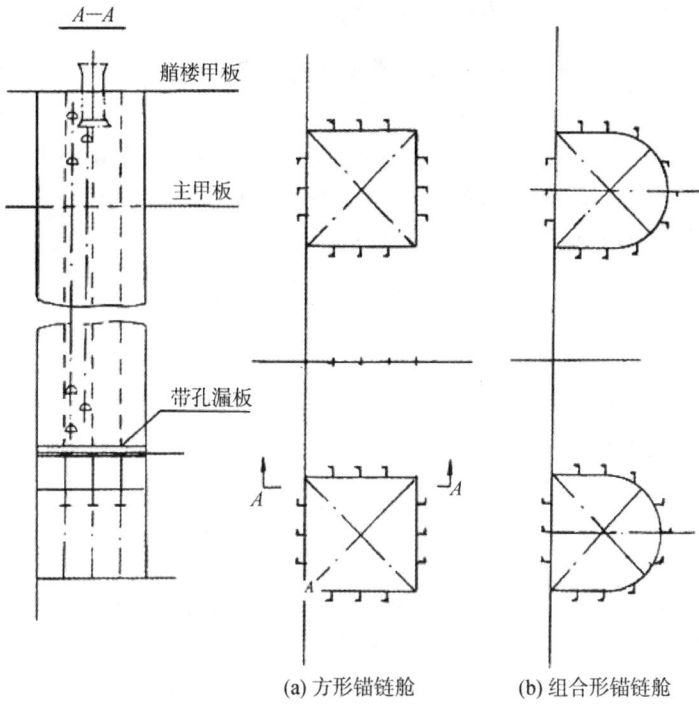

(a) 方形锚链舱　　　(b) 组合形锚链舱

图 2-65　依托舱壁结构的锚链舱

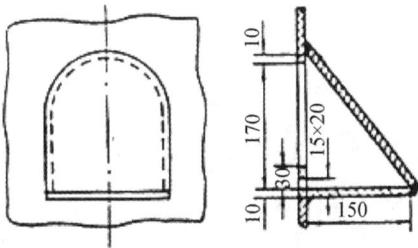

图 2-66　锚链舱踏步

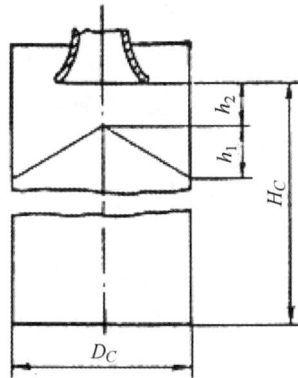

图 2-67　圆形锚链舱示意图

$$H_c = 1.27 \frac{V}{D_c^2} + h_1 + h_2 \qquad (2.9.1)$$

式中　V——除锥形堆放部分外,锚链舱必需的容积,m³,按式(2.9.2)计算;

　　　D_c——锚链舱内径,m;

　　　$h_1 = (0.5 \sim 0.6)D_c$——锚链自动堆放时,在上部形成的锥形部分高度,m;

　　　$h_2 \geqslant 2.5l$——锚链舱储备高度,m,l 为普通链环的长度,m。

圆形锚链舱的容积 $V(\mathrm{m^3})$ 按下式计算:

$$V = 0.000\ 9d_c^2 \left(\frac{l_n - l_k}{100} \right) \qquad (2.9.2)$$

式中　d_c——锚链公称直径,mm;

　　　l_n——收存在锚链舱内的锚链长度,m;

　　　l_k——形成锥形部分的锚链长度,m,按式(2.9.3)计算。

$$l_k = \frac{1.6 \times 10^4 D_c^3}{d_c^2} \qquad (2.9.3)$$

(2) 矩形锚链舱

矩形、方形或组合形锚链舱的基本要求与圆形锚链舱相同。开敞式的矩形锚链舱只能设在防撞舱壁之前,锚链舱壁可不伸到上部甲板,或在锚链舱壁上部设置进入锚链舱的开口。设置双链轮卧式锚机时,两个锚链舱可并联,中间用不伸到顶的隔壁分隔,且在该隔壁上设置踏脚孔。

矩形锚链舱的有效容积 $V(\mathrm{m^3})$ 可按下式计算:

$$V = k_1 \frac{l_n d_c^2}{100} \qquad (2.9.4)$$

式中　k_1——系数,取 0.000 85~0.001,其下限用于锚链舱下部容积较小的情况;

　　　l_n——收存在锚链舱内的锚链长度,m;

　　　d_c——锚链直径,mm。

锚链舱的容积 $V(\mathrm{m^3})$ 也可按下式计算:

$$V = k_2 l_n q \qquad (2.9.5)$$

式中　k_2——系数,对于堆放时需整理的锚链取为 0.40~0.43 m³/t,对于堆放时不需整理的锚链取为 0.45 m³/t;

　　　l_n——同式(2.9.4);

　　　q——每米锚链质量,t/m。

按上述计算得到的所需锚链舱容积值确定锚链堆放高度,并在其上方留有一定的空间,对于大中型船舶,该空间高度应至少为 1.2 m。

(3) 梯形锚链舱

艏部尖削的中小型船舶,由于空间的限制,在不可能设置圆形或矩形锚链舱时,只能按具体情况利用船体结构的外板、舱壁及底部结构构成梯形锚链舱,左、右锚链舱之间设置半高的隔壁。构成锚链舱的船体板及舱壁均应加厚 1～2 mm。当构架在舱内时(如肋骨)应设置木板保护,底部应敷水泥,并在其上设置钢或木格栅。

梯形锚链舱所需的有效容积 $V(\mathrm{m}^3)$ 可按式(2.9.4)或式(2.9.5)计算,并据此确定锚链堆放高度,再在该高度以上留有一定的空间。

2.9.3　锚链管

锚链管是锚链出入锚链舱的通道,其上端伸出甲板与锚机的链轮衔接,下端从锚链舱顶部中间伸进锚链舱内,中间部分为钢板焊接的管状结构,根据具体位置可布置成垂直或略有倾斜的形式。

设置卧式锚机时,锚链管伸出甲板的上端部与锚机的导链口套接(图 2-68(a)),伸进锚链舱的下端部设有铸钢或钢板焊接的喇叭口(图 2-68(b))。

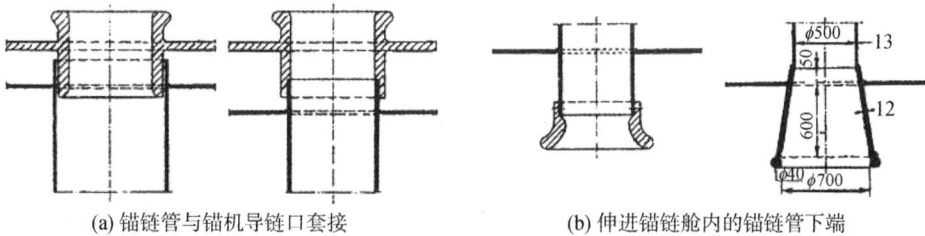

(a) 锚链管与锚机导链口套接　　　　(b) 伸进锚链舱内的锚链管下端

图 2-68　与卧式锚机配合的锚链管端部结构

设置起锚绞盘时,通常配置锚链导槽同锚链管衔接,锚链管主体由伸出甲板的弯状导链口及伸进锚链舱内的直管和端部喇叭口组成。导链口端应设有防浪盖,以减少进水。锚链管伸出甲板部分用肘板加固。

带有铸钢导链口的锚链管如图 2-69 所示,其直管部分用钢管或钢板制作,喇叭口用钢板制作,并在口端加设防磨圆钢。这种锚链管适用于各种直径的锚链。对于直径较小的锚链管,其导链口可同直管连成一体,采用钢管或钢板制作。

锚链管的主要参数可按锚链直径 (d) 确定,锚链管的内径 $D=(7\sim8)d$;锚链管的壁厚 t_1 应不小于 $0.4d$,t_2 约为 $0.3d$。倾斜的锚链管的管壁与锚链摩擦较多的半圆部分应适当加厚。

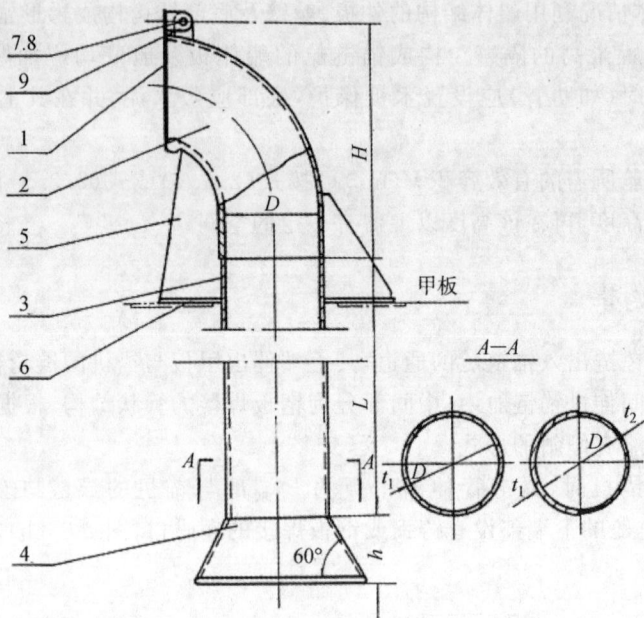

1—盖板；2—铸钢导链口；3—锚链管本体(直管部分)；4—喇叭口；5—肘板；
6—垫板；7—销轴；8—开口销；9—眼板。

图 2-69　带有铸钢导链口的锚链管

2.10　锚索导向装置

2.10.1　导链滚轮

　　导链滚轮设置于锚链筒甲板出口处，用于限制锚链的运动方向，滚轮设有轮轨(凹槽)使得锚链在同链轮轴线垂直的情况下通过滚轮。导链滚轮的安装应使锚链通过锚链筒时不会同伸出甲板的锚链筒口发生摩擦。图 2-70 所示为我国造船行业常用的导链滚轮，适用的锚链直径为 12.5～68 mm。

2.10.2　转动导索器

　　设置多点锚泊定位系统的海洋工程作业船舶如起重船、打捞船、挖泥船等，其锚索的导向装置已越来越多地采用转动导索器。它的特点是导向滑轮直径大，通常用于钢丝绳锚索的导向滑轮直径约为钢丝绳直径的 16 倍～20 倍。导向滑轮可随锚索方向的变化而摆动，从而提高了锚索的使用寿命。

转动导索器的形式根据锚索的配置方式可分为:导链器、导缆器及组合锚索（钢丝绳-锚链）导索器等,如图 2-71 所示。图 2-72 所示为用于钢丝绳直径为 66 mm 的双滑轮转动导索器。

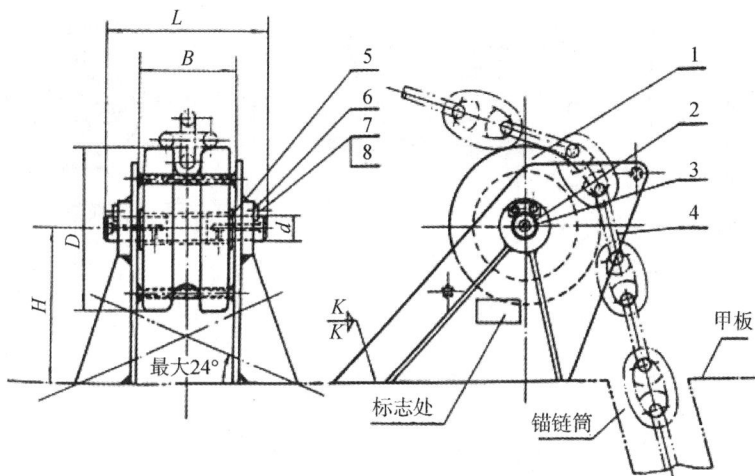

1—滚轮;2—链轴;3—直通式油杯;4—支架;5—衬套;6—止动板;7—螺钉;8—弹簧垫圈。

图 2-70　导链滚轮

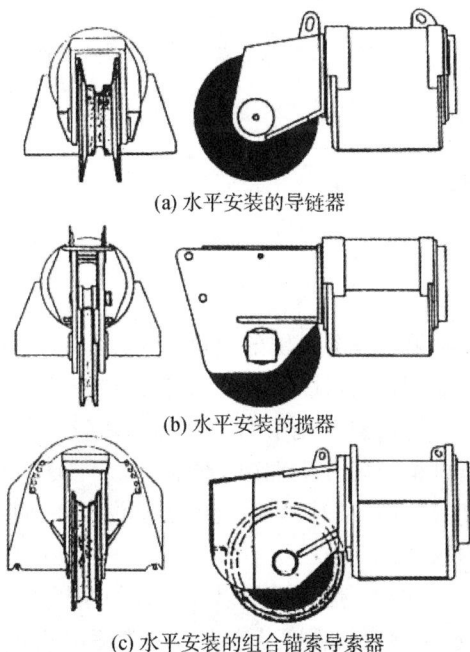

(a) 水平安装的导链器

(b) 水平安装的揽器

(c) 水平安装的组合锚索导索器

图 2-71　转动导索器

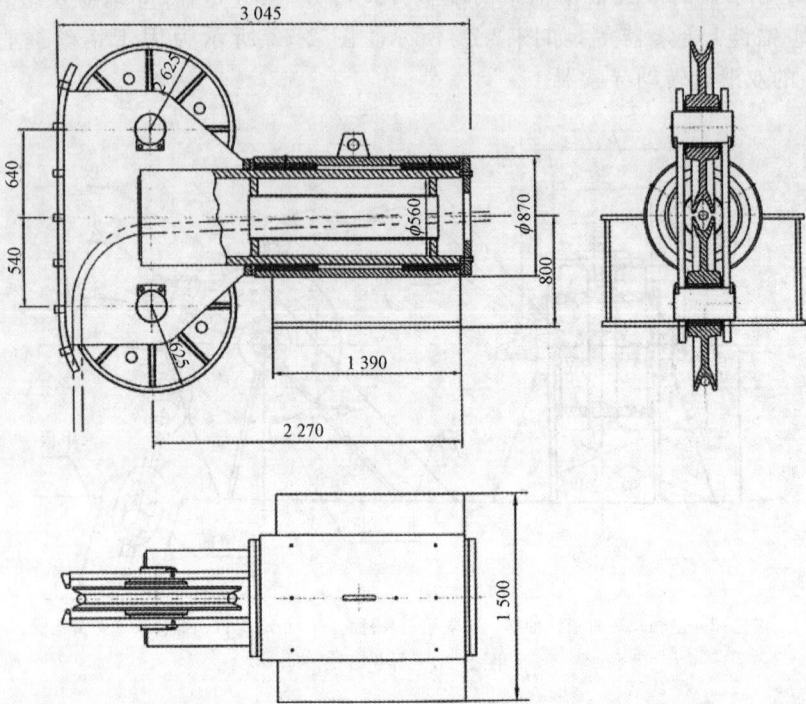

图 2-72　双滑轮转动导索器

2.11　锚的收存

2.11.1　锚链筒

　　锚链筒在船舶起、抛锚时作为锚链的通道,而在船舶航行时用于收存锚。通常只有无杆转爪锚(霍尔锚、斯贝克锚等)才能收存于锚链筒中。

　　在一般船舶上,艏锚的锚链筒设于船舶首部的两舷。其上端出口位于主甲板或艏楼甲板上,下端出口位于船外板上(见本章 2.2.1 节),成倾斜状态,因而称之为倾斜式锚链筒。船舶设有艉锚时,其锚链筒通常设在船体尾部中心线处,形式同艏部锚链筒相似(见本章 2.2.2 节)。

　　锚链筒的结构形式同船型、船舶用途以及配置的锚机形式有密切的关系,但所有锚链筒按其相对于水面倾斜的程度基本上可分为陡削式和平斜式两种。

陡削式锚链筒适用于干舷较大或有艏楼的航速不高的民用船舶,锚链筒轴线同垂线的夹角为 $30°\sim35°$。陡削式锚链筒在收锚时能顺利地将锚拉进锚链筒,因此使用广泛。

对于无艏楼的干舷较小且航速较高的船舶,由于航行时船舶掀起的波浪以及船舶纵摇等原因,舷侧的锚如果位于较低处,则很可能浸入水中,从而导致船舶阻力的增加。为了避免这种情况,不得不把锚链筒在外板处的出口位置提高,使得锚链筒轴线与垂线间的夹角加大,形成了平斜式锚链筒。它同陡削式锚链筒比较,锚链筒的内径应适当加大,尤其是在舷侧出口处锚唇的型线应予特殊考虑。

客船、油船、港口船、拖船、供应船及渔船等,由于工作性质经常用艏部靠其他船舶或码头,突出在船外的锚容易造成其他船舶船体或码头的损伤。因此这类船舶设置锚穴,使锚不突出在船壳板外。锚穴的形式有明式和暗式,前者可看到整个锚爪,如图 2-73 所示,后者只能看到锚头的端面,如图 2-74 所示。

球艏船舶为了防止起抛锚时锚与球首碰撞,在舷侧锚链筒出口处加装凸台,把锚链筒出口外移,如图 2-75 和图 2-76 所示。

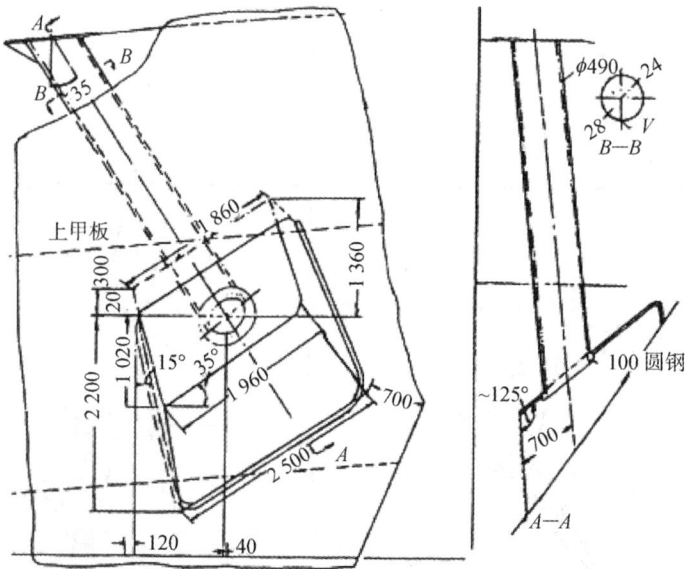

图 2-73　明式锚穴

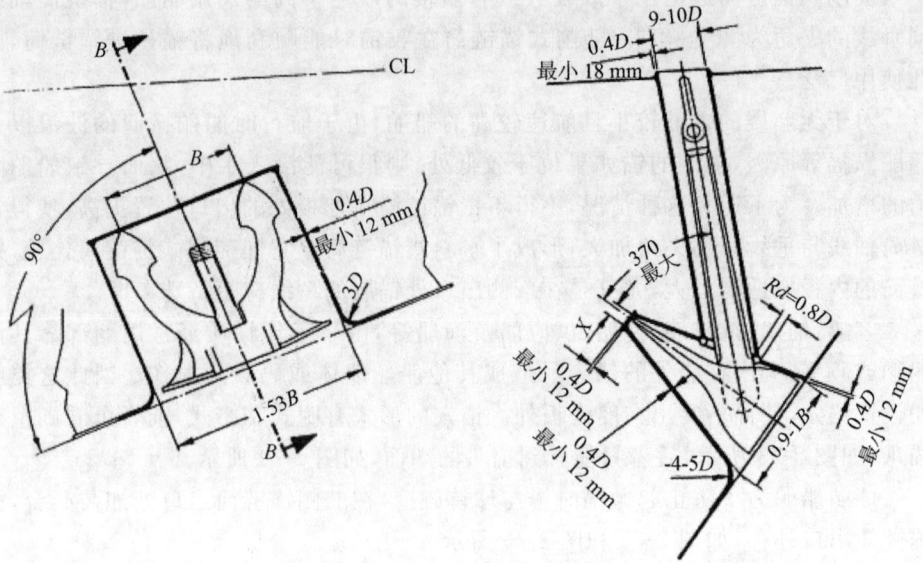

D—锚链直径;B—锚爪尖的距离。

图 2-74　暗式锚穴

注:X—锚重 210~1 740 kg 时为 150 mm;大于 1 920 kg 的锚按锚结构尺寸确定。

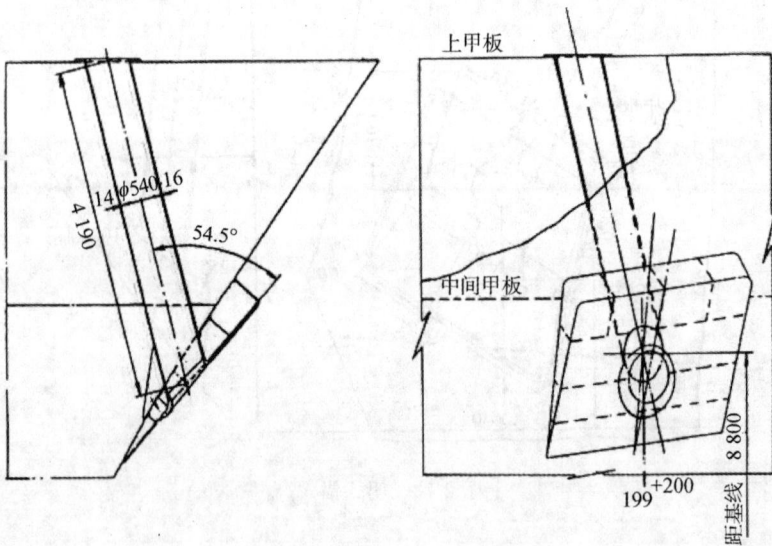

图 2-75　带方形凸台的锚链筒

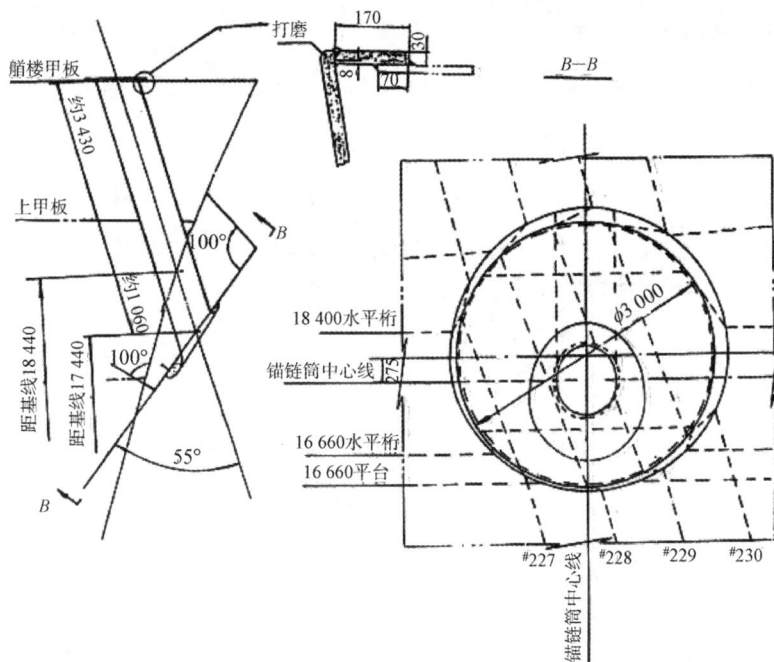

图 2-76　带圆形凸台的锚链筒

2.11.1.1　锚链筒的基本要求

任何形式的锚链筒应符合下述要求：

（1）当船舶向任何一舷倾斜 5°时，任何一个舷锚在收起时不应卡住舷柱和船底；

（2）不论锚爪处于何种状态，锚应能被拉进锚链筒，且其锚爪应贴紧船外板（或锚穴后板），锚冠贴紧锚唇；

（3）被拖进锚链筒的锚，在航行时不会没入水中或掀起浪花，以至增加船舶阻力；

（4）锚应只需依靠其自重即能无阻碍地从锚链筒中抛出；

（5）锚链筒的筒身长度应能足以安置锚柄；

（6）舷侧和甲板的锚唇（如有）在锚链通过部分有半径足够大的圆弧，其长度可放置至少 3 个链环，使其遭受高弯曲应力的可能性为最小；

（7）在多层甲板船上，锚链筒在舷侧处出口中心的位置应使得锚链筒的筒身不穿过下层甲板。

2.11.1.2 锚链筒的位置

在设置双链轮卧式锚机时,两根锚链导出方向的水平投影与船体中心线平行,锚链筒的布置如图 2-77 所示。

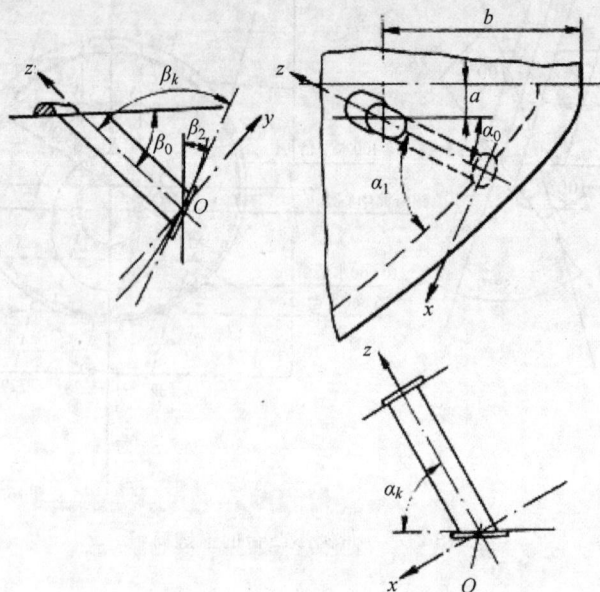

图 2-77 设置双链轮卧式锚机的锚链筒位置

从船体中心线到锚链筒轴线同甲板交点之间的距离 a 按下式确定:

$$a_0 \leqslant 15^0 \text{ 时} \quad a = 0.5c \tag{2.11.1}$$

$$a_0 \geqslant 15^0 \text{ 时} \quad a = 0.5c - (1.0 \sim 2.0)d \tag{2.11.2}$$

式中　a_0——通过锚链筒轴线的垂直平面同船体中心线之间的夹角;

　　　c——卧式锚机两链轮之间的距离;

　　　d——锚链公称直径。

从船舶首端到锚链筒轴线同甲板交点之间的距离 b 按下式确定:

对于艏部型线丰满的船舶:

$$b = (80 \sim 90)d \tag{2.11.3}$$

对于艏部型线一般的船舶:

$$b = (90 \sim 110)d \tag{2.11.4}$$

设置单侧式(单链轮)卧式锚机或起锚绞盘时,锚链筒的位置应使其轴线尽可能垂直于通过其舷侧出口处的水线(图 2-2)。这样可大大简化锚链筒的设计,特别是在设置锚穴时。

设置双链轮卧式锚机时,角 α_0 不应大于 $30°$,否则在起锚时锚链容易形成麻花状。无论设置何种形式的锚机或绞盘,在通过锚链筒轴线的垂直平面上,锚链筒的倾角 β_0 应在 $30°\sim60°$ 的范围内,接近 $60°$ 时为陡削式锚链筒,接近 $30°$ 时则为平斜式锚链筒。为了保证锚依靠其自身质量从锚链筒中抛出,β_0 应不小于 $30°$,如果 β_0 小于 $30°$,则锚链筒直径应予加大。

2.11.1.3　锚链筒的主要尺寸

锚链筒的内径 D(mm)应按式(2.11.5)或式(2.11.6)确定:

$$D = 33 \sqrt[3]{G} \tag{2.11.5}$$

$$D = (8.5 \sim 10.5)d \tag{2.11.6}$$

式中　G——锚重,kg;

d——锚链公称直径,mm。

使用式(2.11.6)较为方便,但需注意的是在该式中,小的数值用于大直径锚链。

在初次确定锚链筒的筒身长度 L(mm)时,可按下式计算:

$$L = 185 \sqrt[3]{G} \tag{2.11.7}$$

式中　G——锚重,kg。

当设置导链滚轮时,锚链筒的长度应使锚在拉进锚链筒后,锚链转环位于导链滚轮之前。

2.11.1.4　锚链筒及锚穴的构造

普通的锚链筒通常由筒身、甲板锚链筒口及舷侧锚链筒口组成。图 2-78 及图 2-79 所示为几种典型的倾斜式锚链筒结构。

直径较小的锚链筒,其筒身可采用钢管;直径较大的锚链筒,其筒身通常由两个壁厚不同的半圆筒体合成。筒身的壁厚按下式确定:

$$筒身下半体壁厚 \quad t_1 \geqslant 0.4d \tag{2.11.8}$$

$$筒身上半体壁厚 \quad t_2 \geqslant 0.65 t_1 \tag{2.11.9}$$

式中　d——锚链直径。

甲板锚链筒口与舷侧锚链筒口通常有两种形式,一种是将锚唇与部分筒身合为一体,采用铸钢件(图 2-78),锚链通过处的锚唇圆弧半径 R 为

$$R = (8 \sim 10)d \tag{2.11.10}$$

式中　d——锚链直径。

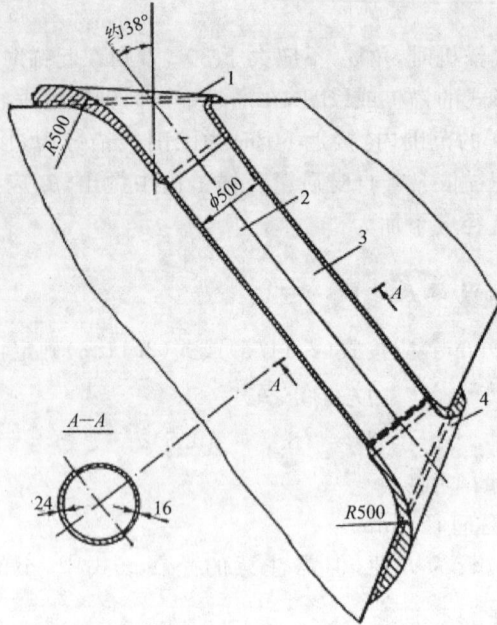

1—甲板锚链筒口；2—筒身下半体；3—筒身上半体；4—舷侧锚链筒口。

图 2-78　设置铸钢锚链筒口的倾斜式锚链筒（锚链直径 49 mm）

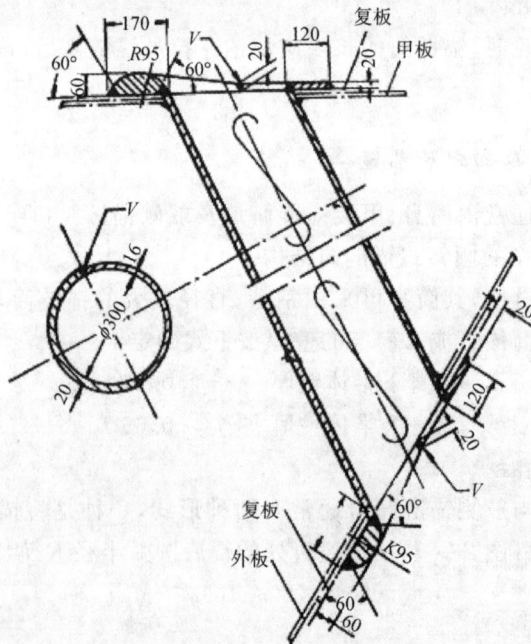

图 2-79　普通焊接锚链筒

　　另一种描链筒口的形式为,筒身伸到甲板及外板处,围绕筒口设置锚唇(图 2-79)。锚唇可为铸钢件,也可采用半圆钢弯制。锚链通过处的锚唇圆弧半径应不小于 3 倍锚链公称直径。

　　锚链筒设置锚穴时,应使得被拉入的锚的对称平面位于锚链筒轴线同船外板之间的夹角为 θ 的平面内,如图 2-80 所示。在锚处于初始位置 I 时,锚爪对称平面

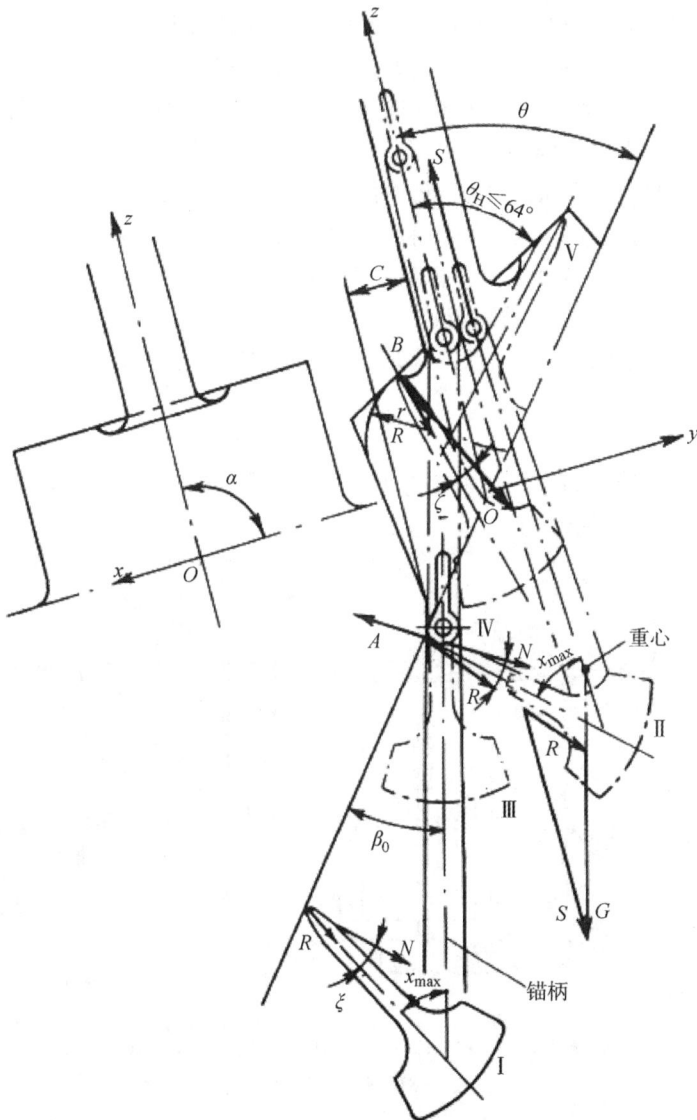

图 2-80　锚拉进锚链筒及锚穴示意图

（图 2-80 中的 R 方向）同船外板法线 N 之间的夹角 ξ 应不小于摩擦角 ρ，相应的锚柄与船外板间的夹角 β_0 应为

$$\beta_0 \leqslant 90° - \chi_{max} - \rho \qquad (2.11.11)$$

式中　χ_{max}——锚爪最大折角；

　　　ρ——摩擦角。

若以霍尔锚为例 $\chi_{max} = 45°$，取 $\rho = 15°$，则 $\beta_0 \leqslant 30°$ 时拉锚最为有利。随着锚的提升，锚爪将绕其旋转轴心向外转动，当 $\beta_0 > 30°$ 时，锚爪将不能转动。随着锚的提升，锚爪尖端贴着船外板滑动直到锚处于位置 Ⅱ，一旦锚爪尖越过 A 点时，锚爪向外翻转，锚冠连同锚柄的一端下落并撞在锚穴的下缘处，使锚处于位置 Ⅲ。锚链筒筒身下缘与锚穴下缘之间的垂直距离 C 越大，则撞击的力越小。当 C 值很小时，锚处于位置 Ⅱ 的情况下，锚卸扣可能顶住锚链筒。锚进入锚穴后，为了使其顺利滑行，锚穴下部板与锚穴后板之间应用足够大的圆弧半径 r 连接。锚处在位置 Ⅳ 时，锚爪尖端同锚穴后板接触点 B 的法线 N 同锚爪对称平面（图中 R 方向）的夹角 ξ 应大于摩擦角 ρ。锚穴后板同锚链筒轴线之间的夹角 θ_H 应不大于 $64°$（这个角度仅适用于折角为 $45°$ 的霍尔锚），以保证锚爪及锚冠贴紧锚穴后板。

2.11.1.5　锚链筒的附件

海船的锚链筒为防止航行时海浪通过锚链筒冲到甲板上，在锚链筒甲板出口处应设置防浪盖，如图 2-81 所示。

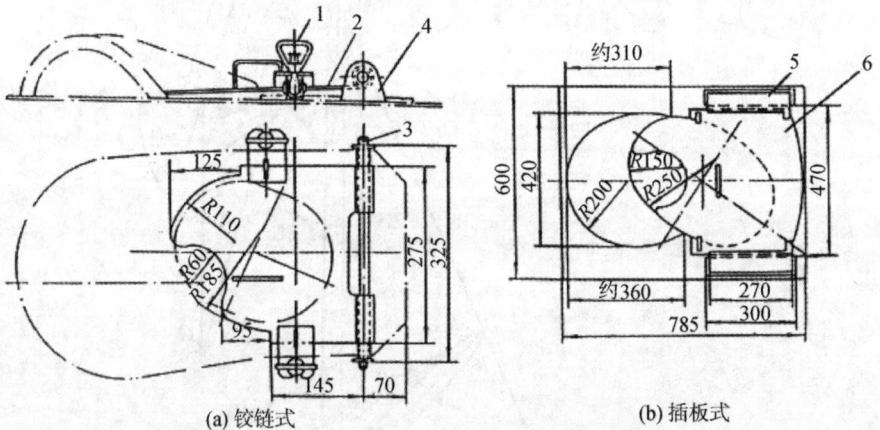

（a）铰链式　　　　　　　　（b）插板式

1—活节螺栓及环形螺母；2—盖；3—轴；4—眼板；5—导槽；6—插板。

图 2-81　锚链筒防浪盖

锚及锚链起锚出土时带有泥砂等污物，因此在锚链筒内应设有同消防水管连

接的喷嘴,用于起锚时清洗锚和锚链。

由于船舶的首部型线较复杂,依靠作图方法很难设计出合乎理想的锚链筒,因此除了某些型线简单的船舶(如起重船)可直接用作图法设计锚链筒外,大多数情况下,应通过制作模型及进行拉锚试验以确定锚链筒的正确位置,并由此而确定锚链筒上下出口部分的详细结构尺寸。设置锚穴时,更是如此。

2.11.2　锚架

锚架也是存放锚的装置,在工程作业船舶上用得较多,尤其是带有横杆的锚不适合用锚链筒收存,且钢丝绳锚索在通过锚链筒时磨损严重,因此采用锚架。

锚架的结构应符合以下要求。

(1)锚架应突出船体以外必需的宽度,使得起锚时锚爪不会钩住船底。

(2)锚架应该离开水面有足够的高度,使得收存的锚在航行(或拖航)时,不会接触水面,以致增加船舶阻力。

(3)锚架的形状应能保证,起锚时处于任何位置的锚索,均能顺着锚架移动到将锚拉起后存放于规定的位置。

(4)通过锚索并卡住锚柄和锚爪的锚架横挡应有足够的直径,以保证锚索(锚链或钢丝绳)通过时不会产生严重的弯折,收存的锚保持稳定。

(5)锚架应有足够的强度,能承受起锚时及锚拉紧后作用在锚架上的负荷。

锚架结构(图 2-82)的主要构件为一水平的钢管架,其向两侧的延伸宽度足以保证过导缆器的锚索,在起锚时能自动顺着弓形边缘移动至锚架中间,弓形锚架的中间部分设置防磨复板,弓形锚架上下设钢管斜撑。

2.12　锚链根部的固定和弃锚装置

收存在锚链舱内的锚链,其根部应系固在船体结构上,并能在锚链舱外易于到达的处所迅速解脱。为此很多船舶设置专用的弃锚器(或称弃链器)。

按 DNV《船舶规范》的规定,弃锚器应能经受不小于 15% 但也不必大于 30% 的锚链最小破断负荷的力。

我国造船行业目前常用的弃锚器有 3 种,即简易弃锚器、螺旋弃锚器和插闩式弃锚器,均可安装在锚链舱舱壁上,并从舱外解脱锚链。

简易弃锚器如图 2-83 所示,适用于小型船舶且不要求水密的锚链舱。该弃锚器安装时,锚链端部的末端链环套入弃锚器的横闩中,使用时移动横闩,锚链即脱出。简易弃锚器结构简单,适用于直径较小的锚链(17~37 mm)。

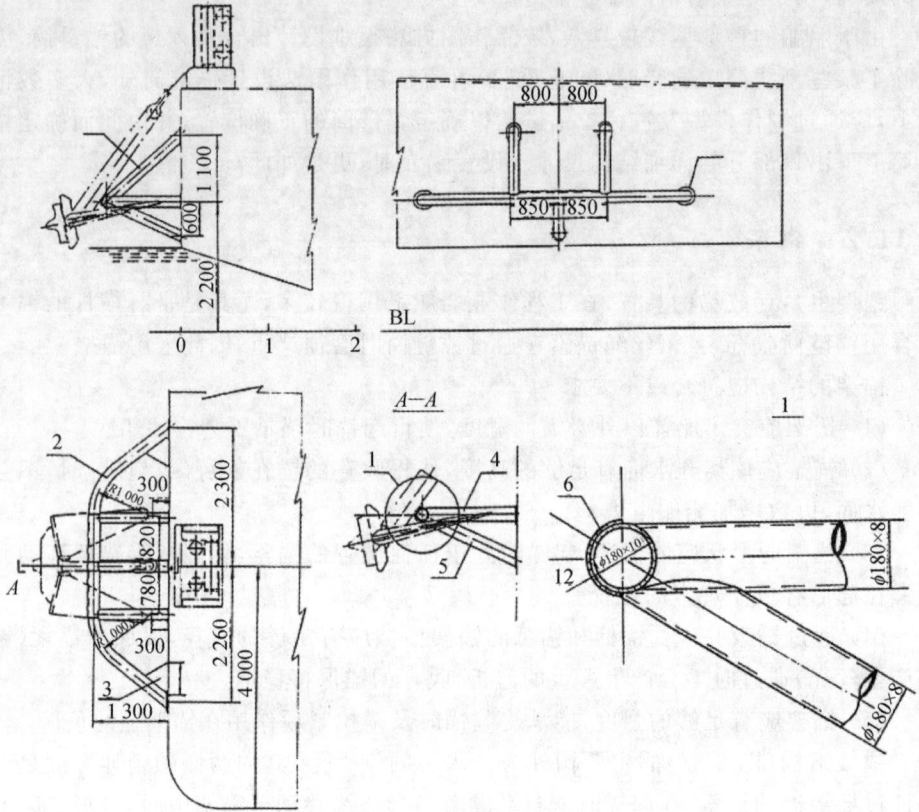

1—上斜撑;2—横挡;3—肘板;4—水平撑;5—下斜撑;6—防磨复板;7—垫板。

图 2-82　单锚锚架构图

螺旋弃锚器如图 2-84 所示。该弃锚器通过手轮操纵螺杆,使制动卡绕销轴旋转,锁住(系固锚链)或打开(解脱锚链)滑钩。如果需要实施远距离操纵,可将手轮操纵改为小轴传动装置实施遥控操纵。图 2-85 所示即为可在甲板上遥控操纵的弃锚器。螺旋弃锚器可垂直安装在舱壁上,也可水平安装在甲板上。螺旋弃锚器适用于要求水密的锚链舱,其性能可靠,操作方便,适用的锚链直径范围大(25～122 mm)。

插闩弃锚器如图 2-86 所示。该弃锚器安装时锚链端部的末端链环套入弃锚器的插闩中,使用时打开水密盖,拨动插闩,使锚链脱出。插闩式弃锚器适用于要求水密的锚链舱,性能可靠,操作方便,适用于较大直径的锚链(50～120 mm)。

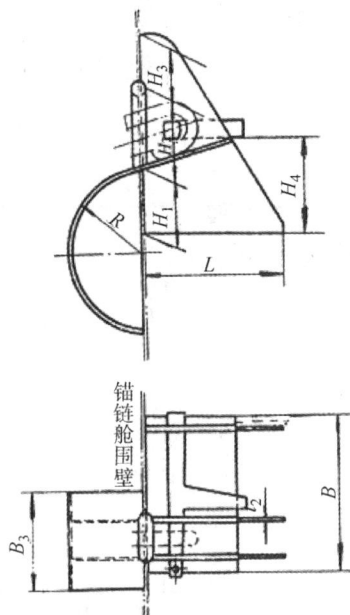

图 2-83 简易弃锚器

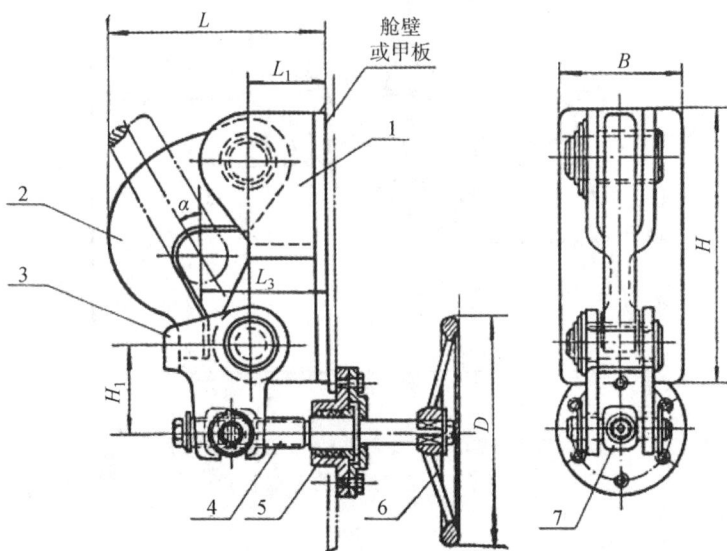

1—底座;2—滑钩;3—制动卡;4—螺杆;5—法兰;6—手轮;7—滑块。

图 2-84 螺旋弃锚器

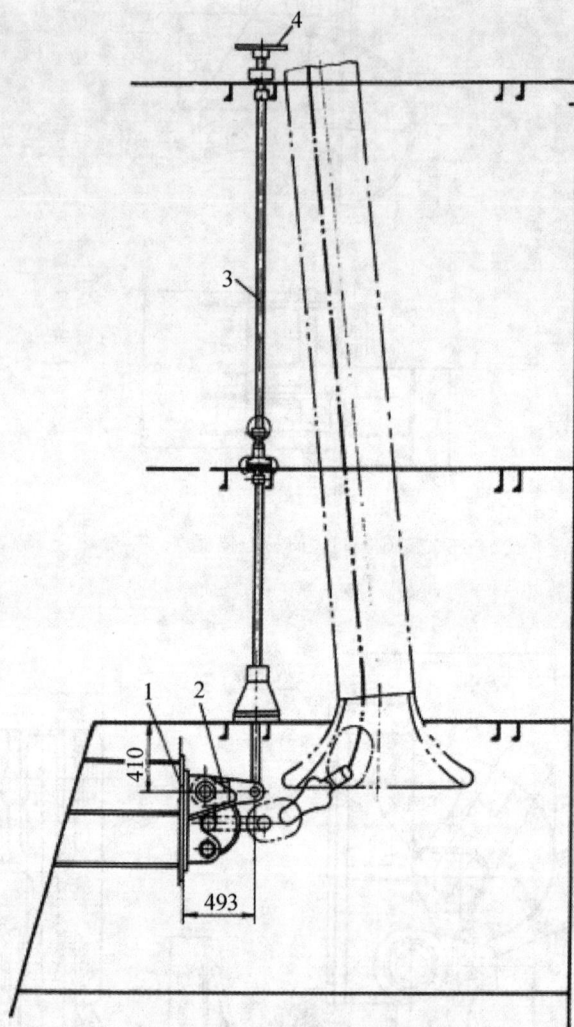

1—弃锚器底座;2—弃锚器;3—传动杆;4—操纵手轮。

图 2-85　遥控操纵的弃锚装置

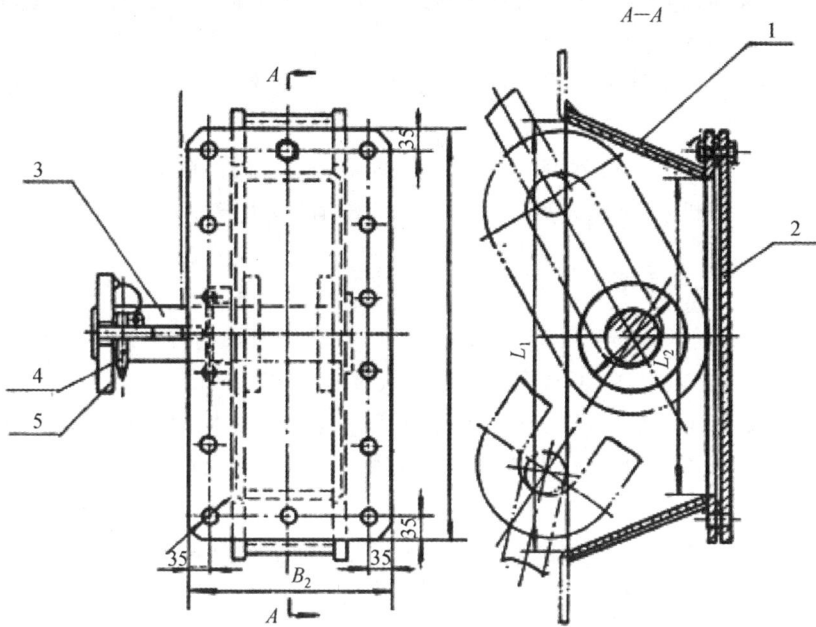

1—座架；2—盖板；3—插闩；4—插销；5—支架板。

图 2-86　插闩弃锚器

2.13　锚机

2.13.1　锚机的类型及基本要求

锚机乃是放出或收进锚索（锚链或钢丝绳）以及锚的甲板机械，同时也是抛锚时系住船舶的装置。

2.13.1.1　锚机的基本类型

锚机按其主轴（安装链轮或滚筒的轴）的方向可分为两大类，即：卧式锚机和立式锚机，后者又称为起锚（系缆）绞盘。

卧式锚机通常是指配置链轮的锚机，又可分为双链轮和单链轮锚机，后者又称为单侧式锚机。卧式锚机可配置系缆卷筒（又称绞缆筒或副卷筒）供系船索使用。将起锚机械同系泊绞车组合成一体的锚机称为起锚-系泊组合机，或称多用途锚机。

用于钢丝绳锚索的卧式锚机通常称为锚绞车,钢丝绳贮存在滚筒上,也可配置供系船索使用的系缆卷筒。

抛起锚用的绞盘通常总是设有链轮和系船索用的绞盘头,因而称为起锚系缆绞盘。

锚机按其驱动方式可分为:手动(人力)锚机、蒸汽锚机、机动(柴油机)锚机、电动锚机及液压锚机,目前最常用的是电动和液压锚机。

2.13.1.2 锚机的基本要求

锚机是保证船舶抛起锚作业安全的装置,各国船级社的规范对于锚机构造的要求基本相同,这里引述 CCS《钢质海船入级规范》的规定如下。

(1) 驱动形式。起锚机一般应由独立于其他甲板机械的原动机或电动机驱动。对于液压起锚机,其液压管路若与其他甲板机械管路相连接时,应保证起锚机的正常工作不受影响。

锚质量不超过 250 kg 的船舶,如手动起锚机能适合其使用时,可以配置手动起锚机,手动起锚机应有防止手柄打伤人的措施。

(2) 驱动功率。起锚机应有足够的功率,且应能连续工作。其工作负载和过载拉力应满足下列要求:

①在满足下述本条规定的平均速度时,起锚机应有连续工作 30 min 的能力,其工作负载为:

1 级有挡锚链 $37.5d^2$(N);

2 级有挡锚链 $42.5d^2$(N);

3 级有挡锚链 $47.5d^2$(N)。

式中 d——锚链直径,mm。

②起锚机应能在过载拉力作用下(不要求速度)连续工作 2 min。过载拉力应不小于工作负载的 1.5 倍。

(3) 倒转装置。所有动力操纵的起锚机均应能倒转。

(4) 离合器。起锚机的链轮与驱动轴之间应装有离合器,离合器应有可靠的锁紧装置。

(5) 制动器。起锚机的链轮或卷筒应装有可靠的制动器,制动器刹紧后,应在分别承受如下负荷(支持负载)的情况下,其受力零件不应有永久变形,其制动装置也不应有打滑现象。

①对装有止链器的锚机装置,应能承受锚链或钢索破断载荷 45% 的静拉力。或能承受锚链上的最大静负荷。

②对于无止链器的锚机装置,应能承受锚链或钢索破断载荷 80% 的静拉力。

（6）止链器。锚机装置一般应装有有效的止链器。止链器应能承受相当于锚链试验的拉力载荷，且其应力应不大于材料屈服点的 90%。

（7）过载保护。原动机和传动装置应设有防止超力矩和冲击的保护。

（8）航行试验。在航行试验时，起锚机应有能力以平均速度不小于 9 m/min，将一只锚从水深 82.5 m 处拉起至深度 27.5 m 处。对在许可航行试验海域内的水深不能达到上述要求时，则在航行试验时，应选择许可航行试验海域内水深最深的海域进行试验。

2.13.1.3　锚机在船上的布置及作业方式

船舶设置卧式锚机时，从锚链筒在甲板出口处的中心线到锚机链轮轴线之间的距离应不小于 12～18 倍的链环长度（或 48～72 倍锚链直径）。锚链通过链轮时的包角（锚链围绕链轮的弧长所对应的圆心角）应不小于 115°。通常在确定锚机位置时，从链轮上引出的锚链，其方向（向下）与水平面的夹角应小于 15°。

在设置起锚系缆绞盘时，甲板锚链筒出口中心到绞盘轴线之间的距离应大于 12～16 倍链环长度（或 48～64 倍锚链直径）。

通常情况下，卧式锚机或起锚系线绞盘与锚链筒之间设有掣（止）链器，船舶抛锚系留时，作用在锚链上的力由掣链器承受，此时锚机制动装置（刹车）可卸去负载。如果不设掣链器，则锚链力直接由锚机通过其制动装置（刹车）承受。

卧式锚机或起锚系缆纹盘进行抛锚作业时，通常不用电机，而是脱开连接链轮与传动轴的离合器，操纵制动装置（刹车），依靠重力将锚和锚链抛出。起锚时则启动电机。

钢丝绳锚绞车通常配置排绳装置，当设置多个导向滑轮时，为保证钢丝绳在绞车滚筒上排列整齐，从绞车轴线到第一个导向滑轮之间的距离应不小于 10 倍滚筒长度。但锚绞车通常不建议配置掣索器。因此，钢丝绳上的力直接由锚绞车通过其制动装置（刹车）承受。抛起锚作业方式与卧式锚机相似。

2.13.2　手动锚机

手动起锚机是依靠人力收放锚链及与之连接的锚的装置，又称人力起锚机。这种锚机通常用于内河小型船舶以及无动力的驳船上，在海船上很少使用。手动起锚机可分为：单链轮和双链轮手动锚机。由于海船规范规定，锚重不超过 250 kg 时，才允许使用手动锚机，相应的有挡锚链直径应不大于 16 mm（1 级）或无挡锚链直径不大于 17.5 mm（1 级）。

图 2-87 所示为锚链直径为 15/17/19 mm 的双链轮手动起锚机，其允许的最大锚重为 250 kg，额定起锚负荷为 12.45 kN，系缆筒负荷为 10 kN，工作人数 2 人，每

人出力 240 N。

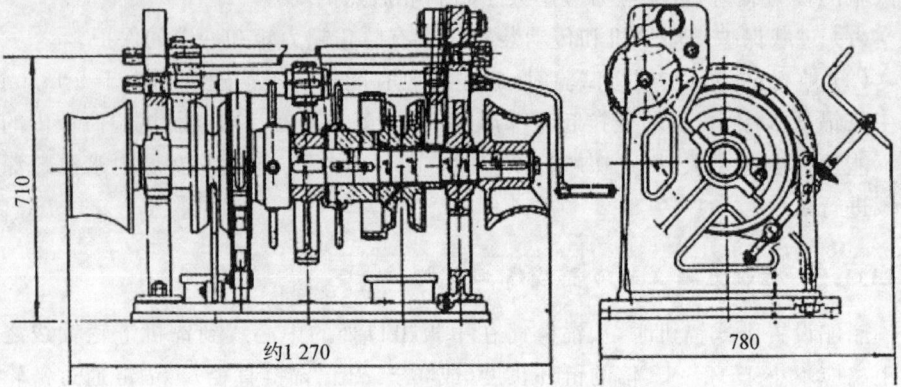

图 2-87　锚链直径 15/17/19 mm 手动起锚机

2.13.3　电动卧式锚机

电动卧式锚机是船舶使用最为广泛的锚机,其传动方式为电动机通过减速装置驱动链轮轴,链轮与传动轴之间设有离合器,抛锚时脱开离合器,用刹车控制链轮。设置系缆滚筒时,也设有单独的刹车和离合器。图 2-88 及图 2-89 所示为几种典型的电动卧式锚机。

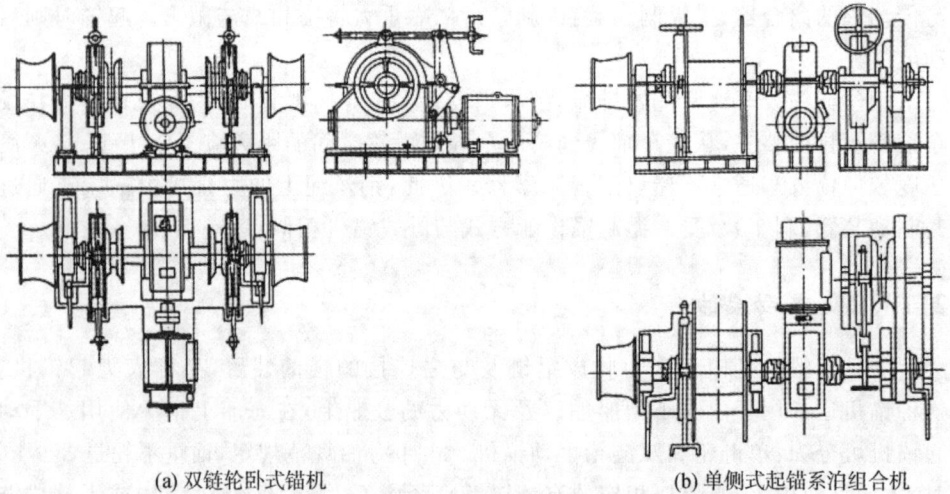

(a) 双链轮卧式锚机　　　　　　　(b) 单侧式起锚系泊组合机

图 2-88　配置弧形蜗杆减速箱的电动卧式锚机

电动锚机按其电制可分为直流和交流,前者可实施无级调速,后者为分级调速。目前由于大多数船舶设置交流电站,因此交流电动锚机用得很多。小型锚机(如锚链直径 26 mm 以下)通常采用双速电动机,在过载时自动由高速挡转换到低速挡。较大功率的锚机均采用三速电动机,其速比为 1∶2∶4,以中速挡为额定级(负荷及起锚速度)。通常起锚时,一开始使用高速挡,当负荷增加达到过载时,自动地由高速挡转换到中速挡。锚出土后可转换到高速挡,锚离开水面收进锚链筒时,采用低速挡。

电动锚机的优点是安装简单,使用方便。但是大功率的电动锚机启动时,对于电网影响较大。因此,设置电动锚机时,应考虑电站容量。必要时,使用锚机时限制其他设备的使用。

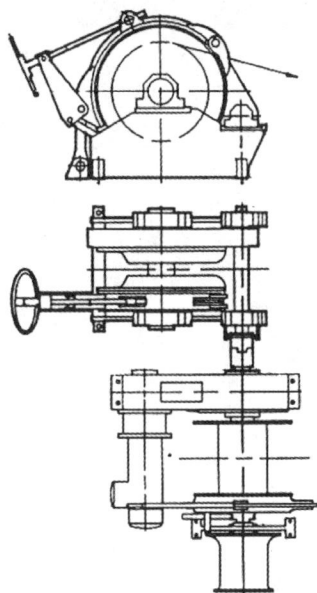

图 2-89　配置齿轮减速箱的电动单侧式起锚系泊组合机

2.13.4　液压卧式锚机

液压卧式锚机的传动方式为液压马达通过开式齿轮驱动链轮轴,其他机械部件与电动卧式锚机相似。液压锚机需设置液压泵站,它可独立使用,也可与其他甲板机械如起货绞车、系泊校车、货舱盖开闭机构等设备兼用。图 2-90 所示为典型的液压单侧式起锚系泊组合机。

液压锚机由于省去了电动机和减速箱,因此机械部分体积小,质量小。液压锚机启动平稳,调速方便,可实现无级调速。其由手采用控制阀直接操纵液压马达,因此特别适合于油船、液化气体船等有防爆要求的船舶使用。

2.13.5　起锚系缆绞盘

起锚系缆绞盘按其动力源可分为:人力、电动和液压绞盘。其最大的优点是直接用于起抛锚和系缆作业的链轮、绞盘头及刹车装置安装在甲板上,其余驱动机械及传动机构均安装在甲板以下。所以在甲板上占用的面积小,特别适用于舰艇和某些甲板布置较困难的船舶。

图 2-91 及图 2-92 所示为两种常见的电动起锚系缆绞盘。其中电机倒挂式用于中小型电动绞盘,双甲板式安装方便,适用于各种锚链直径的电动绞盘。图 2-93 所示为液压起锚系缆绞盘。

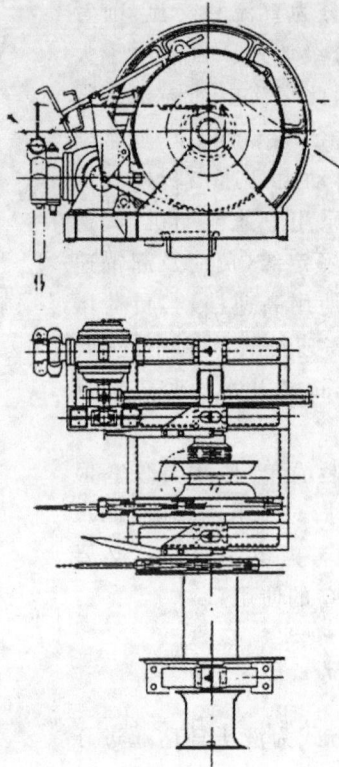

图 2-90　液压单侧式起锚系泊组合机

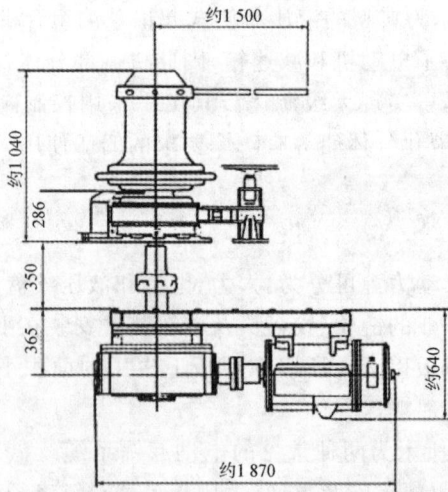

图 2-91　倒挂式电动起锚系缆绞盘（锚链直径 24/26 mm）

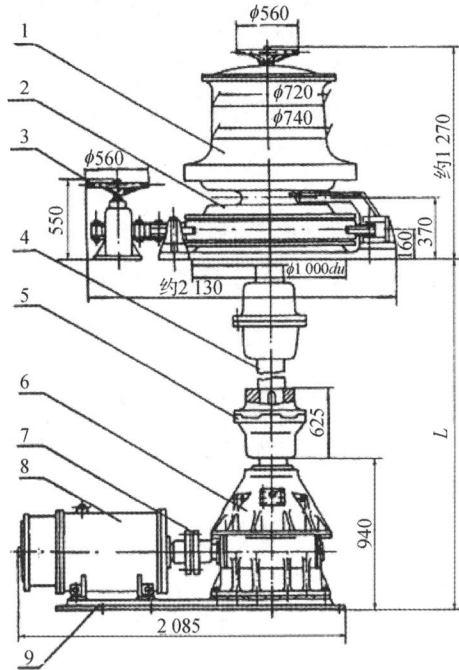

1—绞盘头；2—分链器；3—刹车装置；4—中间轴；5—牙嵌离合器；6—减速器；
7—联轴节；8—电动机；9—公共底座。

图 2-92　双甲班式电动起锚系缆绞盘（锚链直径 42/46 mm）

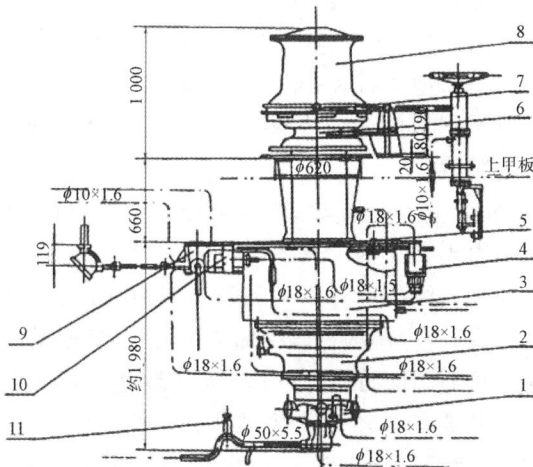

1—液压马达；2—行星齿轮减速器；3—支架；4—信号发送器；5—底板；6—分链器；7—离合器控
制装置；8—绞盘头；9—刹车装置；10—抛锚速度控制阀；11—排气塞。

图 2-93　液压起锚系揽绞盘（锚链直径 44 mm）

2.13.6 锚绞车

采用多点锚泊定位的海洋工程作业船舶诸如起重船、打捞船、半潜船、钻井驳船等通常设置锚绞车,用于收放钢丝绳锚索。

2.13.6.1 锚绞车的基本要求

为适应海洋工程装置多点锚泊定位系统的作业要求,锚绞车有以下特点。

(1) 一般来说,最大拉力应不小于锚索最小破断负荷的 1/3,但也不必大于 1/2;

(2) 刹车支持负载大,一般应与锚索破断负荷相当;

(3) 由于锚索很长,应提高锚出土后收锚索的速度,但应综合考虑适配的电机功率;

(4) 配置必需的附属设施诸如:锚索张力测量及指示仪、锚索抛出长度指示仪、锚索抛出速度指示仪;

(5) 在深水中使用的锚绞车,应设置自动限制锚索抛出速度的机构;

(6) 一般情况下,锚绞车采用机侧控制,某些特殊需要的船舶如铺管船的锚机应能远距离集中控制。

2.13.6.2 滚筒式锚绞车

水面式工程作业船舶通常采用滚筒式锚绞车,该类绞车按驱动方式可分为电动和液压,工作时,电动机或液压马达通过减速装置驱动安装滚筒的传动轴,滚筒与传动轴之间设有离合器,抛锚时脱开离合器,用刹车控制滚筒。中小型锚绞车采用手动刹车,大型锚绞车则采用气动或液压刹车。起锚时为使钢丝绳在滚筒上排列整齐,一般配置排绳装置。

滚筒式锚绞车的特点是结构紧凑,操作方便。但是,对于大容绳量的滚筒来说,为控制滚筒长度不得不增加钢丝绳排列层数,甚至多达 15 层,导致滚筒体积庞大。而且,滚筒同时是钢丝绳的储存机构和受力机构,因此,明显地造成滚筒外层的钢丝绳拉力小,速度高;而内层的钢丝绳却是拉力大,速度低。

一般来说,交流电机驱动的特点是效率高,但调速性能较差;液压驱动则正好相反。近年来,交流变频驱动技术在大容绳量、大功率的锚绞车中得到更多的应用,其特点是在低频时,能维持最大转矩不变,因而适用于恒转矩调速的需要。而在超过额定频率运行时,则具有转矩与转速成反比例特征的运行特性。因而,变频驱动既效率高,又有良好的调速性能。

图 2-94 所示为一台 800 kN 交流变频驱动的滚筒式锚绞车,钢丝绳直径

66 mm，容绳量 2 000 m，电机功率 400 kW，最大拉力 800 kN 时的速度调节范围为 (0～15) m/min；拉力 150 kN 时的速度调节范围为(0～120) m/min，绞车支持负 载为 2 600 kN。

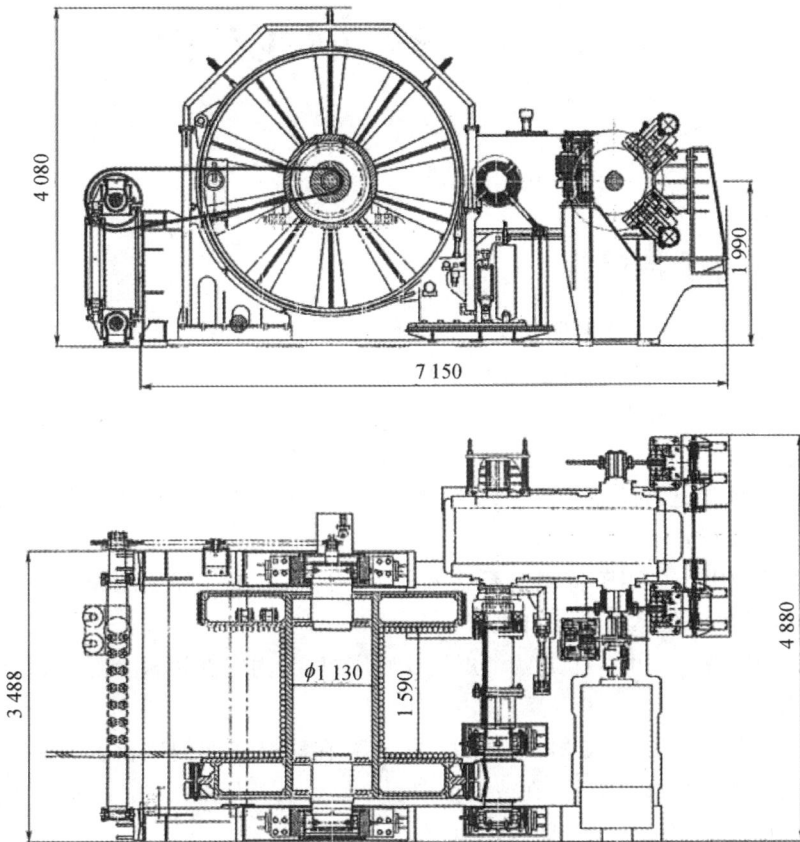

图 2-94　800 kN 交流变频驱动锚绞车

第3章 系 泊 设 备

3.1 系泊设备简述

所谓系泊,指的是使船舶安全停留于码头、浮筒、船坞和相邻船旁的过程。根据停靠位置和方式的不同,系泊有多种类型,包括码头系泊、旁靠系泊(ship to ship,STS)、单点系泊(single point moorings,SPM)、多浮筒系泊(multi-buoy moorings,MBM)等,其中最常见的类型是码头系泊。

系泊设备就是将船舶系靠于码头、浮筒、船坞或邻船所使用的设备,主要包括下列设备和属具:

(1) 系泊索——用于将船舶系靠于码头、浮筒、船坞或邻船的绳索,一般材质为钢丝绳、植物纤维索或合成纤维索;

(2) 带缆桩——由一个或两个短柱及底座组成,固定在甲板上,用以系缚和操作系泊索;

(3) 舷侧导缆孔、导缆器、导缆钳——设置在舷墙或舷侧甲板上的装置,用于引导系泊索从舷内通向舷外,在改变方向引至码头或其他系缆地点时,限制系泊索导出位置以及避免或减少与船体的摩擦;

(4) 导向滚轮——用以在船舶内部或甲板上改变系泊索方向的装置;

(5) 系缆机械——收放系泊索的设备,常见类型有系泊绞车、系缆绞盘、锚系泊组合机等;

(6) 储缆卷车——用以储存系泊索的装置。

除上述系泊设备外,在实际应用中还有一些辅助设备,如缆索托架、储缆筒等。

系泊设备一般设置于船舶露天甲板的首部、尾部和舷边,且多左右对称。系泊布置指的是对系泊设备进行合理的选型和定位,以实现船舶与系泊终端的安全系靠。通常情况下,系泊设备的选型和布置应根据船舶的类型、大小、船员作业习惯,并与相关的锚设备和起货设备的布置综合考虑,全面规划。

3.2　系泊载荷及系泊模式

3.2.1　系泊载荷

一个系泊系统是否有效、合理,将对船舶、船员、系泊终端和周边设施的安全产生重要影响。在配置系泊设备时,必须了解船舶在系泊状态下所受到的载荷。一般情况下,船舶在系泊状态下须承受下列部分或全部载荷:

(1) 风载荷;

(2) 流载荷;

(3) 潮汐载荷;

(4) 过往船舶产生的浪涌载荷;

(5) 波浪/涌浪;

(6) 冰载荷;

(7) 船舶吃水、纵倾和横倾变化所产生的载荷。

船舶最常见的系泊类型是码头系泊,对于一般的码头系泊,船舶所受到的载荷通常归结为风载荷、流载荷和潮汐载荷。因此,系泊系统往往被设计成能承受最大的风载荷和流载荷,一般工况下,其储备的强度余量足以承受其他载荷作用。但是,在特殊系泊工况下,波浪、涌浪或冰载荷较大时,应通过模型试验或软件数值模拟等方式进行分析计算。

作用于船上的风载荷的大小除了同船舶的类型、船舶吃水、上层建筑的大小和位置等因素有关外,还直接与风速和风向有关,如图 3-1 所示。作用于船上各部分的风力可分解为平行于船舶中纵剖面的纵向风力和垂直于船舶中纵剖面的横向风力。最大纵向风力发生在船舶首向或尾向受风时,最大横向风力则发生在船舶正横向受风时,两者相比,纵向风力相对较小,而横向风力的作用点通常偏离船长中点从而构成风力矩。

作用于船舶的流载荷随流速和流向的变化类似于风载荷。船舶底部以下的水深对流载荷的影响很大,船底以下水深的减少将使流载荷增加,如图 3-2 所示。

3.2.2　系泊模式

系泊模式指的是船舶与系泊终端(如码头、浮筒、船坞和相邻船)之间的系泊索布置方式,各种系泊模式虽然不尽相同,但它们的共同原则是系泊索的布置应能抵抗从任何方向作用于船舶的外界载荷。码头系泊是最常见的系泊形式,因此这里以码头系泊为基本形式进行具体分析。

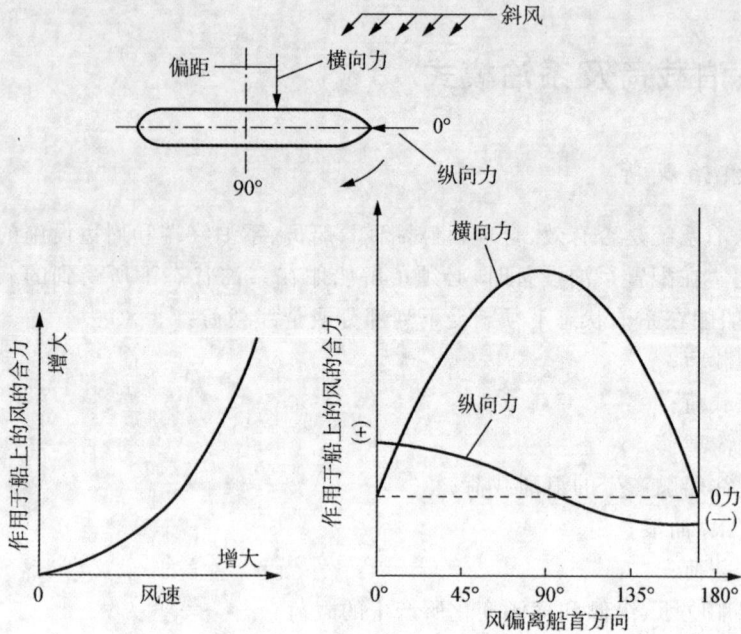

图 3-1　风载荷与风向及风速的关系

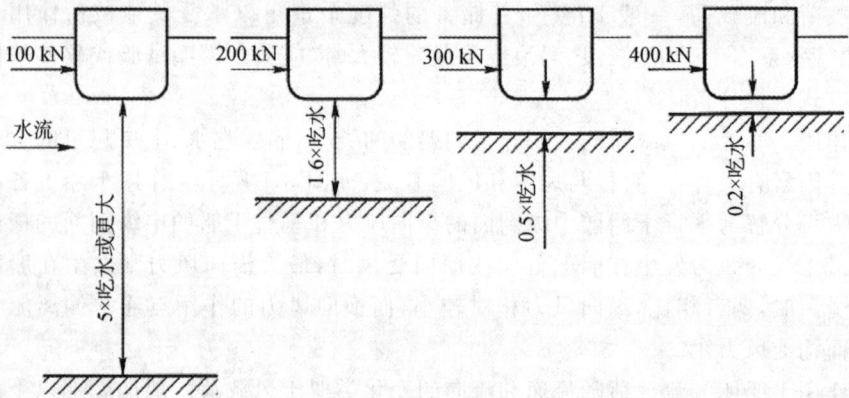

图 3-2　水深对流载荷的影响

　　外界载荷可以分解为沿船舶纵向和横向的分力,因此系泊索的布置可以相应地分为抵抗纵向载荷的倒缆(spring lines)和抵抗横向载荷的横缆(breast lines)。

　　理论上,倒缆在两个方向上约束船舶运动,即沿船舶纵向,指向船首或船尾方向。当船舶受到一个平行于码头,向前或向后的外力作用时,仅单个方向的倒缆受力。如果倒缆设置有预张力,那么倒缆对船舶的约束作用是两个方向预张力的差值。横缆仅在一个方向,即沿船舶横向(离开码头的方向)约束船舶运动。对着码头的方向则是依靠碰垫和防撞桩实施约束。当船舶受到一个推离码头的外力作用时,所有横缆将受力。

　　实际上,系泊索很难布置成理想的倒缆和横缆方向,因此出现了与船舶纵向成一定角度的艏缆和艉缆,其典型模式如图 3-3 所示。艏、艉缆抵抗纵向载荷的作用如同倒缆,抵抗横向载荷的作用如同横缆,可以说倒缆和横缆是艏、艉缆的一种特殊的布置方式。艏、艉缆在张紧状态下,其纵向分力方向相反且相互抵消,因此对船舶的纵向约束所起的作用不大。

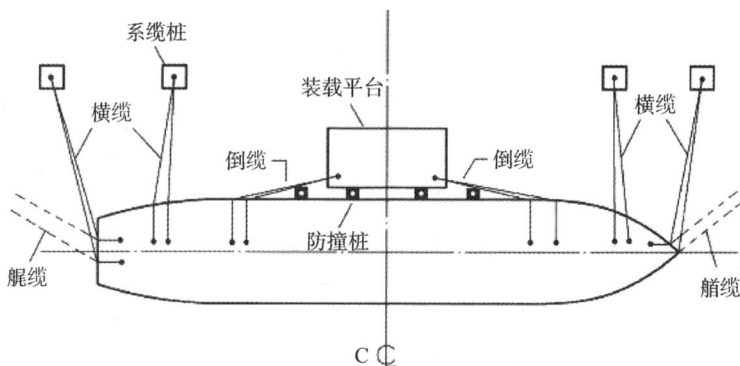

图 3-3　典型系泊模式

　　艏、艉缆的布置方式对船舶的约束能力产生的影响如图 3-4 所示。在该图所示的系泊模式中,艏、艉缆的允许工作负荷为 A,倒缆的允许工作负荷为 B。

　　图 3-4(a)所示模式中,艏、艉缆按正横向布置,对船舶的约束能力为

　　横向约束能力＝$2A$;纵向约束能力＝B。

　　图 3-4(b)所示模式中,艏、艉缆按斜向布置,在仅有纵向力时对船舶的约束能力为

　　横向约束能力＝$2A\sin 30°\cos 30°＝0.87A$;

　　纵向约束能力＝$B\cos 30°＋A\cos 30°\cos 30°＝0.87B＋0.75A$;

　　在图 3-4(b)所示模式中,如果存在横向力,则艏、艉缆将产生抵抗力,这将使船舶的纵向约束能力下降。

　　如果采用艏、艉缆和横缆混合布置的系泊模式,由于艏、艉缆比横缆长,因此前者弹性更好,延伸量更大,从而导致横向约束作用降低。

　　一般来说,最有效的系泊模式是系泊索的布置方向与船舶所受的外力方向一致,但这只能解决某一特定方向外力的作用。因此将所有外力分解为纵向和横向两个方向的分力,并对应布置倒缆和横缆,这样就能使船舶抵抗来自任何方向的外

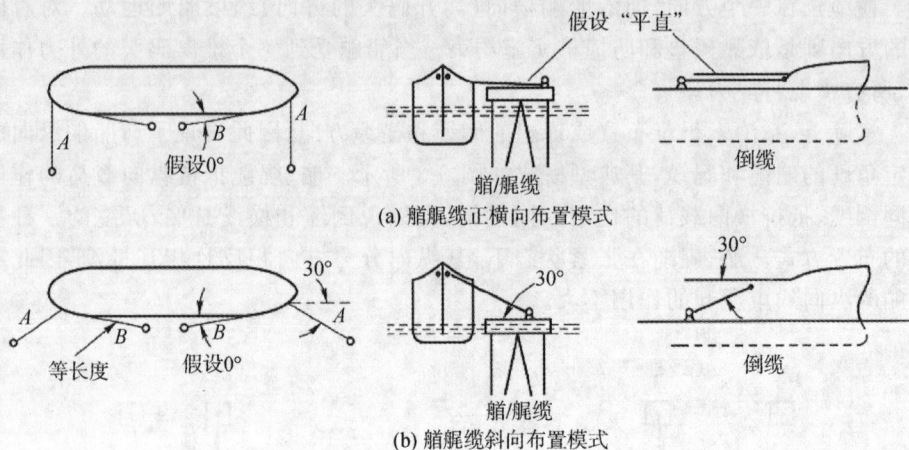

图 3-4　艏艉缆的布置方式对船舶约束能力产生的影响

力。但是码头上实际的系泊索布置因为系泊设备位置的不同,不可能完全布置成理想的倒缆和横缆,从而使系泊效果降低。

图 3-5 所示为一艘 25 000 DWT 船舶的系泊模式,系泊索为直径 42 mm 的钢缆(最大破断负荷为 1 127 kN)以及等强度的合成纤维索。图 3-5(a)所示模式包括两种状态,一种是系泊索全部采用钢缆的较为理想的系泊布置方式,另一种是系泊索采用钢缆和合成纤维索混合的较为理想的系泊布置方式。图 3-5(b)所示模式为系泊索全部采用钢缆的不太理想的系泊布置方式。各种状态的系泊索受力情况见表 3-1～表 3-3,从表中可以看出,不同的系泊模式将导致各根系泊索的负荷分配发生严重变化,不理想的系泊模式会造成系泊索最大负荷值的增加,如由 559.6 kN

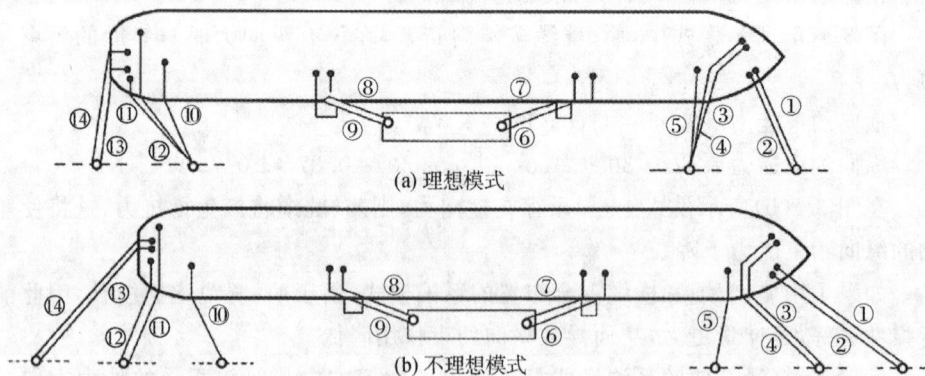

图 3-5　系泊模式分析

表 3-1　理想模式—全部钢缆系泊布置

负荷/kN	缆索号													
	①	②	③	④	⑤	⑥	⑦	⑧	⑨	⑩	⑪	⑫	⑬	⑭
风速 60 kn 艏向风	84.28	110.7	0	0	0	0	0	382.2	387.1	0	0	0	0	0
风速 60 kn 偏离艏向 45°风	555.7	559.6	338.1	342	382.2	57.82	57.82	106.8	110.7	253.8	248.9	333.2	244	231.3
风速 60 kn 横向风	555.7	555.7	387.1	391	440	129.4	129.4	61.7	61.7	132.3	417.5	559.6	501.8	466.5

表 3-2　理想模式—钢缆和合成纤维缆混合系泊布置

负荷/kN	缆索号													
	①	②	③	④	⑤	⑥	⑦	⑧	⑨	⑩	⑪	⑫	⑬	⑭
风速 60 kn 艏向风	155.8	49	53	40.2	0	0	0	386.1	386.1	0	352.8	0	26.5	0
风速 60 kn 偏离艏向 45°风	897.7	66.6	533.1	57.8	613.5	75.5	71.5	142.1	147	268.5	53	492.9	53	329.3
风速 60 kn 横向风	893.8	66.6	599.8	57.8	684	168.6	164.6	93.1	93.1	657.6	57.8	862.4	61.7	715.4

注:仅②.④.⑪及⑬为聚丙烯索

表 3-3　不理想模式—全部钢缆系泊布置

负荷/kN	缆索号													
	①	②	③	④	⑤	⑥	⑦	⑧	⑨	⑩	⑪	⑫	⑬	⑭
风速 60 kn 艏向风	101.9	115.6	53	80.4	0	0	0	280.3	280.3	8.8	0	0	0	0
风速 60 kn 偏离艏向 45°风	515.5	489	475.5	426.3	822.2	191.1	186.2	49	49	359.7	297.9	399.8	244	235.2
风速 60 kn 横向风	550.8	529.2	519.4	471.4	866.3	173.5	168.6	115.6	119.6	688.9	489	688.9	453.7	448.8

增加到 866.3 kN（参见表 3-1 和表 3-3）。而且如果风向改变，原来无负荷的系泊索将承担若干负荷。此外，对比表 3-1 和表 3-2 可以看出，基于相同的系泊模式，采用相同类型系泊索和不同类型系泊索进行布置，各根缆绳上的负荷分配也会产生较大变化。

为保证系泊布置的有效性，应尽量遵循以下的基本原则。

（1）系泊索应尽量相对于船长中点对称布置，以便使载荷得到有利的分配；但对于某些码头，如果已知某特定方向上存在较大的风载荷和流载荷，则需在船舶一端设置更多的缆绳，这时不对称的系泊索布置会更有效。

（2）一般情况下，建议所有的系泊索都采用相同的类型和规格，如果无法实现，应尽量保证相同功能的缆绳，即横缆、倒缆、艏缆和艉缆，分别采用相同类型和规格的缆绳。例如所有倒缆采用钢缆，所有横缆采用合成纤维缆。同一方向、同种功能的系泊索尽量成对布置。

（3）横缆布置应尽量与船体中心线垂直，尽可能靠船首或船尾；倒缆布置应尽量与船体中心线平行。

（4）艏缆和艉缆对船舶的约束能力不如横缆和倒缆有效，一般用于码头系泊船舶的移位操作或适应码头缆桩的布置。

（5）系泊索与水平面的夹角应尽可能小，建议不大于 25°，以便更有效地抵抗作用在船舶上的水平环境力。

（6）如使用艉缆，相同功能的系泊索应采用相同类型和规格的艉缆。较长的艉缆将会对整根系泊索的延伸性产生很大影响，参见图 3-6。

（7）相同功能的系泊索，其长度（从船上系泊绞车到码头缆桩之间的距离）应尽可能保持相同。缆绳的延伸性能与其长度直接相关，较短的缆绳将会承受更大的载荷。

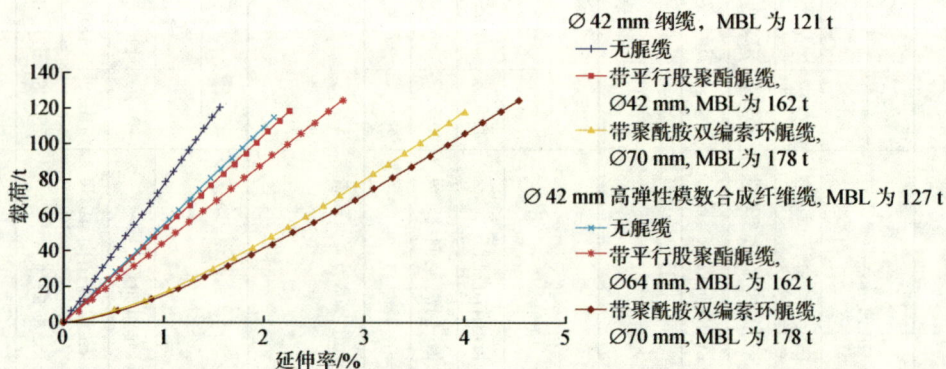

图 3-6 艉缆对系泊缆索延伸性的影响

（8）较长的缆绳有利于载荷的分配和操作调整。但在使用传统的合成纤维缆时，较长的缆绳会造成延伸性能提高，在船舶受外力的情况下，船舶的位移会更大，对于某些需要严格控制船舶位置的情况（如 LNG 船停靠码头通过输送臂装卸货时），较大的位移会带来危险。

3.3　系泊索配置

3.3.1　根据船级社规范配置系泊索

对于普通海船来说，根据船级社规范配置系泊索是最常用的方法，即通过计算舾装数并查表来确定系泊索的数量、长度和破断强度，各国船级社对舾装数的计算方法和系泊索的配置要求基本一致。然而，仅仅通过舾装数查表的方法对于满载和轻载状态下侧向受风面积存在较大差异的船型来说，其系泊索的配置往往不能满足船舶安全系泊的要求，因此国际船级社协会（IACS）在更新的 IACS Recommendation No. 10 文件中，对舾装数计算和系泊设备配置提出了新要求，并在 2018 年 7 月 1 日正式生效。下面根据 IACS Recommendation No. 10 中规定的新要求，按照舾装数（EN）≤2 000 和舾装数（EN）>2 000 两种不同情况来介绍系泊索的配置。

3.3.1.1　舾装数（EN）≤2 000

（1）计算舾装数

$$EN = \Delta^{2/3} + 2Bh + 0.1A \tag{3.3.1.1}$$

式中　Δ——夏季载重水线下的型排水量，t；

B——型宽，m；

A——船长 L 范围内夏季载重水线以上的船体部分和上层建筑以及各层宽度大于 $B/4$ 的甲板室的侧投影面积的总和，m^2；

h——从夏季载重水线到最上层舱室顶部的有效高度，m；

$$h = a + \sum h_i$$

其中，a——从船中夏季载重水线至上甲板的距离，m；

h_i——各层宽度大于 $B/4$ 的舱室，在其中心线处量计的高度，m。

（2）查阅舾装数表选取系泊索配置

根据舾装数计算结果，查阅船级社规范中的舾装数表（见本分册第 2 章 2.5.2 节表 2-5），进行系泊索和拖索的配置。由于系泊索和拖索不作为船舶入级的条件，因此仅为指导性要求。

如果船舶的 $A/EN > 0.9$，则系泊索的数量建议在舾装数表中数值的基础上按下列要求增加：

$0.9 < A/EN \leqslant 1.1$ 　　　　系泊索增加 1 根

$1.1 < A/EN \leqslant 1.2$ 　　　　系泊索增加 2 根

$1.2 < A/EN$ 　　　　　　　系泊索增加 3 根

需要说明的是：

①船级社规范中规定的系泊索的数量、长度和破断负荷是最低要求，是基于船舶横向停靠在有遮蔽的港口码头上，而且不同的航区和船型对系泊索有不同的要求。

②在船舶装载手册中涉及的甲板货物，应在侧投影面积 A 的计算中予以考虑。

3.3.1.2　舾装数（EN）> 2 000

（1）计算舾装数

舾装数的计算式与式（3.3.1.1）相同，但是系泊索的配置不再根据舾装数表来查阅选取，而是通过相应的计算来确定。

系泊索的强度和数量是基于侧投影面积 A_1 的大小，A_1 的计算方法与式（3.3.1.1）规定的侧投影面积 A 相似，但需考虑如下情况。

①对于油船、化学品船、散货船和矿砂船，计算侧投影面积 A_1 时应考虑最轻压载吃水。对于其他船舶，如最轻载吃水和满载吃水时的干舷比值等于或大于 2，则计算侧投影面积 A_1 时应考虑普通装载时的最轻吃水。普通装载指的是在纵倾和稳性手册里操作过程中会规律出现的装载状态，但不包含轻载状态和螺旋桨检查状态等。

②除常系泊于开敞码头的船舶外，计算侧投影面积 A_1 时应考虑码头的遮风作用。可假定码头高于水面 3 米，即侧投影面积底部高于水面 3 米的部分，在计算侧面积 A_1 时不再考虑。

③在计算侧投影面积 A_1 时，应考虑装载手册中涉及的甲板货物。但对于无甲板货物时的普通轻载吃水情况下的侧投影面积比载满货物时满载状态的侧投影面积大的情况，可不考虑甲板货物。

系泊索的配置是基于船舶系泊于能为其提供遮蔽的固定码头，假定的环境条件是最大流速为 1 m/s，水流方向与船首或船尾的偏角为 ±10°，不考虑横流；最大风速列于表 3-4。

表 3-4　最大风速(V_w)

船型	侧投影面积	最大风速 V_w/(m/s)
客船、渡船和汽车运输船	2 000 m² < A_1 ≤ 4 000 m²	25.0 − 0.002(A_1 − 2 000)
客船、渡船和汽车运输船	A_1 > 4 000 m²	21.0
其他船型	—	25.0

（2）确定系泊索最小破断负荷（MBL）

$$MBL = 0.1A_1 + 350 \quad (kN) \qquad (3.3.1.2)$$

式中，A_1——船舶侧投影面积，m²。

上式中，系泊索最小破断负荷的限值是 1 275 kN(130 t)。当系泊索的配置无法满足假定环境条件时，则可接受的风速 V_w^* 按下式估算：

$$V_w^* = V_w \sqrt{\frac{MBL^*}{MBL}} \quad (m/s) \qquad (3.3.1.3)$$

式中　V_w——根据表 3-4 确定的最大风速，m/s;

$\quad\quad$ MBL——根据式(3.3.1.2)计算得到的系泊索最小破断负荷，kN;

$\quad\quad$ MBL*——实际选取的系泊索的最小破断负荷，kN。

选取的系泊索的最小破断负荷应为不小于 21 m/s 风速下的要求，即：

$$MBL^* \geqslant \left(\frac{21}{V_w}\right)^2 MBL \qquad (3.3.1.4)$$

如果系泊索需要承受高于表 3-4 确定的最大风速 V_w，则：

$$MBL^* = \left(\frac{V_w^*}{V_w}\right)^2 MBL \qquad (3.3.1.5)$$

（3）确定系泊索数量

艏缆、艉缆和横缆的总数应根据下式确定：

$$n = 8.3 \cdot 10^{-4} \cdot A_1 + 6 \qquad (3.3.1.6)$$

对于油船、化学品船、散货船和矿砂船，艏缆、艉缆和横缆的总数应根据下式确定：

$$n = 8.3 \cdot 10^{-4} \cdot A_1 + 4 \qquad (3.3.1.7)$$

根据式(3.3.1.4)和式(3.3.1.5)计算得到的数值应取整。

艏缆、艉缆和横缆的数量可以根据缆索强度的调整进行增加或减少，调整后的缆索强度应满足：

$$MBL^* = 1.2 \cdot MBL \cdot n/n^* \leqslant MBL \quad 当缆索数量增加 \qquad (3.3.1.8)$$

$$MBL^* = MBL \cdot n/n^* \quad 当缆索数量减少 \qquad (3.3.1.9)$$

式中　n——根据式(3.3.1.6)或式(3.3.1.7)确定的缆索总数，不考虑取整;

$\quad\quad n^*$——增加或减少后的缆索总数。

倒缆的数量:当 EN<5 000,取 2 根;当 EN≥5 000 时,取 4 根。

倒缆的缆索强度应与艏缆、艉缆和横缆相同。当艏缆、艉缆和横缆的数量根据缆索强度的调整而增加时,倒缆的数量也应相应增加。

(4) 确定系泊索长度

对于 EN>2 000 的船舶,系泊索的长度可取 200 m。单根系泊索的长度可在上述长度基础上最多减少 7%,但系泊索的总长度应不小于计算得到的缆索总长度。

3.3.2　根据 OCIMF 系泊指南配置系泊索

OCIMF 是非政府组织石油公司国际海事论坛(Oil Companies International Marine Forum)的简称,该组织编制了《系泊设备指南(Mooring Equipment Guidelines)》,虽然该指南主要是针对油船和气体船,但其中大部分建议同样适用于其他船型,是船舶系泊系统设计的重要参考文件。

OCIMF《系泊设备指南》(以下简称《系泊指南》)提供了一种通过计算船舶所受的环境载荷来确定系泊索强度和数量的方法,该方法的一个核心要素就是要确定环境载荷,而确定环境载荷的基础就是要明确外界环境条件。由于各个系泊终端环境条件可能会存在较大差异,为保证国际航行海船的系泊设备能满足在世界范围航行时安全靠泊码头的最低要求,该《系泊指南》规定了一个标准环境条件,即:

来自任何方向的 60 kn 风,同时具有下列之一的水流:

来自 0°或 180°方向的 3 kn 流;或

来自 10°或 170°方向的 2 kn 流;或

来自横向的 0.75 kn 流。

上述标准基本涵盖了世界范围内系泊终端经常遇到的环境条件,但其不可能包括所有极端天气情况,因此当船舶系泊于一个特定的系泊终端,而该系泊终端所处位置可能会出现超出上述标准环境条件的情况时,则该系泊终端所选取的环境条件应在标准环境条件基础上结合实际情况进行修正。

3.3.2.1　根据风力和流力系数计算

(1) 符号和坐标系

风载荷和流载荷计算中所用的符号包括如下:

L_{BP}——船舶两柱间长,m;

L_{OA}——船舶总长,m;

T——船舶吃水,m;

A_L——船舶侧向受风面积，m^2；

A_T——船舶首向受风面积，m^2；

C_{Xw}——纵向风力系数；

C_{Yw}——横向风力系数；

C_{XYw}——斜向风力矩系数；

C_{Xc}——纵向流力系数；

C_{Yc}——横向流力系数；

C_{XYc}——斜向流力矩系数；

F_{Xw}——纵向风载荷，N；

F_{Yw}——横向风载荷，N；

F_{YFw}，F_{YAw}——船首和船尾处横向风载荷，N；

M_{XYw}——风引起的船舶首摇力矩，N·m；

F_{Xc}——纵向流载荷，N；

F_{Yc}——横向流载荷，N；

F_{YFc}，F_{YAc}——船首和船尾处横向流载荷，N；

M_{XYc}——流引起的船舶首摇力矩，N·m；

V_w——风速，m/s；

V_c——流速，m/s；

θ_w——风向角，(°)；

θ_c——流向角，(°)；

ρ_w——空气密度，kg/m^3；

ρ_c——水密度，kg/m^3。

风载荷和流载荷计算所使用的坐标系如图 3-7 所示。

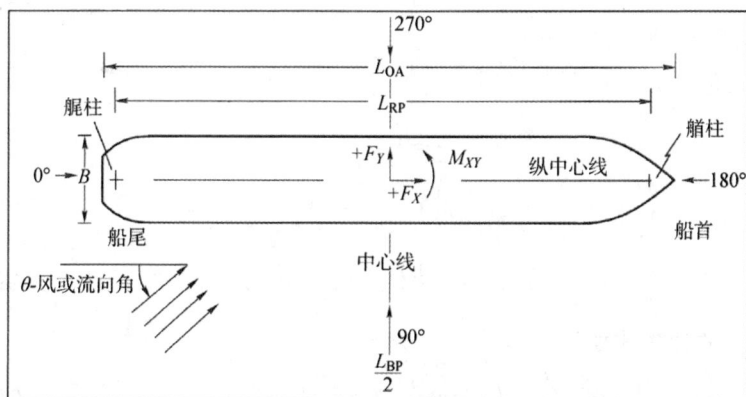

图 3-7　计算坐标系

（2）确定风力系数和流力系数

在计算风载荷和流载荷之前，需先确定相应的风力系数和流力系数。对于特定的船舶来说，风力系数和流力系数可以通过模型试验或 CFD 计算获得。如果缺少相关数据，也可以参考 OCIMF《系泊指南》中提供的图表予以确定。由于 OCIMF《系泊指南》的制定主要是针对油船、气体船等船型，因此其中所包含的风力系数和流力系数图表分为油船和气体船两大类，本手册以油船为例，摘录相关图表，图 3-8～图 3-17 所示（摘自《系泊指南》第 4 版），可根据船舶的装载状态、船首形式、水深/吃水比、风向角、流向角等参数，从这些图表中查找相应的系数。

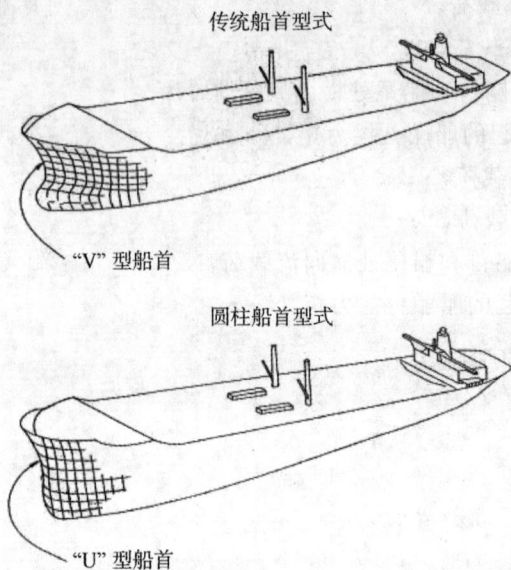

图 3-8 船首的不同形式：传统（conventional）型和圆柱（cylindrical）型

（3）计算风载荷和流载荷

风载荷的计算式如下：

$$F_{Xw} = \frac{1}{2} C_{Xw} \rho_w V_w^2 A_T \qquad (3.3.2.1)$$

$$F_{Yw} = \frac{1}{2} C_{Yw} \rho_w V_w^2 A_L \qquad (3.3.2.2)$$

$$M_{XYw} = \frac{1}{2} C_{XYw} \rho_w V_w^2 A_L L_{BP} \qquad (3.3.2.3)$$

流载荷的计算式如下：

$$F_{Xc} = \frac{1}{2} C_{Xc} \rho_c V_c^2 L_{BP} T \qquad (3.3.2.4)$$

$$F_{Y_c} = \frac{1}{2} C_{Y_c} \rho_c V_c^2 L_{BP} T \qquad (3.3.2.5)$$

$$M_{XY_c} = \frac{1}{2} C_{XY_c} \rho_c V_c^2 L_{BP}^2 T \qquad (3.3.2.6)$$

如果已得知船舶停靠在系泊终端时所受的风向和流向,则可以从图 3-9～图 3-17 中查出对应角度的风力系数和流力系数,从而计算出风载荷和流载荷。

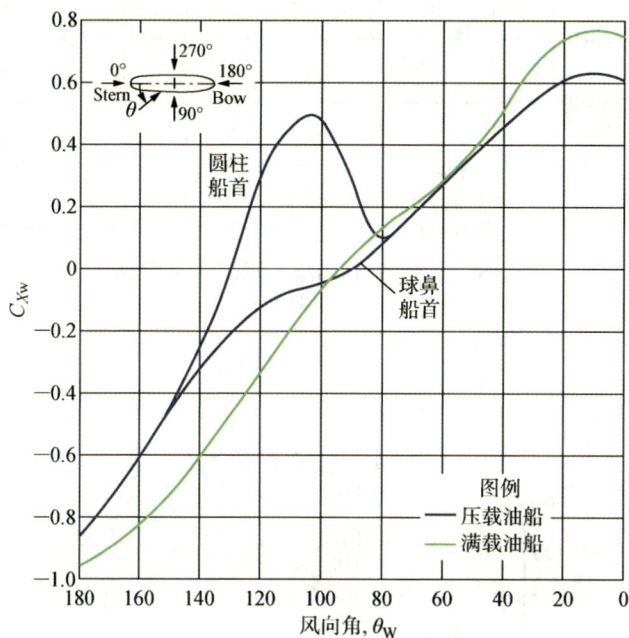

图 3-9　纵向风力系数曲线

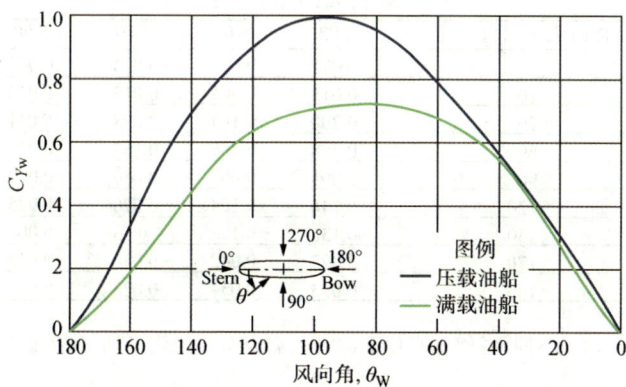

图 3-10　横向风力系数曲线

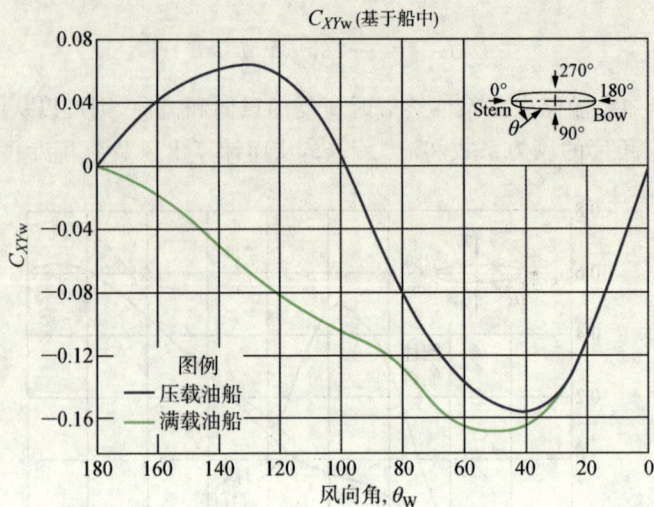

图 3-11 风力矩系数曲线

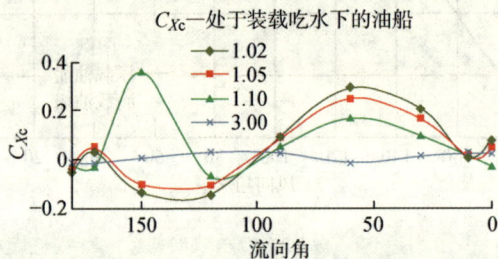

C_{Xc}—处于装载吃水下的油船

流向角/水深吃水比	1.02	1.05	1.10	3.00
0	0.071	0.043	−0.034	0.022
10	0.015	0.005	0.013	0.023
30	0.200	0.164	0.098	0.011
60	0.288	0.246	0.162	−0.013
90	0.091	0.086	0.050	0.022
120	−0.146	−0.104	−0.070	0.025
150	−0.136	−0.103	0.53	0.003
170	0.027	0.042	−0.030	−0.015
180	0.055	−0.034	−0.023	−0.014

图 3-12 不同水深/吃水比下的纵向流力系数曲线(船舶装载状态)

C_{Xc}一处于装载吃水下的油船

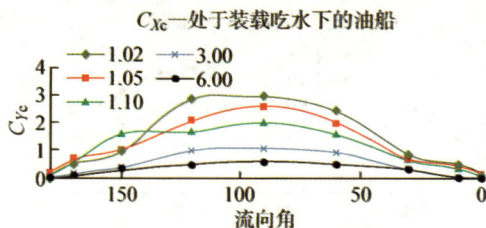

流向角/水深吃水比	1.02	1.05	1.10	3.00	6.00
0	0.105	0.006	0.009	0.015	0.000
10	0.471	0.435	0.312	0.041	0.068
30	0.837	0.645	0.635	0.300	0.257
60	2.405	1.983	1.580	0.894	0.473
90	2.914	2.584	1.961	1.062	0.581
120	2.832	2.055	1.660	0.943	0.473
150	0.938	0.963	1.573	0.352	0.257
170	0.512	0.681	0.529	0.064	0.068
180	0.145	0.000	0.004	0.000	0.000

图 3-13 不同水深/吃水比下的横向流力系数曲线(船舶装载状态)

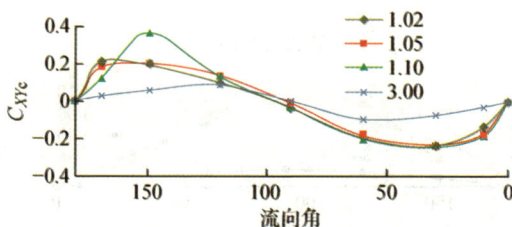

C_{Xc}一处于装载吃水下的油船

流向角/水深吃水比	1.02	1.05	1.10	3.00
0	−0.003	0.000	−0.001	−0.004
10	−0.185	−0.175	−0.140	−0.033
30	−0.235	−0.239	−0.238	−0.075
60	−0.187	−0.182	−0.205	−0.095
90	−0.037	−0.012	−0.033	0.000
120	0.098	0.137	0.134	0.088
150	0.195	0.197	0.360	0.057
170	0.203	0.177	0.123	0.027
180	−0.001	0.000	0.001	0.000

图 3-14 不同水深/吃水比下的流力矩系数曲线(船舶装载状态)

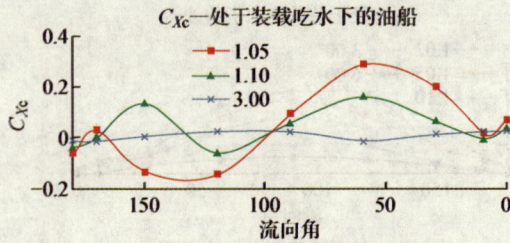

C_{Xc}—处于装载吃水下的油船

流向角/水深吃水比	1.05	1.10	3.00
0	0.071	0.042	0.022
10	0.015	−0.003	0.023
30	0.200	0.063	0.011
60	0.288	0.161	−0.013
90	0.091	0.056	0.022
120	−0.146	−0.060	0.025
150	−0.136	0.133	0.003
170	0.027	−0.002	−0.015
180	−0.055	−0.036	−0.014

图 3-15　纵向流力系数曲线（船舶压载状态）

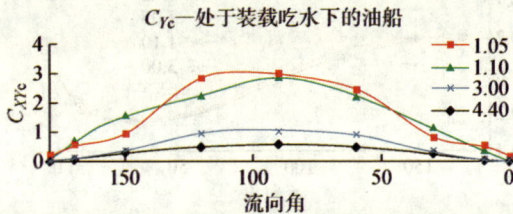

C_{Yc}—处于装载吃水下的油船

流向角/水深吃水比	1.05	1.10	3.00	4.40
0	0.105	0.000	0.015	0.000
10	0.471	0.338	0.041	0.060
30	0.837	1.092	0.300	0.230
60	2.405	2.199	0.894	0.425
90	2.914	2.842	1.062	0.500
120	2.832	2.212	0.943	0.425
150	0.938	1.558	0.352	0.230
170	0.512	0.668	0.064	0.060
180	0.145	0.000	0.000	0.000

图 3-16　横向流力系数曲线（船舶压载状态）

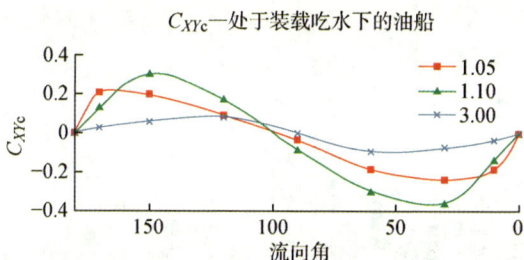

C_{XYc}—处于装载吃水下的油船

C_{XYc}—处于装载吃水下的油船

流向角/水深吃水比	1.05	1.10	3.00
0	−0.003	0.000	−0.004
10	−0.185	−0.138	−0.033
30	−0.235	−0.357	−0.075
60	−0.187	−0.293	−0.095
90	−0.037	−0.082	0.000
120	0.098	0.176	0.088
150	0.195	0.303	0.057
170	0.203	0.134	0.027
180	−0.001	0.000	0.000

图 3-17 流力矩系数曲线（船舶压载状态）

如果未得知船舶停靠在系泊终端时所受的风向和流向,则需要计算出所有风向角和流向角的载荷组合,从中选择最大纵向载荷组合(即 $F_X\max$)、最大横向载荷组合(即 $F_Y\max$)和最大的力矩载荷组合(即 $F_{XY}\max$)。

对于横向风载荷和流载荷,还可分别拆分为船首处横向载荷 F_{YFw}、F_{YFc} 和船尾处横向载荷 F_{YAw}、F_{YAc},相应的风力和流力系数按下式确定:

$$C_{YFw} = \frac{1}{2}C_{Yw} + C_{XYw} \qquad (3.3.2.7)$$

$$C_{YAw} = \frac{1}{2}C_{Yw} - C_{XYw} \qquad (3.3.2.8)$$

$$C_{YFc} = \frac{1}{2}C_{Yc} + C_{XYc} \qquad (3.3.2.9)$$

$$C_{YAc} = \frac{1}{2}C_{Yc} - C_{XYc} \qquad (3.3.2.10)$$

（4）确定系泊索数量及最小破断负荷

在计算系泊索数量和最小破断负荷时,一般假定系泊索在船舶与系泊终端之间的布置满足如下要求(参见图 3-18):

① 横缆与船舶横向垂线成 15°;

② 倒缆与船舶纵向轴线成 10°;

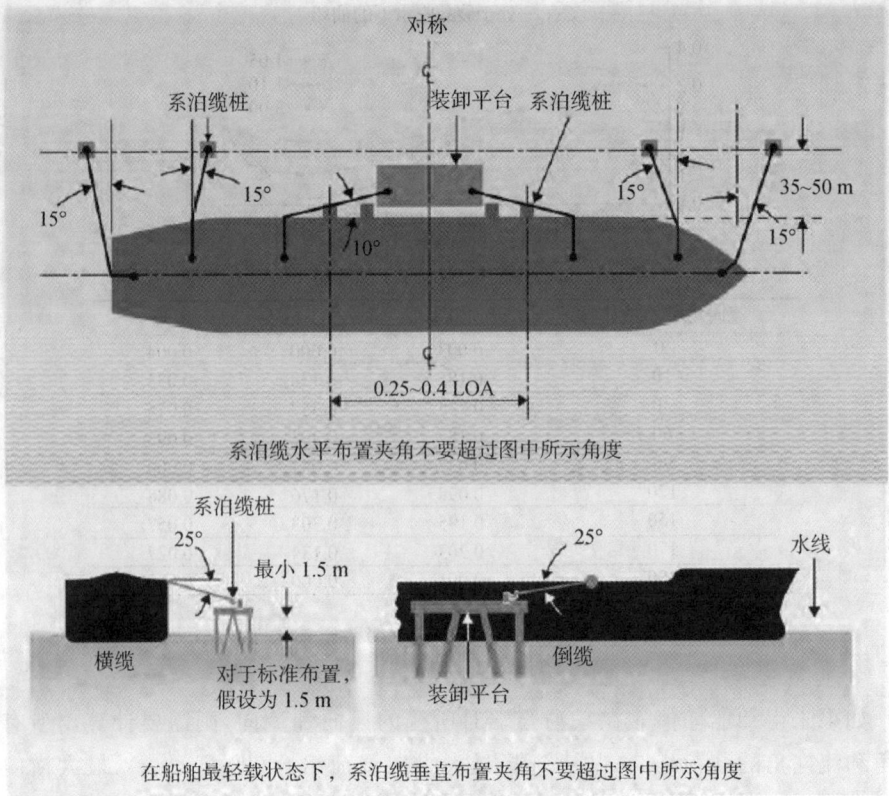

图 3-18　系泊缆索基本布置要求

③缆索与水平面最大夹角为 25°。

　　基于上述系泊布置要求的基础上,假定倒缆的利用率为 90%,横缆的利用率为 70%,系泊索上允许的最大工作负荷为缆索最小破断负荷的 55%。因此,系泊索的数量和最小破断负荷可根据下列计算式确定:

倒缆(单侧):　　$\mathrm{S} \times \mathrm{MBL} = \dfrac{F_X \max}{0.9 \times 0.55} \approx 2.0 F_X \max$　　(3.3.2.11)

船首横缆:　　$\mathrm{BR} \times \mathrm{MBL} = \dfrac{F_{YF} \max}{0.7 \times 0.55} \approx 2.6 F_{YF} \max$　　(3.3.2.12)

船尾横缆:　　$\mathrm{BR} \times \mathrm{MBL} = \dfrac{F_{YA} \max}{0.7 \times 0.55} \approx 2.6 F_{YA} \max$　　(3.3.2.13)

上式中　S——单侧倒缆数量;

　　　　BR——为船首船尾横缆数量;

　　　　MBL——系泊索最小破断负荷;

$F_X\max$——最大纵向环境载荷；

$F_{YF}\max$——船首处最大横向环境载荷；

$F_{YA}\max$——船尾处最大横向环境载荷。

在式(3.3.2.11)～式(3.3.2.13)中，系泊索的最小破断负荷 MBL 在满足船级社规范要求的基础上，可以和缆索数量进行适当搭配调整，互为增减，但原则是系泊索对船舶某一方向上的约束能力应大于相应的环境载荷。

此外，上述计算式中的 MBL 是针对钢缆的，如果系泊索采用合成纤维缆，则 MBL 应增加 10%，对于尼龙缆来说，应增加 20%。

当使用专业系泊分析软件计算时，系泊索的布置可以根据船舶和码头系泊设备的具体位置进行建模定位。

有关计算的详细方法可参考 OCIMF 规范附录中的计算实例。

3.3.2.2　根据经验公式计算

本条所述方法实际上是在上述 3.3.2.1 条"根据风力和流力系数计算"方法的基础上发展而来的，分别对油船(16 000 载重吨以上)和气体运输船(75 000 m³ 和 125 000 m³)的最大环境载荷给出了经验计算公式。这种方法可用于对船舶所受环境载荷进行快速估算。

(1) 计算风载荷和流载荷

① 16 000 载重吨以上的油船

满载状态：

纵向　　　　$F_X\max = 0.550A_{TF} + 0.042\,5\,d\,L_{BP}$　(kN)　　　　(3.3.2.14)

船首横向　　$F_{YF}\max = 0.150\,6\,A_{LF} + 0.232\,0\,d\,L_{BP}$　(kN)　　　(3.3.2.15)

船尾横向　　$F_{YA}\max = 0.283\,9\,A_{LF} + 0.248\,2\,d\,L_{BP}$　(kN)　　　(3.3.2.16)

压载状态(平均吃水=d_B)：

$$F_X\max = 0.498A_{TB} + 0.046\,13d_B L_{BP}\quad(kN) \qquad (3.3.2.17)$$

$$F_{YF}\max = 0.284A_{LB} + 0.025\,95d_B L_{BP}\quad(kN) \qquad (3.3.2.18)$$

$$F_{YA}\max = 0.319A_{LB} + 0.026\,17d_B L_{BP}\quad(kN) \qquad (3.3.2.19)$$

压载状态(平均吃水=$0.02L_{BP}+2$)：

$$F_X\max = 0.498A_{TB} + 0.092\,3\,(0.01L_{BP}{}^2 + L_{BP})\quad(kN) \qquad (3.3.2.20)$$

$$F_{YF}\max = 0.284A_{LB} + 0.052\,0\,(0.01L_{BP}{}^2 + L_{BP})\quad(kN) \qquad (3.3.2.21)$$

$$F_{YA}\max = 0.319A_{LB} + 0.052\,4\,(0.01L_{BP}{}^2 + L_{BP})\quad(kN) \qquad (3.3.2.22)$$

式中　d——满载吃水(夏季载重线)，m；

　　　d_B——压载吃水，m；

　　　A_{TF}——满载状态下横向受风面积，m²；

A_{TB}——压载状态下横向受风面积，m^2；

A_{LF}——满载状态下纵向受风面积，m^2；

A_{LB}——压载状态下纵向受风面积，m^2。

上述最大环境载荷公式是基于如下风载荷和流载荷的组合（表 3-5）推导计算的。

表 3-5　风载荷和流载荷的组合（摘自《系泊指南》第 2 版）

载荷/船舶状态	风			流			对应的水深与吃水比值
	系数	方向/(°)	速度/kn	系数	方向/(°)	速度/kn	
F_X/满载	−0.95	180	60	−0.035	180	3.00	$\dfrac{WD}{T}=1.10$
F_{YF}/满载	+0.26	100	60	+0.43	170	2.00	$\dfrac{WD}{T}=1.10$
F_{YA}/满载	+0.49	65	60	+0.46	10	2.00	$\dfrac{WD}{T}=1.10$
F_X/压载	−0.86	180	60	−0.038	180	3.00	$\dfrac{WD}{T}<4.4$
F_{YF}/压载	+0.49	115	60	+0.342*	110	0.75	$\dfrac{WD}{T}=3.0$
F_{YA}/压载	+0.55	70	60	+0.345*	75	0.75	$\dfrac{WD}{T}=3.0$

②气体运输船

对于 75 000 m^3 气体运输船（薄膜型舱或棱形舱，货舱不高出上甲板）：

纵向　　　　$F_X \max = 0.557 A_T + 0.042\,5 T L_{BP}$　　（kN）　　　　（3.3.2.23）

船首横向　　$F_{YF} \max = 0.331 A_L + 0.232\,0 T L_{BP}$　　（kN）　　　　（3.3.3.24）

船尾横向　　$F_{YA} \max = 0.387 A_L + 0.248\,2 T L_{BP}$　　（kN）　　　　（3.3.3.25）

对于 125 000 m^3 气体运输船（球形舱）：

　　　　　　$F_X \max = 0.597 A_T + 0.042\,5 T L_{BP}$　　（kN）　　　　（3.3.3.26）

　　　　　　$F_{YF} \max = 0.345 A_L + 0.232\,0 T L_{BP}$　　（kN）　　　　（3.3.3.27）

　　　　　　$F_{YA} \max = 0.365 A_L + 0.248\,2 T L_{BP}$　　（kN）　　　　（3.3.3.28）

由于气体运输船的吃水变化较小，因此上述最大环境载荷计算式不分满载和压载状态，式中的变量符号定义同本小节 3.3.2.1 条。

（2）确定系泊索数量及最小破断负荷，方法同本小节 3.3.2.1 条。

3.3.2.3　根据近似公式计算

（1）16 000 载重吨以上的油船

假定最大纵向环境载荷出现在船舶压载状态，最大横向环境载荷出现在船舶满载状态，则根据式（3.3.2.20）和式（3.3.2.11）可得出式（3.3.2.29），根据式（3.3.2.16）、式（3.3.2.12）和式（3.3.2.13）可得出式（3.3.2.30），如下：

倒缆：$S \times MBL = 1.992A_{TB} + 0.369(0.01L_{BP}^2 + L_{BP})$ （3.3.2.29）

横缆：$BR \times MBL = 1.476A_{LF} + 1.291TL_{BP}$ （3.3.2.30）

以上两式中，S 为倒缆总数，BR 为横缆总数，MBL 为系泊索最小破断负荷，T 为满载吃水（夏季载重线），其他变量符号定义参见本小节 3.3.2.1 条（1）款。

如果船舶横向受风面积未知的话，可以利用以下公式来替代式（3.3.2.29）中的 A_{TB}：

$$A_{TB} = BD - 0.02L_{BP} + 10B + 20$$ （3.3.2.31）

式中，B 为船舶型宽，D 为船舶型深。

如果船舶侧向受风面积未知的话，可以利用以下公式来替代式（3.3.2.30）中的 A_{LF}：

$$A_{LF} = 1.05L_{BP}(D - T) + 1.4L_{BP} + 350$$ （3.3.2.32）

式中，D 为船舶型深，T 为船舶满载吃水。

（2）气体运输船

根据式（3.3.2.23）、式（3.3.2.26）、式（3.3.2.25）和式（3.3.2.28）可以得出式（3.3.2.33）～式（3.3.2.36）：

对于 75 000 m³ 气体运输船：

$$S \times MBL = 2.228A_T + 0.170TL_{BP}$$ （3.3.2.33）

$$BR \times MBL = 2.012A_L + 1.291TL_{BP}$$ （3.3.2.34）

对于 125 000 m³ 气体运输船（球形舱）：

$$S \times MBL = 2.388A_T + 0.170TL_{BP}$$ （3.3.2.35）

$$BR \times MBL = 1.898A_L + 1.291TL_{BP}$$ （3.3.2.36）

上式中，S 为倒缆总数，BR 为横缆总数，MBL 为系泊索最小破断负荷，T 为满载吃水（夏季载重线），其他变量符号定义参见本小节 3.3.2.1 条（1）款。

3.3.3　根据 JSDS 提供的方法配置系泊索

《JSDS 造船舾装设计基准》适用船型：

油船（艉桥楼型）——100 000 DWT～200 000 DWT；

矿砂船(艉桥楼型)——25 000 DWT～65 000 DWT;

货船(舯桥楼型)——10 000 DWT。

3.3.3.1 基本方法

(1) 设计条件

风速(平均风速):移船时(系指船移向码头的过程)取 10 m/s,系泊中(系指已系靠在码头旁的状态)取 15 m/s;

流速:移船时或系泊中,流速均取 2 kn,潮流方向则相对于船的前后方向,移船速度取 0.167 m/s。一般超过 2 kn 流速的港口不多,但在某些港口流速可能高达 5 kn,必须予以注意。

波浪:在制定标准系泊配置时,不考虑波浪的影响,但在受波浪影响特别大的港内系泊时,必须考虑波浪的影响。

系泊时船舶所处状态包括满载状态和压载到港状态。在标准系泊配置中,油船和矿砂船处于压载到港状态,即推进器全浸没,且处于 $L/100$ 艉纵倾状态。

(2) 阻力计算

① 风阻力 R_a(kN)

$$R_a = 9.81 K_a A_a V_a^2 \times 10^{-3} \tag{3.3.3.1}$$

式中　$K_a = 0.073\,5$(横向),$K_a = 0.042\,9$(纵向);

　　　A_a——水线以上风压方向投影面积,m^2;

　　　V_a——相对风速,m/s。

② 潮流阻力 R_w(kN)

$$R_w = 9.81 \times 0.121\,2 A_w [(V_w + V_s)^2 + 0.33\,(V_w + V_s)] \times 10^{-3} \tag{3.3.3.2}$$

式中　A_w——船的浸水面积,m^2,按式(3.3.3.3)计算;

　　　V_w——潮流速度,m/s;

　　　V_s——移船速度,m/s。

$$A_w = 1.7\,TL + \nabla/T \tag{3.3.3.3}$$

式中　∇——排水体积,m^3;

　　　T——船舶吃水,m;

　　　L——船长,m。

③ 形状阻力 R_V(kN)

$$R_V = 9.81 \times 73.2\,A_s(V_w + V_s)^2 \times 10^{-3} \tag{3.3.3.4}$$

式中　A_s——水线以下侧投影面积,m^2,$A_s = T_m L$;

　　　T_m——平均吃水,m;

　　　L——船长,m;

V_W，V_S 同式(3.3.3.2)。

④推进器阻力 R_P(kN)

$$R_P = 9.81 \times 26.4 D^2 (V_W + V_S)^2 \times 10^{-3} \qquad (3.3.3.5)$$

式中　D——推进器直径，m；

V_W，V_S 同式(3.3.3.2)。

⑤ 系泊状态下的总阻力

在标准的系泊配置中，各种系泊方式的环境载荷应按表 3-6 计入其中标有 ○ 符号的项目。

表 3-6　系泊总阻力

系泊方法		船体阻力								总阻力
		风阻力		潮流阻力		形状阻力		推进器阻力		
		R_aL	R_aT	R_WL	R_WT	R_VL	R_VT	R_PL	R_PT	
靠岸移动时	L			○				○		$\sum R_1 L$
	T		○		○		○			$\sum R_1 T$
靠岸系泊中	L			○				○		$\sum R_2 L$
	T		○		○					$\sum R_2 T$
靠岸系泊中（前后移动）	L			○				○		$\sum R_3 L$
	T		○		○		○			$\sum R_3 T$
浮筒系泊	L			○				○		$\sum R_4 L$
	T		○		○		○			$\sum R_4 T$
一点系泊、浮筒系泊	L	○		○				○		$\sum R_5 L$
	T			○			○			$\sum R_5 T$

注：L——船体的长度方向；T——船体的横方向

作用于缆索的水平面内的力如图 3-19 所示。总阻力 R(kN)按下式计算，其中 R_T 及 R_L 分别为横向和纵向的阻力：

$$R = \sqrt{R_T^2 + R_L^2} \qquad (3.3.3.6)$$

总阻力 R 的方向，即与横剖面的夹角 A_0(°)按下式计算：

$$A_0 = \arctan \frac{R_L}{R_T} \qquad (3.3.3.7)$$

当总阻力 R 与横剖面的夹角 A_0 很小时，可假定总阻力作用在船舶的正横方向。

在船首、尾用两台绞车靠岸移动时，考虑到受力的不均匀性，系泊索总拉力取总阻力的 1.25 倍。

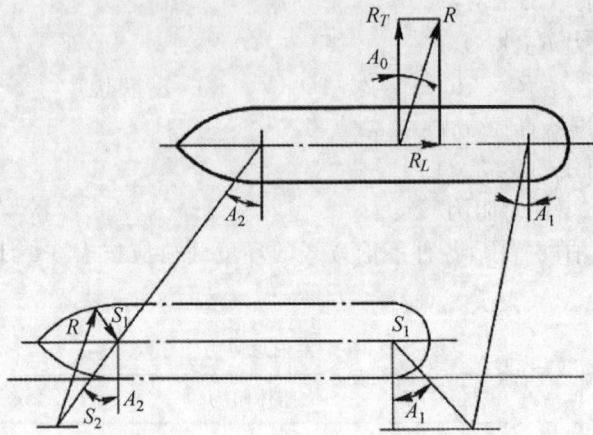

图 3-19 作用于缆索水平面内的力

为简化起见,假设图 3-19 中两根缆索水平面内的夹角 $A_1 = A_2 = A$,除非特殊情况,通常不考虑垂直平面内的俯角。假定靠岸移船时 $A = 45°$;靠岸系泊中(不移船时)$A = 60°$,则两根缆索的总拉力 T(kN)可按下式计算:

$$T = R/\cos A \tag{3.3.3.8}$$

式中,R——总阻力,见式(3.3.3.6)。

（3）确定系泊索数量及最小破断负荷

各系泊索总破断负荷的下限必须超过船级社规定的负荷。须考虑人工盘缆允许的最大缆索直径,一般情况下,钢索直径为 38 mm,纤维索直径为 80 mm。

系泊索的数量 n 按下式计算:

$$n = \frac{缆索总拉力 \ T}{缆索最大使用负荷} \tag{3.3.3.9}$$

3.3.3.2 计算实例

（1）目标船舶的主要参数

船型:　　　　　　载重量为 100 000 吨级的油船

船长 L_{BP}:　　　　246.00 m

型宽 B:　　　　　40.00 m

型深 D:　　　　　21.8 m

吃水 d:　　　　　15.00 m

满载排水量 Δ:　121 000 t

载重量:　　　　　103 929 t

有效高度 h：　　　　20.5 m(从满载水线到最上层舱室顶部)

侧投影面积 A：　　　2 027 m²(满载水线以上的船体部分、上层建筑及宽度大于 $B/4$ 的甲板室的侧投影面积的总和)

舾装数计算：$EN = \Delta^{2/3} + 2Bh + A/10 = 4\ 269$

根据舾装数配置的系泊设备：

锚：　　　　12 900 kg,2 只；

锚链：　　　$\varnothing100 \times 715$ m,2 级；

拖索：　　　$\varnothing56(6 \times 37)$ 钢索 1 根,长 300 m,破断负荷 1 500 kN；

系泊索：　　绞车用 $\varnothing60$ 尼龙索(破断负荷 600 kN),长 200 m,11 根。

(2) 阻力计算

一般情况下,由于船舶在压载进港状态下所受阻力比满载状态下大,故仅计算压载进港状态下的阻力：

① 风阻力 R_a(kN)以最恶劣的侧面受风状态按式(3.3.3.1)计算：

$$R_a T = 9.81 K_a A_a V_a^2 \times 10^{-3}$$

式中　$K_a = 0.073\ 5$；

　　　$A_a = 4\ 230$ m²；

　　　$V_a = 10$ m/s(移船时风速)；

　　　$V_a = 15$ m/s(系泊中风速)。

　　　横向风阻力：$R_a T = 305.0$ kN$(V_a = 10$ m/s)；

　　　　　　　　$R_a T = 686.2$ kN$(V_a = 15$ m/s)。

② 潮流阻力 R_w(kN)为前后方向,按式(3.3.3.2)计算：

$$R_w L = 9.81 \times 0.121\ 2A_w[(V_w + V_s)^2 + 0.33\ (V_w + V_s)] \times 10^{-3}$$

式中　$A_w = 1.7TL + \nabla/T = 10\ 630$ m²；$T = 6.95$ m；$\nabla = 53\ 700$ m³；

　　　$V_w = 2$ kn $= 1.03$ m/s；$V_s = 0$；

　　　前后方向潮流阻力 $R_w L = 17.70$ kN。

③ 侧向形状阻力 $R_V T$(kN)按式(3.3.3.4)计算：

$$R_V T = 9.81 \times 73.2 A_S (V_w + V_s)^2 \times 10^{-3}$$

式中　$A_S = 1\ 710$ m²；$V_w = 0$；$V_s = 0.167$ m/s；

　　　侧向形状阻力 $R_V T = 34.25$ kN。

④ 推进器阻力 $R_P L$(kN)按式(3.3.3.5)计算：

$$R_P L = 9.81 \times 26.4 D^2 (V_w + V_s)^2 \times 10^{-3}$$

式中　$D = 6.8$ m；$V_w = 1.03$ m/s；$V_s = 0$；

　　　推进器阻力 $R_P L = 12.70$ kN。

⑤ 总阻力

从表 3-7 可以看出,相对于横向(T)来说,船舶前后方向(L)的阻力是很小的,而且总阻力的方向和船舶横向之间的夹角极小,因而可设定总阻力作用在船舶的正横方向,并按此计算系泊缆索上的负荷。

表 3-7 总阻力

系泊方法		船体阻力/kN									总阻力的合力 $R=$ $\sqrt{(RL)^2+(RT)^2}$
		风阻力		潮流阻力		形状阻力		推进器阻力		总阻力	
		R_aL	R_aT	R_wL	R_wT	R_vL	R_vT	R_pL	R_pT		
靠岸移船时 最大风速 10 m/s	前后 R_L			17.70				12.70		30.40	340.61
	横 R_T	305.0				34.25				339.25	
系泊中风速 15 m/s	前后 R_L			17.70				12.70		30.40	687.87
	横 R_T	686.20								686.20	

(3)系泊索的选定

①系泊索选用尼龙索。

②靠岸移船时,同时使用船首、尾两台系泊绞车,因此使用的缆索共计 4 根。当平均风速为 10 m/s,总阻力的合力为 340.6 kN,缆索方向为 45°时,总张力为 481.7 kN。考虑缆索受力的不均匀性,总张力增加 25% 达 602.1 kN,一根缆索的张力为 150.5 kN。尼龙索的安全系数取 3.8,则一根缆索所需要的破断负荷为 572 kN。因此,绞车使用直径为 60 mm 的尼龙索(破断负荷 588.6 kN)。

③系泊时,当平均风速为 15 m/s,总阻力的合力为 687.9 kN,则缆索方向为 60°时总张力为 1 375.8 kN。使用 10 根系泊索时,每根缆索的张力为 137.58 kN,安全系数取 3.8 时所要求的破断负荷为 522.8 kN,因此选用直径为 60 mm 的尼龙索(破断负荷 588.6 kN)。浮筒系泊时,船尾缆索需增加 1 根,共计 11 根。

3.4　系泊设备布置

3.4.1　系泊设备布置简述

3.4.1.1　系泊设备布置的目的

对于普通海船来说,拥有一个良好的系泊设备布置的目的是:

（1）提供一个能在传统直码头和岛式码头（指修建在大陆架内，码头与岸不相连接，一般供大型船舶停靠的码头）进行安全、有效系泊的基本条件；

（2）提供在预期可能停靠的非传统系泊终端（例如单点系泊、海洋平台等）进行安全、有效系泊的基本条件；

（3）当有拖带作业需求时，提供与拖船进行安全和有效连接的基本条件；

（4）当有某种预期可能进行的特定作业时（如船对船传输、航行通过运河等），提供满足安全、有效操作要求的基本条件；

（5）为特殊情况下的应急操作提供基本条件，如在超大风下提供双倍的系缆，对失控船舶进行应急拖带，或在船舶失火情况下将船尽快拖离码头等。

3.4.1.2　系泊设备布置的基本要求

船舶的系泊设备在布置时应尽量满足以下基本要求：

（1）系泊设备周边以及相关的系泊作业区域应有足够的甲板空间，保证观察视野、系泊操作、设备维护等的要求。

（2）系泊设备的形式、数量和位置应能提供安全、有效的系泊方式，并在兼顾各种作业需求的同时，实现布置的简化，降低对人力操作的需求。

（3）系泊绞车与舷侧导缆孔/导缆器之间尽量采用直接出缆的方式，少用导向滚轮；如果必需使用导向滚轮，则系泊索通过导向滚轮后产生的偏角尽量小，同时在确定系泊绞车控制台位置时，应尽量降低使操作人员受伤害的风险。

（4）系泊索尽量采用通过系泊绞车主卷筒进行收放的方式。

（5）系泊带缆的路线应尽量避免穿越船员经常工作的区域。

（6）带缆桩与导缆孔的间距应不小于 1.8 米，保证带缆辅助索有足够的操作空间；带缆桩的设置方向应尽量与带缆方向保持一致。

（7）从绞车副卷筒出缆时，系泊索的方向与卷筒轴的垂线之间的向外偏角为 0°，向内偏角 ≤6°，缆索在副卷筒上的位置为离副卷筒内边缘的距离等于 1/3 副卷筒宽度。

（8）系泊绞车与导缆孔、导向滚轮的位置应匹配对应，主卷筒工作段出缆的偏移角度应不大于 1.5°，参见图 3-20。

3.4.1.3　系泊设备布置的主要类型

根据系泊终端和系泊方式的不同，系泊设备布置主要包括如下类型：码头系泊、单点系泊、多点系泊、应急拖带、旁靠系泊、浮筒系泊、通航系泊等，下面将对主要的系泊布置类型进行更具体的介绍。此外，对于不同的船型，系泊设备布置也会有所区别。因此对于某一型船来说，其系泊设备布置既具有船型的特点，也整合了多种系泊类型的要求。图 3-21～图 3-24 所示为油船和 LNG 船典型的首、尾甲板系泊设备布置。

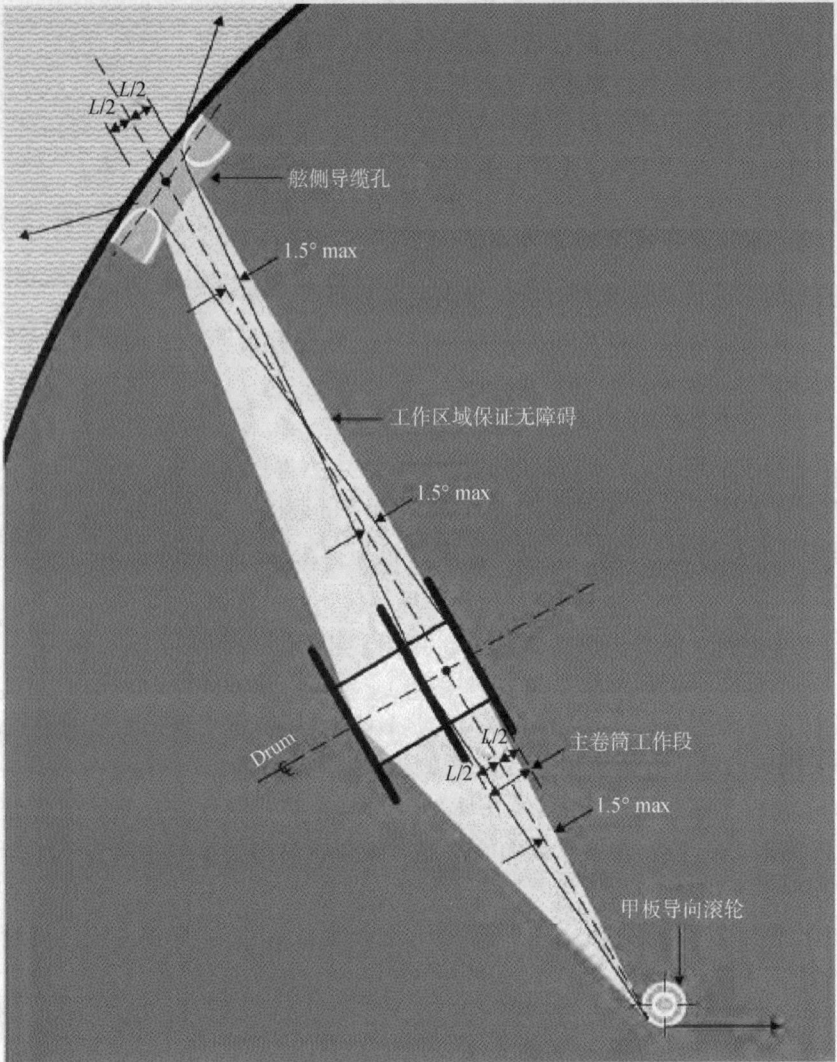

图 3-20　系泊绞车最大出缆偏移角

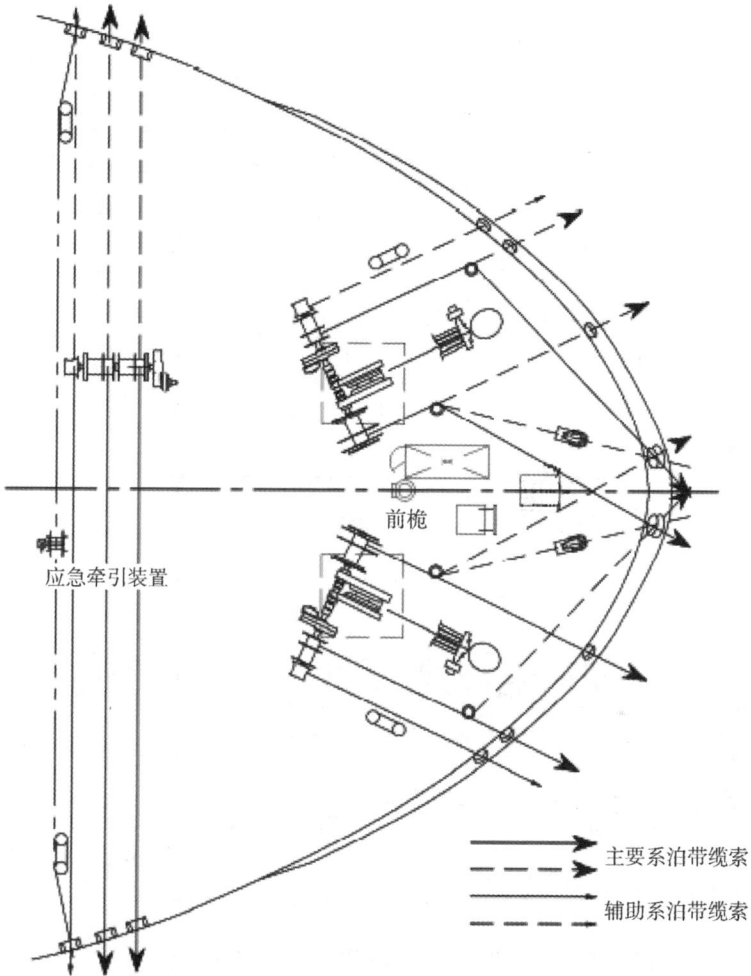

图 3-21　油船首部甲板系泊设备布置

主要系泊带缆索

辅助系泊带缆索

前桅

应急牵引装置

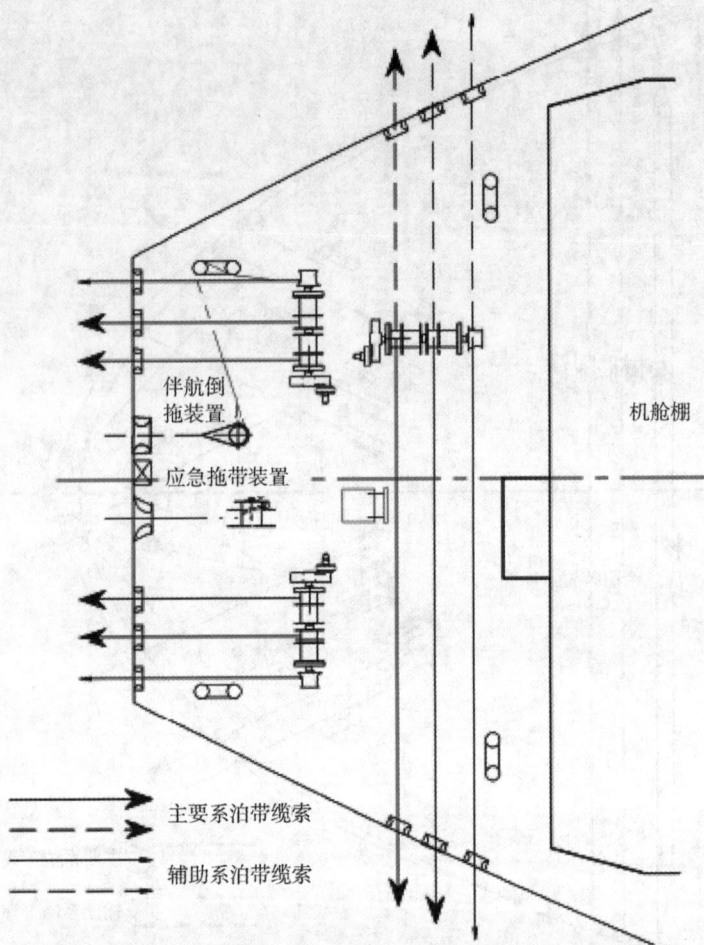

伴航倒拖装置

应急拖带装置

机舱棚

主要系泊带缆索

辅助系泊带缆索

- 可采用组合系统来替代单独的应急拖带和伴航倒拖装置
- 防火钢缆可以储存在甲板上或甲板下储藏室里

图 3-22　油船尾部甲板系泊设备布置

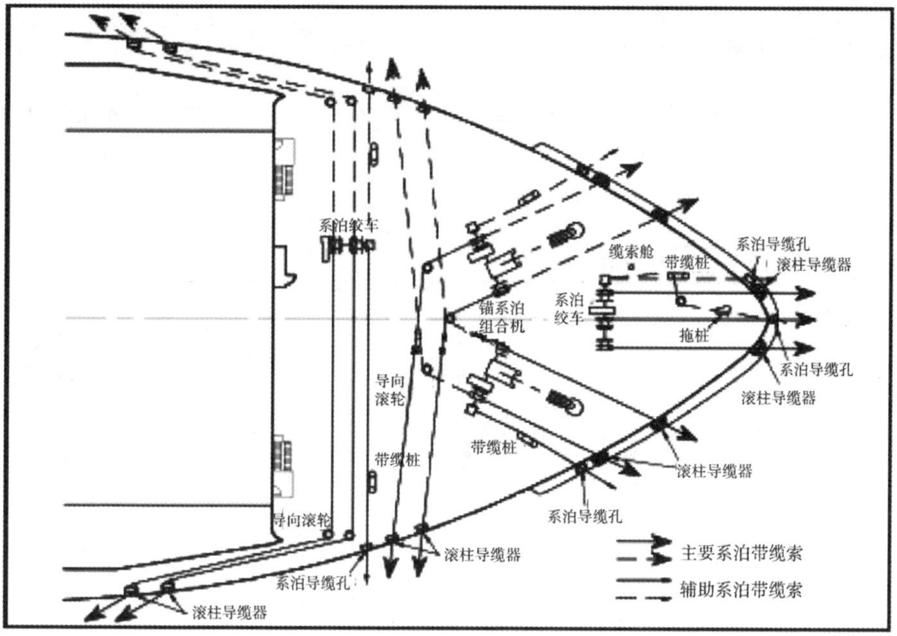

图 3-23　LNG 船尾部甲板系泊设备布置

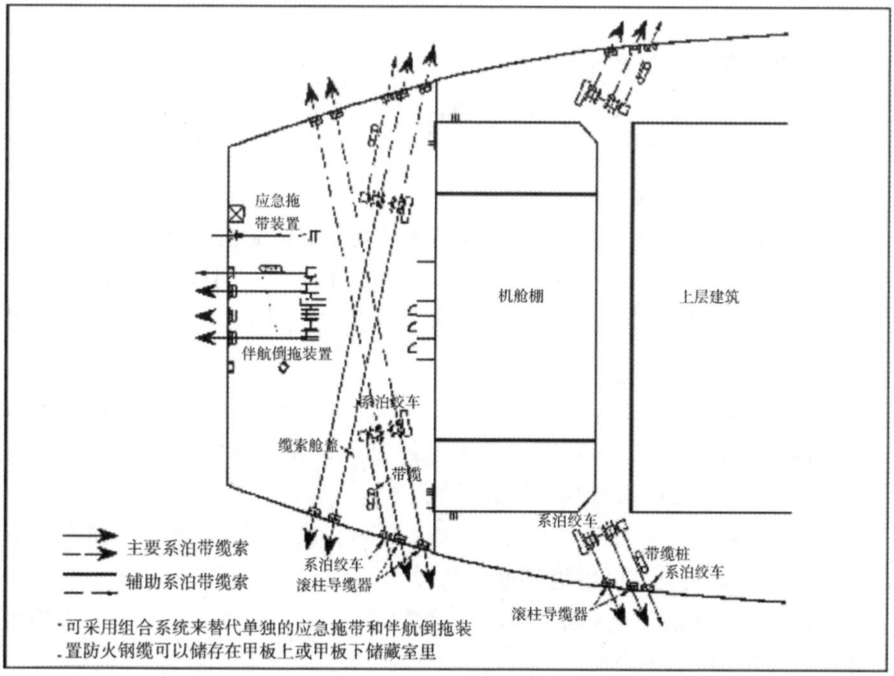

图 3-24　LNG 船尾部甲板系泊设备布置

3.4.2 码头系泊布置

所谓码头系泊是指船舶在传统的直码头和岛式码头上系靠的一种系泊类型，它是船舶系泊设备布置设计时关注的重点，也是最常见和应用最多的系泊类型。典型的码头系泊布置如图3-25所示。

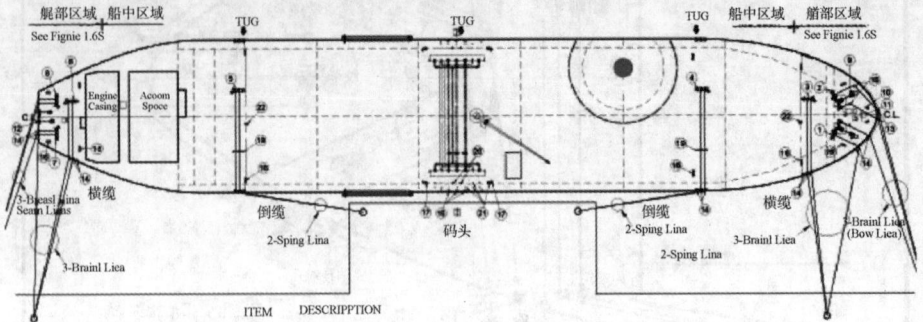

图 3-25 典型的码头系泊布置

为了实现安全有效的系泊作业，码头系泊布置应遵循本章3.2.2小节中的基本原则和3.4.1小节3.4.1.2条中的基本要求，此外还应满足以下要求：

（1）艏艉导缆孔应尽量靠船首或船尾布置，高度尽量低一些。

（2）用于倒缆的导缆孔应尽可能靠船首和船尾布置，以便使倒缆在使用过程中获得足够的缆长。

（3）所有系泊索应能从左右舷出缆。

（4）系泊索一般相对于船长中点对称布置，横缆和倒缆的数量一般为偶数。根据实际经验，倒缆至少需4根，2根在船首，2根在船尾。同样，横缆的数量至少为4根，首尾各2根。如果缆索的数量是奇数，则根据系泊分析结果将多出的缆绳布置在船首或船尾。

（5）对于大船来说，建议系泊索选用高刚性缆，以便控制船舶在强风和强流下的过量位移。对于小船来说，高刚性缆和低刚性缆的组合布置可能是更适合的方式，例如横缆采用低刚性缆，倒缆采用高刚性缆。

（6）当浪涌或过往船舶造成对系泊系统的动态载荷时，钢缆或高弹性模数合成纤维缆端部的合成艉缆可以提供额外的弹性。

（7）考虑到缆绳的使用和维护，建议钢缆最大直径不大于44 mm，合成纤维索最大直径不大于80 mm。

（8）对于系泊索的规格和数量，除上述要求外还需考虑系泊终端所规定的要求,有时这些要求是基于过去操作和维护的经验,要求船舶配置更多的缆绳。

(9)横缆的布置。横缆是抵抗船舶所受横向力,限制船舶首摇运动最有效的方式,其在船舶上的出缆点应尽量靠近船首或船尾。缆绳最好从绞车主卷筒出缆,无须使用导向滚轮,直接通过舷侧导缆孔引出舷外。在有限的甲板空间内,绞车斜放或沿船横向布置是一个较好的选择。

(10)倒缆的布置。倒缆主要是抵抗船舶所受纵向力,为了获得有效的系缆作用,倒缆在船上的出缆点应尽量靠船首或船尾,同时为避免缆索与船体的摩擦,出缆点应位于船舶平行中体区域。

(11)艏艉缆的布置。艏艉缆对船舶的约束作用不如横缆和倒缆有效,因此一般是在现有横缆和倒缆无法完全抵抗环境载荷,或是受限于船舶及码头系缆点的位置而无法布置足够横缆和倒缆时使用。

(12)需要指出的是,当大船停靠在为小船设计的码头时(虽然这种情况可能不常见),从船舶尾封板处导缆孔引向码头的缆索,可能会因码头上的系船柱比较靠前(即相比尾封板的纵向位置更靠船首),带缆时缆索会与船体摩擦。因此,系泊设备布置时,在艉部甲板上舷侧处设置导缆孔,可使船舶适应不同的码头系船柱位置,提高系泊效果。

3.4.3 单点系泊布置

所谓单点系泊,系指船舶在开敞海域通过船首系泊设备与海上单点系泊设施连接,既能使船舶顶风顶浪减小外力影响,同时又能兼作液货装卸的一种系泊类型,一般用于油船。

根据 OCIMF《常规油船首部用于单点系泊的设备配置建议(Recommendations for Equipment Employed in the Bow Mooring of Conventional Tankers at Single Point Moorings)》的建议,船舶首部用于单点系泊的设备应包括艏部掣链器、艏部导缆孔、导向滚轮(如需要),基本布置要求如图 3-26～图 3-28 所示,其中一套掣链器布置适用于 150 000 载重吨以下的船舶,两套掣链器布置适用于

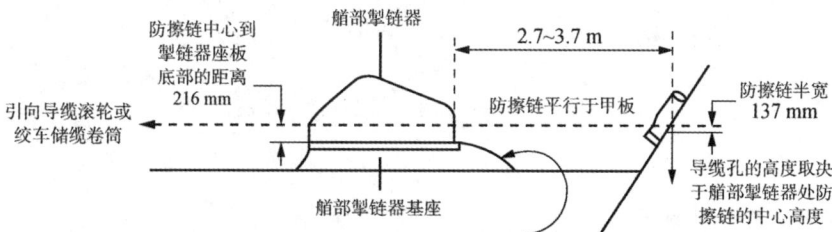

图 3-26 典型的单点系泊布置

150 000 载重吨以上的船舶。

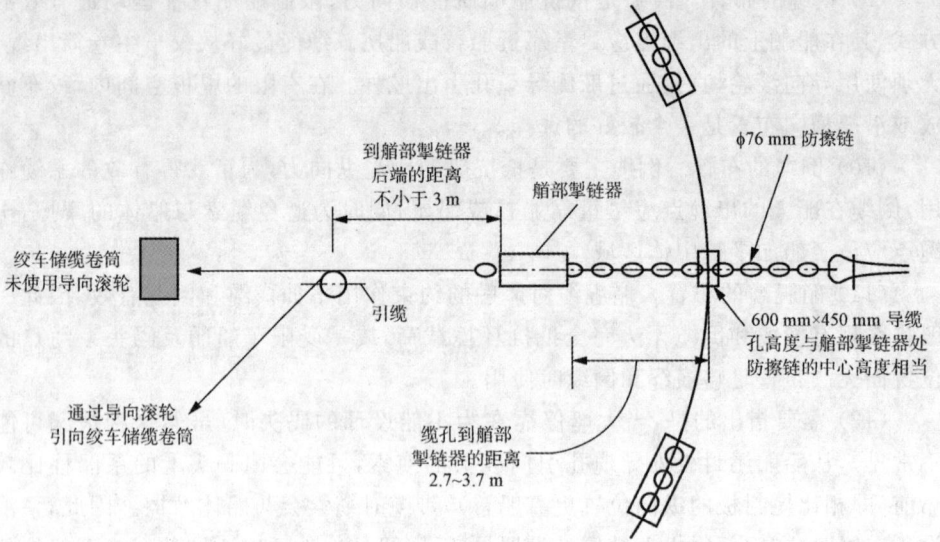

图 3-27 典型的单点系泊布置(一套掣链器)

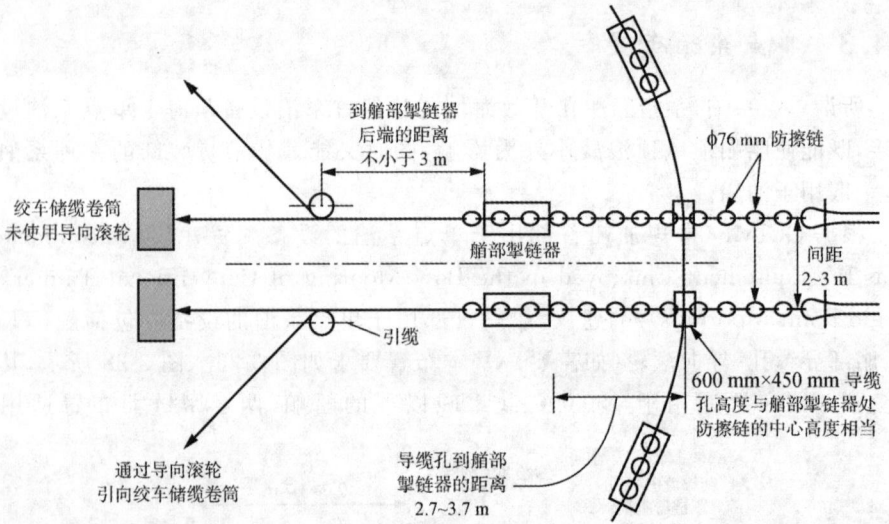

图 3-28 典型的单点系泊布置(两套掣链器)

3.4.3.1 艏部掣链器

艏部掣链器适用的防擦链链径为 76 mm,其安全工作负荷(SWL)的要求见

表 3-8。

表 3-8　艏部掣链器配置表

船舶大小	艏部掣链器数量	最小安全工作负荷/t
载重量不大于 100 000 t (排水量约为 120 000 t) 注:这个尺度范围的船舶可以选择配置两个掣链器以保证可被所有系泊终端所接受	1	200
载重量在 100 000 t 以上且不大于 150 000 t (排水量约为 120 000~175 000 t) 注:这个尺度范围的船舶可以选择配置两个掣链器以保证可被所有系泊终端所接受	1	250
载重量在 150 000 t 以上(排水量约为 175 000 t)	2	350

艏部掣链器除了图 3-27 和图 3-28 所示的位置要求外,还应满足以下几点:

(1) 艏部掣链器包括爪式和闸刀式,如图 3-29 和图 3-30 所示。

(2) 在布置艏部掣链器时,应尽量考虑系泊索直接从绞车储缆卷筒引向艏部导缆孔。如果实际布置需要的话,也可设置一个导向滚轮用于引导系泊索。

(3) 艏部掣链器基座前导边应适当倒圆和光顺,以保证防擦链顺畅通过。

(4) 须注意,不正确的设备定位不仅会影响系泊作业,还可能会导致船舶被系泊终端拒绝停靠。

SMIT 拖力眼板不能作为单点系泊的艏部掣链器。

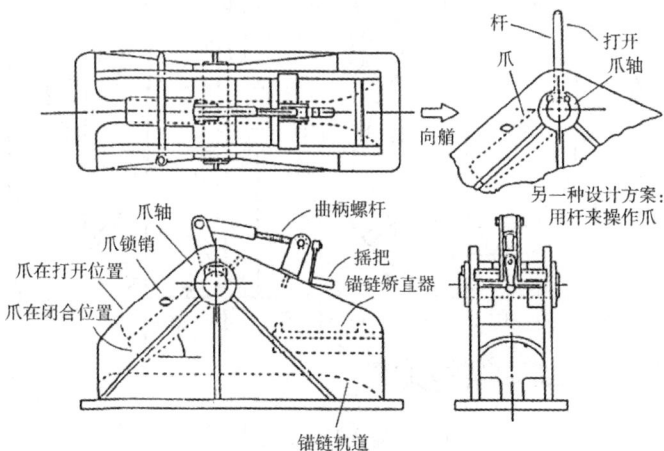

图 3-29　爪式掣链器

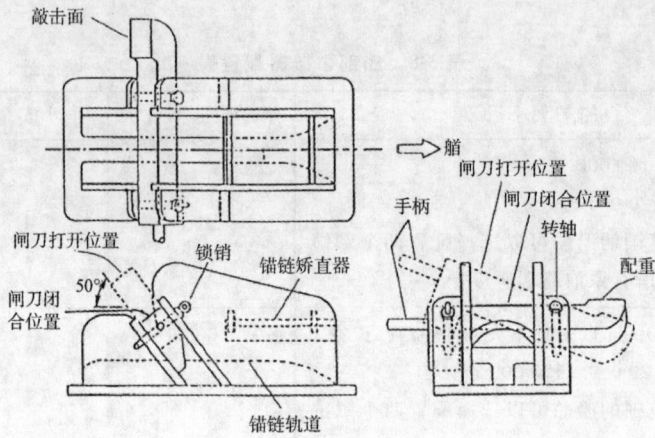

图 3-30　闸刀式掣链器

3.4.3.2　艏部导缆孔

艏部导缆孔的 SWL 应与所对应的艏部掣链器相同,位置要求如图 3-27 和图 3-28 所示,此外其尺寸和形式还应满足以下几点:

(1) 导缆孔开口尺寸不小于 600 mm×450 mm。

(2) 导缆孔的开口应为椭圆形或圆形,导缆孔表面应光滑圆顺,以防链环通过时磨损,典型的艏部导缆孔形式如图 3-31 所示。

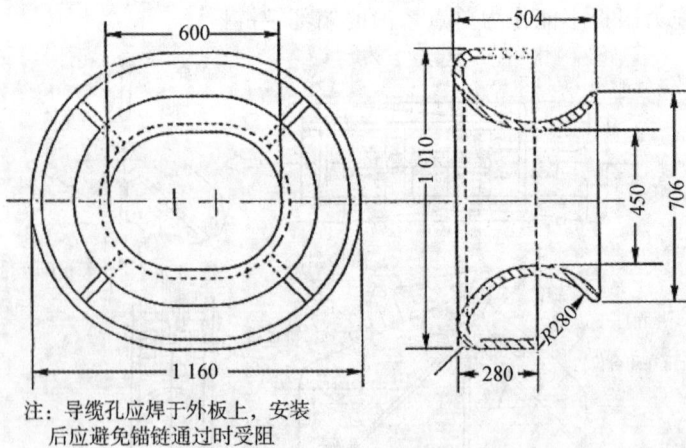

注:导缆孔应焊于外板上,安装
　　后应避免锚链通过时受阻

图 3-31　典型艏部导缆孔

对于艏部只有一个导缆孔的布置,实际操作时往往会遇到一些问题。当试图提升第二根防擦链时,会受到第一根防擦链的妨碍,此外,系泊索、套环和缆索浮体等会因相互影响,造成摩擦受损,因此建议船舶配置两套艏部导缆孔和艏部掣链器。

3.4.3.3　导向滚轮和绞车储缆卷筒

导向滚轮和绞车储缆卷筒在布置和设计时应满足以下要求:

(1) 在条件允许的情况下,建议采用绞车储缆卷筒通过艏部导缆孔和艏部掣链器直接回收引缆(pick-up rope)的方式,避免使用导向滚轮,因为这是使用引缆最安全和最有效的方式。

(2) 当绞车储缆卷筒无法满足直接回收引缆时,应在保证系泊操作人员安全及免受缆索回弹危险的前提下确定导向滚轮的数量和位置,每个艏部掣链器所使用的导向滚轮数量不能超过 2 个,引缆导向后的角度变化应尽可能小。

(3) 对绞车储缆卷筒采用遥控操作可适当降低缆索回弹对系泊操作人员的危险。

(4) 用于储存引缆的绞车储缆卷筒的工作拉力应至少为 15 t,容绳量为直径 80 mm×长 150 m。

(5) 使用绞车副卷筒回收引缆的方式被认为是不安全的,应避免采用。

3.4.4　应急拖带设备布置

应急拖带设备是适用于大型船舶在应急情况下,例如主推进装置不能运转、主电源故障或主操舵装置失效等,把船拖出危险区的系泊装置。

根据 SOLAS 公约第Ⅱ-1/3～4 节的要求,所有载重量在 20 000 t 以上的油船、化学品船和气体运输船,应在船舶的首尾端分别设置一套应急拖带设备。应急拖带设备的主要部件列于表 3-9,典型布置如图 3-32 所示。

表 3-9　应急拖带设备主要部件的配备要求

部件名称	船首	船尾	强度要求
短拖索	可选	要求	要求
回收装置	可选	要求	—
防擦装置	要求	依设计定	要求
导缆装置	要求	要求	要求
强力点	要求	要求	要求
导向滚轮	要求	依设计定	—

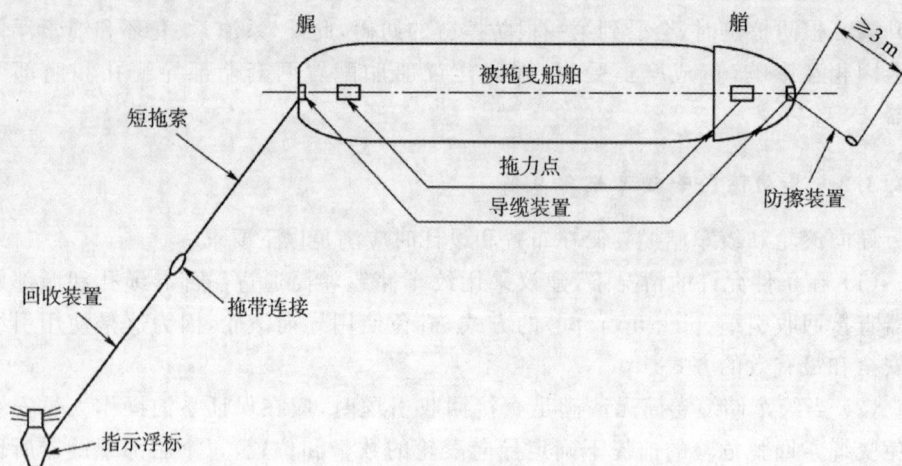

图 3-32 典型的应急拖带布置

应急拖带设备的安全工作负荷根据船舶载重量的不同而有所区别,如表 3-10 所列。一般情况下,设备安全工作负荷为其极限强度的 50%。

表 3-10 应急拖带设备的安全工作负荷要求

船舶载重量 DWT/t	安全工作负荷/kN
20 000 ≤DWT<50 000	1 000
50 000 ≤DWT	2 000

3.4.4.1 应急拖带设备的要求

(1) 短拖索

短拖索一般采用钢丝绳或合成纤维索,其长度 L_P(m)应不小于按下式计算所得之值:

$$L_P = 2H + 50 \qquad (3.4.4.1)$$

式中,H——最小压载吃水航行时艉部导缆孔处的干舷高度,m。

当采用一个独立的防擦装置时,短拖索(包括它的终端零件)的破断负荷应至少为表 3-10 中所列安全工作负荷的 2 倍。考虑到拖带连接,短拖索应配有一个可与标准卸扣连接的套环。

(2) 防擦装置

防擦装置若是采用防擦链形式,一般应为 3 级有挡锚链,其长度应确保在拖曳时短拖索在导缆孔之外,并满足从拖力点延伸至导缆孔外至少 3 m 的要求。

防擦链及其附件的破断负荷应至少为表 3-10 中所列安全工作负荷的 2 倍,链环直径一般应满足以下要求:

工作负荷为 1 000 kN 时,链环直径为 52 mm;

工作负荷为 2 000 kN 时,链环直径为 76 mm。

防擦链的一端应适合于受力点连接,另一端应配备一个能与卸扣连接的梨形无挡链环。

(3)导缆装置

导缆装置一般采用闭式导缆孔,通孔尺寸应不小于 600 mm×450 mm,以便防擦链和短拖索中的最大尺寸部件能够顺利通过。

导缆孔的布置应便于从船舶首尾任一端进行拖曳,同时应有利于最大限度减小拖带系统的应力。导缆孔的高度应使从拖力点到导缆孔处的防擦链保持与甲板平行的状态。导缆孔应设在船体中心线处,当导缆孔确实无法布置在船体中心线上时,允许稍微偏离中心线。

对于载重量大于 150 000 t 的液货船,如艏部根据单点系泊要求配置了两对掣链器和导缆孔,则其中的一对可兼作应急拖带的船首拖力点和导缆孔。

(4)拖力点

拖力点一般采用掣链器或拖力眼板形式,或具有同等强度的、易于连接的其他装置。拖力点可与导缆孔设计成一体。掣链器可采用舌形掣链器、闸刀掣链器和 SMIT 拖力眼板等形式。拖力点的布置应与导缆装置的位置相对应,以保证正确的拖带连接作业。

(5)回收装置

短拖索的回收索一般采用漂浮型的合成纤维索(如聚丙烯或聚乙烯纤维索),其强度应适合所考虑的应急情况。

回收索的长度 L_n(m)按下式确定,但应不小于短拖索的长度:

$$L_n = 2H + 100 \qquad\qquad (3.4.4.2)$$

式中　H——见式(3.4.4.1)。

3.4.4.2　应急拖带设备的适用性要求

为保证在需要时能够实现快速的部署,应急拖带设备应满足如下要求:

(1)应急拖带设备的所有部件,包括控制设备,应明显地作出标记,甚至在黑夜和能见度差的情况下也能确保安全有效的使用。

(2)船尾应急拖带设备应预先配置,并能在泊港状态下,在不超过 15 min 时间内投入使用。

（3）船首应急拖带设备应能在泊港状态下，在不超过 1 h 时间内投入使用。

（4）符合船尾应急拖带设备要求的艏部应急拖带设备也可接受。

3.4.5　旁靠系泊布置

所谓旁靠系泊系指两艘不同大小的船舶在开敞海域相互靠泊输送货物的一种系泊类型，即我们通常所说的船对船输送（ship to ship，STS），一般用于液货船。

3.4.5.1　系泊设备布置

在旁靠系泊时，要求所有系泊缆索的走向合理，缆索之间、碰垫之间以及船与船之间不会发生相互摩擦。

最通用和最有效的 STS 系泊布置是将带缆桩设置在甲板区域两端，所有用于旁靠系泊的缆索由绞车主卷筒出缆，同时主卷筒的出缆应不影响带缆桩的带缆，尽量避免出现缆索交叉的情况，如图 3-33 所示。

建议与艏部用于倒缆的系泊绞车配合使用的带缆桩布置在绞车靠船首处，这样它们可以用于系固从其他船上来的系泊索。同理，与艉部用于倒缆的系泊绞车配合使用的带缆桩，应布置在绞车靠船尾处。绞车副卷筒的位置应与带缆桩相对应。

（1）艏楼甲板系泊布置

艏楼甲板的系泊设备布置是非常重要的，特别是当船处于锚泊状态进行船对船输送作业时，若有足够数量的导缆孔和带缆桩可以利用，将大大提高系泊的有效性。对于小船，如图 3-34 所示，左右两舷应至少各布置两组闭式导缆孔和带缆桩，在船中处至少布置一组导缆孔和带缆桩。对于大船，如图 3-35 所示，应额外再配置一台横向系泊绞车，左右两舷至少各布置三组闭式导缆孔和带缆桩，在船中处至少布置两组导缆孔和带缆桩。对于艏部输油的油船，如图 3-36 所示，应在锚机靠船首一侧，左右两舷分别设置一个带缆桩来替代船中处的带缆桩。

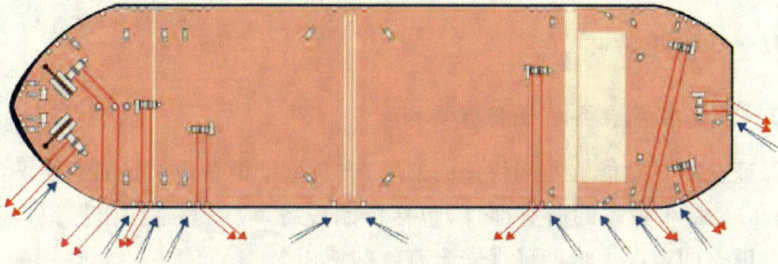

图 3-33　绞车和带缆桩布置

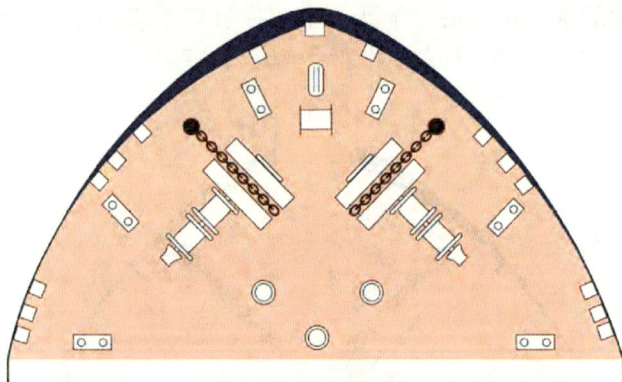

图 3-34 艏楼甲板系泊设备布置(对于小船)

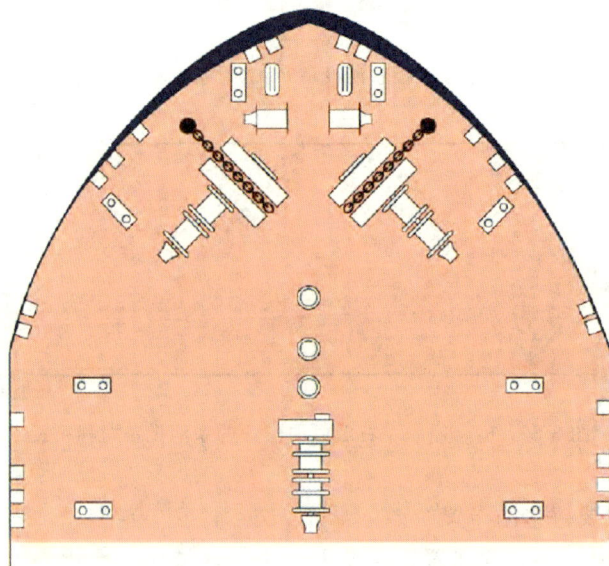

图 3-35 艏楼甲板系泊设备布置(对于大船)

(2) 对称布置

在大多数船对船输送的情况下,吨位较大的船舶(卸货船)作为被靠泊方,保持恒定的前进速度或处于锚泊状态,而吨位相对较小的船舶(取货船)作为靠泊方,通过操纵使小船的船身左舷靠泊到大船的右舷舷侧。通常,用于船对船输送作业的导缆孔和带缆桩仅设置在船舶的一舷,而另一舷不考虑进行船对船输送作业。但是对于需要两舷作业的情况,例如 VLCC 右舷靠泊码头时,取货船必须靠泊在 VLCC 的左舷,如 VLCC 左舷舷侧缺少相应的导缆孔和带缆桩,则会影响靠泊倒缆带缆。因此建议船舶两舷的导缆孔和带缆桩对称布置,如图 3-37 所示,这样船舶就不必被限制仅一舷可进行靠泊作业。

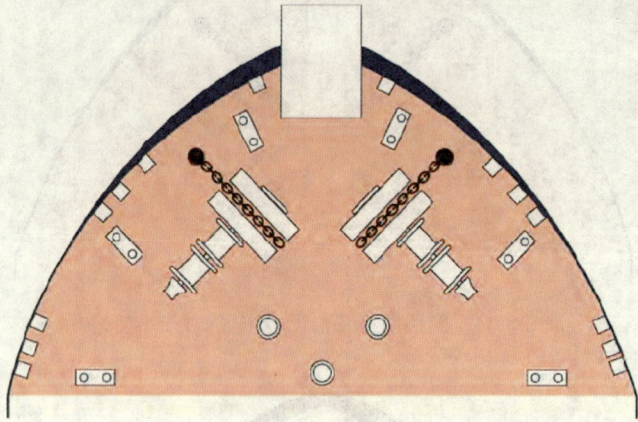

图 3-36　艏楼甲板系泊设备布置(对于首输油的油船)

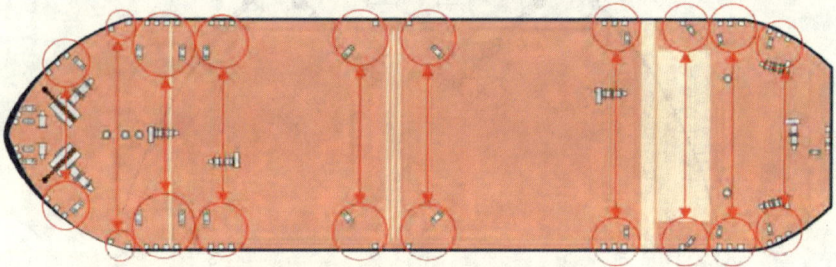

图 3-37　适合船舶左右舷靠泊作业的系泊设备对称布置

（3）用于次要碰垫的布置

所谓次要碰垫,系指除布置在船舶平行中体区域用于承担靠泊碰撞冲击力的主要碰垫外的碰垫,一般布置在船舶平行中体首、尾端处,用于保护首尾部船体外板,防止船舶在旁靠驶近或驶离过程中发生碰撞。根据次要碰垫的布置,建议在船舶平行中体首、尾端处甲板舷侧分别设置一个导缆孔和一个带缆桩,并左右舷对称布置,如图 3-38 所示,这样的船舶既可以作为取货船,又可以作为卸货船。

（4）用于倒缆的布置

通常情况下,船对船作业最好选用较长的系泊索,建议带缆桩和导缆孔在不影响软管安全操作的前提下,尽可能靠近集管区首尾端布置,理想的距离是在集管区护栏 2～5 m 的范围内。用于倒缆的绞车应尽量远离,以增加倒缆的长度,这对于两艘总长接近、进行船对船输送的船舶来说是特别重要的。

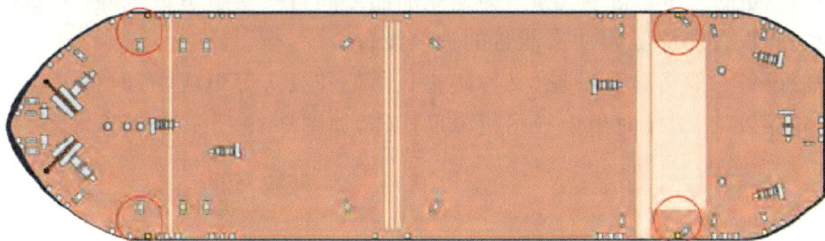

图 3-38　用于次要碰垫的导缆孔和带缆桩布置

（5）横穿甲板带缆的布置

艉楼甲板：为尽可能实现系泊带缆的灵活性和适用性，系泊布置设计时应利用所有可利用的缆索，避免系泊索从船首折弯后出缆，建议船上离岸一侧的系泊绞车能够利用导向滚轮，使系泊索横穿甲板后从另一舷出缆。

艉部甲板：艉部绞车应能横向带缆，即左舷绞车通过导向滚轮可以从右舷舷侧的导缆孔出缆，右舷绞车通过导向滚轮可以从左舷舷侧的导缆孔出缆。这种带缆方式在与相似尺寸或较小尺寸的船舶靠泊时会特别有用，因为直接从艉封板处的导缆孔出缆的缆索很难用于靠泊带缆。

（6）闭式导缆孔

闭式导缆孔（巴拿马型）是最适合船对船输送时进行系泊作业的，因为它可以在两船干舷发生变化时有效控制系泊索，同时闭式导缆孔是系泊索接触面的弯曲直径与缆索直径的比值（D/d）最大的系泊部件。开式滚轮导缆器不建议用于船对船输送作业，因为在两船相对干舷发生变化时可能发生缆绳跳出导缆器的危险。滚柱导缆器对船对船输送作业来说也存在一定风险，因为滚柱导缆器设计时没有考虑缆绳向上出缆，缆绳接触导缆器上部支撑结构时容易受到磨损。另外有些船在舷边导缆器外侧设有挡水扁钢，这种做法应予以避免，因为这样会导致缆绳向下带缆时与扁钢尖锐的边缘摩擦，造成缆绳受损，强度降低。

（7）绞车副卷筒、分隔式卷筒、双卷筒和绞盘

在船对船输送作业中，船舶需要放出和回收缆索，为保证回收缆索安全有效，每台系泊绞车应预留一个副卷筒或空的主卷筒。建议所有的系泊绞车，特别是用于倒缆出缆的绞车成对布置，或至少设置为双卷筒形式，这样就可以保证有两根倒缆出缆。尺寸较小的绞盘不利于按规定长度足额配置的系泊索带缆，特别是用于倒缆。船舶设计者可考虑利用绞车副卷筒带缆。

3.4.5.2 护舷设备布置

当两船进行旁靠系泊作业时，为避免船舶之间直接接触造成危险，需要在旁靠的两船之间设置能够吸收冲击能量的护舷设备。

护舷设备一般由橡胶护舷（又称碰垫）、吊架和绞车等组成，有时也可仅设置橡胶护舷和存放架，工作时由甲板吊机辅助操作，如图 3-39 所示。

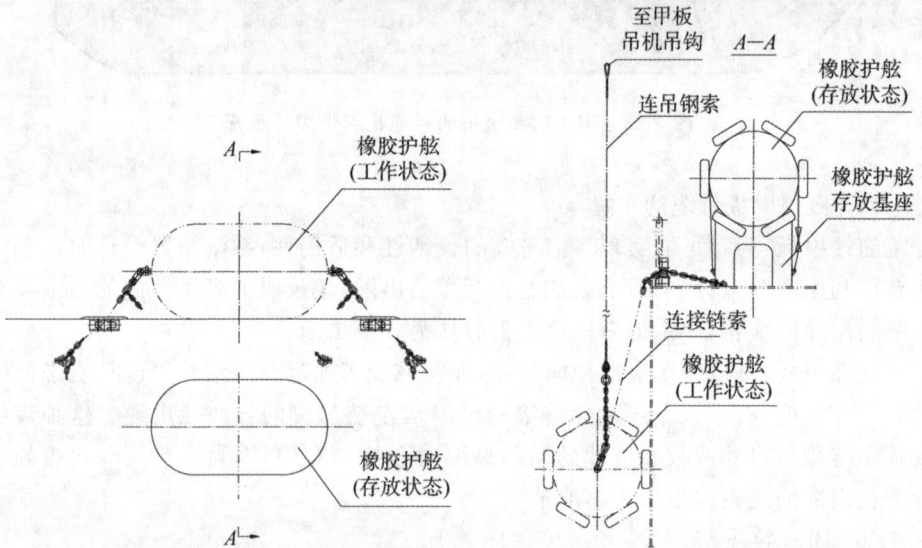

图 3-39 橡胶护舷的存放布置

护舷设备一般设置在船舶平行中体以及预期可能发生相碰的范围内，最前和最后的碰垫分别设在靠近平行中体的前后端处。橡胶护舷的典型布置如图 3-40 所示，橡胶护舷的外形如图 3-41 所示。

护舷设备的选型主要有两种方法，一种是通过计算船舶运动的冲击能量选取，另一种是根据两船的载重吨位选取。

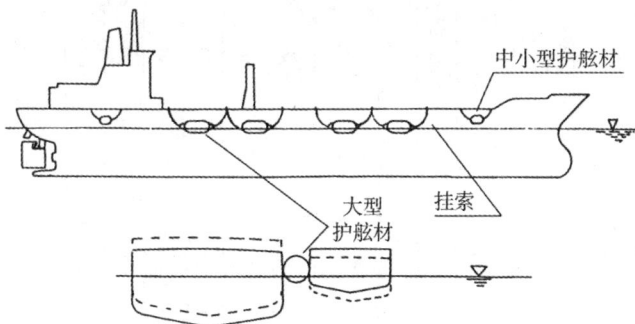

图 3-40　橡胶护舷的典型布置

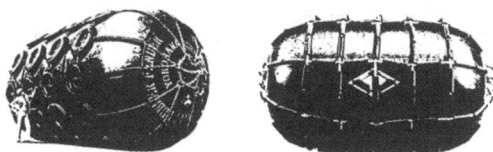

图 3-41　橡胶护舷

（1）根据冲击能量选取碰垫

船舶运动的冲击能量 E(J)按下式计算：

$$E = \frac{1}{2} W V^2 K \times 10^3 \qquad (3.4.5.1)$$

式中　V——两船相对靠泊速度，m/s；

　　　K——集中系数，通常船与船接触点在 $L/4$ 处，$K \approx 0.5$；

　　　W——船舶与船舶横向靠泊时的假想质量，t，按下式计算：

$$W = \frac{W_A W_B}{W_A + W_B} \qquad (3.4.5.2)$$

式中，W_A，W_B——A 船和 B 船的假想质量，t；

$$W_A = W_{A1} + W_{A2} \text{ 和 } W_B = W_{B1} + W_{B2} \qquad (3.4.5.3)$$

式中　W_{A1}，W_{B1}——A 船和 B 船的满载排水量，t；

　　　W_{A2}，W_{B2}——A 船和 B 船的附加质量，t，按下式计算：

$$W_{A2} = \frac{\pi}{4} T^2 L W_0 \approx 0.805 T^2 L \qquad (3.4.5.4)$$

式中　$W_0 = 1.025$——海水密度，t/m³；

　　　T——吃水，m；

　　　L——船长，m。

根据计算得到的冲击能量，可以从表 3-11 中选择对应的橡胶护舷。

表 3-11　橡胶护舷主要参数表

公称尺寸 mm×mm	内部压力 MPa	吸收能量(E)、反力(R)和船体压力(P)(60%变形时)			护舷近似壁厚/mm	安全阀设定压力/MPa	试验压力/MPa	质量(网型)/kg				质量(悬挂式)/kg
		E/J	R/kN	P/MPa				本体质量(近似)/kg	链环/kg	钢索/kg	合成纤维索/kg	
500×1000	0.05	6 000	65	0.134	9	—	0.15	24	—	30	20	29
600×1000	0.05	8 000	75	0.127	9	—	0.15	28	—	30	22	34
700×1500	0.05	17 000	138	0.136	9	—	0.15	47	150	40	37	53
1 000×1 500	0.05	32 000	183	0.123	9	—	0.15	72	190	80	51	80
1 000×2 000	0.05	46 000	260	0.134	9	—	0.15	92	230	140	57	100
1 200×2 000	0.05	63 000	300	0.127	9	—	0.15	110	300	190	68	130
1 350×2 500	0.05	102 000	431	0.131	10	—	0.15	210	330	200	—	245
1 500×3 000	0.05	154 000	585	0.134	10	—	0.15	275	490	350	—	320
1 700×3 000	0.05	193 000	645	0.129	10	—	0.15	370	580	440	—	430
2 000×3 500	0.05	310 000	884	0.129	12	—	0.15	500	980	640	—	560
2 200×4 500	0.05	500 000	1 290	0.134	12	0.18	0.20	750	1 450	1 060	—	880
2 500×4 000	0.05	667 000	1 390	0.138	14	0.18	0.20	820	1 260	910	—	930
2 500×5 500	0.05	950 000	2 040	0.150	14	0.18	0.20	1 360	1 630	1 160	—	1 460
3 300×4 500	0.05	1 180 000	1 900	0.132	17	0.18	0.25	1 570	1 630	1 270	—	—
3 300×6 500	0.05	1 830 000	3 040	0.147	17	0.18	0.25	2 020	2 680	1 910	—	—
3 300×10 600	0.05	3 090 000	5 310	0.160	17	0.18	0.25	2 570	4 670	3 300	—	—
4 500×9 000	0.05	4 780 000	5 800	0.147	20	0.18	0.25	4 260	4 810	3 520	—	—
4 500×12 000	0.05	6 520 000	8 060	0.156	20	0.18	0.25	5 460	7 240	5 190	—	—

（2）根据两船吨位选取碰垫

两船的载重吨位分别是 A 和 B，它们的相当载重吨位 $C(t)$ 按式 3.4.5.5 计算，据此按表 3-12 选取护舷的数量和规格。

$$C = \frac{2AB}{A+B} \qquad (3.4.5.5)$$

表 3-12　根据船舶载重量选取护舷

载重量（或两船当量值）/DWT	接触速度/ (m·s⁻¹)	有效接触能量/J	护舷（高压，充气或泡沫）		护舷（低压，充气）	
			直径×长度/m	最少数量	直径×长度/m	最少数量
1 000	0.30	3×10^4	1.0×2.0	3	1.5×4.0	3
3 000	0.30	8×10^4	1.5×3.0	3	1.8×6.0	3
6 000	0.30	14×10^4	2.0×3.5	3	2.3×8.0	3
10 000	0.25	15×10^4	2.0×3.5	3	2.3×8.0	3
25 000	0.25	36×10^4	2.5×5.5	3	2.75×12.0	3
50 000	0.20	45×10^4	2.5×5.5	4	2.75×12.0	3
100 000	0.15	48×10^4	3.3×4.5	4	3.2×12.0	3
200 000	0.15	91×10^4	3.3×6.5	4	2.75×16.0	3

3.4.5.3　集管区甲板属具布置

对于液货船来说，STS 作业主要是传输液化货品，而在传输液化货品的区域集中了各种外输管系，该区域称为集管区。为保证在海上作业时能够提升和悬置货品软管，在集管区域设置了相关的甲板属具，这些属具一般情况下是专用于集管区软管连接作业的，但如果在配置时考虑了系泊作业的强度和尺寸要求的话，也可用于系泊操作。

（1）油船集管区属具

根据 OCIMF《油船和化学品船集管区及相关设备配置建议（Recommendations for Oil and Chemical Tanker Manifolds and Asociated Equipment)》，按吨位可以将船舶分成四类，如下：

A 类　16 000DWT～25 000DWT；

B 类　25 001DWT～60 000DWT；

C 类　60 001DWT～160 000DWT；

D 类　超过 160 000DWT。

集管区的甲板属具主要包括：十字形带缆桩、双柱带缆桩、闭式导缆孔及眼板等，图 3-42～图 3-45 给出了四类船舶推荐的集管区布置。

①十字形带缆桩

十字形带缆桩高度约为 600 mm，应安装在每对货油集管的中间位置，在舷侧应留有尽可能大的通道，同时在带缆桩和集油槽（溢油柜）之间留有足够的空隙（约 300 mm），以便安全操作。十字形带缆桩的安全工作负荷（SWL）和推荐尺寸见表 3-13。

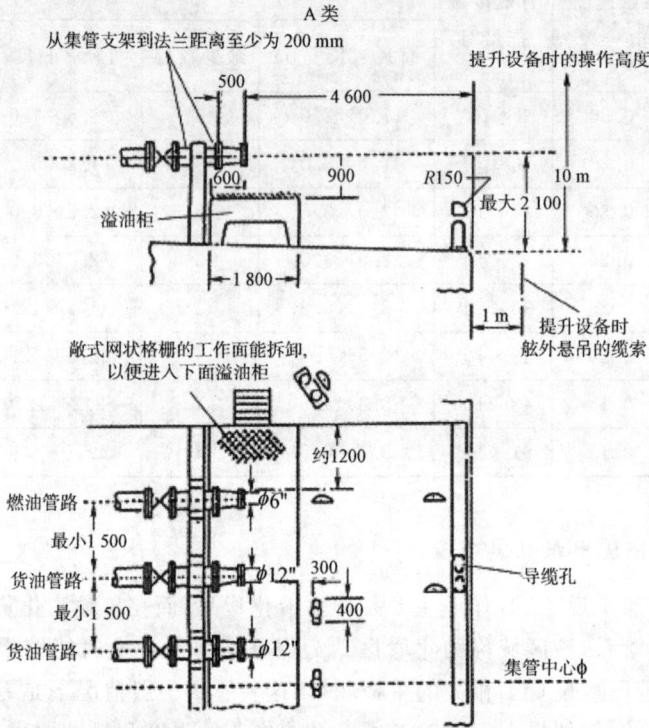

图 3-42　集管区布置——A 类船舶

表 3-13　十字形带缆桩基本要求

船舶类别	SWL/kN	公称尺寸/mm
A、B、C	250	250
D	400	315

B 类

从集管支架到法兰距离至少为 200 mm

500

4 600

提升设备时的操作高度

900

溢油柜

600

10 m

最大 2 100

1 800

1 m

提升设备时
舷外悬吊的缆索

敞式网状格栅的工作面能
拆卸,以便进入下面溢油柜

燃油管路

φ6"　约 1 200

最小 2 000

货油管路

φ16"　300

400

导缆孔

最小 2 000

货油管路

φ16"

集管中心 φ

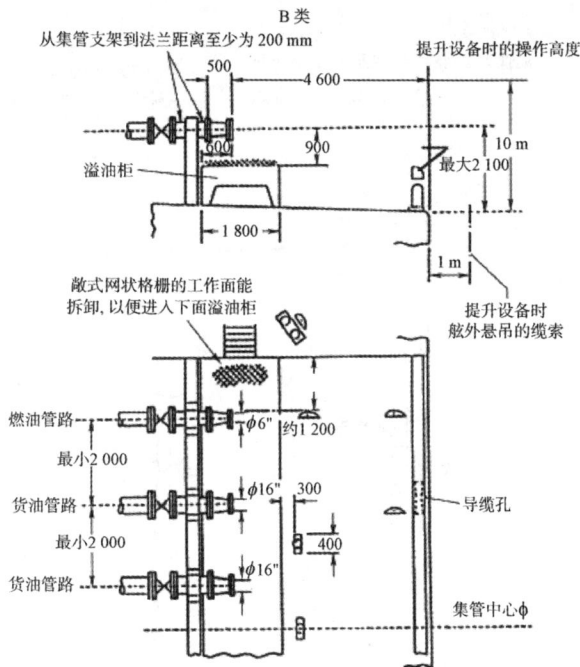

图 3-43　集管区布置——B 类船舶

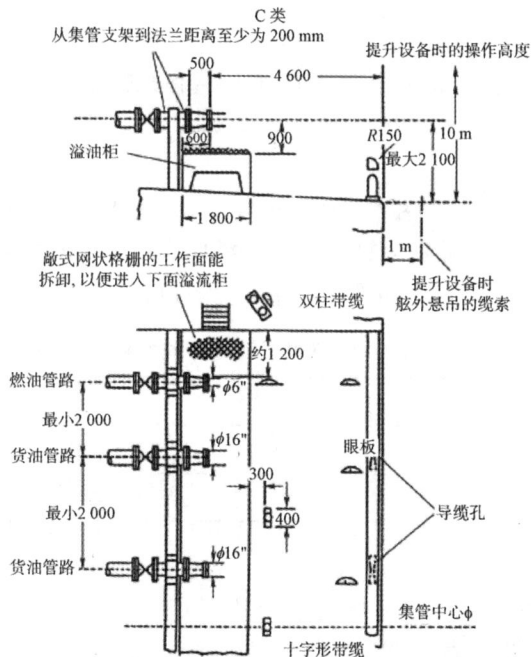

C 类

从集管支架到法兰距离至少为 200 mm

500

4 600

提升设备时的操作高度

900

R150

溢油柜

600

10 m

最大 2 100

1 800

1 m

提升设备时
舷外悬吊的缆索

敞式网状格栅的工作面能
拆卸,以便进入下面溢流柜

双柱带缆

约 1 200

燃油管路

φ6"

最小 2 000

货油管路

φ16"

300

眼板

400

最小 2 000

导缆孔

货油管路

φ16"

集管中心 φ

十字形带缆

图 3-44　集管区布置——C 类船舶

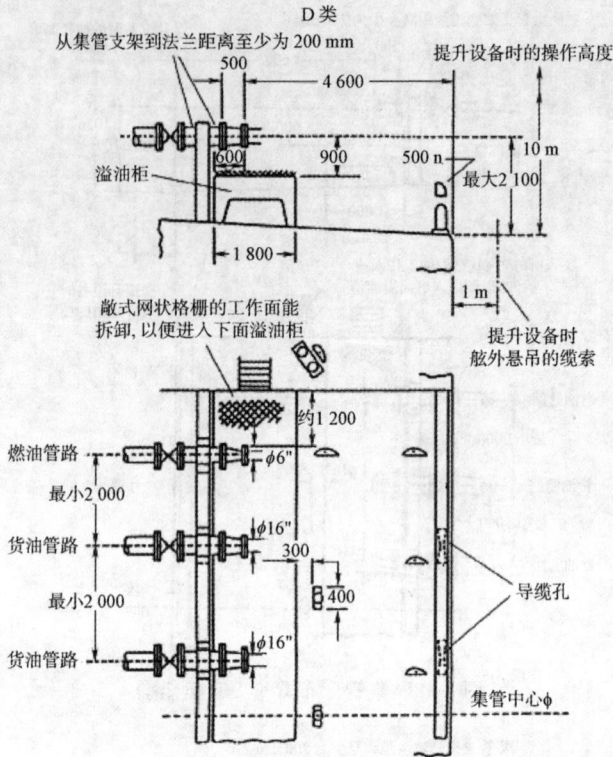

图 3-45　集管区布置——D 类船舶

②双柱带缆桩

在船舶的两舷分别配置两个双柱带缆桩,一个布置在集管之前,另一个在集管区之后,并且与十字形带缆桩应排列在同一纵向直线上。双柱带缆桩做 8 字形绕缆时,其安全工作负荷(SWL)和推荐尺寸见表 3-14。

表 3-14　双柱带缆桩基本要求

船舶类别	SWL/kN	公称尺寸/mm
A、B、C	250	400
D	400	500

③闭式导缆孔

在船舶两舷设置供提起软管链索和软管用的闭式导缆孔,其通孔尺寸为 400 mm×250 mm,最小表面弯曲半径为 180 mm。

A 类和 B 类船舶,应在每舷与最前列和最后列的货油管法兰直接对齐处,各设置一个安全工作负荷为 250 kN 的导缆孔。

C 类和 D 类船舶,应在每舷与最前列和最后列的货油管法兰直接对齐处,各设置一个安全工作负荷为 400 kN 的导缆孔。

④ 眼板

在船舶两舷的下列位置分别设置安全工作负荷不小于 150 kN 的眼板:

(a) 甲板上紧靠燃油管,并与十字形带缆桩排列在同一纵向直线上的位置;

(b) 甲板上邻近双柱带缆桩处;

(c) 甲板上邻近每个闭式导缆孔处;

(d) 甲板上邻近舷侧软管托架,并与每个燃油管接头相对处。

(2) 气体运输船集管区属具

气体运输船通常系泊于配有专用输送臂的泊位,实际上不需要为集管设置任何装卸软管的专用属具。但是为了在船对船传输时便于使用船上起重机吊置软管,建议配备少量的甲板属具。至少应配置两个十字形带缆桩,其位置可设在集管之间或在集管区前后各设一个。另外应设置一个闭式导缆孔与这些十字形带缆桩配合使用,还应在邻近每个集管处安装类似于油船上采用的眼板。

3.4.6　多浮筒系泊布置

所谓多浮筒系泊是指一艘船舶系泊于多个永久性锚泊浮筒上,并与船舶自身配置的锚组成的一种系泊形式。在少数情况下,船舶仅系留在浮筒上。图 3-46 所示为典型的 5 浮筒配置形式。

多浮筒系泊通常适用于轻微至中等海况的水域,这是由于常规码头系泊时缆索仅从一侧船舷导出,而多浮筒系泊时缆索从左右两舷导出,从而降低了系泊约束能力。

一般情况下,根据码头系泊要求配置的标准系泊设备也能满足多浮筒系泊的要求,但须注意以下几点:

(1) 多浮筒系泊时,一般会更多使用尾甲板上的缆索,因此艉甲板上应提供足够多的系泊设备,特别是在艉封板上要提供足够数量的导缆器,以便于艉浮筒系泊。

(2) 为减少船舶在系泊时的漂移,一般采用钢缆＋合成尾缆的形式。但对于很多浮筒终端来说,考虑到操作的便利性和更好的应对系泊过程中产生的动态载荷,一般会采用合成纤维缆或高弹性模数纤维缆。刚度太高的缆索应避免使用,因为这种缆索容易在使用时产生超高载荷,从而增加破断失效的可能性。

(3) 有些浮筒终端会提供辅助缆,这些缆索通常永久性地连接在浮筒上,通过小艇拖到船上,然后利用船上的绞车拉紧,最后借助小链或止索器固定在带缆桩上。

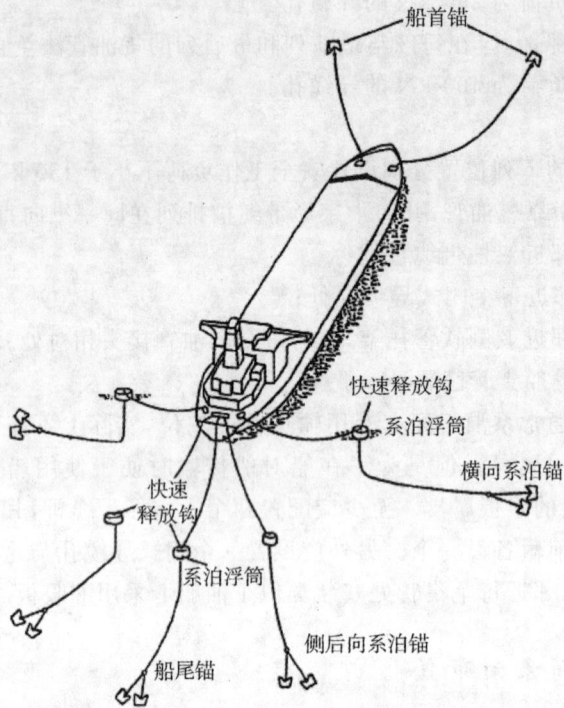

图 3-46 典型多浮筒系泊

3.4.7 其他布置要求

　　除了前面所提到的几种常见的系泊布置类型外,有时还会遇到两船首尾串靠系泊等系泊类型,因相对应用较少,本手册不再单独介绍。

　　船上最终的系泊设备布置,往往是综合考虑了多种系泊形式的要求,为使设备布置尽量简化,导缆孔和带缆桩等在布置时应尽量适应不同系泊作业的要求,但需遵循下述原则:

　　(1)核查所有可能的带缆路径,保证带缆过程中系泊索不出现过大的角度变化。

　　(2)系泊部件与系泊索接触面的弯曲直径 D 与缆索直径 d 的比值建议不小于 15。

　　(3)系泊部件的强度要满足最大负荷工况的要求。例如当一组导缆孔和带缆桩需要同时用于拖带和码头系泊作业时,由于拖带工况下的负荷往往大于码头系泊的负荷,因此所选择的导缆孔和带缆桩的强度须满足拖带的要求。

此外,船上用于码头系泊设备的布置一般是基于 OCIMF 的标准环境工况,当预期停靠的码头环境条件可能出现超出标准环境工况的情况时,一般采取的措施是船舶离开码头,或是通过增加系泊索使船舶系靠码头。当考虑采用增加系泊索的方式时,船上需要配置额外的系泊导缆孔和带缆桩,这些增加的导缆孔和带缆桩应保证与原有的导缆孔和带缆桩具有相同的强度,并且应靠近原有的导缆孔和带缆桩布置,这样就可以利用相应的系泊副卷筒进行带缆作业。

3.5　系泊设备和属具

3.5.1　系泊索

3.5.1.1　系泊索选型

系泊索的类型主要有钢丝绳、植物纤维索和合成纤维索等。通过选型主要是确定系泊索的类型、破断负荷、直径和长度等参数,这是所有系泊设备/属具设计选型的基础。在缆索选型过程中需要考虑的几方面因素如下:

(1) 船舶设计破断负荷(ship design MBL)。通过本章 3.3 节所述方法确定的船舶设计破断负荷是确定缆索破断负荷的依据,实取缆索破断负荷(line design break forece,LDBF)应为 ship design MBL 的 $100\% \sim 105\%$。

(2) 系泊设备及属具与缆索接触面的弯曲直径(D)。在受弯状态下,缆索破断负荷会有一定程度降低,且弯曲直径越小,降低幅度越大。当缆索在使用期间出现反复受弯情况时,则缆索的使用寿命会降低。因此,一般在兼顾缆索破断负荷需求和减小弯曲影响的前提下,D/d 的比值尽量不小于 15(图 3-47)。如果比值小于 15,则缆索在使用过程中需密切关注其状态,做好日常检查和维护,并对可能失效

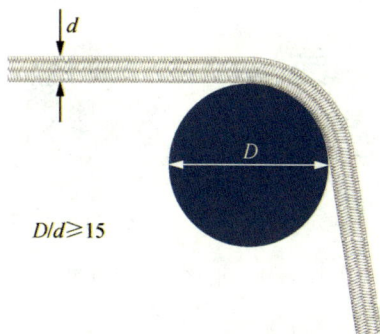

图 3-47　系泊索接触面的弯曲直径与缆索直径的比值(D/d)

的缆索及时进行更换。

（3）码头系泊布置。码头的形式和码头系泊设备的配置会影响船舶与码头之间的系泊带缆布置，包括横缆、倒缆、艏缆、艉缆等的数量和带缆长度等。为了同时有效控制船舶的位移和缆索之间所受张力的分配情况，须在缆索选型时，特别关注所选缆索的刚度性能。一般情况下，系泊索刚度越小，船舶在相同环境载荷下的位移会越大，缆索之间张力负荷的分配相对会更平均，但同时缆索中储存的能量会越大，破断回弹产生的危险也会更大。此外，相同功能的系泊索应尽可能选用相同的材料和规格尺寸。

（4）作业环境条件。不同类型的缆索对环境条件有不同的适应性。有些缆索受温度影响比较大，如迪尼玛缆，其溶点只有 150 ℃，缆索破断负荷随着温度的升高会快速下降；有些缆索对紫外线比较敏感，如丙纶缆索，在日光照射下容易老化；有些缆索在湿的状态下性能大打折扣，如尼龙索，在湿态下缆索破断负荷会降低约 15%。

（5）操作便利性。考虑到船上和码头作业人员操作的便利性，应选择直径适当的系泊索。一般认为需人工辅助操作的钢缆最大直径是 48 mm，而合成纤维索适合实际使用的最大直径是 80 mm。

3.5.1.2 钢丝绳系泊索

（1）材料

推荐采用镀锌冷拔钢丝绳，最小抗拉强度为 1 370 N/mm²。在大型船舶上，为了减小质量，最小抗拉强度可为 1 770 N/mm²。

（2）结构

常见的钢丝绳结构如图 3-48 所示。当破断负荷小于或等于 500 kN 时，推荐采用 6×24 丝和 7 个纤维芯的钢丝绳；当破断负荷大于 500 kN 时，推荐采用 6×37 丝和 1 个纤维芯的钢丝绳。

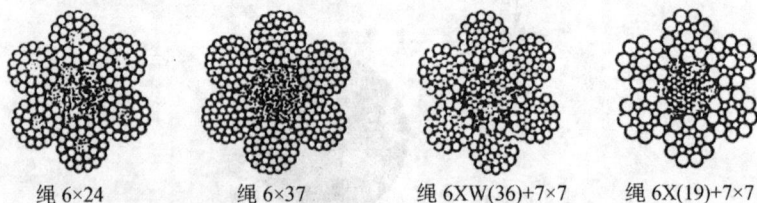

绳 6×24 　　　绳 6×37 　　　绳 6XW(36)+7×7 　　　绳 6X(19)+7×7

图 3-48　钢丝绳典型结构

对于储存在系泊绞车卷筒上的系泊索，可采用金属丝绳芯的钢丝绳，如西鲁

(Seale)式 6X(19)＋7×7、瓦林吞-西鲁（Warrington-Seale）式 6XW(36)＋7×7 等。在大型船舶上,大多推荐采用金属绳芯钢丝绳。它有较大的抗挤压能力,且能在一定的弯曲比下保持较高的强度性能。

（3）弯曲半径

钢缆的弯曲半径过小时,其强度会受到很大损失,因此在设计和选用绞车卷筒和导缆器等设备时,必须有适当的直径或表面弯曲半径。图 3-49 所示为弯曲直径比(D/d)对缆索强度的影响,一般来说,D/d 越大越好。对于钢缆,OCIMF 建议 D/d 不小于 15,ISO 标准建议不小于 12。

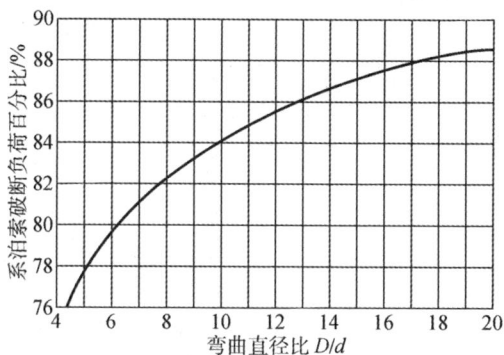

图 3-49　弯曲对缆索强度的影响(针对钢缆和高弹性模量合成纤维缆)

3.5.1.3　合成纤维系泊索

（1）材料

目前,实际使用的纤维系泊索基本都是合成纤维索,最常用的材料包括聚酯（俗称涤纶）、聚酰胺（俗称尼龙、锦纶）、聚丙烯（俗称丙纶）和聚乙烯等。有些缆索则是采用上述这些材料的混合物,例如 Jetkore 索是由尼龙、聚酯和聚丙烯组合的 6 股结构合成纤维索,Atlas Perlon 索是单丝和多丝两种结构组成的 6 股结构,Karat 索是由聚酯和聚丙烯熔化的纤维组成的缆索,它能漂浮于海面上。表 3-15 所示为常用的合成纤维索的特性比较。

除了上述几种常用的合成纤维索之外,性能更优异的高弹性模量合成纤维索（high modulus synthetic fibre line, HMSF）也越来越多地被应用。常见的 HMSF 缆材料包括 HMPE（高弹性模量聚乙烯）、Aramid（俗称芳纶）、LCP 等,表 3-16 所示为三种 HMSF 缆材料的特性比较。

表 3-15　常用的合成纤维系泊索的特性

材料名称	结构形式	密度 /(t/m³)	熔点 /℃	特性	备注
聚酯	3 股 8 股 双层编织	1.38	250～260	干态和湿态都具有较高强度;价格适中;延伸率一般耐磨性和承受循环载荷能力较好。	系泊缆索的理想材料
尼龙	3 股 8 股 双层编织	1.14～1.17	220～280	干态具有较高强度,湿态下强度降低 15%;价格适中;延伸率一般。	舰缆的理想材料
聚丙烯	3 股 8 股	0.89～0.91	165	强度较低,质量较小;价格较低;延伸率一般;耐磨性和承受循环载荷能力较差。	不宜单独用作系泊缆索
聚乙烯	3 股 8 股	0.95	140	强度较低,质量较小;价格较低;延伸率一般;耐磨性和承受循环载荷能力较差。	不宜单独用作系泊缆索
尼龙/聚酯/ 聚丙烯 Jetkore	6 股	不详	不详	干态具有较高强度,湿态下强度降低;延伸率一般;耐磨性较好,承受循环载荷能力较差。	
聚酯/ 聚丙烯纤维混合物 Deltaflex	6 股 8 股	不详	不详	干态和湿态都具有较高强度;价格适中;延伸率一般。	
聚酯/ 聚丙烯熔融混合物 Karat	3 股 8 股	不详	不详	干态和湿态都具有中等强度;价格适中;延伸率一般。	

表 3-16　三种高弹性模量合成纤维索的特性

材料名称	密度/(t/m³)	熔点/℃	摩擦系数	特性	备注
HMPE	0.97	144~155	0.05~0.07	一种由超高分子量聚乙烯作为原料,通过凝胶纺丝技术制成的具有极高韧性的聚烯烃纤维	目前,以超高分子量聚乙烯为原料制成的迪尼玛缆被广泛应用
Aramid	1.44~1.47	不会熔化在 500 ℃分解	0.13~0.16	一种由长链合成聚芳酰胺为原料制成的高弹性模量纤维	
LCP	1.40	330	0.12~0.13	一种由正温液晶芳香族聚酯作为原料,通过熔融纺丝技术制成的,具有高韧性和弹性模量	

目前,以超高分子量聚乙烯为原料制成的迪尼玛缆在船舶缆索选型中正逐渐被广泛应用。需要注意的是,虽然迪尼玛缆在强度、质量、耐磨性等方面具有非常优越的性能,但其耐高温的能力比较差,在 150℃左右会熔化,因此在环境温度较高且使用过程容易产生反复摩擦(如与导缆孔)的工况下,需谨慎选用迪尼玛缆或对缆索采取适当保护措施(如采用保护绳套的方式),以便保证使用的安全可靠。

(2) 结构

合成纤维索常用的结构形式有 3 股、6 股、8 股和双编型结构。图 3-50 所示为典型的合成纤维索结构形式。

3 股索是绞制索中最常见的形式,适于承担某些作业,但易于产生扭结致使其强度明显降低,因此不宜被选择作为系泊索。

6 股索类似于普通钢索的绞制索,它不像 3 股索那样产生扭结,因此有时被用作系泊索。

股外有护套

股

4 股缆索

护套

6 股缆索 (带绳芯)
7 股缆索

股

股

绳芯

8 股缆索

左捻向股

股

12 股编织缆索

右捻向股

双编缆索

护套   股

股

绳芯

平行股缆索

护套

护套   股

股

绞制/编织/带护套缆索

护套

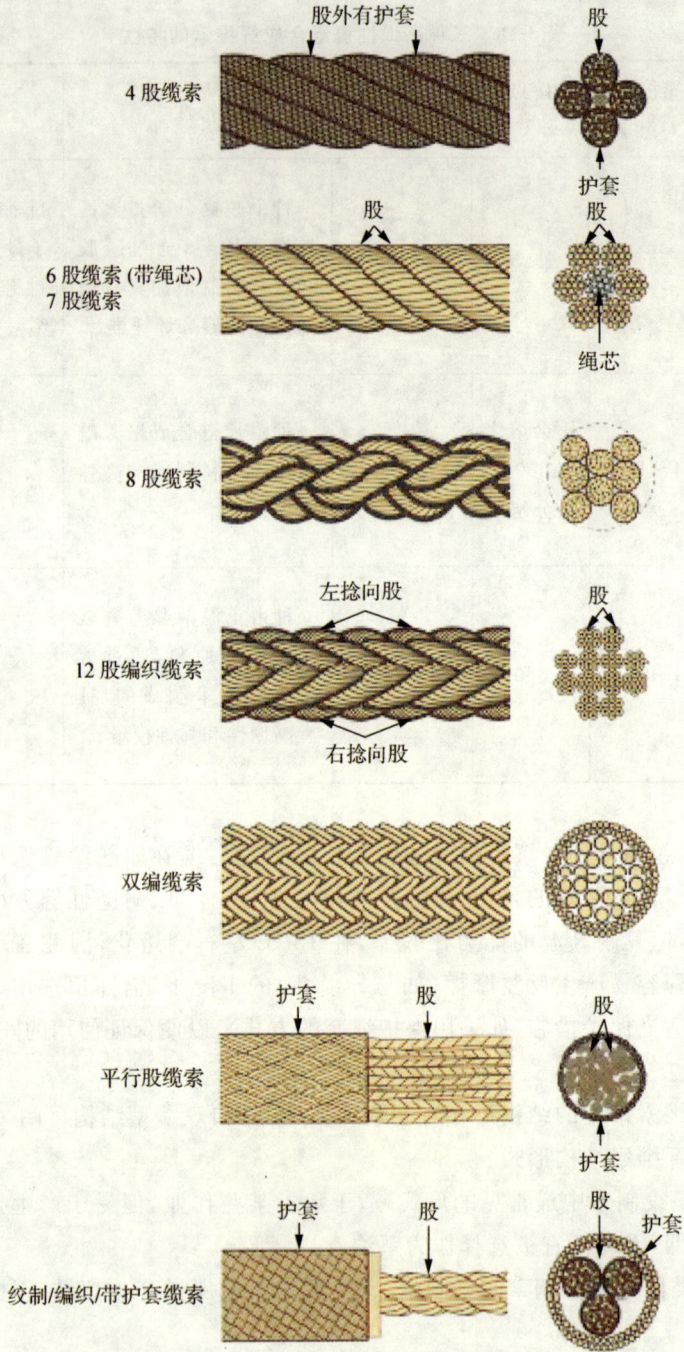

图 3-50　合成纤维索典型结构形式

8 股索又称四扭编组索,是由成对扭合的股绳构成,基本上与同样规格的 3 股索强度相同。它不会产生扭结,并且要比绞制索耐用,这种索常用作系泊索和船上其他用途的缆索。

双层多股编织索即双编索,内部由许多小股编织的股绳组成,外层同样由许多小股编织成的包覆结构构成,由于结构细密,这种索的强度一般要高于同样直径的其他缆索,它一般用于钢索上的缆尾索。

(3) 弯曲半径

合成纤维索由于弯曲所造成的强度损失显然不像钢缆那样严重。一般对固定表面的弯曲半径比取 8,对滚动表面的弯曲半径比取 4。

3.5.1.4　缆尾索

所谓缆尾索,一般是指系泊钢缆或高弹性模量合成缆端部配置的一段合成纤维索。缆尾索可以增加系泊索的弹性,使船舶能对风浪流等的联合作用做出更迅速的反应,从而降低系泊索的动载荷。系泊索刚度越小(即弹性越大),船舶在相同环境载荷下的位移会越大,缆索之间张力负荷的分配相对会更均匀。缆尾索的使用,使得在同样作业工况下,系泊索中的负荷更均匀,同时缆尾索在受载情况下的伸长也降低了因潮差和吃水变化而带来的潜在危险。

如果设置缆尾索,建议优先选用尼龙缆索(不采用 3 股结构),总长约 11 m,其破断强度至少比与其连接的钢缆高 37%。其他合成纤维缆尾索的破断强度至少比与其连接的钢缆高 25%。

3.5.2　带缆桩

带缆桩的类型主要包括双柱带缆桩、十字形带缆桩和嵌入式带缆桩,由于 ISO 标准中对带缆桩在系泊带缆和拖带带缆工况下的 SWL 做了明确规定,并附有强度计算的载荷设定,因此在实际设计选型时,基本都选用 ISO 标准。

ISO 13795《Welded steel bollards for sea-going vesels(船用钢质焊接带缆桩)》中规定了 A 型和 B 型两种形式带缆桩,A 型为紧凑基座型(图 3-51 和表 3-17),B 型为普通基座型(图 3-52 和表 3-18)。

ISO 13797《Cruciform bollards(十字形带缆桩)》规定了十字形带缆桩的规格尺寸和安全工作负荷(图 3-53 和表 3-19)。

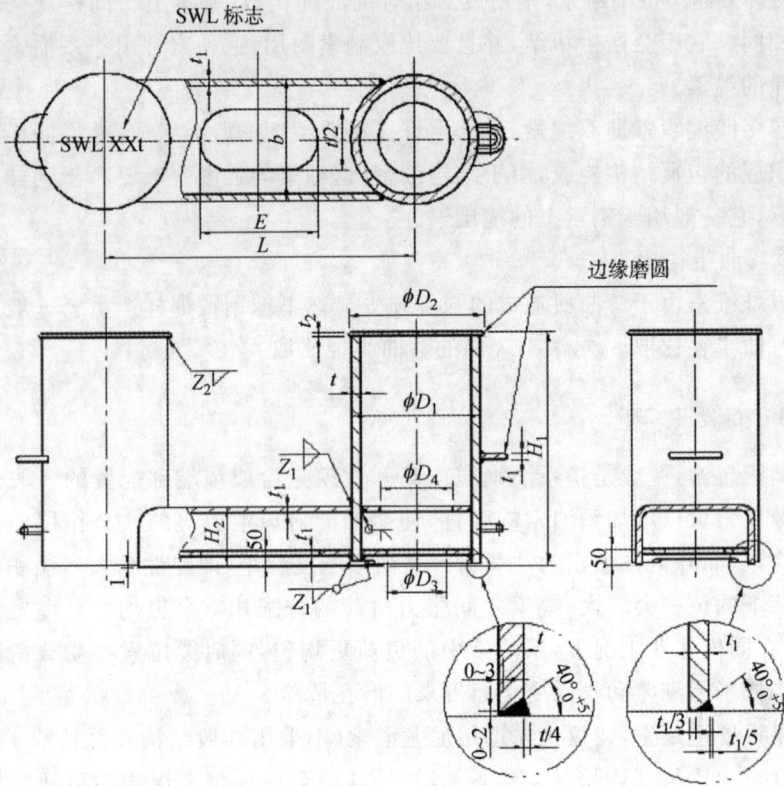

图 3-51 A 型带缆桩(ISO 13795)

表 3-17 A 型带缆桩的尺寸及安全工作负荷　　　　　　　　　　　　(mm)

公称尺寸	D_1	D_2	D_3	D_4	H_1	H_2	b	L	E	t	t_1	t_2
150	165.2	185	—	80	330	50	155	400	—	8.0	6	6
200	216.3	240	—	130	395	115	205	500	—	8.0	6	6
250A	267.4	290	—	160	505	135	250	630	—	12.0	9	8
250B	267.4	290	—	160	505	135	250	630	—	10.0	8	7
300A	318.5	340	150	185	600	150	290	800	300	21.5	16	9
300B	318.5	340	150	185	600	150	290	800	300	12.0	9	9
350A	355.6	380	170	200	685	175	340	890	350	26.0	19	11
350B	355.6	380	170	220	685	175	340	890	350	14.0	10	9

表 3-17 （续 1）

公称尺寸	D_1	D_2	D_3	D_4	H_1	H_2	b	L	E	t	t_1	t_2
400A	406.4	430	190	230	730	185	380	1 000	380	28.0	20	13
400B	406.4	430	190	250	730	185	380	1 000	380	15.0	11	11
450A	457.2	480	210	265	770	195	425	1 100	410	29.0	21	14
450B	457.2	480	210	285	770	195	425	1 100	410	14.5	11	11
500A	508.0	530	235	295	830	230	480	1 250	460	32.0	23	16
500B	508.0	530	235	320	830	230	480	1 250	460	14.5	11	11
550A	558.8	580	255	330	900	270	520	1 380	540	31.0	22	16
550B	558.8	580	255	350	900	270	520	1 380	540	21.0	16	11
600	609.4	630	280	365	950	300	560	1 550	600	33.0	23	16

公称尺寸	焊脚高度		SWL						质量/kg
			系泊（带 8 字缆）				线索套环		
	Z_1	Z_2	一根 8 字缆		两根 8 字缆				
			kN	t	kN	t	kN	t	
150	3.5	3.5	54	5.5	49	5.0	98	10	29
200	3.5	3.5	82	8.4	65	6.7	128	13	46
250A	5.5	4	156	16	134	14	265	27	107
250B	5.5	4	127	13	108	11	215	22	91
300A	10.5	4	332	34	306	31	608	62	281
300B	10.5	4	186	19	161	16	352	36	166
350A	12.5	5	443	45	418	43	834	85	431
350B	7	4	244	25	216	22	491	50	241
400A	12.5	6	594	61	521	53	1 040	106	570
400B	8	5	326	33	269	27	657	67	322
450A	12	7	753	77	612	62	1 216	124	712
450B	8	7	382	39	292	30	765	78	379
500A	12.5	8	992	101	757	77	1 511	154	960

表 3-17 （续 2）

公称尺寸	焊脚高度		SWL						质量/kg
			系泊（带 8 字缆）				线索套环		
	z_1	z_2	一根 8 字缆		两根 8 字缆				
			kN	t	kN	t	kN	t	
500B	8	5	457	47	326	33	912	93	465
550A	11.5	8	1 131	115	812	83	1 619	165	1 123
550B	11.5	5	781	80	541	55	1 560	159	787
600	11.5	8	1 401	143	948	97	1 893	193	1 391

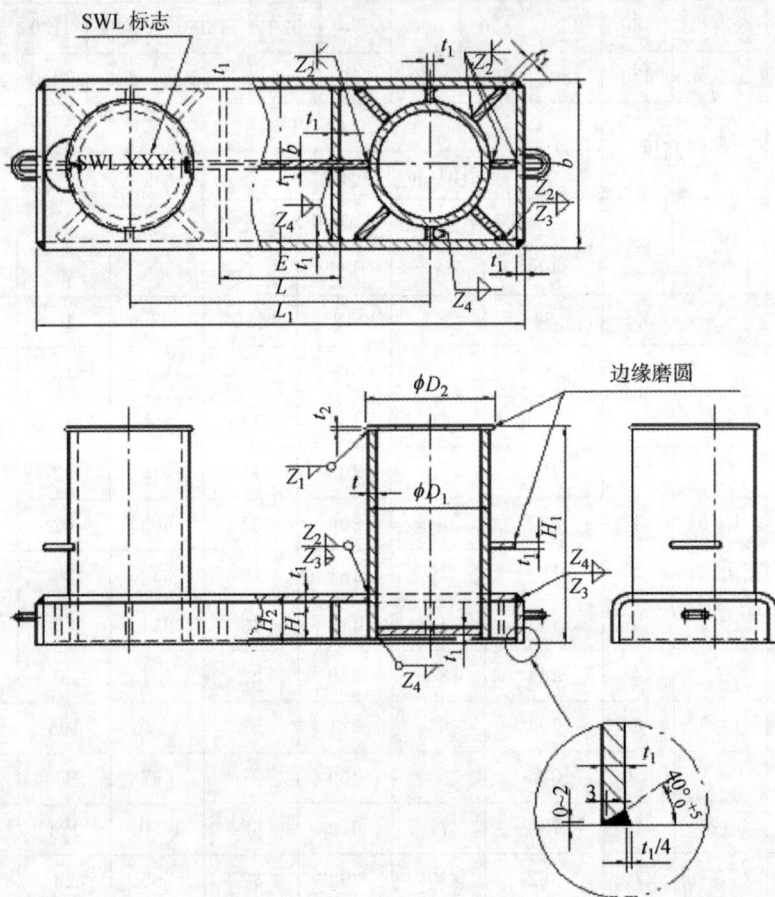

图 3-52　B 型带缆桩（ISO 13795）

表 3-18　B 型带缆桩的尺寸及安全工作负荷　　　　　　　（mm）

公称尺寸	D_1	D_2	H_1	H_2	h_1	b	L	L_1	E	t	t_1	t_2
150	165.2	185	320	80	62	225	400	670	145	8.0	8	6
200	216.3	240	365	85	67	290	500	860	160	8.0	8	6
250A	267.4	290	470	100	79	360	630	1 065	215	12.0	11	8
250B	267.4	290	470	100	79	360	630	1 065	215	10.0	8	7
300A	318.5	340	575	125	95	430	800	1 300	325	21.5	20	9
300B	318.5	340	575	125	95	430	800	1 300	325	12.0	9	9
350A	355.6	380	655	145	108	480	890	1 475	360	26.0	23.5	11
350B	355.6	380	655	145	119	480	890	1 475	360	14.0	13	9
400A	406.4	430	705	160	121	550	1 000	1 630	400	28.0	26	13
400B	406.4	430	705	160	133	550	1 000	1 630	400	15.0	13.5	11
450A	457.2	480	745	170	131	620	1 100	1 810	430	29.0	26	14
450B	457.2	480	745	170	144	620	1 100	1 810	430	14.5	13	11
500A	508.0	530	790	190	146	690	1 250	2 040	500	32.0	29	16
500B	508.0	530	790	190	162	690	1 250	2 040	500	14.5	13	11
550A	558.8	580	840	210	167	750	1 380	2 240	560	31.0	28	16
550B	558.8	580	840	210	176	750	1 380	2 240	560	21.0	19	11
600	609.4	630	875	225	182	820	1 550	2 490	660	33.0	28	16

公称尺寸	焊脚高度				SWL						质量/kg
					系泊（带 8 字缆）				缆索套环		
	z_1	z_2	z_3	z_4	一根 8 字缆		两根 8 字缆				
					kN	t	kN	t	kN	t	
150	3	3	6	4	54	5.5	49	5.0	98	10	45
200	3	3	6	4	82	8.4	65	6.7	128	13	68
250A	4	4.5	8	6	156	16	134	14	265	27	160
250B	3	3.5	6	4	127	13	108	11	216	22	119
300A	4	8	12	10	332	34	306	31	608	62	383
300B	4	5	8	6	186	19	161	16	353	36	203
350A	5	10	14	12	443	45	418	43	834	85	582
350B	4	5.5	8	6	244	25	216	22	491	50	333

表 3-18 （续）

公称尺寸	焊脚高度				SWL						质量/kg
					系泊（带 8 字缆）				缆索套环		
					一根 8 字缆		两根 8 字缆				
	z_1	z_2	z_3	z_4	kN	t	kN	t	kN	t	
400A	6	11	16	13	594	61	521	53	1 040	106	793
400B	5	5.5	8	7	326	33	269	27	657	67	441
450A	7	11	16	13	753	77	612	62	1 216	124	979
450B	7	5.5	8	7	382	39	292	30	765	78	517
500A	8	12	17	15	992	101	757	77	1 511	154	1 321
500B	5	5.2	8	7	457	47	326	33	912	93	631
550A	8	11	17	14	1 131	115	812	83	1 619	165	1 530
550B	5	8	12	10	781	80	541	55	1 560	159	1 059
600	8	11	17	14	1 401	143	948	97	1 893	193	1 850

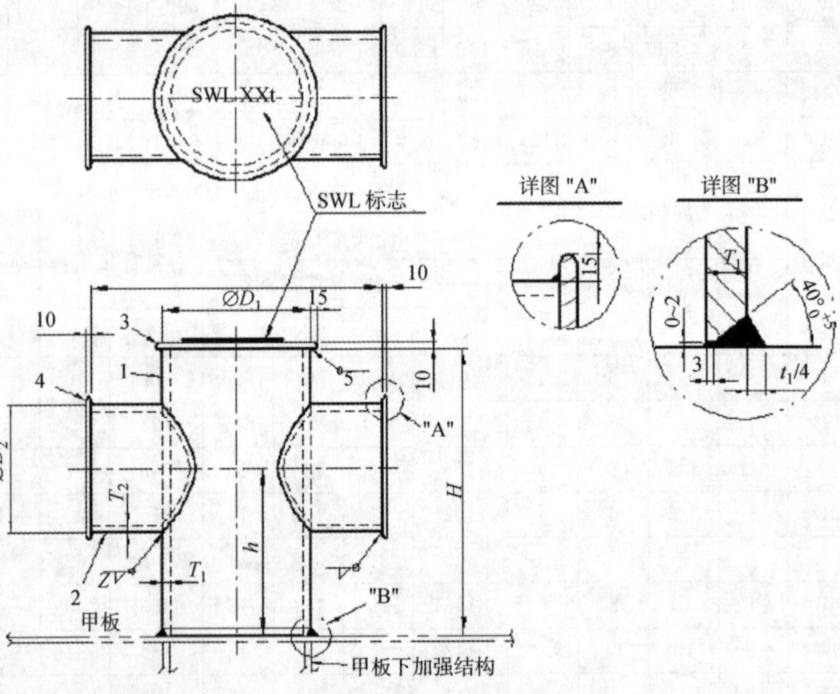

图 3-53　十字形带缆桩（ISO 13797）

表 3-19　十字形带缆桩的尺寸及安全工作负荷　　　　　　（mm）

公称尺寸 (D_n)	类型	l	D_1	D_2	T_1	T_2	H	h	焊脚高度 Z	SWL		质量/kg
										kN	t	
150	A	350	165.	114.3	11.0	8.6	450	225	6	78	8	37
	B	350	170.0	120.0	8.0	8.0	450	225	5	78	8	31
200	A	450	216.3	165.2	12.7	11.0	500	250	7	147	15	58
	B	450	220.0	170.0	10.0	8.0	500	250	7	147	15	48
250	A	575	267.4	216.3	15.1	12.7	600	300	8	245	25	92
	B	575	270.0	220.0	13.0	10.0	600	300	8	245	25	81
300	A	625	318.5	267.4	17.4	15.1	600	300	10	392	40	132
	B	625	320.0	270.0	15.0	12.0	600	300	9	392	40	115
350	A	670	355.6	267.4	19.0	15.1	600	350	10	491	50	150
	B	670	360.0	270.0	16.0	12.0	600	350	9	491	50	130
400	A	720	406.4	267.4	21.4	15.1	600	350	10	736	75	178
	B	720	410.0	270.0	19.0	14.0	600	350	9	736	75	165

　　嵌入式带缆桩一般用于干舷较高、露天甲板外漂倾角较大的船舶外板上,安装位置通常距水线较近,以便拖船的带缆作业。ISO 13798《Recesed bitts(Steel plate type)(钢板结构嵌入式带缆桩)》和 ISO 13799《Recesed bitts(Casting type)(铸钢结构嵌入式带缆桩)》规定了两种不同形式嵌入式带缆桩的规格尺寸和安全工作负荷,前者见图 3-54 和表 3-20,后者见图 3-55 和表 3-21。

表 3-20　嵌入式带缆桩(钢板结构形式)的尺寸及安全工作负荷　　　　　（mm）

公称尺寸 (D_n)	形式	D	D_1	R	H	T	SWL		计算质量/kg
							kN	t	
200	A	216.3	250	80	140	10.3	294	30	16.5
	B	210.0				10.0			16.1
250	A	267.4	305	100	160	12.7	491	50	26.7
	B	260.0				12.0			25.7

表 3-20 （续）

公称尺寸 (D_n)	形式	D	D_1	R	H	T	SWL		计算质量/kg
							kN	t	
400A	A	406.4	480	140	300	12.7	687	70	69.7
	B	410.0				12.0			68.0
400B	A	406.4	480	140	330	21.4	1 177	120	99.7
	B	410.0				20.0			96.1

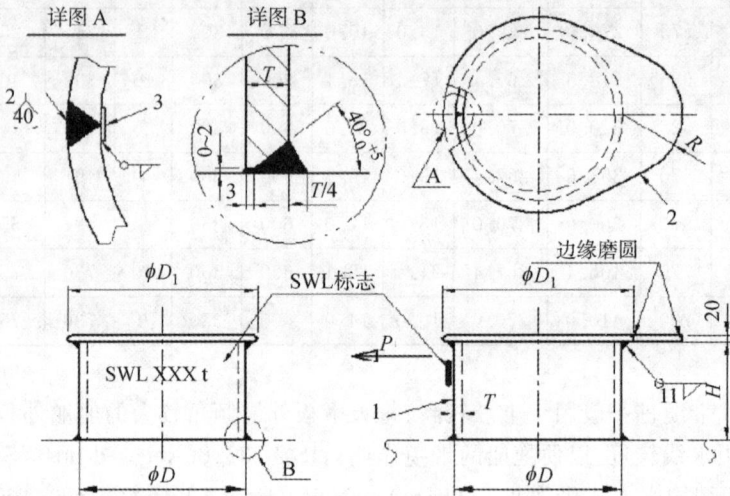

图 3-54 嵌入式带缆桩(ISO 13798 钢板结构形式)

表 3-21 嵌入式带缆桩(铸钢结构形式)的尺寸及安全工作负荷   (mm)

公称尺寸 (D_n)	形式	D	材料 (最小屈服强度)	SWL		计算质量 /kg
				kN	t	
850	75 型	850	235 N/mm²	736	75	770
	110 型		350 N/mm²	1 079	110	770
	135 型		430 N/mm²	1 324	135	770

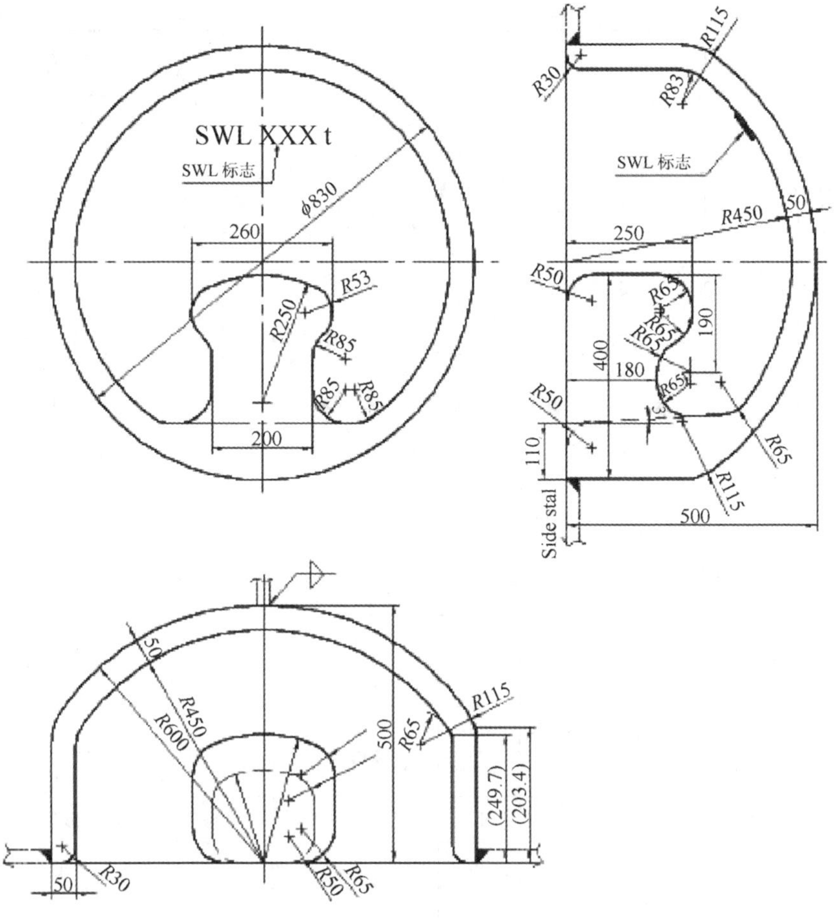

图 3-55　嵌入式带缆桩(ISO 13799 铸造结构形式)

3.5.3　导缆孔

导缆孔按其安装位置可以分为甲板式和舷墙式;按材料类型可以分为铸钢形式和钢板形式;按用途可以分为适用于纤维索和适用于钢缆的导缆孔以及巴拿马型导缆孔。与带缆桩一样,导缆孔在实际设计选型时,基本都选用 ISO 标准。

ISO 13713《Mooring chocks(系泊导缆孔)》适用于纤维索,包含 A 型和 B 型两种形式,A 型为甲板式(图 3-56 和表 3-22),B 型为舷墙式(图 3-57 和表 3-23)。该标准的导缆孔与缆索接触面的弯曲半径相对较小。

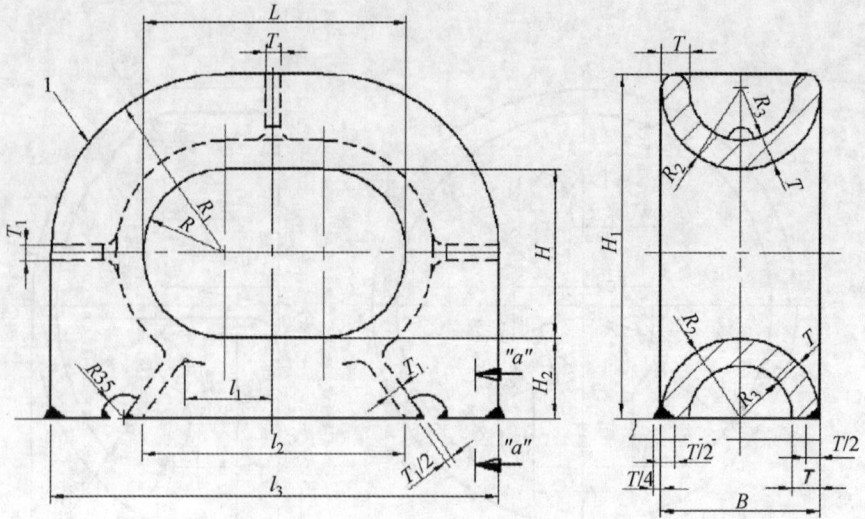

图 3-56　适用于纤维索的甲板式导缆孔(ISO 13713)

表 3-22　适用于纤维索的甲板式导缆孔的尺寸及安全工作负荷　　　　　(mm)

公称尺寸($L \times H$)	l_1	l_2	l_3	B	H_1	H_2	R	R_1	R_2
250×200	100	250	444	160	377	80	100	197	80
300×250	110	300	536	200	468	100	125	243	100
350×250	125	350	608	220	489	110	125	254	110
400×250	135	400	682	240	511	120	125	266	120
450×250	150	450	760	260	535	130	125	280	130
500×250A	175	500	832	280	556	140	125	291	140
500×250B	175	500	840	280	560	140	125	295	140

公称尺寸($L \times H$)	R_3	T	T_1	焊脚高度 Z_1	SWL kN	SWL t	计算质量/kg
250×200	46	34	18	8.5	353	36	
300×250	64	36	20	9	491	50	
350×250	72	38	20	9.5	559	60	
400×250	78	42	23	10.5	736	75	
450×250	80	50	28	12.5	981	100	
500×250A	88	52	30	13	1 128	115	
500×250B	80	60	36	15	1 373	140	396

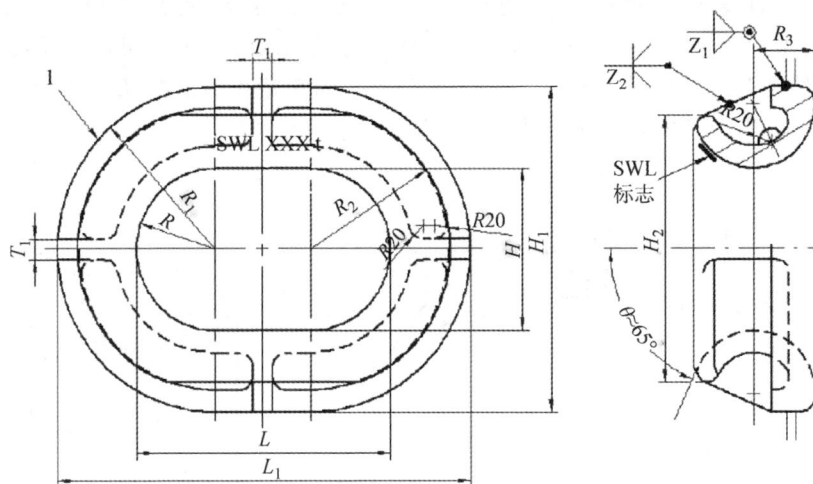

图 3-57 适用于纤维索的舷墙式导缆孔(ISO 13713)

表 3-23 适用于纤维索的舷墙式导缆孔的尺寸及安全工作负荷 (mm)

公称尺寸($L \times H$)	l_1	l_2	B	H_1	H_2	H_C	R	R_1	R_2
250×200	458	398	154	408	327	60	100	204	174
300×250	516	460	168	466	387	60	125	233	205
350×250	582	520	177	482	395	65	125	241	210
400×250	652	588	193	502	412	70	125	251	219
450×250	734	662	213	534	433	77	125	267	231
$500 \times 250A$	812	730	237	562	447	82	125	281	240
$500 \times 250B$	828	750	253	578	466	82	125	289	250

公称尺寸($L \times H$)	R_3	T	T_1	焊脚高度		SWL		计算质量/kg
				Z_1	Z_2	kN	t	
250×200	78	26	20	8	8	353	36	48
300×250	85	27	24	8	9.5	491	50	83
350×250	90	29	25	9	10	589	60	100
400×250	98	34	32	9.5	13	736	75	145
450×250	108	41	36	12.5	14.5	981	100	215
$500 \times 250A$	120	41	36	12.5	14.5	1 128	115	235
$500 \times 250B$	128	48	41	14.5	16.5	1 373	140	266

ISO 13729《Closed chocks(闭式导缆孔)》适用于钢缆,包含 A 型和 B 型两种形式,A 型为甲板式(图 3-58 和表 3-24),B 型为舷墙式(图 3-59 和表 3-25)。该标准的导缆孔与缆索接触面的弯曲半径相对较大,对于适用的钢缆,D/d 的比值应不小于 12,同时该型导缆孔也适用于纤维索。

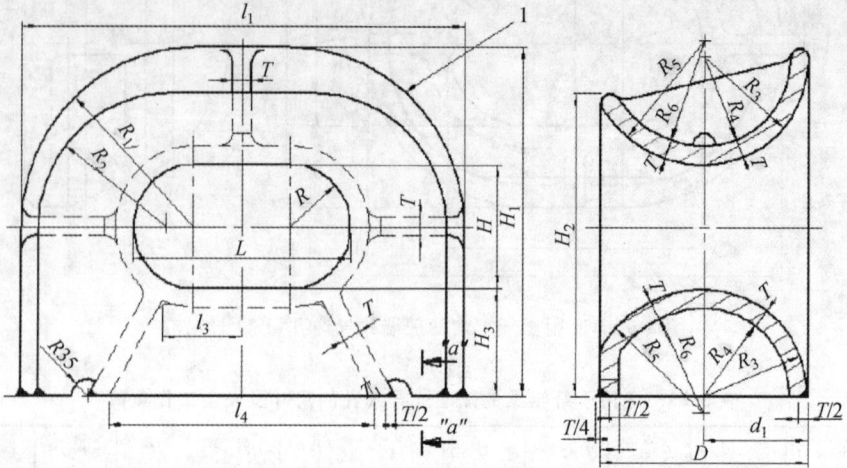

图 3-58　适用于钢缆的甲板式导缆孔(ISO 13729)

表 3-24　适用于钢缆的甲板式导缆孔的尺寸及安全工作负荷　　　(mm)

公称尺寸 ($L \times H \times D$)	l_1	l_2	l_3	l_4	H_1	H_2	H_3	R	R_1	R_2	R_3
250×200×214	488	453	76	265	427	368	108	100	219	160	108
300×250×288	614	565	89	330	551	481	144	125	282	212	144
350×250×333	716	660	114	403	601	525	168	125	308	232	168
400×250×381	820	754	139	475	652	553	192	125	335	236	192
450×250×381	870	804	164	524	652	553	192	125	335	236	192
500×250×381	920	854	189	574	652	553	192	125	335	236	192
400×250×428	870	796	139	500	701	609	216	125	360	268	216
450×250×428	920	846	164	550	701	609	216	125	360	268	216

表 3-24　(续)

公称尺寸 (L×H×D)	l_1	l_2	l_3	l_4	H_1	H_2	H_3	R	R_1	R_2	R_3
500×250×428	970	896	189	600	701	609	216	125	360	268	216
500×400×428	970	896	176	600	851	759	216	200	435	343	216
500×250×525A	1 068	1 000	190	652	798	675	264	125	409	286	264
500×400×525A	1 068	1 000	193	652	948	825	264	200	484	361	264
500×250×525B	1 074	1 000	176	652	801	680	264	125	412	291	264
500×400×525B	1 074	1 000	179	652	951	830	264	200	487	366	264

公称尺寸 L×H×D	R_4	R_5	R_6	d_1	T	焊脚高 z_1	SWL kN	SWL t	系泊索 直径(推荐)	计算 质量/kg
250×200×214	86	150	128	108	22	6	226	23	18	73
300×250×286	118	180	154	144	26	6.5	422	40	24	142
350×250×333	138	200	170	168	30	7.5	549	56	28	222
400×250×381	156	250	214	192	36	9	687	70	32	310
450×250×381	156	250	214	192	36	9	706	72	32	322
500×250×381	156	250	214	192	36	9	765	78	32	337
400×250×428	178	250	212	216	38	9.5	883	90	36	434
450×250×428	178	250	212	216	38	9.5	912	93	36	452
500×250×428	178	250	212	216	38	9.5	932	95	36	472
500×400×428	178	250	212	216	38	9.5	893	91	36	528
500×250×525A	224	320	280	264	40	10	1 148	117	44	657
500×400×525A	224	320	280	264	40	10	1 158	118	44	724
500×250×525B	218	320	274	264	46	11.5	1 413	144	44	753
500×400×525B	218	320	274	264	46	11.5	1 383	141	44	825

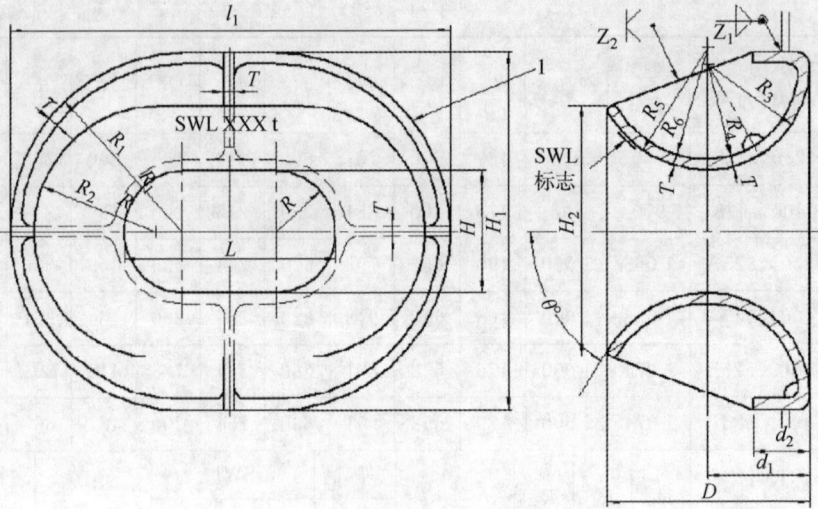

图 3-59　适用于钢缆的舷墙式导缆孔(ISO 13729)

表 3-25　适用于钢缆的舷墙式导缆孔的尺寸及安全工作负荷　　　　　　（mm）

公称尺寸 （$L \times H \times D$）	l_1	l_2	H_1	H_2	R	R_1	R_2	R_3	R_4	R_5
$250 \times 200 \times 214$	516	441	466	306	100	233	153	108	96	150
$300 \times 250 \times 286$	638	554	588	410	125	294	205	144	128	180
$350 \times 250 \times 333$	736	646	636	449	125	318	224.5	168	150	200
$400 \times 250 \times 381$	834	736	684	450	125	342	225	192	172	250
$450 \times 250 \times 381$	884	786	684	450	125	342	225	192	172	250
$500 \times 250 \times 381$	934	836	684	450	125	342	225	192	172	250
$400 \times 250 \times 428$	882	778	732	515	125	366	257.5	216	194	250
$450 \times 250 \times 428$	932	828	732	515	125	366	257.5	216	194	250
$500 \times 250 \times 428$	982	878	732	515	125	366	257.5	216	194	250
$500 \times 400 \times 428$	982	878	882	665	200	441	332.5	216	194	250
$500 \times 250 \times 525A$	1 078	976	828	551	125	414	275.5	264	240	320
$500 \times 400 \times 525A$	1 078	978	978	701	200	489	350.6	264	240	320
$500 \times 250 \times 525B$	1 078	976	828	554	125	414	277	264	238	320
$500 \times 400 \times 525B$	1 078	978	978	704	200	489	352	264	238	320

表 3-25　（续）

公称尺寸 $L \times H \times D$	R_6	d_1	d_2	T	θ	焊脚高度		SWL		系泊索 直径(推荐)	计算 质量/kg
						z_1	z_2	kN	t		
$250 \times 200 \times 214$	138	108	80	12	44°	6	5	226	23	18	49
$300 \times 250 \times 286$	164	144	100	16	44°	8	6.5	422	40	24	100
$350 \times 250 \times 333$	182	168	120	18	55°	9	7	549	56	28	141
$400 \times 250 \times 381$	230	192	120	20	47°	10	8	687	70	32	184
$450 \times 250 \times 381$	230	192	120	20	47°	10	8	706	72	32	194
$500 \times 250 \times 381$	230	192	120	20	47°	10	8	765	78	32	202
$400 \times 250 \times 428$	228	216	120	22	56°	11	9	883	90	36	264
$450 \times 250 \times 428$	228	216	120	22	56°	11	9	912	93	36	276
$500 \times 250 \times 428$	228	216	120	22	56°	11	9	932	95	36	288
$500 \times 400 \times 428$	228	216	120	22	56°	11	9	893	91	36	311
$500 \times 250 \times 525A$	296	264	120	24	53°	12	9.5	1 148	117	44	379
$500 \times 400 \times 525A$	296	264	120	24	53°	12	9.5	1 158	118	44	408
$500 \times 250 \times 525B$	294	264	120	26	53°	13	10.5	1 413	144	44	405
$500 \times 400 \times 525B$	294	264	120	26	53°	13	10.5	1 383	141	44	442

ISO 13728《Panama chocks（巴拿马导缆孔）》是为通过巴拿马运河的船舶制定的专用导缆孔标准,适用于系泊需要以及船闸曳引机车拖带时使用的钢缆导向,包括两种形式,A 型为甲板式(图 3-60 和表 3-26),B 型为舷墙式(图 3-61 和表 3-27)。根据巴拿马运河规则中对导缆孔开孔和强度的要求,标准中每种形式的巴拿马导缆孔仅有两种规格。

表 3-26　甲板式巴拿马导缆孔的尺寸及安全工作负荷　（mm）

公称尺寸	L	l_1	l_2	l_3	l_4	H	H_1	H_2	R	R_1	R_2
310	310	708	688	105	310	260	639	543	130	329	233
360	360	760	740	130	360	260	640	545	130	330	235

公称尺寸	R_3	R_4	R_5	T	D	焊脚高度	SWL		计算质量/kg
						z_1	kN	t	
310	142	140	195	32	38	8	471	48	257
360	140	138	192	34	40	8.5	687	70	286

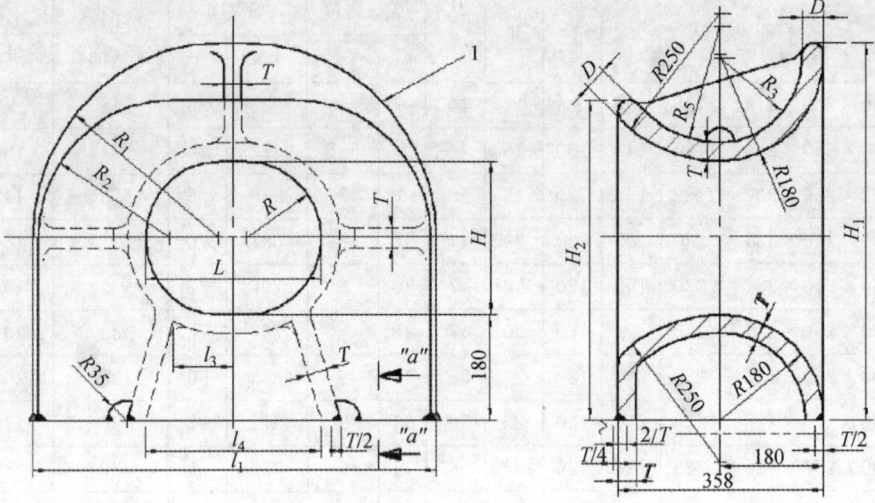

图 3-60　甲板式巴拿马导缆孔(ISO 13728)

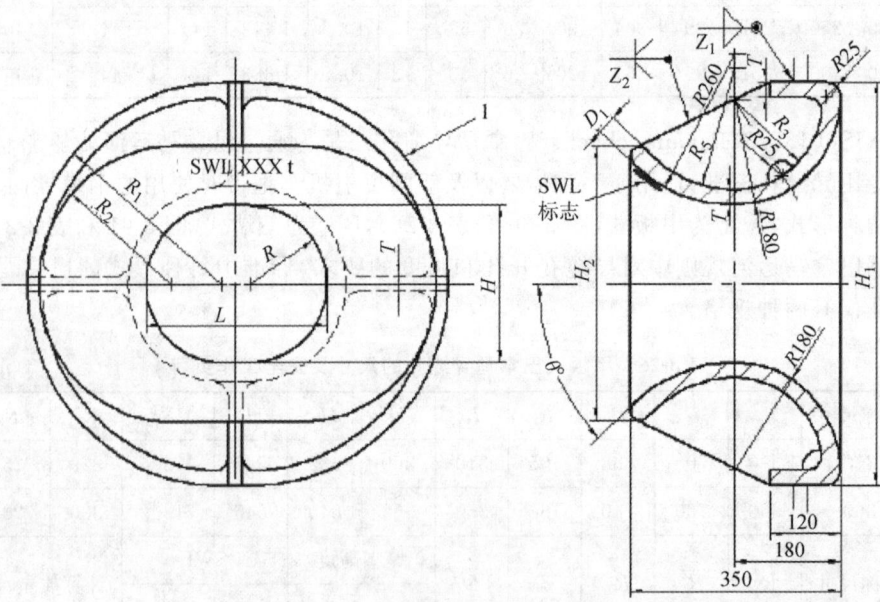

图 3-61　舷墙式巴拿马导缆孔(ISO 13728)

表 3-27　舷墙式巴拿马导缆孔的尺寸及安全工作负荷　　　　　（mm）

公称尺寸	L	l_1	l_2	H	H_1	H_2	R	R_1	R_2	R_3	R_4
310	310	720	688	260	670	453	130	335	227	149	147
360	360	770	733	260	670	456	130	335	228.5	147	145

公称尺寸	R_5	T	D_1	θ	—	焊脚高度		SWL		计算质量/kg
						z_1	z_2	kN	t	
310	205	25	31	44°	—	12.5	10	726	70	228
360	203	27	33	43°	—	13.5	11	814	79	248

3.5.4　导缆器

导缆器包括滚轮导缆器和滚柱导缆器。

滚轮导缆器可安装于甲板舷边用于系泊缆索导向，一般称为舷侧滚轮导缆器；也可安装在甲板任何地方用于从绞车卷筒或绞盘引出的系泊索的导向，一般称为导向滚轮。

滚柱导缆器由若干个圆柱形滚柱组成，一般安装在甲板舷边。

舷侧滚轮/滚柱导缆器与导缆孔相比，前者在导向过程中对系泊索的磨损较小，但另一方面，舷侧导缆器对缆索舷外导向允许的垂向偏角较小，同时为保证滚轮和滚柱转动灵活，舷侧导缆器的保养维护工作量相对较大。另外，对于相同的工作负荷，滚柱导缆器的尺寸相对较大，对于甲板布置和设备质量控制都提出了更高的要求。滚柱导缆器多用于集装箱船，如果系泊过程中船舶干舷变化不大，或者停靠港口、船舶操作方没有特别要求的话，舷侧缆索导向往往多采用导缆孔。

与带缆桩和导缆孔一样，导缆器在实际设计选型时，基本都选用 ISO 标准。

ISO 13767《Shipside roller fairleads（舷侧滚轮导缆器）》包含两滚轮和三滚轮两种形式，如图 3-62 所示，规格和主要尺寸列于表 3-28。

表 3-28　舷侧滚轮导缆器的尺寸及安全工作负荷　　　　　（mm）

公称尺寸 (D_n)	双滚轮型		三滚轮型		l_1	l_2	P	SWL			
								$\theta = 90°$		$\theta = 20°$	
	l	W	l	W				kN	t	kN	t
150	570	770	870	1 070	300	135	200	260	26	186	19
200	740	990	1 140	1 390	400	170	250	437	45	314	32

表 3-28 （续）

公称尺寸 (D_n)	双滚轮型		三滚轮型		l_1	l_2	P	SWL			
								θ=90°		θ=20°	
	l	W	l	W				kN	t	kN	t
250	910	1 210	1 410	1 710	500	205	300	574	58	412	42
300	1 070	1 420	1 670	2 020	600	235	350	710	72	510	52
350	1 230	1 610	1 930	2 310	700	265	380	1 025	104	736	75
400	1 400	1 780	2 200	2 580	800	300	380	1 230	125	883	90
450	1 560	1 940	2 460	2 840	900	330	380	1 571	160	1 128	115
500	1 720	2 100	2 720	3 100	1 000	360	380	1 913	195	1 373	140

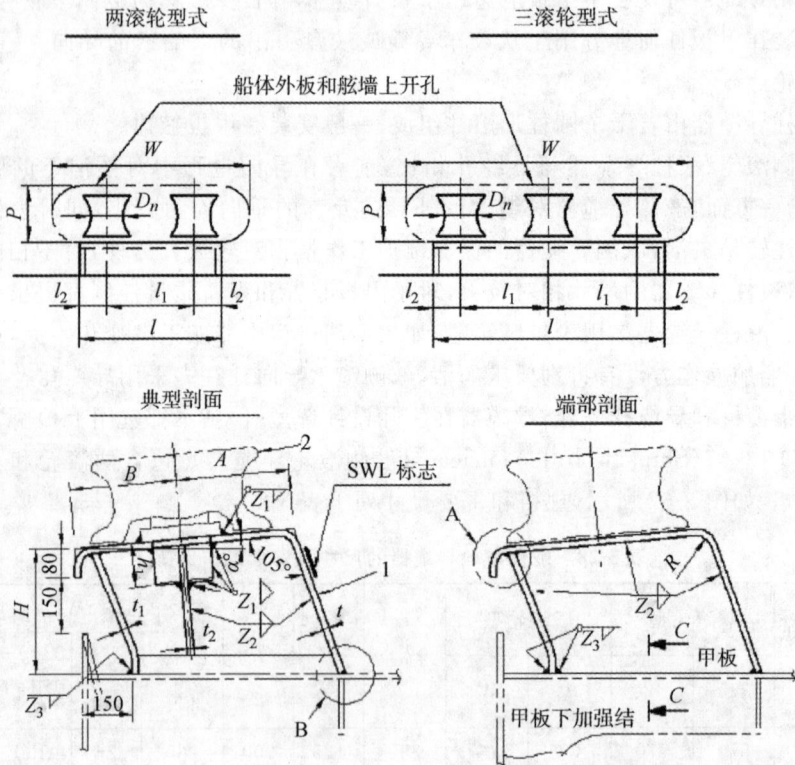

图 3-62　舷侧滚轮导缆器（ISO 13767）

ISO 13776《Pedestal fairleads（导向滚轮）》规定了安装在甲板上的带基座的导向滚轮，如图 3-63 所示，其规格尺寸和安全工作负荷列于表 3-29。

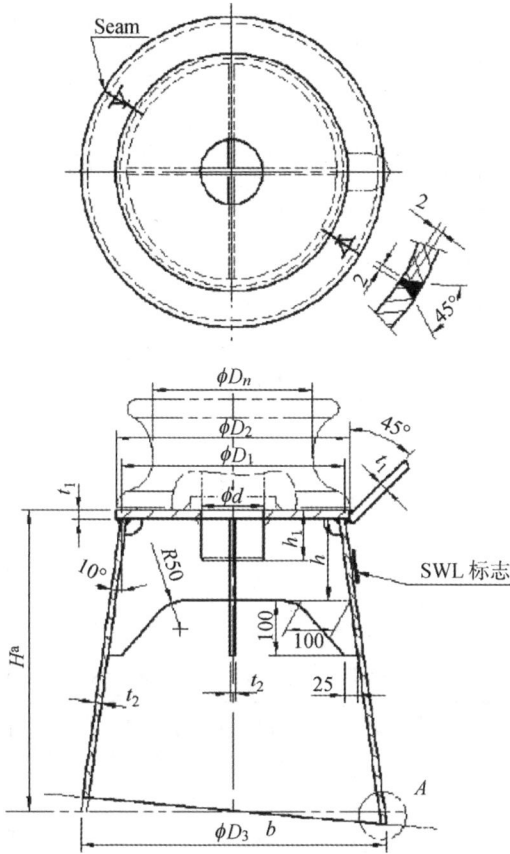

图 3-63　导向滚轮（ISO 13776）

表 3-29　导向滚轮的尺寸及安全工作负荷　　　　　　　　　　　（mm）

公称尺寸（D_n)	D_1	D_2	d		h	h_1	t_1	t_2	t_3	焊脚高度	
			A 型和 B 型	C 型						z_1	z_2
150	220	230	71.5	81.5	200	100	16	10	16	8	5
200	288	300	93.5	102.5	200	100	20	12	20	10	6

表 3-29 （续）

公称尺寸（D_n）	D_1	D_2	d		h	h_1	t_1	t_2	t_3	焊脚高度	
			A 型和 B 型	C 型						z_1	z_2
250	357	370	113.5	119.5	200	100	22	12.5	22	11	6
300	417	430	128.5	130.5	225	125	24	13	24	12	6.5
350	472	490	145.5	152.5	225	125	26	17	26	15	8.5
400	540	560	154.5	164.5	250	150	28	18	28	17	9
450	600	620	167.5	179.5	250	150	30	20	30	20	10
500	655	680	178.5	195.5	250	150	32	22	34	23	11

公称尺寸（D_n）	SWL				计算质量(kg)（仅供参考）		
	$\theta=90°$		$\theta=0°$				
	kN	t	kN	t	$H=500$	$H=1\,000$	$H=1\,500$
150	265	27	188	19	55	115	198
200	441	45	314	32	86	169	278
250	579	59	412	42	113	210	335
300	726	74	510	52	145	256	395
350	1 040	106	736	75	201	358	552
400	1 246	127	883	90	255	436	657
450	1 599	163	1 128	115	314	530	791
500	1 942	198	1 373	140	383	636	938

ISO 13733《Universal fairleads with upper roller(带上滚柱的滚柱导缆器)》包含四滚柱（图 3-64 和表 3-30）、五滚柱（图 3-65 和表 3-30）和七滚柱（图 3-66 和表 3-31）等多种形式。

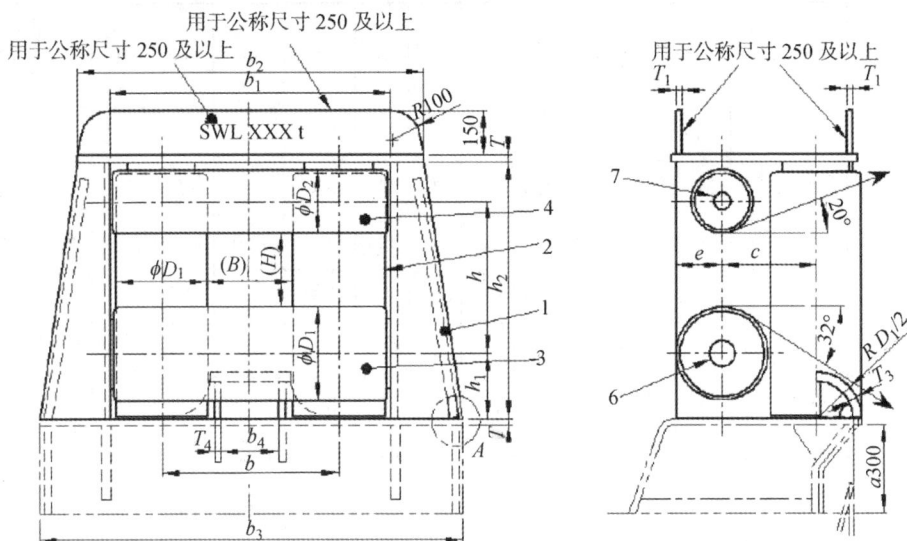

图 3-64　四滚柱导缆器（ISO 13733）

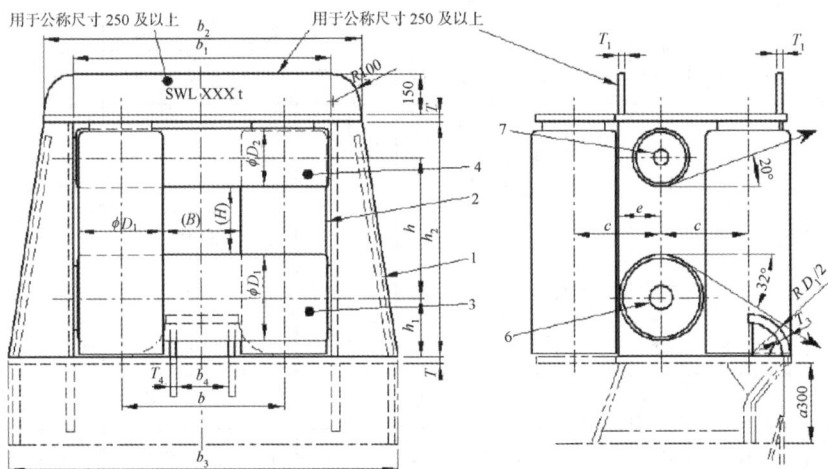

图 3-65　五滚柱导缆器（ISO 13733）

表 3-30 四滚柱、五滚柱导缆器的尺寸及安全工作负荷 （mm）

公称尺寸(D_n)	($B \times H$)	D_1	D_2	h	h_1	h_2	b	b_1	b_2	b_3	b_4	W	c
140	195×150	139.8	114.3	277	130	480	335	515	656	820	140	260	150
160	200×150	165.2	114.3	290	145	515	365	570	730	920	140	310	175
180	200×150	190.7	139.8	315	155	560	391	620	800	1 000	140	360	200
200	200×150	216.3	139.8	328	170	590	416	675	896	1 110	140	410	225
250	250×200	267.4	165.2	416	195	715	517	825	1 046	1 270	180	520	280
300A	300×250	318.5	216.3	517	220	870	618	890	1 206	1 480	200	620	330
300B	300×250	318.5	216.3	517	220	870	618	890	1 206	1 480	200	620	330
400A	350×250	406.4	216.3	561	265	960	756	1 210	1 450	1 750	200	795	420
400B	350×250	406.4	216.3	561	265	960	756	1 210	1 450	1 750	200	795	420
400C	350×250	406.4	216.3	561	265	960	756	1 210	1 450	1 750	200	795	420

公称尺寸(D_n)	e	W_1	W_2	T	T_1	T_2	T_3	T_4	f	焊脚高度		SWL		计算质量/kg	
										z_1	z_2	kN	t	4R	5R
140	70	30	100	12	10	10	12	12	3	7	4	137	14	160	195
160	83	40	100	14	10	14	14	14	4	7	5	196	20	197	229
180	95	40	100	16	10	14	16	16	4	7	5	245	25	283	345
200	108	50	100	18	12	16	18	18	6	9	7	314	32	383	464
250	133	65	200	22	16	18	20	20	6	11	7	510	52	742	887
300A	159	80	200	24	20	22	24	22	7	14	8	687	70	1 218	1 452
300B	159	80	200	26	22	24	24	22	8	15	9	736	75	1 305	1 553
400A	203	100	200	26	22	22	32	28	7	15	8	981	100	1 673	1 972
400B	203	100	200	28	24	26	32	28	8	17	9	1 256	128	1 924	2 273
400C	203	100	200	30	26	28	32	28	8	18	9	1 373	140	2 076	2 450

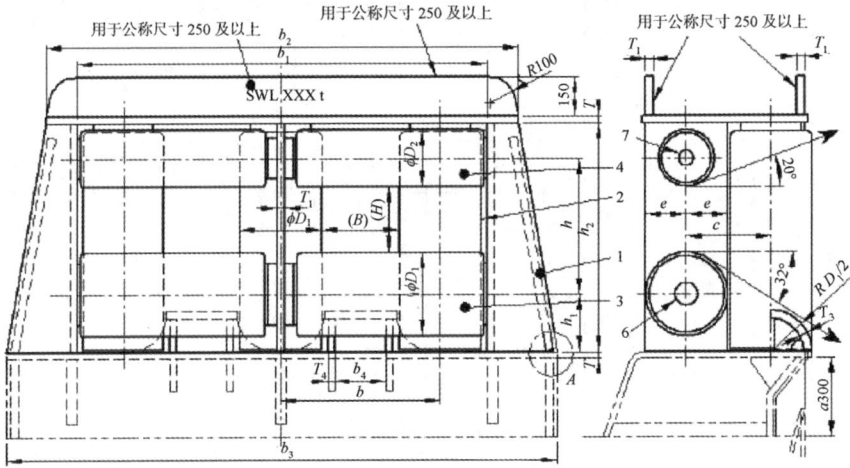

图 3-66 七滚柱导缆器(ISO 13733)

表 3-31 七滚柱导缆器的尺寸及安全工作负荷 (mm)

公称尺寸(D_n)	($B\times H$)	D_1	D_2	h	h_1	h_2	b	b_1	b_2	b_3	b_4	W	c
140	195×150	139.8	114.3	277	130	480	335	850	1 000	1 160	140	260	150
160	200×150	165.2	114.3	290	145	515	365	935	1 100	1 286	140	310	175
180	200×150	190.7	139.8	315	155	560	391	1 011	1 200	1 400	140	360	200
200	200×150	216.3	139.8	328	170	590	416	1 091	1 320	1 550	140	410	225
250	250×200	267.4	165.2	416	195	715	517	1 342	1 580	1 820	180	520	280
300A	300×250	318.5	216.3	517	220	870	618	1 598	1 840	2 150	200	620	330
300B	300×250	318.5	216.3	517	220	870	618	1 598	1 840	2 150	200	620	330
400A	350×250	406.4	216.3	561	265	960	756	1 966	2 250	2 550	200	795	420
400B	350×250	406.4	216.3	561	265	960	756	1 966	2 250	2 550	200	795	420
400C	350×250	406.4	216.3	561	265	960	756	1 966	2 250	2 550	200	795	420

表 3-31 （续）

公称尺寸(D_n)	e	W_1	W_2	T	T_1	T_2	T_3	T_4	f	焊脚高度		SWL		计算质量/kg
										z_1	z_2	kN	t	
140	70	30	100	12	12	18	12	12	6	9	7	137	14	258
160	83	40	100	14	14	20	14	14	6	10	7	196	20	288
180	95	40	100	16	16	28	16	16	8	11	9	245	25	411
200	108	50	100	18	18	28	18	18	8	13	9	314	32	551
250	133	65	200	22	26	36	20	20	10	18	10	510	52	1 053
300A	159	80	200	24	28	46	24	22	10	20	10	687	70	1 715
300B	159	80	200	26	30	48	24	22	10	21	10	736	75	1 827
400A	203	100	200	26	30	40	32	28	10	21	10	981	100	2 378
400B	203	100	200	28	32	52	32	28	10	22	10	1 256	128	2 765
400C	203	100	200	30	34	54	32	28	10	24	10	1 373	140	2 986

ISO 13742《Universal fairleads without upper roller（不带上滚柱的滚柱导缆器）》适用于舷外系泊点高度位置低于导缆器的情况，包括三滚柱（图 3-67 和表 3-32）、四滚柱（图 3-68 和表 3-32）和五滚柱（图 3-69 和表 3-33）等多种形式。

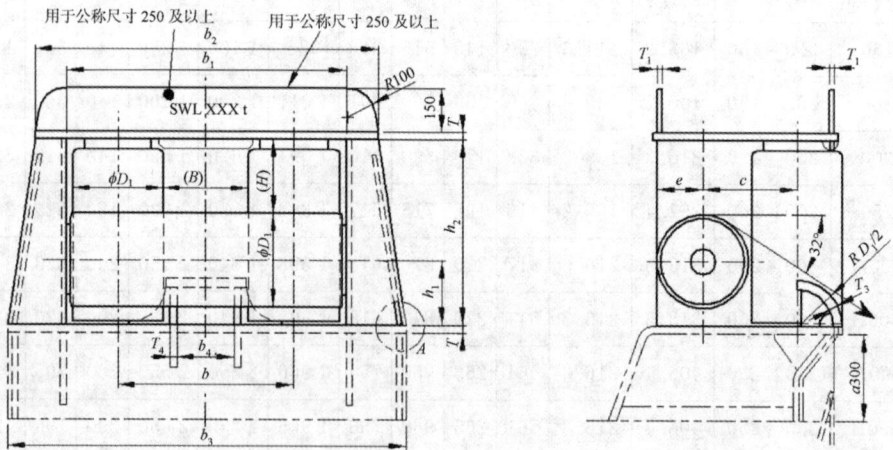

图 3-67　三滚柱导缆器（ISO 13742）

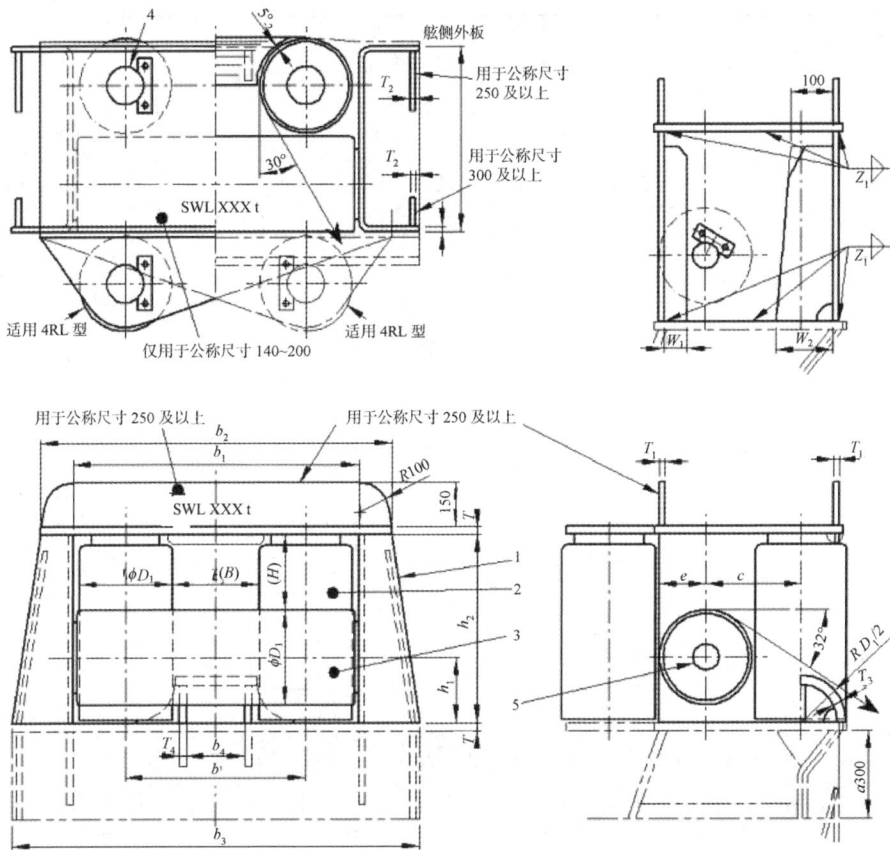

图 3-68 四滚柱导缆器(ISO 13742)

表 3-32 三滚柱、四滚柱导缆器的尺寸及安全工作负荷 (mm)

公称尺寸 (D_n)	($B \times H$)	D_1	h_1	h_2	b	b_1	b_2	b_3	b_4	W	c
140	195×150	139.8	130	350	335	515	656	780	140	260	150
160	200×150	165.2	145	378	365	570	730	870	140	310	175
180	200×150	190.7	155	400	391	620	800	950	140	360	200
200	200×150	216.3	170	428	416	675	896	1 060	140	410	225
250	250×200	267.4	195	530	517	825	1 046	1 220	180	520	280
300A	300×250	318.5	220	630	618	890	1 206	1 420	200	620	330

表 3-32 （续）

公称尺寸 (D_n)	($B \times H$)	D_1	h_1	h_2	b	b_1	b_2	b_3	b_4	W	c
300B	300×250	318.5	220	630	618	890	1 206	1 420	200	620	330
400A	350×250	406.4	265	720	756	1 210	1 450	1 680	200	795	420
400B	350×250	406.4	265	720	756	1 210	1 450	1 680	200	795	420
400C	350×250	406.4	265	720	756	1 210	1 450	1 680	200	795	420

公称尺寸 (D_n)	e	W_1	W_2	T	T_1	T_2	T_3	T_4	f	焊脚高度		SWL		计算质量/kg	
										z_1	z_2	kN	t	3R	4R
140	70	—	—	12	8	10	12	12	3	6	4	137	14	98	121
160	83	—	—	14	8	10	14	14	3	6	4	196	20	136	168
180	95	—	—	16	8	12	16	16	3	6	4	245	25	174	216
200	108	—	—	18	10	12	18	18	3	7	4	314	32	238	292
250	133	—	150	22	14	14	20	20	4	10	5	510	52	498	599
300A	159	80	150	24	16	16	24	22	6	11	7	687	70	774	926
300B	159	80	150	26	18	18	24	22	6	13	7	736	75	845	1 008
400A	203	100	150	26	18	18	32	28	6	13	7	981	100	1 211	1 452
400B	203	100	150	28	18	20	32	28	6	13	7	1 256	128	1 317	1 589
400C	203	100	150	30	20	22	32	28	7	14	8	1 373	140	1 424	1 717

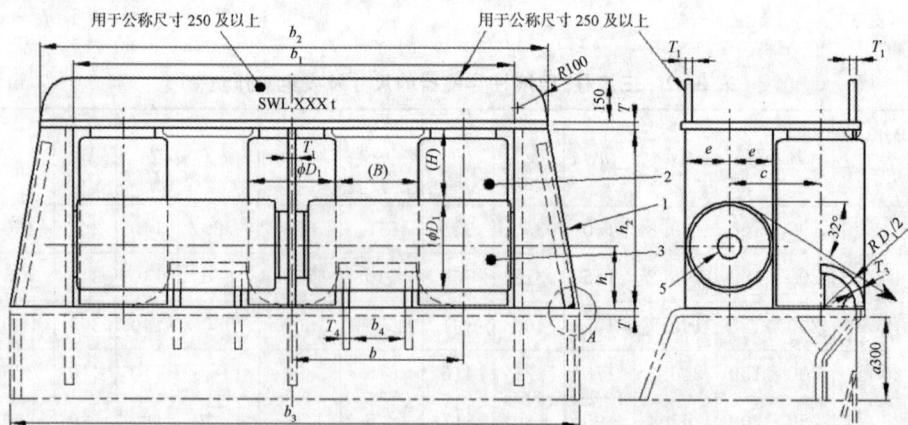

图 3-69 五滚柱导缆器（ISO 13742）

表 3-33　五滚柱导缆器的尺寸及安全工作负荷　　　　　　　　　（mm）

公称尺寸 (D_n)	($B \times H$)	D_1	h_1	h_2	b	b_1	b_2	b_3	b_4	W	c
140	195×50	139.8	130	350	335	850	1 000	1 140	140	260	150
160	200×150	165.2	145	378	365	935	1 100	1 260	140	310	175
180	200×150	190.7	155	400	391	1 011	1 200	1 360	140	360	200
200	200×150	216.3	170	428	416	1 091	1 320	1 480	140	410	225
250	250×200	267.4	195	530	517	1 342	1 580	1 740	180	520	280
300A	300×250	318.5	220	630	618	1 598	1 840	2 100	200	620	330
300B	300×250	318.5	220	630	618	1 598	1 840	2 100	200	620	330
400A	350×250	406.4	265	720	756	1 966	2 250	2 500	200	795	420
400B	350×250	406.4	265	720	756	1 966	2 250	2 500	200	795	420
400C	350×250	406.4	265	720	756	1 966	2 250	2 500	200	795	420

公称尺寸 (D_n)	e	W_1	W_2	T	T_1	T_2	T_3	T_4	f	焊脚高度 z_1	焊脚高度 z_2	SWL kN	SWL t	计算质量/kg
140	70	30	50	12	12	12	12	12	6	9	7	137	14	168
160	83	40	50	14	14	16	14	14	6	10	7	196	20	240
180	95	40	50	16	16	18	18	16	6	11	7	245	25	315
200	108	50	50	18	18	20	18	18	6	13	7	314	32	417
250	133	65	150	22	22	24	20	20	8	15	9	510	52	863
300A	159	80	150	24	24	26	24	22	8	17	9	687	70	1 280
300B	159	80	150	26	26	28	24	22	8	18	9	736	75	1 382
400A	203	100	150	26	26	32	32	28	10	18	10	981	100	2 040
400B	203	100	150	28	28	40	32	28	10	20	10	1 256	128	2 254
400C	203	100	150	30	30	42	32	28	10	21	10	1 373	140	2 416

3.5.5　系缆机械

　　系缆机械用于收放系泊索，主要类型包括系泊绞车、系缆绞盘和锚系泊组合机，其中锚系泊组合机用于系泊操作的主要是系泊卷筒部分，其结构形式与系泊绞车基本相同。由于系泊绞车和锚系泊组合机（系泊卷筒部分）操作方便、消耗人力较少且具有缆索储存功能,在中、大型海船上被广泛应用。

3.5.5.1 系泊绞车的基本功能

(1) 作为系泊索的船上固定点。

(2) 储存系泊索。

(3) 收放缆索,调节系泊索长度以适应不同港口的系泊模式以及船舶吃水和码头潮位的变化。

(4) 可起到安全装置作用,当系泊索上的张力超过设定的刹车支持负荷时,绞车将会放松缆索,避免缆索破断。

3.5.5.2 系泊绞车的类型

(1) 根据控制方式,可分为普通绞车和恒张力绞车。普通绞车由操纵者直接操纵系泊索的收放,而恒张力绞车可根据预先设定的张力值自动控制缆索的收放。

(2) 根据驱动方式,可分为液压绞车、电动绞车和蒸汽绞车,目前蒸汽绞车在实船中已几乎绝迹。

(3) 根据卷筒数量,可分为单卷筒、双卷筒和三卷筒绞车。

(4) 根据卷筒形式,可分为分隔式卷筒和整体式卷筒绞车。

(5) 根据刹车形式,可分为带式刹车和盘式刹车绞车。

图 3-70～图 3-75 所示为船舶常用的各种系泊绞车。

此外,对于每一种形式的系泊绞车,还可根据减速箱或卷筒驱动装置相对于卷筒的位置,可分为左式绞车和右式绞车。左式和右式的区分是根据观察者站在绞车操作位置一侧,如果减速箱或卷筒驱动装置在卷筒的左侧即为左式,在右侧即为右式。

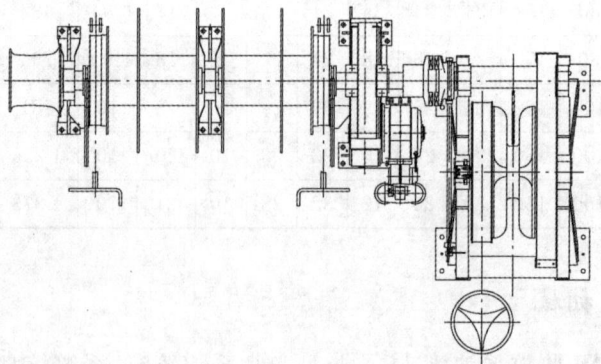

图 3-70　液压锚系泊组合机

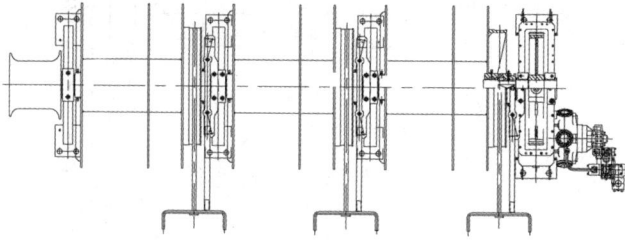

图 3-71　三卷筒液压系泊绞车

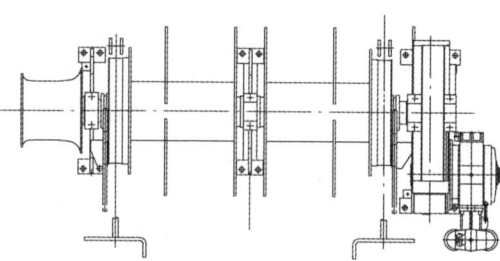

图 3-72　双卷筒液压系泊绞车

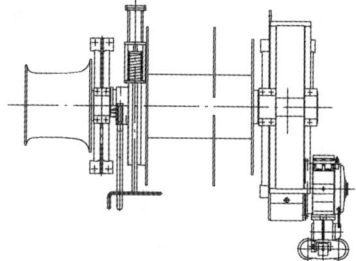

图 3-73　单卷筒液压系泊绞车

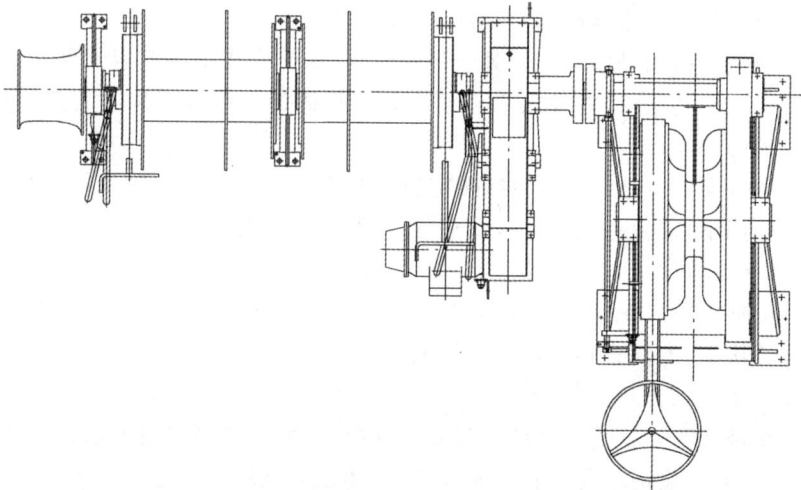

图 3-74　电动锚系泊组合机

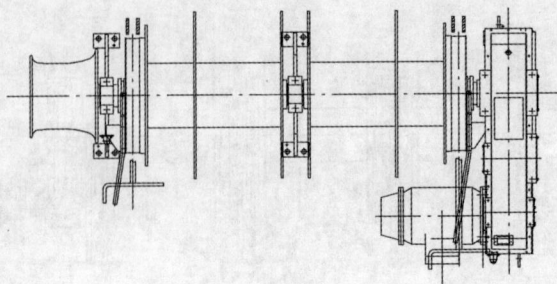

图 3-75　双卷筒电动系泊绞车

3.5.5.3　系泊绞车的一般要求

（1）系泊绞车主要由卷筒、绞缆筒（如有）、驱动装置（包括驱动马达、传动轴、减速箱等）、离合器、刹车装置、控制系统等组成。其中卷筒可收放和储存缆索，并可作为系泊索在船上的固定端，称为主卷筒；而绞缆筒只能收放缆索，不能储存和固定缆索，称为副卷筒。

（2）系泊绞车的负荷一般包括额定负荷、刹车支持负荷、失速负荷等。

①额定负荷指的是卷筒卷绕单层缆索的条件下，以额定速度收缆时，在缆索靠近卷筒处测得的最大拉力。额定负荷一般为缆索破断负荷的 22%～33%。

②刹车支持负荷指的是制动装置在卷筒第一层缆索上能够保持的最大拉力。刹车支持负荷一般为缆索破断负荷的 60%～80%。

③失速负荷指的是驱动装置处于最大转矩，卷筒卷绕单层缆索的条件下，卷筒停止向收缆方向转动时，在缆索靠近卷筒处测得的最大拉力。失速负荷一般为缆索破断负荷的 50%。

（3）系泊绞车的速度一般包括额定速度和空载速度。额定速度指的是绞车在额定负荷作用下，能保持的最大收缆速度；空载速度指的是绞车在缆索几乎无负荷的条件下，能保持的最大收缆速度。

（4）卷筒直径一般根据缆索类型的不同而有不同的要求：对于钢缆和高弹性模量合成纤维缆，卷筒直径应不小于缆索直径的 16 倍，对于传统合成纤维索，卷筒直径应不小于缆索直径的 4～6 倍。

（5）卷筒长度一般应能满足绕存缆索全长，且缆索卷绕层数不超过 5 层；对于大容量卷筒，其长度应满足绕存缆索全长，且缆索卷绕层数不超过 8 层。

（6）分隔式卷筒工作部分的宽度，根据缆索类型的不同而有所区别：对于钢缆和高弹性模量合成纤维缆，其宽度应允许卷绕至少 10 圈；对于传统合成纤维索，其宽度应允许卷绕至少 5～6 圈。

（7）建议处于拉伸状态的缆索在卷筒上不超过一层，避免缆索互相挤压，降低使用寿命。系泊索从卷筒的第一层出缆，可以保持恒定的收缆力和刹车制动力。因此，建议采用分隔式系泊绞车。

（8）恒张力绞车或恒张力功能适用于与船体中心线成 90°设置的横缆，不应用于倒缆，以避免前后倒缆上的约束力抵消，降低抵御纵向外界力的能力。此外恒张力功能在液货传输作业过程中禁止使用。

（9）设置带式刹车的系泊绞车，其卷筒出缆方向（上出绳或下出绳）与刹车设置有关；而对于盘式刹车，绞车卷筒的出缆方向与刹车设置无关。

3.5.6　系泊设备/属具及船体支撑结构的强度要求

除了在前述 3.5.1 小节中定义的船舶设计最小破断负荷（ship design MBL），涉及系泊设备/属具强度要求的几个定义还包括：

（1）实取系泊索的破断负荷（line design break force，LDBF）：是指经厂商测试认证的，在干燥条件下未经使用过的缆索（除尼龙缆）的最小破断负荷；

（2）设计负荷（design basis load，DBL）：是指作用在系泊设备/属具上，用于系泊设备/属具设计的负荷，其数值等于船舶设计最小破断负荷（ship design MBL）与几何系数（GF）的乘积，即 DBL＝ship design MBL×GF；

（3）几何系数（GF）：是指根据"GF＝2 sin(θ/2)"公式计算所得的数值，式中 θ 为系泊索通过系泊设备/属具时，出缆方向相对入缆方向变化的角度（见图 3-76，以立式导向滚轮为例，包角"wrap angle"即为 θ）；GF 值最大为 2；

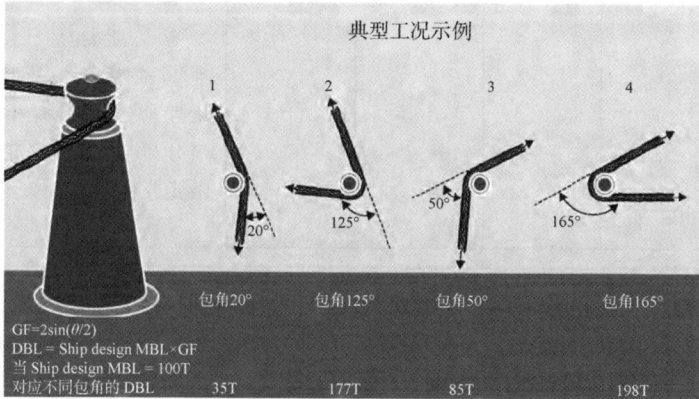

图 3-76　缆索方向变化角度示意图

有关系泊设备/属具和船体支撑结构的强度要求在 OCIMF《系泊设备指南》、MSC Circ. 1175 和 IACS UR A2 等规范规则中都有规定。表 3-34 和表 3-35 所示分别为系泊设备/属具和船体支撑结构强度标准系缆绞车和的规定。

表 3-34　系泊设备/属具（系缆机械、储缆卷车除外）和船体支撑结构的强度标准（%）

	船舶设计最小破断负荷 ship design MBL	实际系泊缆索破断负荷（LDBF）	系泊设备及属具安全工作负荷（SWL）	几何系数为 1 时设计负荷（DBL）	SWL 作用下系泊设备及属具最大应力（屈服限的百分比）	DBL 作用下船体支撑结构最大应力（屈服限的百分比）
OCIMF	100	100～105	100	100	80	87（参照 IACS UR A2）
MSC Circ. 1175	100	—	100	115	参考工业标准[①]，或基于梁理论（或梁格分析）或有限元分析[②]	基于梁理论（或梁格分析）或有限元分析[②]
IACS UR A2	100	—	100	115	参考工业标准[①]，或基于梁理论（或梁格分析）或有限元分析[②]	基于梁理论（或梁格分析）或有限元分析[②]

注：①系泊属具型号规格可直接从工业标准中选取，例如 ISO 标准。

②如系泊属具型号规格不能从工业标准中选取，则对系泊属具的强度评估须根据以下要求：

基于梁理论或梁格分析：许用正应力为材料屈服极限的 100%，许用剪应力为材料屈服极限的 60%；

基于有限元分析：许用等效应力为材料屈服极限的 100%。

表 3-35 系缆绞车和船体支撑结构的强度标准（%）

	船舶设计最小破断负荷 Ship design MBL	系缆绞车最大额定拉力	系缆绞车最大刹车力	设计负荷（DBL）	系缆绞车框架、基座和刹车结构最大应力（屈服限的百分比）	在 DBL 时船体支撑结构最大应力（屈服限的百分比）
OCIMF	100	33	80	100	85	参照 IACS UR A2
MSC Circ. 1175	100	—	—	100（即 1.25 倍最大刹车力）	—	基于梁理论（或梁格分析）或有限元分析①
IACS UR A2	100	—	—	100（即 1.25 倍最大刹车力）	—	基于梁理论（或梁格分析）或有限元分析①

注：①对船体支撑结构的强度评估须根据以下要求：
基于梁理论或梁格分析：许用正应力为材料屈服极限的 100%，许用剪应力为材料屈服极限的 60%；
基于有限元分析：许用等效应力为材料屈服极限的 100%。

表 3-36 所示为 OCIMF 和 ISO 标准中有关系泊设备/属具的几何系数、负荷位置、安全工作负荷、设计负荷和试验负荷等参数的规定。

3.5.7 船体支撑结构的一般要求

3.5.7.1 与系泊设备/属具相关的船体支撑结构设计的基本原则

（1）船体支撑结构的强度应保证等于或大于系泊设备/属具的强度。

（2）船体支撑结构的设计和连接不应导致整个船体结构出现薄弱点或应力疲劳的风险。

（3）当船舶在海上进行系泊，例如单点系泊、多点系泊、串靠系泊和旁靠系泊时，由于船舶运动而产生的静态和动态载荷应予考虑。

（4）对于较重的设备，例如系泊绞车，应考虑设备自身的质量，包括在船舶航行时产生的动态载荷。

表3-36 系泊设备/属具(系缆机械、储缆卷车除外)的相关负荷参数的规定

系泊设备/属具名称	示意图	几何系数GF	负荷位置	SWL(安全工作负荷)	DBL(设计负荷)	应力极限	试验负荷
双柱带缆桩	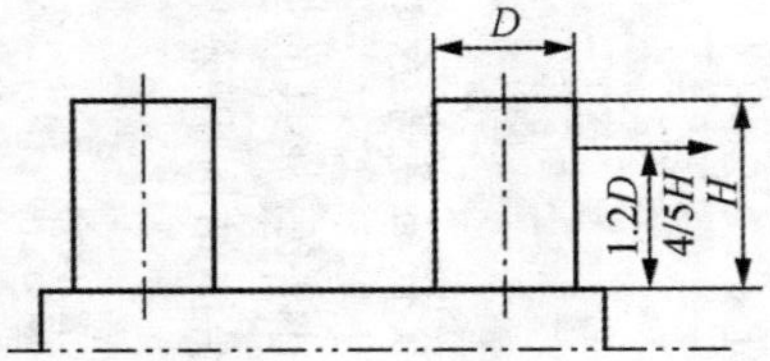	2.0	基座面以上4/5H	MBL(缆索破断负荷)	DBL=MBL×GF	正应力:85%材料屈服强度 剪应力:60%材料屈服强度	DBL
十字形带缆桩	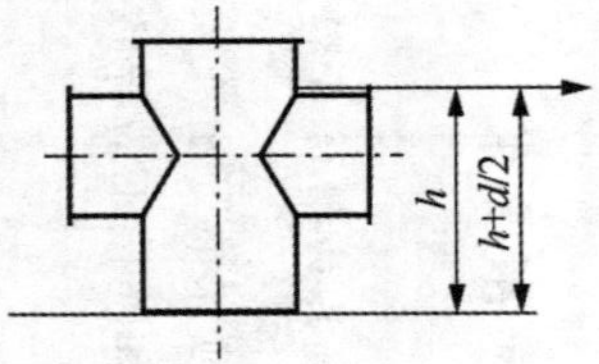	1.0	$h+d/2$(d为缆索直径)	MBL	DBL=MBL×GF	正应力:85%材料屈服强度 剪应力:60%材料屈服强度 合成应力:100%材料屈服强度	DBL
嵌入式带缆桩	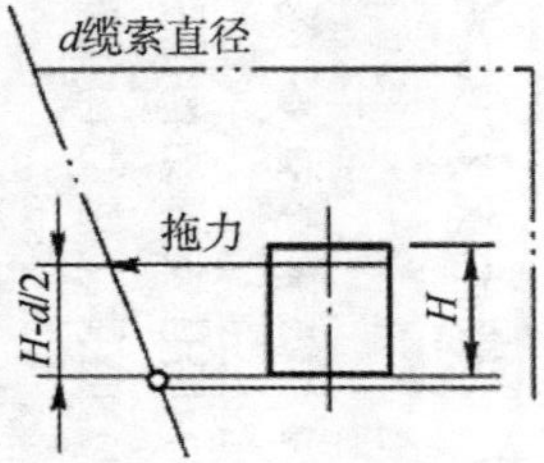	1.0	最大在桩柱顶部	MBL	DBL=MBL×GF	正应力:85%材料屈服强度 剪应力:60%材料屈服强度 合成应力:100%材料屈服强度	DBL

表 3-36 (续 1)

系泊设备/属具名称	示意图	几何系数 GF	负荷位置	SWL(安全工作负荷)	DBL(设计负荷)	应力极限	试验负荷
闭式导缆孔	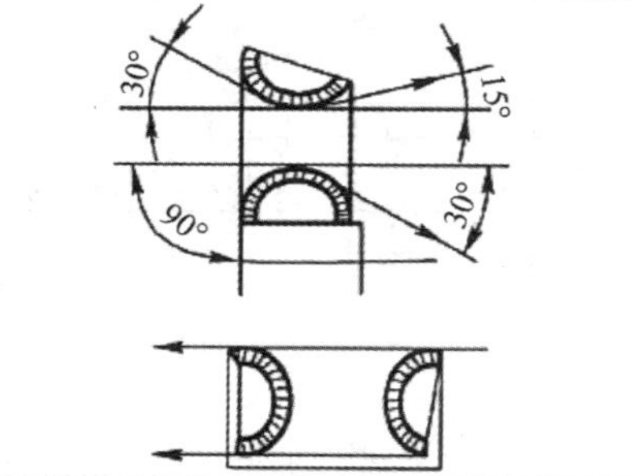	GF= $2\sin(\theta/2)$ 最大 GF=2.0 (θ为缆索改变方向角度)	舷外: 水平±90° 垂直向上30° 向下90° 舷内: 水平±90° 垂直向上15° 向下30°	MBL	DBL= MBL×GF	合成应力:85%材料屈服强度	DBL
闭式导缆孔	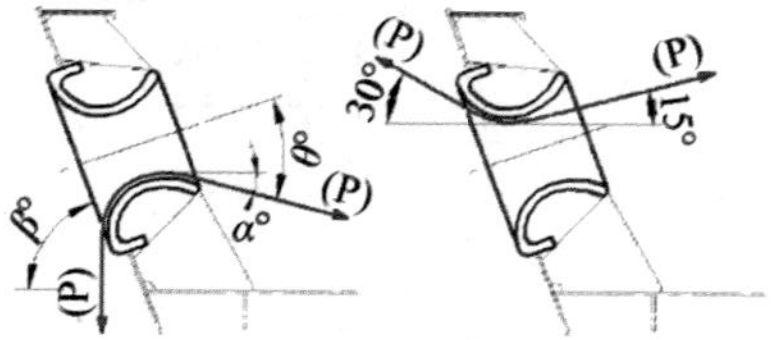	GF= $2\sin(\theta/2)$ 最大 GF=2.0	舷外: 水平±90° 垂直向上30° 向下90° 舷内: 水平±90° 垂直向上15° 向下α°	MBL	DBL= MBL×GF	合成应力:85%材料屈服强度	DBL
立式导向滚轮	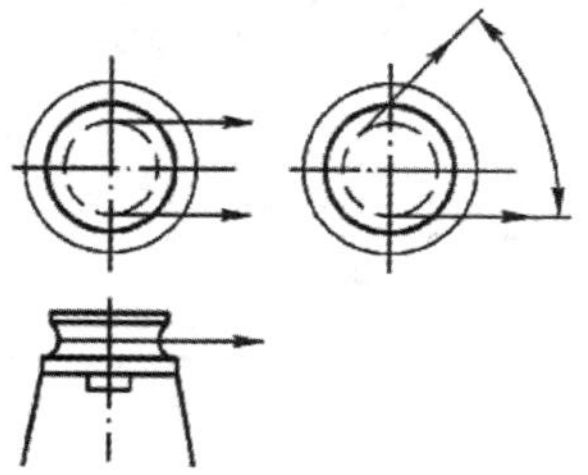	GF= $2\sin(\theta/2)$ 最大 GF=2.0	滚轮喉部	MBL	DBL= MBL×GF	正应力:85%材料屈服强度 剪应力:60%材料屈服强度	DBL

表3-36（续2）

系泊设备/属具名称	示意图	几何系数 GF	负荷位置	SWL（安全工作负荷）	DBL（设计负荷）	应力极限	试验负荷
滚柱导缆器	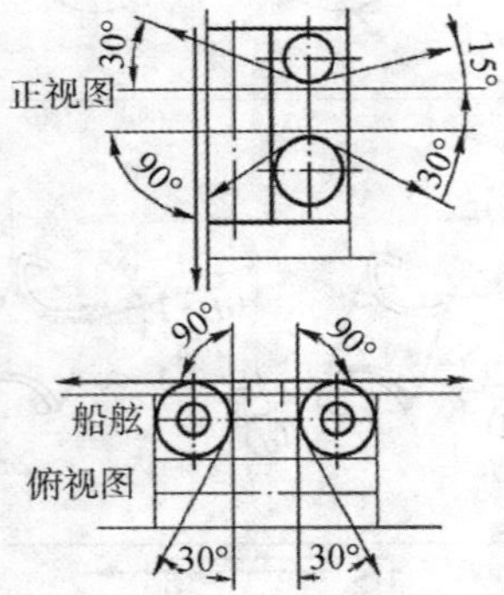	GF= $2\sin(\theta/2)$	舷外： 水平±90° 垂直向上20° 舷内： 水平30° 垂直向上5° 向下30°	MBL	DBL= MBL×GF	对于滚轮基座合成应力：85%材料屈服强度；对于滚轮和轴正应力：85%材料屈服度；剪应力：60%材料屈服强度	DBL
滚柱导缆器	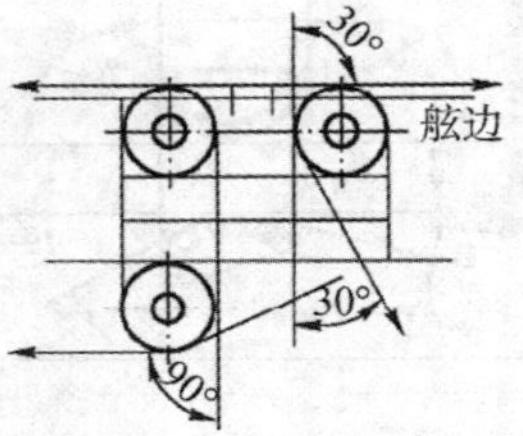	GF= $2\sin(\theta/2)$ 最大 GF=2.0	舷外： 水平±90° 垂直向上20° 向下90° 舷内： 水平30°/90° 垂直向上5° 向下30°	MBL	DBL= MBL×GF	对于滚轮基座合成应力：85%材料屈服强度；对于滚轮和轴正应力：85%材料屈服度；剪应力：60%材料屈服强度	DBL

表 3-36（续 3）

系泊设备/属具名称	示意图	几何系数 GF	负荷位置	SWL(安全工作负荷)	DBL(设计负荷)	应力极限	试验负荷
应急拖带导缆孔	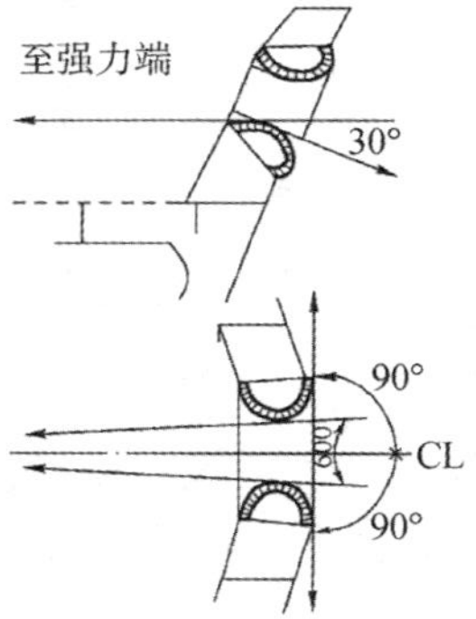	GF=2 sin(θ/2)	舷外：水平±90° 垂直向上0° 向下30° 舷内：水平0° 垂直0°	<50 000 DWT：1 000 kN ≥50 000 DWT：2 000 kN	DBL=SWL×GF	50%材料抗拉强度	DBL
应急拖带强力点	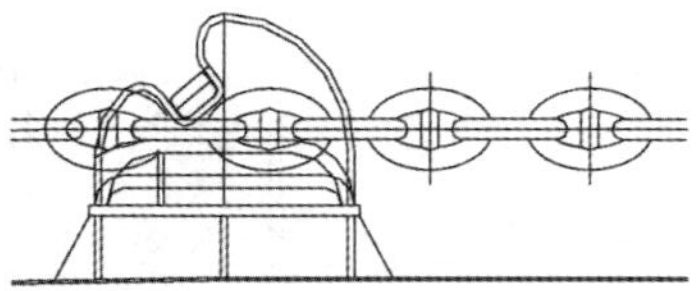	1.0	水平0° 垂直0°	<50 000 DWT：1 000 kN ≥50 000 DWT：2 000 kN	DBL=SWL×GF	50%材料抗拉强度	DBL

3.5.7.2　对船体支撑结构的其他要求

（1）系泊设备/属具在船体结构上的安装，应保证在预计的动、静负荷作用下工作可靠。装置和设备对甲板结构施加的负荷相当复杂，设于甲板中部区域的设备和属具，尤其要考虑应力增加的影响。有的局部加强构件若是延伸到纵向强度构件上，特别是延伸到高强度钢的甲板板和甲板纵骨上，会使主要构件产生疲劳裂纹。因此尽量采取横向加强构件而少用纵向加强构件，当纵向加强构件不可避免时，其两端必须平缓地削斜。

（2）系泊设备/属具在布置时应尽量考虑定位在甲板下有纵梁、横梁和纵骨的区域，以便更有效地将系泊负荷传递到船体结构上。设备基座以及船体支撑结构应能承受系泊过程中可能出现的载荷方向变化的工况。

（3）系泊设备/属具对甲板施加的拉力负荷是最难应对的问题之一。如果甲板板比其上面的构件和其下面的加强件薄的话，采用加强焊接形式会导致甲板板被撕裂。另外，甲板上下的构件未对齐而出现的错位，也会造成甲板产生较高的弯曲应力。因此，当甲板板厚小于与其焊接的构件的厚度时，建议采用增加甲板厚度或设置嵌入板的措施。

（4）导缆孔和导缆器通常直接焊在船体结构上。位于船舶首尾区域的导缆孔和导缆器座可直接与船体外板或舷墙板对接，而在船舶中部区域则应尽量避免导缆孔和导缆器座与舷侧顶列板或圆弧列板焊接。这种情况下，采用悬臂座形式是一个较好的解决办法，如图 3-77 所示。

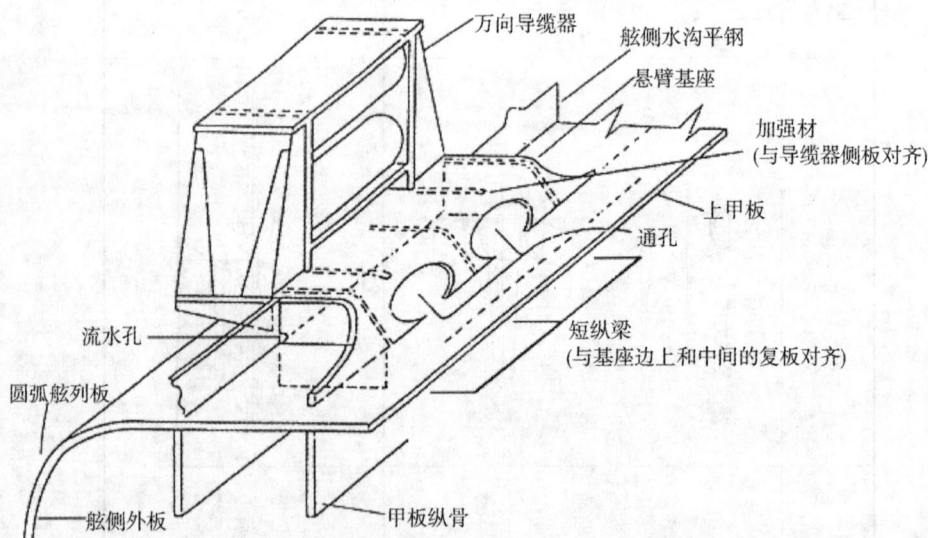

图 3-77　圆弧舷列板上的典型悬臂座

（5）带缆桩所在位置的甲板下加强构件，应与带缆桩底座四边对齐，且加强构件与底座板等厚，如图 3-78 所示。

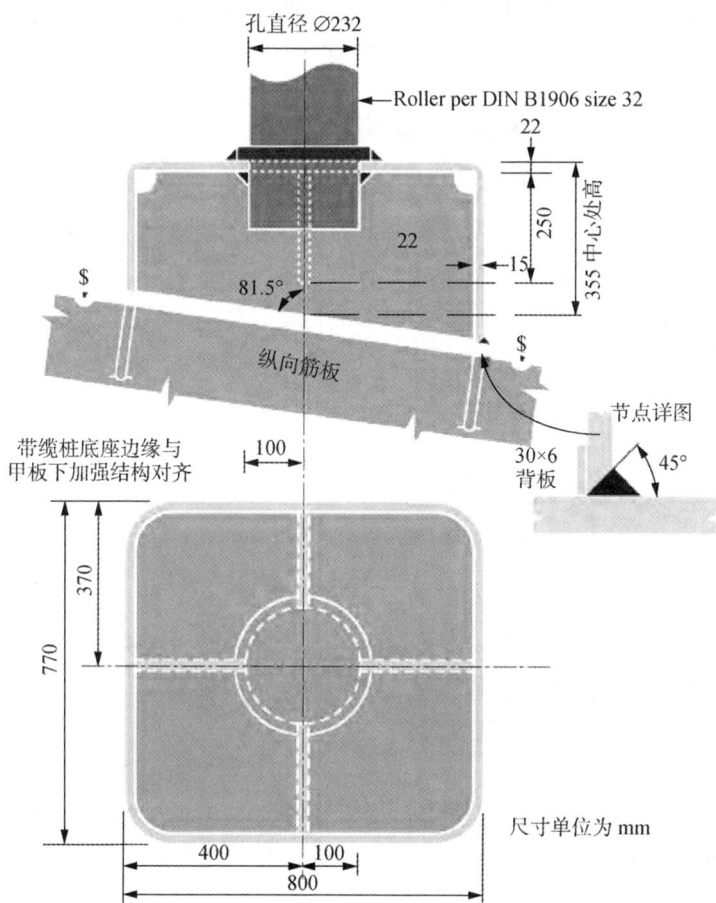

图 3-78　带缆桩处甲板加强形式

（6）对于导向滚轮，其圆柱形或圆锥形的底座较难与甲板下加强结构对齐，因此建议采用带圆角的矩形底座。

（7）系泊绞车一般通过螺栓固定在船体底座上，船体底座再焊接在甲板上，甲板下的支撑结构应与底座对齐。底座的设计应保证固定螺栓可以从底座面板下方安装，同时底座的支撑肘板应靠近螺栓孔处布置，并且横跨在甲板下的纵桁或横梁上。此外，系泊绞车也可以采用直接安装在甲板上的方式，既可以节省甲板空间，也不需要设置升高的操作平台，但绞车下方的甲板板厚应适当增加，并设有甲板横梁加强结构。

（8）当绞车刹车负荷超过 100 t 时，建议刹车固定杆直接穿过甲板安装，或焊接在绞车底座上，底座下方设置对应的支撑肘板，该肘板与甲板下方的加强结构对齐。此外，绞车（特别是对于额定拉力大于 5 t 的绞车）底座应设置挡块，以减少固定螺栓所受的剪力，同时也可减少对绞制螺栓的需求。

3.5.8 系泊布置图的设计标注要求

系泊布置图应配备在船上，用于指导船长进行系泊操作。在 MSC Circ. 1175 和 IACS UR A2 规则中，对系泊布置图中的设计标注要求做了规定，主要包括：

（1）应在图中标明每个系泊属具的 SWL。

（2）图中还应注明每个系泊属具的下列信息：

① 船上位置；

② 属具类型；

③ 属具用途；

④ 负荷施加形式及角度变化限制。

（3）图中还应包括：

① 系泊索的布置及数量；

② 系泊索的最小破断负荷；

③ 系泊索的长度；

④ 系泊索的材料类型（合成纤维缆、钢缆等）、端部形式（如平头、眼环形式）、延伸率、回弹特性和其他相关信息等；

⑤ 当舾装数大于 2 000 时，须根据本章 3.3.1 节 3.3.1.2 条的有关要求，注明本船系泊布置可以接受的环境条件，包括 30 s 全方向平均风速、来自船首或船尾±10°方向的最大流速。

3.6 国际主要运河和航道规则对系泊设备的特殊要求

3.6.1 巴拿马运河规则有关系泊设备的要求

巴拿马运河是连接大西洋与太平洋的国际通航运河，于 1914 年建成首航，主要由两个终端港口和连接两个港口的水道、船闸等组成。进入 21 世纪后，由于运河设施老化、全球船舶大型化发展趋势和世界航运业对运河需求增长等因素，运河管理当局对巴拿马运河进行扩建，在运河两端的大西洋及太平洋端口各新建了一套船闸和水道，于 2016 年建成通航，同时原有的船闸仍旧使用。

巴拿马运河规则，即《作业部 N-1-2020 航运通告（OP Notice to Shipping No.

N-1-2020)》,是由巴拿马运河管理局(Panama Canal Authority,ACP)下属的作业部(Operations Department,OP)在每年 1 月 1 日(或在另有要求时)发布的对通航船舶的要求,即时生效。

目前巴拿马运河的新老船闸同时在使用,老船闸适用于巴拿马最大型船舶(即Panamax);新船闸适用于新巴拿马型(即 Neopanamax)和巴拿马加大型(即 Panamax Plus)船舶,表 3-37 所示为新老船闸的主要差异。

巴拿马运河规则中有关系泊设备的要求主要在第 8 节"导缆孔和带缆桩的构造、数量和位置(construction,number and location of chocks and bitts)"和第 9 节"系泊缆索、锚和甲板机械(mooring lines,anchors and deck machinery)"中。最新的运河规则已补充了有关新船闸的要求,其中第 8 节包含"8a"和"8b"两部分,"8a"针对老船闸通行船舶的要求,"8b"针对新船闸通行船舶的要求。

表 3-37　巴拿马运河新老船闸主要差异

项目	老船闸	新船闸
船闸尺度	长 304.8 m×宽 33.53 m×平均深 12.8 m	长 427 m×宽 55 m×平均深 18.3 m
适航船舶最大尺度	长 294.13 m×宽 32.31 m×吃水 12.04 m	长 366 m×宽 49 m×吃水 15.2 m
船闸内牵引形式	借助电动曳引机车	借助拖船

3.6.1.1　老船闸通行船舶对导缆孔和带缆桩的配置要求

通过船闸的船舶通常应借助于电动曳引机车的钢质拖索。某些船舶(通常是船长小于 38 m 的船舶)也可以用船上自备的缆索拉住闸壁的一侧,或当其在闸室中心时,拉住闸室的两侧。运河规则对船上配备的导缆孔和带缆桩的构造、数量和布置要求如下。

(1)拖索用的所有导缆孔应为重型闭式结构,应具有弯曲半径不小于 180 mm(7 in)的凸形承磨面。该凸形承磨面应予延伸,以便使由带缆桩或电动曳引机车来的拖索(它与导缆孔的中心线所成的交角最大可达到 90°)在通过导缆孔时能与180 mm(7 in)的半径相切。

(2)在任何角度下,与拖索接触的船体部分应具有不小于 180 mm(7 in)的弯曲半径。

(3)单式导缆孔的通孔面积应不小于 650 cm² (100 in²),推荐尺寸为 305 mm×230 mm(12 in×9 in),并应能承受来自任何方向的拖索拉力达 45.36 tf(100 000 lbf)。

(4) 双式导缆孔的通孔面积应不小于 900 cm²(140 in²)，推荐尺寸为 355 mm×255 mm(14 in×10 in)，并应能承受来自任何方向的拖索拉力达 64 tf(140 000 lbf)。

(5) 对于船上现有的滚轮导缆器如能满足下列条件者也准予使用:位于该船最大的巴拿马运河吃水线之上不低于 15 m(49 ft)处,状态良好,满足本条(1)(2)(3)和(4)各款对导缆孔的相关要求,且安装得当,滚轮与导缆器孔座间的过渡结构能防止拖索受损。对于新制造的提交审查的滚轮导缆器,则不予认可。

(6) 每个单式导缆孔应配备一个能承受 45.36 tf(100 000 lbf)拉力的带缆桩,带缆桩推荐直径为 356 mm(14 in)。

(7) 按本条(8)款要求设于船首和船尾的每个双式导缆孔,应配备两个重型带缆桩,每个带缆桩的桩柱推荐直径为 406 mm(16 in),能承受 64 tf(140 000 lbf)的拉力。其他处所的双式导缆孔应配备一个重型带缆桩,每个桩柱能承受 64 tf(140 000 lbf)的拉力。

(8) 除不需要曳引机车帮助者外,所有船舶均应在船首和船尾正中处横向设置双式导缆孔各一个。对于船宽不足 22.86 m(75 ft)的船舶,上述所要求的每一个双式导缆孔可用两个单式导缆孔代替;对于船宽超过 22.86 m(75 ft)的船舶,所要求的每一个双式导缆孔可用两个双式导缆孔代替。如作上述替换,则这两个导缆孔应分设于左右舷,距船体中心线的横向距离不超过 3 m(10 ft),且从船首向后不得超过 2.5 m(8 ft)或从船尾向前不得超过 3 m(10 ft)处。

(9) 对于船长不足 60.96 m(200 ft)且船宽不超过 15.24 m(50 ft)的船舶,应在船首和船尾各设一个双式或两个单式导缆孔。如船舶设置两个单式导缆孔,则应分设于左右舷,距船体中心线的横向距离不超过 3 m(10 ft),且从船首向后不得超过 2.5 m(8 ft)或从船尾向前不得超过 3 m(10 ft)。

(10) 对于船长在 60.96 m(200 ft)至 121.92 m(400 ft)之间,且船宽不超过 22.86 m(75 ft)的船舶,应在船首和船尾各设一个双式导缆孔或两个单式导缆孔。后者应分设于左右舷,距船体中心线的横向距离不超过 3 m(10 ft),且从船首向后不得超过 2.5 m(8 ft)或从船尾向前不得超过 3 m(10 ft)。此外,还应在左右舷各增设两个单式导缆孔,分别置于从船首向后 9 m(30 ft)至 16 m(50 ft)处及从船尾向前 9 m(30 ft)至 16 m(50 ft)处。

(11) 对于船长在 121.92 m(400 ft)至 173.74 m(570 ft)之间,且船宽不超过 22.86 m(75 ft)的船舶,应在船首和船尾各设一个双式导缆孔或两个单式导缆孔,后者应分设于左右舷,距船中线的横向距离不超过 3 m(10 ft),且从船首向后不得超过 2.5 m(8 ft)或从船尾向前不得超过 3 m(10 ft)。此外,从船首向后 12 m(40 ft)至 16 m(50 ft)之间,左右舷应各增设一个双式导缆孔;从船首向后 24 m(80 ft)至 28 m(90 ft)之间,左右舷应各增设一个单式导缆孔;从船尾向前 12 m

(40 ft)至 16 m(50 ft)之间,左右舷应各增设一个单式导缆孔。

(12) 船长超过 173.74 m(570 ft)或船宽超过 22.86 m(75 ft)的船舶,应在船首和船尾各设一个双式导缆孔或两个双式导缆孔,后者应分设于左右舷,距船体中心线的横向距离不超过 3 m(10 ft),且从船首向后不得超过 2.5 m(8 ft)或从船尾向前不得超过 3 m(10 ft)。此外,从船首向后 12 m(40 ft)至 16 m(50 ft)之间,左右舷应各增设一个双式导缆孔;从船首向后 24 m(80 ft)至 28 m(90 ft)之间,左右舷应各增设一个单式导缆孔;从船尾向前 12 m(40 ft)至 16 m(50 ft)之间,左右舷应各增设一个双式导缆孔;从船尾向前 24 m(80 ft)至 28 m(90 ft)之间,左右舷应各增设一个单式导缆孔。当船长超过 274.32 m(900 ft)且最大船宽大于 27.73 m(91 ft)并延伸到船尾的船舶,左右舷增设的从船尾向前 12 m(40 ft)至 16 m(50 ft)之间的单式导缆孔,其放置位置距巴拿马最大淡水吃水水线的高度应不小于 13 m(42.65 ft)。

(13) 所有最大船宽在 27.73 m(91 ft)或以上的船舶,除了按上述第(12)款中所述在船尾设置双式导缆孔外,还应在船尾设置两个单式导缆孔,左右舷各 1 个,相对于船体中心线对称设置,导缆孔与船体中心线的间距不得小于 3.0 m(10 ft),也不得大于 6.0 m(20 ft)。

(14) 具有大外飘船首、尾部突出立面或异常高干舷的船舶(例如集装箱船或车辆运输船),需设置单式封闭型导缆孔,其位置应比上述第(12)款规定的第 2 组导缆孔更靠后和第 3 组导缆孔更靠前(第(12)款规定的第 2 组和第 3 组导缆孔的布置要求可参见表 3-38 序号 4),以便使辅助拖船能准确就位;或者需在船壳外板上设置嵌入式带缆桩,以便拖船在工作时不致与外飘的船首相接触,也不至于导致需要过长的拖索及(或)无效的缆索导向。

(15) 如需在船壳外板上设置嵌入式带缆桩,则它们应设置在船舶水线以上 3.7 m(12 ft)至 4.6 m(15 ft)的高度范围内。对于吃水变化很大的船舶,需要设置两组嵌入式带缆桩,一组在另一组的上方。此外,两舷的嵌入式带缆桩应尽可能靠船首设置,设置处的船首外飘线型与船侧垂线所形成的夹角应不大于 25°。这一位置要求设置的导缆孔和带缆桩会比上述第(11)款所述的船首向后 24 m(80 ft)至 28 m(90 ft)的位置更靠船尾。这样可使巴拿马运河管理局的拖船在船首外飘下面能安全地工作,而不致让拖船的桅杆或驾驶室与该船的船体相碰撞。

(16) 无需曳引机车帮助的船舶,其导缆孔布置要求与上述第(9)款相似,但仅需单式导缆孔,或经运河管理局认可采用强度相对较弱的导缆孔。

(17) 任何不满足上述要求的船舶都可能会被拒绝通航。如果运河通航事务负责人或其代表认为船舶操作时对设备或人员不会造成不当危险的话,虽然该船没有满足本节所有要求,但在完成免责声明后仍可被允许通航。船长必须签署一份担保书,保证船东、用船方或其他利益相关方,放弃因不满足本节通航要求导致损失而对运河管理局提出承担责任的权利。

(18) 新建船舶应能满足上述所有相关要求。对于现有船舶,可以允许有一个航次豁免或一年豁免期,以哪个时间先到为准。某些船舶经证明在船尾设置导缆孔不能实现在码头边安全操作时,则经运河管理局批准,豁免期可延长到下一个船厂大修时。在艉部设有巴拿马运河管理局认可的嵌入式带缆桩的船舶,经书面申请,可免除这个要求。

(19) 靠近绞车、绞盘、导缆孔、带缆桩、导缆器,以及沿带缆路线至少 91.5 cm (3 ft) 宽的范围,应预留足够的甲板操作空间,以保证带缆操作人员的正常通行和作业不会受到废弃物、支柱、拉索或其他可能造成危险的障碍物的影响。上述区域的高度空间应不小于 2.134 m(7 ft),同时在带缆路线上和带缆桩旁的甲板空间应满足三名带缆操作人员在不依靠系泊绞车或绞盘的情况下将缆绳拉上船的要求。

对不同尺度的船舶要求的导缆孔布置见图 3-79 和表 3-38。

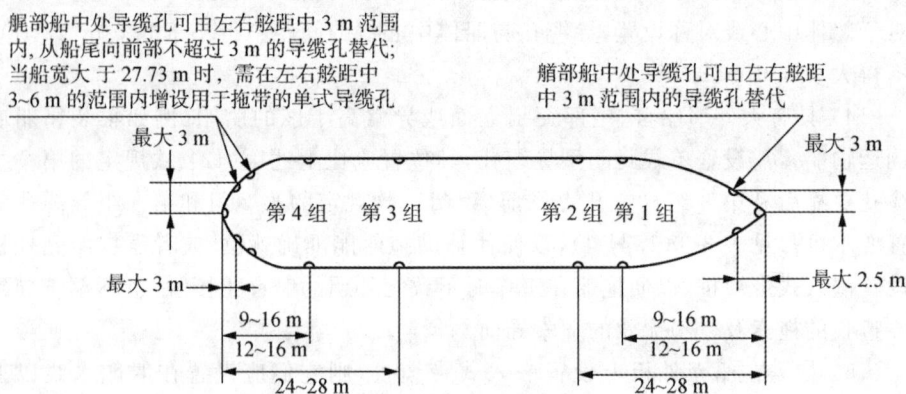

图 3-79 巴拿马运河老船闸对船舶导缆孔布置的要求

表 3-38 巴拿马运河老船闸对船舶导缆孔配置要求

序号	船舶尺度	导缆孔配置要求
1	总长不足 60.96 m(200′),且船宽不足 15.24 m(50′) (总长大于 38.10 m(125′),且船宽等于或大于 15.24 m(50′),还需要第 1 组和第 4 组)	艏部船中(双式)、艉部船中(双式)或艏、艉船中各两个单式

表 3-38　（续）

序号	船舶尺度	导缆孔配置要求
2	总长 60.96～121.92 m（200′～400′），且船宽不足 22.86 m（75′）	除（1）外，另加： 第 1 组（单式），船首之后 9～16 m（30′～50′） 第 4 组（单式），船尾之前 9～16 m（30′～50′）
3	总长 121.92～173.74 m（400′～570′），且船宽不足 22.86 m（75′）	除（1）外，另加： 第 1 组（双式），船首之后 12～16 m（40′～50′） 第 2 组（单式），船首之后 24～28 m（80′～90′） 第 4 组（单式），船尾之前 12～16 m（40′～50′）
4	总长大于 173.74 m（570′），或船宽等于或大于 22.86 m（75′）	艏部船中（双式）、艉部船中（双式） 或艏、艉船中各两个双式，另加： 第 1 组（双式），船首之后 12～16 m（40′～50′） 第 2 组（单式），船首之后 24～28 m（80′～90′） 第 3 组（单式），船尾之前 24～28 m（80′～90′） 第 4 组（双式），船尾之前 12～16 m（40′～50′）

说明：对于船宽等于或大于 27.73 m（91′）的船舶，如果艉部船中处没有设置一个双式导缆孔的情况下，则需要设置两个替代的单式导缆孔和两个额外的用于连接拖船的单式导缆孔。

3.6.1.2　新船闸通行船舶对导缆孔和带缆桩的配置要求

（1）对于新巴拿马型（即 Neopanamax）和巴拿马加大型（即 Panamax Plus）船舶，有关系泊布置的要求有所更新，即导缆孔和带缆桩用于通航拖船拖带通过新船闸以及在船闸闸室内的系泊。对于船长超过 294.13 m（965 ft）或船宽超过 32.31 m（106 ft）的船舶，应在船首和船尾各设一个双式导缆孔（用于系泊）或两个双式导缆孔（用于系泊），后者应分设于左右舷距船体中心线的横向距离不超过 3 m（9.84 ft），且从船首向后不得超过 2.5 m（8.2 ft）或从船尾向前不得超过 3 m（9.84 ft）。此外从船首向后 2.5 m（8.2 ft）至 16 m（52.48 ft）之间，左右舷应各增设一个双式导缆孔（第 1 组）；从船尾向前 3 m（9.84 ft）至 16 m（52.48 ft）之间，左右舷应各增设一个双式导缆孔（第 4 组）；两组导缆孔（用于系泊）布置如图 3-80 所示。

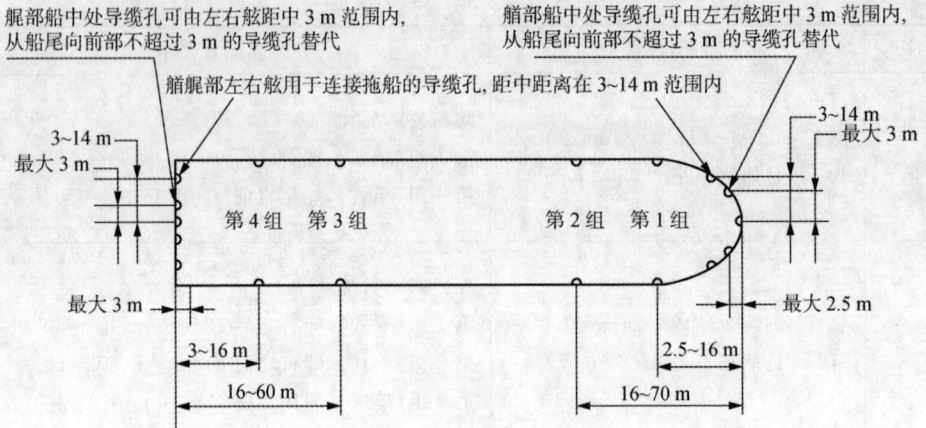

艉部船中处导缆孔可由左右舷距中 3 m 范围内，从船尾向前部不超过 3 m 的导缆孔替代

艏部船中处导缆孔可由左右舷距中 3 m 范围内，从船尾向前部不超过 3 m 的导缆孔替代

艏艉部左右舷用于连接拖船的导缆孔，距中距离在 3~14 m 范围内

图 3-80   巴拿马运河新船闸对船舶导缆孔布置的要求

表 3-39   巴拿马运河新船闸对船舶导缆孔布置要求

序号	船舶尺度	导缆孔配置要求
1	总长超过 294.13 m，或船宽大于 32.31 m	艏部船中（双式）、艉部船中（双式）或艏、艉船中各两个双式，另加： 第 1 组（双式），船首之后 2.5 m～16 m 第 2 组（双式），船首之后 16 m～70 m 第 3 组（双式），船尾之前 16 m～60 m 第 4 组（双式），船尾之前 3 m～16 m

说明：(1) 适用于新船闸的导缆孔均为双式导缆孔；

(2) 可在船壳外板上设置嵌入式带缆桩来代替图 3-80 中所示的第 2 组和第 3 组导缆孔、带缆桩。

(2) 适用于新巴拿马型和巴拿马加大型的导缆孔均为双式导缆孔，双式导缆孔的通孔面积应不小于 900 cm²（140 in²），推荐尺寸为 355 mm×255 mm（1.18 ft×0.85 ft），并应能承受来自任何方向的拖带负荷达 90 tf（883 kN），系泊负荷达 64 tf（628 kN）。

(3) 对于新巴拿马型和巴拿马加大型船舶，应在船首和船尾设置额外的拖带导缆孔，分设于左右舷，距船体中心线的横向距离在 3.0 m（9.84 ft）至 14 m（45.92 ft）之间。每个导缆孔应配置一个重型带缆桩，每个带缆桩的桩柱推荐直径为 500 mm（19.685 in），能承受 90 tf（883 kN）拉力。所有其他位置的拖带导缆孔，即第 2 组和第 3 组，每个导缆孔应配置一个重型带缆桩，每个带缆桩的桩柱能承受

90 tf(883 kN)拉力。其他用于系泊的导缆孔,应配置一个满足最小安全负荷64 tf (628 kN)的重型带缆桩。

(4)具有大外飘船首、尾部突出立面或异常高干舷的船舶(例如 LNG 船、集装箱船、邮轮或车辆运输船),需设置封闭型导缆孔,其位置应比上述第(3)款中提到的第 2 组、第 3 组更靠后/前,以便使辅助拖船能准确就位。这些船舶也可以通过在船壳外板上设置嵌入式带缆桩来替代上述导缆孔,以便拖船在工作时不致与外飘的船首相接触,也不至于导致需要过长的拖索及(或)无效的缆索导向。嵌入式带缆桩应满足安全工作负荷 90 tf(883 kN)的要求。

(5)通过新船闸的船舶应配有系泊绞车和系泊索(白棕绳或合成纤维索),以用于在新船闸内的系泊作业。钢缆和钢丝-纤维索不能用于运河作业。与现有的船闸内船舶临时系泊作业类似,新船闸将通过绞车主卷筒来操作白棕绳或合成纤维索。船闸内系泊所用的部件为艏/艉部船中处导缆孔或替代方案,以及第 1 组和第 4 组导缆孔。

(6)如需使用船上现有的滚轮导缆器(开式结构),则应在通航前提交申请认可,导缆器的位置应在船舶最大巴拿马运河吃水线以上不小于 16.24 m(53.267 ft),满足上述有关闭式导缆孔的要求,且缆索在导缆器和基座间的导向过程中应避免受到磨损。推荐的闭式滚轮导缆器的等效性应经运河当局认可。

(7)对于位置高度在 16.24 m(53.267 ft)以下的现有滚柱导缆器(闭式结构),其等效性要求是从滚柱到导缆器舷边外框处的向上和向下的导向过程中避免缆索受到磨损。滚柱导缆器和其支撑结构应作为一个整体,其强度满足 64 tf(628 kN)负荷从任何方向作用的要求。

(8)系泊布置中,从绞车卷筒到系泊导缆孔之间的带缆,既可使用立式滚轮导向,也可使用双式带缆桩进行导向。

3.6.1.3 有关系泊索和甲板机械的配置要求

(1)开始通过运河之前,要求船舶首尾部分别配置 6 根白棕绳或合成纤维系泊索,并保证即时可用。缆索的尺寸和强度应适于在码头和船闸引道的壁旁系泊或在闸室内定位。船长应告知运河登船官员该船是否满足上述要求,以便后者通知作业部下属的"交通管理组(marine traffic control unit)"。运河当局不接受钢缆和钢丝-纤维索用于运河作业。

(2)船首和船尾应分别有 4 根缆索储存在绞车卷筒上,保持随时可用状态。钢缆是不允许使用的,必须在通航前替换成白棕绳或合成纤维系泊索。

(3)每根缆索应至少 100 m(328 ft)长,并在一端设有至少 1.50 m(5 ft)长的绳圈。如果其中有的缆索长度不小于 200 m(656 ft),并且缆索两端都设有绳圈,则该缆索可以作为两根前述的缆索使用。

（4）高弹性模量聚乙烯系泊索需设置缆尾索，以方便带缆作业，同时还能提供必要的弹性以吸收系泊作业中的动载荷。

（5）船舶在新巴拿马船闸系泊作业中，不能使用绞车的恒张力功能。

（6）用于辅助提升系泊索的绞盘或绞车副卷筒，能够以 37 m/min(120 ft/min) 的速度回收系泊索。

3.6.2　圣劳伦斯航道规则有关系泊设备的要求

圣劳伦斯航道及五大湖（安大略湖、伊利湖、休伦湖、密西根湖和苏必利尔湖）水系是一条位于加拿大南部和美国北部的国际航道，可从大西洋直达苏必利尔湖(Lake Superior)西岸的德卢斯(Duluth)，整个圣劳伦斯航道及五大湖水系全长为 3 769 km。

圣劳伦斯航道(Saint Lawrence Seaway)系指蒙特利尔港(Montreal,加拿大)与伊利湖之间的深水航道(the deep waterway between the Port of Montreal and Lake Erie)，包括所有船闸、运河和连接水域，以及作为此深水航道之一部分的邻近水域和已授权由公司或管理局经营、管理和控制的所有其他运河和工程。它是美国和加拿大联合设计于 1959 年 4 月建成通航的庞大内陆水运系统。

圣劳伦斯航道由圣劳伦斯航道管理局(Saint Lawrence Seaway Management Corporation,SLSMC,加拿大方)和圣劳伦斯航道开发公司(Saint Lawrence Seaway Development Corporation,SLSDC,美方)共同管理。船舶通过圣劳伦斯航道所需遵守的规则，由于得到加、美两国的承认，故称为圣劳伦斯航道共同规则，两国政府以同样的条文内容，以不同的法律方式公布。加方以经议会批准的管理局法令公布，美方以"联邦政府法规"(Code of Federal Regulation,CFR)的形式公布。圣劳伦斯航道规则中有关系泊设备的相关要求如下。

3.6.2.1　系泊索

（1）系泊索应：

①每根缆索沿其长度方向粗细应是均匀的；

②每根缆索应具有长度不小于 2.4 m 的联结绳圈（琵琶头）；

③应具有足够的强度以系牢船舶；

④缆索的存放处应满足需要时可将缆索引向船的任何一舷。

（2）除非官员另行允许，应只以钢丝绳作为系泊缆索将船系固在船闸内。

（3）如果合成纤维索的破断强度能符合表 3-40 中所列出的最低技术要求，则可以用作船在航道内引墙、停泊墙和坞处的系泊索。

表 3-40　系泊索的要求

船舶总长/m	系泊索长/m	破断强度/kN
40 至 60	110	89
60 以上至 90	110	134
90 以上至 120	110	178
120 以上至 180	110	250
180 以上至 222.5	110	300

3.6.2.2　导缆器

（1）用于航道通行的导缆器应经管理局和公司认可。

（2）系泊索应穿过不多于两只安装于船内适当位置处且配有可自由转动的滚轮或滚柱的导缆器。

（3）当导缆器与船体齐平安装时,应采用永久性防护,以防止缆索在船和闸墙之间被夹住。

3.6.2.3　系泊索和导缆器的最低要求

（1）为确保船在任一舷均能有效地系泊,其所配置的系泊索、绞车和导缆器的要求如下:

① 总长等于或小于 40 m 的船至少应有两根系泊索。允许用手工操作将缆索穿过封闭式导缆孔导出船外,一根应从船首后端部导出,另一根应从船尾部导出。

② 总长大于 40 m,但小于 60 m 的船应配有 4 根系泊索。其中两根索应由绞车、绞盘或锚机操作,并从管理局和公司认可的导缆器中导出船外,其走向是:

（a）一根索应从船首后端部向前引出,另一根索从船尾部向后引出;

（b）一根索应从船首后端部向后引出,另一根索从船尾部向前引出。

③ 总长大于 40 m,但小于 60 m 的船所需的另两根系泊索允许用手工操作将缆索穿过封闭式导缆孔导出船外。

④ 总长大于 60 m 的船应配有 4 根系泊索,其中两根应从船首后端部导出,两根从船尾部导出,而且:

（a）所有缆索应由适当的机械驱动绞车的主卷筒操作,不可由绞盘或锚机操作;

（b）所有缆索应通过经管理局和公司认可的导缆器导出。

⑤ 每艘船应配置至少两根易于取用并已准备就绪的备用系泊索,供应急时用。

(2) 总长等于或大于 60 m 的船应按表 3-41 布置导缆器。

表 3-41　导缆器的布置要求

船舶总长/m	1,2 号缆索距艏柱距离/m	3,4 号缆索距船尾距离/m
60 至 90	10～25	10～25
90 以上至 120	12～30	15～35
120 以上至 150	12～35	15～40
150 以上至 180	15～40	20～45
180 以上至 222.5	20～50	20～50

3.6.3　苏伊士运河规则有关系泊设备的要求

苏伊士运河(Suez Canal)位于埃及境内,西奈半岛西侧,横跨苏伊士地峡,处于地中海侧的塞得港和红海苏伊士湾侧的苏伊士两座城市之间,是连通欧亚非三大洲的主要国际海运航道。苏伊士运河连接红海与地中海,使大西洋、地中海与印度洋联结起来,大大缩短了东西方航程,它是一条在国际航运中具有重要战略意义的国际海运航道。

苏伊士运河由"苏伊士运河管理局"(Suez Canal Authority,SCA)负责该运河的作业、管理、经营、畅通、维护和现代化。船舶通过苏伊士运河必须遵照 SCA 制订的苏伊士运河航行规则,其中有关系泊设备的要求如下。

3.6.3.1　系泊索

(1) 应至少配备 6 根状态良好、尺寸适用、索端配有眼环的柔性浮式系泊索,并置于甲板上的适当位置,以备急用。

(2) 对于配备牵引钢缆的船舶,浮式系泊索可减少至 4 根,然而必须注意,在油船、液化石油气船、液化天然气船和任何装载可燃物品的船上绝对禁止采用在使用时会产生火花的任何系泊索。

(3) 建议:

① 在缆索中被选作"上岸首缆"(First line ashore)的一根缆索必须由浮性材料制作,以保证迅速系岸;

② 钢索周长不应超过 140 mm(5.5 in),以便于操作;

③ 所有船舶都应有两根防火索(钢索),一根绑在艏部,另一根绑在艉部,并悬挂在船的舷外,以备在应急情况下使用。

3.6.3.2　系泊艇

（1）通过运河的船舶必须配备经苏伊士运河当局认可的系泊艇。该艇可以从苏伊士运河系泊公司租用,船上适合于系泊作业的开敞式艇也可使用。

（2）船舶必须配备能吊起 3 t 重系泊艇能力的起吊装置。

第4章 拖曳设备

4.1 船舶拖带的一般概念

船舶拖带作业按航行区域可分为：海上拖带、锚地拖带、港口拖带和内河拖带。按拖带方式可分为：吊拖、首拖、绑拖（傍拖）和顶推等。

吊拖又称尾拖，其形式为拖船在前，被拖船舶在后，两者相隔较大的距离，通过拖缆牵引被拖船舶。在拖缆长度大于 7 倍拖船长度的情况下，吊拖船组较绑拖船组具有更小的航行阻力。在海上拖带时，拖缆长度不小于 200 m。被拖船舶越大，拖航速度越高，拖缆应越长。天气越坏，拖缆也应越长。吊拖能充分发挥拖船的牵引力，适用于海上长距离拖带作业，是海上拖航的主要方式。

首拖乃是全回转导管螺旋桨港作拖轮的主要作业方式，用于协助大型船舶离开码头的作业。

绑拖为船靠船拖带，拖船系绑在被拖的船中后部的舷边进行拖带。其优点是船队长度短，操纵驾驶较灵活，适用于港内和江河狭窄航道中的拖带，以及协助驳船靠离码头等作业，因此在港口和锚地中也经常使用这种拖带方式。

顶推是将拖船的船头用缆索或顶推装置系固于驳船的船尾，推动驳船队前进。其优点是操纵性好，船队的阻力较吊拖小，拖船能发挥更高的推进效率，因此在内河运输中推广使用。顶推的方式也常用于协助巨型船舶在港内掉头或靠泊码头。

本章主要介绍海上拖航的拖曳设备及其索具的配置要求。

海上拖曳设备可分为固定拖曳设备和活动拖曳设备。

固定拖曳设备包括：拖缆机（拖索绞车）、拖钩、拖索拱架（承梁）、拖缆滚筒（导缆器）、拖力眼板、拖桩、拖缆孔等。

活动拖曳设备（又称拖索具）包括：主拖缆、备用拖缆、应急拖缆、短缆、龙须缆（链）、三角板、卸扣、拖曳环及回收缆等。

当前，由于海洋工程的发展，海上拖带作业十分频繁，如各种非自航海洋工程作业船舶、挖泥船、浮船坞及海洋平台的调遣，海洋工程装置的运送以及大型海洋液货船的应急拖曳等。由此而引起各国政府和船级社的重视,制订了一系列的规范和规则,对从事海上拖带作业的拖船、被拖船舶、被拖移动式平台及其他被拖海上设施的结构、性能、设备等提出了严格的要求,并对拖曳设备做了详细规定。本章根据 IMO 海上安全委员会 MSC/Circ. 884 通函《海上安全拖航导则》及中国船级社《海上拖航指南》(2011)的规定,对于除大型油船及液化气体船的应急拖曳装置以外的拖曳设备作出叙述。

4.2　海上拖航的阻力和系柱拖力估算

4.2.1　海上拖航的速度

海上拖航时,以拖带各种被拖物在静水中的拖航速度作为衡量标准,一般应满足如下要求:

(1) 船舶类被拖物应不小于 6 kn;

(2) 特殊线型的被拖物(如浮船坞、起重船等)或半潜式钻井平台应不小于 5 kn;

(3) 自升式钻井平台及其他水上建筑物应不小于 4 kn。

上述要求是最低标准,实际上在良好的海况条件下,海上拖航速度可大于上述速度,如一艘中等的半潜式钻井平台,拖航速度可达到 8 kn 以上。但是,被拖物(船舶或平台)在拖航时会发生艏部下沉的现象,半潜式平台的下船体首端甚至会埋入水中,导致阻力增加和航向不稳定,速度越高,下沉现象越是严重。因此被拖物在拖航前应调整艏艉吃水,使之具有适当的艉纵倾,至少应保持水平状态,但无论如何不应存在艏纵倾。被拖船舶拖航出海时的艏吃水及艏艉吃水差可参考表 4-1。

表 4-1　被拖船舶艏吃水及艏艉吃水差

船长/m	艏吃水/m	艏艉吃水差/m
30	0.90	0.30
60	1.80	0.60
90	2.40	0.80
120	3.00	1.00
150	3.50	1.10

表 4-1 （续）

船长/m	艏吃水/m	艏艉吃水差/m
180	4.00	1.30
210	4.80	1.50

根据实际经验，被拖物拖航时的艏艉吃水差与船舶长度之比随船舶长度的增加而减少，过大的艏艉吃水差也是不可取的。根据操作经验，船长超过 150 m 的船舶，其艏艉吃水差通常约为船长的 0.75%，半潜式平台的下船体首尾吃水差不超过其长度的 0.5%。箱形驳船，特别是艏端削斜的船型，艉纵倾可减小甚或无尾纵倾。

4.2.2 海上拖航阻力估算

为选择海上拖航所需的拖船，应计算拖船和被拖物的阻力。

海上拖航的总阻力 R_T(kN) 可按以下经验公式计算：

$$R_T = 1.15[R_f + R_B + (R_{ft} + R_{Bt})] \qquad (4.2.1)$$

式中 R_f——被拖船舶或被拖物的摩擦阻力，kN，按式(4.2.2)计算；

R_B——被拖船舶或被拖物的剩余阻力，kN，按式(4.2.3)计算；

R_{ft}——拖船的摩擦阻力，kN；

R_{Bt}——拖船的剩余阻力，kN。

$$R_f = 1.67A_1V^{1.83} \times 10^{-3} \qquad (4.2.2)$$

$$R_B = 0.147C_BA_2V^{1.74+0.15V} \qquad (4.2.3)$$

式中 A_1——船舶或水上建筑物的水下湿表面积，m²；

V——拖航速度，m/s；

C_B——方形系数；

A_2——浸水部分的船中横剖面面积，m²。

湿表面积 A_1(m²)如无详细资料可按如下方法求得：

一般船舶

$$A_1 = L(1.7d + C_BB) \qquad (4.2.4)$$

运输驳船、艏艉有线型变化的箱形船舶

$$A_1 = 0.92L(B + 1.81d) \qquad (4.2.5)$$

线型变化的箱形船及其他水上建筑物

$$A_1 = L(B + 2d) \qquad (4.2.6)$$

式中 L、B、d——分别为船长、船宽和拖航吃水，m；

C_B——方形系数。

拖船阻力 R_f 和 R_{Bt} 可使用拖船的设计资料,如无该种资料时,可按上述近似计算式(4.2.2)至式(4.2.6)计算。

对于受风面积特别大的钻井平台或其他水上建筑物,其拖航阻力 $\sum R(kN)$ 还应按下式计算,然后取其中较大者:

$$\sum R = 0.7(R_f + R_B) + R_a \tag{4.2.7}$$

式中　R_f、R_B——如上所述,按式(4.2.2)及式(4.2.3)计算;

　　　R_a——空气阻力按式(4.2.8)计算。

$$R_a = 0.5\rho V^2 \sum C_s A_i \times 10^{-3} \tag{4.2.8}$$

式中　ρ——空气密度,kg/m³,取 1.22 kg/m³;

　　　V——风速,m/s,取 20.6 m/s;

　　　A_i——受风面积,m²,按顶风状态计算;

　　　C_s——受风面积 A_i 的形状系数,见表4-2。

表 4-2　系数 C_s 值

形　状	C_s	形　状	C_s
球形	0.4	钻井架	1.25
圆柱形	0.5	钢丝绳	1.2
大的平面(船体、甲板室、平滑的甲板下面积)	1.0	甲板下暴露的梁和桁	1.3
		小部件	1.4
成群的甲板室或类似结构	1.1	独立结构形状(起重机、梁等)	1.5

4.2.3　拖船系柱拖力

拖船的系柱拖力是设计和配置拖曳设备及索具的主要依据。

海上拖航时,为保证拖航安全,拖船除了应具有足够的拖带力并能达到要求的拖航速度(按拖船的速度/功率曲线确定)外,还应具有被拖物所要求的系柱拖力,以确保在下列气象和海况条件下的拖带航向稳定性:

风速　　　　　20 m/s;

有义波高　　　5 m;

流速　　　　　0.5 m/s。

拖船实际的系柱拖力(BP)系指在静水(蒲氏风力小于 3 级,即风速不超过 5 m/s,流速不超过 0.5 m/s)条件下,主推进装置在最大连续额定输出功率状态下运转以及航速为零时的拖力。

拖船如果没有系柱拖力证书,则可根据拖船的主推进机械额定连续输出功率,以 100 hp 为 1 t 估算系柱拖力。如无法确定当前主推进机械的额定连续输出功率,可采用主机铭牌功率按年折减率 1% 估算。

4.3 拖曳设备的配置

4.3.1 拖曳设备配置的一般要求

本节所述拖曳设备系指由专业拖船进行海上拖带作业时应配备的拖曳设备,包括拖曳机械、主拖缆和备用拖缆、短缆、龙须缆/链及其连接件等。

(1)海上拖带作业所需的拖曳设备

海上拖带作业所需的拖曳设备应根据海上拖航时间和环境条件按表 4-3 配备,除非实际不可能,拖船应配有足够的备用设备,以形成完整的一套备用拖曳设备。

这些设备并非单指拖船或被拖物上的拖曳设备,而应是两者的总和,如拖缆机和拖缆由拖船配备,短缆、龙须缆/链及其连接件既可由拖船也可由被拖物(船舶或平台)配备。

表 4-3　海上拖带作业所需的拖曳设备配备

拖航时间/h	≥72	24~72[①]	≤24[①]
拖缆机	应有	应有	应有[②]
拖缆卷筒	1	1	1
主拖缆	1	1	1
备用拖缆[③]	1	1	—
拖缆最小破断负荷(MBL) BP(883 kN 以上)	2.0×BP	2.0×BP	2.0×BP
拖缆最小破断负荷(MBL) BP(392~883 kN)	(3.8-BP/491)×BP	2.0×BP	2.0×BP
拖缆最小破断负荷(MBL) BP(392 kN 以下)	3.0×BP	2.0×BP	2.0×BP
主拖缆长度/m	BP/MBL×1800	BP/MBL×1200	BP/MBL×1200

表 4-3　（续）

拖航时间/h	≥72	24～72①	≤24①
主拖缆最小长度/m	650	500	500
短缆④	2	2	2
三角板④	1	1	1
龙须缆/链④	1	1	1
卸扣④	7×2	7	7

注：①处于良好海况区域条件时，否则按超过 72 h 的要求配备。

②海上拖航应使用拖缆机，除了在沿海和遮蔽航区内短距离拖航外，一般不应使用拖钩装置。

③不超过 24 h 的拖航作业，应配备应急尼龙拖缆 1 条，其最小破断负荷应与系柱拖力相匹配，长度不小于200 m。

④为可选设备。短缆是根据主拖缆与三角板的连接要求配备，三角板、龙须缆/链、卸扣是根据被拖物的需要配备。

（2）主拖缆和备用拖缆应为钢丝绳，其最小破断负荷按拖船系柱拖力 BP 和拖船环境条件按表 4-3 确定。

（3）在良好海况区域内且拖航时间小于 24 h 的短时间拖航，主拖缆可采用尼龙缆，其最小破断负荷应为钢丝绳拖缆最小破断负荷的 1.37 倍；主拖缆采用合成纤维缆时，其最小破断负荷应为钢丝绳拖缆最小破断负荷的 1.25 倍。

良好海况区域系指不受热带风暴和运动低气压影响的区域。然而，这些区域受热带风暴和运动低气压影响时除外，如西南风季风时的北印度洋和东北季风时的南中国海区域。良好海况区域的气象条件为：

风速　　　　15 m/s；

有义波高　　2 m。

（4）拖航时间超过 72 h 的拖船，其主拖缆和备用拖缆应尽可能分别绕卷在各自独立的卷筒上。如不能做到，应将备用拖缆存放在能确保安全有效、快捷容易地转移至主拖缆卷筒上的位置。对于航程超过 3 周的无限航区拖船，建议额外配备 1根备用拖缆，它可存放在绞车的第 2 个卷筒上或第 1 根备用拖缆的卷轴上而不应损伤拖缆。如有 2 个被拖物，拖缆（主拖缆和备用拖缆）应分别连接，建议再配备 1根额外备用拖缆，存放要求同上。

（5）超过 72 h 的拖航作业，拖船与被拖物在拖航操作上，如拖船与被拖物在接拖时需要一根长度为 10～30 m 的短缆，特殊情况下可根据需要使用更长的短缆，其最小破断强度应与主拖缆相当。

短缆如采用尼龙缆时，其最小破断强度应符合经下要求：

① 拖船系柱拖力小于 491 kN 时，应为拖缆破断负荷的 2 倍；

② 拖船系柱拖力大于 981 kN 时,应为拖缆破断负荷的 1.5 倍;

③ 拖船系柱拖力在 491～981 kN 之间时,按内插法决定。

(6)海上拖航应使用拖缆机,除了在沿海和遮蔽航区内短距离拖航外,一般不应使用拖钩。

(7)被拖物上应设置拖力点(拖力眼板或拖桩),其强度应按所需拖带力和拟定的拖航航线为依据,确保拖航环境条件下的拖航安全。在被拖物上应设置与主拖力点有相同能力的备用拖力眼板或拖桩。

(8)拖力点(拖力眼板或拖桩)应设置于强力构件处,如舱壁交叉处或甲板下方有足够强度的节点处,并在必要时对结构进行适当加强。

(9)如计划在拖航中再次使用龙须缆/链,应设有龙须缆/链回收系统。回收缆一端用卸扣连接至三角板的专用环上,另一端应固定在被拖物的绞车上。回收缆应确保收回龙须缆/链和三角板,回收缆的破断负荷应不小于龙须缆/链质量的3倍,其最小破断负荷应不小于 196 kN。回收缆的布置如图 4-1 所示。

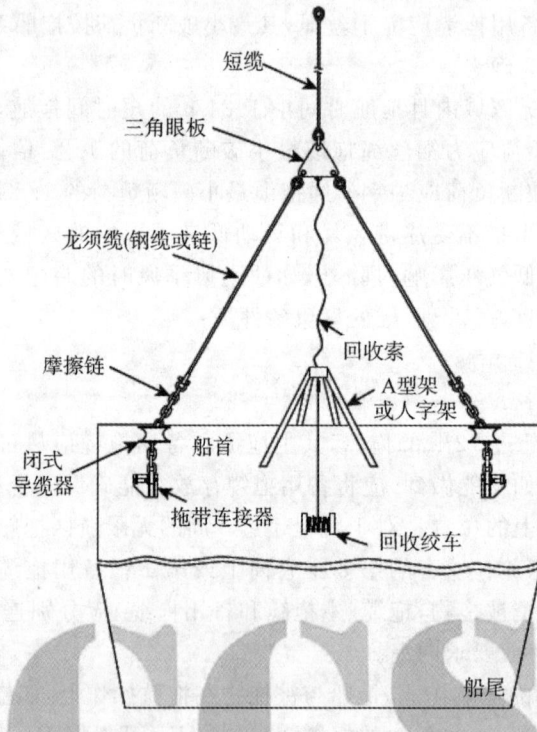

图 4-1 龙须缆/链回收系统布置

(10)无人值班的被拖物,在紧急状态下,为使拖船能可靠而迅速地连接被拖物,被拖物应设应急拖缆(其强度应与主拖缆相当)。应急拖缆一端应连接至应急拖力点,另一端连接在具有足够强度的引缆上,引缆的端头连接一个具有相当浮力的鲜红色浮具。应急拖缆的布置如图 4-2 所示。

(11)应急拖缆的引缆通常采用具有浮力的合成纤维缆,其长度不小于船长,最小破断负荷应不小于 294 kN。

(12)应急拖缆和引缆应引至舷墙外,并以适当的间隔与舷墙或栏杆绑扎,从被拖物至浮具的距离应不小于 50 m。应急拖缆应能迅速拉开。如有必要,应急拖缆和浮具之间增加一条延长缆。

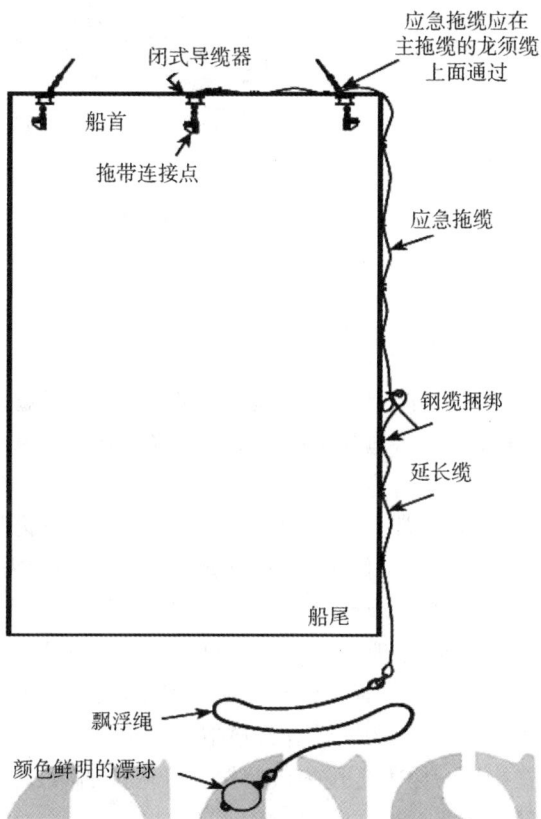

图 4-2　无人值班被拖物的应急拖缆布置

4.3.2　非专业拖船拖曳设备的配置

非专业拖船系指除专业拖船以外的自航船舶。由于船舶在营运过程中可能会遇到需要拖带其他船舶或被其他船舶拖带的情况,因此,一般来说,自航船舶均应配置适当的拖曳设备。通常在船舶的首、尾部各设置 1～2 对双柱拖缆桩(或加强的带缆桩),并在船舶艏柱正上方的舷墙上设置圆形拖索孔(或导缆孔)。在艉部则利用系泊用导缆孔或设置带有滚轮和挡板的启闭式拖索孔。

非专业拖船的拖索,根据船级社规范按舾装装数选取。然而,按舾装数确定的拖索长度对于在波浪中拖带显得不够,因此常常把拖索同被拖船舶的锚链连接起来进行拖带。图 4-3 所示为采用锚链和拖索连接的拖带示意图。

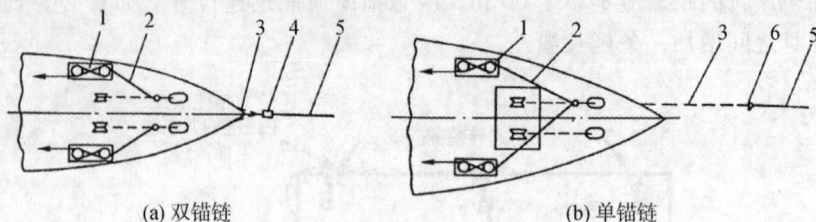

(a) 双锚链   (b) 单锚链

1—拖缆桩;2—牵索;3—锚链;4—三角板;5—拖缆;6—连接卸扣。

图 4-3 锚链同拖索连接的拖带作业

4.3.3 专业拖船拖曳设备的配置

专业拖船的拖曳设备应能保证各种拖带方式包括:采用短拖索或长拖索的拖带、傍拖、正拖和倒拖。对于傍拖和某些拖带作业来说还常常利用船上的系泊设备如带缆桩等。

专业拖船的拖曳设备通常包括:拖缆、拖缆机(绞车)、拖钩装置、拖索承梁、拖索限位装置和拖索导缆孔,用于倒拖、傍拖和拖出搁浅船舶所需的艏部拖桩、舷侧拖桩,艉部拖桩和艉部拖索孔(或导缆器)等。大型海洋拖船还配有龙须链。

拖船的拖曳设备应根据拖船的航区及其执行的拖带方式确定。海上拖航应使用拖缆机,一般不应使用拖钩装置。但在沿海和遮蔽航区内短距离拖航时,允许使用拖钩装置。因此许多海洋拖船既设有普通拖索绞车或自动拖缆机作为主拖带装置,又设有拖钩装置或拖桩作为备用拖带装置。港内拖船则以拖钩为主拖带装置,拖桩作为备用拖带装置。

图 4-4 所示为一艘功率为 2 200 kW 的海洋拖船的拖曳设备布置图,该拖船同时设有自动拖缆机和拖钩装置。图 4-5 所示为一艘功率为 1 180 kW 的海洋拖船,设有普通拖索绞车。图 4-6 及图 4-7 所示均为三用工作船(运输、拖带及起抛锚)的尾部甲板布置,均设有双滚筒自动拖缆机。

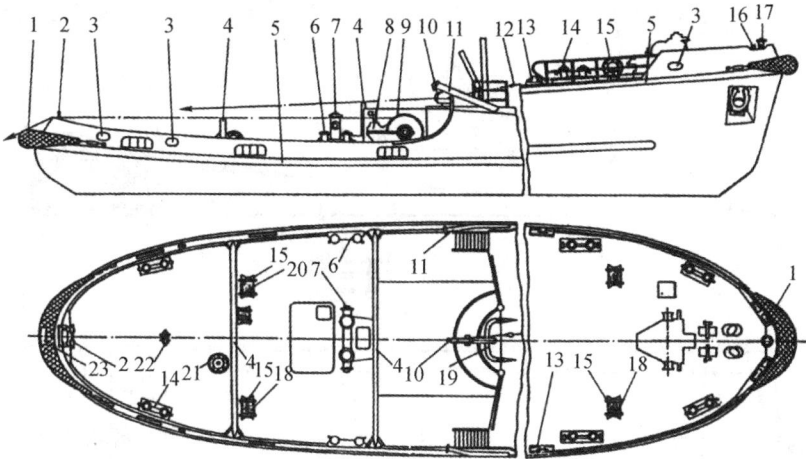

1—艉艉软碰垫；2—带有可倒垂直滚柱的拖索导缆器；3—拖曳—系泊导缆孔；4—拖索承梁；5—护舷材；6—舷侧拖缆桩；7—挡缆柱；8—自动拖缆机；9—拖缆；10—拖钩；11—拖索限位器；12—拖缆远距离释放器；13—带有挡板和双滚轮的导缆器；14—拖曳-系泊带缆桩；15—卷车；16—双滚轮导缆器；17—艏部拖桩；18—拖曳-系泊索；19—拖钩弓架；20—电缆卷车；21—绞盘；22—眼板；23—防磨板。

图 4-4　2 200 kW 海洋拖船拖曳设备布置图

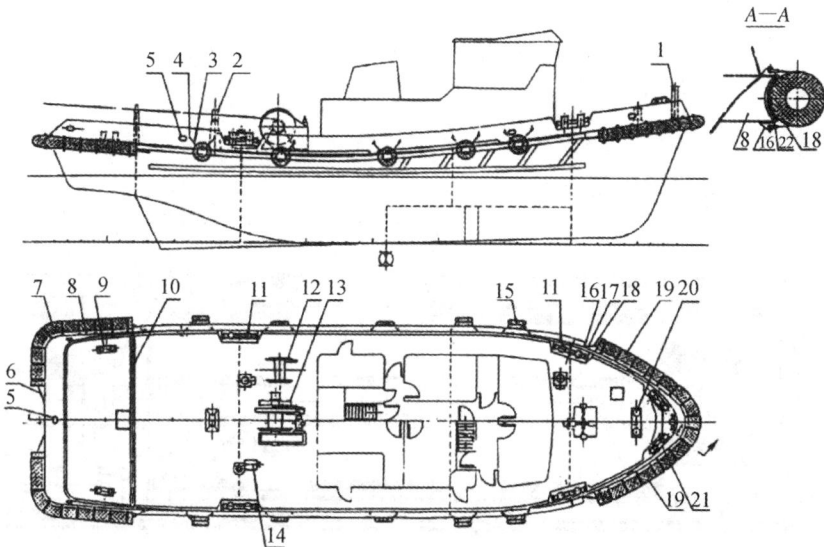

1—艏部拖桩；2—拖索导缆孔；3—φ12.5 链条；4，16—眼板；5—导缆孔；6—系固链条；7—φ500 圆筒形橡胶碰垫；8—碰垫支架；9—带缆桩；10—拖索承梁；11—舷侧绑拖缆桩；12—拖缆卷车；13—普通拖缆绞车；14—绞盘；15—轮胎碰垫；17—松紧螺旋扣；18—φ12.5 链条；19—φ500 圆筒形橡胶碰垫；20—拖曳—带缆桩；21—滚轮导缆器；22—卸扣。

图 4-5　1 180 kW 海洋拖船拖曳设备布置图

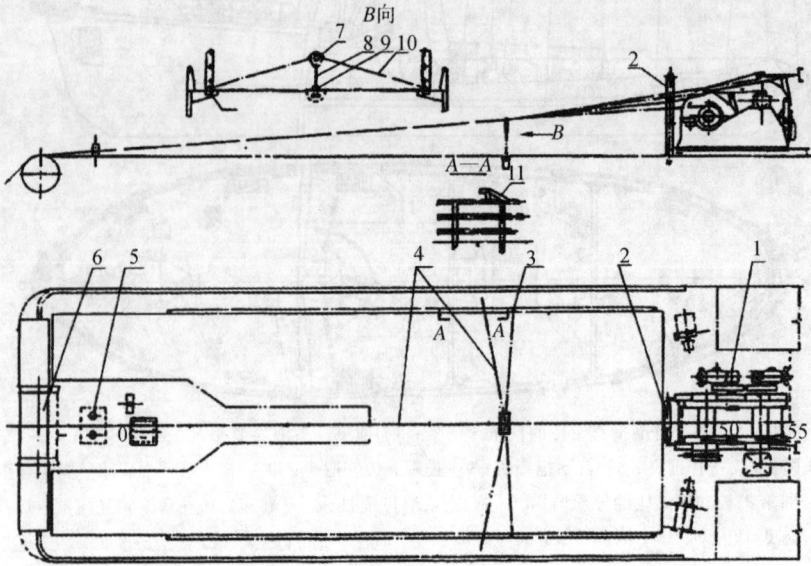

1—双滚筒自动拖缆机；2—挡缆柱；3—眼板；4—拖索；5—挡柱；6—艉部水平滚轮；7—活动拖索孔；8—系索；9—卸扣；10—系索；11—拖索限位器。

图 4-6　设有活动拖索孔的三用工作船尾部甲板布置图

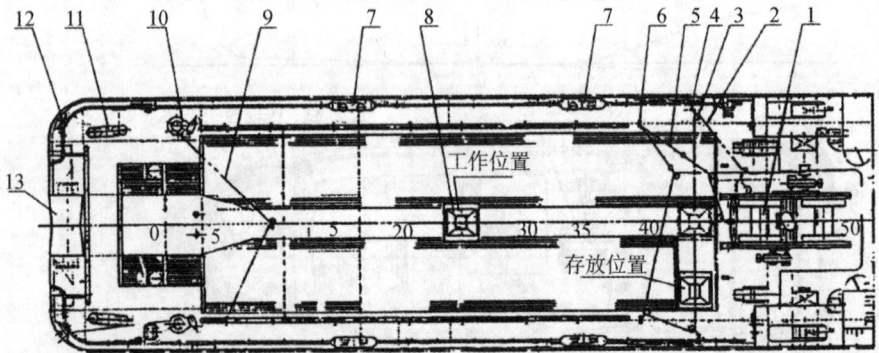

1—双滚筒自动拖缆机；2—牵引索；3—开口滑车；4，6—眼板；5—滑车牵索；7—舷侧带缆桩；8—拖索孔；9—牵引索；10—绞盘；11—艉部带缆桩；12—滚轮导缆器；13—艉部水平滚轮。

图 4-7　设有可移拖索孔的三用工作船尾部甲板布置图

拖钩或拖缆机通常应位于船长中点后方 5%～10% 的船长范围内,但在各种装载状态下,其位置均不应在拖船重心纵向位置之前,并应置于尽可能低的位置,以使拖船在正常工作时的横倾力矩减少到最小。

拖缆机在制动、拖曳与回收拖缆操作时,应在任何情况下(包括正常动力源发生故障时)能从驾驶室应急释放拖缆。

拖钩释放装置的操纵位置应设置在拖钩旁,遥控释放装置应设置在驾驶室内。

4.3.4　非自航船舶拖曳设备的配置

非自航船舶类型很多,诸如载货驳船、各种非自航挖泥船、浮船坞、起重船、海洋移动式平台以及其他非自航工程作业船舶等。所有这些船舶本身无推进设备,或是虽有推进设备也仅能在短距离时使用,长距离调遣仍须依靠拖航。

运输驳船以及宽度较小且艏艉有线型的非自航船舶,通常在艏艉部设置拖桩、加强的兼拖曳用带缆桩、拖索孔等供拖航时栓系拖索使用。这些船舶的拖索直径和长度根据船级社规范按舾装数选取。

在海上拖曳大中型非自航工程作业船舶和海洋移动式平台时,使用的拖索具除了主拖索外还配有龙须缆(链),为此在被拖船舶上通常设有主拖力点和备用(应急)拖力点。目前,作为主拖力点使用得最多的是快速解脱型拖力眼板,作为备用拖力点既可使用拖力眼板,也可使用带缆桩。除此之外,还应配置供龙须缆(链)使用的导缆孔以及拖缆回收装置等设备。图 4-8 所示为某海洋起重、打捞工程船的拖曳设备布置图。

被拖船舶固定拖曳设备的配置应根据船型确定。通常中型海洋工程船舶至少配备拖力眼板一对及拖缆桩一对,两者具有同样的强度要求,并配置相应的供龙须缆(链)使用的导缆孔。

大型海洋工程船舶可配置两对拖力眼板,再设置一对应急拖缆桩以及相应的导缆孔。此外,被拖船舶还应配有拖缆的回收缆使用的导向和收放装置,回收缆的收放可设置专用绞车或者利用锚机系泊绞车或绞盘等设备。某些被拖船舶若是要求艏艉端均能拖航时,上述拖曳设备应在被拖船舶的首尾端均予设置。

一般来说,被拖船舶解拖时,主拖缆由拖船回收,其余拖索具均由被拖船舶回收。在某些大型的工程船舶及海洋移动式平台上,回收的拖索具不予解开,而是由回收缆通过悬挂在直升机平台甲板下或专用结构下的滑车将拖索具吊起来,等待下次拖航时再放下使用,操作较为方便。在这种情况下通常设置专用的回收缆绞车。

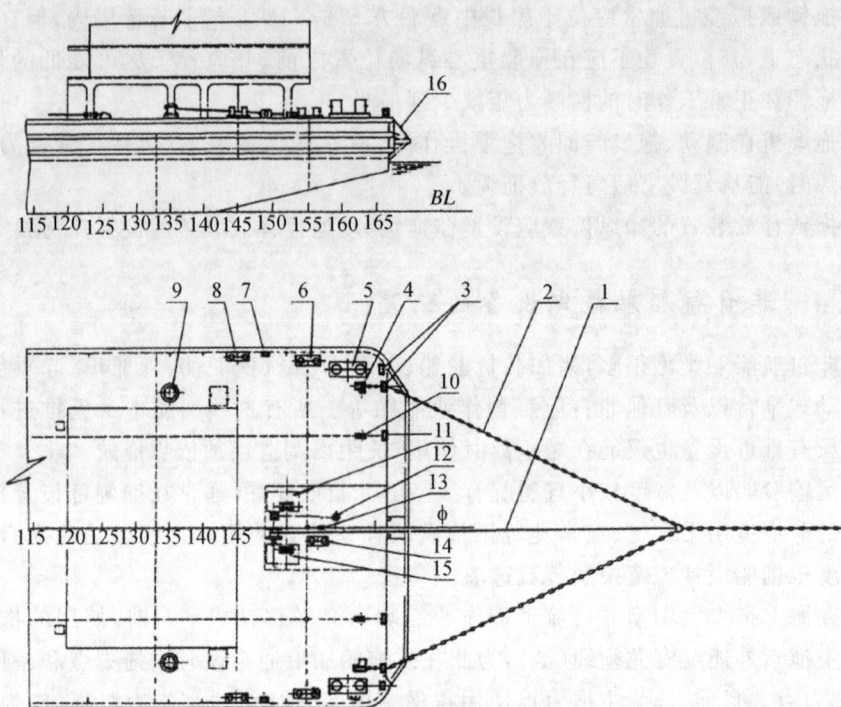

1—回收缆；2—龙须链；3—拖索孔；4—拖力眼板；5—拖曳—带缆桩；6,8,14—带缆桩；7—巴拿马导缆孔；9—绞盘；10—拖曳眼板；11—带有系缆卷筒的锚机；12—羊角单滚轮导缆器；13—眼板；15—带有回收缆卷筒的锚机；16—坡道。

图 4-8　海洋起重、打捞工程船的拖曳设备布置图

4.4　拖曳索具及其连接件

4.4.1　拖曳索具

海上拖航作业的拖曳索具，通常包括：主拖缆和备用拖缆、应急拖缆、短缆以及龙须缆/链及其回收装置。

4.4.1.1　主拖缆、备用拖缆和应急拖缆

（1）超过 24 h 的海上拖航应配备主拖缆和备用拖缆。主拖缆无疑是最重要的工具，也是选择一切其他拖曳设备的依据，备用拖缆确切地说应是备用主拖缆。主拖缆和备用拖缆两者通常具有相同的规格、尺寸和强度。

主拖缆和备用拖缆通常采用钢丝绳,它们的最小破断负荷(MBL)及长度按拖船的系柱拖力(BP)和海上拖航时间确定,详见表 4-3。

(2) 不超过 24 h 的海上拖航可不配置备用拖缆,但应配置应急拖缆,应急拖缆通常采用镀锌钢丝绳,其最小破断负荷(MBL)应与系柱拖力相匹配,长度不小于 200 m。

4.4.1.2　短缆

短缆是连接拖船的主拖缆和被拖船舶的龙须缆/链的一段缆索。通常,龙须缆/链通过三角板与短缆预先连接好,以便随时同主拖缆连接。拖船与被拖船舶在接拖操作时,拖船尾部移向被拖船舶,取得短缆后即同主拖缆连接。

短缆通常采用镀锌钢丝绳,也可采用锚链(短链),其最小破断强度(MBL)应与主拖缆相当。短缆如采用尼龙缆时,其强度应符合本章 4.3.1 节(5)款的要求。

短缆的长度一般不超过 30 m,但是可根据实际需要使用更长的短缆。

4.4.1.3　龙须缆/链

龙须缆/链是被拖物(通过短缆)与拖缆连接的装置,其配置方式同被拖物(船舶或平台)的宽度和拖力点的形式有关。船宽较小的流线型单体船,可采用单龙须缆/链,龙须缆/链通过连接环与短缆连接。双体船、艏部为平端的船舶以及船宽较大的单体船,为保持被拖物的航向稳定性,应采用配置三角板的双龙须缆/链。

采用双龙须缆/链时,其长度可这样决定,即两根缆相交处(即三角板处)的夹角在任何情况下均不应大于 120°,但也不必小于 60°。

(1) 龙须链

龙须链由两根有挡锚链组成,每根锚链的两端均配有末端链环,一端直接或加设一个连接卸扣同拖力眼板连接,另一端用连接卸扣同三角板连接,如图 4-9 所示。龙须链(以及作为短缆的链条)推荐采用 2 级或 3 级有挡锚链,每根龙须链的破断强度应不小于主拖缆的破断强度。

(2) 带有防擦链的龙须缆

带有防擦链的龙须缆是最常用的龙须缆/链,每根龙须缆/链由一段有挡锚链和一段钢丝绳组成,两者的破断强度均应不小于主拖缆的破断强度。有挡锚链的长度应从拖力眼板延伸至导缆孔外至少 3 m,其两端均配有末端链环,一端直接或加设一个连接卸扣同拖力眼板连接,另一端用连接卸扣同钢丝绳连接,钢丝绳的另一端用连接卸扣同三角板连接,如图 4-10 所示。

(3) 龙须缆

拖力点为拖桩时,龙须缆由两根钢丝绳组成,每根钢丝绳的破断强度应不小于

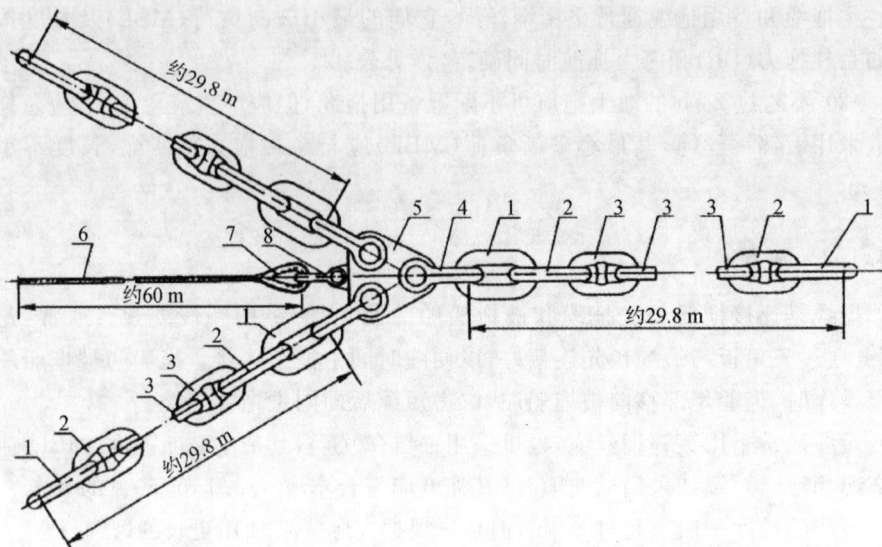

1—末端链环;2—加大链环;3—普通链环;4—连接卸扣;5—三角板;6—回收缆 ø34 镀锌钢丝绳;7—钢索套环;8—卸扣。

图 4-9 配置 ø70 龙须链的拖索具

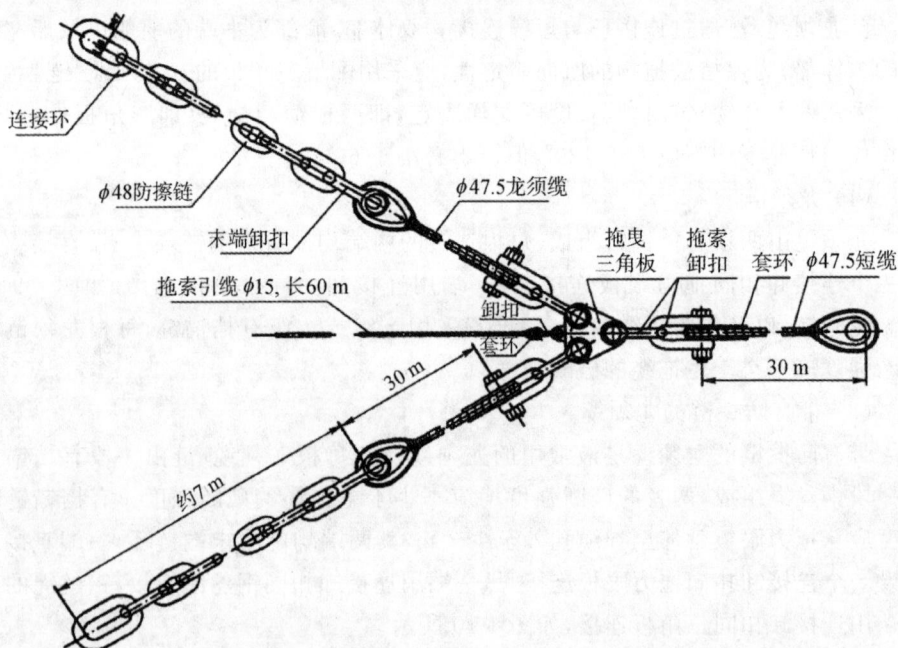

图 4-10 带有防擦链的龙须缆的拖索具

主拖缆的破断强度。钢丝绳龙须缆的一端制作成绳圈,其直径足以使其套入拖桩的桩柱,另一端用连接卸扣同三角板连接,如图 4-11 所示。

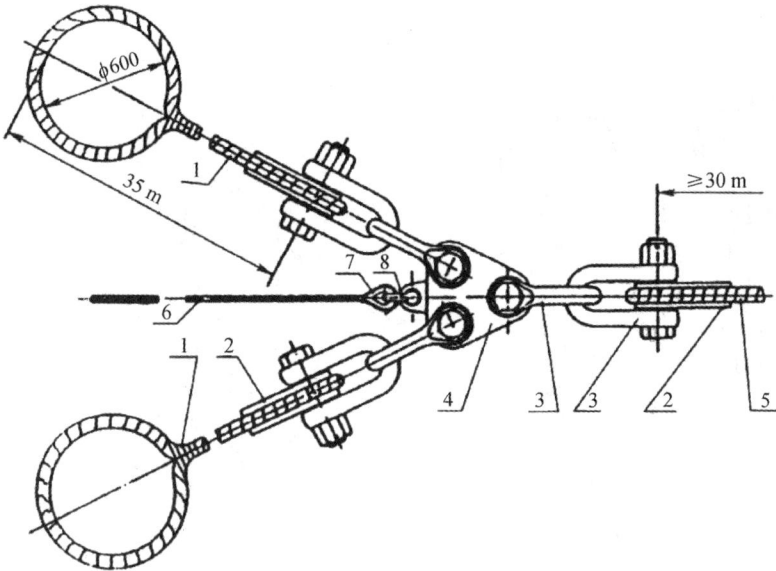

1—龙须缆(φ65—6×37 镀锌钢丝绳);2—钢索套环;3—连接卸扣;4—三角板;5—短缆(规格与龙须缆相同);6—回收缆 φ21.5 镀锌钢丝绳;7—钢索套环;8—卸扣。

图 4-11　同拖桩连接的拖索具

4.4.1.4　无人值班被拖物的备用龙须缆/链及应急拖缆

无人值班的被拖物在拖航时,除了主拖索具(龙须缆/链、短缆)外,还应设有备用龙须缆/链。该备用龙须缆/链应连接在备用拖力点(拖力眼板或拖桩)上,并接好应急拖缆、连接引缆和浮具(具体要求见本章 4.3.1 节(10)(11)(12)款及图 4-2)。一旦主拖索具出现故障或损坏不能使用时,可使拖船迅速连接应急拖缆。

4.4.1.5　钢丝绳索具及其连接端的形式

包括主拖缆和备用拖缆、应急拖缆、短缆以及龙须缆在内的所有钢丝绳通常应是多股(6 股或 8 股)镀锌钢丝绳,并具有相同的捻向。钢丝绳连接端应设置钢质套环或索节。

钢丝绳连接端的绳眼设置钢质套环时,不应使用人工插接的方法制作,应使用机械压制接头固定如铝合金压制接头(图 4-12),图 4-13 所示为 φ65 钢丝绳的重型铸钢套环。

图 4-14 所示为合金钢闭式索节。同样直径钢丝绳的索节和套环,前者的质量远大于后者,尤其对于粗钢丝绳来说可能造成操作困难。故而在设计大型工程船的拖索连接端时,应予注意。

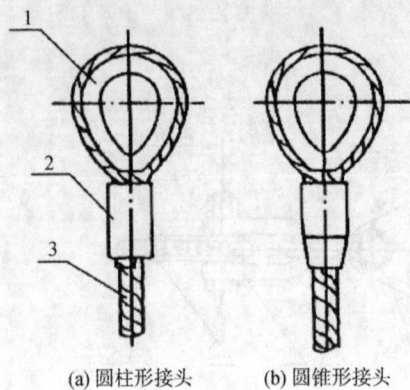

(a) 圆柱形接头　　(b) 圆锥形接头

1—钢质套环;2—铝合金套管;3—钢丝绳。

图 4-12　钢丝绳末端固定方式

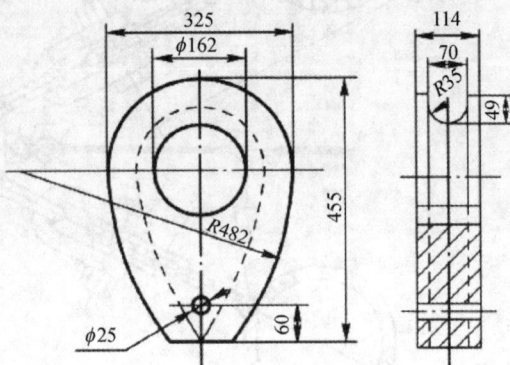

图 4-13　ø65 重型钢索套环

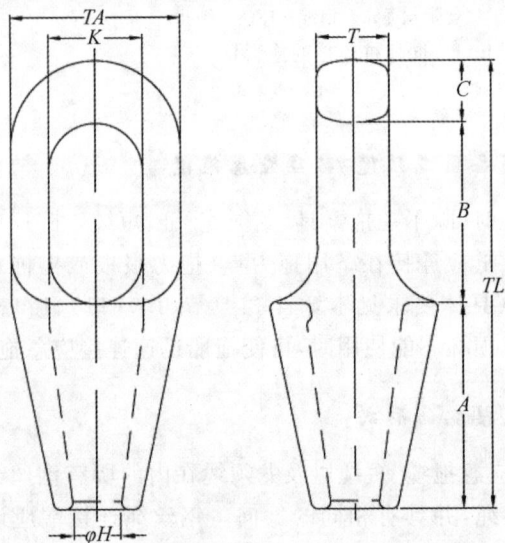

图 4-14　合金钢闭式索节

4.4.1.6　龙须缆/链回收设施

由被拖物(船舶或平台)回收龙须缆/链、三角板和短缆时应设置回收设施,包括回收缆、导向滑车及回收缆绞车(具体要求见本章 4.3.1 节(9)款及图 4-1),回收缆应附连在龙须缆/链的三角板(图 4-9、图 4-10 及图 4-11)或连接环(单龙须缆/链)上。

大型的海洋工程作业船舶,为方便操作,将回收缆导向滑车悬挂在专用的吊架上或直升机平台(若有)下,其悬挂点离开被拖船的距离应足以使拖船安全地接近,而不会与被拖物相碰。从回收缆绞车引出的回收缆通过导向滑车收放龙须缆/链等拖索具,回收缆的长度应保证在拖航时回收缆能充分放松。拖航结束,主拖缆与短缆解开后,由回收缆将拖索具吊起存放。

4.4.2　拖曳索具的连接件

拖曳索具的连接件主要是指三角板和连接卸扣。但在使用单龙须缆/链时,可采用连接环或卸扣同拖缆连接。

(1) 连接件的强度及验证试验要求

按 CCS《海上拖航指南》(2011)的规定:

① 所有连接零件包括卸扣、连接环及三角板等的破断负荷(极限承载能力)应不小于其所使用的最大拖缆的破断负荷(MBL)的 1.5 倍。

② 拖钩以及卸扣、连接环及三角板等连接零件应持有验证试验证明,验证负荷按以下规定确定:

系柱拖力 BP<392 kN 时,验证负荷=2.0×BP (kN);

系柱拖力 BP≥392 kN 时,验证负荷=1.0×BP+392 (kN)。

(2) 三角板

三角板的形状是角端为圆弧形的等腰三角形,设有三个眼孔,眼孔之间的距离应足以保证连接卸扣的安装。三角板的材料为碳钢或合金钢。图 4-15 所示为适用于系柱拖力为 900 kN 的三角板,其本体为锻钢件,材料为 35(调)钢。

(3) 连接卸扣

拖曳设备中的连接卸扣应为螺栓式,并带有螺母及开口销。卸扣材料除开口销采用软钢外,其余均应采用强度较高的碳钢或合金钢。图 4-16 所示为适用于系柱拖力为 900 kN 的连接卸扣。

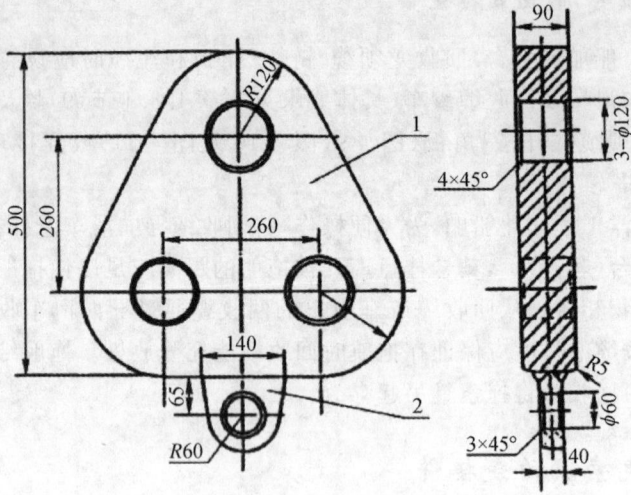

1—本体;2—回收缆眼板。

图 4-15　三角板

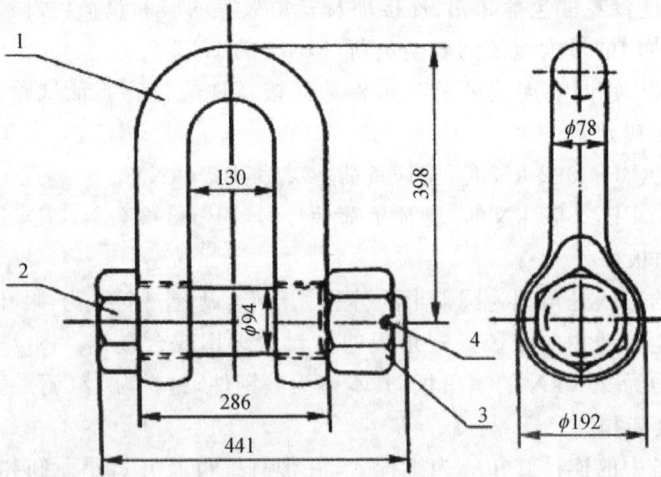

1—本体;2—横销;3—螺母;4—开口销。

图 4-16　连接卸扣

4.5　拖钩装置

4.5.1　拖钩装置的组成及其基本要求

拖钩装置主要由拖钩、拖钩弓架及拖钩托（座）架组成。拖钩乃是用于系栓和解脱拖缆的装置，拖钩弓架是滚子式拖钩的导向及支承装置，拖钩托架则是拖钩的存放处所。

按 CCS《海上拖航指南》（2011）的规定，海上拖航，除了在沿海和遮蔽航区内的短距离拖航外，一般不应使用拖钩装置。

按 CCS《钢质海船入级规范》的要求：拖钩通常应位于船长中点后方 5%～10% 船长处，但在各种装载状态下，其位置不应在拖船重心纵向位置之前，并应置于尽可能低的位置，以使拖船在正常工作时的横倾力矩减到最小。拖钩的破断强度（系指"极限承载能力"——编注）一般应为其所使用的拖缆破断强度的 1.5 倍。拖钩应设有可靠的释放装置，不论拖船的横倾角和拖索的方向如何，都能方便地随时解脱拖索，同时又能避免任何意外地解脱拖索。操纵释放装置的地点应安置在能见到拖钩的地方，并建议在驾驶室亦能操纵释放装置。

4.5.2　拖钩的形式

拖钩按其构造特点基本上可分为开式拖钩和闭式拖钩。开式拖钩在海上拖航时，为防止拖缆脱钩应设置拖索孔，拖缆须通过拖索孔与被拖物连接。闭式拖钩在钩子处设有防止拖缆跳出的装置。

目前使用的拖钩主要有两种形式，即滚子式拖钩和销轴式拖钩。

（1）滚子式拖钩

滚子式拖钩需同拖钩弓架配合使用，拖钩随滚子沿着弓架移动，其水平方向从一舷到另一舷的活动范围可达 180°，向上也允许有一定的活动范围。

图 4-17 所示为几种典型的滚子式拖钩，其中：

图 4-17(a) 不带缓冲装置且不可折叠的开式拖钩。这种拖钩在波浪中工作时将使拖缆的解脱发生困难，因此不适合在海上拖航中使用，通常用于内河小型拖船。其牵引力较小，一般不大于 50 kN。

图 4-17(b) 带有缓冲装置的折叠型封闭式拖钩。其钩子部分同钩板用水平轴连接，并设有制动装置，解拖时操纵制动杆，打开制动装置，钩子绕水平轴向下旋转使拖缆解脱。缓冲装置通常为弹簧。这种拖钩适用于港口和内河拖船。其牵引力较小，一般不大于 30 kN。

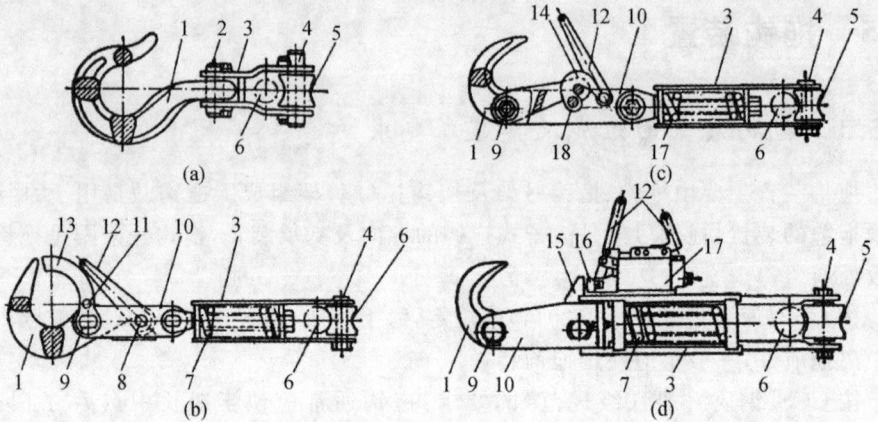

1—钩子;2、4—销轴;3—框架;5—滚子;6—拖钩弓架;7—弹簧缓冲装置;8—销子;9—水平轴;10—钩板;11—制动器;12—制动杆;13—控制臂;14—止钩板;15—闭锁器;16—活塞;17—液压闭锁器壳体;18—止钩板轴。

图 4-17　滚子式拖钩

图 4-17(c)带有手动闭锁器和缓冲装置的折叠型开式拖钩。其折叠型拖钩配置闭锁器,用以控制钩子的打开和复位。这种拖钩适用于拖缆很长且穿过尾部拖索孔的海洋拖船,其牵引力可达 80 kN。

图 4-17(d)带有液压闭锁器和缓冲装置的折叠型开式拖钩。其折叠型拖钩配置闭锁器,控制钩子的打开和复位。这种拖钩的闭锁器可遥控,适用于港口拖船,其牵引力可达 80 kN。

开式拖钩在不设拖索孔的情况下,不适宜在海上拖航时使用。因为,在波浪中,拖索很可能从拖钩中脱出。因此,海上拖航通常使用带有缓冲装置的折叠型封闭式滚子拖钩如图 4-18 所示。

(2) 销轴式拖钩

销轴式拖钩的轴座安装在拖船坚固的结构上,拖钩绕销轴旋转,向上也允许有一定的活动范围。

图 4-19 所示为常见的销轴式折叠型封闭式弹簧拖钩,这种拖钩适合于海上拖航使用,其主要参数列于表 4-4。

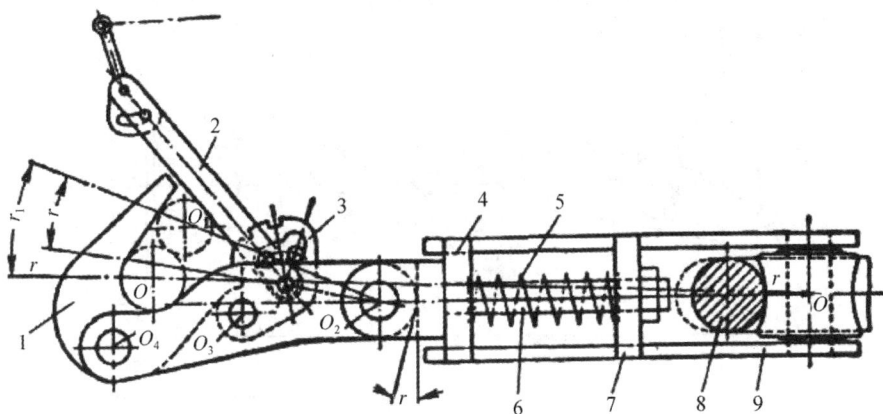

1—钩子;2—制动杆;3—止钩板;4—支架;5—弹簧缓冲装置;6—弹簧缓冲装置的拉杆;7—承压架;
8—拖钩弓架;9—框架夹板。

图 4-18　封闭式滚子弹簧拖钩

表 4-4　销轴式普通弹簧拖钩主要参数(图 4-19)

型号	许用负荷/kN	L/mm	L_1/mm	B/mm	B_1/mm	H/mm	H_1/mm	H_2/mm	R/mm	质量/kg
16	16	822	145	232	150	180	150	157	309	56.6
25	25	916	142	260	130	190	130	141	345	83.7
40	40	1 180	184	330	208	270	228	189.5	445	177.9
63	63	1 411	196	342	200	284	160	192	563	267.9
100	100	1 710	253	410	260	376	250	256.5	684	558.1
160	160	1 936	270	458	320	400	210	261	741	646.9
220	220	2 448	324	560	310	490	300	310	952	1 269.1
320	320	2 128	315	590	342	430	280	332	828	1 058.8
400	400	2 259	330	640	320	472	300	355	880	1 340.1

图 4-20 所示为销轴式气控开式弹簧拖钩,其主要参数列于表 4-5。这种拖钩的闭锁装置由压缩空气通过电磁阀控制,可在驾驶室遥控操作解拖。

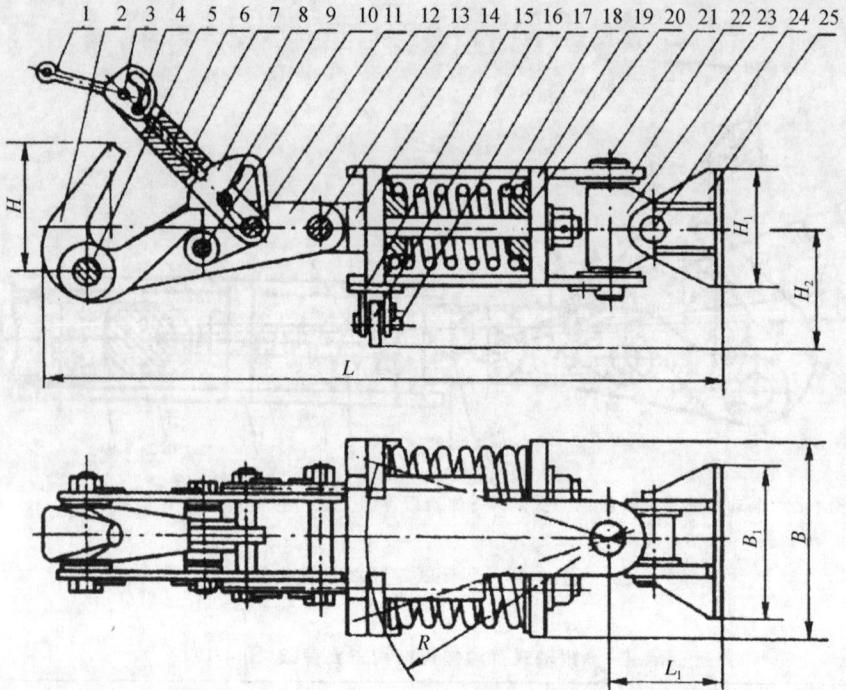

1—手柄;2—钩子,3—手柄销轴;4—闸板销轴;5—钩子销轴;6—闸板;7—闸框;8—止钩板;9—止动销轴;10—止钩板销轴;11—闸框销轴;12—夹板;13—夹板销轴;14—弹簧芯轴;15—滚轮支架;16—滚轮;17—滚轮销轴;18—弹簧;19—弹簧压板;20—弹簧座;21—弹簧架销轴;22—弹簧架;23—十字接头;24—十字接头销轴;25—眼板。

图 4-19 销轴式普通弹簧拖钩

表 4-5 销轴式气控弹簧拖钩主要参数(图 4-20)

拖钩型号	额定拖力/kN	主要尺寸/mm					质量/kg	连接尺寸			液轮活动半径$\frac{R_{最小}}{R_{最大}}$	气缸空气压力/MPa
		A	B	C	D	E		G	H	I		
QT20	196	1 830	1 630	340	$R50$	614	342	70	150	210	$\dfrac{1\,400}{1\,475}$	
QT30	294	2 015	1 780	384	$R70$	805	595	85	170	240	$\dfrac{1\,690}{1\,805}$	0.6~0.8
QT40	392	1 935	1 655	404	$R75$	830	697	90	190	260	$\dfrac{1\,490}{1\,590}$	
QT60	590	2 270	1 906	485	$R90$	940	1 234	110	240	340	$\dfrac{1\,740}{1\,845}$	

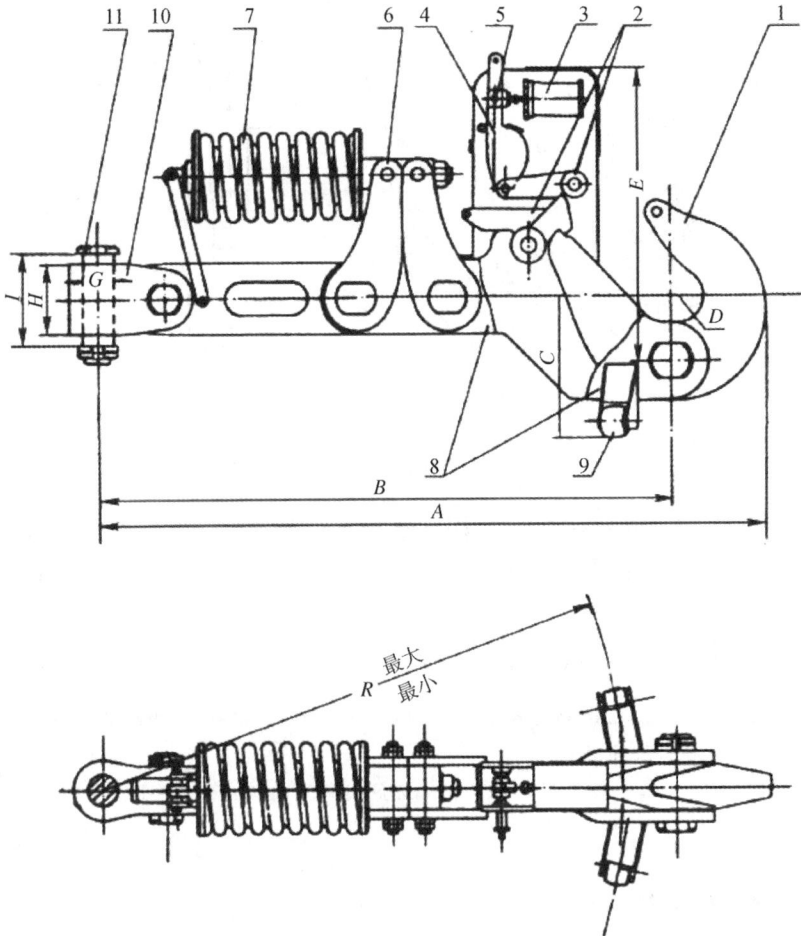

1—钩子；2—止动杠杆；3—气缸装置；4—制闸柄；5—可调紧锁装置；6—曲臂；7—弹簧装置；
8—钩子架；9—滚轮装置；10—联接十字接头；11—座销。

图 4-20　销轴式气控弹簧拖钩

（3）圆盘式拖钩

圆盘式拖钩如图 4-21 所示，其钩子采用厚钢板加工而成。该拖钩可手动快速释放和气缸或液压油缸快速释放。

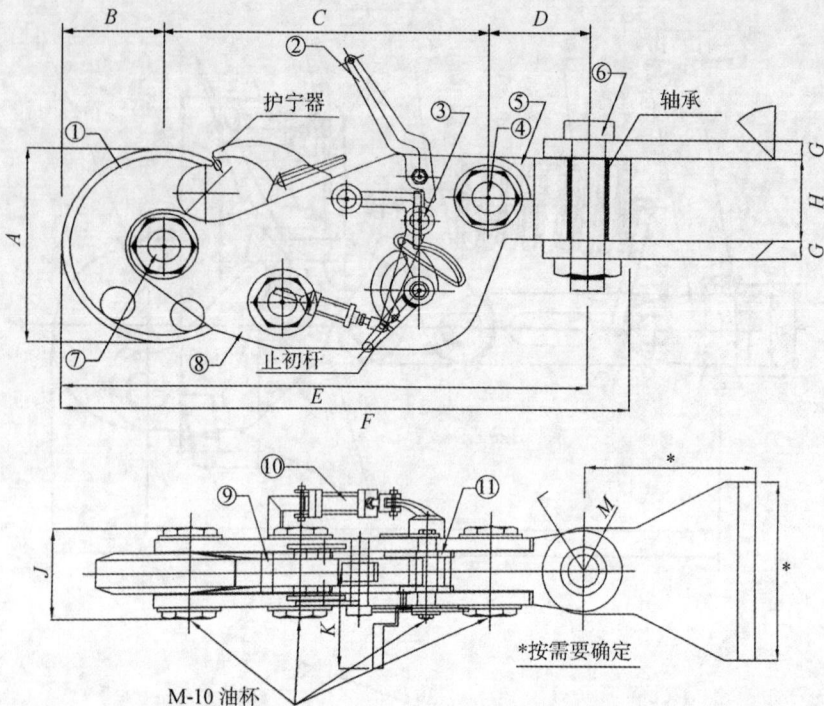

1—钩子;2—手动释放杆;3—释放销;4—旋转销;5—转动体;6—销轴;7—钩销;8—颊板;9—锁紧凸轮;10—气缸;11—主锁。

图 4-21　圆盘式拖钩

4.5.3　拖钩弓架

拖钩弓架是铜质锻造的圆形或椭圆形截面的曲梁,其轴线可以是半个圆弧,也可以是由一个大半径的圆弧同两个小半径的圆弧连接起来组成。弓架同船体的连接可采用焊接、螺栓连接或是销子连接(图 4-22)。

拖钩弓架截面相对于与弓架平面垂直的轴线的剖面模数 W(cm³)应不小于按下式计算所得之值:

$$W = 132 \frac{R_b l}{\sigma_s} \qquad (4.5.1)$$

式中　R_b——拖索破断负荷,kN;

　　　l——弓架两支点之间的距离,m;

　　　σ_s——弓架材料屈服点,N/mm²。

按式(4.5.1)计算的弓架截面的应力,在拖缆破断时应不超过 $0.95\sigma_s$。

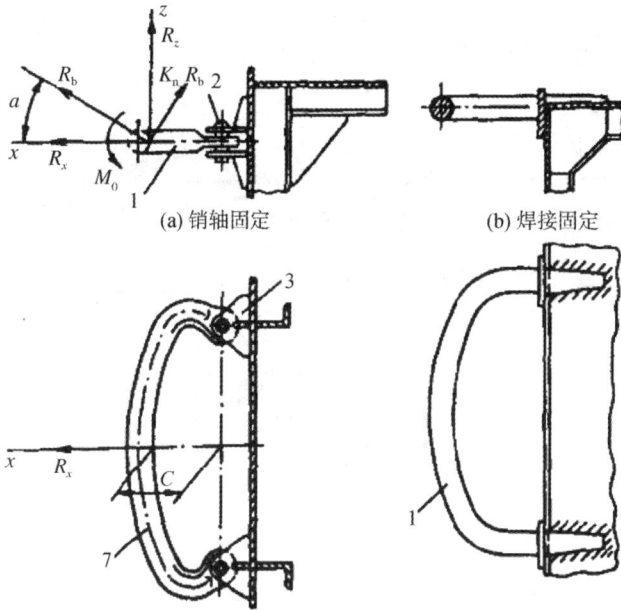

(a) 销轴固定　　　　　　　　(b) 焊接固定

1—拖钩弓架;2—销轴;3—销轴眼板。

图 4-22　拖钩弓架的形式

用短拖缆拖带高舷船舶时,拖钩偏离自己通常的位置,相对于拖钩弓架平面形成 $25°\sim30°$ 的角度。在回转时,拖钩弓架同拖钩的滚子接触点产生了滚动摩擦。根据图 4-22(a)所示,由于钩子在垂直方向偏离,拖钩弓架上将造成以下的合力:

在水平面上

$$R_x = R_b \cos \alpha - k_n R_b \sin \alpha = R_b(\cos \alpha - k_n \sin \alpha) \tag{4.5.2}$$

在垂直面上

$$R_z = R_b \sin \alpha + k_n R_b \cos \alpha = R_b(\sin \alpha + k_n \cos \alpha) \tag{4.5.3}$$

式中　k_n—由弓架截面半径 r 和滚子表面曲率半径 R(图 4-23)所决定的比例系数,按式(4.5.4)计算。

$$k_n = \frac{f_k}{r} + \frac{f_k}{R} \tag{4.5.4}$$

式中,f_k—滚动摩擦力臂,当 $\alpha=30°$ 时,钢对钢的情况下,取 0.05 cm。

弓架同滚子接触处的滚动摩擦力为 $k_n R_b$。

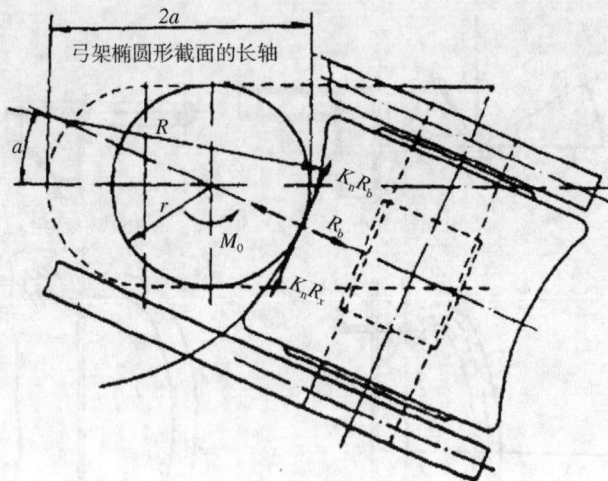

图 4-23　拖钩偏离时的弓架受力图

拖钩弓架固定端的弯矩为

$$M = R_z C \qquad (4.5.5)$$

弓架支承处须校核其受拉力 R_z 和弯矩 M 作用下的强度。如果弓架端部为眼板结构，并采用销子或螺栓固定在船体上，则端部眼板承受拉力，可以按列曼公式计算，并应校核在力矩 M 作用下被销孔削弱了的截面强度。

4.5.4　拖钩托架

通常，拖钩上配有支撑滚轮，搁在水平托架上。拖钩工作时，滚轮在托架上移动。托架用钢板或型钢焊成，其形状同滚轮的轨迹相符，托架下面设有支撑（图 4-24）。

托架承受的负荷一般为拖钩重力的一部分和拖缆重力的一部分。但是，当采用短拖索拖带时，被拖船舶上的拖索固定点低于拖钩时，托架就会受到拖索垂向分力的作用。此时，拖钩轴线同拖索方向之间的夹角一般不超过 10°。因此，托架承受的垂向分力约为拖索张力 10%。托架的强度按照拖索断裂时，托架构件的应力不超过 $0.9\sigma_s$（材

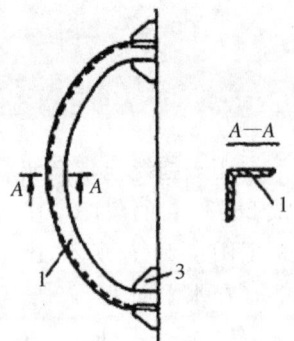

1—托架；2—支柱；3—肘板。
图 4-24　拖钩托架

料屈服点)进行校核。

4.6　拖桩与拖力眼板

4.6.1　拖船的拖桩

拖船应根据各种拖带作业(艏拖、傍拖、艉拖)的要求配置拖桩,按其位置可分为艏部拖桩、舷侧拖桩和艉部拖桩。

(1)艏部拖桩

艏部拖桩有单柱式和双柱式。图 4-25(a)所示为单柱式拖桩,设于艏端船体中心线处,桩柱中心离开艏柱前缘约 2～3 倍桩柱直径,且同艏部的舷墙肘板刚性连接。桩柱周围的舷墙折角应采取适当措施,以防止拖缆磨损。

双柱式艏部拖桩应设置横挡,根据使用要求按船舶纵向或横向设于船体中心线处。

对于港作拖船来说,艏拖作业是其主要功能,为便于调节艏拖缆长度通常设置带有导缆孔的双柱拖桩,如图 4-26 所示,拖曳绞车的拖缆通过导缆孔直接与被拖船舶连接。这种拖桩往往依托艏部舷墙形成坚固的结构。

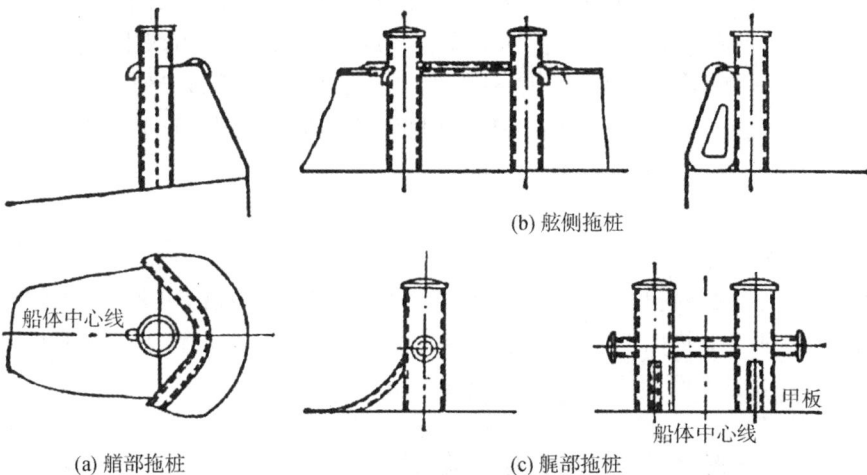

(b)舷侧拖桩

(a)艏部拖桩

(c)艉部拖桩

图 4-25　典型的拖桩

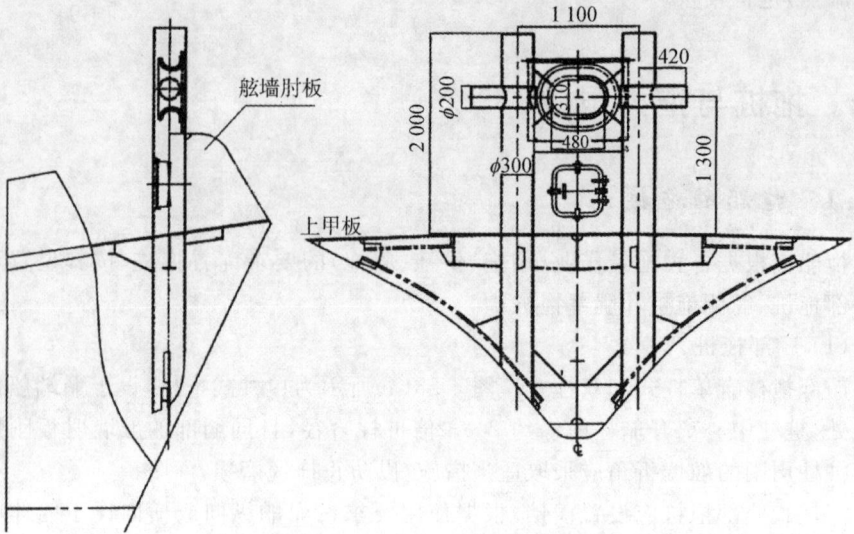

图 4-26　带有导缆孔的艏部拖桩

（2）舷侧拖桩

舷侧拖桩用于傍（绑）拖作业，安装在拖船的两舷处，前、后各一。舷侧拖桩通常为双柱式，桩柱中心离开舷边约 $1.5 \sim 2$ 倍桩柱直径，且同舷墙刚性连接，如图 4-25（b）所示。为防止拖缆滑出，桩柱上设有凸缘或横挡，或者为双十字形，图 4-27 所示为设有横挡的舷侧拖桩。舷侧拖桩在舷墙以上的高度应予限制，通常为 $300 \text{ mm} \sim 400 \text{ mm}$，也可与舷墙齐平，为此可适当降低舷侧拖桩安装处的舷墙高度。

（3）艉部拖桩

艉部拖桩通常设于艉部露天甲板，为双柱式设有横挡如图 4-25（c）所示。在一些海洋拖船上，艉部拖桩垂直于船体中心线（船的横向）设置，可兼作拖索限位装置。在某些非专业拖船上，艉部拖桩作为拖力点沿船的纵向设置于船体中心线处，并在船舶尾端配置拖索导缆孔（见本章 4.7 节所述）。

4.6.2　被拖物体的拖力眼板和拖桩

4.6.2.1　被拖物体拖力点的形式和布置的基本要求

按 CCS《海上拖航指南》（2011）的规定：

（1）被拖物应设置拖力点（拖力眼板或拖桩），其强度应按所需拖带力和拟定

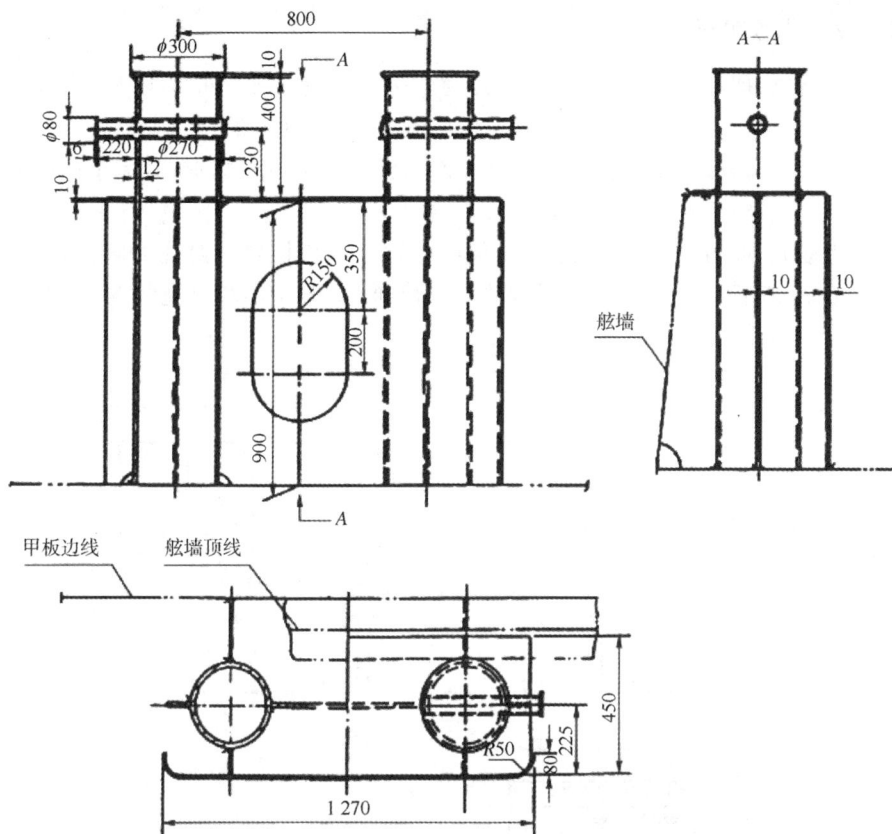

图 4-27 设有横挡的舷侧拖桩

航线为依据,确保拖航环境条件下的拖航安全。

（2）被拖物上应有备用拖力眼板或拖桩。

（3）拖力眼板的形式应为可迅速解开式。导缆孔应设计成摩擦链容易通过的导缆孔。

（4）被拖物的拖力点,如拖力眼板或拖桩及船体支撑结构,其极限强度至少能承受按其要求系柱拖力决定的主拖缆最小破断负荷的 1.3 倍。

（5）应急拖力点的极限强度至少应超过主拖缆的破断负荷。

（6）拖力点(拖力眼板或拖桩)应布置于强力构件处,如舱壁交叉处或甲板下方有足够强度的节点处,并在需要时对结构进行适当加强。

（7）拖力点或拖力眼板与导缆钳或导缆孔之间应有适当的距离,以便于拖曳设备操作。

4.6.2.2 拖力眼板

在被拖物(船舶、平台)上,主拖力点通常采用快速解脱型拖力眼板,俗称斯密特(SMIT)眼板,图 4-28 所示为适用于系柱拖力为 900 kN 的拖力眼板。

这种拖力眼板的横轴为锻钢件,其截面通常为圆形或长圆形,其大小应能保证龙须链的末端链环或连接卸扣套入。

采用双龙须链或带有防擦链的龙须缆的被拖物应设置一对拖力眼板(左右各1个)。如果备用龙须缆/链与主龙须缆/链相同时,则设置两对拖力眼板(左右各2个)。

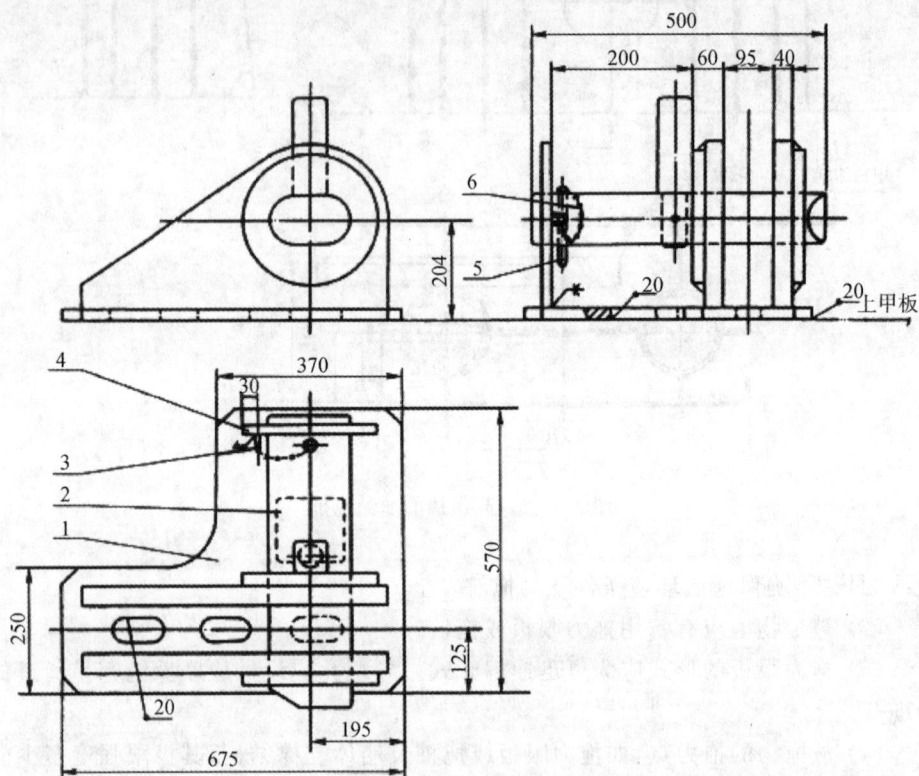

1—座架;2—横轴;3—眼环;4—挡板;5—插销;6—小链。

图 4-28　快速解脱型拖力眼板

4.6.2.3 拖曳—带缆桩

在被拖物(船舶、平台)上,备用拖力点可采用拖桩,通常为双柱式拖曳——带缆桩。拖桩的桩柱直径应不小于所配用钢丝绳拖缆直径的 10 倍,其极限强度应能承受拟使用的主拖缆破断负荷的 1.3 倍。

4.7　拖索导向装置

拖索导向装置系指限定各种拖索具(拖索、龙须缆/链)导出方向的装置,如龙须缆/链的导缆孔、拖索导缆孔或挡缆柱、艉部拖索孔等,当这些装置与拖力点(绞车、拖力眼板、拖桩)配合使用时,其强度应考虑当拖船和被拖物相互转成 90°时,拖索具作用于其上的合力,拖索具的计算负荷应至少为其破断负荷。

4.7.1　龙须缆/链的导缆孔

在被拖物上,龙须缆/链的导缆孔与拖力眼板配合使用,其形式如图 4-29 所示。该导缆孔为铸钢件,其开口的大小应足以使龙须缆/链及其连接卸扣顺利通过,孔表面的曲率半径应避免链环产生不利的弯曲。

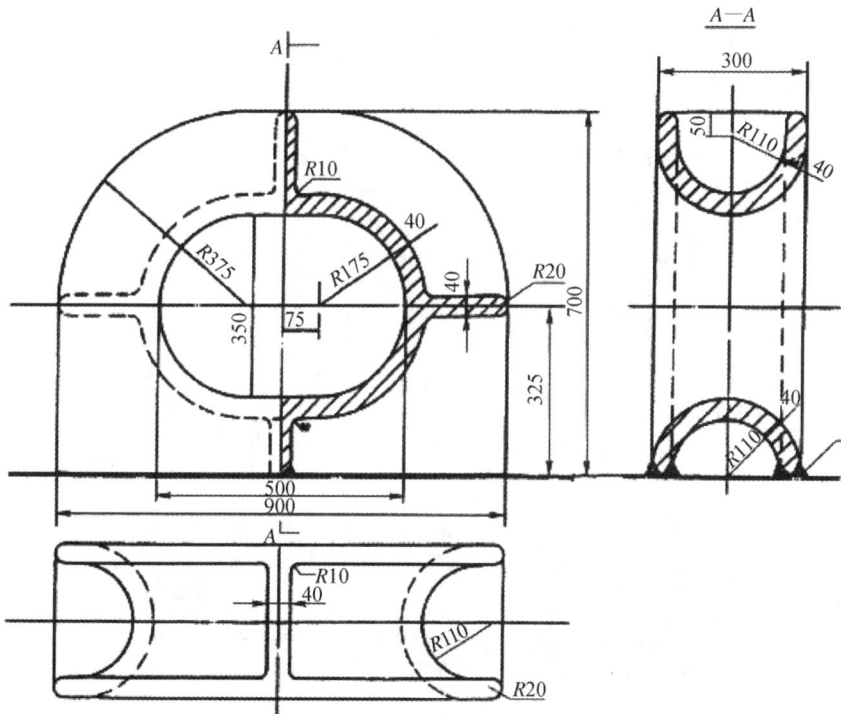

图 4-29　350×500 龙须链导缆孔

4.7.2　挡缆柱及拖索导缆孔

在设有拖曳绞车(或拖缆机)或销轴式拖钩的拖船上,应在拖索出索方向的某一位置处,设置限止拖索位置的装置,以保证拖索绞车和拖钩的正常工作,此种装置常用的有挡缆柱和拖索导缆孔。

设在拖曳绞车后部且正对绞车滚筒的挡缆柱,通常为双十字形,两垂直挡柱之间的净开口尺寸应在绞车排绳器工作允许的范围内。对于活动范围受到限制的拖钩如销轴式拖钩的挡缆柱如图 4-30 所示。

拖索导缆孔的作用与挡缆柱相似。固定的拖索导缆孔如图 4-31 所示,设在拖索绞车正后方(见本章 4.3.4 节图 4-5 中的零件 2),其安装位置离开绞车滚筒的距离应足以使拖索在滚筒上排列整齐。

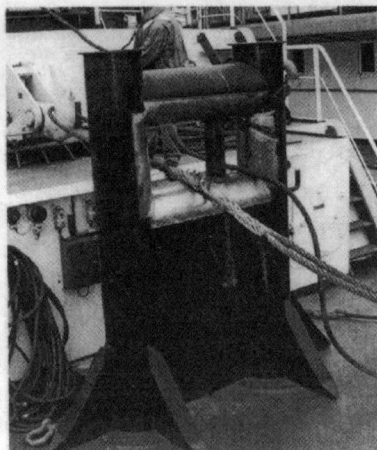

图 4-30　拖索挡缆柱

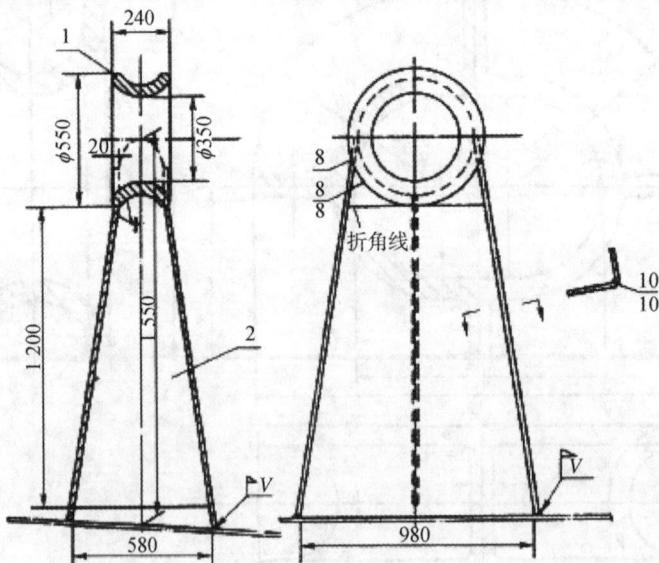

1—导缆孔;2—座架。

图 4-31　固定的拖索导缆孔

图 4-6 中所示的活动拖索导缆孔(零件 7)用钢丝绳栓住,当拖索张紧时,导缆孔被提起,不用时则可拆除。图 4-7 中所示的可移动拖索导缆孔(零件 8)用螺栓固定,不用时可在拖缆机及绞盘帮助下移走。

4.7.3 艉部拖索孔

艉部拖索孔一般用于拖船,有多种形式,通常设有启闭闩。图 4-32 所示为简易的启闭式拖索孔,适用于直径 22.5 mm 的钢丝绳,它的本体为半圆钢,嵌入拖船尾部的舷墙中,启闭闩与舷墙顶板齐平,不会影响拖索在舷墙上左右移动。图 4-33 所示为无滚轮的启闭式拖索孔,图 4-34 和图 4-35 均为带有垂直滚轮的启闭式拖索孔。

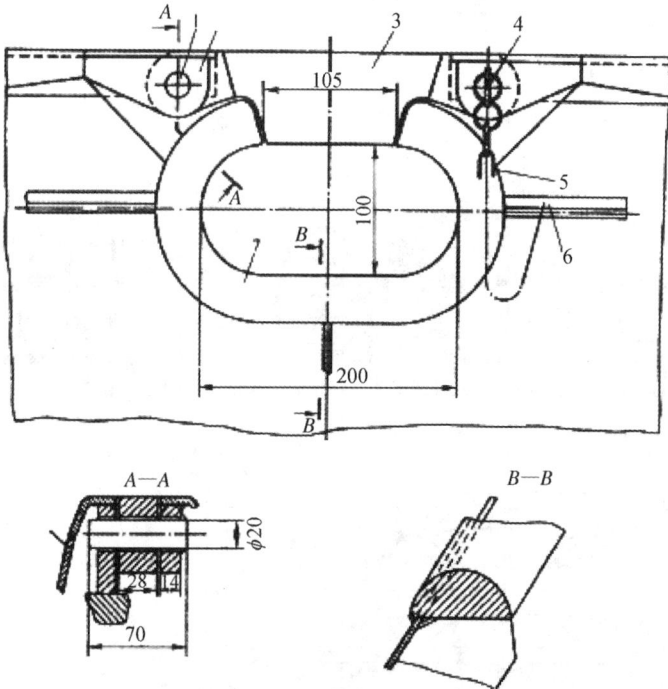

1—轴;2—眼板;3—启闭闩;4—插销;5—小链;6—半圆钢。

图 4-32 简易的启闭式拖索孔

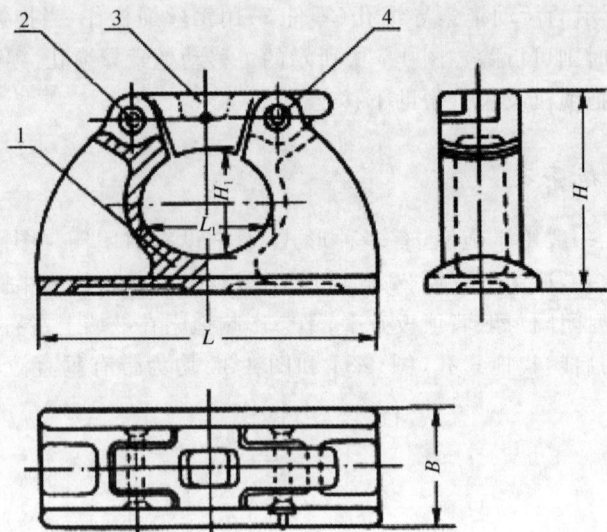

1—本体；2—固定销；3—启闭闩；4—插销。

图 4-33　无滚轮启闭式拖索孔

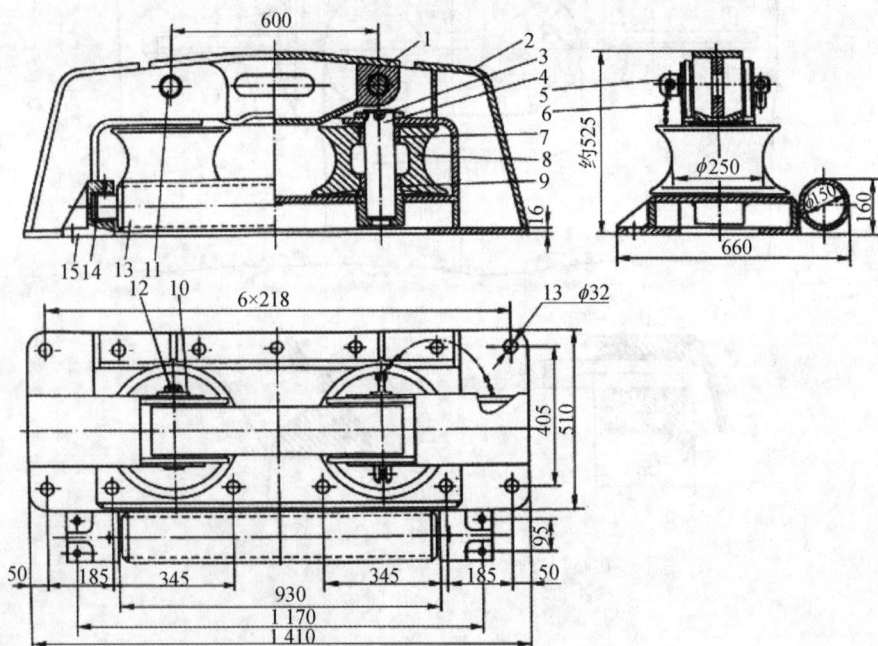

1—启闭闩；2—本体；3—油杯；4—滚轮轴；5—插销；6—小链；7—上衬套；8—滚轮；9—下衬套；10—垫圈；11—销轴；12—开口销；13—水平滚轮；14—衬套；15—轴承座。

图 4-34　带有滚轮的启闭式拖索孔（Φ47.5 拖缆）

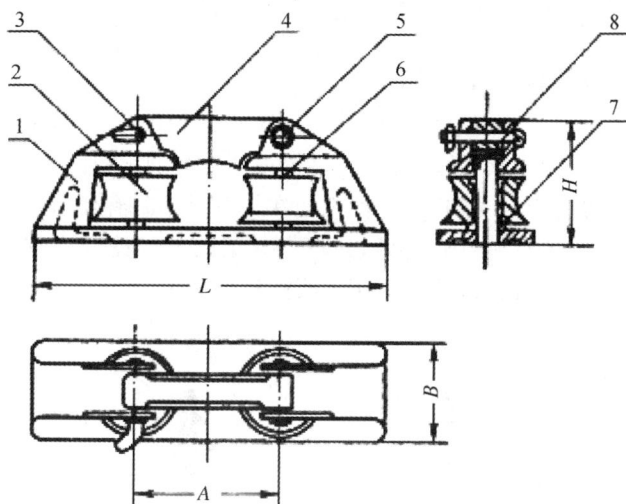

1—本体;2—垂直滚轮;3—插销;4—启闭门;5—固定销;6—轮轴;7—衬
套;8—紧定螺钉。

图 4-35　带有滚轮的启闭式拖索孔

4.8　拖缆承梁

拖缆承梁设于拖船尾部,并高出船舶尾部的所有设备,使得拖缆张紧时能平稳不受阻碍地丛一舷滑向另一舷。

拖缆承梁可分为固定式(图 4-36(a))和局部活动式(图 4-36(b))。普通的拖缆承梁的外形近似于抛物线,但其中间部分约 1/3 船宽范围内为水平的。其高度可以从船体中心线处,通过拖索固定点(指拖钩或拖索绞车)和船尾舷墙顶部的直线确定。又高又宽的拖缆承梁应在船体中心线处或其两侧设支撑。

拖缆承梁及其支撑采用钢管制作,拖缆承梁的剖面模数 $W(\text{cm}^3)$ 应不小于按下式计算所得之值:

$$W = 0.003\,4\,\frac{d^2 Sl}{\sigma_s} \tag{4.8.1}$$

式中　d—拖缆直径,mm;

l—支撑材之间或是支撑材与舷墙之间的距离,m;

S—拖缆长度,不小于 300 m;

σ_s—承梁材料的屈服点或抗拉强度的 0.7,两者中取较小的值,N/mm²。

每一根支撑材的横剖面面积 $F(\text{cm}^2)$ 应不小于按下式计算所得之值:

$$F = 0.002\,95\,\frac{d^2 S}{\sigma_s} \qquad (4.8.2)$$

式中,d,S,σ_s—与式(4.8.1)相同。

局部活动承梁的可动部分可制成垂直方向或水平方向旋转。对于连接部分应予特别注意,使其保持光顺,不应有任何足以损坏拖缆的突出部分。

马鞍形承梁的曲线应光顺,不应使拖缆在横向滑动时有任何阻碍。

高度较小的承梁,在人员通过处,建议在承梁的下部设置橡胶板,以减轻人员通过时可能发生的碰撞伤害,橡胶板用埋头螺栓固定。

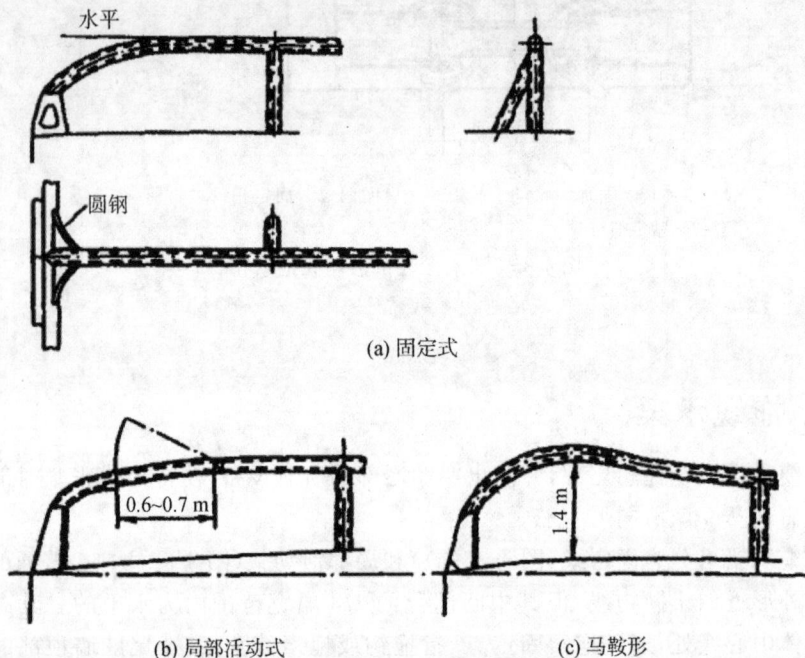

(a) 固定式

(b) 局部活动式   (c) 马鞍形

图 4-36 典型的拖缆承梁

4.9 拖缆机械

4.9.1 拖缆机械的基本要求

拖缆机械系指用于海上拖带作业的机械,包括艏拖作业使用的拖曳绞车以及艉拖作业使用的普通拖曳绞车和自动拖缆机。

　　进行海上舷拖作业的拖船,应配拖缆机,以便在拖带过程中,根据海况和作业要求调整拖缆的长度。中国船级社《海上拖航指南》(2011)对于拖缆机的主要要求如下:

　　(1) 拖缆机最外层的拉力应大于或等于拖船的系柱拖力。

　　(2) 拖缆机的强度、尺寸及其支承件应能承受主拖缆的破断负荷作用在其甲板上最高位置且无永久变形。

　　(3) 拖缆机的制动装置,应按公认标准选取,一般取拖缆破断负荷的 1.1 倍为静态支持负荷。

　　(4) 拖船的拖缆机除有主制动装置外,尚应备有一套应急制动装置,其内层拖缆上的制动力至少为拖船静态系柱拖力的 2 倍,且无须依靠拖缆机的常规动力源。

　　(5) 新建造的无限航区拖船,建议在船上为拖缆机设置测量拖缆负荷(拖力)的指示装置。该装置应有记录功能,至少应记录拖缆最大拉力和平均拉力。同时有超负荷报警器及拖缆放出长度的指示器,并在驾驶室内显示上述资料。

　　(6) 拖缆机在执行制动、拖曳与回收等操作时,应能从驾驶室应急释放拖缆。

　　(7) 拖缆机应设计成恒拖力拖缆机。紧急释放拖缆时,不应导致拖缆机制动装置不能正常工作,确保拖缆机在设定拖力下工作。

　　(8) 拖缆机应设计成主电源故障安全型,在释放拖缆或应急释放或失去电源时,不能导致制动器的完全脱开。

　　(9) 拖缆机制动器刹紧动作时,应能避免瞬时收紧钢丝绳并防止拖缆咬住。

　　(10) 拖缆末端与拖缆机卷筒的连接不应牢固,承载能力不小于 98 kN,不大于拖缆破断负荷的 15%,以便拖缆在应急释放后能顺利脱离卷筒。

　　(11) 拖缆机卷筒最内层拖缆至少能绕卷 50 m 长度,或以其他方式使拖缆在拖带作业中具有足够摩擦力,以及为确保正确操作,保持卷筒内有足够长度的拖缆。

　　(12) 拖缆机应配有确保拖缆在卷筒上正确有效排缆的装置。

　　(13) 液压拖缆机应装有压力安全阀,以确保其系统的工作压力不超过额定压力。

4.9.2　舷拖作业的拖曳绞车

　　港作拖船舷拖作业使用的拖索通常为合成纤维索,所使用的拖曳绞车常与卧式锚机组成一体(即起锚/拖曳组合机),设于拖船首部,并与带有导缆孔的艏部拖桩(图 4-25)配合使用。该起锚/拖曳组合机的起锚机和拖曳绞车均可单独工作,且拖曳绞车可在机旁或驾驶室内遥控操纵。

　　图 4-37 所示为一台液压起锚/拖曳组合机。其起锚机部分适用于直径

20.5 mm 的 M2 级有挡锚链。拖曳绞车部分适用于直径 80 mm 的尼龙绳,容绳量
2×110 m,卷筒最大收缆负载 20 kN,收缆速度为 0～15 m/min,刹车制动负载
400 kN。

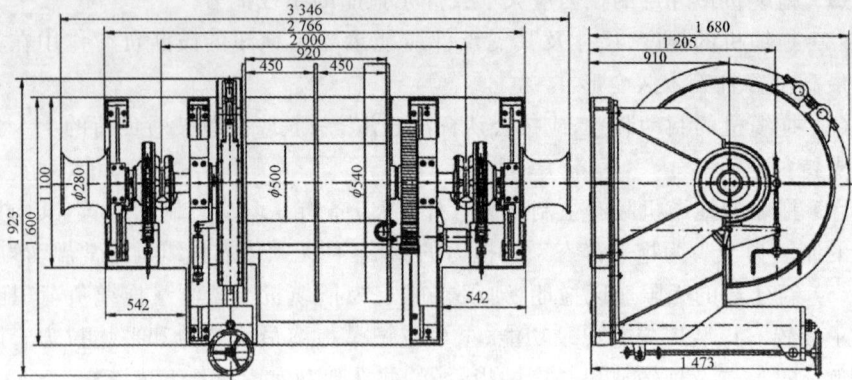

图 4-37　Φ20.5 液压起锚/拖曳组合机

4.9.3　艉拖作业的拖曳绞车

　　拖船艉拖作业使用的拖曳绞车按其功能可分为普通拖曳绞车和自动拖缆机;
按驱动方式可分为电动、液压或柴油机直接驱动;按滚筒数则可分为单滚筒、双滚
筒和三滚筒。

　　普通拖曳绞车的刹车配有缓冲装置,当拖索突然拉紧时,绞车的卷筒可以有稍
许转动,以达到缓冲的目的。图 4-38 所示为一台制动负载为 350 kN 的电动单滚
筒普通拖曳绞车,刹车为气动控制。

　　图 4-39 所示的液压单滚筒普通拖曳绞车,其拖索为直径 48 mm 的钢丝绳,容
绳量 650 m,卷筒最大收缆负载 100 kN,支持负载为 1 400 kN,适用于系柱拖力不
小于 400 kN 的沿海拖船。该绞车带有排绳装置,刹车及离合器均为液压油缸控
制,并设有拖索张力和放出长度显示器。

　　与普通拖曳绞车不同,自动拖缆机设有恒拖(张)力装置。在海上拖带遇到大
风浪时,拖缆受到冲击负荷的作用。恒拖(张)力装置的作用在于,当拖缆张力超过
允许值时,滚筒将自动放出拖缆;当拖缆松弛时,滚筒将收回拖缆到设定的长度。
由此,大大减轻了拖缆受到的冲击负荷,防止拖缆因突加负荷而可能发生的破坏,
自动拖缆机适用于近海和远洋拖航作业。

　　在近海和远洋拖航作业中,除了主拖缆外,拖船还应配置备用拖缆。一旦主拖
缆损坏,应能很快地换上备用拖缆,因此,这类拖船常常设置双滚筒拖缆机。

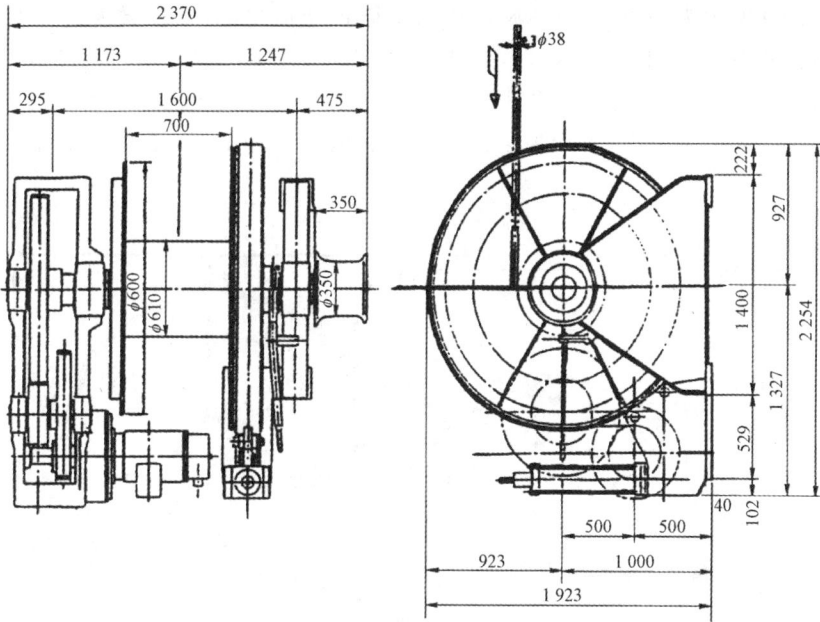

图 4-38　制动负载为 350 kN 的电动普通拖曳绞车

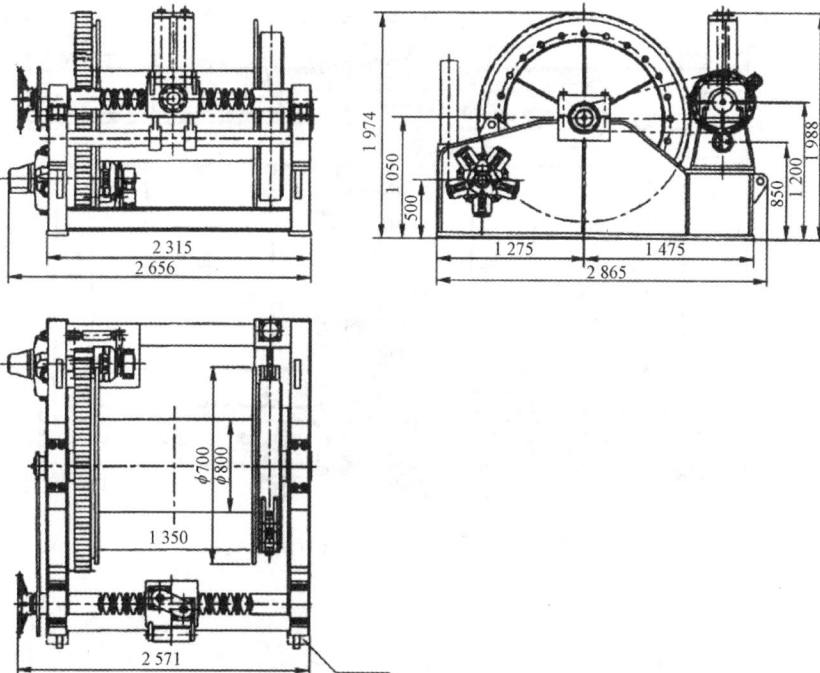

图 4-39　系柱拖力 400 kN 液压拖曳绞车

图 4-40 所示为一台 1 500 kN 液压双滚筒自动拖缆机,其拖索为直径 64 mm 的钢丝绳(破断负荷 2 720 kN),容绳量 2×1 000 m,卷筒最大工作负载 1 500 kN,支持负载为 3 000 kN,适用于系柱拖力不大于 1 360 kN 的拖船。该绞车带有排绳装置,刹车及离合器均为液压油缸控制,并设有拖索张力和放出长度显示器。

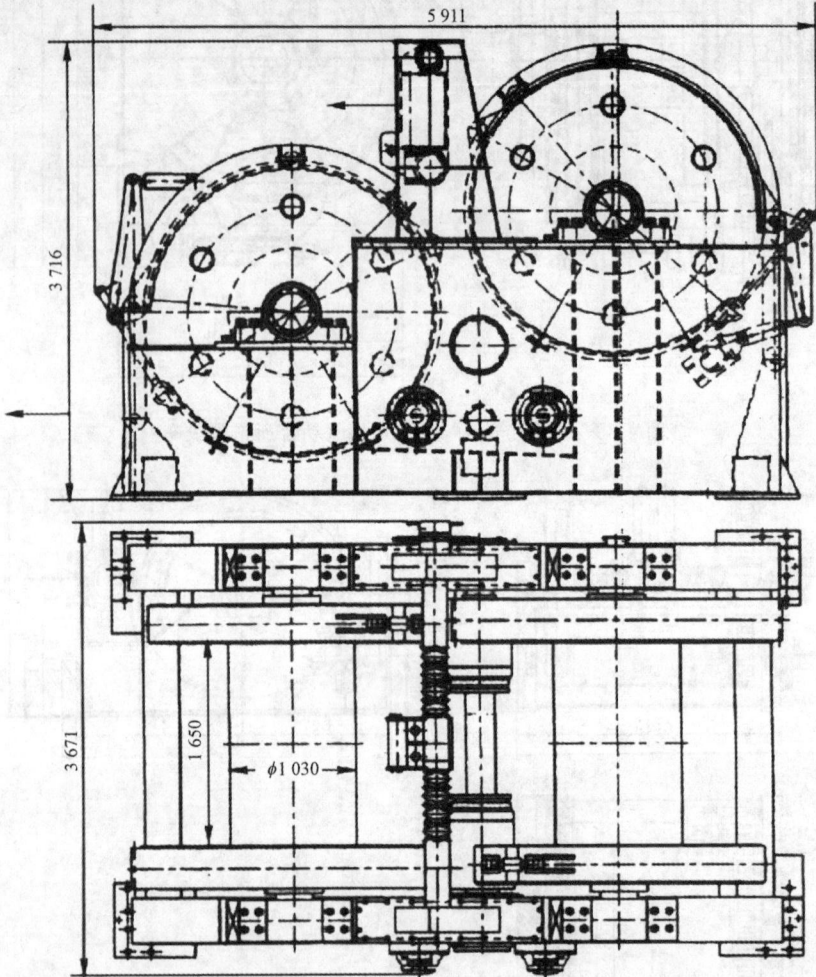

图 4-40　1 500 kN 液压双滚筒自动拖缆机

第5章 救生设备

5.1 救生设备简述

5.1.1 救生设备的主要类型

救生设备是指在船舶遇险时,使船上人员安全迅速撤离船舶并在水上维持生命或是为救助落水人员,而在船上配备的专用设备及其附件的总称。根据一般人的体质,人落到冰冷水中,大约只能存活半个多小时。据现有记录,海上遇难者在艇筏上离开淡水最多能活 7 天左右,离开口粮最多能活 20 天左右。因此如何使人员快速离开遇险船舶,在海上尽量延长生存时间,为救援争取机会,是救生设备需要不断研究的课题。

船舶救生设备的主要类型如下:

(1) 救生载具:系指救生艇、救生筏、救助艇及救生浮具等;

(2) 个人救生设备:系指救生圈、救生衣、救生服、抗暴露服及保温用具等;

(3) 存放、登乘、降落与回收装置:系指各类降落设备(包括吊艇架与艇绞车)、救生筏架、登乘梯及海上撤离系统等。

(4) 抛绳设备:系指抛绳器和抛绳枪(附抛绳)等。

(5) 视觉信号:系指火箭降落伞信号、手持火焰信号及漂浮烟雾信号等。

(6) 通用应急报警系统与公共广播系统。

(7) 无线电救生设备:系指双向甚高频(VHF)无线电话设备、雷达应答器(SART)以及救生艇筏应急无线电示位标等。

5.1.2 本章相关术语定义

本章中所用相关术语、定义如下:

(1) 公约:系指经修正的《1974 年国际海上人命安全公约》,简称《SOLAS 公约》。

（2）主管机关：系指船旗国政府。我国政府授权的主管机关为中华人民共和国海事局，简称 CHINA MSA。

（3）MSA 法规：系指由中华人民共和国海事局公布的《国际航行海船法定检验技术规则》及《国内航行海船法定检验技术规则》。

（4）LSA 规则：系指由国际海事组织（IMO）的海上安全委员会（MSC）以 MSC.48（66）决议通过的经修正的《国际救生设备规则》（International Life-Saving Appliance Code），简称《LSA 规则》。

（5）国际航行：系指由适用《SOLAS 公约》的一国驶往该国以外港口或与此相反的航行。

（6）短程国际航行：系指在航行中，船舶距离能够安全安置乘客和船员的港口或地点不超过 200 n mile 的国际航行。启航国最后停靠港至最终目的港之间的距离与返航航程均应不超过 600 n mile。最终目的港系指船舶开始返航回到启航国前的计划航次中的最后停靠港。

（7）国内航行：系指在中国水域（包括沿海港口、内水、领海以及国家管辖的一切其他水域）内的航行。

（8）客船：系指载客超过 12 人的船舶。

（9）货船：系指非客船的任何船舶。

（10）液货船：系指经建造或改建用于散装运输易燃液体货品的货船。

（11）客滚船：系指具有滚装装货处所或特种处所的客船。

（12）特种用途船：系指不小于 500 总吨、载有 12 名以上特殊人员的船舶。

（13）乘客：系指除下列人员外的人员：

　　① 船长和船员，或在船上以任何职位从事或参加该船业务的其他人员；

　　② 一周岁以下儿童。

（14）特殊人员：系指船舶特殊作业所专门需要的人员，是为船舶正常航行、操纵和维护保养或为船上人员提供服务的人员以外所承载的附加人员。

（15）船长：系指量自龙骨上面的最小型深 85% 处水线总长的 96%，或沿该水线从艏柱前缘量至舵杆中心线的长度，取较大者。对设计为具有倾斜龙骨的船舶，其计量长度的水线应与设计水线平行。

（16）最轻载航行状态：系指船舶处于平浮、无货物，剩有 10% 的备品和燃料的装载状态；对客船而言，船舶处于载足全额乘客和船员及其行李的装载状态。

（17）救生艇筏：系指从弃船时起能维持遇险人员生命的艇筏。

（18）救助艇：系指为救助遇险人员及集结救生艇筏而设计的艇。

（19）救生服：系指减少在冷水中穿着该服人员体热损失的防护服。

（20）自由漂浮下水：系指救生艇筏从下沉中的船舶自动脱开并立即可用的降落方法。

（21）自由降落下水：系指载足全部成员和属具的救生艇筏在船上脱开并在没有任何制约装置的情况下，任其下降到海面的降落方法。

（22）气胀式设备：系指依靠非刚性的充气室作浮力，而且在准备使用前通常保持不充气状态的设备。

（23）充气式设备：系指依靠非刚性的充气室作浮力，而且一直保持充气备用状态的设备。

（24）海上撤离系统：系指将人员从船舶的登乘甲板迅速转移到漂浮的救生艇筏上的设备。

（25）登乘梯：系指设置在救生艇筏登乘站以供安全登入降落下水后的救生艇筏的梯子。

（26）逆向反光材料：系指不需要能源，能将其他物体发射出来的光束直接逆向反射的材料。

（27）原型试验：系指对新设计的、首次制造的原型救生设备，按有关要求进行各项性能的验证。

5.1.3　救生设备的一般要求

对各类救生设备的一般要求如下：

（1）在 −30～65 ℃的空气温度范围内存放而不至损坏。

（2）如其在使用时可能侵没在海水中，则在 −1～30 ℃的海水温度范围内可用。

（3）凡适用者，能防腐烂、耐腐蚀，并不受海水、油类或霉菌侵袭的过度影响。

（4）如暴露在日光下，应能抗老化变质。

（5）所有便于被探测的部位应具有鲜明易见的颜色。

（6）在便于被探测的部位应设置逆向反光材料。

（7）应清晰地标识设备认可信息，包括认可的主管机关及所有操作限制。

（8）凡适用者，应提供电气短回路保护以防止损坏或伤害。

有关各类救生设备的详细要求参见《LSA 规则》。

5.2 海船救生设备的配备

5.2.1 国际航行海船救生设备的配备

5.2.1.1 一般规定

国际航行海船救生设备的配备应符合经修正的《SOLAS 公约》和 MSA《国际航行海船法定检验技术规则》的要求,两者实际上是一致的。同时《SOLAS 公约》和 MSA《国际航行海船法定检验技术规则》又规定,这些要求不适用于小于 500 总吨的货船、非机动船、制造简陋的木船、非营业的游艇及渔船,而且在下列情况下可免除这些要求:

(1) 主管机关如考虑到航程的遮蔽性及其条件而认为实施本章(指《SOLAS 公约》第Ⅲ章及 MSA《国际航行海船法定检验技术规则》第 3 章)的任何具体要求不合理或不必要时,可对在其距最近陆地不超过 20 n mile 的航线航行的个别船舶或某些类型船舶,免除这些要求。

(2) 对用于运输大量特别乘客(如朝觐的乘客)的客船,主管机关如确信实施本章(指《SOLAS 公约》第Ⅲ章及 MSA《国际航行海船法定检验技术规则》第 3 章)要求不切实际时,可对此类船舶免除这些要求,但应完全符合《1971 年特种业务客船协定》所附规则以及《1973 年特种业务客船舱室要求议定书》所附规则的规定。

《SOLAS 公约》将所有船舶划分为两类即"客船"与"货船",并按此配备救生设备,本手册将择要予以阐述。

5.2.1.2 客船救生设备的配备

(1) 救生艇筏

①从事非短程国际航行的客船

应配备部分封闭或全封闭的救生艇,其在每舷的总容量应能容纳不少于船上人员总数的 50%。主管机关可准许以相等总容量的救生筏来代替救生艇,但船舶每舷必须配备足够容纳不少于船上人员总数 37.5% 的救生艇。气胀式或刚性救生筏应使用均等分布在船舶每舷的降落设备。这些救生筏和降落设备可以用等效容量的一个或几个海上撤离系统来代替。

此外,还应配备总容量至少能容纳船上人数总数 25% 的气胀式或刚性救生筏。这些救生筏应使用每舷至少 1 台降落设备,该降落设备可以是按上述代替救生艇的救生筏要求装设的降落设备,或是能在两舷均可使用的等效认可设备。

②从事短程国际航行的客船

应配备部分封闭或全封闭的救生艇,其总容量应至少能容纳船上人员总数的30%。救生艇应尽可能均等地分布在船舶每舷。此外,气胀式或刚性救生筏的总容量,连同救生艇的总容量,应能容纳船上人员总数。这些救生筏应使用均等分布在船舶每舷的降落设备。这些救生筏和降落设备可以用等效容量的一个或几个海上撤离系统来代替。

此外,还应配备总容量至少能容纳船上人员总数 25% 的气胀式或刚性救生筏。这些救生筏应使用每舷至少 1 台降落设备,该降落设备可以是按上述代替救生艇的救生筏要求装设的降落设备,或是能在两舷均可使用的等效认可设备。

③500 总吨以下且船上人员总数少于 200 人的客船,为代替满足上述①或②款的要求,可按下列要求:

a. 船舶每舷所配备的气胀式或刚性救生筏,其总容量应能容纳船上人员总数;

b. 除非 a 中要求的救生筏是存放在一个能在单层开敞甲板上易于作舷对舷转移的位置,否则应配备附加救生筏,使每舷可用的总容量能容纳船上人员总数的150%;

c. 如果所配备的救助艇也是符合《LSA 规则》要求的部分封闭或全封闭救生艇,则可计入 a 中所要求的总容量,但是船舶任何一舷的总容量应至少是船上人员总数的 150%;

d. 在任何一艘救生艇筏掉失或不能使用时,每舷可供使用的救生艇筏,包括存放在一个能在单层开敞甲板上易于作舷对舷转移的位置的救生艇筏,应能足够容纳船上的人员总数。

④为船上人员总数弃船所需配备的所有救生艇筏,在所有人员集合并穿妥救生衣后,应能在发出弃船信号后 30 min 内,载足额定乘员及属具降落水面。

（2）救助艇

①500 总吨及以上的客船应在船舶每舷至少配备 1 艘救助艇。

②500 总吨以下的客船应至少配备 1 艘救助艇。

③如果救生艇及其降落和回收装置也符合对救助艇的要求,则可以接受此救生艇作为救助艇。

（3）救生筏的集结

①配备于客船上的救生艇和救助艇的数量应能足以确保在供船上全体人员弃船使用时,每艘救生艇或救助艇需要集结的救生筏不多于 6 只。

②配备于从事短程国际航行客船上的救生艇和救助艇的数量应能足以确保在供船上全体人员弃船使用时,每艘救生艇或救助艇需要集结的救生筏不多于 9 只。

（4）个人救生设备

①救生圈

a. 客船配备的救生圈数量应不少于表 5-1 的规定。

b. 船舶每舷至少有一个救生圈应设有可浮救生索，其长度不小于救生圈存放处在最轻载航行水线以上高度的 2 倍或 30 m，取较大者。

c. 不少于总数一半的救生圈应设有自亮灯，但长度 60 m 以下的客船仍应配备不少于 6 只带有自亮灯的救生圈。这些救生圈中不少于 2 只还应设有自发烟雾信号，并能从驾驶室（外）迅速抛投。设有自亮灯的救生圈和设有自亮灯及自发烟雾信号的救生圈，应均等地分布在船舶两舷，这类救生圈不应是装有可浮救生索的救生圈。

表 5-1　客船配备的救生圈的数量

船长/m	最少救生圈数/只
60 以下	8
60 至 120 以下	12
120 至 180 以下	18
180 至 240 以下	24
240 及以上	30

②救生衣及救生衣灯

a. 应为船上每个人配备 1 件救生衣，另外还应：

（a）对于航程小于 24 h 的客船，应配备至少船上乘客总数 2.5％的婴儿救生衣。

（b）对于航程等于及大于 24 h 的客船，应为船上每一个婴儿配备婴儿救生衣。

（c）配备若干适合儿童穿着的救生衣，其数量至少相等于船上乘客总数的 10％，或为每个儿童配备 1 件救生衣而可能需要的更多数量。

（d）配备足够数量的救生衣，以供值班人员使用，并供设置在远处的救生艇筏站使用。供值班人员使用的救生衣应存放在驾驶室、机舱控制室和任何其他有人值班的地方。

（e）如果提供的成人救生衣不适合体重达 140 kg、胸围达 1 750 mm 的人员穿着，船上应配备足够数量的合适的辅助设备，以使其系固在这些人员身上。

b. 如由于船舶的特殊布置而使上述 a 项要求配备的救生衣可能无法拿到时，可制定使主管机关满意的变通措施，其中可包括增加救生衣的配备数量。

c. 除上述 a 和 b 项要求的救生衣外，每艘客船还应配备不少于船上人员总数 5％的救生衣。这些救生衣应存放在甲板上或集合站显而易见的地方。

d. 在所有客船上,每件救生衣应配备 1 盏救生衣灯。

③救生服、抗暴露服和保温用具

a. 应为每位被指派为救助艇员或海上撤离系统工作人员的人配备 1 件适宜的救生服或抗暴露服。如果船舶一直在主管机关认为不需热防护的温暖气候区域航行,则不必配备该防护服。

b. 所有客船上每艘救生艇应配备至少 3 件救生服,此外,还应为救生艇中没有配备救生服的每个人配备保温用具。在下列情况下,不必配备这些救生服和保温用具:

(a) 全封闭或部分封闭救生艇中的人员。

(b) 如船舶一直在主管机关认为不需救生服和保温用具的温暖气候区域航行。

5.2.1.3 客滚船的附加要求

客滚船上的救生设备,除应符合本章 5.2.1.2 条的要求外,还应满足下述附加要求。

(1) 救生筏

①客滚船的救生筏应使用海上撤离系统或降落设备,并应均等地分布在船舶两侧。

②客滚船的每只救生筏应配备自由漂浮式存放装置。

③客滚船的每只救生筏应设置登筏踏板。

④客滚船的每只救生筏应为自行扶正的或为带顶蓬两面可用的救生筏,其在海上应是稳定的,不论哪一面朝上,都能安全操作。或者,船上除了配备正常额定救生筏之外,还应配备自行扶正的救生筏或带顶蓬两面可用的救生筏,其总容量至少为未计入救生艇乘员的 50%。该附加的救生筏容量应根据船上总人数与救生艇乘员数之间的差值来决定。每只这样的救生筏应经主管机构认可。

(2) 快速救助艇

①客滚船上的救助艇中应至少有一艘为快速救助艇。

②每艘快速救助艇应使用经主管机关认可的适当的降落设备。

(3) 救助设备

①每艘客滚船应配置有效的设施以从水中迅速救回幸存者并把他们从救助装置或救生艇筏转移到船上。

②转移幸存者到船上的设备可以是海上撤离系统的一部分,或是为救助目的而设计的系统的一部分。

（4）救生衣

①尽管按本章 5.2.1.2 第（4）款②项的要求配备了救生衣，仍应有足够数量的救生衣存放在集合站附近，这样乘客不必回到自己的舱室去取救生衣。

②在客滚船上，每件救生衣应设有 1 盏救生衣灯。

（5）直升机降落和搭乘区域

①所有客滚船应设有一个直升机搭乘区域，并应经主管机关认可。

②船长为 130 m 及以上的客滚船，应设有一个直升机降落区，并应经主管机关认可。

5.2.1.4 货船救生设备的配备

（1）救生艇筏

①货船应配备的救生艇筏：

a. 每舷 1 艘或多艘全封闭救生艇，其总容量应能容纳船上人员总数。

b. 另外还应配备 1 只或多只气胀式或刚性救生筏，其质量小于 185 kg，存放在一个能在单层开敞甲板上易于作舷对舷转移的位置，且其总容量能容纳船上人员总数。如果上述救生筏的质量不小于 185 kg，且不是存放在一个能在单层开敞甲板上易于作舷对舷转移的位置，则每舷可用的总容量应能容纳船上人员总数。

②为代替满足上述①项的要求，可配备：

a. 1 艘或多艘能在船尾自由降落下水的全封闭救生艇，其总容量应能容纳船上人员总数。

b. 另外，船舶每舷还应配备 1 只或多只气胀式或刚性救生筏，其总容量应能容纳船上人员总数。至少在船舶一舷的救生筏应使用降落设备。

③为代替满足上述①或②项的要求，除油船、化学品液货船和气体运输船外的长度为 85 m 以下的货船可符合下列要求：

a. 船舶每舷配备 1 只或多只气胀式或刚性救生筏，其总容量应能容纳船上人员总数。

b. 除非上述 a 项所要求的救生筏质量小于 185 kg，并存放在一个能在单层开敞甲板上易于作舷对舷转移的位置，否则应配备附加救生筏，使每舷可用的总容量能容纳船上人员总数的 150%。

c. 如果所配备的救助艇也是符合《LSA 规则》要求的全封闭救生艇，则可计入上述 a 项所要求的总容量，但船舶任何一舷可用的总容量应至少是船上人员总数的 150%。

d. 在任何一艘救生艇筏掉失或不能使用的情况下，每舷可供使用的救生艇筏，包括任何质量小于 185 kg 并存放在一个能在单层开敞甲板上易于作舷对舷转移的位置的救生艇筏,应能足够容纳船上人员总数。

④对于从船首最前端或船尾最末端至最靠近的救生艇筏最近一端的水平距离超过 100 m 的货船,除配备本款上述①项中 b 和②项中 b 要求的救生筏外,还应在合理可行的范围内配备 1 只救生筏,尽量靠前或靠后存放,或 2 只救生筏中,1 只尽量靠前,另 1 只尽量靠后存放。该救生筏或该 2 只救生筏可用能手动脱开的方式系牢,而不必为能用认可的降落设备降落的类型。

⑤除了能从最轻载航行水线以上小于 4.5 m 高度的甲板上登乘的且其质量不大于 185 kg 的救生艇筏外,为船上人员总数弃船所需配备的所有救生艇筏,应能在发出弃船信号后 10 min 内,载足全部人员及属具后降落水面。

⑥载运散发有毒蒸汽或毒气的货物的化学品液货船和气体运输船,应配备具有空气维持系统的救生艇,以替代全封闭救生艇。

⑦载运闪点不超过 60 ℃(闭杯试验)货物的油船、化学品液货船和气体运输船,应配备耐火救生艇,以替代全封闭救生艇。

⑧尽管有本条上述(1)款①项的要求,对于在 2006 年 7 月 1 日或以后建造的散货船(系指在货物处所中通常建有单层甲板、顶边舱和底边舱,且主要用于运输散装干货的船舶,包括诸如矿砂船和兼装船等船型),应符合本条上述(1)款②项的要求。

(2)救助艇

货船应至少配备 1 艘救助艇。如果救生艇及其降落和回收装置也符合对救助艇的要求,则可以接受此救生艇为救助艇。

(3)个人救生设备

①救生圈

a. 货船配备的救生圈数量应不少于表 5-2 的规定。

表 5-2 货船配备的救生圈数量

船长/m	最少救生圈数/只
100 以下	8
100 至 150 以下	10
150 至 200 以下	12
200 及以上	14

b. 船舶每舷至少有一个救生圈应设有可浮救生索,其长度不小于救生圈存放处在最轻载航行水线以上高度的 2 倍或 30 m,取较大者。

c. 不少于总数一半的救生圈应设有自亮灯,这些救生圈中不少于 2 只还应设有自发烟雾信号,并能从驾驶室(外)迅速抛投。设有自亮灯的救生圈和设有自亮灯及自发烟雾信号的救生圈,应均等地分布在船舶两舷,这类救生圈不应是装有可浮救生索的救生圈。

d. 配在液货船上的救生圈用自亮灯,应为电池型。

②救生衣及救生衣灯

a. 应为船上每个人配备 1 件救生衣,另外还应:

(a) 配备足够数量的救生衣,以供值班人员使用,并供设置在远处的救生艇筏站使用。供值班人员使用的救生衣应存放在驾驶室、机舱控制室和任何其他有人值班的地方。

(b) 如果提供的成人救生衣不适合体重达 140 kg,胸围 1 750 mm 的人员穿着,船上应配备足够数量的合适的辅助设备,以使其系固在这些人员身上。

b. 在所有货船上,每件救生衣应配备 1 盏救生衣灯。

③救生服和抗暴露服

a. 应为每位被指派为救助艇员或海上撤离系统工作人员的人配备 1 件尺寸适宜的救生服或抗暴露服。如果船舶一直在主管机关认为无须热防护的温暖气候区域航行,则不必配备该防护服。

b. 应为船上每个人配备 1 件合身的救生服。但对除了主要用于运输散装干货的散货船(包括诸如矿砂船和兼装船等船型)外的船舶,如果该船一直在主管机关认为不需救生服的温暖气候区域航行,则不必要求配备这些救生服。本项所要求的救生服可用于符合上述③项 a 的要求。

c. 如果船舶有任何值班站或工作站远离通常存放救生服的地方(包括本条(1)款④项要求配备且位于远处的救生艇筏),则任何时候均应另外为通常在这些处所值班或工作的人员按其人数配备合身的救生服。

5.2.1.5 客船与货船其他救生设备的配备

(1) 应配备 1 具抛绳设备。

(2) 应配备不少于 12 支火箭降落伞火焰信号,并应存放在驾驶室或其附近。

(3) 在船舷降落的救生艇筏的每处登乘站或每两处相邻的登乘站均应设置一个符合《LSA 规则》的登乘梯,其单根长度在船舶纵倾至 10° 和任何一舷横倾至 20° 的所有情况下可从甲板延伸至最轻载航行水线。然而,主管机关可准许用进入在水面上的救生艇筏的认可装置代替这些梯子,但船舶的两舷均应设有至少一个登乘梯。

(4) 如有必要,应设有将吊艇架降落的救生艇筏贴靠并系留在船舷的装置,以使人员能安全登乘。

(5) 救生艇筏搜救定位装置

① 每艘客船,每舷应至少配有 1 台搜救定位装置(系指救生艇筏雷达应答器或救生艇筏 AIS 搜救应答器)。搜救定位装置(系指救生艇筏雷达应答器)应存放在能迅速放入任何救生艇的位置,或者在每一艘救生艇筏上存放 1 台搜救定位装置。

② 每艘 500 总吨及以上的货船,每舷应至少配有 1 台搜救定位装置(系指救生艇筏雷达应答器或救生艇筏搜救 AIS 应答器)。每艘 300 总吨及以上,但小于 500 总吨的货船应至少配有 1 台搜救定位装置。搜救定位装置(系指救生艇筏雷达应答器)应存放在能迅速放入任何救生艇的位置处,或者在每一救生艇筏上存放 1 台搜救定位装置。在至少配有 2 台搜救定位装置并配备自由降落救生艇的船上,其中的一台搜救定位装置应存放在一艘自由降落救生艇内,另一台放在紧邻驾驶室之处,以便能在船上使用,并能便于转移至任一其他救生艇筏上。

③ 客滚船上的救生筏应按每 4 只救生筏配备 1 个的比例安装搜救定位装置。搜救定位装置应安装在救生筏的内侧,以便当救生筏展开时,其天线能高出海平面 1 m,但对于带顶篷两面可用的救生筏,搜救定位装置应布置为幸存者易于接近并架设。每一搜救定位装置应布置为当救生筏展开时能以人工架设。装有搜救定位装置的救生筏容器应清楚地予以标明。

(6) 其他救生设备还包括船上通信与报警系统及客船公共广播系统。

5.2.1.6　特种用途船舶救生设备的配备

(1) 船上载运 60 人以上的特种用途船舶应符合本章 5.2.1.2 条对从事非短程国际航行客船的要求。

(2) 尽管有上述(1)款的规定,船上载运 60 人以上的船舶可以使用一个或几个海上撤离系统来替代本章 5.2.1.2 条(1)款①项要求的救生筏和降落设备的等效容量,包括配备至少 2 艘救助艇。

(3) 船上载运不超过 60 人的特种用途船舶应符合本章 5.2.1.4 条对除油轮外其他货船的要求。如果此类船舶符合对载运 60 人以上的船舶的分舱要求,则船舶可按上述 1)条的要求配备救生设备。

(4) 本章 5.2.1.2 条(1)款②项、5.2.1.4 条(1)款⑤项和⑥项的要求不适用于特种用途船舶。

5.2.1.7　救生艇筏及救助艇的降落与回收装置

除另有明文规定外,所有救生艇筏应配备符合《LSA 规则》第 6.1 节要求的降落和登乘设备,但下列艇筏除外:

（1）从最轻载航行水线以上少于 4.5 m 高度的甲板上登乘的救生艇筏，且其质量不大于 185 kg。

（2）从最轻载航行水线以上少于 4.5 m 高度的甲板上登乘的救生艇筏，且存放方式为可在纵倾至 10°和任何一舷横倾至 20°的不利情况下直接从存放地点降落下水。

（3）超过按船上总人数 200%所配备的救生艇筏范围的救生艇筏，且其质量不大于 185 kg。

（4）超过按船上总人数 200%所配备的救生艇筏范围的救生艇筏，且存放方式为可在纵倾至 10°和任何一舷横倾至 20°的不利情况下直接从存放地点降落下水。

（5）供连同海上撤离系统一起使用并符合《LSA 规则》第 6.2 节要求的救生艇筏，且存放方式为可在纵倾至 10°和任何一舷横倾至 20°的不利情况下直接从存放地点降落下水。

5.2.2　国内航行海船救生设备的配备

5.2.2.1　航区及客船等级划分

国内航行海船救生设备的配备应符合经修正的 MSA《国内航行海船法定检验技术规则(2020)》的要求，该法规适用于国内航行的中国籍海船，包括船长 20 m 及以上的排水型船舶和高速船。

MSA《国内航行海船法定检验技术规则(2020)》总则和第 4 篇第 1 章关于国内航行海船的航区划分及客船等级划分的要求引述如下：

（1）航区划分

根据中国海事局(MSA)《国内航行海船法定检验技术规则(2020)》的规定，国内航行海船的航区划分为以下四类：

①远海航区：系指国内航行超出近海航区的海域。

②近海航区：系指

a. 中国渤海、黄海及东海距岸不超过 200 n mile 的海域。

b. 台湾海峡。

c. 南海之台湾岛东海岸距岸不超过 50 n mile 的海域。

d. 海南岛东海岸及南海岸以如下 5 点(18°30′24″N/108°41′13″E、15°46′24″N/111°11′48″E、16°02′54″N/112°35′24″E、16°39′48″N/112°44′41″E、19°49′49″N/110°59′41″E)连线范围内沿海航区除外的海域(简称"海南-西沙航区")。

e. 南海其他海域距岸不超过 120 n mile 的海域。

③沿海航区：系指台湾岛东海岸、台湾海峡东西海岸、海南岛东海岸及南海岸

距岸不超过 10 n mile 的海域和除上述海域外距岸不超过 20 n mile 的海域;距有避风条件且有施救能力的沿海岛屿不超过 20 n mile 的海域。但对距海岸超过 20 n mile 的上述岛屿,中国海事局(MSA)将按实际情况适当缩小该岛屿周围海域的距岸范围。

④遮蔽航区:系指在沿海航区内,由海岸与岛屿、岛屿与岛屿围成的遮蔽条件较好、波浪较小的海域。在该海域内岛屿之间、岛屿与海岸之间的横跨距离应不超过 10 n mile(已批准为遮蔽航区的水域详见 MSA《国内航行海船法定检验技术规则》总则附录)。

(2)国内航行客船等级划分

按照我国海域、航区和航线距庇护地距离,客船(包括客滚船)划分为Ⅰ、Ⅱ 和Ⅲ级,如表 5-3 所示。

表 5-3　客船等级划分

客船等级	航行限制		
	航区	海域	航线距庇护地距离
Ⅰ	远海、近海	—	—
Ⅱ	沿海	黄海、东海、北部湾、渤海湾、琼州海峡、雷州半岛东、西海岸	≥10 n mile
		台湾海峡、台湾岛东海岸、海南岛东、南海岸、南海	≥5 n mile
Ⅲ	沿海	黄海、东海、北部湾、渤海湾、琼州海峡、雷州半岛东、西海岸	<10 n mile
		台湾海峡、台湾岛东海岸、海南岛东、南海岸、南海	<5 n mile
	遮蔽	—	—

国内航行客船等级说明如下:

①以航线为例

a. 下列航线客船为Ⅰ级:

烟台—大连航线;上海—大连(青岛)航线;上海—厦门(广州)航线;海口—广州航线等。

b. 下列航线客船为Ⅱ级:

上海—宁波航线;海口—湛江航线;海口—北海航线等。

c. 下列航线客船为Ⅲ级:

海口—海安航线;舟山海域的遮蔽航区内航线;象山湾航线;蓬莱—长岛航线等。

②以航区为例:

a. 航行于近海航区和远海航区的客船为Ⅰ级客船。

b. 航行于沿海航区的客船根据航程距庇护地距离分别为Ⅱ级或Ⅲ级客船。

c. 航行于遮蔽航区的客船为Ⅲ级客船。

5.2.2.2 救生艇筏和救助艇的配备

(1) 一般要求

①按规定配备的救生艇筏、海上撤离系统(如设有)应尽可能沿船长左右舷均匀分布。

②如救生艇及其降落和回收设备也符合对救助艇的要求,则可以接受此救生艇作为救助艇而不必另外配救助艇,该救生艇的额定乘员人数也可计入本条要求的救生艇容量中。

③对客船,为船上人员总数弃船所需配备的所有救生艇筏,在所有人员集合并穿妥救生衣后,应能在发出弃船信号后,于 30 min 内载足额定乘员及属具后降落水面。对于抛投式救生筏,应于 30 min 内使足额乘员登乘到已正常施放到水面的救生筏中。

④对客船以外的船舶,为船上人员总数弃船需配备的救生艇筏(不包括质量 185 kg 及以下的从最轻载航行水线以上少于 4.5 m 高度的甲板上登乘的救生筏),应能在发出弃船信号后 10 min 内,载足全部人员及属具后降落水面。

⑤所有新船上所配的救生筏均应为自扶正救生筏(额定乘员 6 人及以下的救生筏除外)或为带顶篷的两面可用救生筏。

⑥自 2013 年 9 月 1 日起,船舶配备的救生筏换新时,该救生筏应为自扶正救生筏(额定乘员 6 人及以下的救生筏除外)或为带顶篷的两面可用救生筏。

⑦对固定航行于珠江口以南的沿海航区的客船,上述带顶篷的两面可用救生筏可使用开敞式两面可用救生筏替代。

⑧除本章专门指明外的其他非客船机动船舶的救生艇筏的配备,均应按照本条(3)款对货船的要求。

⑨除本章专门指明外的其他配备有船员(以下简称有人)和不配备有船员(以下简称无人)非机动船舶的救生艇筏的配备,均应按照本条(4)款对其他船舶的适用要求。

(2) 客船救生艇筏和救助艇的配备

①每艘客船全船配备的救生艇、救助艇、救生筏的乘员定额数与船上总人数的百分比应不少于表 5-4 的规定。

②Ⅰ级客船和船长 85 m 及以上的Ⅱ级客船,除应符合表 5-4 的规定外,全船

救生艇、救助艇(如设有时)总数与救生筏的比值不得小于 1∶9。

③载客 500 人及以上的 Ⅱ 级客船,救生设备的配备应符合 Ⅰ 级客船的规定。

④载客 500 人及以上的 Ⅲ 级客船,救生设备的配备应符合 Ⅱ 级客船的规定。

⑤载客1 000人及以上的 Ⅲ 级客船,救生设备的配备应符合 Ⅰ 级客船的规定。

⑥一个或几个海上撤离系统及其配套使用的气胀救生筏可替代表 5-4 中的等效容量的要求配备吊架降落的救生筏。

表 5-4　客船救生设备的配备(%)

船舶等级/L 船长		救生艇	气胀救生筏②	全船总容量	救助艇③
Ⅰ	—	30①	95	125	1 艘
Ⅱ、Ⅲ	L≥85 m	110①		110	1 艘
	L＜85 m		110	110	1 艘

注:① 每舷至少应配备 1 艘部分封闭式或全封闭式救生艇。

② 应视登乘位置距最轻载航行水线的高度,按本章 5.2.2.4 条(1)款的要求配备降落设备。

③ 对 L≤45 m 的 Ⅲ 级客船可不配。

(3) 货船救生艇筏和救助艇的配备

①除另有规定外,货船的救生设备应按本条的规定配备。

②航行于远海航区的货船,救生艇、救助艇、救生筏应按下列要求配备:

a. 所有油船、化学品液货船、气体运输船和船长 L≥85 m 的其他货船,应不低于按表 5-5 的规定配备。

表 5-5　油船/化学品液货船/气体运输船/船长 L≥85 m 的其他货船救生设备的配备(%)

全封闭救生艇	气胀救生筏①	附加救生筏 (存放间距＞100 m)	总容量	救助艇
每舷 100	100(可舷对舷转移)	1 或 2 只(见本款⑤项) (不计入总容量)	300	1 艘
	每舷 100(不可转移)		400	
或				
自由降落救生艇	气胀救生筏②	附加救生筏 (存放间距＞100 m)	总容量	救助艇
100	每舷 100	1 或 2 只(见本条款⑤项) (不计入总容量)	300	1 艘

注:① 应视登乘位置距最轻载航行水线的高度,按本章 5.2.2.4 条(1)款的要求配备降落设备。

② 每舷至少 1 只气胀救生筏,其容量应能容纳船上总人数,并且至少船舶一舷的救生筏应使用降落设备。

b. 对化学品液货船和气体运输船,如载运散发有毒蒸汽或毒气的货物,其救生艇应为具有空气维持系统的救生艇。

c. 对油船、化学品液货船和气体运输船,如载运闪点不超过 60 ℃(闭杯试验)的货物,其救生艇应为耐火救生艇。

d. 除油船、化学品液货船和气体运输船外的其他 $L<85$ m 的货船,应不低于表 5-6 的规定配备。

表 5-6 $L<85$ m 的货船救生设备的配备(%)

气胀救生筏[①]	救助艇	总容量
每舷 100(可舷对舷转移)	1 艘	200
每舷 150(不可转移)		300

注:① 任何 1 只救生筏掉失或不能使用时,每舷可供使用的救生筏应为 100%,且应视登乘位置距最轻载航行水线的高度,按本章 5.2.2.4 条(1)款的要求配备降落设备。

③航行于近海航区的货船,其救生艇、救助艇、救生筏应按下列要求配备:

a. 对 $L>45$ m 的油船、化学品液货船、气体运输船和船长 $L\geqslant85$ m 的其他货船,应不低于按本条 3)款②项 a、b、c 对远海航区船舶的相应规定配备。

b. 除油船、化学品液货船和气体运输船外的其他 45 m$<L<85$ m 的货船,应不低于按本条(3)款②项 d(表 5-6)的规定配备。

c. 对 $L\leqslant45$ m 的货船(包括油船、化学品液货船和气体运输船),除下述 d、e、f 项另有规定外,应不低于按表 5-7 的规定配备。

表 5-7 $L\leqslant45$ m 的货船救生设备的配备(%)

气胀救生筏[①]	总容量
每舷 100(可舷对舷转移)	200
每舷 150(不可转移)	300

注:①应视登乘位置距最轻载航行水线的高度,按本章 5.2.2.4 条(1)款的要求配备降落设备。

d. 对 $L\leqslant45$ m 的化学品液货船和气体运输船,如载运散发有毒蒸汽或毒气的货物,应在每舷配备经认可的具有空气维持系统的能容纳船上总人数的救生艇。此外,全船还应配备 1 艘救助艇和能容纳船上总人数 50%的气胀救生筏。

e. 对 $L\leqslant45$ m 的油船、化学品液货船和气体运输船,如载运闪点不超过 60 ℃(闭杯试验)的货物,应在每舷配备经认可的能容纳船上总人数的耐火救生艇。此外,全船还应配备 1 艘救助艇和能容纳船上总人数 50%的气胀救生筏。

f. 上述 d 项和 e 项要求的救生艇筏配备可用以下要求等效替代:

(a)至少 1 艘能在船尾自由降落下水的救生艇(对 d 项所述船舶,应为具有空气维持系统的救生艇;对 e 项所述船舶,应为耐火救生艇),其总容量应能容纳船上人员总数。

(b)每舷至少配 1 只气胀救生筏,其容量应能容纳船上人员总数,并至少船舶一舷的救生筏应使用降落设备。

(c)1 艘救助艇。

④ 航行于沿海航区和遮蔽航区的货船,其救生艇、救助艇、救生筏应按下列要求配备:

a. 除下述 b～d 项另有规定外,货船和载运闪点超过 60 ℃(闭杯试验)货物的油船、化学品液货船和气体运输船,配备的救生艇筏的乘员定额数与船上总人数的百分比应不少于表 5-8 的规定。

表 5-8　货船救生设备的配备(%)

气胀救生筏①	总容量
每舷 100	200

注:① 应视登乘位置距最轻载航行水线的高度,按本章 5.2.2.4 条(1)款的要求配备降落设备。

b. 对载运闪点不超过 60 ℃(闭杯试验)货物的油船、化学品液货船和气体运输船,应在每舷配备经认可的能容纳船上总人数的耐火救生艇。此外,全船还应配备 1 艘救助艇和能容纳船上总人数 50%的气胀救生筏。

c. 对载运散发有毒蒸汽或毒气的货物的化学品液货船和气体运输船,应在每舷配备经认可的具有空气维持系统的能容纳船上总人数的救生艇。此外,全船还应配备 1 艘救助艇和能容纳船上总人数 50%的气胀救生筏。

d. 上述 b 项和 c 项要求的救生艇筏配备可用以下要求等效替代:

(a)至少 1 艘能在船尾自由降落下水的救生艇(对上述 b 项所述船舶,应为耐火救生艇;对 c 项所述船舶,应为具有空气维持系统的救生艇),其总容量应能容纳船上人员总数。

(b)每舷至少配 1 只气胀救生筏,其容量应能容纳船上人员总数,并至少船舶一舷的救生筏应使用降落设备。

(c)1 艘救助艇。

⑤ 对于从船首最前端或船尾最末端至最靠近的救生艇筏存放地点最近一端之间的水平距离超过 100 m 的货船,除配备上述要求的救生筏外,还应在合理和可行的范围内配备 1 只救生筏,其应尽量靠前或靠后存放;或配备 2 只救生筏,1 只尽量靠前,另 1 只尽量靠后存放。该救生筏可按能用人力脱开的方式系牢,而不必为能用经认可的降落设备降落的类型。在救生筏的存放处,应配备:

a. 至少 2 件救生衣和至少 2 件救生服。

b. 能对存放位置和降落位置的水域提供足够的照明。当使用便携式照明时，应有托架，以便能在船舶两侧予以定位放置。

c. 应至少1具登乘梯或能以受控方式（打结绳不可接受）下降至水面的其他登乘设施。

（4）其他船舶救生艇筏和救助艇的配备

① 有人非机动船舶

a. 船舶应至少配备100%船上人员的气胀救生筏，对载运闪点不超过60 ℃（闭杯试验）货物的船舶则应至少配备150%船上人员的气胀救生筏。船上任一气胀救生筏失效时，其余气胀救生筏应满足100%船上人员的容量。

b. 每人配备1件救生服，但船上配备有降落救生筏的吊架装置或海上撤离系统，或船舶仅航行于珠江口以南海域可除外。

② 特殊用途船

a. 载运超过60人的特殊用途船，救生设备的配备应按本条（2）款对客船的要求，此时对应的客船等级按本章5.2.2.1条（2）款的规定核定。

b. 尽管上述a项的规定，载运超过60人的航海训练船，不论其是否为机动船及其吨位如何，救生设备的配备可用下列要求替代：

（a）每舷配备容量100%的救生筏，如救生筏不能在船舶任一舷降落，则每舷应配备容量150%的救生筏。

（b）船上每人配备1件救生服，除非船上配备有降落救生筏的吊架装置或航行于珠江口以南海域。

c. 载运不超过60人的特殊用途船，救生设备的配备应按本条（3）款对除油船、化学品液货船和气体运输船外的其他货船的要求。如果此类船舶符合对运载超过60人船舶的分舱要求，则可按上述a项对客船的要求配备救生设备。

③ 工程船舶

a. 对机动工程船，救生设备的配备应按本款②项对特殊用途船的要求，但如果作业工况时船上配员超过额定船上人员数，则应额外设置必要的个人救生设备和本章5.2.2.6条中规定所适用的其他救生设备。

b. 对有人非机动工程船（如起重船、打桩船、挖泥船、泥驳等），救生设备的配备应按上述本款①项对有人非机动船舶的要求。

④ 航行状态无人但作业状态有人的非机动船

救生设备应根据船舶的大小、使用功能和作业状态人员的数量等实际情况进行特殊考虑，至少应按货船设置救生衣、救生圈和本章5.2.2.6条中所列的其他救生设备。

⑤ 对搭载不超过12名乘客的货船

救生设备应按本条(3)款中对除油船、化学品液货船和气体运输船外的其他货船的要求配备(此时,在计算救生艇筏总容量时应计入这些人员数)。

⑥ 浮船坞

应在露天甲板两舷,按本章 5.2.2.3 条(1)款③项(表 5-11)对货船的规定配备救生圈。

5.2.2.3 个人救生设备的配备

就本小节而言,客船还包括客滚船和车客渡船,货船包括客船以外的所有其他船舶。

(1) 救生圈

①Ⅰ级客船,按表 5-9 配备。

表 5-9 Ⅰ级客船救生圈的配备

船长 L/m	最少救生圈数/只	船长 L/m	最少救生圈数/只
$L<60$	8	$240>L\geqslant180$	24
$120>L\geqslant60$	12	$L\geqslant240$	30
$180>L\geqslant120$	18		

②远海航区和近海航区货船,按表 5-10 配备:

表 5-10 远海航区和近海航区货船救生圈的配备

船长 L/m	最少救生圈数/只	船长/m	最少救生圈数/只
$L<100$	8	$200>L\geqslant150$	12
$150>L\geqslant100$	10	$L\geqslant200$	14

③除上述①和②项以外的客船和货船,按表 5-11 配备。

④船舶每舷应至少有 1 个救生圈设有可浮救生索,其长度不少于其存放处在最轻装载工况航行水线以上高度的 2 倍,或 30 m,取大者。

⑤救生圈自亮灯及自发烟雾信号应按以下要求:

a. 对Ⅰ级客船、远海航区和近海航区货船,不少于总数一半的救生圈应设有自亮灯,这些救生圈中不少于 2 个还应带自发烟雾信号,并应能自驾驶室迅速抛投;设有自亮灯的和设有自亮灯及自发烟雾信号的救生圈,应均匀地分布在船舶两舷,这类救生圈不应是上述④项要求的装有救生索的救生圈。

b. 对Ⅱ、Ⅲ级客船和沿海航区及遮蔽航区货船,救生圈自亮灯及自发烟雾信号应按表 5-11 配备。

表 5-11　其他客船和货船救生圈的配备

船舶类型/等级	船长 L/m	救生圈总数/只	带自亮灯	
			总数/只	其中带自发烟雾信号/只
Ⅱ、Ⅲ级客船	$45>L\geqslant20$	4	2	—
	$60>L\geqslant45$	8	4	每舷至少1只
	$120>L\geqslant60$	12	6	
	$180>L\geqslant120$	18	9	
	$240>L\geqslant180$	24	12	
沿海航区、遮蔽航区货船	$45>L\geqslant20$	4	1	—
	$75>L\geqslant45$	6	3	—
	$100>L\geqslant75$	8	4	每舷至少1只
	$150>L\geqslant100$	10	5	
	$200>L\geqslant150$	12	6	
	$L\geqslant200$	14	7	

（2）救生衣

①除另有规定外，所有船舶，船上每人至少应配备1件救生衣。

②应为值班人员和在远处的救生艇筏站配备足够数量的救生衣。供值班人员使用的救生衣应存放在驾驶室、机舱控制室和任何其他有人值班的地方。

③客船还应配备至少为船上人员总数 5% 的救生衣，此外还应配备至少为船上乘客人数 5% 的儿童救生衣与 2.5% 的婴儿救生衣。

④客滚船和货船上配备的每件救生衣应配备1盏救生衣灯，其他客船应在 50% 的救生衣上配备1盏救生衣灯。

⑤旅游船救生衣的布置/数量除了满足本条上述①～④项的要求外，还应满足以下要求：

a. 旅游船上应配备若干适合儿童穿着的救生衣。船上儿童救生衣的总数量至少相当于船上乘客总数的 20%（含本条上述③项中要求的 5% 儿童救生衣），或为每个儿童配备1件救生衣，另外船上至少配备乘客总数 3% 的婴儿救生衣，或为每个婴儿配备1件婴儿救生衣。

b. 游步甲板上应存放不少于乘客总数 25% 的救生衣（其中 15% 成人、8% 儿童、2% 婴儿）。救生衣应存放在容易到达方便取用之处，其位置应予以明确标明。

c. 成人救生衣与儿童救生衣/婴儿救生衣应各自分开存放。救生衣存放箱/

柜上应清晰标明里面存放的内容,例如是成人、儿童还是婴儿的救生衣,每一类救生衣的数量等信息。

（3）救生服

①除另有规定外,对货船,应为船上每个人员配备 1 件合身的救生服。

②对客船,救助艇艇员、海上撤离系统的每个工作人员应配备 1 件如上述①项所述救生服。

③固定航行于珠江口以南水域的船舶,可不必配备救生服。

5.2.2.4　降落设备与回收装置的配备

（1）登乘位置距最轻载航行水线的高度达 4.5 m 或以上的救生艇筏以及除下述本条（2）款规定外的所有救生艇筏应配备降落与登乘设备。如采用海上撤离系统,配套的抛投式气胀救生筏,可不必另行配备降落与登乘设备。

（2）除另有规定外,所有救生艇筏应配备符合 MSA《国际航行海船法定检验技术规则》第 4 篇第 3 章附录 2《国际救生设备规则》第 Ⅵ 章 6.1 要求的降落与登乘设备,但下列艇筏可不配备降落与登乘设备:

①从最轻载航行水线以上少于 4.5 m 高度的甲板上登乘的质量不大于 185 kg 的救生筏。

②从最轻载航行水线以上少于 4.5 m 高度的甲板上登乘的救生艇筏,且存放方式为可在纵倾至 10°和向任何一舷横倾至 20°的不利情况下直接从存放地点降落下水。

③超过按船上总人数 200% 所配备的救生艇筏范围的救生艇筏,且其质量不大于 185 kg。

④超过按船上总人数 200% 所配备的救生艇筏范围的救生艇筏,且存放方式为可在纵倾至 10°和向任何一舷横倾至 20°的不利情况下直接从存放地点降落下水。

⑤供连同海上撤离系统一起使用并符合 MSA《国际航行海船法定检验技术规则》第 4 篇第 3 章附录 2《国际救生设备规则》第Ⅵ章 6.2 要求的救生艇筏,存放方式应为可在纵倾至 10°和向任何一舷横倾至 20°的不利情况下直接从存放位置降落下水。

（3）每艘救生艇应配有 1 台能降落和回收该艇的设备。该设备的布置应可由 1 人在甲板上操作。在救生艇、筏降落及救生艇回收过程中,在船上操作位置应随时能观察到救生艇、筏的动向。此外,还应配备放开救生艇的装置,以便释放机构在不受载的情况下进行维护保养,且船上配备的释放机构应为同一型号。

（4）应配备有在弃船过程中防止船舶的任何排水进入救生艇筏中的设施。

(5) 救助艇的降落装置应符合本条上述(2)至(4)款的要求。

5.2.2.5 其他救生设备的配备

(1) 救生抛绳器

航行于远海航区、近海航区和沿海航区,且船长大于或等于 40 m 的客船和船长大于或等于 60 m 的其他船舶(非机动船除外),应配备手提式救生抛绳器 4 具或抛绳枪 1 套(包括抛绳枪 1 支,抛绳、火箭体和击发器各 4 支)。

(2) 遇险烟火信号

每艘 500 总吨以上的船舶应配备 12 枚认可的火箭降落伞火焰信号。对 500 总吨及以下的船舶,可减半配备,并应存放在驾驶室或其附近。

(3) 其他救生设备还包括救生用无线电设备、船上通信与报警系统及客船公共广播系统。

5.2.3 极地航行海船救生设备的配备

5.2.3.1 《极地规则》的要求

对于在极地水域航行的船舶,其救生设备的配备除了满足《SOLAS 公约》和 MSA《国际航行海船法定检验技术规则》的要求外,还需满足《国际极地水域船舶航行规则》和相关船级社防寒规范的要求。

《国际极地水域船舶航行规则》(International Code for Ships Operating in Polar Waters),简称《极地规则》(Polar Code),其制定的目的是为极地船舶航行的安全和极地环境水域的保护提供指南,以弥补其他规范和规则中没有充分考虑到的地方。

《极地规则》的基础性文件为 IMO A. 1024 号决议"极地水域船舶操作指南"(Guidelines for Ships Operating in Polar Waters),该基础性文件为非强制性要求,《极地规则》是在此基础性文件基础上发展完善的。IMO 海上安全分委会第 94 次会议上,通过了 MSC.385(94)号决议,对 SOLAS 公约进行了修订,增加了第 14 章"极地水域航行船舶安全措施",将《极地规则》作为 SOLAS 公约引用的规则,规定在极地水域航行的船舶,除政府拥有或运营且仅用于政府非商业用途的船舶外,都必须满足《极地规则》的要求。

《极地规则》主要包括Ⅰ、Ⅱ两部分,第Ⅰ部分是与安全航行相关的要求,第Ⅱ部分是与环境保护相关的要求。这两部分又分别分为 A 和 B 两块,其中Ⅰ-A 和Ⅱ-A 章节内容为强制性要求,Ⅰ-B 和Ⅱ-B 章节内容为建议性要求。《极地规则》于 2017 年 1 月 1 日正式生效。

　　与救生设备配备相关的要求主要在《极地规则》I-A 部分第 8 章和 I-B 部分第 8 章附加指南中,其宗旨是为船舶提供在极地水域环境下的安全逃生、撤离和生存指导,有关要求引述如下:

　　(1) 救生设备功能性要求

　　①考虑到紧急情况下可能存在的不利环境条件,救生艇筏、集合站和登乘站的布置应提供安全的弃船操作。

　　②所有救生相关设备应提供安全撤离方式,并在最长预期救援时间内可能发生的不利环境条件下保持功能良好。

　　③考虑到预定航程、预期天气条件(寒冷和风),以及在极地水域中浸泡的可能性,如适用,应为全船人员提供足够的保温措施。

　　④考虑到预定航程,救生相关设备应考虑在长期黑暗中操作的可能性。

　　⑤考虑到任何存在的危险,为保证弃船后人员在最长预期救援时间内,在水中、冰上或陆地上的生存需要,应提供如下资源:

　　a. 一个宜居的环境。

　　b. 使人体免受寒冷、风和日晒影响的防护措施。

　　c. 为抵御环境影响,配备带保温设施的供人居住的空间。

　　d. 获取食物的方法。

　　e. 安全出入口。

　　f. 联系救援的方法。

　　(2) 救生设备配备要求

　　①对于客船,应为船上每个人员提供一套大小合适的救生服或保温器具;所要求的救生服应为绝缘类型。

　　②预期长时间在黑暗中运行的船舶,应为每一艘救生艇提供可便于冰区识别操作的、可连续使用的探照灯。

　　③救生艇应采用半封闭或全封闭形式。

　　④考虑到弃船后生存的需要,应提供满足个人(个人求生设备)和群体(团体求生设备)在极地环境下,无论是水中、冰上或是陆地上,在最长预期救援时间内支持生存所需的资源,要求如下:

　　a. 救生设备和团体求生设备应为船上所有人员提供有效抵御寒风的防护。

　　b. 个人求生设备与救生设备或团体求生设备结合使用,应提供足够的保温防护,以维持人员的核心体温。

　　c. 个人求生设备应提供足够的防护,以避免人员在极地低温下出现四肢冻伤。

　　d. 如果存在弃船后人员撤离到冰上或陆地上的可能性,且船上的救生设备无法提供等效的极地环境下支持生存的功能要求,则船上应配置团体求生设备。

e. 需要时,应在易于到达、尽可能接近集合站或登乘站的地方,存放有足够容纳船上人员总数110%的个人和团体求生设备。

f. 存放团体求生设备的容器应设计成在冰上易于移动和可漂浮的形式。

g. 救生艇筏和降落装置应具有足够的能力容纳船上人员和附加设备。

⑤应提供足够的应急食品,以满足最长预期救援时间的需要。

⑥个人求生设备,建议包含的物品如表 5-12 所示。

表 5-12　推荐的个人求生设备

推荐设备
防护服(帽子,手套,袜子,面部和头颈护具等)
护肤霜
保温用具
太阳眼镜
口哨
饮水杯
折叠小刀
极地生存指导手册
应急食品
包装袋

⑦团体求生设备,建议包含的物品如表 5-13 所示。

表 5-13　推荐的团体求生设备

推荐设备
掩蔽物——帐篷或风暴掩体或等效装备——足够供最多人数使用
保温用具或类似装备-足够供最多人数使用
睡袋——足够供至少 1～2 人使用
泡沫睡袋或类似装备-足够供至少 1～2 人使用
铁铲——至少 2 把
卫生用品(如卫生纸)
炉子及燃料——足够供岸上最多人数在最长预期救援时间内使用
应急食品——足够供岸上最多人数在最长预期救援时间内使用

表 5-13　（续）

推荐设备
手电筒——每个掩蔽物 1 个
防水和防风火柴——每个掩蔽物 2 盒
口哨
信号镜
储水容器和水净化片剂
备用的个人求生装备
团体求生设备容器(防水且可漂浮)

5.2.3.2　CCS《防寒规范》的要求

CCS 船级社《钢质海船入级规范》第 8 篇第 23 章"低气温环境下操作船舶的补充规定",简称 CCS《防寒规范》。要求申请 CCS 防寒附加标志的船舶除应符合入级规范其他篇章的适用规定外,还应满足《防寒规范》的补充要求。

（1）基本定义

①日均低温(MDLT):系指至少 10 年以来历年每日最低气温的平均值,如图 5-1 所示。如无 10 年数据,可采用主管机关接受的数据集。

②低气温环境:系指最低日均低温(LMDLT)低于 −10 ℃的水域,如北冰洋、南大洋、圣劳伦斯湾、北波罗的海、鄂霍次克海、渤海和北黄海等。一般情况下,此类水域冬季有区域性的海冰覆盖。最低日均低温(LMDLT)如图 5-1 所示。

③设计服务温度(DST):系指设计时为船舶设定的用于衡量材料、设备和系统在低气温环境下服务性能的一个温度指标,该温度由船东根据船舶的用途和服务工况确定,一般应设为低于拟定的船舶操作区域和季节的最低日均低温(LMDLT)至少 10 ℃。

④预期的最低环境温度(MAT):系指船舶航行期间在其拟定的航行区域内可能遇到的最低的环境气温,一般应考虑低于 LMDLT 至少 20 ℃。

⑤正温处所:系指通过敷设保温材料或设置空调系统等措施以使环境温度持续保持在 0 ℃以上不易发生冰冻的处所。

⑥低温处所:系指环境温度持续低于 0 ℃易于发生冰冻的处所。

（2）一般要求

①救生设备的性能标准除应符合国际救生设备(LSA)规则规定外,尚应满足本条的要求。

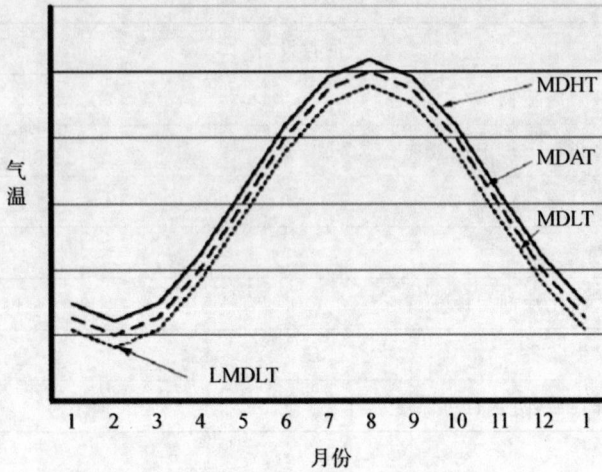

注：日均高温 MDHT – Mean Daily High Temperature
日均均温 MDAT – Mean Daily Average Temperature
日均低温 MDLT – Mean Daily Low Temperature
最低日均低温 LMDLT – Lowest Mean Daily Low Temperature

图 5-1 通用温度定义

②救生设备应在设计服务温度(DST)下具备全部功能。

③对于极地水域操作的船舶,救生设备应在设计服务温度(DST)下等待救助的最长预期时间内完全可操作。

④对设计服务温度(DST)低于-30℃的船舶,集合站应布置在室内。

⑤桥楼和露天甲板的救生圈应配有防冰保护,并方便船员尽快部署。

(3) 救生艇

①船上所配的救生艇应为全封闭型。救生艇容积尺寸应考虑适合穿隔热型救生服或防寒服的人员乘坐。

②救生艇发动机在设计服务温度(DST)下,应能在 2 min 内启动。发动机启动应设有 2 套独立电源,发动机电池应适宜低温条件。

③救生艇发动机的冷却装置应确保发动机能在设计服务温度(DST)下操作。

④救生艇发动机的冷却水、燃油、润滑油应适应于设计服务温度(DST)使用。

⑤救生艇门口处应设有电加热措施。

⑥救生艇操纵位置的观察窗应提供加热,并采取措施使其保持视野清晰。

⑦救生艇上储存饮用水的容器的容积应考虑其结冰后的膨胀量。

⑧对于长期在低气温环境下操作的船舶,救生艇内应提供额外的口粮储备,至少为 LSA 规则规定的 30%。

⑨救生艇承载释放装置应提供加热或其他措施,以确保其在设计服务温度(DST)下安全释放。

⑩救生艇存放位置附近应配备适当的除冰工具。

(4) 救助艇

①船上所配的救助艇应为刚性救助艇。

②救助艇的发动机冷却水、燃油、润滑油应适应于设计服务温度(DST)下使用。

(5) 救生筏

①当设计服务温度(DST)低于−30 ℃时,气胀救生筏也应能在 3 min 内完成充气。

②当设计服务温度(DST)低于−30 ℃时,气胀救生筏容器和静水力释放装置应提供加热或其他措施,以确保其在设计服务温度(DST)下易于降落、充气与释放。

③如船上设有气胀救生筏手动充气泵,则该泵应储存在气胀救生筏附近的正温处所内。

④对于长期在低气温环境下操作的船舶,救生筏内应提供额外的口粮储备,至少为 LSA 规则规定的 30%。

⑤救生筏存放位置附近应配备适当的除冰工具。

(6) 救生艇筏与救助艇降落设备

①降落与登乘设备使用的液压油和润滑油应适宜于设计服务温度(DST)下使用;应为吊艇柱、释放钩提供能适宜低温使用的油脂。

②电动机、绞盘和自动释放吊钩应提供可移除的保护罩;当设计服务温度(DST)低于 −40 ℃时,应提供加热措施。

③电动机、液压传动装置、绞盘、刹车和其余降落设备的组成部件,应能在设计服务温度(DST)下有效,应通过适当试验验证其可操作性。

④与降落设备相关的其他构件(如绞车、绞盘、绞车制动器等),应提供加热或其他措施,以确保救生艇筏和救助艇在设计服务温度(DST)下安全降落。

⑤登乘梯存放处应提供覆盖或加热,以防积冰。

(7) 通信

①救生艇上安装的固定式双向 VHF 无线电装置应能在设计服务温度(DST)下操作。

②对极地水域操作的船舶,所有救生艇筏和救助艇配备的信号装置应能在设计服务温度(DST)下可操作。

5.3 海船救生设备的布置

5.3.1 救生/助艇筏的集合、登乘、存放及其降落与回收装置的布置

5.3.1.1 基本要求

（1）须有认可的降落装置的救生艇和救生筏，应存放在尽可能靠近起居处所和服务处所的地方。

（2）集合站应设在紧靠登乘站的地方，且易于从起居处所和工作区域到达。每个集合站应在甲板上有足够的无障碍场地，以容纳指定在该站集合的所有人员，人均面积至少为 $0.35~\mathrm{m}^2$。

（3）吊艇架降落和自由降落的救生艇筏集合站与登乘站的布置，应能使担架病人抬进救生艇筏。

（4）救生艇筏的降落站位置应确保救生艇筏安全降落，并特别注意避开螺旋桨及船体陡斜悬空部分，除专门设计为自由降落的救生艇筏外，应尽可能使救生艇筏能从船舷平直部分降落下水。如降落站设置在船的前部，则应位于防撞舱壁后方有遮蔽的位置。

（5）每艘救生艇筏的存放应满足：

①使该救生艇筏或其存放装置不会妨碍存放在任何其他降落站的任何其他救生艇筏或救助艇的操作。

②在安全和可行的情况下尽可能靠近水面，并且对除需抛出船外降落的救生筏外的救生艇筏，在船舶满载时纵倾至 10°和任何一舷横倾至 20°或横倾至船舶露天甲板的边缘浸入水中的角度（取较小者）的不利情况下，其存放处应使其登乘位置在水线以上不少于 2 m。

③持续处于准备就绪状态，使 2 名船员能在不到 5 min 内完成登乘和降落准备工作。

④配齐《SOLAS 公约》和《LSA 规则》所要求的属具。

⑤在可行范围内，位于安全并有遮蔽的地方，并加以保护以免火灾和爆炸造成损坏。特别是，油船上的救生艇筏，除本章 5.2.1.4 条（1）款④项（国际航行货船）和 5.2.2.2 条（3）款⑤项（国内航行货船）要求的救生筏外，不应存放在货油舱、污油舱或其他含有爆炸性或危险性货物的液舱上或其上方。

（6）顺船舷降落的救生艇应存放在推进器前方尽量远的地方。在船长为 80 m

及以上但小于 120 m 的货船上，每艘救生艇应存放在使该救生艇尾端在推进器前方不少于该救生艇长度的地方。在船长为 120 m 及以上的货船与船长为 80 m 及以上的客船上，每艘救生艇应存放在使该救生艇尾端在推进器前方不小于该救生艇一倍半长度的地方。

（7）存放的救生艇应附连于其降落装置。

（8）救生筏的存放应能用手动方式，一次将一只筏或容器从其系固装置上释放。

（9）除货船的船首或船尾附加的救生筏外，每只救生筏存放时应将其首缆牢固地系在船上，且救生筏或救生筏组的存放应设有自由漂浮装置，以使每只救生筏能自由漂浮，如为气胀救生筏，在船舶下沉时能自动充气。

（10）吊艇架降落的救生筏应存放在吊筏钩可到达的范围内，除非设有某种转移设施，该设施在本条（5）款②规定的纵倾和横倾范围内不致无法操作，也不致因船舶运动或动力故障而无法操作。

（11）用于抛出舷外降落的救生筏的存放，应可易于转移到船舶的任一舷降落，除非救生筏已按本章 5.2.1.4 条（1）款（国际航行货船）和 5.2.2.2 条（3）款（国内航行货船）要求增加每舷可供使用的救生筏总容量。

（12）救助艇的存放应满足：

①持续处于准备使用状态，不超过 5 min 即可降落，如果为充气式，随时处于充足气状态。

②在适宜于降落和回收的位置。

③使该救助艇及其存放装置，均不会妨碍存放在任何其他降落站的任何救生艇筏的操作。

④当救助艇兼作救生艇时，满足救生艇的存放和布置要求。

（13）对于国际航行海船，所有救助艇均应能在船舶于平静水面上前进航速达到 5 kn 时降落，如必要可用艇首缆。

（14）救助艇在载足额定乘员及属具时，在中等海况下的回收时间应不超过 5 min。如救助艇兼作救生艇，应能在此时间内回收载有救生艇属具及认可额定乘员（至少为 6 人）的救助艇。

（15）救助艇登乘和回收装置应能做到安全而有效地搬运担架病人。

（16）降落与回收装置应使该设备的操作人员在救生艇筏降落期间以及救生艇回收期间，能随时在船上观察到救生艇筏。

5.3.1.2　客船要求

客船除了满足上述 5.3.1.1 条的基本要求外，还必须满足下列附加要求：

（1）救生艇筏登乘布置应设计为：

①所有救生艇从存放处或者从登乘甲板直接登乘并降落，但不是从两处登乘并降落。

②吊筏架降落救生筏从存放处紧邻的位置登乘并降落，或从在降落前利用某种转移设施所转移到的位置登乘并降落。

（2）救助艇的布置应使救助艇在载足其指定船员的情况下，能够从存放处直接登乘并降落。如救助艇兼作救生艇，并且其他救生艇均为从登乘甲板登乘及降落，则其布置应使救助艇也能从登乘甲板登乘并降落。

（3）对吊架降落的救生艇筏，其在登乘位置的吊架顶部至最轻载航行水线之间的高度应尽可能不超过 15 m。

（4）乘客集合地点应设在登乘站附近（或是两者在同一处所），使乘客易于到达，且有集结和指挥乘客用的宽敞场地，每位乘客的面积至少为 0.35 m^2。

（5）对于国际航行客滚船，应设有一个直升机搭乘区域；对于 1999 年 7 月 1 日或以后建造的、船长为 130 m 及以上的客滚船，应设有一个直升机降落区域。

5.3.1.3　货船要求

货船除了满足上述 5.3.1.1 条的基本要求外，还必须满足下列附加要求：

（1）救生艇筏登乘布置的设计应使救生艇能从其存放位置直接登乘和降落，以及吊放式救生筏能从紧邻其存放处的位置或降落前利用经认可的转移设施移至的位置登乘和降落。

（2）对于国际航行 20 000 总吨及以上的货船，静水中以 5 kn 速度前进时救生艇应能安全降落，必要时可利用艇首缆。

5.3.2　海上撤离系统的布置

海上撤离系统的布置应满足以下要求：

（1）在海上撤离系统的登乘站和最轻载航行水线之间的船侧不应有任何开口，并应设有保护该系统免受任何突出物影响的设施。

（2）海上撤离系统应布置在能安全降落的位置，应特别注意离开推进器及船体陡斜悬空部分，以尽可能使海上撤离系统能从船舷平直部分降落下水。

（3）每一海上撤离系统的存放应使通道或平台，或其存放或操作装置均不会妨碍任何其他救生设备在任何其他降落站的操作。

（4）如适合，船舶的布置应对在存放位置的海上撤离系统加以保护，使其免受巨浪引起的损坏。

5.3.3 个人救生设备的布置

5.3.3.1 救生圈的布置

（1）应分布在船舶两舷易于拿到之处，并在可行范围内，分放在所有延伸到船舷的露天甲板上；至少有 1 个应放在船尾附近；其存放应能随时迅速取下，且不应以任何方式永久系牢。

（2）船舶每舷应至少有 1 只带有可浮救生索的救生圈。

（3）至少 2 个带自亮灯和自发烟雾信号（如有）的救生圈应能从驾驶室迅速抛投；设有自亮灯的救生圈和设有自亮灯及自发烟雾信号（如有）的救生圈，应均等分布在船舶两舷。

（4）引航员登乘处甲板附近应设置带有自亮灯的救生圈。

（5）登离船装置附近应设置带有自亮灯和救生浮索的救生圈，且救生浮索不应同该救生圈保持连接，仅在应急使用时由使用者进行连接。

5.3.3.2 救生衣的布置

（1）救生衣应置放于易于到达之处，且其位置应予明显标示。

（2）供值班人员使用的救生衣应存放在驾驶室、机舱控制室和任何其他有人值班的地方，包括设置在远处的救生艇筏站。

（3）对于国际航行客船，如果乘客的救生衣存放在远离公共处所与集合站之间直接脱险通道的客舱内，则按本章 5.2.1.2 条（4）款② b 项要求增加的救生衣应存放在公共处所、集合站或这二者之间的直接脱险通道上。这些救生衣的存放应使其分布和乘客穿着不妨碍有秩序地向集合站和救生艇筏登乘站移动。

（4）对于国内航行客船，客舱内应存放与乘客等额数量的救生衣；不少于船上人员总数 5% 的救生衣应存放在甲板上或集合站明显易见的地方。

5.3.3.3 救生服的布置

救生服应放在容易拿到的地方，其位置应予明显标示。

5.3.4 其他救生设备的布置

（1）抛绳设备及烟火信号应存放在驾驶室或其附近易于到达之处，并能随时迅速取用。

（2）救生通信设备应存放在海图室或适宜处所，以备紧急时立即搬入艇、筏。若救生艇、筏分置于船中部和尾部，则应存放在离主发报机较远的救生艇、筏附近适当处所。

5.4 救生艇与救助艇

5.4.1 救生艇

救生艇(lifeboat)是设于船上,供船舶失事时救护乘员用的专用救生小艇。救生艇可以利用划桨、扬帆或动力驱动等方式推进,艇内设有空气箱,使救生艇在进水或破损后仍有足够的浮力以保证救生艇及艇上乘员的安全。海船配备的救生艇上还存储一定量的淡水、食物和生活用品,救生艇艇体可以由木质、金属或玻璃钢等材料制成。

5.4.1.1 一般要求

《国际救生设备规则》(以下简称《LSA 规则》)中规定了救生艇主要技术性能要求,摘要如下:

(1) 救生艇外形尺寸比例应使其在海浪中具有充裕的稳性和足够的干舷。

(2) 救生艇上设有铭牌,铭牌上至少应包括制造厂名和地址、救生艇型号和编号、制造年月、额定的乘员人数、艇体材质、载足全部乘员和属具时的质量等。此外,还应以明显字迹在艇体表面标明救生艇乘员定额、从属的船舶、船籍港、救生艇编号等信息。

(3) 救生艇应具有刚性艇体,并能在静水中载足全部乘员和属具,同时艇体保持正浮的情况下,当艇内任一水下位置破漏通海时(假设没有浮力材料损失和其他损坏),救生艇仍能保持正浮力。

(4) 救生艇应具有足够的强度,能保证其在载足全部乘员和属具时安全降落到水中;同时当船舶在静水中以 5 kn 航速前进时,救生艇可以被安全降放和拖带。

(5) 救生艇的艇体及刚性顶盖应采用阻燃或不燃材料。

(6) 救生艇内座位应采用横凳或固定座椅形式,其构造应能承受《LSA 规则》中要求的相应负荷。

(7) 对于全封闭或半封闭(顶盖遮蔽面积超过 50%)的救生艇,当乘员数不多于 9 人时,艇内最小净高应为 1.3 m;当乘员数不少于 24 人时,艇内最小净高应为 1.7 m;当乘员数多于 9 人且少于 24 人时,艇内最小净高应为 1.3 m 和 1.7 m 之间的插值。

(8) 救生艇乘员数等于其艇内所设置的座位数目,最大容量不能超过 150 人,每个人的质量按照 82.5 kg 考虑,且每个座位位置应有明确标识。

（9）进出救生艇的通道应能满足快速登艇和离艇的要求，客船应满足 10 分钟内全部人员完成登艇的要求，货船应满足 3 分钟内全部人员完成登艇的要求。

（10）救生艇主机应保证救生艇在静水中、载足全部乘员和属具时，以至少 6 kn 的速度航行（不少于 24 小时），并能以至少 2 kn 的速度拖带母船上最大的救生筏（满载状态）航行。

（11）所有吊放式救生艇（除自由降落式救生艇）应配置一个脱钩机械装置，使救生艇可以同时脱开所有吊艇钩，并能保证在无载和带载情况下都能有效脱钩。

（12）救生艇艇首附近设有固定艏缆的装置，满足在静水中以 5 kn 航速被拖航的要求，且艇内（除自由降落式救生艇）设有艏缆释放装置。

（13）沿船舷降落的救生艇应设置便于救生艇降落和防止损坏的滑橇和护舷材。

5.4.1.2　主要类型

救生艇的类型一般可以按推进方式、结构形式和艇体材料进行分类。

（1）按照推进方式，可以分为机动救生艇和非机动救生艇。机动救生艇以柴油机为动力，既可满载乘员较快地撤离险船，又可拖带非机动艇或救生筏。非机动救生艇主要依靠划桨，或设有手摇、脚踏等人力推进装置，或利用风帆推进。对于国际和国内航行海船，救生艇已全部要求为机动救生艇，因此，非机动艇目前只能用于内河船舶。

（2）按照结构形式，可以分为开敞式救生艇、部分封闭救生艇、全封闭救生艇和自由降落救生艇（自由降落救生艇是全封闭救生艇的一种特殊形式）。其中全封闭救生艇和自由降落救生艇又可分为普通型、具有空气维持系统型（简称自供空气型）和耐火型。

（3）按照艇体材料，可以分为：木质救生艇、钢质救生艇、铝合金救生艇和玻璃钢救生艇。木质救生艇使用历史最长，修理方便，浮力较大，不易沉没，但保持水密性差，易着火和破损，耗用木材，制造工艺复杂，目前已不使用。钢质救生艇耐火性能好，但易腐蚀，目前也已基本不用。铝合金救生艇的质量约为钢质艇的 40～50%，维修费用少，而且耐用，以较少的动力可以获得较高的航速。

目前，船舶使用的救生艇艇体材料绝大多数为以不饱和聚酯树脂为基料，无碱钢布或玻璃毡为增强结构制成的玻璃纤维增强塑料（glasfiber reinforced plastic，GRP），俗称玻璃钢，其质量比铝合金还轻，且耐腐蚀、易保养、不易损坏、使用时间长，目前在海船上得到广泛使用。

5.4.1.3 各类救生艇的特点及用途

(1) 全封闭救生艇

全封闭救生艇为机动艇,设有完全罩住救生艇的刚性水密封闭盖,可保护乘员不受恶劣环境条件的伤害。全封闭救生艇具有倾覆后自行扶正的能力,是一种较理想的救生艇,能应用于各类海船。

为了方便船员的进出,全封闭救生艇设有内外均能开启和关闭的通道门,当通道门关闭时,能保证救生艇的水密性,并具有良好的保温隔热性能。按照通道门的设置位置,可分为侧开门、艉开门及侧尾开门 3 种形式,具体选用何种形式主要根据船舶的布置情况来确定。侧开门形式的救生艇,门布置在艇的两侧或一侧(船舶右舷救生艇的门在艇的左侧,船舶左舷救生艇的门在艇的右侧),这种艇的首尾部线型均为尖形。艉开门形式的救生艇为方尾型,门布置在艇的尾部。侧尾开门形式的救生艇,一般是在艉开门艇的基础上,再增加一个侧开门。

①普通型全封闭救生艇如图 5-2 所示,系指满足本小节 5.4.1.1 条救生艇的一般要求以及本款上述全封闭救生艇的基本配置要求的救生艇。

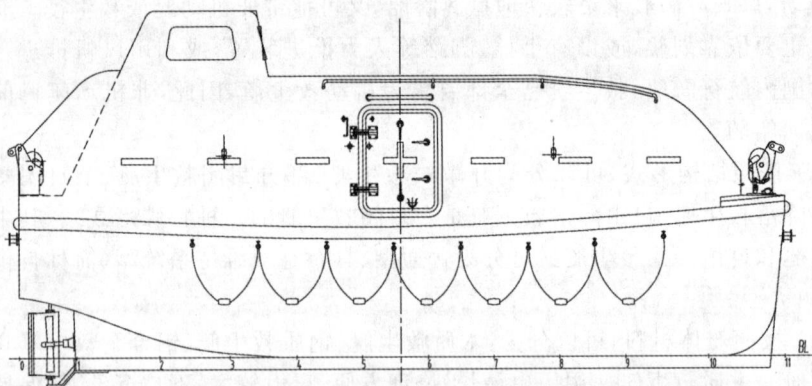

图 5-2 普通型全封闭救生艇

普通型全封闭救生艇主要用于客船、滚装船、散货船、集装箱船、工程船舶等无特殊要求的海船。

②具有空气维持系统的全封闭救生艇(或称自供空气救生艇)乃是在普通型全封闭救生艇的基础上增加了一套压缩空气与供气系统装置。在救生艇全部入口和开口均关闭的情况下航行时,艇内的空气应保持安全和适宜呼吸,发动机正常运转,持续时间应不少于 10 min。在此期间,救生艇内的气压应不得低于艇外大气压,也不得超过艇外大气压 20 hPa 以上。

　　自供气型全封闭救生艇主要用于运载散发有毒蒸汽或毒气的货物的化学品液货船和气体运输船(包括国际和国内航行)。

　　③耐火型全封闭救生艇(或称耐火救生艇)如图 5-3 所示。该型艇是在自供空气救生艇的基础上增加了水喷淋系统装置。耐火救生艇艇壳采用了耐火材料,以利于在短时间内冲出 1 000～1 200 ℃的油火海面。同时,为了降低艇体表面或艇内温度,保障救生艇内人员在高温海面的生命安全,耐火救生艇的外部配备了水喷淋系统装置,可使用海水对救生艇表面进行喷淋降温,当救生艇在水面经受持续油火包围时,能保护艇内乘员不少于 8 min。

　　耐火型全封闭救生艇主要应用于运载闪点不超过 60 ℃(闭杯试验)货物的油船、化学品液货船和气体运输船(包括国际和国内航行)。

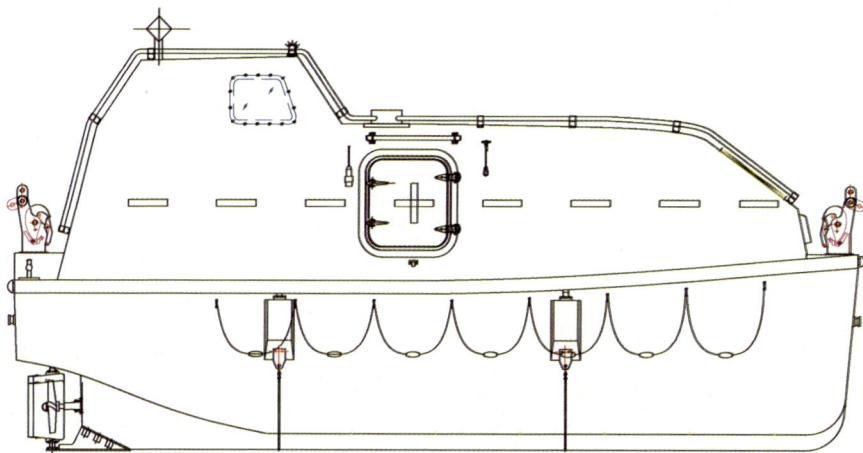

图 5-3　耐火救生艇

　　表 5-14 所示为普通型和耐火型全封闭救生艇的常用规格及主要参数。

表 5-14　全封闭救生艇的常用规格及主要参数

序号	型号	艇长×艇宽×艇高/m	最大乘员数/人	空载质量/kg	满载质量/kg
1	5.0 m(普通型)	5.00×2.20×3.10	25	2 107	4 170
	5.0 m(耐火型)			2 402	4 465
2	6.0 m(普通型)	6.00×2.30×3.10	32	2 251	4 891
	6.0 m(耐火型)			2 631	5 271

表 5-14 （续）

序号	型号	艇长×艇宽×艇高/m	最大乘员数/人	空载质量/kg	满载质量/kg
3	6.5 m（普通型）	6.50×2.42×3.10	40	2 904	6 204
	6.5 m（耐火型）			3 275	6 575
4	7.0 m（普通型）	7.00×2.70×3.15	48	2 876	6 836
	7.0 m（耐火型）			3 356	7 316
5	7.5 m（普通型）	7.50×2.70×3.20	44	2 724	6 354
	7.5 m（耐火型）			3 224	6 854
6	8.0 m（普通型）	8.00×2.85×3.20	50	3 151	7 276
	8.0 m（耐火型）			3 501	7 626
7	8.5 m（普通型）	8.50×2.90×3.30	80	4 153	10 753
	8.5 m（耐火型）			4 484	11 084
8	9.5 m（普通型）	9.50×3.45×3.59	100	5 458	13 708
	9.5 m（耐火型）			5 838	14 088
9	10.3 m（普通型）	10.30×3.70×3.46	120	6 050	15 950
	10.3 m（耐火型）			6 500	16 400
10	12 m（普通型）	12.00×3.85×3.70	150	7 140	19 515
	12 m（耐火型）			7 780	20 155

（2）自由降落救生艇

①自由降落救生艇也是全封闭救生艇，如图 5-4 所示，然而其入水方式完全不同于普通的吊降式救生艇。这种形式的救生艇平时存放于安装在船上的倾斜的救生艇滑架上。使用时，人员从设在艇尾的门进入救生艇，背朝艇入水方向，靠在椅背上，并用安全装置将身体牢固地缚在座位上。然后，操纵艇内释放机构，让救生艇依靠重力在倾斜滑架上滑行后自由降落至水中。自由降落救生艇具有降艇迅速的优点，且解决了母船 5 kn 航速放艇的难度。其主要缺点是艇的存放高度较高，占用了较多的船舶尾部空间，不能兼作救助艇，且制造费用昂贵等。

②自由降落救生艇既然是全封闭救生艇，因此必须满足对于全封闭救生艇的所有要求，同时须满足 LSA 规则关于自由降落救生艇的特殊要求，诸如：

自由降落救生艇的座位宽度应不小于 430 mm，座位靠背前方的空隙不小于 635 mm，座位靠背从座椅底板向上延伸高度不小于 1 000 mm。

在船舶处于纵倾 10°和横倾 20°的状态下,自由降落救生艇应在载足全部设备和各种装载工况(包括载足全部乘员和只有操作船员)下,从核准高度自由降落入水后,能立即朝艇首方向前进,并且不与船舶发生碰撞。

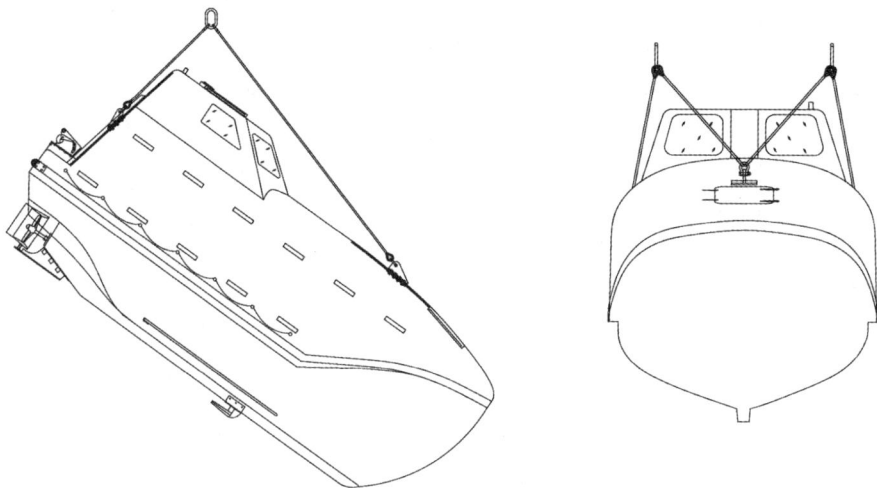

图 5-4 自由降落救生艇

对于油船、化学品船和气体运输船,如果根据《MARPOL 公约》计算的船舶横倾角度大于 20°,则救生艇应保证在最大计算横倾角度下能够自由释放。

自由降落救生艇的艇体结构应具有足够的强度,在载足全部乘员和属具时,从自由降落核准高度至少 1.3 倍的高度处自由降落。

自由降落救生艇的释放系统应具有两个独立的触发机构,且仅能从艇内进行操作。

自由降落救生艇认可证书中应包括自由降落核准高度、滑道长度和滑道倾斜角度等信息。

③与全封闭救生艇相同,自由降落救生艇也可分为普通型、具有空气维持系统型和耐火型 3 种形式,表 5-15 所示为自由降落救生艇的常用规格及主要参数。

表 5-15 自由降落救生艇的常用规格及主要参数

序号	型号	艇长×艇宽×艇高/m	最大乘员数/人	空载质量/kg	满载质量/kg
1	4.9 m(普通型)	4.90×2.40×3.20	19	2 633	4 200
	4.9 m(耐火型)			2 913	4 480

表 5-15 （续）

序号	型号	艇长×艇宽×艇高/m	最大乘员数/人	空载质量/kg	满载质量/kg
2	5.9 m(普通型)	5.90×2.75×3.20	26	3 000	5 145
	5.9 m(耐火型)			3 300	5 445
3	6.7 m(普通型)	6.75×2.75×3.20	32	3 880	6 520
	6.7 m(耐火型)			4 190	6 830
4	7.5 m(普通型)	7.50×2.75×3.33	36	4 230	7 200
	7.5 m(耐火型)			4 500	7 470
5	8.5 m(普通型)	8.50×2.95×3.38	41	4 680	8 063
	8.5 m(耐火型)			5 030	8 413
6	10.9 m(普通型)	10.90×2.95×3.30	68	7 810	13 420
	10.9 m(耐火型)			8 290	13 900
7	14.5 m(普通型)	14.50×3.25×3.40	108	7 650	16 560
	14.5 m(耐火型)			7 990	16 900

④客船不允许使用自由降落救生艇。

⑤《SOLAS 公约》则要求，散货船(系指在货物处所中通常建有单层甲板、顶边舱和底边舱，且主要用于运输散装干货的船舶，包括诸如矿砂船和兼装船等船型)的救生设备中，救生艇应为自由降落救生艇(见本章 5.2.1.4 条(1)款⑧项)。

（3）部分封闭救生艇

部分封闭救生艇是机动艇如图 5-5 所示。这种形式救生艇的首尾端各有一段固定装设的刚性顶盖，艏艉刚性顶盖的长度均应不少于救生艇总长的 20%。艏艉刚性顶盖之间设有固定附连的可拆式顶篷，该顶篷在人登入救生艇后可方便地撑起，从而形成一个能挡风雨的遮蔽，以保护救生艇乘员免受风吹雨打和烈日暴晒的伤害。艇内部应采用浅淡的颜色，避免引起乘员的不舒适感觉。艇的两端和每一侧都应有进口，以便万一救生艇翻覆时，供乘员逃出，同时也可用于救生艇内的通风换气。部分封闭救生艇与全封闭艇相比，前者较易登乘，但稳性及低温保护性能均不如后者。

部分封闭救生艇主要用于国际及国内航行的客船，还可用于除油船、化学品液货船及气体运输船以外的在国内近海航区、沿海航区和遮蔽航区航行的其他货船。表 5-16 所示为部分封闭救生艇的常用规格及主要参数。

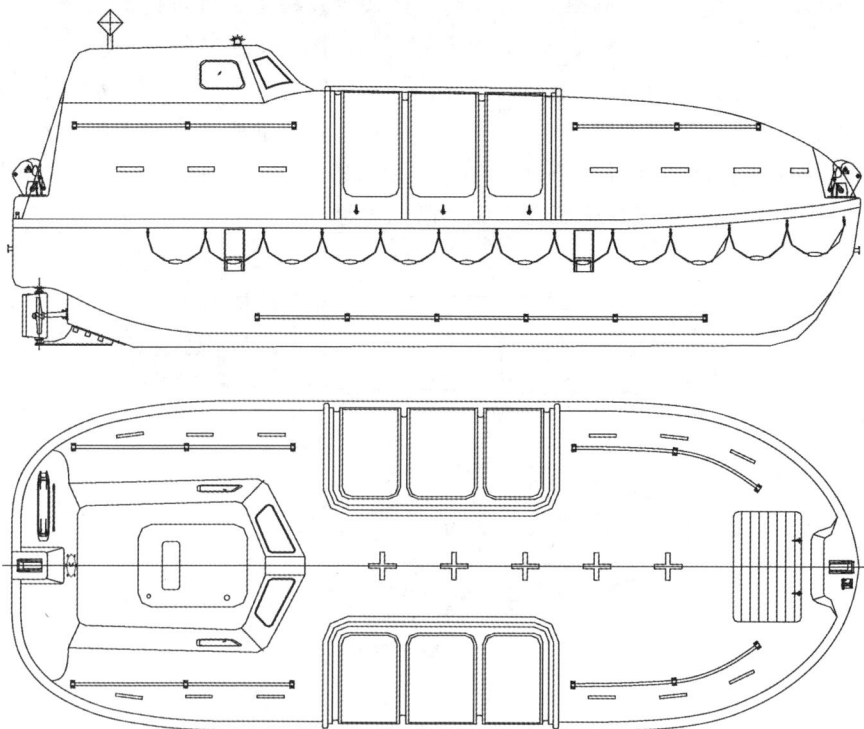

图 5-5　部分封闭救生艇

表 5-16　部分封闭救生艇的常用规格及主要参数

序号	型号	艇长×艇宽×艇高/m	最大乘员数/人	空载质量/kg	满载质量/kg
1	7.0 m	7.00×2.70×3.15	45	2 654	6 367
2	8.0 m	8.00×2.80×3.20	71	2 543	8 400
3	8.5 m	8.50×2.90×3.20	82	3 014	9 779
4	9.3 m	9.30×3.45×3.20	105	4 188	12 850
5	9.9 m	9.90×4.38×3.70	150	6 625	19 000

（4）开敞式救生艇

开敞式救生艇是一种没有固定顶蓬装置的救生艇如图 5-6 所示。这种救生艇由于没有固定顶蓬，人员登、离艇不受阻碍，且艇内上部空间宽敞，人员在艇内活动相对自由，便于操纵救生艇离开难船。

开敞式救生艇有机动及划桨两种形式，若乘员定额在 60 人以上者则应为机动艇。开敞式救生艇在海上倾覆时,可利用艇底扶手及扶正索将艇扶正。

开敞式救生艇虽然结构简单、登乘方便,但由于没有固定顶蓬,低温保护性能差,乘员直接曝露于自然环境中,遇到风雨海浪时,艇内人员会受到海水侵袭,身体直接曝露于寒冷和潮湿的环境中,生命安全受到相当大的威胁。当天气炎热、光照强烈时,乘员直接曝露在日光下,中暑、身体缺水等危险也会直接影响艇员的生命安全。因此,目前开敞式救生艇在海船上已几乎绝迹。

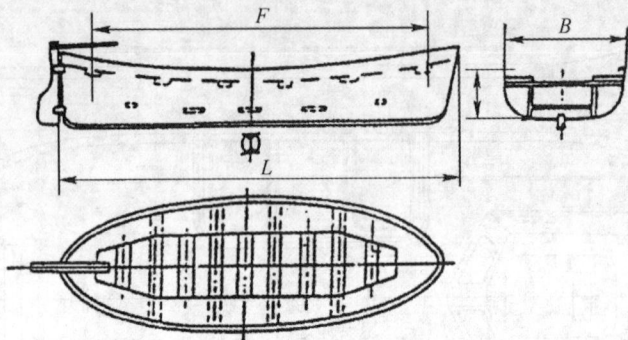

图 5-6 开敞式救生艇

5.4.2 救助艇

救助艇(rescue boat)是具有良好操纵性能的机动小艇,海船应按规定配备救助艇,用于救助遇险人员及集结救生艇筏。

救助艇艇体可以由金属、玻璃钢或橡胶材料制成,通常为开敞式方尾机动艇,设有拖带装置以及桨等必要的属具。

5.4.2.1 一般要求

救助艇在构造上应满足对救生艇的主要要求,此外在动力、脱钩装置、存放和回收、舾装件、标记等方面,还应满足以下要求:

(1)救助艇艇体应为刚性,或充气式,或刚性和充气组合形式,艇的长度应不小于 3.8 m,且不大于 8.5 m。

(2)救助艇应至少能承载 5 个坐着的人员和 1 个躺在担架上的人员。

(3)救助艇具有良好的机动性和可操作性。

(4)救助艇应保证在满载状态下,以至少 6 kn 的速度航行,不少于 4 h。

(5)救助艇可以装舷内或舷外发动机,配备的燃油柜应有特殊的防火和防爆保护。

（6）救助艇应该安装固定的拖带装置，其强度应该满足拖带本船所配备的最大载足全部乘员和属具的救生筏，并能以不小于 2 kn 的速度航行。

5.4.2.2　主要类型

救助艇可以根据结构形式、使用功能、航速、发动机形式、起吊方式的不同分类。

（1）按照结构形式，可以分为刚性救助艇、充气救助艇和混合结构救助艇。刚性救助艇（图 5-7）的艇体材料一般为玻璃钢或铝质；充气救助艇的艇体材料一般为橡胶，通常保持充气备用状态；刚性与充气混合结构救助艇的艇体由上述两种材料混合构成。

图 5-7　刚性舷外挂机救助艇

（2）按照使用功能，可以分为专用救助艇和兼用救助艇。前者一般为开敞式，额定乘员 6～8 人，艇长不得大于 8.5 m；后者一般为长度不大于 8.5 m 的救生艇兼作救助艇。由此，全封闭救生艇（除自由降落救生艇外），如果同时满足《LSA 规则》对于救助艇的要求，则可兼作救助艇，称为全封闭救生艇兼救助艇。同样，部分封闭救生艇若满足救助艇的要求，也可以兼作救助艇。

（3）按照航速快慢，可以分为一般救助艇和快速救助艇。

一般救助艇应能在载足全部乘员和属具时，以 6 kn 航速航行至少 4 h；应具有充分的机动性和操作性，以能从水中拯救人员，集结救生筏以至少 2 kn 的航速拖带船舶所配备的载足全部乘员及属具或相当质量的最大救生筏。

快速救助艇（图 5-8）能在平静水域载有 3 名乘员的情况下，以至少 20 kn 的航速航行。并能在满载乘员和属具时，以至少 8 kn 的航速航行至少 4 h。快速救助艇应能自行扶正,或由不超过 2 名船员随时扶正。快速救助艇是客滚船上必须配置的救助艇。

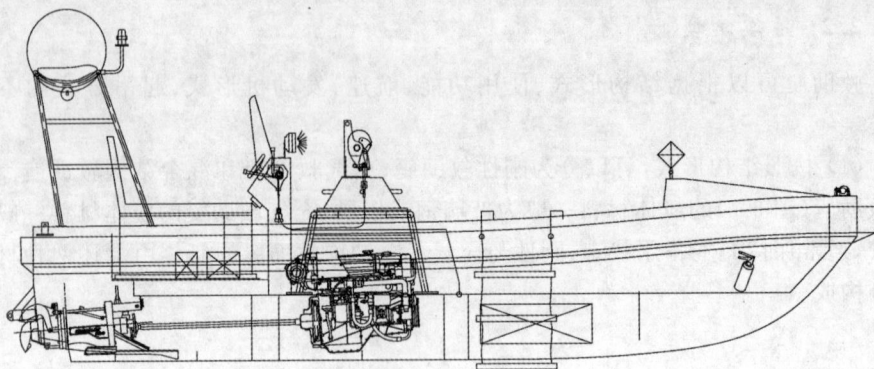

图 5-8   快速救助艇

与一般救助艇以救助遇险人员及集结救生艇筏为使用功效不同,快速救助艇强调具备对其他遇险船舶实施有效救助的工作能力,尤其是对那些从事近岸作业人员实施救助。因此,救助艇的"快速"不应简单地理解为高速航行,而是包含了救助的整个过程,包括收放操作、艇的操纵以及救助的全过程。快速救助艇在满足救助艇要求的基础上,还应满足如下附加要求:

① 快速救助艇应能在不利天气和海况下安全释放和回收。

② 快速救助艇的长度应不小于 6 m,且不大于 8.5 m。

③ 快速救助艇应保证在载员 3 人时,在静水中以至少 20 kn 的速度航行不少于 4 小时。在载足全部乘员和属具时,以至少 8 kn 的速度航行不少于 4 h。

④ 快速救助艇应具有自扶正功能,或由不多于 2 名船员可以轻松扶正。

(4) 按照发动机形式,可以分为座机型救助艇(图 5-9)、舷外挂机型救助艇(图 5-10)和喷水推进型救助艇(图 5-11),其中座机型救助艇的发动机设置在艇体内,舷外挂机型救助艇的发动机连带螺旋桨设置在艇体尾部外,而喷水推进型救助艇采用的是喷水推进泵装置,能使艇获得较高航速,通常应用于快速救助艇上。

(5) 按照起吊形式,可以分为双吊钩式(图 5-12)、单吊钩式(图 5-13)。双吊钩式为救助艇的首尾各设置一个吊钩(与一般救生艇相同),双吊钩具有同步释放功能,一般全封闭式救生兼救助采取双吊钩式,便于操纵人员在艇内完成吊钩释放的操作。单吊钩式为在艇体上设有固定单吊点或是在艇体上设 3 个或 4 个吊点,用钢索连接在一个吊钩上,用单臂式吊艇架吊放。

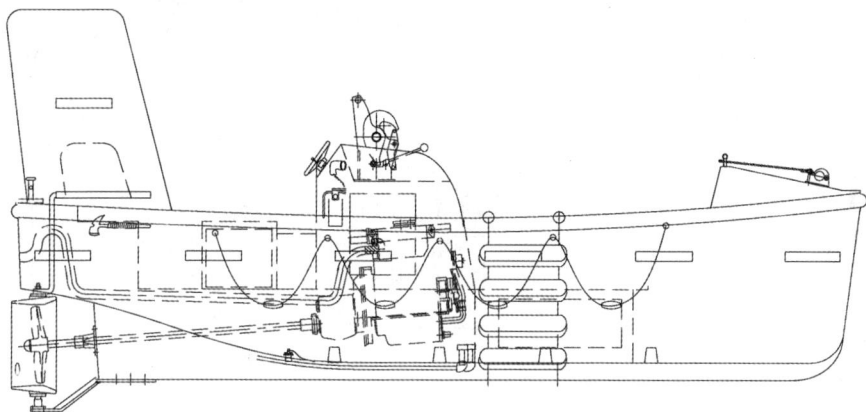

图 5-9　座机型救助艇

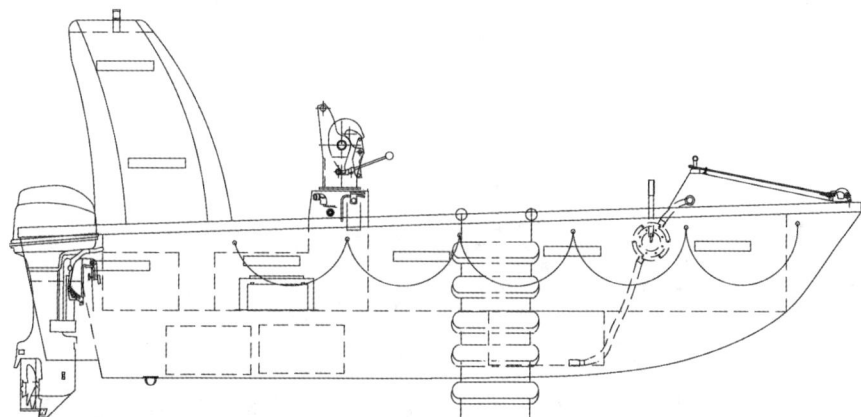

图 5-10　舷外挂机型救助艇

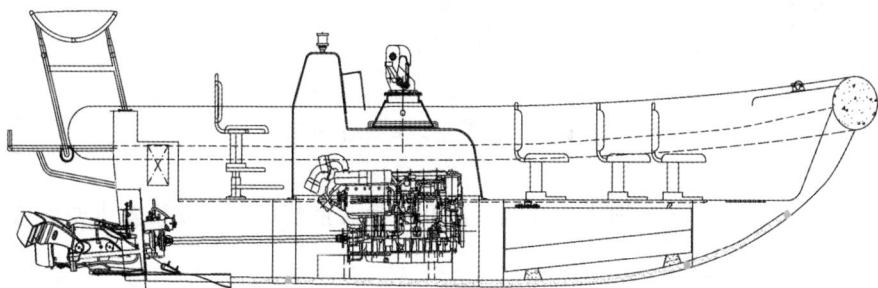

图 5-11　喷水推进型救助艇

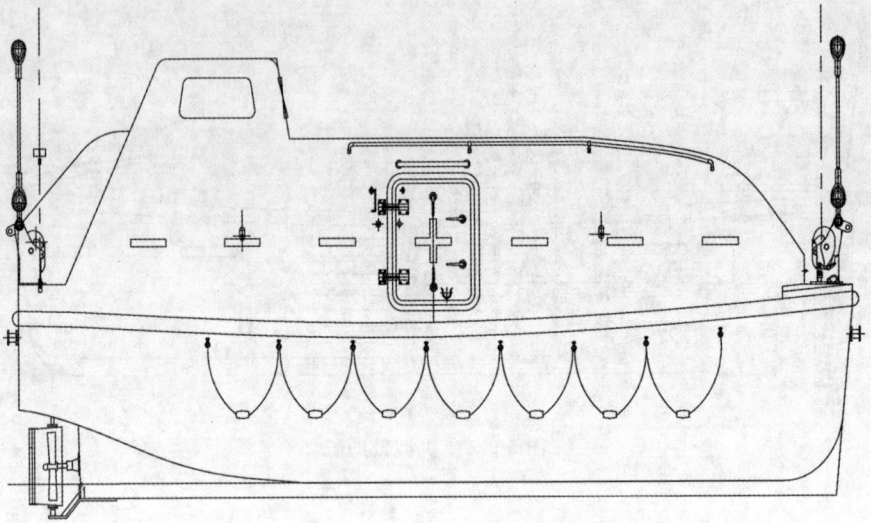

图 5-12　双吊钩式救生兼救助艇

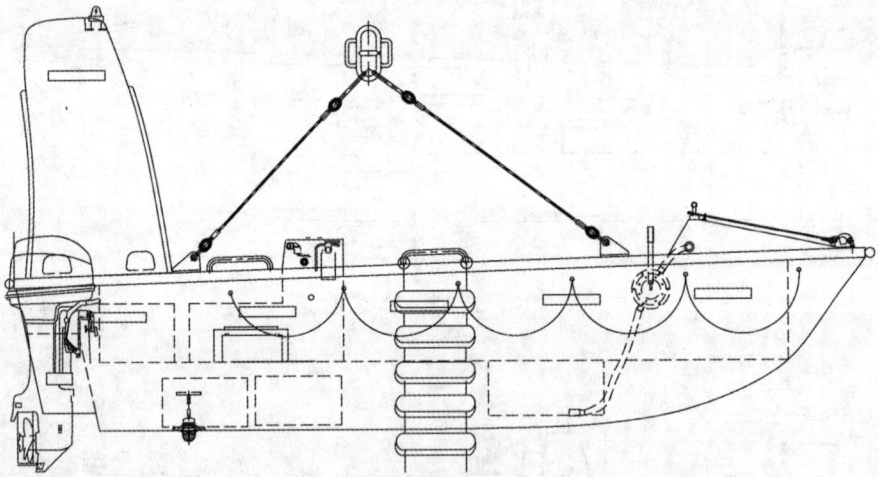

图 5-13　单吊钩式救助艇

表 5-17 和表 5-18 分别为一般救助艇和快速救助艇的常用规格及主要参数。

表 5-17　一般救助艇的常用规格及主要参数

序号	型号	艇长×艇宽×型深/m	最大乘员数/人	空载质量/kg	满载质量/kg
1	4.0 m(挂机)	4.00×1.86×0.86	8	585	1 245
2	4.5 m(挂机)	4.50×1.86×0.85	6	625	1 120
3	4.5 m(座机)	4.50×1.70×0.75	6	890	1 385
4	5.0 m(挂机)	5.00×1.86×0.90	6	585	1 080
5	5.4 m(挂机)	5.40×1.86×0.86	6	755	1 250
6	6.1 m(挂机)	6.10×2.20×0.90	6	926	1 421

表 5-18　快速救助艇的常用规格及主要参数

序号	型号	艇长×艇宽×型深/m	最大乘员数/人	空载质量/kg	满载质量/kg
1	4.5 m	4.50×1.86×0.86	6	670	1 165
2	5.0 m	5.05×1.86×0.85	10	1 225	2 050
3	6.0 m	6.00×2.10×0.87	15	1 675	2 913
4	6.5 m	6.00×2.00×1.00	15	1 815	3 053
5	7.5 m	7.50×2.32×1.10	15	1 707	2 945
6	8.5 m	8.50×2.80×1.10	22	3 685	5 500

5.5　救生筏

5.5.1　一般要求及主要类型

救生筏(liferaft),系指在船舶发生海难时,从弃船时起能够漂浮在海面,维持遇险人员生命的筏,是船舶配备的主要救生设备之一。对于遇险船舶来说,救生筏是不亚于救生艇的救援工具,尤其是某些突发事故导致船舶快速下沉时,救生筏能快速自动充气和浮起,使遇险人员能很快取得救生筏,实施救援。此外,救生筏具有质量小、存放体积小、操作简单、维修保养方便及经济性好等优点。

5.5.1.1　一般要求

《LSA 规则》规定了救生筏主要技术性能要求,摘要如下:

（1）救生筏在构造上，应能经受在一切海况下暴露漂浮 30 天。

（2）救生筏及其属具应能从 18 m 高处投落入水后，仍能够保证正常使用。当救生筏必须存放在船舶最轻载航行水线以上超过 18 m 的高度处，则该救生筏应进行至少为此高度的满意的投落试验。

（3）在顶篷撑起和未撑起的情况下，漂浮在水上的救生筏，应能经受从筏底以上至少 4.5 m 高度重复多次蹬跳。

（4）救生筏及其舾装件的构造应能使救生筏在载足全部乘员和属具并释放一只海锚时，在静水中以 3 kn 的航速被拖带。

（5）救生筏应设有保护乘员免受暴露的顶篷，该顶篷在救生筏降落中和到水面时能自动撑起。

（6）救生筏的额定乘员不得少于 6 人。

（7）除要求使用降落设备降落的救生筏及不要求从安放在一舷侧容易地转移至另一舷侧的救生筏外，救生筏及其容器和属具的总质量不得超过 185 kg。

（8）对于使用吊架降落的救生筏，在载足全部乘员和属具后，应能承受以不小于 3.5 m/s 的速度碰撞船舷的侧向撞击力，以及从距离海面不小于 3 m 的高度投落入水时的冲击载荷，不得有影响其功能的损坏，且应设置在登乘期间能可靠地将救生筏贴紧，并系留在登乘甲板的装置。

（9）救生筏（除货船的船首或船尾附加的救生筏外）应设有自由漂浮装置，使救生筏能从下沉的船舶中自动脱开并立即可用。自由漂浮装置包括：艏缆、薄弱环和静水压力释放器。艏缆既是连接船舶与救生筏的连接缆绳，又是启动充气气瓶的拉绳。当船舶下沉来不及从筏架上解开救生筏时，在水深不超过 4 m 处，静水压力释放器将使系固救生筏的索具自动脱开。漂浮的救生筏存放筒的浮力足以拉动艏缆来启动充气装置，使救生筏充胀成型。此后，救生筏产生的更大的浮力将拉断艏缆中的薄弱环，使救生筏与船舶脱离。薄弱环的破断张力应不大于 2.2 ± 0.4 kN。

5.5.1.2 主要类型

根据救生筏浮体的构造和材料的不同，可以将救生筏分为气胀救生筏和刚性救生筏两大类。由于刚性救生筏存放所占空间较大，且使用效果不如气胀救生筏，因此目前在船上极少使用，海船上配备的基本上都是气胀救生筏。

5.5.2 气胀救生筏

5.5.2.1 气胀救生筏的构造特征及其属具配置

气胀救生筏的制造材料主要是尼龙橡胶布，平时折叠后存放在玻璃钢容器内，安置在甲板舷边的筏架上,使用时通过充气的方式,在短时间内使筏体、篷柱充胀成型。典型的气胀救生筏如图 5-14 和图 5-15 所示,玻璃钢存放容器如图 5-16 所示。

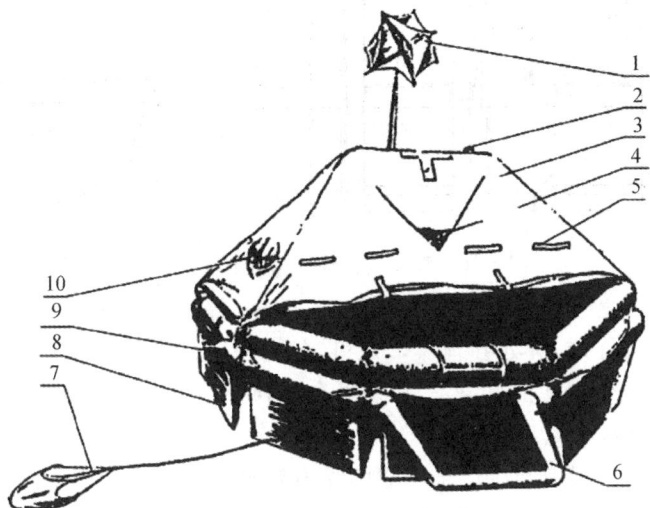

1—雷达反射器;2—示位灯;3—帐篷;4—雨水沟;5—逆向反光带;6—登筏平台;7—海锚;8—平衡水袋;9—充气钢瓶;10—瞭望窗。

图 5-14　气胀救生筏外形

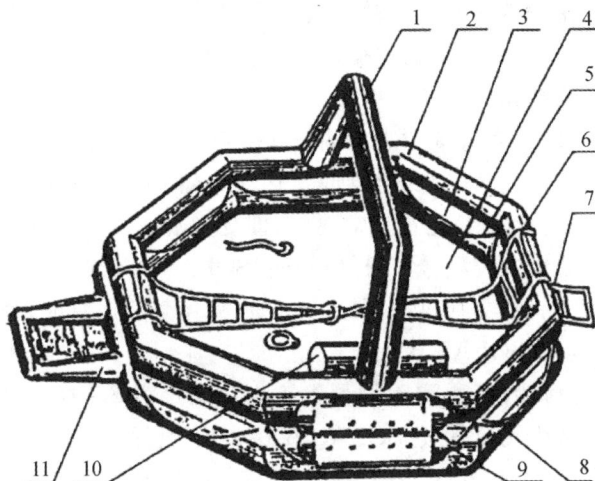

1—篷柱;2—上浮胎;3—下浮胎;4—筏底;5—内扶手索;6—登筏拉梯;7—登筏软梯;8—外扶手索;9—充气钢瓶;10—备品包;11—登筏平台。

图 5-15　气胀救生筏内部

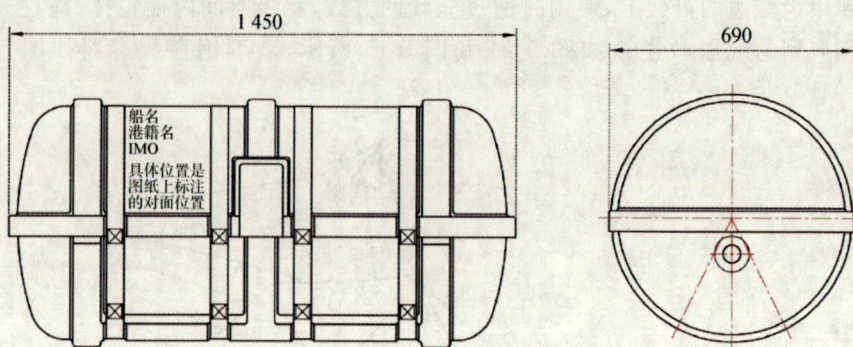

图 5-16　存放气胀救生筏的玻璃钢容器

　　气胀救生筏在艏、艉处各有一个入口,其中一个入口处应设置登筏平台,另一入口处设置登筏软梯和拖曳设备,登筏平台和软梯供落水人员登筏用,沿筏体外围及内侧设置扶手索,供落水人员攀附用。

　　气胀救生筏应设有至少两个独立的浮力隔舱,当其中一个隔舱破损时,救生筏仍能浮于水上。需要使用时,气胀救生筏通过充气系统对浮力隔舱进行充胀成型,充气系统的气瓶通常采用压缩的二氧化碳钢瓶。当环境温度为 18～20 ℃时,充胀成型时间应不超过 1 min;当环境温度为 −30 ℃时,充胀成型时间应不超过 3 min。气瓶充气装置与救生筏的艏缆连接,由于存放时艏缆牢固地系在船上,因此当救生筏脱离母船后,无论是依靠人力或救生筏浮力,均能拉动艏缆打开充气装置,为救生筏充气。救生筏充胀成型后在水面漂浮时,应在风浪中保持稳定。当救生筏倾覆后,应能由一个人扶正。

　　气胀救生筏应配备各种属具与用品,包括割断连接索的小刀、海锚、划桨、哨笛、火箭降落伞火焰信号、雷达反射器或雷达应答器、口粮、淡水、保温用具等。当气胀救生筏按照《LSA 规则》配置正常属具(即规则规定的全部属具)时,在救生筏的存放容器上"内装应急袋型号"一栏应标明"SOLAS A PACK"的字样;对于从事短程国际航行的客船,经主管机关同意,按规定减免某些属具时,救生筏的存放容器上相关的标志应为"SOLAS B PACK"。

　　对于国内航行海船,其所配置的救生筏也应满足《LSA 规则》的要求。其中,远海航区的船舶,救生筏属具按"SOLAS A PACK"配备,近海、沿海和遮蔽航区的船舶,救生筏属具按照"SOLAS B PACK"配备,并在救生筏存放容器上作相应的标志。

　　根据降放方式的不同,气胀救生筏又可以分为抛投式和机械吊放式(即可吊式)两种。此外,还有某些船舶专用的救生筏如:高速船配置的开敞式两面可用的

气胀救生筏,客滚船配置的自行扶正气胀救生筏或带顶篷两面可用的气胀救生筏,
渔船用气胀救生筏以及游艇用气胀救生筏等。

5.5.2.2　抛投式气胀救生筏

　　抛投式气胀救生筏,系指用人力或筏架从舷侧抛投入水的气胀救生筏,如图 5-
17 和图 5-18 所示。抛投式气胀救生筏入水以后,应立即拉动连接在船上的救生筏
艏缆,启动充气装置,使救生筏充胀成型。然后,用艏缆将救生筏拉向舷旁,船上人
员可沿着母船舷边的登乘(软)梯或其他设施(如撤离滑梯)登入救生筏内。人员登
筏后,应立即取出折叠刀割断与船舶连接的艏缆,并用划桨迅速划离遇险船舶,以
免其下沉时将筏拖入水中。

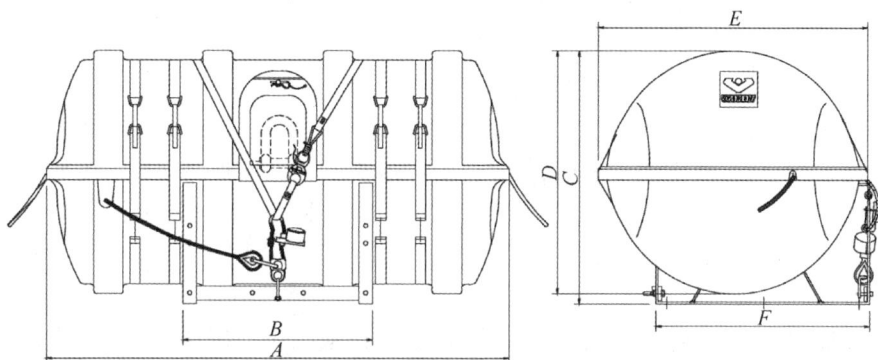

图 5-17　利用人力的抛投式气胀救生筏

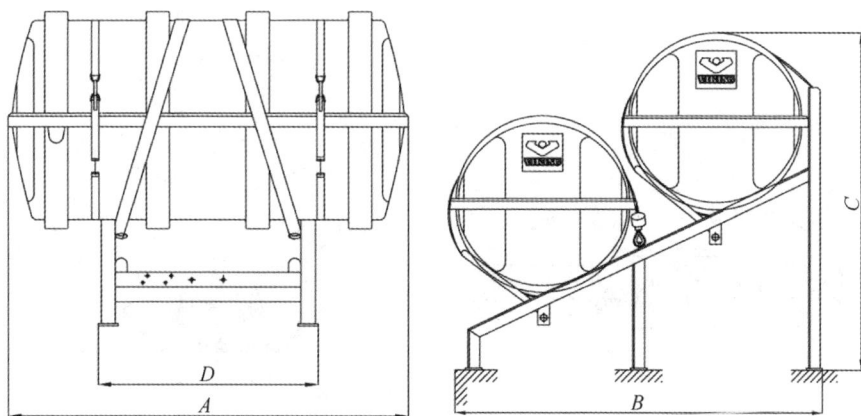

图 5-18　利用筏架的抛投式气胀救生筏

当船舶下沉来不及释放救生筏时,救生筏自由漂浮装置能使救生筏自动释放,充胀成型并浮出水面。救生筏自由漂浮装置包括静水压力释放器、薄弱环、艏缆系统等,可保证救生筏在船舶沉没时被释放。

抛投式气胀救生筏按核定人数,常用的规格有 6,8,10,12,15,16,20,25,30 和 35 人,在船上的最大存放高度(最轻载水线以上)一般不大于 18 m。对于需要从一舷转移至另一舷的救生筏,其总质量包括容器和属具在内不得超过 185 kg。一般情况下,25 人以下的抛投式气胀救生筏的总质量均不超过 185 kg。

此外,国内Ⅱ、Ⅲ类航区作业的渔船和游艇所使用的抛投式气胀救生筏须符合相应规则的要求,Ⅱ类航区渔船用救生筏的规格有 10,12,15,20 和 25 人,Ⅲ类航区渔船用救生筏的规格有 6,8 和 10 人;游艇用救生筏的规格有 4,6,8,10 和 12 人,这类救生筏在船上的存放高度较低(4~8 m)。

5.5.2.3 可吊式气胀救生筏

可吊式气胀救生筏,系指充胀成型后在满载状态下用吊筏架降落水中的气胀救生筏(图 5-19),通常用于客船、设置自由降落救生艇的货船以及某些救生艇配置不足的船舶。使用时,先将救生筏移至船舷处,从救生筏存放容器内拉出救生筏吊环,将其挂在吊筏架的吊钩上,再将救生筏两边的稳索系固在栏杆或登乘甲板的带缆桩上,并从存放容器内拉出充气绳。然后将救生筏吊离甲板,转出舷外并贴近舷边。一切就绪后,使劲拉充气绳启动充气装置,待救生筏充胀成型后,铺设好登筏橡胶垫,让撤离人员登筏。当全部人员进入筏内后,解开稳索,撤除登筏橡胶垫,准备降落救生筏。救生筏降落至水面后,立即取出折叠刀割断首缆,用划桨迅速划离遇险船舶。

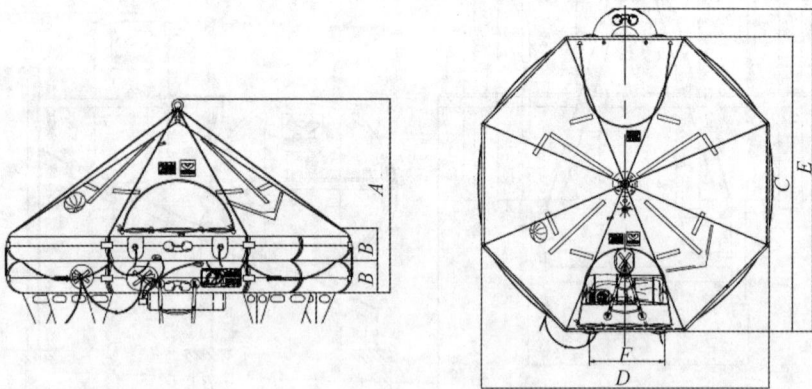

图 5-19　可吊式气胀救生筏

可吊式气胀救生筏的降落有两种操作方法,其一是在甲板上直接操纵吊筏架降落;其二为从筏内操纵吊筏架降落(类似于救生艇的艇内遥控降放装置),特别适用于在降放最后一个救生筏时,船上已无人操纵吊筏架的情况。

可吊式气胀救生筏的构造与抛投式气胀救生筏无多大区别,且具备了后者的全部技术与使用性能,只是增加了一个吊点。因此,可吊式气胀救生筏在应急情况下或是降落装置失效时,也可抛投入水,如同抛投式气胀救生筏。当船舶下沉来不及释放救生筏时,救生筏自由漂浮装置能使救生筏自动释放,充胀成型并浮出水面。

海船使用的可吊式气胀救生筏按核定人数,常用的规格有 10,12,15,16,20 和 25 人,在船上的最大存放高度(最轻载水线以上)一般不大于 18 m。

5.5.2.4　开敞式两面可用气胀救生筏

开敞式两面可用气胀救生筏,系指抛落下水后任何一面向上均可登乘使用的救生筏(图 5-20),应符合《国际高速船舶安全规则》(HSC 规则)对于开敞式两面可用气胀救生筏的要求(作为《LSA 规则》规定的救生筏要求的替代方案),其使用方法与抛投式气胀救生筏相同,且沉没以后能自动释放,充胀成型并浮出水面。

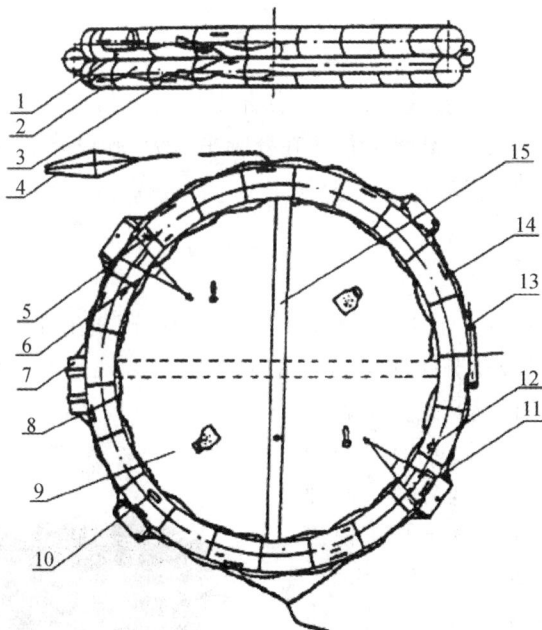

1—上浮胎;2—下浮胎;3—外扶手索;4—海锚;5—示位灯;6—进筏拉梯;7—备品包;8—内扶手索;9—筏底;10—安全小刀;11—登筏踏板;12—拯救环;13—气瓶;14—反光带;15— 充气横管。

图 5-20　开敞式两面可用气胀救生筏

根据《HSC 规则》的规定,开敞式两面可用气胀救生筏用于鉴于航区的遮蔽特性以及营运区域的气候条件经主管机关认可的国际间航行的 A 类高速船舶。这种类型的船舶,指的是载客人数不大于 450 人,且经验证在其航线上任何地点遇险时,能在要求的最短时间内将所有乘客和船员安全救出的高速客船。

按核定人数,开敞式两面可用气胀救生筏常用的规格有 6,10,25,30,59,65 和 72 人,在船上的最大存放高度(最轻载水线以上)一般不大于 10 m。

5.5.2.5 自行扶正气胀救生筏与带顶蓬两面可用气胀救生筏

自行扶正气胀救生筏,系指在充胀成型后,即使是处于颠倒状态,也应在无外界帮助的情况下,翻转至正浮的救生筏。带顶蓬两面可用气胀救生筏,顾名思义,系指在抛落水中之后,不论哪一面朝上都能使用的救生筏。这两种筏的使用方法与抛投式气胀救生筏相同,且沉没以后均能自动释放,充胀成型并浮出水面。

自行扶正气胀救生筏与带顶蓬两面可用气胀救生筏应符合 IMO 海上安全委员会通函 MSC/circ.809《关于客滚船上带顶蓬两面可用救生筏、自行扶正救生筏和高速救助艇,包括试验的建议案》的要求,通常用于客滚船,可任选一种。按核定人数,自行扶正气胀救生筏常用的规格有 4,6,8,10 和 12 人;带顶蓬两面可用气胀救生筏常用的规格有 6,10,25,30,50,60 和 100 人。在船上的最大存放高度(最轻载水线以上)不大于 18 m。

这两种救生筏与海上撤离系统配套使用时应置于撤离系统容器附近,但能离开布放装置和登乘平台投落,然后停靠在登乘平台旁,并设有能和登乘平台预先连结或易于连结的回收绳索。

5.5.3 刚性救生筏

刚性救生筏(图 5-21)的制造材料主要是阻燃的硬质闭孔泡沫,筏体由刚性浮体和筏底组成,刚性浮体分隔成若干水密舱,除了放置属具的隔舱外,其余均充塞泡沫浮力材料,配备的属具及其标志(在筏体上)要求与气胀救生筏相同。刚性救生筏也有抛投式和吊架降落式两种,投入水中后无论哪一面向上均可使用,船舶沉没以后能自动释放并浮出水面。

刚性救生筏存放所占空间较大,且使用效果不如气胀救生筏,目前在船上极少使用。

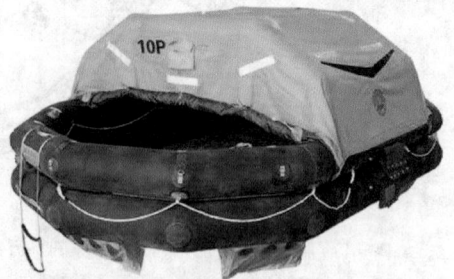

图 5-21 刚性救生筏

5.5.4　救生筏架

救生筏架系指用于存放气胀救生筏
或同时用作滑放抛投气胀救生筏的专用座架。常用的救生筏架如图 5-22 所示,其
静水压力释放器的安装如图 5-23 所示。

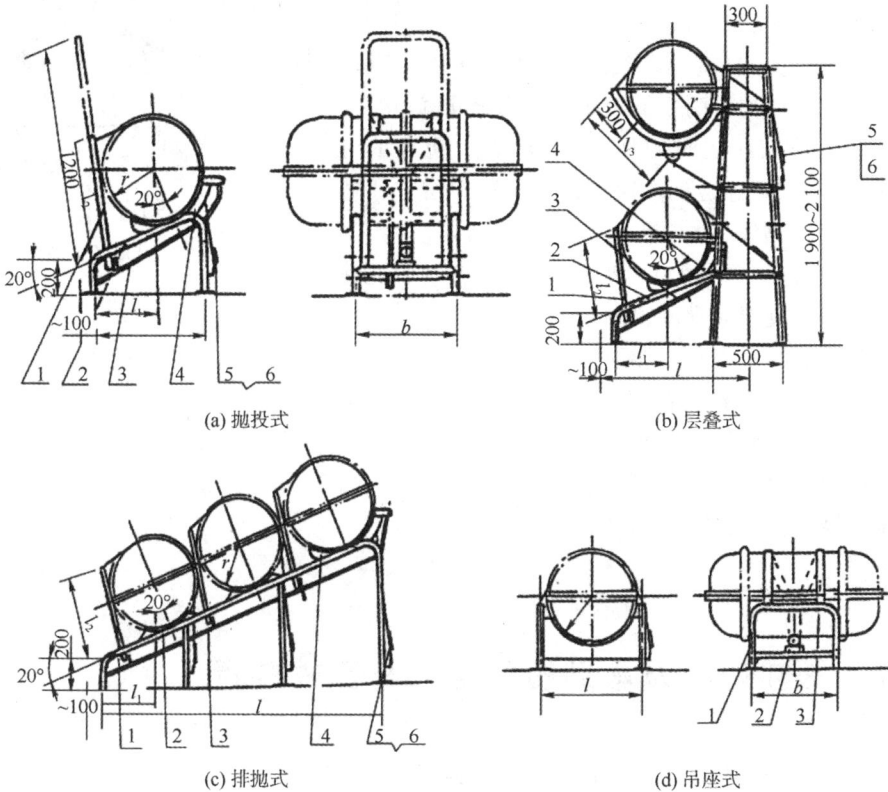

(a) 抛投式　　　　　　　　　　　　　　　(b) 层叠式

(c) 排抛式　　　　　　　　　　　　　　(d) 吊座式

1—倒杆;2—座架;3—止动杆;4—动杆;5—静水压力释放器;6—索具扎带。

图 5-22　气胀救生筏架

按筏的存放数量,救生筏架可以分为单筏架、双筏架及多筏架等。

单筏架(如图 5-22(a)及(d)所示)仅可存放 1 只救生筏,在船上使用较多。

双筏架可存放 2 只救生筏,两只筏上下层叠布置的筏架(如图 5-22(b)所示),
主要用于抛投式气胀救生筏,两只筏在同一平面上平行布置的筏架,主要用于可吊
式气胀救生筏。

多筏架可存放 3 至 4 只甚至更多的救生筏,如排抛式筏架(图 5-22(c)),主要用于客船上的抛投式气胀救生筏,并同海上撤离系统(如滑梯装置)配套使用。也有多只救生筏在同一平面上平行布置的救生筏架,主要用于客船上的可吊式气胀救生筏。

按结构形式,目前常用的救生筏架有斜轨抛投式与平座存放式。

斜轨抛投式救生筏架如图 5-22(a)(b)及(c)所示。其主要结构为两根斜置的导轨用作滑放救生筏,而倒杆既是筏固定时的挡杆,也是滑放轨道的一部分,有长臂和短臂之分。这类筏架一般布置在甲板舷边,使用时依靠人力操纵解脱绑扎绳索,救生筏则依靠重力在斜轨上自动滑出舷外抛投到水面后充胀成型。该类型筏架通常配置静水压力释放器(图 5-23),以便在沉船时使筏自由漂浮出水。

平座存放式救生筏架又称吊座式筏架,其构造为下凹半圆形无倾斜的水平座架如图 5-22(d)所示。该类型筏架主要用于可吊式气胀救生筏(筏架应配置静水压力释放器)及货船船首或船尾附加的抛投式气胀救生筏。

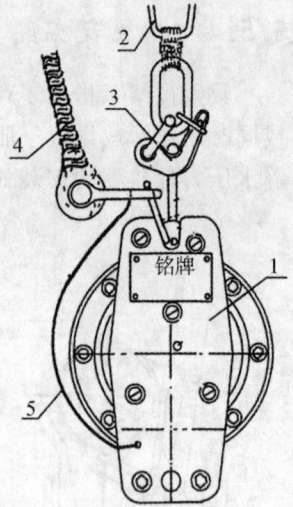

1—静水压力释放器;2—救生筏架系固索环;3—脱钩装置;4—气胀救生筏艏缆;5—易断索。

图 5-23 静水压力释放器安装图

5.6 救生艇筏及救助艇的降落与回收装置

5.6.1 降落与回收装置的基本要求

降落装置(launching appliances),系指将救生艇筏或救助艇从其存放位置安全转移到水面上的设施。降落装置通常由装置本体和绞车组成。

无论是国际还是国内航行的海船,其救生艇筏及救助艇的降落装置均应符合经修正的 MSA《国际航行海船法定检验技术规则》以及《LSA 规则》的要求,本章择要予以阐述。

5.6.1.1 降落装置的一般要求

(1)除自由降落救生艇的次要降落方式外,每具降落设备的布置应能在纵倾达到 10°和任何一舷横倾达到 20°的不利情况下,将满载全部乘员和艇上操作所需艇员(一般为 2 人——编注)的救生艇筏或救助艇,安全降落至水面。

（2）对于油船、化学品液货船和气体运输船,如果根据《MARPOL 公约》计算得出的船舶最终横倾角超过 20°时,船上救生艇的降落设备应在考虑了船舶的最终破损水线后,在该船舶处于最终横倾角的情况下,在较低的一舷进行降放操作。

（3）降落设备不得依靠除重力或不依赖船舶动力的任何储存机械动力以外的任何方式来降落其所配属的处于满载、装备齐全状态(即空载状态—编注)和轻载状态的救生艇筏或救助艇。

（4）降落设备及其附属设备的强度,除绞车制动器外,应足以经受不少于 2.2 倍最大工作负荷的静负荷试验。

（5）结构构件和一切滑车、吊艇索、眼板、链环、紧固件和其他一切用作连接降落设备的配件,应采用一个安全系数来设计,该安全系数根据规定的最大工作负荷和结构所选用材料的极限强度来决定。所有构件的最小安全系数为 4.5,吊艇索、吊艇链、链环和滑车的最小安全系数为 6。

（6）每具降落设备应尽实际可能在结冰情况下保持有效。

（7）救生艇降落设备应能收回载有艇员的救生艇。

（8）每具救助艇降落设备都应装设一台能把载足全部乘员和设备的救助艇从水面以不少于 0.3 m/s 的速率升起的动力驱动的绞车马达。

5.6.1.2　使用吊艇索和绞车的降落装置的要求

除了自由降落救生艇的次要降落设备以外,使用吊艇索和绞车的降落装置除应符合本章 5.6.1 节 5.6.1.1 条的一般要求外,还应满足本条的要求:

（1）降落机械装置的布置应可由一个人在船舶甲板上某一位置或自救生艇筏或救助艇内某一位置操作,在甲板上操作降落机械装置的人员应能看到救生艇筏或救助艇。

（2）吊艇索应为防旋转及耐腐蚀的钢丝绳,吊艇索长度应保证在船舶纵倾 10°并向任一舷横倾 20°时,使救生艇能够降放至海面。

（3）除设置有效的补偿装置者外,对于多卷筒绞车,吊艇索的布置应使在降落时,以相同的速率从各卷筒放出,并在吊起时以相同的速率均匀地卷到各卷筒上。

（4）降落设备的绞车制动器应有足够的强度,能经受试验负荷不少于 1.5 倍最大工作负荷的静负荷试验,以及试验负荷不少于 1.1 倍最大工作负荷在最大下降速度时的动负荷试验。

（5）应设有收回每艘救生艇筏和救助艇的有效的手动装置,在救生艇筏和救助艇下降时或使用动力吊起时,绞车的转动部分应不使手动装置的手柄旋转。

（6）凡使用动力收回吊艇架吊臂者,应设有安全装置,在吊艇架吊臂回到原位限制器之前,应能自动切断动力,以防止吊艇索或吊艇架受到过度应力,除非电动机设计为能防止这种过度应力的形式。

(7) 满载救生艇筏或救助艇降落下水的速度,应不小于由下列公式得出的速度:

$$S = 0.4 + 0.02H$$

式中　　S—下降速度,m/s;

　　　　H—从吊艇架顶部到船舶最轻载航行水线的距离,m。

(8) 配备全部属具但不载人员救生筏的降落速度应使主管机关满意。配备全部属具但不载人员的其他救生艇筏的降落速度应不小于按上述(7)款要求的速度的70%。

(9) 考虑到救生艇筏或救助艇的设计,保护乘员免受过度力以及计入急刹车时惯性力对艇架强度的影响,主管机关应制定出最大下降速度,可以通过在降落设备上采取措施,以确保不超过该速度。

(10) 每具降落设备应有制动器,使载足全部乘员及属具的救生艇筏或救助艇在降落中能刹住并可靠地系留住。如有必要,还应考虑防水和防油保护。

(11) 手控制动器的布置,应该始终处于制动状态,除非在甲板上或是在救生艇筏内或救助艇内的操作人员把刹车控制器保持在"脱开"的位置上。

(12) 救生艇降落设备应提供吊起救生艇并脱开带载释放装置进行维护的措施。

5.6.1.3　自由漂浮入水装置的要求

如救生艇筏要求的降落设备配置自由漂浮入水装置,则救生艇筏从其存放地点自由漂浮释放应是自动的。

5.6.1.4　自由降落救生艇降落装置的要求

自由降落救生艇降落装置除应符合本章5.6.1节5.6.1.1条的一般要求外,还应满足本条的要求:

(1) 降落设备的设计与安装,应该使降落设备及其服务的救生艇作为一个系统运作,以保护乘员免受有害加速度(详见经修正的《LSA 规则》第Ⅳ章4.7.5条—编注)的伤害以确保载足全部乘员和属具的救生艇(详见经修正的《LSA 规则》第Ⅳ章4.7.3.1 和 4.7.3.2—编注)有效地离开船舶。

(2) 降落设备的构造应使其在救生艇降落过程中防止发生摩擦火花或碰击火花。

(3) 降落设备的设计与布置,应使其处于准备降落的位置。在船舶纵倾达到

10°并向任何一舷横倾达到 20°的不利情况下(详见经修正的《LSA 规则》第Ⅳ章 4.7.3—编注),从其所服务的救生艇的最低一点至最轻载航行水面的距离不超过救生艇的自由降落核准高度。

(4)救生设备的布置,应能防止救生艇在无人看管的存放地点意外脱开。如果提供的系固救生艇的设施无法从救生艇内部脱开,则降落设备的布置应防止先登艇而后脱开的做法。

(5)脱开机构的布置,应该至少在艇内要求两个独立的动作才能降落救生艇。

(6)每个降落设备都应提供次要方式用吊艇索降落救生艇。这种方式应符合本章 5.6.1 节 5.6.1.1 条((3)款除外)和 5.6.1.2 条((5)款除外)的要求,它必须能在纵倾达到 2°及向任何一舷横倾达到 5°的不利条件下降落救生艇,并且不必符合本章 5.6.1 节 5.6.1.2 条(7)和(8)款所要求的速度。如果次要的降落设备不依靠重力、储存机械动力或其他人工方法,则该降落设备应连接船舶主电源和应急电源。

(7)次要降落方式应至少配备一个单独的卸载能力以脱开救生艇。

5.6.1.5　救生筏降落装置的要求

除了关于在存放地点登乘、收回有负载的救生筏、人工操作旋出降落装置外,救生筏降落设备应符合本章 5.6.1 节 5.6.1.1 条和 5.6.1.2 条的要求。降落设备应包括一个自动脱开吊钩,其布置应能防止在降落过程中过早脱开,而使救生筏到水面时脱开。脱开吊钩应具有负载状态下脱开的能力,负载脱开控制为:

(1)与激发自动脱开功能的控制有明显差别。

(2)要求至少有两个单独的动作来操作。

(3)吊钩上具有 150 kg 的载荷,要求至少有 600 N 但不多于 700 N 的力或提供相当的合适保护以防止吊钩随意脱开。

(4)应设计为当脱开装置适当并完全地设定时,甲板上的船员能清楚地观察到。

5.6.1.6　快速救助艇降落装置的要求

每艘快速救助艇降落装置除应符合本章 5.6.1 节 5.6.1.1 条和 5.6.1.2 条((9)款除外)的要求,还应符合以下要求:

(1)降落设备应安装一个能在快速救助艇降落或回收时,降低波浪冲击力的设备。该设备应包括减弱冲击力的柔性构件,以及最低限度降低摇摆的阻尼构件。

(2)降落设备的绞车应安装一个自动高速张紧装置,用以预防快速救助艇在拟操作时的所有海况下钢索松弛。

（3）绞车制动器应有一个逐渐制动动作。当以全速降放快速救助艇并突然制动时,因减速而使吊艇索受到的额外动力载荷应不超过该降放设备工作载荷的0.5倍。

（4）满载乘员和属具的快速救助艇的降放速度不应超过 1 m/s,并且降落设备应能以不低于 0.8 m/s 的速度将载有 6 名乘员和满载属具的快速救助艇吊起。按经修正的《LSA 规则》第Ⅳ章 4.4.2 关于救生艇乘员定额的计算,该设备还应能吊起载有可容纳最大乘员数的救助艇。

5.6.2 降落装置的主要类型

降落装置形式很多,总的可以分为重力式、蓄能式、人力操纵式和自由降落式等四大类。事实上,自由降落式也是重力式,因其特殊,所以就单独列为一种形式。目前海船使用的吊艇架形式大体如图 5-24 所示。

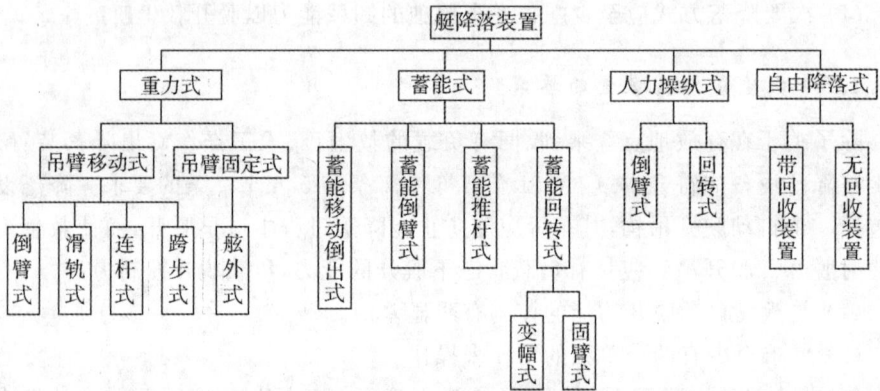

图 5-24　降落装置的主要类型

降落装置需与其服务的救生艇筏相匹配,在形式选择时需综合考虑船舶类型、规范要求、甲板布置以及船东需求等因素,几个基本原则如下：

（1）散货船的救生艇通常采用自由降落式降落设备（带回收功能）,或是自由降落滑道＋多用途起重机的组合方式。救助艇通常采用蓄能回转式降落设备,即带蓄能功能的固定臂回转吊或变幅回转吊。

（2）客滚船、渡轮及豪华邮轮通常选用乘员数较多的降落设备。为了获得尽可能大的空间和更好的视角效果,其降落设备一般采用双吊点蓄能推杆式或双吊点蓄能倒臂式。此外,根据规范要求,客滚船除配备普通救助艇以外,还需配备高速救助艇及其配套的降落设备。

（3）集装箱船、驳船、油船及液化气船通常配备布置在两舷的降落设备，此类船舶的救助艇通常由救生艇兼用。根据甲板实际情况，降落设备的形式可选择重力倒臂式、重力滑轨式或重力连杆式等，这些形式一般都采用双吊点。

（4）海洋平台常常为救生艇配置双吊点吊臂固定式降落设备。根据实际布置情况，如果救助艇是由救生艇兼用，则按救助艇配置降落设备。如果配有普通救助艇或快速救助艇，则普通救助艇一般选择蓄能固臂回转式降落设备（单臂吊）或蓄能变幅回转式降落设备；快速救助艇一般选择单吊点蓄能式降落设备。

5.6.3　重力式吊艇架

重力式降落装置是依靠救生艇或救助艇自身重力作用放艇，即使在船舶上没有任何动力与电源的紧急情况下，也能够完成救生艇或救助艇的降放操作。由于重力式降落装置多用于收放救生艇和救助艇，因此一般又可称为重力式吊艇架。根据吊臂运动方式的不同，重力式吊艇架可以分为吊臂移动式和吊臂固定式两种形式。

吊臂移动式重力吊艇架，是指在收放艇的过程中，吊臂有转动或移动运动的吊艇架形式。根据运动方式不同，吊臂移动式重力吊艇架又可分为重力倒臂式、重力滑轨式、重力连杆式和重力跨步式等形式。吊臂固定式重力吊艇架，是指在收放艇的过程中，吊臂没有转动或移动运动，只有艇起升和下降操作的吊艇架形式。

5.6.3.1　重力倒臂式

重力倒臂式吊艇架是一种转动型艇架，工作时吊臂围绕艇架下端销轴转动，使吊臂向外倒倾，将艇吊出舷外，再进行艇的下放操作。这种吊艇架在吊臂倒出舷外过程中，支点受力简单，无外移运动。当船舶处于内横倾20°及纵倾10°的恶劣工况时，吊臂也不会发生卡轧现象。由于一副艇架只有两个支点支撑，即使在船舶受损、甲板变形的情况下，吊艇架仍能容易地转出舷外，且放艇速度也较快，为放艇安全性提供了可靠保证。

重力倒臂式吊艇架主要由吊臂、座架、转动轴、滑轮系统等组成，其中座架和船舶甲板通过焊接方式连接，吊臂通过转动轴和座架连接。这种形式的艇架具有结构简单、制造方便、操作容易、工作可靠等特点，因而得到广泛应用，但是吊臂的高度和艇的存放高度均较高。

重力倒臂式吊艇架根据吊臂形状不同，可以分为S型（吊臂呈S形）和L型（吊臂呈L形）两种，前者适用于艏艉尖削的全封闭救生艇，后者适用于后开门的方尾型全封闭救生艇。目前海船大多配备L型吊艇架。

L型吊艇架又可分为LE-1型和LE-2型。图5-25所示为LE-1型吊艇架，该型吊艇架能独立安装,不需要依附甲板围壁,且人员能在艇存放位置下面通行,布置紧凑。LE-2 型(图 5-26)与 LE-1 型的区别是座架必须依靠甲板围壁支撑。L 型吊艇架的规格和主要尺寸列于表 5-19。

重力倒臂式吊艇架的工作负荷一般从 21 kN 到 210 kN 不等,以适应不同的救生艇或救助艇的收放要求。

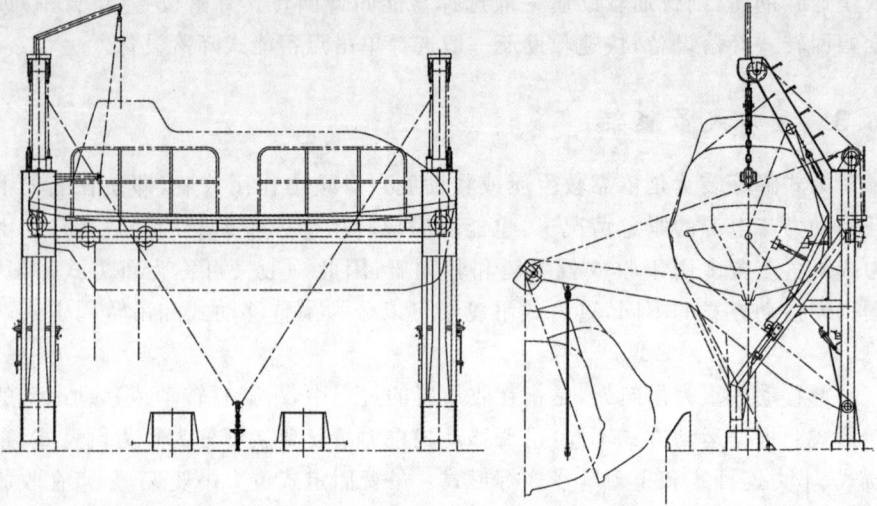

图 5-25　LE-1 型重力倒臂式吊艇架

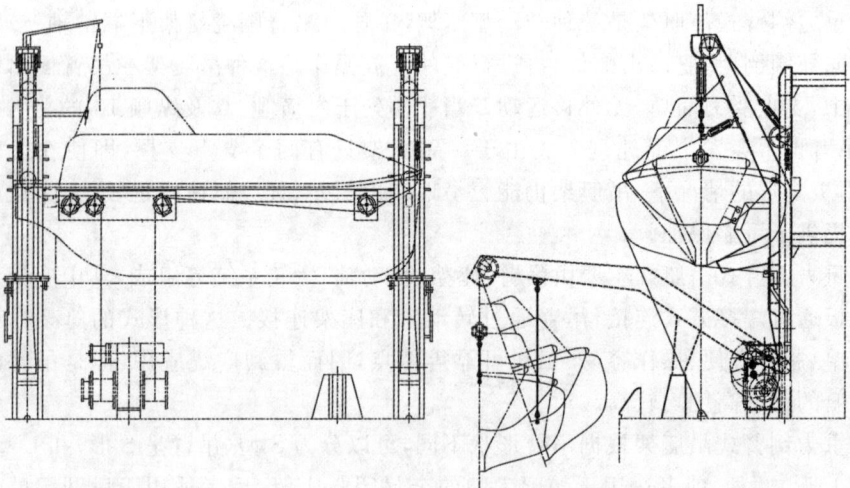

图 5-26　LE-2 型重力倒臂式吊艇架

S 型吊艇架的工作原理和结构形式与 L 型吊艇架基本相同,按吊艇臂长度分为普通型与长臂型。

普通 S 型(SA)吊艇架如图 5-27 所示。其吊艇臂较短(吊艇链长约 1 m),因而总高较小,便于船舶存放布置,但舷外跨距相对较小。

表 5-19 L 型重力倒臂式吊艇架常用规格及主要参数

吊艇架规格		吊艇架工作负荷/kN	吊艇架质量/kg		适用于艇总重/kg
LE-1 型	LE-2 型				
LE45-1	LE45-2	45	～3 600	～3 400	≤4 500
LE55-1	LE55-2	55	～4 000	～3 800	≤5 500
LE65-1	LE65-2	65	～4 400	～4 100	≤6 500
LE85-1	LE85-2	85	～5 200	～5 000	≤8 500
LE100-1	LE100-2	105	～5 700	～5 500	≤10 500
LE138-1	LE138-2	138	～6 400	～6 200	≤13 800
LE170-1	LE170-2	170	～7 200	～7 000	≤17 000

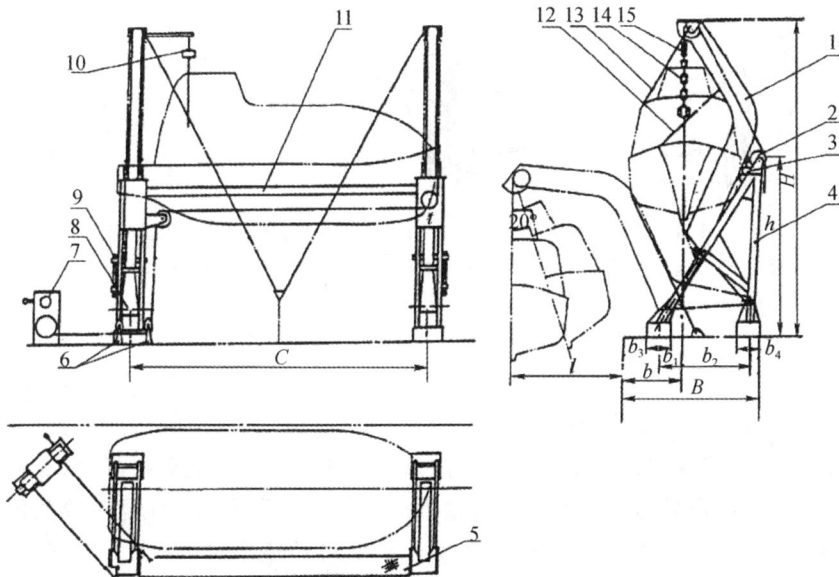

1—吊艇臂;2—转向滑轮;3—限位开关装置;4—吊艇架座;5—登艇路台;6—甲板垂直转向滑轮;7—艇绞车;8—转动轴装置;9—止动装置;10—艇内遥控放艇装置;11—支撑横杆;12—系艇装置;13—固艇装置;14—吊艇链装置;15—浮动滑车。

图 5-27 普通 S 型(SA)重力倒臂式吊艇架

长臂S型(SB)吊艇架如图5-28所示。其吊艇臂较长(吊艇链长约2 m),艇架上的浮动滑车距艇的驾驶台顶约1 m左右,因此当回收救生艇时,由于海浪作用使艇颠晃的情况下,可避免浮动滑车撞击艇的驾驶台或挂钩艇员头部而导致损伤。SB型艇架舷外跨距较大,适合大型油轮在火警情况下放艇,某些放艇演习频繁的船舶也经常使用。

L型吊艇架由S型吊艇架演变而来,目前S型吊艇架已很少使用。

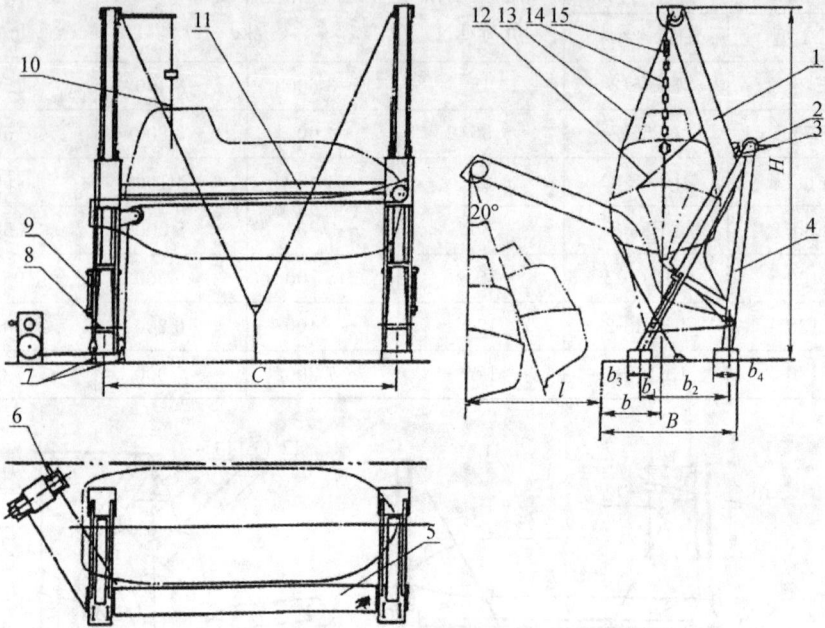

1—吊艇臂;2—转向滑轮;3—限位开关装置;4—吊艇架座;5—登艇路台;6—艇绞车;7—甲板垂直转向滑轮;8—转动轴装置;9—止动装置;10—艇内遥控放艇装置;11—支撑横杆;12—系艇装置;13—固艇装置;14—吊艇链装置;15—浮动滑车。

图5-28 长臂S型(SB)重力倒臂式吊艇架

重力倒臂式吊艇架使用时,首先解开所有的系固装置,然后将配备的绞车的刹车重锤抬起(直接或间接利用舷边和艇内遥控放艇装置),使刹车松闸,依靠艇的重力拖带绞车卷筒反转放索,吊臂连同救生艇筏转出船舶舷外,直至吊臂放倒。然后,吊艇链浮动滑车顶部的T形钩从吊臂头部自动脱出,艇继续下降直至水面。回收艇时,启动艇绞车电机,使艇上升。当浮动滑车T形钩进入吊艇臂头部顶推挡板时,开始推动吊臂向内转动,直至回到原存放位置。此时吊臂已推动限位开关,将绞车电源切断,以保护吊艇架座不受冲击。

开敞式救生艇使用的重力倒臂式吊艇架如图5-29所示,其结构形式和工作原理与上述重力倒臂式吊艇架相似。由于开敞救生艇的质量比封闭救生艇小得多，因此所配套的救生艇绞车的工作负荷相对来说也小得多。

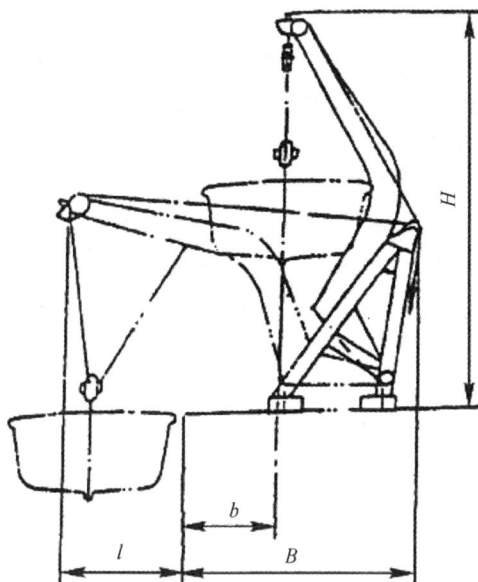

图 5-29　开敞救生艇用重力倒臂式吊艇架

开敞式救生艇或部分封闭救生艇用的吊艇架，在两根吊艇臂头部之间应设置钢丝绳横张索，并在其上设置不少于 2 根足够长度的救生索，能于船舶最轻载航行时，在不利纵倾 10° 及向任何一舷横倾 20° 时的情况下，随救生艇到达海面。

救生索通常采用白棕绳或麻索，直径为 20～24 mm，每隔一定距离打一反手结，便于下滑人员中途停顿。每根救生索设置一根拉索，直径一般为 12 mm，拉索一端系在登艇甲板的吊艇架座架上，另一端同救生索相连。那些没有随艇一起离船的待撤离人员可利用这根拉索将救生索拉向舷边，抓住后下滑至已放到海面上的救生艇上。

5.6.3.2　重力滑轨式

重力滑轨式吊艇架是一种滚动型吊艇架，常见的吊臂形式呈 S 形，每根吊臂有前后两个支点，每一个支点在臂的两侧各设置一个滚轮。放艇时前后两对滚轮沿座架的导轨（一般为槽钢）向外滚动，使吊臂连同艇一起外移并倾倒，将艇转出舷外，再进行艇的下放操作。这种吊艇架存放高度相对于上层建筑或甲板室有足够高度的中小型船舶比较合适。这种形式的吊艇架对制造精度要求较高，如果制造质量欠佳,当船舶内横倾 20°及纵倾 10°时,易影响吊臂外移及倒出舷外。尤其当船舶纵倾时,吊臂在其自重产生的侧向分力的作用下向一侧偏移,使一侧的滚轮在槽钢内产生较大的轴向摩擦力,导致吊臂两侧滚轮前进速度不一而产生扭转,易造成卡轧现象。

目前常用的重力滑轨式吊艇架有 RE 型和 HE 型。RE 型吊艇架(图 5-30)是重力滑轨式中较早出现的形式,这种艇架的优点是存放高度较低,但在布置时艇架后面须留有足够的通道,RE 型吊艇架的规格和主要参数列于表 5-20。HE 型吊艇架(图 5-31)是 RE 型吊艇架的改进形式,通常称为跨甲板式,其规格和主要参数列于表 5-21。该型吊艇架的座架需要和船舶的两层甲板进行连接固定,适合于甲板不延伸到舷边的船舶,乘员通常在上一层甲板登乘。重力滑轨式吊艇架的使用、操作方式和重力倒臂式吊艇架相同。

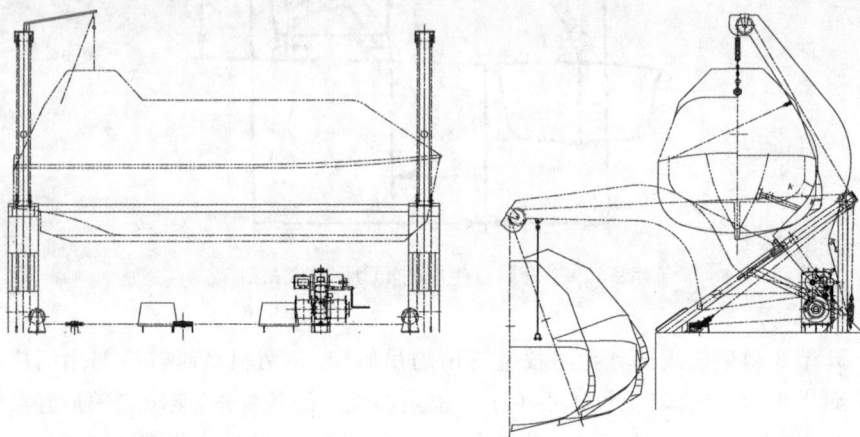

图 5-30　RE 型重力滑轨式吊艇架

表 5-20　RE 型重力滑轨式吊艇架常用规格及主要参数

吊艇架规格	吊艇架工作负荷/kN	吊艇架质量/kg	适用于艇总重/kg
RE50	50	~3 650	≤5 000
RE60	60	~3 900	≤6 000
RE80	80	~5 200	≤8 000
RE100	100	~5 800	≤10 000
RE130	130	~7 250	≤13 000

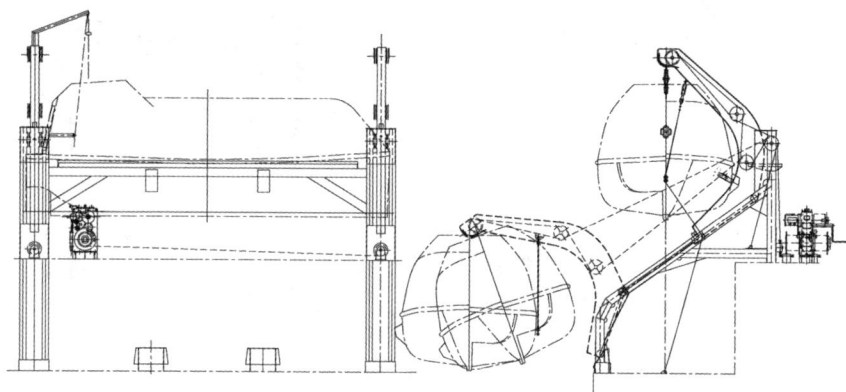

图 5-31 HE 型重力滑轨式吊艇架

表 5-21 HE 型重力滑轨式吊艇架常用规格及主要参数

吊艇架规格	吊艇架工作负荷/kN	吊艇架质量/kg	适用于艇总重/kg
HE55	55	～5 200	≤5 500
HE65	65	～5 600	≤6 500
HE85	85	～5 800	≤8 500
HE100	100	～6 500	≤10 000
HE138	138	～6 800	≤13 800
HE170	170	～7 600	≤17 000

5.6.3.3 重力连杆式

重力连杆式吊艇架是重力倒臂式吊艇架的升级版,如图 5-32 所示,其结构形式与重力倒臂式相似,由吊臂、座架、转动轴、滑轮系统等组成。为了降低存放状态下艇架的整体高度,并保证吊臂倒出舷外的跨距,重力连杆式吊艇架的吊臂由两个臂体通过销轴连接而成,相当于将 L 形吊臂一分为二,下部臂体通过转动轴与座架连接,上部臂体通过销轴及一根长杆与座架连接,上部和下部臂体、长杆以及转动销轴构成了一个连杆机构,使救生艇随吊臂倒出的轨迹达到降落所要求的位置。重力连杆式吊艇架的规格和主要参数列于表 5-22,其使用、操作方式和重力倒臂式吊艇架相同。

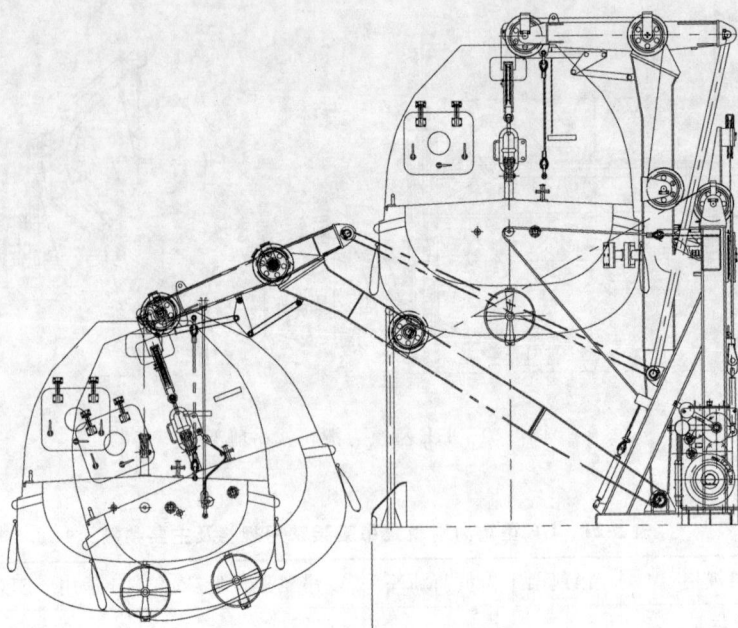

图 5-32　重力连杆式吊艇架

表 5-22　重力连杆式吊艇架常用规格及主要参数

吊艇架规格	吊艇架工作负荷/kN	吊艇架质量/kg	适用于救生艇总重/kg
GL65	65	～4 000	≤6 500
GL85	85	～5 800	≤8 500
GL100	100	～6 800	≤10 000
GL138	138	～7 800	≤13 800
GL165	165	～9 000	≤16 500

5.6.3.4　重力跨步式

重力跨步式与重力滑轨式吊艇架都是滚动型吊艇架。图 5-33 所示的重力跨步式吊艇架,其吊臂的几个下端头均自由支撑在甲板的支座上,吊艇架存放高度较低。放艇时吊艇臂下端头分别脱离支座,使吊艇臂依次绕各支点作圆弧轨迹运动,并向外倾倒,将艇转出舷外。但在船舶纵倾较大时,易发生吊艇臂的双支点同时脱离座架而造成致命事故的危险,所以不宜在海船上使用,仅适合在内河船舶上使用。

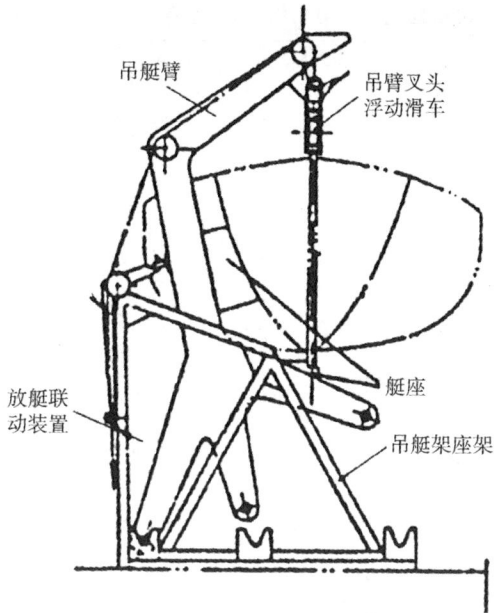

图 5-33　重力跨步式吊艇架

5.6.3.5　吊臂固定式重力吊艇架

与吊臂移动式艇架不同,吊臂固定式重力吊艇架上存放的救生艇、救助艇都悬挂在舷外,不需要倒出的操作步骤,因此收放过程相对简单、高效。当所有乘员完成救生艇登乘后,由操作人员在艇内通过遥控的方式进行下放操作即可。用于全封闭救生艇的双吊点吊臂固定式重力吊艇架如图 5-34 所示,其规格和主要参数列于表 5-23。

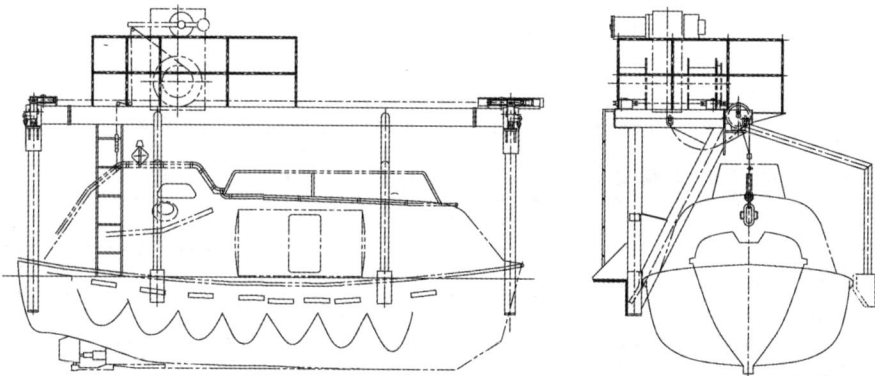

图 5-34　吊臂固定式重力吊艇架(双吊点)

表 5-23　吊臂固定式重力吊艇架(双吊点)常用规格及主要参数

吊艇架规格	吊艇架工作负荷/kN	吊艇架质量/kg	适用于艇总重/kg
PL65	65	～3 800	≤6 500
PL85	85	～3 900	≤8 500
PL100	100	～4 300	≤10 000
PL110	110	～4 500	≤11 100
PL120	120	～5 500	≤12 000
PL138	138	～6 000	≤13 800
PL150	150	～6 500	≤15 000
PL200	200	～7 000	≤20 000
PL230	230	～7 800	≤23 000

单吊点吊臂固定式重力吊艇架如图 5-35 所示,其规格和主要参数列于表 5-24。该形式吊艇架常用于救助艇。

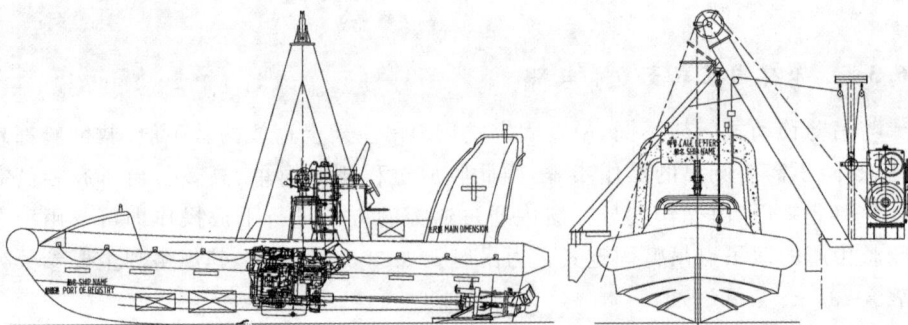

图 5-35　吊臂固定式重力吊艇架(单吊点)

表 5-24　吊臂固定式重力吊艇架(单吊点)常用规格及主要参数

吊艇架规格	吊艇架工作负荷/kN	吊艇架质量/kg	适用于艇总重/kg
PQR21	21	～1 850	≤2 100
PQR25	25	～2 050	≤2 500
PQR32	32	～2 200	≤3 200
PQR45	45	～2 600	≤4 500

5.6.4　蓄能式艇筏降落装置

蓄能式艇筏降落装置,可以在船舶没有任何动力与电源的情况下,由蓄能器提供的能量将艇臂移出舷外,然后依靠重力将艇筏降落入水。

蓄能器一般采用囊式蓄能器,内设的皮囊将蓄能器内部的空间分为两个部分,皮囊内充满气体(氮气)。当需要蓄能时,向蓄能器内注入液压油,皮囊受压变形,囊内气体体积缩小,压力增大,此时蓄能器内储存了一定量的液压油。当蓄能器工作时,囊内气体压力减小,体积增大,将液压油排出,从而为系统提供液压动力。

蓄能式艇筏降落装置较少用于救生艇,因为全封闭救生艇质量大,会导致蓄能器结构复杂、造价较高。目前蓄能式艇筏降落装置主要用于救助艇,一般采用单臂式。

根据结构形式的不同,蓄能式艇筏降落装置可以分为蓄能移动倒出式、蓄能展开式、蓄能倒臂式、蓄能推杆式和蓄能回转式等形式。

5.6.4.1　蓄能移动倒出式降落装置

蓄能移动倒出式降落装置如图 5-36 所示,通常为单吊点,考虑到存放空间和倒出舷外跨距的需求,操作流程主要包括吊臂移动、吊臂倒出、艇筏下放三个步骤。吊臂移动通过丝杆、油缸或其他形式实现;吊臂倒出通过油缸实现,艇筏下放则依靠重力通过绞车实现。在船舶失去动力的情况下,吊臂移动和倒出的操作通过蓄能器提供的动力来完成。表 5-25 列出了蓄能移动倒出式降落装置常用规格及主要参数。

表 5-25　蓄能移动倒出式降落装置常用规格及主要参数

降落装置规格	降落装置工作负荷/kN	降落装置质量/kg	适用于艇总重/kg
LWYH25	25	～4 200	≤2 500
LWYH45	45	～5 800	≤4 500
LWYH60	60	～6 600	≤6 000

5.6.4.2　蓄能展开式降落装置

蓄能展开式降落装置如图 5-37 所示,通常为单吊点,这主要是考虑到甲板布置存放空间的要求,其吊臂通常由两节组成,两节之间通过铰链连接。非工作时,降落装置的两节吊臂成折叠收藏状态;工作时,降落装置的两节吊臂通过液压油缸沿水平方向展开,将艇筏移出舷外,然后艇筏在自身重力作用下降落入水。在船舶失去动力的情况下,吊臂水平展开的操作可以通过蓄能器提供的动力来完成。表5-26 列出了蓄能展开式降落装置常用规格及主要参数。

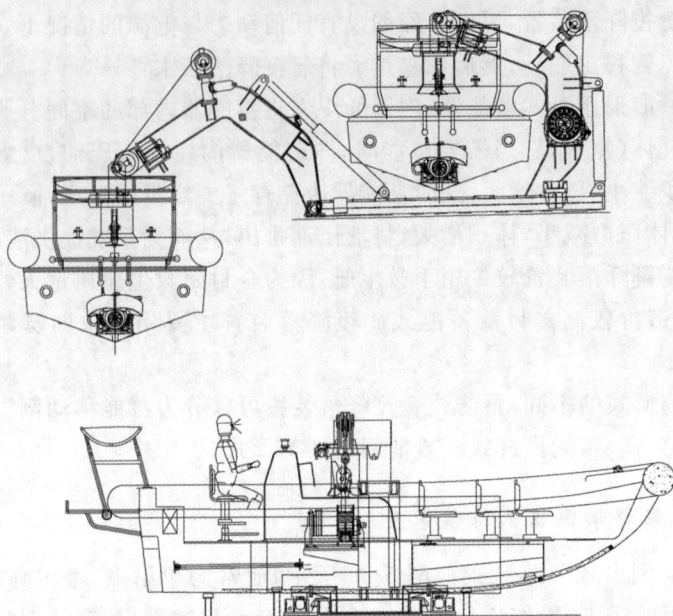

图 5-36　蓄能移动倒出式降落装置

表 5-26　蓄能展开式降落装置常用规格及主要参数

降落装置规格	降落装置工作负荷/kN	降落装置质量/kg	适用于艇总重/kg
HB30	30	～2 000	≤3 000
HB45	45	～3 500	≤4 500
HB60	60	～4 500	≤6 000

5.6.4.3　蓄能倒臂式降落装置

蓄能倒臂式降落装置通过液压油缸将吊臂从存放位置倒出舷外,然后在艇筏自身重力作用下降落入水。在船舶失去动力的情况下,吊臂倒出的操作通过蓄能器提供的动力完成。由于蓄能倒臂式降落装置具有存放位置低、吊臂倒出可控等优点,目前在各类海船上得到了大量应用,如客滚船、工程船舶等。

根据吊点不同,蓄能倒臂式降落装置可分为双吊点和单吊点。

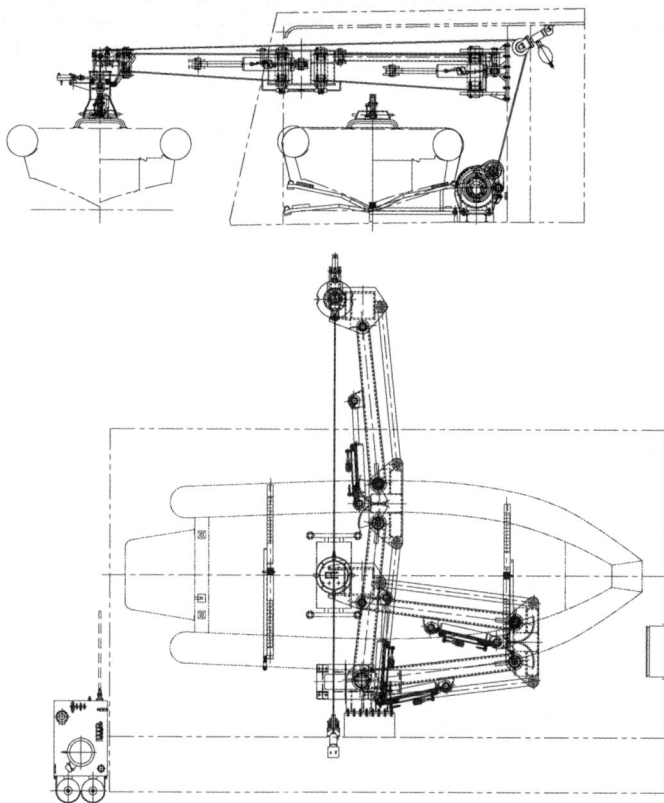

图 5-37　蓄能展开式降落装置

图 5-38 所示为双吊点蓄能倒臂式降落装置,其常用规格及主要参数列于表 5-27。双吊点蓄能倒臂式降落装置常用于救生艇和较大的救助艇,通常配电动绞车。

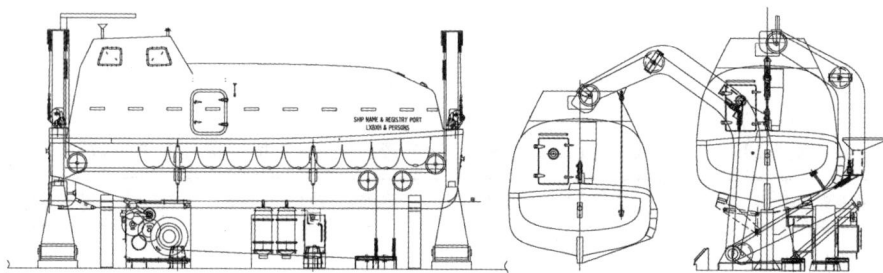

图 5-38　双吊点蓄能倒臂式降落装置

表 5-27　双吊点蓄能倒臂式降落装置常用规格及主要参数

降落装置规格	降落装置工作负荷/kN	降落装置质量/kg	适用于艇总重/kg
SRH65	65	～3 500	≤6 500
SRH85	85	～4 800	≤8 500
SRH100	100	～6 000	≤10 000
SRH138	138	～8 800	≤13 800
SRH170	170	～12 500	≤17 000
SRH200	200	～13 000	≤20 000

　　单吊点蓄能倒臂式降落装置适用于普通救助艇和快速救助艇,当配置快速救助艇时,一般选用液压绞车(图 5-39);当配置普通救助艇时,一般选用电动绞车(图 5-40)。表 5-28 和表 5-29 列出了两种蓄能倒臂式降落装置的常用规格及主要参数。

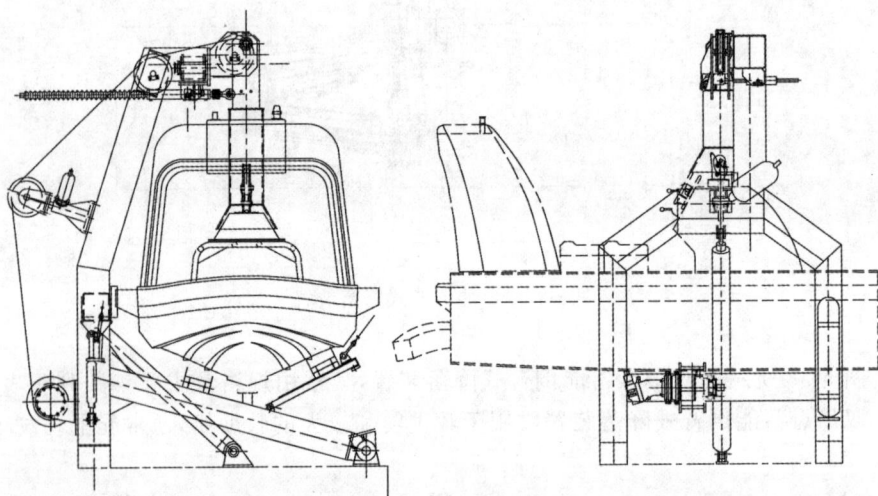

图 5-39　单吊点蓄能倒臂式降落装置(配液压绞车)

表 5-28　单吊点蓄能倒臂式降落装置(配液压绞车)常用规格及主要参数

降落装置规格	降落装置工作负荷/kN	降落装置质量/kg	适用于艇总重/kg
LFR(H)30	30	～4 200/3 000	≤3 000
LFR(H)50	50	～5 500/3 600	≤5 000
LFR(H)60	60	～6 500/4 400	≤6 000

注:表中降落装置质量包括高海况和普通海况两种形式的质量。

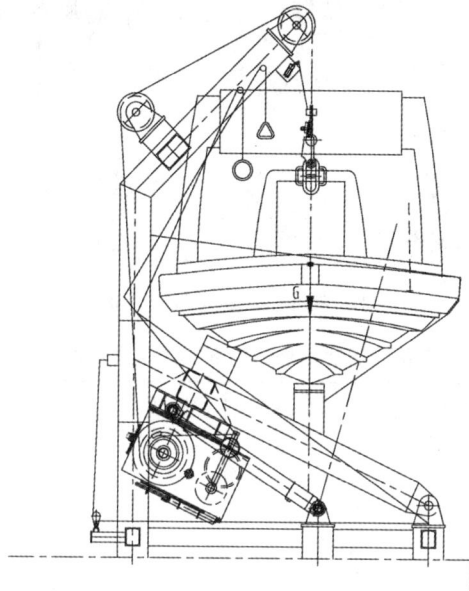

图 5-40 单吊点蓄能倒臂式降落装置(配电动绞车)

表 5-29 单吊点蓄能倒臂式降落装置(配电动绞车)常用规格及主要参数

降落装置规格	降落装置工作负荷/kN	降落装置质量/kg	适用于艇总重/kg
DH30	30	～4 200/3 000	≤3 000
DH50	50	～5 500/3 600	≤5 000
DH60	60	～6 500/4 400	≤6 000

注:表中降落装置质量包括高海况和普通海况两种形式的质量。

5.6.4.4 蓄能推杆式降落装置

蓄能推杆式降落装置通过液压油缸将吊臂从存放位置平移推出舷外,再通过艇筏自身重力作用下降入水。在船舶失去动力的情况下,吊臂推出的操作通过蓄能器提供的动力来完成。与蓄能倒臂式降落装置相同,蓄能推杆式降落装置也具有占用甲板空间小、吊臂推出可控等优点,目前在各类海船上得到了大量的应用,如客滚船、工程船舶和豪华邮轮以及豪华渡船等。

蓄能推杆式降落装置可分为双吊点(图 5-41)和单吊点(图 5-42)。表 5-30 和表 5-31 列出了蓄能推杆式降落装置常用规格及主要参数。

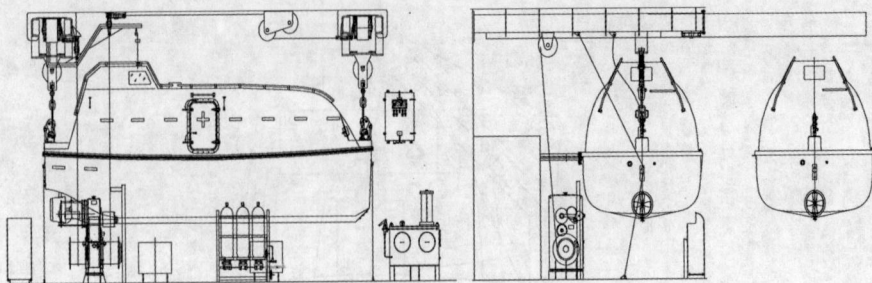

图 5-41 双吊点蓄能推杆式降落装置

表 5-30 双吊点蓄能推杆式降落装置常用规格及主要参数

降落装置规格	降落装置工作负荷/kN	降落装置质量/kg	适用于艇总重/kg
TG65	65	～7 600	≤6 500
TG85	85	～8 000	≤8 500
TG100	100	～8 800	≤10 000
TG138	138	～10 000	≤13 800
TG170	170	～12 500	≤17 000
TG200	200	～14 500	≤20 000

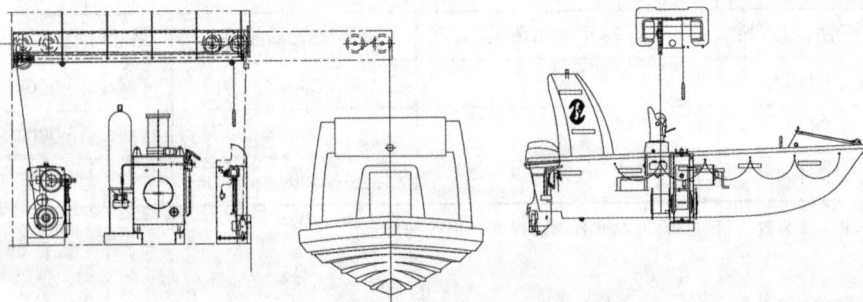

图 5-42 单吊点蓄能推杆式降落装置

表 5-31 单吊点蓄能推杆式降落装置常用规格及主要参数

降落装置规格	降落装置工作负荷/kN	降落装置质量/kg	适用于艇总重/kg
TG20	20	～3 300	≤2 000
TG30	30	～3 900	≤3 000
TG45	45	～4 200	≤4 500

5.6.4.5　蓄能回转式降落装置

蓄能回转式降落装置,是指单臂吊兼作艇筏吊架的降落装置,通常由回转支承、底座和吊臂等组成,一般适合单吊点艇筏,操作流程为吊臂带动艇筏回转至舷外,再通过艇筏自身重力作用下降入水。

根据吊臂结构形式的不同,蓄能回转式降落装置可分为固臂蓄能回转式和变幅蓄能回转式两种形式。

（1）固臂蓄能回转式降落装置

固臂蓄能回转式降落装置如图 5-43 所示,通常称为单臂吊,可以单独为救助艇或救生筏配套使用,也可以兼作多用途起重机,其回转可通过液压回转马达实现,也可通过液压油缸实现。在船舶失去动力的情况下,由蓄能器提供能量驱动马达或油缸,将吊臂连同艇筏一起转出舷外。表 5-32 列出了固臂蓄能回转式降落装置常用规格及主要参数。

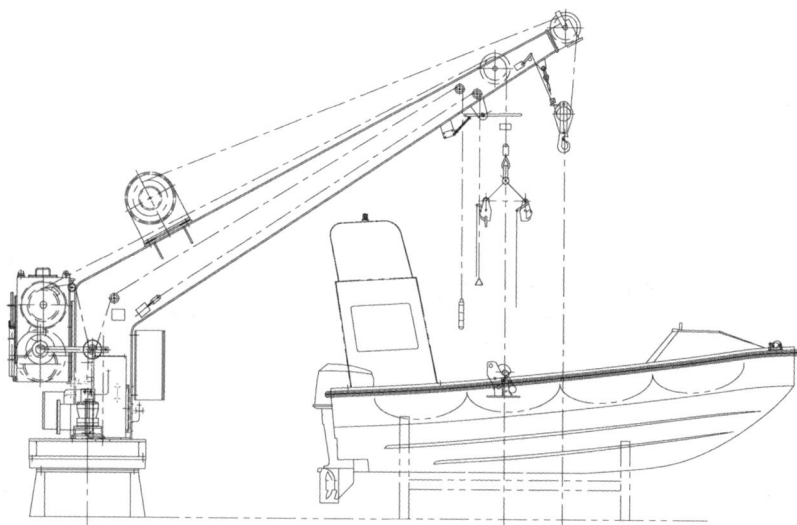

图 5-43　固臂蓄能回转式降落装置

表 5-32　固臂蓄能回转式降落装置常用规格及主要参数

降落装置规格	降落装置工作负荷/kN	降落装置质量/kg	适用于艇总重/kg
SAF(C) 14	14	～2 800	≤1 400
SAF(C) 21	21	～3 200	≤2 100
SAF(C) 25	25	～3 500	≤2 500
SAF(C) 32	32	～3 900	≤3 200

表中 SAF 表示艇筏吊架,带 C 表示兼作起重机,起重机的工作负荷一般不大于艇筏吊架的最大工作负荷。

(2) 变幅蓄能回转式降落装置

变幅蓄能回转式降落装置如图 5-44 所示,一般是由多用途起重机兼用作艇筏吊架,其回转可通过液压回转马达实现,变幅通过液压油缸实现。在船舶失去动力的情况下,由蓄能器提供能量驱动油缸和马达,将吊臂连同艇筏一起转出舷外。表 5-33 列出了变幅蓄能回转式降落装置常用规格及主要参数。

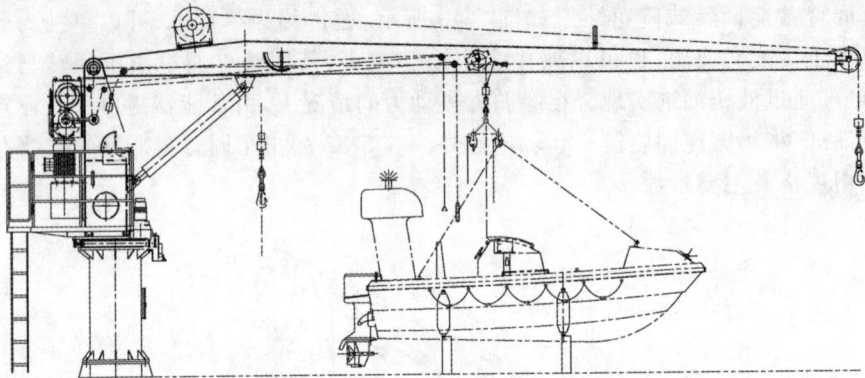

图 5-44   变幅蓄能回转式降落装置

表 5-33   变幅蓄能回转式降落装置常用规格及主要参数

降落装置规格	降落装置工作负荷/kN	降落装置质量/kg	适用于艇总重/kg
14	14	—	≤1 400
21	21	—	≤2 100
25	25	—	≤2 500
32	32	—	≤3 200

由于起重机的安全工作负荷不确定,上述表格仅规定了兼作艇筏吊架的规格。

5.6.5   自由降落式救生艇降落装置

自由降落式救生艇降落装置是一种无约束的、特殊的重力式降落装置。自由降落式救生艇降落装置通常用于尾机型货船,在客船上不允许使用。这种降落装置除了以重力自由降放为主要方式放艇外,还应提供次要方式放艇,且当船舶沉没时,艇能自由漂浮下水。次要方式放艇及艇的回收可以通过降落装置上自带的吊放回收系统(绞车)或利用船上的吊机设备(如果没有自带吊放回收系统)来完成。

自由降落式救生艇降落装置在船上布置时,应使安装在其上的救生艇最低点至最轻载航行水面的距离,不超过救生艇自由降落的核准高度。

自由降落式救生艇降落装置通常布置在船舶尾部(即尾抛式),也有部分船舶布置在舷侧(即侧抛式),两种布置方式的工作原理是完全相同的,目前主要采用尾抛式,侧抛式极少采用。

对于尾抛式降落装置,自由降落救生艇存放在降落装置的滑道上,滑道一般向船尾倾斜30°~35°,艇首朝向船尾,艇内人员的座位全部面向艇尾方向(即面向船舶首部方向),以使艇内人员能承受自由降落入水时加速度的冲击。自由降落救生艇被释放后,即依靠自身重力沿着滑道自由滑行,脱离滑道后按抛物线轨迹在空中滑行,然后以50°~60°的入水角进入水中,在水下滑行一段距离后即漂浮到水面上。这种降落装置放艇迅速,有利于船舶在 5 kn 航速时放艇,不存在一般吊艇架前后两根吊艇索必须在风浪中同步脱钩的困难。

5.6.5.1　带吊放回收系统的自由降落式救生艇降落装置

这种降落装置按驱动方式可以分为电动机驱动和电动液压驱动。

电动的自由降落式救生艇降落装置由滑道、门字型吊艇臂、吊艇座架及电动绞车等组成,如图 5-45 所示。救生艇释放的主要方式是依靠艇的重力自由降落,次要方式则是采用吊艇索借助电动绞车放艇。回收艇则用电动绞车将艇从水面上提

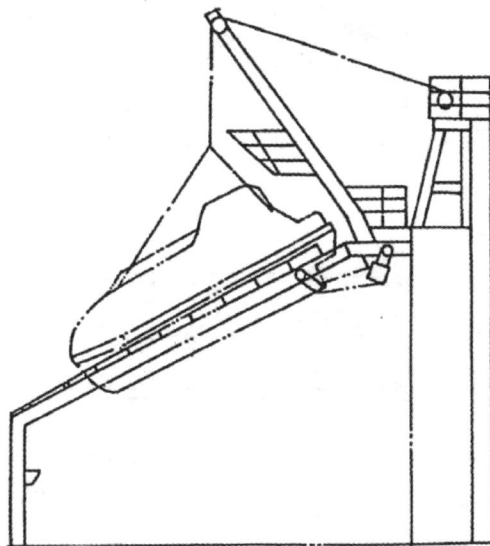

图 5-45　电动的自由降落式救生艇降落装置

起,由门字型吊艇臂吊着艇通过滑道回收到艇存放位置。由于电动的自由降落式救生艇降落装置体积较大,制造成本较高,目前已经不大使用。

电动液压的自由降落式救生艇降落装置由滑道、门字型吊艇臂、顶推油缸、液压绞车、固艇装置及其部件等组成,如图 5-46 所示,其常用规格及主要参数列于表 5-34。在存放状态下,自由降落救生艇搁置在两根设有滚柱的倾斜滑道上,艇尾被释放钩钩住,在救生艇中部和尾部处的压艇装置用来防止救生艇滑出滑道。放艇状态下,当乘员全部进入艇内后打开释放钩,艇依靠其自身重力(即主要方式)沿滑道自由降落。次要放艇方式是利用油缸顶推吊着艇的门字型吊艇臂转出舷外,然后驱动液压绞车放艇。不论采用何种方式降放艇,其回收时均由液压绞车将艇从水面上提起至一定位置,然后用油缸把吊着艇的门字型吊艇臂转回到艇存放位置。如果船舶遇难沉没来不及放艇,此时压艇装置在静水压力的作用下自动释放救生艇,由其依靠自身浮力漂浮出水。根据《LSA 规则》的要求,自由降落式救生艇降落装置的次要降落设备应该连接船舶主电源和应急电源。

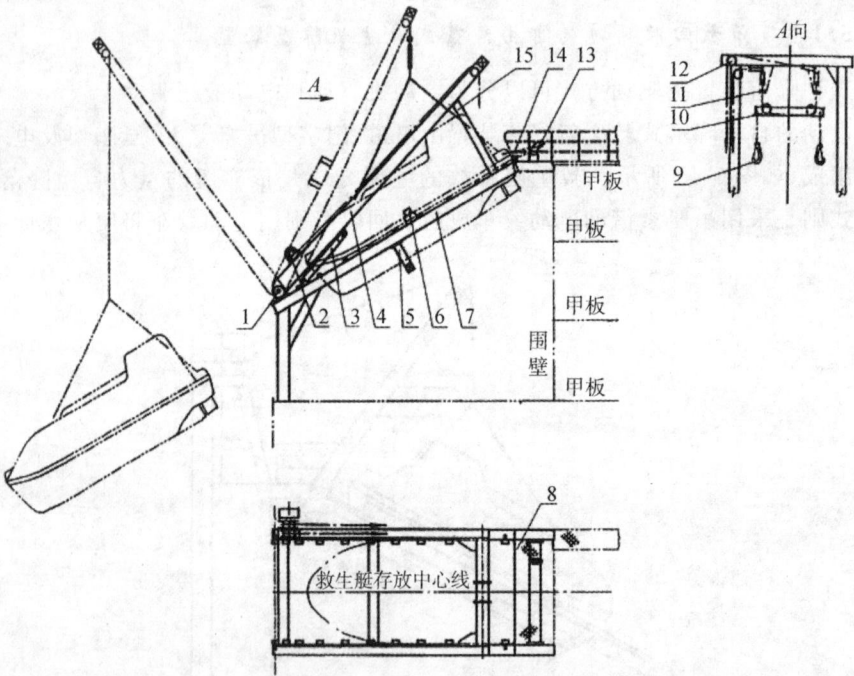

1—转动轴装置;2—液压绞车;3—顶推油缸;4—吊艇臂;5—中部横杆;6—压艇装置;7—滑道;8—登艇平台;9—吊艇链装置;10—横担装置;11—限位装置;12—导向滑轮;13—释放钩装置;14—挂艇装置;15—吊艇臂支撑。

图 5-46　电动液压的自由降落式救生艇降落装置

表 5-34　电动液压的自由降落式救生艇降落装置常用规格及主要参数

降落装置规格	降落装置工作负荷/kN	降落装置质量/kg	适用于艇总重/kg
FH55	55	～7 700	≤5 500
FH70	70	～8 200	≤7 000
FH75	75	～8 800	≤7 500
FH85	85	～9 000	≤8 500
FH100	100	～9 500	≤10 000

　　电动液压驱动的自由降落式救生艇降落装置由于没有吊艇座架,在船舶尾部占用甲板面积与空间比较小,有利于船舶总体布置,且价格较电动形式便宜,因此目前国内外尾抛式降落装置绝大多数采用电动液压的自由降落式救生艇降落装置。

5.6.5.2　不带吊放回收系统的自由降落式救生艇降落装置

　　不带吊放回收系统的自由降落式救生艇降落装置的结构形式相对简单,主要由滑道、固艇装置等组成,如图 5-47 所示,无须配备门字型吊艇臂、顶推油缸、液压

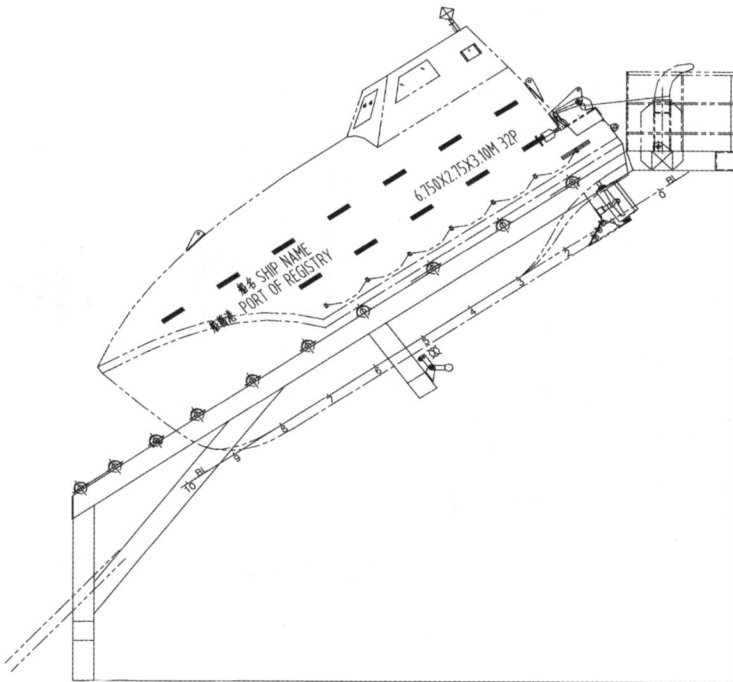

图 5-47　不带吊放回收系统的自由降落式救生艇降落装置

绞车等部件。这种形式降落装置的主要放艇方式与带吊放回收系统自由降落式救生艇降落装置相同,次要放艇方式及艇的回收是通过船舶上的吊机设备来实现的。

根据《LSA 规则》要求,自由降落式救生艇降落装置的次要降落设备应该连接船舶主电源和应急电源。

5.6.6 人力操纵式艇筏降落装置

人力操纵式艇筏降落装置,其特点是用人力操纵使吊艇臂转出(水平回转)或倒出(垂向倾倒)舷外,然后依靠艇筏的自身重力降落入水,艇的回收则使用人力操纵艇绞车,通常适用于各类单吊点的艇筏。

(1) 手动倒臂式降落装置

手动倒臂式降落装置如图 5-48 所示,该装置系单臂式艇筏吊架,吊臂的倒出和艇筏的降落均依靠重力,回收则采用绞车,所有收放操作无需任何其他动力。表 5-35 所列为手动倒臂式降落装置常用规格及主要参数。

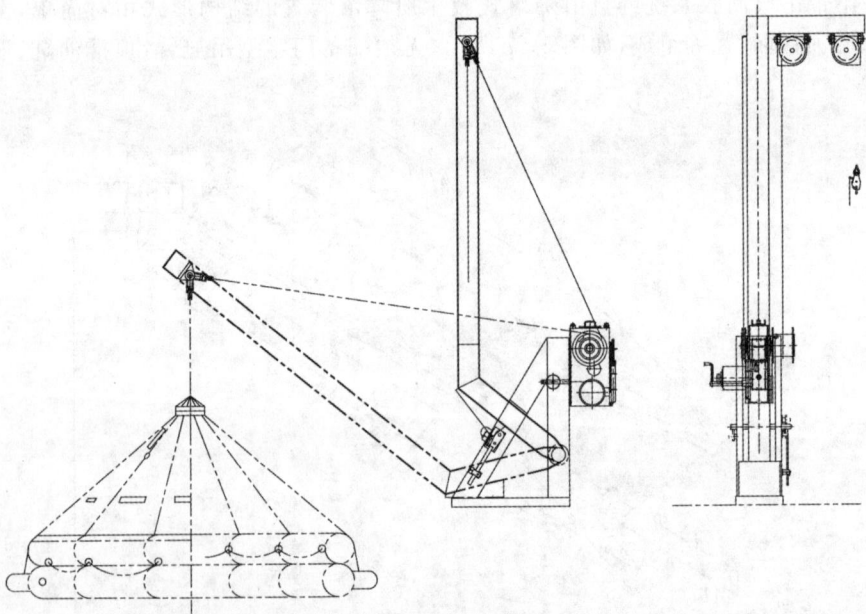

图 5-48　手动倒臂式降落装置

表 5-35　手动倒臂式降落装置常用规格及主要参数

吊艇架规格	吊艇架工作负荷/kN	吊艇架质量/kg	适用于救生艇筏总重/kg
LA21	21	～1 950	≤2 100
LA25	25	～2 100	≤2 500
LA32	32	～2 350	≤3 200
LA45	45	～2 650	≤4 500

（2）手动回转式降落装置

手动回转式降落装置如图 5-49 所示,该装置由回转机构、艇机和底座等组成,回转运动和艇筏的回收均是通过手动完成的,所有收放操作无需任何外动力。表 5-36 所列为手动回转式降落装置常用规格及主要参数。

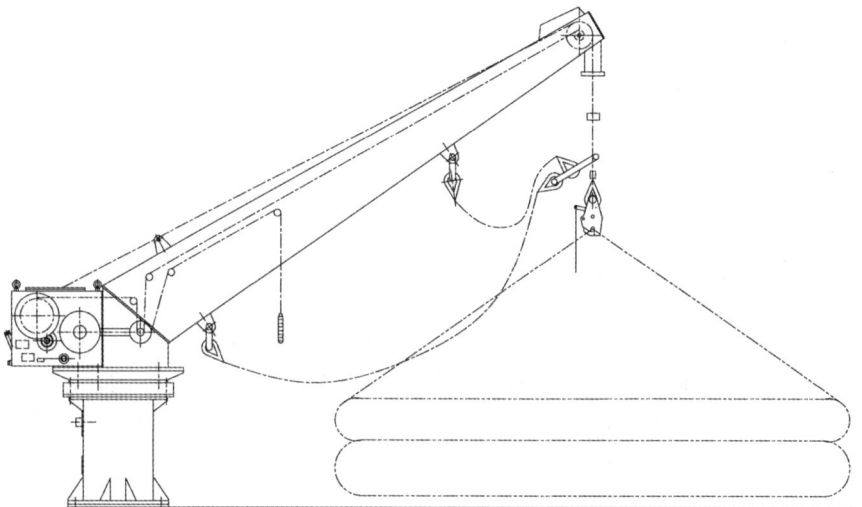

图 5-49　手动回转式降落装置

表 5-36　手动回转式降落装置常用规格及主要参数

吊艇架规格	吊艇架工作负荷/kN	吊艇架质量/kg	适用于救生筏总重/kg
SA21	21	～3 000	≤2 100
SA25	25	～3 200	≤2 500
SA32	32	～3 500	≤3 200

由于各类人力操纵式艇筏降落装置收放时间长,除用户有特殊要求,目前一般不推荐使用。

5.6.7 降落与回收装置的起升绞车

5.6.7.1 起升绞车各类负荷的定义

起升绞车通常称为艇绞车,是降落与回收装置的重要组成部分之一。

(1) 工作负荷:系指在降放或回收艇筏的整个过程中,起升绞车卷筒上吊艇索(一般指卷筒上第二层钢丝绳)所承受的最大负荷。该负荷应为起升负荷、调速器调定负荷、翻艇负荷和倒出负荷中的最大值。如起升绞车设置两个卷筒,工作负荷为两根钢丝绳的最大拉力之和。

(2) 起升负荷:系指救生艇轻载或救助艇满载起升时,绞车卷筒上吊艇索所承受的负荷。

(3) 调速器调定负荷:系指艇满载下降时,绞车卷筒上吊艇索所承受的负荷。

(4) 翻艇负荷:轻载救生艇或满载救助艇连同吊艇架回收翻进时,绞车卷筒上吊艇索所承受的负荷。

(5) 倒出负荷:满载艇连同吊艇架的吊艇臂倒出时,绞车卷筒上吊艇索所承受的负荷。

5.6.7.2 起升绞车的分类

起升绞车有多种分类方式,其中最基本的是按用途分类,即分为救生艇绞车和救助艇绞车。救生艇绞车是用于收放救生艇的起升绞车,而救助艇绞车是用于收放救助艇的起升绞车(收放救生艇兼救助艇用的起升绞车按救助艇要求配置),两者的主要区别在于艇回收时的起升速度不同。救生艇绞车回收救生艇时的起升速度没有具体规定,但一般设计约为 0.083 m/s(5 m/min)。救助艇绞车回收救助艇的起升速度按规定应不少于 0.3 m/s,快速救助艇绞车回收载有 6 人的艇的速度应不少于 0.8 m/s,因此在工作负荷相同的情况下救助艇绞车比救生艇绞车所需的功率大得多。需要注意的是如果收放装置配备动滑轮,则起升绞车设定的起升速度和下放速度不是艇的升降速度,而是吊艇索的收放速度,因此是艇的起升和下放速度的两倍。

除此之外,起升绞车还可按下述方式分类。

按起升绞车的结构形式可分为右式与左式。若观察者站在绞车操作处,其制动器(刹车重锤)在绞车右方的为右式绞车,其制动器在绞车左方的为左式绞车。

按起升绞车的安装方式可分为立机型与背机型。立机型安装在甲板的底座上,背机型安装在收放装置的结构上。目前单吊点收放装置和自由降落救生艇收放装置通常配备背机型,各类双吊点收放装置通常配备立机型起升绞车。

按起升绞车的卷筒形式可分为双卷筒式与单卷筒式。前者的两个卷筒分设在绞车箱体的两侧,适用于各类双吊点收放装置,是目前普遍采用的形式。单卷筒一般适用于单吊点收放装置和自由降落式收放装置,卷筒布置在绞车箱体的一侧。

按起升绞车的驱动方式可分为人力绞车与动力绞车。人力绞车靠手摇人力操纵回收艇,动力绞车主要有电动、液压、气动等。除船东有特殊要求,一般气动起升绞车不常使用,常用的是电动起升绞车和液压起升绞车。

5.6.7.3　起升绞车的结构组成、工作原理和操作方式

动力起升绞车属于短时工作机械,主要由原动机(如电动机)、减速器、限速装置、制动装置、手动操纵装置、自动离心式离合器、联锁安全装置及卷筒等组成。

动力起升绞车的工作原理是:放艇(筏)时,操纵人员抬起制动器重锤,使制动器松闸,艇(筏)依靠自重下降,此时原动机不工作,艇(筏)降落速度由限速装置控制。放艇(筏)过程中如需制动,只要立即放下重锤,即能停止放艇(筏)。当回收艇(筏)时,启动原动机,自动离心式离合器即自行合上,并通过减速器,带动卷筒收进钢丝绳,将艇(筏)起升回收。

目前使用的动力起升绞车主要为电动起升绞车和液压起升绞车。

(1)电动起升绞车

电动起升绞车如图 5-50 所示,是以电动机作为原动机的起升绞车,具有电动起升和下降、重力下降、手动起升和下降等功能。

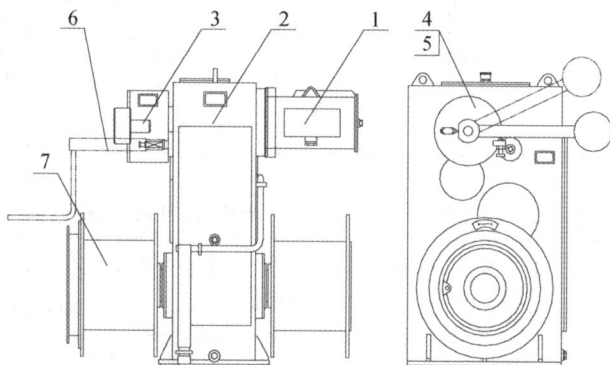

1—电动机;2—减速器;3—限速装置;4—制动装置;5—离心式离合器;
6—手动操纵装置;7—卷筒(含遥控卷筒)。

图 5-50　普通电动起升绞车

电动起升绞车除了用电动机回收艇外,还具备手动操纵回收艇的功能。当需要进行手摇起艇时,此时重锤处于制动状态,手柄插入绞车手动轴,联锁安全装置立即切断电动机电源,电动机不能转动,以确保操作人员的人身安全。此时即使有人误将制动器的重锤抬起(解除制动),棘爪机构仍可使绞车处于制动状态,以避免使艇下降,导致摇手柄反转而造成人身事故。

电动起升绞车除了由操纵人员在艇绞车处直接操纵外,还可按需要配置舷边遥控和艇内遥控放艇装置。当电动起升绞车位于救生艇下方且与艇甲板舷边处有一定距离时,在起升绞车旁的操纵人员难以观察到舷边艇筏的降放情况。此时,操纵人员可站在舷边利用舷边遥控装置操纵电动起升绞车释放艇筏。当船舶遇险弃船时,全体成员进入艇筏内后,可利用艇内遥控放艇装置操纵起升绞车释放艇筏。

电动起升绞车按卷筒数可以分为单卷筒式和双卷筒式,单卷筒绞车适合单吊点各类艇筏,双卷筒绞车适合双吊点的各类艇。

常用的国产普通电动救生艇绞车的规格及主要参数见表 5-37,常用的国产普通电动救助艇绞车的规格及主要参数见表 5-38。

表 5-37　国产普通电动救生艇绞车(双卷筒)的常用规格及主要参数

型号	工作负荷/kN	钢丝绳直径/mm	起升负荷/kN	下放负荷/kN	起升绳速/(m/min)	下放绳速/(m/min)	电动机功率/kW
25	25	14	20	20	10	≤96	3.5
40	40	16	30	30	10	≤96	5.5
63	63	20	30	30	10	≤96	7.5
80	80	22	42	42	10	≤96	11
100	100	24	55	55	10	≤96	15
160	160	26	85	85	5	≤36	18.5

表 5-38　国产普通电动救助艇绞车(双卷筒)的常用规格及主要参数

型号	工作负荷/kN	钢丝绳直径/mm	起升负荷/kN	下放负荷/kN	起升绳速/(m/min)	下放绳速/(m/min)	电动机功率/kW
25	25	14	20	20	36/18	≤96	12.5/7.5
40	40	16	30	30	36/18	≤96	16.8/16.8
63	63	20	30	30	36/18	≤96	22.5/22.5

表 5-38 （续）

型号	工作负荷 /kN	钢丝绳 直径/mm	起升负荷 /kN	下放负荷 /kN	起升绳速 /(m/min)	下放绳速 /(m/min)	电动机 功率/kW
80	80	22	42	42	36/9	≤96	30/30

注：由于电动救助艇绞车通常为救生兼救助功能的绞车，表中提供的 2 挡速度，其一为救助艇起升绳速，其二为用作救生艇时的起升绳速，电动机则按照救助艇起升时的负荷和速度确定。

新型电动起升绞车（图 5-51）和普通电动起升绞车相比，主要区别在于制动器和离合器的结构形式不同，普通电动绞车采用的是偏心式制动器和自动离心式离合器，而新型电动起升绞车采用的是单向制动器和摩擦式离合器。新型电动起升绞车的工作原理和操作方式与普通电动起升绞车基本一致。

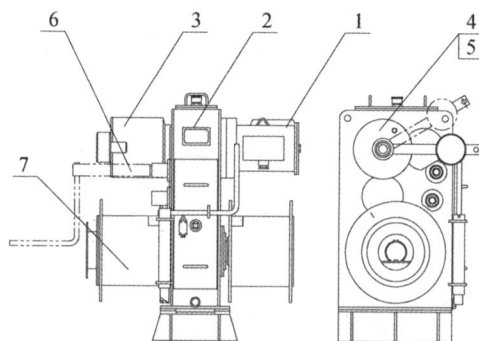

1—电动机；2—减速器；3—限速装置；4—制动装置；5—摩擦式离合器；6—手动操纵装置；7—卷筒（含遥控卷筒）。

图 5-51 新型电动起升绞车

由于上述结构形式的差异，新型电动起升绞车比普通电动起升绞车的放绳速度更快，绞车制动（刹车）性能更好，且离合器和制动器的材料采用粉末冶金代替以往使用的石棉材料，避免对人体健康的影响，目前已基本取代了普通电动起升绞车。新型电动起升绞车的常用规格及主要参数见表 5-39 ～表 5-42，其中表 5-39 和表 5-40 所示起升绞车既可用于救生艇的收放，也可用于救助艇的收放。

表 5-39 国产新型电动起升绞车（双卷筒）的常用规格及主要参数

型号	工作负荷 /kN	钢丝绳 直径/mm	起升负荷 /kN	下放负荷 /kN	起升绳速 /(m/min)	下放绳速 /(m/min)	电动机 功率/kW
D48/S	48	16	27	30	10	95～125	6.3

表 5-39 （续）

型号	工作负荷/kN	钢丝绳直径/mm	起升负荷/kN	下放负荷/kN	起升绳速/(m/min)	下放绳速/(m/min)	电动机功率/kW
D48/Z	48	16	27	30	36/8	95～125	23/8.2
D63/S	63	18	30	40	10	85～125	8.5
D63/Z	63	18	30	40	36/8	85～125	25/12
D80/S	80	22	40	50	10	85～120	13
D80/Z	80	22	40	50	36/8	85～120	33.5/16
D100/S	100	24	70	60	10	90～120	18.5
D100/Z	100	24	70	60	36/8	90～120	46/22

注：上表中型号 S 为救生艇绞车，Z 为救助艇绞车，表中的 2 挡速度，其一为救助艇起升绳速，其二为用作救生艇时的起升绳速，电动机则按照救助艇起升时的负荷和速度确定。

表 5-40 国产新型电动起升绞车（单卷筒）的常用规格及主要参数

型号	工作负荷/kN	钢丝绳直径/mm	起升负荷/kN	下放负荷/kN	起升绳速/(m/min)	下放绳速/(m/min)	电动机功率/kW
14 kN	15	14	15	14	18	40～60	5.5
21 kN	21	16	15	21	18	40～60	5.5
25 kN	25	18	18	25	18	40～60	7.5
32 kN	32	20	18	32	18	40～60	7.5

表 5-41 国产新型电动救生艇绞车（双卷筒）的常用规格及主要参数

型号	工作负荷/kN	钢丝绳直径/mm	起升负荷/kN	下放负荷/kN	起升绳速/(m/min)	下放绳速/(m/min)	电动机功率/kW
DP63S	63	18	60	63	5	40～60	7.5
DP70S	70	20	70	70	5	40～60	9
DP100S	100	24	100	100	5	40～60	11
DP138S	138	28	138	138	5	40～60	18.5

表 5-42　国产新型电动救助艇绞车(双卷筒)的常用规格及主要参数

型号	工作负荷 /kN	钢丝绳 直径/mm	起升负荷 /kN	下放负荷 /kN	起升绳速 /(m/min)	下放绳速 /(m/min)	电动机 功率/kW
DP63Z	63	18	63	63	18	40~60	22.5
DP70Z	70	20	70	70	18	40~60	22.5
DP100Z	100	24	100	100	18	40~60	25
DP138Z	138	28	138	138	18	40~60	30

(2) 液压起升绞车

液压起升绞车就是以液压马达作为原动机的起升绞车。根据结构形式不同,液压起升绞车可以分为普通液压起升绞车、用于自由降落式艇架的液压起升绞车和用于快速救助艇艇架的液压起升绞车。

① 普通液压起升绞车

普通液压起升绞车如图 5-52 所示,其结构形式与新型电动起升绞车相似,仅动力源不同。普通液压起升绞车的动力源为液压马达,需要配备液压泵站,但操作方式与新型电动起升绞车相同,其常用规格及主要参数列于表 5-43。

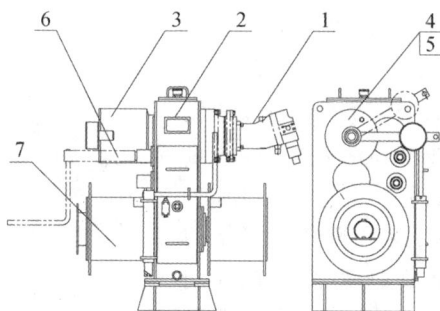

1—液压马达;2—减速器;3—限速装置;4—制动装置;5—摩擦式离合器;6—手动操纵装置;7—卷筒(含遥控卷筒)。

图 5-52　普通液压起升绞车

国产普通液压起升绞车的常用规格及主要参数见表 5-43。

表 5-43　国产普通液压起升绞车(双卷筒)的常用规格及主要参数

型号	工作负荷 /kN	钢丝绳 直径/mm	起升负荷 /kN	下放负荷 /kN	起升绳速 /(m/min)	下放绳速 /(m/min)
H48/S	48	16	27	30	10	95~125

表 5-43 （续）

型号	工作负荷 /kN	钢丝绳 直径/mm	起升负荷 /kN	下放负荷 /kN	起升绳速 /(m/min)	下放绳速 /(m/min)
H48/Z	48	16	27	30	36	95～125
H63/S	63	18	30	40	10	85～125
H63/Z	63	18	30	40	36	85～125
H80/S	80	22	40	50	10	85～120
H80/Z	80	22	40	50	36	85～120
H100/S	100	24	70	60	10	90～120
H100/Z	100	24	70	60	36	90～120

注：上表中型号 S 为救生艇绞车，Z 为救助艇绞车。

② 用于自由降落式艇架的液压起升绞车

该型液压起升绞车是为自由降落救生艇收放装置配备生产的，主要由液压马达、减速器、制动装置及卷筒等组成，如图 5-53 所示。

根据《LSA 规则》要求，自由降落救生艇的降落设备都应该提供次要方式来降落救生艇。该方式能满足在纵倾达到 2°及向任一舷横倾达到 5°的不利条件下降落救生艇，并且不需要满足《LSA 规则》6.1.2.8 和 6.1.2.9 所规定的速度要求。用于自由降落式艇架的液压起升绞车无重力下放功能，无遥控控制功能，不配备限速装置、自动离心式离合器及联锁安全装置等部件。

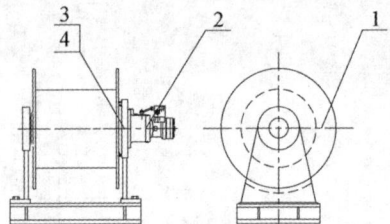

1—卷筒；2—液压马达；3—减速器；4—制动装置。

图 5-53　用于自由降落式艇架的液压起升绞车

当船舶具有主电源或应急电源时，将液压起升绞车的液压操纵阀放在下放或起升位置，即可完成下放或起升操作。当船舶失去主电源或应急电源时，可通过安装在液压泵站上的液压手动泵实现手动操作起升。

用于自由降落式艇架的国产液压起升绞车的常用规格及主要参数见表 5-44。

③ 用于快速救助艇艇架的液压起升绞车

该型液压起升绞车是为快速救助艇收放装置配备生产的，主要由液压马达、减速器、制动装置、卷筒（含遥控卷筒）及绞车墙架等组成，如图 5-54 所示。

表 5-44　用于自由降落式艇架的国产液压起升绞车的常用规格及主要参数

型号	工作负荷 /kN	钢丝绳 直径/mm	起升负荷 /kN	下放负荷 /kN	起升绳速 /(m/min)	下放绳速 /(m/min)
FH80	38	20	32	38	6	6
FH100	50	24	40	50	6	6

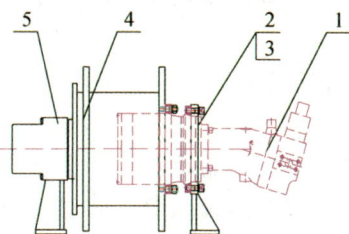

1—液压马达；2—减速器；3—制动装置；4—卷筒（含遥控卷筒）；5—绞车墙架。

图 5-54　用于快速救助艇艇架的液压起升绞车

根据 MSC81.（70）号决议有关"救生设备试验修正建议"第 8.1.5 条要求，用于救助艇的绞车应通过试验来证明其能以不低于 0.3 m/s（当降落设备用于快速救助艇时为 0.8 m/s）的速率回收载有核定乘员与属具的救助艇或一个等效质量。用于快速救助艇艇架的液压起升绞车需要满足收放救助艇的所有要求，具有重力下放、遥控操作以及手动操作等功能，并需要配备液压蓄能器。

当船舶具有主电源时，将起升绞车的液压操纵阀放在下放或起升位置，可完成下放或起升操作。操作人员也可以在快速救助艇上通过遥控装置完成上述操作。

当船舶失去电源时，通过液压蓄能器可以将液压起升绞车制动器打开，快速救助艇在自身重力作用下完成下放操作，应急情况下起升操作是通过安装在液压泵站上的液压手动泵实现的。

用于快速救助艇吊艇架的国产液压起升绞车的常用规格及主要参数见表 5-45。

表 5-45　用于快速救助艇艇架的国产液压起升绞车的常用规格及主要参数

型号	工作负荷 /kN	钢丝绳 直径/mm	起升负荷 /kN	下放负荷 /kN	起升绳速 /(m/min)	下放绳速 /(m/min)
21 kN	21	16	21	21	48	48
30 kN	30	18	30	30	48	48
45 kN	45	22	45	45	48	48
60 kN	60	26	60	60	48	48

5.6.7.4 起升绞车的选型

　　船舶一般采用电动起升绞车,对于运载闪点不超过 60℃(闭杯试验)的原油和石油产品的船舶,原则上在任何危险区域或处所不应安装电气设备。如果起升绞车的位置可以避开规定的危险区,仍可使用电动起升绞车。如果确实无法避开危险区,根据规范规定,可安装适用于露天甲板的防爆电气设备,包括装有防爆电机的起升绞车。若在危险区域内设置液压起升绞车,应注意其液压系统的电控设备必须选用防爆产品。

　　船舶一般选用立机型起升绞车,但若艇筏的存放处所较宽敞,在不影响人员集合通行的情况下,也可以选用背机型起升绞车。

　　起升绞车选择右式还是左式应予重视,一般来说装有绞车制动器及其重锤的一侧(即绞车摇手柄一侧)应靠近船舶舷边,使站在机侧操纵重锤的船员能观察到艇入水或回收的情况。如果起升绞车可通过舷边或艇内遥控放艇,则应根据遥控钢索与小滑轮等系统的安装方便性来选择起升绞车是右式还是左式。

5.6.8 降落与回收装置的设计载荷分析

5.6.8.1 降落与回收装置的设计载荷类型

　　(1)最大工作负荷(maximum working load):设计选定的降落与回收装置的最大降放负荷,此负荷应大于或等于该降落与回收装置所能降放的最大满载艇重。

　　(2)回收负荷(recovering load):设计选定的降落与回收装置的最大回收负荷,其主要包括如下几种情况:

　　①对于用于救生艇的降落与回收装置,其回收的应是轻载救生艇,因而其回收负荷应等于空载救生艇重＋3 名人员的质量。

　　②对于用于救助艇或快速救助艇的降落与回收装置,其回收的应是满载救助艇或满载快速救助艇,因而其回收负荷应等于满载救助艇或满载快速救助艇重。

　　③对于用于救生兼救助艇的降落与回收装置,其回收的应是艇内人员为 6 人的救生兼救助艇,因而其回收负荷应等于空艇重＋6 名人员的质量。

　　(3)最轻降放负荷(lightest launching load):小于或等于降落与回收装置允许选用的最轻空载艇重,吊艇架吊臂上挂上最轻空载艇重后,可在船舶恶劣工况下顺利地倒出舷外。

　　(4)空载艇重(weight of non-loaded boat):装备齐全而无乘员的艇的质量。

　　(5)轻载救生艇重(weight of light-loaded lifeboat):装备齐全且载有操作乘员的救生艇的质量(操作乘员 2 人,驾驶人员 1 人,共计 3 人,每人 82.5 kg)。

(6) 满载艇重(weight of full-loaded boat):装备齐全且载有全部额定乘员的艇的质量。

5.6.8.2　降落与回收装置的设计载荷分析

(1) 单吊点救助艇收放装置的设计载荷

单吊点救助艇(包括快速救助艇)收放装置的设计载荷须满足空载艇重和满载艇重的要求。例如长度 4.5 m 救助艇的空载艇重为 625 kg,满载乘员 6 人,满载艇重为 1 120 kg,其收放装置的最大工作负荷应大于 1 120 kg,最轻降放负荷应小于 625 kg。

对应于该救助艇的相关参数,选择型号为 SAF14 的固臂蓄能回转式降落装置(单臂吊),其最大工作负荷为 14 kN,最轻降放负荷为 5.2 kN,可以满足 4.5 m 救助艇的收放要求。

(2) 救生艇收放装置的设计载荷

救生艇收放装置的设计载荷须满足空载艇重、轻载艇重(空载艇＋3 名艇员)及满载艇重三个负荷要求。例如长度 6.5 m 全封闭救生艇的空载艇重为 3 200 kg,满载乘员 40 人,满载艇重为 6 500 kg,其收放装置的最大工作负荷应大于 6 500 kg,回收负荷应大于 3 447.5(＝3 200＋3×82.5)kg,最轻降放负荷应小于 3 200 kg。

对应于该救生艇的相关参数,选择型号为 LE65-1 的重力倒臂式吊艇架,其最大工作负荷为 65 kN;回收负荷为 42 kN;最轻降放负荷为 24 kN,可以满足 6.5 m 全封闭救生艇的收放要求。

(3) 救生艇兼救助艇收放装置的设计载荷

救生艇兼救助艇收放装置既要满足救生艇的收放要求,也要满足救助艇的收放要求,因此其设计载荷在救生艇收放装置的基础上增加了满载救助艇艇重(空载救生/助艇重＋6 名艇员)的回收要求,即收放装置的回收负荷需大于满载救助艇的艇重。

(4) 救生筏(可吊式)收放装置的设计载荷

救生筏(可吊式)收放装置的设计载荷须满足空载筏重和满载筏重的要求。例如 25 人可吊式救生筏的空载筏重为 266 kg,满载筏重为 2 329 kg。为该筏配备的收放装置,最大工作负荷为 25 kN,回收负荷为 3 kN。

(5) 自由降落式救生艇降落装置的设计载荷

自由降落式救生艇降落装置的设计载荷的要求与救生艇收放装置相同,需要满足空载艇重、轻载艇重(空载艇＋3 名艇员)及满载艇重三个负荷要求。例如长度 6.7 m 自由降落救生艇的空载艇重为 4 190 kg,满载乘员 32 人,满载艇重为

6 830 kg，其降落装置的最大工作负荷应大于 6 830 kg，回收负荷应大于 4 355（＝4 190＋2×82.5），最轻降放负荷应小于 4 190 kg。

对应于该救生艇的相关参数，选择型号为 FH70 自由降落式救生艇降落装置，其最大工作负荷为 70 kN，回收负荷为 51 kN，最轻降放负荷为 40 kN，可以满足 6.7 m 自由降落救生艇的收放要求。

5.6.8.3　降落与回收装置选型的典型案例

以某船厂建造的 1 400 客/1 500 m 车道客滚船为例，对船舶救生设备降落与回收装置的选型简要介绍如下：

（1）救生艇及收放装置配置：

救生艇型号：　　　　　　JYB99C 全封闭救生艇，数量 4 艘/船；

空载艇重：　　　　　　　5 800 kg；

满载乘员：　　　　　　　120 人；

满载艇重：　　　　　　　5 800＋120×82.5＝15 700（kg）；

轻载艇重：　　　　　　　5 800＋3×82.5＝6 047.5（kg）；

救生艇收放装置型号：　　SRH170 蓄能倒臂式降落装置，数量 4 副/船；

最大工作负荷：　　　　　≤170 kN（大于满载艇重）；

回收负荷：　　　　　　　≤80 kN（大于回收轻载艇重）；

最轻降放负荷：　　　　　≤30 kN（小于空载艇重）；

救生艇收放装置选型满足负荷要求。

（2）救助艇及收放装置配置：

救助艇型号：　　　　　　JYB4.5 普通救助艇，数量 1 艘/船；

空载艇重：　　　　　　　625 kg；

满载乘员：　　　　　　　6 人；

满载艇重：　　　　　　　625＋6×82.5＝1 120（kg）；

救助艇收放装置型号：　　SAF14 固臂蓄能回转式降落装置，数量 1 副/船；

最大工作负荷：　　　　　≤14 kN（大于满载艇重）；

回收负荷：　　　　　　　≤14 kN（大于回收满载艇重）；

最轻降放负荷：　　　　　≥5.0 kN（小于空载艇重）；

救助艇收放装置选型满足负荷要求。

（3）快速救助艇及收放装置配置：

快速救助艇型号：　　　　JYB6.0 高速救助艇，数量 1 艘/船；

空载艇重：　　　　　　　1 320 kg；

满载乘员：　　　　　　　6 人；

满载艇重：　　　　　　　　1 815 kg；

快速救助艇收放装置型号：LFR30 蓄能倒臂式降落装置,数量 1 副/船；

最大工作负荷：　　　　　　≤30 kN(大于满载艇重)；

回收负荷：　　　　　　　　≤30 kN(大于回收满载艇重)；

快速救助艇收放装置选型满足负荷要求。

5.6.9　降落与回收装置的试验要求

国际海事组织海上安全委员会 MSC.81(70) 号决议有关"救生设备试验修正建议",对于各类降落与回收装置提出了严格的试验要求,包括设备的形式试验、制造厂出厂试验和船上安装后的试验,我国造船行业也为此制定了相应的标准,主要要求包括：

(1)降落与回收装置起重零部件的试验

降落与回收装置在总装前,有关起重零部件需进行拉力试验,试验负荷为零部件最大工作负荷的 2.2 倍,持续时间 5 min,试验后不得有永久性变形及裂缝等任何损坏。经检查合格后才能总装及进行台架试验。

(2)降落与回收装置形式试验及出厂试验

对于每一种降落与回收装置,制造厂应根据有关的规则和标准制定出原型(形式)试验和出厂试验大纲,并经主管机构认可。制造厂的试验,通常是将降落与回收装置安装在一个能模拟船舶倾斜的台架上进行,因此又称作台架试验。

(3)降落与回收装置装船后的试验

降落与回收装置装船后,需要进行实船实艇试验,以验证装置安装的可靠性、匹配性以及功能实现的有效性。根据降落与回收装置形式的不同,其试验项目和试验方法可以分为两大类,一类为非自由降落式降落装置(表 5-46),另外一类为自由降落式降落装置(表 5-47)。试验时,船舶均处于正浮状态。

表 5-46　非自由降落式降落装置综合性试验的试验项目和试验方法

序号	试验项目	吊臂位置及救生艇移位	试验负荷/kg	试验方法与试验要求	说明
1	2.2 倍静载负荷	舷外	$2.2W_2$	a)试验前进行预吊 2~3 次; b)试验加载时间为 5 min,吊艇架所有零部件不应有永久变形及裂缝等任何损坏	试验时负荷不能加在艇绞车上,以免艇绞车超负荷而损坏

表 5-46 （续 1）

序号	试验项目	吊臂位置及救生艇移位	试验负荷/kg	试验方法与试验要求	说明
2	灵活性	舷内存放→舷外→下降→起升→舷外→舷内存放	W_1+165	a)试验 2 次； b)动作灵活、顺利、安全、迅速	若救生艇兼作救助艇,则每副吊艇架试验负荷为 W_1+495 kg
3	满载降落	舷外→下降	W_2	a)要求降落速度 $V=0.4+0.02H$,但最大降落速度不宜大于 1.3 m/s（国内航行海船为 0.6 m/s～1.0 m/s）； b)就地操作艇绞车的人员应能始终观察到艇下降至水面的全过程	不应在救生艇满载负荷状态下进行吊重起升及回收动作,以免发生意外
4	加载降落		$1.1W_2$	当艇到达最大降落速度时,艇绞车突然给予制动,应满足下列要求： a)制动后,该艇滑落不应超过 1 m； b)降落过程顺利、可靠； c)吊艇架和艇绞车与船舶结构的连接（包括焊接）是良好的； d)吊艇架所有零部件不应有永久性变形及任何损坏	
5	轻载降落	舷外→下降	W_1	要求降落速度 V 应不小于本表序号 3 满载降落速度的 70%	允许 1 人进入艇内进行遥控放艇降落

表 5-46　(续 2)

序号	试验项目	吊臂位置及救生艇移位	试验负荷/kg	试验方法与试验要求	说明
6	艇内遥控放艇	舷内存放→舷外→下降	W_1	a)试验 2 次; b)应顺利运行,遥控索导向滑轮不能有卡轧现象; c)在降落高度 H 的全过程中,艇内遥控索拉手与艇的相对垂直距离变化不应超过 500 mm; d)在艇降落的所有阶段,艇内遥控索的长度应可达艇	遥控操纵人员进入艇内
7	舷边遥控放艇		W_1	a)试验 2 次; b)应顺利运行,遥控索导向滑轮不能有卡轧现象	若没有此装置免做
8	动力回收	起升→舷外→舷内存放	W_1+165	a)当吊艇臂将到达存放位置之前,要求限位开关自动切断救生艇绞车的动力; b)若救生艇兼作救助艇,应将艇以不小于 0.3 m/s 的上升速度将其回收,快速救助艇以不小于 0.8 m/s 的上升速度将其回收	若救生艇兼作救助艇,每副吊艇架试验负荷为 W_1+495 kg
9	手动回收		W_1+165	能顺利将艇回收到存放位置使之固定	若救生艇兼作救助艇,每副吊艇架试验质量为 W_1+495 kg

注:1. W_1 为空载艇质量;

2. W_2 为满载艇总重,即空载艇质量和全部额定乘员质量之和。

表 5-47　自由降落式救生艇降落装置综合性试验的试验项目及其试验方法

序号	试验类别	试验项目	试验负荷	试验方法	检验要求
1	自由降落试验	模拟自由降落试验	空载艇质量加 3 名操作人员质量	打开释放钩,使艇沿滑道下滑一段距离(由艇制造厂规定),艇不入水。	降落顺利,滑道及所有零部件无损坏
2	有控制降落试验	有控制降落轻载试验	空载艇质量加 3 名操作人员质量	用吊臂将试验负荷从舷内转出舷外,然后有控制地降落水面	降落顺利,无故障
3		回收艇试验	空载艇质量加 3 名操作人员质量	将无载吊臂丛舷内转出舷外,放下吊钩,从水面吊起试验负荷,并将其回收到存放处	工作顺利,无故障,无引起任何损坏迹象
4		有控制降落 1.1 倍最大工作负荷的超负荷动载试验	相当于 1.1 倍艇总质量的物件	用吊臂将试验负荷从舷内转出舷外,然后有控制地降落水面,在降落中途突然刹车停放 2 次	吊臂与滑道不允许有任何影响使用性能的变形与损伤,检查降落装置与船舶甲板及围壁连接处包括电焊是否受损

5.7　登乘设施与海上撤离系统

5.7.1　登乘设施

登乘设施,系指设置在救生艇筏登乘站处或附近,供船上人员安全登入已降落至水面的救生艇筏的专用设备,一般包括登乘梯、救生索等。

登乘梯通常为软梯,如图 5-55 所示,其结构性能应满足《LSA 规则》的要求,摘要如下:

(1)登乘梯的长度需满足在船舶纵倾至 10°和任何一舷横倾至 20°的不利情况下,可从甲板延伸至最轻载航行水线。

(2)登乘梯的踏板可采用硬质木或其他等效性质的适用材料制成;应具有有效的防滑表面;长不少于 480 mm,宽不少于 115 mm,且厚不少于 25 mm;间距相等且间隔不少于 300 mm,也不大于 380 mm,并且其系固方法要使其保持水平状态。

（3）登乘梯的边绳应由两根裸露的白棕绳组成，其周长不少于 65 mm。每根边绳在顶端踏板之下应为整根而无接头。可以采用其他材料，但尺度、破断应力、风化性能、伸缩性能和紧握性能均须至少相当于白棕绳的性能，所有绳端均应扎牢以防松散。

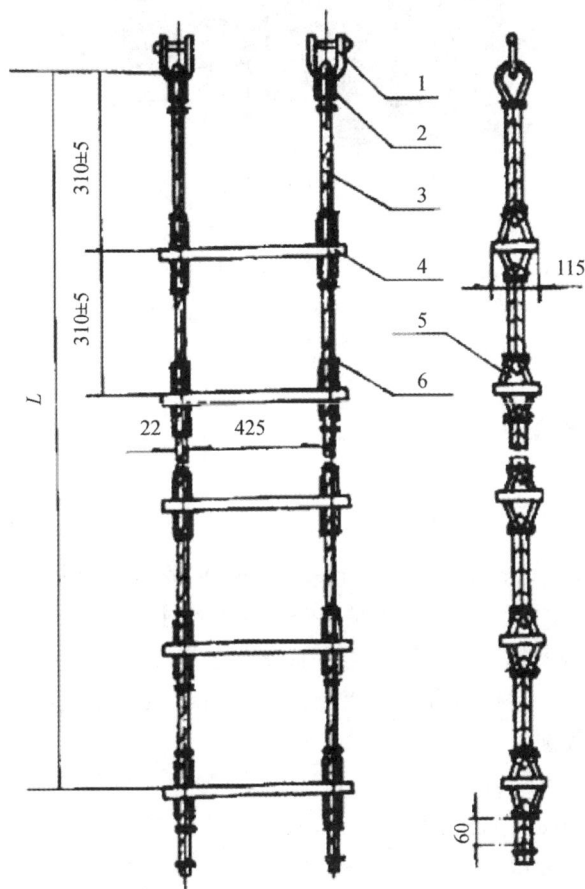

1—卸扣;2—套环;3—边索;4—踏板;5—嵌环;6—扎索。

图 5-55　登乘梯（展开状态）

登乘梯存放在靠船舷处的专用钢质座子上，如图 5-56 所示。在甲板边缘处设有 2 只眼板，供登乘梯端部卸扣的连接。该处甲板边缘的船侧顶板上加焊防磨材（如水煤气管），以防止登乘梯边绳的磨损。此外还应设置扶手，以确保人员安全地从甲板到登乘梯顶部。

图 5-56　登乘梯（收藏状态）

　　通常在船舷降落的救生艇筏的每处登乘站或每两处相邻的登乘站应设置一具登乘梯。然而，主管机关准许采用进入在水面上的救生艇筏的认可装置来代替登乘梯，但在船舶每舷至少应设有一具登乘梯。

5.7.2　海上撤离系统

5.7.2.1　海上撤离系统的功能

　　海上撤离系统（marine evacuation systems，MES），系指将人员从船舶的登乘甲板迅速转移到漂浮的救生艇筏上的设备。该系统主要由撤离滑道、漂浮平台（非必需配置）和存放容器等组成，能为遇险船舶上穿着救生衣的人员（包括各种年龄、身材和体质的人员），提供从登乘地点到漂浮平台或救生艇筏的安全通道，并可与抛投式气胀救生筏配合使用。

　　海上撤离系统既可用于客船，也可用于货船，目前主要装备于客船和客滚船上，这主要是考虑到这两种类型的船上，旅客人数众多，且基本上都没有经过专门培训，人员的素质、层次、结构复杂，一旦发生海难容易惊慌失措，很难在短时间内通过甲板登乘或攀爬登乘梯的方式安全登上救生艇筏，而海上撤离系统正是解决这一问题的一种有效的救生设备，并且《SOLAS 公约》在 1996 年的修正案中将海上撤离系统列为客船和客滚船可配备的救生设备之一，可以部分或全部取代救生筏降落装置。

　　海上撤离系统应满足《LSA 规则》的要求，它应能由一个人布放；能使其设计的人员总数，在发出弃船信号后 30 min（对客船）或 10 min（对货船）内从船上撤离到气胀救生筏上；能够使其在船舶纵倾 10°、以及向任何一舷横倾至 20°的不利状态下，从船上予以布放；并能在蒲氏风级为 6 级的海况下提供令人满意的撤离。

对于客滚船来说,从水中救回幸存者并转移到船上的方式可以是海上撤离系统的一部分,或是设计成救助用系统的一部分。如果海上撤离系统的滑道可以作为转移幸存者到船上甲板的方式,则该滑道应配有扶手或梯子,以便于人员沿滑道向上爬。

目前常用的海上撤离系统主要有两大类,即斜滑道撤离系统和垂直通道撤离系统,其使用时的状态如图 5-57 所示。两种形式的撤离系统均可配置或不配置气胀式漂浮平台。如果配置漂浮平台,该平台作为中转站可系靠至少两个以上气胀救生筏,通过滑道聚集到漂浮平台上的人员可以很快地分散进入气胀救生筏,随即离开遇险船舶,因此特别适用于遇险船舶人员较多的情况。如果不配置漂浮平台,则遇险船舶的人员必须通过滑道直接进入气胀救生筏,而且只能在前面的筏载满并离开以后,才能载下一个筏,因此适用于遇险船舶人员较少的情况。

(a)斜滑道撤离系统　　(b)单通道垂直通道撤离系统　(c)双通道垂直通道撤离系统

图 5-57　海上撤离系统使用状态

5.7.2.2　斜滑道撤离系统

斜滑道撤离系统通常由气胀式斜滑道、漂浮平台及存放容器组成,如图 5-58 所示。在紧急情况下,只需要一名船员操作,即可在甲板上启动整个撤离系统,使滑道与漂浮平台相继成形,船上人员可从甲板经滑道滑至水面的漂浮平台,然后再进入平台旁的气胀救生筏内撤离难船。

按滑道形式,斜滑道撤离系统又可分为单滑道式和双滑道式。单滑道式(A型)如图 5-59 所示,其常用规格和基本参数列于表 5-48,核准撤离人数为 315 人(30 min 内);双滑道式(B 型)如图 5-60 所示,其常用规格和基本参数列于表 5-49,核准撤离人数为 500 人(30 min 内)。

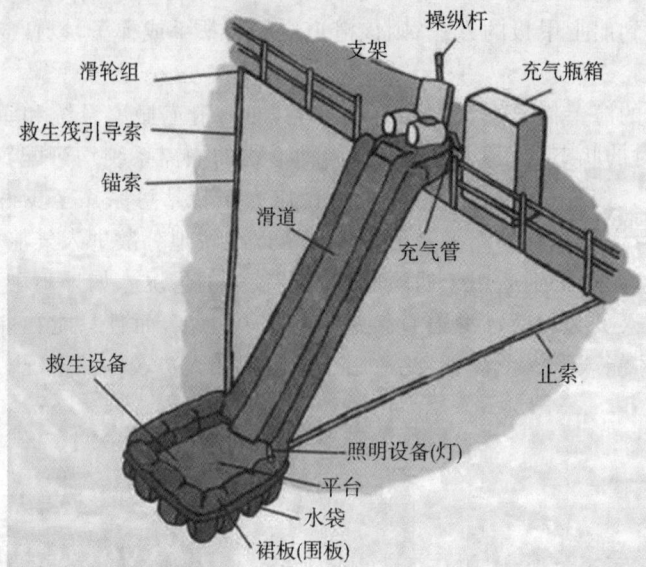

图 5-58 斜滑道撤离系统

表 5-48 A 型斜滑道撤离系统的常用规格和基本参数

规格	核准人数/人	存放高度（H_1）/m	存放容器尺寸（L×B×H）/（mm×mm×mm）	参考质量/kg
A6-315		6	2 000×1 050×1 800	～1 280
A7-315		7	2 000×1 050×1 800	～1 380
A8-315		8	2 000×1 100×1 800	～1 460
A9-315	315	9	2 200×1 150×1 850	～1 680
A10-315		10	2 200×1 150×1 900	～1 800
A11-315		11	2 240×1 200×2 000	～1 860
A12-315		12	2 300×1 200×2 000	～1 900

注:存放高度由船舶设计者,根据船舶存放容器的甲板高度及最轻载航行状态的水线高度决定。

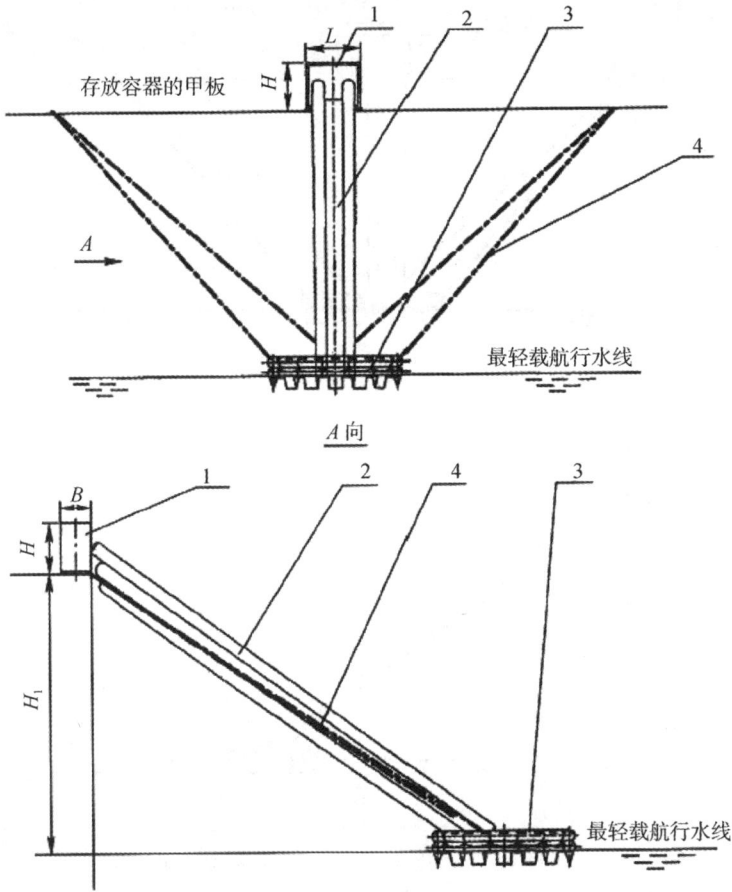

1—存放容器；2—滑道；3—漂浮平台；4—稳定索。

图 5-59　单滑道式（A 型）斜滑道撤离系统

斜滑道撤离系统的滑道是气胀式结构，为防止使用时发生严重的中垂变形而引起损坏，滑道的长度及顶端距水面（最轻载航行水线）的高度受到了限制，目前国内生产的滑道式撤离系统该高度最大为 12 m。

5.7.2.3　垂直通道撤离系统

垂直通道撤离系统通常由垂直通道、漂浮平台及存放容器组成，如图 5-61 所示。垂直通道撤离系统的启动方式同斜滑道式一样，只是撤离由斜滑道改为垂直通道，根据通道结构垂直逐节下降，撤离人员可以自己掌握下降的速度，减轻了人员的心理恐惧感。

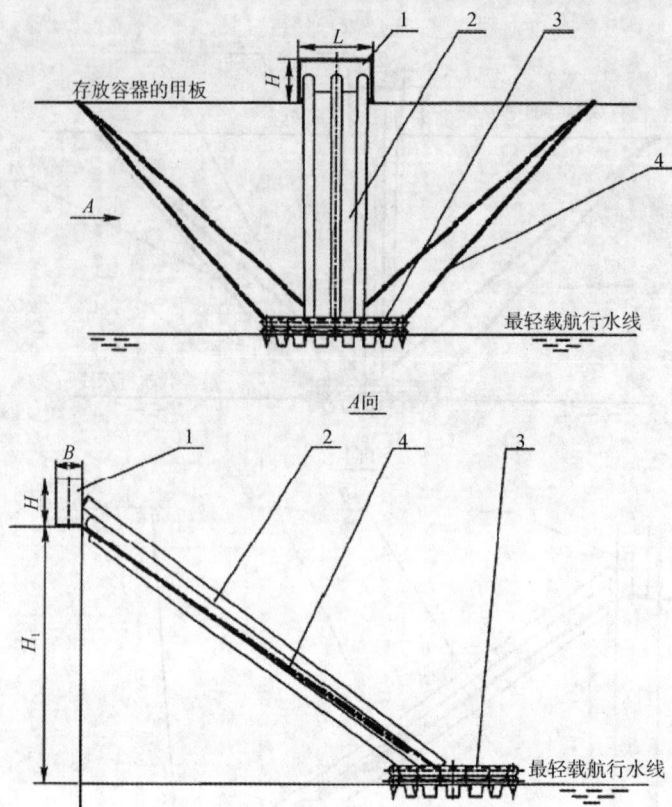

1—存放容器;2—滑道;3—漂浮平台;4—稳定索。

图 5-60　双滑道式(B 型)斜滑道撤离系统

表 5-49　B 型斜滑道撤离系统的常用规格和基本参数

规格	核准 人数/人	存放高度 (H_1)/m	存放容器尺寸 (L×B×H)/mm	参考质量/kg
B6-500		6	～3 000×1 050×1 800	～2 048
B7-500		7	～3 000×1 050×1 800	～2 208
B8-500		8	～3 000×1 100×1 800	～2 336
B9-500	500	9	～3 200×1 150×1 850	～2 688
B10-500		10	～3 200×1 150×1 900	～2 880
B11-500		11	～3 240×1 200×2 000	～2 976
B12-500		12	～3 300×1 250×2 000	～3 040

注:存放高度由船舶设计者,根据船舶存放容器的甲板高度及最轻载航行状态的水线高度决定。

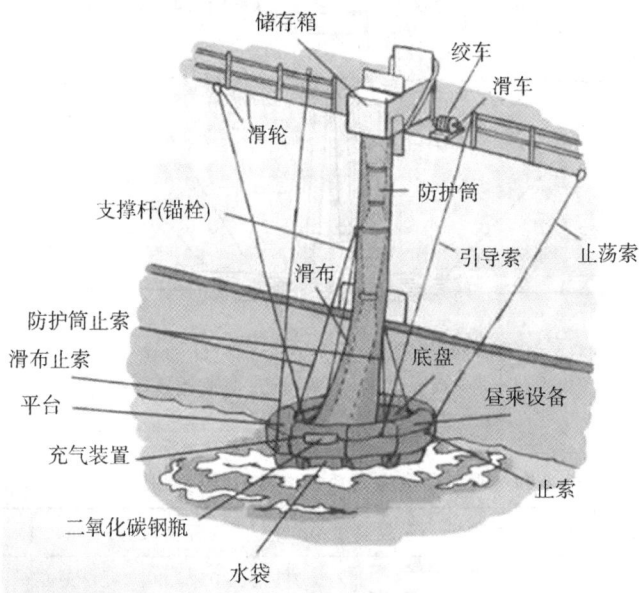

图 5-61　垂直通道撤离系统

　　按通道形式,垂直通道撤离系统又可分为单通道式和双通道式。单通道式(A型)如图 5-62 所示,核准撤离人数为 300 人(30 min 内)。双通道式(B型)如图 5-63 所示,核准撤离人数为 600 人(30 min 内)。两种形式垂直通道撤离系统的常用规格和基本参数列于表 5-50。

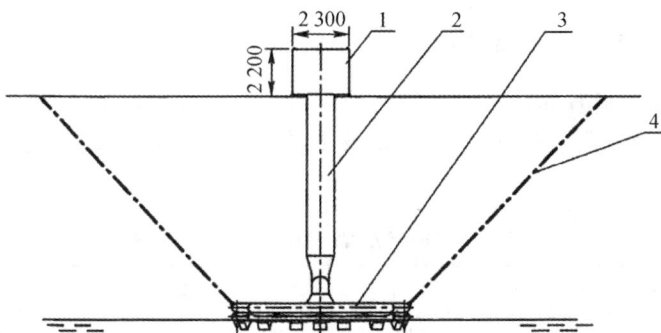

1—存放容器;2—垂直通道;3—漂浮平台;4—稳定索。

图 5-62　单通道式(A 型)垂直通道撤离系统

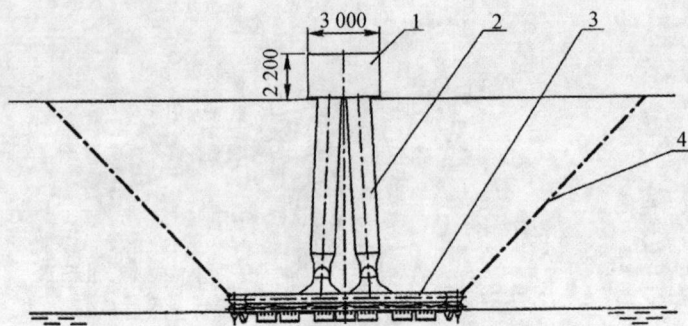

1—存放容器;2—垂直通道;3—漂浮平台;4—稳定索。

图 5-63　双通道式(B型)垂直通道撤离系统

表 5-50　垂直通道撤离系统的常用规格和基本参数

形式	规格	核准人数/人	存放高度/m	存放容器尺寸/mm	参考质量/kg
A型	A-300	300	10~22	2 300×1 600×2 200	～1 500
B型	B-600	600		3 000×1 500×2 200	～2 140

注:存放高度由船舶设计者,根据船舶存放容器的甲板高度及最轻载航行状态的水线高度决定。

　　垂直式海上撤离系统的通道采用特殊的有弹性的材料制成,其使用高度不受限制。但是,考虑到《SOLAS公约》规定的客船救生筏存放高度距离最轻载航行水线一般不超过18 m,以及横倾20°时干舷的变化,垂直式海上撤离系统的存放高度一般不大于22 m。

5.7.2.4　小型气胀式撤离滑梯

　　小型气胀式撤离滑梯可以说是一种简易的斜滑道撤离装置,如图5-64所示,主要供高速船和小型客船使用,其规格及主要参数列于表5-51,撤离滑梯的存放容器如图5-65所示。

表 5-51　MES-S 小型气胀式撤离滑梯规格

项目	型号		
	MES-S-2.2	MES-S-2.7	MES-S-3.2
最大使用高度/m	2.20	2.70	3.20
滑梯长度/m	3.25	3.85	4.45

表 5-51　（续）

项目	型号		
	MES-S-2.2	MES-S-2.7	MES-S-3.2
总宽/m	1.15		
滑道宽度/m	0.65		
滑梯结构高度/m	0.50		
气柱直径/mm	$\Phi250$		
设计工作压力/kPa	18		
气瓶容积/L	5		
充气量(CO_2/N_2)/g	2 200/150	2 580/170	2 950/190
质量/kg	≤38	≤43	≤48
滑梯容量[①]/人	260		
存放箱/mm	800×280×560		

注:① 滑梯容量系指该滑梯在 30 min 内可通过人员数。

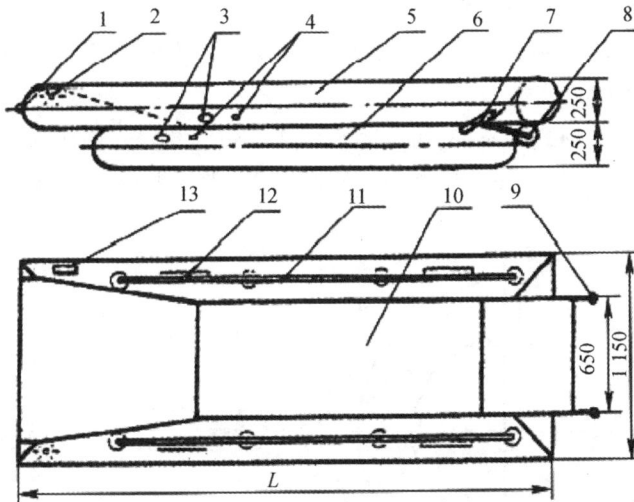

1—下固定座;2—灯具;3—安全阀;4—排气阀;5—上气柱;6—下气柱;7—充气系统;
8—钢瓶;9—上固定座;10—滑板;11—扶手索;12—反光带;13—安全小刀。

图 5-64　小型气胀式撤离滑梯

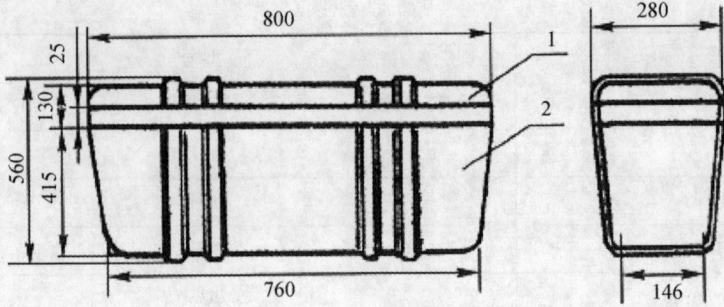

1—容器盖；2—容器本体。

图 5-65　小型气胀式撤离滑梯存放容器

5.8　个人救生设备

5.8.1　救生圈

5.8.1.1　救生圈的类型及其属具

救生圈是指用于援救落水人员的具有固有浮力的环状浮体，其构造和性能应符合《LSA 规则》的要求。

救生圈按构造形式的不同，可分为整体式救生圈和外壳内充式救生圈，如图 5-66 所示。前者通常为硬质闭孔型泡沫塑料内芯，外包帆布或合成纤维布；后者为

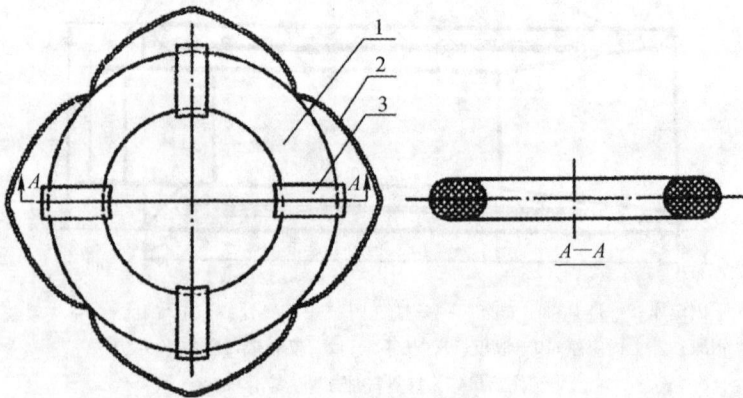

1—本体；2—把手索；3—反光带。

图 5-66　救生圈

硬质聚乙烯塑料外壳,内充聚氨酯泡沫塑料。

救生圈按配置属具的不同,可分为不带属具救生圈、带可浮救生索救生圈、带自亮灯救生圈、以及带自发烟雾信号和自亮灯救生圈。

救生圈的外径不大于 800 mm,内径不小于 400 mm。救生圈外围装有直径不小于 9.5 mm、长度不小于救生圈外径 4 倍的把手索,紧固在 4 个等距点上形成 4 个等长的索环。救生圈表面颜色为橙色,在 4 个平均分布的位置上装有反光材料。

救生圈应具有不少于 2.5 kg 的质量,如救生圈为配有自发烟雾信号及自亮灯且配备迅速抛投装置者,则应具有不少于 4 kg 的质量。

救生圈应能在淡水中支承不少于 14.5 kg 的铁块达 24 h,其构造应能经受从存放位置至最轻载航行水线的高度或 30 m(取其大者)处,投落水中,而不致损坏。

救生圈可浮救生索的直径应不小于 8 mm,破断强度不小于 5 kN,其长度不小于其存放处离最轻载航行水线以上高度的 2 倍或 30 m,取较大者。

救生圈自亮灯按其发光形式可分为定光型和闪光型,光强应不小于 2cd,持续工作时间至少 2 h,闪光型自亮灯的闪光频率为 50～70 次/min。自亮灯电源为干电池(锂电池、酸性电池、碱性电池)或水活化电池(海水电池)。救生圈自亮灯配有安装用支架,如图 5-67 所示。在船上安装时,自亮灯与救生圈连接,其支架固定在救生圈近旁。

救生圈自发烟雾信号,在平静水面漂浮时,应能匀速喷出鲜明易见颜色(通常为橙色)的烟雾不少于 15 min。

带自发烟雾信号和自亮灯的救生圈,其自亮灯和烟雾信号可分别配置,亦可采用自亮灯及自发烟雾组合信号,如图 5-68 所示。

图 5-67 救生圈自亮灯

图 5-68 救生圈自亮灯及自发烟雾组合信号

5.8.1.2　救生圈的存放和布置

救生圈的布置可参见本章 5.3.3 小节中的相关要求。

救生圈应存放在专用的救生圈架上，常用的救生圈架有两种：三脚式(图 5-69)——固定在船舶的围壁或舷墙上；整体式(图 5-70)——固定在船舶的栏杆上。救生圈架的材料为钢质或铝质，前者用焊接固定，后者用铆钉固定。

配有自发烟雾信号及自亮灯的质量不小于 4 kg 的救生圈设置迅速抛投装置，如图 5-71 所示。

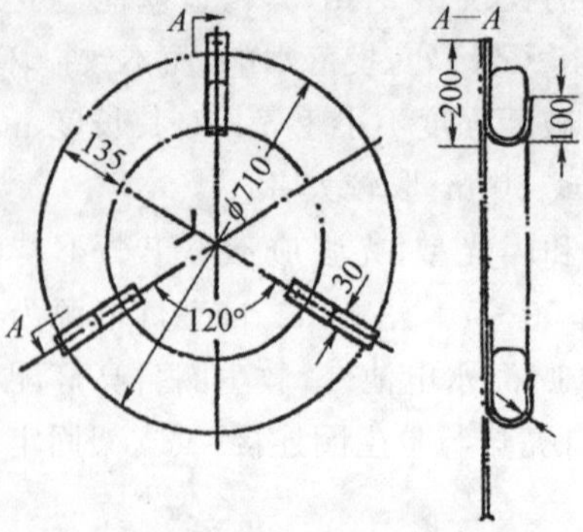

图 5-69　三脚式救生圈架

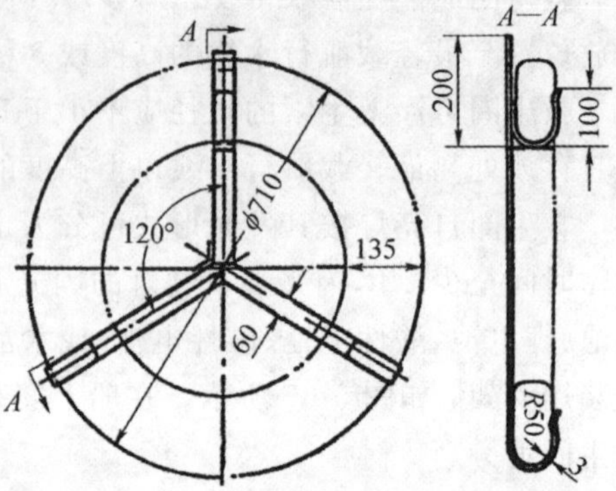

图 5-70　整体式救生圈架

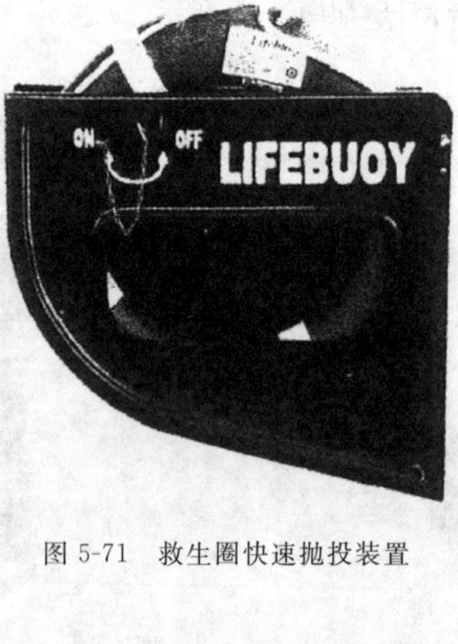

图 5-71　救生圈快速抛投装置

5.8.2　救生衣

救生衣是指在水中能提供浮力,使落水人员头部露出水面的特制背心,其构造和性能应符合《LSA 规则》的要求。

救生衣按尺寸的不同可分为:婴儿救生衣—体重小于 15 kg,身高小于100 cm;儿童救生衣—体重 15 kg 或以上但小于 43 kg,身高 100 cm 或以上但小于155 cm;成人救生衣—体重 43 kg 或以上,身高 155 cm 或以上。

如果成人救生衣不是为适合体重高达 140 kg、胸围达 1 750 mm 的人员而设计,则应提供适当的附属件使救生衣能系在此类人员身上。

救生衣的水中性能应经形式试验,以确定该救生衣在救助一个无能为力的或处于精疲力竭的或失去知觉的人的能力,并证明该救生衣不会不当地限制人员的行动。被试验救生衣的水中性能须通过与一个标准样衣,即成人基准救生衣(简称RTD)相比较进行评估。水中性能试验包括扶正试验、静平衡测试、跳水和落水试验、稳定性试验以及游泳和水中应急试验等,所有试验均应在平静的淡水条件下进行。RTD 的设计总浮力为:成人——155.6 N;儿童——88 N;婴儿——71 N。

救生衣按构造的不同可分为非气胀式救生衣和气胀式救生衣,通常为正反面均可穿着。不论何种构造的救生衣,在浸入淡水 24 h 后,其浮力下降不应超过5%。船用救生衣为橙色,前后两面贴有反光材料,并配有救生衣灯及用绳索系牢的哨笛,还配有一条可抛投的浮索使其可系于水中另一人穿着的救生衣上,以及配备适当的工具以允许营救人员将救生衣穿着者托出水面送入救生艇或营救艇中。救生衣穿着者当其抱紧救生衣从至少 4.5 m 的高度跳入水中,或当其手臂上举从至少 1 m 的高度跳入水中时,均不致受伤,且救生衣或其附件不脱落或损坏。

非气胀式救生衣常用的浮力材料为闭孔型泡沫塑料外包合成纤维布。常用的形式为背心式救生衣如图 5-72 所示、套头式单面救生衣如图 5-73 所示、套头式带领子救生衣如图 5-74 所示、以及套头式普通救生衣如图 5-75 所示。

气胀式救生衣是依靠充气作浮力的救生衣,通常用橡胶布制作,设有不少于 2 个独立的气室,浸水后可用 3 种方式充气,即自动充气、手拉气瓶充气及用嘴吹气充气。

除了一般船用救生衣外,还有一种工作救生衣,其浮力材料为闭孔型泡沫塑料。救生衣的浮力应不少于 7.5 kg,配有哨笛,其他要求均低于一般船用救生衣。工作救生衣仅供船员在工作时穿着,不能取代船用救生衣,因此也不能计入救生设备的配备定额之中。

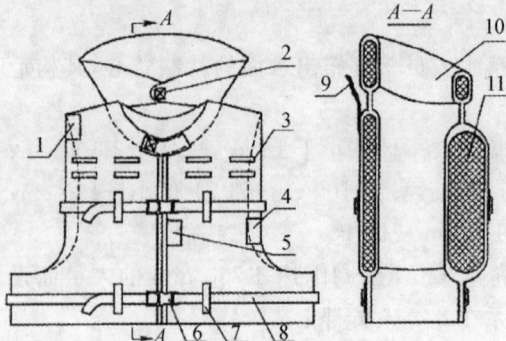

1—救生衣灯袋（内装救生衣灯及系索）；2—粘扣；
3—反光带；4—浮绳袋（内装浮绳）；5—口哨袋（内装口
哨及系索）；6—扣件；7—定位带；8—缚带；9—提环；
10—包布；11—浮力材料。

图 5-72　背心式救生衣

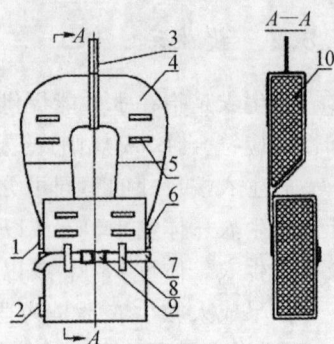

1—浮绳袋（内装浮绳）；2—口哨袋
（内装口哨及系索）；3—提环；4—包
布；5—反光带；6—救生衣灯袋（内装
救生衣灯及系索）；7—缚带；8—定位
带；9—扣件；10—浮力材料。

图 5-73　套头式单面救生衣

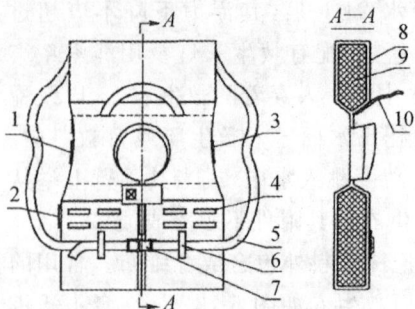

1—救生衣灯袋（内装救生衣灯及系索）；
2—浮绳袋（内装浮绳）；3—口哨袋（内装口
哨及系索）；4—反光带；5—缚带；6—定位
带；7—扣件；8—包布；9—浮力材料；10—提
环。

图 5-74　套头式带领子救生衣

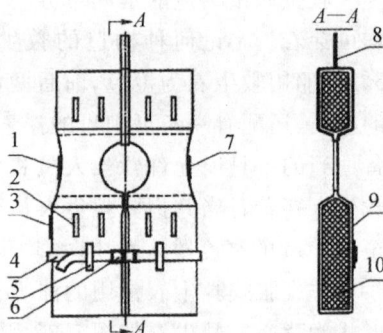

1—救生衣灯袋（内装救生衣灯及系索）；
2—反光带；3—浮绳袋（内装浮绳）；
4—缚带；5—定位带；6—扣件；7—口哨
袋（内装口哨及系索）；8—提环；9—包
布；10—浮力材料。

图 5-75　套头式普通救生衣

5.8.3　浸水服、抗暴露服和保温用具

根据国际上大量沉船遇难事故的调查统计，死亡人员中有 2/3 是冻死的。因

为人落入水中会使体热散失,当体温下降至35℃以下时,会出现低温昏迷;如降到31℃以下,人就会失去知觉;在20～23℃以下的水中,水所吸收的人体热量大于人体产生的热量,当人的体温下降到24℃时,就会失去生命。因此人在水中生存的时间除本身体质外,主要取决于水的温度(表5-52)以及使人与水隔绝的保护措施的有效程度。由于普通的救生衣不保温,不能满足人在低温水中长期浸泡的情况下维持生命的要求,故而早在20世纪60年代国外开始对此进行研究,从而产生了浸水服、抗曝露服和保温用具。

表 5-52　水温与人存活时间关系表

水温/℃	0	2.5	5	10	25
人存活时间/h	1/4	1/2	1	3	24

5.8.3.1　浸水服

浸水服(immersion suit)即通常所说的"救生服",它是用防水材料制成的集帽(可带有面罩)、衣、裤、靴和手套为一体的具有一定的保温性能的救生用具,能遮盖除脸部以外的整个身体,手可以由永久性地附连在浸水服上的单独的手套遮盖,当穿着者跳入水中后,不致有过多的水进入浸水服。

浸水服的构造和性能应符合《LSA规则》的要求,它与救生衣是两种构造和性能不同的个人救生用具。浸水服可使穿着者在水中减少体热的损失,通常用于在船舶遇险时供救助艇员和海上撤离系统工作人员穿着,以便其在水面从事救援作业包括扶正气胀救生筏和协助落水人员登上救生艇筏。

浸水服按其浮力特性可分为须加穿救生衣的浸水服和具有浮力不须加穿救生衣的浸水服。对于须加穿救生衣的浸水服,其救生衣应穿在浸水服外面。对于具有浮力不须加穿救生衣的浸水服,其浮力材料不应使用松散的颗粒状材料,且在浸入淡水中24h后,浸水服的浮力下降不应超过5%。并应配有救生衣灯和哨笛,且应配备一条可抛投的浮索或其他工具使其可系于水中另一人穿着的浸水服上,还应配备适当的工具,以允许营救人员将穿着者托出水面送入救生艇或营救艇中。

无论是连同救生衣一起穿着的浸水服或是具有浮力不须加穿救生衣的浸水服,在穿着时,在平静的水中应有足够的浮力和稳性,可将筋疲力尽或失去知觉的人员的嘴部托出水面以上不少于120mm,并可使穿着者在5s内由脸朝下翻转为脸朝上的姿势。

浸水服按其热性能要求可分为两种:

其一为采用非固有保温材料制成的浸水服,即非绝热型浸水服。此种浸水服必需同保暖衣服一起穿着。当穿着者连同保暖衣服一起穿着此种浸水服或有必要连同救生衣一起穿着时,穿着者从 4.5 m 高度处跳入水中后,浸水服仍能继续提供足够的热保护,以确保穿着者在温度为 5 ℃的平静水流中,历时 1 h,体温降低不超过 2 ℃。

其二为采用固有保温材料制成的浸水服,即绝热型浸水服。当穿着者只穿此种浸水服或有必要连同救生衣一起穿着时,穿着者从 4.5 m 高度跳入水中后,浸水服仍能继续提供足够的热保护,以确保穿着者在温度为 0 ℃和 2 ℃之间的平静水流中,经 6 h 后,体温降低不超过 2 ℃。

图 5-76 所示为一种无须穿着救生衣的绝热型浸水服,其浮力可达 150 N。

5.8.3.2 抗暴露服

抗曝露服是专供救助艇艇员和海上撤离系统工作人员使用的保护服,其构造应能遮盖整个身体,但脚可以除外,手和头可以由永久性地附连在抗曝露服上的单独的手套和头罩遮盖。当穿戴后跳入水中完全浸没时,抗曝露服应能提供足够的热保护,以确保穿着者在温度为 5 ℃的平静水流中,在第 1 个 0.5 h 之后其中心体温下降速度不超过每小时 1.5 ℃;且在淡水中,应在 5 s 内使穿着者从脸朝下的姿势翻转为脸朝上的姿势。

图 5-76 绝热型浸水服

抗曝露服的构造和性能应符合《LSA 规则》的要求,采用防水材料制成,提供的固有浮力至少为 70 N,如果采用非固有保温材料制成,则必须连同保暖衣服一起穿着。抗曝露服应配备救生衣灯和哨笛。

如果船舶一直在无需热保护的温暖气候海域航行,则不必配备抗曝露服。

5.8.3.3 保温用具

保温用具是供遇险人员在登上救生艇筏或救助艇后穿着的,其构造应能遮盖穿着救生衣的人员除脸部以外的整个身体,双手也应被遮盖,除非配有永久性附连的手套,以使穿着者减少体温的对流和蒸发热损失,保持体温,延长生存时间,增加获救的机会。如果人员在水中穿着保温用具妨碍游泳时,则可在 2 min 内把它脱掉。

保温用具的性能应符合《LSA 规则》的要求,应采用传热系数不大于 7 800 W/(m^2·K)的防水材料制成。

保温用具按其类型可分为保温袋和保温衣。

保温袋是一个装有拉链的口袋,穿着时头部可露出在外,亦可缩进袋内只露出脸部,保温袋的穿着及抛弃均很方便,图 5-77 所示为常见的保温袋。

保温衣是连衣裤的形式,如图 5-78 所示,其上下肢及驱干部分相连,袖管及裤管封闭,颈部穿着和脱卸口装有拉链,以便封闭衣口和必要时解开后弃衣。保温衣避免了保温袋将人禁锢,使人不能行走,手臂不能伸展等缺点。

图 5-77 保温袋

图 5-78 保温衣

国际航行的客船应按规定为没有配置浸水服的人员配备保温用具(见本章 5.2.1)。然而,对于在全封闭或部分封闭救生/助艇内的人员,或是一直在温暖气候海域航行的船舶上的人员,则不必配备保温用具。

5.9 抛绳设备和视觉信号

5.9.1 抛绳设备

抛绳设备是使遇险船与营救船(或岸上)建立直接联系的装置。抛射绳作为引缆,在两船间传送拖索,然后将遇险船舶拖离。

船舶常用的抛绳设备主要有两种,即救生抛绳器(图 5-79)和火箭抛绳枪(图 5-80)。

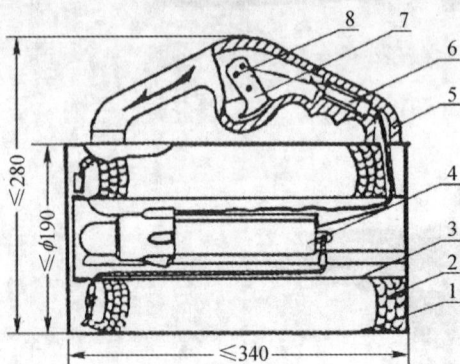

1—本体;2—抛绳;3—导向管;4—推进火箭;5—提柄;
6—击发引燃具;7—扳机;8—安全销;

图 5-79 救生抛绳器

图 5-80 火箭抛绳枪

抛绳设备应符合《LSA 规则》的规定。每具抛绳设备应包括:不少于 4 个能在无风天气中将绳抛射至少 230 m 的抛绳体,以及不少于 4 根破断力不小于 2 kN 的抛射绳。因此,在船上通常配置至少 4 个救生抛绳器,或配置火箭抛射枪及不少于4 个连有抛射绳的火箭。在配置火箭抛绳枪时,抛射绳和连同引燃材料的火箭应储存在抗风雨的容器内。抛绳设备一般存放在驾驶室内。

5.9.2 视觉信号

视觉信号为船舶遇险时请求救援的火焰信号。船用的红光降落伞信号、红光火焰信号以及橙色烟雾信号均为救生艇、救生筏和救助艇必须配置的属具。此外,船舶还应按规定配备船舶用红光降落伞信号,并将其存放在驾驶室或其附近处。

5.10　其他救生辅助设施

除了前面所说的救生载具、降落与回收装置、个人救生设备等救生设备外,为了保证救生设备操作的有效性和可靠性,还需在船上设置相关的救生辅助设施,常见的主要有导滑块、挡柱、登艇平台、登艇斜梯、可倒栏杆、登乘梯搁架等。

（1）导滑块

一般设置在艇架下方的甲板舷侧如图 5-81 所示,在放艇时起到导向作用,防止艇直接与甲板碰撞,影响艇安全下放入水的装置。

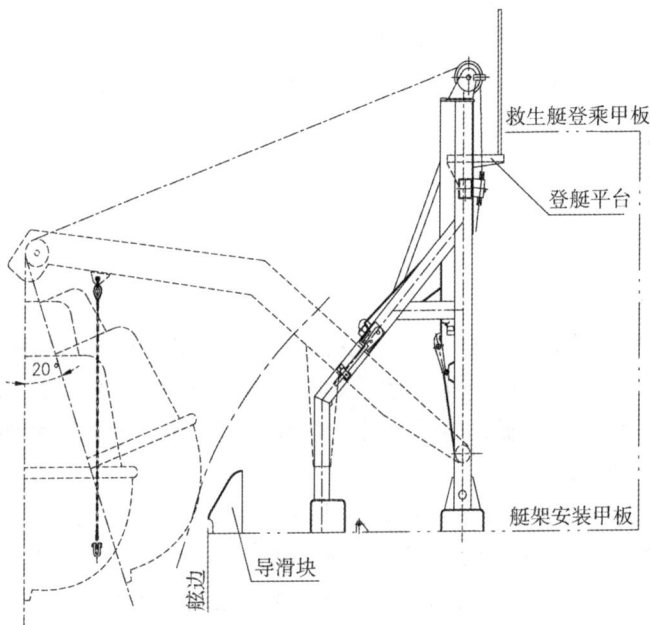

图 5-81　导滑块及登艇平台

（2）挡柱

当艇的存放处下方船体舷侧为开敞结构时,需要在艇架安装甲板至下一层甲板之间设置舷侧柱形构件,即挡柱(图 5-82),它可以在船舶内横倾 20°,且纵倾 10°放艇时,防止艇放到下一层甲板上而引起翻艇脱钩的危险。一般情况下,每只艇下方需设置 4～6 根挡柱,如果艇下放时经过的多层甲板均为开敞结构,则需在每两层甲板间都需设置挡柱;如果艇长范围内对应的下方甲板上存放有舷梯及翻梯装置,则挡柱应在舷梯上方处断开。

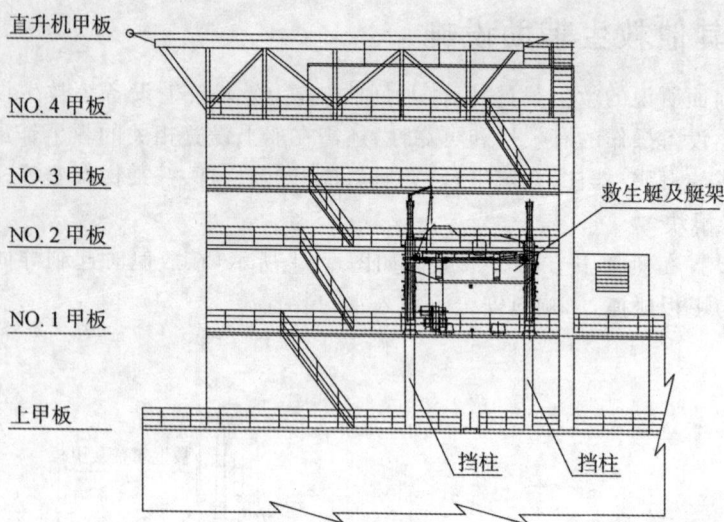

图 5-82　挡柱

（3）登艇平台

系指位于艇存放位置的登乘平台，其高度与登艇甲板高度相同或接近，以便跨步登艇。如艇为侧开门，则登艇平台安装在艇的侧面，与艇架连在一起；如艇为尾开门，则登艇平台安装在艇的尾部。图 5-81 显示了安装在艇侧面的登艇平台。

（4）登艇斜梯

当登艇甲板与登艇平台存在高度差时，需在甲板和平台间设置一部斜梯，即登艇斜梯，供人员登乘使用。该梯宽度一般不小于 650 mm，与水平线夹角不大于 60°，以便搬运尺寸为 610 mm×2 130 mm 的担架通过登艇斜梯与登艇平台进入救生艇内。

（5）可倒栏杆

系指设置在艇架下方的甲板舷侧区域，既可竖立也可放倒的活动栏杆。竖立时，可对在艇架下方进行维护作业的人员起到保护作用；放倒时，可保证艇的顺利下放。

（6）登乘梯搁架

系用于存放登乘梯的钢质搁架，一般布置在甲板舷边处，可兼作登乘梯的甲板落脚平台。

黑龙江省精品工程专项资金资助出版

船舶舾装技术丛书（第一分册）

船 体 设 备

（下册）

主　编　叶邦全

副主编　桑　巍　黄　维　施海涛

主　审　梁启康

哈尔滨工程大学出版社

Harbin Engineering University Press

内容简介

船体设备包括舵设备、锚设备、系泊设备、拖曳设备、救生设备、起重设备、货物舱舱口盖与滚装设备、货物装载与系固及船舶减摇鳍装置。本丛书对这些设备的型式和构造、配置方式及有关规范规则的要求做了详细的论述，并附有大量的图表。

本书可供船舶舾装专业的教学用书，也可供舾装设备设计维修的工程技术人员参考。

图书在版编目（CIP）数据

船体设备 / 叶邦全主编. — 哈尔滨：哈尔滨工程大学出版社，2022.12
（船舶舾装技术丛书）
ISBN 978-7-5661-3344-1

Ⅰ. ①船⋯ Ⅱ. ①叶⋯ Ⅲ. ①船体设备 Ⅳ. ①U667

中国版本图书馆 CIP 数据核字（2021）第 249320 号

船体设备
CHUANTI SHEBEI

选题策划　史大伟　薛　力　**责任编辑**　唐欢欢　雷　霞　**封面设计**　李海波

出版发行：哈尔滨工程大学出版社
地　　址：哈尔滨市南岗区南通大街 145 号
邮政编码：150001
发行电话：0451-82519328
经　　销：新华书店
印　　刷：武汉精一佳印刷有限公司
开　　本：787 mm×960 mm　1/16
印　　张：67.5
字　　数：1294 千字
版　　次：2022 年 12 月第 1 版
印　　次：2022 年 12 月第 1 次印刷
定　　价：265.00 元（含上、下册）
http://www.hrbeupress.com
E-mail：heupress@hrbeu.edu.cn

出　　品：船海书局　www.ship-press.com
告 读 者：如发现本书有印装质量问题请与船海书局发行部联系
服务热线：4008670886

"船舶舾装技术丛书"编写组成员

主　编

叶邦全

主　审

梁启康

副主编

桑　巍　黄　维　施海涛

组　员

王　健　李　坤　刘　刚　刘　琰　吴　彬

孟繁涛　杨　奕　杨春云　周晓葵　俞　赟

施海涛　唐　凡　桑　巍　黄　果　黄　维

黄晓雷　眭国忠　韩立维　瞿晓文

前　　言

　　船舶舾装专业内容丰富,涉及的知识范围广,许多内容直接关系到船舶的安全性、适用性、居住性和经济性。"船舶舾装技术丛书"共四个分册,即《船体设备》《船舶舱面属具》《船舶舱室设备和内装》和《钢质海船的防腐蚀及安全营运》。每一分册包括若干章节,对于舾装专业各种系统进行了全面的论述,包括各种舾装设备的型式、组成及其配置方式,有关的国际公约、法规和船级社规范的要求,以及甲板和舱室机械的型式介绍等,并附有大量图表。

　　本丛书旨在传播船舶舾装的技术知识,对于从事船舶舾装设计的技术人员是一本很好的参考书,对于从事船舶建造和设备配套工作的人员来说也是一本有用的工具书。

　　"船舶舾装技术丛书"各分册的主要修订人员如下:

　　一分册《船体设备》:第 1 章舵设备由吴彬负责修订;第 2 章锚设备由施海涛负责修订;第 3 章系泊设备由黄维负责修订;第 4 章拖曳设备由施海涛负责修订;第 5 章救生设备由黄维和眭国忠负责修订;第 6 章起重设备由 秦云根 提供;第 7 章货物舱舱口盖与滚装设备,其中 7.1 节货物舱舱口盖由刘刚负责修订,7.2 节滚装通道设备由黄果和黄晓雷编写;第 8 章货物装载和系固由刘刚负责修订;第 9 章船舶减摇装置由杨奕和杨春云编写。

　　二分册《船舶舱面属具》:第 1 章人孔盖和小舱口盖由桑巍负责修订;第 2 章船用门和窗中的 2.1 节～2.4 节,除 2.3 节第 2.3.3 条外,均由桑巍负责修订;2.3 节第 2.3.3 条以及 2.5 节～2.21 节由刘琰和周晓葵负责修订;第 3 章船用梯、第 4 章栏杆和风暴扶手、第 5 章船上专用通道、第 6 章天幕和第 7 章自然通风筒均由桑巍负责修订。

　　三分册《船舶舱室设备和内装》:第 1 章舱室设备,除 1.6 节外,由周晓葵负责修订,1.6 节船用电梯由唐凡编写;第 2 章船舶结构防火由刘琰负责修订;第 3 章舱室内装材料及其构造由刘琰负责修订;第4章舱室隔热由李坤负责修订;第5章舱室甲板铺材与敷料由刘琰负责修订;第6章舱室隔声与吸声由刘琰负责修订。

四分册《钢质海船的防腐蚀及安全营运》:第1章钢质海船的防腐蚀保护,除1.5节外,由黄维、王健和韩立维负责修订,1.5节钢质海船的外加电流阴极保护由瞿晓文负责修订;第2章航行设备由施海涛负责修订;第3章桅樯及信号设备由桑巍负责修订;第4章船用消防器材由施海涛负责修订;第5章失事堵漏器材由施海涛负责修订;第6章船舶外部和内部标志由俞赟负责修订;第7章直升机甲板设施由孟繁涛负责修订。

"船舶舾装技术丛书"在编辑过程中得到了业内同人的大力支持,多位专家提供了详细、准确的资料,确保编辑工作的顺利进行,在此表示诚挚的感谢!

由于本次编辑出版工作历时两年,其中收录的技术数据、规则和规范可能有些变动,希望专业读者能够谅解并多提宝贵意见,我们将在修订或再版的时候改正过来。

希望本丛书能给广大读者带来帮助!

编者

2022 年 12 月

目　　录

第6章 起重设备

6.1 起重设备简述

　　船舶运输具有载货量大,运价低,尤其适合于运输各类大宗货物和大型设备等优点。在现代物资流通领域,船舶运输仍然是主要的、不可替代的运输方式。随着世界经济一体化的进展,各国经济互补性日益增强,国际贸易的迅猛发展给船舶运输带来巨大的发展空间。

　　然而,船舶运输也存在明显的不足之处,主要表现在运输时间长且易受天气影响导致不准时,装卸货物时间长造成滞留港口的费用增加等,这些都是制约船舶提高营运效益的重要因素。

　　传统的运输船舶一般都设置起货设备,用于货物的装卸。然而,船舶自身配置起重(货)设备实际上有诸多不利之处,如船舶建造的初投资及长期使用的维修费用增加,设备质量的增加使船舶的有效装载量减少,船舶高度的增加使得船舶的运营受航道高度(桥梁)的限制。另外,船舶起重设备在航行过程中处于闲置状态,只在靠码头装卸货时使用,其利用率比码头起重设备低得多。

　　随着科学技术的进步,船舶材料和设备性能的提高以及造船工艺技术的改进,船舶的装载能力越来越大,航速也大幅度提高,致使船舶的装卸货能力和装卸货速度变成制约船舶运输效率的主要因素。

　　为了提高船舶运输效率,减少滞港时间,缩短运输周期,专用船舶及与专用船舶相配套的专用码头孕育而生,如自卸散料运输船(自卸煤船、自卸矿砂船、自卸散装水泥船等)、干线集装箱船、滚装船和超大型油船等专用船舶相继问世。专用船舶通过专用码头装卸货物的速度获得大幅提高,如自卸煤船的卸货速度达3 800 t/h以上,自卸散装水泥船的卸货速度也可达 2 000 m³/h 以上。但是专用码头必须配置与船舶自卸设备配套的专用设备,如自卸散装物料船,码头上必须配置相匹配物料输送和储运设备;集装箱专用码头,必须配置专用集装箱吊机和集装箱储运设施;滚装船码头必须配置可升降的跳板(坡道)等专用设备。

然而,专用码头的建造受到各种条件的限制,如货物的吞吐量、港口的自然条件和建造码头的初期投资等。一般来说,只有在经济极为发达的地区,货物吞吐量很大且自然条件优越的港口才有条件建造此类专用码头。因此,现代航运业仍然采用大量的非专用的船舶进行货物的运输,同时为了减少对码头设备的依赖,特别是在起重设施不足的港口装卸货物,必须设置起重(货)设备,以满足各种条件下货物装卸作业的需要,如:

(1) 对于经济发展一般的地区来说,大量的物资采用一般的船舶运输,到港后在普通的码头进行装卸。尤其是一些经济不发达和欠发达的国家和地区,港口设施落后,码头吊机起重能力不足,往往需要采用船舶自身的起重设备进行货物装卸。

(2) 某些浅水港口,大型船舶无法进港卸货,只能在港口外锚地锚泊,货物则通过船舶自身的起重设备进行海上过驳卸货。

(3) 一些运输特大型设备的船舶,一般码头的起重设备能力不够,必须用船舶自身的重型吊机进行装卸。

船舶起重设备的能力直接关系到船舶装卸货物的速度和滞港时间及费用,乃是制约运输船舶营运效益的主要因素之一。因此,改进和提高船舶起重设备的能力和效率历来受到船东和造船业界的关注。

船舶起重(货)设备主要有两大类:吊杆起重(货)设备和船用起重机。20 世纪 50 年代以前,吊杆起重(货)设备乃是船舶货物装卸的主要设备。其主要优点是设备构造简单,初投资较低。但是,吊杆设备所占用的甲板面积和空间相当大,操作复杂,效率低。而且普通吊杆设备的起重量较小,操作不便,不能适应集装箱运输的要求。

20 世纪 50 年代以后,船用起重机(俗称克令吊)的出现,受到了广泛的青睐,并得到了飞速发展。船用起重机形式多样,起重量大,操作性能优良,能满足集装箱船及大件货物运输沿装卸货的要求,从而逐步取代了吊杆起重设备,成为现代船舶主要的起重设备。

进入 21 世纪,由于电子传感器技术成熟,起重机技术的更新和发展也加快。将机械技术和电子传感器技术相结合,实现起重机的自动化、智能化和高度安全性,与传统电液起重机相比,新型的电动船用起重机具有低污染、低噪声、低能耗等优势,符合节能环保的要求,已逐渐成为船用起重机市场的主流。

6.2 吊杆起货设备的配置

在配置吊杆起货设备时,主要考虑的因素是起货吊杆的起重量、每一货舱口必需和合理的吊杆数量及其布置、绞车的数量、吊杆形式以及起重柱的形式等。

6.2.1　起货吊杆的起重量

载重量 1 500 t 以下的沿海货船的轻型吊杆起重量不超过 3 t,起重量 1～1.5 t 的吊杆用得较广,有时也采用起重量不超过 10 t 的单独重型吊杆。

无限航区各类散货船,按船舶载重量大小分别按 3 000 t 以下,3 000～6 000 t 以及 6 000 t 以上划分,所配置的轻型吊杆起重量(单杆操作时)相应为 2.5～3.5 t、5～10 t,而重型吊杆的起重量相应为 10 t、15～35 t 及 25～60 t。

起重量大于 60 t 的重型吊杆,只考虑安装在那些需要经常运送重型货物件,如机床、大型机电设备、小艇、小型港内用船及其他特殊货物的船舶上。在现代船舶上,会遇到起重量达 300 t 的重型吊杆。

6.2.2　吊货杆的数量

各货舱吊货杆的配置,与船舶的用途、装载货物的种类、货舱口尺度和货舱容积有关。

对于载重量不大的近海航行船舶、辅助船舶(如拖船、挖泥船)、驳船等,即装载少量机电及化工设备的船舶及吊杆使用机会较少的船舶,每一货舱口上部设置一根吊杆。

通常,载重 5 000～7 000 t 的货船,每一货舱口设置两根轻型吊杆,既可实行单杆操作,也可实行双杆操作,可保证有效地装卸作业。

在巨型干货船上,货舱口长度较大时(超过 10 m),每一货舱口的两端,各设置两根吊杆。

在不是专门用于运送重货的普通运输船舶上,当载重量为 5 000 t 以下时,设置 1 根重型吊杆;载重量超过 5 000 t 时,设置 2～3 根重型吊杆。通常,在一个货舱口上部,只设置 1 根重型吊杆,具有翻转功能的重型吊杆装置可供相邻的货舱口使用。

渔船通常应配备有起重量 1～3 t 的吊杆一根,用以起吊渔具。实际吊杆数量和起货能力应按具体需要而定。

在运木船上,布置起货设备时应考虑到甲板面堆积木材时,不影响起货设备的使用,故起货绞车常常置于上层建筑或甲板室顶上;同时吊杆的起货能力一般为 3～5 t,因为木材体积较大,每次起货量受到体积的限制。

6.2.3　起货绞车的数量及形式

如果轻型吊杆配置通常的索具(千斤索和吊杆牵索),则起货绞车的数量同吊杆数量相同。当仅配置双千斤索且没有吊杆牵索的轻型吊杆时,起货绞车的数量取决于这类吊杆的结构,可以达到一根吊杆配置 3 台起货绞车。

重型吊杆通常配置轻型吊杆的起货绞车,此时吊货钩配有起货滑车组。但是当设置起重量很大的重型吊杆(超过 60 t)时,则应考虑配置起重量超过 10 t 的起货绞车。

绞车拉力取决于轻型吊杆使用的起重量。所有轻型吊杆使用具有同样拉力的起货绞车,从经济和技术上考虑是合理的,所以,当船上配有不同起重量的吊杆时,设置起货滑车组。但是,一般不推荐采用带有很多滑轮的起货滑车组。在造船中常采用的绞车拉力和吊杆起重量的关系如表 6-1 所示。

表 6-1　绞车拉力和吊杆起重量的关系

绞车拉力/kN	轻型吊杆起重量/t
15	3
30	5 和 10
50	7~8 和 10

绞车拉力的选择应考虑吊杆的工作方法。在双杆操作时,吊杆的起重量受到限制,相应的起货绞车拉力应减小。如常用的 50/30 kN 起货绞车,单杆作业时拉力为 50 kN,双杆作业时拉力为 30 kN。目前常用的起货绞车拉力有 15,20,30,50/30,80/30,100/50,150 kN 等。

6.2.4　起重柱的形式

关于起重柱形式的选择应根据起货设备的布置情况而定,同时亦应考虑到船体结构、外形、驾驶视线和经济效果等方面。

从驾驶视线方面而言,门型起重柱最好,人字型起重柱较差,当桅肩与驾驶室在同一水平线上,就会严重地影响驾驶视线。

选择起重柱时亦应考虑货舱口的尺度和船宽。如果船宽较大,而货舱口又较短,则采用门型起重柱较为合适;在较大的油船上,很多采用门型起重柱。

单桅起重柱在一般船舶上是最常用的,它的优点是结构简单。

目前很多船舶的起重柱均不设置支索,但在单桅起重柱的情况下,其结构需要大大加强,故可采用人字形起重柱,特别是在设置有重型吊杆的情况下。但人字形起重柱结构复杂,制造难度较大。

V 形起重柱用于运送大型重货的货船,设置翻转式重型吊杆装置,可供相邻两个货舱使用。

6.3　吊杆起重设备的形式

6.3.1　轻型吊杆装置的形式

轻型吊杆通常系指起重量不超过 10 t 的吊杆。其吊货钩的形式为单钩。

典型的轻型吊杆起重装置如图 6-1 所示。起重量较小时,千斤索为单根钢索(见图 6-1(a));起重量较大时(单杆 5 t 以上),千斤索设置滑车组(见图 6-1(b))。在吊货时,为保持吊杆的吊举角不变,千斤索同吊杆定位链连接,或设置千斤索绞车(见图 6-1(c))。该绞车利用起货绞车的系缆卷筒驱动。吊货索采用单根钢索或设置起货滑车组,由配置的起货绞车拉力决定。

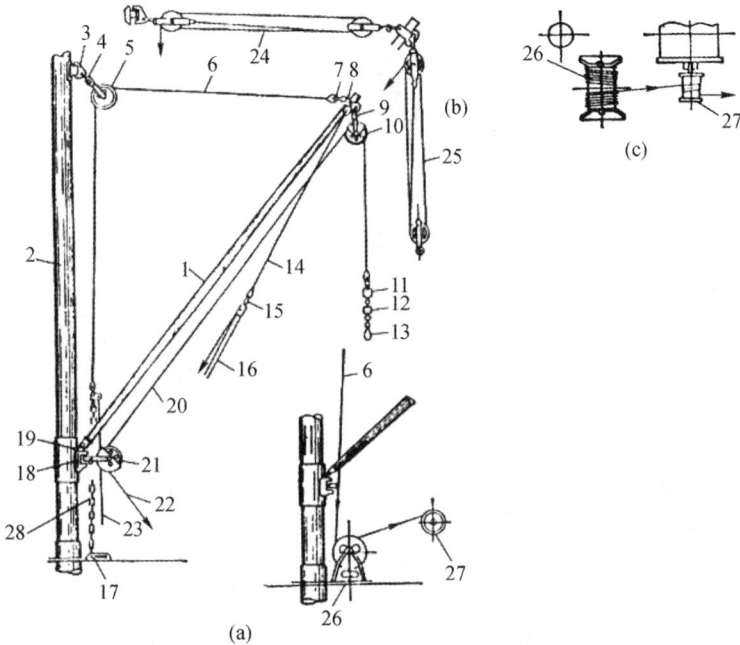

1—吊杆;2—起重柱;3—千斤索眼板;4,7,9,15—索具卸扣;5—千斤索滑车;6—千斤索;8—吊货杆眼板;10—起货滑车;11—平衡锤;12—转环;13—吊货钩;14—吊杆牵索;16—吊杆牵索滑车组;17—千斤索甲板眼板;18—吊杆座;19—支承转轴;20—吊货索;21—导向滑车;22—通向绞车的绳端;23—通向开口滑车的绳端;24—千斤索滑车组;25—起货索滑车组;26—千斤索定位绞车;27—绞车的系缆滚筒;28—吊杆定位链。

图 6-1　典型的轻型吊货杆装置

(a)带有单根吊货索和单根千斤索的吊货杆;(b)带有起货滑车组和千斤索滑车组的吊货杆;(c)带有千斤索绞车的吊货杆

　　轻型吊杆装置在单杆操作时,吊杆的回转可由人工操作吊杆牵索实现,也可采用吊杆牵索绞车来实现,如图6-2所示。双杆操作时,一根吊杆位于货舱口上部,另一根吊杆位于舷外,两根吊杆除了各自配有舷边固定的吊杆牵索外,在两根吊杆之间还设有吊杆间牵索。通常货物质量超过3 t时,不采用双杆操作。图6-3所示为常见的两根轻型吊杆装置布置情况。

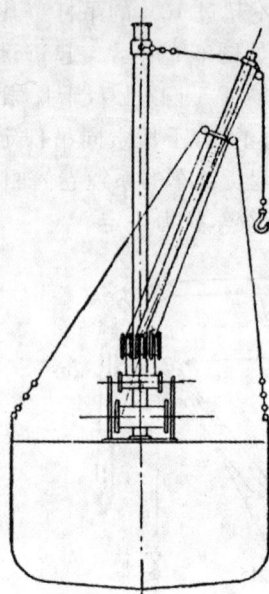

图6-2　用吊杆牵索绞车使吊杆回转的装置

6.3.2　重型吊杆装置的形式

　　重型吊杆系指起重量超过10 t的吊杆。采用单吊杆回转摆动的方式作业,作业时吊杆可变幅。图6-4所示为典型的重型吊杆装置图。

　　重型吊杆下部的带有转轴的基座大多固定安装于甲板或平台上,其吊货索从吊杆端部的导索滑轮处引出后通过装于起重柱上方的导向滑车,再引导至绞车上,这样可减小吊杆的轴向压力。

　　重型吊杆头部装置有多种形式,如图6-5所示。其中图6-5(a)为嵌入滑轮,是常用的形式。图6-5(b)和(c)用于当吊杆端部安装嵌入滑轮有困难时,采用的悬挂导索滑车和外侧导索滑车,这两种形式的缺点是会使吊杆受到偏心载荷。

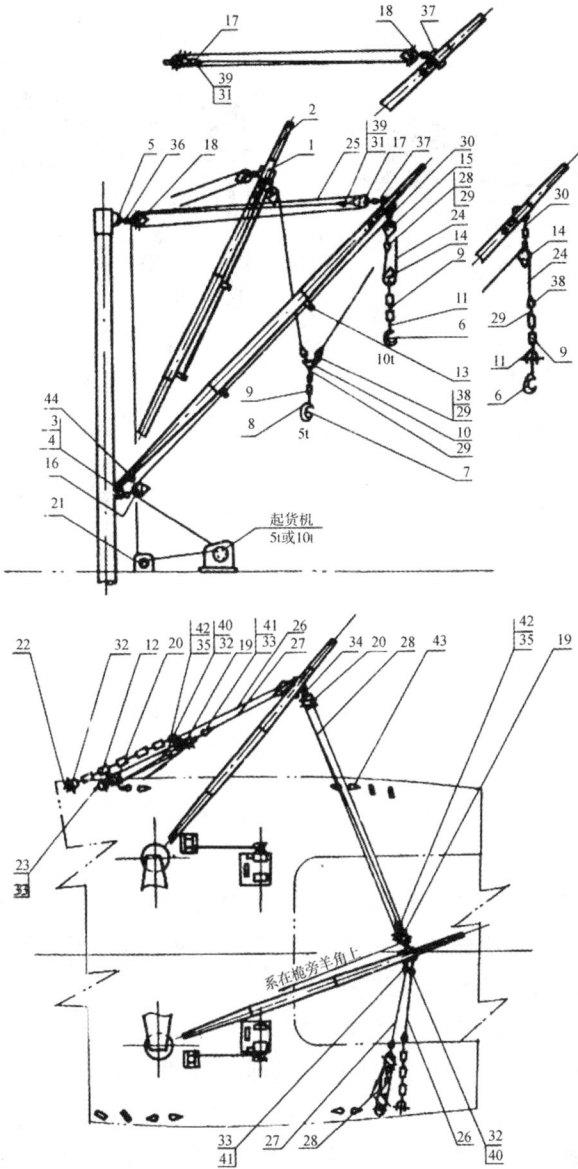

1—吊货杆;2—吊货杆假头;3—吊货杆承座;4—导向滑车叉头;5—千斤索眼板;6—单杆作业用吊钩;7—双杆作业用吊钩;8,11—吊钩卸扣;9—吊货短链;10—三角眼板;12—吊杆舷侧定位链;13—护索环;14—起货滑车;15—带绳扣起货滑车;16—吊货索导向滑车;17—带绳扣千斤索滑车;18—千斤索滑车;19—带绳扣单并木滑车;20—单并木滑车;21—千斤索绞车;22,23—索具眼板;24—起货钢索;25—千斤索;26—吊杆舷侧定位索;27—吊杆牵索(钢索);28—吊杆牵索(麻索);29～33—钢索卸扣;34—钢索卸扣或麻索卸扣;35—麻索卸扣;36,37—钢索卸扣;38～41—钢索套环;42—麻索套环;43—索具羊角;44—吊杆仰角指示器。

图 6-3　两根轻型吊杆装置配置图

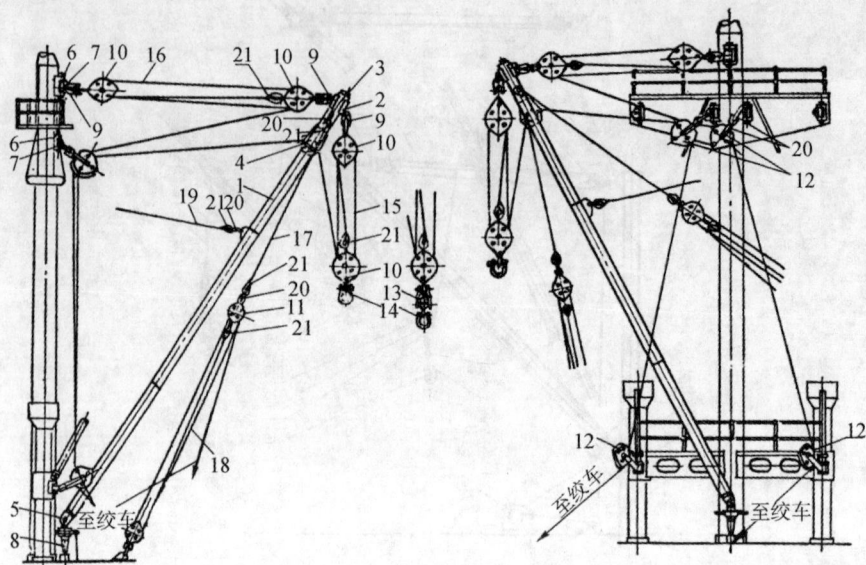

1—重型吊杆;2—吊货眼板;3—牵索眼板(有些重型吊杆不采用吊货眼板和牵索眼板,而采用重型吊杆头的装置,见图6-5);4—吊杆嵌入滑轮;5—吊杆叉头;6—千斤索吊环座;7—千斤索吊环;8—吊杆座;9—滑车叉头;10—无转环的复式滑车;11—带转环的复式滑车;12—导向滑车;13—转环吊架;14—圆形卸扣;15—起货索;16—千斤索;17,18—吊杆牵索钢索;19—调整钢索;20—索具卸扣;21—索具套环。

图 6-4 重型吊杆装置

某些船舶为了提高重型吊杆的利用率,设计成可将重型吊杆从一个舱口搬到另一个舱口使用,但是,这样的搬动费时又费力。为了解决这一问题,创造了多种形式的可供两舱使用的重型吊杆装置。

设有 V 形起重柱的双千斤索翻转吊杆是一种起重量可达到 300 t 的重型吊杆装置,可供两舱使用。图 6-6 所示的 V 形起重柱重型吊杆装置的重型吊杆的起重量为 180 t,并设有 4 根 5 t 的轻型吊杆。图 6-7 所示为重型吊杆的转移过程。

还有一种两舱共用的重型吊杆装置将吊杆设计成能绕起重柱回转 360°,以达到相邻两舱共用。图 6-8 所示的重型吊杆装置其重型吊杆的起重量为 180 t,并设有 4 根 15 t 吊杆。

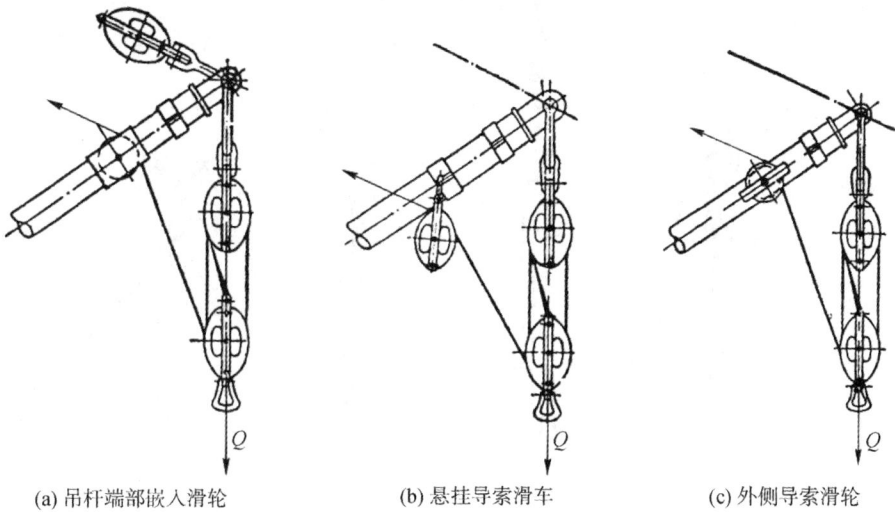

(a) 吊杆端部嵌入滑轮　　　　(b) 悬挂导索滑车　　　　(c) 外侧导索滑轮

图 6-5　重型吊杆头部装置的形式

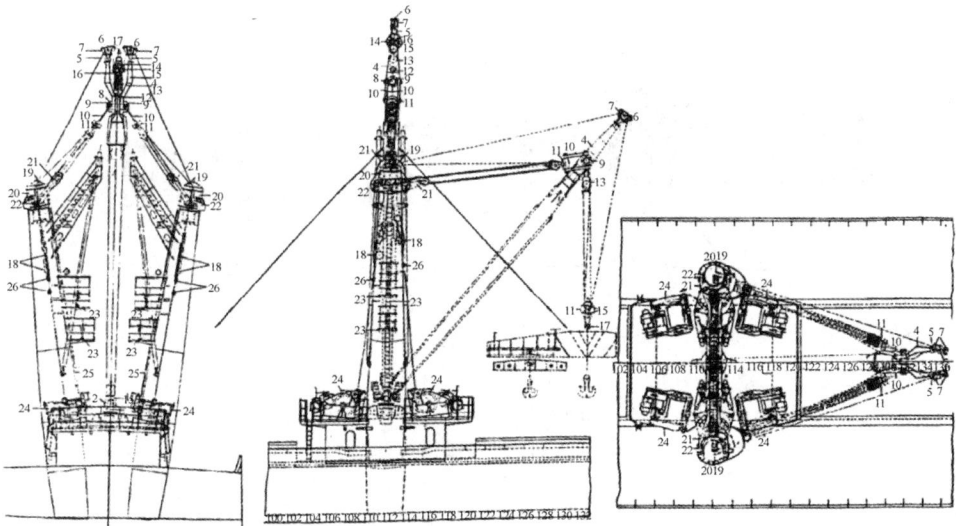

1—吊杆叉头;2—吊杆叉头横销;3—吊杆转轴和吊杆座;4—吊杆叉型端部;5—转动头支座;6—滑轮;7—转动头;8—叉型端部横销;9—十字接头;10—连接杆;11—带十字接头的千斤索滑车;12—上部起货滑车固定眼板;13—上部起货滑车组;14—下部起货滑车组;15—在下部起货滑车组上的导向滑轮;16—转换轮;17—挂货转环;18—钢索出口处;19—钢索进口处;20—起重柱回转头部;21—千斤索滑车连接器;22—千斤索滑车连接器销轴;23—控制台;24—重型起货绞车;25—梯子;26—钢索紧固器。

图 6-6　V 形起重柱重型吊杆装置

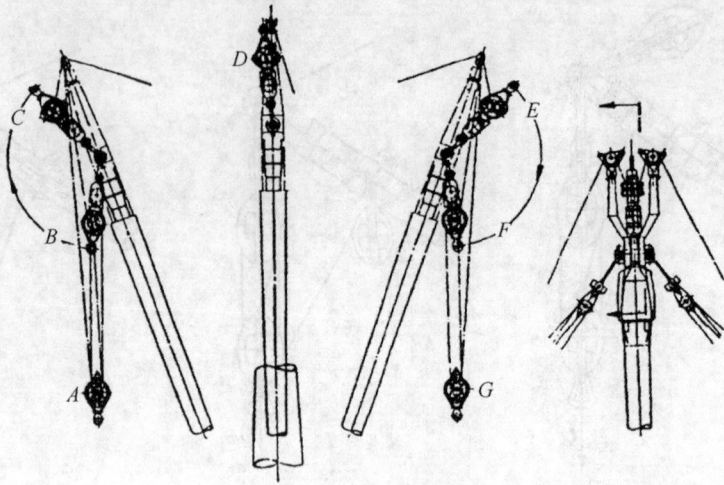

图 6-7　重型吊杆转移过程

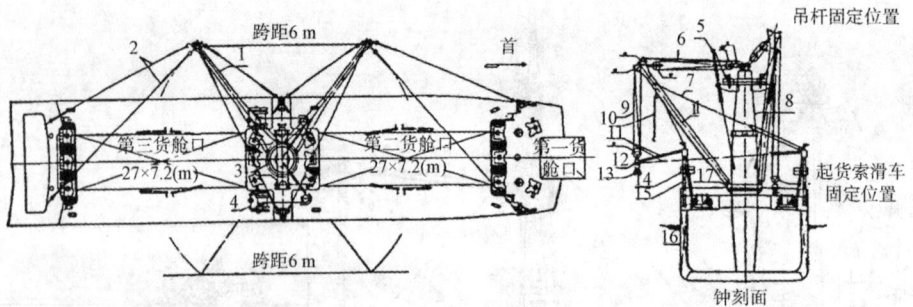

1—180 t 吊杆；2—主牵索；3—吊杆转轴；4—35 t 蒸汽绞车；5—15 t 吊杆；6—千斤索(φ56 钢索)；7—牵索；
8—起重柱；9—起货索(φ56 钢索)；10—5 t 备用起货装置；11—主牵索；12—转环；13—吊环；14—35 t 绞车
控制台；15—牵索柱；16—压载舱；17—吊杆座转环。

图 6-8　回转式重型吊杆装置

6.3.3　自回转变幅吊杆装置的形式

（1）双顶牵索（千斤索）吊杆装置

这种形式用于单杆操作的吊杆装置。单根吊货杆配置了两根顶牵索。顶牵索
与吊杆端部连接，经过设置在桅肩上的导向滑车，通向两台顶牵索绞车，其装置如
图 6-9 所示。为了使吊杆能最大限度地转向舷外，顶牵索导向滑车应当尽可能安

装在远离船体中心线处。现有的该形式吊杆装置,已能将吊杆从一舷转向另一舷的回转角度超过 $160°$。在桅杆上设置的支架的作用是当吊杆完全转出舷外时,能够保证顶牵索与吊杆之间有足够的角度,以便吊杆能反向转回到船舶的货舱口位置。

在这一对顶牵索绞车同步旋转的情况下,吊杆将会升高或降低,当绞车的滚筒不是同步旋转或是按不同方向旋转时,吊杆在升高或降低的同时就向着需要的方向回转。

第三台绞车为起货绞车,用于货物的起吊和下放。3 台绞车都可采用一般的起货绞车。但是为了使顶牵索绞车同步工作,必须设置双联控制器。

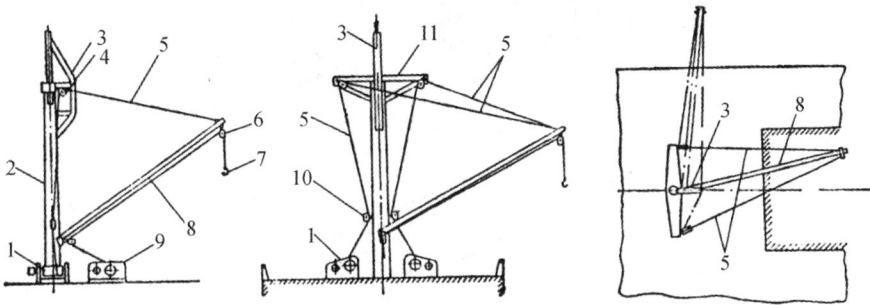

1—顶牵索绞车;2—起重柱;3—支架;4—顶牵索上导向滑车;5—顶牵索;6—起货滑车;7—吊货钩;
8—吊杆;9—起货绞车;10—顶牵索下导向滑车;11—桅肩。

图 6-9　双顶牵索吊杆装置

(2) 两套双顶牵索吊杆装置

在这种形式中,采用两套双顶牵索,顶牵索通过横担同吊杆端部连接。其装置如图 6-10 所示。吊杆的动作由 3 台绞车操纵,其中一台是普通的起货绞车,用于装卸货物;两台顶牵索绞车同起货绞车的不同之处在于前者是双滚筒绞车,顶牵索的动端正是绕在这一对滚筒上,每一根顶牵索有两个动端。其中一台顶牵索绞车用于吊杆起升和下降,把右面的和左面的顶牵索动端之一,按相同的方向绕到这台绞车的一对滚筒上。另一台顶牵索绞车用于吊杆在水平面上的回转,为此,右面的和左面的顶牵索的另一动端按相反方向绕到绞车的一对滚筒上。横担在顶牵索的牵制下,可以在吊杆的整个回转范围内,甚至当船舶倾斜时都可保持平衡状态。

电动顶牵索绞车工作的同步是由专用的双联控制器保证,这种控制器由一个人操作,可以操纵吊杆的全部动作。

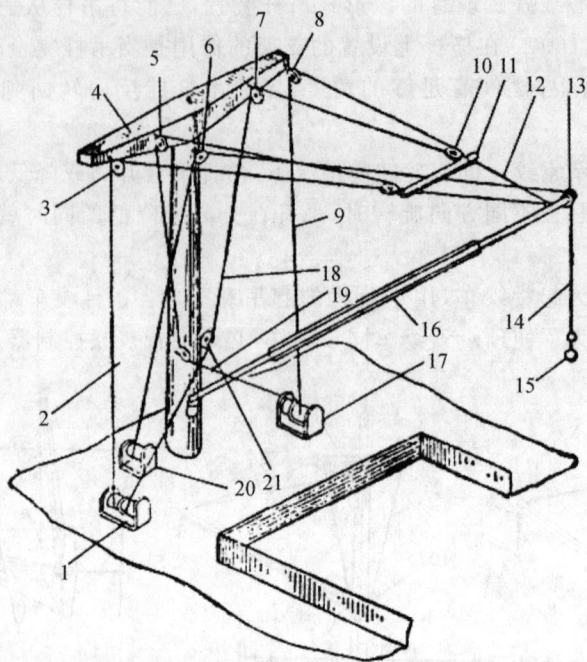

1,17—顶牵索绞车;2,9,18,19—顶牵索动端;3,5,7,8—顶牵索上导向滑车;4—桅肩;6—吊货索导
向滑车;10—牵索横担滑车;11—横担;12—横担牵索;13—嵌入式起货滑轮;14—吊货索;15—吊货
钩;16—吊杆;20—起货绞车;21—顶牵索下导向滑车。

图 6-10　两套双顶牵索吊杆装置

6.4　起货滑车组受力计算

6.4.1　滑车组

如图 6-11 所示,其出索端拉力(s)与起重量(Q)的关系可按下述计算:

(1) 情况 I。如图 6-11(a)所示,钢索从定滑轮离开:

$$S = Q\frac{k^n(k-1)}{k^n-1} \Bigg\}$$

当起货时

$$T = Q\frac{k^{n+1}-1}{k^n-1} \Bigg\}$$

$$(6.4.1)$$

当降货时
$$S' = Q\frac{k-1}{k(k^n-1)} \left.\vphantom{\frac{k^{n+1}-1}{k(k^n-1)}}\right\}$$
$$T' = Q\frac{k^{n+1}-1}{k(k^n-1)}$$
(6.4.2)

（2）情况 Ⅱ。如图 6-11(b) 所示，钢索从动滑轮离开：

当起货时
$$S = Q\frac{k^n(k-1)}{k^{n+1}-1} \left.\vphantom{\frac{k^n-1}{k^{n+1}-1}}\right\}$$
$$T = Q\frac{k^n-1}{k^{n+1}-1}$$
(6.4.3)

当降货时
$$S' = Q\frac{k-1}{k^{n+1}-1} \left.\vphantom{\frac{k(k^n-1)}{k^{n+1}-1}}\right\}$$
$$T' = Q\frac{k(k^n-1)}{k^{n+1}-1}$$
(6.4.4)

式(6.4.1)～式(6.4.4)中

n——滑轮并数；

$k=1+\mu$——系数；

μ——钢索每绕过一次滑轮时的摩擦损耗，为 $3\%\sim10\%$。

在起货设备计算中，对于钢索滑车采用滑动轴承时，可取 $\mu=0.05$；采用滚动轴承时，可取 $\mu=0.02\sim0.03$。对于植物纤维索滑车，可取 $\mu=0.1$。

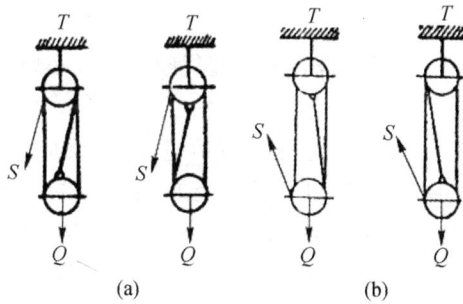

图 6-11　滑车组形式

(a)情况 Ⅰ；(b)情况 Ⅱ

6.4.2　导向滑车

钢索经过 n 个导向滑轮时的拉力 (s)：

当起货时
$$S = Q\times k^n$$
(6.4.5)

当降货时
$$S = Q/k^n$$
(6.4.6)

6.5 吊杆装置几何参数的确定

任何形式的吊货杆除了规定其起重量外,还应确定其各项几何参数,包括吊杆长度、吊杆支承固定处离开船舶甲板的高度和千斤索眼板悬挂点高度。关于吊杆仰角(或称吊举角)及船舶倾斜的规定见本章 6.6.1 小节所述。

6.5.1 单杆操作吊货杆长度的确定

单杆操作时吊货杆的长度应保证能通过相应的舱口对货舱内的货物进行装卸以及向港口码头或船只进行货物装卸。

轻型吊杆在吊举角不变的情况下进行单杆操作时,吊杆在转动时,其在平面上的投影长度保持不变。因而吊杆长度的确定主要取决于吊举角、船宽、货舱口长度、起重柱到舱口围板的距离、吊杆必需的舷外跨距、吊杆自船体中心线量起的回转角以及吊杆支承点离开舷墙顶部的高度等。

吊举角可按下述方法确定:

(1)吊杆端部在货舱口平面的投影位置,离开最靠近起重柱的货舱口围板的距离,应不小于 2/3 舱口长度。

(2)吊杆端部的高度,如果运送货物的尺寸没有特殊的要求,则应距舱口围板(或舷墙)上缘不小于 5~6 m。

起重柱到货舱口围板的距离,取决于起货绞车的大小以及工作走道的尺寸,通常为 3.5~4 m。

吊杆的舷外跨距应从最大船宽处的舷边量起,而且应保证能伸到码头上货物装卸的位置(为了货物的安全,离开码头边缘应有足够的距离)。通常对于轻型吊杆(吊举角为 45°时),最小跨距为 2.0~2.5 m,一般情况下为 3~5 m。对于重型吊杆(吊举角为 30°~45°时),最小跨距为 4~5 m,一般情况下为 5.5~6 m。

吊杆舷外极限回转角。当吊杆安装在无支索的起重柱上时,其回转角为 45°~60°,此时吊杆牵索(或千斤索)的极限位置应能保证吊杆从舷侧转到货舱口上部位置。当吊杆安装在有支索的起重柱上时,支索的分布限制了吊杆的回转角。

吊杆支承固定点离开船舷的距离,取决于起货设备配置的结构特点。单柱桅的桅肩长度和安装吊杆座的横档长度为 4.5~5.0 m,门形桅杆,两起重柱之间的距离可达 6~8 m。

6.5.2　双杆操作吊货杆长度的确定

按中国船级社《船舶与海上设施起重设备规范》(以下简称 CCS《起重设备规范》)的规定,双杆操作时,舷内、外吊货杆处于同一实际工作中的最小仰角下,吊货杆的工作范围和长度应满足以下要求,如图 6-12 所示。

(1) 舷外吊货杆的舷外跨距 C 应不小于中部船宽舷外 3.5 m,或船舶设计任务书要求的舷外跨距。

(2) 舷内吊货杆头部在货舱口内的投影位置应位于:

①货舱口配有一对吊杆时,离货舱口对边距离 l 不大于 $L/5$(L 为货舱口长度);

②货舱口配有两对吊杆时,离货舱口对边距离 l 不大于 $L/3$;

③离货舱口边的距离为 1.5 m。

(3) 在起货索夹角为 120°时,其连接点(三角眼板)距舷墙或货舱口围板上缘的高度 h 应不少于:

$h=5$ m,当 $SWL \leqslant 19.6$ kN 时;

$h=6$ m,当 $SWL > 19.6$ kN 时;

SWL——双杆操作吊货杆的安全工作负荷。

在某些情况下,如上述高度 h 尚不能适应使用情况时应做适当的增加。

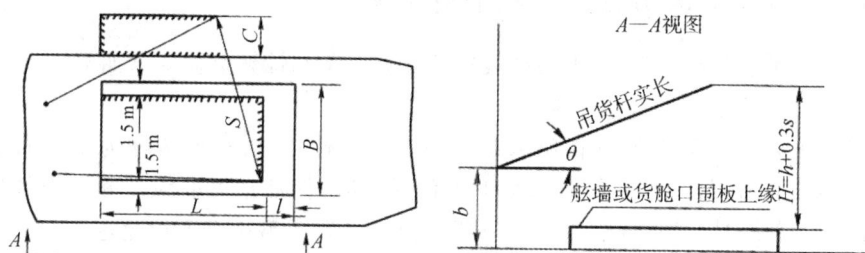

θ—吊杆仰角,双杆相等;L—货舱口长(m);B—货舱口宽(m);C—舷外跨距(m);S—吊货杆头水平投影距离(m);b—吊货杆承座至甲板的高度(m);l—参见(2);h—参见(3)。

图 6-12　吊货杆的工作范围和长度

6.5.3　吊杆支座离开甲板的高度

轻型吊杆的吊杆支座一般直接装在桅杆、起重柱或桅杆横档上。吊杆支座离开设置起货绞车的甲板的安装高度应当保证起货索能正确地缠绕到绞车滚筒上去,而且在吊杆回转时不会妨碍操作人员的工作。

轻型吊杆支座安装高度,对于杂货船,通常为 $2.25\sim2.5$ m;运木船通常为 $3.0\sim3.5$ m。

重型吊杆的支座在大多数情况下设置于桅杆根部处的平台上,离开甲板只有很小的高度,为 $0.7\sim1.0$ m。

6.5.4　千斤索眼板的高度

千斤索眼板的高度(h)同吊杆长度(l)的比值 h/l,是起货设备零件受力分析的基本参数。h 值根据桅杆或起重柱的高度予以确定或选择。

比值 h/l 的范围很大:

当轻型吊杆安装在桅杆上时,$h/l=0.8\sim1.2$;

当轻型吊杆安装在起重柱上时,$h/l=0.4\sim0.8$;

当设置重型吊杆时,$h/l=0.9\sim1.2$。

减小比值 h/l,从缩减桅杆和起重柱结构尺寸的观点来看是合理的。因为弯矩同高度 h 无关。但是当比值 h/l 减小时,吊杆的轴向压力和千斤索张力都会增加。

6.6　吊杆装置的受力计算

6.6.1　吊杆装置的计算工况和计算负荷

CCS《起重设备规范》对于吊杆装置的计算工况和计算负荷要求如下:

(1) 吊杆仰角

① 确定吊杆装置受力时,所取吊杆与水平的仰角,对轻型吊杆为 15°,对重型吊杆为 25°,如吊杆不可能在此仰角下工作时,则吊杆仰角可取为实际工作的最小仰角,但在任何情况下,对轻型吊杆不得超过 30°,对重型吊杆不得超过 45°。

② 确定起货滑车和嵌入滑轮(如采用时)受力时,吊杆仰角应取实际工作中的最大仰角,一般不小于 70°。

(2) 船舶倾斜

① 船舶横倾 5°、纵倾 2° 为假定吊杆装置工作时的船舶基本状态。

② 轻型摆动吊杆和双杆系统可忽略上述①所述船舶倾斜状态的影响。

③ 重型吊杆和吊杆式起重机应计及上述①所述船舶倾斜状态的影响。如实际工作产生的船舶倾斜大于横倾 5°、纵倾 2° 时,则应计及实际角度产生的影响。

(3) 吊杆装置的基本负荷

① 计算摆动吊杆和吊杆式起重机的基本负荷为安全工作负荷及吊货杆与吊钩及以上有关属具的自重。

② 双杆系统的基本负荷为安全工作负荷。

（4）摩擦系数

钢索通过滑车或滑轮,应考虑滑轮的摩擦系数和钢索的僵性损失,此数值对滑动轴承取 5%,对滚动轴承取 2%。此要求也适用于其他所有起重设备。

（5）绳索安全系数

钢索和纤维索破断负荷的安全系数 n,应不小于表 6-2 的规定。

表 6-2　吊杆起重设备绳索的安全系数

绳索种类和用途		安全系数
钢索	动索:吊货索、千斤索、摆动稳索	$n = \dfrac{10^4}{0.9 \times \mathrm{SWL} + 1\,910}$ 但不大于 5 也不小于 3
	静索:桅支索、保险稳索	与动索相同但不需大于 3.5 4
纤维索		8

注:SWL 为吊杆装置的安全工作负荷(kN)。

（6）摆动稳索的工作负荷按表 6-3 计算

表 6-3　摆动稳定工作负荷

吊杆安全工作负荷/kN	摆动稳索工作负荷/kN
$\mathrm{SWL} \leqslant 49$	$0.5\mathrm{SWL} + 4.9$
$49 < \mathrm{SWI} \leqslant 147$	$0.1\mathrm{SWL} + 24.5$
$147 < \mathrm{SWL} \leqslant 588$	$0.25\mathrm{SWL}$
$\mathrm{SWL} \geqslant 735$	$0.2\mathrm{SWL}$

注:SWL 为 588~735 kN 之间时,摆动稳索工作负荷按内插法求得。

6.6.2　轻型吊杆装置的受力计算

轻型吊杆装置受力的粗略计算,可按相应的比值 h/l,从图 6-13 中查出各受力比值后计算。详细计算的计算工况和计算负荷应符合本章 6.6.1 的要求。

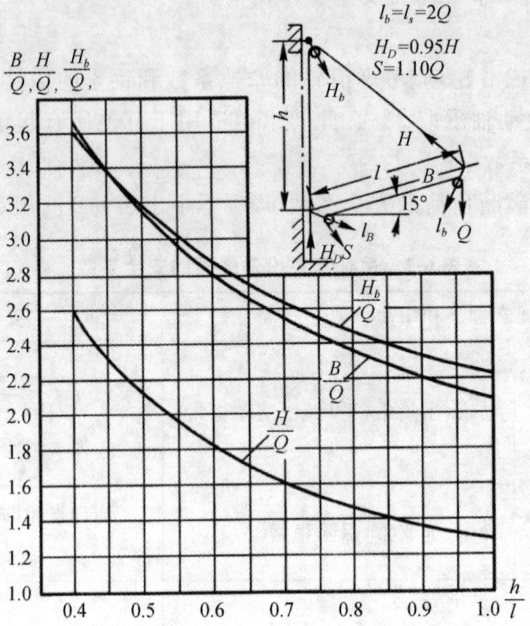

图 6-13　受力比值曲线

图 6-14 所示为起重量 5 t(49 kN)的轻型吊杆计算实例。表 6-4 是受力分析图的顺序。吊杆自重可按表 6-5 估算。

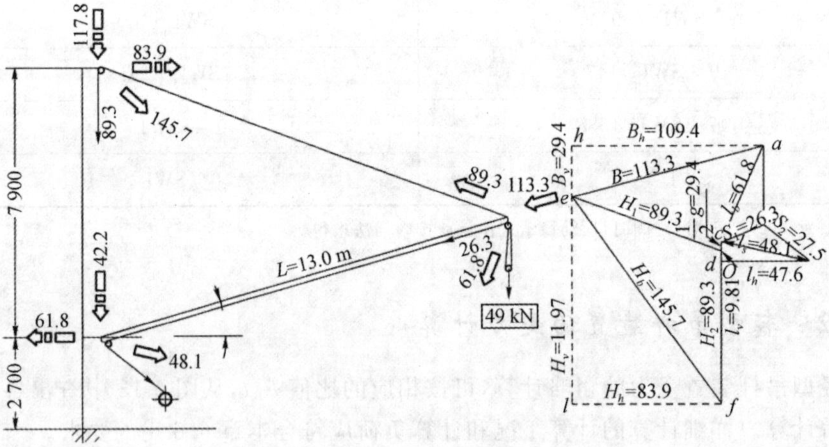

图 6-14　吊货杆受力分析

表 6-4 轻型吊杆受力分析图作图顺序

顺序	作用力	符号	计算公式	矢量	方向	附注
1	起货量＋属具质量	Q	—	ab	垂直方向	
2	起货索张力	S_1	$Q\dfrac{k^n(k-1)}{k^{n-1}}$	bc	平行吊杆	见式(6.4.1)
3	起货滑车受力	l_b	—	ac	—	
4	$\frac{1}{2}$吊杆自重	$\frac{1}{2}g$	—	cd	垂直方向	见表 6-5
5	千斤索受力	H_1	—	de	平行千斤索	
6	吊杆压力	B	—	ae	平行吊杆	
7	千斤索自由端张力	H_2	—	df	垂直方向	①
8	千斤索吊环受力	H_6	—	ef	—	
9	起货绞车张力	S_2	$S_1\times k(n=1)$	bg	起货索进入绞车方向	见式(6.4.5)
10	导向滑车受力	l_s	—	cg	—	
11	吊杆压力水平分力	B_h	—	ah	水平方向	
12	吊杆压力垂直分力	B_v	—	he	垂直方向	
13	千斤索吊环水平分力	H_h	—	if	水平方向	
14	千斤索吊环垂直分力	H_v	—	ei	垂直方向	
15	导向滑车水平分力	l_h	—	og	水平方向	
16	导向滑车垂直分力	l_v	—	co	垂直方向	

注:①千斤索配置滑车组时,$H_2=\dfrac{1}{m}\times H_1$,当千斤索吊环处滑车无绳扣时 $m=$(滑车并数×2)−1,当千斤索吊环处滑车有绳扣时 $m=$(滑车并数×2)。

表 6-5 钢质吊杆近似质量

吊杆起货量/t	近似质量/t	吊杆起货量/t	近似质量/t
1～3	$0.020(3.28L-15)$	20～30	$0.040(3.28L-15)$
4～8	$0.025(3.28L-15)$	40～60	$0.050(3.28L-15)$
9～15	$0.030(3.28L-15)$		

注:本表适用于吊杆长度超过 6 m 者,表中 L 为吊杆长度(m)。

轻型吊杆单杆操作时,吊杆牵索(摆动稳索)的受力可按表 6-3 计算。

6.6.3　重型吊杆装置的受力计算

重型吊杆装置的计算工况和计算负荷应符合本章 6.6.1 的要求。图 6-15 所示为起重量 30 t 的重型吊杆受力计算示例。该重型吊杆具有嵌入滑轮,滑轮组如图 6-11(b)所示的情况。

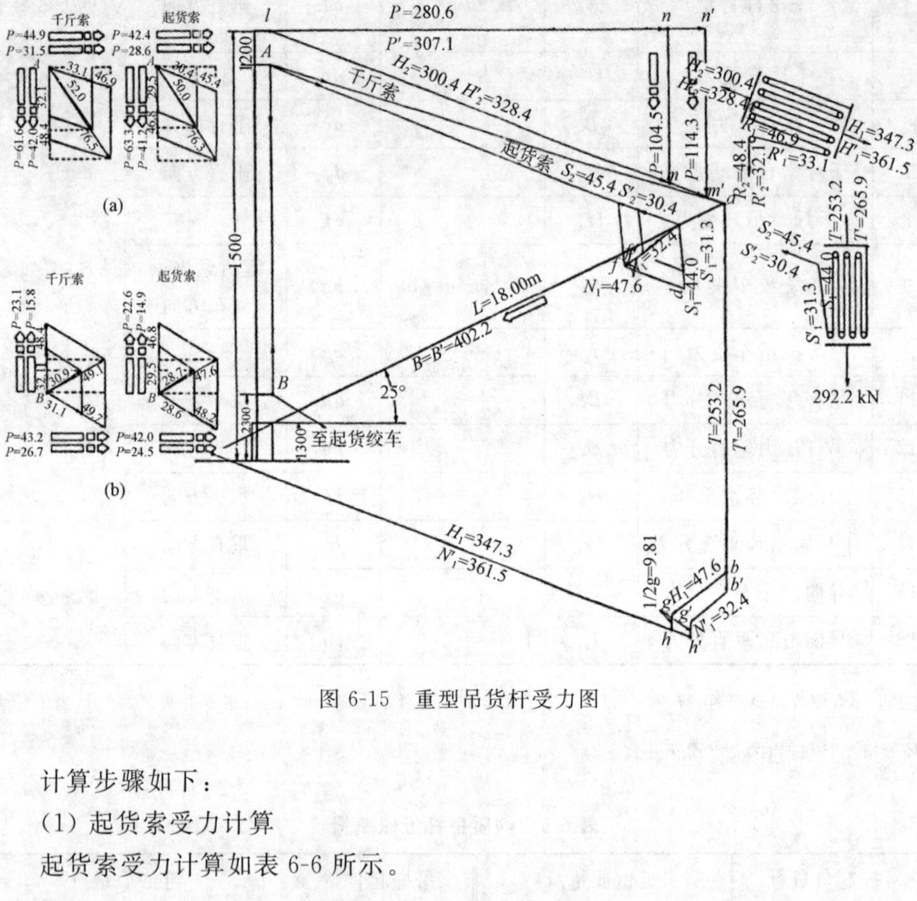

图 6-15　重型吊货杆受力图

计算步骤如下:

(1) 起货索受力计算

起货索受力计算如表 6-6 所示。

表 6-6　起货索受力计算表

起货量＋属具质量		$Q=30+0.30=30.30$ t(297.2 kN)				
滑车并数		$n=7$				
滑车摩擦系数		滑车组包角较大取 $k=1.05$，导向滑车包角较小取 $k_1=1.03$				
起货索受力		起货时			降货时	
	符号	计算公式	数值/kN	符号	计算公式	数值/kN
离动滑车时	S_1	$Q\dfrac{k^n(k-1)}{k^{n+1}-1}$	44.0	S_1'	$Q\dfrac{k-1}{k^{n+1}-1}$	31.3
经导向滑轮后	S_2	$S_1\times k_1$	45.4	S_2'	S_1'/k_1	30.4
经导向滑轮后	S_3	$S_2\times k_1$	46.8	S_3'	S_2'/k_1	29.5
经导向滑轮后	S_4	$S_3\times k_1$	48.5	S_4'	S_3'/k_1	28.6

（2）作受力分析图

先求出起货滑车组悬挂点在起货时的作用力 T 及降货时的作用力 T'，可根据式（6.4.3）和式（6.4.4）计算；但在 S_1 及 S_1' 已求得的情况下，可按下式计算：

$$T=Q-S_1=297.2-44.0=253.2 \text{ kN}$$
$$T'=Q-S_1'=297.2-31.3=265.9 \text{ kN}$$

然后作受力图（见图 6-15），作图步骤可按表 6-7 进行。

表 6-7　重型吊杆受力图作图步骤

顺序	项目	符号	矢量	附注
1	吊杆头悬挂力	$T(T')$	$ab(ab')$	垂直向下
2	起货索张力	$S_1(S_1')$	$cd(cd')$	和起货索方向平行
3	起货索张力	$S_2(S_2')$	$ce(ce')$	和起货索方向平行
4	嵌入滑轮受力	$N_1(N_1')$	$cf(cf')$	按上两力合成
5	嵌入滑轮受力	$N_1(N_1')$	$bg(b'g')$	平行 $cf(cf')$
6	$\dfrac{1}{2}$ 吊杆自重	$\dfrac{1}{2}g$	$gh(g'h')$	见表 6-5
7	千斤索滑车组受力	$H_1(H_1')$	$hi(h'i')$	和千斤索平行
8	吊杆压力	$B(B')$	$ai(ai')$	和吊杆平行

注：在（）内的符号及带 "'" 的符号表示在降货时的情况。

(3) 千斤索受力计算

求出千斤索滑车组受力后,可进行千斤索受力计算,计算方法与起货索受力计算相似。千斤索受力计算可按表 6-8 进行。

表 6-8　千斤索受力计算表

滑车并数				$n=8$		
滑车摩擦系数	滑车组包角较大取 $k=1.05$			导向滑车包角较小取 $k_1=1.03$		
千斤索受力	起货时 $H_1=347.3$ kN			降货时 $H_1'=361.5$ kN		
	符号	计算公式	数值/kN	符号	计算公式	数值/kN
离开动滑车时	R_1	$H_1\dfrac{k^n(k-1)}{k^{n+1}-1}$	46.9	R_1'	$H_1'\dfrac{k-1}{k^{n+1}-1}$	33.1
经导向滑轮后	R_2	$R_1\times k_1$	48.4	R_2'	R_2'/k_1	32.1
经导向滑轮后	R_3	$R_2\times k_1$	49.7	R_3'	R_2'/k_1	31.1

千斤索滑车组吊环处的作用力可以求得:

当起货时　　　$H_2=H_1-R_1=347.3-46.9=300.4$ kN

当降货时　　　$H_2'=H_1'-R_1'=361.5-33.1=328.4$ kN

于是 $H_2(H_2')$ 的水平分力 $ln(ln')$ 和垂直分力 $nm(n'm')$ 可由图中求得。

起货索和千斤索的导向滑轮处受力分别见图 6-15 中(a)和(b)。

(4) 吊杆牵索受力

重型吊杆依靠吊杆牵索(摆动稳索)使吊杆回转。因此,重型吊杆的吊杆牵索应作受力计算,计算时应考虑船舶倾侧和摆动吊杆的摩擦阻力。当吊杆起货引起船舶小角度倾侧的情况下,横倾角 φ,可按下式计算:

$$\tan \varphi = \frac{WX}{\Delta GM} \tag{6.6.1}$$

式中　W——货物质量,t;

　　　X——货物距船体中心线的距离,m;

　　　Δ——船舶计入起重量的排水量,t;

　　　GM——稳心高度(应计入悬挂质量的影响),m。

一般船舶起重时最大横倾角不宜超过 5°,巨大起重能力的船舶 8°~13°。

当倾侧角较大时应按下述实例计算(见图 6-16)。现已知条件为:

不包括货物质量和起货设备转动部分质量的船舶排水量　　　$G=6\,945$ t

起货设备转动部分质量　　　　　　　　　　　　　　　　　$Q=17$ t

起重量 　　　　　　　　　　　　　　　　　　　　$P = 132$ t

总排水量 　　　　　　　　　　　　　　　　　　　$\sum G = 7\,094$ t

吊钩离舷边所需水平距离 　　　　　　　　　　　　$A = 5.50$ m

船的半宽 　　　　　　　　　　　　　　　　　　　$B/2 = 9.50$ m

舷墙顶至基线高度 　　　　　　　　　　　　　　　$H = 13.45$ m

吊杆座至基线高度 　　　　　　　　　　　　　　　$C = 16.48$ m

$$\left.\begin{aligned} a &= \overline{KG}\sin\varphi \\ b &= C\sin\varphi + \frac{2}{3}\left[A + \frac{B}{2}\cos\varphi - (C-H)\sin\varphi\right] \\ c &= A + \frac{B}{2}\cos\varphi + H\sin\varphi \end{aligned}\right\} \qquad (6.6.2)$$

此外
$$\overline{KS} = \frac{\sum M}{\sum G} \qquad (6.6.3)$$

按表 6-9 计算出不同 φ 角时的 $\overline{KS}$，而表 6-10 则是取自该船在排水量 $\sum G$ 时的横稳性曲线的 $\overline{KS}$ 值。将表 6-9 及表 6-10 所得的 $\overline{KS}$ 值绘曲线，两曲线交点处的 φ 角即为船舶横倾角（见图 6-17）。

表 6-9　起货时船舶重心移动值 $\overline{KS}$ 计算表

$\varphi/(°)$	臂/m			力矩/(kN·m)				$\overline{KS}$/m
	a	b	c	aG	bQ	cP	$\sum M$	
4	0.483	10.992	15.912	32 913	1 834	20 748	55 495	0.798
6	0.725	11.474	16.349	49 344	1 913	21 337	72 594	1.042
8	0.965	11.947	16.773	65 727	1 991	21 876	89 594	1.286
10	1.202	12.410	17.183	81 864	2 070	22 416	106 350	1.529
12	1.440	12.862	17.578	98 051	2 148	22 955	122 173	1.755
14	1.676	13.304	17.960	114 041	2 217	23 446	139 704	2.008

表 6-10　横稳性曲线的 $\overline{KS}$ 值

$\varphi/(°)$	0	5	10	15	20
$\overline{KS}$/m	0	0.780	1.600	2.395	3.250

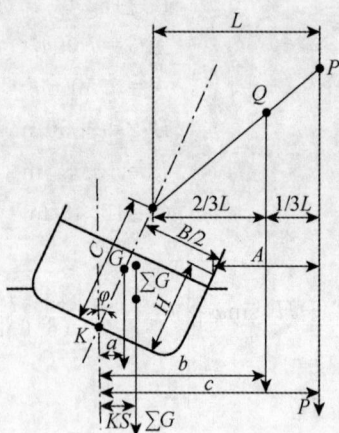

图 6-16 起货时船舶负荷状态

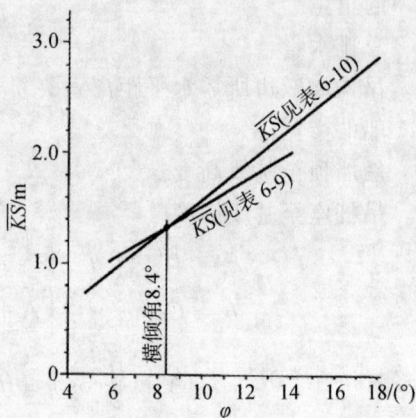

图 6-17 起货时船舶横倾角的确定

重型吊杆的吊杆牵索应按最大横倾角进行设计。在船舶横倾 φ 角时,作用在吊杆头部的水平横向分力为

$$T = W \sin \varphi \qquad (6.6.4)$$

则吊杆牵索受力的水平分力可按图 6-18 求得。

吊杆牵索的实际受力见表 6-11。

表 6-11　单杆操作时吊杆牵索所受的力

吊杆最大吊货量/t	吊杆牵索的破断拉力/kN
1	40
2	60
3	80
4	100
5	120
6	130
10	170
15	220
20	270
30	330
40	370
50	400

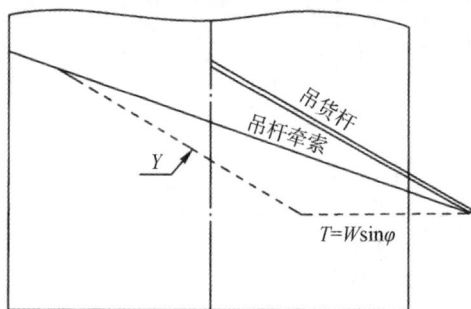

图 6-18　吊杆牵索受力图

水平横向分力 T 沿吊杆方向的水平分力 Y 将增加吊杆轴向压力,其增加值 B_1 为

$$B_1 = \frac{Y}{\cos \theta} \tag{6.6.5}$$

式中　θ——吊杆仰角(见图 6-12)。

重型吊杆摆动稳索(吊杆牵索)的工作负荷应不小于按表 6-3 计算所得之值。

6.6.4　双杆操作时吊杆装置的受力计算

6.6.4.1　双杆操作时的受力状态

双杆操作时的起货能力,一般设计为单杆操作时的 $40\% \sim 60\%$。如单杆操作起货量为 5 t,用于双杆操作时为 $2 \sim 3$ t;单杆 3 t,双杆约为 1.5 t。如此设计,可使单杆操作时的吊杆压力与双杆操作时的吊杆压力相接近,而千斤索张力在双杆操作时也不会大于单杆操作时的张力,因此设计时的千斤索受力可按单杆计算。

计算双杆操作受力时,不必将吊举角选择为 $15°$,因为在一般布置情况下,吊举角较大时吊杆受力大。按 CCS《起重设备规范》的要求,应根据吊杆实际工作范围中,使吊货杆和保险稳索(吊杆牵索)计算所得的力为最大的位置下进行计算。一般情况下可按图 6-19 所示的

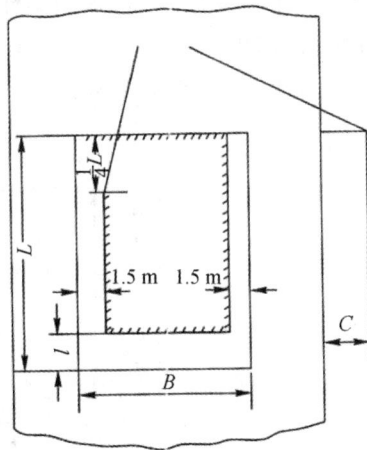

图 6-19　双杆操作时吊杆计算位置
L—货舱口长(m);B—货舱口宽(m);
C—舷外跨距(m);l—吊杆端部工作范围离货舱口对边距离(m)。

吊杆工作位置进行计算。此时，起货索之间的夹角取 120°，连接两吊货索的三角眼板位于最低位置，如图 6-20 所示。

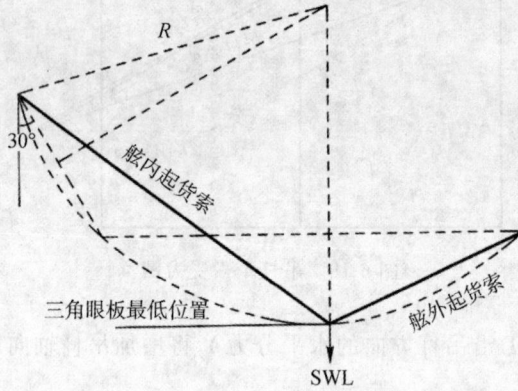

图 6-20　双杆操作时两吊货索的夹角

双杆操作的吊杆，应使吊货杆在任何工作位置不发生倾翻情况，为满足此要求，一般应使千斤索上受力的减轻量 f_h（起货索和保险稳索水平分力的合力）乘以 $\tan\theta$（θ 为吊杆仰角）所得之值不大于起货索和保险稳索垂直分力之和 f_r，见图 6-21。

双杆系统中连接两根吊货杆头部的内牵索工作负荷，应取为双杆系统安全工作负荷的 20%，但不小于 9.8 kN。

双杆操作的受力计算方法可采用分析法或图解法。

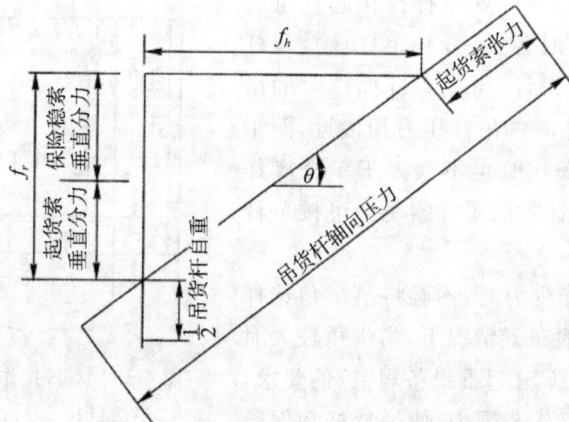

图 6-21　双杆操作时千斤索张力减轻量的确定

6.6.4.2　分析法

双杆操作受力计算中所求的是千斤索、吊杆及稳索的受力。分析法计算的原理是分别对船中吊杆和舷外吊杆的头端取其静力平衡,即

$$\sum X = 0;\sum Y = 0;\sum Z = 0 \qquad (6.6.6)$$

计算时选定吊杆的计算位置,则各构件长度的 3 个方向的分量均为已知值。为计算方便,引入受力系数,此系数表示单位长度的受力,以下式表示:

千斤索(滑车组)受力系数　　　　$t = T/l_T$ 　　　　　　　　(6.6.7)

吊杆压力受力系数　　　　　　　$p = P/l_P$ 　　　　　　　　(6.6.8)

稳索受力系数　　　　　　　　　$f = F/l_F$ 　　　　　　　　(6.6.9)

吊货索受力系数　　　　　　　　$q = Q/l_Q$ 　　　　　　　 (6.6.10)

式中 T,P 和 F 分别为千斤索(滑车组)张力、吊杆压力和稳索的张力。Q 为吊货索在负荷端的受力,是已知值,根据吊杆的安全工作负荷及吊货索间夹角最大为 120° 时计算得到,通常 Q 等于吊杆的安全工作负荷。l_T,l_P,l_F 和 l_Q 分别为千斤索、吊杆、稳索和吊货索的长度。

根据立方体的相似关系,可得到力与长度的关系式如图 6-22 所示。

$$\frac{P_X}{P} = \frac{l_{PX}}{l_P}; \quad \frac{P_Y}{P} = \frac{l_{PY}}{l_P}; \quad \frac{P_Z}{P} = \frac{l_{PZ}}{l_P} \qquad (6.6.11)$$

式(6.6.8)可改写为

$$P = pl_P \qquad (6.6.12)$$

且可将式(6.6.11)改写为

$$P_X = pl_{P_X}; \quad P_Y = pl_{P_Y}; \quad P_Z = pl_{P_Z} \qquad (6.6.13)$$

同样千斤索及稳索的受力也可按同样的方法分解。因此在求得受力系数 $p,t,$ f 及 q 后,即可计算出吊杆压力、千斤索张力、稳索张力及吊货索受力。

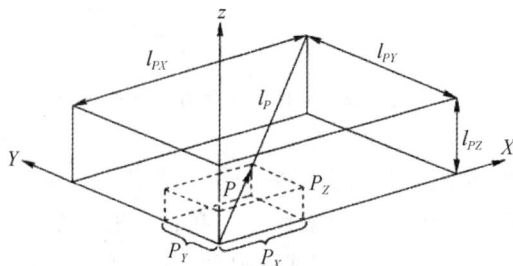

图 6-22　吊杆坐标图

若以吊杆头端作为坐标原点 O，并以注脚 1 表示船中吊杆，注脚 2 表示舷外吊杆。以船中吊杆为例，列出平衡方程式。图 6-23 为船中吊杆端部受力分析图。

$$\sum X_1 = 0, \quad l_{TX_1} t_1 + l_{QX_1} q_1 + l_{FX_1} f_1 = l_{PX_1} p_1 \qquad (6.6.14)$$

$$\sum Y_1 = 0, \quad l_{TY_1} t_1 - l_{QY_1} q_1 + l_{FY_1} f_1 = l_{PY_1} p_1 \qquad (6.6.15)$$

$$\sum Z_1 = 0, \quad -l_{TZ_1} t_1 + l_{QZ_1} q_1 + l_{FZ_1} f_1 + 0.5\, g = l_{PZ_1} p_1 \qquad (6.6.16)$$

式(6.6.16)中 g 为吊杆自重。

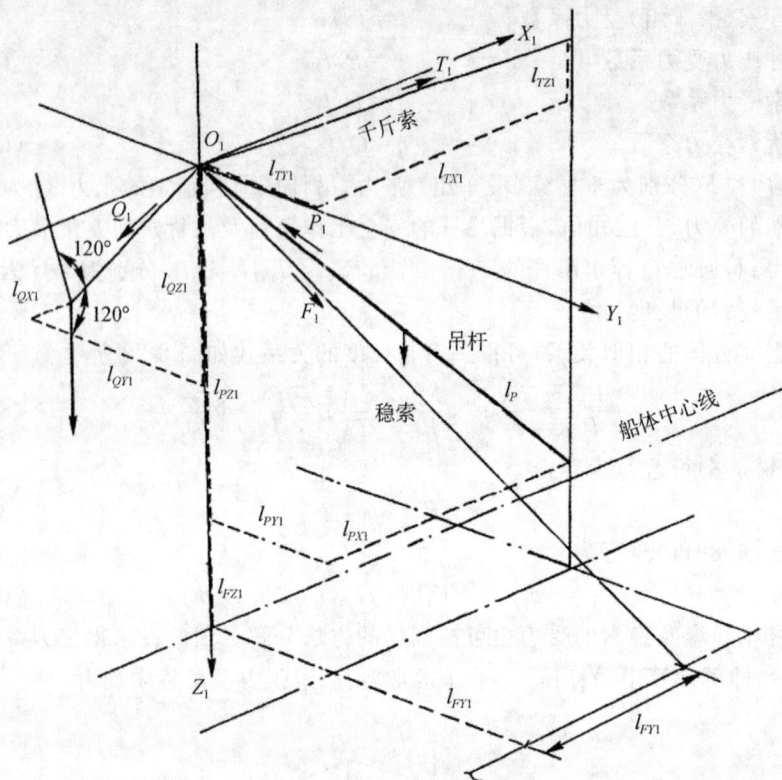

图 6-23　吊杆端部受力分析图

式(6.6.14)～式(6.6.16)中，吊杆安全工作负荷 Q 为已知值，则 q_1 亦为已知值。吊杆长度 l_P、千斤索长度 l_T 及稳索长度 l_F 在各个坐标方向(x, y, z)上的分量，也为已知值，因此，通过解这 3 个方程式可得到 t_1，f_1 及 p_1，由此而得到各构件的受力为

千斤索张力 $\qquad\qquad\qquad\qquad T_1 = t_1 l_T$ $\qquad\qquad\qquad$ (6.6.17)

吊杆压力(未计入沿吊杆的吊货索张力) $\qquad P_1 = p_1 l_P$ $\qquad\qquad$ (6.6.18)

稳索张力 $\qquad\qquad\qquad\qquad F_1 = f_1 l_F$ $\qquad\qquad\qquad$ (6.6.19)

以上 3 式中,吊杆长度 l_P 为已知值,而千斤索长度 l_T 和稳索长度 l_F 可按下列两式求得:

$$l_T = \sqrt{l_{TX_1}^2 + l_{TY_1}^2 + l_{TZ_1}^2} \qquad\qquad (6.6.20)$$

$$l_F = \sqrt{l_{FX_1}^2 + l_{FY_1}^2 + l_{FZ_1}^2} \qquad\qquad (6.6.21)$$

对于舷外吊杆可用同样的方法列出方程式求解。吊杆压力均应加上沿吊杆方向的吊货索张力。

6.6.4.3　图解法

图 6-24 是计算双杆操作的一种图解方法。取起货索间夹角 $\beta = 120°$,于是起货索的张力分别为 A 和 B。C 是水平分力,D 和 E 是垂直分力。D 和 E 的总和就是双杆操作时的起货量。在俯视图中,每根吊杆上的 C 力被分解成平行吊杆的水平分力 (F 和 G) 和平行吊杆牵索的水平分力 (H 和 J)。作出吊杆及吊杆牵索的实际位置图 (如图中点画线所示)。根据 H 和 J 能决定吊杆牵索中之张力 (R 和 S) 和吊杆牵索引起的垂直分力 (K 和 L)。

作用在两吊杆头部的力分别有:垂直力 D 和 E、平行于吊杆的起货索张力 A 和 B、水平力 F 和 G、吊杆牵索的垂直分力 K 和 L。根据力多边形封闭的条件,绘出平行千斤索的矢量,分别得到千斤索张力 M 和 N,吊杆压力 O 和 P。

下面以一实例说明用图解法计算吊杆位置固定时及吊钩位置移动过程中的受力情况。

某船吊杆装置如图 6-25 所示,单杆起货量为 $Q = 49$ kN(5 t),吊杆长度 $L = 12$ m,千斤索吊环至吊杆座距离 $h = 10.5$ m。双杆操作的布置情况如图 6-26 所示,求双杆操作起货量为 3 t 时的吊杆装置受力情况,并检验双杆操作的起货量取为 3 t 是否合理。

先作通过船中吊杆和舷外吊杆两端点 O_1 和 O_2 的垂直平面图(见图 6-27(a)),以便显示出吊钩移动的情况。规定两起货索间夹角为 120°,则作底角为 30° 的等腰三角形 $O_1 O O_2$,以 O 为圆心作圆弧 $\overset{\frown}{O_1 O_2}$,它表示两起货索夹角为 120° 时吊钩移动的轨迹。将直线 $O_1 O_2$ 四等分取 3 点,则在圆弧 $\overset{\frown}{O_1 O_2}$ 上得到 1,2,3 三点,对此 3 个吊钩位置作受力计算,而吊钩在 O_1 和 O_2 点时,就变成单杆受力情况,可以不作计算。

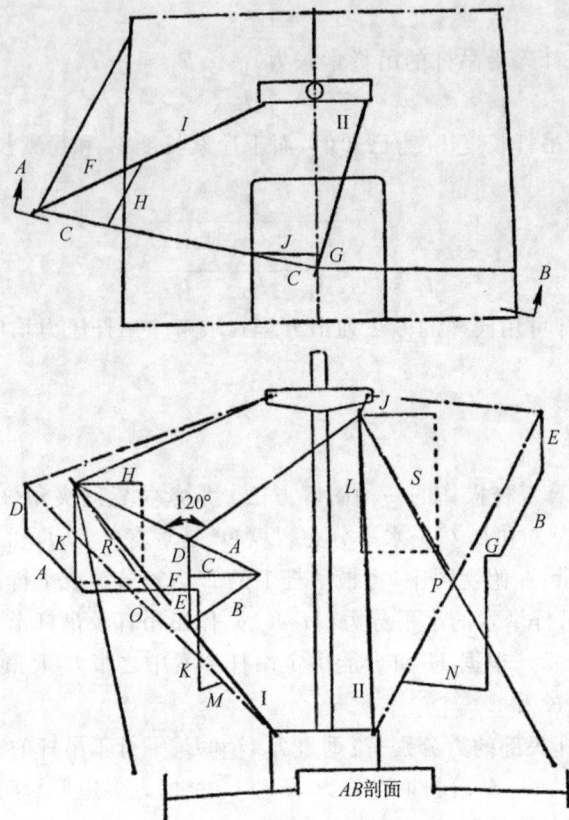

图 6-24 双杆操作时的图解法

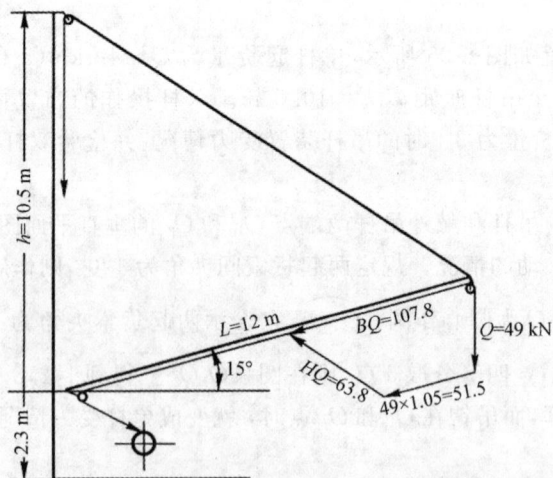

图 6-25 吊杆装置图和单杆受力图

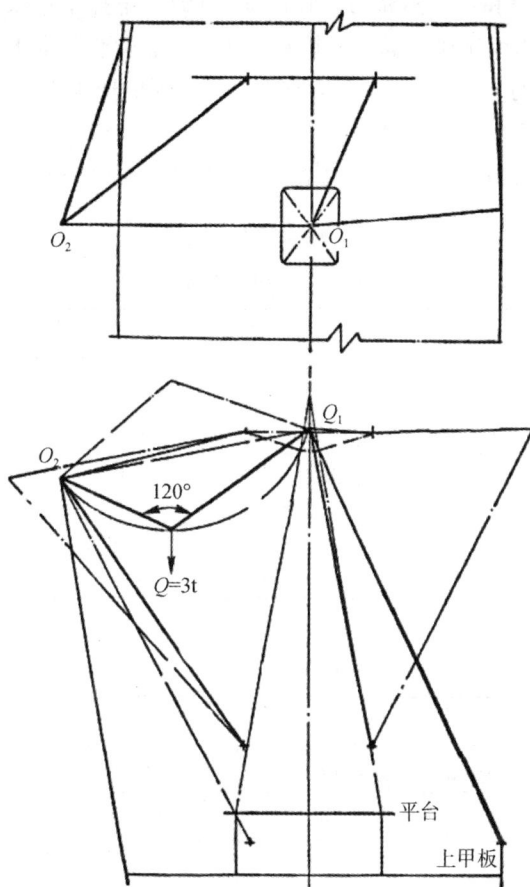

图 6-26　双杆操作布置情况

作图计算时起货量取为 1 单位，最后结果需乘上实际的起货量求得。

作图计算步骤如下：

第一步，先计算各个吊钩位置时的起货索受力 S 及其对吊杆的水平分力和垂直分力。垂直矢量 $C+D$ 等于单位起货负荷，所得到的矢量 S 即表示起货索受力，A、C 与 D 分别表示它们的水平分力和垂直分力。

第二步，求吊杆牵索张力(见图 6-27(b))，在吊杆装置平面图上将矢量 A 分别绘在船中吊杆和舷外吊杆的吊钩移动线上，作平行吊杆牵索的矢量 E，即作用于牵索的水平分力；而矢量 F 为作用于吊杆的水平分力。

第三步，将矢量 E 分别绘在包含吊杆牵索的垂直平面上，并作垂直矢量 I，于是求得吊杆牵索张力 G。

最后求吊杆压力和千斤索张力。在图 6-27(c)的吊杆千斤索平面上作受力图,从端点 O_1 和 O_2 开始,分别作垂直矢量 C 和 D,再作水平矢量 F,后作垂直矢量 I,最后作平行千斤索的矢量 H,即千斤索张力;于是得吊杆压力 B',注意此吊杆压力未计入沿吊杆起货索张力的作用。

对于船中吊杆装置的受力总结见表 6-12,舷外吊杆装置的受力总结见表 6-13。表中 $k=1.05$。

表 6-12 船中吊杆

位置	1	2	3
G	2.07	1.95	1.59
H	1.13	1.20	1.17
S	0.98	1.08	1.15
B'	2.65	2.79	2.68
$B=B'+kS$	3.68	3.92	3.89

表 6-13 舷外吊杆

位置	1	2	3
G	2.10	1.98	1.66
H	0.55	0.36	0.20
S	1.02	0.86	0.68
B'	3.05	2.64	2.03
$B=B'+kS$	4.12	3.54	2.74

单杆操作时的吊杆压力由图 6-25 得 $BQ=107.8$ kN,则在吊杆压力相当的情况下,双杆操作时的起货量为 $\dfrac{107.8}{4.12\times 9.81}=2.67$ t。

现双杆操作起货能力规定为 3 t(29.4 kN),因此最大吊杆压力应按双杆操作受力时计算。

最大吊杆压力: $\quad BQ=29.4\times 4.12=121.1$ kN

吊杆牵索张力: $\quad GQ=29.4\times 2.10=61.7$ kN

千斤索张力: $\quad HQ=29.4\times 1.20=35.3$ kN

但单杆操作时千斤索受力为 63.8 kN(见图 6-25),由此可见,在一般情况下双杆操作时千斤索受力总是较小,其强度应按单杆操作时受力情况决定。

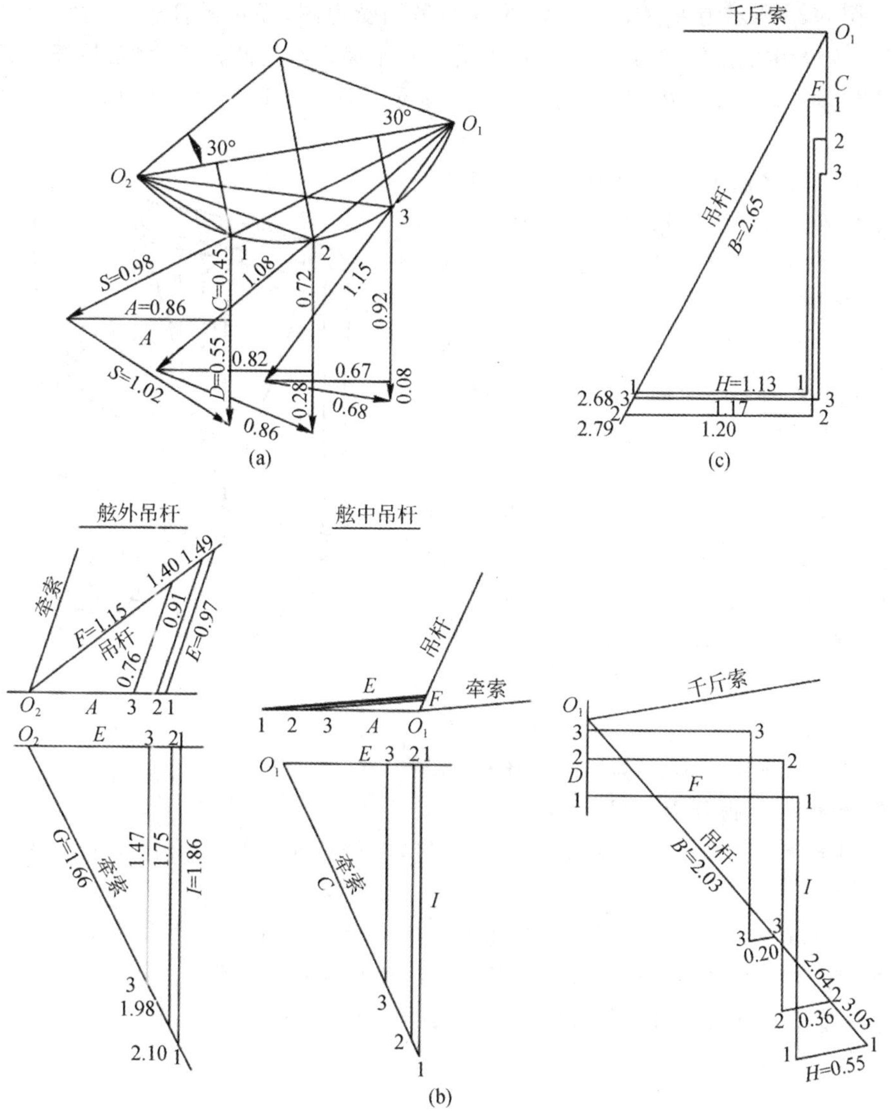

图 6-27　双杆操作受力图解

6.6.5　双千斤索吊杆装置的受力计算

具有双千斤索的轻型吊杆起货设备,通过操纵这一对千斤索实现吊杆的提升和回转。当同时收紧或放松这一对千斤索时,吊杆升高或下降。如果收紧其中一根千斤索,同时放松另一根千斤索,则吊杆向舷侧回转。

图 6-28 所示为带有双千斤索的轻型吊杆受力图,经过吊杆轴线的垂直平面
(见图 6-28 中的虚线部分)是力多边形的第一平面。经过两根千斤索、吊杆端部以
及千斤索在桅肩上的固定点的斜平面,是确定千斤索负荷的第二平面。两个平面
的交线 m 在直线 AB 上。

在垂直平面上所作的力多边形图解同
单千斤索吊杆的图解相似(见图 6-14),其区
别仅在于千斤索张力以假定中间力 M(见图
6-28)代替。

在斜平面(第二平面)上,可以确定两根
千斤索的张力。由于在不同的转角 ω 时,每
根千斤索的张力不同,因此需对应一系列转
角作出吊杆端部的水平投影,如图 6-29 中所
示的点 B_1,B_2,B_3。通过这些点作直线
B_1a_1,$B_2a_2\cdots$,其长度等于吊杆端部(吊货
眼板处)与经过两根千斤索在桅肩处的固定
点的直线之间的垂向距离。再作水平线
B_1A_1,B_2A_2,$B_3A_3\cdots$,然后以 A_1,A_2,
$A_3\cdots$点为圆心,以 A_1a_1,A_2a_2,$A_3a_3\cdots$ 长度
为半径作圆弧与 A_1B_1,A_2B_2,$A_3B_3\cdots$ 直线
的延伸线相交,得到 B'_1,B'_2,$B'_3\cdots$ 点,这

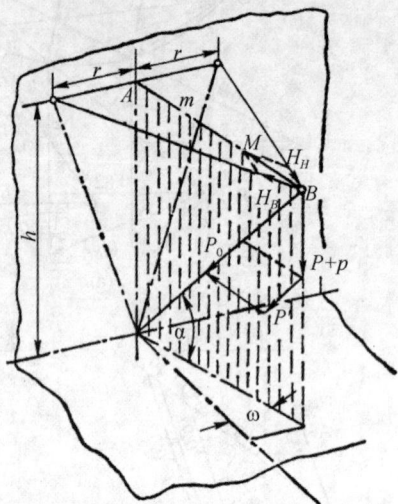

图 6-28 带有双千斤索的轻型吊杆
受力图

些点同千斤索在桅肩处的两个固定点连接,即构成千斤索在第二平面上的真实
情况。

带有双千斤索的吊杆照例可在起重时变幅,因此千斤索经过千斤索滑车(或滑
车组)后的张力,必须是在升起带有负荷的吊杆的情况下求得。

带有双千斤索的轻型吊杆的计算负荷亦可按分析法确定。

吊杆的轴向负荷 P_0 为

$$P_0 = (P+p)\frac{l}{h} + p' \tag{6.6.22}$$

内侧千斤索张力 H_B 为

$$H_B = 0.5(P+p)\sqrt{C - 2\frac{l}{h}\sin\alpha + 2\frac{l}{h}\frac{r}{h}\cos\alpha\sin\omega} \tag{6.6.23}$$

外侧千斤索张力 H_H 为

$$H_H = 0.5(P+p)\sqrt{C - 2\frac{l}{h}\sin\alpha - 2\frac{l}{h}\frac{r}{h}\cos\alpha\sin\omega} \tag{6.6.24}$$

系数

$$C = 1 + \left(\frac{l}{h}\right)^2 + \left(\frac{r}{h}\right)^2 \qquad (6.6.25)$$

式(6.6.22)～式(6.6.25)中：

　　P——吊杆起重量；

　　p——吊杆自重的一半；

　　p'——经过起货滑车后的起货索张力；

　　l——吊杆长度(见图 6-13)；

　　h——千斤索支承点的高度(见图 6-13)；

　　r——千斤索在桅肩上的支承点距桅杆中心的距离；

　　α——吊杆吊举角；

　　ω——吊杆回转角。

　　带有双千斤索的吊杆，其千斤索的最大张力发生在吊举角最小时。对于轻型吊杆，最小吊举角为 $\alpha_{min} = 15°$，在这种情况下，式(6.6.23)及式(6.6.24)可改写为

$$H_B = 0.5(P + p)\sqrt{C - 0.52\frac{l}{h} + 1.94\frac{l}{h}\frac{r}{h}\sin\omega} \qquad (6.6.26)$$

$$H_H = 0.5(P + p)\sqrt{C - 0.52\frac{l}{h} - 1.94\frac{l}{h}\frac{r}{h}\sin\omega} \qquad (6.6.27)$$

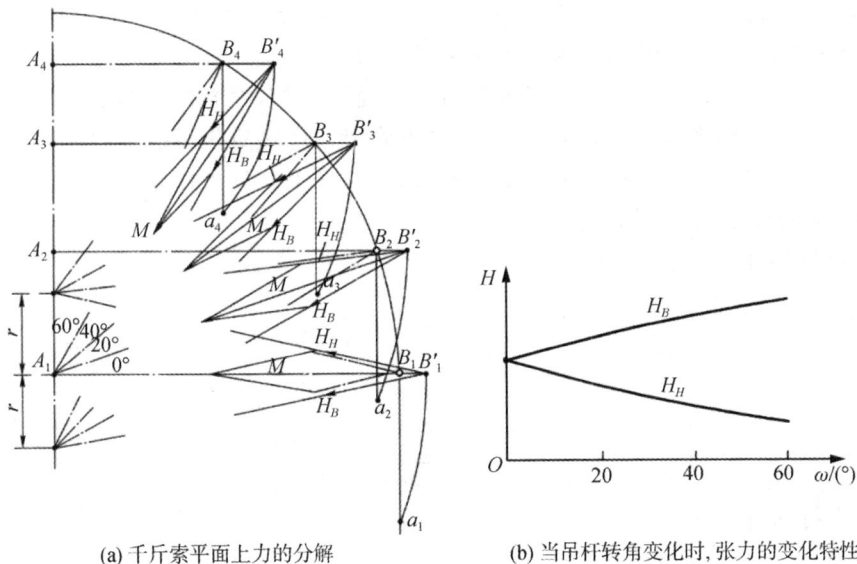

(a) 千斤索平面上力的分解　　　(b) 当吊杆转角变化时，张力的变化特性

图 6-29　确定千斤索张力的示意图

　　带有两套千斤索滑车组的重型吊杆装置图解计算时，若不考虑船舶的横倾和

纵倾,原则上同上述轻型吊杆的方法相似。当吊杆的吊举角 $\alpha = 25°$ 时,吊杆端部力的分解如图 6-30 所示。中间力 M 在 AB 直线上,不同的吊杆回转角 ω 时的千斤索张力 H_B 和 H_H,通过力 M 的分解求得,如图 6-29(a)所示。

如果船舶有横倾和纵倾,则吊杆端部的负荷在横向同垂线的夹角为 φ,在纵向同垂线的夹角为 ψ(见图 6-31)。这时,吊杆端部力的多边形图不是在垂直平面上,而是在与垂线夹角为 δ 的倾斜平面上($BECK$)。δ 角可这样确定,在水平投影上将 CE 线延伸到与经过 D 点且垂直于船体中心线的直线相交。在垂直平面上即为 BD 线。中间力 M 在 BK 线

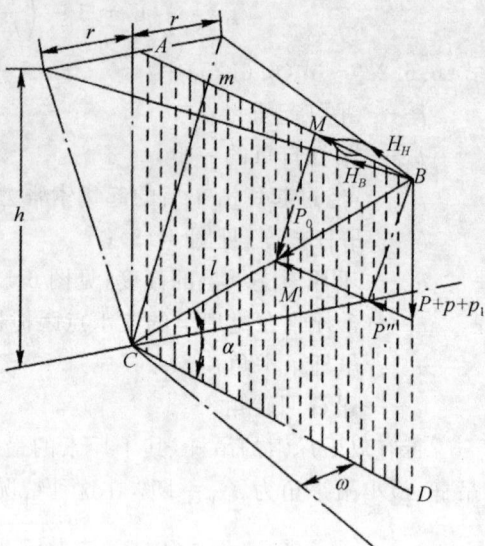

图 6-30　带有两套千斤索滑车组的重型吊货杆不考虑船舶横倾和纵倾时的受力图

上,且 K 点始终处于点 A 和 N(或点 A 和 L)之间。力 M 在平面 NBL 上以图解法分解(见图 6-29(a)),从而可求得千斤索张力 H_B 和 H_H。

由于每套千斤索滑车组的固定点 N 和 L 是不变的,因而当 α 角给定时,用于千斤索张力分解的平面(LBN 平面)位置可予确定。这就简化了横倾和纵倾对吊杆以及千斤索滑车组受力影响的图解计算,而且可导出此类吊杆在考虑船舶横倾和纵倾时的受力计算解析公式。

吊杆的轴向负荷 P_0 为

$$P_0 = (P + p + p') \frac{l}{h} f_1 \tag{6.6.28}$$

式中

$$f_1 = \frac{1 \pm \tan \psi \dfrac{\dfrac{h}{l} - \sin \alpha}{\cos \alpha \cos \omega}}{\sqrt{1 + \tan^2 \varphi + \tan^2 \psi}} \tag{6.6.29}$$

在特殊情况下:

当 $\psi = 0$ 时,$f_1 = \cos \varphi$;

当 $\varphi = 0$ 时,$f_1 = \cos \varphi \pm \sin \psi \dfrac{\dfrac{h}{l} - \sin \alpha}{\sin \alpha \cos \omega}$;

当 $\varphi = 0$ 及 $\psi = 0$ 时,$f_1 = 1.0$。

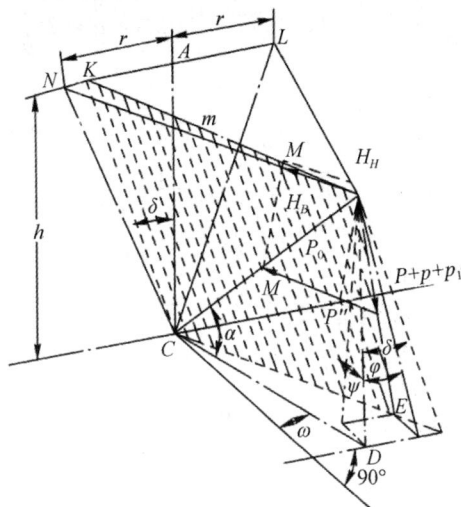

图 6-31　带有两套千斤索滑车组的重型吊货杆，
在考虑横倾和纵倾时的受力图

ψ 角的正号表示船舶向吊杆支承方向纵倾,负号表示向吊杆端部方向纵倾。
内侧千斤索滑车组的张力 H_B 为

$$H_B = 0.5(P + p + p_1)f_2 \times \sqrt{C - 2\frac{l}{h}\sin\alpha + 2\frac{l}{h}\frac{r}{h}\cos\alpha\sin\omega}$$

$$(6.6.30)$$

式中

$$f_2 = \frac{\frac{r}{h} + \tan\varphi \pm \tan\psi\left(\tan\omega - \frac{r}{h}\frac{\tan\alpha}{\cos\omega}\right)}{\frac{r}{h}\sqrt{1 + \tan^2\varphi + \tan^2\psi}}$$

$$(6.6.31)$$

p_1——起重滑车组和悬挂零件的质量负荷;

C——按式(6.6.25)确定。

在特殊情况下:

当 $\psi = 0$ 时, $f_2 = \cos\varphi + \dfrac{\sin\varphi}{\frac{r}{h}}$;

当 $\varphi = 0$ 时, $f_2 = \cos\psi \pm \sin\psi\left(\dfrac{\tan\omega}{\frac{r}{h}} - \dfrac{\tan\alpha}{\cos\omega}\right)$;

当 $\varphi = 0$ 及 $\psi = 0$ 时, $f_2 = 1.0$。

外侧千斤索滑车组的张力 H_H 为

$$H_H = 0.5(P + p + p_1)f_3 \times \sqrt{C - 2\frac{l}{h}\sin\alpha - 2\frac{l}{h}\frac{r}{h}\cos\alpha\sin\omega}$$

$$(6.6.32)$$

式中
$$f_3 = \frac{\frac{r}{h} - \tan\varphi \mp \tan\psi\left(\tan\omega + \frac{r}{h}\frac{\tan\alpha}{\cos\omega}\right)}{\frac{r}{h}\sqrt{1 + \tan^2\varphi + \tan^2\psi}}$$
$$(6.6.33)$$

在特殊的情况下:

当 $\psi = 0$ 时,$f_3 = \cos\varphi - \dfrac{\sin\varphi}{\dfrac{r}{h}}$;

当 $\varphi = 0$ 时,$f_3 = \cos\psi \mp \sin\psi\left(\dfrac{\tan\omega}{\dfrac{r}{h}} + \dfrac{\tan\alpha}{\cos\omega}\right)$;

当 $\varphi = 0$ 及 $\psi = 0$ 时;$f_3 = 1.0$。

在用于内侧千斤索的 f_2 的计算式(6.6.31)中,ψ 角的符号同系数 f_1 相似;在用于外侧千斤索的 f_3 的计算式(6.6.33)中,符号相反。

计算带有两套千斤索滑车组的重型吊杆装置受力时应当注意,当船舶向吊杆支承方向的纵倾很大时,以及吊杆离开船体中心线向舷侧回转的角度很大时,外侧千斤索的张力可能消失,导致吊杆倒向桅杆或起重柱。这与轻型吊杆双杆操作时,舷外吊杆的翻倒相似(当外侧保险索布置不当时)。为了避免这种情况的发生,适当地把千斤索固定点沿船长方向尽可能布置得靠近吊杆支承转轴的垂直轴线,或是尽可能减小吊杆支承转轴离开桅杆的距离。

6.7 吊货杆

6.7.1 吊货杆稳定性及强度校核

6.7.1.1 稳定性计算

吊货杆在吊货时是一根端点为铰链支承的受轴向压缩负荷作用的杆件,应当具有足够的稳定性储备,以保证吊杆工作的可靠性和安全性。

吊货杆相对于轴向欧拉临界压力的稳定性安全系数 n 应不小于表 6-14 的规定,其轴向力 P(kN)按下式计算:

$$P = \frac{mEJ_0}{nL^2} \times 10^{-5}$$
$$(6.7.1)$$

式中　*m*——系数,按表 6-15 选取,中间值用内插法求得;

　　　E——钢材弹性模量,2.06×10^5 N/mm²;

　　　L——吊货杆长度,m,量自起货滑车眼板中心至吊货杆根部销孔中心止;

　　　J_0——吊货杆中部剖面惯性矩,cm⁴;

　　　n——稳定性安全系数,按表 6-14 选取,中间值按内插法求得。

表 6-14　吊货杆稳定性安全系数

吊杆安全工作负荷/kN	≤98	294	≥588
稳定性安全系数 *n*	5	4.5	4

注:应用表内安全系数时,吊货杆长细比 λ 应小于 145。

表 6-15　系数 *m*

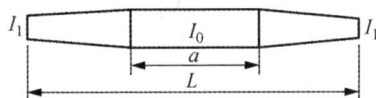

a/*L*	0	0.2	0.4	0.6	0.8
I_1/I_0	系数 *m*				
0.01	2.55	3.65	5.42	7.99	9.63
0.1	5.01	6.32	7.84	9.14	9.77
0.2	6.14	7.31	8.49	9.39	9.81
0.4	7.52	8.38	9.10	9.62	9.84
0.6	8.50	9.02	9.46	9.74	9.85

注:① *a* 为吊货杆中部一段的长度。

　　② I_0 为吊货杆端部剖面的惯性矩。

6.7.1.2　强度校核

吊杆是在复杂的应变条件下工作的,因为除了轴向负荷引起的压应力外,还作用着由吊杆自重和吊杆轴向负荷作用点的偏心所引起的横向弯曲应力,吊杆牵索所产生的力可忽略不计。偏心作用的情况如图 6-32 所示,其中千斤索张力 *H* 和起货滑车负荷 R_δ 的合力构成了偏心作用的轴向负荷 P_0,并在吊杆端部造成了附加弯矩 m_0。偏心距 *e* 随吊杆吊举角的变化而变化。

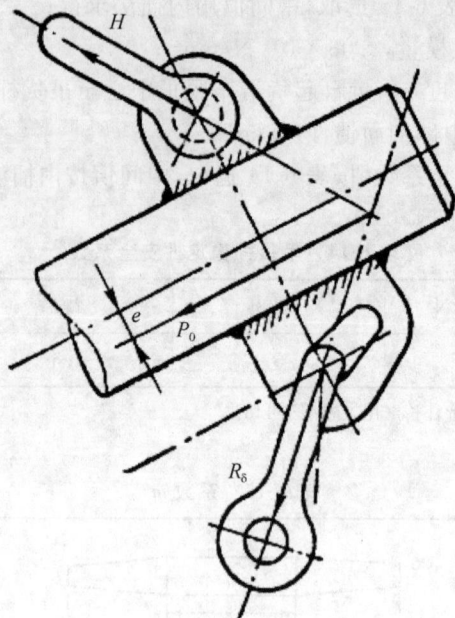

图 6-32　吊杆轴向负荷作用点的结构偏心距

$$m_0 = P_0 e \qquad\qquad (6.7.2)$$

式中　P_0——吊杆轴向负荷。

吊杆自重引起的弯矩也随吊举角改变而变化。但通常将吊杆平置时以自重为均布负荷所引起的弯矩 M 计入。

$$M = q l^2 / c \qquad\qquad (6.7.3)$$

式中　q——吊杆单位长度的质量负荷；

　　　l——吊杆理论长度；

　　　c——系数，$c=8$ 用于等截面吊杆，$c=7.5$ 用于中段圆柱，两端圆锥形吊杆。

由上述弯矩和轴向力联合作用所引起的应力，必须考虑轴向力影响吊杆挠度的增大而造成应力的增大，可按下式确定：

$$\sigma_{\max} = \frac{P_0}{F} \pm \frac{m_0}{W} + \frac{M}{W}\left(1 + \frac{P_0}{P_{cr} - P_0}\right) \qquad\qquad (6.7.4)$$

式中　F——吊货杆中部截面面积；

　　　W——吊货杆中部截面的剖面模数；

　　　P_{cr}——吊货杆临界力，$P_{cr} = \dfrac{\pi EI}{l^2}$。

式(6.7.4)是近似计算公式，所给出的应力值稍偏高。对于长度大于 6 m 的吊杆,按式(6.7.4)计算所得应力偏高 4%～5%,但通常吊杆长度较长,起决定作用的是稳定条件,而不是强度条件。

吊杆的安全系数 n 按式(6.7.5)计算得到,应不小于表 6-16 的规定,中间值用内插法求得。

$$n = \frac{\sigma_s}{\sigma_{\max}} \tag{6.7.5}$$

式中　$\sigma_{\max}$——按式(6.7.4)计算所得之值;

　　　σ_s——吊杆材料的屈服强度。

表 6-16　计及吊杆稳定性的安全系数

吊货杆安全工作负荷/kN	≤98	≥588
计及吊杆稳定性的安全系数 n	2.5	2

钢材的屈服强度 σ_s 大于抗拉强度 σ_b 的 70% 时,屈服强度 σ_s 应除以系数 β 进行修正,系数 β 按表 6-17 选取,中间值用线性内插法求得。

表 6-17　材料屈服强度修正系数

屈强比 σ_s/σ_b	≤0.7	0.75	0.80	0.85	0.90
系数 β	1.0	1.045	1.084	1.120	1.155

注:屈强比超过 0.9 时,按 0.9 计算。

6.7.2　吊货杆的构造

现代船舶吊杆装置的吊货杆均为钢质管状结构。按其起重量可分为轻型吊货杆和重型吊货杆。轻型吊货杆的吊杆本体有两种形式:一种为等截面的圆柱形结构;另一种为变截面的圆柱形-锥形组合结构。重型吊货杆均为变截面的圆柱形-锥形组合结构。

圆柱形轻型吊货杆如图 6-33 所示,适用于轴向负荷不大于 50 kN 的吊杆,其本体部分可采用无缝钢管或用钢板卷制而成。长度小于 6 m 的吊杆,为避免吊杆

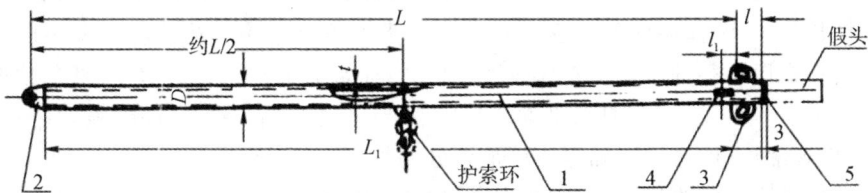

1—吊货杆本体;2—吊货杆叉头;3—吊货眼板;4—稳索眼板;5—封板。

图 6-33　等截面圆柱形轻型吊货杆

对接焊缝,尽可能采用整根无缝钢管或一块钢板卷制成型。长度较大的吊杆应尽量减少焊缝,吊杆中部不应该有焊缝。

圆柱形-锥形组合结构的轻型吊货杆如图 6-34 所示,适用于轴向负荷 340 kN 以下的吊杆。吊货杆中段为圆柱形,其长度不小于吊杆名义长度的 1/3。两端为锥形,每段长度均不大于吊杆名义长度的 1/3。吊杆本体部分可采用一块钢板卷制而成,也可采用两块钢板弯成半圆形合成。在后一种情况下,两个相邻段的焊缝应错开成 90°或不小于截面周长的 12.5%。依据吊杆长度裁剪的钢板应尽可能减少吊杆的横向焊缝,吊杆长度的中部不应该有焊缝,吊杆的纵向和横向对接焊缝应为 V 形坡口,并加设垫板,其厚度为 5～6 mm。吊杆端部吊货眼板和稳索(吊杆牵索)眼板处设置复板加强。

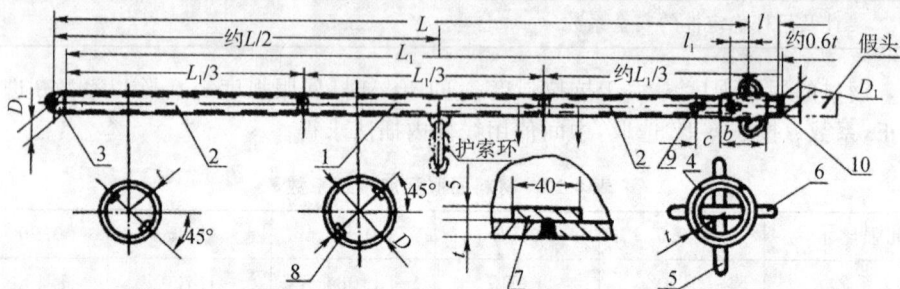

1—吊货杆中段;2—吊货杆锥体段;3—吊货杆叉头;4—吊货杆头部复板;5—吊货眼板;6—稳索眼板;
7—横向焊接垫板;8—纵向焊接垫板;9—软稳索眼环;10—封板。

图 6-34　变截面圆柱形-锥形组合轻型吊货杆

重型吊货杆由于起货索的穿绕方式不同而有多种形式。对于起货索与吊杆轴线平行设置的吊杆装置,其吊货杆的构造同上述圆柱形-锥形组合吊货杆基本相同。

带有嵌入滑轮的重型吊货杆(见图 6-4),其主要结构与上述圆柱形-锥形组合吊货杆基本相同,吊杆端部处的嵌入滑轮结构如图 6-35 所示。嵌入滑轮直径为 12～15 倍起货索直径。滑轮轴穿过吊杆,两端设有防止滑轮轴旋转的固定装置。

吊货杆的长细比一般应不大于 150,变截面吊货杆的中段直径应至少保持 1/3 吊货杆长度不变,而后向两端逐渐减小至中部直径的 70%。吊货杆的壁厚应不小于吊货杆中段外径的 1/50,亦不需大于 1/30,通常为 1/(30～40),但在任何情况下均不得小于 4 mm。吊货杆头部在千斤索眼板、起货滑车眼板和保险稳索(吊杆牵索)眼板等部位,应做适当加强或增加该处的板厚。

吊杆叉头通常为焊接结构,也可采用铸钢或锻钢结构。轴向负荷小于 98 kN 的吊杆叉头,在吊杆本体钢管的端部用周围焊焊接固定(见图 6-36)。重型吊杆的叉头则应嵌入吊杆管子内进行焊接(见图 6-37)。

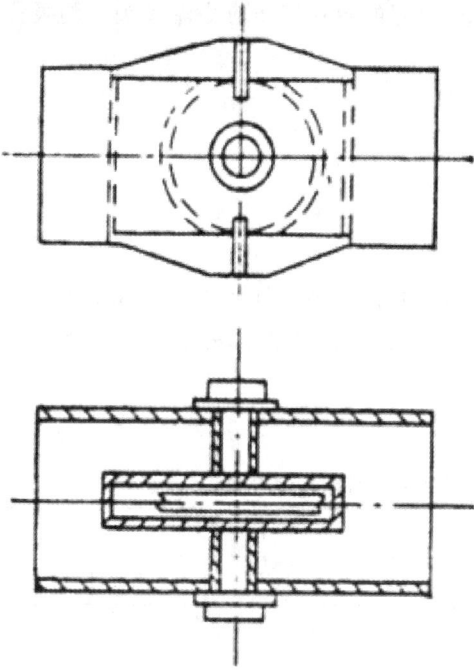

图 6-35　重型吊货杆嵌入滑轮结构

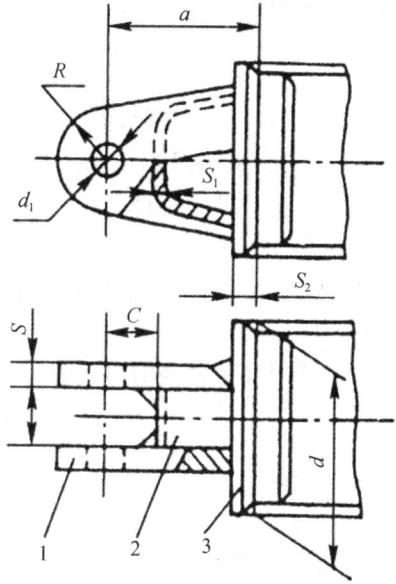

1—眼板;2—底板;3—支撑板。

图 6-36　轻型吊杆叉头

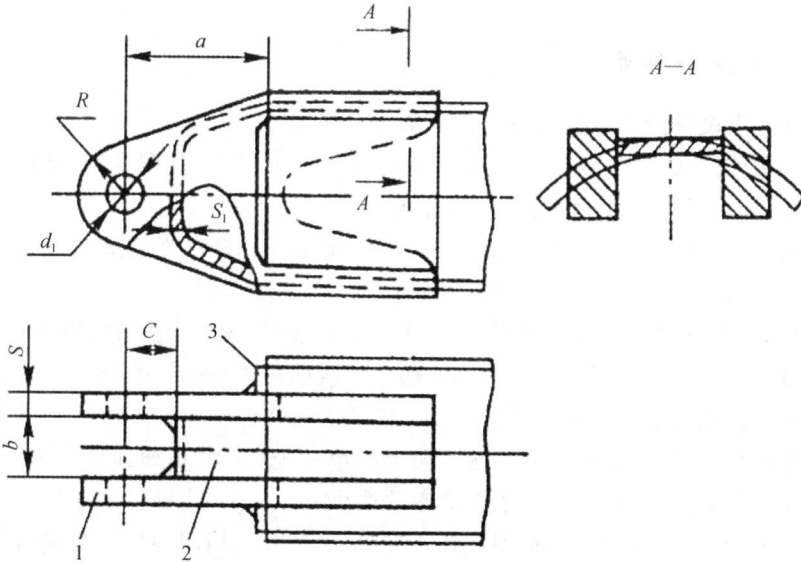

1—眼板;2—支撑板;3—封板。

图 6-37　重型吊杆叉头

吊货杆叉头应校核由吊杆轴向负荷作用引起的眼孔挤压应力。叉头每侧眼孔的挤压应力按下式计算：

$$\sigma_{cm} = \frac{P_0}{2Sd_1} \qquad (6.7.6)$$

式中　P_0——吊货杆轴向负荷；

　　　S——叉头眼板厚度；

　　　d_1——眼孔直径。

吊货杆的吊货眼板和稳索眼板均采用钢板制作。吊货杆假头是吊杆不工作时的搁置端。吊货杆护索用于防止起货索下垂，其数量依据吊杆的长度配置 $1\sim$ 2 个。

吊货杆及其附件的材料应符合表 6-18 的规定。

表 6-18　起重柱(桅)、吊货杆及其附件的钢材等级

厚度 t/mm	$t\leqslant20$	$20\leqslant t\leqslant25$	$25\leqslant t\leqslant40$	$t>40$
钢材等级	A32,A36	A32,A36	D32,D36	E32,E36

6.8　起重柱

6.8.1　起重柱的形式

吊杆起重设备的起重柱(桅杆)按其结构形式可分为两大类。

一类为单柱式,可分为无桅肩和有桅肩两种基本形式,如图 6-38 所示。另一类为双柱式即:门形桅、人字桅和 V 形桅等,如图 6-39 所示。

无桅肩的单柱桅(见图 6-38(a))用于不大的船舶,这类船舶在舱口设置一根吊货杆,或是在桅的首向和尾向各设置一个吊货杆。

有桅肩和横档的单柱桅(见图 6-38(b))可在桅的一侧设置两根以上吊货杆。桅肩和横档的尺寸取决于吊货杆离开船体中心线的距离,通常为 $3\sim6$ m。横档在甲板以上的高度为 $2\sim3$ m。

有桅肩以及横档支承在两个通风筒上的单柱桅(见图 6-38(c))使用最广泛。通风筒不仅作为支承点,还用于下部舱室的通风。

门形桅(见图 6-39(a))为框架结构,由两根单柱和长桅肩构成。长桅肩的形式有封闭式钢板结构梁,或是上平面为钢板的桁架结构。门形桅宽度可达 $6\sim10$ m,取决于船宽和吊货杆的跨距,当船宽较大,舱口又较短的情况下,采用门形桅较合适。

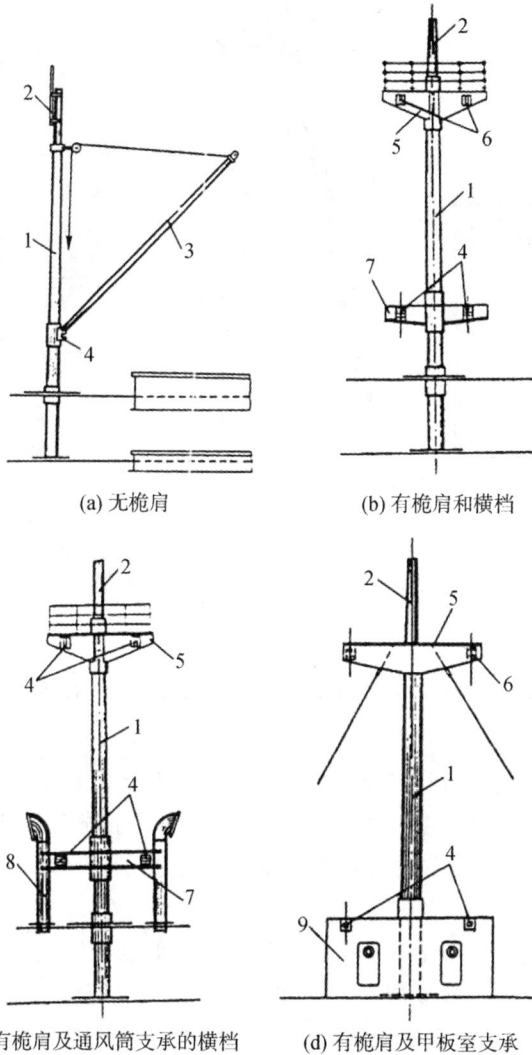

(a) 无桅肩

(b) 有桅肩和横档

(c) 有桅肩及通风筒支承的横档

(d) 有桅肩及甲板室支承

1—起重柱(桅杆);2—第二节桅;3—吊货杆;4—吊货杆承座;5—桅肩;6—千斤索眼板;7—横档;8—通风筒;9—甲板室。

图 6-38 单柱式起重柱

人字桅(见图 6-39(b))由两根斜柱组成,斜柱的截面应足以承受各种负荷所引起的弯曲、压缩和拉伸。斜柱相对于垂线的倾斜角应对称,其角度为 $15°\sim25°$。应保证任何一根吊杆有足够的舷外跨距。斜柱下部穿过甲板伸到下层甲板有横隔壁的区域内,也可用作货舱通风管。

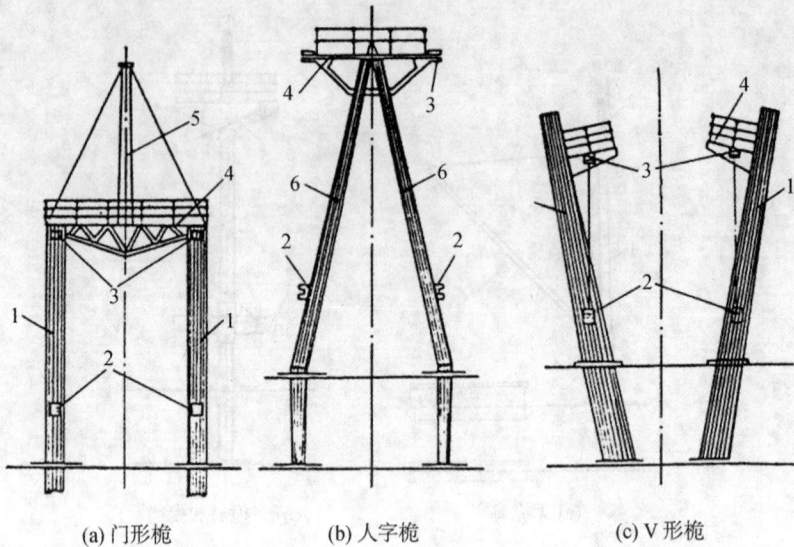

(a) 门形桅　　　　　　(b) 人字桅　　　　　　(c) V形桅

1—起重柱(桅杆)；2—吊货杆承座；3—千斤索眼板；4—桅肩；5—第二节桅；6—斜柱。

图 6-39　双柱式起重柱

V形桅设有两根并列的向外倾斜的斜柱,对称布置,相对于垂线的倾斜角度为 $12°\sim18°$。

单柱桅和门形桅有时用支索加固。但是,由于支索妨碍货物的装卸作业以及使桅杆结构更复杂,目前已很少采用支索加固。人字桅和 V 形桅均不用支索加固。然而,人字桅若是考虑设置重型吊货杆,则在沿船舶纵向设置可拆支索临时加固。

各种形式起重柱的下部,基本上采用两个支承点的固定方式。大多数起重柱的下支承点在中间甲板或双层底上,有时也可固定在轴隧上;上支承点固定在上甲板上,若在起重柱下部设有甲板室(见图 6-38(d)),则甲板室的顶部甲板可作为上支承点,下支承点则在上甲板上。作为起重柱支承点的船体结构应作加强,并具有足够的刚性。

6.8.2　起重柱计算外力的确定

起重柱(桅杆)计算中的外力是由吊货杆工作时所产生的负荷,包括吊杆的轴向力 P_0;千斤索或千斤索滑车组悬挂点的张力 R_H;在导向滑车处的吊货索张力 P' 以及通到起货绞车上去的吊货索张力 P_n 等,这些力都是已知值,把这些力分解为水平分力和垂直分力,如图 6-40 所示,作为起重柱计算的外力:H_a 和 Q_a 分别为千斤索悬挂点的水平分力和垂直分力;H_c 和 Q_c 分别为吊杆轴向力的水平分力和垂直分力;H_n 和 Q_n 分别为通向绞车的吊货索张力的水平分力和垂直分力。

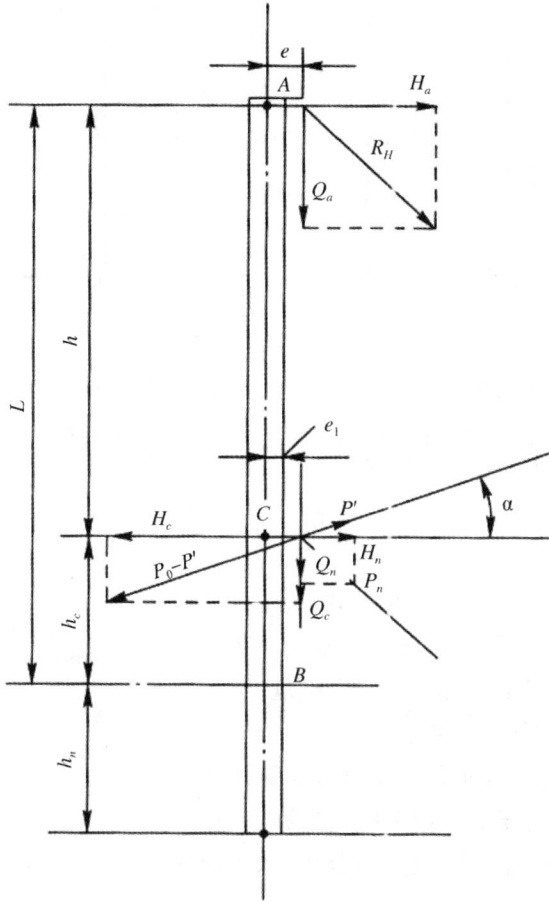

图 6-40　起重柱的计算外力

为了简化计算,力 Q_a 和 Q_n 作用的偏心距很小,因此引起的附加弯矩往往可忽略不计。

在确定起重柱(桅杆)系统的计算外力时,可将作用在起重柱上的所有外力均转换到作用于起重柱端部桅肩平面处,即轻型吊杆装置千斤索悬挂点处,同时也是各支索在起重柱上端部的紧固处,力的转换条件是引起的起重柱挠度不变。

起重柱承受的外力通常有下述 3 种情况:

(1) 单起重柱。吊杆座装于起重柱下部,千斤索座装于起重柱桅肩处(见图 6-

41(a)),这是最常见的轻型吊杆情况。

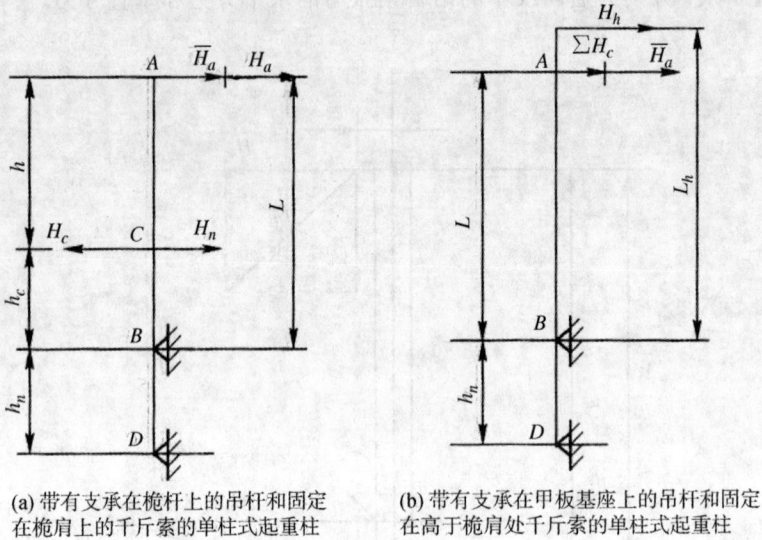

(a) 带有支承在桅杆上的吊杆和固定　　(b) 带有支承在甲板基座上的吊杆和固定
　　在桅肩上的千斤索的单柱式起重柱　　　　在高于桅肩处千斤索的单柱式起重柱

图 6-41

在桅肩平面上外力的合力由下式确定:

$$\overline{H_a} = H_a - \eta_c H_c + \eta_c H_n \tag{6.8.1}$$

式中　H_a——千斤索悬挂点的水平分力;

　　　H_c——吊杆轴向力的水平分力;

　　　H_n——通向绞车的吊货索张力水平分力;

　　　η_c——折减系数,按式(6.8.4)计算。

通常情况下,按吊杆装置受力分析,水平力 H_a 和 H_c 虽然方向相反,但数值相等。

$$H_a = H_c = (P_0 - p')\cos\alpha \tag{6.8.2}$$

故式(6.8.1)可改写为

$$\overline{H_a} = (1 - \eta_c)H_a + \eta_c H_n \tag{6.8.3}$$

在按式(6.8.1)或式(6.8.3)计算时应注意,力 $\overline{H_a}$ 是矢量和。因为力 H_n 始终朝绞车方向作用,而力 H_a 和 H_c 则随着吊杆位置的变化而改变方向。

$$\eta_c = \left(\frac{h_c}{L}\right)^3 \frac{\chi_c}{\varphi_a} \tag{6.8.4}$$

当起重柱在上甲板到吊杆支座区域内(见图 6-41(a)中的 h_c)是等截面时,式(6.8.4)中的系数 χ_c 可按下式确定:

$$\chi_c = \frac{L}{h_c}\left(1.5 + \frac{h_n}{h_c}\right) - 0.50 \tag{6.8.5}$$

式(6.8.4)中的系数 φ_a' 可按下式确定：

$$\varphi_a' = \varphi_a + \frac{\mu}{L} \tag{6.8.6}$$

式中 φ_a——考虑起重柱截面惯性矩沿高度方向变化的系数，按式(6.8.7)或式(6.8.8)确定；如果起重柱在从上甲板到桅肩的整个高度上是等截面的，则 $\varphi_a = 1$；

       μ——表示起重柱下支点固定的弹性程度的长度系数。

$$\varphi_a = 3\int_0^L (L-x)^2 \frac{I_B}{I_{(x)}} \mathrm{d}x \tag{6.8.7}$$

$$\varphi_a \approx \frac{1}{16}\left(4 + 9\frac{I_B}{I_{1/4}} + 2\frac{I_B}{I_{1/2}} + \frac{I_B}{I_{3/4}}\right) \tag{6.8.8}$$

式(6.8.7)及式(6.8.8)中：

    I_B——上甲板支承处(见图 6-41 中 B 点)的起重柱截面惯性矩；

    $I_{1/4}$，$I_{1/2}$，$I_{3/4}$——分别为离开上支承甲板处高度为 $\frac{1}{4}L$，$\frac{1}{2}L$ 和 $\frac{3}{4}L$ 处的起重柱截面惯性矩。

对于支承在两层甲板上的起重柱，式(6.8.6)中的长度系数 μ 值，取决于起重柱下端支点的形式：

在上甲板处刚性嵌固的起重柱，$\mu=0$；

简支在两层甲板上的起重柱，$\mu = h_n$（h_n 为支承甲板之间的距离，见图 6-41）；

在上甲板处为简支，下甲板处为刚性嵌固的起重柱，$\mu = \frac{3}{4}h_n$。

对于简支在三层甲板上的起重柱，式(6.8.6)中的长度系数 μ 值按下式确定：

$$\mu = h_n\left(1 - \frac{1}{4} \times \frac{1}{1 + \dfrac{h_n'}{h_n}}\right) \tag{6.8.9}$$

式中 h_n'——第二和第三支点甲板之间的距离。

应注意上述 μ 值的计算式是在甲板间范围内起重柱截面惯性矩不变的情况下适用。如果甲板间起重柱截面惯性矩数值是变化的，则：

简支在两层甲板上的起重柱：

$$\mu = \varphi_n h_n \tag{6.8.10}$$

简支在三层甲板上的起重柱：

$$\mu = h_n\left(1 - \frac{1}{4} \times \frac{1}{1 + \dfrac{\varphi_n h_n'}{h_n}}\right) \tag{6.8.11}$$

式(6.8.10)及式(6.8.11)中 φ_n 值按下式确定:

$$\varphi_n \approx \frac{1}{16}\left(4 + 9\frac{I_B}{I_{1/4}} + 2\frac{I_B}{I_{1/2}} + \frac{I_B}{I_{3/4}}\right) \qquad (6.8.12)$$

需注意,式(6.8.12)中的 $I_{1/4}$,$I_{1/2}$ 和 $I_{3/4}$ 是从上甲板开始向下量取。

由于作用于桅肩处的外力的合力是矢量和,所以可用极坐标图图解计算。如图 6-42 所示为带有 4 根支索和首尾方向都有吊杆的起重柱极坐标图作图原理。从船体中心线到支索的区域内,合力 $\overline{H_a}$ 为 $\eta_c H_n$ 和 $(1-\eta_c)H_a$ 的矢量和。

在支索之间区域内要求得 $\overline{H_a}$,可假设一根吊杆经常处于舷外,而另一根吊杆从船体中心线向舷外回转。如果起重柱的每侧设置两根吊杆,那么数值 H_a 就要加倍。

(2)单起重柱。吊杆座装设在甲板上,千斤索悬挂点在起重柱桅肩以上(见图 6-41(b))。通常重型吊杆装置采用这种布置。

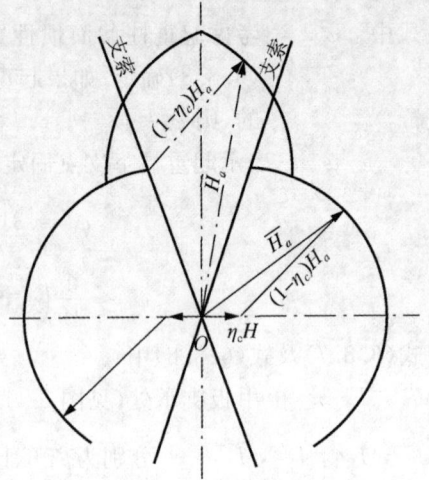

图 6-42 确定 $\overline{H_a}$ 的极坐标图

在桅肩平面处外力的合力为

$$\overline{H_a} = \eta_h H_h + \sum H_i \qquad (6.8.13)$$

式中　H_h ——千斤索张力的水平分力;

H_i ——固定在桅肩上的各导向滑车张力的水平分力的总和;

η_h ——折减系数,按下式确定:

$$\eta_h = \frac{\chi_h}{\varphi_a'} \qquad (6.8.14)$$

式中,φ_a' 可按式(6.8.6)确定,而系数 χ_h 则按下式计算:

$$\chi_h = \frac{L_h}{L}(\varphi_a' + \psi_a) - \psi_a \qquad (6.8.15)$$

上式中 ψ_a 近似地按下式计算:

$$\psi_a \approx \frac{1}{16}\left(3\frac{I_B}{I_{1/4}} + 2\frac{I_B}{I_{1/2}} + 3\frac{I_B}{I_{3/4}}\right) \qquad (6.8.16)$$

式中,I_B,$I_{1/4}$,$I_{1/2}$ 和 $I_{3/4}$ 的含义与式(6.8.8)中相同。

如果起重柱在整个高度上保持等截面,而且下面部分是支承在两层甲板上,则式(6.8.15)可改写为

$$\chi_h = \frac{L_h}{L}\left(1.5 + \frac{h_n}{L}\right) - 0.50 \qquad (6.8.17)$$

同时,计算折减系数 η_h 值的式(6.8.14)中的 φ_a' 可按下式确定:

$$\varphi_a' = 1 + \frac{h_n}{L} \qquad (6.8.18)$$

(3) 单起重柱。下部有一横档与两侧通风筒柱相连接,吊杆座装于通风筒横档处,而千斤索固定在桅肩处。通常,设有几根轻型吊杆的起重柱按此情况布置。

在此情况下,通风筒柱承担了部分吊杆轴向压力,而其余部分吊杆轴向压力通过横档传递给起重柱,因此这部分外负荷在用于确定作用于桅肩的外力的合力时应按下式折减:

$$\overline{H_a} = H_a - \eta_c \frac{1}{1 + \zeta \frac{2I_K}{I_B}} H_c + \eta_c \frac{1}{1 + \zeta \frac{2I_K}{I_B}} H_n \qquad (6.8.19)$$

式中 I_K——通风筒柱的截面惯性矩;

I_B——上甲板支承处的起重柱截面惯性矩;

η_c——折减系数,按式(6.8.4)确定。

当 $H_a = H_c$ 时,式(6.8.19)可改写为

$$\overline{H_a} = H_a\left(1 - \eta_c \frac{1}{1 + \zeta \frac{2I_K}{I_B}}\right) + \eta_c \frac{1}{1 + \zeta \frac{2I_K}{I_B}} H_n \qquad (6.8.20)$$

合力 $\overline{H_a}$ 是矢量和,因此同样可按图 6-42 所示的极坐标图确定。

如果起重柱和通风筒柱的截面在上甲板至横档的这段高度上保持不变,则系数 ζ 按下式确定:

$$\zeta = 1 - \eta_c \frac{\chi_c}{\varphi_c'} \qquad (6.8.21)$$

式中系数 η_c 和 χ_c 可按式(6.8.4)和式(6.8.5)确定,而系数 φ_c' 由下式确定:

$$\varphi_c' = 1 + \frac{h_n}{h_c} \qquad (6.8.22)$$

由通风筒柱承受的部分外负荷 $\overline{H_c}$,按下式确定:

$$\overline{H_c} = H_c\left(1 - \frac{1}{1 + \zeta \frac{2I_K}{I_B}}\right) \qquad (6.8.23)$$

6.9 按船级社规范确定起货桅杆和起重柱

CCS《起重设备规范》对桅和起重柱的规定如下:

(1) 桅与起重柱应至少有两层甲板作为支点,并与船体主结构做有效连接,甲

板室如具有足够强度可考虑作为一个支点。连接处的船体结构或甲板室甲板应做加强。

其他支持桅或起重柱的有效方法,将予以特别考虑。

(2)桅或起重柱上受集中负荷的部位,如吊货杆承座、千斤索滑车眼板和桅支索眼板等部位,均应作适当加强,肘板的趾端和附件的角偶均不应位于未作加强的板上。加强方法应采用板加厚的方法。

(3)结构应有连续性,应避免任何截面的突然变化。人孔与减轻孔等均应避免开设在集中载荷的部位与剪切力大的部位。

(4)桅或起重柱的外径 D(mm)应不大于按下式计算所得的值:

$$\left.\begin{array}{ll} t \leqslant 15 \text{ mm 时,} & D = \dfrac{1\,000t}{25-t} \\[2mm] t > 15 \text{ mm 时,} & D = 100t \end{array}\right\} \tag{6.9.1}$$

式中 t——桅或起重柱的壁厚,mm。

桅或起重柱的最小壁厚应不小于 6 mm;如果桅或起重柱兼作通风筒时,应不小于 7 mm。

(5)桅或起重柱在千斤索眼板处的外径建议不小于其根部外径的 85%。

(6)由起货索、千斤索和吊货杆承座等作用于桅或起重柱上的力均应按有关规定(见本章 6.5、6.6.1 及 6.6.4)由计算求得(包括图解计算),由这些力计算桅或起重柱各个截面的复合应力。

(7)计算桅或起重柱强度时,尚应考虑由吊货杆所产生的最不利的负荷组合如下:

①装有一根吊货杆的桅或起重柱:

将吊货杆以最小仰角悬吊于一个货舱口上;

将吊货杆回转至舷外最大工作位置。

②装有两根或两根以上吊货杆的桅或起重柱:

将两根吊货杆以最小仰角悬吊于一个货舱口上;

将两根吊货杆(一根位于前货舱,一根位于后货舱)回转至同一舷的舷外最大工作位置。

③同一桅或起重柱上装有重型或轻型吊杆时,一般不考虑两者同时工作的负荷组合。

④吊杆在其他工作位置如能使桅或起重柱(包括支索桅)产生大于上述受力的计算工况。

(8)桅或起重柱在某一截面上的复合应力 σ_t(N/mm²)按下式算得:

$$\sigma_t = \sqrt{(\sigma_b + \sigma_c)^2 + 3\tau^2} \tag{6.9.2}$$

式中　σ_b——弯曲应力,N/mm^2;

　　　σ_c——压缩应力,N/mm^2,桅或起重柱本身的质量载荷可以忽略不计;

　　　τ——由扭矩引起的剪应力,N/mm^2。

（9）桅和起重柱包括桅肩和悬伸结构,相对于钢材屈服强度 σ_s 的安全系数应不小于表 6-19 的规定。

表 6-19　桅和起重柱钢材的安全系数

吊杆安全工作负荷/kN	安全系数	
	支索桅	无支索桅、桅肩和悬伸结构
SWL≤98	2.20	2.0
SWL≥588	1.76	1.6
98<SWL<588	用线性内插法	

（10）钢材屈服强度 σ_s 大于抗拉强度 σ_b 的 70% 时,屈服强度 σ_s 应除以系数 β 进行修正,系数 β 按本章 6.7.1 中表 6-17 选取,中间值用内插法求得。

（11）制造桅、起重柱及其附属件的钢材等级应不低于本章 6.7.2 中表 6-18 的规定。

（12）桅支索的布置应不妨碍吊杆的工作。支索的末端应装有松紧螺旋扣与甲板、舷墙或甲板室上的眼板连接,支索安装应预紧。

用于计算支索伸长的弹性模数取 1.1×10^5 N/mm^2,其剖面面积按支索公称直径计算,如有试验依据,则可取用较大的弹性模数值。

6.10　无支索单起重柱的校核计算

无支索起重柱计算的原始数据即吊杆工作时作用于起重柱上的外力,如吊杆座直接固定在起重柱上,则起重柱的计算外力包括:吊杆轴向压力 P_0、固定在柱上的千斤索悬挂点张力 R_H、导向滑车前的吊货索张力 P' 以及导向绞车的吊货索张力 P_n,有时应计入起重柱的自重 G。

将上述的作用力分解为水平分力和垂直分力,如图 6-40 所示,则起重柱的计算外力为

H_a——千斤索悬点张力的水平分力;

Q_a——千斤索悬点张力的垂直分力;

H_c——吊杆轴向力的水平分力;

Q_c——吊杆轴向力的垂直分力;

H_n——通向绞车的吊货索张力的水平分力;

Q_n——通向绞车的吊货索张力的垂直分力。

水平外力 H_a，H_c 和 H_n 是相对于支点截面的弯曲力。垂直外力 Q_a，Q_c 和 Q_n 不直接作用在起重柱的轴线上，而有一个结构偏心距 e 及 e_1，其数值取决于起重柱半径和千斤索座、吊杆座等结构尺寸。因此外力 Q_a，Q_c 和 Q_n 除对起重柱产生压缩外，而且还以偏心距为力臂引起附加弯矩。有时为了简化计算，考虑到偏心距较小，此附加弯矩也可忽略不计。同样起重柱自重 G 产生的压缩力有时也可略去不计。

应把吊杆装置可能出现的最恶劣的工况作为起重柱计算的依据。这就取决于固定在起重柱上的吊杆数量以及他们同时工作的可能性。可按 CCS《起重设备规范》的规定(见本章 6.9 节(7)所述)。

在校核起重柱强度时，由于外力引起的应力与起重柱校核截面的高度位置有关，因此在校核时要选定数个核算截面，通常选择桅肩平面、吊杆座平面、甲板支点以及起重柱截面尺度突变处等数个截面。

(1) 在千斤索固定平面(或直接在桅肩下面)

水平力 H_a 离该核算截面距离很小，所造成的弯矩也很小，常可忽略不计，而由垂直力 Q_a 造成的弯矩和压力应予以计算，其弯矩 M_a 为

$$M_a = Q_a e \tag{6.10.1}$$

若起重柱具有桅肩，在桅肩端部固定有几根吊杆的千斤索，则水平力 H_a 就引起了起重柱的扭转。最大扭矩发生在一根吊杆向首，另一根吊杆向尾方向工作的时候，如 r 表示千斤索眼板离起重柱轴线的距离，则在吊杆起重量相等的情况下扭矩 m_a 为

$$m_a = 2H_a r \tag{6.10.2}$$

该起重柱截面的正应力为

$$\sigma_a = \frac{M_a}{W_a} + \frac{Q_a}{F_a} \tag{6.10.3}$$

而切应力(如存在的话)为

$$\tau_a = \frac{m_a}{Wpa} \tag{6.10.4}$$

相当应力为

$$\sigma_0 = \sqrt{\sigma_a^2 + 3\tau_a^2} \tag{6.10.5}$$

(2) 在吊杆座平面

以水平力 H_a 造成的弯矩作为该平面起重柱截面的计算弯矩。

总弯矩 M_c 为

$$M_c = H_a h + Q_a e \tag{6.10.6}$$

严格地讲，力 Q_a 所造成的弯矩的力臂应取 $(e + y_a)$，即考虑柱端的挠度，但挠度 y_a 通常要比 e 小，因而可以忽略不计。有时，当偏心距很小时，可以不计算 $Q_a e$。

若起重柱上固定有几根吊杆,则 H_a 值应是几何合成的合力。

在此平面,扭矩的作用(当有桅肩和数根吊杆时)不存在。因为在这种情况下,吊杆座是固定在悬臂式横档上,吊杆的轴向力将造成在数值上大致相等而方向相反的扭矩。但在该平面以上的截面是存在扭矩的。

吊杆座平面处起重柱截面的正应力为

$$\sigma_c = \frac{M_c}{W_c} + \frac{Q_a + G}{F_c} \qquad\qquad (6.10.7)$$

式中　G——起重柱自重。

(3) 在上支承甲板处

在上支承甲板处起重柱截面的弯矩。当吊杆平行于船体中心线工作时,其弯矩 M_B 为(通常 e 与 e_1 相等):

$$M_B = H_a L + (H_n - H_c)h_c + Q_a e + (Q_c + Q_n)e \qquad\qquad (6.10.8)$$

当吊杆位于舷外工作时,其计算弯矩应考虑到存在两个平面上的弯矩:由平行于船体中心线且方向不变的绞车力 H_n 造成的弯矩以及其方向与吊杆位置重合的力 H_a 和 H_c 造成的弯矩。总弯矩 M_B 是下列各力矩的矢量和:

$$M' = H_c h_c = (P_0 - p')h_c \cos\alpha \qquad\qquad (6.10.9)$$

$$M'' = H_n h_c + Q_a e + (Q_c + Q_n)e \qquad\qquad (6.10.10)$$

$$M_{B_1} = H_a L \qquad\qquad (6.10.11)$$

上述各力矩的合成如图 6-43 所示。

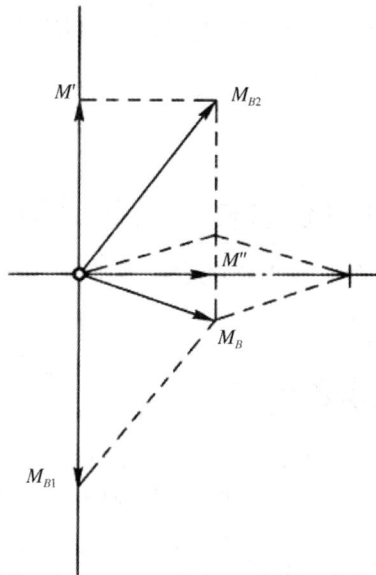

图 6-43　吊杆位于舷外时的弯矩合成

上支承甲板处起重柱截面的总应力：

$$\sigma_B = \frac{M_B}{W_B} + \frac{Q_a + Q_c + Q_n + G}{F_B} \qquad (6.10.12)$$

若在起重柱上安置有数根吊杆。当起重柱首尾方向各装有两根吊杆，则参与弯曲和压缩的垂直力和水平力的数值应当相应地加倍。

如起重柱较细长，要适当考虑纵弯曲对截面应力的影响。此时应力按下式确定：

$$\sigma_B = \frac{M_B}{W_B} + \frac{Q_a + Q_c + Q_n + G}{F_B} + \frac{Q_a y_a}{(1-\alpha^2)W_B} \qquad (6.10.13)$$

$$\alpha^2 = \frac{Q_a}{P_{cr}} \qquad (6.10.14)$$

P_{cr} 为临界负荷，柱的柔度 $\lambda = 2L/i > 100$ 时（i——起重柱截面的惯性半径），按下式计算：

$$P_{cr} = \frac{\pi^2 E I_B}{4L^2} \qquad (6.10.15)$$

若起重柱的 $\lambda \leqslant 100$ 时，临界负荷 P_{cr} 按下式计算：

$$P_{cr} = 3\,100(1 - 0.003\,68\lambda)F_B \qquad (6.10.16)$$

y_a 为起重柱挠度，按下式计算：

$$y_a = \frac{\overline{H_a}L^3}{3EI_B}\varphi'_a \qquad (6.10.17)$$

式中　$\overline{H_a}$——桅肩平面上外力的合力，按式(6.8.3)计算；

　　　φ'_a——按式(6.8.6)计算。

6.11　用支索加固的起重柱的校核计算

目前支索起重柱(桅)在船上已极少采用，以下介绍的计算方法，也可在解决其他类似结构的强度校核时参考。

6.11.1　刚度法的基本原理

将起重柱和支索作为整体考虑，称为起重柱系统，并将起重柱上端支索紧固处作为弹性支座。弹性支座的挠度 y 与作用在支座上的力 P 成正比：

$$P = Ky \qquad (6.11.1)$$

式中　K——弹性支座的刚性系数，其值等于引起支座单位挠度的力。

引入刚性系数可以把复杂的系统分解为比较简单的系统。

当起重柱系统弹性支座处作用有外力 $\overline{H_a}$ 时,桅肩处发生挠度 y_a。对起重柱而言,按式(6.11.1)可得

$$R_M = K_M y_a \tag{6.11.2}$$

式中　R_M——起重柱在弹性支座处的作用力,它与挠度方向相反;

$\quad\quad K_M$——起重柱的刚性系数。

同样,由支索引起的抵抗该挠度的作用力 W(作用于支索水平投影方向),按式(6.11.1)可得

$$W = K_T y_a \tag{6.11.3}$$

式中　K_T——支索的刚性系数。

根据弹性支座点的平衡条件

$$\overline{H_a} + R_M + \sum W = 0 \tag{6.11.4}$$

将式(6.11.2)和式(6.11.3)代入式(6.11.4)可得

$$\overline{H_a} + (K_M + \sum K_T)y_a = 0$$

上式括弧中的值是起重柱的刚性系数和参与抵抗起重柱挠度的所有支索的刚性系数的矢量和,即起重柱系统的总刚性系数:

$$K_A = K_M + \sum K_T \tag{6.11.5}$$

则可得到

$$y_a = -\frac{\overline{H_a}}{K_A} \tag{6.11.6}$$

因此,为了确定挠度 y_a,必须求得与起重柱系统挠度方向相应的起重柱刚性系数和支索的刚性系数。

6.11.2　单起重柱刚性系数的确定

纵向和横向都是对称剖面(如最常见的圆筒形)的起重柱,其刚性系数按下式确定:

$$K_M = \frac{3EI_B}{L^3 \varphi_a'} \tag{6.11.7}$$

式中　E——起重柱材料的弹性模数;

$\quad\quad I_B$——上甲板处起重柱截面惯性矩;

$\quad\quad L$——起重柱的长度;

$\quad\quad \varphi_a'$——系数,考虑起重柱沿长度方向截面惯性矩的变化和起重柱下支点的形式,见式(6.8.6)。

如起重柱的截面不是圆筒形的,或起重柱在甲板上的固定,其纵向和横向的弹性不同,那么起重柱的纵向和横向的刚性系数是不同的。在这种情况下,起重柱的

刚性系数应分别按两个方向计算（K'_M 和 K''_M）。而任意挠度方向的刚性系数,可用 K'_M 和 K''_M 的几何和求得,如图 6-44 所示。

$$K_{M\varphi} = K''_M \sin\varphi + K'_M \cos\varphi = K''_M + (K'_M - K''_M)\cos\varphi \qquad (6.11.8)$$

刚性系数矢量和 $K_{M\varphi}$ 的方向,由作图确定。矢量 K''_M 的方向与起重柱挠度方向相反,而矢量 $(K'_M - K''_M)\cos\varphi$ 的方向与刚性系数 K'_M 的方向一致。在截面对称轴之间的所有中间位置,矢量 $K_{M\varphi}$ 的方向都不与起重柱的挠度方向重合。

起重柱在其下部设置有与两侧通风筒柱连接的横档时,起重柱刚性系数 K_M 在采用式(6.11.7) 计算时,式中系数 φ'_a 应改用 $(\varphi'_a - D)$,即

$$K_M = \frac{3EI_B}{L^3(\varphi'_a - D)} \qquad (6.11.9)$$

式中　φ'_a——按式(6.8.6)确定;

$$D = \frac{\eta_c \chi_c}{\varphi'_c\left(1 + \dfrac{I_B}{2I_K}\right)} \qquad (6.11.10)$$

式中　η_c——按式(6.8.4)确定;

χ_c——按式(6.8.5)确定;

φ'_c——按式(6.8.22)确定;

I_B, I_K——含义见式(6.8.19)。

式(6.11.10)所引用的 η_c, χ_c, φ'_c 等系数的计算式,只有在从甲板到横档之间的高度内,起重柱的横截面不变的情况下才有效。

6.11.3　支索刚性系数的确定

支索的刚性系数取决于起重柱的极限挠度,因为当起重柱达到极限挠度时支索的张力可能达到缆索的破断力。

按胡克定律,支索的张力 R(见图 6-45):

$$R = \frac{\Delta S}{S} E_T F_T \qquad (6.11.11)$$

式中　ΔS——支索的伸长,$\Delta S = y_a \cos\gamma \sin\beta$;

S——支索的长度,$S = b/\sin\beta$(b 为支索的水平投影长度);

E_T——支索的弹性模数;

F_T——支索的金属部分截面积。

式(6.11.11)也可写成

$$R = y_a \frac{E_T F_T}{b} \sin^2\beta \cos\gamma \qquad (6.11.12)$$

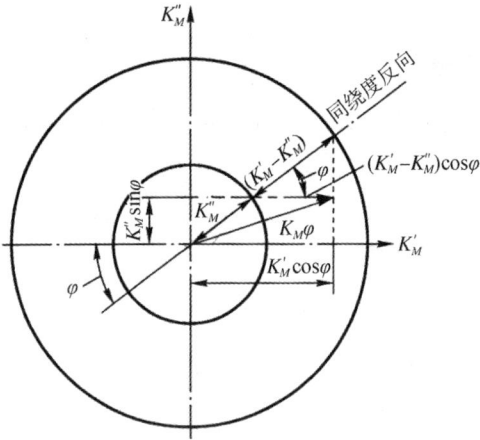

图 6-44　不对称截面起重柱的刚性系数

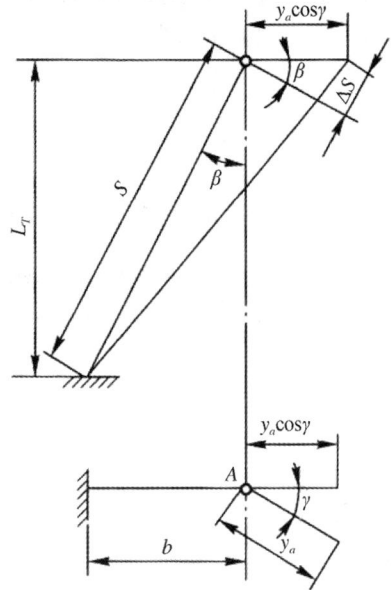

图 6-45　支索刚性系数计算图

现假设 $\gamma = 0$,沿着支索方向作用着支索的断裂负荷 R_T,相应的挠度为 y_R,则式(6.11.12)可写成:

$$R_T = y_R \frac{E_T F_T}{b} \sin^2\beta \qquad (6.11.13)$$

根据刚性系数的定义,支索的刚性系数 K_T 按式(6.11.3)可得:

$$K_T = \frac{W}{y_R} = R_T \frac{1}{y_R} \sin\beta \qquad (6.11.14)$$

根据式(6.11.13)可确定支索破断时的挠度的倒数表达式:

$$\frac{1}{y_R} = \frac{E_T}{\sigma_B} \frac{\sin^2\beta}{b} \qquad (6.11.15)$$

式中　σ_B——缆索的抗拉强度极限。

在式(6.11.14)和式(6.11.15)中,β 角是支索与起重柱轴线间的夹角。

上述 K_T 值,是对应于支索方向与起重柱挠度方向一致时的数值,当两者方向不同时,则刚性系数为

$$K_T' = K_T \cos\gamma \qquad (6.11.16)$$

式中　γ——支索水平投影方向与起重柱挠度方向之间夹角(见图6-45)。

应当注意,计算时 γ 角始终小于 90°。

式(6.11.15)确定的数值 $\dfrac{1}{y_R}$,在极坐标图上是以直径为 $\dfrac{1}{y_R}$ 的圆弧表示,该直径

从点 O 开始按支索方向量取(见图 6-46)。

支索的安全系数为

$$n = \cfrac{1}{\cfrac{1}{y_a}\,\cfrac{1}{y_R}}$$

(6.11.17)

6.11.4 确定支索起重柱总刚度系数

由于支索的不对称,以及起重柱在挠度(外力)方向改变时,系统的总刚性系数是变化的,它可以通过极坐标图图解确定,如图 6-46 所示。

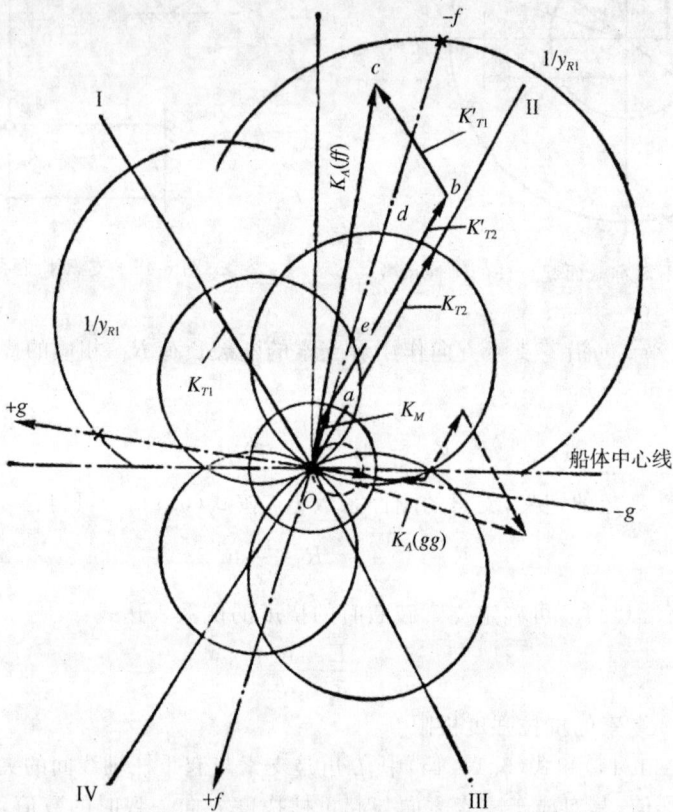

图 6-46 起重柱支索系统总刚性系数极坐标图

在图中,从原点 O 开始,画出各支索方向。圆筒截面起重柱的刚性系数是各向相同的,所以在极坐标图中它以圆心为 O 点,半径为 K_M 的圆表示。支索的刚性系数,在极坐标图中则以直径为 K_T 的圆表示。该直径从点 O 开始置于相应的支索方向。

如果起重柱的挠度方向与支索方向相同,则该支索即以其刚性系数 K_{Tn} 计入系统中。如果挠度方向与支索方向不同,具有一夹角 γ(见图 6-47),而且挠度反向线穿过支索刚性系数的圆周(即 $\gamma < 90°$),则该支索将以刚性系数 K'_{Tn} 参与起重柱工作,其数值符合式(6.11.16)计算所得。

刚性系数矢量的几何和,按下述程序作图(见图 6-46)。经过点 O 作起重柱的设定挠度线$(+f)$,而且向相反的方向延伸 $(-f)$。$\overline{Oa}$ 是起重柱的刚性系数。在计算中必须计入的支索是那些刚性系数的圆周被起重柱设定挠度方向相反线$(-f)$ 所穿过者,此图中有支索 Ⅰ 和 Ⅱ。从点 a作一条平行于支索 Ⅱ 的线,在其上量取线段 $\overline{ab}$,等于 $\overline{Od}$,$\overline{Od}$ 即为 f 挠度方向支索 Ⅱ 的刚性系数。然后从点 b 作一条平行于支索 Ⅰ 的线,在其上量取线段 $\overline{bc}$,等于 $\overline{Oe}$,也即为支索 Ⅰ 的刚性系数。最后 $\overline{Oc}$ 就是起重柱在 f 向挠曲时系统的总刚性系数 K_A。

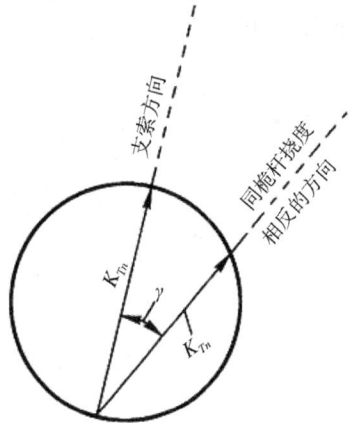

图 6-47 缆索的刚性系数在起重柱挠度方向的分量

总刚性系数矢量的方向与相应的挠度方向通常是不一致的。

在起重柱计算中,要对一系列设定的挠度方向确定系统的总刚性系数,总刚性系数矢量的末端用曲线连接,该曲线应是光顺的。

6.11.5 起重柱的强度和稳定性校核

作用在起重柱上的力使柱产生垂直于其轴线的平面上的弯曲、压缩和扭转。

起重柱的弯曲是由作用在千斤索固定平面上的合力 R_M 和其力臂等于挠度的最大值 $y_{\max}$ 的垂直力 Q_A 所造成的。在计算时应取最大值的 R_M,Q_A 和 $y_{\max}$。

合力按式(6.11.2)确定:

$$R_M = K_M y_{\max}$$

起重柱的刚性系数 K_M 由式(6.11.7)或式(6.11.8)确定;挠度 $y_{\max}$ 则按该挠度方向的极坐标图以及式(6.11.6)确定。

承压起重柱的总垂直力,一般情况为

$$Q_A = Q_R + G + \sum Q_a + Q_c + Q_n \tag{6.11.18}$$

Q_R 为支索张力的垂向分力总和,按下式计算:

$$Q_R = y_{\max} \sum \frac{K_T}{\tan \beta} \qquad (6.11.19)$$

式中　K_T——根据极坐标图在起重柱最大挠度 $y_{\max}$ 方向的支索刚性系数；

　　　β——起重柱轴线与支索间夹角。

式(6.11.18)中，Q_a、Q_c 和 Q_n 见图 6-40。

如存在扭矩的话，扭矩是当两根吊杆的千斤索在桅肩上的固定点离开起重柱轴线的距离为 r 时，由水平力 H_a 所造成的。

桅肩平面上的弯矩。在起重柱上设置轻型吊杆的情况下，此弯矩实际上为零。当设置带有固定在桅肩上的千斤索的重型吊杆时，此弯矩为

$$M_a = H_h(L_h - L) + Q_h e \qquad (6.11.20)$$

式中　e——偏心距，等于起重柱轴线到千斤索眼板中心的距离（沿船体中心线方向）；

　　　L_h——重型吊杆千斤索眼板在上支承甲板以上的高度（见图 6-41(b)）；

　　　Q_h——千斤索张力的垂向分力。

当设置轻型吊杆时，扭矩为[见式(6.10.2)]：

$$m_a = 2H_a r \qquad (6.11.21)$$

此外，考虑到起重柱受力 Q_n 或 $\sum Q_a$ 的压缩。

在吊杆座平面上，起重柱的总弯矩为

$$M_c = R_M h \qquad (6.11.22)$$

考虑到弯曲力和压力同时作用于起重柱，存在横向和纵向弯曲，这时应力按下式确定：

$$\sigma_c = \frac{M_c}{W_c} + \frac{Q_R + G + \sum Q_a}{F_c} + \frac{(Q_R + \sum Q_a) y_{\max}}{(1 - \alpha^2) W_c} \qquad (6.11.23)$$

式中，$\alpha^2 = \dfrac{Q_R - \sum Q_a}{P_{cr}}$（$P_{cr}$ 为起重柱的临界负荷）。

如果横档支承在起重柱上，则在吊杆座平面上存在扭矩 $m_c = m_a = 2H_a r$，切应力为

$$\tau_c = \frac{m_c}{W_{pc}} \qquad (6.11.24)$$

在横档支承处，作用于起重柱的弯曲力由式(6.8.19)或式(6.8.20)确定。

在上支承甲板处起重柱的弯矩为

$$M_B = R_M L + (H_n - H_c) h_c - H_c h_e \qquad (6.11.25)$$

正应力：　　$$\sigma_B = \frac{M_B}{W_B} + \frac{Q_A}{F_B} + \frac{Q_R + \sum Q_a + Q_e + Q_n}{(1 - \alpha^2) W_B} y_{\max} \qquad (6.11.26)$$

相当应力：　　$$\sigma_t = 0.35\sigma \pm 0.65 \sqrt{\sigma^2 + 4\tau^2} \qquad (6.11.27)$$

用支索紧固的起重柱与无支索紧固的起重柱的区别在于,前者应视作长度为 L,下端嵌固,上端为弹性支座铰接的杆件。

为了初步确定纵弯曲的影响,起重柱的柔度可以认为是 $\lambda = 2L/i$(上端为自由端的杆件)和 $\lambda = \dfrac{L}{i\sqrt{2}}$(上端为铰接的杆件)的算术平均值。

当 $\lambda > 100$ 时,其临界负荷相应为

$$P_{cr} = \frac{\pi^2 EI_B}{4L^2} \ \text{及} \ P_{cr} = \frac{2\pi^2 EI_B}{L^2} \tag{6.11.28}$$

当 $\lambda \leqslant 100$ 时,其临界负荷可按式(6.10.16)计算。这时

$$\lambda \approx \frac{L}{1.3i} \sim \frac{L}{1.2i} \tag{6.11.29}$$

建议在按式(6.11.28)计算时,采用甲板和桅肩之间起重柱半高处的横截面惯性半径值 i。

6.12　人字桅的校核计算

人字桅的计算方法,是由其特殊的两杆框架的结构特点所决定。人字桅的桅肩位于桅杆斜柱轴线的交点以下某一距离同斜柱用横肘板连接处,这就保证了这一连接具有极大的刚性。由于斜柱轴线交点到桅肩与斜柱连接处的距离并不大,因此人字桅的计算可以在下列假定的基础上进行:或者是一对斜柱在其轴线交点处刚性连接;或者是一对斜柱同桅肩刚性连接,桅肩可视作框架的水平梁。两种方法所得结果非常接近。

人字桅照例是不用支索紧固的,除非在桅杆上设置重型吊杆,需要在船的纵向预先设置可拆卸的支索,以便增加刚性。

人字桅在吊杆垂直于或是同船体中心线之间有很大的夹角进行工作时,能够保证足够的刚性。为了使桅杆在纵向具有足够的刚性,桅杆斜柱的截面采用椭圆形或是哈列恩建议的形状,如图 6-48 所示。

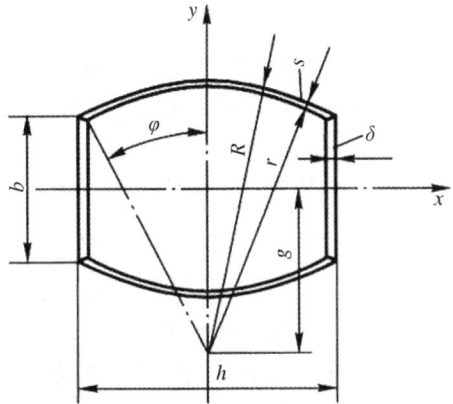

图 6-48　人字桅的截面

6.12.1 哈列恩式斜柱横截面的几何特性

斜柱的横截面是由两个外半径为 R 的圆弧(厚度为 s 的曲板)和两块端板(宽度为 b 和厚度为 δ 的平板)组成。其几何特性按下式计算:

横截面面积:

$$F = 2b\delta + 4\overline{\varphi}rs \tag{6.12.1}$$

纵向惯性矩(相对于 y 轴):

$$I_y = \frac{\delta b}{2}(h-\delta)^2 + r^3 s(2\overline{\varphi} - \sin 2\varphi) \tag{6.12.2}$$

剖面模数:

$$W_y = \frac{2I_y}{h} \tag{6.12.3}$$

横向惯性矩(相对于力轴):

$$I_x = \frac{\delta b^3}{6} + 2r^3 s\left\{\overline{\varphi}\left[1 + 2\left(\frac{g}{r}\right)^2\right] + \sin\varphi\left(\cos\varphi - 4\frac{g}{r}\right)\right\} \tag{6.12.4}$$

剖面模数:

$$W_x = \frac{I_x}{r-g} \tag{6.12.5}$$

截面的极惯性矩:

$$I_P = \frac{2F_0^2}{\dfrac{2\overline{\varphi}r}{s} + \dfrac{b}{\delta}} \tag{6.12.6}$$

式中 $F_0 = b(h-\delta) + r^2(2\overline{\varphi} - \sin 2\varphi)$。

惯性矩可用表格形式进行计算。

6.12.2 桅杆横向平面上的负荷

当重型吊杆转到舷外工作时,可以认为总的千斤索张力作用于船体中心线上斜柱轴线的交点上(见图 6-49 中的点 H)。由于吊杆支座固定在甲板上,在点 H 上作用的外力将使桅杆承受:

由千斤索水平总张力 H_h 造成的弯矩;

由千斤索垂直总张力 Q_h 造成的压缩力。

当轻型吊杆转到舷外工作,而千斤索张力作用于离开船体中心线某一个水平距离以及离开斜柱轴线交点 H 以下某一个高度的桅肩上,在这种情况下,外力将造成:

(1) 由千斤索张力引起的换算到点 H 的假定力矩 M_H 所造成的桅杆弯曲;

（2）由千斤索张力的分力和吊杆轴向力的分力 H_a 和 H_c 所造成的桅杆弯曲；

（3）由千斤索张力的分力和吊杆轴向力的分力 Q_a 和 Q_c 所造成的桅杆压缩。

在点 H 上作用着水平力 H_a（或 H_h）的情况下，每一根斜柱上将承受水平力 $H_a/2$，这个力在一根斜柱中造成压力 Q_H 而在另一根斜柱中造成拉力 Z_H，此外每一根斜柱上将作用着垂直于其轴线的力 N_H。这些力按下式确定：

$$Q_H = -Z_H = \frac{H_a}{2\sin\delta}\frac{\xi}{1+\xi}$$

$$(6.12.7)$$

$$N_H = \frac{H_a}{2\cos\delta}\frac{\xi}{1+\xi} \qquad (6.12.8)$$

式中　δ——斜柱相对于垂线的倾角；

　　　ξ——系数按下式计算：

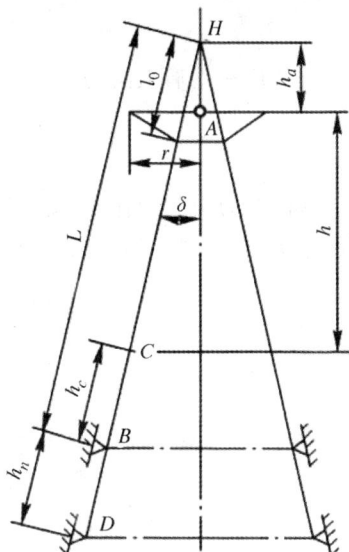

图 6-49　人字桅的几何特性

$$\xi = \frac{F_n L^2}{3L_B}\frac{\varphi_a'}{k_F}\tan^2\delta \qquad (6.12.9)$$

在式（6.12.9）中，系数 φ_a' 按式（6.8.6）计算；系数 k_F 是考虑桅杆沿高度方向横截面面积的变化，可用定积分表示：

$$k_F = \int_0^L \frac{F_B}{F(x)}\mathrm{d}x$$

按辛氏法近似计算则为

$$k_F \approx \frac{1}{6}\left(0.5 + 2\frac{F_B}{F_{1/4}} + \frac{F_B}{F_{1/2}} + 2\frac{F_B}{F_{3/4}} + 0.5\frac{F_B}{F_L}\right) \qquad (6.12.10)$$

式中，$F_{1/4}$，$F_{1/2}$，$F_{3/4}$ 和 F_L 表示离开上支承甲板高度为 $1/4L,1/2L,3/4L$ 和 L 处的斜柱截面积。

在第一次近似计算中，系数 ξ 始终大大超过 1.0，斜柱的压力和拉力可按简化公式确定：

$$Q_H = -Z_H = \frac{H_a}{2\sin\delta} \qquad (6.12.11)$$

而数值 N_H 因为很小，可以忽略不计。

在重型吊杆工作时，在式（6.12.7）、式（6.12.8）和式（6.12.11）中，以数值 H_h 代替 H_a。

作用在点 H 的垂直力 Q_h，在一对斜柱中仅仅造成压力：

$$Q_q = \frac{Q_h}{2\cos\delta} \tag{6.12.12}$$

作用在桅肩上的力 Q_a 对斜柱的压力,当轻型吊杆工作时,相似地为:

$$Q_q = \frac{\sum Q_a}{2\cos\delta} \tag{6.12.13}$$

由外力引起的作用于点 H 的力矩 M_H,由两根斜杆平均地承受(由于斜柱是对称布置的)。斜柱的压力和垂直于斜柱轴线的法向力用下式表示:

$$Q_M = \frac{M_H}{2L} \frac{\xi}{1+\xi}\Big(1+\frac{\psi_a}{\varphi'_a}\Big)\frac{1}{\tan\delta} \tag{6.12.14}$$

$$N_M = \frac{M_H}{2L} \frac{\xi}{1+\xi}\Big(1+\frac{\psi_a}{\varphi'_a}\Big) \tag{6.12.15}$$

式中　φ'_a——系数,按式(6.8.6)确定。

　　ψ_a——系数,按式(6.8.16)确定。

对于所校核的吊杆工作状态,在横向平面上力矩 M_H:

$$M_H = Q_a r - H_a h_a \tag{6.12.16}$$

式中　r——从桅杆轴线到千斤索在桅肩处固定点的水平距离;

　　h_a——从千斤索在桅肩处的固定点到斜柱轴线交点 H 的垂直距离。

如果几根吊杆同时转向舷外,则在式(6.12.16)中,必须以数值 $\sum H_a$ 和 $\sum Q_a$ 代替 H_a 和 Q_a。

支承在桅杆斜柱上点 C 处的吊杆轴向力,由于斜柱本身在点 H 上的刚性连接,在斜柱的上部引起了弯矩和垂直于斜柱轴线的法向力。导出下述用于确定法向力 N'_H 和弯矩 M'_H 的公式时,假定在吊杆支座以下及支点甲板之间的斜柱的截面惯性矩是不变的。

此外,在吊杆支座固定处,还产生对斜柱的压力 Q_c。

法向力:

$$N'_H = -\eta^a_c H_c \cos\delta \tag{6.12.17}$$

式中　η^a_c——折减系数,按下式确定:

$$\eta^a_c = -3\Big(\frac{h_c}{L}\Big)^2 \frac{\rho}{\eta^a_M\varphi'_M + \varphi'_N} \tag{6.12.18}$$

　弯矩:

$$M'_H = \eta^a_M N'_H L \tag{6.12.19}$$

式中　η^a_M——系数,按下式确定:

$$\eta^a_M = -\frac{\rho(\varphi'_N - \varphi'_a) - \dfrac{h_c}{6L}\varphi'_N}{\rho(\varphi'_M - \varphi'_N) - \dfrac{h_c}{6L}\varphi'_M} \tag{6.12.20}$$

在式(6.12.18)和式(6.12.19)中所引入的系数 ρ, φ'_a, φ'_M 和 φ'_N,都是考虑斜

柱在其高度上截面特性的变化,以及桅杆斜柱在甲板上两支点固定的影响。系数 φ_a' 可按式(6.8.6)计算。其余系数则按下式确定:

$$\rho = \frac{1}{2} + \frac{h_n}{3h_c} \tag{6.12.21}$$

$$\varphi_M' = \varphi_M + \frac{h_n}{L} \tag{6.12.22}$$

式中,$\varphi_M = 3\int_0^L \frac{I_B}{I(x)}\mathrm{d}x$,可按近似公式确定:

$$\varphi_M \approx \frac{1}{4}\left(1 + 4\frac{I_B}{I_{1/4}} + 2\frac{I_B}{I_{1/2}} + 4\frac{I_B}{I_{3/4}} + \frac{I_B}{I_L}\right) \tag{6.12.23}$$

$$\varphi_N' = \varphi_N + \frac{h_n}{L} \tag{6.12.24}$$

式中,$\varphi_N = 3\int_0^L \frac{I_B}{I(x)}\mathrm{d}x$,可按近似公式确定:

$$\varphi_N \approx \frac{1}{4}\left(1 + 3\frac{I_B}{I_{1/4}} + \frac{I_B}{I_{1/2}} + \frac{I_B}{I_{3/4}}\right) \tag{6.12.25}$$

应该注意采用这些考虑吊杆轴向力影响的公式的两种特殊情况。

如果桅杆的斜柱在上、下支点甲板之间被焊在横隔壁上,这种情况在船上是常有的,那么就可以认为斜柱在上甲板处是刚性嵌固的。这时 $\rho = \frac{1}{2}$;$\varphi_a' = \varphi_a$;$\varphi_M' = \varphi_M$ 和 $\varphi_N' = \varphi_N$。

如果桅杆斜柱在其整个高度具有不变的横截面,则 $\varphi_a = 1.0$;$\varphi_M = 3.0$;$\varphi_N = 1.5$。这样,在桅杆斜柱的上端作用着以下的总和力和总弯矩:

压力:
$$\sum Q = Q_H + Q_q + Q_M \tag{6.12.26}$$

法向力:
$$\sum N = N_H \pm N_M - N_H' \tag{6.12.27}$$

外力矩:
$$\sum M = \pm \frac{1}{2}M_H - M_H' \tag{6.12.28}$$

在式(6.12.27)中,第二项数值的负号是用于当 M_H 是负值的时候,也即当式(6.12.16)中数值 $H_a h_a$ 大于 $Q_a r$ 时。

确定了总和力及总弯矩后,就很容易确定桅杆斜柱高度上任一截面处的应力。

当重型吊杆工作时,桅肩处弯矩:
$$M_R = N_H l_0 \tag{6.12.29}$$
式中 l_0——从点 H 到桅肩,平行于斜柱轴线的距离(见图 6-49)。

桅肩处的压力:
$$Q_R = Q_H + Q_q \tag{6.12.30}$$

上支点甲板处斜柱的弯矩:

$$M_B = N_H L \tag{6.12.31}$$

上支点甲板处斜柱的压力:

$$Q_B = Q_H + Q_q + G \tag{6.12.32}$$

式中,G——桅杆斜柱自重。

当轻型吊杆工作时,桅肩处弯矩:

$$M_R = \sum M + l_0 \sum N \tag{6.12.33}$$

桅肩处压力:

$$Q = \sum Q \tag{6.12.34}$$

吊杆支座平面上的弯矩:

$$M_c = \sum M + (L - h_c) \sum N \tag{6.12.35}$$

吊杆支座平面上斜柱的压力:

$$Q_c = \sum Q + G \tag{6.12.36}$$

上支点甲板处弯矩:

$$M_B = \sum M + L \sum N - H_c h_c \cos \delta \tag{6.12.37}$$

上支点甲板处斜柱的压力:

$$Q_B = \sum Q + H_c \sin \delta + G \tag{6.12.38}$$

上述公式对于计算承压斜柱是有效的,也可以用于承受拉伸的斜柱的计算,这时数值 H_c,N'_H 和 M'_H 等于零。

在计算折减系数和斜柱截面的应力时,惯性矩、剖面模数和截面积应当按横向计算,也即相对于 x 轴(I_x,W_x,F_x)。

如同单起重柱那样,人字桅的承压斜柱有时要进行稳定性校核(见本章6.10)。由于承压斜柱的上支点部分地受到承受拉伸的斜柱的支撑以抵抗偏斜和转动。所以斜柱的实际稳定性,将是介于上支点自由支承的杆件 $\left(\lambda = \dfrac{1}{i\sqrt{2}}\right)$ 和两端刚性嵌固的杆件 $\left(\lambda = \dfrac{L}{2i}\right)$ 之间的某个中间状态。在人字桅的横向负荷作用下,柔度为

$$\lambda = \frac{L}{1.5i} \tag{6.12.39}$$

人字桅承压斜柱其余的稳定性校核步骤,同普通桅杆的稳定性校核相似。

如果两根吊杆沿船的纵向设置在一舷(首部和尾部),在这种情况下,力矩 M_H 即是作用于斜柱轴线交点的千斤索张力的力矩:

$$M_H = 2Q_a r \tag{6.12.40}$$

吊杆千斤索张力的水平分力相互平衡(当首部和尾部吊杆的诸要素相同时)。这种情况下的总和力和总弯矩：

$$\sum Q = Q_q + Q_M \tag{6.12.41}$$

$$\sum N = -N_M \tag{6.12.42}$$

$$\sum M = \frac{1}{2} M_H \tag{6.12.43}$$

这时,桅肩处的弯矩和压力：

$$M_R = \sum M + l_0 \sum N ; \quad Q_R = \sum Q \tag{6.12.44}$$

上支点甲板的弯矩和压力：

$$M_B = \sum M + L \sum N ; \quad Q_B = \sum Q + G \tag{6.12.45}$$

6.12.3 桅杆纵向平面上的负荷

在纵向平面上,人字桅的负荷可能出现 3 种情况：

(1) 两根轻型吊货杆沿船的纵向设置在同一个舱口上;

(2) 两根轻型吊货杆沿船的纵向设置于不同的舷侧;一根在桅杆的首部方向,而另一根则在桅杆的尾部方向;

(3) 重型吊货杆设置于货舱口上部。

带有两根沿船的纵向设置在同一舱口上部的轻型吊杆的桅杆。这种情况的负荷与本章 6.10 中所述的单起重柱计算没有什么原则上的区别。

由于负荷的对称性,每一根桅杆斜柱所承受的压力：

$$Q_q = \frac{\sum Q_a}{2\cos\delta} = \frac{2Q_a}{2\cos\delta} = \frac{Q_a}{\cos\delta} \tag{6.12.46}$$

每根斜柱桅肩处的弯矩：

$$M_R = \frac{Q_a}{\cos\delta} e \tag{6.12.47}$$

式中 e——桅杆轴线到千斤索固定眼板之间的距离(沿船体中心线方向)。

在每根斜柱的吊货杆支座平面上的弯矩：

$$M_c = H_a h + \frac{Q_a}{\cos\delta} e \tag{6.12.48}$$

式中 h——从吊杆支座到吊杆千斤索固定眼板之间的垂直距离。

在每根斜柱的吊杆支座平面上的压力：

$$Q_c = \frac{Q_a}{\cos\delta} + G \tag{6.12.49}$$

上支点甲板处每根斜柱上的弯矩和压力：

$$M_B = H_a h + (H_a + H_n - H_c) h_c \cos \delta + (Q_a + Q_n) \frac{e}{\cos \delta} \qquad (6.12.50)$$

$$Q_B = \frac{Q_a + Q_n + Q_s}{\cos \delta} + G \qquad (6.12.51)$$

在确定斜柱的应力时,剖面模数和截面积必须按纵向计算,也即相对于 y 轴 (W_y, F_y)。纵向弯曲时,斜柱的侧边可能丧失稳定性,所以应该采用横向的惯性半径 i,柔度系数 $\lambda = \dfrac{L}{1.3i}$。

带有两根在不同舷侧的吊杆,一根在首部货舱上部,另一根在尾部货舱上部。这种情况下,两根吊杆,一根在船首,另一根在船尾,它们的千斤索张力的水平力使人字桅的桅肩上作用了一对力偶,使得桅杆的斜柱上不仅产生了扭转力,而且还有附加弯矩。

作用在桅肩上的力偶在斜柱上造成了附加弯矩,它是由同半径为 $l_0 \sin \delta$ 的斜柱的假定圆相切(在桅肩平面处)的水平力 H_T 和斜柱嵌固处的旁矩 M_T 造成的。此外,在斜柱上还引起了扭矩 m_K。这些力矩按下式确定:

$$M_T = \eta_T H_T (L - l_0) \qquad (6.12.52)$$

$$m_K = \eta_K H_T (L - l_0) \qquad (6.12.53)$$

系数 η_T 和 η_K 分别为

$$\eta_T = -\frac{\varphi_a' + \dfrac{l_0}{L - l_0} \varphi_N'}{\varphi_N' + \dfrac{l_0}{L - l_0} \varphi_M'} \qquad (6.12.54)$$

$$\eta_K = -\frac{E_c I_{PB} \varphi_N' + \eta_T \varphi_M'}{E I_B \varphi_P' \sin \delta} \qquad (6.12.55)$$

式中 E_c——抗剪弹性模数;

I_{PB}——起重柱在上甲板支承处的极惯性矩。

在这些公式中,系数 φ_a',φ_M' 和 φ_N' 分别按式(6.8.6)、式(6.12.22)和式(6.12.24)确定。但是对于所探讨的这类桅杆的负荷状态,应当采用相对于 y 轴的惯性矩 I_y。如果桅杆的斜柱在甲板上支点处刚性嵌固,则

$$\varphi_a' = \varphi_a, \quad \varphi_N' = \varphi_N, \quad \varphi_M' = \varphi_M$$

系数 φ_P' 是考虑高度方向斜柱截面惯性矩的变化以及甲板上斜柱支点的刚度,可按下式确定:

$$\varphi_P' = \varphi_P + \frac{h_n}{L} \qquad (6.12.56)$$

式中

$$\varphi_P = 3 \int_0^L \frac{I_{PB}}{I_{P(x)}} \mathrm{d}x \approx \frac{1}{4} \left(1 + 4 \frac{I_{PB}}{I_{P1/4}} + 2 \frac{I_{PB}}{I_{P1/2}} + 4 \frac{I_{PB}}{I_{P3/4}} + \frac{I_{PB}}{I_{PL}} \right) (6.12.57)$$

分母中的极惯性矩分别为离开上支点甲板高度为 $\frac{1}{4}L$，$\frac{1}{2}L$，$\frac{3}{4}L$ 和 L 的数值。当整个斜柱高度上 I_P 值不变时，斜柱的 $\varphi_P = 3.0$。

水平力 H_T 可以按下式确定：

$$H_T = H_a \frac{\dfrac{r}{(L-l_0)\sin\delta} + \eta_c^a\left(\dfrac{l_0}{L-l_0} + \eta_M^a\right)}{\dfrac{l_0}{L-l_0} + \eta_T + \dfrac{\eta_K}{\tan\delta}} \qquad (6.12.58)$$

式(6.12.58)中分子的第二个被加数是考虑支座固定在斜柱上的吊杆轴向力的影响。此式中引入的系数 η_c^a 和 η_M^a 可按式(6.12.18)和式(6.12.20)确定。如果轴向力影响不大，则在第一次近似计算中，分子的第二个被加数可取为零。

在确定数值 H_T，M_T 和 m_K 之后，用于应力计算的斜柱作用力和弯矩将按下式确定：

桅肩处弯矩：

$$M_R = M_T + M_H' \qquad (6.12.59)$$

式中，M_H' 同式(6.12.19)相似：

$$M_H' = \eta_M^a N_H' L$$

桅肩处斜柱压力：

$$Q_R = Q_a/\cos\delta \qquad (6.12.60)$$

上甲板处弯矩：

$$M_B = M_T + M_H' + (H_T + N_H')(L-l_0) - (H_c - H_n)h_c \qquad (6.12.61)$$

式中，N_H' 按式(6.12.17)计算。

上甲板处斜柱压力：

$$Q_B = Q_R + G + Q_c \qquad (6.12.62)$$

斜柱复板的切应力：

$$\tau = \frac{m_K}{2F_0 S} \qquad (6.12.63)$$

沿高度方向各截面上的应力计算，同单起重柱的计算一样。

6.13　门形桅的校核计算

门形桅杆是框架结构。当吊货杆垂直于船体中心线工作时，它是平面框架；而当吊货杆平行于船体中心线(沿船的纵向)工作时，则是空间框架。

吊杆柱的下部同两层甲板固定，在这种情况下，计算框架的支柱可认为是自由支承的。如果吊杆柱的甲板之间设置横向或纵向隔壁，则框架的支柱可作为刚性嵌固。

6.13.1 桅杆在横向平面上的负荷

吊杆转到舷外工作时,千斤索张力作用于桅肩平面上,吊杆轴向力的压力作用在离开上支点甲板高度为 h_c 处(见图 6-50)。吊杆柱支承在两层甲板的情况下,解这样的平面框架可以得到下列关系式:

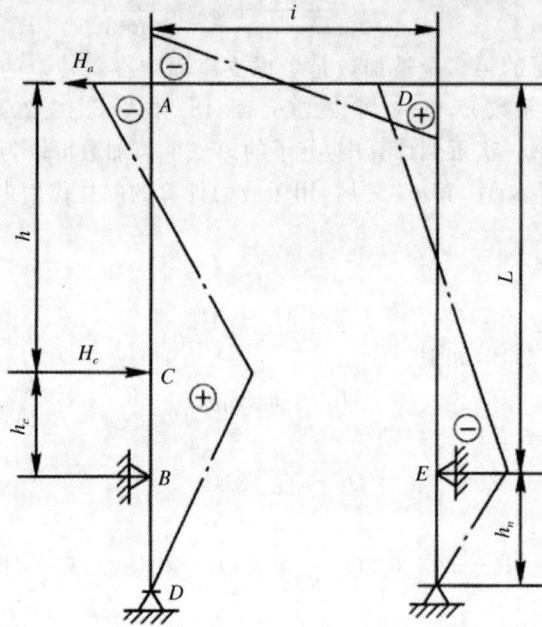

图 6-50 门形桅在横向平面上的负荷

承受负荷的吊杆柱同桅肩连接处的弯矩:

$$M_a = -\frac{H_a L}{2} C_1 + \eta_M^a N_a' L \qquad (6.13.1)$$

承受负荷的吊杆柱在吊货杆支座平面上的弯矩:

$$M_c = \frac{H_a L}{2} C_2 \left[1 - \frac{h_c}{L(1 - C_1/C_2)} \right] + \eta_M^a N_a' L - N_a' h \qquad (6.13.2)$$

承受负荷的吊杆柱在上支点甲板处的弯矩:

$$M_B = \frac{H_a L}{2} C_2 + \eta_M^a N_a' L - N_a' L - H_c h_c \qquad (6.13.3)$$

另一根吊杆柱同桅肩连接处的弯矩:

$$M_D = (H_a + N_a') \frac{L}{2} C_1 - \eta_m^a N_a' L \qquad (6.13.4)$$

另一根吊杆柱在上支点甲板处的弯矩：

$$M_E = -(H_a + N_a') \frac{L}{2} C_2 \qquad (6.13.5)$$

该框架的弯矩图在图 6-50 中用点画线表示。上述计算式中所引用的数值：

$$N_a' = \eta_c^a H_c \qquad (6.13.6)$$

式中折减系数 η_c^a 的确定，如同在本章 6.12 中所述。但是由于吊杆柱照例在整个高度上是等截面的，所以 η_c^a 可按下式确定：

$$\eta_c^a = -3\left(\frac{h_c}{L}\right)^2 \frac{\rho}{\dfrac{3}{2} + \eta_M^a\left(3 + \dfrac{h_n}{L}\right) + \dfrac{h_n}{L}} \qquad (6.13.7)$$

与此相似

$$\eta_M^a = -\frac{\dfrac{1}{2}\rho - \dfrac{h_c}{6L}\left(\dfrac{3}{2} + \dfrac{h_n}{L}\right)}{\dfrac{3}{2}\rho - \dfrac{h_c}{6L}\left(3 + \dfrac{h_n}{L}\right)} \qquad (6.13.8)$$

式(6.13.7)和式(6.13.8)中：

$$\rho = \frac{1}{2} + \frac{h_n}{3h_c} \qquad (6.13.9)$$

系数 C_1 和 C_2 为

$$C_1 = \frac{3L + 2h_n}{6L + ki + 2h_n} \qquad (6.13.10)$$

$$C_2 = \frac{3L + ki}{6L + ki + 2h_n} \qquad (6.13.11)$$

式中　$k = I_k / I_T$——吊杆柱惯性矩同桅肩惯性矩之比值；

　　　i——吊杆柱之间的距离(框架横档的长度)。

如果吊杆柱在上支点甲板处刚性嵌固，则计算弯矩的式(6.13.1)～式(6.13.5)仍然有效。此时系数可以按简化式计算：

$$\eta_c^a = -\left(\frac{h_c}{L}\right)^2 \frac{1}{2\eta_M^a + 1}; \quad \eta_M^a = -\frac{L - h_c}{3L - 2h_c} \qquad (6.13.12)$$

$$C_1 = \frac{3L}{6L + ki}; \quad C_2 = \frac{3L + ki}{6L + ki} \qquad (6.13.13)$$

承受负荷的吊杆柱在桅肩和吊杆支座之间的压力为

$$Q_R = -\frac{H_a L}{i} + \frac{M_B - M_C}{i} + Q_a \qquad (6.13.14)$$

承受负荷的吊杆柱在吊杆支座以下的压力为

$$Q_B = Q_R + Q_C \qquad (6.13.15)$$

在横向平面上承受负荷的门形桅杆计算中应该注意，如果几根吊杆同时转到舷外,那么在计算式中必须代入数值$\sum H_a$,$\sum H_c$等。

6.13.2 桅杆在纵向平面上的负荷

当固定在门形桅杆上的吊杆平行于船体中心线工作时,可能出现下列的负荷计算状态。

(1) 两根吊杆或是在桅杆的首部方向,或是在桅杆的尾部方向同时工作;

(2) 沿船的纵向,一根吊杆工作;

(3) 一根吊杆在桅杆的首部方向,另一根吊杆在桅杆的尾部方向(不同舷侧)同时工作。

状态(1)中,当设置在两根吊杆柱上的吊杆起重量相等时,吊杆柱承受相同的外力,将会产生相同的挠度。而每一根吊杆柱可以当作单起重柱进行计算(见本章6.10)。

在状态(2)和(3)中,一对吊杆柱同时承受弯曲力和扭转力的作用,如图 6-51 所示。

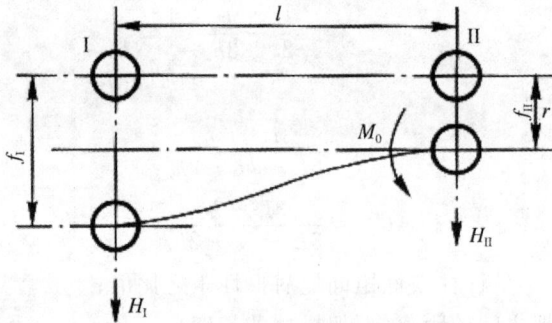

图 6-51 门形桅在纵向平面上的负荷

当设置在吊杆柱 I 上的单根吊货杆沿船的纵向工作时,吊杆柱 II 由于连接两根吊杆柱的桅肩的刚性而承受到部分外负荷。H_{I} 和 H_{II} 表示相应的吊杆柱 I 和 II 所承受的外力,可得到:

$$\overline{H_a} = H_{\text{I}} + H_{\text{II}} \tag{6.13.16}$$

式中 $\overline{H_a}$——吊杆柱 I 的外力的水平合力,按式(6.8.3)确定。

吊杆柱所承受的作用力:

$$\left. \begin{array}{l} H_{\text{II}} = \dfrac{2\,\overline{H_a}L^3}{3L^3 + 6k\delta Li^3 + ki^3 \left[\dfrac{3i}{2(i+\delta L)} - 1 \right]} \\[4mm] H_{\text{I}} = \overline{H_a} - H_{\text{II}} \end{array} \right\} \tag{6.13.17}$$

由吊杆柱 I 的扭转所引起的扭矩 M_0：

$$M_0 = H_{\mathrm{II}} i \left[1 - \frac{i}{2(i + \delta L)} \right] \qquad (6.13.18)$$

在式(6.13.17)和式(6.13.18)中,如同前述各节:

$$k = \frac{I_k}{I_T}$$

而

$$\delta = \frac{ET_T}{E_c I_p}$$

式中　I_p——吊杆柱的极惯性矩;

　　　E_c——抗剪弹性模数。

所求得的由吊杆柱承受的作用力和弯矩的数值可以确定吊杆柱截面的弯矩和扭矩。

对于承受负荷的吊杆柱 I,桅肩处的弯矩:

$$M_{aI} = Q_a e \qquad (6.13.19)$$

式中　e——从桅杆轴线到千斤索眼板轴线之间的距离。

桅杆整个高度上的扭矩 $m_1 = M_0$,桅肩处的压力等于 Q_a。

吊货杆支座平面上的弯矩:

$$M_{CI} = H_I h + Q_a e \qquad (6.13.20)$$

在该截面上的压力:

$$Q_{CI} = Q_a + G \qquad (6.13.21)$$

上支点甲板处的弯矩和压力:

$$M_{BI} = H_I L + (H_n - H_c)h_c + (Q_a + Q_n)e \qquad (6.13.22)$$

$$Q_{BI} = Q_a + Q_c + Q_n + G \qquad (6.13.23)$$

对于桅肩,作用在水平面上的弯矩:

$$M_R = H_I i - M_0 \qquad (6.13.24)$$

在确定桅肩上的应力时,剖面模数应该相对于桅肩截面垂直对称轴予以确定。

对于不承受负荷的吊杆柱 II,最大弯矩(上支点甲板处):

$$M_{BII} = H_{\mathrm{II}} L \qquad (6.13.25)$$

吊杆柱整个高度上的最大扭矩:

$$m_{II} = H_I i - M_0 \qquad (6.13.26)$$

对于负荷状态(3),即不在同一舷的两根吊杆工作时,其计算原则同状态(1)中所引用的是一致的。当固定在吊杆柱上的吊杆起重量相等时,每一根吊杆柱所承受的作用力:

$$H_a = H_I = H_{\mathrm{II}} = \frac{3}{4} \overline{H_a} \left(\frac{i}{L} \right)^3 k \qquad (6.13.27)$$

作用在桅肩水平面的弯矩：

$$M_R = H_a i \tag{6.13.28}$$

这个弯矩也是每根吊杆柱的扭矩。

吊杆柱和桅肩上的应力的确定,同本章 6.10 中叙述的情况相似。

6.14 非起重桅的校核计算

非起重桅是指用于安装信号设备和航行设备的桅杆,如信号桅、雷达桅等。

校核桅杆强度时所考虑的作用力主要是桅及其附件的自重及其在船舶摇摆和升沉运动时的惯性力和风压力等。

当船舶横摇时,桅杆与垂直平面之间的夹角为 θ_r,则桅及其附件的单元质量 m_i 可分解成两部分,其中桅杆弯曲的作用力 f_1：

$$f_1 = m_i g \sin \theta_{r\max} \tag{6.14.1}$$

船舶横摇时的惯性力 f_2：

$$f_2 = m_i a_i \tag{6.14.2}$$

当横摇角为 $\theta_{r\max}$ 时惯性力最大,为

$$f_2 = m_i \left(\frac{2\pi}{T_r}\right)^2 \theta_{r.\max} \cdot Z_i \tag{6.14.3}$$

式中 Z_i——单元质量 m_i 距船舶重心的高度;

T_r——船舶横摇周期。

船舶升沉运动时,最大的正交作用于桅杆的力 f_3：

$$f_3 = m_i \left(\frac{2\pi}{T_r}\right)^2 r \sin \theta_{r\max} \tag{6.14.4}$$

式中 r——船舶的升沉量。

风压力 f_4：

$$f_4 = p A_i \cos \theta_{r\max} \tag{6.14.5}$$

式中 p——单位面积的风压力;

A_i——杆件的受风面积。

桅杆受到的弯矩 M：

$$M = \sum M_i = \sum (f_1 + f_2 + f_3 + f_4) h_i \tag{6.14.6}$$

式中 h_i——单元质量的重心距船舶重心的高度。

各截面应力的计算结果,应不超过 $0.7\sigma_s$(σ_s 为材料屈服强度)。

船舶纵摇时的各作用力的计算与横摇相似,除各计算式中的横摇角、横摇周期以相应的纵摇角、纵摇周期替代外,还应注意将纵摇惯性力分解到正交桅杆轴线方向的分量进行计算。通常纵摇的受力较横摇小,在强度校核时仅计算横摇工况。

实例:雷达桅的强度校核。

某船的雷达桅如图 6-52 所示,其校核截面的尺度示于图中 $A-A$ 及 $B-B$ 剖面。

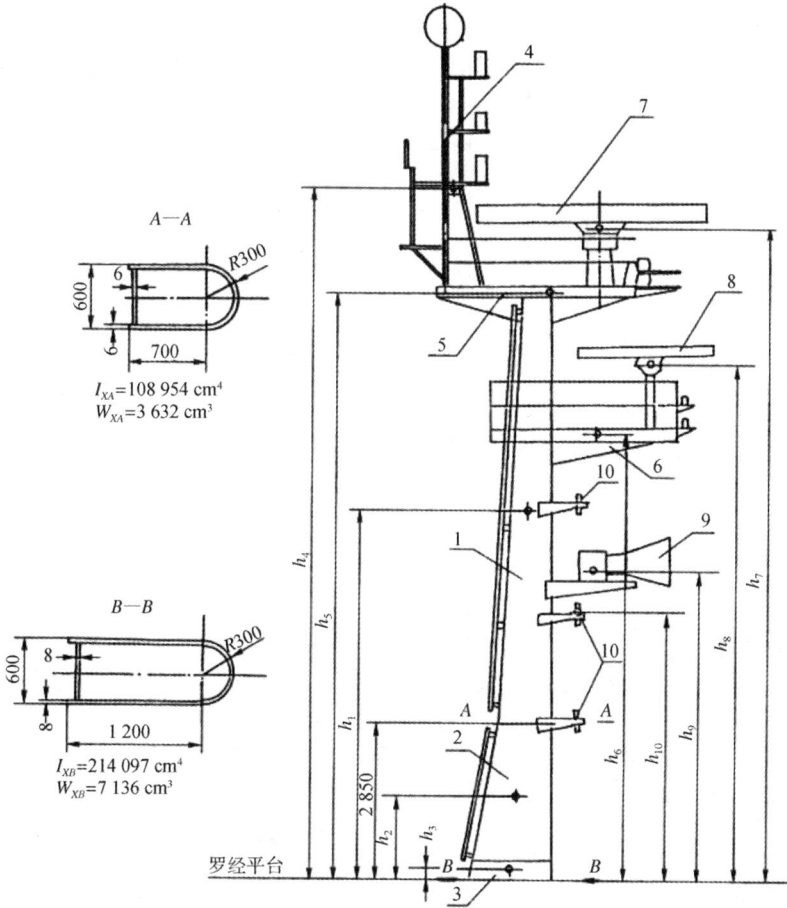

1,2,3—桅杆主体;4—信号灯杆;5,6—雷达天线平台;7,8—雷达天线;9—号笛;10—横担。

图 6-52　雷达桅

船舶垂线间长 $L_{BP}=148$ m,压载出港时的重心高度 $Z_g=7.531$ m,横向初稳性高 $GM=2.429$ m,横摇周期 $T_r=10.23$ s,纵摇周期 $T_p=7.4$ s。

雷达桅根部(见图 6-52 中 $B-B$ 截面)距船舶重心高度 $a=22.289$ m,最大横摇角 $\theta_r=40°$,最大纵摇角 $\theta_p=5°$,升沉量 $r=L_{pp}/40=148/40=3.7$ m,风压 $p=1\,960$ N/m²。

根据上述各计算公式列表(见表 6-20)计算如下:

表 6-20　某船雷达桅计算表

项目	m_i/kg	h_i/m	$Z_i = h_i + a$/m	$\theta \cdot Z_i$/m	$r\sin 40°$/m	(5)+(6)/m	$\dfrac{4\pi^2}{T_r^2}$/S^{-2}	(2)×(8)×(7)×10^{-3}/kN	(2)×$g\sin 40°$×10^{-3}/kN	A_i/m^2	(11)×$\cos 40°$×p×10^{-3}/kN	F_i=(9)+(10)+(12)/kN	M_{Bi}=(13)×(3)/(kN·m)	h_i'=(3)-2.85/m	M_{Ai}=(13)×(15)/(kN·m)
(1)	(2)	(3)	(4)	(5)	(6)	(7)	(8)	(9)	(10)	(11)	(12)	(13)	(14)	(15)	(16)
1	1 054	6.80	29.089	20.3		22.68		9.012	6.646	6.627	9.95	25.608	174.134	3.95	101.152
2	597	1.50	23.789	16.6		18.98		4.272	3.765	3.284	4.931	12.968	19.452	—	—
3	90	0.175	22.464	15.68	2.378	18.06	0.377	0.613	0.598	0.525	0.788	1.969	0.345	—	—
4	183	12.94	35.229	24.59		26.97		1.86	1.154	1.526	2.291	5.305	68.647	10.09	53.527
5	757	10.85	33.139	23.13		25.51		7.28	4.773	2.04	3.063	15.116	164.009	8.0	120.928
6	392	8.3	30.589	21.35		23.73		3.507	2.472	1.369	2.055	8.034	66.682	5.45	43.785
7	235	12.0	34.289	23.95		26.31		2.331	1.482	2.01	3.018	6.831	81.972	9.15	62.504
8	96	9.5	31.789	22.19		24.57		0.889	0.605	0.7	1.051	2.545	24.178	6.65	16.924
9	45	5.7	27.989	19.54		21.92		0.372	0.283	0.326	0.489	1.144	6.521	2.85	3.26
10	133	5.0	27.289	19.05		21.42		1.075	0.839	0.343	0.515	2.429	12.145	2.15	5.222
总重	3 582												$M_B = 618.085$		$M_A = 407.302$

$A-A$ 截面：

$$\sigma = \frac{M_A}{W_{XA}} = 112.14 \text{ N/mm}^2 < 0.7\sigma_s = 164.5 \text{ N/mm}^2$$

$B-B$ 截面：

$$\sigma = \frac{M_B}{W_{XB}} = 86.6 \text{ N/mm}^2 < 164.5 \text{ N/mm}^2$$

所以此雷达桅强度满足要求。

6.15 吊杆起重设备的零部件

6.15.1 吊杆座转轴

(1) 重型吊杆的吊杆座转轴

重型吊杆的吊杆座转轴受力情况如图 6-53 所示。吊杆的轴向力 P 按吊举角分解为力 P_H 和 P_V。在上、下支点 $A-A$ 和 $B-B$ 处的水平支点反力分别为

$$V_A = P_H \frac{a}{a_1}; \quad V_B = P_H \frac{a_2}{a_1} \tag{6.15.1}$$

在 $A-A$ 截面处的弯矩和应力：

$$M_A = P_H a_2 \tag{6.15.2}$$

$$\sigma_A = \frac{M_A}{W_A} + \frac{P_F}{F_A} \tag{6.15.3}$$

式中 W_A——$A-A$ 截面的剖面模数；

F_A——$A-A$ 截面的面积。

摩擦力引起的扭矩：

$$m_A = f \frac{V_A d_a + V_B d_b}{2} \tag{6.15.4}$$

式中 f——摩擦系数，可取 $f = 0.1$。

剪应力：

$$\tau_A = \frac{m_A}{I_P} \frac{d_a}{2} \tag{6.15.5}$$

式中 I_P——$A-A$ 截面的极惯矩。

在上支座处的表面接触应力：

$$p_A = \frac{V_A}{l_a d_a} \tag{6.15.6}$$

式中 l_a——上支座的接触面宽度。

在下支点 $B-B$ 截面处，只需验算其压应力和摩擦引起的剪应力。

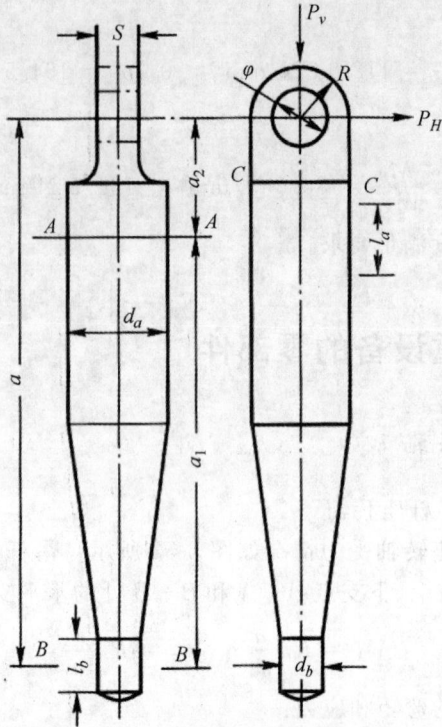

图 6-53　重型吊杆座转轴受力图

在截面 C—C 处的强度亦应验算,该处的弯矩:

$$M_C \approx P_H\left(a_2 - \frac{l_a}{2}\right) \tag{6.15.7}$$

其他 P_v 所引起的压应力、摩擦力引起的剪应力等亦应计入。计算方法与前述相似。

(2) 轻型吊杆的吊杆座转轴

轻型吊杆的吊杆座转轴受力情况如图 6-54 所示,其所受之外力计有吊杆压力 P 和导向滑车眼板处的拉力 S,此两外力均由吊杆受力计算中得到。它的强度验算与上述重型吊杆座转轴计算方法相似,或参考短轴计算方法。

(3) 吊杆座转轴横销计算

吊杆座转轴横销的受力分析如图 6-55 所示,其最大弯矩可按下式计算:

$$M_{\max} = \frac{P_B l_p}{4}\left(1 - 0.5\,\frac{S}{l_p}\right) \tag{6.15.8}$$

式中　P_B——吊杆轴向压力;

　　　l_P——吊杆叉头板中心间距;

S——吊杆座转轴在横销处的厚度。

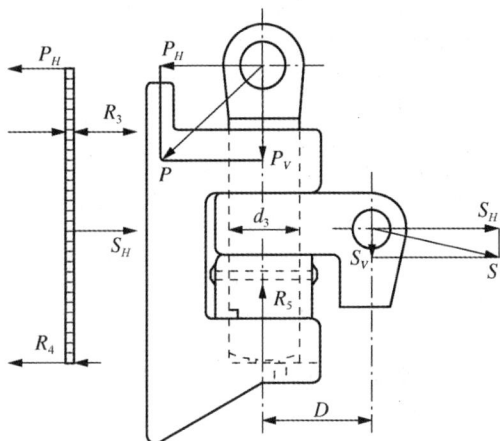

图 6-54　轻型吊杆座转轴受力图

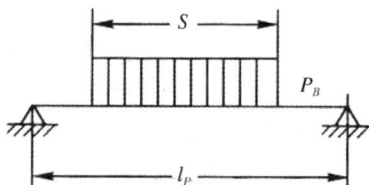

图 6-55　吊杆转轴横销受力图

6.15.2　吊货眼板和牵索眼板

吊货眼板上部与千斤索连接处开孔的强度验算与一般眼板的验算方法相似，在 $a-a$ 截面处的正应力按下式计算（见图 6-56）：

$$\sigma_P = \frac{H}{S(2R-d)} \tag{6.15.9}$$

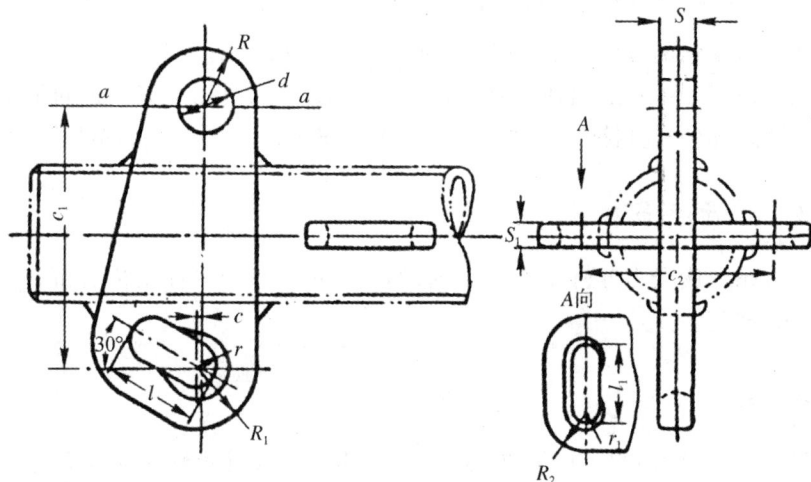

图 6-56　吊货眼板和牵索眼板

式中　H——千斤索索具受力；

S——吊货眼板的厚度；

R 和 d 如图 6-56 所示。

按表面接触应力来验算其强度时,可按列曼公式计算：

$$\sigma = p \frac{R^2 + \left(\frac{d}{2}\right)^2}{R^2 - \left(\frac{d}{2}\right)^2} \tag{6.15.10}$$

式中　p——表面接触应力,按下式计算：

$$p = \frac{H}{Sd_1} \tag{6.15.11}$$

d_1——与千斤索连接的索具卸扣的横销直径。

吊货眼板的下部与起货滑车连接的开孔是带圆角的长孔,应按曲杆的受力计算,现近似地按直杆进行计算,且最大弯矩可近似地按下式计算：

$$M = \frac{Pl}{6} \tag{6.15.12}$$

式中　P——吊货眼板下部开口总的作用力；

l——吊货眼板下部开口长度。

牵索眼板可相似地按上述方法根据吊杆牵索作用力校核。计算时应采用双杆操作时确定的最大张力 F(见本章 6.64),也即：

$$\sigma_0 = \frac{F_{max} l_1}{6W} \tag{6.15.13}$$

式中　l_1——吊杆牵索眼板开口长度。

由于吊杆牵索的方向可能同眼板平面不一致,因此在作眼板计算时,考虑眼板承受的负荷等于 $0.5F_{max}$,且垂直地作用于眼板的边缘(见图 6-56),这同吊举角为 60°时的吊杆牵索位置相符合。并校核吊杆牵索眼板在开口处及根部的最大应力。

6.15.3　千斤索吊环座

千斤索吊环座受力分析如图 6-57 所示,其强度校核与吊杆座转轴和短轴计算相似,不另赘述。

6.15.4　短　轴

短轴材料一般为 Q255—A、20 号和 30 号钢等。设计短轴时应计算弯曲应力和表面压应力。

(1) 单轴承式短轴

装置棘轮爪和刹车杠杆的短轴,通常是单轴承式(见图 6-58)。短轴插入夹板

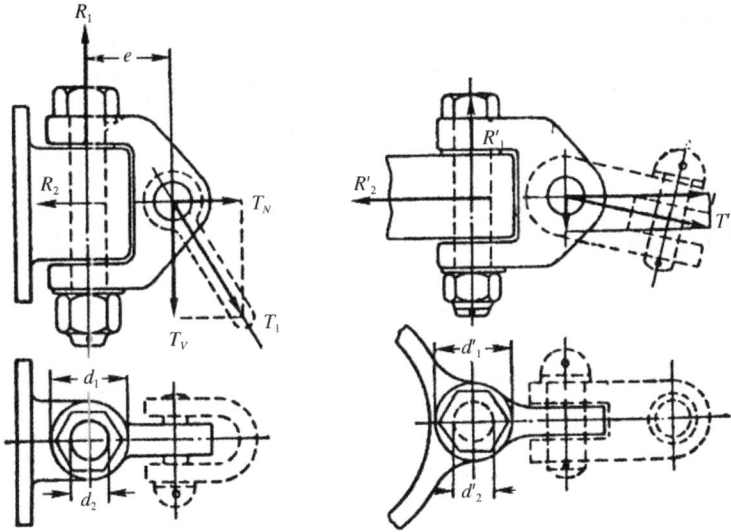

图 6-57　千斤索吊环受力图

内,可认为该处是嵌固支点,它的危险断面在支点处,即为图中 I—I 剖面。其弯矩
按下式计算:

$$M_{\max} = M_1 = Px_1 \qquad\qquad (6.15.14)$$

$$M_2 = P\frac{l_0}{2} \qquad\qquad (6.15.15)$$

(2) 集中力作用下的短轴

图 6-59 所示的固定链条的短轴,可按集中力作用下的情况计算,其计算式
如下:

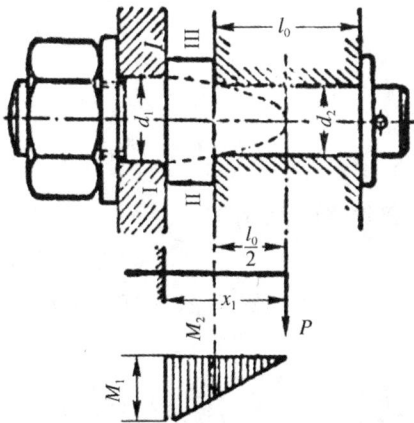

图 6-58　单轴承式短轴

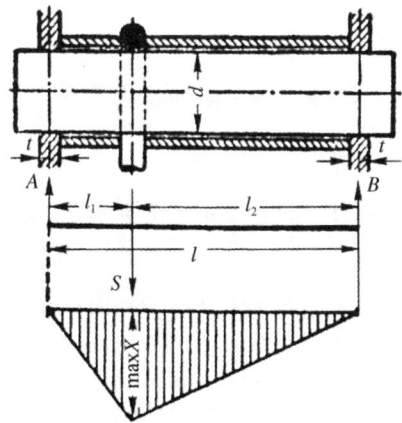

图 6-59　集中力作用下的短轴

支点上的压力:

$$A = S\frac{l_2}{l}; \quad B = S\frac{l_1}{l} \tag{6.15.16}$$

最大弯矩:

$$M_{\max} = S\frac{l_1 l_2}{l} \tag{6.15.17}$$

轴承夹板处的表面压应力:

$$p_A = \frac{A}{dt}, \quad p_B = \frac{B}{dt} \tag{6.15.18}$$

如集中力是对称作用时,即 $l_1 = l_2 = \dfrac{l}{2}$,则式(6.15.16)和式(.6.15.17)可改写为

$$A = B = \frac{S}{2}, \quad M_{\max} = \frac{Sl}{4}$$

(3) 滑轮短轴

若作用在滑轮短轴上的合力为 P_r,轴两端有止动挡板(见图 6-60(a)),则短轴可按下式计算:

支点上的压力:

$$A = B = \frac{P_r}{2} \tag{6.15.19}$$

最大弯矩:

$$M_{\max} \approx P_r\frac{l}{8} = P_r\frac{\lambda + 2t_0 + t + t_1}{8} \tag{6.15.20}$$

滑轮与短轴间表面压应力:

$$p_1 = \frac{P_r}{d\lambda} \tag{6.15.21}$$

轴承夹板上表面压应力:

$$p_2 = \frac{P_r}{2d(t + t_1)} \tag{6.15.22}$$

对于起货滑车等的外力 P_r 在计算时应取 2 倍钢索张力 S,即

$$P_r = 2S \tag{6.15.23}$$

对于固定于某处的导向滑车,可根据进索和导出索间的夹角 β,计算作用在滑轮短轴上的合力 P_r(见图 6-60(b)):

$$p_r \approx 2S\sin\left(90° - \frac{\beta}{2}\right) \tag{6.15.24}$$

滑轮轴壳长度 λ 与短轴直径 d 之比值,常在下列范围内:

$$\frac{\lambda}{d} = 1.5 \sim 1.8$$

（4）两侧受载荷的短轴

当轮毂仅通过两侧的衬套与短轴接触，如图 6-61 所示，则短轴的计算方法如下：

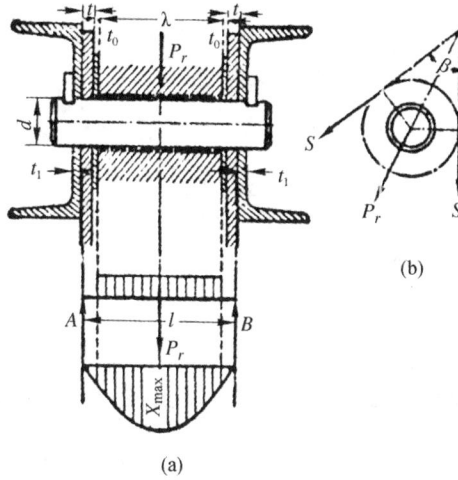

图 6-60　滑轮短轴

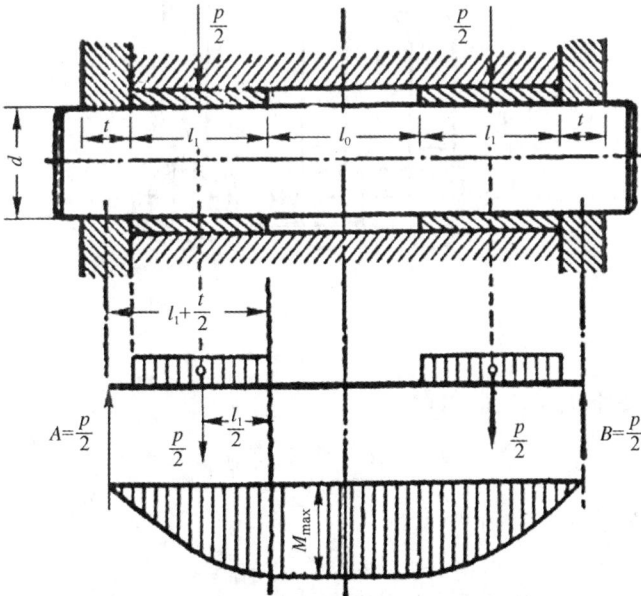

图 6-61　两侧受负荷的短轴

轮的最大作用力为 P，则衬套压力：

$$P_1 = P_2 = \frac{P}{2} \tag{6.15.25}$$

支点上的作用力：

$$A = B = \frac{P}{2} \tag{6.15.26}$$

最大弯矩：

$$M_{max} = \frac{P}{4}(l_1 + t) \tag{6.15.27}$$

衬套与短轴间的表面压应力：

$$p_1 = \frac{P}{2dl_1} \tag{6.15.28}$$

短轴与轴承夹板间的表面压应力：

$$p_2 = \frac{P}{2dt} \tag{6.15.29}$$

6.15.5　卸扣、转环的吊环、松紧螺旋扣吊环及滑车挂架

图 6-62 所示的索具卸扣可按下列两式验算其安全工作负荷。

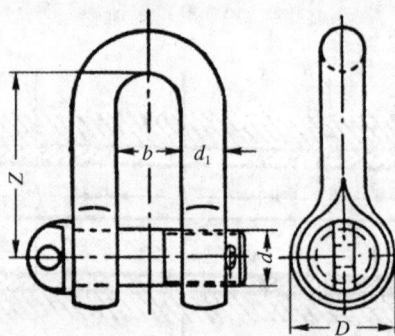

图 6-62　卸扣

卸扣本体安全工作负荷 P(kN)：

$$P = \frac{12.1d_1^3}{b + 0.4d_1} \times 10^{-2} \tag{6.15.30}$$

卸扣横销安全工作负荷 P(kN)：

$$P = \frac{9.25d^3}{b + d_1} \times 10^{-2} \tag{6.15.31}$$

式中　b——卸扣本体开口间距，mm；

d_1——卸扣本体直径,mm;

d——卸扣横销直径,mm。

上述公式可用于计算起货卸扣、索具卸扣、转轴的吊环、松紧螺旋扣、滑车和其他类似的起货设备零件的长环。

卸扣本体在横销孔处的危险断面的应力:

$$\sigma = \frac{P}{2d_1(D-d)} \qquad (6.15.32)$$

该处的表面接触应力:

$$p = \frac{P}{2dd_1} \qquad (6.15.33)$$

卸扣本体在装配横销处之强度亦可按式(6.15.10)计算。

采用上述计算式的卸扣,其本体材料为 Q235—A,横销材料为 Q255—A,其许用应力不超过 100 N/mm²,表面接触应力 $p \approx 25 \sim 35$ N/mm²。

6.15.6 吊货钩

(1) 单钩计算

水平截面 a—a 的计算(见图 6-63)。水平截面按承受弯曲和拉伸的复杂抗力进行计算,最大正应力在内边缘处:

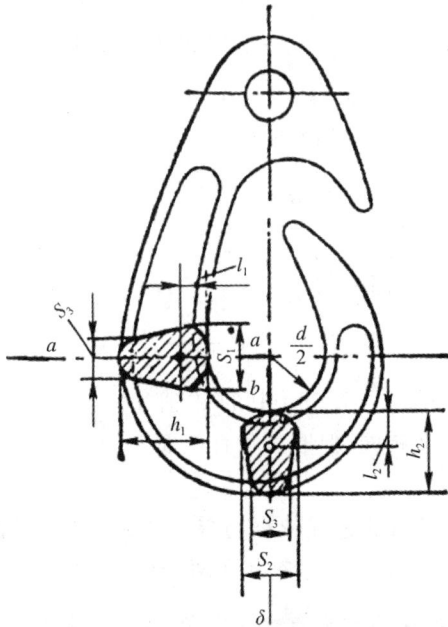

图 6-63 单调吊钩

$$\sigma = \frac{Pl_1}{F_1 k \dfrac{d}{2}} \tag{6.15.34}$$

式中 P——吊钩(吊杆)起重量；

F_1——横截面 a—a 的面积；

l_1——从截面中心到内缘的距离，可按下式确定：

$$l_1 = \frac{S_1 + 2S_3}{S_1 + S_3} \cdot \frac{h_1}{3} \tag{6.15.35}$$

k——系数,取决于截面形状和曲率,按下式计算：

$$k = \frac{2\left(\dfrac{d}{2} + l_1\right)}{(S_1 + S_3)h_1}\left\{\left[S_3 + \frac{S_1 - S_3}{h_1}\left(h_1 + \frac{d}{2}\right)\right]l_n \frac{h_1 + \dfrac{d}{2}}{\dfrac{d}{2}} - (S_1 - S_3)\right\}$$

$$\tag{6.15.36}$$

在式(6.15.35)和式(6.15.36)中：

S_1 和 S_3——该截面的最大和最小宽度；

h_1——截面高度；

$\dfrac{d}{2}$——以吊钩开口中心为曲率中心的内缘曲率半径。

垂直截面 b—b 的计算。垂直截面按承受弯曲和剪切的组合应力进行计算。如果假定负荷是由两根同垂线夹角为 $45°$ 的吊索作用于吊钩,则合成的正应力：

$$\sigma_0 = \sqrt{\sigma^2 + 4\tau^2} \tag{6.15.37}$$

式中 σ——作用在垂直截面上的弯曲应力：

$$\sigma = \frac{Pl_2}{2kF_2 \dfrac{d}{2}} \tag{6.15.38}$$

τ——作用在垂直截面上的切应力：

$$\tau = \frac{P}{2F_2} \tag{6.15.39}$$

式(6.15.38)和式(6.15.39)中的数值 l_2, F_2, k 同式(6.15.34)～式(6.15.36)中的数值意义相同,但取自垂直截面 b—b。

(2) 双钩计算

双钩吊钩校核时,截面的选择依据与单钩吊钩相同,习惯上校核如图 6-64 所示的 Ⅰ—Ⅱ 和 Ⅲ—Ⅵ 两截面。同时考虑到两个钩受力不均,所以假设每钩承受总负荷的 $\dfrac{2}{3}$,又考虑外力作用线与垂直线之夹角 $\alpha \approx 45°$,故外力 $P = \dfrac{2Q}{3\cos\alpha}$。

作用在截面 Ⅰ—Ⅱ 的垂直力：

$$P_1 = \frac{2Q\sin(\alpha + \beta)}{3\cos\alpha} \qquad (6.15.40)$$

式中　β——截面与垂直线间的夹角。

在截面Ⅰ—Ⅱ处的最大应力,可按下式计算:

$$\sigma_1 = \frac{P_1}{CF}\frac{2e_1}{a} \qquad (6.15.41)$$

$$\sigma_{\text{Ⅱ}} = -\frac{P_1}{CF}\frac{e_2}{\dfrac{a}{2} + e_1 + e_2} \qquad (6.15.42)$$

式中　F——截面Ⅰ—Ⅱ面积;

a,e_1 和 e_2 如图 6-64 所示;

C——按截面形状和曲率半径而定的系数对于梯形截面:

$$C = \frac{2r}{(b_1 + b_2)h}\left\{\left[b_2 + \frac{b_1 - b_2}{h}(e_2 + r)\right]\ln\frac{r + e_2}{r - e_1} - (b_1 - b_2)\right\} - 1$$

$$(6.15.43)$$

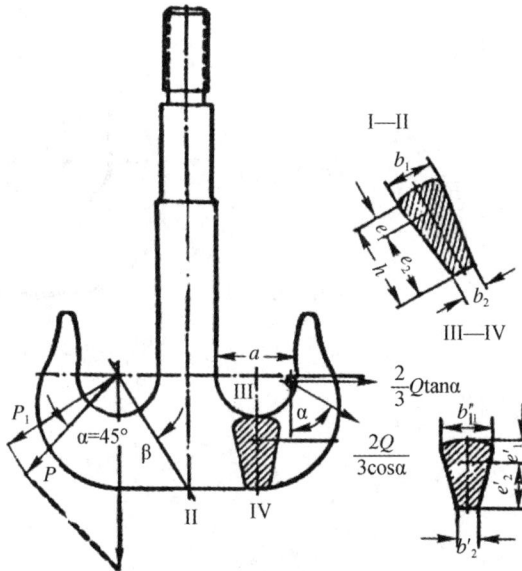

图 6-64　双钩吊钩

对于方形截面:

$$C = \frac{1}{3}\left(\frac{h}{2r}\right)^2 + \frac{1}{5}\left(\frac{h}{2r}\right)^4 + \frac{1}{7}\left(\frac{h}{2r}\right)^6 \qquad (6.15.44)$$

对于圆形截面:

$$C = \frac{1}{4}\left(\frac{d}{2r}\right)^2 + \frac{1}{6}\left(\frac{d}{2r}\right)^4 + \frac{5}{64}\left(\frac{d}{2r}\right)^6 \qquad (6.15.45)$$

式中 r——截面重心曲率半径；

b_1，b_2——分别为梯形的底边长度；

h——梯形高度或方形边长；

e_2——截面重心距内侧距离；

e_2——截面重心距外侧距离；

d——圆形截面的直径。

在截面Ⅲ—Ⅳ上的应力校核时，用最大角 $2\alpha=120°$。作用的外力为 $\frac{2}{3}Q\tan\alpha$，

剪力 $\frac{2}{3}Q$ 不予计算。

截面 Ⅴ—Ⅵ 的应力验算（见图 6-65）可按

下式进行：

$$P_1 = \frac{Q}{2}\cos\beta \qquad (6.15.46)$$

$$P_2 = \frac{Q}{2}\sin\beta \qquad (6.15.47)$$

正应力：

$$\sigma_d = \frac{P_1}{F} \qquad (6.15.48)$$

切应力：

$$\tau = \frac{P_2}{F} \qquad (6.15.49)$$

弯矩：

$$M = P_1\left(\frac{a+d}{2}\right) \qquad (6.15.50)$$

弯曲应力：

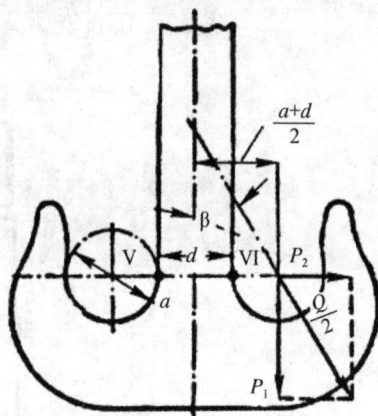

图 6-65 双钩吊钩 Ⅴ—Ⅵ 截面应
力计算

$$\sigma_b = \frac{M}{0.1d^3} \qquad (6.15.51)$$

在截面 Ⅴ—Ⅵ 处的总应力：

$$\sigma = \sqrt{(\sigma_b+\sigma_d)^2 + 3\tau^2} \qquad (6.15.52)$$

6.15.7 静索眼板

静索固定眼板按同眼板连接的绳索破断力进行计算。

静索眼板通常是矩形截面，因为在大多数情况下，它是用钢板或轧制扁钢制

成的。

眼板按承受弯曲和拉伸校核其强度(见图 6-66),其最大应力:

$$\sigma_{\max} = \frac{R_T}{2hb} + \frac{R_T l}{KW} \tag{6.15.53}$$

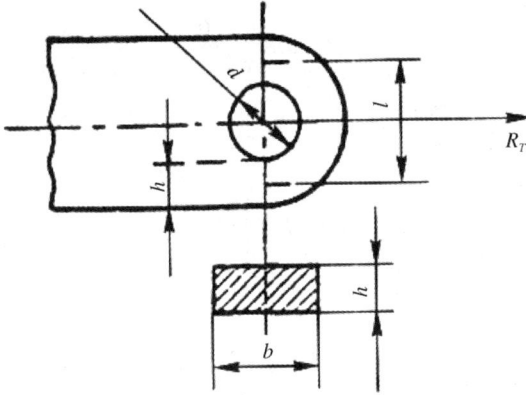

图 6-66 静索眼板

式中 R_T——同眼板连接的绳索破断力;

     W——静索作用方向的剖面模数;

     K——系数,按 h/d 值由表 6-21 确定;

     h——孔缘宽度;

     b——眼板厚度;

     l——孔缘中心间距;

     d——眼板孔的直径。

表 6-21 K 值

h/d	0.2	0.4	0.6	0.8	1.0	1.2
K	16	11	8.2	6.8	6	5.8

按绳索破断力计算时,眼板许用应力为 $0.8\sigma_s$(σ_s 为眼板材料的屈服强度)。

眼板也可按绳索的实际工作负荷 P 进行计算。计算式(6.15.53)仍然有效,只是以数值 P 代替数值 R_T,而选择许用应力时的安全系数,则同选择静索时的安全系数一样。

6.15.8 滑动轴承

滑动轴承用于起货设备的某些可拆卸零件,如滑车、转轴等。其滑动轴承按最大比压力进行计算。

径向轴承：

$$q = \frac{P}{d_0 b} \tag{6.15.54}$$

推力轴承：

$$q = 1.27 \frac{P}{d^2 - d_0^2} \tag{6.15.55}$$

式中　P——轴承最大负荷；

　　　d_0——衬套或轴瓦的内径；

　　　d——轴颈外径。

起货设备可拆卸零件轴承推荐的极限比压力值 $q(\text{N/mm}^2)$ 为：

钢对生铁　　2.0～3.0

钢对青铜　　2.0～4.0

钢对钢　　　6.0～8.0

钢对胶木　　2.5～3.5

6.15.9　动索和静索的选择

起重设备系统中的绳索一般使用钢索，只是在通过滑车组的摆动稳索或双杆操作时吊货杆头的内牵索才可允许使用纤维索。

钢索一般由不少于 6 股组成，钢丝的公称抗拉强度应不小于 1 420 MPa，亦不大于 1 770 MPa。钢索的主芯可为纤维芯或钢丝芯。

动索用的钢索应具有柔性，每股中的钢丝不得少于 19 根，股芯可为纤维芯或钢丝芯。

静索用的钢索，股芯通常为钢丝芯。

纤维索可用植物纤维或人工合成纤维制造。合成纤维应具有适当稳定性，不因受紫外光线的影响而老化。植物纤维一般由麻、马尼拉麻或剑麻等制造。纤维索应由 3 股组成。

钢索及纤维索末端供镶嵌套环用的绳眼，可用插接法制成，但均不得用插接法接长使用。

6.16　吊杆起重设备的绞车

6.16.1　起货绞车

船用起货绞车系甲板机械，是吊杆起货设备的重要组成部分，用于货物的装卸作业。根据驱动方式,起货绞车可分为手动、电动和液压驱动绞车。

(1) 电动起货绞车

在现代运输船舶上,电动起货绞车使用最广,电源可为直流电或交流电。

电动起货绞车通常分为单速或双速绞车,后者在以额定负荷起升时采用较小的速度进行作业,而当以一半负荷作业时起升速度增加一倍。这就可以减少电能消耗,使电动机功率得到充分利用,而且保证了较高的生产率。

起货绞车传动装置电能的小时消耗量 W(kW)按下式确定:

$$W = (0.4Z + 0.02q)(0.5h + 3) \tag{6.16.1}$$

式中　Z——工作绞车数目;

　　　q——起货作业强度,t/h;

　　　h——从内底板到舱口围板的平均高度,m。

现代绞车往往设置千斤索滚筒,用于固定千斤索,以及在吊杆无货物时调节跨距。这就不需要再在设备中配置千斤索定位绞车了。图 6-67 和表 6-22 为常用的电动起货绞车的基本参数、质量和外形尺寸。

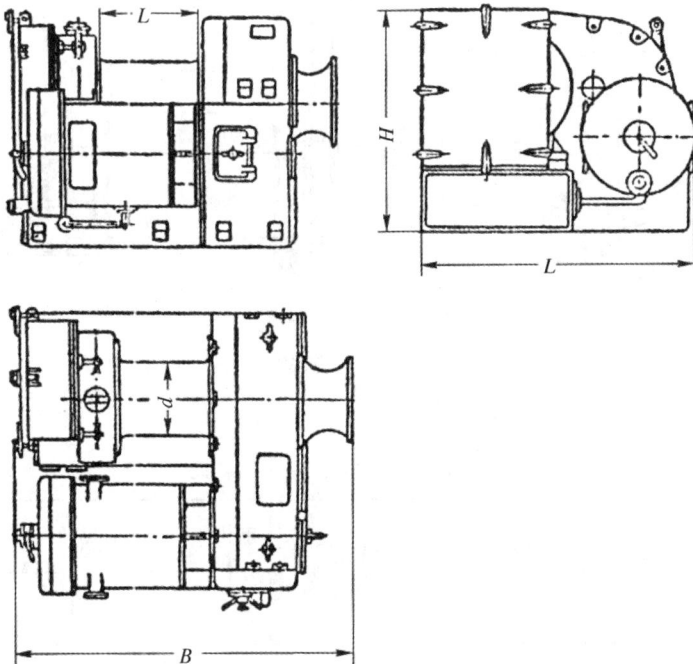

图 6-67　电动起货绞车

表 6-22　电动起货绞车主要尺寸　　　　　　　　　　　　单位:mm

起重能力/t	满载时速度/ (m·min⁻¹)	电动机 功率/kW	d	l	L	H	B	质量/kg
$\dfrac{5.0}{3.0}$	$\dfrac{35}{55}$	35	500	700	1 900	1 650	2 400	4 900
$\dfrac{10.0}{5.0}$	$\dfrac{18}{35}$	37	650	750	2 900	2 000	2 700	7 700

（2）液压起货绞车

近年来液压起货绞车在运输船上使用得越来越多。它的优点是:传动装置的外形尺寸小、能在相当大的范围内无级调速、寿命长和过载保护简单而可靠等。

液压绞车的传动机构由电动机、变量轴向活塞泵和轴向活塞式液压马达组成。液压马达通过齿轮减速箱驱动绞车滚筒旋转。如图 6-68 和表 6-23 为常用的液压起货绞车的基本参数、质量和外形尺寸。

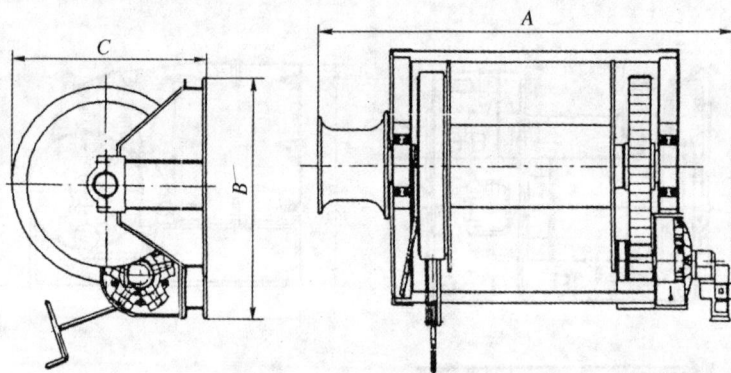

图 6-68　液压起货绞车

表 6-23　液压起货绞车基本参数

型号	额定 拉力/ kN	额定速度/ (m·min⁻¹)	卷筒容绳量/ mm×m	电机 功率/ kW	外形尺寸/mm			质量/t
					A	B	C	
HCW/HTW—3	30	30	$\varnothing 20\times 200$	30	1 900	1 000	855	1.3
HCW/HTW—5	50	30	$\varnothing 40\times 200$	45	2 290	1 060	985	1.6
HCW/HTW—7.5	75	30	$\varnothing 28\times 200$	75	2 465	1 250	1 105	2.2

（3）起货绞车的布置

起货绞车不论其形式,总是直接安装在船舶上甲板的专用座架上或桅杆甲板室顶上。

起货绞车的布置原则和要求:

操作者有足够的工作位置,可以从两个方向自由地观察舱口,能够清楚地看到指挥者且能方便地联系;

在装卸作业时,货物不允许从操作者头顶上经过;

建议绞车与桅杆或起重柱之间距离为 0.8～1.0 m;从绞车最突出部分到舱口围板之间距离为 0.5～0.6 m;从吊货索下导向滑车轴线到起货绞车主滚筒轴线之间距离为 6 倍滚筒宽度,但不少于 2 m;供一个货舱使用的几台绞车的操纵台应放在一起,其距离不大于 1.2 m,以保证由一个人很方便地进行操作;操纵手柄离开甲板高度应为 0.8～1.1 m。

6.16.2　稳索绞车

稳索绞车用于船舶吊杆起货装置系统中吊杆的回转,且控制承载吊杆的位置。图 6-69 和表 6-24 为电动稳索绞车的外形及基本参数。

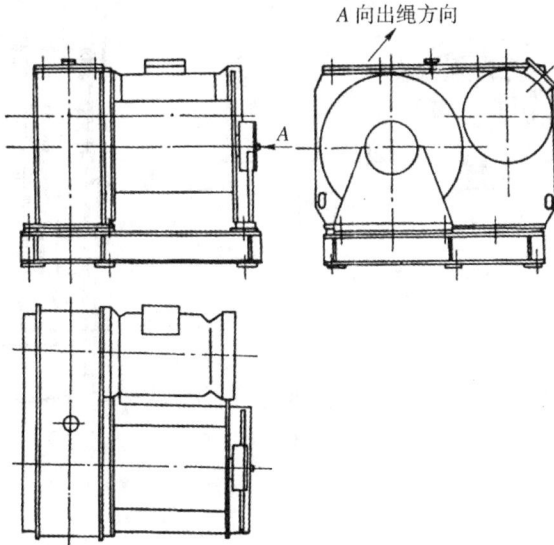

图 6-69　电动稳索绞车

表 6-24　电动稳索绞车的基本参数

公称规格	卷筒负荷/kN	支持负荷/kN	公称速度（最小值）/（m·s⁻¹）	推荐钢丝绳直径/mm	钢丝绳破断负荷（最小值）/kN	卷筒直径（最小值）/mm	卷筒容绳量（最小值）/m
16/40	16	40		19.5	160	273	
20/50	20	50	0.15	21.5	200	301	65
25/63	25	63		24	252	336	

6.16.3　千斤索绞车

千斤索绞车用于收放和贮存船用吊杆起重装置的千斤索。图 6-70 和表 6-25 为千斤索绞车的基本参数、质量和外形尺寸。

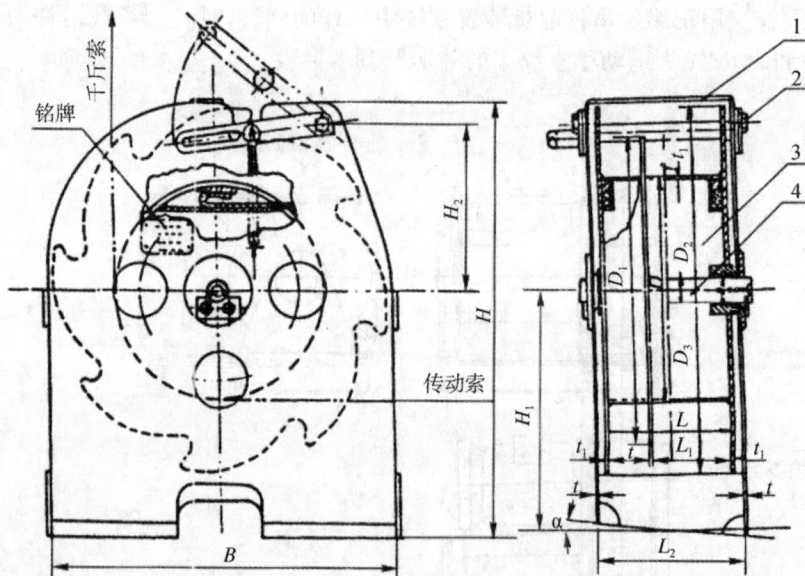

1—绞车架；2—掣动器；3—卷筒；4—卷筒轴。

图 6-70　千斤索绞车

表 6-25　千斤索绞车的基本参数　　　　　　　　　　　　　　　　　单位:mm

安全工作负荷/kN	千斤索直径	传动索直径	卷筒容绳量/m ≈	B	D	D_1	D_2	D_3	H	H_1	H_2	L	L_1	L_2	t	t_r	质量/kg ≈
30	19.5 (6×24)	11.0 (6×24)	49	830	400	620	50	810	915	500	360	520	420	588	10	12	313
50	26.0 (6×24)	13.0 (6×24)	53	930	500	720	57	910	1015	550	410	680	480	748	10	12	474
400	33.5 (6×24)	13.0 (6×24)	73	1 030	600	820	68	1 010	1 165	650	440	950	710	1 018	10	12	623

6.17　船用起重机的一般概念

6.17.1　船用起重机的形式及特点

船用起重机有多种形式以适应各种吊运作业的需要诸如:用于散货船、多用途货船和集装箱船的货物吊机(DECK CRANE,通称甲板吊机),用于油船输油管的软管吊机(HOSE CRANE,又称油管吊机),用于各类船舶的杂物吊机(PROVISION CRANE,或称供应品吊机),用于海洋工程作业船舶的吊机,用于散装物料自卸船输送臂的吊机,用于渔船的起网吊机以及其他专用吊机。它的用途极其广泛,几乎涵盖各类船舶和各种船型,是现代船舶不可省缺的重要配套设备之一。

船用起重机按结构形式可分为一般形式回转起重机(油缸变幅、钢丝绳变幅)、单梁移动吊机、回转行走吊机、折臂回转吊机、伸缩臂回转吊机、悬臂式回转移动吊机、门形行走吊机和"A"形架吊机等。

船用起重机有如下优点:

(1) 模块化程度高,占用甲板面积小,布置灵活,安装方便。

船用起重机通常将起升、回转、变幅等设备和操控室组装成一体,安装在与船体连接的基座上。该基座的形状和大小可根据设备布置和船体结构的具体情况进行设计并做加强。

(2) 起重量大、装卸货物速度快、效率高。

船用起重机通过起升、回转和变幅操作,可迅速将吊钩移送到货舱口区域的任意位置,并连续进行吊货作业。同吊杆装置的烦琐作业相比,极大地提高了装卸效率。

(3) 操作便捷,安全可靠。

船用起重机的操控室位于吊机顶部塔身,与吊臂一起回转。操控台视野宽广,设置操纵手柄或操纵杆(Joystick),控制吊机的起升、回转和俯仰,操作简单、安全可靠。配置便携型操纵器的吊机,操纵人员可随时移动位置,操控货物的吊运,观察更清楚,吊运更安全。

(4) 船舶电站工作更安全。

船用起重机配置的启动、故障显示和报警系统自动化程度高,与船舶电站的电力载荷问询系统联网后,使船舶电站工作更安全可靠。

船用起重机主要缺点为:

(1) 船用起重机布置位置高,质量大,导致船舶重心升高,为船舶稳性带来负面影响。高大的塔身阻挡驾驶室的视线,对船舶的航行不利。

(2) 船用起重机的构造及其系统复杂,自动化程度高,价格昂贵,不但增加了造船的费用,而且也提高了维护保养的要求。

(3) 船用起重机起货作业时起升、回转和变幅可联动进行,致使耗电功率增加,要求船舶有较大的电站容量。

6.17.2 一般形式油缸变幅回转起重机的构造及其特点

一般形式油缸变幅起重机如图 6-71 所示,油泵机组及回转机构(液压马达驱动的行星齿轮传动装置)均置于塔身内部。起重绞车通过收放起货钢丝绳实现吊钩的升降。吊距调整则通过油缸伸缩改变吊臂的俯仰角完成。液压马达驱动回转机构带动吊机塔身和吊臂旋转。吊机的操纵室内设有操纵台,一般配置 3 个手柄,分别操纵吊钩的升降、吊臂的俯仰(变幅)和吊机的回转运动。

油缸变幅起重机的吊臂实际上是一根两支点悬臂梁,其下端支撑在塔身顶部的支座上,另一支点即油缸活塞杆伸出端连接点位于靠近吊臂下端的臂身处。油缸下端则固定在位于塔身下部的支座上。因此,在起货作业时,吊臂在活塞杆支承处受到很大的弯矩、剪力和轴向载荷的作用,尤其是变幅油缸活塞杆上端支撑点处的吊臂截面受力最大。为保证强度,吊臂结构必须有足够大的尺寸,使吊臂质量增加。

油缸变幅起重机的起货绞车设置在塔身顶部靠近吊臂支承处,在变幅过程中,起货绞车与吊臂头部的距离的变化很小。因此,在吊臂变幅(俯仰)过程中,吊钩随吊臂仰角的增大升高。为了保持吊钩原来的高度,必须同时操作起货绞车,导致功率消耗增大。吊钩在吊臂变幅过程中运动轨迹如图 6-72 所示。

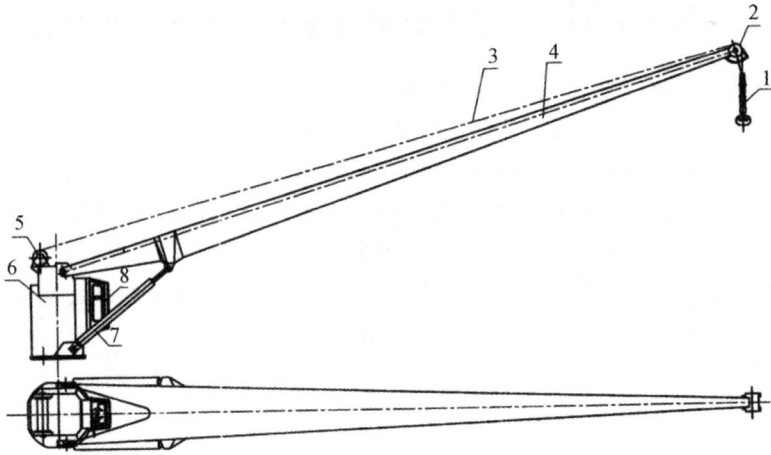

1—吊钩装置；2—导向滑车装置；3—起货钢丝绳；4—吊臂；5—起货绞车；6—塔身结构；
7—变幅油缸；8—操纵室。

图 6-71　一般形式油缸变幅起重机

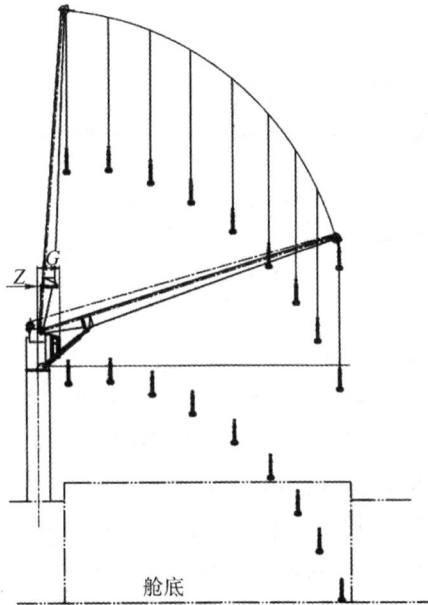

图 6-72　油缸变幅起重机的吊钩运动轨迹图

6.17.3　一般形式钢丝绳变幅回转起重机的构造及其特点

一般形式钢丝绳变幅起重机如图6-73所示,油泵机组、起货绞车、变幅绞车、回转机构(液压马达驱动的行星齿轮传动装置)均置于塔身内部。起货绞车的钢丝绳通过设在塔身顶部的起货索导向滑轮引向吊臂头部,借以操纵吊钩的升降。变幅绞车钢丝绳则通过设在塔身顶部的变幅钢丝绳导向滑轮,与吊臂连接,控制吊臂的俯仰,调整吊距。液压马达驱动回转机构带动吊机塔身和吊臂旋转。吊机在操纵室内设有操纵台,一般配置2个手柄,其中一个手柄用于操纵吊钩的升降,另一个手柄用于操纵吊臂的变幅(俯仰)和吊机的回转运动。

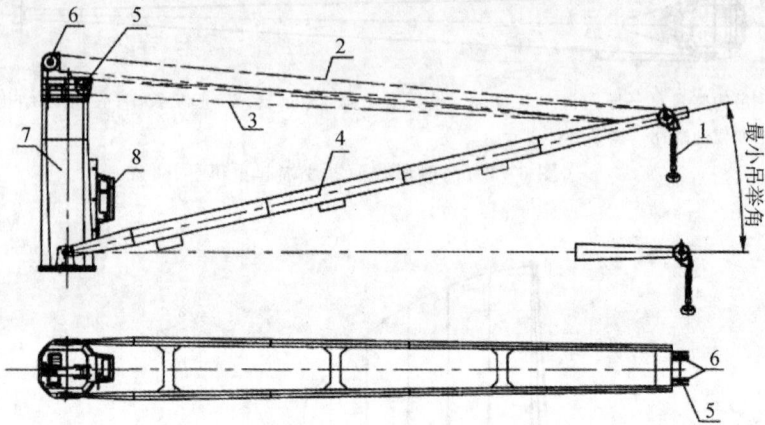

1—吊钩装置;2—变幅钢丝绳;3—起货钢丝绳;4—吊臂;5—起货索导向滑车;6—变幅钢丝绳导向滑车;7—塔身结构;8—操纵室。

图 6-73　一般形式钢丝绳变幅起重机

钢丝绳变幅起重机的吊臂主要承受轴向载荷,结构也较简单。

钢丝绳变幅起重机,在吊臂俯仰过程中,吊臂头部到塔身顶部的起货索导向滑轮的距离发生较大变化。当吊臂抬起(仰)时,两者距离减小;吊臂下降(俯)时,则两者距离增加。与此同时,由于起货索长度没有变化,相应的吊钩到吊臂端头的距离,在前一种情况下,距离增加;在后一种情况下,距离减小。因此总的看来,在吊臂变幅过程中,吊钩位置(高度)实际上变化不大。如果设计得当,可使吊钩高度保持基本不变,即在变幅过程中不必操作起货绞车也可保持吊钩原来的高度,从而使吊臂变幅时功率不致发生变化。吊钩在吊臂变幅过程中的运动轨迹如图6-74所示。

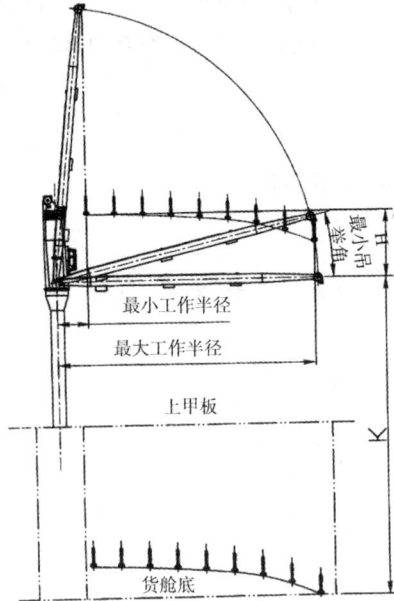

图 6-74　钢丝绳变幅起重机的吊钩运动轨迹图

6.17.4　油缸变幅与钢丝绳变幅吊机比较

油缸变幅与钢丝绳变幅两种形式吊机进行比较的大致情况如下：

6.17.4.1　油缸变幅吊机

（1）总质量小，重心高度低，对船舶稳性带来的不利影响较小；

（2）运动部件少，结构简单，维修方便；

（3）吊机的零部件采用标准液压元件和组件，备件容易得到；

（4）容易配置海浪补偿系统，适用于海上起重作业；

（5）重型吊机高度低，对船舶的视线影响小，布置较方便；

（6）吊臂短、工作半径小的油缸变幅吊机价格比钢丝绳变幅吊机低。

6.17.4.2　钢丝绳变幅吊机

（1）主要机械设备都设置在吊机塔身内，不仅很好地保护了这些设备，而且在任何天气条件下都可进行机械设备的维修工作；

（2）吊机在变幅（俯仰）过程中，吊钩及被吊物能够基本保持高度不变，实现了水平变幅，不仅所需功率较小，而且吊机的操作也更加方便和安全；

(3) 吊臂长、工作半径大的钢丝绳变幅吊机,其价格比油缸变幅低;

(4) 钢丝绳变幅的吊机塔身高,重心高,对船舶的稳性、驾驶室视线和雷达盲区的要求较为不利,为雷达和航行信号灯的布置增加了困难。

6.18 船用回转货物吊机

6.18.1 货物吊机的形式及主要参数选择

6.18.1.1 货物吊机形式选择原则

船用回转货物吊机按其构造基本上是两种形式,即油缸变幅起货吊机和钢丝绳变幅起货吊机,两种吊机又可分为单机型和双机(联)型。油缸变幅吊机通常采用电动-液压驱动;钢丝绳变幅吊机既可采用电动-液压驱动,也可采用交流电动机直接驱动。

虽然船东提供的设计任务书一般会对吊机形式提出要求,但是吊机形式的选择还应遵循如下原则:

(1) 根据船舶主尺度和布置情况。一般小型船舶选用油缸变幅的货物吊机居多,中大型船舶选用钢丝绳变幅的货物吊机居多。

(2) 根据船舶的航线条件。航线对净空高度限制大的船舶,一般选用油缸变幅货物吊机。航线对净空高度无要求的船舶,选用钢丝绳变幅的货物吊机居多。

(3) 根据船舶装载货品的特性。装载和吊运超大型设备的船舶,双联型货物吊机是合适的选择,双联吊机可以同步作业,进行超大型设备吊运。

(4) 电动液压驱动的吊机,其起升回转和变幅的速度能连续调控,过载性能好,广受用户欢迎。而普通交流电动机驱动的货物吊机,一般不能进行连续调速,调速性能差。新型的变频控制电动货物吊机,解决了普通交流电动机驱动的吊机不能实现连续调速的难题,但是价格较贵,原先仅用于少数船舶。现在随着电气传动与控制的改进,能量回馈技术的成熟,新型变频控制的电动货物吊机的市场份额在逐渐提高。

6.18.1.2 货物吊机的工作条件

吊机的工作条件一般在船东提供的规格书(设计任务书)中都会提出明确的要求,如没有明确要求,按船级社规范的规定,吊机的一般工作条件为:

(1) 工作状态最大风速 20 m/s,风压≤250 Pa。

(2) 吊机工作时,船舶处于横倾 5°、纵倾 2°。

（3）吊机工作环境温度为 $-20 \sim 45\ ℃$。如船东要求吊机环境温度低于 $-20\ ℃$，则常温用的钢材在低温下会变脆，因此吊机结构必须采用抗低温材料，致使吊机的造价昂贵。

（4）港内或锚地作业。

6.18.1.3 货物吊机技术参数的确定

（1）货物吊机的起重载荷。散货船应根据装运的货物种类（如沙石类、煤炭类、矿砂类等），一般用抓斗进行装卸，吊机的起重能力应根据选择的抓斗容量和自重来确定，吊机的额定起升载荷为 1.25 倍抓斗及其所含物料的质量。

装运包装货和机械设备的船舶，货物吊机的起重载荷应由船东提供。

集装箱船则根据装载的集装箱的最大规格来确定，各种规格的标准集装箱载货后的总质量列于表 6-26。

表 6-26　标准集装箱总质量

集装箱规格	20′	30′	40′	43′①	45′	48′	53′
总质量/t	24	25.4	30.48	32.5	30.48	30.48	30.48

注：①系指冷藏集装箱。

（2）货物吊机的工作半径。货物吊机的工作半径一般应满足下列两个条件：

①货舱口和货物吊的布置位置应满足：货物吊的最小工作半径不大于货物吊回转中心到货舱口近边的距离，最大工作半径不小于货物吊回转中心到货舱口远边角隅处的距离，使货物吊在装卸货作业时吊钩工作区域能够覆盖整个货舱口区域，到达货舱口区域的任何位置。

②货物吊的最小舷外吊距 $L \geqslant 3.5\ m$，对于用抓斗装卸物料的散货船，吊机舷外吊距应满足码头堆场和受料口的要求。对于用集装箱吊具装卸货的集装箱船，吊机舷外吊距还应与码头上集装箱转运车的位置相适应。

（3）货物吊机的起升、回转和变幅速度。一般来说，货物吊机的起升、回转和变幅速度根据船东要求确定，如船东未提出明确要求，则可根据设备厂货物吊机的系列参数确定。

为方便设计者选型使用，这里提供两种常用的货物吊的系列资料，GLB 型钢丝绳变幅货物吊机如图 6-75 所示，其系列参数列于表 6-27，单钩用于散货船，双钩用于集装箱船。LCS 型油缸变幅货物吊机如图 6-76 所示，其系列参数列于表 6-28。

表6-27 GLB型钢丝绳变幅货物吊主要参数

吊机型号	起重量 /t	工作半径 A_{max} /m	B_{max} /m	起升高度 $H+K$ /m	起升速度 低速 /(m/min)	起升速度 高速 /(m/min)	变幅时间 /s	回转速度 /(r/min)	电机持续功率 /kW	启动电流 /A	吊机功率 /kW	M_{max} /(kN·m)	Q_{max} /kN	总重 /t	C /mm	D /mm	E /mm	G /mm	M /mm	N /mm	P /mm	R /mm	S /mm	T /mm	Z /mm
GLB2 518	25	18	4.0	40	21	42	45	1.0	127	530	190	5 600	580	34	20 060	720	9 200	2 800	3 100	1 600	5 000	1 650	3 110	3 110	100
GLB2 520	25	20	4.0	40	21	42	45	1.0	127	530	190	6 400	590	35	22 260	720	9 200	2 800	3 100	1 600	5 500	1 650	3 110	3 110	100
GLB2 522	25	22	4.0	40	21	42	45	1.0	127	530	190	7 100	600	36	24 460	720	9 200	2 800	3 100	1 600	6 500	1 650	3 110	3 110	100
GLB2 524	25	24	4.0	40	21	42	45	1.0	127	530	190	8 000	620	38	26 660	720	9 200	2 800	3 100	1 600	7 500	1 650	3 110	3 110	100
GLB2 526	25	26	4.0	40	21	42	55	1.0	127	530	190	8 800	630	39	27 860	720	9 200	2 800	3 100	1 600	6 000	1 650	3 110	3 110	100
GLB2 528	25	28	4.0	40	21	42	65	1.0	127	530	190	9 600	640	40	30 060	730	9 200	2 800	3 110	1 600	7 000	1 650	3 110	3 110	100
GLB2 530	25	30	4.0	40	21	42	65	0.8	127	530	190	10 500	660	42	32 160	730	9 200	2 800	3 100	1 600	7 500	1 650	3 100	3 110	100
GLB3 018	30	18	4.0	40	18	36	45	1.0	127	530	200	6 500	630	34	20 060	720	9 200	2 800	3 100	1 600	5 000	1 650	3 110	3 110	100
GLB3 020	30	20	4.0	40	18	36	45	1.0	127	530	200	7 300	640	35	22 260	720	9 200	2 800	3 100	1 600	5 500	1 650	3 110	3 110	100
GLB3 022	30	22	4.0	40	18	36	45	1.0	127	530	200	8 200	650	36	24 460	720	9 200	2 800	3 100	1 600	6 500	1 650	3 110	3 110	100
GLB3 024	30	24	4.0	40	18	36	45	1.0	127	530	200	9 200	670	38	26 660	730	9 200	2 800	3 100	1 600	7 500	1 650	3 110	3 110	100
GLB3 026	30	26	4.0	40	18	36	55	1.0	127	530	200	10 100	680	39	27 860	730	9 200	2 800	3 100	1 600	6 000	1 650	3 110	3 110	100
GLB3 028	30	28	4.0	40	18	36	65	0.8	127	530	200	11 000	700	41	30 060	730	9 200	2 800	3 100	1 600	7 000	1 650	3 110	3 110	100
GLB3 030	30	30	4.0	40	18	36	65	0.8	127	530	200	12 000	710	42	32 160	730	9 200	2 800	3 100	1 600	7 500	1 650	3 110	3 110	100

注:①高速时的起升载荷是额定起升载荷的40%。
②吊机40%功率是循环工作制。
③M_{max}——在船舶平浮状态时,吊杆最大工作半径和最大起升载荷下,吊机基座顶部的弯曲力矩。
④Q_{max}——作用在基座顶部的吊机纵、横向质量,吊臂质量和起升载荷(静载荷)的总和。
⑤表中数据基于440 V、60 Hz AC电源和横倾5°的船舶浮态。

表 6-28　LCS 型油缸变幅货物吊机主要参数

吊机型号	起重量/t	工作半径 A_max/m	工作半径 B_max/m	起升高度 H+K/m	起升速度 低速/(m/min)	起升速度 高速/(m/min)	变幅时间/s	回转速度/(r/min)	电机持续功率/kW	启动电流/A	吊机功率[1]/kW	基座力矩和作用力 $M^{[3]}_{max}$/(kN·m)	基座力矩和作用力 $Q^{[4]}_{max}$/kN	总重/t	C/mm	D/mm	E/mm	G/mm	M/mm	N/mm	P/mm	R/mm	S/mm	T/mm	Z/mm
LC3 620-2	36	20	2.7	65	25	41	85	1.1	184	710	220	8 700	730	38	20 690	4 380	5 500	2 320	3 000	1 760	5 000	1 550	2 900	2 900	370
LC3 622-2	36	22	2.7	65	25	41	85	1.1	184	710	220	9 800	760	41	22 640	4 380	5 500	2 320	3 000	1 760	5 000	1 550	2 900	2 900	370
LC3 624-2	36	24	3.0	65	25	41	85	1.1	184	710	220	10 900	780	43	24 590	4 390	5 500	2 320	3 000	1 760	5 000	1 550	2 900	2 900	370
LC3 626-2	36	26	3.2	65	25	41	96	1.1	184	710	240	11 700	780	43	26 590	4 390	5 500	2 320	3 000	1 760	5 000	1 550	2 900	2 900	370
LC3 628-2	36	28	3.4	65	25	41	98	1.1	184	710	240	12 700	800	45	28 540	4 420	5 500	2 320	3 000	1 760	5 000	1 550	2 900	2 900	370
LC3 630-2	36	30	3.7	65	25	41	118	1.1	184	710	240	13 900	830	48	30 540	4 420	5 500	2 320	3 100	1 760	5 000	1 550	2 900	2 900	370
LC3 632-2	36	32	4.1	65	25	41	148	0.7	184	710	260	15 300	890	54	32 490	4 430	5 500	2 320	3 100	1 760	5 000	1 550	2 900	2 900	370
LC3 634-2	36	34	4.3	65	25	41	148	0.7	184	710	260	16 600	920	57	34 490	4 430	5 500	2 320	3 100	1 760	5 000	1 550	2 900	2 900	370
LC4 020-2	40	20	2.7	65	22	35	85	1.1	184	710	230	9 600	780	39	20 690	4 380	5 500	2 320	3 000	1 760	5 000	1 550	2 900	2 900	370
LC4 022-2	40	22	2.7	65	22	35	85	1.1	184	710	230	10 700	800	41	22 640	4 390	5 500	2 320	3 000	1 760	5 000	1 550	2 900	2 900	370
LC4 024-2	40	24	3.0	65	22	35	98	1.1	184	710	230	11 900	830	44	24 590	4 390	5 500	2 320	3 000	1 760	5 000	1 550	2 900	2 900	370
LC4 026-2	40	26	3.2	65	22	35	98	1.1	184	710	250	12 800	830	44	26 590	4 420	5 500	2 320	3 100	1 760	5 000	1 550	2 900	2 900	370

表 6-28 （续）

吊机型号	起重量/t	工作半径 A_max/m	工作半径 B_max/m	起升高度 H+K/m	起升速度 低速/(m/min)	起升速度 高速①/(m/min)	变幅时间/s	回转速度/(r/min)	电机持续功率/kW	启动电流/A	吊机功率②/kW	基座力矩和作用力 M_max③/(kN·m)	基座力矩和作用力 Q_max④/kN	总重/t	C/mm	D/mm	E/mm	G/mm	M/mm	N/mm	P/mm	R/mm	S/mm	T/mm	Z/mm
LC4 028-2	40	28	3.4	65	22	35	118	0.7	184	710	250	14 000	870	48	28 540	4 430	5 500	2 320	3 100	1 760	5 000	1 550	2 900	2 900	370
LC4 030-2	40	30	3.7	65	22	35	148	0.7	184	710	260	15 500	920	53	30 540	4 430	5 500	2 320	3 100	1 760	5 000	1 550	2 900	2 900	370
LC4 032-2	40	32	4.1	65	22	33	148	0.7	184	710	260	16 700	950	56	32 490	4 430	5 500	2 320	3 100	1 760	5 000	1 550	2 900	2 900	370
LC4 520-2	45	20	2.7	65	21	33	85	1.1	184	710	240	10 700	840	40	20 690	4 380	5 500	2 320	3 000	1 760	5 000	1 550	2 900	2 900	370
LC4 522-2	45	22	2.7	65	21	33	98	1.1	184	710	240	11 900	870	43	33 640	4 390	5 500	2 320	3 000	1 760	5 000	1 550	2 900	2 900	370
LC4 524-2	45	24	3.0	65	21	33	118	1.1	184	710	240	13 200	910	47	24 590	4 420	5 500	2 320	3 100	1 760	5 000	1 550	2 900	29 000	370
LC4 526-2	45	26	3.2	65	21	33	118	0.7	184	710	260	14 200	920	48	26 590	4 430	5 500	2 320	3 100	1 760	5 000	1 550	2 900	2 900	370
LC4 528-2	45	28	3.4	65	21	33	148	0.7	184	710	260	15 600	960	52	28 540	4 430	5 500	2 320	3 100	1 760	5 000	1 550	2 900	2 900	370

注：①高速时的起升载荷是额定起升载荷的 40%。

②吊机 40% 功率是循环工作制。

③M_{max}——在船舶平浮状态时，吊杆最大工作半径、吊杆最大起升载荷下吊机基座顶部的弯曲力矩。

④Q_{max}——作用在基座顶部的吊机操纵室质量、吊臂质量和起升载荷（静载荷）的总和。

⑤表中数据基于 440 V、60 Hz AC 电源和横倾 5° 的船舶浮态。

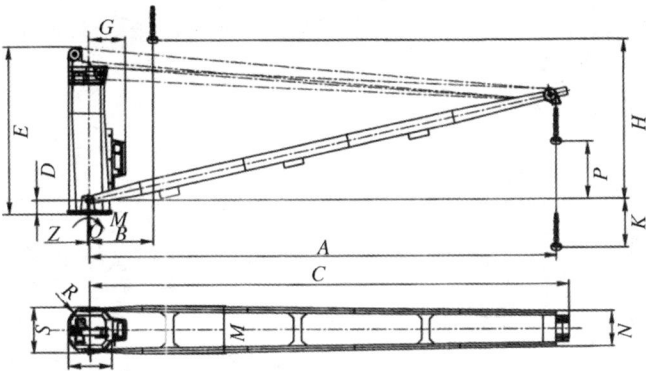

图 6-75　GLB 型钢丝绳变幅货物吊机

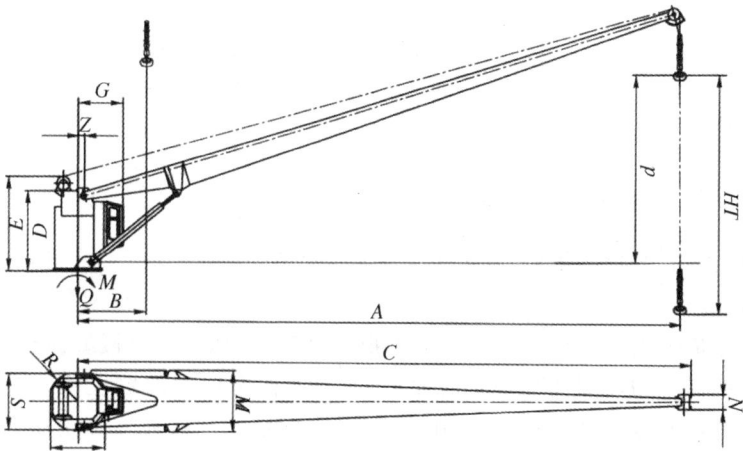

图 6-76　LCS 型油缸变幅货物吊机

（4）货物吊机的功率。吊机的技术参数确定后，吊机功率一般按照厂商提供的系列参数表选取，如在厂商的系列参数表范围以外，也可按照吊机的安全工作负荷 SWL 和起升速度估算。吊机的总效率大致如下：

直流（可控硅整流）电机驱动吊机（见图 6-77）的总效率 $\eta=0.75$，其中电控系统的效率 $\eta_1=0.78$，电动机效率 $\eta_2=0.9$，绞车齿轮箱效率 $\eta_3=0.92$，滑车组效率 $\eta_4=0.92$。

电液驱动吊机（见图 6-78）的总效率 $\eta=0.70$，其中电动机效率 $\eta_1=0.93$，绞车齿轮箱效率 $\eta_2=0.98$，液压泵效率 $\eta_3=0.94$，液压管路效率 $\eta_4=0.99$，液压马达效率 $\eta_5=0.92$，滑车组效率 $\eta_6=0.92$。

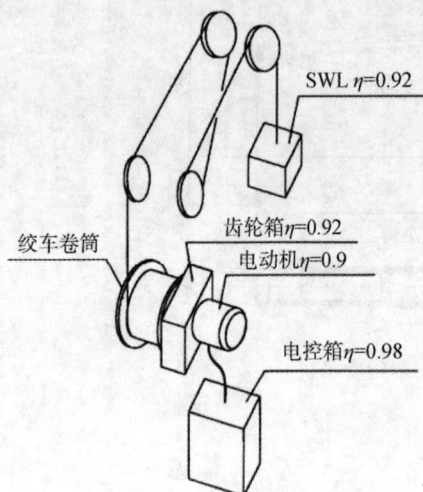

图 6-77　直流(可控硅整流)电机驱动
吊机的传动图

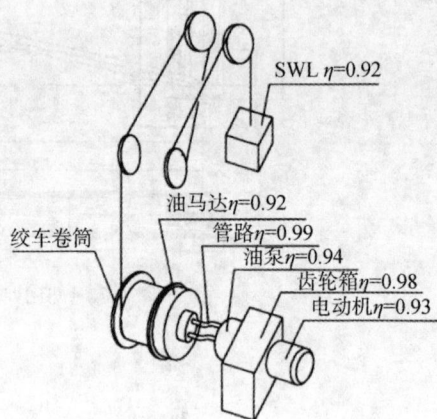

图 6-78　电液驱动吊机的传动图

6.18.2　货物吊机的吊具

多用途货船的货物吊机,除配置散货船需用的吊具(如抓斗)外,还需配备集装箱用的吊具。

多用途货船货物吊机的抓斗有两种形式:液压型抓斗及机械型抓斗。

液压型抓斗的开闭通过油缸的伸缩来完成,油泵机组配置在抓斗上部。液压型抓斗高度较低,适合船用吊机使用,也方便于在船上的存放。液压动力抓斗的形式如图 6-79 所示,其高度尺寸列于表 6-29。

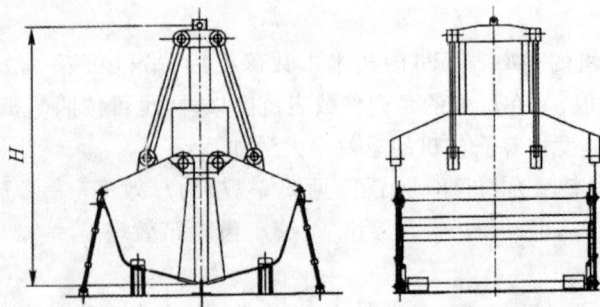

图 6-79　液压动力抓斗

表 6-29　液压动力抓斗规格

抓斗容量/m³	8	10
抓斗高度 H/mm	3 760	3 950

机械型抓斗则是利用抓斗的重力,通过起重索和控制拉索操纵机械装置实现抓斗的开闭。机械型抓斗高度较大,对船舶的稳性和视线带来不利影响。四绳机械抓斗的规格和高度列于表 6-30。

表 6-30　四绳机械抓斗的规格和高度

抓斗容量/m³	1	2	3	4	6
抓斗高度 H/mm	3 255	4 125	4 297	5 465	5 945

集装箱吊具由动力转盘和集装箱吊架组成。动力转盘的作用是在集装箱装卸过程中调整(旋转)吊架的方向,以便在装卸集装箱时,使吊架四个角上连接集装箱顶部插座的锁头能迅速准确地插入集装箱插座并予以锁定。在将集装箱吊到码头上的集装箱转运车上方时,需操纵动力转盘,使集装箱底部的插座对准转运车上的转锁,以提高集装箱的装卸速效率。

集装箱吊架有两种形式。一种是多用途吊架,吊架上四个吊点的纵向和横向距离可以通过吊架上的伸缩机构进行调整,以适应各种规格的集装箱。另一种是专用吊架,即不同规格的吊架适用于不同规格的集装箱。

图 6-80 所示为麦基嘉(Mac GREGOR)L36、40－2 和 GL25、30、36、40－2 型动力转盘和集装箱吊架的组合高度尺寸。

图 6-81 所示为各种吊钩装置距吊臂外端导向滑车中心线的高度尺寸,图 6-82所示为配置动力转盘的吊钩的组合高度尺寸。

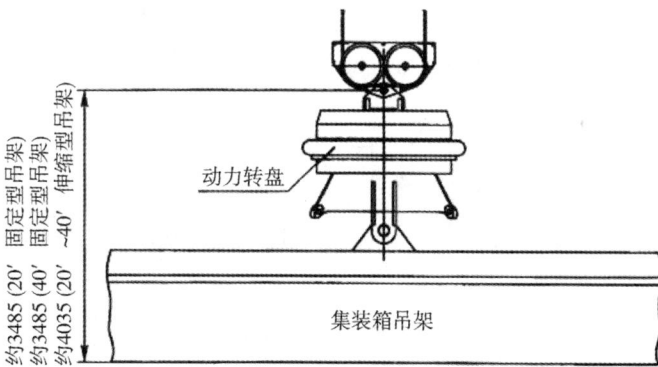

图 6-80　动力转盘和集装箱吊架的组合高度

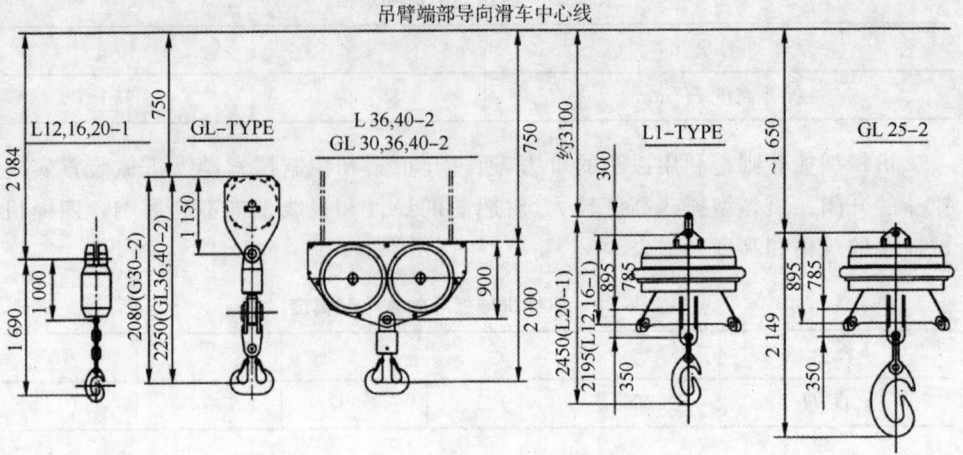

图 6-81　各种形式吊钩装置

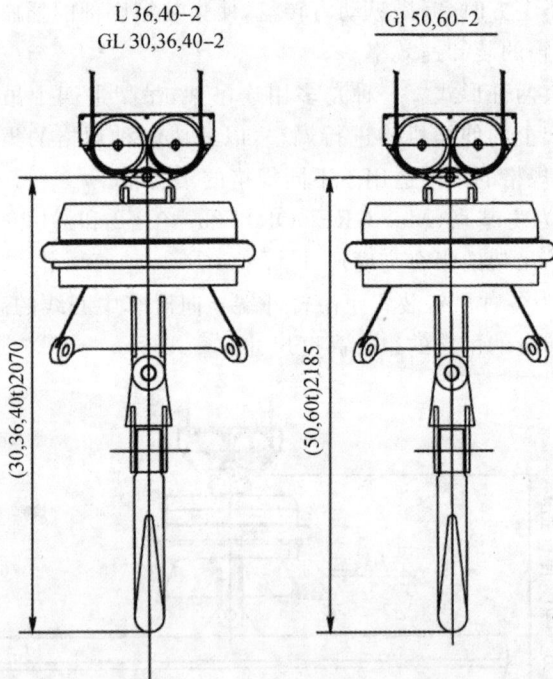

图 6-82　配置动力转盘的吊钩

图 6-83 所示为配有 TTS 动力转盘的 20 英尺集装箱吊架的高度尺寸,图 6-84
所示为 40 英尺集装箱吊架的高度尺寸。

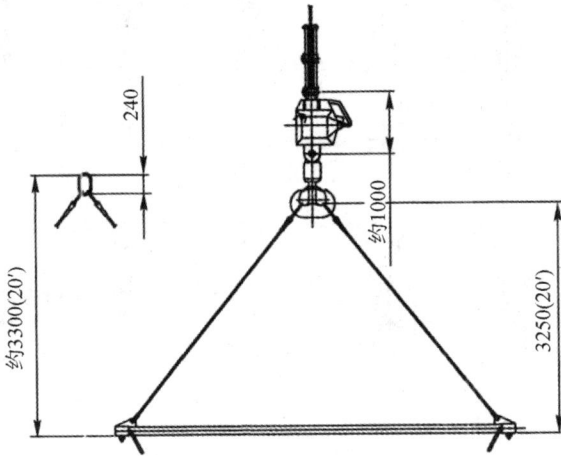

图 6-83 配置动力转盘的 20 英尺集装箱吊架

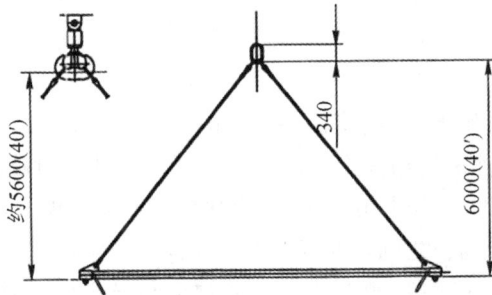

图 6-84 40 英尺集装箱吊架

6.18.3 货物吊机的布置

6.18.3.1 散货船货物吊机的布置

散货船货物吊机主要用于装卸散装货物,诸如散装物料、大宗货物、卷筒钢板、
卷筒纸和机电设备等。吊机的起重能力一般由船东提出,也可根据船东提供的装
载货物资料计算确定。吊臂的最大工作半径应根据货舱口的大小和吊机的布置位
置确定,其原则是,一台吊机应能满足相邻的两个货舱装卸货物,其布置如图 6-85
所示。

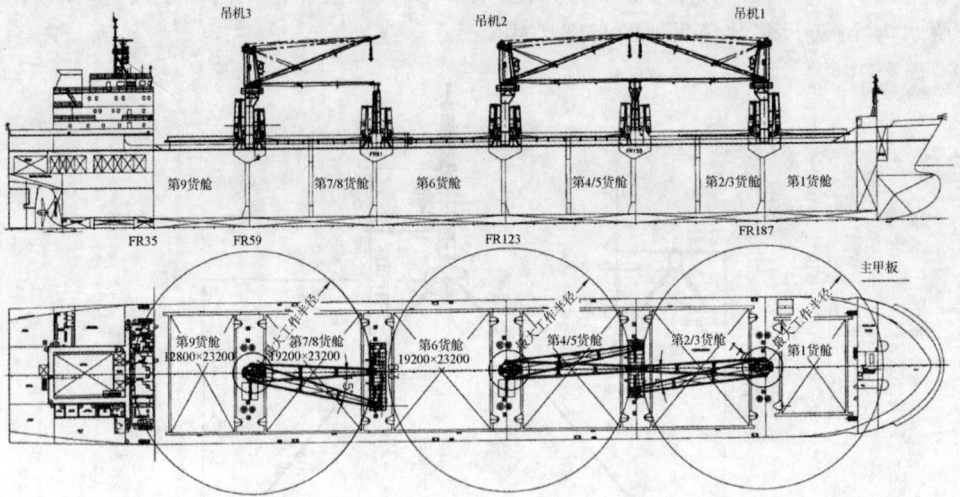

图 6-85　散货船货物吊机布置图

散货船吊机的吊具如抓斗系统(包括抓斗及控制系统),一般由船东配置或委托吊机厂商打包提供。吊机制造厂在设计吊机控制室时,应考虑抓斗控制设备的布置和安装。

当吊臂以最大工作半径(最小吊举角)作业时,吊钩的最大起升高度应不小于吊具(如抓斗)和/或被吊货物高度+舱口围板高度+足够的裕量,抓斗作业的情况如图 6-86 所示。由此,可确定吊机基座(COLUMN)的高度。

布置在货舱舱口围板之间的甲板上的吊机,其基座通常由上下两段组成。吊机基座的上段基座是过渡段(上圆下方),其顶面与吊机塔身底部转盘的圆形法兰连接,自顶面往下,截面逐渐由圆形过渡为矩形,并与下段基座(矩形截面的柱体)连接。该柱体则与高出甲板(吊机安装甲板)100~200 mm 且具有相同尺寸的矩形截面船体结构对接。

吊机基座过渡段有 3 种形状可供选择,如图 6-87 所示。其选择原则是塔身旋转中心的位置应同时满足吊机对前后货舱进行装卸货作业时所需的工作半径,下段矩形截面的位置应根据船体横舱壁和强纵骨架的位置确定。

吊机基座底部设置风雨密门,吊机基座内设有通往塔身并进入驾驶室的内通道,由直梯、栏杆和扶手等组成。直梯的长度应不大于 6 m,并需设置若干层中间平台,每层平台应设置格栅和保护栏杆。吊机操纵室人员的应急逃生通道设置于吊机基座外部,操纵人员可通过吊机驾驶室的窗及设于基座外部的直梯或软梯逃到露天甲板上,详见图 6-88 所示。

aa

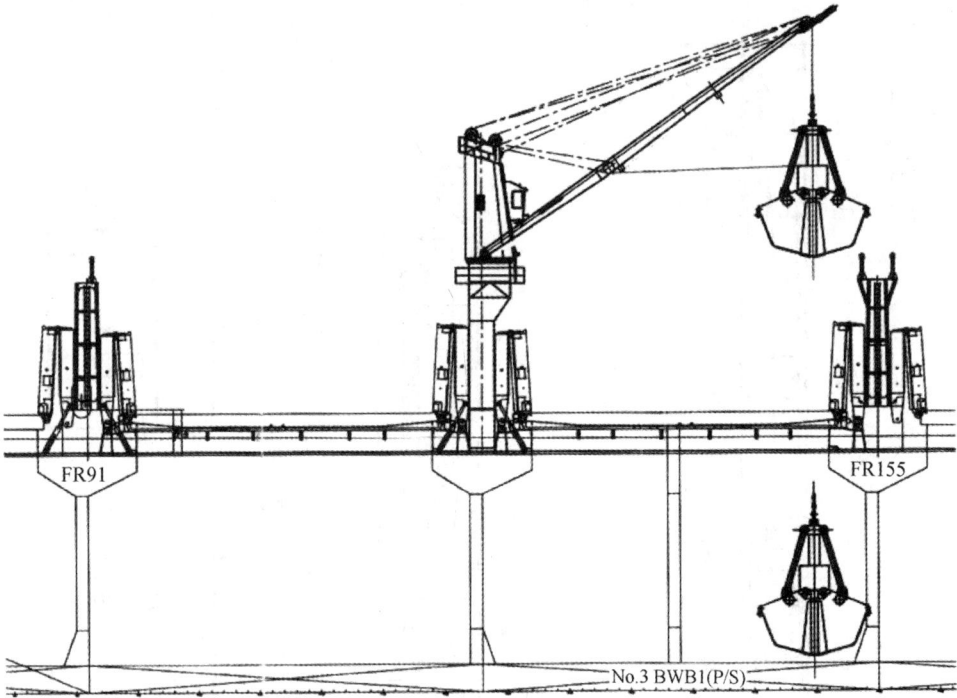

图 6-86　散货船货物吊机抓斗作业

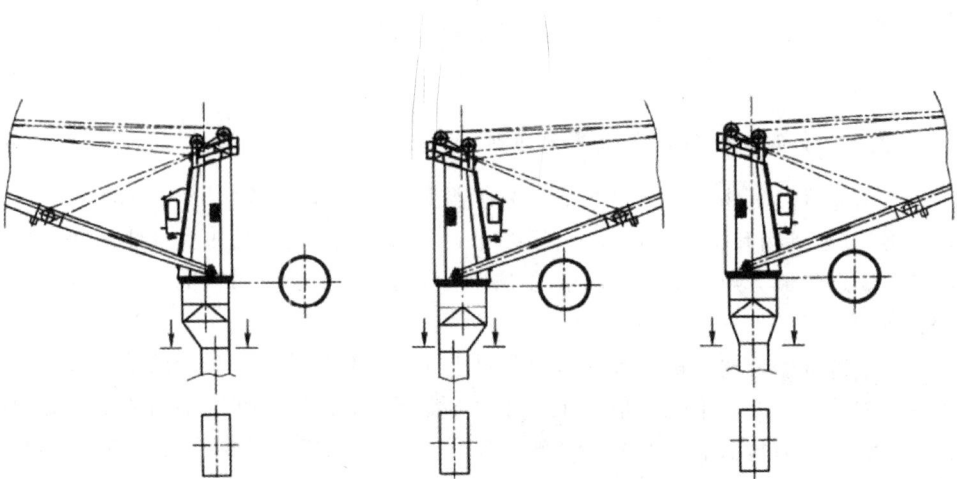

图 6-87　散货船货物吊机的基座形式

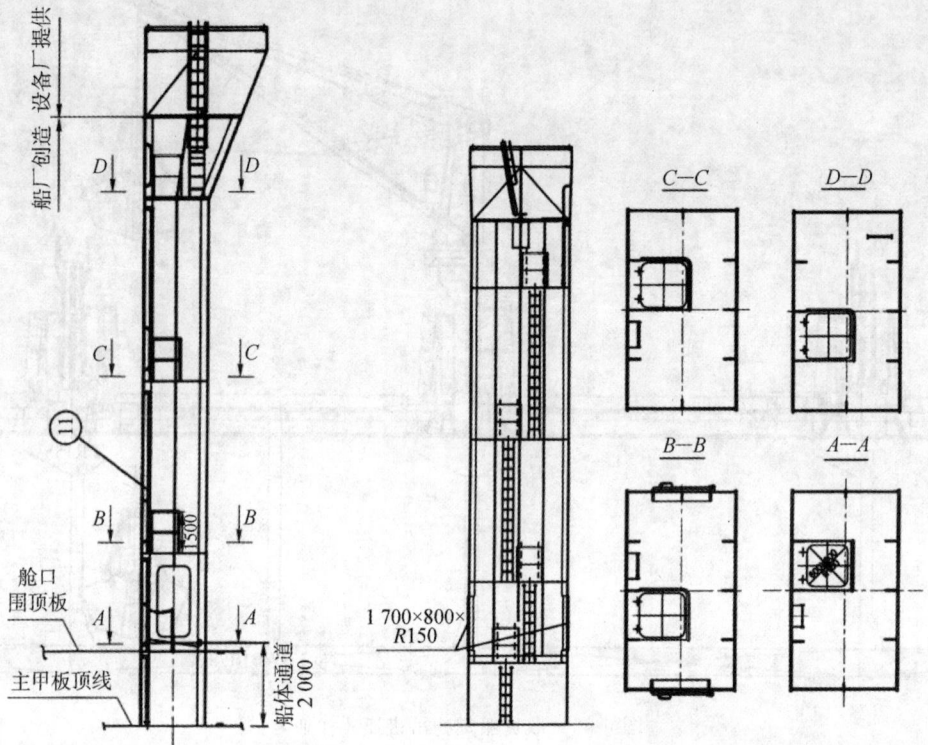

图 6-88　吊机基座的内部通道

6.18.3.2　多用途货船及集装箱船吊机的布置

多用途货船货物吊机配置的基本原则与散货船相似,其特点是吊机除装卸散装货物、包装货物和机电设备等外,还要吊运集装箱,因此吊机的起重能力还需满足船东规定的最大规格集装箱质量的要求。多用途货船货物吊机的一般布置如图6-89所示。

多用途货船货物吊机基座的高度取决于在甲板和货舱盖上集装箱的装载高度(堆高)和吊具高度。吊臂在最大工作半径(最小吊举角)作业时,吊钩的最大起升高度应大于动力转盘的高度+集装箱吊架的高度+集装箱堆高+足够的裕量,如图6-90所示。

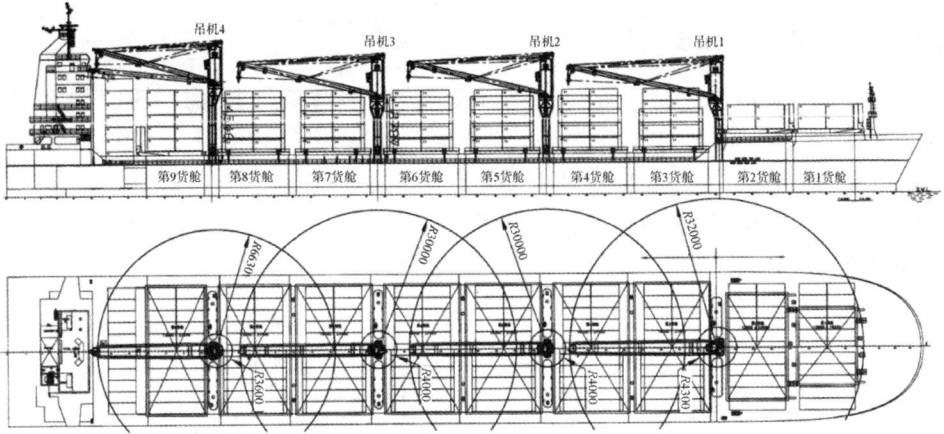

图 6-89 多用途船货物吊机布置图

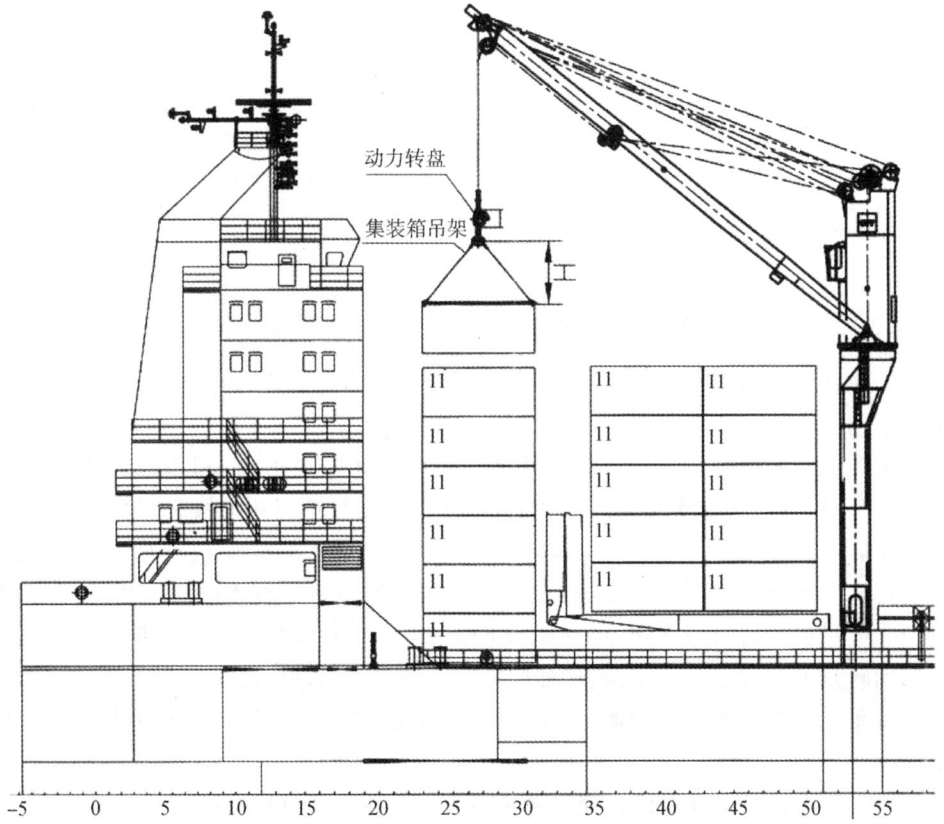

图 6-90 多用途船货物吊机吊高的确定

6.18.3.3 吊臂的限位

设置在上层建筑之前的吊机,在作业过程中,吊臂易与上层建筑及驾驶室相碰,发生危险。为此,吊机必须设置限位装置,借以限定吊臂的安全工作区域。图6-91所示为回转限位系统,回转过程中遇到障碍物即停止。图6-92所示为回转及变幅联合程序限位系统,回转过程中若遇障碍物,吊臂将自动升起(变幅),且绕过障碍物继续回转。

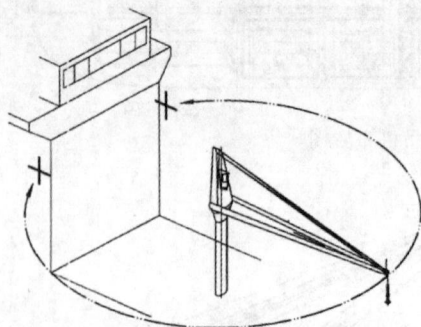

图 6-91 吊机回转限位系统

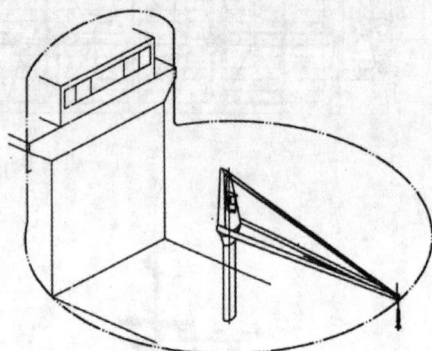

图 6-92 吊机回转及变幅联合程序限位系统

6.18.3.4 货物吊机吊臂的固定

船舶在航行时,货物吊机的吊臂和吊钩有多种固定方式,如采用吊臂自行固定装置或用吊臂托架固定等。

由于集装箱船一般设置吊离型(PONTON TYPE)货舱盖,相邻的货舱舱口围板间距很小,只能用作集装箱的绑扎通道,且设有集装箱绑扎眼板和绑扎桥。按澳大利亚联邦运输部(AMSE)的规定,最小绑扎通道的净宽不小于 550 mm。因此,无法再布置吊机吊臂的固定托架,布置在此区域的吊机吊臂不可能使用托架来固定。一般吊机配置自行固定系统(JIB SELF REST EQUIPMENT),即在吊机塔身下部的转盘上配置吊臂固定装置,如图 6-93 中的 2 号起重机。

除集装箱船之外的其他船舶,一般用托架固定吊臂,其形式也有多种多样,列举如下:

(1) 在相邻的货舱围板之间设置立柱,立柱的形式由托架高度和吊臂的质量确定。对于托架强度要求不高的立柱,一般可采用单杆结构。对于托架布置高的立柱,应用三脚桅的结构形式。对于同时固定两个吊机的吊臂托架的立柱应采用四柱桅的结构形式。这些托架立柱构架应根据吊机供应厂提供的吊臂作用载荷，进行强度校核。

（2）船首吊机，可在前桅上平台设置吊臂托架，供艏部吊机的吊臂固定，如图6-93中所示的1号起重机。艉部吊机的吊臂托架则可设置在驾驶甲板前端，如图6-94所示。

（3）吊臂托架设置在相邻吊机的基座上，如图6-95所示。

（4）相邻两台吊机共用一个托架桅，如图6-96所示。

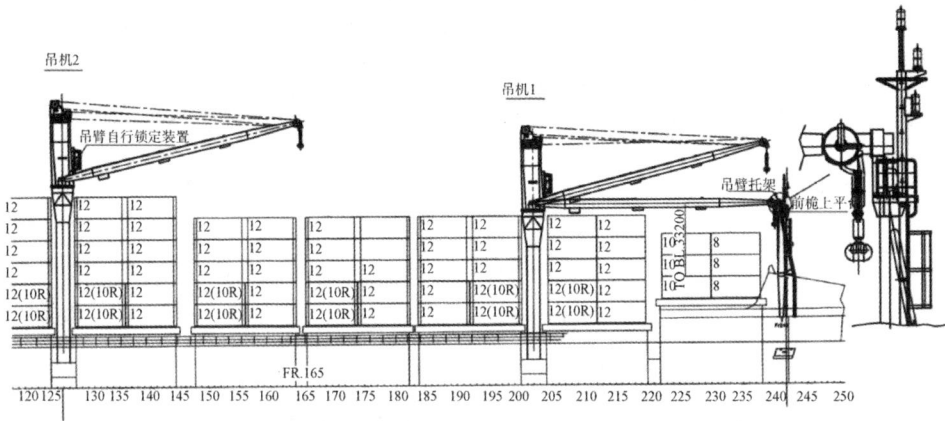

图 6-93　集装箱船吊机吊臂的固定

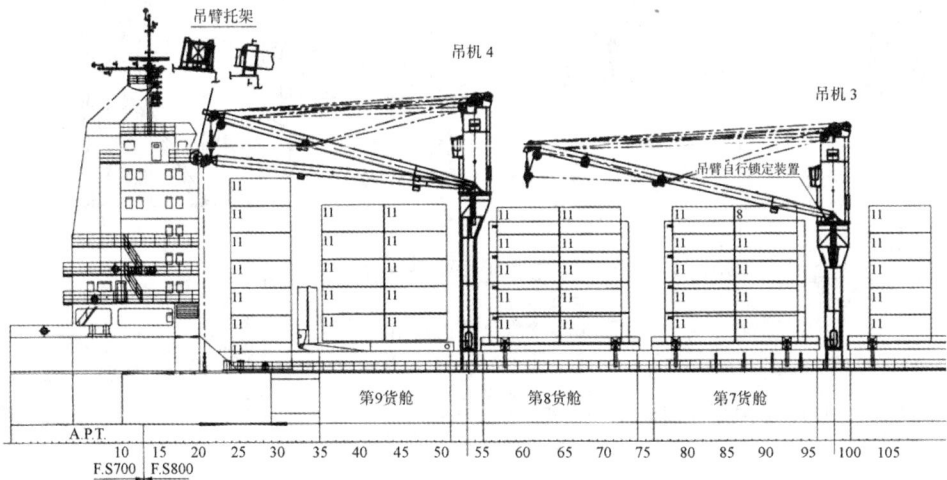

图 6-94　艉部吊机的吊臂托架

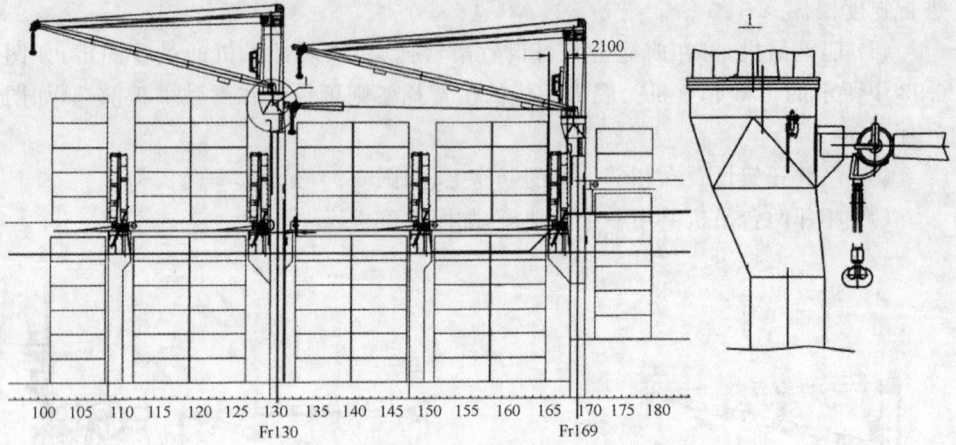

图 6-95 相邻吊机的吊臂托架

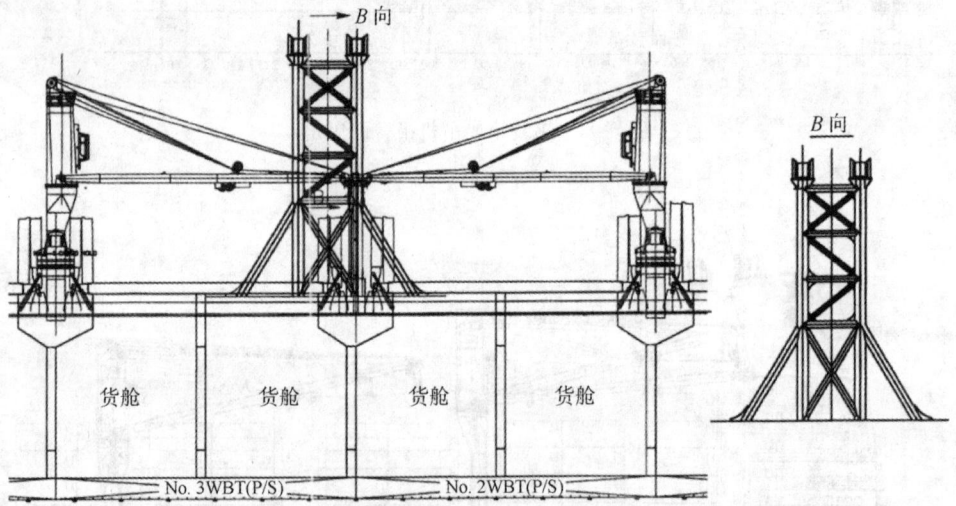

图 6-96 两台吊机共用托架桅

（5）单独托架桅如图 6-97 所示。

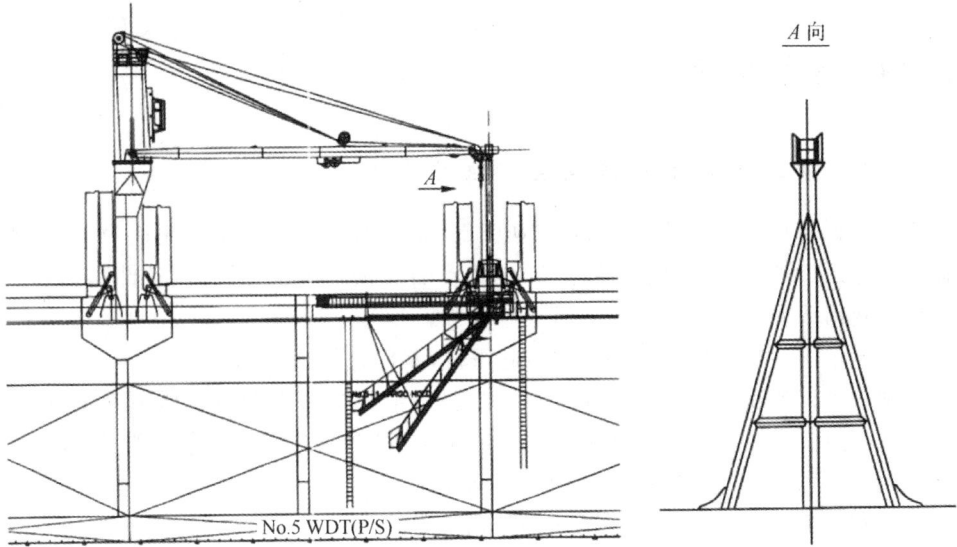

A 向

No.5 WDT(P/S)

图 6-97　单独托架梐

6.18.3.5　吊钩固定方式

　　吊钩的固定有多种方式,其目的为防止吊钩发生摆荡。如有些吊机在吊钩存放处设置吊钩座,将吊钩存放在吊钩座的两块夹板之间,并用销轴锁住,如图 6-98所示。也有在吊钩上配置系索,与甲板上的眼板固定,收紧系索即可防止吊钩晃荡,如图 6-99 所示。

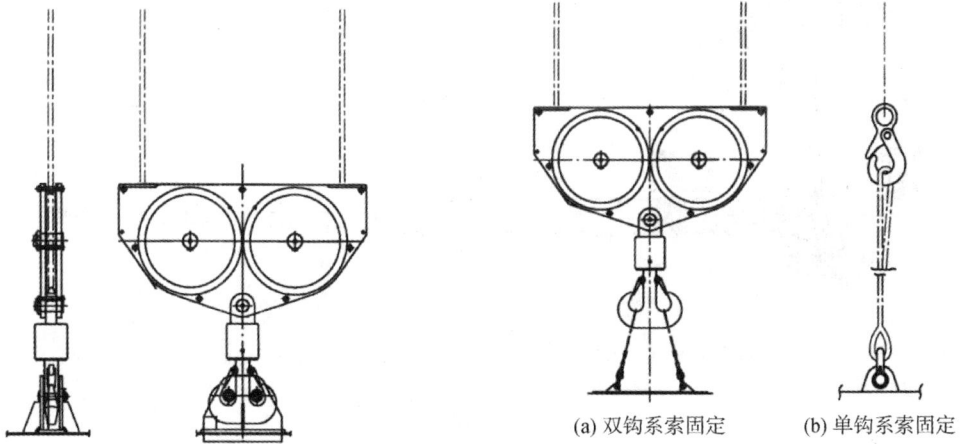

图 6-98　吊钩座固定吊钩

(a) 双钩系索固定　　(b) 单钩系索固定

图 6-99　系索固定吊钩

6.19 杂物吊机

6.19.1 杂物吊机的形式及主要技术参数

一般运输船舶配置杂物吊机(PROVISION CRANE),其主要用途为:在船舶补给食品时,吊运粮食、副食、冷冻品、包装食品和饮料等;吊运机械备件和舾装品备件以及吊放抛落艇和苏伊士运河工作艇等。

杂物吊机一般采用油缸变幅回转起重机,其形式如图 6-100 所示。

杂物吊机的安全工作负荷通常根据需吊运的机械备件的最大质量确定,但起重能力一般大于 3 t,吊机的最大工作半径应按吊臂伸出舷外(按船舶型宽)3.5 m以上计算。通常,在船舶技术规格书中会给出具体指标。

图 6-101 及表 6-31 列出了常用的杂物吊机系列技术参数和外形尺寸。

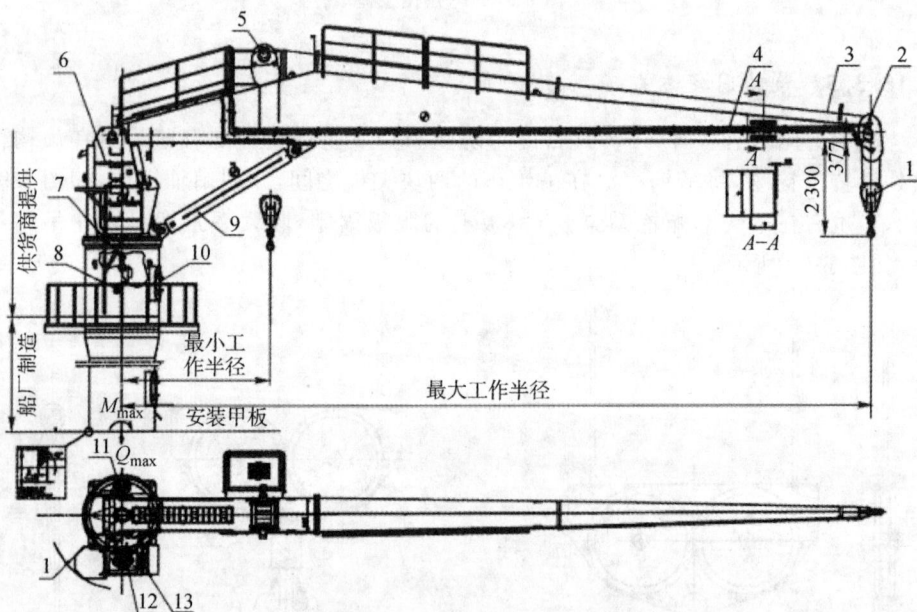

1—吊钩装置;2—导向滑车装置;3—起货索;4—吊臂;5—起货绞车;6—塔身;7—油泵机组;8—油泵机组遥控启停开关;9—变幅油缸;10—油泵机组维修盖;11—回转液压马达;12—操纵室;13—控制台。

图 6-100 油缸变幅回转杂物吊机

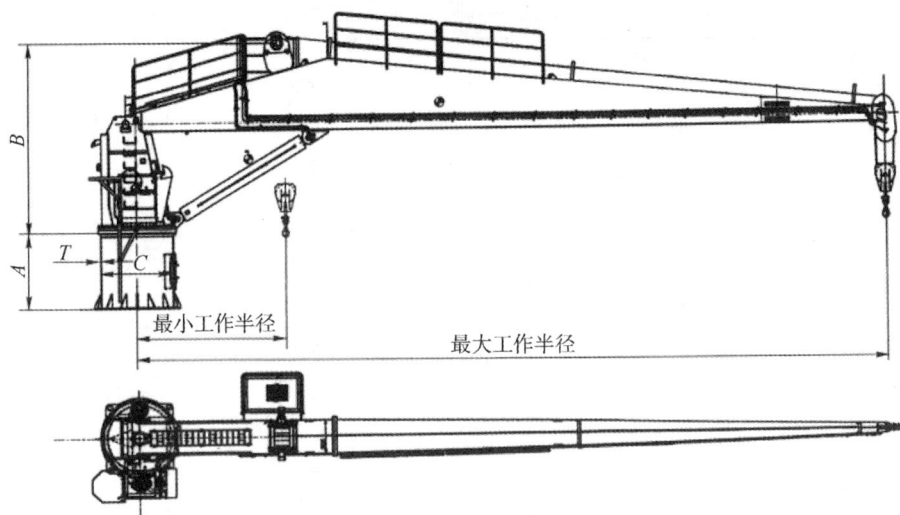

图 6-101 油缸变幅回转型杂物吊机主要技术参数图

表 6-31 油缸变幅回转型杂物吊机主要技术参数

型号	安全工作负载 /t	工作半径		起升速度 /(m/min)	俯仰速度 /s	回转速度 /(r/min)	电动机功率 /kW	A/ mm	B/ mm	C/ mm	T/ mm	质量 /kg
		最大 /m	最小 /m									
HPC—01—06	1	6	1.5	10	45	0.5	7.5	1 500	1 575	800	12	2 925
HPC—01—08	1	8	1.8	10	48	0.5	7.5	1 500	1 575	800	12	3 150
HPC—01—10	1	10	2.2	10	51	0.5	7.5	1 500	1 575	800	12	3 375
HPC—01—12	1	12	2.5	10	54	0.5	7.5	1 500	1 575	800	12	3 600
HPC—01—14	1	14	2.9	10	57	0.5	7.5	1 500	1 575	800	14	3 825
HPC—01—16	1	16	3.2	10	60	0.5	7.5	1 500	1 575	800	14	4 050
HPC—02—06	2	6	1.5	10	45	0.5	11	1 500	1 575	800	14	3 600
HPC—02—08	2	8	1.8	10	48	0.5	11	1 500	1 575	800	14	4 050
HPC—02—10	2	10	2.2	10	51	0.5	11	1 500	1 575	800	14	4 500
HPC—02—12	2	12	2.5	10	54	0.5	11	1 500	1 575	800	16	4 900
HPC—02—14	2	14	2.9	10	57	0.5	11	1 500	1 575	950	16	5 850
HPC—02—16	2	16	3.2	10	60	0.5	15	1 500	1 950	950	16	6 300

表 6-31 （续 1）

型号	安全工作负载/t	工作半径		起升速度/(m/min)	俯仰速度/s	回转速度/(r/min)	电动机功率/kW	A/mm	B/mm	C/mm	T/mm	质量/kg
		最大/m	最小/m									
HPC－02－18	2	18	3.6	10	65	0.5	15	1 500	1 950	950	16	6 750
HPC－02－20	2	20	3.9	10	70	0.5	15	1 500	2 350	950	16	7 200
HPC－03－08	3	8	1.8	10	53	0.5	18.5	1 500	1 575	800	14	4 950
HPC－03－10	3	10	2.2	10	56	0.5	18.5	1 500	1 575	800	14	5 624
HPC－03－12	3	12	2.5	10	59	0.5	18.5	1 500	1 575	950	16	6 300
HPC－03－14	3	14	2.9	10	62	0.5	18.5	1 500	1 575	950	16	6 750
HPC－03－16	3	16	3.2	10	65	0.5	18.5	1 500	1 950	950	16	7 200
HPC－03－18	3	18	3.6	10	68	0.5	18.5	1 500	1 950	950	16	7 650
HPC－03－20	3	20	3.9	10	75	0.5	18.5	1 500	2 350	1 100	16	8 100
HPC－03－22	3	22	4.3	10	80	0.5	18.5	1 500	2 350	1 100	16	8 550
HPC－04－08	4	8	1.8	10	53	0.5	22	1 500	1 575	950	16	6 300
HPC－04－10	4	10	2.2	10	59	0.5	22	1 500	1 575	950	16	6 750
HPC－04－12	4	12	2.5	10	62	0.5	22	1 500	1 575	950	16	7 200
HPC－04－14	4	14	2.9	10	65	0.5	22	1 500	1 575	950	16	7 650
HPC－04－16	4	16	3.2	10	68	0.5	22	1 500	1 950	1 100	16	8 100
HPC－04－18	4	18	3.6	10	75	0.5	22	1 500	1 950	1 100	18	8 550
HPC－04－20	4	20	3.9	10	80	0.5	22	1 500	2 350	1 250	18	9 000
HPC－04－22	4	22	4.3	10	85	0.5	22	1 500	2 350	1 250	18	9 450
HPC－05－08	5	8	1.8	10	55	0.5	26	1 600	1 575	950	16	7 200
HPC－05－10	5	10	2.2	10	60	0.5	26	1 600	1 575	950	16	7 985
HPC－05－12	5	12	2.5	10	65	0.5	26	1 600	1 575	1 100	16	6 775
HPC－05－14	5	14	2.9	10	70	0.5	26	1 600	1 575	1 100	16	9 565
HPC－05－16	5	16	3.2	10	77	0.5	26	1 600	1 950	1 250	16	10 350
HPC－05－18	5	18	3.6	10	84	0.5	26	1 600	1 950	1 250	16	10 800
HPC－05－20	5	20	3.9	10	91	0.5	26	1 600	2 350	1 423	16	11 250

表 6-31（续 2）

型号	安全工作负载/t	工作半径		起升速度/(m/min)	俯仰速度/s	回转速度/(r/min)	电动机功率/kW	A/mm	B/mm	C/mm	T/mm	质量/kg
		最大/m	最小/m									
HPC－05－22	5	22	4.3	10	98	0.5	26	1 600	2 350	1 423	16	11 700
HPC－05－24	5	24	4.6	10	105	0.5	26	1 600	2 630	1 518	16	12 150
HPC－05－26	5	26	5.0	10	110	0.5	26	1 600	2 650	1 518	16	12 600
HPC－06－08	6	8	1.8	10	55	0.5	30	1 600	1 575	950	16	7 650
HPC－06－10	6	10	2.2	10	60	0.5	30	1 700	1 575	1 100	16	8 400
HPC－06－12	6	12	2.5	10	65	0.5	30	1 700	1 575	1 100	16	9 155
HPC－06－14	6	14	2.9	10	70	0.5	30	1 700	1 575	1 250	16	9 905
HPC－06－16	6	16	3.2	10	77	0.5	30	1 700	1 950	1 250	16	10 660
HPC－06－18	6	18	3.6	10	84	0.5	30	1 700	2 350	1 432	16	12 160
HPC－06－20	6	20	3.9	10	91	0.5	30	1 700	2 350	1 518	16	12 910
HPC－06－22	6	22	4.3	10	99	0.5	30	1 700	2 650	1 518	18	13 660
HPC－06－24	6	24	4.6	10	107	0.5	30	1 700	2 650	1 518	18	14 400
HPC－07－08	7	8	1.8	10	55	0.5	37	1 800	2 186	1 100	16	8 100
HPC－07－10	7	10	2.2	10	60	0.5	37	1 800	2 186	1 100	16	9 000
HPC－07－12	7	12	2.5	10	65	0.5	37	1 800	2 186	1 250	16	9 900
HPC－07－14	7	14	2.9	10	70	0.5	37	1 800	2 350	1 250	16	10 800
HPC－07－16	7	16	3.2	10	77	0.5	37	1 800	2 350	1 432	16	11 700
HPC－07－18	7	18	3.6	10	84	0.5	37	1 800	2 623	1 432	16	12 600
HPC－07－20	7	20	3.9	10	91	0.5	37	1 800	2 623	1 518	16	13 500
HPC－07－22	7	22	4.2	10	99	0.5	37	1 800	2 950	1 518	18	14 400
HPC－07－24	7	24	4.6	10	107	0.5	37	1 800	2 950	1 595	18	15 300
HPC－07－26	7	26	5.0	10	115	0.5	37	1 800	3 123	1 595	18	16 200
HPC－08－08	8	8	1.8	10	55	0.5	37	1 800	2 186	1 250	16	9 000
HPC－08－10	8	10	2.2	10	60	0.5	37	1 800	2 186	1 250	16	9 900
HPC－08－12	8	12	2.5	10	65	0.5	37	1 800	2 186	1 432	16	10 800
HPC－08－14	8	14	2.9	10	70	0.5	37	1 800	2 186	1 432	16	11 700

表 6-31 （续 3）

型号	安全工作负载/t	工作半径		起升速度/(m/min)	俯仰速度/s	回转速度/(r/min)	电动机功率/kW	A/mm	B/mm	C/mm	T/mm	质量/kg
		最大/m	最小/m									
HPC－08－16	8	16	3.2	10	77	0.5	37	1 800	2 350	1 518	16	12 600
HPC－08－18	8	18	3.6	10	84	0.5	37	1 800	2 623	1 518	16	13 500
HPC－08－20	8	20	3.9	10	91	0.5	37	1 800	2 623	1 595	16	14 400
HPC－08－22	8	22	4.2	10	99	0.5	37	1 800	2 950	1 595	18	15 300
HPC－08－24	8	24	4.6	10	107	0.5	37	1 800	2 950	1 795	18	16 200
HPC－08－26	8	26	5.0	10	115	0.5	37	1 800	3 123	1 795	18	17 100
HPC－09－08	9	8	1.8	10	60	0.5	46	1 800	2 186	1 250	16	9 450
HPC－09－10	9	10	2.2	10	66	0.5	46	1 800	2 186	1 432	16	10 450
HPC－09－12	9	12	2.5	10	72	0.5	46	1 800	2 186	1 432	16	10 955
HPC－09－14	9	14	2.9	10	78	0.5	46	1 800	2 350	1 518	16	12 447
HPC－09－16	9	16	3.2	10	84	0.5	46	1 800	2 350	1 518	16	13 446
HPC－09－18	9	18	3.6	10	90	0.5	46	1 800	2 623	1 595	16	14 445
HPC－09－20	9	20	3.9	10	96	0.5	46	1 800	2 623	1 595	16	15 444
HPC－09－22	9	22	4.2	10	102	0.5	46	1 800	2 950	1 795	16	16 443
HPC－09－24	9	24	4.6	10	109	0.5	46	1 800	2 950	1 795	18	17 442
HPC－09－26	9	26	5.0	10	115	0.5	46	1 800	3 123	2 035	18	18 450
HPC－10－08	10	8	1.8	10	60	0.5	55	1 900	2 186	1 432	16	10 350
HPC－10－10	10	10	2.2	10	66	0.5	55	1 900	2 186	1 432	16	11 399
HPC－10－12	10	12	2.5	10	72	0.5	55	1 900	2 186	1 518	16	12 449
HPC－10－14	10	14	2.9	10	78	0.5	55	1 900	2 350	1 518	16	13 498
HPC－10－16	10	16	3.2	10	84	0.5	55	1 900	2 350	1 595	16	15 548
HPC－10－18	10	18	3.6	10	90	0.5	55	1 900	2 623	1 595	16	15 597
HPC－10－20	10	20	3.9	10	96	0.5	55	1 900	2 623	1 795	16	16 676
HPC－10－22	10	22	4.2	10	102	0.5	55	1 900	2 950	1 795	18	17 696
HPC－10－24	10	24	4.6	10	109	0.5	55	1 900	2 950	2 035	18	18 745
HPC－10－26	10	26	5.0	10	115	0.5	55	1 900	3 123	2 035	18	19 800
HPC－15－12	15	12	2.5	10	72	0.5	75	2 000	2 350	1 595	16	12 420

6.19.2 杂物吊机的布置

一般运输船舶的杂物吊机设置于船尾,图 6-102 所示为某集装箱船的杂物吊机布置,图 6-103 所示为某散货船的杂物吊机布置。

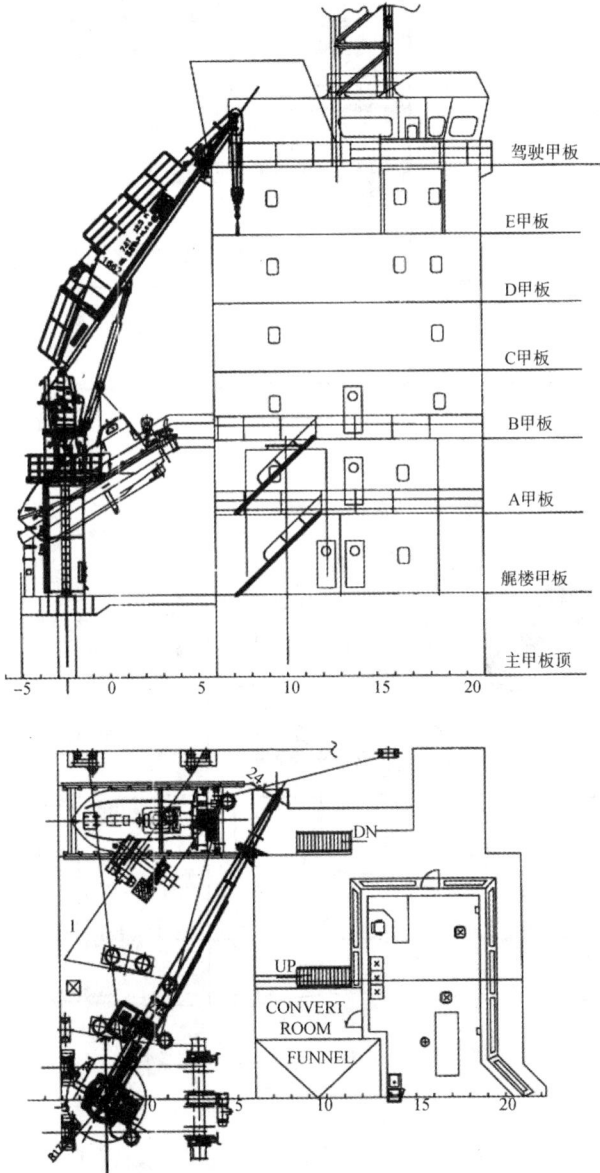

图 6-102 某集装箱船杂物吊机布置图

SWL.214-16.5m

驾驶甲板

船长甲板

船员甲板

艉楼甲板

艉楼甲板

驾驶甲板

UP

电气设备间

机舱棚

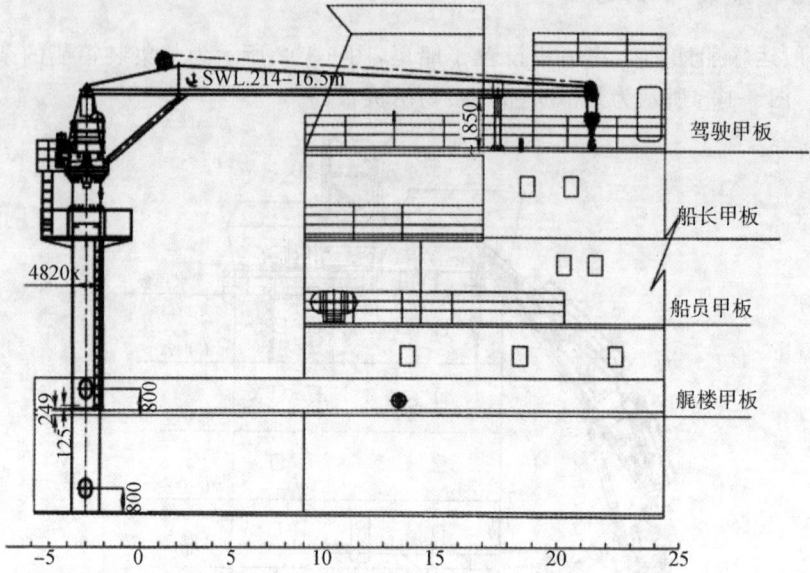

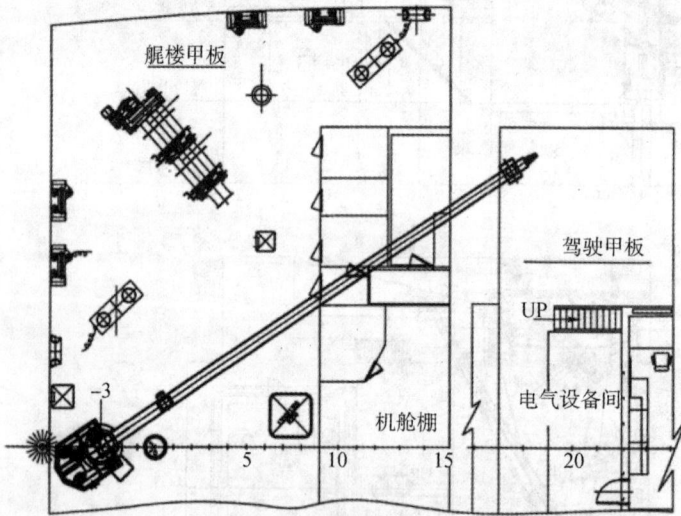

图 6-103　某散货船杂物吊机布置图

设置于船尾的杂物吊机应注意下述情况：

（1）吊臂的舷外吊距应不小于 3.5 m。

（2）吊机的布置位置应考虑系泊设备布置。

（3）如果吊机基座位于船体中心线上，则艉灯可布置在吊机基座的筒体上，但吊机基座的高度应适当增加。

（4）吊臂的变幅和回转应配置限位装置，确保在起重作业时吊臂不与上层建筑发生碰撞，避免发生危险事故。

（5）艉部设有尾抛救生艇时，杂物吊机通常布置在甲板中央，抛落艇布置在舷侧。为满足杂物吊机进行两舷的起重作业，吊臂的高度必须大于抛落艇的高度，杂物吊机的基座高度以此要求确定。

（6）通过苏伊士运河的船舶，有的船东要求杂物吊机兼具收放苏伊士运河工作艇的功能，杂物吊机的安全工作载荷应不小于苏伊士运河工作艇的质量（约4.5 t）。

（7）在船舶航行过程中吊臂和吊钩必须牢固地固定，以经受船舶摇摆产生的惯性力，保护吊机的安全。吊臂的固定通常用托架，吊钩的固定一般用钢丝绳、螺旋扣和眼板（眼环），吊臂和吊钩的固定装置应具有足够的强度。

（8）对于基座较高的吊机，为方便维修，在吊机液压泵站的筒体处应配置环形工作平台，其净宽约 800 mm，并配置栏杆和直梯。

6.20　油管吊机

6.20.1　油管吊机的形式及主要技术参数

油船的装载以及各类自航船舶油料的补给均采用大直径软管，以提高装载效率。在装货（油）和补给燃油时需将软管吊到船上并与船上的加油站连接，吊运加油软管的吊机称为软管吊机或油管吊机。

一般来说，干货船的油管吊机采用人力手摇进行起升和回转操作，安全工作负荷为 500～1 000 kg，工作半径为 2～5 m。图 6-104 所示为 1 台额定负荷 500 kg 的全回转手动油管吊机。该吊机最大起吊高度 20 m，钢丝绳直径 8 mm，卷筒容绳量 40 m。

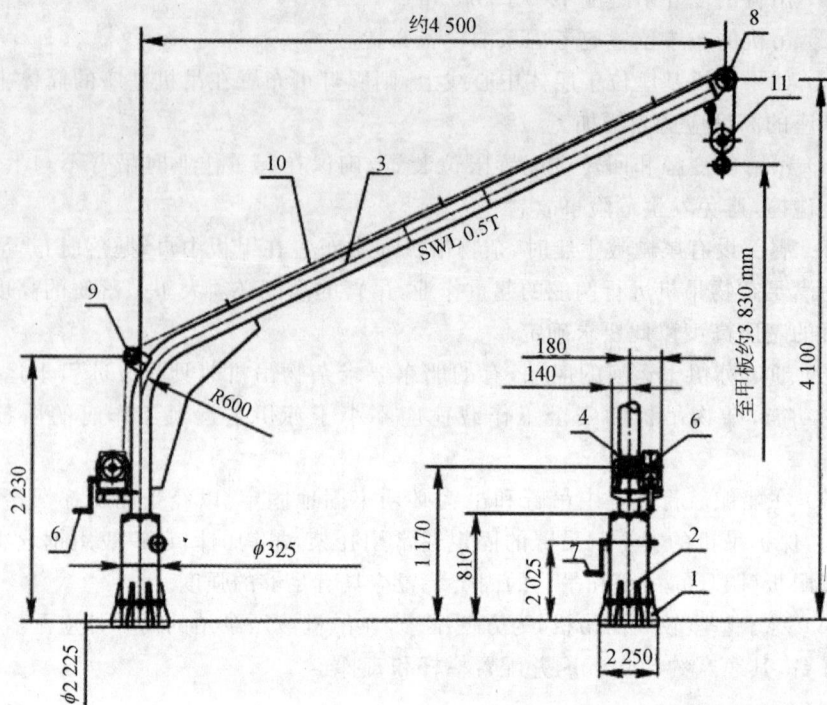

1—底座；2—立柱；3—吊杆；4—卷筒；5—减速器；6—升/降摇手柄；7—回转摇手柄；8—吊杆端部导向滑车；9—中间导向滑车；10—钢丝绳；11—吊钩装置。

图 6-104　手动油管吊机

根据 OCIMF（石油公司国际海事论坛）的规定，油船软管吊的安全工作负荷根据油船的装载量（DWT）确定，油船则按装载量分为 4 类：

A 类——16 000～25 000 DWT；

B 类——25 001～60 000 DWT；

C 类——60 001～160 000 DWT；

D 类——大于 160 000 DWT。

各类油船油管吊机的安全工作负荷按表 6-32 确定。

表 6-32　油管吊机安全工作载荷

油船类别	安全工作载荷（SWL）
A、B	10 t
C	15 t
D	20 t

　　液货船特别是超级油船的型宽大，输油软管质量大，软管吊机一般设置于货油舱中部危险区，因此需配置电动、液压或气动且具有回转和变幅功能的吊机，而且必须具有防爆功能，以确保油船装卸油作业的安全。图 6-105 所示为液压油管吊机的形式，该吊机的主要技术参数列于表 6-33。

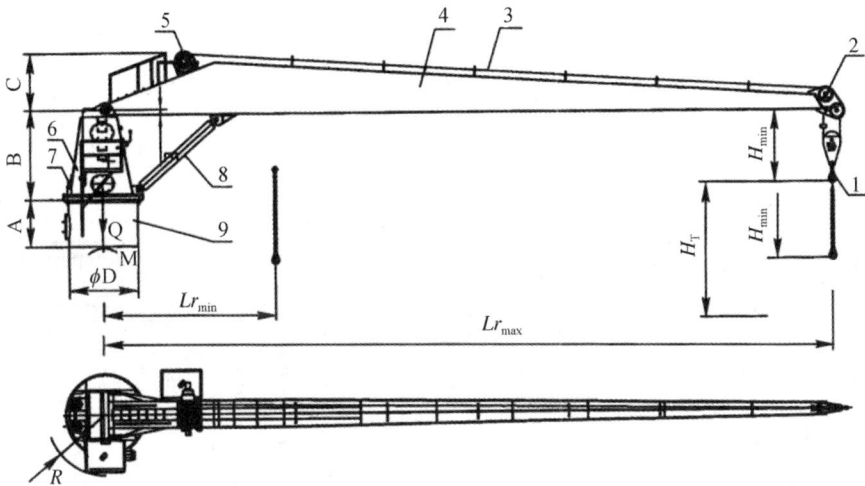

1—吊钩装置；2—导向滑车装置；3—起重钢丝绳；4—吊臂；5—起重绞车；6—塔身及油泵机组；7—回转驱动装置；8—变幅油缸；9—吊机座。

图 6-105　液压油管吊机

表 6-33　液压油管吊机主要技术参数

吊机型号	SWL/t	最大吊距 Lr_{max}/m	起升速度/(m·min⁻¹)	变幅时间/s	回转速度/(r·min⁻¹)	控制功率/kW	输入功率/kW	启动电流/A	M_{max}/kN·m	Q_{max}/kN	A/mm	B/mm	C/mm	D/mm	E/mm	t/mm	H_{min}/m	R/mm	吊钩行距/m	质量/t	油量/L
63—0310—2	3	10	22	25	2.0	38	48	410	445	87	1 200	1 676	1 500	860	130	18	4.8	1 500	25	5.9	200
363—0312—2	3	12	22	25	2.0	38	48	410	545	90	1 200	1 676	1 500	860	130	18	4.8	1 500	30	6.2	200
100—0314—2	3	14	22	40	1.5	38	48	410	670	107	1 200	1 973	1 600	990	130	20	4.8	1 650	35	7.9	450
100—0316—2	3	16	22	40	1.5	38	48	410	780	110	1 200	1 973	1 600	990	130	20	4.8	1 650	40	8.2	450
100—0318—2	3	18	22	40	1.5	38	48	410	900	113	1 200	1 973	1 600	990	130	20	4.8	1 650	40	8.5	450
160—0320—2	3	20	22	55	1.3	38	48	410	1 025	126	1 500	2 063	1 600	1 410	160	12	4.8	1 700	40	9.8	550
160—0322—2	3	22	22	55	1.3	38	48	410	1 200	135	1 500	2 063	1 750	1 410	160	12	4.8	1 700	40	10.7	550
63—0508—2	5	8	20	20	2.0	38	48	410	510	102	1 200	1 676	1 500	860	130	18	4.8	1 500	25	5.4	200
100—0510—2	5	10	20	30	1.5	38	48	410	660	120	1 200	1 973	1 600	990	130	20	4.8	1 650	25	7.2	450
100—0512—2	5	12	20	30	1.5	38	48	410	800	123	1 200	1 973	1 600	990	130	20	4.8	1 650	30	7.5	450
100—0514—2	5	14	20	30	1.5	38	48	410	950	127	1 200	1 973	1 600	990	130	20	4.8	1 650	35	7.9	450
160—0516—2	5	16	20	40	1.6	38	48	410	1 100	138	1 500	2 063	1 600	1 410	160	12	4.8	1 700	40	9.1	550
160—0518—2	5	18	20	40	1.6	38	48	410	1 290	146	1 500	2 063	1 750	1 410	160	12	4.8	1 700	40	9.9	550
160—0520—2	5	20	20	50	1.6	38	48	410	1 465	153	1 500	2 063	1 750	1 410	160	12	4.8	1 700	40	10.6	550
250—0522—2	5	22	20	60	1.0	38	48	410	1 710	180	1 700	2 443	2 000	1 625	160	15	4.8	1 800	40	13.3	700

表 6-33 （续 1）

吊机型号	SWL /t	最大吊距① Lr_{max} /m	起升速度② /(m·min⁻¹)	变幅时间② /s	回转速度 /(r·min⁻¹)	控制功率 /kW	输入功率 /kW	启动电流 /A	M_{max} /kN·m	Q_{max}① /kN	A /mm	B /mm	C /mm	D /mm	E /mm	t /mm	H_{min}① /m	R_{min}① /mm	吊钩行距 /m	质量① /t	油量 /L
250-0524-2	5	24	20	60	1.0	38	48	410	1900	184	1700	2443	2000	1625	160	15	4.8	1800	40	13.8	700
100-0808-2	8	8	16/30	30	1.5	38	48	410	785	148	1200	1973	1600	990	130	20	5.3	1650	25	7.1	450
100-0810-2	8	10	16/30	30	1.5	38	48	410	985	154	1200	1973	1600	990	130	20	5.3	1650	215	7.7	450
160-0812-2	8	12	16/30	40	1.6	38	48	410	1180	163	1500	2063	1600	1410	160	12	5.3	1700	30	8.7	550
160-0814-2	8	14	16/30	50	1.6	38	48	410	1415	174	1500	2063	1750	1410	160	12	5.3	1700	35	9.7	550
250-0816-2	8	16	16/30	60	1.0	38	48	410	1675	198	1700	2443	2000	1625	160	15	5.3	1800	40	12.2	700
250-0818-2	8	18	16/30	60	1.0	38	48	410	1905	203	1700	2443	2000	1625	160	15	5.3	1800	40	12.7	700
250-0820-2	8	20	16/30	75	1.0	38	48	410	2185	214	1700	2443	2000	1625	160	15	5.3	1800	40	13.8	700
320-0822-2	8	22	16/30	95	0.9	38	48	410	2515	252	2000	2656	2100	1830	190	15	5.3	1800	40	17.7	950
320-0824-2	8	24	16/30	95	0.9	38	48	410	2815	261	2000	2656	2100	1830	190	15	5.3	1650	25	18.6	950
100-1008-2	10	8	12/25	40	1.5	38	48	410	960	172	1200	1973	1600	990	130	20	5.3	1700	25	7.5	450
160-1010-2	10	10	12/25	40	1.6	38	48	410	1200	182	1500	2063	1600	1410	160	12	5.3	1700	25	8.6	550
160-1012-2	10	12	12/25	50	1.6	38	48	410	1460	192	1500	2063	1750	1410	160	12	5.3	1800	30	9.6	550
250-1014-2	10	14	12/25	60	1.0	38	48	410	1750	217	1700	2443	2000	1625	160	15	5.3	1800	35	12.1	700

表 6-33（续2）

吊机型号	SWL /t	最大吊距① L_{rmax} /m	起升速度② /(m·min⁻¹)	变幅时间③ /s	回转速度 /(r/min)	控制功率 /kW	输入功率 /kW	启动电流 /A	M_{max} /kN·m	Q_{max}④ /kN	A/ mm	B/ mm	C/ mm	D/ mm	E/ mm	t/ mm	H_{min}⑤ /m	R⑥ /mm	吊钩行距 /m	质量⑦ /t	油量 /L
250-1016-2	10	16	12/25	60	1.0	38	48	410	2 040	225	1 700	2 443	2 000	1 625	160	15	5.3	1 800	40	12.9	700
250-1018-2	10	18	12/25	75	1.0	38	48	410	2 355	236	1 700	2 443	2 000	1 625	160	15	5.3	1 800	40	14.0	700
320-1020-2	10	20	12/25	95	0.9	38	48	410	2 700	273	2 000	2 656	2 100	1 830	190	15	5.3	1 800	40	17.8	950
320-1022-2	10	22	12/25	95	0.9	38	48	410	3 050	285	2 000	2 656	2 100	1 830	190	15	5.3	1 800	40	19.0	950
400-1024-2	10	24	12/25	120	0.7	38	48	410	3 435	306	2 000	2 663	2 200	1 816	195	18	5.3	1 800	40	21.2	950
250-1512-4	15	12	12/25	50	1.5	44	72	615	2 165	273	1 700	2 443	2 200	1 625	160	15	5.4	1 800	30	12.8	700
320-1514-4	15	14	12/25	65	1.3	44	72	615	2 565	308	2 000	2 656	2 100	1 830	190	15	5.4	1 800	35	16.4	950
320-1516-4	15	16	12/25	65	1.3	44	72	615	2 955	316	2 000	2 656	2 100	1 830	190	15	5.4	1 800	40	17.2	950
400-1518-4	15	18	12/25	80	1.1	44	72	615	3 405	337	2 000	2 663	2 200	1 816	195	18	5.4	1 800	40	19.4	950
500-1520-4	15	20	12/25	90	0.8	44	72	615	3 890	375	2 000	2 973	2 300	2 050	175	15	5.4	1 850	40	23.2	1 100
500-1522-4	15	22	12/25	90	0.8	44	72	615	4 355	387	2 000	2 973	2 300	2 050	175	15	5.4	1 850	40	24.4	1 100
630-1524-4	15	24	12/25	100	0.6	44	92	615	4 860	403	2 000	3 467	2 300	2 035	280	20	5.4	1 950	40	26.0	1 100
320-2012-4	20	12	12/25	65	1.4	63	92	730	2 790	355	2 000	2 656	2 100	1 830	190	15	5.6	1 800	30	16.2	950
400-2014-4	20	14	12/25	80	1.0	63	92	730	3 300	375	2 000	2 663	2 200	1 816	195	18	5.6	1 800	35	18.2	950

表 6-33　（续 3）

吊机型号	SWL /t	最大吊距① Lr_{max} /m	起升速度② /(m·min⁻¹)	变幅时间③ /s	回转速度 /(r/min)	控制功率 /kW	输入功率 /kW	启动电流 /A	M_{max} /kN·m	$Q^①_{max}$ /kN	A/ mm	B/ mm	C/ mm	D/ mm	E/ mm	t/ mm	$H^①_{min}$ /m	$R^⑥$/ mm	吊钩行距 /m	质量⑦ /t	油量⑦ /L
500-2016-4	20	16	12/25	90	0.9	63	92	730	3 860	414	2 000	2 973	2 300	2 050	175	15	5.6	1 850	40	22.2	1 100
500-2018-4	20	18	12/25	90	0.9	63	92	730	4 420	428	2 000	2 973	2 300	2 050	175	15	5.6	1 850	40	23.6	1 100
630-2020-4	20	20	12/25	100	0.6	63	92	730	5 065	450	2 000	3 467	2 300	2 035	280	20	5.6	1 950	40	25.9	1 100
630-2022-4	20	22	12/25	100	0.6	63	92	730	5 720	470	2 000	3 467	2 300	2 035	280	20	5.6	1 950	40	27.9	1 100
400-2512-4	25	12	10/20	80	1.0	63	92	730	3 545	436	2 000	2 663	2 200	1 816	195	18	5.6	1 800	30	19.4	950
500-2514-4	25	14	10/20	90	0.9	63	92	730	4 195	467	2 000	2 973	2 300	2 050	175	15	5.6	1 850	35	22.6	1 100
630-2516-4	25	16	10/20	100	0.6	63	92	730	4 900	487	2 000	3 467	2 300	2 035	280	20	5.6	1 950	40	24.6	1 100
630-2518-4	25	18	10/20	100	0.6	63	92	730	5 600	500	2 000	3 467	2 300	2 035	280	20	5.6	1 950	40	26.0	1 100

①最小工作半径 $Lr_{min}=0.2Lr_{max}$ 表中的值；

②空钩速度值大于表中的值；

③变幅时间是吊臂变幅上升和变幅下降时间的平均值；

④甲板上吊机的基座载荷是吊机在最大载荷,最大工作半径,0°倾角在静载荷条件下的值；

⑤包括 3 m 短链；

⑥R 为吊机塔外沿旋转轨迹半径；

⑦吊机的质量包括液压油和基座；

⑧表中的参数基于交流电源 440 V、60 Hz 以及船舶最大倾角 5°

6.20.2　油管吊机的布置

（1）干货船的油管吊机布置

干货船的加油站通常设置在舷边，一般采用 500 kg 手动油管吊机，吊臂长度根据加油站的位置确定。在集装箱货船上，油管吊机吊杆的高度不得超过 1 个集装箱的高度，其布置如图 6-106 所示。

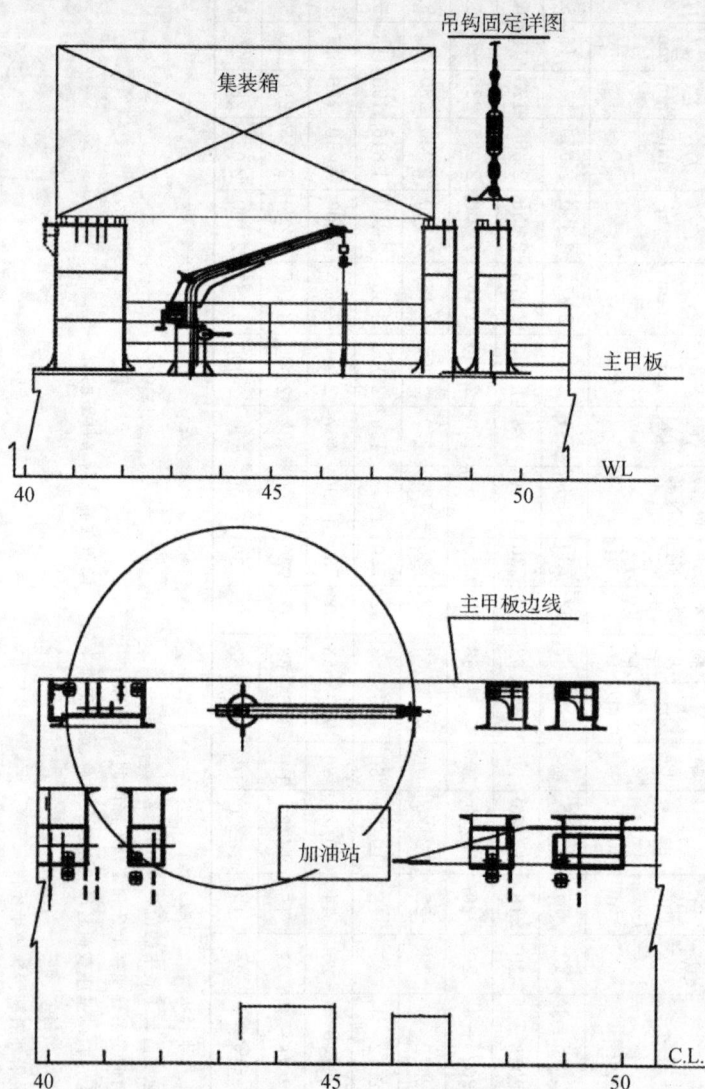

图 6-106　集装箱船油管吊机布置图

（2）油船的油管吊机布置

油船油管吊机的工作半径应根据集管区的位置和油管吊机的位置确定，确定吊臂长度的原则是，在最远的加油管处，吊钩横向伸出舷外的距离不得小于 1 m。吊机的机座高度应确保，吊臂以最小吊举角吊运软管时，操作人员的安全。

油船上通常选用具有防爆功能的液压油管吊机。船宽不大的油船，通常设置 1 台油管吊机，如图 6-107 所示的某 4 万吨级油船。船宽大的油船则设置 2 台吊机，如图 6-108 所示的某 30 万吨级油船。

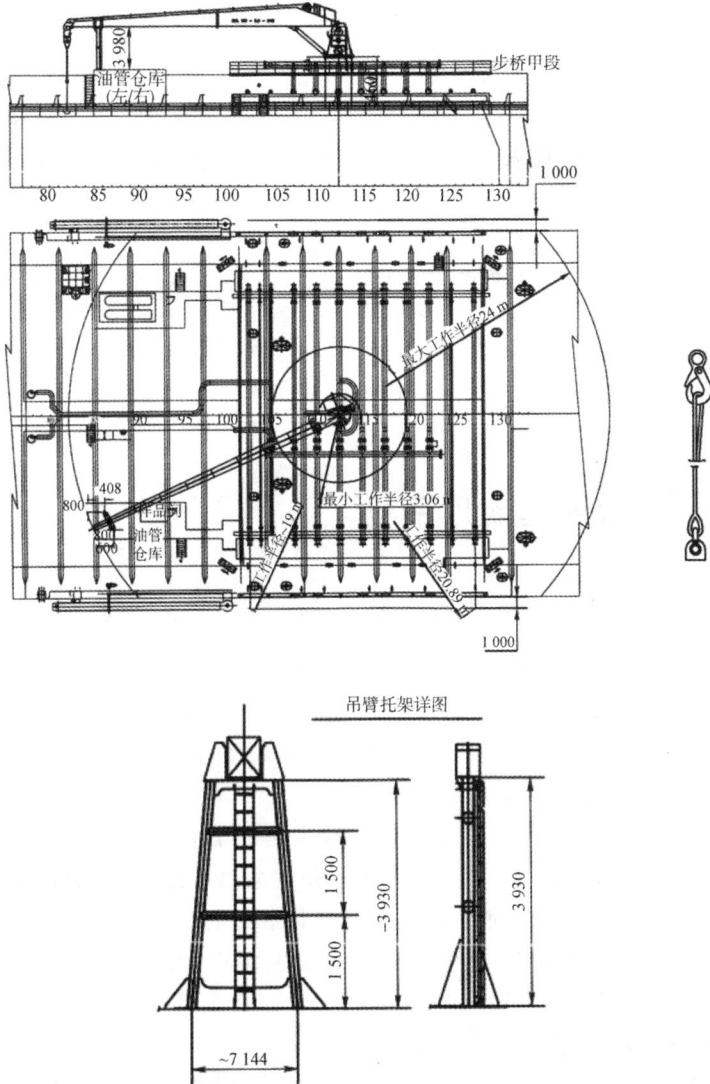

图 6-107　某 4 万吨级油船的油管吊机布置图

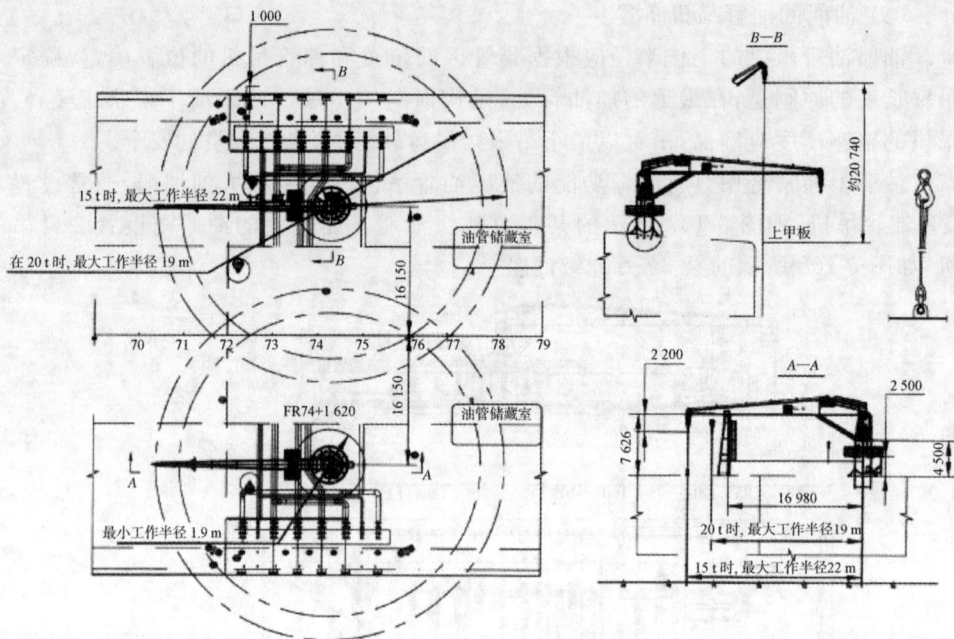

图 6-108　某 30 万吨级油船的油管吊机布置图

6.21　杂物-救助艇两用吊机

6.21.1　关于杂物-救助艇两用吊机的一般概念

　　在某些小型货船和海洋工程作业船舶上,将杂物吊机和救助艇吊机合二为一成为杂物-救助艇两用吊机。这类吊机配有两套起重设备,一套用于救助艇或可吊式气胀救生筏的降放和回收,另一套用于供应品和备件等杂物的吊运。前者应满足救助艇吊机的要求,后者则须满足起货机的要求。

　　在航行于寒冷地区并配有自由抛落式救生艇的集装箱船等货船上,则需配置杂物-救生艇两用吊机。因为,冬天的海面上经常会出现浮冰,假如此时弃船逃生,救生艇直接自由抛落会与海面的浮冰产生撞击而发生危险。在这种情况下,必须采用应急逃生预案,即用杂物-救生艇两用吊机将抛落式救生艇降放至船尾周围合适的海面上。为此吊机需增加一路应急电源,以便在主电源不能供电时,吊机仍可安全地将抛落式救生艇降至海面。

　　普通的杂物吊机的起重能力一般为 2～5 t。当杂物吊机用作抛落救生艇的降放和回收时,则起重能力必须增大,以 30 人容量的抛落救生艇为例,乘员质量为

$30 \times 82.5 = 2\,475$ kg,空艇质量 6 000 kg,总重 8~9 t,起重能力应不小于抛落艇的总重。为控制杂物-救生艇两用吊机安全工作载荷,通常配置吊举角(变幅)限位装置,使得吊机在吊放抛落救生艇时,吊臂的吊举角增大,工作半径减小(具体数值应根据抛落救生的布置高度和位置确定),从而使吊机的起重能力满足抛落艇的降放要求,而吊机基座的受力不超过作为杂物吊机使用时的允许值,吊机的结构质量也不会有较大的增加。此外,杂物-救生艇两用吊机需配置无线遥控器。在应急逃生时,乘员在抛落艇上通过遥控器操控吊机,以确保抛落艇的安全降放。这种吊机的结构与普通的回转变幅杂物吊机相似,通常布置在甲板中央。

6.21.2　杂物-救助艇两用吊机的形式及布置

杂物—救助艇两用吊机有两种形式:

A 型——具有起升、回转和变幅功能。通常为全液压驱动型,即起货或起艇、回转和变幅全部采用液压驱动,如图 6-109 所示。

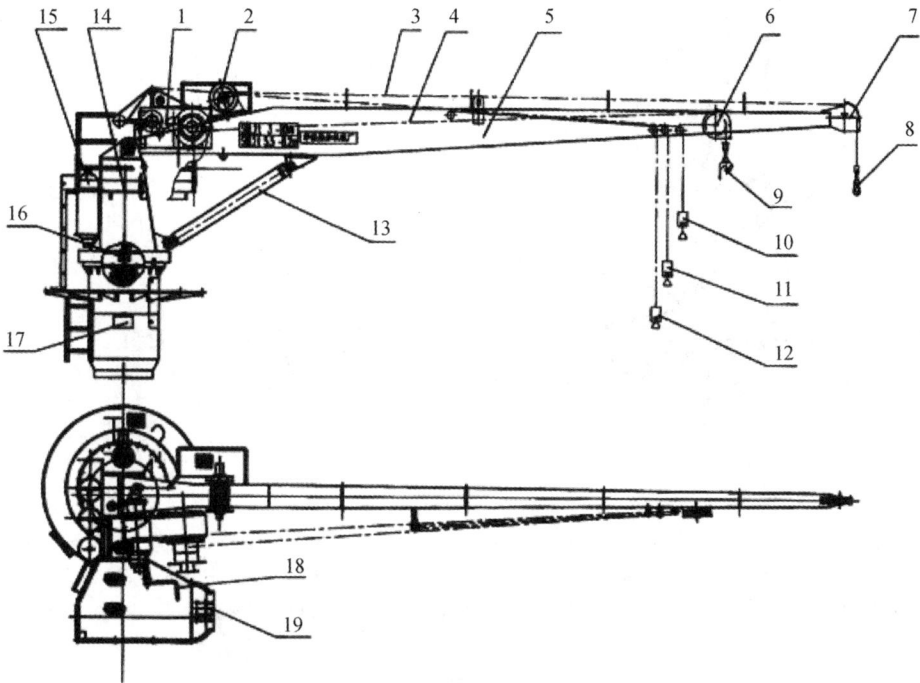

1—救助艇绞车;2—起货绞车;3—起货索;4—起艇索;5—吊臂;6—起艇索导向滑车;7—起货索导向滑车;8—起货吊钩;9—起艇吊钩;10—救助艇脱钩拉手;11—救助艇降放速度控制拉手;12—吊臂回转控制拉手;13—吊臂变幅油缸;14—吊机塔身;15—吊臂回转蓄能器;16—液压回转装置;17—液压泵站;18—应急降放手柄;19—吊机应急操纵者台。

图 6-109　A 型全液压驱动杂物-救助艇两用吊机

B 型——只有起升和回转功能,无变幅功能。通常为起货或起艇采用电动机驱动,回转用液压驱动,如图 6-110 所示。

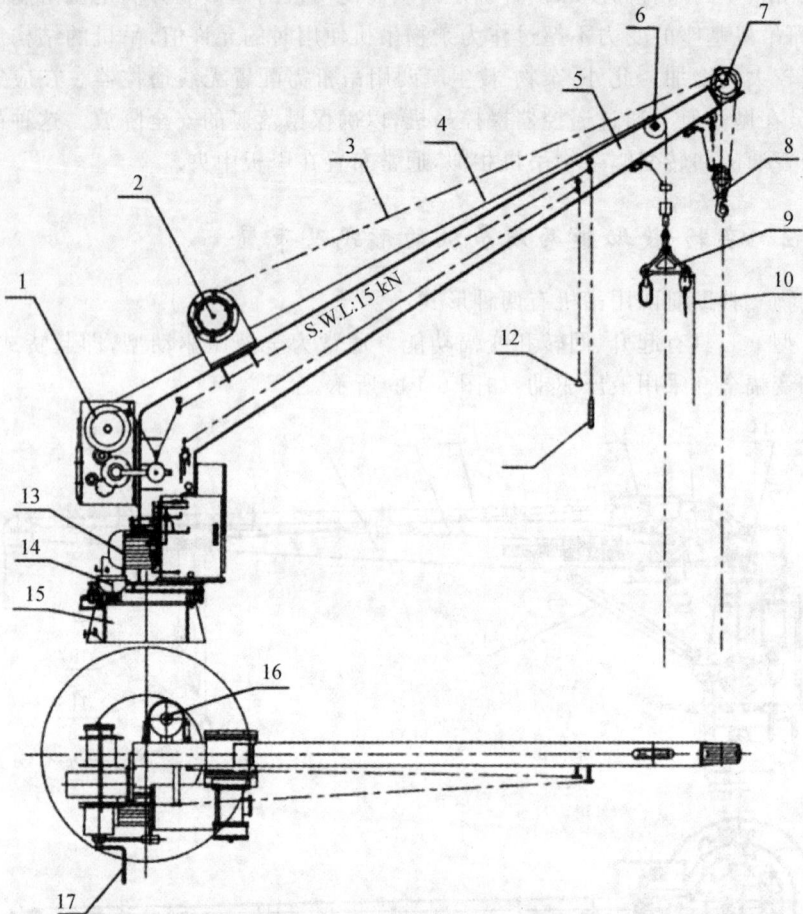

1—救助艇绞车;2—起重绞车;3—起货索;4—起艇索;5—吊臂;6—起艇索导向滑车;7—起货索导向滑车;8—起货吊钩;9—起艇吊钩;10—救助艇脱钩拉手;11—救助艇降放速度控制拉手;12—吊臂回转控制拉手;13—回转液压泵站;14—液压回转装置;15—吊机座;16—回转蓄能器;17—应急降放手柄。

图 6-110 B 型杂物-救助艇两用吊机

无论是 A 型或 B 型吊机,救助艇均依靠重力放艇,并设有失电时供吊机回转使用的蓄能器(贮存动力)。

就工作能力而言,具有变幅功能的 A 型吊机优于 B 型吊机。就可靠性来说,全液压的 A 型吊机,其油泵机组设置在吊机基座的筒体内,液压泵组的工作环境较好,设备不易损坏。而 B 型吊机的电动救助艇绞车和电动起货绞车都暴露在露天,工作环境差。因此 A 型吊机的可靠性优于 B 型吊机。

然而,B 型吊机无变幅装置,结构比 A 型吊机简单,质量轻,制造容易,价格低于 A 型吊机。

供应品和备品等杂物吊机的起货吊钩的工作半径应根据吊物口(舱口盖)的布置位置确定,救助艇吊钩的工作半径则根据救助艇的降放要求确定。

起货吊钩的起重能力一般根据船东提供的技术规格书的要求确定,如船东无明确要求,则根据备品备件的质量确定。

6.22　行走回转吊机

6.22.1　行走回转吊机的作业特点

行走回转吊机广泛应用于挖泥船、多用途拖轮、自卸船和其他海洋工程作业船舶上。这类船舶所配备的吊机吊运专用作业设备的工作量并不大,但吊运的距离(范围)很大,当一般的回转吊机无法满足要求时,通常采用回转行走机。

大型耙吸式挖泥船的泥舱区占船舶总长约 60% 以上,为满足各个泥舱的设备更换和备件吊运的需要,通常采用门形回转行走吊机。

大功率多用途拖轮(三用工作船),从船中至船尾的甲板长度和面积都很大,除了用于载货外,在为海洋平台进行拖带和抛/起锚作业时,还用于存放诸如大规格连接卸口、三角板、定位锚、锚链、锚浮标装置等物件,这些大型物件的吊运采用独柱式回转行走吊机是最合适的。

6.22.2　行走回转吊机的形式及布置

门形行走回转吊机是在回转吊机的基础上增加了门架装置,门架装置包括门形架、行走装置、电缆卷车、电缆导向装置、导轨和各种附件。行走装置由驱动马达(液压马达)、减速器及传动机构、行走轮、轮架和导向轮等组成,轨道装置由轨道、行走齿条及端部制止器等组成。吊机不行走时,用系固(锚定)装置锁定,系固装置包括眼板、卸口和链条等。图 6-111 所示为典型的门形行走回转吊机,其主要技术参数列于表 6-34。

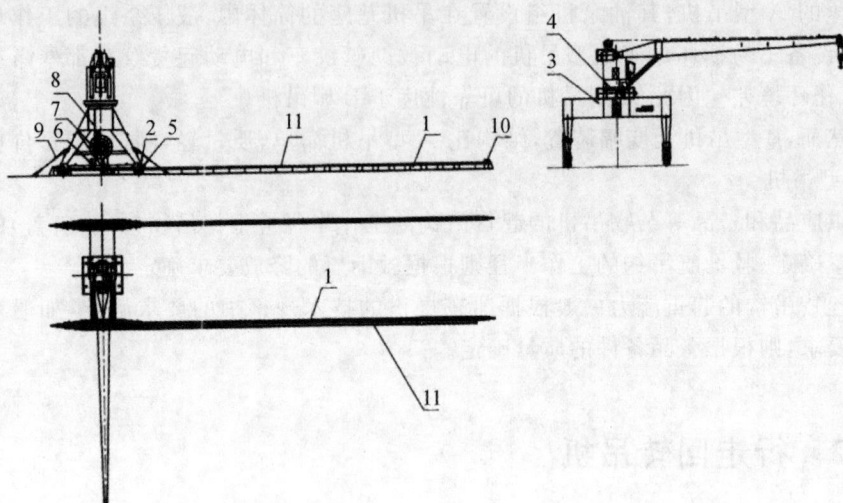

1—导轨;2—行走机构;3—门形架;4—液压回转起重机;5—缓冲装置;6—行走驱动机构;7—电缆卷筒;8—梯子及走道;9—系固装置;10—导轨端部制止器;11—行走齿条。

图 6-111　门形行走回转吊机

表 6-34　图 6-111 所示的门形行走回转吊机主要技术参数

主要技术参数	主钩	副钩
安全工作负载/t	40	5
最大工作半径/m	26	28
最小工作半径/m	5.5	6.5
起升速度(40% SWL)/(m·min^{-1})	0~18	0~20
起升速度(SWL)/(m·min^{-1})	0~6	0~20
回转速度(满载)/(r·m^{-1})	0~0.5	
变幅时间/s	120	
回转范围/(°)	360	
环境条件	横倾5°/纵倾2°	

表 6-34　（续）

主要技术参数	主钩	副钩
行走速度/(m·min⁻¹)	0～10	
甲板至门架底面高度/m	6.6	
门架导轨间距/m	11.2	
行走距离/m	88.78	
导轨长度/m	94.35	
最大轮压/kN	＋413，－215	
回转吊机质量/t	55	
吊机总质量/t	～110	
电机功率/kW	132	
启动方式	Y－△	
启动电流/A	1.5×237.1	
辅助电源功率/kW	10	
防护等级	IP54	
绝缘等级	F	
电源	230 V，50 Hz，3 PH	

图 6-112 所示为某大型挖泥船配置的门形行走回转吊机。

目前，一些新型的大功率海上石油钻井平台支持船（也称大功率多用途拖船）设置独柱式行走回转吊机，用于海洋石油钻井平台的抛/起锚作业。吊机为折臂式回转吊机，起重量 10 t 以上，设于拖船后甲板两侧，沿导轨移动，如图 6-113 所示。

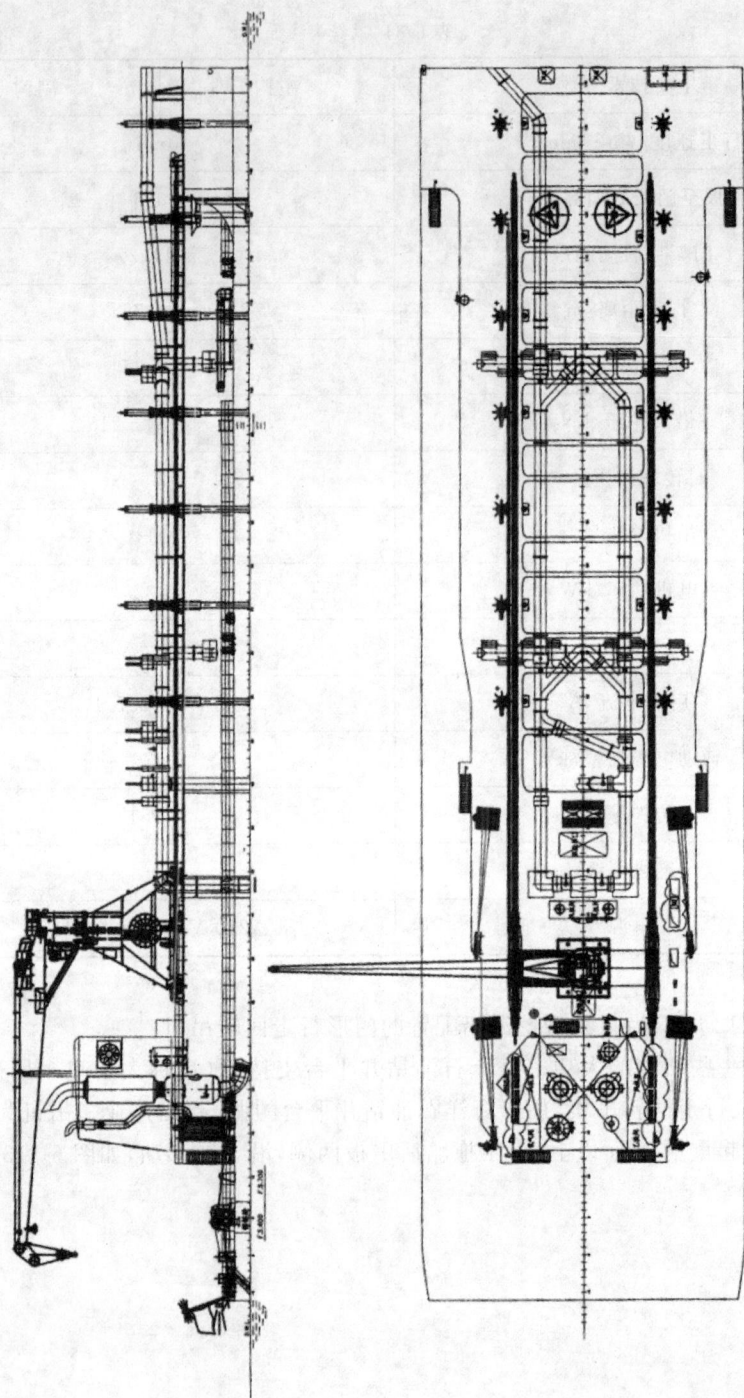

图 6-112 某大型耙吸式挖泥船配置的门形行走回转吊机

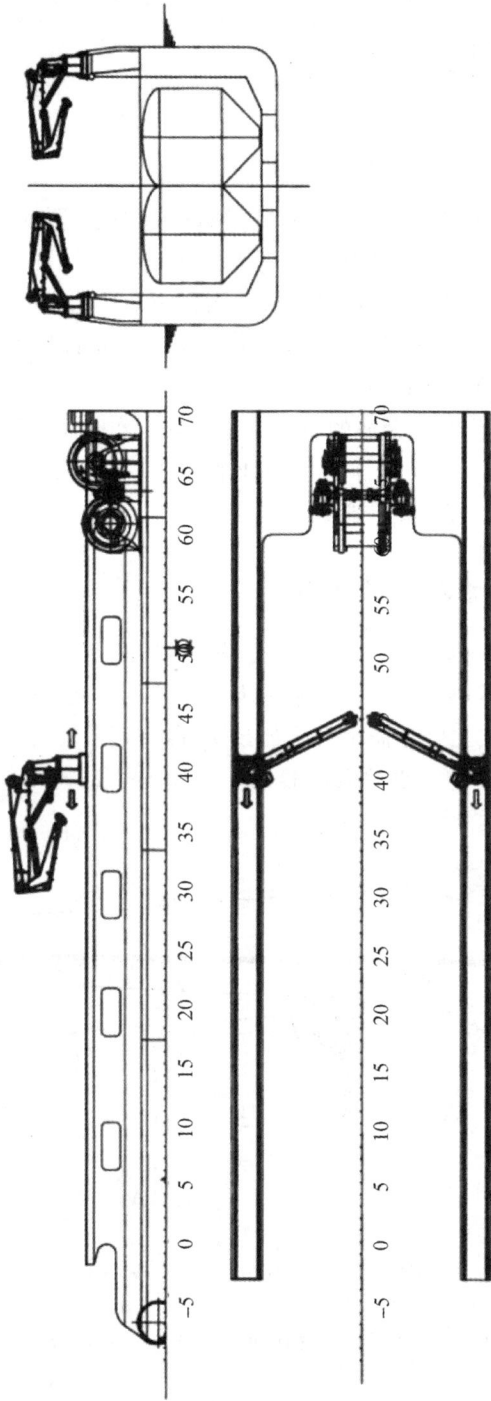

图 6-113　设置独柱式行走回转吊机的新型大功率多用途拖船

6.23 折臂式吊机

6.23.1 折臂式吊机的特点

折臂吊机系回转吊机,除具有一般回转吊机的起升、回转和变幅功能外,其主要特点是吊臂能折叠,与普通吊机相比具有如下优点:

(1) 利用折臂的特点降低吊点高度,减小由摆锤效应引起的重物摆荡幅度;

(2) 虽然在吊臂工作半径范围内,但由于其他结构物的遮蔽,普通吊机无法作业的盲区,折臂吊机仍可工作;

(3) 折臂吊机在不作业时存放的空间远小于其工作时所占用的空间。

折臂吊机广泛应用于各类海洋工程作业船舶,如打捞船、物探船、多用途工作船、溢油回收船、科考船、调查船和救助船上。

6.23.2 折臂吊机的形式及布置

常用的折臂吊机有两种形式:一种形式,其主臂与折臂在同一平面上,起重能力较大,如图 6-114 所示;另一种形式的主臂与折臂不在同一平面上,两吊臂相互平行如图 6-115 所示,其主臂还需承受附加扭矩,因此起重能力较小(1～2 t),但它的收藏储存空间更小,常用于小型拖船上。

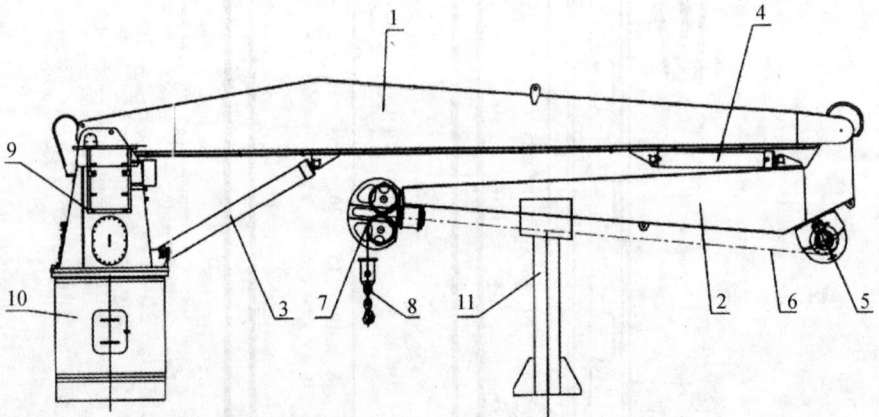

1—主吊臂;2—可折吊臂;3—变幅油缸;4—折臂油缸;5—起货绞车;6—起货索;7—导向滑轮组;8—吊钩装置;9—塔身;10—吊机座;11—吊臂托架。

图 6-114 主臂与折臂在同一平面上的折臂吊机

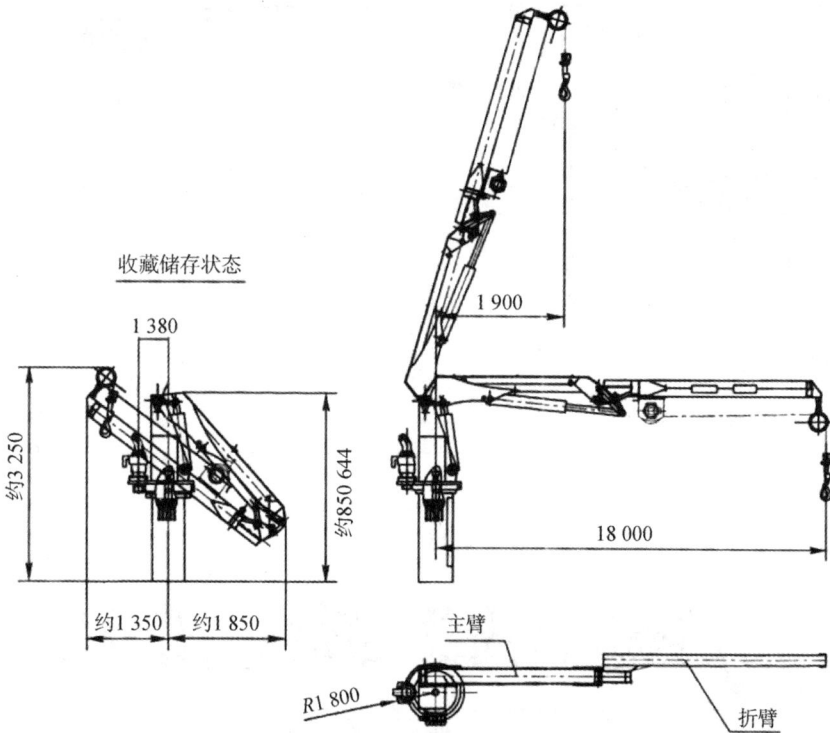

图 6-115　主臂与折臂不在同一平面上的折臂吊机

　　折臂吊机通常为液压驱动型吊机，采用油泵机组驱动变幅油缸、折臂油缸、回转液压马达和起货绞车。油泵机组布置在吊机基座的筒体内。主臂和可折臂用铰链连接，通过折臂油缸驱动可折臂动作。

　　对于要求海上进行起重作业的船舶，吊机的工作条件更加恶劣，一般要求船舶的横摇角为 8°，纵摇角为 4°。为了作业安全，吊机需配置海浪补偿系统和无线遥控系统。

　　图 6-116 所示的折臂吊机，其参数列于表 6-35。

　　图 6-117 所示为某物探船顶甲板布置，该甲板设有多种专用设备，在进行物探作业时起重作业范围广，因此设置 3 台折臂吊机，可以覆盖整个甲板面。

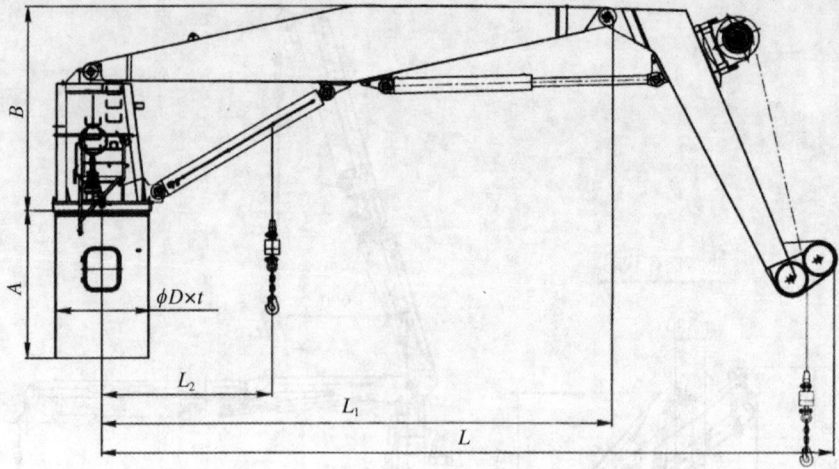

图 6-116　折臂吊机图

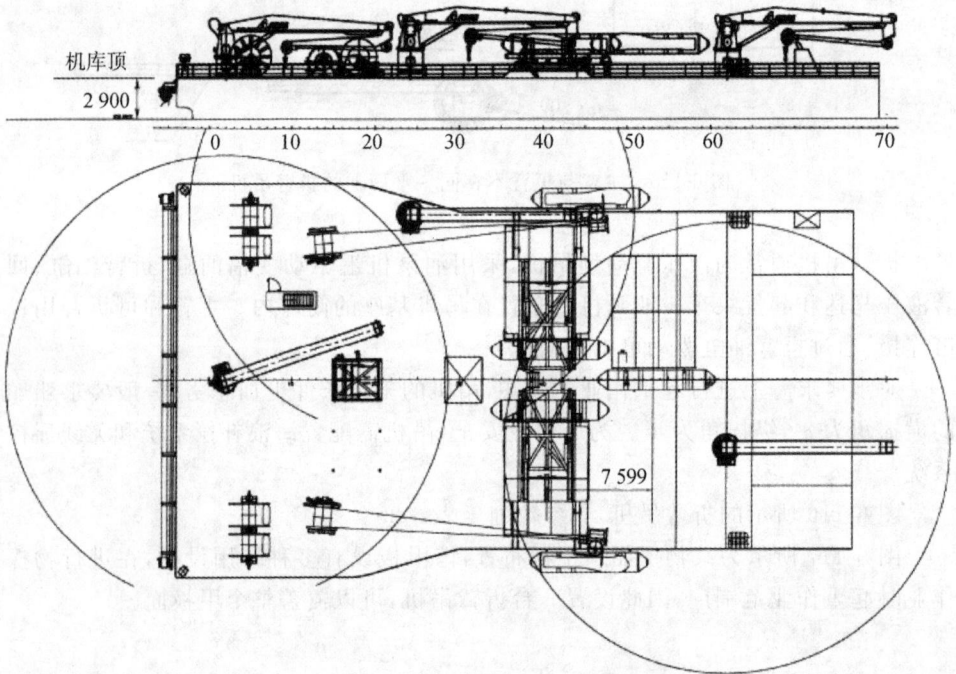

图 6-117　某物探船折臂吊机布置图

表 6-35　图 6-116 所示的折臂吊机主要技术参数

型号	起重量 /t	回转速度/ (r·min⁻¹)	起升速度/ (m/min)	起升高度 /m	变幅时间 /s	额定功率/ (kW)	主要尺寸/mm						整机质量 /t
							A	B	L	L₁	L₂	∅D×t	
10090	1.0	0.8	15	20	55	11	1 000	2 500	900	6 000	1 200	∅940×15	3.2
100100	1.0	0.8	15	20	60	11	1 000	2 500	1 000	6 000	1 200	∅940×15	3.9
200100	2.0	0.8	15	20	60	15	1 200	2 800	1 000	6 000	1 200	∅940×15	5.0
200120	2.0	0.8	15	20	70	15	1 200	2 800	1 200	7 000	1 400	∅940×15	5.6
200140	2.0	0.8	15	20	70	15	1 200	2 850	1 400	8 000	1 600	∅940×15	6.2
300100	3.0	0.8	15	20	60	22	1 200	2 850	1 000	6 000	1 200	∅1 060×20	5.9
300120	3.0	0.8	15	20	60	22	1 200	2 850	1 200	7 000	1 400	∅1 060×20	6.3
300140	3.0	0.8	15	20	70	22	1 200	2 850	1 400	8 000	1 600	∅1 210×20	7.7
400100	4.0	0.8	15	20	60	30	1 200	3 300	1 000	6 000	1 200	∅1 060×20	6.5
400120	4.0	0.8	15	20	70	30	1 200	3 300	1 200	7 000	1 400	∅1 210×20	7.5
400140	4.0	0.8	15	20	70	30	1 200	3 300	1 400	8 000	1 600	∅1 210×20	8.1
500100	5.0	0.8	15	20	60	37	1 200	3 500	1 000	6 000	1 200	∅1 060×20	7.7
500120	5.0	0.8	15	20	70	37	1 200	3 500	1 200	7 000	1 400	∅1 210×20	8.1
500140	5.0	0.8	15	20	70	37	1 200	3 500	1 400	8 000	1 600	∅1 210×20	8.6
500160	5.0	0.8	15	20	70	37	1 200	3 650	1 600	9 000	1 800	∅1 410×20	9.7

6.24　伸缩臂吊机

6.24.1　伸缩臂吊机的特点

　　伸缩臂吊机系回转吊机,除具有一般回转吊机的起升、回转和变幅功能外,其主要特点是吊臂具有伸缩功能。吊机的工作半径大,收藏空间小,在调查船、科考船、溢油回收船、多用途工作船和救助船等专用工作船舶上,通常作为杂物吊机使用。

6.24.2　伸缩臂吊机的形式

伸缩臂吊机按吊臂的伸缩功能可分为单级式伸缩臂吊机和多级式伸缩臂吊机,典型的单级伸缩臂吊机的形式如图 6-118 所示,其主要技术参数列于表 6-36。

多级式伸缩臂吊机具有若干级伸缩臂,用多级活塞杆型油缸进行伸缩,因此具有更大的伸缩距离和更小的收藏空间,适用于各类小型船舶。图 6-119 所示为起重量 25 t 时,最大工作半径为 10 m 的多级式伸缩臂吊机,图 6-120 所示为起重量 8 t时,最大工作半径为 20 m 的多级式伸缩臂吊机。

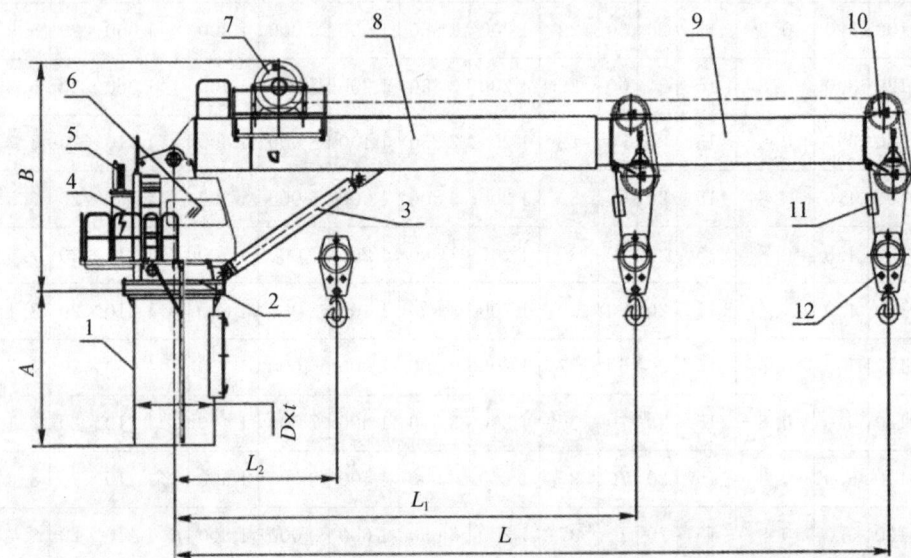

1—机座及油泵机组;2—塔身和回转装置;3—变幅油缸;4—电控箱;5—冷却器;6—操纵室;7—起货绞车和起货索;8—主吊臂和伸缩装置;9—伸缩臂;10—导向滑车装置;11—起升限位装置;12—吊钩装置。

图 6-118　典型的单级式伸缩臂吊机

表 6-36　图 6-118 所示的单级式伸缩臂吊机主要技术参数

型号	起重量/t	回转速度/(r·min)	起升速度①/(m/min)	起升高度/m	变幅时间/s	额定功率/(kW)	外形尺寸/mm						整机质量/t
							A	B	L	L_1	L_2	$\varnothing D \times t$	
10090	1.0	0.8	15	20	55	11	1 000	2 500	9 000	5 500	1 375	$\varnothing 940 \times 15$	3.4
100100	1.0	0.8	15	20	60	11	1 000	2 500	10 000	6 000	1 500	$\varnothing 940 \times 15$	4.1
200100	2.0	0.8	15	20	60	15	1 200	2 800	10 000	6 000	1 500	$\varnothing 940 \times 15$	5.2
200120	2.0	0.8	15	20	70	15	1 200	2 800	12 000	7 000	1 750	$\varnothing 940 \times 15$	5.8
200140	2.0	0.8	15	20	70	15	1 200	2 850	14 000	8 500	2 150	$\varnothing 940 \times 15$	6.4
300100	3.0	0.8	15	20	60	22	1 200	2 850	10 000	6 000	1 500	$\varnothing 1 060 \times 20$	6.1
300120	3.0	0.8	15	20	60	22	1 200	2 850	12 000	7 000	1 750	$\varnothing 1 060 \times 20$	6.5
300140	3.0	0.8	15	20	70	22	1 200	2 850	14 000	8 500	2 150	$\varnothing 1 210 \times 20$	7.9
400100	4.0	0.8	15	20	60	30	1 200	3 300	10 000	6 000	1 500	$\varnothing 1 060 \times 20$	6.7
400120	4.0	0.8	15	20	70	30	1 200	3 300	12 000	7 000	1 750	$\varnothing 1 210 \times 20$	7.7
400140	4.0	0.8	15	20	70	30	1 200	3 300	14 000	8 500	2 150	$\varnothing 1 210 \times 20$	8.3
500100	5.0	0.8	15	20	60	37	1 200	3 500	10 000	6 000	1 500	$\varnothing 1 060 \times 20$	7.9
500120	5.0	0.8	15	20	70	37	1 200	3 500	12 000	7 000	1 750	$\varnothing 1 210 \times 20$	8.3
500140	5.0	0.8	15	20	70	37	1 200	3 500	14 000	8 500	2 150	$\varnothing 1 210 \times 20$	8.8
500160	5.0	0.6	15	20	70	37	1 200	3 650	16 000	10 000	2 500	$\varnothing 1 410 \times 20$	9.9

注：①在额定载荷下联动操纵时，起升速度相应降低。

SWL 25 t 时最小工作半径状态

SWL 25 t 时最大工作半径状态

SWL 8T/3–20M
SWL 25T/3–10M

SWL8T/3–20M
SWL25T/3–10M

25 t 时最大工作半径10 000

最小工作半径3 325

R3 150

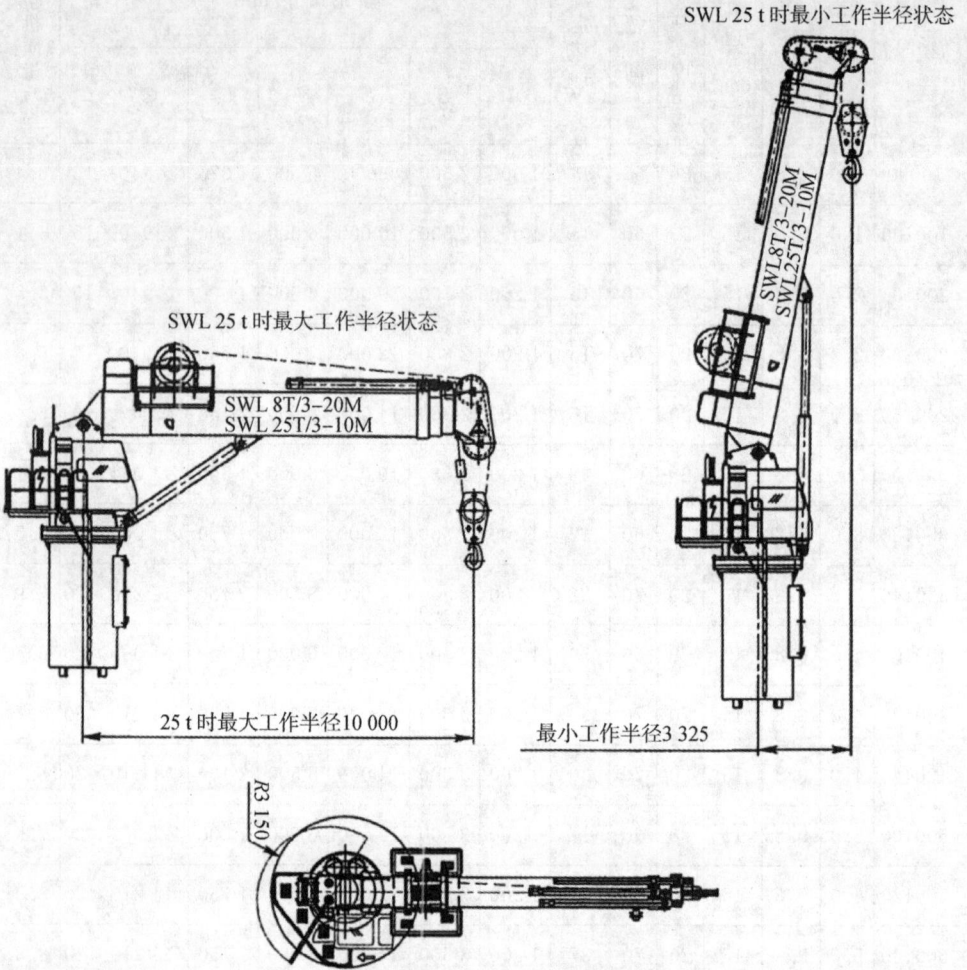

图 6-119　25 t/100 m 多级式伸缩臂吊机图

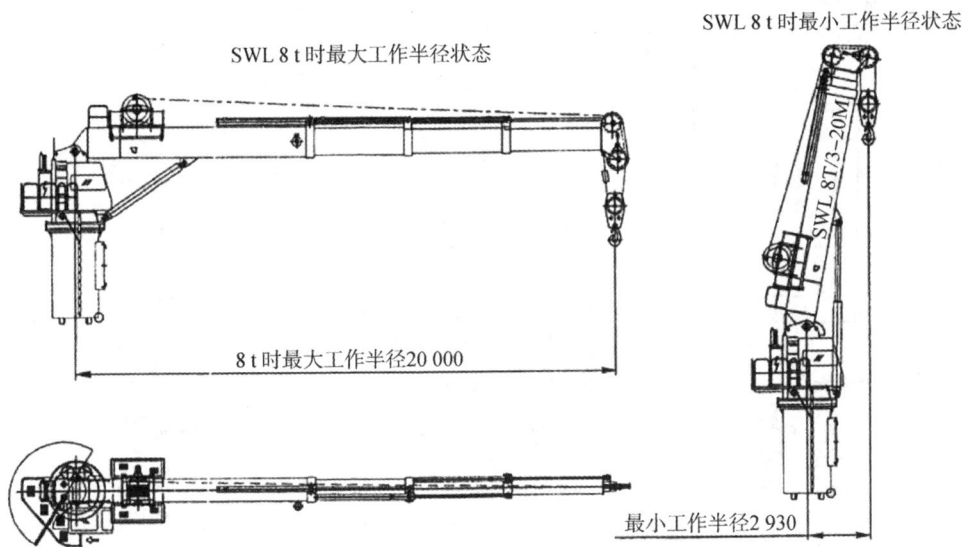

SWL 8 t 时最大工作半径状态

SWL 8 t 时最小工作半径状态

SWL 8T/3~20M

8 t 时最大工作半径20 000

最小工作半径2 930

图 6-120　8 t/20 m 多级式伸缩臂吊机图

6.25　折臂-伸缩臂组合型吊机

6.25.1　折臂-伸缩臂组合吊机的特点

折臂-伸缩臂组合型吊机系回转吊机,除具有一般回转吊机的起升、回转和变幅功能外,兼有折臂吊机和伸缩臂吊机的优点,具有更小的收存空间,更适合于小型船舶使用。

6.25.2　折臂-伸缩臂组合型吊机的形式

图 6-121 所示为一台 20 t×8 m/4 t×16.5 m 的折臂-伸缩臂组合吊机,图 6-122所示为该吊机的工作载荷图。

电液驱动的折臂-伸缩臂吊机如图 6-123 所示,其主要技术参数列于表 6-37。

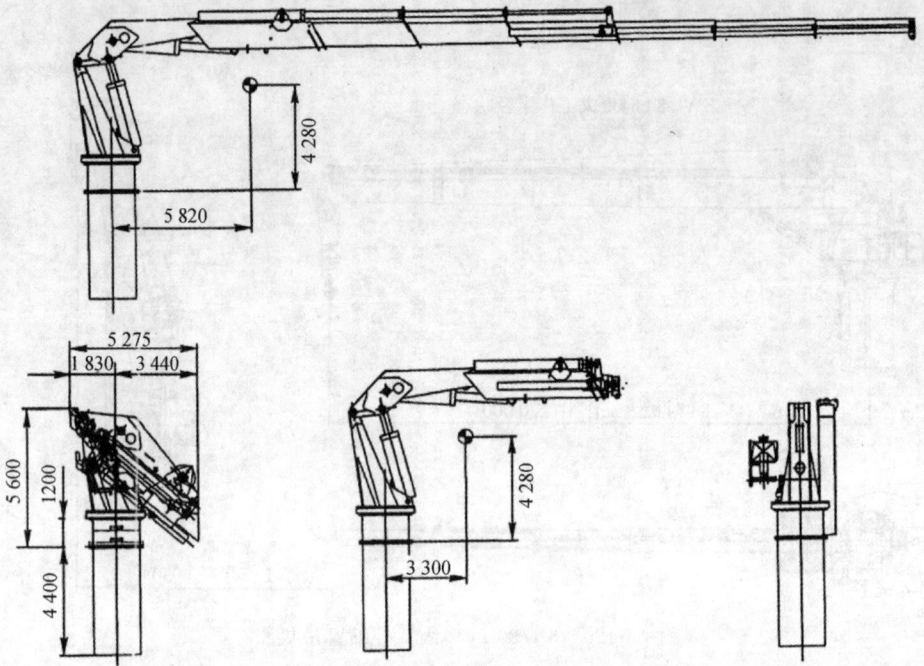

图 6-121 20 t×8 m/4 t×16.5 m 的折臂-伸缩臂组合吊机

表 6-37 图 6-123 所示的电液驱动折臂-伸缩臂吊机主要技术参数

型号	最大起升负荷/t	R_{max}/m	H_{max}/m	H_1/m	H_2/m	∅D/mm	起升速度/(m/min)	回转速度/(r/min)	起升电机功率/kW
HDC1−10	1	10	30		2.3	700	8~15	0.5~0.8	15
HDC1−15	1	15	30		2.3	750	8~15	0.5~0.8	15
HDC2−10	2	10	35		2.3	800	8~15	0.5~0.8	15
HDC2−15	2	15	35	按船厂要求确定	2.3	850	8~15	0.5~0.8	15
HDC3−10	3	10	35		2.4	900	8~15	0.5~0.8	15
HDC3−15	3	15	35		2.4	950	8~15	0.5~0.8	15
HDC4−10	4	10	40		2.5	1 200	8~15	0.5~0.8	22
HDC4−15	4	15	40		2.5	1 200	8~15	0.5~0.8	22
HDC5−10	5	10	40		2.7	1 300	8~12	0.5~0.8	30
HDC5−15	5	15	40		2.7	1 300	8~12	0.5~0.8	30

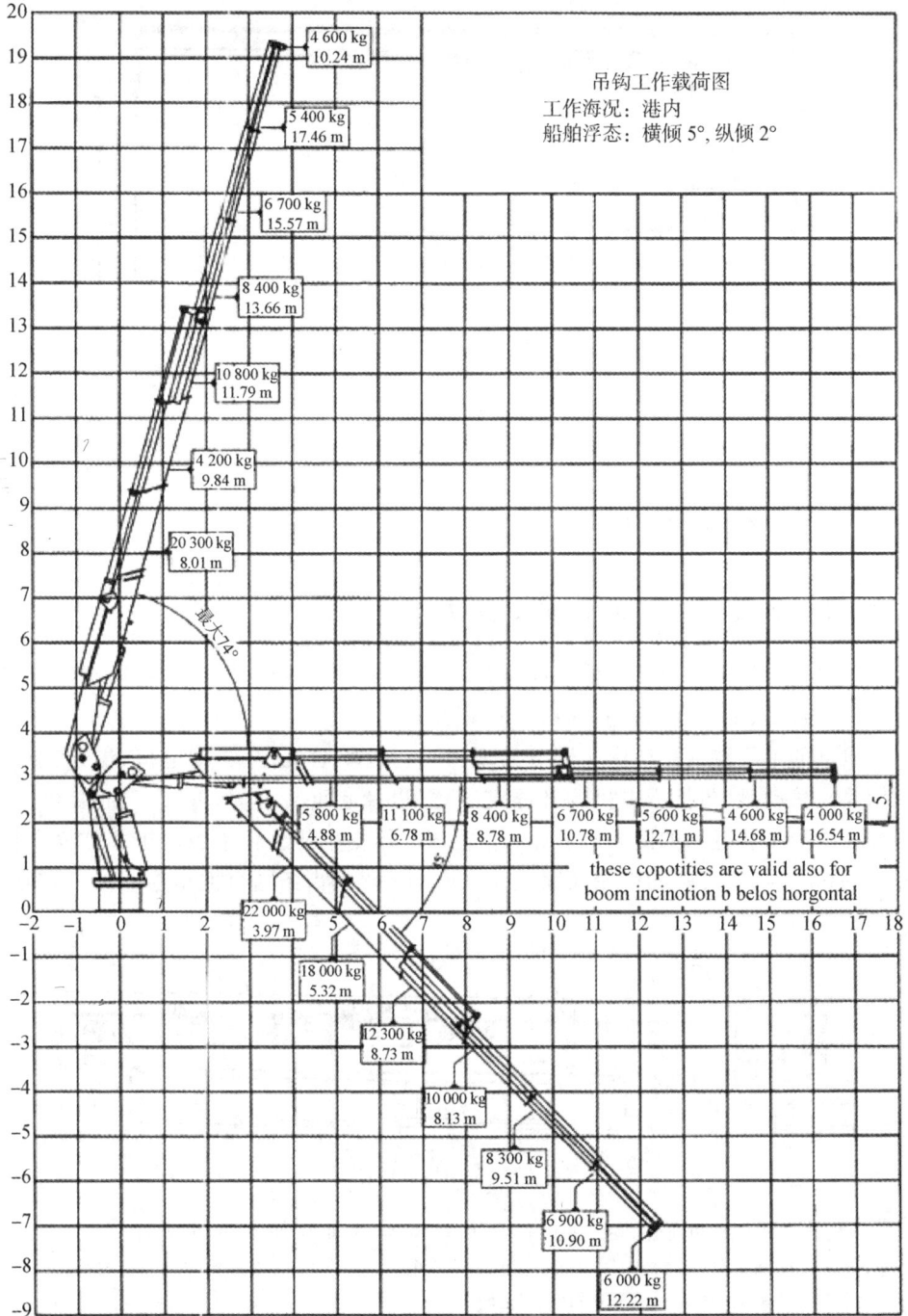

图 6-122　图 6-120 所示的折臂-伸缩臂组合吊机工作载荷图

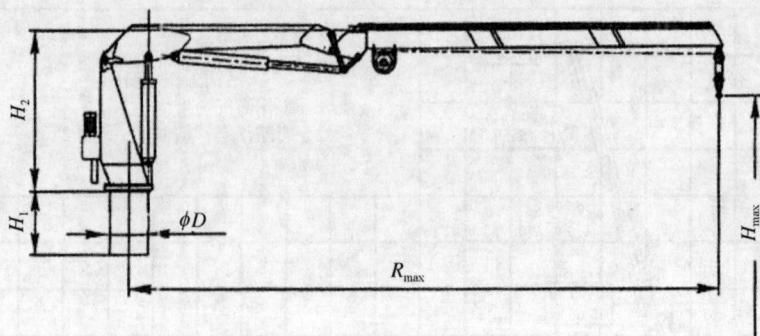

图 6-123　电液驱动的折臂-伸缩臂组合吊机

6.26　单梁移动吊机

6.26.1　单梁移动吊机的构造特点

单梁移动吊机是由陆用桥式起重机转化而来,作为杂物吊机主要用于船舶机舱备件和备品、供应品和食品等物件的吊运。

典型的单梁移动吊机由 4 部分组成:轨道梁、驱动机构(驱动电机、齿条、驱动齿轮等)、移动梁(包括行走机构和固定装置)以及起重装置(起重绞车、起货索、吊钩和导向滑车装置),如图 6-124 所示。轨道梁用支架或悬臂梁固定于船体横向构架上,驱动电机通过驱动齿轮同固定在轨道梁下缘的齿条啮合推动移动梁,移动梁

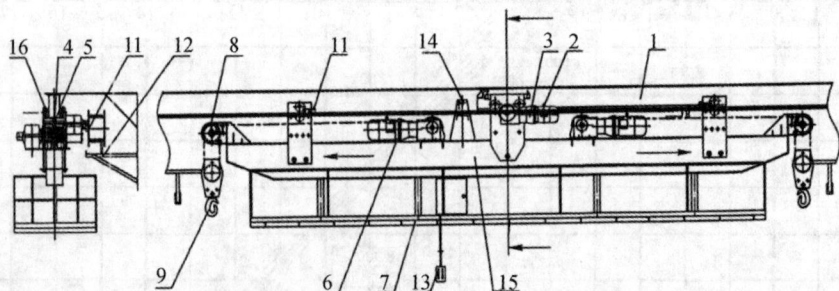

1—轨道梁;2—行走电动机;3—减速箱;4—齿条;5—驱动齿轮;6—起重绞车和起货索;7—维修平台;8—导向滑车;9—吊钩装置;10—行程开关;11—电缆卷筒;12—电缆托架;13—控制按钮盒;14—移动梁固定装置;15—移动梁;16—行走轮。

图 6-124　单梁移动吊机构造图

则通过行走轮沿轨道梁行走,两套起重装置分别设置于移动梁的两端。轨道梁的长度通常等于安装处的船宽。当移动梁移至舷边时,吊钩的舷外(自船舶最大型宽处量起)吊距应不小于 3.5 m。

6.26.2　单梁移动吊机的形式及布置

典型的单梁移动吊机的形式如图 6-125 所示,其主要技术参数列于表 6-38。

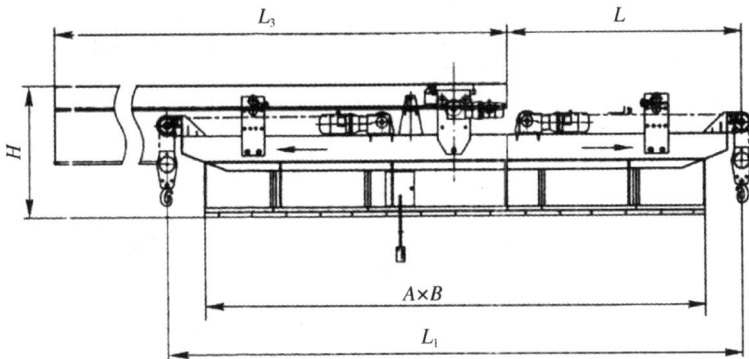

图 6-125　典型的单梁移机吊机

单梁移动吊机通常设置在船舶尾部上层露天甲板上,对于尾部配置抛落式艇架的船舶来说,单梁移动吊机一般设置在抛落艇架下面,其典型布置如图 6-126 所示。

固定轨道梁的悬臂梁设在上层建筑或甲板室的尾端外围壁上,且与内部的纵舱壁对齐,以保证悬臂梁的强度。若船舶尾部无可供安装悬臂梁的舱壁结构,则应每舷至少设置两根支柱,用于固定悬臂梁。

单梁移动吊机的吊钩距安装甲板的净高约 3 m。吊钩吊运物件时经过的下方甲板面上,即吊钩行走通道上,不应设有阻碍吊钩通过的设备如系泊绞车及属具等,且两舷的舷墙须设置舷墙门,以方便吊钩与货物畅通。

表 6-38　图 6-125 所示的单梁移动吊机主要技术参数

型号	起重量/t	起升速度/(m/min)	行走速度/(m/min)	起升高度/m	额定功率/kW	外形尺寸/mm						
						A	B	L	L_1	L_2	L_3	H
0140(45)	1.0	12	10	15~30	3.7×2+1.1	5 800	1 700	5 500~6 000	12 000~13 000	按用户要求	按用户要求	2 050
0240(45)	2.0	12	10	15~30	5.5×2+1.5	5 800	1 700	5 500~6 000	12 000~13 000	按用户要求	按用户要求	2 150
0340(45)	3.0	10	10	15~30	7.5×2+2.2	5 800	1 700	5 500~6 000	12 000~13 000	按用户要求	按用户要求	2 350
0440(45)	4.0	10	10	15~30	11×2+2.2	5 800	1 700	5 500~6 000	12 000~13 000	按用户要求	按用户要求	2 400
0540(45)	5.0	10	10	15~30	15×2+3.7	5 800	1 700	5 500~6 000	12 000~13 000	按用户要求	按用户要求	2 400
0840(45)	8.0	6	6	15~30	22×2+5.5	5 800	1 800	5 500~6 000	12 000~13 000	按用户要求	按用户要求	2 600
1040(45)	10.0	6	6	15~30	22×2+5.5	5 800	1 800	5 500~6 000	12 000~13 000	按用户要求	按用户要求	2 750

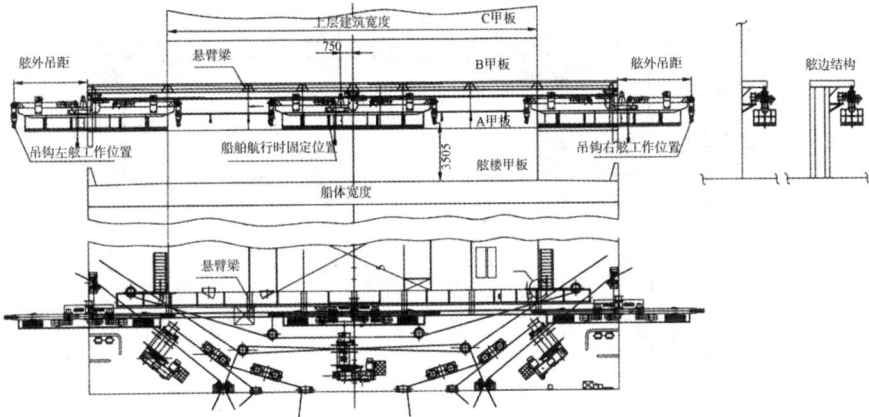

图 6-126　单梁移动吊机布置图

6.27　回转悬臂移动吊机

6.27.1　回转悬臂移动吊机的构造特点

　　回转悬臂移动吊机由可回转的悬臂立柱和可移动的电动葫芦组成。图 6-127 所示为一台起重量 1 t,最大工作半径 8 m 的固定悬臂的回转悬臂移动吊机,其回转机构与一般的回转起重机相似,由电动机驱动设在立柱内的回转传动机构使吊机旋转。电动葫芦设在悬臂架下,通过控制电动葫芦内的卷扬机操纵吊钩升降,并通过电动葫芦的行走机构调节吊钩的工作半径。固定悬臂的回转悬臂移动吊机在甲板上的安装高度较小,且不可调节。

　　活动悬臂的回转悬臂移动吊机与上述固定悬臂的回转悬臂移动吊机的不同之处在于,前者的悬臂如同普通回转吊机的吊臂,采用液压油缸变幅,图 6-128 所示为一台起重量 1 t,最大工作半径 8 m 的活动悬臂的回转悬臂移动吊机。

6.27.2　回转悬臂移动吊机的形式及主要技术参数

　　典型的固定悬臂回转悬臂移动吊机如图 6-129 所示,该吊机的主要技术参数列于表 6-39。

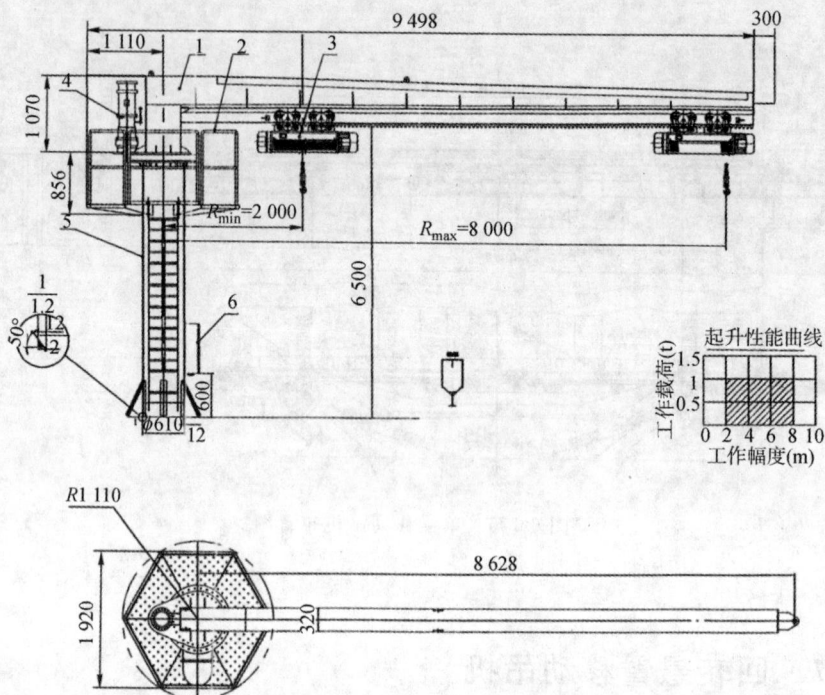

1—固定悬臂立柱;2—维修平台;3—电动葫芦;4—回转机构;5—基座;6—电控箱。

图 6-127 1 t×8 m 固定悬臂的回转悬臂移动吊机

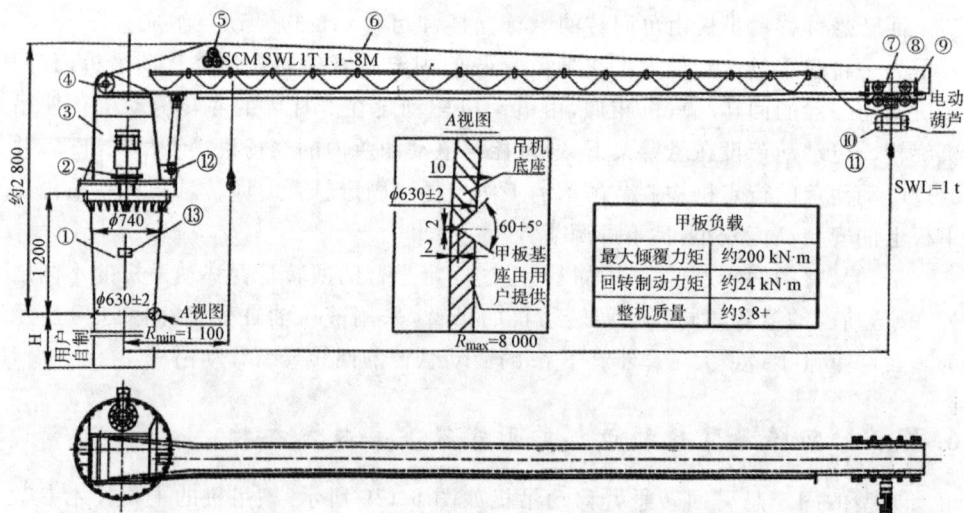

1—底座;2—回转机构;3—塔身;4—吊臂销轴;5—铭牌;6—吊臂;7—电动行走机构;8—行走机构安装架;9—行走机构限位开关;10—电动葫芦;11—电动葫芦吊架;12—吊臂变幅装置;13—回转限位开关。

图 6-128 1 t×8 m 活动悬臂的回转悬臂移动吊机

表 6-39 图 6-129 所示的回转悬臂移动吊机主要技术参数

型号	起重量/t	回转速度/(r·min⁻¹)	起升速度/(m·min⁻¹)	起升高度/m	额定功率/kW	外形尺寸/mm					整机质量/t
						H_2	H_1	L_{max}	L_{min}	$D \times t$	
0815	8.0	0.36	7	18	15+15+2.2	3 500	6 752	15 000	2 500	Ø1 600×16	13.4
1014	10.0	0.36	7	18	15+15+2.2	3 500	6 752	14 000	2 500	Ø1 600×16	13.4
1217	12.0	0.32	3.5	18	15+11×2+2.2×2	3 500	7 405	17 000	2 800	Ø1 600×20	18.85
1219	12.0	0.32	3.5	18	15+11×2+2.2×2	3 500	7 689	19 000	2 800	Ø1 600×20	19.65
1516	15.0	0.32	3.5	18	15+11×2+2.2×2	3 500	7 206	16 000	2 800	Ø1 600×20	17.75
1517	15.0	0.32	3.5	18	15+11×2+2.2×2	3 500	7 405	17 000	2 800	Ø1 600×20	18.85
2012	20.0	0.32	3.5	18	15+11×2+2.2×2	3 500	6 260	12 000	2 800	Ø1 600×20	16.75

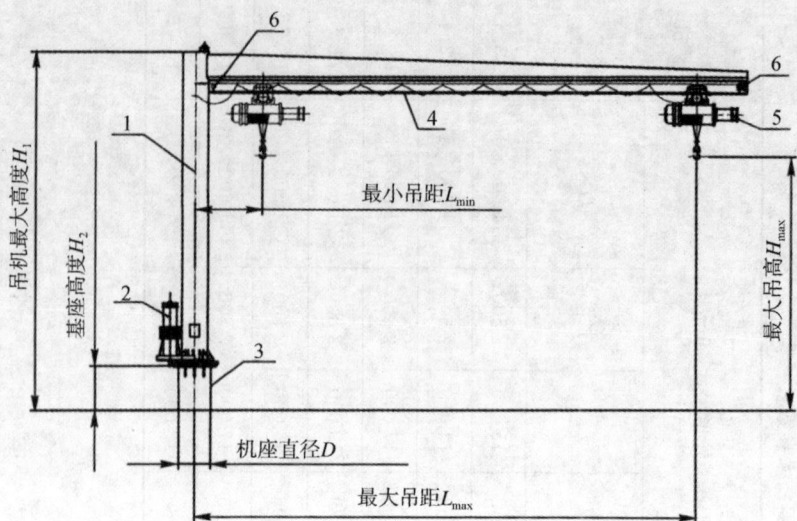

1—固定悬臂回转立柱;2—回转机构;3—底座;4—行走轨道和齿条;5—电动葫芦和行走机构;6—行走机构限位开关。

图 6-129　固定悬臂回转悬臂移动吊机

6.28　A 形架吊机

6.28.1　A 形架吊机的一般概念

A 形架吊机是一种比较特殊的起重机械,与一般的回转起重机不同,它是在垂直平面上旋转倒出的起重机械,具有起重能力大,适应范围广等特点,广泛应用于各种海洋调查船、科学考察船和工程作业船舶上,是这类船舶主要的支撑设备。

A 形架吊机按其作业要求和安装位置有两种形式:

船尾 A 形架吊机——主要用于深潜器(ROV)吊放、电缆连接和深水拖曳。此外,还可用于钢结构组件的吊运和海上安装。

舷侧 A 形架吊机——主要用于海底地质取样等作业。

6.28.2　船尾 A 形架吊机

船尾 A 形架吊机实际上由两部分组成,即 A 形架和专用绞车,后者根据作业要求配置。图 6-130 所示为船尾 A 形架的形式,其工作状态如图 6-131 所示。

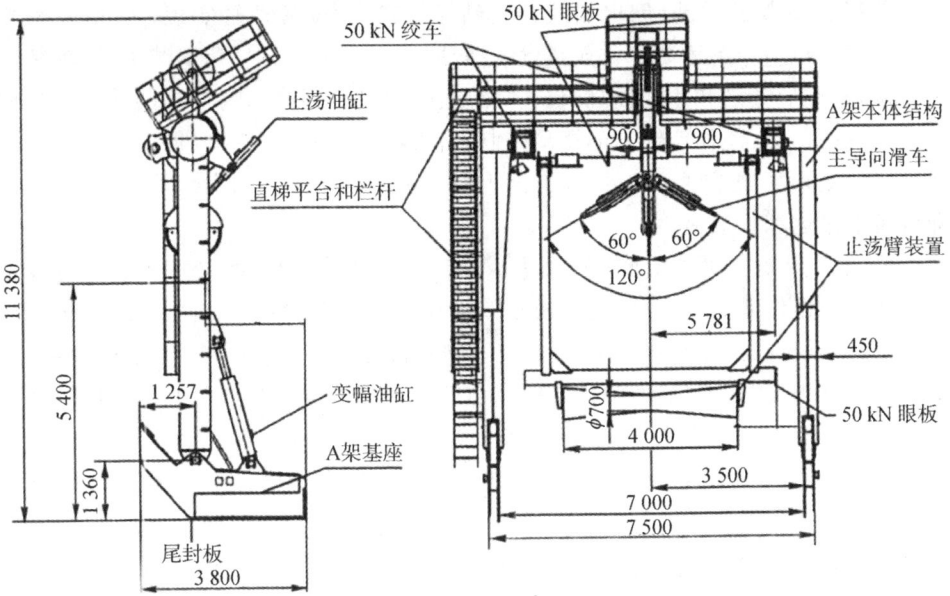

图 6-130　典型的船尾 A 形架

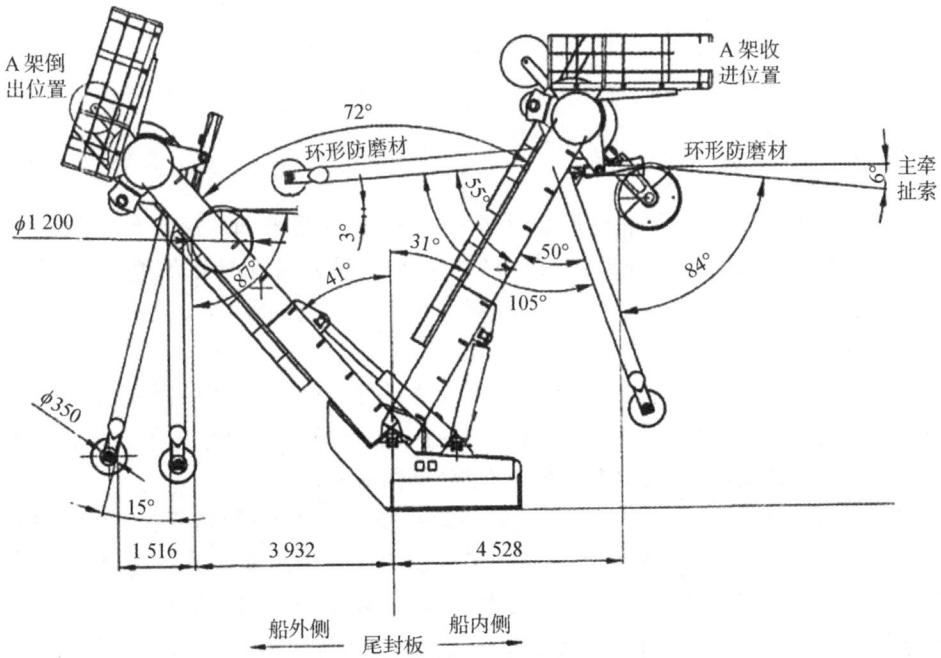

图 6-131　船尾 A 形架的工作状态

船尾 A 形架的转动(倒出船外和收到船内)通过变幅油缸实现,为此,需配置专用的油泵机组。为了防止作业缆索的摆动,A 形架上设有止荡臂装置,该项装置由止荡臂、锥形滚筒和止荡油缸组成。船舶在纵摇时,通过止荡油缸的伸缩同步调整止荡臂的位置,使作业缆索的摆动控制在作业要求的范围内,以保障作业设备的安装和数据采集的精度。此外,A 形架上设置辅助绞车和辅助滑车等装置,用于作业设备的吊运和安装。

船尾 A 形架主要用于水下机器人、深拖、电视抓斗取样、水文取样和深海浅钻等作业。根据作业需要,分别使用视频取样绞车(CTCU 绞车)、地质绞车(geological coring reel)、深拖卷车(deep tow)和同轴缆绞车(CTD 绞车),通过排缆器、高张力导向滑车装置、阻尼器、缆索导向牵引绞车和加力器等将作业的缆索连接到船尾 A 形架的主滑车和导接头上,进行各种海洋调查作业。

用于海工作业的船尾 A 形架,结构类似,但是工作特点与配置方式有较大差别。

海工作业的船尾 A 形架,与起货绞车协同作业,主要是吊运大型和超大型海洋工程建筑的钢质构件,在海上(水下和水上)进行对接和装焊。其特点是:

——起重能力大,小者数十吨,大者上百吨;

——要求在较恶劣的海况下作业;

——为了满足在较恶劣的海况下安装对接的要求,起货绞车和 A 架必须配置精度很高的海浪补偿装置。

6.28.3 舷侧 A 形架吊机

舷侧 A 形架吊机实际上也是由两部分组成,即 A 形架和专用绞车,后者根据作业要求配置。用于海底地质取样的舷侧 A 形架吊机通常配置高度可调节的伸缩式 A 形架,图 6-132 所示为 A 形架伸展时的工作状态,图 6-133 所示则为 A 形架收缩时的工作状态。

伸缩式舷侧 A 形架的转动(倒出船外和收到船内)通过变幅油缸实现,A 形架的伸缩通过伸缩油缸实现,为此,需配置专用的油泵机组。舷侧 A 形架上设置各种辅助设备如辅助绞车,绞盘和导向滑车等(见图 6-133)。

舷侧 A 形架与地质绞车等配合进行海底地质取样作业时,需要将所取得的海底地质样品直接吊入工作室内。由于受工作室门框开口高度的限制,舷侧 A 形架只能在较低的状态下才能将样品吊入作业室内,采用伸缩型结构可以调节高度。当进行海底地质取样作业时,将 A 形架伸展到最大位置以满足较大的舷外吊距的要求。当将海底地质样品吊入作业室时,则将 A 形架收缩到最小位置,使 A 形架能够通过作业室门框,然后再将 A 形架伸展到适当位置,把地质样品吊放到所要

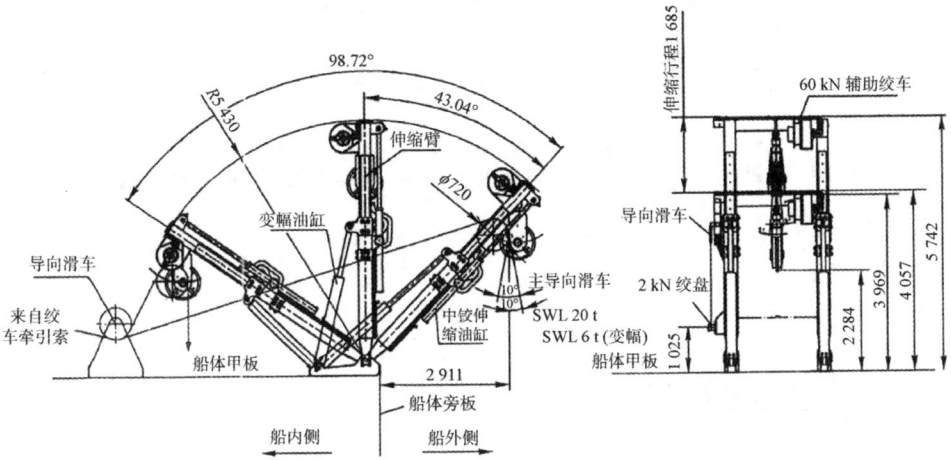

图 6-132　舷侧 A 形架伸展时的工作状态

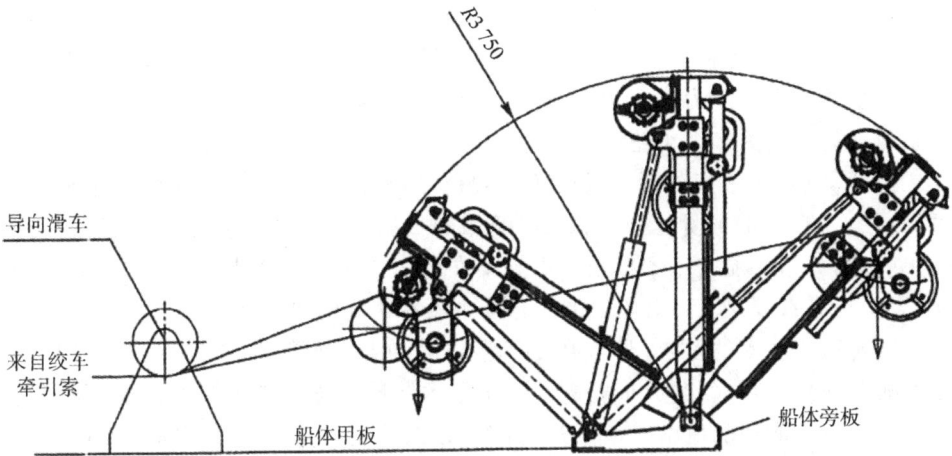

图 6-133　舷侧 A 形架收缩时的工作状态

求的位置。

　　舷侧 A 形架主要用于海底地质取样作业,它同样需与 CTD 卷车、排缆器、高张力导向滑车装置、牵引绞车和重力取样装置配合作业。CTD 卷车的缆索通过排缆器、高张力导向滑车装置进入牵引绞车,进行加力,再通过高张力导向滑车装置引导到舷侧 A 形架的主滑车,吊运海底地质取样设备进行海底地质取样作业。

第7章　货物舱舱口盖与滚装设备

7.1　货物舱舱口盖

7.1.1　舱口盖简述

　　货物舱舱口盖作为船上货舱开口的关闭装置，其最初也是最广泛的用途是作为货舱的密封装置，用以防止波浪和雨水侵入舱内。同时，舱盖可承重的结构形式，还能用来载运各种货物，诸如集装箱、木材或其他杂货。中间甲板舱口盖不仅可以把货舱水平分隔为上下两部分，有的还可以竖立作为活动的谷物舱壁，把一个长货舱前后分隔为多个小舱。

　　虽然早在1879年英国劳氏船级社规范已经提出了要求，然而只是对长度超过12 ft(约3.7 m)的货舱开口。当时船舶的货舱开口普遍都比较小，结构也比较简单(见图7-1)。舱盖用木板铺在事先架在舱口围板的横梁上，再盖上防水布(帆布)以防止海水进入。且对舱口围的高度也没有明确的要求。

　　随着造船技术的发展，船舶主尺度增大，货舱开口也越来越大。再加上用于防水的帆布容易被磨损，造成货舱进水。于是木制舱盖逐渐被钢制的风雨密舱盖所代替。第一个成功的风雨密(不需要帆布罩)钢制舱口盖是1928年由 MacGregor 发布的水平滚动式舱盖，并在第二年成功地安装在9 000吨货轮 Sheaf Holme 上，成为首个投入商用的钢制风雨密舱盖。此后，各种形式的钢制风雨密舱盖相继出现，如折叠式(folding)、单拉式(single pull)、卷滚式(rolltite)等。它们的操作方式也由最初的钢索/链条发展到电动/液压。图7-2所示为早期的用钢丝绳通过起货绞车操作的折叠式舱口盖。表7-1所示为随着造船技术的发展，出现的舱口盖主要形式及其操作方式和适用范围。

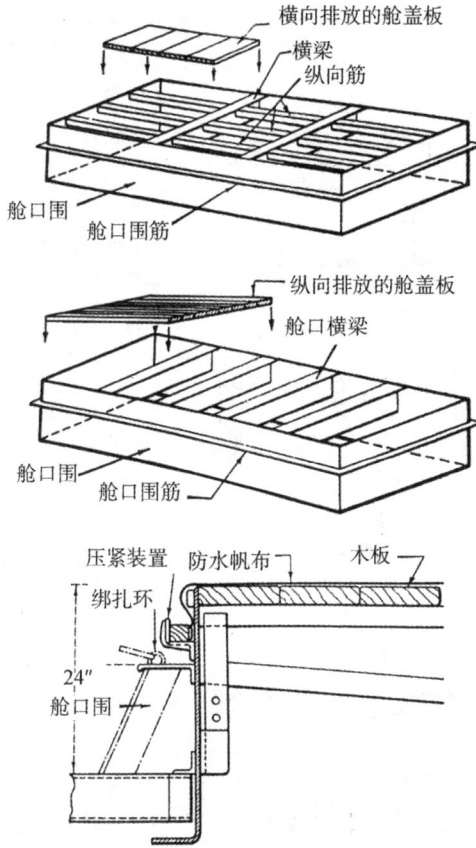

图 7-1　由活动木板及帆布组成的舱口盖

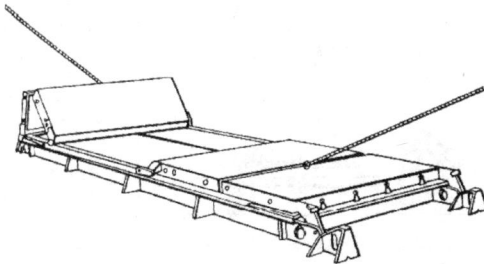

图 7-2　用钢丝绳通过起货绞车操作的折叠式舱盖

表 7-1　舱口盖主要形式及其操作方式和适用范围

形式	简图	操作方式	适用甲板	适用船型
吊离式 (lift away)	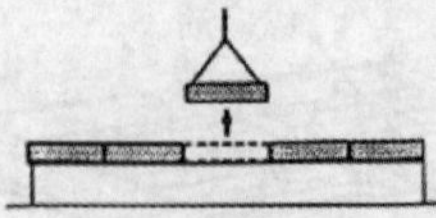	钢丝绳/ 起货设备	露天甲板 或中间甲板	集装箱船， 多用途船
单拉式 (single pull)	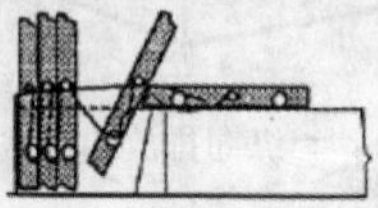	绞车/钢丝绳	露天甲板	杂货船，小型散货船
折叠式 (folding, foldtite)		电动液压	露天甲板 或中间甲板	多用途船，灵便型散货船
直拉式 (direct pull)		钢丝绳/ 起货设备	露天甲板	杂货船
滚移式 (side/end rolling)	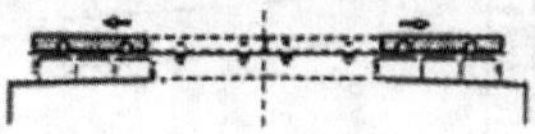	电动液压	露天甲板	多用途船
背载式 (piggy back)	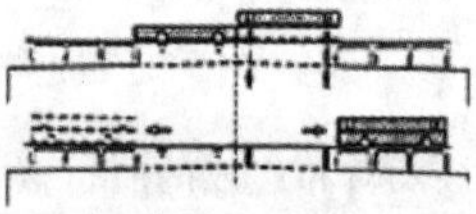	电动液压	露天甲板 或中间甲板	多用途船
伸缩式 (telescopic)	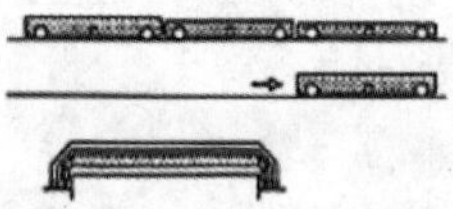	电动液压	露天甲板	内河杂货船
卷收式 (rolltite)	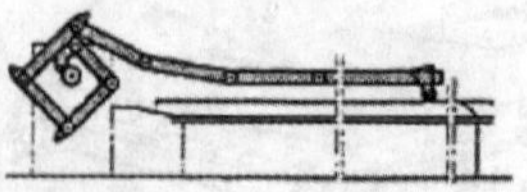	电动液压	露天甲板	杂货船，小型散货船
滑移式 (sliding)	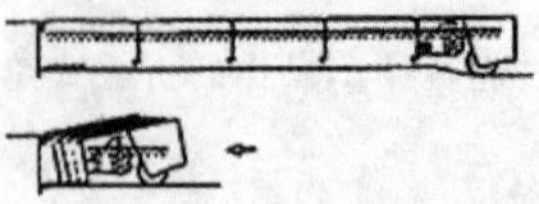	电动液压	中间甲板	冷藏船，多用途船

目前,船舶常用的货舱盖按操作形式可分为三大类,即吊离式、折叠式和滑移式。按船上的安装位置可分为露天甲板舱盖和中间甲板舱盖,按其密封形式又可分为风雨密舱盖和非风雨密舱盖。除了吊离式舱盖以外,驱动方式以电动液压为主。随着电气技术的发展,电机直接驱动的甲板机械越来越多地运用到船上。目前,电机直接驱动的侧移式舱盖已经在散货船上有成功的案例。至于舱盖板用钢丝绳通过船上克令吊或绞车操作的方式,在现在的舱盖设计中,一般只是作为应急方式,不再作为主要的驱动方式。

7.1.2 有关国际规则对舱口盖的要求

1966 年国际载重线公约按照干舷高度计算,将船舶分为 A 型和 B 型。A 型船主要装载液货,如油船和液化气船,其货舱只设供人员进出的小舱口盖。除 A 型船之外的货船归为 B 型船,如散货船和集装箱船,这类船有大的货舱开口并配有货舱盖。根据货舱盖在船舶干舷甲板以上的安装位置(位置 1 和位置 2)提出风雨密的要求。

风雨密是指在任何海况下,水都不会透入船内。一般通过冲水试验即用直径 12 mm 的喷嘴,将 200 kN/m^2 压力的水柱,在距离 1.5 m 处对准密封位置冲水进行验证。

7.1.2.1 货舱盖的位置

位置 1:在露天的干舷甲板上和后升高甲板上,以及位于从艏垂线起船长的四分之一以前的露天上层建筑甲板上。

位置 2:在位于从艏垂线起船长的四分之一以后,且在干舷甲板以上至少一个标准上层建筑高度的露天上层建筑甲板上,以及在位于从艏垂线起船长的四分之一以前,且在干舷甲板以上至少两个标准上层建筑高度的露天上层建筑甲板上。

7.1.2.2 货舱盖的风雨密性

(1)衬垫材料(一般要求)

密封衬垫材料应适合于船舶所有预期的航行工况,且适合于所要载运的货物。所选密封衬垫材料的尺寸和弹性应能承受可能产生的变形,外力应仅由钢结构承受。应对密封衬垫进行压紧来实现舱口盖在所有预期操作条件下的有效密封,对于舱盖与船体结构之间,或各盖板之间有较大相对运动的船舶,密封衬垫应予以特殊考虑。

(2)风雨密衬垫的免除

对于仅运输集装箱的货舱舱口盖,如果船东要求并符合下述条件,则本条上述

(1) 款对于风雨密密封衬垫的要求可以免除：

①舱口围板的高度应不小于 600 mm。

②舱盖在露天甲板上的位置应高于自基线量起的高度 $H(x)$(m)按下式计算：

$$H(x) \geqslant T_{fb} + f_b + h \qquad (7.1.2.1)$$

式中　T_{fb}——夏季载重吃水，m；

　　　f_b——载重线公约要求的最小干舷，m；

　　　$h = 4.6$ m 当 $x/L_L \leqslant 0,75$；

　　　$h = 6.9$ m 当 $x/L_L > 0,75$；

　　　L_L——载重线船长，m；

　　　x——舱盖中点距 L_L 后端的纵向距离，m。

③在盖板与舱口围之间设迷宫式密封装置、挡水扁钢或其他等效装置（见图 7-3）。露天的开口应尽可能小。

④当一个舱口有多块盖板时，舱盖之间缝隙宽度应不大于 50 mm（见图 7-4）。

⑤ 迷宫式密封装置和盖板间缝隙，在完整稳性和破舱稳性计算时，作为非保护的开口。

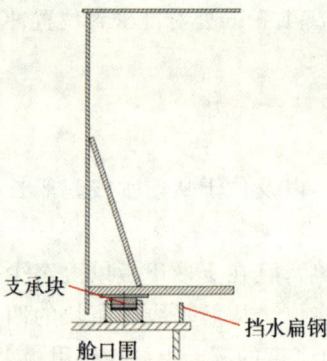

图 7-3　舱口围上的迷宫式密封装置

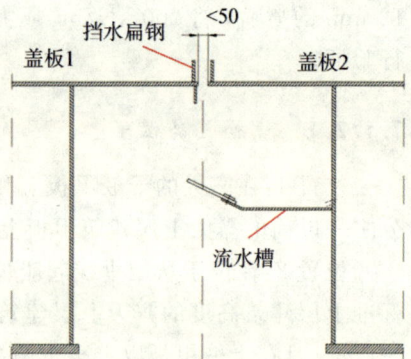

图 7-4　舱口盖板之间的缝隙

⑥货舱排水及水消防系统，应满足各船级社规范关于管系、泵阀及消防系统的相关要求。

⑦每舱配底边舱报警系统。

⑧如果装载有危险品，其载有危险品的集装箱的布置还应符合 IMO MSC/Circ. 1087《集装箱船非风雨密舱口盖导则》第三章的要求。

(3) 多板格舱口盖的交叉连接处应提供有效的排水布置。

7.1.3 舱口盖的结构形式及强度

7.1.3.1 舱口盖的设计载荷

对于不同船型，舱盖的结构强度目前 IACS 主要有 3 个规范性文件涉及：

CSRH，PART 2，Ch.1，Sec.5，适用于 CSR 的散货船；

IACS UR S21，适用于所有非 CSR 的散货船、矿砂船及干散液混合船等；

IACS UR S21A，适用于除了散货船、矿砂船之外的船型，如集装箱船。

虽然三本规范对垂向露天设计载荷的表达略有不同，但最终载荷的大小并没有差别。本篇就以最新的 IACS UR S21A(Rev.1,Corr2.Mar.2019)来说明舱盖载荷的要求。

一般舱盖设计需要考虑以下载荷：

（1）垂向露天设计载荷

舱口盖的垂向露天设计载荷列于表 7-2 及图 7-5。图 7-6 显示了舱口盖在船上的位置。

表 7-2 舱口盖垂向露天设计载荷

舱口盖位置	垂向露天设计载荷 p_H/(kN/m²)	
	$\dfrac{x}{L_L} \leqslant 0.75$	$0.75 < \dfrac{x}{L_L} \leqslant 1.0$
1	$\dfrac{9.81}{76}(1.5L_L+116)$	对于 24 m≤L_L≤100 m
		干舷甲板上：$\dfrac{9.81}{76}\left[(4.28L_L+28)\dfrac{x}{L_L}-1.71L_L+95\right]$
		位于干舷甲板以上至少一个标准上层建筑高度的露天上层建筑甲板上：$\dfrac{9.81}{76}(1.5L_L+116)$

表 7-2 （续）

1	对于 $L_L>100$ m	
	9.81×3.5	载重线公约规定的 B 型船舶的干舷甲板上：$$9.81\left[(0.029\,6L_1+3.04)\frac{x}{L_L}-0.022\,2L_1+1.22\right]$$
		干舷小于载重线公约规定的 B 型船舶的干舷甲板上：$$9.81\left[(0.145\,2L_1-8.52)\frac{x}{L_L}-0.108\,9L_1+9.89\right]$$ $L_1=L_L$，且不大于 340 m
		位于干舷甲板以上至少一个标准上层建筑高度的露天上层建筑甲板上：9.81×3.5
2	对于 24 m≤L_L≤100 mm	
	$$\frac{9.81}{76}(1.1L_L+87.6)$$	
	对于 $L_L>100$ m	
	9.81×2.6	
	位于最低位置 2 甲板以上至少一个标准上层建筑高度的露天上层建筑甲板：9.81×2.1	

表 7-2 中：

L_L 为载重线公约规定的船长(m)；

x 为距艉柱的距离(m)；

标准上层建筑高度 $h_N=1.05+0.01L_L$，但是 1.8 m≤h_N≤2.3 m。

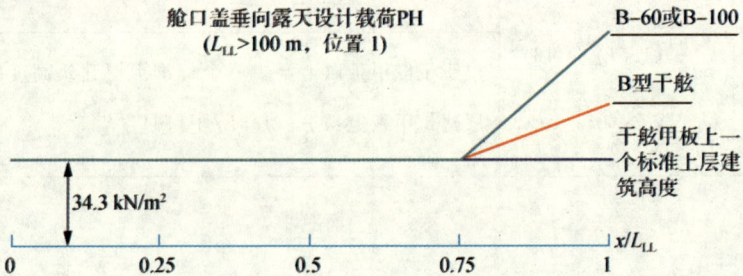

图 7-5　舱口盖垂向露天设计载荷

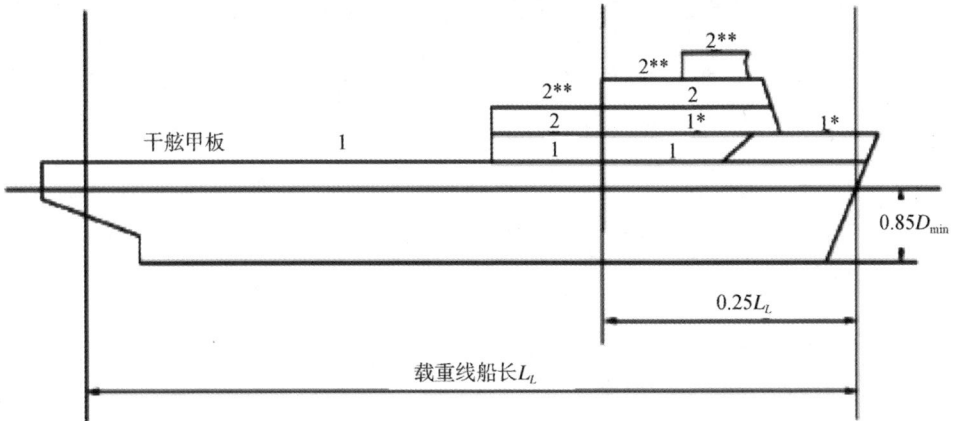

注：*折减载荷，位于干舷甲板以上至少一个标准上层建筑高度的露天上层建筑甲板上；
　　**折减载荷，对于L_L>100 m，位于最低位置2甲板以上至少一个标准上层建筑高度的露天上层建筑甲板上。

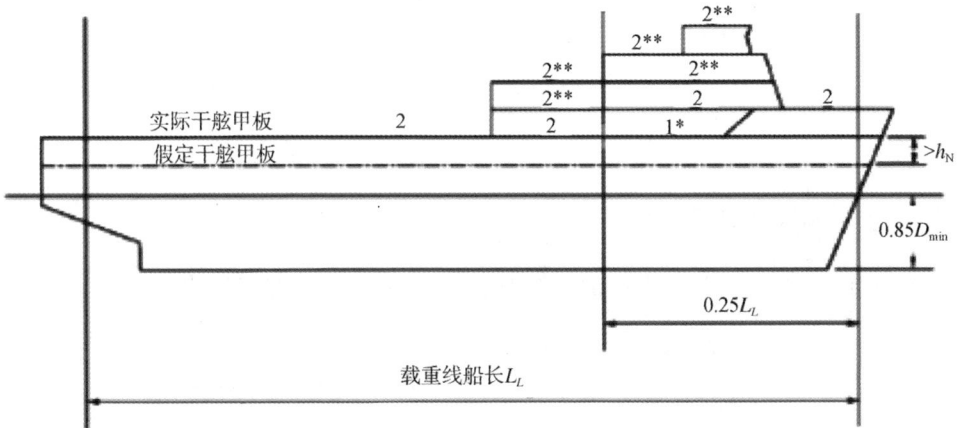

注：*折减载荷，位于干舷甲板以上至少一个标准上层建筑高度的露天上层建筑甲板上；
　　**折减载荷，对于L_L>100 m，位于最低位置2甲板以上至少一个标准上层建筑高度的露天上层建筑甲板上。

图 7-6　舱口盖在船上的位置

（2）水平露天设计载荷

水平露天设计载荷 p_A（kN/m²）作用在舱盖外侧裙板、桁梁以及垂向舱口围板上，按下式计算

$$p_A = ac(bfc_L - z) \tag{7.1.1}$$

式中　$f = \dfrac{L}{25} + 4.1$，对于 $L < 90$ m；

$$f = 10.75 - \left(\frac{300 - L}{100}\right)^{1.5}, \text{对于 } 90 \text{ m} \leqslant L < 300 \text{ m};$$

$$f = 10.75, \text{对于 } 300 \text{ m} \leqslant L < 350 \text{ m};$$

$$f = 10.75 - \left(\frac{L - 350}{150}\right)^{1.5}, \text{对于 } 350 \text{ m} \leqslant L < 500 \text{ m};$$

$$c_L = \sqrt{\frac{L}{90}}, \text{对于 } L < 90 \text{ m};$$

$$c_L = 1, \text{对于 } L \geqslant 90 \text{ m};$$

L——规范船长，m；

$$a = 20 + \frac{L_1}{12}, \text{对于无保护的前端舱口围板和舱口盖边梁};$$

$a = 10 + \dfrac{L_1}{12}$，对于位于实际干舷甲板到夏季载重线的距离超过国际载重线公约规定的最小未修正表列干舷至少一个标准上层建筑高度处，且为无保护的前端舱口围板和舱口盖边梁；

$a = 5 + \dfrac{L_1}{15}$，对于两侧的舱口围板和舱口盖边梁、有保护的前端舱口围板和舱口盖边梁；

$$a = 7 + \frac{L_1}{100} - 8 \cdot \frac{x'}{L}, \text{对于船中之后的后端舱口围板和舱口盖边梁};$$

$$a = 5 + \frac{L_1}{100} - 4 \cdot \frac{x'}{L}, \text{对于船中之前的后端舱口围板和舱口盖边梁};$$

$L_1 = L$，但不必大于 300 m；

$$b = 1.0 + \left(\frac{\frac{x'}{L} - 0.45}{C_B + 0.2}\right)^2, \text{当} \frac{x'}{L} < 0.45 \text{ 时};$$

$$b = 1.0 + 1.5 \cdot \left(\frac{\frac{x'}{L} - 0.45}{C_B + 0.2}\right)^2, \text{当} \frac{x'}{L} \geqslant 0.45 \text{ 时};$$

C_B——方形系数，$0.6 \leqslant C_B \leqslant 0.8$，对于船中之前后端舱口围板和舱口盖边梁，取 C_B 不小于 0.8；

x'——所考虑的横向围板或舱口盖前后端边梁至船长 L 后端的距离，m；对于两侧的舱口围板和舱口盖边梁，在船长方向上划分为长度近似相等且不超过 0.15L 的若干部分，x' 取每部分的中点到船长 L 后端的距离；

z——夏季载重线到扶强材跨距中点或板中点的垂直距离，m；

$$c = 0.3 + 0.7 \cdot \frac{b'}{B'}, \text{其中} \frac{b'}{B'} \text{应取不小于} 0.25;$$

b'——所考虑位置处的舱口围板宽度,m;

B'——船舶的露天甲板在所考虑位置处的最大实际宽度,m。

水平露天设计载荷 p_A 不得小于表 7-3 规定的最小值。

表 7-3　最小水平露天设计载荷值 p_{Amin}

L	$P_{Amin}/kN/m^2$	
	未受保护的前端	其他位置
$\leqslant 50$	30	15
>50 <250	$25+\dfrac{L}{10}$	$12.5+\dfrac{L}{20}$
$\geqslant 250$	50	25

水平露天设计载荷可作为舱盖水平限位及加强设计的依据,在舱盖强度计算时可不予考虑。

(3) 货物载荷(不含集装箱载荷)

装载在舱口盖上的均布货物(如木材等),或其他非标货物,在船舶纵摇和垂荡引起的垂向加速度 a_v 作用下,前者形成均布载荷 $p_L(kN/m^2)$ 和后者产生的集中载荷 p (kN)按下式计算:

$$p_L = p_C(1+a_v) \tag{7.1.2}$$

$$P = P_S(1+a_v) \tag{7.1.3}$$

式中　p_C——货物均布载荷,kN/m^2;

P_S——集中力,kN;

a_v——加速度,按下式计算:

$$a_v = F \cdot m \tag{7.1.4}$$

$F = \dfrac{0.11v_0}{\sqrt{L}}$;

$m = m_0 - 5(m_0-1)\dfrac{x}{L}$,当 $0 \leqslant \dfrac{x}{L} \leqslant 0.2$;

$m = 1.0$,当 $0.2 \leqslant \dfrac{x}{L} \leqslant 0.7$;

$m = 1 + \dfrac{m_0+1}{0.3}\left(\dfrac{x}{L}-0.7\right)$,当 $0.7 < \dfrac{x}{L} \leqslant 1.0$;

$m_0 = 1.5 + F$;

v_0——夏季载重线吃水时的最大航速,不小于 $\sqrt{L}$,kn;

L——规范船长,m;

x——距艉柱距离,m。

(4) 集装箱载荷

当船舶在正浮状态时,只考虑纵摇和垂荡作用的情况下,集装箱箱脚对舱盖的点载荷 $P(kN)$ 按下式计算:

$$P = 9.81 \frac{M}{4}(1 + a_v) \tag{7.1.5}$$

当考虑船舶纵摇、垂荡和横摇时(见图 7-7),集装箱箱脚对舱盖的点载荷(kN)按下式计算:

$$\left. \begin{aligned} A_z &= 9.81 \frac{M}{2}(1 + a_v)\left(0.45 - 0.42 \frac{h_m}{b}\right) \text{kN} \\ B_z &= 9.81 \frac{M}{2}(1 + a_v)\left(0.45 + 0.42 \frac{h_m}{b}\right) \text{kN} \\ B_y &= 2.4M \text{ kN} \end{aligned} \right\} \tag{7.1.6}$$

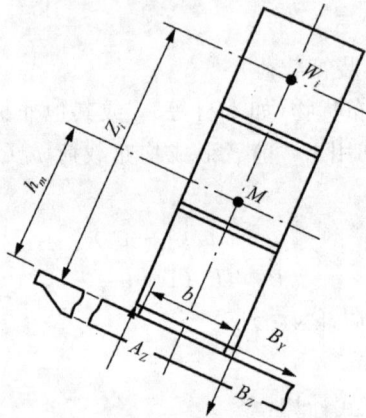

图 7-7 堆装在舱口盖上集装箱的载荷

式(7.1.5)及式(7.1.6)中:

M——最大集装箱设计堆重,t;

a_v——加速度,m/s^2,见式(7.1.4);

h_m——这一列集装箱重心距舱盖顶板的高度,m;

b——集装箱箱脚横向距离,一般取 2.26 m;

A_z——箱脚垂向拉力,kN;

B_z——箱脚垂向压力,kN;

B_y——箱脚水平力,kN,计算值最大取 210 kN。

考虑到在实际装载情况中,舱盖上集装箱的不均衡装载对舱盖结构造成的影响,对于表 7-4 列出的部分装载工况也应该给予计算。

表 7-4　集装箱部分装载工况

横倾方向	←	→
舱盖由纵向舱口围支撑,集装箱重完全由舱盖承受	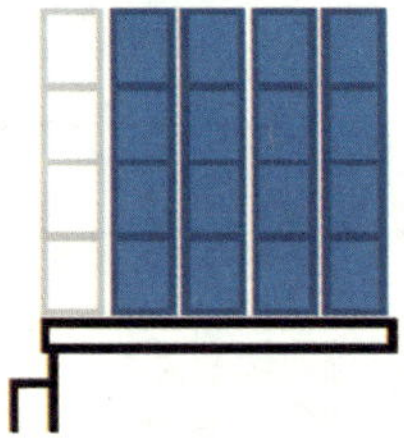	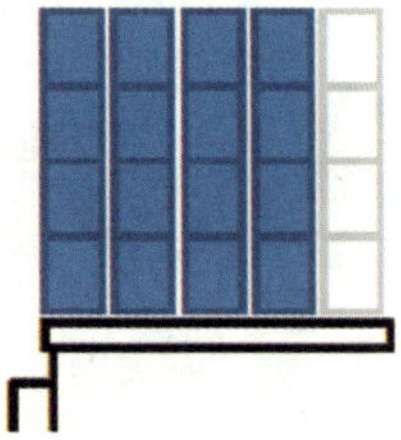
舱盖由纵向舱口围支撑,最外侧集装箱跨舱盖及舷边立柱	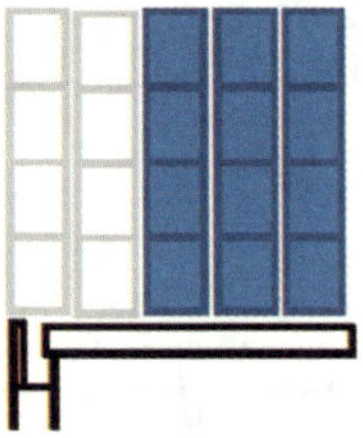	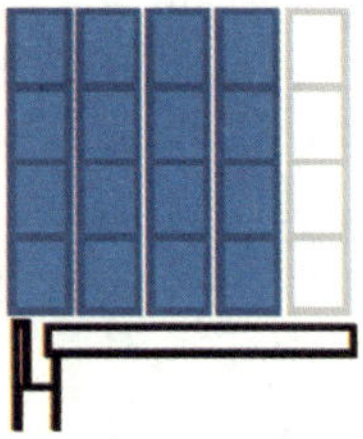
舱盖不受纵向舱口围支撑,中间盖板		

（5）其他载荷

对于散货船,其货舱有的可以作为风暴压载舱,这种情况下,舱盖会承受内部的静态加动态水压力,具体可以参考 IACS 共同规范（CSR-H）Pt1, Ch 4, Sec 6。

对于一些多用途船,货舱开口较长,舱口围的横向变形较大,舱盖板也会被设计用作舱口围的限位,从而承受由船体变形引起的力。

7.1.3.2　舱口盖的结构形式和腐蚀余量

现代船舶的舱口盖主要由船用钢焊接而成,其构造包括顶板、端板、侧板、纵桁、横梁及加强筋等构件。根据强度和使用要求,结构形式主要有 3 类,如图 7-8 所示:(a)开式结构,主要构件有顶板,侧板和内部桁梁加强筋等,底部不设封板;(b)闭式结构,也称箱式结构,由顶板、侧板及底部封板围成封闭的结构;(c)箱型梁结构,其构造介于开式和闭式结构之间。

在校核舱口盖结构强度时,应采用净板厚,即不计腐蚀余量的板厚。根据强度计算得到的最小净板厚(t_{net})加上要求的腐蚀余量(t_s)(见表 7-5)即为要求的总板厚(t_{gros})。

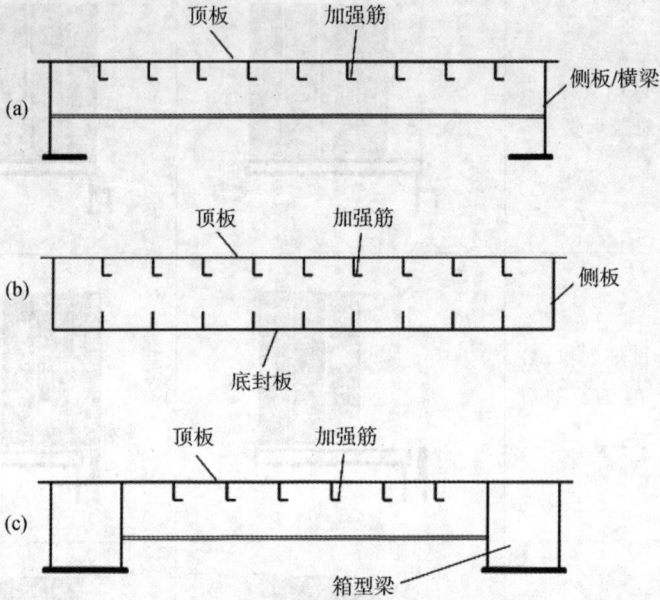

图 7-8 舱口盖典型结构形式

(a)开式结构;(b)闭式结构;(c)箱型梁结构

表 7-5 舱口盖结构的腐蚀余量 t_s

应用	结构	t_s/mm
露天甲板舱盖(集装箱船、汽车滚装船、运纸船及客船等)	舱盖结构	1.0
露天甲板舱盖(散货船、矿砂船及干散液混合船等)	闭式结构舱盖的露天部分及底板	2.0
	闭式结构舱盖的内部结构	1.5
	开式结构舱盖	2.0
露天甲板舱盖(其他货船)	闭式结构舱盖的露天部分及底板	1.5
	闭式结构舱盖的内部结构	1.0
	开式结构舱盖	2.0

在实际应用中,当开式结构舱盖构件厚度或闭式结构舱盖外板厚度小于 t_{net}+0.5 mm 时,构件应予换新。当测量厚度在 t_{net}+0.5 mm 和 t_{net}+1.0 mm 之间时,

可采用涂装或年度测厚等措施替代材料换新的做法。

7.1.3.3　结构强度计算及标准

（1）结构强度校核

舱盖的强度校核一般可以采用梁系计算（见图 7-9）或有限元（板壳单元）计算（见图 7-10），梁系计算一般仅限于开式结构。

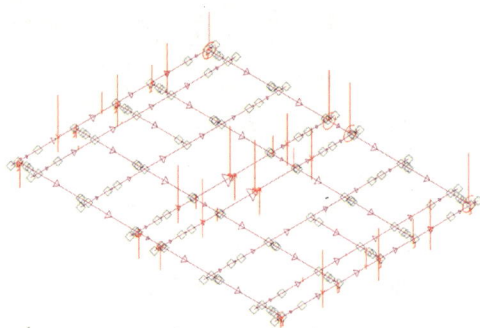

图 7-9　梁系计算模型

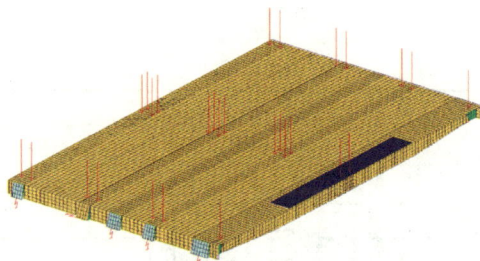

图 7-10　有限元（板壳单元）计算模型

①对梁系计算，主梁带板的有效宽度如表 7-6 所示。

表 7-6　主梁带板的有效宽度 e_m

l/e	0	1	2	3	4	5	6	7	$\geqslant 8$
e_{m1}/e	0	0.36	0.64	0.82	0.91	0.96	0.98	1.00	1.00
e_{m2}/e	0	0.20	0.37	0.52	0.65	0.75	0.84	0.89	0.90

表 7-6 中：

l 为主梁有效计算长度，l_0 为主梁的实际跨距。$l = l_0$ 适用于两端简支，$l = 0.6l_0$ 适用于两端刚性固定；

e 为板格支撑的宽度，即相邻两个板格之间的中心距；

e_{m1}为承受均布载荷或不少于 6 个等距布置的点状载荷的主梁带板的有效宽度；

e_{m2}为承受不多于 3 个点状载荷的主梁带板的有效宽度；

中间值直接用内插法得到。

②承受均布载荷的舱口盖顶板局部净板厚 t(mm)应不小于按下式计算所得之值，且不小于 6 mm。

$$t = 15.8F_p s \sqrt{\frac{p}{0.95R_{eH}}}$$ (7.1.7)

$$t = 10s$$

式中 F_p——拉伸应力与弯曲应力混合系数；

$F_p = 1.5$，一般情况；

$F_p = 1.9\sigma/\sigma_a$，主梁结构带板的 $\sigma/\sigma_a > 0.8$；

s——扶强材的间距，m；

p——垂向载荷 p_H(见表 7-2)及 p_L(见式 7.1.3.2)，kN/m²；

σ——舱盖顶板最大正应力，N/mm²，根据图 7-11 选取；

$\sigma_a = 0.8R_{eH}$，N/mm²；

R_{eH}——材料屈服应力，N/mm²。

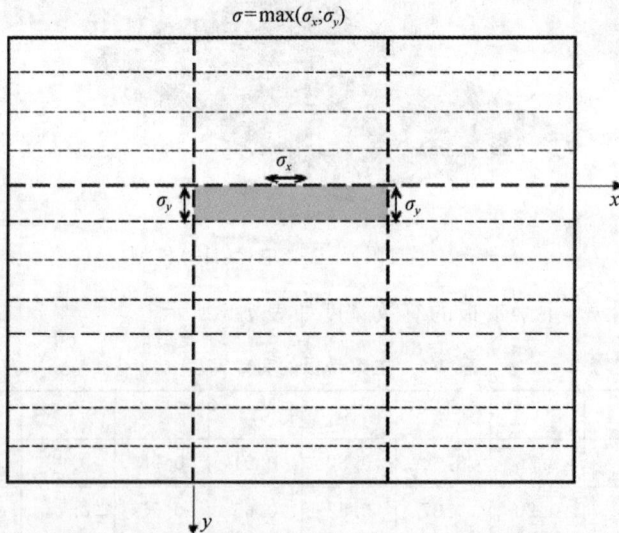

图 7.11　舱盖板格及应力

③ 承受均布载荷的舱口盖顶板扶强材的净剖面模数及净剪切面积

承受垂向露天设计载荷 p_H 的扶强材的净剖面模数 W(cm³)及剪切面积 As

(cm^2) 应不小于按式(7.1.8)和式(7.1.9)计算所得之值。

$$W = \frac{104}{R_{eH}} s p l^2 \qquad\qquad (7.1.8)$$

$$A_s = \frac{10.8}{R_{eH}} s p l \qquad\qquad (7.1.9)$$

承受均布货物载荷 p_L 的扶强材的净剖面模数 $W(cm^3)$ 及净剪切面积 $A_s(cm^2)$ 应不小于按式(7.1.10)和式(7.1.11)的计算所得值,

$$W = \frac{93}{R_{eH}} s p l^2 \qquad\qquad (7.1.10)$$

$$A_s = \frac{9.6}{R_{eH}} s p l \qquad\qquad (7.1.11)$$

式(7.1.8)～(7.1.11)中

　　　l——扶强材的跨距,m;

　　　s——扶强材的间距,m;

　　　p——垂向载荷 p_H 和 p_L,kN/m²;

　　　R_{eH}——材料屈服应力,N/mm²。

④ 舱盖端(侧)板

舱盖端(侧)板净厚度 $t(mm)$,应不小于按下列各式计算所得之值:

$$
\begin{aligned}
t &= 15.8s\sqrt{\frac{p_A}{0.95R_{eH}}} \\
t &= 8.5\,s \\
t &= 6
\end{aligned}
\qquad\qquad (7.1.12)
$$

式中　p_A——水平露天设计载荷按式(7.1.1)计算,kN/m²;

　　　s——扶强材间距,m;

　　　R_{eH}——材料屈服应力,N/mm²。

(2) 许用应力(见表 7-7)

表 7-7　许用应力(N/mm²)

构件	承受载荷	正应力 $\sigma_a/$ (N/mm²)	剪应力 $\tau_a/$ (N/mm²)	等效应力 $\sigma_V/$ (N/mm²)
梁系计算	所有载荷	0.80 R_{eH}	0.46 R_{eH}	0.80 R_{eH}
有限元法计算	垂向露天设计载荷	—	—	0.80R_{eH}
	其他货物及集装箱载荷	—	—	0.90R_{eH}

注:R_{eH}—材料屈服应力,N/mm²。

对梁系计算,合成应力

$$\sigma_V = \sqrt{\sigma^2 + 3\tau^2}$$

式中　$\sigma = \sigma_a$——正应力；

　　　$\tau = \tau_a$——剪应力。

对有限元计算，合成应力

$$\sigma_V = \sqrt{\sigma_x^2 - \sigma_x \cdot \sigma_y + \sigma_y^2 + 3\tau^2}$$

式中　σ_x——x 方向正应力；

　　　σ_y——y 方向正应力；

　　　τ——xy 面内的剪应力。

（3）最大允许垂向变形

在露天设计载荷作用下，舱口盖最大挠度应不大于 $0.005\ 6l$，其中 l 为舱盖主梁跨距。

对其他货物和集装箱载荷下的舱盖板的挠度，规范没有提出具体要求，但可以根据实际使用情况来定，如舱内集装箱顶到舱盖底的最小间隙，以防止由于舱盖挠度导致与集装箱触碰，或当舱口盖上载运集装箱且允许混合堆装时（即在两个 20′ 集装箱的上方堆放一个 40′ 集装箱），应注意舱口盖的挠度可能导致两个 20′ 集装箱之间的距离过小。

7.1.3.4　结构稳定性（屈曲）

舱盖结构失稳的校核计算，可以采用有限元法（线弹性或非线性）。这里主要介绍规范（IACS UR S21A）对结构稳定性的计算要求。

应证明舱口盖结构具有足够的屈曲强度。

舱口围板和舱口围顶板应按本条校核屈曲强度。

定义：a——基本板格长边的宽度，mm（x 向）；

　　　b——基本板格短边的长度，mm（y 向）；

　　　α——基本板格的长宽比，

$$\alpha = \frac{a}{b}$$

n——局部或整个板格内基本板格宽度的数量；

t——净板厚，mm；

σ_x——x 方向的膜应力，N/mm^2；

σ_y——y 方向的膜应力，N/mm^2；

τ——x-y 平面的剪应力，N/mm^2。

在进行失稳校核时与强度计算一样，构件（板厚 t）采用净尺寸，压应力和剪应力取正值，拉应力为负值。

通过有限元计算得到的板格如图 7-12 所示,在 x 和 y 方向上的应力 σ_x^* 和 σ_y^* 已经包含泊松(Poison)效应,需要经过如下修正,

$$\sigma_x = (\sigma_x^* - 0.3 \cdot \sigma_y^*)/0.91$$
$$\sigma_y = (\sigma_y^* - 0.3 \cdot \sigma_x^*)/0.91$$

(7.1.13)

式中,σ_x^* 和 σ_y^* —— 含有泊松效应的应力。

当 $\sigma_y^* < 0.3\sigma_x^*$ 时,$\sigma_y = 0$ 并且 $\sigma_x = \sigma_x^*$;

当 $\sigma_x^* < 0.3\sigma_y^*$ 时,$\sigma_x = 0$ 并且 $\sigma_y = \sigma_y^*$。

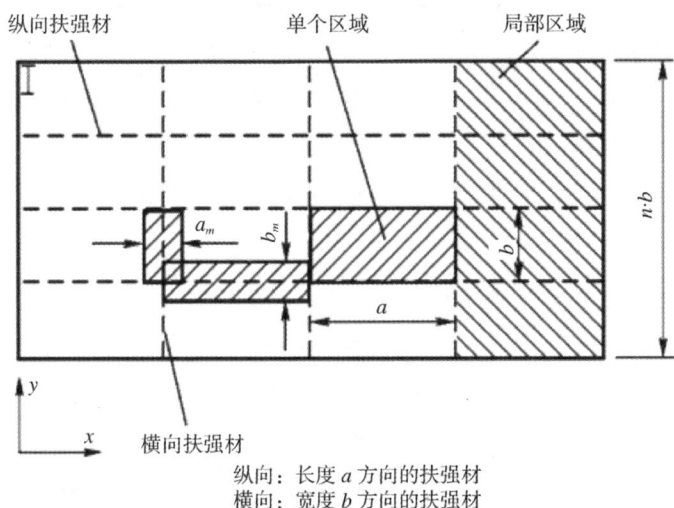

纵向:长度 a 方向的扶强材
横向:宽度 b 方向的扶强材

图 7-12　板格及有效带板宽度

(1) 对单一板格($a \times b$)的失稳校核的标准如下

$$\left(\frac{|\sigma_x| S}{\kappa_x R_{eH}}\right)^{e1} + \left(\frac{|\sigma_y| S}{\kappa_y R_{eH}}\right)^{e1} - B\left(\frac{\sigma_x \sigma_y S^2}{R_{eH}^2}\right) + \left(\frac{|\tau| S \sqrt{3}}{\kappa_\tau R_{eH}}\right)^{e3} \leqslant 1.0$$

(7.1.14)

式中　第一、第二及最后一项的值不能超过 1.0;

　　S —— 安全系数(基于净板厚),可以取值为;

　　　　$S = 1.25$ 针对受垂向露天设计载荷的舱盖板;

　　　　$S = 1.10$ 针对受其他货物载荷的舱盖板;

　　$e_1 = 1 + \kappa_x^4$;

　　$e_2 = 1 + \kappa_y^4$;

　　$e_3 = 1 + \kappa_x \kappa_y \kappa_\tau^2$;

　　B —— 系数;

当 σ_x 和 σ_y 均为正值(压应力)时,$B = (\kappa_x + \kappa_y)^5$;

当 σ_x 或 σ_y 为负值(拉应力)时,$B = 1$;

κ_x、κ_y 及 κ_τ——折减系数,可由表 7-8 得到,其中:

当 $\sigma_x \leqslant 0$(拉应力),$\kappa_x = 1.0$;

当 $\sigma_y \leqslant 0$(拉应力),$\kappa_y = 1.0$;

R_{eH}——材料屈服应力,N/mm^2。

表 7-8 基本板格失稳计算表格

屈曲载荷工况	板边应力比 ψ	长宽比 $\alpha = a/b$	屈曲系数 K	折减系数 K
1	$1 \geqslant \psi \geqslant 0$	$\alpha \geqslant 1$	$K = \dfrac{8.4}{\psi + 1.1}$	$\kappa_x = 1$,当 $\lambda \leqslant \lambda_e$ $\kappa_x = c\left(\dfrac{1}{\lambda} - \dfrac{0.22}{\lambda^2}\right)$, 当 $\lambda > \lambda_e$
	$0 > \psi > -1$		$K = 7.63 - \psi(6.26 - 10\psi)$	$c = (1.25 - 0.12\psi) \leqslant 1.25$
	$\psi \leqslant -1$		$K = (1-\psi)^2 \times 5.975$	$\lambda_e = \dfrac{c}{2}\left(1 + \sqrt{1 - \dfrac{0.88}{c}}\right)$
2	$1 \geqslant \psi \geqslant 0$	$\alpha \geqslant 1$	$K = F_1 \left(1 + \dfrac{1}{\alpha^2}\right)^2 \dfrac{2.1}{(\psi + 1.1)}$	$\kappa_y =$ $c\left(\dfrac{1}{\lambda} - \dfrac{R + F^2(H - R)}{\lambda^2}\right)$
	$0 > \psi > -1$	$1 \leqslant \alpha \leqslant 1.5$	$K = F_1 \left[\left(1 + \dfrac{1}{\alpha^2}\right)^2 \dfrac{2.1(1+\psi)}{1.1} - \dfrac{\psi}{\alpha^2}(13.9 - 10\psi)\right]$	$c = (1.25 - 0.12\psi) \leqslant 1.25$ $R = \lambda\sqrt{1 - \dfrac{\lambda}{c}}$,当 $\lambda < \lambda_e$ $R = 0.22$,当 $\lambda \geqslant \lambda_e$ $\lambda_e = \dfrac{c}{2}\left(1 + \sqrt{1 - \dfrac{0.88}{c}}\right)$
		$\alpha > 1.5$	$K = F_1 \left[\left(1 + \dfrac{1}{\alpha^2}\right)^2 \dfrac{2.1(1+\psi)}{1.1} - \dfrac{\psi}{\alpha^2}\left(5.87 + 1.87\alpha^2 + \dfrac{8.6}{\alpha^2} - 10\psi\right)\right]$	$F = \left(1 - \dfrac{\dfrac{K}{0.91} - 1}{\lambda_P^2}\right)c_1 \geqslant 0$ $\lambda_P^2 = \lambda^2 - 0.5$ 当 $1 \leqslant \lambda_P^2 \leqslant 3$ $c_1 = \left(1 - \dfrac{F_1}{\alpha}\right) \geqslant 0$

表 7-8　（续）

屈曲载荷工况	板边应力比 ψ	长宽比 $\alpha = a/b$	屈曲系数 K	折减系数 K
	$\psi \leqslant -1$	$1 \leqslant \alpha \leqslant \dfrac{3(1-\psi)}{4}$	$K = F_1 \left(\dfrac{1-\psi}{\alpha}\right)^2 \times 5.975$	$H = \lambda - \dfrac{2\lambda}{c(T + \sqrt{T^2 - 4})}$ $\geqslant R$ $T = \lambda + \dfrac{14}{15\lambda} + \dfrac{1}{3}$
		$\alpha > \dfrac{3(1-\psi)}{4}$	$K = F_1 \left[\left(\dfrac{1-\psi}{\alpha}\right)^2 \times 3.9675 + 0.5375\left(\dfrac{1-\psi}{\alpha}\right)^4 + 1.87\right]$	
3 σ_r　σ_t t　b $\psi\sigma_r$ ab $\psi\sigma_c$	$1 \geqslant \psi \geqslant 0$	$\alpha > 0$	$K = \dfrac{4\left(0.425 + \dfrac{1}{\alpha^2}\right)}{3\psi + 1}$	$\kappa_x = 1$，当 $\lambda \leqslant 0.7$ $\kappa_x = \dfrac{1}{\lambda^2 + 0.51}$，当 $\lambda > 0.7$
	$0 > \psi \geqslant -1$		$K = 4\left(0.425 + \dfrac{1}{\alpha^2}\right)(1+\psi) - 5\psi(1 - 3.42\psi)$	
4 $\psi\sigma_r$　$\psi\sigma_c$ t　b σ_r ab σ_c	$1 \geqslant \psi \geqslant -1$	$\alpha > 0$	$K = \left(0.425 + \dfrac{1}{\alpha^2}\right)\dfrac{3-\psi}{2}$	
5 τ τ t τ b τ ab	=		$K = K_\tau \times \sqrt{3}$	$\kappa_\tau = 1$，当 $\lambda \leqslant 0.84$ $\kappa_\tau = \dfrac{0.84}{\lambda}$，当 $\lambda > 0.84$
		$\alpha \geqslant 1$	$K_\tau = \left(5.34 + \dfrac{4}{\alpha^2}\right)$	
		$0 < \alpha < 1$	$K_\tau = \left(4 + \dfrac{5.34}{\alpha^2}\right)$	

注：边界条件说明：┈┈┈┈板边自由，─────板边简支。

表 7-8 中

λ——基准细长比，取为：

$$\lambda = \sqrt{\dfrac{R_{eH}}{K\sigma_e}}$$

σ_e——参考应力，按以下确定：

$$\sigma_e = 0.9E\left(\frac{t}{b}\right)^2$$

E——材料的弹性模量，N/mm^2，钢材取 $2.06 \cdot 10^5 \text{ N/mm}^2$；

ψ——边缘应力比，取为

$$\psi = \sigma_2/\sigma_1$$

式中　σ_1——最大压应力；

　　　σ_2——最小压应力或拉应力；

　　　F_1——纵向扶强材作为板格边界条件的修正系数，

　　　　$F_1=1.0$，扶强材两端削斜；

　　　　$F_1=1.05$，扶强材为扁钢两端有效连接；

　　　　$F_1=1.1$，扶强材为球扁钢两端有效连接；

　　　　$F_1=1.2$，扶强材为角钢或 T 型材两端有效连接；

　　　　$F_1=1.3$，扶强材为槽型钢两端有效连接，更高值可通过非线性分析得出，但最高不超过 2.0。

(2) 局部和整体板格的失稳校核

①在对纵向或横向扶强材的失稳进行校核时，其有效带板宽度为：

　　$b_m = \kappa_x \cdot b$，纵向扶强材带板有效宽度（见图 7-13）；

　　$a_m = \kappa_y \cdot a$，横向扶强材带板有效宽度（见图 7-14）。

(a) 平行于主梁(或称主要支撑构件)腹板的加强如图 7-13 所示。

　　$b < e_m$

　　$e'_m = n \cdot b_m$

　　$n = \text{int}\left(\frac{e_m}{b}\right)$——有效宽度 e_m 内的扶强材间距 b 的个数，取整数。

(b) 垂直于主梁(或称主要支撑构件)腹板的加强如图 7-14 所示。

　　$a \geqslant e_m$

　　$e'_m = na_m < e_m$

　　$n = 2.7\frac{e_m}{a} \leqslant 1$

②对扶强材侧向失稳校核的标准如下

$$\frac{\sigma_a + \sigma_b}{R_{eH}}S \leqslant 1 \tag{7.1.15}$$

式中　σ_a——扶强材轴向均匀分布的压应力，N/mm^2；

　　　　$\sigma_a = \sigma_x$ 对于纵向扶强材

　　　　$\sigma_a = \sigma_y$ 对于横向扶强材

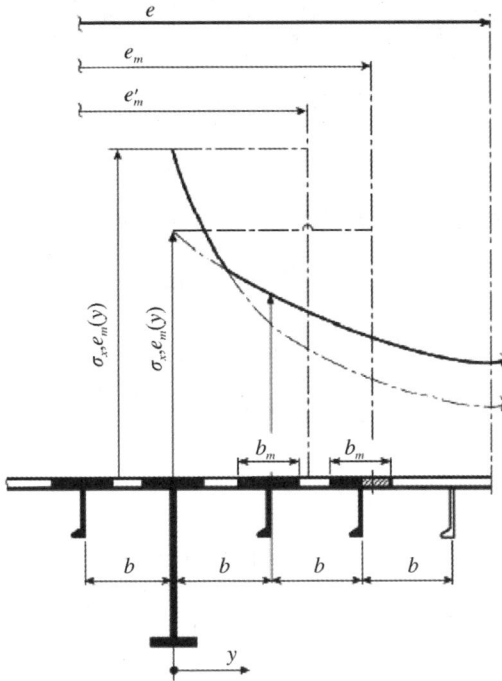

图 7-13　扶强材平行于主梁腹板

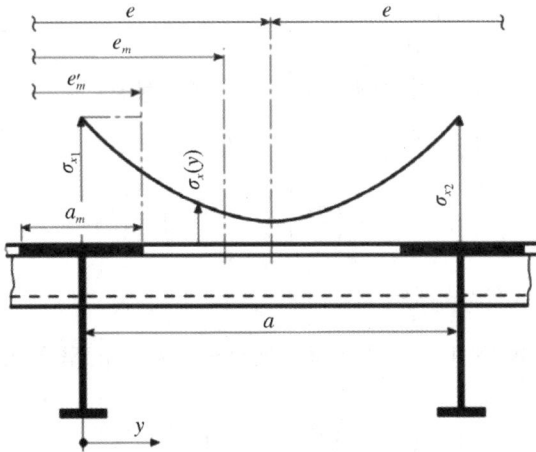

图 7-14　扶强材垂直于主梁腹板

σ_b ——扶强材弯曲应力，N/mm^2；

σ_b ——$\sigma_b = \dfrac{M_0 + M_1}{W_{st} \times 10^3}$；

M_0 ——由扶强材变形 w 引起的弯矩，$N \cdot mm$，应为：

$$M_0 = F_{Ki} \frac{p_z w}{c_f - p_z} \text{ 且} (c_f - p_z) > 0$$

M_1 ——由侧向载荷 p 引起的弯矩，$N \cdot mm$，应为：

$$M_1 = \frac{p b a^2}{24 \times 10^3} \qquad \text{对于纵向扶强材}$$

$$M_1 = \frac{p a (n b)^2}{c_s \times 8 \times 10^3} \qquad \text{对于横向扶强材}$$

对于一般的横向扶强材，n 取 1

p ——侧向载荷，kN/m^2；

F_{ki} ——扶强材的理想屈曲力，N，应为：

$$F_{Kix} = \frac{\pi^2}{a^2} E I_x \times 10^4 \qquad \text{对于纵向扶强材}$$

$$F_{Kiy} = \frac{\pi^2}{(nb)^2} E I_y \times 10^4 \qquad \text{对于横向扶强材}$$

I_x , I_y ——纵向或横向扶强材的净惯性矩，cm^4，包括按本款上述①项规定的带板的有效宽度。I_x 和 I_y 应符合下列标准：

$$I_x \geqslant \frac{b t^3}{12 \times 10^4}$$

$$I_y \geqslant \frac{a t^3}{12 \times 10^4}$$

p_z ——由 σ_x、σ_y 和 τ 引起的扶强材名义侧向载荷，N/mm^2；

$$p_{zx} = \frac{t}{b} \left(\sigma_{xl} \left(\frac{\pi b}{a} \right)^2 + 2 c_y \sigma_y + \sqrt{2} \tau_1 \right) \qquad \text{对于纵向扶强材}$$

$$p_{zy} = \frac{t}{a} \left(2 c_x \sigma_{xl} + \sigma_y \left(\frac{\pi a}{nb} \right)^2 \left(1 + \frac{A_y}{at} \right) + \sqrt{2} \tau_1 \right) \qquad \text{对于横向扶强材}$$

$$\sigma_{xl} = \sigma_x \left(1 + \frac{A_x}{bt} \right)$$

c_x , c_y ——考虑垂直于扶强材轴线且沿扶强材长度呈变化分布应力的系数，应为：

$$= 0.5(1 + \psi) \qquad \text{当} \ 0 \leqslant \psi \leqslant 1$$

$$= \frac{0.5}{1 - \psi} \qquad \text{当} \ \psi < 0$$

A_x , A_y ——不计带板的纵向或横向扶强材的净剖面积，mm^2

$$\tau_1 = \left[\tau - t \sqrt{R_{eH} E \left(\frac{m_1}{a^2} + \frac{m_2}{b^2} \right)} \right] \geqslant 0$$

m_1, m_2——系数,应为:

对于纵向扶强材

$$\frac{a}{b} \geqslant 2.0: \quad m_1 = 1.47, \quad m_2 = 0.49$$

$$\frac{a}{b} < 2.0: \quad m_1 = 1.96, \quad m_2 = 0.37$$

对于横向扶强材

$$\frac{a}{nb} \geqslant 0.5: \quad m_1 = 0.37, \quad m_2 = \frac{1.96}{n^2}$$

$$\frac{a}{b} < 0.5: \quad m_1 = 0.49, \quad m_2 = \frac{1.47}{n^2}$$

$w = w_0 + w_1$

w_0——假定的缺陷,mm,限为:

$$w_{0x} \leqslant \min \left(\frac{a}{250}, \frac{b}{250}, 10 \right) \qquad 对于纵向扶强材$$

$$w_{0y} \leqslant \min \left(\frac{a}{250}, \frac{nb}{250}, 10 \right) \qquad 对于横向扶强材$$

注:对两端削斜的扶强材,w_0 应不小于带板中点至计及带板有效宽度的扶强材中和轴的距离。

w_1——由侧向载荷 p 导致的扶强材在其跨距中点处的变形,mm。如为均布载荷,w_1 可用下列之值:

$$w_1 = \frac{pba^4}{384 \times 10^7 EI_x} \qquad 对于纵向扶强材$$

$$w_1 = \frac{5ap(nb)^4}{384 \times 10^7 EI_y c_s^2} \qquad 对于横向扶强材$$

c_f——扶强材提供的弹性支持,N/mm^2,应为:

(a) 对纵向扶强材

$$c_{fx} = F_{Kix} \frac{\pi^2}{a^2} (1 + c_{px})$$

$$c_{px} = \frac{1}{1 + \dfrac{0.91 \left(\dfrac{12 \times 10^4 I_x}{t^3 b} - 1 \right)}{c_{xa}}}$$

$$c_{xa} = \left(\frac{a}{2b} + \frac{2b}{a} \right)^2 \qquad 当 a \geqslant 2b$$

$$c_{xa} = \left[1 + \left(\frac{a}{2b}\right)^2\right]^2 \quad 当\ a < 2b$$

（b）对横向扶强材

$$c_{fy} = c_s F_{Kiy}\ \frac{\pi^2}{(nb)^2}(1 + c_{py})$$

$$c_{py} = \cfrac{1}{1 + \cfrac{0.91\left(\cfrac{12 \times 10^4 I_y}{t^3 a} - 1\right)}{c_{ya}}}$$

$$c_{ya} = \left(\frac{nb}{2a} + \frac{2a}{nb}\right)^2 \quad 当\ nb \geqslant 2a$$

$$c_{ya} = \left[1 + \left(\frac{nb}{2a}\right)^2\right]^2 \quad 当\ nb < 2a$$

c_S——计入横向扶强材边界条件的系数；

$c_S = 1.0$　对于简支扶强材

$c_S = 2.0$　对于受部分约束的扶强材

W_{st}——纵向或横向扶强材的净剖面模数，cm^3，包括按本款上述①项规定的带板的有效宽度。

如果没有侧向压力，应在扶强材跨距中点处计算弯曲应力 σ_b，因为这个位置的纤维能够得出最大应力值；如果存在侧向压力，那么应该在扶强材剖面的两端纤维计算应力（如有必要对于在板边的双轴向应力区域）。

③对加强筋扭转失稳校核

（a）纵向扶强材

纵向扶强材应符合以下标准：

$$\frac{\sigma_x S}{\kappa_T R_{eH}} \leqslant 1.0 \tag{7.1.16}$$

式中　κ_T——系数，应为

$\kappa_T = 1.0$　　对于 $\lambda_T \leqslant 0.2$

$\kappa_T = \cfrac{1}{\Phi + \sqrt{\Phi^2 - \lambda_T^2}}$　　对于 $\lambda_T > 0.2$

$\Phi = 0.5[1 + 0.21(\lambda_T - 0.2) + \lambda_T^2]$

λ_T——基准细长比，应为

$$\lambda_T = \sqrt{\frac{R_{eH}}{\sigma_{KiT}}}$$

$$\sigma_{KiT} = \frac{E}{I_P}\left(\frac{\pi^2 I_\omega \times 10^2}{a^2}\varepsilon + 0.385 I_T\right) N/mm^2$$

对于 I_p，I_T，I_ω 见图 7-15 和表 7-9。

第 7 章 货物舱舱口盖与滚装设备

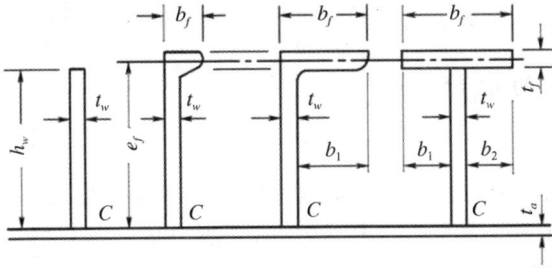

图 7-15 扶强材的尺寸

I_P——扶强材的净极惯性矩,cm^4,且与图 7-15 所示的点 C 相关;

I_T——扶强材的净圣维南惯性矩,cm^4;

I_w——扶强材的净扇形惯性矩,cm^6,且与图 7-15 所示的点 C 相关;

ε——固定程度,应为

$$\varepsilon = 1 + 10^{-3}\sqrt{\dfrac{a^4}{\dfrac{3}{4}\pi^4 I_\omega (b/t^3 + 4h_w/3t_w^3)}}$$

h_w——腹板高度,mm;

t_w——腹板净厚度,mm;

b_f——翼板(面板)长度,mm;

t_f——翼板(面板)的净厚度,mm;

A_w——腹板净面积,$A_w = h_w t_w$;

A_f——翼板净面积,$A_f = b_f t_f$;

$e_f = h_w + \dfrac{t_f}{2}$, mm。

表 7-9 惯性矩

剖面	I_p	I_T	I_ω
扁钢	$\dfrac{h_w^3 t_w}{3\times10^4}$	$\dfrac{h_w t_w^3}{3\times10^4}\left(1-0.63\dfrac{t_w}{h_w}\right)$	$\dfrac{h_w^3 t_w^3}{36\times10^6}$
有球缘或折边的型材	$\left(\dfrac{A_w h_w^2}{3}+A_f e_f^2\right)\times10^{-4}$	$\dfrac{h_w t_w^3}{3\times10^4}\left(1-0.63\dfrac{t_w}{h_w}\right)+$ $\dfrac{b_f t_f^3}{3\times10^4}\left(1-0.63\dfrac{t_f}{b_f}\right)$	对球扁钢和角钢剖面: $\dfrac{A_f e_f^2 b_f^2}{12\times10^6}\left(\dfrac{A_f+2.6A_w}{A_f+A_w}\right)$ 对 T 形剖面:$\dfrac{b_f^3 t_f e_f^2}{12\times10^6}$

(b)横向扶强材

承受轴向压应力且不受纵向扶强材支撑的横向扶强材,应验证其近似地满足

745

（a）的要求。

7.1.4 舱口盖的密封

（1）一般要求

露天甲板和液舱上的钢质舱口盖应采用通用的密封装置，以达到风雨密的要求。对微小渗漏可能造成湿气的敏感货物，其舱口盖的密封填料和排水设施可作特殊考虑，并须经船级社认可。

（2）设计要求

舱口盖本体及其承载的负荷，均由钢结构承受，并通过支承块或限位装置传递到舱口围上，而不是由密封填料传递

密封填料应采用受压后能满足风雨密要求的质地较软的弹性材料制成，如橡胶。与密封填料相接触的压紧条应呈良好的表面形状，保证有足够的接触面积，并具有抗腐蚀性。

由于船体变形导致舱口盖和船体结构之间或相邻盖板之间有较大的相对位移，密封填料的形式应作特殊考虑，如采用滑移式橡皮。

密封填料的材质、形式及压缩量应同舱口盖的形式与紧固装置及舱口盖与船体结构之间预估的相对挠度和位移一并考虑。密封条的压缩量与压力之间的关系，大致如图 7-16 所示。

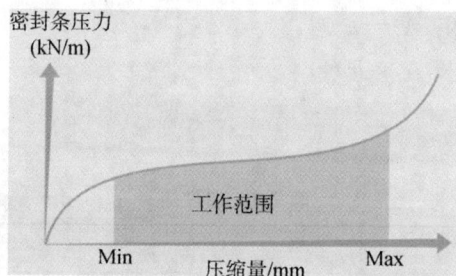

图 7-16　密封条压缩量与压紧力的关系

为了保证紧固装置之间的范围内有足够的密封压力，舱口盖边缘构件（侧板）的惯性矩 $I(\mathrm{cm}^4)$ 应按船级社规范要求进行校核，并按规定在安装以后做密性试验。

$$I = 6pa^4 \qquad\qquad (7.1.17)$$

式中　p——密封条压力，N/mm，最小取 5 N/mm；

a——压紧器间距，m，不小于 2.5 倍的 max(a1.1, a1.2)，见图 7-17。

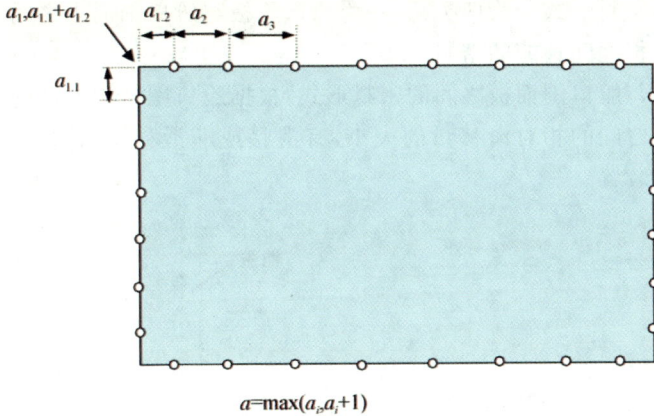

$$a = \max(a_i, a_i + 1)$$

图 7-17 密封条压紧器的布置

侧板梁的惯性矩应计及有效带板，其宽度为 $0.165a$，或距相邻主梁一半宽度，两者中取较小值。

橡皮槽（角钢或等效结构）应作为侧板构件的一部分参与密封装置的压紧作用。

常用密封橡皮形式

常用的密封橡皮有实心橡皮和海绵橡皮，如图 7-18 所示。

目前舱盖的密封橡皮大多采用中空剖面的实心橡皮，为保证密封条的柔软度及要求的压缩量，中间局部挖空，形成一定的中空剖面，如用在舱口围密封的滑移式橡皮，因为其剖面看似猫脸，又被称为猫脸橡皮（cat profile）。过去常用的一种密封条是采用中间泡沫芯外包一层薄的实心橡皮，称为海绵橡皮。其外层橡皮容易被磨损，导致中间的泡沫芯受海水和湿气的影响，破坏了密封的效果（见图 7-19）。现在除了用作老船维修时的备件，新船上基本已经不再使用。

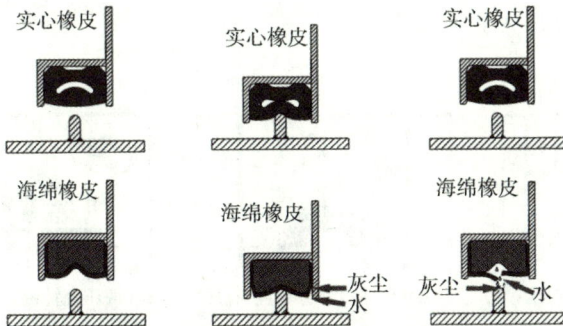

图 7-18 实心橡皮与海绵橡皮

　　舱口盖的密封形式分为两类:其一为舱口盖板与舱口围面板之间的密封;其二为多块舱口盖板之间板缝的密封。

　　舱口盖板与舱口围面板之间的密封形式,根据舱口围结构变形的大小,即盖板与舱口围面板之间的相对滑移量的大小,有滑移或非滑移密封形式,图 7-19 所示为滑移式密封装置。

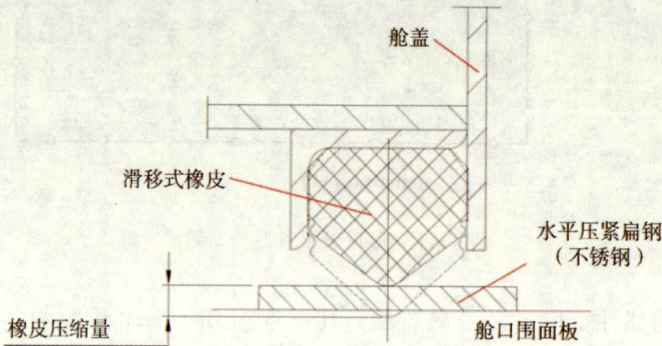

图 7-19　滑移式橡皮在舱口围的布置

　　对干散液混装船(OBO,Ore/Bulk/Oil),考虑到货舱内可能装液货,因此密封装置不仅阻隔外界风雨海水进入舱内,同时也防止舱内液体渗漏到舱外,通常会设置双道橡皮密封,如图 7-20 所示。

　　舱口盖盖板板缝间密封形式,根据舱盖的操作顺序要求,又可以分为有序和无序操作舱盖的密封形式,如图 7-21 和图 7-22 所示。针对吊离式舱盖,有序或无序是指对舱口盖盖板吊装的顺序是否有要求。

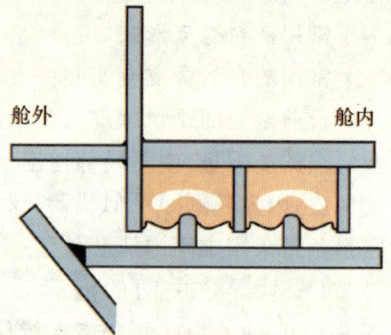

图 7-20　双道密封条的布置

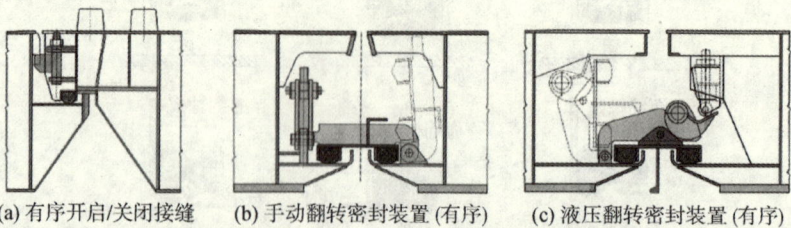

(a) 有序开启/关闭接缝　　(b) 手动翻转密封装置 (有序)　　(c) 液压翻转密封装置 (有序)

图 7-21　有序操作密封形式

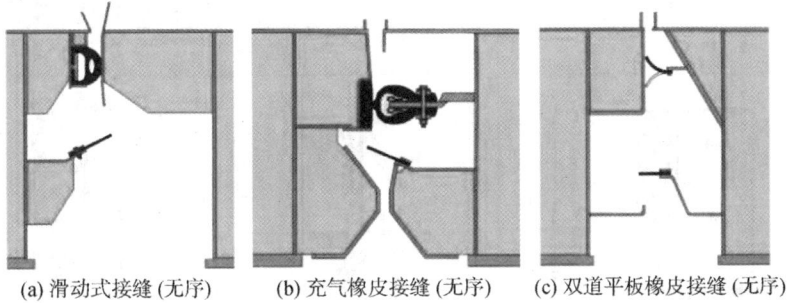

(a) 滑动式接缝 (无序)　　(b) 充气橡皮接缝 (无序)　　(c) 双道平板橡皮接缝 (无序)

图 7-22　无序操作密封形式

7.1.5　舱口盖的压紧装置

（1）概述

压紧装置（cleat）设置于舱口盖四周及相邻盖板之间的接缝处。其主要作用是将舱口盖盖板与舱口围板锁紧或相邻盖板相互锁紧，从而保证舱口盖的密封装置有效。

当舱口盖上载运货物时，盖板之间的接缝处设置压紧/限位（凸/凹）器，可以传递载荷及保证相邻盖板强梁变形相同。

（2）形式

通常压紧装置可按其机构形式、操作方式及布置等特点分类，列于表 7-10 中。

表 7-10　压紧装置主要形式

1	以压紧机构分类	螺杆式、连杆式、旋转式
2	以操作方式分类	手动快速压紧器、液压压紧器、自动压紧器
3	以受力大小分类	普通轻型压紧器、重型压紧器
4	以布置方式分类	上置式、下置式（又可分上开式/下开式）、平置式

表 7-10 （续）

上置式	下置式	
	上开式	下开式

（手动）

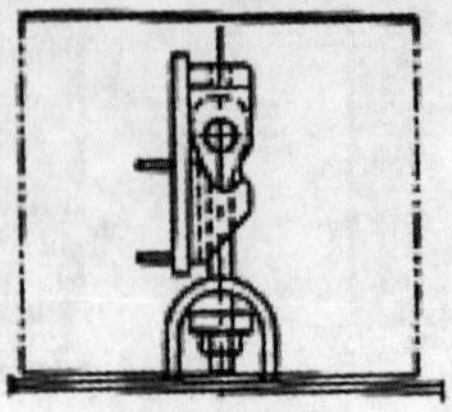

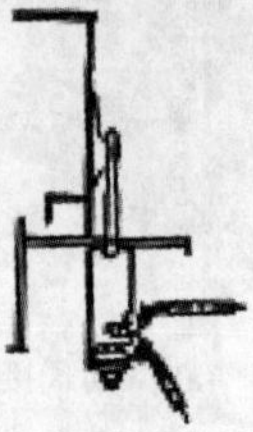

| 平置式 | 顶部压紧式 | 接缝运紧式 |

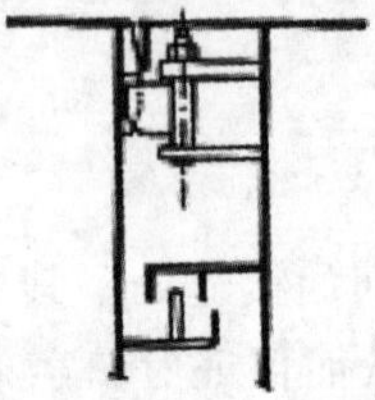

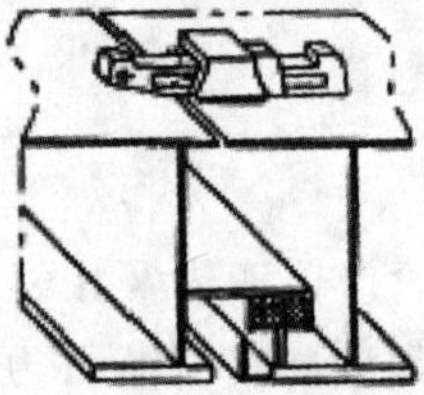

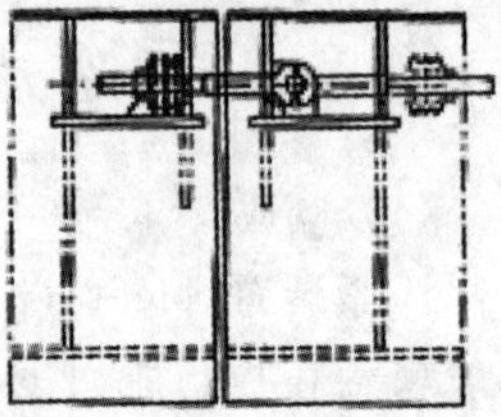

（液压）

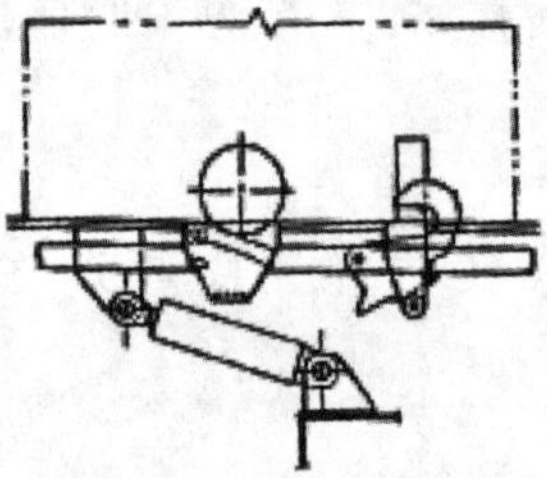

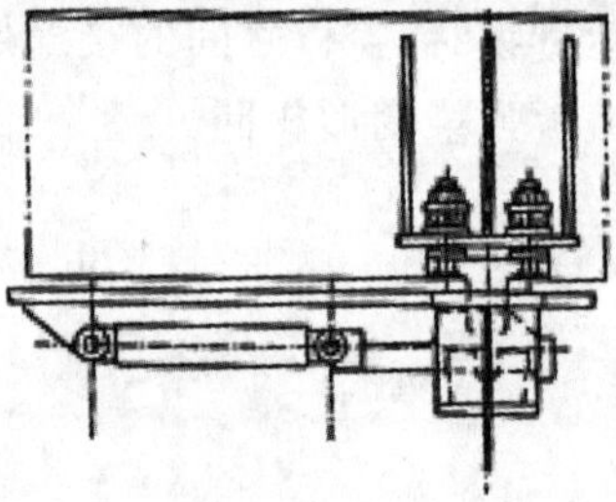

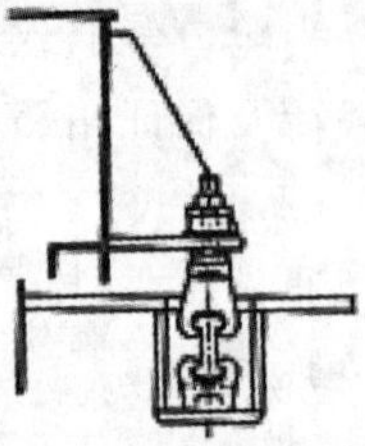

| 端部 | 侧部 | 接缝 |

（自动）

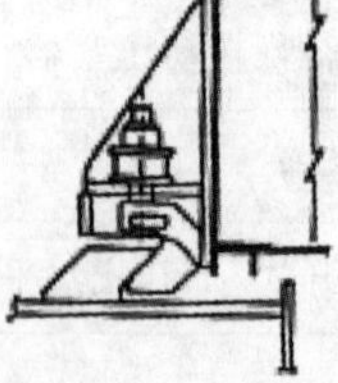

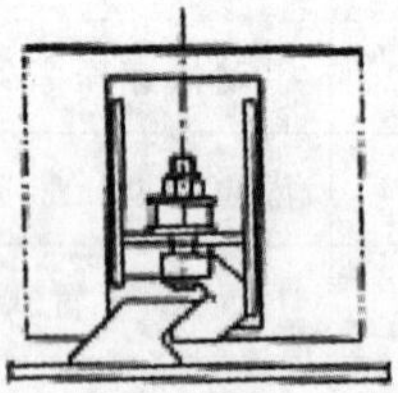

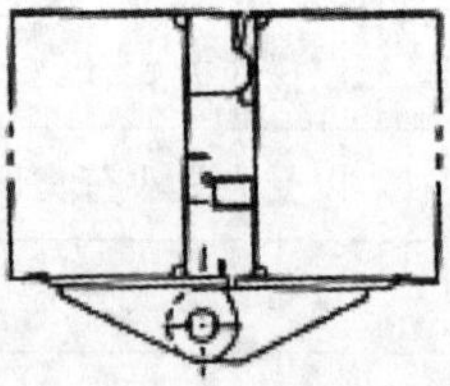

（3）基本要求

IACS 及各国船级社规范对干货船露天甲板风雨密舱口盖的压紧装置均有规定，通常有如下基本要求。

舱口盖四周(即舱口围板的面板处)及相邻盖板之间,通常以适当的间距布置合适的压紧装置(螺栓型、楔型或等效装置)加以紧固。压紧装置的布置和间距应根据舱口盖的大小和形式,盖板边缘的刚性及密性的有效性确定。

压紧装置的横剖面有效净面积 $A(\mathrm{cm}^2)$ 不小于按下式计算所得之值:

$$A = 0.28qS_{SD}k_l \tag{7.1.18}$$

式中　q——密封条的线压力,$q \geqslant 5$ N/mm;

S_{SD}——紧固装置间距,m,应取不小于 2 m;

$k_l = \left(\dfrac{235}{R_{eH}}\right)^e$;

R_{eH}——材料的屈服应力,N/mm^2,但 R_{eH} 应取不大于 $0.7R_m$;

R_m——材料的抗拉强度,N/mm^2;

$e = 0.75$,当 $R_{eH} > 235$ N/mm^2;

$e = 1.00$,当 $R_{eH} \leqslant 235$ N/mm^2。

对于开口面积超过 5 m^2 的舱口,压紧装置断面净面积不小于 2.8 cm^2,或螺杆直径不小于 19 mm。

压紧器承受密封条的线压力 q,当 q 大于 5 N/mm 时,压紧器的有效净面积 A 应成比例增加。

压紧装置的结构必须可靠,并能牢固地安装在舱口围板的面板及盖板上;每块盖板上各个压紧装置刚度应接近。

当安装螺杆型压紧器时,压紧器必须配有弹性垫圈或缓冲衬垫。

当采用液压压紧器时,必须配置机械锁紧装置,即使液压系统失效,机械装置也能锁定关闭状态的盖板。

舱口盖专业厂商的标准压紧器形式、材料及焊接均应经船级社认可。

(4)压紧装置的布置

对于承受内压的干散货船风暴压载舱或液货舱的压紧器间距,应根据规范的要求或通过直接计算确定。

由于船体变形使舱口盖相邻盖板之间有较大相对位移的船舶,压紧器结构及布置必须能适应这种较大的相对位移,以免压紧器的螺杆承受额外的弯矩或剪力。

如果计算发现压紧装置的拉杆中存在较明显的弯矩或剪力,则须按止跳装置(anti-lifting)的要求进行设计。

(5)止跳装置

当舱盖上的货物(集装箱)通过系固设备把力传递到舱盖上时,造成舱盖受力的不对称,在一侧产生上跳力(见图 7-23),则应相应设置止跳装置。

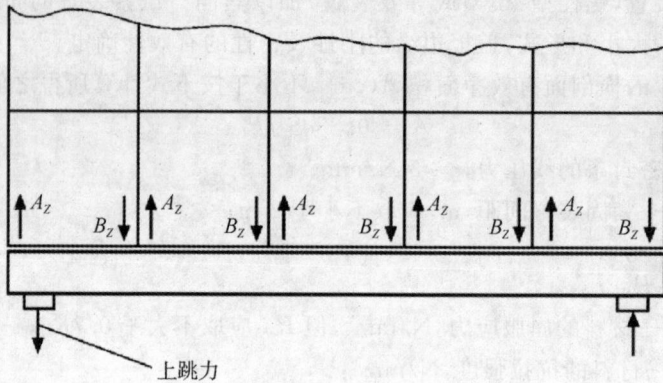

图 7-23 舱盖上跳力产生

止跳装置的强度校核应满足等效应力 σ_V(N/mm²),应不大于:

$$\sigma_V = \frac{150}{k_l} \tag{7.1.19}$$

式中,k_l 见式(7.1.18)。

对于非风雨密的舱盖,如大型集装箱船,如果通过计算可以保证在任何不利的工况下,盖板不会产生上跳力(即作为计算模型边界条件的支承块只受压力),则压紧装置可以不设。如果不设压紧装置,舱盖的横向限位导向装置在支承块以上的高度 h_E(mm)(见图 7-24)应不小于下式计算所得之值。

$$h_E = 1.75(2se + d^2)^{0.5} - 0.75d \tag{7.1.20}$$

$$h_{Emin} = 舱口盖边板高度 + 150 \text{ mm}$$

式中　e——横向舱口盖导轨的内侧与舱口盖边板的最大距离,mm;

　　　s——横向舱口盖导轨间的总间隙,$10 \leqslant s \leqslant 40$,mm;

　　　d——横向限位块的上边界与舱口盖支撑的距离,mm。

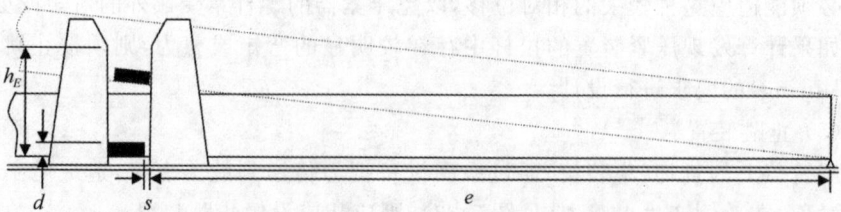

图 7-24 吊离式舱盖横向限位的设计

7.1.6　舱口盖的支承

（1）支承装置的形式

舱口盖盖板及其上装载的货物所产生的垂向力,由支承块传递给舱口围结构。支承块设置在盖板横梁或纵梁等主要受力构件端部的下方。

构成上下支承接触面的衬垫采用不同硬度的材料时,耐磨硬质材料衬垫应比易磨损的软质材料衬垫略大。为便于修补和更换磨损材料,可采用可拆卸的支承装置,如图 7-25 所示。目前应用于船上的支承装置形式见表 7-11 所示。

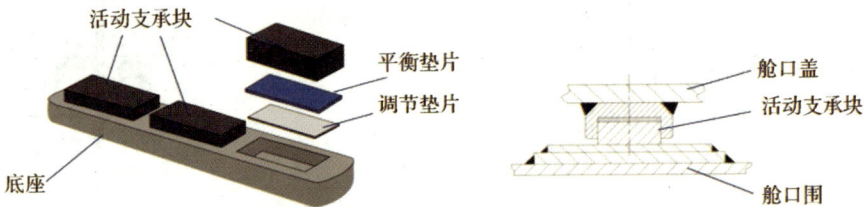

图 7-25　可拆卸式支承装置

表 7-11　支承块主要形式

形式	特点	应用	简图
低碳钢/低碳钢	上下衬垫硬度相同,易磨损	用于货舱开口不大,舱口围变形不大,舱口盖上负荷不大的货船	
硬质材料/高强度钢（HARDOX　500/AH36）	上衬垫为硬质淬硬钢,下衬垫为高强度钢 AH36		

表 7-11 （续）

形式	特点	应用	简图
硬质材料/软质材料（HARDOX 400/WELL-DOX 700）	上下衬垫为不同硬度淬硬钢，软质材料磨损后可更换	用于货舱开口较大，舱口围变形较明显或舱口盖上负荷较大的各种货船	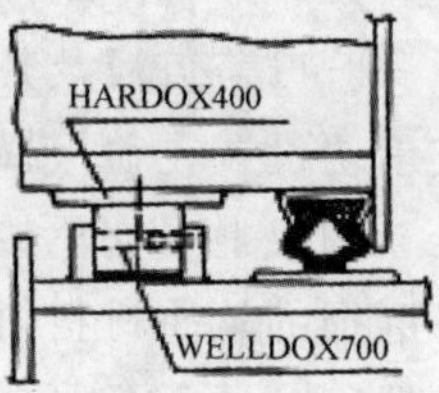
弹性垫块/不锈钢板	弹性橡胶垫块，内嵌钢片加强筋，位移量小时仅做水平摆动，大时舱滑动		
含油衬垫/不锈钢板	含润滑剂，摩擦力小	用于舱口开口大，舱口围变形大，舱口盖上负荷大的大型全集装箱船	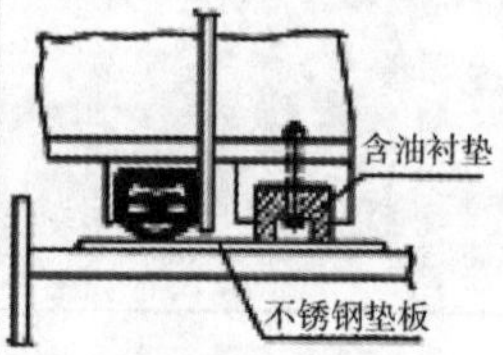
聚四氟乙烯衬垫/不锈钢板	非金属低摩擦系数材料		

（2）支承装置表面的许用压力

支承装置设计应考虑舱口盖盖板与舱口围面板之间的水平移动，应根据限位装置的位置，船体翘曲变形及舱口围板弯曲挠度的预计值确定支承块允许滑移量。为确保支承装置使用年限，应减小支承表面压力。船级社对最大表面许用压力 $p_{n\,max}$（N/mm²）根据不同材质做出了规定。

$$p_{n\,max} = d \cdot p_n \qquad (7.1.21)$$

式中　$d = 3.75 - 0.015L$，L（规范船长）$\geqslant 50$；

　　　$d_{min} = 1.0$，一般情况；

$d_{\min}=2.0$,对于部分装载情况,部分装载工况可参考表 7-4。

对支承装置的接触表面,如果不存在相对滑移的情况,按下式计算:

$$p_{n\,\max}=3\cdot p_n \tag{7.1.22}$$

p_n 为不同材料表面的额定压力值,见表 7-12 所示。

表 7-12　不同材料表面额定压力许用值 p_n

支承块材料	$p_n/(\mathrm{N/mm^2})$
船体结构钢	25
硬质钢(Hardox)	35
低摩擦合成材料	50

(3) 支承装置表面的摩擦力

如果支承面之间存在相对滑移,则水平摩擦力 $P_h(\mathrm{N})$ 按下式计算:

$$P_h=\mu\cdot\frac{P_V}{\sqrt{d}} \tag{7.1.23}$$

式中　P_V——垂向支承力,N;

　　　μ——摩擦系数

　　　$\mu=0.5$,一般钢对钢;

　　　$\mu=0.35$,低摩擦非金属对钢。

对于负荷大,且支承表面有较大位移的支承装置,建议采用防腐蚀,耐磨损或低摩擦系数的材料。同时对支承块的加强结构及焊接设计应满足船级社关于强度及疲劳的要求,参见图 7-26。

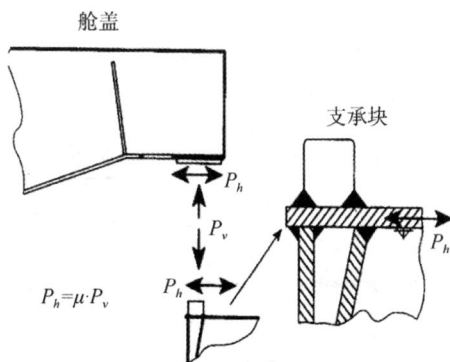

图 7-26　支承块承受的水平摩擦力

7.1.7 舱口盖的限位

（1）限位装置的形式及功能要求

装载货物的舱口盖,在航行中由于船舶横摇和纵摇所产生的横向力和纵向力分别由横向限位装置和纵向限位装置传递给舱口围板。限位装置应根据舱口盖的形式及货物负荷的大小合理布置,以减小作用力。并且应尽可能减少限位装置的数量。

限位装置的设置,既要使舱口盖有效地封闭舱口,防止舱口盖纵向和横向位移,保证风雨密,又要允许舱口盖盖板与舱口围板的面板之间能相对移动,避免由于船体变形使盖板结构受额外的载荷。

船体中拱,中垂,水平弯曲及扭转翘曲变形决定水平限位装置在舱盖板上的布置位置。

对在舷边设起货吊机的船舶,一般横向限位块设置在有吊机的一舷,因为这一侧的船体结构较强,而且有限位的一侧,盖板相对舱口围板及吊机基座的位移量最小。

对于双排舱口,甲板中心线处纵舱壁结构较弱,故横向限位块建议设置在靠近舷侧的舱口围结构上。

应尽可能减少限位块的数量。在舱口盖操作区域许可的条件下,可采用纵向及横向兼容的双向限位块。

单向或双向限位块的布置应根据舱口盖形式,盖板分块,舱盖上负荷的情况来定。限位装置尽量设置在水平力作用线附近,以减少或消除水平弯矩,无论船舶怎样摇摆,应使每块盖板至少受到两个力或一个力与一个力偶的约束。相互之间有效连接的盖板,应以整体作受力计算。

典型的水平限位装置形式如表 7-13 所示。

表 7-13 典型水平限位装置形式

形式	位置	
纵向限位装置	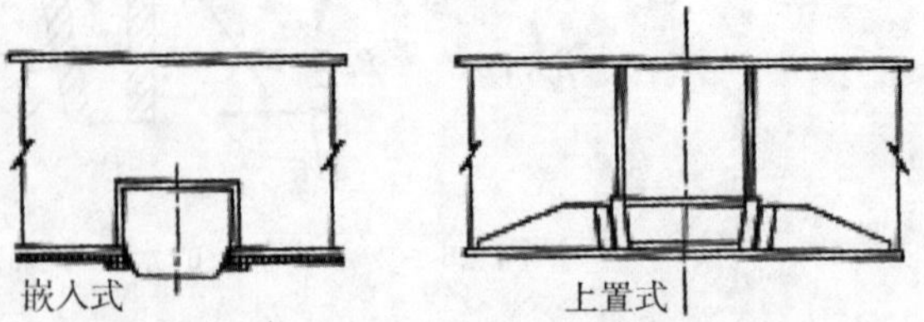 嵌入式	上置式

表 7-13 （续）

形式	位置
横向限位装置	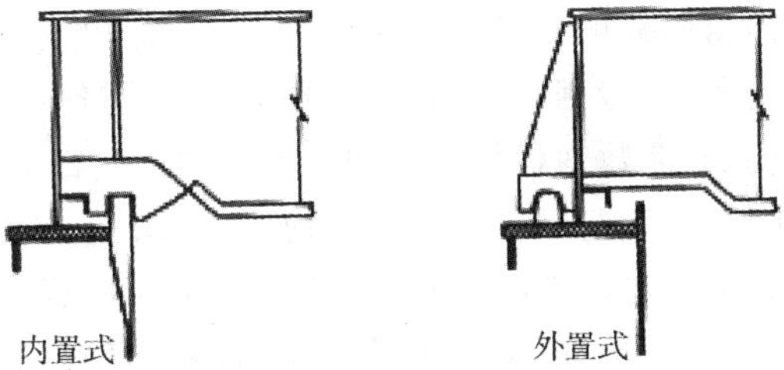 内置式　　　　外置式
双向限位装置	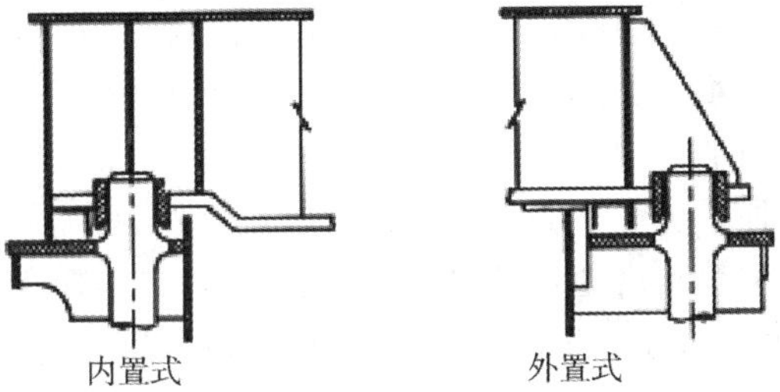 内置式　　　　外置式

（2）限位装置受力及设计标准

限位装置所受的水平力 F_h（kN）的大小应根据舱盖上货物质量的惯性力，即加速度力来决定，按下式计算：

$$F_h = m \cdot a \qquad (7.1.24)$$

式中　$a_x = 0.2\,g$——纵向加速度，m/s^2；

$a_y = 0.5\,g$——横向加速度，m/s^2；

M——系固在舱盖上的货物质量，t；

$g = 9.81\ m/s^2$。

纵向和横向水平力可以分别考虑。

水平限位装置接触面的压力可参考垂向支承块的方法校核，取不同的额定许用压力 p_n 值（参见表 7-14）。

表 7-14　不同材料表面许用压力值 p_n

限位块接触面材料	$p_n/(N/mm^2)$
船体结构钢	40
硬质钢（Hardox）	50

7.1.8　操作与安全

对船舶运输操作者和船东来说,合理的舱口盖形式和安全可靠的操作,从而减少船舶在港口停靠的时间,是对舱口盖设计提出的最基本的要求。除非码头有专用的装卸设备,如专用集装箱码头,或者船上配备合适的吊机,舱口盖可以设计成吊离式以外,大多数现代货运船舶舱口盖的启闭都采用电动液压系统控制,其具有功率大,体积小,运行平稳及操作简便等优点。

液压系统由电动系统驱动,包括动力单元(泵组),控制单元(操控阀组),执行单元(液压马达或油缸等)及辅助设备(油箱,管路及仪表等)。电动系统由船上供电,通过启动箱启动电动机,然后驱动泵组。电机的启动方式有直接启动或星/三角启动。用星/三角启动时的电流比用直接启动小大约一倍。舱盖系统一般采用直接启动。舱盖动力单元包含两套电动机和液压泵组,并联工作时提供额定的工作功率。如果其中一套出现故障,另一套可以继续工作,但舱盖开启和关闭的速度减慢。这种系统设计的方法可以为舱盖操作提供一种应急的方案。

动力单元和启动箱在船上布置在室内,避免露天,电器设备对灰尘和水都有一定的防护要求,如电机的防护等级 IP55,启动箱 IP54。操作控制阀组可以调节液压油的方向和流量,以保证执行单元(液压马达,油缸等)得到所需的运动方向,速度和力值。阀组上可配有软管接口,可以和应急移动泵组相连,当主泵组单元出现故障或总管路损坏(但保证阀组到执行单元的管路完好)时,通过移动泵组也可以进行应急舱盖启闭操作。但考虑移动泵组的功率较小,油箱油量有限,应急操作的速度较慢。

为了便于观察控制舱盖启闭情况,阀组一般布置在一边舱口(舱口围)的中部,同时尽可能靠近执行单元。在舱口的另一边,出于安全考虑,会布置一个应急停止按钮,一旦发现危险状况,按下它可以急停动力单元。因为布置在露天,其防护等级可以为 IP66。

液压系统的主要问题是:液压管路和元件存在泄漏的可能,从而造成对货物和环境的污染;液压油的黏度受温度影响较大,在寒冷环境中工作,应考虑油温的问题;系统故障分析和排除较复杂,使用和维护要求较高。

7.1.9　集装箱船和吊离式舱口盖

7.1.9.1　集装箱船的特点

集装箱船是一种比较年轻的船型,出现于 20 世纪 50 年代,它的装卸效率大大高于常规杂货船,停港时间也大为缩短,并减少了运货装卸中货物的损耗量。集装箱船历经数代的发展,从开始的几百箱到目前超过 20 000 箱的超级集装箱船。集装箱船可分为全集装箱船和半集装箱船两种。全集装箱船系指专门用以装运集装箱的船舶,它与一般杂货船不同,其货舱开口长度依据 40 ft(1 ft=0.304 8 m)箱的长度设置,并装有格栅式垂直导轨,一般停靠集装箱专用码头,用码头上专门的大型吊车装卸,其效率可达每小时 1 000～2 400 t,比普通杂货船高 30～70 倍。半集装箱船,既可装运集装箱,必要时也可装运普通杂货及特殊的大件货,货舱开口较大,舱内一般不设固定导轨,有些配备船用货物吊机,可以在设施较差的港口用船上的吊机工作,因此也可以归入多用途船。

由于全集装箱船的布置特点,舱口的长度相对固定(无论船的大小,一般为12.6 m),舱盖设计以吊离式为主,根据舱口的实际宽度,沿船舶横向分成若干块布置(盖板间接缝为纵向)。

7.1.9.2　吊离式舱口盖的构造

吊离式舱口盖(lift away type,图 7-27)的各块盖板之间既无连接装置也无传动装置,盖板上装有起吊眼板或集装箱起吊底座,由船上、岸上起货设备或集装箱吊架直接将盖板吊离。盖板可堆放于相邻的舱口盖顶板上,也可堆放于码头上。这种舱口盖既适用于露天甲板(一般为风雨密),也适用于中间甲板(非风雨密)。

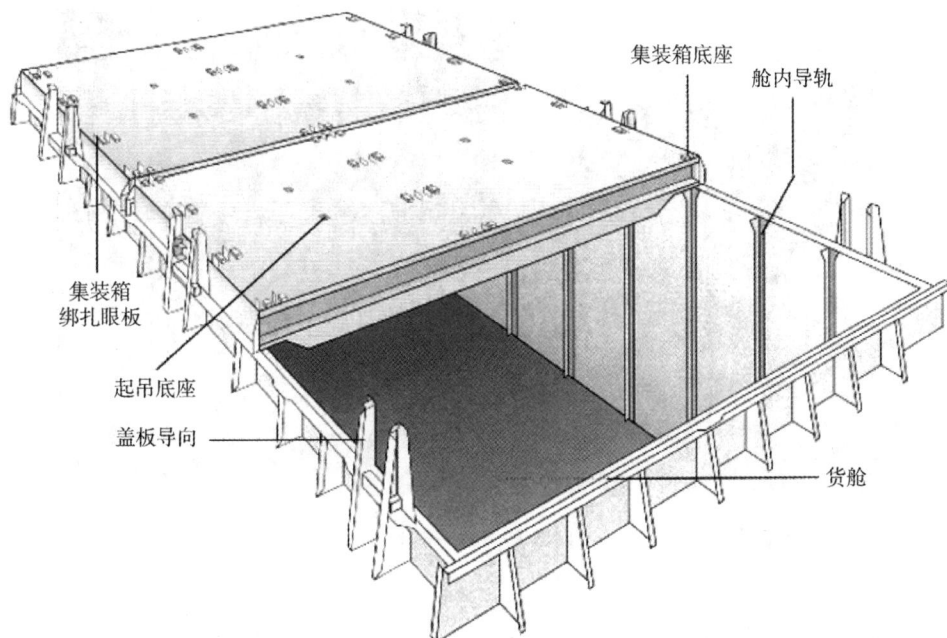

图 7-27　吊离式舱口盖

吊离式舱口盖通常有两种操作方法：其一为通过钢索、卸扣、眼板，利用船上或岸上起货设备吊离盖板；其二为用码头上 20′ 或 40′ 集装箱专用吊架（spreader）系住盖板上集装箱起吊座吊离盖板。

吊离式舱口盖简单可靠，无须配置驱动装置，故造价便宜，维修保养方便。且因盖板块数不受限制，适合于各种宽度或长度的舱口，也适合于各层甲板舱口，较多应用于全集装箱船的露天甲板。在全集装箱船中，船上尽管无起货设备，但可用码头上集装箱专用吊架吊放盖板，十分方便。

在全集装箱船上，舱口盖的最大起吊质量应包括单块盖板结构质量、固定和活动附件质量、堆积具及绑扎用螺旋扣的质量。起吊底座的布置位置应保证起吊索具中心的垂向投影与盖板重心吻合。否则，盖板的过分倾斜会导致盖板被导向装置卡住，以致无法吊离。必要时可通过配重使得起吊中心与盖板重心尽可能地重合。

（1）盖板结构

为了保证盖板的强度和刚度，吊离式舱口盖的盖板一般采用全封闭箱型或部分箱型梁结构形式。由于盖板尺度受起重能力及堆放位置的限制，因此在起吊能力许可的情况下，盖板分块尺度应尽可能地大，以减少盖板数量，缩短开舱时间（见图 7-28）。

图 7-28　盖板结构

（2）盖板堆放

吊离式舱口盖在设计时应考虑在船上相互堆放或直接堆放于码头上。盖板顶部有堆放座，底部有堆放脚。堆叠的盖板数量不仅考虑盖板自身的结构强度，同时也要考虑堆放处码头地面的承压能力。图 7-29 所示为盖板在船上的相互堆放及舱内集装箱的部分装卸，图 7-30 所示为绑扎桥立柱作为舱盖导向机构。

如果盖板叠放在舱口上，同时又有局部开启要求时，盖板分块及叠放位置必须考虑舱内集装箱局部装卸的要求。

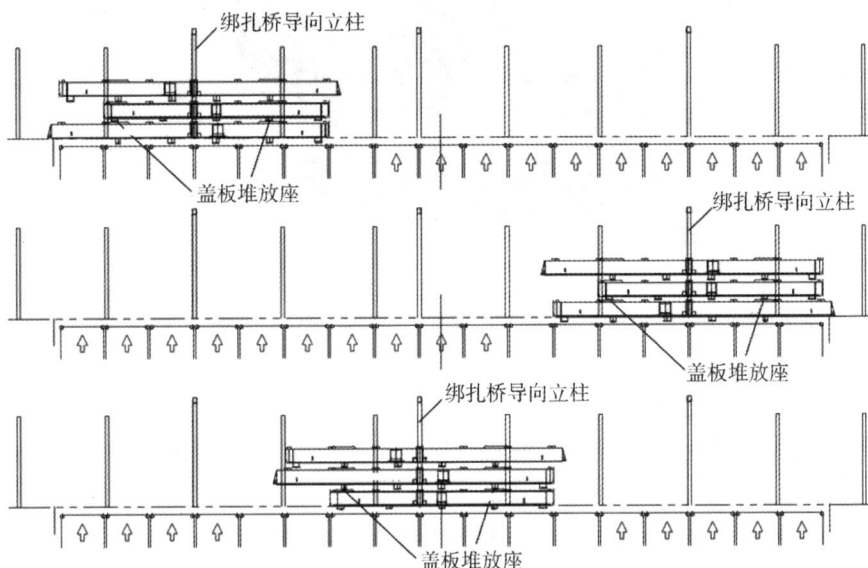

图 7-29　盖板在船上的相互堆放及舱内集装箱的部分装卸

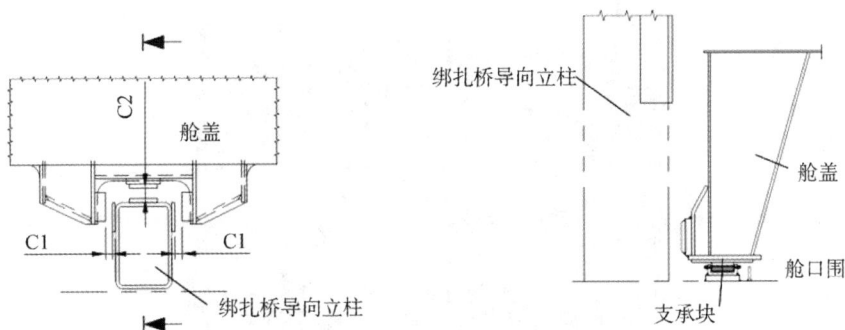

图 7-30　绑扎桥立柱作为舱盖导向机构

（3）密封装置

全集装箱船的舱口盖多要求无序开启，相邻露天甲板舱口盖的分离接缝内可以设置双道平板橡皮密封装置以满足风雨密要求，并使盖板的开启程序不受密封装置的约束。如果对风雨密有较高的要求，可在接缝处采用充气橡皮，如 MacGREGOR 的 OMEGA 型密封条（见图 7-31），同样可以保证无序操作的要求。

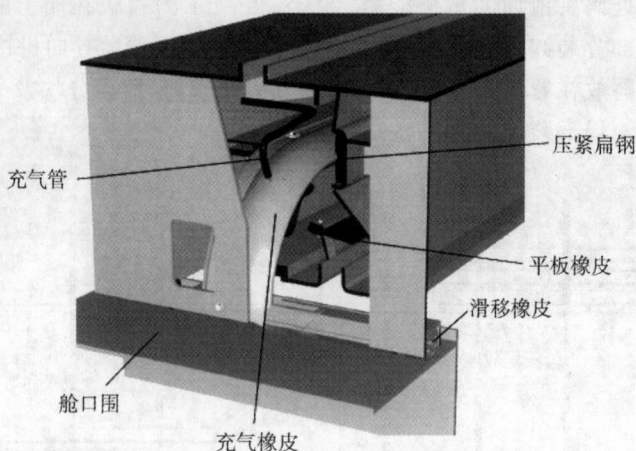

图 7-31　盖板接缝处充气橡皮布置

（4）导向和限位装置

设置导向装置以方便盖板的吊放和保护密封橡皮，且导向装置应尽可能与限位装置相结合。设置限位装置，合理地布置单向及双向限位装置，使舱口盖既能适应船体的变形，又能保证舱口盖的强度及其密封性，如图 7-32 和图 7-33 所示。

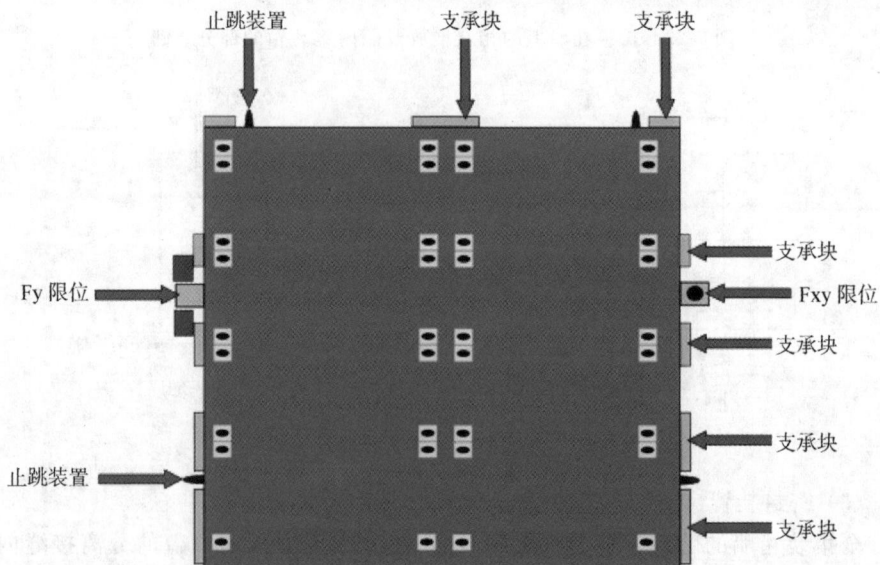

图 7-32　盖板限位装置的布置

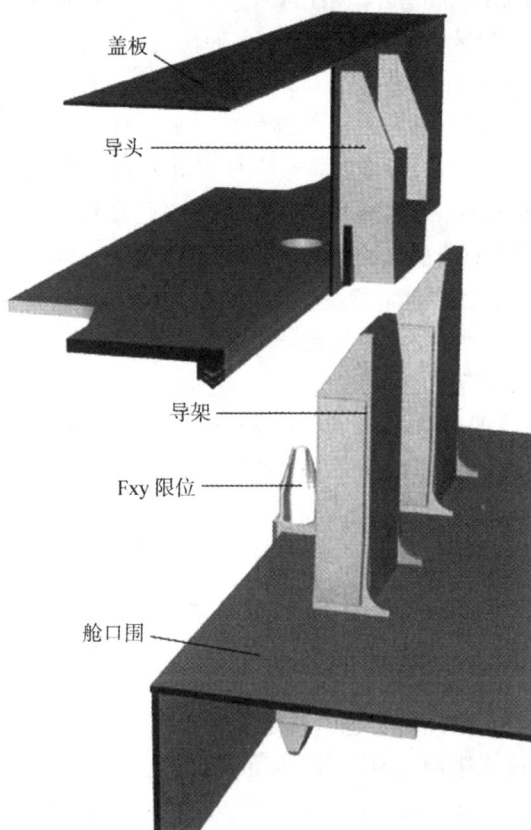

图 7-33　盖板导向限位组合

7.1.10　散货船和侧移式舱口盖

7.1.10.1　散货船的类型

　　散装运输煤、矿砂、盐、谷物、水泥等大宗干散货物的船舶,都可以称为干散货船,或简称散货船。因为干散货船的货种单一,不需要成捆、成包、成箱地装载运输,不怕挤压,便于装卸,所以都是单甲板船。由于谷物、煤和矿砂等的积载因数(每吨货物所占的体积)相差很大,所要求的货舱容积的大小、船体结构、布置和设备等许多方面都有所不同。因此,一般仅把装载粮食、煤等货物积载因数相近的船舶称为散装货船,而装载积载因数较小的矿砂等货物的船舶称为矿砂船。

　　(1)散货船按其尺度大小,可分为以下几种:

① 大湖型散货船(Lake bulk carrier),系指经由圣劳伦斯水道航行于美国、加拿大交界处五大湖区的散货船,以承运煤炭、铁矿石和粮食为主。该型船尺度上要满足圣劳伦斯水道通航要求,船舶总长不超过 222.50 m,型宽不超过 23.16 m,且桥楼任何部分不得伸出船体外,吃水不得超过各大水域最大允许吃水,桅杆顶端距水面高度不得超过 35.66 m,该型船一般在 3 万吨左右,大多配有起吊设备。

② 灵便型散货船(Handysize bulk carrier),系指载重量在 1～5.9 万吨的散货船,其中超过 3.5 万吨的船舶又被称为大灵便型散货船(Handymax bulk carrier)。众所周知,干散货是海运的大宗货物,这些吨位相对较小的船舶具有较强的对航道、运河及港口的适应性,载重吨量适中,且大多都配有起卸货设备,营运方便灵活,因而被称为"灵便型"。

③ 巴拿马型散货船(Panamax bulk carrier),顾名思义,该型船是指在满载情况下可以通过巴拿马运河旧船闸的最大型散货船,即主要满足船舶总长不超过 274.32 m,型宽不超过 32.30 m 的运河通航有关规定。根据需要,调整船舶的尺度、船型及结构来改变载重量,该型船载重量一般为 6～8 万吨。现在的巴拿马运河新船闸对通过船舶的主尺度的限制有了明显的放宽。

④ 好望角型散货船(Capesize bulk carrier)指载重量在 15 万吨左右的散货船,该船型以运输铁矿石为主,由于尺度限制不可能通过巴拿马运河旧船闸和苏伊士运河,需绕行好望角和合恩角,也有称之为"海岬"型散货船。苏伊士运河当局放宽通过运河船舶的吃水限制后,该型船也可满载通过该运河。

(2) 散货船按特定港口或航行区域,可分为以下几种:

①Kamsarmax,最大船长 229 m,可以停靠几内亚共和国的卡姆萨尔港(Kamsar),那里是装运铝土矿的主要码头;

②Newcastlemax,最大船宽 50 m,最大船长 300 m,可以在最大载重量为185 000 吨时进出澳大利亚的纽卡斯尔港(Newcastle);

③Setouchmax,载重量大约 203 000 吨,是可以航行在日本濑户内海(Seto Inland Sea)的最大船舶;

④Malaccamax,船总长 330 m,吃水 20 m,最大载重量300 000吨,是可以通过马六甲海峡(Straits of Malacca)的最大船舶;

⑤Dunkirkmax,最大总长 289 m,允许船宽 45 m,载重量大约 175 000 吨,可以进出法国敦刻尔克(Dunkirk)东部港闸。

(3) 小型散货船(Mini-bulker)

载重量一般在 10 000 吨以下,载重量为 500 吨到 2 500 吨的小型散货船通常只设一个货舱,主要在内河航行。

小型散货船很少有只装载散货的,大部分具有杂货船的特征,其货舱开口一般较大,很多做成敞口形式(open hatch),舱盖设计成折叠式(folding type)、吊离式(Lift away)、堆放式(stacking)或背载式(piggy back type)。大湖型及灵便型散货船的舱口宽度大约为船宽的 60% 左右,长度为货舱长度的 57%～67%。舱盖基本采用电动液压折叠式,打开后存放在舱口的前后端。对于巴拿马或超巴拿马型的散货船,如 Capesize 或 VLOC 等,船宽可达 40～50 m,当货舱开口宽度不超过船宽的 50% 时,横向侧移式舱盖就是这类船型的标准配置。

7.1.10.2 侧移式舱口盖的形式及其构造特征

货舱口的侧移式舱口盖(见图 7-34)通常由一块或两块盖板组成,盖板的操作机构包括起升装置(lifting)、驱动装置(driving)和压紧装置(cleating)等,通过起升装置将盖板提升至滚行位置,然后通过驱动装置使盖板水平向船的左舷或右舷移动,最终将盖板收藏于货舱口侧部的延伸梁上。两块盖板组成的舱口盖,在船体中心线处形成纵向接缝,盖板分别向左右舷两侧开启,或是两块盖板连接在一起,同时向某一侧移动。单块盖板组成的舱口盖,其开启方向只能是向左舷或向右舷,由船的总体布置确定。

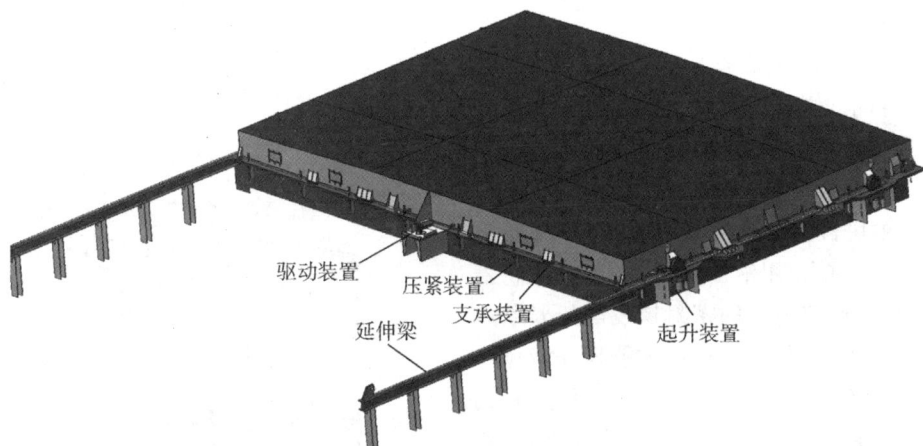

图 7-34 侧移式舱口盖

侧移式舱口盖属于低收藏舱口盖,开启省力,适合于较大、较重的盖板。在货舱口的左右舷处,需要有足够的空间收藏盖板,广泛应用于货舱口宽度占船宽小于50% 的 8 万吨至 40 万吨的大型散货船、矿砂船、矿谷两用船等船舶。侧移式舱口盖的优点是单个货舱口的盖板数量较少(一般为一块或者两块),盖板结构简单(因为所受的载荷单一,一般仅需满足规范的波浪载荷和内部压载水载荷),开启和关闭的动作简单可靠,操作方便,维修保养容易。

（1）盖板结构

侧移式盖板的结构设计应根据舱口的开口大小及长宽比列，并考虑结构质量及施工的方便性。如图 7-35 所示为一典型的盖板结构形式，舱口开口的长宽比大于或等于 1，由左右两块盖板组成。

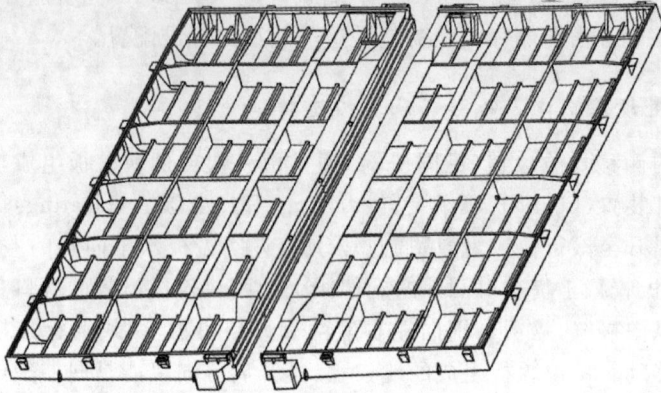

图 7-35　侧移式舱口盖盖板结构

（2）起升装置

目前，侧移式舱口盖的起升方式主要有两种，即垂直顶升油缸（Wheel lifter）系统和自动滚升装置（Roll-up-roll）。

垂直顶升液压油缸装置如图 7-36 所示，单块盖板设置 4 只滚轮，每只滚轮下设置一个单作用液压顶升油缸，直接将盖板顶起，使盖板上的密封橡皮与压紧条脱离。待盖板顶升到位后，才能操作液压马达驱动系统，开启舱口盖。需要注意的是，在每次打开舱盖前/关闭舱盖后，都必须放松/压紧舱盖四周的压紧器。

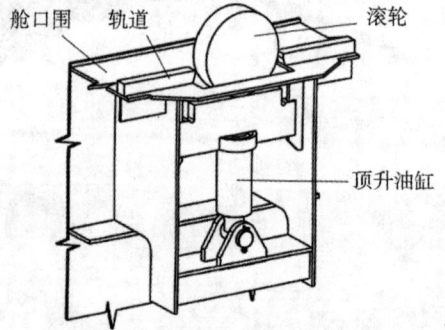

图 7-36　舱口盖顶升装置

液压自动滚升装置如图 7-37 所示，其工作原理为水平设置的液压油缸驱动三角形连杆机构与双眼连接板，带动相连的主动扇形齿轮板与从动扇形齿轮板旋转，从而分别推动舱盖板上的顶升装置眼板，迅速将同一舱口上的两块舱盖板分别向左右舷侧打开。采用液压自动滚升装置的舱口盖，可以采用自动压紧器，从而提高自动化操作程度，降低劳动强度，节省开舱时间，提高作业效率。

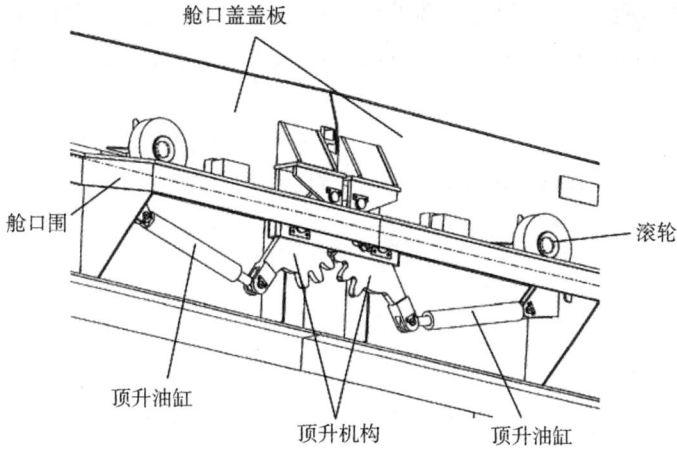

图 7-37　液压自动滚升装置

（3）驱动方式

目前,侧移式舱口盖的驱动方式主要有两种,即链条和链轮驱动及齿条和齿轮驱动。

链条和链轮驱动如图 7-38 所示,由液压马达驱动,循环长链传动。液压马达设置于货舱口的某一侧(左舷或者右舷),在液压马达的输出轴上装有双头导向链轮,可以分别驱动安装于舱口两端的循环链,拉动盖板。

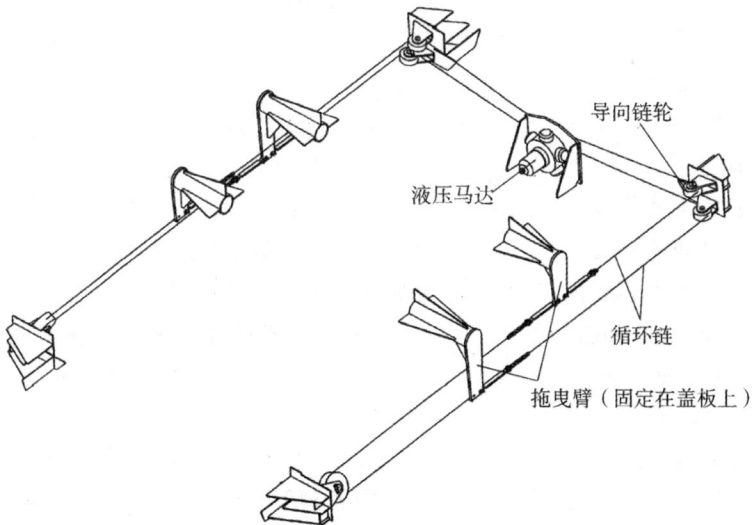

图 7-38　链条传动的舱盖开启/关闭装置

齿条和齿轮驱动是在货舱口的舷侧中间设置液压马达,并在液压马达的输出轴上安装传动齿轮,如图 7-39 所示。启动液压马达,通过齿轮与安装在盖板底部的齿条实现舱口盖的开启和关闭。

大多数侧移式舱口盖采用齿条和齿轮的驱动方式,因为它比链条和链轮的驱动方式更为先进可靠,操作简便,安装容易,且保养方便。

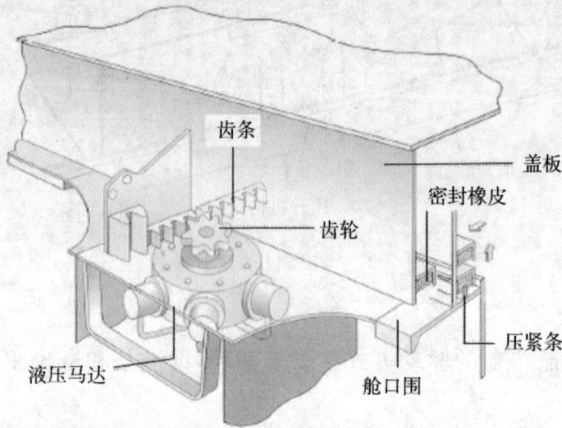

图 7-39　齿轮与齿条传动的舱盖开启/关闭装置

在实际应用中,对双盖板系统,有时会采用齿轮齿条加钢丝绳的组合式驱动方式,即一块盖板上通过液压马达驱动齿轮和齿条进行打开/关闭的操作,另外一块盖板通过钢丝绳联动,如图 7-40 所示。

（4）压紧装置

侧移式舱口盖的压紧装置的形式有:手动快速压紧器、自动压紧器和液压锁紧装置。一般情况下,手动操作的快速压紧器是最常用的压紧装置(见图 7-41)。如果货舱内装载液体货或作为风暴压载舱使用,应选用重型压紧器,并尽量减少压紧器的数量。自动顶升装置和自动压紧器(见图 7-42)配合使用可以在顶升装置关闭和打开时自动锁紧和解锁,从而减少船员开关舱盖的操作时间。液压式锁紧器(见图 7-43)是由单独的油缸操作,一般用作重型压紧装置,相比其他压紧装置,承受的载荷更大,但灵活性较差。

（5）滚轮装置

当顶升装置将盖板顶升到位后,在驱动装置的作用下,盖板可以通过安装在盖板上的 4 个滚轮(前后各两个),沿前后横向轨道移动。为保证滚轮能始终沿轨道行走,同时又可以适应少量的由于船体变形或轨道安装定位引起的偏差,后端的两个滚轮带轮缘,前端为平滚轮,如图 7-44 所示。滚轮一般配置滚柱式轴承(roller bearing)。

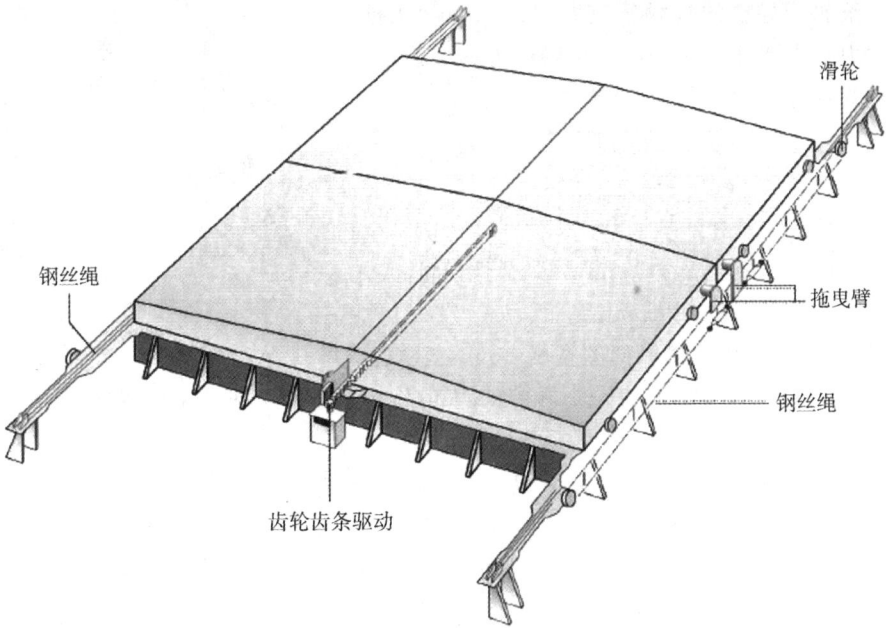

图 7-40 齿轮/齿条加钢丝绳组合式传动的舱盖开启/关闭装置

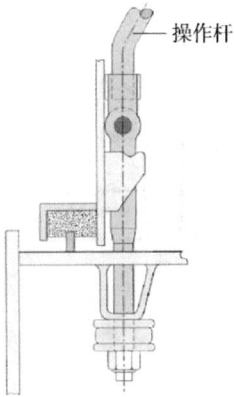

图 7-41 快速压紧器

图 7-42 自动压紧器

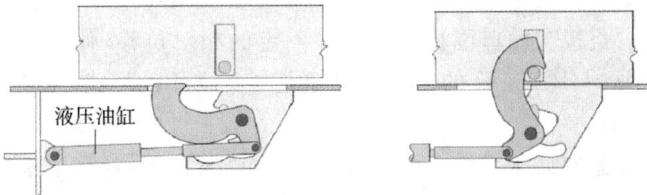

图 7-43 液压锁紧器

滚轮与导轨的接触压应力 $P(\text{N/mm}^2)$ 根据弹性力学中圆柱面与平面的接触应力的结论,可按下式计算,

$$P = 0.591 \sqrt{((FxE)/(d \times b))}$$

$$(7.1.25)$$

式中 F——滚轮径向压力,N;

$E = 2.06 \times 10^5 \text{ N/mm}^2$——弹性模量;

d——滚轮直径,mm;

b——与轨道接触面的宽度,mm。

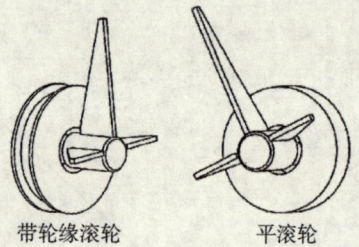

带轮缘滚轮   平滚轮

图 7-44

对应 HT36 高强度的导轨材料,最大的许用接触应力可达 700 N/mm²。

(6) 限位装置

对双盖板形式的侧移式舱口盖,每块盖板在水平面内的限位(见图 7-45)包括:1 个 Fx 限位块布置在盖板后端靠近接缝处;2 个 Fy 限位布置在盖板外侧。Fy 限位做成楔形可导向,保证盖板上下顶升落位时,接缝处密封橡皮有效压紧。

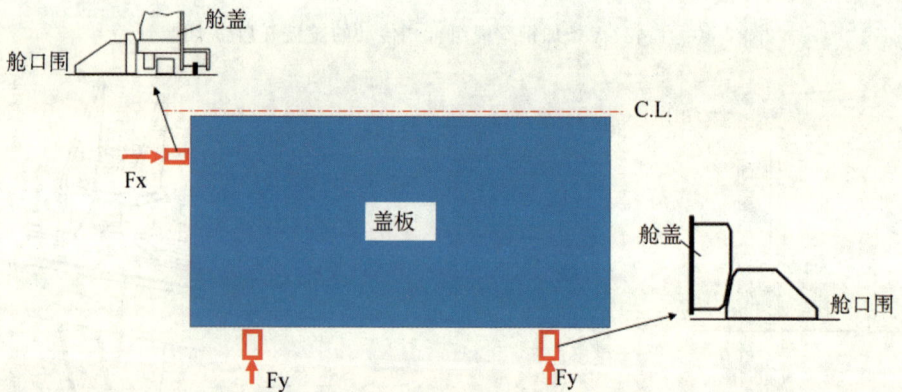

图 7-45 盖板限位布置

(7) 支承块

散货船舱口盖的支承块材料配合通常采用钢对钢接触。考虑到货舱开口较大,变形量稍大,盖板与舱口围板之间存在一定的相对位移,弹性三明治结构形式的支承块,如 Mac GREGOR 的 Flexipad 也是一种常用的形式(见图 7-46)。

(8) 液压系统

侧移式舱口盖的液压系统主要包含:泵组单元、控制阀组(依次操控盖板的顶升和侧向移动)和液压马达驱动链轮/链条或齿轮/齿条。图 7-47 所示为滚轮垂直

顶升＋链轮/链条驱动的侧移式舱口盖的液压系统原理图，图 7-48 所示为自动滚升＋齿轮/齿条驱动的侧移式舱口盖的液压系统原理图。

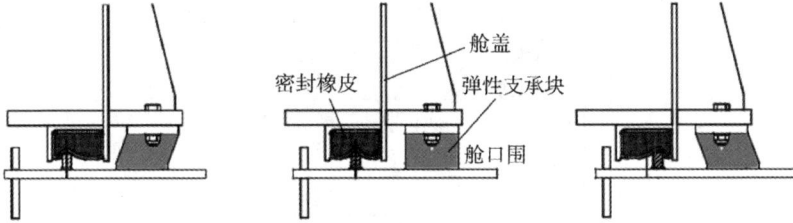

图 7-46　弹性支承块的应用

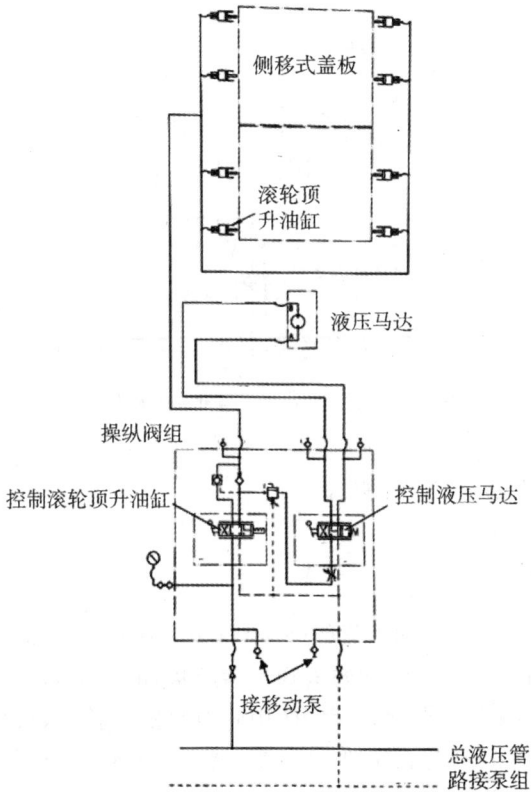

图 7-47　滚轮垂直顶升＋链轮/链条驱动

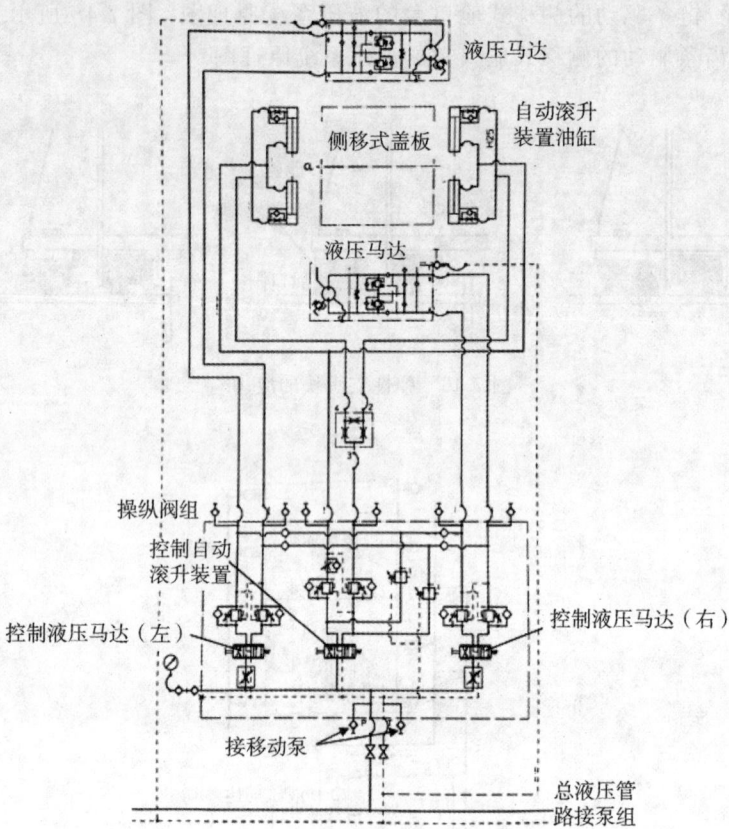

液压马达

自动滚升
装置油缸

侧移式盖板

液压马达

操纵阀组

控制自动
滚升装置

控制液压马达（左）

控制液压马达（右）

接移动泵

总液压管
路接泵组

图 7-48　自动滚升＋齿轮/齿条驱动

7.1.11　多用途船及其舱口盖

7.1.11.1　多用途船的特点

多用途船一般称为多用途干货船(multi-purpose dry cargo ship)，也可以称为杂货船(general cargo ship)，装载的货物包括杂货、散货、集装箱、重大件货及滚装货等。这种船型应用广泛，在世界商船队中吨位总数居首位，目前最大的多用途船有 60 000 DWT 左右，但大部分(80%以上)都是 10 000 DWT 以下的小船，通常根据货源具体情况及货运需要航行于各港口，没有固定的船期和航线。

多用途船要求能高效率地载运多种货类，具有如下一些特点：

(1) 因为装载大型货物的需求，单个货舱尽可能长，每船货舱的数量较少，一般只有 2～3 个。货舱内壁光滑，做成箱形货舱结构，内底作重货加强。

（2）大多数多用途船从载运多种类型货物的方便性出发，货舱内设置多层活动甲板（中间盖板），这种活动盖板竖直放置又可以作为活动的分隔横舱壁。

（3）主甲板舱盖上除了集装箱外，还会装载超大超重的货物，盖板的载荷较大（约 8 t/m²）。上层建筑也可能因为视线的关系，由原来的机舱上部移到船首。

（4）为了提高在港的重货装卸效率，有些多用途船在舷侧配备重型吊机（100 t 以上）。

比起散货船和全集装箱船，多用途船舱口盖的要求更复杂，需要综合考虑货舱的开口尺度、装货要求、操作方式以及密封形式等。两块或多块液压折叠式舱盖因其尺寸大，强度好，附件少，不易损坏，适宜装载各种甲板货。而且启闭操作简单可靠，收藏长度及高度适应性大，既适用于露天甲板，也可用于中间甲板，所以通常是多用途船典型的舱盖形式。吊离式或背载式也会被采用，或者是组合使用，尤其当货舱做成一个长货舱时，折叠式舱盖往往不能覆盖全部的舱长时。中间甲板舱口盖一般为非风雨密，通常采用吊离式。在收藏空间允许的情况下，也会用多块折叠形式。

7.1.11.2　露天甲板风雨密折叠式舱口盖

（1）折叠式舱口盖的构造特征

折叠式舱口盖（见图 7-49）一般由两块盖板（主动和从动）组成，盖板之间用铰链连接，称单对折叠式。近舱口端部的主动盖板上有一对铰臂伸出舱口，通过端铰链座与连接板使盖板与船体相连。从动盖板端部两侧设置滚轮（见图 7-50）。开启过程中，油缸顶升主动盖板绕端铰链轴旋转，并带动从动盖板，使滚轮沿着轨道运动，直至两块盖板相互折叠在一起，收藏于舱口端部开口之外，舱口围板面板的上方。

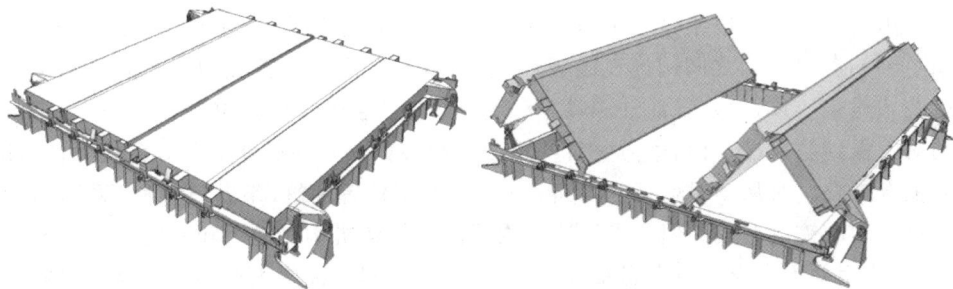

图 7-49　折叠式舱口盖开启和关闭状态

沿两侧舱口围上轨道运动的滚轮，与侧移式舱口盖相似，一侧是带轮缘（通常是布置 Fy 限位的一侧），另一侧是平滚轮，可以保证舱盖顺利开启关闭。

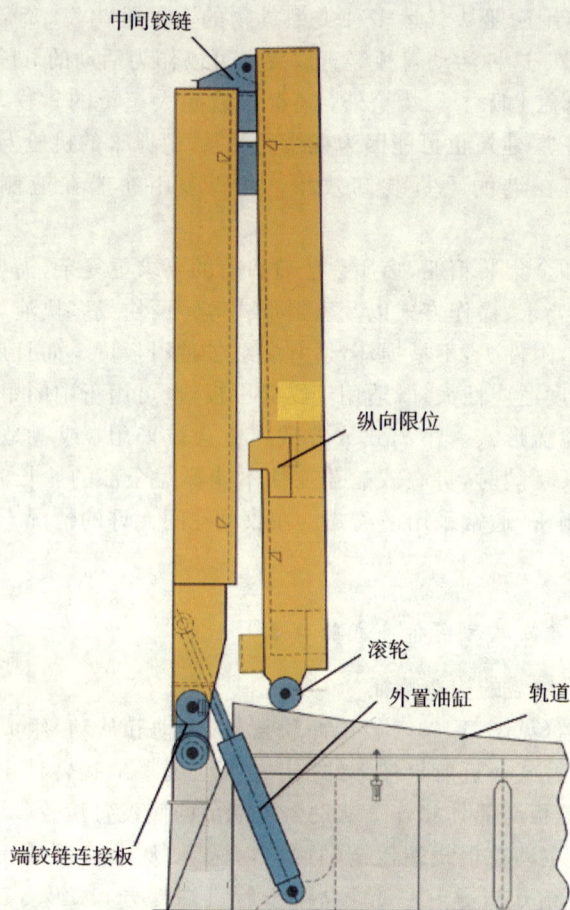

图 7-50　折叠式舱口盖（盖板折叠时）

由两对或两对以上的盖板组成的折叠式舱口盖称为多对折叠式舱口盖（见图 7-51），各对盖板之间用拖曳眼板连接。开启时，主导对盖板的驱动方式和单对折叠式舱盖一致，由外置油缸驱动端铰链，使首对盖板收藏到位，同时拖动后序从动对盖板到舱口端，再利用另一对外置油缸和举臂顶升并折叠从动对盖板到位，逐对依次折叠。对从动对盖板的翻折操作，除了用外置油缸/举臂，还可以采用内置液压驱动的铰链形式。但是由于这种内置液压铰链机构对加工和安装的精度要求很高，使用并不广泛。只有当布置空间受限，如中间甲板位置有多对折叠形式舱口盖时，才有可能会使用。

对于长开口的货舱，多对折叠式舱口盖是一种常用的舱口盖形式，根据需要在舱口一端可以是 4 块、6 块，甚至是 8 块盖板折叠。当然在特殊的情况下，也允许有奇数块盖板，如 3 块盖板在舱口一端。当舱口上下均装载货物，如集装箱，并且需要满足局部开启要求时，分离缝的位置应根据舱口盖上下集装箱的位置来确定。必要时，可以使从动对盖板和主导对盖板分离，即拔出连接铰链的销子（见图 7-52）。

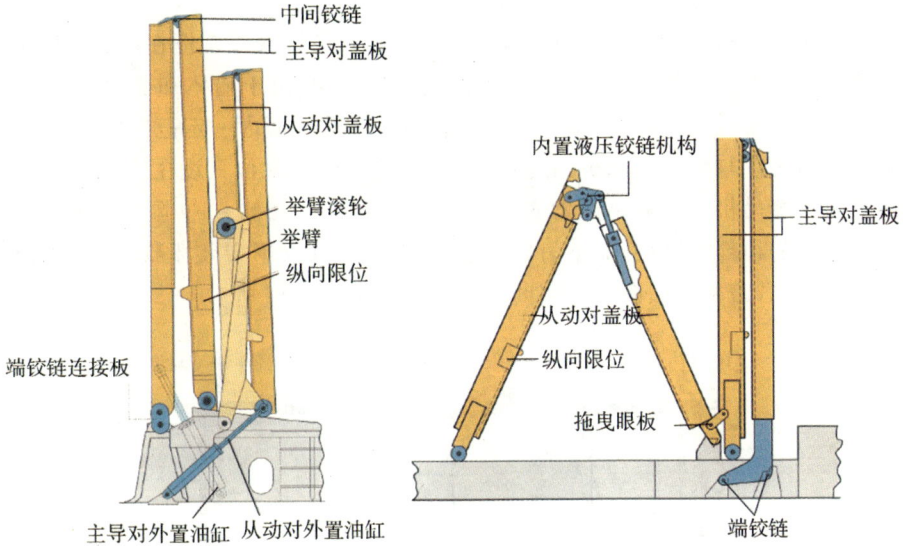

图 7-51　多对折叠式舱口

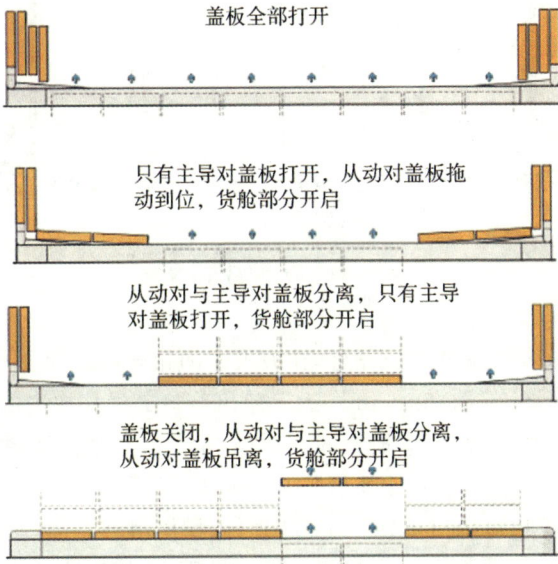

图 7-52　多对折叠式舱口盖的部分开启

多对盖板折叠式舱口盖在开启时,从动对盖板是在轨道上被拖动的,和侧移式盖板的启动类似,会相应布置滚轮顶升装置(以 4 块折叠为例,在第 4 块盖板末端)。也可以通过特殊的轨道设计来解决,但现在这种设计不常使用。

(2) 折叠式舱口盖的限位布置

一对折叠式舱口盖在关闭状态时由 Fx 和 Fy 限位保证盖板在舱口围上的定位。鉴于多用途船的舱口开口尺寸较大,航行过程中,由于船体和舱口围的变形,舱盖相对舱口围做成浮动式,即允许盖板在舱口围水平面内一定范围的相对滑动,并确保密封橡皮与舱口围面板始终接触压紧。这时 Fy 限位只设在舱口一侧,如果船舶舷侧布置吊机,Fy 限位通常布置在有吊机的这一舷侧。Fy 限位一般会利用舱口围结构的顶部加厚板,而不另做外置式结构,这样既不会破坏舱口围结构的连续性,又能节省盖板的横向布置空间,如图 7-53 及图 7-54 所示。

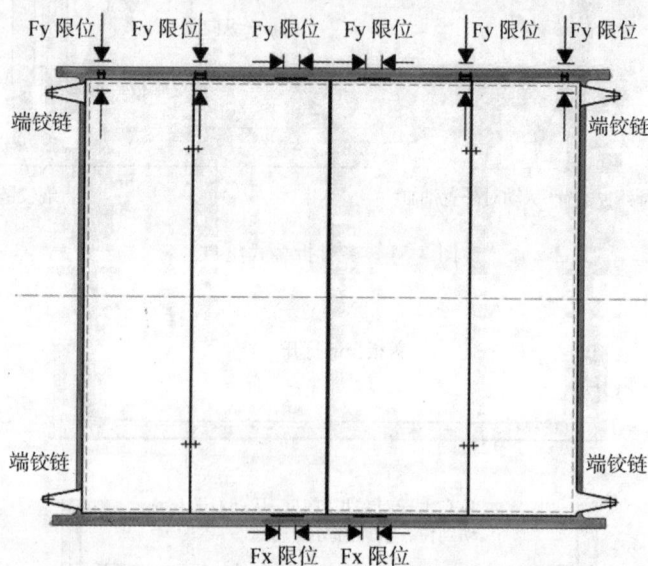

图 7-53 限位装置布置

设置长货舱的多用途船,由于船体在波浪中的扭转和横向变形(见图 7-55),舱口围相对变形量会增大(约 200 mm),远远超出舱口盖滑移橡皮的允许范围。在发生这种情况时,通常就会在变形最大的 Fy 限位的另一侧舱口围的相对位置上布置若干个变形限制器(见图 7-56)。变形限制器和 Fy 限位不同之处在于,它留有一定的间隙 Δ,允许盖板相对舱口围在一定范围内做横向滑移,并保证舱口盖在港内时可以正常开启关闭,不致被卡死。当船在航行过程中,舱口围的变形量超出这个允许间隙时,变形限制器开始发挥作用,阻止舱口围的继续变形,这时盖板就成为一个拉压结构,参与船体变形。这个额外的拉压力也是舱盖设计时需要考虑的载荷。

　　Fy 限位一般也可兼作支承块,在多用途船的折叠式舱盖上,支承块可利用舱口围板顶的垂直加厚板,因此是钢(steel)对钢(Hardox)的接触形式,而不采用如集装箱船的可替换的低摩擦型支承块形式。

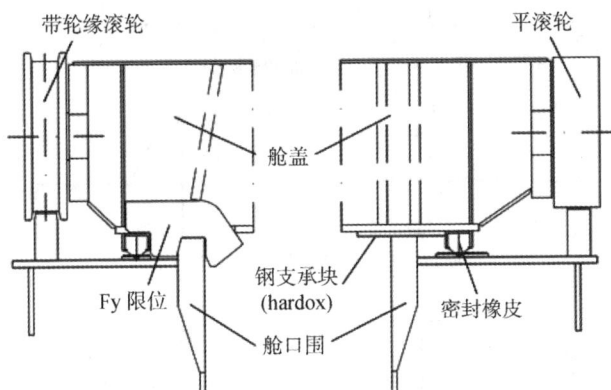

图 7-54　舱盖典型剖面

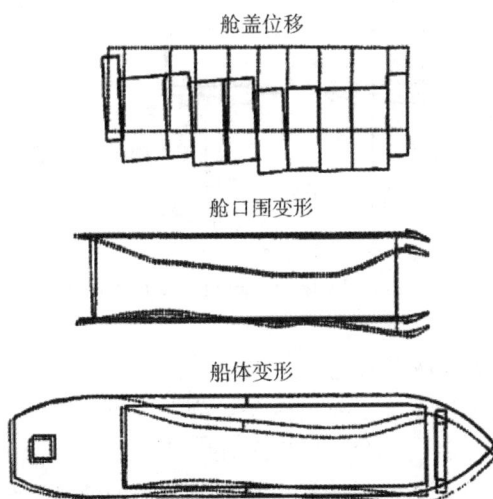

图 7-55　船体变形和舱盖板的位移

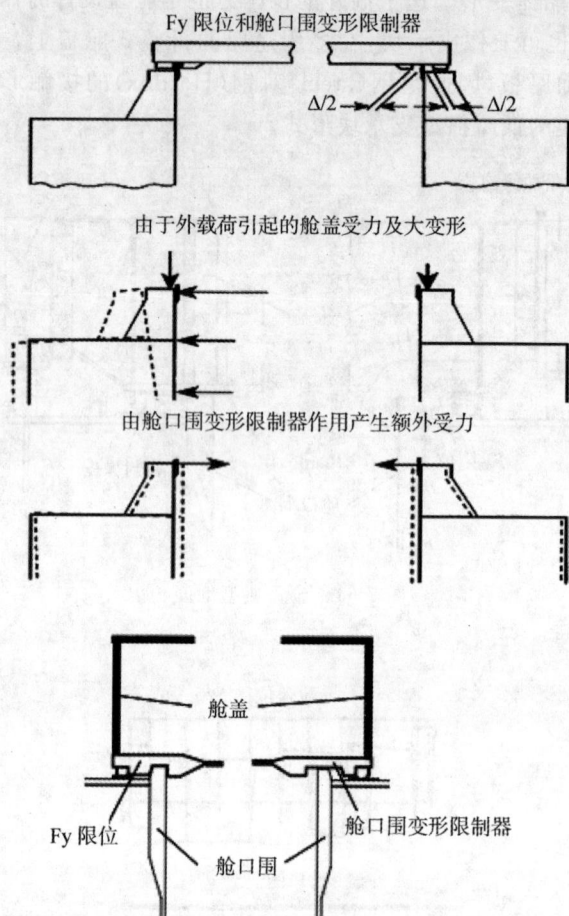

Fy 限位和舱口围变形限制器

由于外载荷引起的舱盖受力及大变形

由舱口围变形限制器作用产生额外受力

舱盖

Fy 限位

舱口围变形限制器

舱口围

图 7-56　Fy 限位和舱口围变形限制器

（3）折叠式舱口盖的液压系统

折叠式舱口盖的液压系统主要包括泵组单元、控制阀组和液压油缸，操控滚轮的顶升及从动对盖板开启（针对多块折叠）和主导对盖板折叠开启。图 7-57 及图 7-58 分别为一对盖板折叠和两对盖板折叠的舱口盖的液压系统原理图。

7.1.11.3　中间甲板吊离式舱口盖

配备重型起货吊机的多用途船的箱型货舱内一般设置吊离式中间甲板舱口盖，其舱口活动盖板按设计需要可放置在多个高度位置。同时这些活动盖板中的一部分也可竖直作为活动横舱壁使用。一个箱型的大货舱可以被分隔成若干小空间，根据需要同时装运多种小批量的货物（图 7-59）。

　　中间甲板舱口盖在货舱内的定位是通过安装在纵舱壁上的活动支承块来实现的，每块盖板设置 4 个支承块。支承块在不用时，可以翻转隐藏在盒状结构内（见图 7-60），不会突出到纵舱壁外。盖板和支承块之间，横向留有一定的间隙，保证盖板吊装操作，并适应航行过程中船体结构的变形。

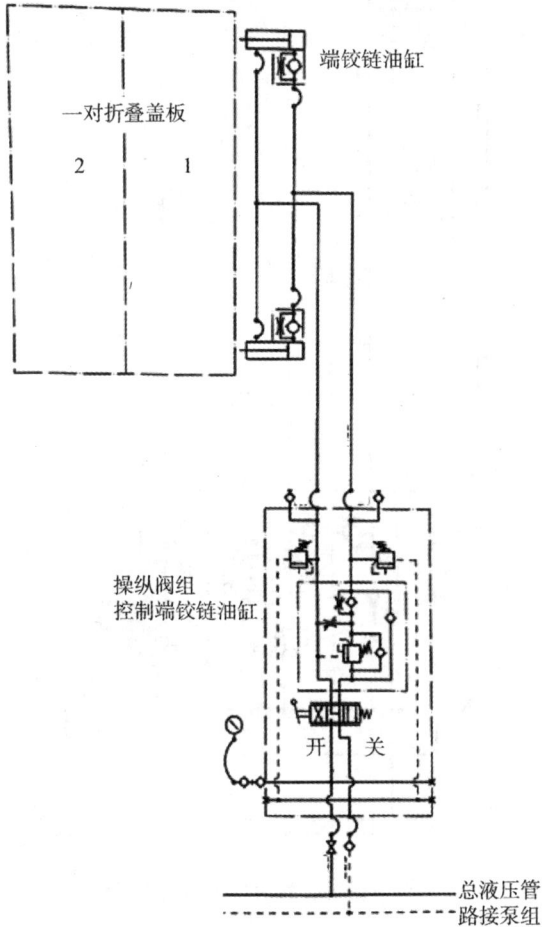

图 7-57　一对盖板折叠的舱口盖的液压系统原理图

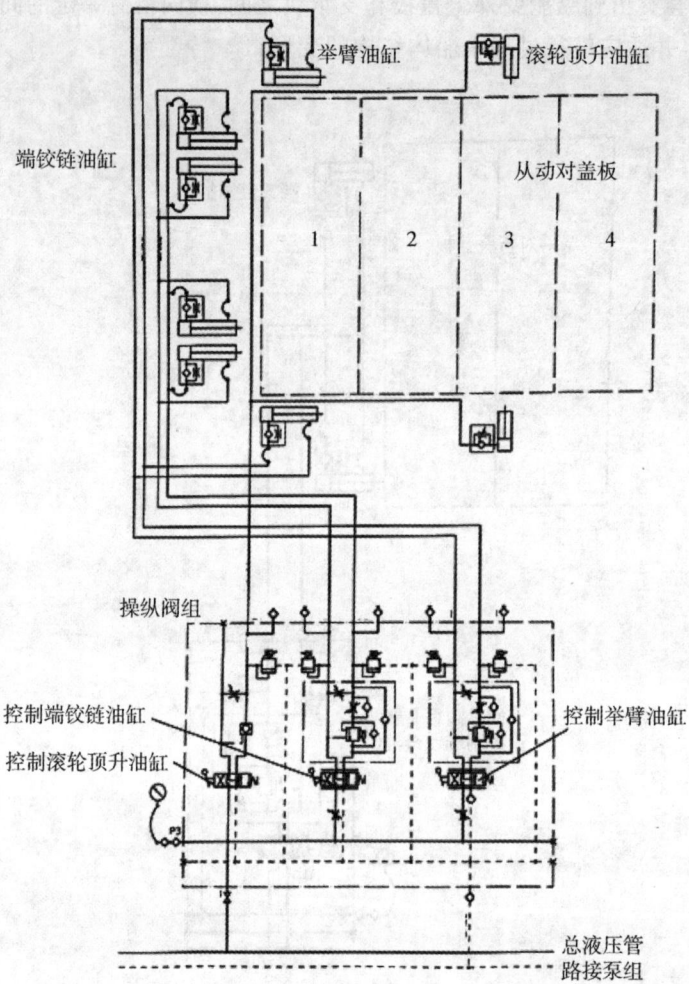

图 7-58 两对盖板折叠的舱口盖的液压系统原理图

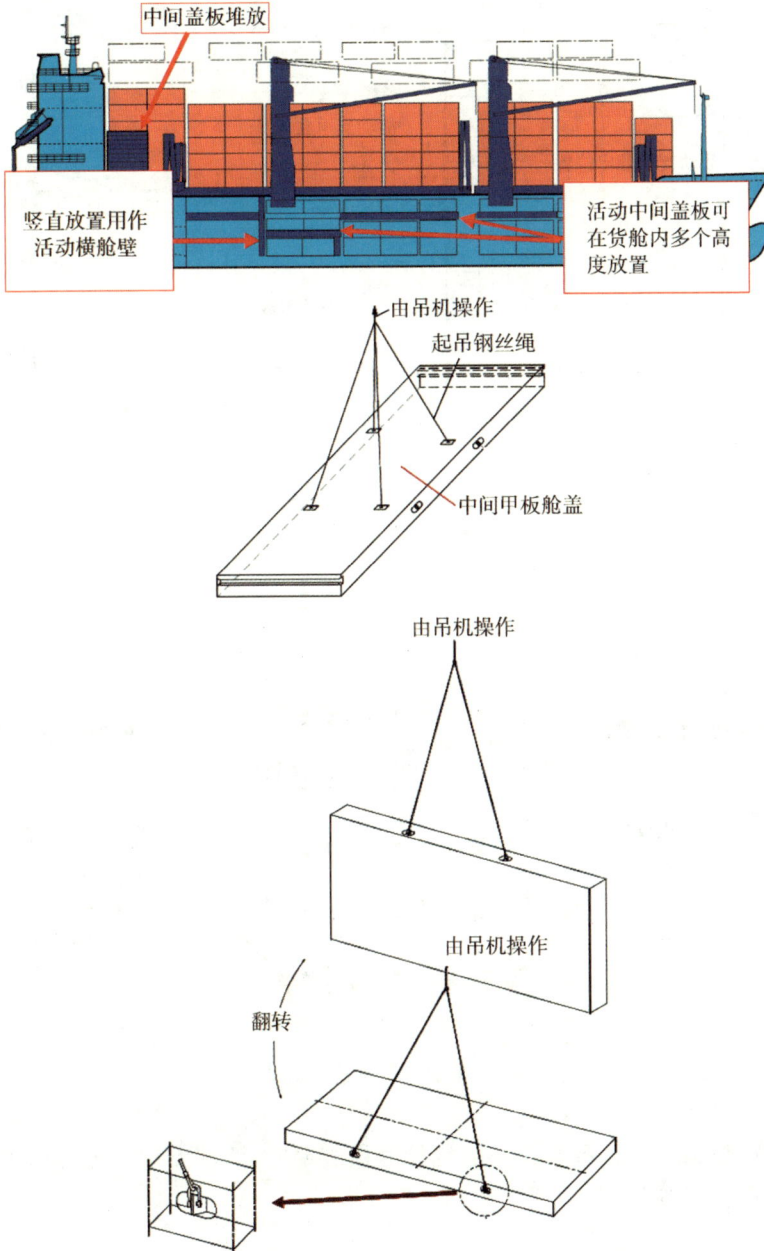

中间盖板堆放

竖直放置用作
活动横舱壁

活动中间盖板可
在货舱内多个高
度放置

由吊机操作

起吊钢丝绳

中间甲板舱盖

由吊机操作

由吊机操作

翻转

图 7-59　多用途船货舱内活动甲板和舱壁

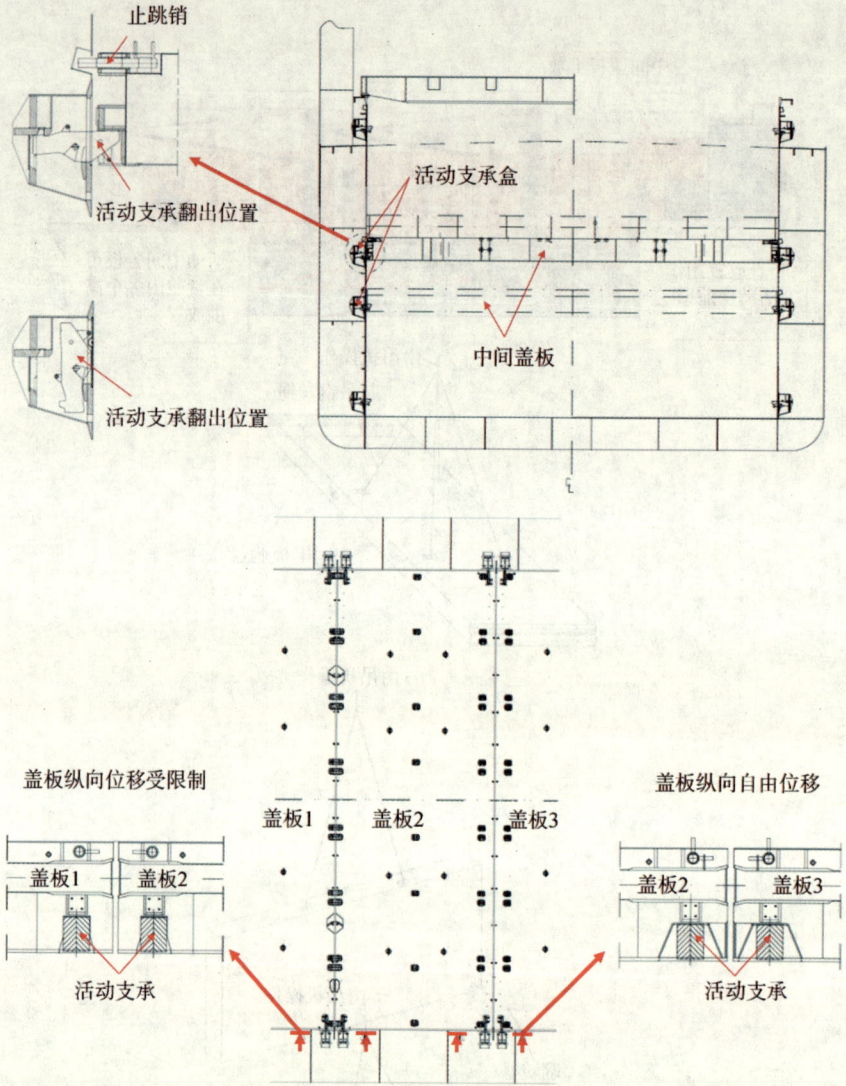

止跳销

活动支承翻出位置

活动支承翻出位置

活动支承盒

中间盖板

盖板纵向位移受限制

盖板纵向自由位移

盖板1　盖板2　盖板3

盖板1　盖板2

盖板2　盖板3

活动支承

活动支承

图 7-60　中间甲板舱盖及活动支承

　　当中间甲板舱口盖可兼作分隔货舱的横舱壁时,活动支承块也可用来作为舱壁的纵向限位,如图 7-61 所示。

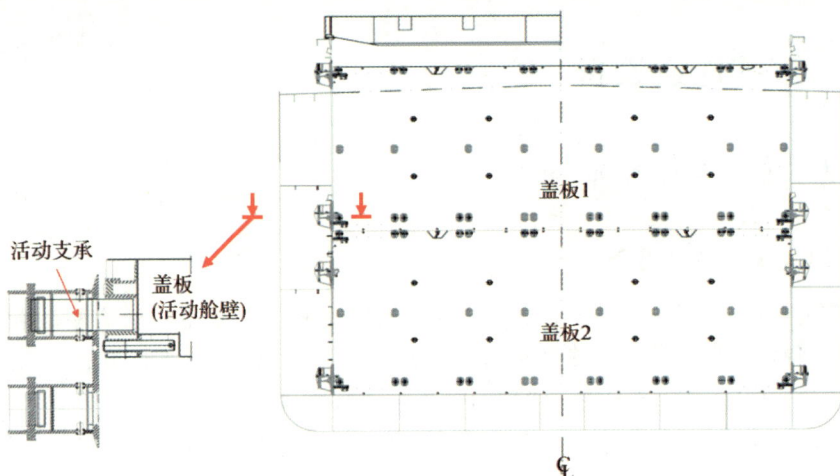

图 7-61　活动横舱壁及纵向限位活动支承

盖板结构强度除应满足装载甲板货如集装箱载荷、均布载荷等外，还应满足作为活动舱壁的强度要求。各种散货（矿砂、谷物等）对横舱壁的压力 $p_c(\mathrm{kN/m^2})$ 按下式计算：

$$p_c = g\rho_c h_1 \tan^2 \theta \tag{7.1.26}$$

式中　ρ_c——散货密度，$\mathrm{t/m^3}$；

　　　h_1——计算位置距舱底的高度，m；

　　　$\theta = 45° - (\psi/2)$——其中，ψ 为散货的休止角，(°)，如矿砂为 35°。

如果中间甲板舱口盖作分隔谷物的横舱壁时，其密封性，尤其是和纵舱壁与内底板之间的密封是必须考虑的问题。以前，通常由船东临时用帆布和木楔密封，操作非常困难，效果也较差。现在，专业舱盖公司（如 MacGregor，TTS 等）开发的磁性的密封带（见图 7-62）是目前为止比较有效的方法。

图 7-62　磁性密封带在活动横舱壁上的使用

7.2 滚装通道设备

7.2.1 滚装运输简述

7.2.1.1 滚装运输简介

滚装运输(roll-on and roll-off transportation,RoRo)是指将装有集装箱的货车、装有货物的带轮的托盘或各种机动车作为货运单元,牵引进船舶的货舱后,进行货物运输的一种运输方式。滚装运输是一种畅通、高效的水平装卸方式,它不依赖码头的起重设备,单靠车辆开进开出(或称滚进滚出)完成装卸,减少装卸环节,将陆路与水路运输连接起来,实现门到门运输。

滚装运输可用于装卸各类自行式或牵引式的轮(履带)式车辆,如乘用车、客车、货车、(半)挂车(见图7-63)、工程机械车辆等。滚装运输也可使用叉车来装卸各类不带轮的货物,如集装箱(见图7-64)、货物托盘等。滚装运输中广泛使用到各类专用托架,托架通过拖车牵引的方式用于装卸各类不带轮的货物,如集装箱和各类件杂货等。

图 7-63　拖车牵引装卸半挂车

图 7-64　叉车装卸集装箱

马菲托架(MAFI)和卡赛特托架(Cassette)是滚装运输中最常用到的两类专用托架。马菲托架是一种低平板托架,其后端带有双轴的实心车轮,前端不带轮可落地放置。图7-65是马菲托架牵引系统分解图。装卸时,首先由牵引车(Tractor)将鹅颈(Goose neck)插入托架前端的牵引孔并连接,然后牵引车将鹅颈抬升一定高度使托架前端离地,随后牵引车牵引托架至预定位置后将鹅颈降下使托架前端着地就位,最后鹅颈与托架脱离由牵引车携带返回。马菲托架的规格和主要参数见表7-15。

图 7-65　马菲托架牵引系统分解图

表 7-15　马菲托架的规格和主要参数

规格	长×宽×高/(m×m×m)	有效载荷/t
20 英尺	6.1×2.5×0.60	30
20 英尺	6.1×2.5×0.70	40
20 英尺	6.1×2.5×0.70	50
40 英尺	12.3×2.5×0.75	40
40 英尺	12.3×2.5×0.75	50
40 英尺	12.3×2.5×0.80	60
40 英尺	12.3×2.5×0.80	80
40 英尺	12.3×2.5×0.85	100
40 英尺	12.3×2.5×0.85	120
60 英尺	18.5×2.5×0.81	60
60 英尺	18.5×2.5×0.82	80
60 英尺	18.5×2.5×0.90	120

　　卡赛特托架也是一种低平板托架,其车身不带轮可完全落地放置,整个卡赛特托架牵引系统由牵引车、带鹅颈的转运车(Translift)以及卡赛特托架组成。图 7-66 是卡赛特托架牵引系统操作示意图。装卸时,首先由牵引车将转运车插入托架下方,当转运车就位后由液压系统将转运车车架向上抬升一定高度从而使卡赛特托架完全离地,随后牵引车牵引整个系统至预定位置后,转运车车架降下从而使整个卡赛特托架着地,最后牵引车携带转运车返回。卡赛特托架的规格和主要参数见表 7-16。

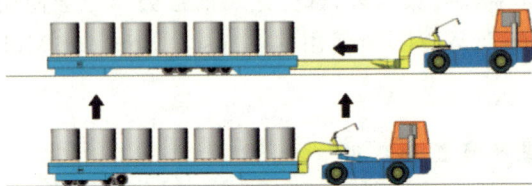

图 7-66　卡赛特托架牵引系统操作示意图

表 7-16　卡赛特托架的规格和主要参数

规格	长×宽×高/(m×m×m)	有效载荷/t
40 英尺	12.3×2.6×0.87	90
45 英尺	13.8×2.8×0.87	90
45 英尺(运 SECU)	13.8×3.6×0.88	90 120(专用于运钢卷)
47 英尺(运 SECU)	14.4×3.6×0.88	90

　　在船上堆装时,半挂车及马菲托架相邻之间或与船体之间留有较大的绑扎间隙,为间隙堆装。而卡赛特托架相邻之间或与船体之间仅留有约 50 mm 的间隙,为组块堆装(block stowage)。相对于间隙堆装,组块堆装可在一定的船宽条件下布置更多的车道且通常无需绑扎。卡赛特托架常用于运输 SECU(stora enso cargo unit),这是一种与集装箱类似的货箱,但其尺寸(13.8 m×3.6 m×3.6 m)比标准的集装箱大,仅用于海运及部分国家的铁路运输。图 7-67 所示为卡赛特托架与马菲托架堆装对比图。

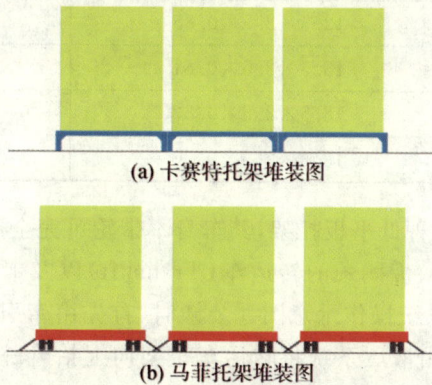

(a) 卡赛特托架堆装图

(b) 马菲托架堆装图

图 7-67　卡赛特托架与马菲托架堆装对比图

　　除马菲托架和卡赛特托架以外,部分滚装航运公司也会使用到一些专有的滚装托架,如华轮-威尔森(WWL)所使用的 Samson、Bolsters、Multi-Purpose Bogies 等。

7.2.1.2　货物堆装的布置与绑扎

　　货物堆装布置决定滚装船的运输能力,也是影响全船总布置以及主尺度确定的一项重要工作。货物绑扎直接关系滚装船的稳性及船体强度,也是影响装卸作业效率及工作强度的一项重要工作。滚装运输是一种非标准运输形态,根据货物类型的不同,滚装船的运输能力可用以下指标衡量:

- 20 英尺标准集装箱数量(TEU);
- 满足一定宽度及净高要求的车道总长度(lane meter,LM);
- RT43 标准乘用车数量(car Equivalent unit,CEU)。RT43 指日本丰田在 1966 年首次向北美大规模出口的卡罗拉车型(车长 4 125 mm,车宽 1 550 mm);
- 特定类型车辆数量,如半挂车、马菲托架、卡赛特托架等。

滚装船货物堆装布置应同全船滚装通道系统的布置一起考虑,在满足船舶稳性、船体强度以及逃生通道布置等总体要求的基础上,采用最优化的设计来尽可能取得最大化的运输能力和装卸效率。以下针对不同的货物类型,分别介绍了其典型的堆装布置与绑扎。

(1)乘用车

欧洲汽车物流协会(Asociation of European Vehicle Logistics,ECG)针对乘用车运输发布的《操作质量手册》中,对于乘用车海运的堆装布置有明确要求,如图 7-68 所示。

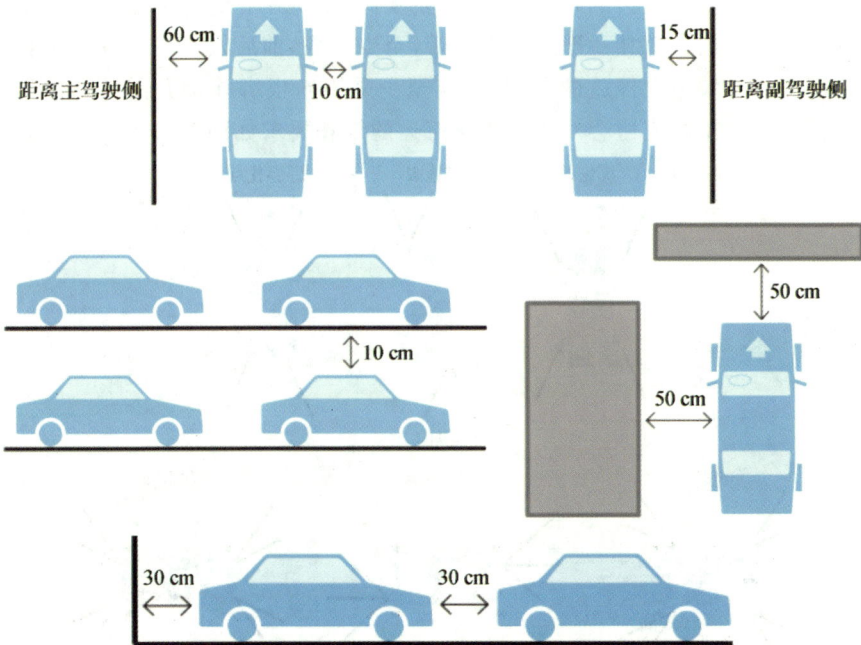

图 7-68　乘用车堆装布置要求

①前后间距

乘用车与乘用车之间至少 30 cm；

乘用车与船体结构之间至少 30 cm；

乘用车与大型车辆之间至少 50 cm。

②左右间距

乘用车与乘用车之间至少 10 cm；

乘用车（正驾驶侧）与船体结构之间至少 60 cm；

乘用车（副驾驶侧）与船体结构之间至少 15 cm；

乘用车与大型车辆之间至少 50 cm。

③顶部间隙

乘用车与上层甲板结构之间至少 10 cm。

需要指出的是，欧洲汽车物流协会所提出的堆装布置要求是基于由专业的码头司机驾驶，通常仅适用于货滚船以及汽车运输船。对于客滚船，由于乘用车通常由乘客自驾上船，考虑到打开车门所需的空间以及乘客通行的要求，车辆的两侧应留有至少 60 cm 的间距。客滚船车辆甲板一般划有车道线，对于乘用车车道宽度可取 2.4～2.6 m。

在欧洲汽车物流协会的《操作质量手册》中，对于乘用车的海运绑扎也提出了明确的要求。乘用车绑扎一般采用绑扎带，至少 4 根，前后及左右方向各 2 根。对于横向停放或在坡道上停放的乘用车，应至少采用 6 根绑扎带并需额外使用车轮止挡块。欧洲汽车物流协会对于乘用车海运的绑扎要求如图 7-69 所示。

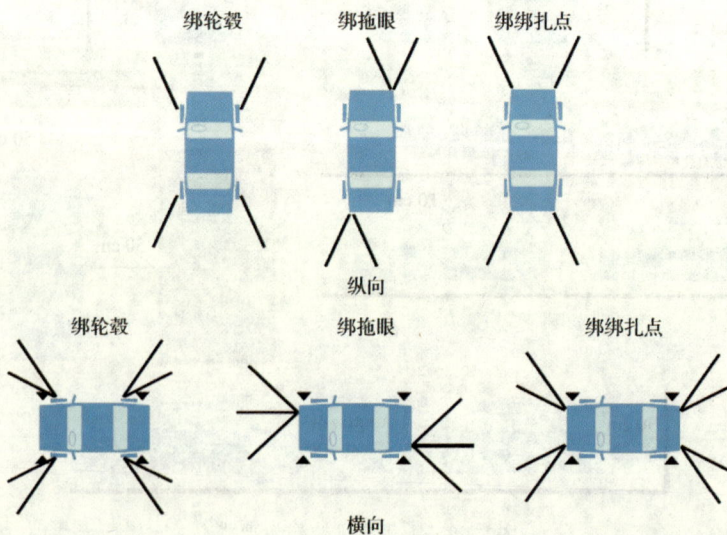

图 7-69　乘用车海运绑扎要求

乘用车在船体上的绑扎固定点一般为在甲板上所开的眼孔,其直径为 45～65 mm。当眼孔需要开在有密性要求的甲板上时,可在眼孔的甲板结构反面焊接一个密性碗。当在双层底或液舱顶布置绑扎固定点时,可采用 D 型环或小象腿形式的绑扎件。当在舷侧或舱壁结构附近布置固定绑扎点时,可采用 D 型环或波浪杆形式的绑扎件。乘用车用绑扎固定件的最大系固负荷(Max Securing Load,MSL)一般为 20～30 kN。乘用车绑扎固定点在甲板上的布置比较灵活,一般可采用以下间距:

横向:55～80 cm;

纵向:55～80 cm。

图 7-70 所示为几种乘用车用绑扎固定件的示意图。

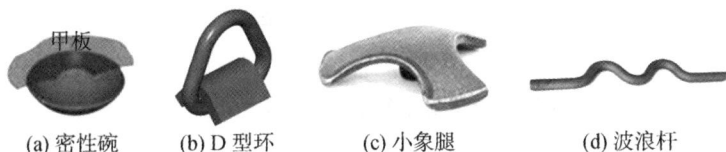

甲板

(a) 密性碗　　　(b) D 型环　　　(c) 小象腿　　　(d) 波浪杆

图 7-70　乘用车用绑扎固定件示意图

(2) 货车及半挂车等

国际海事组织(IMO)在 A. 581(14)号决议《滚装船载运道路车辆系固装置指南》中对道路车辆的海运绑扎有较为详细的规定。对于绑扎固定件在甲板上的布置间距,指南给出了如下建议:

横向:不小于 2.8 m,不大于 3.0 m(现有设计一般取 3.0～3.2 m);

纵向:不大于 2.5 m(现有设计一般取强横梁间距)。

另外,在舷侧及货舱内立柱的高度方向上一般也应布置适当数量的绑扎固定件。图 7-71 所示为半挂车海运的典型绑扎布置。

在确定货车及半挂车等大型车辆的堆装布置时,车辆前后方向间距可取 0.3～0.4 m,车辆左右方向间距由车道宽度(一般同绑扎固定件横向间距)决定。

国际海事组织在指南中规定"除非半挂车自带的支腿在设计时做了专门考虑,否则半挂车在海运时不应由支腿支撑,而应使用专用的滚装支架(Trestle)"。除了普通的滚装支架外,DFDS 等部分滚装航运公司也使用一种叫 SAT 型的特殊滚装支架,该特殊支架底部带有和集装箱运输相同的扭锁,可以和甲板上布置的底座锁紧。当使用这种 SAT 型特殊滚装支架时,在有义波高不大于 4.5 m 的海况下,可免于对半挂车进行绑扎。图 7-72 所示为普通滚装支架和 SAT 型滚装支架示意图。

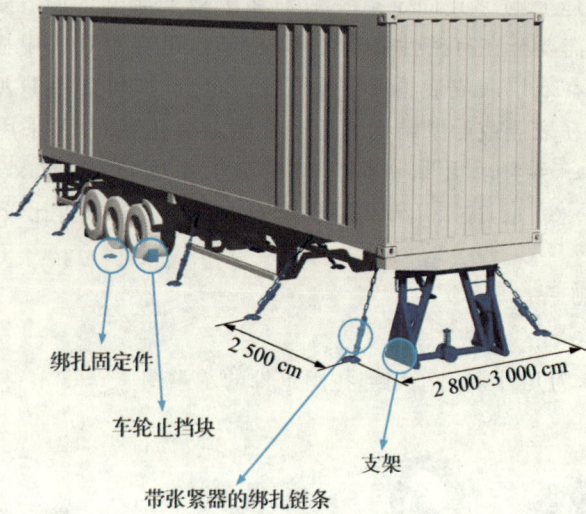

图 7-71　半挂车海运典型绑扎布置

(a) 普通滚装支架　　　　　　(b) SAT 型滚装支架

图 7-72　普通滚装支架和 SAT 型滚装支架

　　图 7-73 为几种货车及半挂车等大型车辆用绑扎固定件示意图。通常选用 4 眼孔的埋入式;当在双层底或液舱顶布置时,可采用突出式;当在舷侧或舱壁结构附近布置时,可采用 2 眼孔式;当在舷侧或货舱立柱的高度方向布置时,可采用 D 型环;当用到 SAT 型滚装支架时,可采用集装箱箱角和滚装眼孔组合式。大型车辆用绑扎固定件的最大系固负荷(MSL)一般为 100~120 kN。

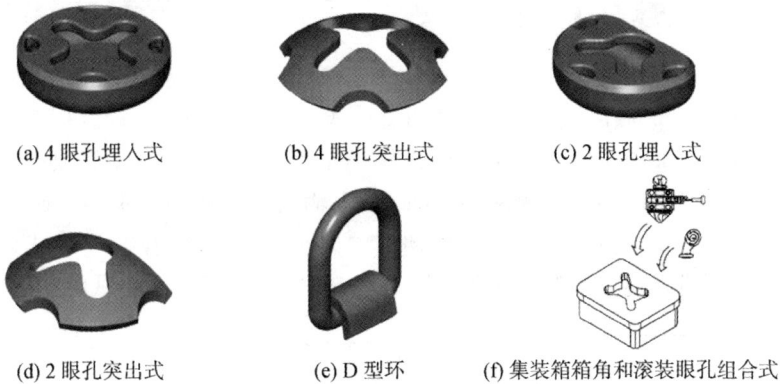

(a) 4 眼孔埋入式　　(b) 4 眼孔突出式　　(c) 2 眼孔埋入式

(d) 2 眼孔突出式　　(e) D 型环　　(f) 集装箱箱角和滚装眼孔组合式

图 7-73　大型车辆用绑扎固定件示意图

（3）马菲托架及卡赛特托架

滚装运输马菲托架时，其堆装布置以及绑扎固定件的形式和布置都与上面所介绍的货车及半挂车相同。

滚装运输卡赛特托架时，一般无须绑扎。卡赛特托架应从右舷到左舷排满整个货舱，当托架与舷侧结构间留有间隙时，应另外设置专门的止挡结构，用于横向限制托架。在确定卡赛特托架的堆装布置时，托架之间或托架与船体结构（止挡结构）间的横向间隙可取为 50 mm，纵向间隙也可取为 50 mm。需要留意的是，在卡赛特托架前方应留足如图 7-74 所示供转运车抽出及转向所需的纵向空间。

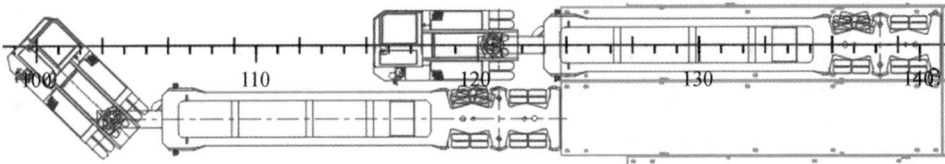

图 7-74　转运车抽出及转向所需纵向空间

（4）集装箱

如采用叉车滚装装卸 20 英尺集装箱时，集装箱应尽可能横向布置，当横向空间尚有剩余时，可再考虑纵向布置。在考虑集装箱的堆装布置时，应确保留足供叉车转弯、掉头等操作所需的空间。滚装船上所采用的集装箱用绑扎固定件的形式与集装箱船上相同。

7.2.1.3 滚装码头设施

滚装码头是指能够接纳滚装船并允许以滚装方式进行货物装卸的港口设施。滚装码头的平面布置主要分为顺岸式和突堤式(见图7-75)。顺岸式码头系指码头的前沿线与自然大陆岸线大致平行或成较小角度的布置形式,停靠顺岸式码头的滚装船一般配置艉斜跳板或侧跳板,装卸时车辆通过跳板沿船舶斜向或者横向上下。突堤式码头是指由陆岸向水域中伸出的码头布置形式,停靠突堤式码头的滚装船一般配置艏直跳板或艉直跳板,装卸时车辆通过跳板沿船舶纵向上下。

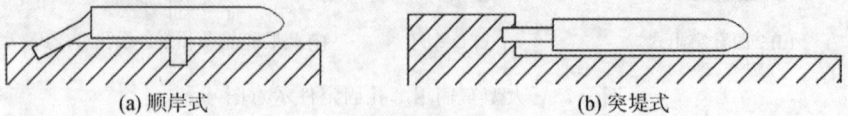

(a) 顺岸式　　　　　　　　　(b) 突堤式

图 7-75　两种典型的滚装码头平面布置

滚装船外部跳板的设计取决于拟停靠码头的具体情况,设计时应获取如下的码头信息:

(1) 码头平面布置;

(2) 码头断面图(含码头高程、设计潮差等信息);

(3) 码头护舷横向尺寸(如无详细信息,可取 0.5～2.0 m);

(4) 码头承载力(一般可取 2～3.5 t/m²);

(5) 码头上可能与跳板发生干扰的附属设施信息,如系缆桩布置、护轮槛高度(一般可取 150～300 mm)等。

对于潮差较大的滚装码头,可在码头上设置可调岸坡道(Linkspan)。可调岸坡道是指随水位的变化可垂直调节的船与岸之间的连接体,通常其固定端铰接在码头边,可调端置于水域中的支撑结构上,滚装船跳板可搭接在其上面。可调岸坡道一般分为三种形式,即液压提升式、浮体式(需另带铰接的接岸桥)和半浮体式(浮体直接与岸铰接)。图 7-76～图 7-78 为以上三种可调岸坡道的示意图。对于大型的客滚船,为提高装卸效率、缩短靠港时间,可采用图 7-79 所示的双层液压提升式可调岸坡道。

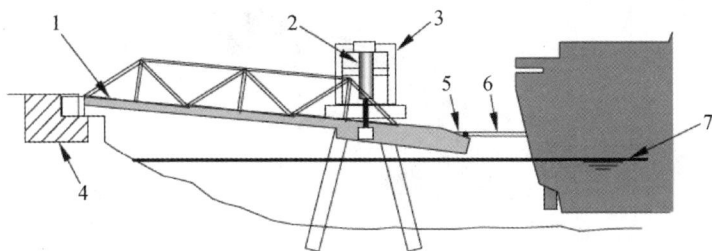

1—可调岸坡道；2—提升装置；3—提升塔架；4—码头；5—船跳板翼板；6—船跳板；7—水线。

图 7-76　液压提升式可调岸坡道示意图

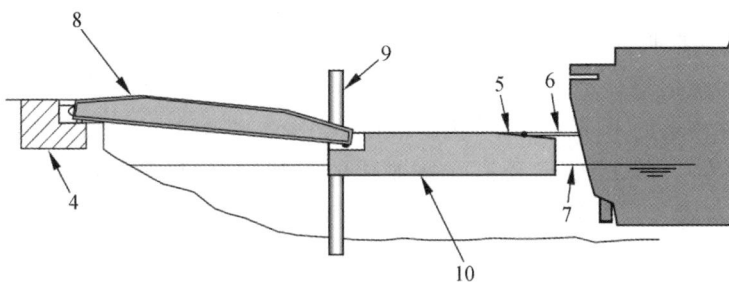

4——码头；5—船跳板翼板；6—船跳板；7—水线；8—接岸桥；9—导向桩；10—浮体。

图 7-77　浮体式可调岸坡道示意图

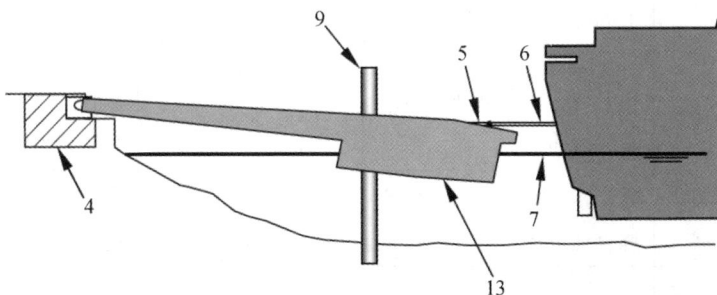

4—码头；5—船跳板翼板；6—船跳板；7—水线；9—导向桩；13—半浮体。

图 7-78　半浮体式可调岸坡道示意图

图 7-79　双层液压提升式可调岸坡道示意图

7.2.1.4　滚装船形式及滚装通道设备

（1）滚装船形式

　　滚装船是指具有允许货物单元以滚装方式进行装卸的通道开口的船舶。滚装船按其运输需求的不同又可细分为货滚船（RoRo）、客滚船（RoPax）和汽车运输船（PCTC/PCC）。除上述外，还有一些兼用的滚装船，如集滚船（ConRo）、滚吊船（RoLo）等。表 7-17 列出了不同形式滚装船的主要区别。

表 7-17　不同形式滚装船的主要区别

项目	货滚船	客滚船	汽车运输船
运输能力指标	车道总长度，如3 500 米车道货滚船	车道总长度及乘客数，如3 500 米车道/700 客位客滚船	标准乘用车数，如3 500 辆汽车运输船
主流货物单元	半挂车、马菲托架、卡赛特托架	乘用车、货车、半挂车	乘用车、马菲托架、工程机械车辆
车辆甲板层数	少	少	多
外部跳板形式	艉直跳板	艉直跳板＋艏直跳板	艉斜跳板＋侧跳板
活动汽车甲板形式	升降式	升降式	顶升式
航区	近海	近海	近海/远洋
航速及装卸速度要求	一般	高	一般

（2）滚装通道设备类型

滚装通道设备是指沟通码头与滚装船上各层车辆甲板处所，以实现以滚装装卸为目的的交通连接设备，按其用途可分为四大类：

①外部跳板，其为滚装船与码头的连接设备，包括艏直跳板、艉直跳板、艉斜跳板、侧跳板等；

②内部活动坡道和升降平台，其为滚装船各甲板之间的活动连接设备，供车辆从一层甲板通往另一层甲板；

③滚装门（盖），其为设置在滚装船船壳或货舱内部，用于密性分隔的设备，包括：艏门、艏内门、坡道盖、固定坡道门、舱壁门等；

④活动汽车甲板，其为高度可调节的汽车甲板，用于提高货舱空间利用率。

（3）滚装通道设备驱动形式

滚装通道设备均为可活动设备，其驱动形式有以下三种：

①液压油缸。这种驱动形式如图 7-80 所示，液压油缸的一端与船体结构铰接，另一端与滚装通道设备铰接，通过液压油缸的直线运动驱动设备动作。这种驱动方式简单、经济，是首选方案。

②液压油缸＋钢丝绳导向系统。如采用液压油缸直接驱动在布置上存在困难时，可采用如图 7-81 所示的液压油缸＋钢丝绳导向系统的间接驱动方式。采用这种驱动方式时，液压油缸整个布置在船体（或滚装通道设备）上，液压油缸的一端铰接固定，另一端与安装在滑道上的动滑轮组相连，从动滑轮组引出有若干根钢丝绳，钢丝绳绕过布置在船体（或滚装通道设备）不同位置的定滑轮后，最后引出至滚装通道设备（或船体）上并固定。当液压油缸伸缩从而带动动滑轮组在滑道上前后滑行时，动滑轮组与定滑轮组之间所缠绕的钢丝绳长度将因此发生改变，但由于整个系统的钢丝绳总长度是固定不变的，则船体与滚装通道设备之间相连的钢丝绳长度将发生改变，从而实现滚装通道设备的升降。这种驱动形式在各种滚装通道设备上得到广泛应用，如活动坡道、升降平台、升降式活动汽车甲板等。

③钢丝绳绞车。对于某些大型的滚装通道设备，如艉直跳板、艉斜跳板等，考虑到液压油缸的承载能力极限，可采用如图 7-82 所示的绞车收放钢丝绳的驱动方式。绞车通常设置在船体结构上，从绞车卷筒引出的钢丝绳绕过布置在船体不同位置的导向滑轮，最后引出至滚装通道设备上并固定。通过绞车收放钢丝绳即可实现滚装通道设备的升降。

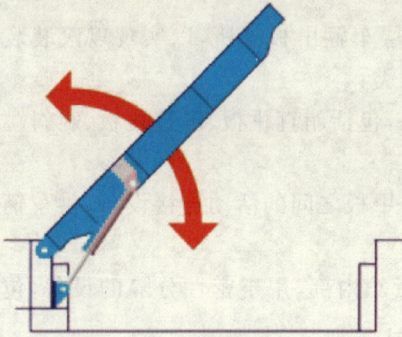

图 7-80　液压油缸驱动坡道盖

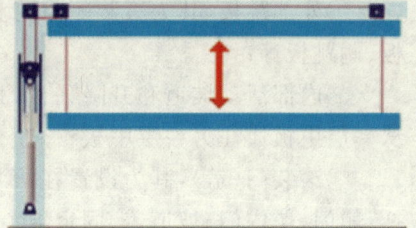

图 7-81　液压油缸＋钢丝绳导向系统驱动活动汽车甲板

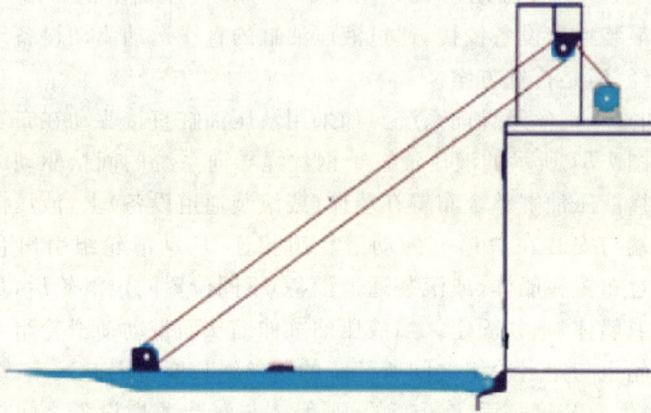

图 7-82　钢丝绳绞车驱动艉直跳板

7.2.2　滚装通道系统设计

7.2.2.1　系统设计概述

（1）系统设计原则

滚装通道系统设计是根据具体滚装船的特定运输需求，对滚装货流的交通组织、通道系统布置、通道设备选型等方面进行综合研究，提出一个实用、高效、经济的滚装通道系统方案。设计时应遵循以下原则：

①满足法规及规范的相关要求，确保设计的安全性；

②满足船舶总体设计对于通道系统的要求,如密性、防火、防爆等;

③全船交通组织合理,货流进出方便、通畅,能够最大限度地提高装卸效率及舱容利用率,并具有适应不同类型滚装货物及滚装运输方式的灵活性;

④通道系统主要参数(净高、净宽、坡度、转弯半径等)的选择适宜,通道设备选型合理,全船通道系统简单、可靠、经济、易于维护;

⑤与船体结构设计协调一致,尽量减少对于船体结构的不利影响和修改,滚装通道设备与船体的接口界面简单、合理。

(2)系统设计主要考虑因素

在进行滚装通道系统设计时,应获取并充分考虑以下因素:

①有关的法规及规范要求,船舶总体设计对于密性分隔、防火分隔、危险区域划分等的要求;

②拟装卸的货物类型及所采用的滚装运输方式,全船滚装货物堆装布置,装卸效率要求及装卸工艺安排等;

③滚装船拟停靠码头的相关信息及水文资料;

④船体基本结构布置,特别是立柱、舱壁、机舱棚、通风管路、主要桁材、强横梁等的位置。

(3)系统设计主要步骤

滚装通道系统设计可按照以下步骤进行:

①确定滚装船与码头的交通连接方式,如仅在船尾还是艏艉都布置通道,仅在主甲板还是在主甲板及上甲板都布置通道,采用艉斜跳板还是艉直跳板;

②确定滚装货物上船后由入口甲板至其他各层甲板的通道连接方式及设备选型,如各层甲板之间布置单个通道还是多个通道,内部坡道采用固定式还是活动式等;

③确定各通道的平面布置位置及主要参数,检查交通组织的合理性;

④检查各通道设备与船体的接口是否合理可行,是否会影响船舶总布置及主要结构。

7.2.2.2　通道设计主要参数

(1)净高

净高指的是从本甲板顶面至上一层甲板结构底面之间的垂直有效高度,不含上一层甲板在设计负荷下的结构变形。净高的选取应根据滚装运输工艺、货物单元高度合理确定。当通道需要通过不同的货物单元时,应选取净高要求最大的货物单元所需的净高。表 7-18 给出了不同类型滚装货物所需的最小净高。

表 7-18　不同类型滚装货物所需最小净高

货物类型	货物高度/m	净高/m， (含 0.1 m 余量)	备注
微(小)型乘用车	1.6	1.7	对于客滚船，考虑乘客通行需要，最小净高不应小于2.1 m
中(大)型乘用车	2.0	2.1	
小型客(货)车	2.8	2.9	
中型客(货)车	3.4	3.5	
大型客(货)车	4.0	4.1	
集装箱拖车	4.2/4.5（高箱）	4.3/4.6(高箱)	
叉车装卸两层集装箱	5.2+0.4	5.7	0.4 m 为叉车装卸所需的升降间隙(此值取决于叉车装卸方式)
叉车装卸两层集装箱（高箱）	5.8+0.4	6.3	0.4 m 为叉车装卸所需的升降间隙(此值取决于叉车装卸方式)
马菲(卡赛特)托架)带两层集装箱	6.1+0.3	6.5	取车架高 0.9 m，0.3 m 为拖车装卸所需的升降间隙
马菲(卡赛特)托架)带两层集装箱(高箱)	6.7+0.3	7.1	取车架高 0.9 m，0.3 m 为拖车装卸所需的升降间隙

　　当车辆驶过坡道时，整个行驶过程中的轨迹包络线不仅要考虑车辆的高度，还需考虑车辆驶过坡道时由于"翘起"而产生的额外增高。因此，在确定坡道上下入口处的净高时，应在甲板正常净高的基础上额外增加一定的高度，对于大型车辆此高度可取 200~400 mm。图 7-83 为车辆驶过艉直跳板时的轨迹包络线。

　　(2) 净宽

　　净宽指的是可供车辆通行的有效宽度，一般取通道两侧护轮槛或围壁之间的宽度。通道的净宽一方面关系到行车的速度及安全；另一方面也关系到通道所占用的甲板面积，因此过窄或过宽都是不合理的。在决定通道净宽时，应考虑所需行驶的车辆宽度、车辆行驶速度、车道数量、车辆在上下通道前是否需要转弯等因素。

考虑到外部跳板是滚装船的主要通道,车辆的行驶速度较快且存在偶尔通行超宽货物的可能性,因此外部跳板的净宽一般应较内部坡道取更大值。对于艉斜跳板,由于车辆在上船后需要在入口处转弯行驶,入口处的通道净宽需要适当加宽,一般是跳板中间段最小净宽的 1.5～2.0 倍。

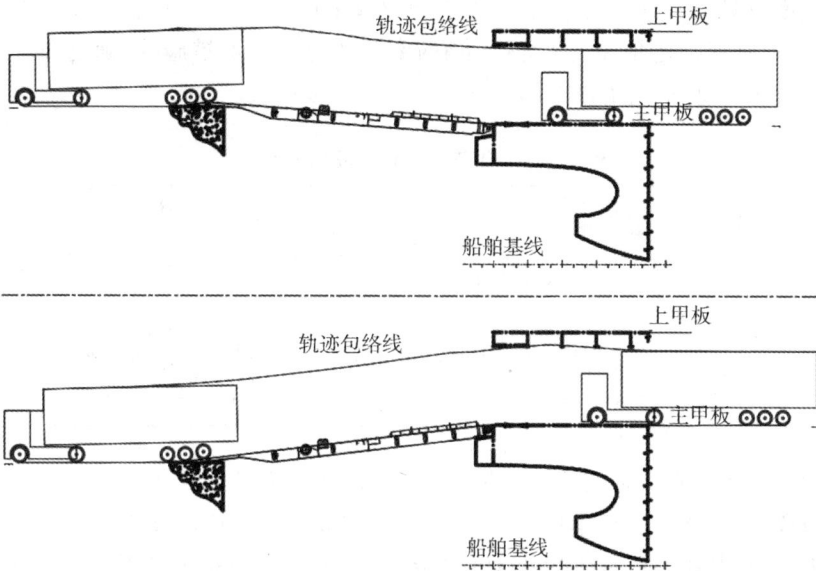

图 7-83　车辆驶过坡道时的轨迹包络线

表 7-19 给出了几种典型的通道最小净宽,对于外部跳板应取大值。需要说明的是,一些内部坡道在装卸时仅考虑单车道通行,但在航行过程中其上面需并排停放两辆车辆,此时其净宽还应满足车辆堆装的需要。

表 7-19　几种典型的通道最小净宽

通道类型	最小净宽/m
乘用车(单车道)	3.0～3.5
乘用车(双车道)	5.5～6.0
大型车辆(单车道)	3.5～4.0
大型车辆(双车道)	6.5～7.0
叉车(空车)	4.5
叉车(带 20 英尺集装箱)	7.0
叉车(带 20 英尺集装箱)＋叉车(空车)返回	11.5

（3）坡度

坡度指的是通道表面与水平面所呈角度的陡缓程度。通道的坡度一方面关系到车辆上下的便利及安全；另一方面也关系到通道所占用的甲板长度。在甲板层间高度一定的情况下，坡度越大，则通道长度越短；坡度越小，则通道长度越长。过大的坡度会降低车辆行驶速度，影响装卸效率；也不安全。因此，应综合考虑各种因素（如车辆的接近角和离去角、车辆的牵引能力及防滑措施等）确定一个合适的坡度值。表 7-20 给出了供不同车辆行驶的典型坡度。

表 7-20　供不同车辆行驶的典型坡度

车型	最大坡度	备注
乘用车	$9.0°\sim11.0°$（$1:6.4\sim1:5.2$）	适用于专业司机驾驶，如货滚及汽车运输船上的坡道
	$7.5°\sim9.0°$（$1:7.7\sim1:6.4$）	适用于非专业司机驾驶，如客滚船上的坡道
大型车辆	$6.4°\sim7.5°$（$1:9\sim1:7.7$）	对于大型客车，不应大于 $6.5°$

为避免车辆在坡道的两端碰擦地面，在坡道的两端应设置缓坡段。当设置直线缓坡段时，其水平长度不应小于 3.6 m，缓坡坡度应为正常坡度的 1/2；当设置曲线缓坡段时，其水平长度不应小于 2.4 m，下端凹曲线曲率半径不应小于 30 m，上端凸曲线曲率半径不应小于 20 m。大型客车、马菲托架和卡赛特托架的接近角和离去角比普通车辆小，在设计相关坡道的缓坡段长度及曲率半径时应予以特别考虑。图 7-84 为缓坡段的典型设计。

固定坡道一般设置曲线缓坡段；活动坡道则一般设置直线缓坡段。对于多节跳板，也须注意各节之间的过渡处理，避免车辆在各节的铰接处碰擦跳板。活动坡道的直线缓坡可通过以下方法获得：

①在活动坡道的端部铰接一节翼板；

②活动坡道的面板在端部做一段局部平缓折角；

③活动坡道前方的固定甲板做一小段平缓坡道。

（4）转弯车道

车辆上船后如需转弯或掉头，应在船上留出足够的回转空间，为此，需确定车辆的最小转弯半径。最小转弯半径系指机动车回转时，转向盘转到极限位置且机动车以最低稳定车速转向行驶的情况下，外侧转向轮的中心平面在支承平面上滚过的轨迹圆的半径，它代表了机动车能够通过狭窄弯曲地带或绕过不可越过的障碍物的能力。表 7-21 给出了各种车辆的最小转弯半径。

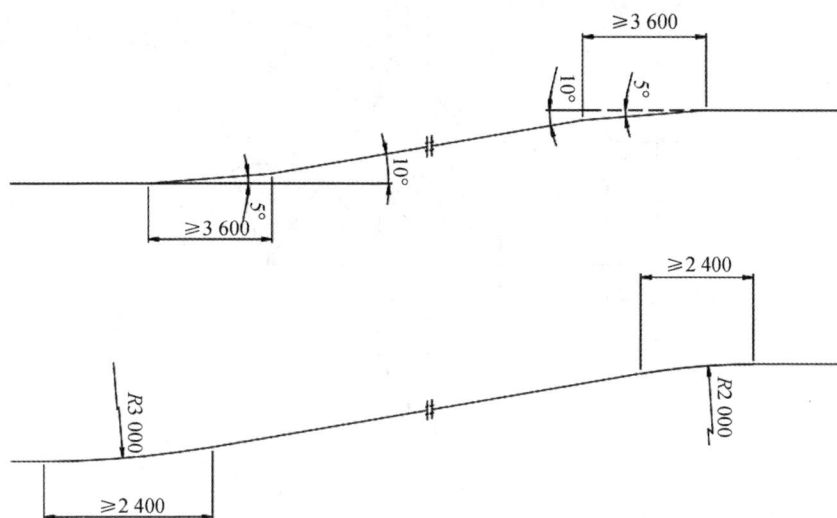

图 7-84   缓坡段典型设计

表 7-21   各种车辆的最小转弯半径

车型	最小转弯半径/m
微型乘用车	4.5
小型乘用车	6.0
轻型乘用车	6.0~7.2
中型客(货)车	7.2~9.0
大型货车	9.0~10.5
铰接客(货)车	10.5~12.5
大型客车	12.5~14.0
叉车(空车)	5.9
低平板半挂车	18.0

① 普通单节车辆的环形车道

普通的单节机动车辆回转时,其前轮沿着回转中心回转,车辆前端的外侧角走了一个较大的弧度,车辆的内后轮走了一个较小的弧度。这两个弧度构成的环形车道如图 7-85 所示。

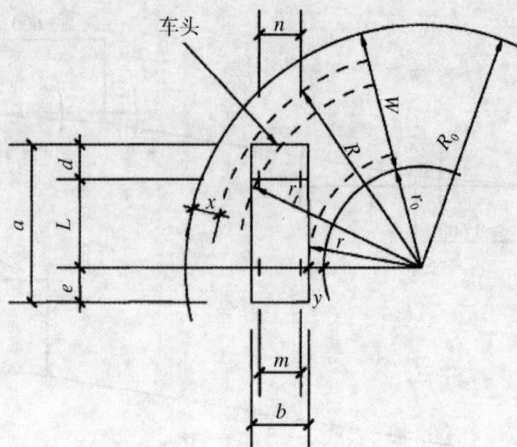

a—机动车长度;b—机动车宽度;d—前悬尺寸;e—后悬尺寸;

L—轴距;m—后轮距;n—前轮距。

图 7-85 单节车辆环形车道平面图

根据上述参数可计算出环形车道的下述主要参数:

机动车行走轨迹的环形内半径 r 按下式计算:

$$r = \sqrt{r_1^2 - L^2} - \frac{b+n}{2} \tag{7.2.1}$$

式中 r_1——机动车最小转弯半径(参见表 7-21)。

机动车行走轨迹的环形外半径 R 按下式计算:

$$R = \sqrt{(L+d)^2 + (r+b)^2} \tag{7.2.2}$$

式中 r——见式(7.2.1)。

机动车环形车道内半径 r_0 按下式计算:

$$r_0 = r - y \tag{7.2.3}$$

式中 r——见式(7.2.1);

　　y——机动车转弯时,最内点至环道内边缘的安全距离(见图 7-85),取等于或大于 250 mm;当两侧为连续障碍物时,应取等于或大于 500 mm。

机动车环形车道外半径 R_0 按下式计算:

$$R_0 = R + x \tag{7.2.4}$$

式中 R——见式(7.2.2);

　　x——机动车转弯时,最外点至环道外边缘的安全距离(见图 7-85),取等于或大于 250 mm;当两侧为连续障碍物时,应取等于或大于 500 mm。

环形车道的最小净宽 W 按下式计算:

$$W = R_0 - r_0 \qquad (7.2.5)$$

式中　r_0——见式(7.2.3)；

　　　R_0——见式(7.2.4)。

② 带挂车的铰接车辆的环形车道

带挂车的铰接车辆转弯更复杂，要求的转弯通道也更宽。图 7-86 所示为带挂车的铰接车辆转弯平面图。当铰接车辆必须绕过障碍物(如布置在船中心线处的纵向围蔽结构、机舱棚、通风管路等)时，应先作图确定环形车道内半径 r_0(见图 7-86)，再计算出拖车的最小转弯半径 r_1 及环形车道的最小外半径 R_0 等参数。

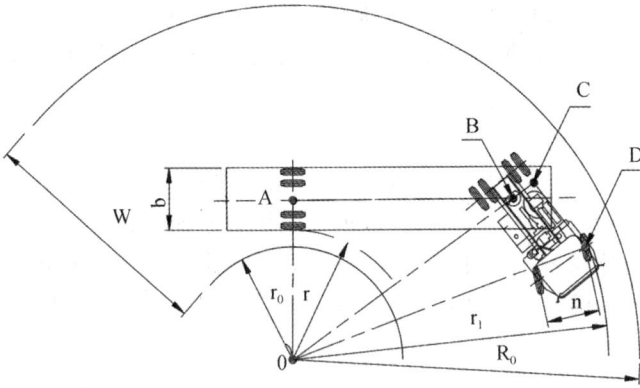

图 7-86　铰接车辆转弯平面图

铰接车辆行走轨迹的环形内半径 r 按下式计算：

$$r = r_0 + y \qquad (7.2.6)$$

式中　r_0——环形车道内半径；

　　　y——见式(7.2.3)。

半挂车后轴中心点 A 到回转中心 O 的距离 $\overline{OA}$ 按下式计算：

$$\overline{OA} = r + \frac{b}{2} \qquad (7.2.7)$$

式中　r——见式(7.2.6)；

　　　b——半挂车宽度，见图 7-86。

机动车回转中心 O 到车辆铰接点 B 的距离 $\overline{OB}$ 按下式计算：

$$\overline{OB} = \sqrt{\overline{OA}^2 + \overline{AB}^2} \qquad (7.2.8)$$

式中　$\overline{OA}$——见式(7.2.7)；

　　　$\overline{AB}$——半挂车后轴中心点 A 到车辆铰接点 B 的距离，见图 7-86。

机动车回转中心 O 到图 7-86 所示 C 点($\overline{OB}$ 的延长线与通过前轮 D 且与拖车

中心线平行的直线相交的点）的距离$\overline{OC}$ 按下式计算：

$$\overline{OC} = \overline{OB} + \frac{n}{2} \qquad (7.2.9)$$

式中　$\overline{OB}$——见式(7.2.8)；

　　　　n——拖车的前轮距，见图 7-86。

铰接车辆的最小转弯半径 $r_1(\overline{OD})$ 按下式计算：

$$r_1 = \overline{OD} = \sqrt{\overline{OC}^2 + \overline{CD}^2} \qquad (7.2.10)$$

式中　$\overline{OC}$——见式(7.2.9)；

　　　　$\overline{CD}$——拖车前轮到列车铰接轴$\overline{BC}$的距离，见图 7-86。

铰接车辆的环形车道最小外半径 R_0 和最小净宽 W 可按前述单节车辆的计算式(7.2.4)和式(7.2.5)计算。

③ GB 1598 的规定

GB 1589《道路车辆外廓尺寸、轴荷及质量限值》规定所有公路车辆应能通过外圆直径为 25 m 和内圆直径为 10.6 m 的通道圆，而任何部位不应超出车辆通道圆的垂直空间，且外摆值不大于 0.8 m。图 7-87～图 7-89 分别给出了单节车辆（长 12.0 m）及带挂车的铰接车辆（长 16.5 m）在通道圆内及 90°和 180°角处转弯的轨迹线。

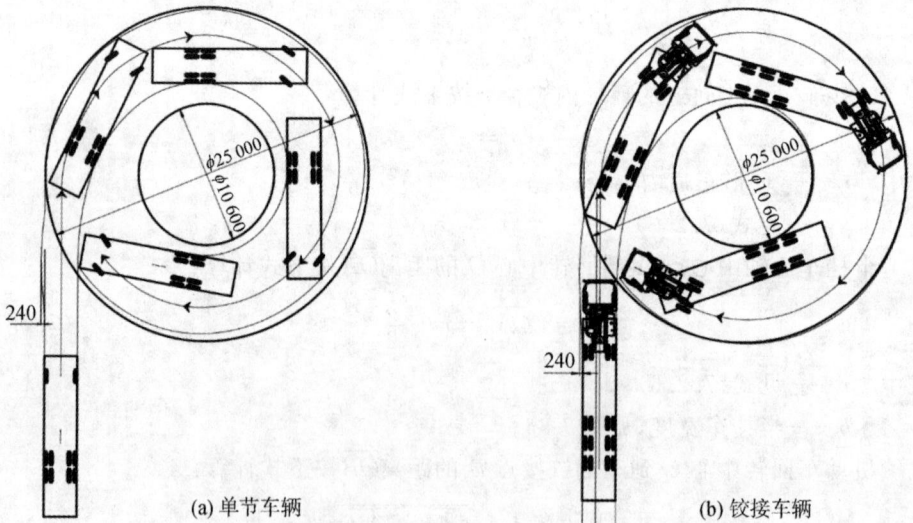

(a) 单节车辆　　　　　　　　　　　(b) 铰接车辆

图 7-87　单节车辆和铰接车辆在通道圆内的转弯轨迹

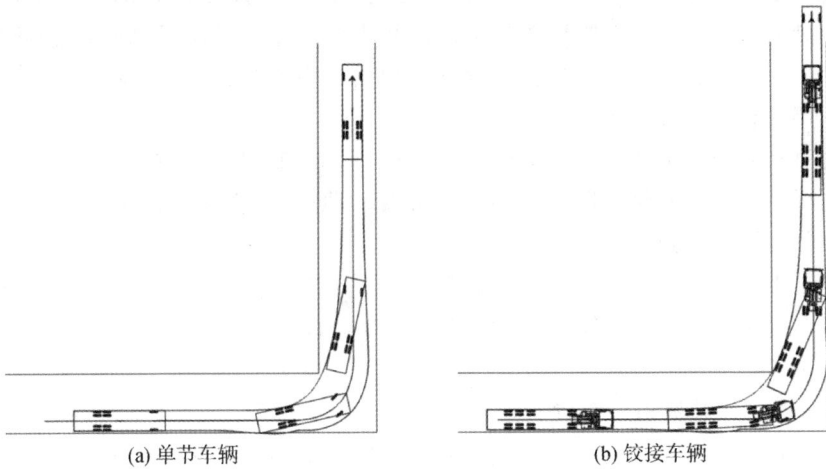

(a) 单节车辆　　　　　　　　　　　(b) 铰接车辆

图 7-88　单节车辆和铰接车辆 90°角转弯轨迹

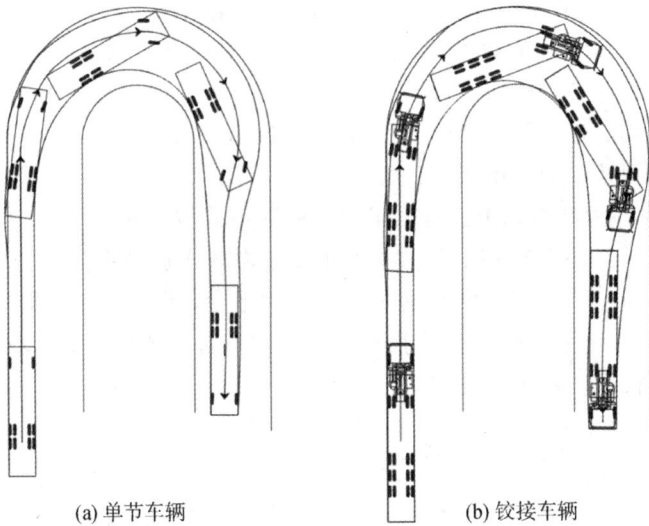

(a) 单节车辆　　　　　　　　　　　(b) 铰接车辆

图 7-89　单节车辆和铰接车辆 180°角转弯轨迹

7.2.2.3　内部通道的形式与布置

（1）概述

滚装船的内部(甲板间)通道作为不同甲板层间的交通联系,可分为斜坡道和升降平台两种形式。其中斜坡道又可分为固定式和活动式。

在确定内部通道的形式与布置时,首先应考虑车流从何处而来,通过本通道后又往何处而去,车辆最终要停放在何处。设计时,一方面应保证驶入的车流能方便、通畅地到达本通道;另一方面应保证驶出的车流能方便、通畅地前往下一个通道或本层甲板的停放位置。

通道布置应尽可能利用现有的船体结构(舷侧、舱壁、机舱棚、立柱、通风结构等),这样一方面可避免对船体结构的非必要改动;另一方面也便于设计滚装通道设备的船体结构加强。

每层甲板所设置的通道数量应根据装卸效率要求确定,对于乘用车,每条坡道的设计车流量可取4~10辆/分钟;对于大型车辆,每条坡道的设计车流量可取1~2辆/分钟。

(2)固定式斜坡道的布置

固定式斜坡道结构简单、成本低,但需占用上下两层的甲板空间。此外,采用固定式斜坡道时,需另设单独的坡道盖(门)才能实现密性分隔的要求。采用固定式斜坡道时,通道设计的主要工作是确定其在各甲板层间的布置形式。

图7-90为货滚船及客滚船上经常采用的一种固定式坡道布置形式,一条直上的连续长坡道联系三层车辆甲板,在中间甲板层引出有分岔口供车辆驶出。底层甲板至中间甲板的坡道较宽,为双车道;中间甲板至上层甲板的坡道较窄,为单车道。此布置形式的好处是全船的坡道总长度较短,所占用的甲板面积也较小,车辆无需掉头即可到达最顶层甲板。

图7-91为各种滚装船上经常采用的一种固定式坡道布置形式,在中间甲板层设有两条纵向错开一定距离的短坡道,两条短坡道分别联系上下两层车辆甲板。两条短坡道之间的甲板用作供车辆转弯进出的平台,该平台的长度对于乘用车应不小于8.0 m,对于大型车辆应不小于18 m。此布置形式的好处是坡道长度较短,车辆在中间甲板层转弯进出较方便。

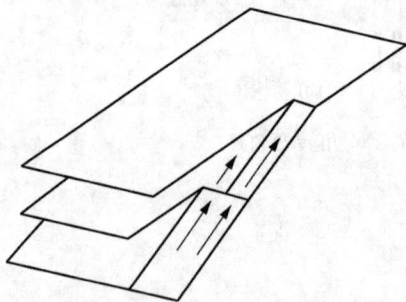

图7-90 单个固定坡道直上式

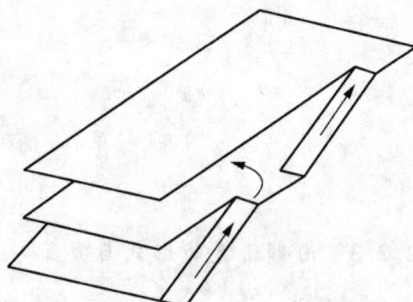

图7-91 多个固定坡道纵向错开式

（3）活动式斜坡道形式

活动式斜坡道结构复杂、成本高，但不会损失甲板空间，并可根据需要实现密性分隔的要求。活动式斜坡道的形式多种多样，设计与布置巧妙灵活，可充分满足不同滚装船舶的运输需求。活动式斜坡道可分为一端活动式和两端活动式。图 7-92 所示为一端活动式斜坡道。

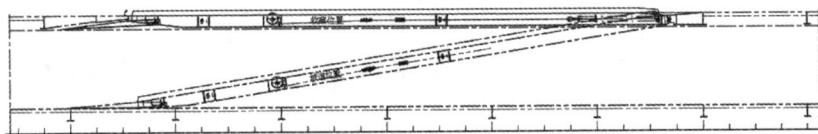

图 7-92　一端活动式斜坡道

图 7-93 所示为两端活动式斜坡道，其适用于带艏门的客滚船，车辆在装载和卸载码头都无须掉头，提高了装卸效率。

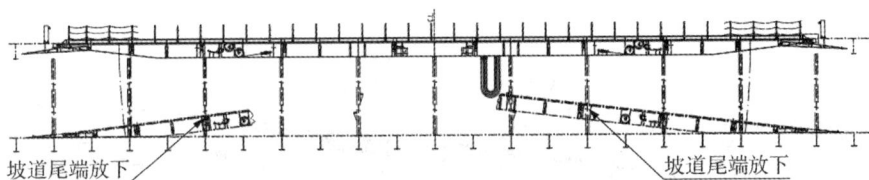

坡道尾端放下　　　　　　坡道尾端放下

图 7-93　两端活动式斜坡道

图 7-94 为汽车运输船上常见的组合式活动坡道/坡道盖，其分为前后两块结构。前一块结构为坡道盖，其铰链在前端，可向上打开后提供下方坡道所需的净高。后一块结构为活动坡道，其铰链在后端，可向下打开后作为通向下一层甲板的坡道。

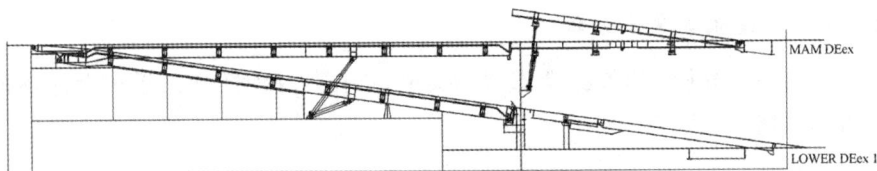

MAM DEex

LOWER DEex 1

图 7-94　组合式活动坡道/坡道盖侧视图

图 7-95 为拼接式活动坡道，其由上下两个活动坡道拼接而成，用在上层甲板

净高比下层甲板净高小的情况。采用拼接式活动坡道可以减小上层甲板的开口长度。

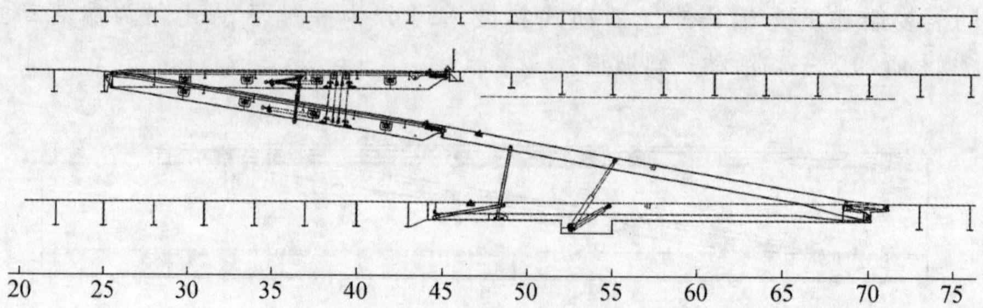

图 7-95　拼接式活动坡道

　　图 7-96 为嵌入式活动坡道,其嵌在一个固定式坡道内,关闭时作为固定式坡道的一部分,放下时可通往下层甲板。

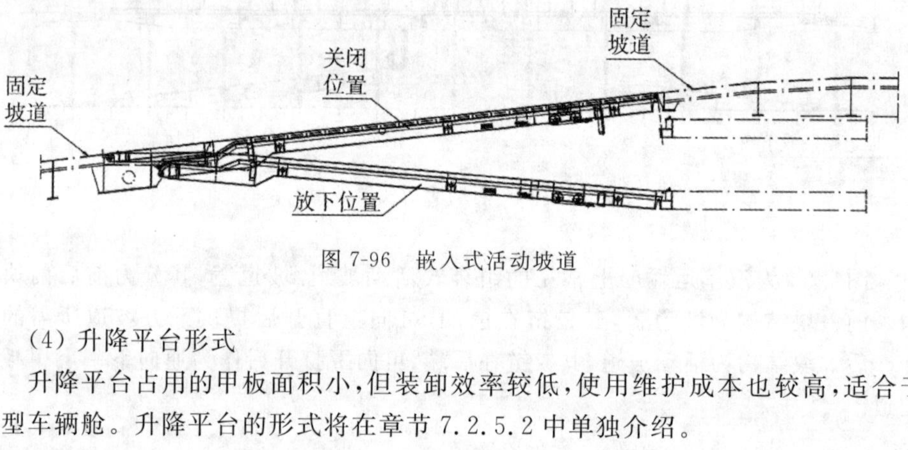

图 7-96　嵌入式活动坡道

　　(4) 升降平台形式

　　升降平台占用的甲板面积小,但装卸效率较低,使用维护成本也较高,适合于小型车辆舱。升降平台的形式将在章节 7.2.5.2 中单独介绍。

7.2.2.4　通道布置案例分析

　　以下列举并分析了几个通道布置的案例,旨在加深对于通道系统设计及布置的理解和把握。

　　(1) 案例 1

　　图 7-97 为案例 1 的示意图。该示意图为 5 甲板的平面图,车辆通过固定坡道(3 甲板—5 甲板)上至本甲板后,需继续通过固定坡道(5 甲板—7 甲板)上至 7 甲板。固定坡道(5 甲板—7 甲板)与固定坡道(3 甲板—5 甲板)在横向错开有一段距

离 B,为保证车辆能顺利拐入固定坡道(5甲板—7甲板),两固定坡道之间的纵向距离 L 不应过小,L/B 一般可取 4~6。

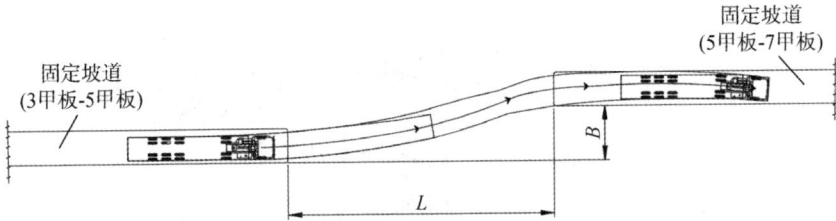

图 7-97　通道布置案例 1 示意图

(2) 案例 2

图 7-98 为案例 2 的示意图。该示意图为艉直跳板的侧视图,车辆经由艉直跳板上船后,直接通过固定坡道上至 5 甲板。该方案由于艉直跳板与固定坡道之间的夹角过大(11°),无法满足车辆行驶要求。建议将固定坡道往船首方向移约 8 m 的距离,在艉直跳板与固定坡道之间留出一水平过渡段。

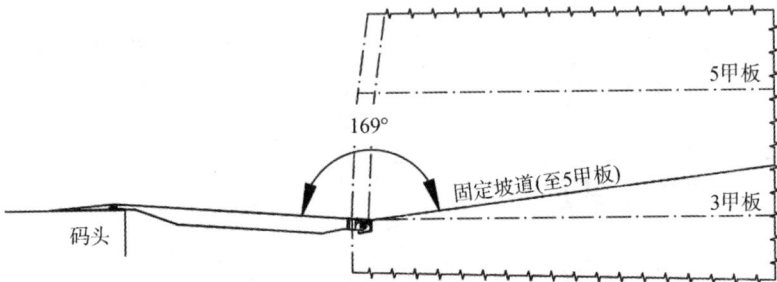

图 7-98　通道布置案例 2 示意图

(3) 案例 3

图 7-99 为案例 3 的示意图。该示意图为车辆经由艉斜跳板上船后的车流交通图,从图中可看出设置在艉斜跳板入口处的立柱对车流交通影响较大。建议取消该立柱。

(4) 案例 4

图 7-100 为案例 4 的示意图。该示意图为车辆掉头时的轨迹图,从图中可看出车辆在掉头时将与围蔽结构发生碰擦。建议将该围蔽结构适当往船尾方向移。

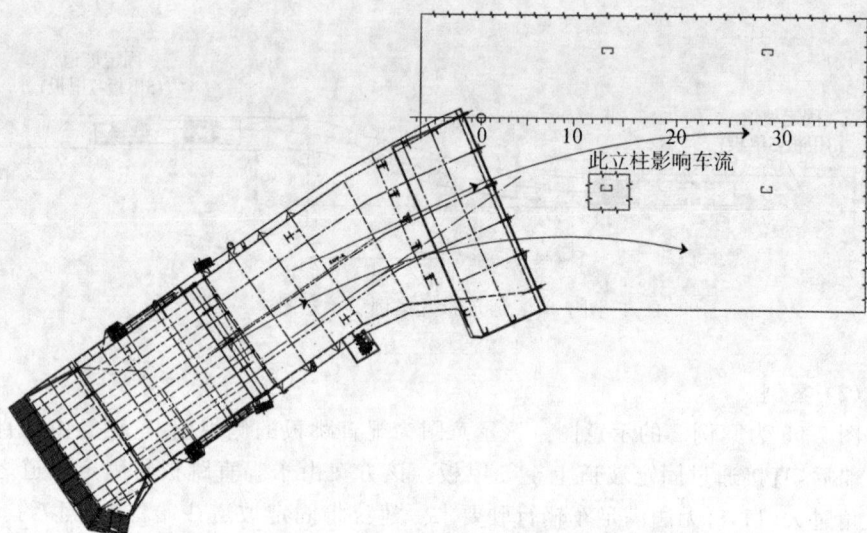

图 7-99　通道布置案例 3 示意图

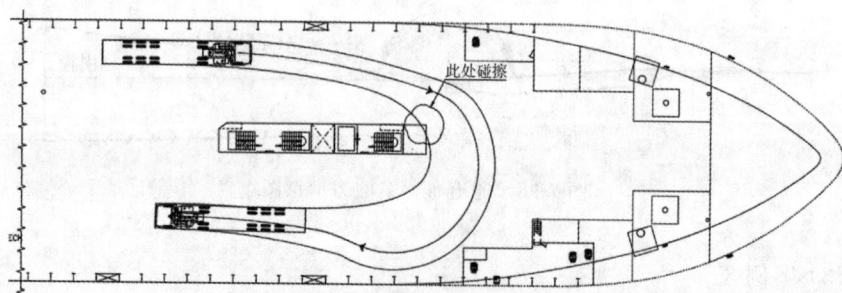

图 7-100　通道布置案例 4 示意图

（5）案例 5

图 7-101 为案例 5 的示意图。该示意图为活动坡道（3 甲板—5 甲板）在 3 甲板上的布置图，从图中可看出仅在活动坡道的右侧设有一排支撑立柱。此方案在活动坡道的左侧并未设置任何立柱，造成船体结构对活动坡道左侧的支撑刚度及强度不够，不能满足活动坡道的设计要求。另外，活动坡道如靠近右舷舷侧布置，则可以取消右侧部分的立柱。因此，建议将该活动坡道往右移使其靠近舷侧布置，取消坡道右侧的立柱，在坡道左侧另外增设立柱。

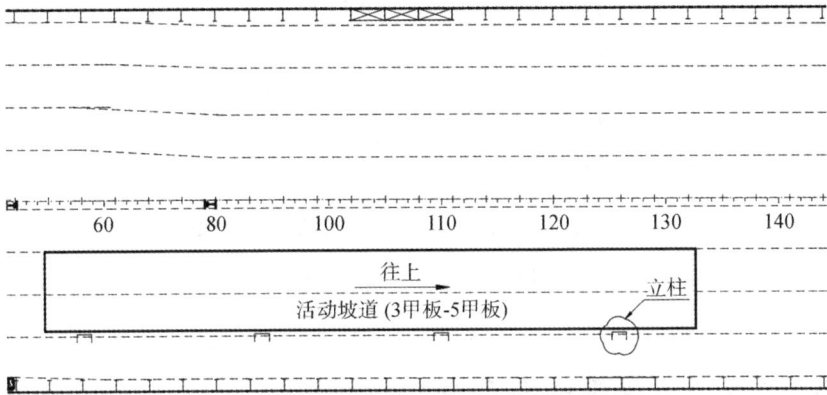

图 7-101 通道布置案例 5 示意图

（6）案例 6

图 7-102 和图 7-103 为案例 6 的示意图。图 7-102 为活动坡道（3 甲板—5 甲板）在船舶总布置图上的布置，从图中可看出活动坡道两侧支撑立柱的间距为 4 300 mm，船东规格书要求的坡道净宽为 4 000 mm。图 7-103 为基于 4 300 mm 立柱间距所绘制的活动坡道横截面图，由图可知考虑到密封橡皮等附属件所需占用的宽度，活动坡道净宽最大仅能达到 3 500 mm。为满足船东规格书对于坡道净宽的要求，建议将立柱的间距增加到 4 800 mm。从本案例可看出，在考虑滚装通道设备的布置空间时，在净宽的基础上还需额外考虑附属件等所需占用的宽度空间。

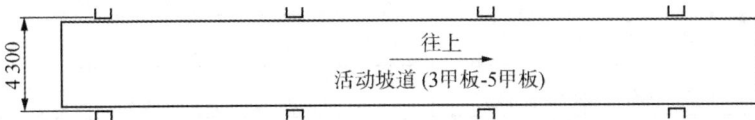

图 7-102 通道布置案例 6 示意图

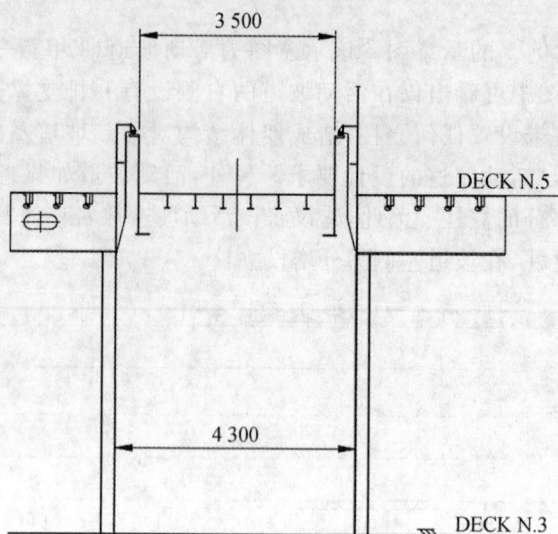

图 7-103　通道布置案例 6 示意图

7.2.3　滚装通道设备结构及船体接口

7.2.3.1　通用符号

除特别说明外,本章所使用的符号含义见表 7-22。

表 7-22　本章所使用的符号含义

符号	符号的名称,值	单位
m	质量	t
a	加速度	m/s²
g	重力加速度,$=9.81$	m/s²
σ_b	弯曲应力	N/mm²
τ	剪切应力	N/mm²
σ_e	合成应力	N/mm²
R_{eH}	屈服强度	N/mm²
τ_{eH}	剪切强度,$=R_{eH}/\sqrt{3}$	N/mm²

表 7-22　（续 1）

符号	符号的名称，值	单位
k	材料系数： $=1$（普通钢，$R_{eH}=235$ N/mm²） $=0.78$（高强钢，$R_{eH}=315$ N/mm²） $=0.72$（高强钢，$R_{eH}=355$ N/mm²）	—
L	规范船长	m
B	型宽	m
D	型深	m
T_{SC}	结构吃水	m
C_B	结构吃水时的方形系数	—
V	最大服务航速	kn
a	板格长边长度	mm
b	板格短边长度	mm
α_p	板格长宽比系数，$=\left(1.2-\dfrac{b}{2.1a}\right)\leqslant 1.0$	—
s	骨材间距	mm
S	主要构件间距	m
l	骨材或主要构件跨距	m
l_{bdg}	有效弯曲跨距（可参考 DNV GL 规范 Pt3 Ch. 3 Sec. 7 [1]）	m
l_{shr}	有效剪切跨距（可参考 DNV GL 规范 Pt3 Ch. 3 Sec. 7 [1]）	m
t	净厚度	mm
t_c	腐蚀余量	mm
t_{gr}	毛厚度	mm
h_w	骨材或主要构件腹板净高度	mm
t_w	骨材或主要构件腹板净厚度	mm
b_f	骨材或主要构件面板净宽度	mm
t_f	骨材或主要构件面板净厚度	mm

表 7-22　（续 2）

符号	符号的名称,值	单位
A_f	骨材或主要构件面板净截面积＝$b_f t_f$	mm^2
h_{stf}	骨材或主要构件毛高度	mm
t_p	骨材或主要构件带板净厚度	mm
A_{shr}	含带板的骨材净剪切面积,＝$d_{shr} t_w 10^{-2}$	cm^2
d_{shr}	骨材的有效剪切高度 ＝$h_{stf}+t_p$,$75°\leqslant\varphi_w\leqslant90°$ 时 ＝$(h_{stf}+t_p)\sin\varphi_w$,$\varphi_w<75°$ 时	mm
A_{sh-0}	假定主要构件腹板与带板垂直时的净剪切面积 ＝$(h_w+t_f+t_p)t_w 10^{-2}$	cm^2
A_{sh}	主要构件的有效净剪切面积 ＝A_{sh-0},$75°\leqslant\varphi_w\leqslant90°$ 时 ＝$A_{sh-0}\sin\varphi_w$,$\varphi_w<75°$ 时	cm^2
φ_w	骨材或主要构件腹板与带板之间的夹角,见图 	(°)
Z_{stf}	假定骨材腹板与带板垂直时的净剖面模数	cm^3
Z	骨材的有效净剖面模数 ＝Z_{stf},$75°\leqslant\varphi_w\leqslant90°$ 时 ＝$Z_{stf}\sin\varphi_w$,$\varphi_w<75°$ 时	cm^3
Z_{pl}	骨材的有效净塑性剖面模数	cm^3
h_{f-ctr}	量至骨材面板厚度中心的骨材高度 ＝$h_w+0.5t_f$,型材面板为矩形时	mm
b_{f-ctr}	骨材面板宽度中心到腹板厚度中心的距离 ＝$0.5(b_f-t_{w-gr})$,角钢 ＝0,T 型材	mm

表 7-22　(续 3)

符号	符号的名称,值	单位
f_{bdg}	弯矩分布系数 对于骨材: ＝12,两端刚性固定且连续的水平构件及垂直构件(上端); ＝10,两端刚性固定且连续的垂直构件(下端); ＝8,其他情况。 对于主要构件: 可参考 DNV GL 规范 Pt3 Ch.6 Sec.6 Table 1	—
f_{shr}	剪力分布系数 对于骨材: ＝0.5,两端刚性固定且连续的水平构件; ＝0.4,两端刚性固定且连续的垂直构件(上端); ＝0.7,两端刚性固定且连续的垂直构件(下端); ＝0.5,两端简支的非连续构件。 对于主要构件: 可参考 DNV GL 规范 Pt3 Ch.6 Sec.6 Table 1	—
f_{pl}	弯矩系数: $=8\left(1+\dfrac{n_S}{2}\right)$	—
n_S	两端固定系数: ＝0,两端简支; ＝1,一端简支,一端刚性固定; ＝2,连续或两端刚性固定的构件	—
P_e	设计外压力	kN/m²
P_{FB}	艏部砰击压力	kN/m²
P_i	来自货舱内的偶然载荷	kN/m²

注:除特别说明外,所有尺寸为扣除腐蚀余量后的净尺寸,带下标"gr"的尺寸为包含腐蚀余量的毛尺寸。

7.2.3.2　典型车辆载荷

在开展滚装通道设备结构设计前,应获取的车辆载荷信息有:总重、轴重及轴距、轮数及轮印尺寸等。另外,还应明确滚装通道设备上所需同时行驶或停放的车辆数量或总重。

图 7-104 是半挂车载荷及轮印尺寸示意图,表 7-23 给出了半挂车典型的车辆载荷参数。当轮印尺寸未知时,可取轮胎胎压为 0.8 MPa。

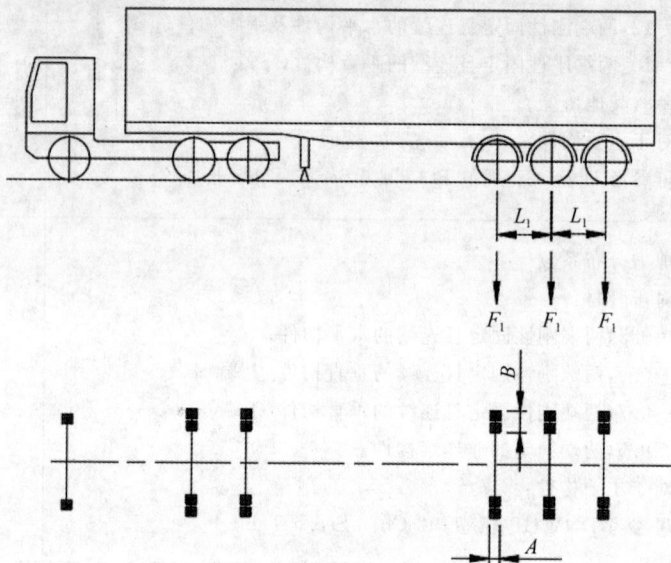

图 7-104　半挂车载荷及轮印尺寸示意图

表 7-23　半挂车典型的车辆载荷参数

总重/t	后轴距 L_1/m	后轴重 F_1/t	后轮印 $A \times B$/(mm×mm)
44	1.3	8.0	120×500
55	1.3	13.0	170×500
63	1.3	15.0	200×500
74	1.3	18.0	250×500

图 7-105 是马菲托架载荷及轮印尺寸示意图,表 7-24 给出了马菲托架典型的车辆载荷参数。当轮印尺寸未知时,可取拖车充气轮胎胎压为 1.1 MPa,马菲托架实心轮胎胎压为 1.6 MPa。

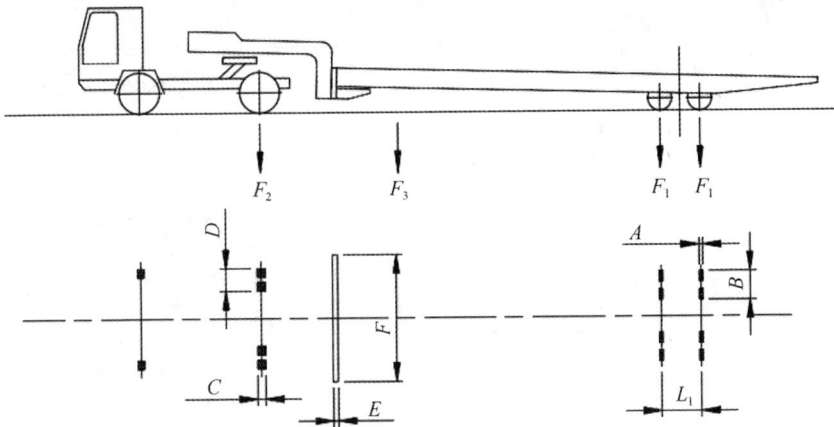

图 7-105　马菲托架载荷及轮印尺寸示意图

表 7-24　马菲托架典型的车辆载荷参数

有效载荷 /t	托架轴重 F_1/t （码头/海上）	拖车轴重 F_2/t	支腿载荷 F_3/t	托架轮印 $A \times B$/ (mm×mm)	拖车轮印 $C \times D$/ (mm×mm)	支腿轮印 $E \times F$/ (mm×mm)	托架轴距 L_1/m
40	17.0/13.0	19.5	22.0	90×700	225×550	100×1 900	0.8
50	21.0/17.0	21.6	25.5	134×880	300×550	100×1 900	1.0
60	25.0/21.0	23.5	27.0	134×916	300×550	100×1 900	1.0
80	33.0/29.0	27.5	32.0	148×916	300×550	100×1 900	1.0
100	41.0/37.0	31.5	37.0	200×1 040	300×600	150×1 900	1.1
120	49.0/45.0	40.0	41.0	246×1 040	300×600	150×1 900	1.1

　　图 7-106 是卡赛特托架载荷及轮印尺寸示意图,表 7-25 给出了卡赛特托架典型的车辆载荷参数。当轮印尺寸未知时,可取拖车轮胎胎压为 1.1 MPa,液压转运车轮胎胎压为 1.1 MPa。

　　图 7-107 是叉车载荷及轮印尺寸示意图,表 7-26 给出了叉车典型的车辆载荷参数。当轮印尺寸未知时,可取叉车轮胎胎压为 1.1 MPa。

　　表 7-27 给出了一些特殊类型车辆典型的车辆载荷参数。

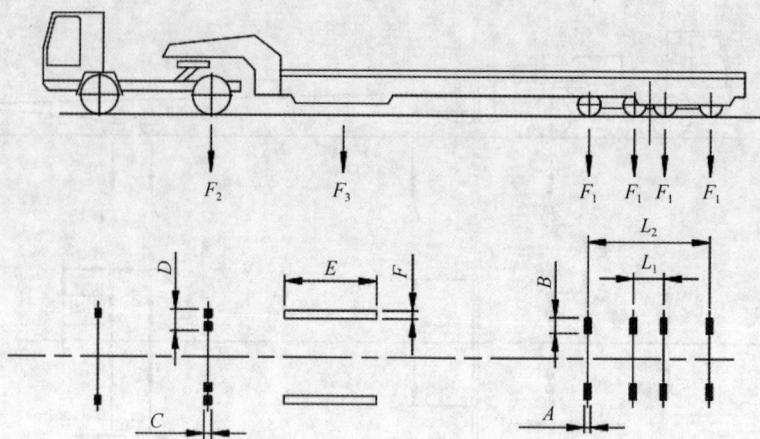

图 7-106　卡赛特托架载荷及轮印尺寸示意图

表 7-25　卡赛特托架典型的车辆载荷参数

有效载荷 /t	转运车轴重 F_1/t	拖车轴重 F_2/t	支腿载荷 F_3/t	转运车轮印 $A \times B$/ (mm×mm)	拖车轮印 $C \times D$/ (mm×mm)	支腿轮印 $E \times F$/ (mm×mm)	转运车轴距 L_1/L_2(m)
50	13.0	21.6	15.0	135×500	300×650	2 600×90	1 220/2 580
60	14.7	24.3	17.5	140×500	300×650	2 600×110	1 220/2 580
80	18.2	29.8	22.5	150×500	300×650	2 600×110	1 220/2 580
90	20.0	32.5	25.0	200×500	300×650	2 600×120	1 220/2 580

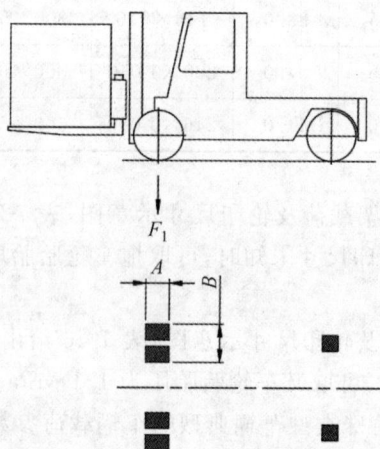

图 7-107　叉车载荷及轮印尺寸示意图

表 7-26　叉车典型的车辆载荷参数

有效载荷/t	$F_1(t)$	$A \times B/(\text{mm} \times \text{mm})$
15	34	240×800
24	50	400×710
28	62	395×930
33	70	440×930

表 7-27　特殊类型车辆典型的车辆载荷参数

车辆类型	总重/t	轴重/t	每侧轮印尺寸/(mm×mm)
多轴平板车	320	24	308×434
移动吊机 1	80	24.8	397×650
移动吊机 2	100	12.5	390×350
装载车 1	50	25（履带）	700×780
装载车 2	130	65（履带）	$1\,030 \times 1\,150$
履带挖掘机 1	30	15（履带）	$3\,160 \times 560$
履带挖掘机 2	50	25（履带）	$4\,500 \times 800$
履带挖掘机 3	70	35（履带）	$5\,000 \times 800$
履带推土机	100	50（履带）	$4\,500 \times 810$
卡车 1	27	15	304×880
卡车 2	55	35	437×964
卡车 3	100	55	$420 \times 1\,520$

表 7-28 给出了不同类型乘用车典型的车辆载荷参数。乘用车的轮胎胎压可取 0.25 MPa。

表 7-28　乘用车典型的车辆载荷参数

乘用车类型	长×宽×高/(m×m×m)	总重/t	轴重/t	UDL（均布甲板载荷）/(kg/m²)
小型乘用车	$4.1 \times 1.6 \times 1.4$	1.0	0.5	150
普通乘用车	$4.5 \times 1.8 \times 1.5$	1.5	0.9	180
SUV	$4.7 \times 2.0 \times 1.8$	1.9	1.2	200
大型乘用车	$4.9 \times 1.9 \times 1.8$	2.3	1.3	250
大型 SUV	$5.2 \times 2.0 \times 2.0$	2.9	1.75	300

7.2.3.3 艉门结构设计

(1) 设计载荷

针对艏门(艏内门)、艉门和舷门等构成船体外部密性的门,国际船级社协会(IACS)专门制定有《统一要求》。

艉门结构设计所采用的设计外压力 P_e 应根据船级社的相关计算式(如 DNV GL 规范 Pt3 Ch.4 Sec.5 [1])得到。除此以外,艉门局部结构构件(面板及骨材)设计需另外考虑按下式计算所得之艏部抨击压力 P_{FB}(kN/m²):

$$P_{FB} = C(2.2 + C_f)(0.4V\sin\beta + 0.6\sqrt{L})^2 \qquad (7.2.11)$$

式中 $C = 0.18(C_W - 0.5h_o)$,且 $\not> 1.0$;

C_W—— 波浪系数,按下式计算:

当 $L < 90$ m 时,$C_W = 0.0856L$;

当 $90\ \text{m} \leqslant L \leqslant 300\ m$ 时,$C_W = 10.75 - \left(\dfrac{300-L}{100}\right)^{1.5}$;

h_o—— 结构吃水时的水线面到载荷计算点的垂直距离(向上为正),m,对于外板,载荷计算点取板格中心;对于骨材,载荷计算点取跨距中点;

$C_f = 1.5\tan\alpha$,且 $\not> 4.0$,其中 α 为载荷计算点处的外漂角,外漂角是指在垂直于门外板水平切线的垂直平面内测得的垂线与舷侧外板切线之间的夹角,见图 7-108;

β—— 载荷计算点处的入射角,入射角是指平行于船体中心线的纵向直线与在水平面内的外板切线之间的夹角,见图 7-108;

V、L—— 见 7.2.3.1 节符号定义。

单扇(侧)艉门所受到的总设计外力 F_x、F_y 和 F_z(kN)可按下式计算:

$$F_x = \max(0.375P_{FB}A_x;\ P_eA_x) \qquad (7.2.12)$$

$$F_y = \max(0.375P_{FB}A_y;\ P_eA_y) \qquad (7.2.13)$$

$$F_z = \max(0.375P_{FB}A_z;\ P_eA_z;\ 3.3blh) \qquad (7.2.14)$$

式中 A_x——门的底平面与上甲板舷墙顶之间或门底与门顶之间(如舷墙构成门的一部分,则应包括舷墙),门左(或右)舷部分在横向垂直平面上的投影面积,取较小值,m²;如舷墙的外漂角比相邻舷侧板的外漂角小 15°或以上,则可从门底平面量至上甲板或门顶,取较小值,计算门底平面至上甲板或至门顶高度时,应不包括舷墙(见图 7-109);

A_y——门的底平面与上甲板舷墙顶之间或门底与门顶之间(如舷墙构成门的一部分,则应包括舷墙),门在纵向垂直平面上的投影面积,取较小值,m²;如舷墙的外漂角比相邻舷侧板的外漂角小 15°或以上,则可

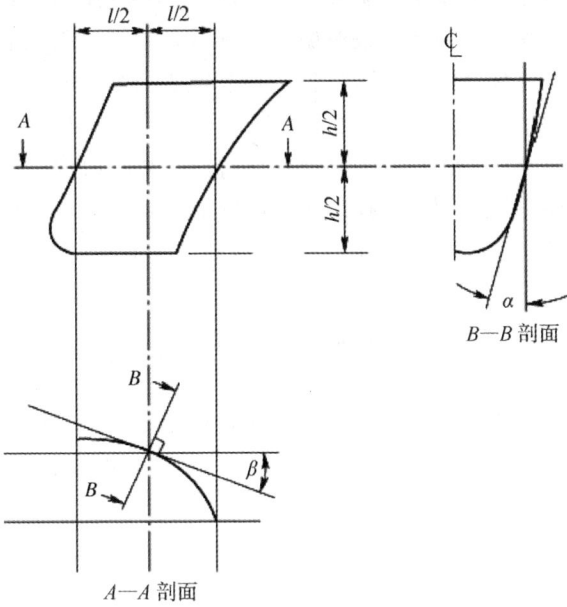

图 7-108　艏部砰击压力 P_{FB} 计算示意图

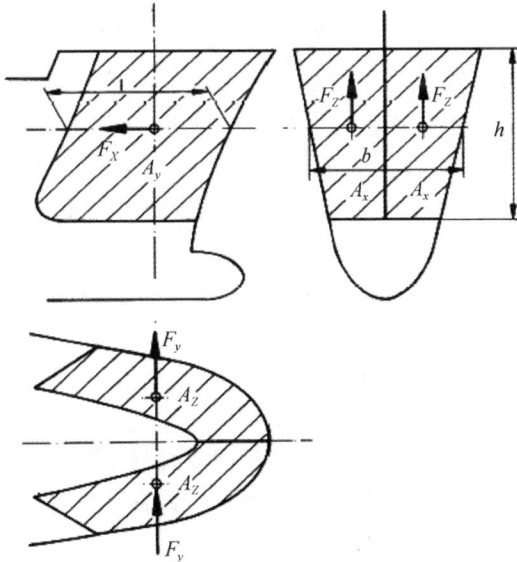

图 7-109　艏门投影面积示意图

从门底平面量至上甲板或门顶,取较小值(见图 7-109);

A_z——门的底平面与上甲板舷墙顶之间或门底与门顶之间(如舷墙构成门的一部分,则应包括舷墙),门左(或右)舷部分在水平面上的投影面积,取较小值,m²;如舷墙的外飘角比相邻舷侧板的外飘角小 15°或以上,则可从门底平面量至上甲板或门顶,取较小值(见图 7-109);

P_{FB}——艏部砰击压力,其载荷计算点位于门底以上 $h/2$ 高度的水平面与艏柱的交点往船尾方向 $l/2$ 处(见图 7-108);

P_e——设计外压力;

b、l、h——门的宽度、长度和高度,m(见图 7-109)。

对于特殊形状或尺寸的艏门(包括舷墙),如具有圆形球鼻艏或大倾角艏柱的艏门,应特殊考虑艏部砰击压力 P_{FB} 计算所采用的面积和角度。

艏门设计时还应考虑来自船内的偶然载荷,单扇(侧)艏门所受到的总偶然载荷 F_i(kN)可按下式计算:

纵向:
$$F_{xi} = 1.3 P_i A_x \tag{7.2.15}$$

横向:
$$F_{yi} = 1.3 P_i A_y \tag{7.2.16}$$

式中 P_i——偶然载荷压力,取 25 kN/m²;

A_x、A_y——同式(7.2.12)和式(7.2.13)。

(2) 罩壳式艏门载荷工况及组合

罩壳式艏门在近门顶高度位置设有沿纵向布置的左右两个升降臂,升降臂前端与艏门主结构焊接,升降臂后端通过铰链与艏部船体结构铰接,在升降臂下方设有液压油缸可驱动升降臂与艏门绕水平铰链轴向上(向艉)开启(见本章 7.2.5 节图 7-138)。

罩壳式艏门的铰链轴位置应使门在外载荷作用下能有效地自动关闭,即满足下式要求:

$$\frac{F_x a - F_z b}{\sqrt{F_x^2 + F_z^2} \cdot \sqrt{a^2 + b^2}} \geq 0.10 \tag{7.2.17}$$

式中 a——从艏门(升降臂)的铰链轴到横向垂直投影面形心的垂直距离,m;

b——从艏门(升降臂)的铰链轴到水平投影面形心的水平距离,m;

F_x、F_z——同式(7.2.12)和式(7.2.14)。

罩壳式艏门的主要结构构件以及紧固和支持装置应根据以下的载荷工况和组合进行计算,计算时应同时考虑自重的作用:

工况 1:$2F_x$ 和 $2F_z$;

工况 2:$1.4F_x$ 和 $1.4F_z$,并分别在左右两侧施加 $0.7F_y$;

工况 3:同时施加来自船内的偶然载荷 $2F_{xi}$ 和 $2F_{yi}$;

工况 4:门的底部应设置至少两个紧固装置,任意一个紧固装置都应能抵抗以下的艉门开启力矩 M_o(kN·m):

$$M_o = 1.3(10Wd + 10A_x a) \qquad (7.2.18)$$

式中 W——门的自重,t;

  d——从艉门(升降臂)的铰链轴到门重心的垂直距离,m;

  A_x——同式(7.2.12);

  a——同式(7.2.17)。

工况 5:除铰链以外的紧固和支持装置应能抵抗垂直力 G(kN);

$$G = 2F_z - 10W \qquad (7.2.19)$$

式中 W——同式(7.2.18);

  F_z——同式(7.2.14)。

工况 6:对于罩壳式艉门的升降臂及其支承结构,应按抬升和降落操作过程中所受到的自重载荷乘以考虑动态效应的系数 1.2,并计及最小风压(1.5 kN/m²)后确定其尺寸。

(3)侧向开启式艉门载荷工况及组合

侧向开启式艉门是指由支撑臂支撑并向外水平滑移开启的艉门,支撑臂的两端分别与艉门和船体铰接。侧向开启式艉门为成对设置(见本章 7.2.5 节图 7-139)。

侧向开启式艉门的主要结构构件以及紧固和支持装置应根据以下的载荷工况和组合进行计算,计算时应同时考虑自重的作用:

工况 1:F_x、F_y 和 F_z 同时施加在左右两扇门上;

工况 2:$0.7F_x$ 和 $0.7F_z$ 同时施加在左右两扇门上,并分别在左(右)扇门上单独施加 $0.7F_y$;

工况 3:同时施加来自船内的偶然载荷 $2F_{xi}$ 和 $2F_{yi}$;

工况 4:对于侧向开启式艉门的支承臂及其支承结构,应考虑滑移操作过程中所受到的自重载荷以及驱动力,并计及最小风压(1.5 kN/m²)后确定其尺寸。

(4)面板

艉门面板净厚度 t(mm)(不含 1.0 mm 腐蚀余量)应不小于对艉部区域外板的最小厚度要求。

$$t = 4.0 + bL\sqrt{k} \qquad (7.2.20)$$

式中 L——船长,不大于 300;

  $b = 0.035$,距船基线高度小于 $T_{SC} + 4.6$ m;

=0.025,距船基线高度为 $T_{SC}+4.6$ m 至 $T_{SC}+6.9$ m;

=0.015,距船基线高度为 $T_{SC}+6.9$ 至 $T_{SC}+9.2$ m;

=0.01,其他位置;

k——材料系数,见 7.2.3.1 节符号定义。

考虑设计外压力 P_e 和偶然载荷 P_i 作用下,艏门面板的毛厚度 t_{1-gr}(mm)应不小于以下值:

$$t_{1-gr} = 0.015\,8\alpha_p b \sqrt{\frac{\max\,(P_e\,;1.3P_i)}{160/k}} \tag{7.2.21}$$

式中 α_p——板格长宽比系数,见 7.2.3.1 节符号定义;

b——板格短边长度,m。

考虑砰击压力作用下,艏门面板的毛厚度 t_{2-gr}(mm)应不小于以下值:

$$t_{2-gr} = 0.013\,8\alpha_p b \sqrt{\frac{P_{FB}}{R_{eH}}} \tag{7.2.22}$$

式中 P_{FB}——艏部砰击压力,见式(7.2.11),kN/m²。

(5)骨材

艏门骨材的剖面模数应分别满足以下两式的计算值。

考虑设计外压力 P_e 和偶然载荷 P_i 作用下,艏门骨材毛剖面模数 Z_{1-gr}(cm³)应不小于以下值:

$$Z_{1-gr} = \frac{l_{bdg}^2\, s \cdot \max\,(P_e\,;1.3P_i)}{f_{bdg}(160/k)} \tag{7.2.23}$$

式中 l_{bdg}——骨材有效弯曲跨距,见 7.2.3.1 节符号定义,m;

s——骨材间距,见 7.2.3.1 节符号定义,mm;

f_{bdg}——骨材弯矩分布系数,见 7.2.3.1 节符号定义。

考虑艏部砰击压力 P_{FB} 作用下,艏门骨材毛塑性剖面模数 Z_{pt-gr}(cm³)应不小于以下值:

$$Z_{pl-gr} = \frac{1.2P_{st} \cdot s \cdot l_{bdg}^2}{f_{pl} \cdot R_{eH}} + \frac{n_S\left[1 - \sqrt{1 - (t_{w-gr}/t_{uu-gr})^2}\,\right]h_{w-gr}t_{w-gr}(h_{w-gr}+t_{p-gr})}{8\,000}$$

$$\tag{7.2.24}$$

式中 $P_{st}=0.5P_{FB}$,为作用在骨材上的有效压力,kN/m²;

f_{pl}——骨材弯矩系数,见 7.2.3.1 节符号定义;

n_S——两端固定系数,见 7.2.3.1 节符号定义;

t_{w-gr}——根据式(7.2.3.18)计算得到的腹板最小毛厚度,mm;

t_{uu-gr}——实际选用的腹板毛厚度,mm;

h_{w-gr}——骨材腹板毛高度,mm;

t_{p-gr}——骨材带板毛厚度,mm。

当骨材腹板与带板不垂直时,其毛塑性剖面模数 Z_{pl-gr} 应按下式计算:

当 $\varphi_w < 75°$ 时,

$$Z_{pl-gr} = \frac{h_{w-gr}t_{w-gr}(h_{w-gr}+t_{p-gr})\sin\varphi_w}{2\,000} +$$

$$\frac{(2\gamma-1)A_{f-gr}[(h_{f-ar}+t_{p-gr}/2)\sin\varphi_w - b_{f-ar}\cos\varphi_w]}{1\,000} \tag{7.2.25}$$

当 $75° \leqslant \varphi_w \leqslant 90°$ 时,

$$Z_{pl-gr} = \frac{h_{w-gr}t_{w-gr}(h_{w-gr}+t_{p-gr})}{2\,000} +$$

$$\frac{(2\gamma-1)A_{f-gr}(h_{f-ar}+t_{p-gr}/2)}{1\,000} \tag{7.2.26}$$

式中　φ_w——骨材腹板与带板之间的夹角,见 7.2.3.1 节符号定义;

h_{w-gr}——骨材腹板毛高度,mm;

t_{w-gr}——骨材腹板毛厚度,mm;

t_{p-gr}——骨材带板毛厚度,mm;

$\gamma = \dfrac{1+\sqrt{3+12\beta}}{4}$——系数。

对于跨中未设置防倾肘板的角钢,$\beta = \dfrac{t_w^2 l_{bdg}^2}{80 b_f^2 t_f h_{f-ar}}10^6 + \dfrac{t_w}{2b_f}$,且 $\not> 0.5$;

对于其他情况,$\beta = 0.5$;

A_{f-gr}——骨材面板毛截面积,mm^2;

h_{f-ar}——量至骨材面板厚度中心的骨材高度,mm;

b_{f-ar}——骨材面板宽度中心到腹板厚度中心的距离,mm。

考虑设计外压力 P_e 和偶然载荷 P_i 作用下,艏门骨材两端的腹板毛厚度 t_{wgr}(mm)应不小于以下值:

$$t_{w-gr} = \frac{0.7 \cdot \max(P_e;1.3P_i) \cdot s \cdot l_{shr}}{d_{shr} \cdot (105/k)} \tag{7.2.27}$$

式中　l_{shr}——骨材有效剪切跨距,见 7.2.3.1 节符号定义,m;

d_{shr}——骨材有效剪切高度,见 7.2.3.1 节符号定义,mm。

考虑砰击压力 P_{FB} 作用下,艏门骨材两端的腹板毛厚度 t_{wgr}(mm)应不小于以下值:

$$t_{w-gr} = \frac{f_{shr} \cdot P_{sl} \cdot s \cdot l_{shr}}{d_{shr} \cdot \tau_{eH}} \tag{7.2.28}$$

式中　P_{sl}——同式(7.2.24);

f_{shr}——骨材剪力分布系数,见见 7.2.3.1 节符号定义。

（6）主要构件

舷门的主要构件以及周围的船体结构应具有足够的刚度，以满足舷门的密性要求。舷门主要构件的剖面模数应分别满足以下两式的计算值。

考虑设计外压力 P_e 和偶然载荷 P_i 作用下，舷门主要构件毛弹性剖面模数 Z_{1-gr}（cm³）应不小于以下值：

$$Z_{1-gr} = \frac{1\,000 \max(P_e; 1.3P_i) \cdot S \cdot l_{bdg}^2}{f_{bdg} \cdot (160/k)} \qquad (7.2.29)$$

式中　S——主要构件间距，见 7.2.3.1 节符号定义，m；

l_{bdg}——主要构件有效弯曲跨距，见 7.2.3.1 节符号定义，m；

f_{bdg}——主要构件弯矩分布系数，见 7.2.3.1 节符号定义。

考虑舷部砰击压力 P_{FB} 作用下，舷门主要构件毛弹性剖面模数 Z_{2-gr}（cm³）应不小于以下值：

$$Z_{2-gr} = \frac{1\,000 P_{PSM} \cdot S \cdot l_{bdg}^2}{f_{bdg} \cdot R_{eH}} \qquad (7.2.30)$$

式中　$P_{PSM} = 0.4 P_{FB}$——作用在主要构件上的有效压力，kN/m²；

f_{bdg}——主要构件弯矩分布系数，见 7.2.3.1 节符号定义，且 $\not< 10$。

当主要构件腹板与带板不垂直时，其剖面模数 Z 可按下式计算：

当 $\varphi_w < 75°$ 时，

$$Z = Z_{perp} \sin \varphi_w \qquad (7.2.31)$$

当 $75° \leqslant \varphi_w \leqslant 90°$ 时，

$$Z = Z_{perp} \qquad (7.2.32)$$

式中　Z_{perp}——假定主要构件腹板与带板垂直时的剖面模数。

考虑设计外压力 P_e 和偶然载荷 P_i 作用下，舷门主要构件两端的腹板毛剪切面积 A_{1-gr}（cm²）在扣除挖孔影响后应不小于以下值：

$$A_{1-gr} = \frac{7 \max(P_e; 1.3P_i) \cdot S \cdot l_{shr}}{105/k} \qquad (7.2.33)$$

式中　l_{shr}——主要构件有效剪切跨距，见 7.2.3.1 节符号定义，m。

考虑舷部砰击压力 P_{FB} 作用下，舷门主要构件两端的腹板毛剪切面积 A_{2-gr}（cm²）在扣除挖孔影响后应不小于以下值：

$$A_{2-gr} = \frac{10 f_{shr} P_{PSM} \cdot S \cdot l_{shr}}{\tau_{eH}} \qquad (7.2.34)$$

式中　P_{PSM}——同式（7.2.30）；

$f_{shr} = 0.7$——剪力分布系数。

当主要构件腹板与带板不垂直时，其剪切面积 A_{sh} 可按下式计算：

当 $\varphi_w < 75°$ 时，

$$A_{sh} = A_{sh-0} \sin \varphi_w \tag{7.2.35}$$

当 $75° \leqslant \varphi_w \leqslant 90°$ 时，

$$A_{sh} = A_{sh-0} \tag{7.2.36}$$

式中 A_{sh-0}——假定主要构件腹板与带板垂直时的剪切面积。

当采用有限元软件对艉门主要构件进行计算时，其许用应力如下（操纵动作工况除外，此时应参考对于外部跳板相应工况的许用应力）：

许用弯曲应力 $[\sigma_b] = \dfrac{160}{k}, \text{N/mm}^2$；

许用剪切应力 $[\tau] = \dfrac{105}{k}, \text{N/mm}^2$；

许用合成应力 $[\sigma_e] = \sqrt{\sigma_b^2 + 3\tau^2} = \dfrac{200}{k}, \text{N/mm}^2$。

（7）紧固和支持装置

紧固和支持装置包括紧固装置、支持装置和锁紧装置，IACS《统一要求》中对其的定义如下：

①紧固装置：使门保持关闭，防止其绕铰链转动的一种装置。紧固装置应配备机械式锁紧装置或为重力自锁式。

②支持装置：指将门承受的外载荷或内载荷传递给紧固装置，再从紧固装置传递给船体结构的一种装置；或者将门承受的载荷直接传递给船体结构的一种装置（不包括紧固装置），如铰链、止挡块或其他固定装置。

③锁紧装置：指将紧固装置锁紧在关闭位置的一种装置。

紧固和支持装置的布置应与周围的船体结构在强度和刚度上相适应，其紧固和支持装置的布置间距不能太大，以保证在设计水压力下的足够密封性。紧固和支持装置的数量在满足强度及密性要求的前提下应尽可能少，并应考虑 IACS《统一要求》中对于紧固和支持装置冗余设计的要求。IACS《统一要求》要求当任意一个紧固或支持装置失效时，剩下的装置仍然能够承受相应的反作用力，但此时的许用应力可提高 20%。

艉门紧固和支持装置的受力一般应由直接计算得到，并应考虑船体结构的柔性、支撑点的实际位置以及支座刚（柔）度和间隙（一般不超过 3 mm）。在计算时，应仅考虑在相关方向上具有有效刚度的那部分紧固和支持装置。艉门紧固和支持装置受力计算所需考虑的载荷工况及组合同主要构件，但需额外考虑密封橡皮的压紧力 F_p（不小于 5 kN/m）。艉门紧固和支持装置的许用应力同主要构件。对于紧固和支持装置中钢对钢的支承，将设计载荷除以支承投影面积所得的支承压力应不超过 $0.8R_{eH}$。

7.2.3.4 艏内门、舷门和艉门的结构设计

（1）设计载荷

对于艏内门，其设计外压力 $P_e(kN/m^2)$ 应不小于按以下两式计算所得之较大值：

$$P_{e-1} = 0.6L \tag{7.2.37}$$

$$P_{e-2} = 10h_b \tag{7.2.38}$$

式中　L——规范船长，不大于 200 m；

　　　h_b——从载荷计算点到货舱顶的垂向距离，m。

对于舷门和艉门，设计外压力 P_e 在门孔的中心处确定，其可根据船级社的相关计算公式（如 DNV GL 规范 Pt3 Ch.4 Sec.5）得到。此外，$P_e(kN/m^2)$ 还应不小于按下式计算所得之值，kN/m^2：

当 $Z_G < T$ 时，

$$P_e = 10(T - Z_G) + 25 \tag{7.2.39}$$

当 $Z_G \geqslant T$ 时，

$$P_e = 25 \tag{7.2.40}$$

式中　T——最深分舱载重线处的吃水，m；

　　　Z_G——门的面积中心在基线以上的高度，m。

另外，对于装有艏门船舶的艉门，$P_e(kN/m^2)$ 还应不小于按下式计算所得之值：

$$P_e = 0.6(0.8 + 0.6\sqrt{L})^2 \tag{7.2.41}$$

式中，L——船长，$\ngtr 300$。

设置在滚装货舱处所的艏内门、舷门和艉门还应考虑由于货物绑扎松动等引起的来自货舱内的如下偶然载荷 $F_o(kN/m^2)$：

对于艏内门，

$$F_o = \max(F_c; 5A) \tag{7.2.42}$$

对于舷门和艉门，

$$F_o = \max(F_c; 25A) \tag{7.2.43}$$

式中　F_c——由于货物绑扎松动等引起的偶然载荷，其应均匀分布在整个门孔面积 A 上，且应不小于 300 kN。对于加油站门和引水员门等小尺寸舷门，其取值可以适当减少。如设有诸如内部跳板等附加结构能使门免受货物松动等引起的偶然载荷的作用，则其值可取为 0。

　　　A——门孔的面积，m^2。

对于水密的艏内门、舷门和艉门，还应考虑破舱水压力 $P_{fs}(kN/m^2)$：

$$P_{fs} = 10h_{fs} \qquad\qquad (7.2.44)$$

式中　h_{fs}——破舱水压头，m。

（2）载荷工况及组合

①工况 1（关闭收藏）：

对于艉内门、舷门和艉门的主要构件，应考虑以下载荷，kN：

舷外：

$$F_e = AP_e \qquad\qquad (7.2.45)$$

舷内：

$$F_i = F_o + 10W \qquad\qquad (7.2.46)$$

对于内开式门的紧固和支持装置，应考虑以下载荷，kN：

舷外：

$$F_e = AP_e + F_p \qquad\qquad (7.2.47)$$

舷内：

$$F_i = F_o + 10W \qquad\qquad (7.2.48)$$

对于外开式门的紧固和支持装置，应考虑以下载荷，kN。

舷外：

$$F_e = AP_e \qquad\qquad (7.2.49)$$

舷内：

$$F_i = F_o + 10W + F_p \qquad\qquad (7.2.50)$$

式中　A——门孔的面积，m^2；

$\qquad P_e$——见 7.2.3.4 条（1）款；

$\qquad W$——门的质量，t；

$\qquad F_p$——密封橡皮压紧力，不小于 5 kN/m；

$\qquad F_o$——见式（7.2.42）和式（7.2.43），kN。

当适用时还应额外考虑作用在门上的风载荷，风速可取 55 m/s。

②工况 2（破舱浸水）

破舱浸水工况，对于水密的艉内门、舷门和艉门的主要构件，应考虑以下来自舷外的载荷 F_e（kN）：

$$F_e = AP_{fs} \qquad\qquad (7.2.51)$$

破舱浸水工况，对于内开式水密的艉内门、舷门和艉门的紧固和支持装置，应考虑以下来自舷外的载荷 F_e（kN）：

$$F_e = AP_{fs} + F_p \qquad\qquad (7.2.52)$$

破舱浸水工况，对于外开式水密的艉内门、舷门和艉门的紧固和支持装置，应考虑以下来自舷外的载荷 F_e（kN）：

$$F_e = AP_{fs} \tag{7.2.53}$$

式中 A——门孔的面积,m^2;

P_{fs}——见式(7.2.44);

F_p——密封橡皮压紧力,不小于 5 kN/m。

破舱浸水工况,还需校核门结构的变形,以保证密封橡皮留有足够的压缩量,从而确保设备的水密完整性。

③工况 3(操纵动作)

对于门的主要构件和驱动机构,应按抬升和降落操作过程中所受到的自重载荷乘以考虑动态效应的系数 1.2,并计及可能的风载荷来设计。风速可取 20 m/s。

(3)面板

舷内门面板的净厚度 t(mm)(不含 0.5 mm 腐蚀余量)应不小于对艏部防撞舱壁最小净厚度的要求:

$$t = 4.5 + 0.015L\sqrt{k} \tag{7.2.54}$$

式中 L——规范船长,$\not> 300$ m。

舷内门面板的毛厚度 t_{gr}(mm)还应不小于按下式计算所得之值:

$$t_{gr} = 0.015\,8\alpha_p b \sqrt{\frac{\max\,(P_e;25)}{160/k}} \tag{7.2.55}$$

式中 P_e——见 7.2.3.4 条(1)款;

α_p、b——同式(7.2.21)。

舷门和艉门面板的最小净厚度要求与舷门相同,参见式(7.2.20)。

舷门和艉门面板的净厚度 t(mm)(不含 1.0 mm 腐蚀余量)还应不小于按下式计算所得之值:

$$t = 0.015\,8\alpha_p b \sqrt{\frac{P_e}{C_a R_{eH}}} \tag{7.2.56}$$

式中,$C_a = 0.95$。

破舱浸水工况,水密的舷内门、舷门和艉门面板的净厚度 t(mm)(舷内门不含 0.5 mm 腐蚀余量,舷门和艉门腐蚀不含 1.0 mm 腐蚀余量)应按下式计算:

$$t = 0.015\,8\alpha_p b \sqrt{\frac{P_{fs}}{C_a R_{eH}}} \tag{7.2.57}$$

式中 P_{fs}——见式(7.2.44);

$C_a = 0.8$,对于舷内门;

$= 1.0$,对于舷门和艉门。

(4)骨材

舷内门骨材的毛剖面模数 Z_{gr}(cm³)应不小于以下值:

$$Z_{gr} = \frac{l_{bdg}^2 \, s \cdot \max\,(P_e\,;25)}{f_{bdg}\,(160/k)} \qquad (7.2.58)$$

式中,所有参数同式(7.2.23)。

舱内门骨材两端的腹板毛厚度 $t_{w\text{-}gr}$(mm)应不小于以下值:

$$t_{w\text{-}gr} = \frac{0.7 \cdot \max\,(P_e\,;25) \cdot s \cdot l_{shr}}{d_{shr} \cdot (105/k)} \qquad (7.2.59)$$

式中,所有参数——同式(7.2.27)。

舷门和艉门骨材的净剖面模数 $Z(\text{cm}^3)$ 应不小于以下值:

$$Z = \frac{f_u P_e s \cdot l_{bdg}^2}{f_{bdg}\,C_s R_{eH}} \qquad (7.2.60)$$

式中　$f_u = 1.00$,对于扁钢或对称型材;

　　　$=1.03$,对于球扁钢;

　　　$=1.15$,对于角钢等非对称型材;

　　$c_s = 0.95$;

　　其他参数——同式(7.2.23)。

舷门和艉门骨材两端的腹板净厚度 t_w(mm)应不小于以下值:

$$t_w = \frac{f_{shr} \cdot P_e \cdot s \cdot l_{shr}}{d_{shr}C_t \tau_{eH}} \qquad (7.2.61)$$

式中　$c_t = 0.9$;

　　其他参数——同式(7.2.27)。

破舱浸水工况,水密的舱内门、舷门和艉门骨材的净剖面模数 $Z(\text{cm}^3)$ 应不小于以下值:

$$Z = \frac{f_u P_{fs} s \cdot l_{bdg}^2}{f_{bdg}C_s R_{eH}} \qquad (7.2.62)$$

式中　$C_s = 0.85$,对于舱内门;

　　　$=1.0$,对于舷门和艉门;

　　P_{fs}——见式(7.2.44);

　　其他参数——同式(7.2.60)。

破舱浸水工况,水密的舱内门、舷门和艉门骨材两端腹板的净厚度 t_w(mm)应不小于以下值:

$$t_w = \frac{f_{shr} \cdot P_{fs} \cdot s \cdot l_{shr}}{d_{shr}C_t \tau_{eH}} \qquad (7.2.63)$$

式中　$c_t = 0.95$;

　　P_{fs}——见式(7.2.44);

　　其他参数——同式(7.2.61)。

当采用有限元软件对破舱工况进行直接计算时,骨材的许用应力如下:

许用弯曲应力$[\sigma_b]=0.92R_{eH}$(对于舱内门,取$0.80R_{eH}$)

许用剪切应力$[\tau]=0.90\tau_{eH}$(对于舱内门,取$0.75\tau_{eH}$)

(5) 主要构件

舱内门、舷门和艉门开口四周的主要构件,其惯性矩$I(\text{cm}^4)$应不小于以下值:

$$I = 8F_p d^4 \tag{7.2.64}$$

式中　F_p——密封橡皮压紧力,不小于5 kN/m;

　　　d——紧固装置的间距。

舱内门主要构件的毛剖面模数$Z_{gr}(\text{cm}^3)$应不小于以下值:

$$Z_{gr} = \frac{1\,000 \max (P_e;\ 25) \cdot S \cdot l_{bdg}^2}{f_{bdg} \cdot (160/k)} \tag{7.2.65}$$

式中,所有参数——同式(7.2.29)。

舱内门主要构件端部腹板的毛剪切面积$A_{z-gr}(\text{cm}^2)$在扣除挖孔影响后应不小于以下值:

$$A_{sh-gr} = \frac{7 \max (P_e;\ 25) \cdot S \cdot l_{shr}}{105/k} \tag{7.2.66}$$

式中,所有参数——同式(7.2.33)。

舷门和艉门主要构件的毛剖面模数$Z_{gr}(\text{cm}^3)$应不小于以下值:

$$Z_{gr} = \frac{1\,000 \max (P_e;\ 5) \cdot S \cdot l_{bdg}^2}{f_{bdg} (120/k)} \tag{7.2.67}$$

式中,所有参数——同式(7.2.29)。

舷门和艉门主要构件端部腹板的毛剪切面积$A_{sh-gr}(\text{cm}^2)$在扣除挖孔影响后应不小于以下值:

$$A_{sh-gr} = 10 \frac{\max (P_e;\ 5) \cdot S \cdot l_{shr}}{80/k} \tag{7.2.68}$$

式中,所有参数——同式(7.2.33)。

考虑破舱水压力P_{fs}作用下,舱内门、舷门和艉门主要构件的毛剖面模数Z_{gr} (cm^3)应不小于以下值:

$$Z_{gr} = 1\,000 \frac{P_{fs} S \cdot l_{bdg}^2}{f_{bdg} C_s R_{eH}} \tag{7.2.69}$$

式中　$C_s = 0.9$;

　　　P_{fs}——见式(7.2.44);

　　　其他参数——同式(7.2.29)。

考虑破舱水压力P_{fs}作用下,舱内门、舷门和艉门主要构件的毛剪切面积$A_{sh-gr}(\text{cm}^2)$应不小于以下值:

$$A_{sh-gr} = 10 \frac{f_{shr} P_{fs} S \cdot l_{shr}}{C_t \tau_{eH}} \tag{7.2.70}$$

式中 $C_t = 0.9$；

$\qquad$ P_{fs}——见式(7.2.44)；

$\qquad$ 其他参数——同式(7.2.33)。

当采用有限元软件对艉内门主要构件进行计算时,其许用应力如下(操纵动作以及破舱工况除外,操纵动作工况应参考对于外部跳板相应工况的许用应力):

许用弯曲应力$[\sigma_b] = \dfrac{160}{k}$,N/mm^2；

许用剪切应力$[\tau] = \dfrac{105}{k}$,N/mm^2；

许用合成应力$[\sigma_e] = \sqrt{\sigma_b^2 + 3\tau^2} = \dfrac{200}{k}$,N/mm^2。

当采用有限元软件对舷门和艉门主要构件进行算时,其许用应力如下(操纵动作以及破舱工况除外,操纵动作工况应参考对于外部跳板相应工况的许用应力):

许用弯曲应力$[\sigma_b] = \dfrac{120}{k}$,N/mm^2；

许用剪切应力$[\tau] = \dfrac{80}{k}$,N/mm^2；

许用合成应力$[\sigma_e] = \sqrt{\sigma_b^2 + 3\tau^2} = \dfrac{150}{k}$,N/mm^2。

当采用有限元软件对破舱工况进行计算时,水密的艉内门、舷门和艉门主要构件的许用应力如下。

许用弯曲应力$[\sigma_b] = 0.90 R_{eH}$；

许用剪切应力$[\tau] = 0.90 \tau_{eH}$；

许用合成应力$[\sigma_e] = 1.00 R_{eH}$。

(6) 紧固和支持装置

当采用有限元软件对艉内门的紧固和支持装置进行计算时,其许用应力如下:

许用弯曲应力$[\sigma_b] = \dfrac{160}{k}$,N/mm^2；

许用剪切应力$[\tau] = \dfrac{105}{k}$,N/mm^2；

许用合成应力$[\sigma_e] = \sqrt{\sigma_b^2 + 3\tau^2} = \dfrac{200}{k}$,N/mm^2。

当采用有限元软件对舷门和艉门的紧固和支持装置进行计算时,其许用应力如下:

许用弯曲应力$[\sigma_b] = \dfrac{120}{k}$,N/mm^2；

许用剪切应力$[\tau] = \dfrac{80}{k}$,N/mm^2；

许用合成应力$[\sigma_e]=\sqrt{\sigma_b^2+3\tau^2}=\dfrac{150}{k}$，N/mm^2。

当采用有限元软件对破舱工况进行计算时，艏内门、舷门和艉门紧固和支持装置的许用应力如下：

许用弯曲应力$[\sigma_b]=0.85R_{eH}$；

许用剪切应力$[\tau]=0.85\tau_{eH}$；

许用合成应力$[\sigma_e]=0.90R_{eH}$。

对于紧固和支持装置中钢对钢的支承，将设计载荷除以支承投影面积所得的支承压力应不超过$0.8R_{eH}$。同前一节的艏门要求一样，艏内门、舷门和艉门设计也应考虑 IACS《统一要求》中对于紧固和支持装置冗余设计的要求。即当任意一个紧固或支持装置失效时，剩下的装置仍然能够承受相应的反作用力，但此时的许用应力可提高 20%。

7.2.3.5 外部跳板结构设计

（1）设计载荷

外部跳板结构设计需考虑如下的设计载荷：

①自重

自重载荷(L_m)指整个跳板的自重，包括结构、机械、液压及电气等。

②车辆载荷

车辆载荷(L_c)指作用在跳板上的车辆质量。需要注意的是车辆载荷是可移动载荷，当车辆行驶至跳板某一位置处时，车辆载荷对于跳板某一结构构件的设计是最关键的；而当车辆行驶至跳板另一位置处时，车辆载荷对于跳板另一结构构件的设计才是最关键的。

③船体静态倾斜载荷

船体静态倾斜载荷指码头作业时由于船体横倾 5°所产生的重力分量(L_{h1})和纵倾 2°所产生的重力分量(L_{h2})。

④跳板作业角度载荷

跳板作业角度载荷(L_{h3})指由于跳板作业时的坡度所产生的重力分量。

⑤码头摩擦力

码头摩擦力(L_F)指跳板搭接在码头上时，由于跳板与码头之间相对滑动而产生的作用在跳板底面的摩擦力。摩擦系数一般可取 0.5。

⑥风载荷

风载荷指作用在跳板上的风力。作业及操纵工况的风载荷(L_{w1})计算所采用的风速可取 20 m/s；收藏放置工况的风载荷(L_{w2})计算所采用的风速可取 63 m/s。

（2）载荷工况及组合

外部跳板结构设计需考虑如下的载荷工况及组合。对于兼作关闭装置的外部跳板,需另外满足上节对于舱内门、舷门和艉门的要求。

①工况 1(码头作业)

在码头作业工况,外部跳板结构设计需考虑如下的载荷组合:

$$L_m + 1.1L_c + L_{h1} + L_{h2} + L_{h3} + L_F \qquad (7.2.71)$$

式中,车辆载荷 L_c 乘系数 1.1 是考虑车辆在跳板上移动时产生的动态效应。

②工况 2(操纵动作)

在操纵动作工况,外部跳板结构设计需考虑如下的载荷组合:

$$1.2L_m + L_{h1} + L_{h2} + L_{w1} \qquad (7.2.72)$$

式中,自重 L_m 乘系数 1.2 是考虑跳板操纵动作时的动态效应。

③工况 3(收藏放置)

在收藏放置工况,兼做舱内门、舷门和艉门的外部跳板其结构强度应满足上一节的相关要求。必要时,应额外考虑风载荷及船体运动惯性载荷。

(3) 面板

外部跳板的面板厚度应根据车辆轴重、轮印尺寸、轮胎类型和骨材间距等参数确定。一般而言,车辆轴重越大,所选取的骨材间距应越小。当半挂车前端通过支腿支撑在滚装船甲板上时,由于支腿与甲板的接触面积较小,需要单独核算海上航行工况支腿处的甲板厚度。当车辆既有可能纵向也有可能横向行驶时,应针对这两种情况分别校核车轴平行于骨材和车轴垂直于骨材时的面板厚度。

①DNV GL 规范

码头作业工况下,轮胎作用于甲板的压强 P_{wl-1}(kN/m²)按下式计算:

$$P_{wl-1} = \frac{Q}{n_0 a_1 b_1}\left(g + \frac{3}{\sqrt{Q}}\right)10^6 \qquad (7.2.73)$$

海上航行工况下,轮胎作用于甲板的压强 P_{wl-2}(kN/m²)按下式计算:

$$P_{wl-2} = \frac{Q}{n_0 a_1 b_1}(g + a_{z-env})10^6 \qquad (7.2.74)$$

式中　Q——轴重,t;

　　n_0——轴上的轮印数量;

　　a_1——平行于骨材方向的轮印尺寸,mm;

　　b_1——垂直于骨材方向的轮印尺寸,mm;

　　a_{z-env}——垂向加速度,见 DNV GL 规范(Pt3 Ch.4 Sec.3),m/s²。

对于相互之间间隙很小的轮印,计算时可取整个轮印组的外轮廓尺寸为轮印尺寸,见表 7-29。

当轮印尺寸未知时,码头作业工况下,充气轮胎胎压 P_{wl-1}(kN/m²)可按下式估算:

表 7-29　轮印尺寸定义

轮印组的轮胎数量	轮印尺寸(轮胎与甲板的实际接触面积)	设计载荷面积(车轴垂直骨材)	设计载荷面积(车轴平行骨材)
单个轮胎	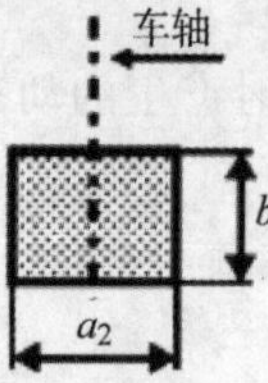 车轴 a_2 b_2	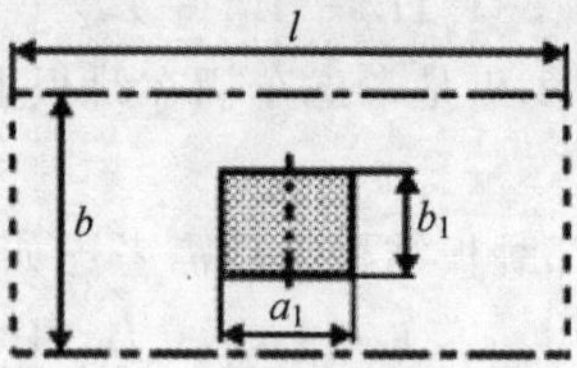 l b b_1 a_1	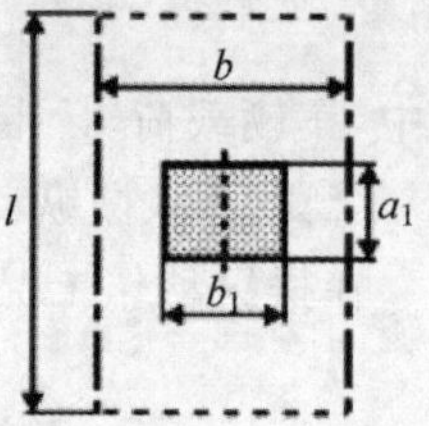 b l b_1 a_1
双轮胎	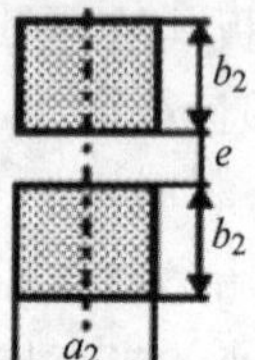 b_2 e b_2 a_2	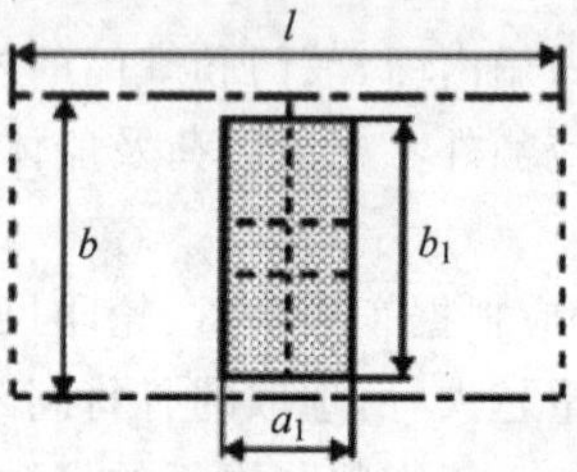 l b b_1 a_1	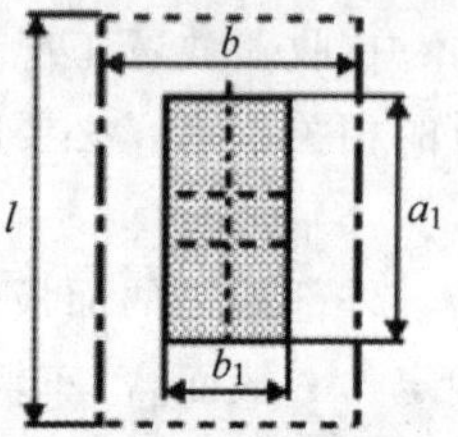 b l b_1 a_1
三个轮胎	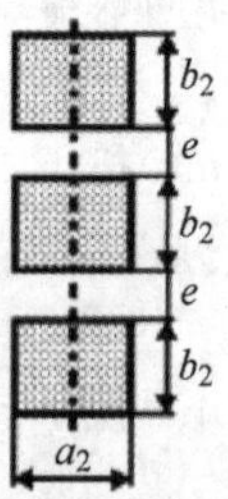 b_2 e b_2 e b_2 a_2	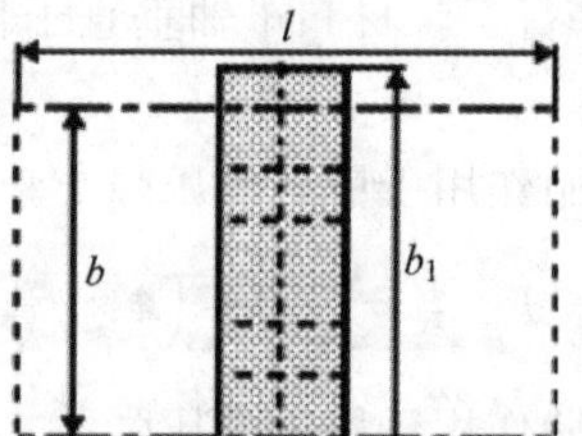 l b b_1 a_1	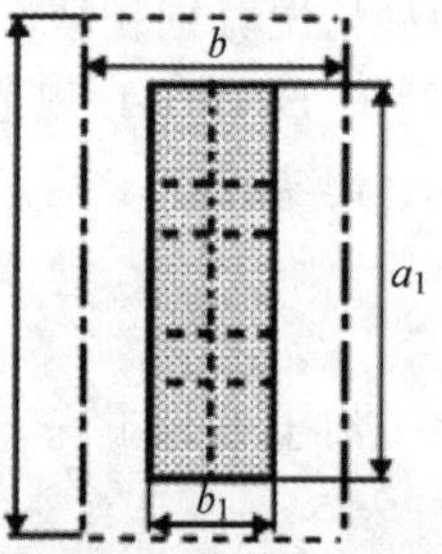 b l b_1 a_1

$$P_{ul-1} = \frac{P_0}{w}\left(1 + \frac{3}{g\sqrt{Q}}\right) \tag{7.2.75}$$

当轮印尺寸未知时,海上航行工况下,充气轮胎胎压 P_{ul-2}(kN/m²)可按下式估算:

$$P_{ul-2} = \frac{P_0}{w}\left(1 + \frac{a_{z-env}}{g}\right) \tag{7.2.76}$$

式中　P_0——轮胎胎压,kN/m²。参见本章 7.2.3.2 条;

　　　$w = 1.0$,一般情况;

　　　　=1.2,双轮印时;

　　　　=1.27,三轮印时;

　　其他参数——同式(7.2.74)。

　　当轮印尺寸未知时,轮印尺寸 a_1 和 b_1(mm)可按下式估算:

$$a_1 = \sqrt{kA} \cdot 10^3 \qquad (7.2.77)$$

$$b_1 = \sqrt{A/k} \cdot 10^3 \qquad (7.2.78)$$

式中　$k = k_1$,一般情况;

　　　　$= k_2$,当 $k_2 < k_1$ 且 $\dfrac{wQ}{n_0 b^2} 10^6 \geqslant 100$ 时;

　　$k_1 = 2.0$,单轮印;

　　　　$= 2.0$,多轮印且车轴平行于骨材;

　　　　$= 0.8$,双轮印且车轴垂直于骨材;

　　　　$= 0.5$,三轮印且车轴垂直于骨材;

　　$k_2 = \dfrac{\sqrt{A}}{2b} \cdot 1\,000$;

　　$A = \dfrac{gwQ}{n_0 P_0}$,为轮印面积,m^2;

　　n_0 为轴上的轮印数量,一般取 2;

　　其他参数——同式(7.2.75)。

　　跳板面板的净厚度 t(mm)(不含 1.5 mm 腐蚀余量)可按下式计算。

$$t = \frac{77.4 \alpha_p \sqrt{k_w \cdot c \cdot b \cdot P_{wl-1(2)}}}{\sqrt{m \cdot C_a \cdot R_{eH}}} 10^{-3} \qquad (7.2.79)$$

式中　$k_w = 1.3 - \dfrac{4.2}{\left(\dfrac{a_1}{b} + 1.8\right)^2}$,当 $a_1 \geqslant 1.94b$ 时,取值不大于 1.0;

　　$c = b_1$,当 $b_1 \leqslant b$ 时;

　　　　$= b$,当 $b_1 > b$ 时;

　　$m = \dfrac{38}{\left(\dfrac{b_1}{b}\right)^2 - 4.7\dfrac{b_1}{b} + 6.5}$,当 $b_1 \leqslant b$ 时;

　　　　$= 13.57$,当 $b_1 > b$ 时;

　　$C_a = 1.8$,码头工况;

　　　　$= 2.0$,海上航行工况;

　　其他参数——见表 7-28。

　　②LR 规范

　　跳板面板的毛厚度 t(mm)可按下式计算:

$$t = t_1 + t_c \tag{7.2.80}$$

$$t_1 = \frac{\alpha s}{1\,000\sqrt{k}} \tag{7.2.81}$$

式中 t_c——腐蚀余量,见表 7-30;

表 7-30　腐蚀余量 t_c 取值

位置	t_c/mm
强力甲板、露天甲板、液舱顶板、内底板	1.5
其他内部甲板	0.75

注:当需要装载履带式车辆时,表 7-29 中的腐蚀余量应增加 0.5 mm。当甲板为横骨架式且参与总纵强度时,或骨材方向与车道相垂直时,由式(7.2.80)计算得到的板厚应增加 1 mm。

α——根据 β 和 v/s 的比值由图 7-110 得到的系数;

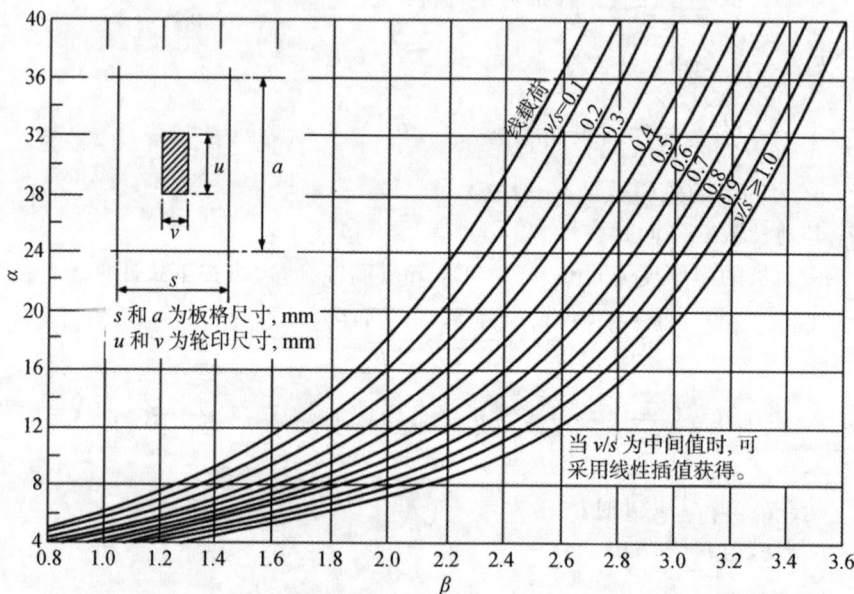

图 7-110　α 系数计算图

$$\beta = \log_{10}\left(\frac{P_1 k^2}{s^2} \times 10^7\right) \tag{7.2.82}$$

$$P_1 = \phi_1 \phi_2 \phi_3 \lambda P_w \tag{7.2.83}$$

式中 $\phi_1 = \dfrac{2v_1 + 1.1\,s}{u_1 + 1.1\,s}$;

$\phi_2 = 1.0$,当 $u \leqslant (a - s)$ 时;

$$= \cfrac{1}{1.3 - \cfrac{0.3}{s}(a-u)}, 当 a \geqslant u > (a-s) 时;$$

$$= 0.77 \frac{a}{u}, 当 u > a 时;$$

$$\phi_3 = 1.0, 当 v < s 时;$$

$$= 0.6 \frac{s}{v} + 0.4, 当 1.5 > \frac{v}{s} \geqslant 1.0 时;$$

$$= 1.2 \frac{s}{v}, 当 \frac{v}{s} \geqslant 1.5 时;$$

$\lambda = 1.25$, 对于码头工况;

$\quad = 1 + 0.7n$, 对于海上航行工况;

n——轮胎修正系数, 见表 7-31;

表 7-31 轮胎修正系数 n

理想化的轮印上的轮胎数量	充气轮胎	实心橡胶轮胎	钢质轮胎
1	0.6	0.8	1.0
2 个或以上	0.75	0.9	1.0

P_w——轮印载荷, 当两个轮印之间的距离很小时, 可将其视为一个轮印, 并取
轮印载荷之和, t;

$v_1 = \min(v, s)$;

$u_1 = \min(u, a)$;

s、a、u、v——见图 7-110, mm。

③CCS 规范

跳板面板的毛厚度 t(mm) 可按下式计算得到:

$$t = CJ \sqrt{Pk} + 1.5 \tag{7.2.84}$$

式中　P——轮印载荷, 当两个轮印之间的距离很小时, 可将其视为一个轮印, 并
取轮印载荷之和, t;

$\quad C$、J——系数, 按下式计算:

当 $0.5 \leqslant \frac{v}{s} < 1.0$ 时:

$$J = 0.73\left(0.85 - \frac{u}{v}\right) + \cfrac{4.58}{\cfrac{v}{s} + 0.62}$$

$$C = 1 - \left(0.099 \frac{v}{s} + 0.013\right)\left(2.5 - \frac{l}{s}\right)$$

当 $1.0 \leqslant \dfrac{v}{s} < 2.0$ 时：

$$J = 0.51\left(0.79 - \frac{u}{v}\right) + \frac{4.58}{\dfrac{v}{s} + 0.62}$$

$$C = 1 - \left(0.156\frac{v}{s} + 0.009\right)\left(2.5 - \frac{l}{s}\right)$$

当 $2.0 \leqslant \dfrac{v}{s} < 3.0$ 时：

$$J = 0.4\left(0.66 - \frac{u}{v}\right) + \frac{4.30}{\dfrac{v}{s} + 0.57}$$

$$C = 1 - \left(0.196\frac{v}{s} + 0.013\right)\left(2.5 - \frac{l}{s}\right)$$

u、v、l、S——见图 7-111；

当 $\dfrac{l}{s} > 2.5$ 时，取 $\dfrac{l}{s} = 2.5$。

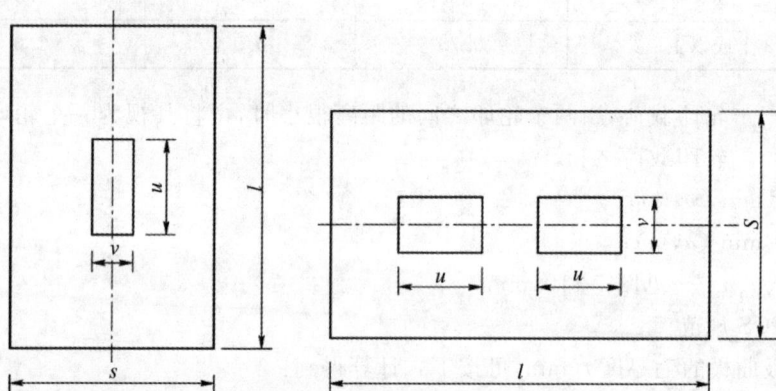

图 7-111　板格及轮印示意图

④ABS 规范

跳板面板的最小厚度 t(mm)可按下式计算。

$$t = kKn\sqrt{CW(235/R_{eH})} \tag{7.2.85}$$

式中　$k = 8.05$；

$$K = \left[21.99 + 0.316\,(a/s)^2 - 5.328\left(\frac{a}{s}\right) + 2.6\left(\frac{a}{s}\right)\left(\frac{b}{s}\right) - 0.895\left(\frac{b}{s}\right)^2 - 7.624(b/s)\right]10^{-2}，也可按图 7-112 选取：$$

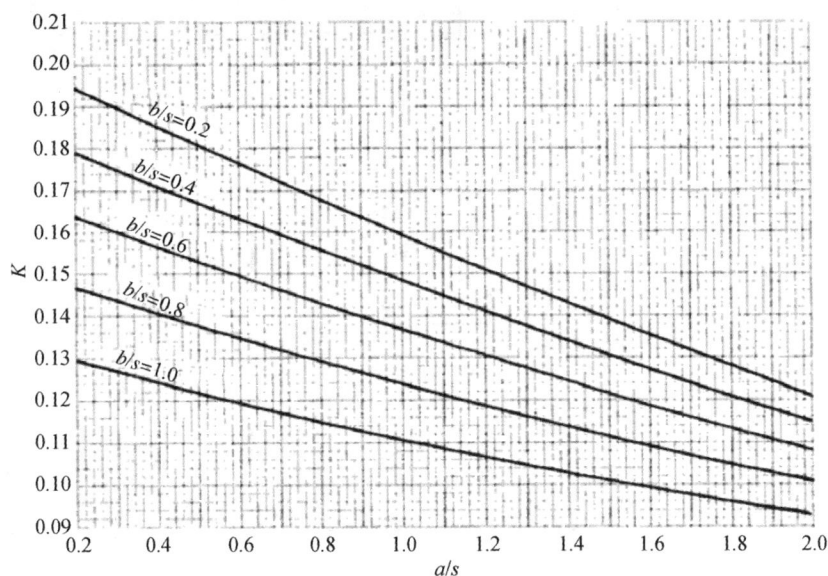

图 7-112 K 系数选取示意图

$n = 1.0$,当 $l/s \geqslant 2.0$ 时;

$\quad = 0.85$,当 $l/s = 1.0$ 时;

对于中间值,可以采用插值得到;

$C = 1.5$,海上航行工况;

$\quad = 1.1$,码头作业工况;

W——静态轮印载荷,kN;

a、b、s、l——见图 7-113,mm。

⑤RINA 规范

跳板面板的毛厚度 t_{gr}(mm)可按下式计算:

$$t_{gr} = C_{WL} \sqrt{nP_o k} \tag{7.2.86}$$

式中 $C_{WL} = 2.15 - 0.05\dfrac{l}{s} + 0.02\left(4 - \dfrac{l}{s}\right)\alpha^{0.5} - 1.7\alpha^{0.25}$;其中 $\dfrac{l}{s}$ 不大于 3;

$\quad \alpha = \dfrac{A_T}{ls}$,其中 l 不大于 5 s;

$\quad A_T$——轮印或轮印组面积,m^2;

$\quad l$——板格长边长,m;

$\quad s$——板格短边长,m;

$\quad n$——板格内作用的轮印数量;

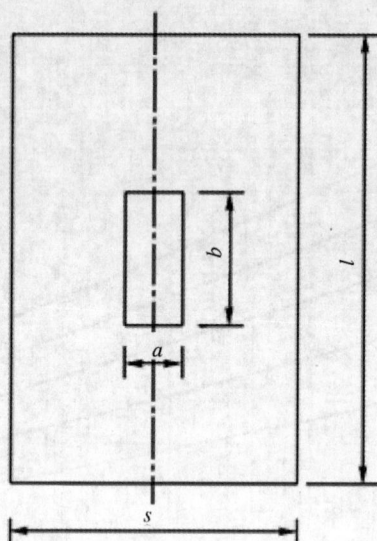

图 7-113　板格及轮印示意图

$$P_o = \gamma_{S2} F_S + 0.4 \gamma_{w2} F_{w,z}, \text{kN};$$

式中　F_S——静态轮印载荷,kN;

　　　$F_{w,z}$——由于运动惯性产生的动态轮印载荷,kN;

　　　$\gamma_{S2} = 1.0$;

　　　$\gamma_{w2} = 1.2$。

　　当板格上作用有 4 个轮印时,甲板净厚度 t(mm)(不含 1.0 mm 的腐蚀余量 t_c)不应小于以下两式中的较大值:

$$t = t_1 \tag{7.2.87}$$

$$t = t_2 (1 + \beta_2 + \beta_3 + \beta_4)^{0.5} \tag{7.2.88}$$

式中　t_1——考虑两个轮印作用在板格上,由式(7.2.86)所得值;

　　　t_2——考虑仅一个轮印作用在板格上,由式(7.2.86)所得值;

　　　β_2、β_3、β_4——将 i 替换为 2、3 和 4 后,按下式计算所得值:

　　　　　$\beta_i = 0.8(1.2 - 2.02\alpha_i + 1.17\alpha_i^2 - 0.23\alpha_i^3)$,当 $x_i/b < 2$ 时;

　　　　　$= 0$,当 $x_i/b \geqslant 2$ 时;

　　　x_i——各轮印到参考轮印的距离,见图 7-114,m;

　　　$\alpha_i = \dfrac{x_i}{b}$。

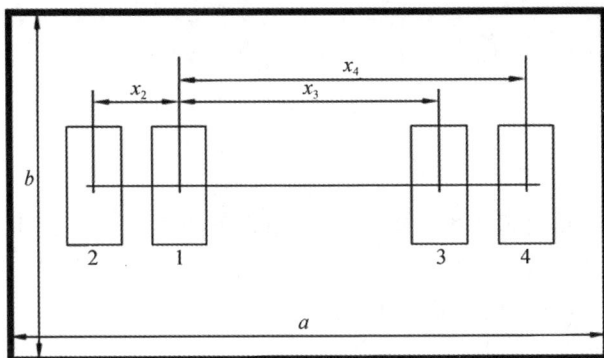

图 7-114　板格内作用有 4 个轮印示意图

（4）骨材

外部跳板的骨材应根据车辆轴重、轴距和骨材跨距等参数确定。骨材的剖面模数应不小于相应位置处舷侧肋骨的要求，必要时应考虑舷侧肋骨与外部跳板的骨材在端部约束方面的差异。

①DNV GL 规范

骨材的净剖面模数 $Z(\text{cm}^3)$ 应不小于以下值：

$$Z = \frac{P_{ul-1(2)} k_Z c d l_{bdg}}{m C_S R_{eH}} 10^{-3} \tag{7.2.89}$$

式中　$P_{ul-1(2)}$ —— 码头作业或海上航行工况轮胎作用于甲板的压强，见式（7.2.73）或式（7.2.74）

$k_z = 1.0$，当 $b_1/b \leqslant 0.6$ 时；

$\quad = 1.15 - 0.25 \dfrac{b_1}{b}$，当 $0.6 < b_1/b \leqslant 1.0$ 时；

$\quad = \left(1.15 - 0.25 \dfrac{b_1}{b}\right)\dfrac{b_1}{b}$，当 $1.0 < b_1/b \leqslant 3.4$ 时；

$\quad = 1.0$，当 $b_1/b \geqslant 3.4$ 时；

$c = b_1$，当 $b_1 \leqslant b$ 时；

$\quad = b$，当 $b_1 > b$ 时；

$d = a_1$，当 $a_1 \leqslant l$ 时；

$\quad = l$，当 $a_1 > l$ 时；

l —— 板格长边长度，m；

$m = \dfrac{r}{\left(\dfrac{a_1}{1\,000l}\right)^2 - 4.7\dfrac{a_1}{1\,000l} + 6.5}$，当 $\dfrac{a_1}{1\,000l} \leqslant 1.0$ 时；

$$= \frac{87}{\left(\frac{a_1}{1\,000l}\right)^2 \left[\left(\frac{a_1}{1\,000l}\right)^2 - 6.3\,\frac{a_1}{1\,000l} + 10.9\right]},\ \text{当}\ 1.2 < \frac{a_1}{1\,000l} \leqslant 2.5$$

时;

$$= 12,\ \text{当}\ \frac{a_1}{1\,000l} \geqslant 3.5\ \text{时};$$

对于中间值,可采用插值得到。m 取值也可按图 7-115 得到;

r—— 支撑连续骨材的桁材的刚度系数;

　= 38,骨材在桁材处刚性支撑;

　= 29,其他情况;

C_s = 0.85,码头工况;

　= 0.95,航行工况;

其他参数——见式(7.2.79)及表 7-28。

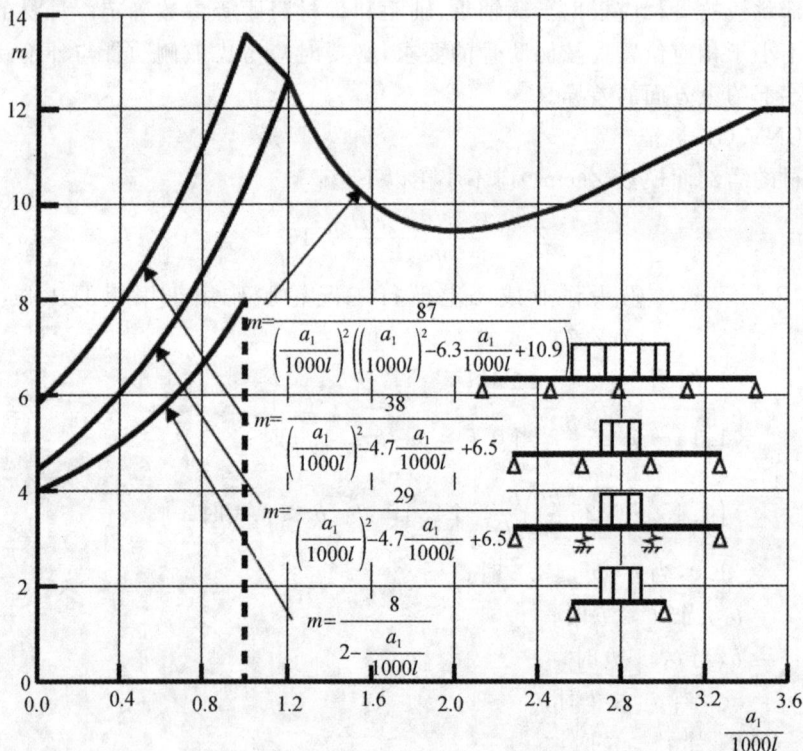

图 7-115　m 取值示意图

骨材腹板的净厚度 t_w(mm)应不小于以下值:

$$t_w = \frac{f_{shr}P_{ul-1(2)}k_Z cd}{d_{shr}C_t\tau_{eH}}10^{-3} \tag{7.2.90}$$

式中 $f_{shr} = 1 - 0.5\dfrac{a_1}{1\,000l}$,当 $a_1 \leqslant 1\,000l$ 时;

$\qquad\qquad = 0.5 - 0.25\left(\dfrac{a_1}{1\,000l} - 1\right)$且不小于 0.25,当 $a_1 > 1\,000l$ 时;

$\qquad k_z$、c、d、a_1——同式(7.2.80);

$\qquad d_{shr}$——见 7.2.3.1 条符号;

$\qquad C_t = 0.75$,码头工况;

$\qquad\quad = 0.90$,航行工况。

当骨材在某一跨度及其相邻跨度内同时受到 1 个以上的轮印载荷作用时,骨材的剖面模数应通过直接计算得到,其许用应力(基于骨材的净尺寸)如下:

a. 对于码头作业和操纵动作工况:

许用弯曲应力$[\sigma_b] = 0.85R_{eH}$;

许用剪切应力$[\tau] = 0.75\tau_{eH}$。

b. 对于海上航行工况:

许用弯曲应力$[\sigma_b] = 0.95R_{eH}$;

许用剪切应力$[\tau] = 0.90\tau_{eH}$。

② LR 规范

假定骨材在跨度两端刚性固定,考虑静态轮印载荷作用在跨度内的最危险位置,许用弯曲应力$[\sigma_b] = \dfrac{100}{k}$ N/mm^2。

③ CCS 规范

骨材的剖面模数 W(cm^3)应不小于按下式计算所得值:

$$W = (0.536J_1Pl + 1.25J_2shl^2)k$$

式中 P——轴重,t;

$\qquad h$——甲板的计算压头,m;

$\qquad J_1$、J_2——系数,根据式(7.2.84)计算所得 J 值按表 7-32 选取;

$\qquad$其他系数——见式(7.2.84)。

表 7-32 系数 J_1、J_2

J	0.1	0.2	0.3	0.4	0.5 及以上
J_1	15.4	14.6	13.35	11.8	10.1
J_2	1.89	1.85	1.73	1.55	1.30

除满足以上要求外,骨材还应按下述要求进行强度校核:假定骨材在跨度两端

刚性固定,考虑静态轮印载荷作用在跨度内的最危险位置,许用弯曲应力

$$[\sigma_b] = \frac{104}{k} \text{ N/mm}^2$$

④ ABS 规范

假定骨材两端简支,考虑静态轮印载荷作用在跨度内的最危险位置,许用弯曲应力 $[\sigma_b] = 0.6R_{eH}$,许用剪切应力 $[\tau] = 0.4R_{eH}$。对于仅出现在码头作业工况的轮印载荷,可取 $[\sigma_b] = 0.8R_{eH}$,许用剪切应力 $[\tau] = 0.54R_{eH}$。

⑤ RINA 规范

骨材所受的应力 $\sigma_b (\text{N/mm}^2)$ 可按下式计算:

$$\sigma_b = \frac{\alpha_s P_o l}{6w} 10^3 \tag{7.2.91}$$

$$\tau = 5 \frac{\alpha_T P_o}{A_{Sh}} \tag{7.2.92}$$

式中　$P_o = \gamma_{S2} F_S + 0.4\gamma_{W2} F_{W,z}$,kN;

　　　w——净剖面模数,cm³;

　　　$A_{Sh} = \dfrac{h_w t_w}{100}$,——横截面积,cm²;

　　　α_s、α_T——见表 7-33;

　　　d——轴距,见图 7-116;

　　　其他参数——见式(7.2.87)。

表 7-33　α_s,α_T 取值

图例	单轴		双轴	
	α_s	α_T	α_s	α_T
单轮	1	1	$0.5\left(2-\dfrac{d}{\ell}\right)^2$	$2+\dfrac{d}{\ell}$
双轮	$2\left(1-\dfrac{y}{s}\right)$	$2\left(1-\dfrac{y}{s}\right)$	$\left(1-\dfrac{y}{s}\right)\left(2-\dfrac{d}{\ell}\right)^2$	$2\left(1-\dfrac{y}{s}\right)\left(2+\dfrac{d}{\ell}\right)$

表 7-33　（续）

图例	单轴		双轴	
	α_s	α_T	α_s	α_T
三轮	$3-2\dfrac{y}{s}$	$3-2\dfrac{y}{s}$	$\dfrac{0.5\left(3-2\dfrac{y}{s}\right)}{\left(2-\dfrac{d}{\ell}\right)^2}$	$\left(3-2\dfrac{y}{s}\right)\left(2+\dfrac{d}{\ell}\right)$

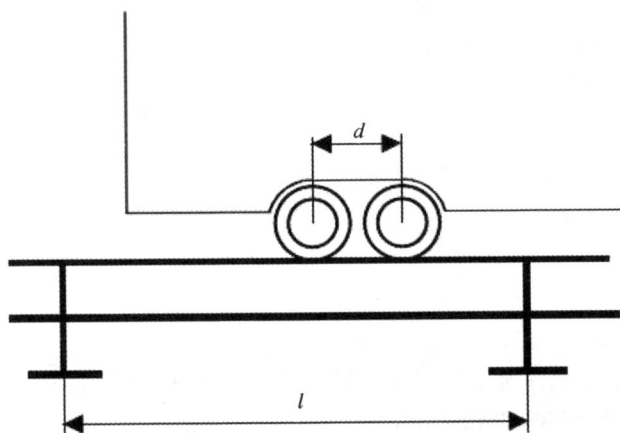

图 7-116　α_s，α_T 取值示意图

骨材的许用弯曲应力 $[\sigma_b]=\dfrac{R_{eH}}{\gamma_R\gamma_m}$，许用剪切应力 $[\tau]=\dfrac{0.5R_{eH}}{\gamma_R\gamma_m}$。其中，$\gamma_R=1.02,\gamma_m=1.02$。

（5）主要构件

外部跳板的主要构件应根据车辆总重、轴重及轴距等参数确定。主要构件的强度应考虑可能出现的最危险状况，比如多台车辆并排行走（停放）时，应考虑多台车辆的轴重同时作用在一根主横梁上。另外，当装载履带车辆时，在跳板坡度变化处，应考虑整个的车辆总重由此处的单一强横梁承担。在码头作业过程中，由于船体的纵横倾，会引起外部跳板的扭曲，从而产生附加的扭转应力。为保证外部跳板不会由于船体的倾斜而产生一侧翘起的现象，其主要构件应具有一定的柔度。

① DNV GL 规范

当采用有限元软件对主要构件进行计算时，其许用应力（基于扣除一半腐蚀余量的尺寸）如下：

a. 码头作业工况：

许用弯曲应力$[\sigma_b]=0.70R_{eH}$；

许用剪切应力$[\tau]=0.70\tau_{eH}$。

b. 海上航行(收藏放置)以及操纵动作工况：

许用弯曲应力$[\sigma_b]=0.85R_{eH}$；

许用剪切应力$[\tau]=0.85\tau_{eH}$。

② LR 规范

当采用有限元软件对主要构件进行计算时，其许用应力如下：

a. 码头作业工况：

许用弯曲应力$[\sigma_b]=0.60R_{eH}$；

许用剪切应力$[\tau]=0.60\tau_{eH}$。

b. 海上航行(收藏放置)工况：

许用弯曲应力$[\sigma_b]=0.75R_{eH}$；

许用剪切应力$[\tau]=0.75\tau_{eH}$。

c. 操纵动作：

许用弯曲应力$[\sigma_b]=0.85R_{eH}$；

许用剪切应力$[\tau]=0.85\tau_{eH}$。

③ CCS 规范

当采用有限元软件对主要构件进行计算时，其许用应力如下：

a. 码头作业及操纵动作工况：

许用弯曲应力$[\sigma_b]=R_{eH}/1.67$；

许用剪切应力$[\tau]=\tau_{eH}/1.67$。

b. 海上航行(收藏放置)工况：

许用弯曲应力$[\sigma_b]=R_{eH}/1.33$；

许用剪切应力$[\tau]=\tau_{eH}/1.33$。

c. 负荷试验工况：

许用弯曲应力$[\sigma_b]=R_{eH}/1.18$；

许用剪切应力$[\tau]=\tau_{eH}/1.18$。

④ ABS 规范

假定主要构件的两端为刚性固定，考虑静态车辆载荷作用，其许用弯曲应力$[\sigma_b]=140/k$，许用剪切应力$[\tau]=105/k$。

⑤ RINA 规范

当采用有限元软件对主要构件进行计算时，其许用应力如下：

a. 码头作业及操纵动作工况：

许用弯曲应力$[\sigma_b]=140/k$；

许用剪切应力$[\tau]=80/k$。

b. 海上航行(收藏放置)工况：

许用弯曲应力$[\sigma_b]=175/k$；

许用剪切应力$[\tau]=100/k$。

(6) 紧固和支持装置

对于有密性要求的外部跳板,其紧固和支持装置应按照上节对于舭内门、舷门和艉门的相关要求设计。对于无密性要求的外部跳板类,其紧固和支持装置的许用应力可取与主要构件在海上航行(收藏放置)工况的许用应力相同。

7.2.3.6　内部坡道(升降平台)结构设计

(1) 设计载荷

内部坡道(升降平台)结构设计需考虑如下的设计载荷：

① 自重(L_m)

② 车辆载荷(L_c)

③ 船体静态倾斜载荷(L_{h1}、L_{h2})

④ 跳板作业角度载荷(L_{h3})

⑤ 考虑船体倾斜及运动加速度的惯性载荷。可根据船级社的相关计算公式(如 DNV GL 规范 Pt3 Ch. 4 Sec. 6)得到。一般可取加速度为：$a_x=\pm0.5\,g$(纵向)、$a_y=\pm1.0\,g$(横向)、$a_z=\pm1.0\,g$(垂向)。

⑥ 负荷试验时的试验载荷(L_t),按表 7-34 选取：

表 7-34　试验负荷(L_t)

安全工作负荷 SWL/kN	试验负荷 L_t/kN
≤196	1.25×SWL
196～490	49+SWL
>490	1.1×SWL

(2) 载荷工况及组合

内部坡道(升降平台)存在以下四种工况：

① 工况 1(码头作业)

在码头作业工况下,内部坡道(升降平台)结构设计需考虑如下的载荷组合：

$$L_m+1.1L_c+L_{h1}+L_{h2}+L_{h3} \tag{7.2.93}$$

式中,车辆载荷(L_c)乘系数 1.1 是考虑车辆在坡道(升降平台)上移动时产生的动态效应。

②工况 2（操纵动作）

在操纵动作工况下，内部坡道（升降平台）结构设计需考虑如下的载荷组合：

$$1.2(L_m + L_c) + L_{h1} + L_{h2} + L_{h3} \qquad (7.2.94)$$

式中，自重 L_m 及车辆载荷（L_c）乘系数 1.2 是考虑坡道（升降平台）操纵动作时的动态效应。

③工况 3（收藏放置）

在收藏放置工况下，内部坡道（升降平台）结构设计需考虑如下的载荷组合：

$$(L_m + L_c)(g + a_z) + (L_m + L_c)a_x \qquad (7.2.95)$$

$$(L_m + L_c)(g + a_z) + (L_m + L_c)a_y \qquad (7.2.96)$$

$$(L_m + L_c)(g + a_z) + 0.7(L_m + L_c)a_x + 0.7(L_m + L_c)a_y \qquad (7.2.97)$$

④工况 4（负荷试验）

在负荷试验工况下，内部坡道（升降平台）结构设计需考虑如下的载荷组合：

$$1.2(L_m + L_t) + L_{h1} + L_{h2} + L_{h3} \qquad (7.2.98)$$

（3）其他

对于内部坡道（升降平台），其面板、骨材、主要构件的设计可参照外部跳板。

7.2.3.7 活动汽车甲板结构设计

（1）设计载荷

活动汽车甲板结构设计需考虑如下的设计载荷：

①自重（L_m）。

②车辆载荷（L_c）。活动汽车甲板的车辆载荷一般可取 UDL（均布载荷）×单块甲板面积。

③船体静态倾斜载荷（L_{h1}、L_{h2}）。

④考虑船体倾斜及运动加速度的惯性载荷。可根据船级社的相关计算公式（如 DNV GL 规范 Pt3 Ch.4 Sec.6）得到。一般可取加速度为：

$a_x = \pm 0.5\,g$（纵向）、$a_y = \pm 1.0\,g$（横向）、$a_z = \pm 1.0\,g$（垂向）。

（2）载荷工况及组合

活动汽车甲板存在以下四种工况：

①工况 1（码头作业）

在码头作业工况，活动汽车甲板结构设计需考虑如下的载荷组合：

$$L_m + L_c + L_{h1} + L_{h2} \qquad (7.2.99)$$

②工况 2（操纵动作）

在操纵动作工况，活动汽车甲板结构设计需考虑如下的载荷组合：

$$1.2L_m + L_{h1} + L_{h2} \qquad (7.2.100)$$

式中,自重载荷 L_m 乘系数 1.2 是考虑活动汽车甲板操纵动作时的动态效应。

③工况 3(海上航行:装车位置)

在海上航行(装车)工况,活动汽车甲板结构设计需考虑如下的载荷组合:

$$(L_m + L_c)(g + a_z) + (L_m + L_c)a_x \tag{7.2.101}$$

$$(L_m + L_c)(g + a_z) + (L_m + L_c)a_y \tag{7.2.102}$$

$$(L_m + L_c)(g + a_z) + 0.7(L_m + L_c)a_x + 0.7(L_m + L_c)a_y \tag{7.2.103}$$

④工况 4(海上航行:收藏位置)

在海上航行(收藏/不装车)工况,活动汽车甲板结构设计需考虑如下的载荷组合:

$$L_m(g + a_z) + L_m a_x \tag{7.2.104}$$

$$L_m(g + a_z) + L_m a_y \tag{7.2.105}$$

$$L_m(g + a_z) + 0.7 L_m a_x + 0.7 L_m a_y \tag{7.2.106}$$

(3)面板

活动汽车甲板面板厚度的选取可参照内部坡道(升降平台),一般不应小于 6 mm。

(4)骨材

活动汽车甲板骨材可参照内部坡道(升降平台)的要求。

(5)主要构件

活动汽车甲板主要构件的许用应力可参照内部坡道(升降平台)的要求。需要注意的是,活动汽车甲板在码头作业工况的最大变形应能满足对于下层甲板的净高要求。

7.2.3.8　机械附件及船体接口

(1)概述

滚装通道设备及其周围的船体结构上安装有各种机械附件,包括铰链、眼板、液压紧固装置、密封橡皮等。这些机械附件构成了设备与船体接口的主要部分,也是设备与船体之间主要的受力传递构件,应特别注意核算其所在结构的局部强度,同时也应留出其所需的布置空间。

(2)驱动装置的布置

滚装通道设备是可活动的设备,其所采用的驱动装置主要有三种:液压油缸、液压油缸+钢丝绳导向系统、钢丝绳绞车。

对于液压油缸驱动,应保证其在各种不同状态下都不会与其他结构干扰或者影响到设备的净高、净宽等主要参数。另外,油缸两端的眼板应与设备或者船体的强力构件相连接,确保力的有效传递。

对于液压油缸＋钢丝绳导向系统驱动,首先应确定油缸是布置在设备上还是船体上,其次应确定设备的提升点数量(一般为 4 个或 6 个)及位置,最后应确定钢丝绳的走向以及各个滑轮在设备及船体上的具体位置。

对于钢丝绳绞车驱动,首先应确定绞车是布置在设备上还是船体上,其次应确定钢丝绳的走向以及各个滑轮在设备及船体上的具体位置。需要注意的是,绞车与第一个导向滑轮之间应有足够的距离,以满足绞车对于钢丝绳最大允许偏角的要求(见图 7-117)。

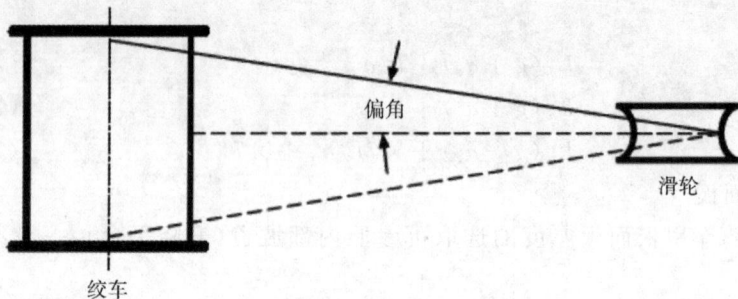

图 7-117 绞车的绳偏角示意图

(3) 铰链装置的布置

绝大部分的滚装通道设备与船体之间通过铰链相连接,对于由多节组成的设备其各节之间也是通过铰链相连接,铰链装置构成了设备与船体接口的重要组成部分。在确定铰链装置的布置时,首先应确定其布置间距及数量,其次应尽量保证其与主要船体构件对齐。对于大型的滚装通道设备,其铰链装置分为主铰链与副铰链,其中主铰链是设备与船体之间主要的受力传递构件。图 7-118 是典型的主铰链装置示意图。

(4) 液压紧固装置

滚装通道设备广泛采用各种类型的液压紧固装置,其主要用来保证设备的关闭以及关闭时的密性。以下介绍了各种不同类型的液压紧固装置。

图 7-119 为楔形液压紧固装置示意图,其插销端部带有楔形,在设备关闭到位后用于压紧密封橡皮。

图 7-120 为钩形液压紧固装置示意图,其用于当设备接近到达关闭时,将设备往回钩,从而将设备完全关闭到位。

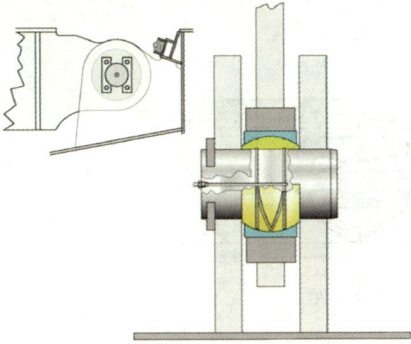

图 7-118　典型的主铰链装置示意图

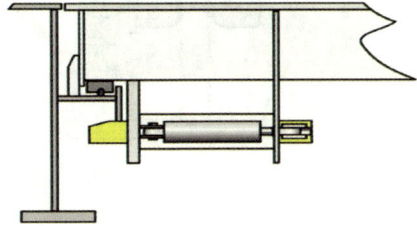

图 7-119　楔形液压紧固装置示意图

图 7-120　钩形液压紧固装置示意图

图 7-121 为连杆型液压紧固装置示意图,其可由
一个液压油缸驱动多个指形插销,主要用于各种门
类设备。

（5）密封橡皮

滚装通道设备的密性是通过密封橡皮的压缩来
实现的。图 7-122 为常用的两种密封橡皮的示意图,
其中右侧的滑移型密封橡皮用于当设备与船体之间
存在少许滑移时。需要注意的是,设备与船体之间
的力（包括垂向力和水平力）的传递应由图 7-122 中
箭头所指的钢对钢的支承装置来承担,而不应由密
封橡皮来承担。

（6）导向装置

长度较长的滚装通道设备上下升降时,为了限
制其在水平方向的偏移,应设置导向装置。图 7-123
为两种导向装置的示意图。

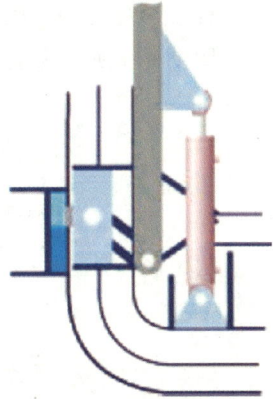

图 7-121　连杆型液压紧
固装置示意图

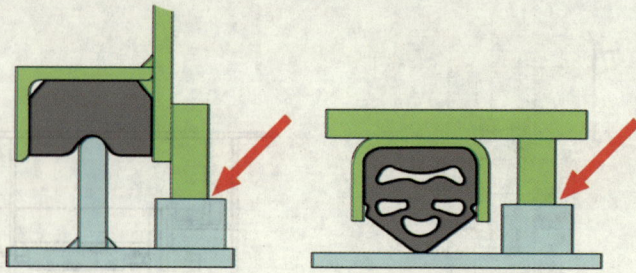

图 7-122　密封橡皮的示意图

图 7-123　导向装置示意图

（7）栏杆与道牙

当滚装通道设备或船体开口的两侧无结构保护时,应设置栏杆与道牙以保护行车及行人的安全。根据具体的布置需要,栏杆可采用固定式、可拆式和自动可倒式栏杆等多种设计。图 7-124 所示为各种栏杆的示意图。

图 7-125 所示为道牙的示意图,其高度一般不应小于 0.15 m。

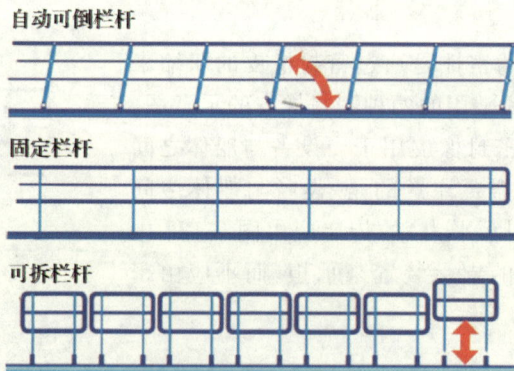

图 7-124　各种栏杆示意图

（8）防滑

对于跳板（坡道）类的滚装通道设备,其上表面需要做防滑处理。另外,在靠近跳板(坡道)的前后 6～10 m 的局部甲板以及车辆转向区域处的甲板也同样需要做防滑处理。常用的防滑处理有以下 2 种：

①防滑条

防滑条为在设备上表面焊接的长约 1 m，截面尺寸为 8～12 mm 的方钢。防滑条呈鱼骨状布置，与车辆行驶方向成约 75°夹角。图 7-126 为防滑条的示意图。

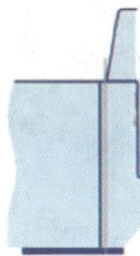

图 7-125　道牙示意图

图 7-126　防滑条示意图

②防滑漆

防滑漆为在设备上表面涂装的一种耐磨性防滑涂料。表 7-35 所示为防滑漆的主要规格。

表 7-35　防滑漆的主要规格

载荷情况	骨料尺寸/mm	密度/(kg/m²)
重载	3～5	20.5
普通	1～3	11.0
轻载	1.4～2	8.5

7.2.4　滚装通道设备典型设计——货滚船

7.2.4.1　船型分析

货滚船所运输的货物单元主要为半挂车、马菲托架及卡赛特托架等，其车辆甲板层数一般较少(3～5 层)，但每层甲板的净高较高，部分甲板为了装载双层集装箱其净高要求超过 7 m。货滚船所采用的滚装通道设备方案较为单一，通常船尾设有一个或多个艉直跳板，主甲板船中靠艉设有通往双层底的固定坡道盖，主甲板艉部靠近舷侧设有通往上甲板的活动坡道(或者为通往上甲板的固定坡道上所设置的坡道门）。某些货滚船当需要运输乘用车时,也会设置活动汽车甲板,由于甲板间净高较高,通常会设置两层活动汽车甲板。图 7-127 为典型的货滚船滚装通道设备。

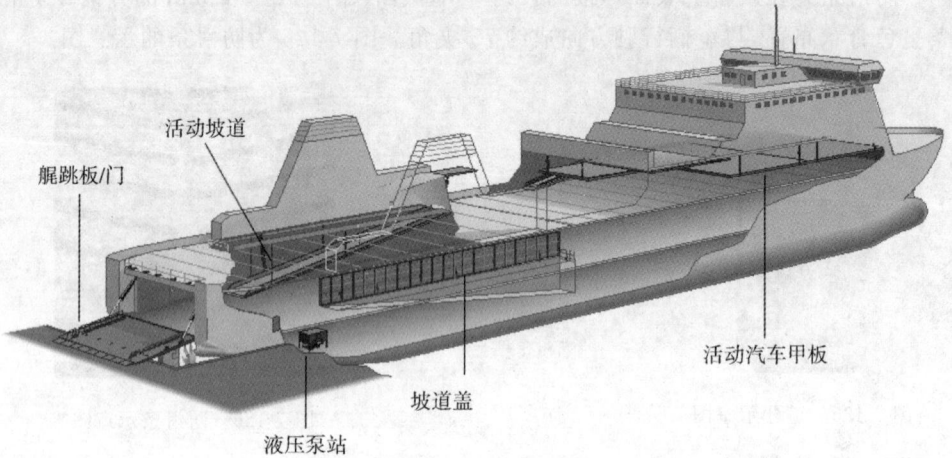

图 7-127　典型的货滚船滚装通道设备

7.2.4.2　主要设备介绍及选型

（1）艉直跳板

艉直跳板一般兼作水密门,其中心线与船体中心线平行,车辆通过艉直跳板后,无需转弯即可直接进入货舱内。艉直跳板对所停靠的码头形状有特别的要求,只能停靠突堤式码头。除主结构以外,艉直跳板还另带有分成多块的码头翼板和内部跨接板。码头翼板用于跳板与码头之间的过渡,而内部跨接板则用于跨接入口甲板处铰链上方的间隙。图 7-128 所示为艉直跳板示意图。

当需要设置接近全宽的艉部通道时,可以设置单个较宽的艉直跳板,也可以设置多个较窄的艉直跳板（车辆经由不同的跳板通往不同的甲板层）。两种方案一般由船东根据自身需要选择。

艉直跳板较长时,如果对其收藏高度有限制,可将跳板设计为两节。相对于单节跳板,双节跳板的设计更复杂、成本也更高。

艉直跳板可由油缸或者绞车来驱动。相对于绞车驱动,油缸驱动在设计上更简单,是首选方案。对于大型的艉直跳板,考虑到油缸负荷的限制及成本,可选用绞车驱动。

对于单节的艉直跳板,其码头翼板可竖直存放,当收藏高度有限制时,也可折叠收藏,如图 7-129 所示。

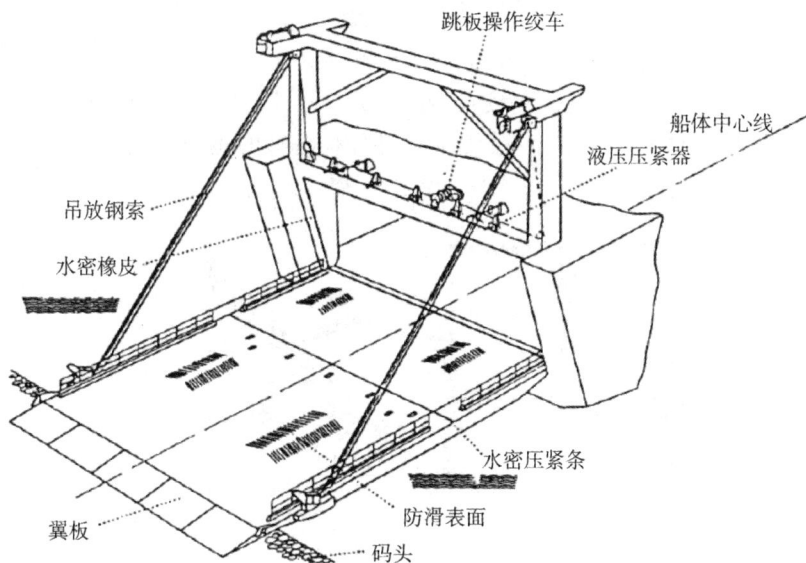

图 7-128 艉直跳板示意图

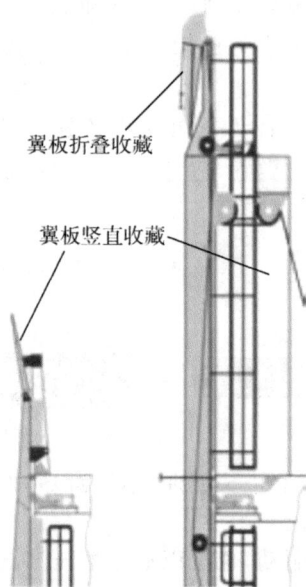

图 7-129 码头翼板的两种收藏方案

（2）坡道盖

坡道盖安装在固定坡道的上方，当其打开时可在固定坡道上行驶车辆；当其关闭时可保证开口的水密并可在其上面停放车辆。

坡道盖的开启方式有两种，端铰链或者侧铰链开启，如图 7-130 所示。侧铰链开启为首选方案，当坡道盖长度较长（超过 30 m）时，可分成两片或者三片结构。对于侧铰链开启的坡道盖，应注意其顶部应留有足够的垂向空间来收藏竖直打开的坡道盖。当此空间不足时，可选用端铰链开启。

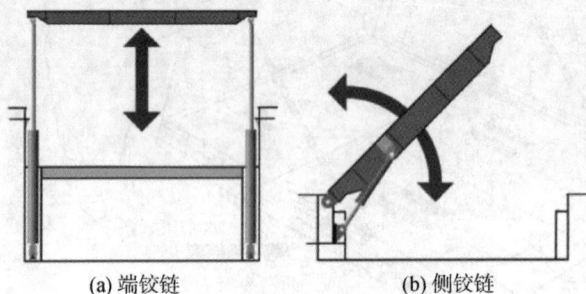

(a) 端铰链   (b) 侧铰链

图 7-130　坡道盖开启方式示意图

（3）活动坡道

活动坡道前端与上层甲板铰接，后端可升降下放。关闭时，活动坡道可保证开口的密性；放下时，活动坡道可作为连接上下两层甲板的通道。根据需要，活动坡道可设计成带载（车辆）升降。

活动坡道两侧的大梁可设计为突出式或者齐平式，如图 7-131 所示。突出式侧大梁的设计在刚度和强度上更好，适合于重载的长坡道；齐平式侧大梁设计所占用的上层甲板宽度较少，适合于紧凑的甲板空间。

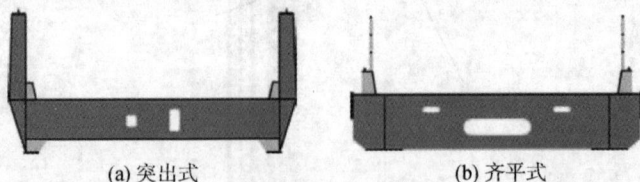

(a) 突出式   (b) 齐平式

图 7-131　活动坡道两种侧大梁形式

活动坡道可由油缸直接驱动，也可以通过液压油缸＋钢丝绳导向系统驱动，如图 7-132 所示。一般而言，对于大型的活动坡道应选用液压油缸＋钢丝绳导向系统驱动，对于小型的活动坡道应选用油缸直接驱动。

图 7-132　活动坡道的两种驱动方式

（4）固定坡道门

当需要在固定坡道某处位置分隔两侧的密性时，可在该位置上设置一扇固定坡道门。

固定坡道门的开启方式有顶铰链和侧铰链开启两种，如图 7-133 和图 7-134 所示。顶铰链开启为首选方案，门通常做成倾斜式以方便底部的密封处理。顶铰链坡道门在开启后，门的厚度会占用一定的净高，如果采用顶铰链方案不能满足净高要求时，可考虑采用侧铰链方案。

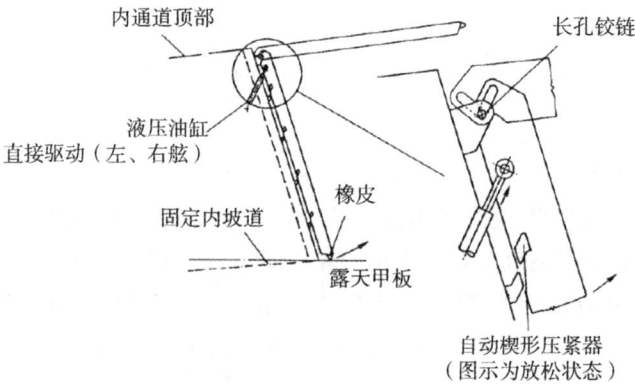

图 7-133　顶铰链开启的固定坡道门

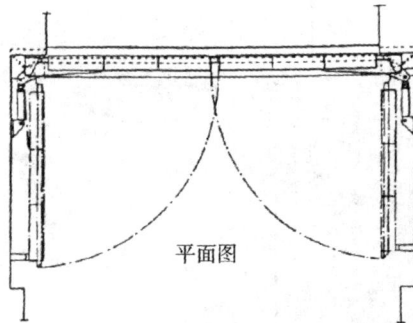

图 7-134　侧铰链开启的固定坡道门

（5）活动汽车甲板（两层）

货滚船由于其甲板间净高较高，当布置活动汽车甲板时通常为上下两层，如图7-135 所示。

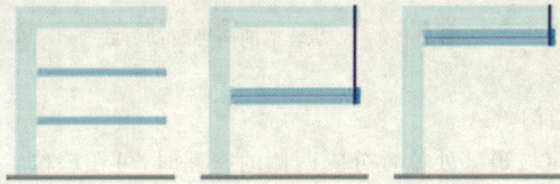

图 7-135 活动汽车甲板（两层）示意图

活动汽车甲板（两层）可通过液压顶升车实现升降，也可自带动力实现升降。一般而言，当甲板块数较少时应采用动力升降式，当甲板块数较多时从成本考虑宜采用顶升式。当采用动力升降式方案时，动力装置（液压油缸＋钢丝绳导向系统）布置在下层活动甲板上，上层活动甲板为被动式，由下层甲板托起实现升降。

7.2.5 滚装通道设备典型设计——客滚船

7.2.5.1 船型分析

客滚船所运输的货物单元主要为乘用车、货车等，其车辆甲板层数一般较少（2～4 层），甲板净高一般不超过 5 m。客滚船常布置艏艉两个通道，可实现"艏装艉卸"或者"艉装艏卸"。根据船东需求，某些客滚船也会设置活动汽车甲板。对于装卸速度要求较高的客滚船，其艏艉还会设置双层装卸通道。图 7-136 和图 7-137 所示为典型的客滚船滚装通道设备。

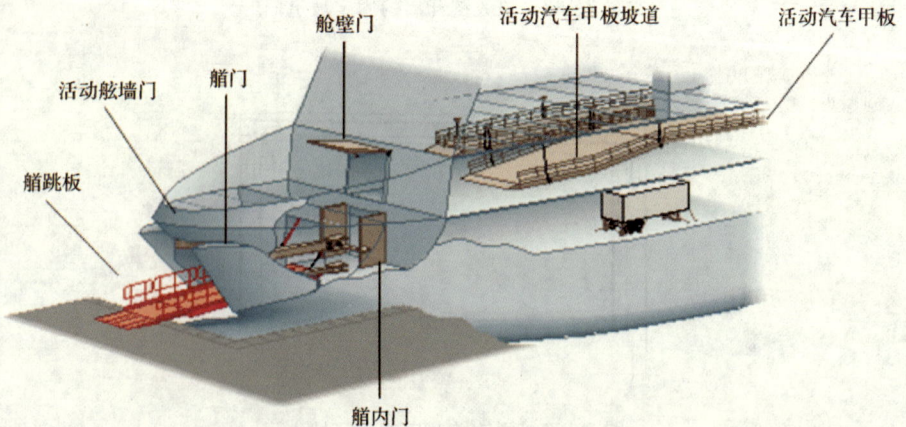

图 7-136 典型的客滚船滚装通道设备：艏部

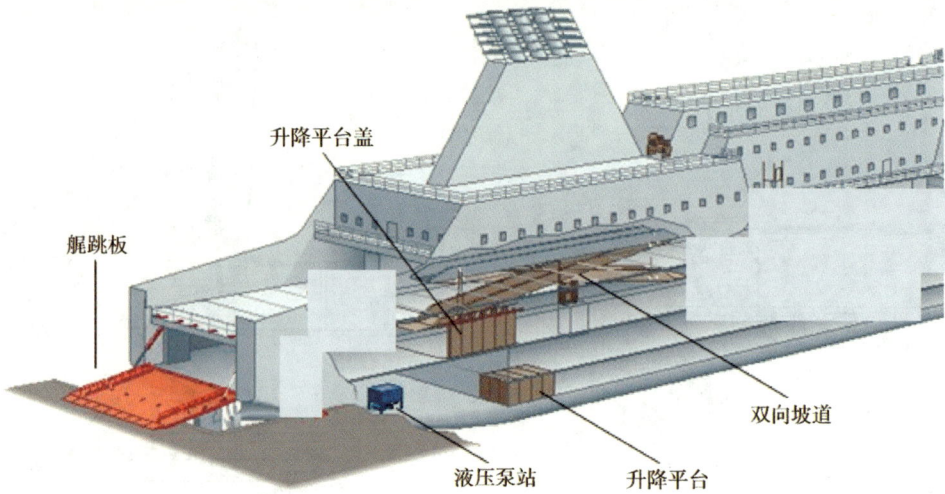

升降平台盖

艉跳板

双向坡道

液压泵站　升降平台

图 7-137　典型的客滚船滚装通道设备:艉部

7.2.5.2　主要设备介绍及选型

（1）艉门

艉门是船首通道的关闭设备,其构成艉部船体结构的一部分。关闭时,艉门应可达到风雨密的要求。

艉门主要有两种形式:罩壳式和侧向开启式。

罩壳式艉门又称为上开式艉门。在罩壳式艉门的顶部设有两个强力铰链臂,铰链臂的根部有销轴与艉楼甲板的铰链座相连接,形成门的转动轴。在每一铰链臂上安装有液压油缸,油缸的另一端则铰接在艉部船体结构上。开启时,靠油缸的推力将门向上翻起,翻起的角度应满足艉直跳板收放以及车辆进出的要求。关闭时,依靠罩壳式艉门的自重缓慢压缩油缸放下。罩壳式艉门主要用于艉部较瘦削的小型客滚船,图 7-138 所示为罩壳式艉门的示意图。

侧向开启式艉门是客滚船上应用最多的艉门形式。艉门沿船体中线被切割为左右两扇,每扇艉门通过支撑臂与艉部船体相连,在每一支撑臂上安装有液压油缸,油缸的另一端铰接在艉部船体结构上。每扇艉门的上端设有导向轮,可沿着安装在艉楼甲板反面的导轨滑动。开启时,油缸的拉力使支撑臂向外转动,从而使每扇艉门沿着导轨往外滑动开启。图 7-139 所示为侧向开启式艉门的示意图。

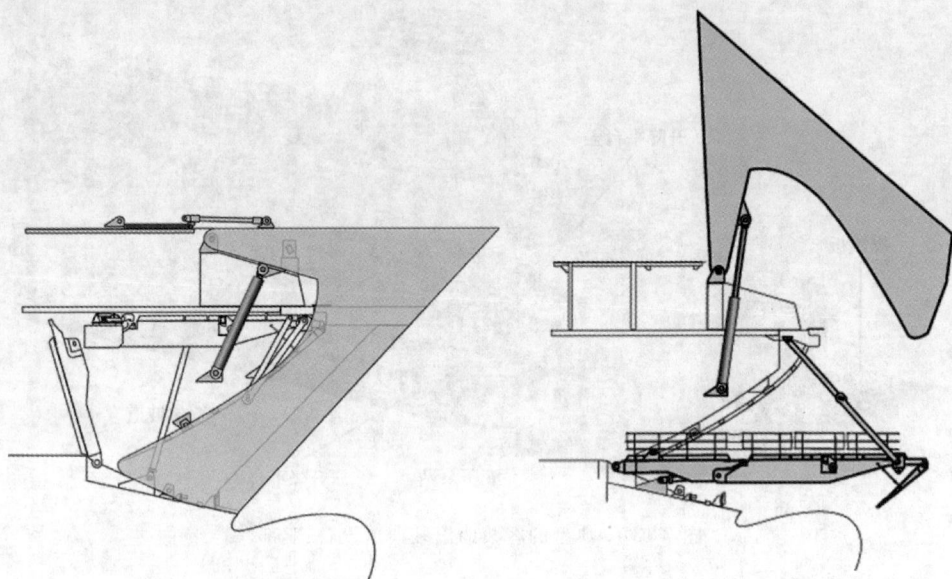

图 7-138　罩壳式艏门示意图

（2）艏直跳板

艏直跳板是设在船艏的直跳板,其长度应保证其在码头上的搭接点离船体球鼻艏有足够的距离。同艉直跳板一样,艏直跳板也带有码头翼板和内部跨接板。与艉直跳板不同,由于船首布置空间很紧凑,艏直跳板一般折叠为三节收藏。

规范要求在艏门内部防撞舱壁位置处还要设置单独的艏内门,且艏内门至少应为风雨密。艏直跳板的第一节可设计为在收藏位置兼做艏内门,也可另外设置单独的艏内门。相对于设置单独的艏内门,艏直跳板兼作艏内门的设计可以节省布置空间。当艏直跳板的第一节兼作艏内门时,为了防止由于艏部区域受到破坏性冲击而连带引起艏内门的破坏,艏直跳板的第一节与第二节应分离并保证至少600 mm的距离。图7-140所示为艏直跳板的示意图。

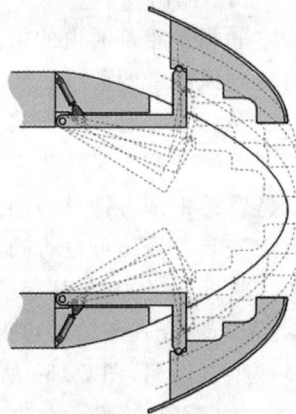

图 7-139　侧向开启式艏门示意图

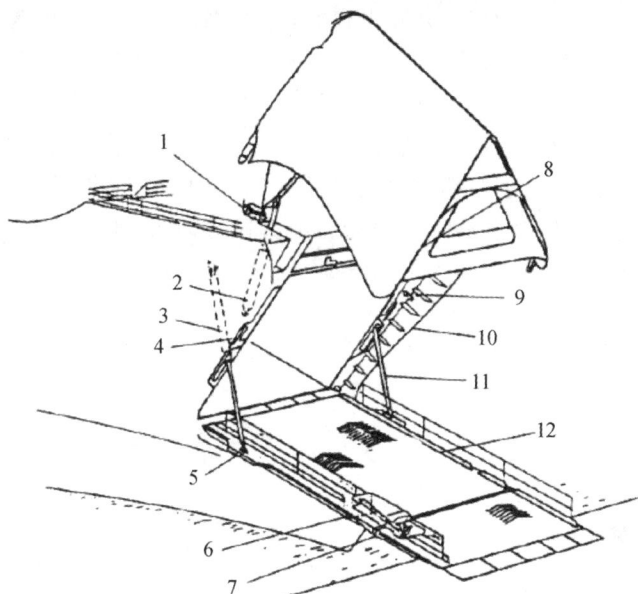

1—液压锁;2—盔门操作油缸;3,11—跳板操作油缸;4—液压压紧油缸;5,8—压紧条;
6—液压连杆装置;7—铰链;9—破冰油缸;10—水密橡皮;12—车道护栏。

图 7-140　艏直跳板示意图

（3）活动舷墙

当客滚船的艏部设置双层装卸通道时,其艏部的舷墙可做成液压开启的活动式。活动舷墙形式与罩壳式艏门类似,在活动舷墙的后部设有两个强力铰链臂,铰链臂的根部有销轴与艏楼甲板的铰链座相连接,形成舷墙的转动轴。在每一铰链臂下安装有液压油缸,油缸的另一端则铰接在艏部船体结构上。开启时,靠油缸的推力将门向上翻起,翻起的角度应满足可调岸坡道收放以及车辆进出的要求。关闭时,依靠活动舷墙的自重缓慢压缩油缸放下。图 7-141 所示为活动舷墙的示意图。

（4）双斜坡道

双斜坡道与前述货滚船所介绍的活动坡道类似,主要区别在于活动坡道的铰链只设置在一端,而双斜坡道的两端都设有可活动的铰链以及翼板。双斜坡道可根据需要,选择放下坡道的任意一端。根据需要,双斜坡道可设计成带载(车辆)升降。

同活动坡道一样,双斜坡道两侧的大梁也可设计为突出式或者齐平式。

（5）升降平台

对于小型的客滚船,其货舱长度较短无法设置坡道,此时可选用升降平台作为甲板间的交通连接工具。通常,升降平台的长度为 $19\sim21$ m,宽度为 $3.0\sim3.5$ m,可升降一辆重 $45\sim80$ t 的拖车。

升降平台主要有三种形式:U 型、L 型和 X 型。

U 型升降平台又称四点式升降平台如图 7-142 所示,平台的四个角各由钢丝绳或链条悬吊,通过安装于船体或平台结构底部的油缸带动钢丝绳滑轮组来实现间接驱动。在平台的四个(或两个)角处设有升降导轨,以限制平台在升降过程中的水平晃动。车辆只能纵向驶入 U 型升降平台。

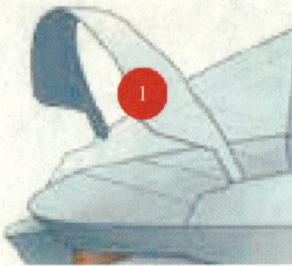

图 7-141 活动舷墙示意图

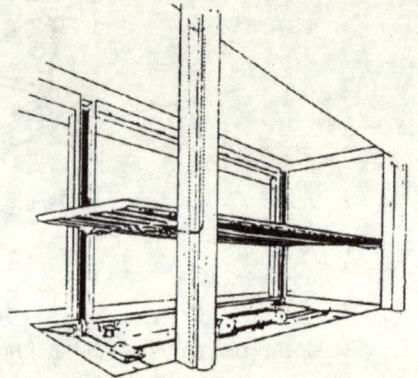

图 7-142 U 型升降平台示意图

L 型升降平台的结构如图 7-143 所示,其悬吊机构及导轨仅设在一侧,从而方便从平台的两端或不设悬吊机构和导轨的一侧装卸货物。L 型升降平台的悬臂梁结构决定了它不适合载运重物。此外,由于其突出的悬臂较长,在上层甲板上需设置一定高度的围壁。

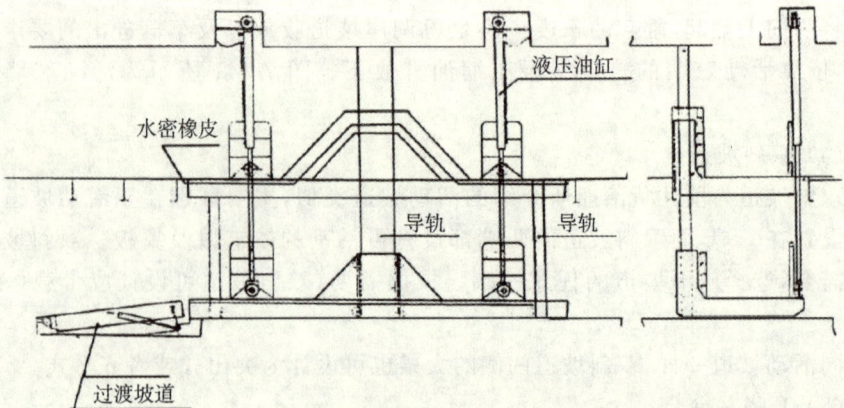

图 7-143 L 型升降平台示意图

　　X型升降平台如图 7-144 所示,平台的升降装置设于平台底部,通过液压油缸推拉剪刀状的交叉梁而带动平台升降,平台升降时无需导轨。由于平台上方没有任何阻挡,车辆可从任何方向进入平台。由于 X 型升降平台的升降装置收藏时需占据一定的高度,平台底部需设置一个凹槽,凹槽深度一般为 0.8~1.0 m。

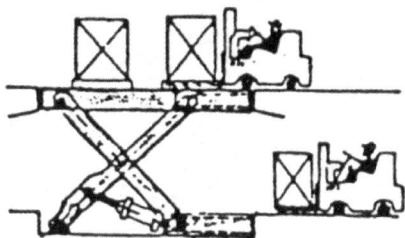

图 7-144　X 型升降平台示意图

　　(6) 活动汽车甲板(单层、升降式)

　　客滚船对于装卸效率要求较高,活动汽车甲板的升降操作也较频繁,通常采用升降式活动汽车甲板。根据船东需求,升降式活动汽车甲板可设置一个或两个工作位置(高度),以及一个收藏位置(高度)。作为一项重要工作,应特别注意校核活动汽车甲板在工作位置和收藏位置时,其上下层的净高是否满足设计要求。升降式活动汽车甲板的结构厚度一般为 360~420 mm,其在工作位置需另外考虑 65~80 mm 的自身结构变形及制造公差,在收藏位置也需留有约 60 mm 的上部间隙用于考虑上层甲板的结构变形以及升降时的超高。

　　升降式活动汽车甲板可选用液压油缸驱动钢丝绳导向系统的液压方案,也可选用电动绞车驱动钢丝绳导向系统的电动方案。相对于液压方案,电动方案不必在甲板块上布置液压管路,从而避免了由于液压油泄露所造成的货损风险。对于有防爆要求的滚装处所,从成本上考虑不宜选用电动方案。当采用电动方案时,还应注意甲板块的厚度应能满足在其底部安装电动绞车的要求。图 7-145 所示为液压升降式活动汽车甲板示意图。

　　(7) 活动汽车甲板坡道

　　活动汽车甲板坡道为由固定甲板通向活动汽车甲板的坡道,其是构成整层活动汽车甲板的一块。同活动汽车甲板一样,其可选用液压或者电动升降,升降时坡道上可以停放车辆。在考虑活动汽车甲板的布置时,应首先考虑坡道的设置数量和位置。

　　全宽活动汽车甲板坡道系指坡道的宽度为一整块甲板块的宽度,其实质是将整层活动甲板中的一块设计成坡道。半宽活动汽车甲板坡道系指坡道的宽度仅需满足车辆上下所需的通道净宽即可,通常为 3.0~5.5 m。采用全宽坡道设计时,车辆可不经转弯直接行驶至各甲板块的停放位置,装卸效率高,通常应用于客滚船上。图 7-146 所示为全宽及半宽坡道设计示意图。

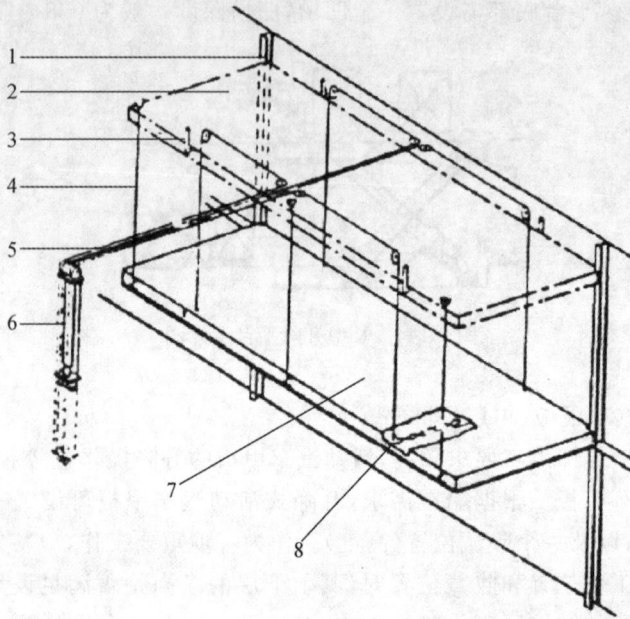

1—导轨;2—处于收藏位置的汽车甲板;3—顶甲板插销;4—悬吊索;5—升降传动钢索;6—油缸滑轮组;7—被放下来的汽车甲板;8—调节装置。

图 7-145　液压升降式活动汽车甲板

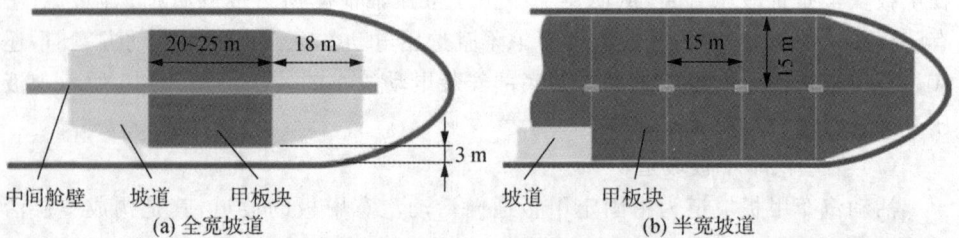

图 7-146　全宽及半宽坡道设计示意图

7.2.6　滚装通道设备典型设计——汽车运输船

7.2.6.1　船型分析

汽车运输船所运输的货物单元主要为乘用车、工程机械车辆以及重大件等,其所设置的活动汽车甲板层数较多且通常为整层布置,总的甲板层数最多可达 13 层。由于装运重大件的需要,其主甲板净高通常较高,可达 7 m 多;而专门用于装载乘用车的甲板净高可低至 1.7 m。汽车运输船通过艉斜跳板搭靠码头,为了加快装卸速度其船中往往另设有侧跳板。图 7-147 所示为典型的汽车运输船滚装通道设备。

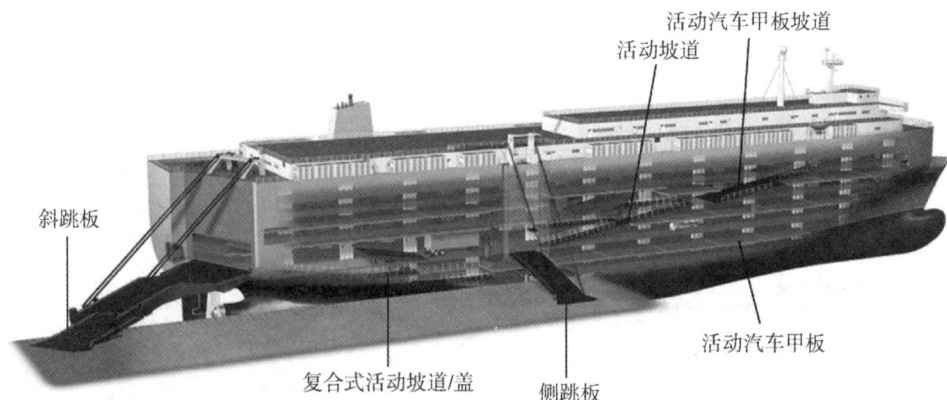

图 7-147　典型的汽车运输船滚装通道设备

7.2.6.2　主要设备介绍及选型

(1) 艉斜跳板

艉斜跳板是指设置在船体艉部与船体中心线成一定角度(30°~40°)的跳板。艉斜跳板通常布置在右舷,或两舷布置。为了便于车辆上船后的转弯,艉斜跳板在与船体铰接的根部通常成喇叭口形状,其在船体入口处的净宽通常为跳板中部最小净宽的 1.5~2.0 倍。艉斜跳板第 1 节的根部通常兼作船体开口的水密门,对于少数船体开口特别宽的艉斜跳板,也可另行设置单独的水密门。

艉斜跳板长度较长,一般由 3 节组成,这样既便于收藏又可通过调节各节之间的角度来适应不同的码头高度。艉斜跳板的第 1 节最长,在整个跳板搭接在码头上时,第 1 节的端部已有一只角进入码头侧。艉斜跳板的第 2 节与第 3 节的总长度应小于第 1 节的长度,以便在跳板收藏时,能折叠于第 1 节跳板之后。对于有气隙高度要求的滚装船,应注意跳板收藏后的高度限制。

艉斜跳板的第 1 节与第 2 节为开式结构,而与码头面搭接的第 3 节及码头翼板则为底部封口的闭式结构,其目的是使跳板负荷能均匀分布至码头面。艉斜跳板的第 3 节与码头面的接触面积应足够大,以保证传递至码头的压力不超过允许值。汽车运输船在装卸过程中会产生一定的横倾(一般不大于 3°),从而带动艉斜跳板产生扭曲,这就要求艉斜跳板结构具有足够的柔性,以保证码头翼板能始终贴伏于码头面上。艉斜跳板第 1 节与船体铰接处设有跨接板,以保证车辆顺利跨过铰链处的空档。同样,在艉斜跳板第 1 节与第 2 节的铰接处也设有跨接板。图 7-148 所示为艉斜跳板搭接至码头面的俯视图,应当注意跳板与码头的接触面离码头边缘保证不小于 0.5~1.0 m 的距离。

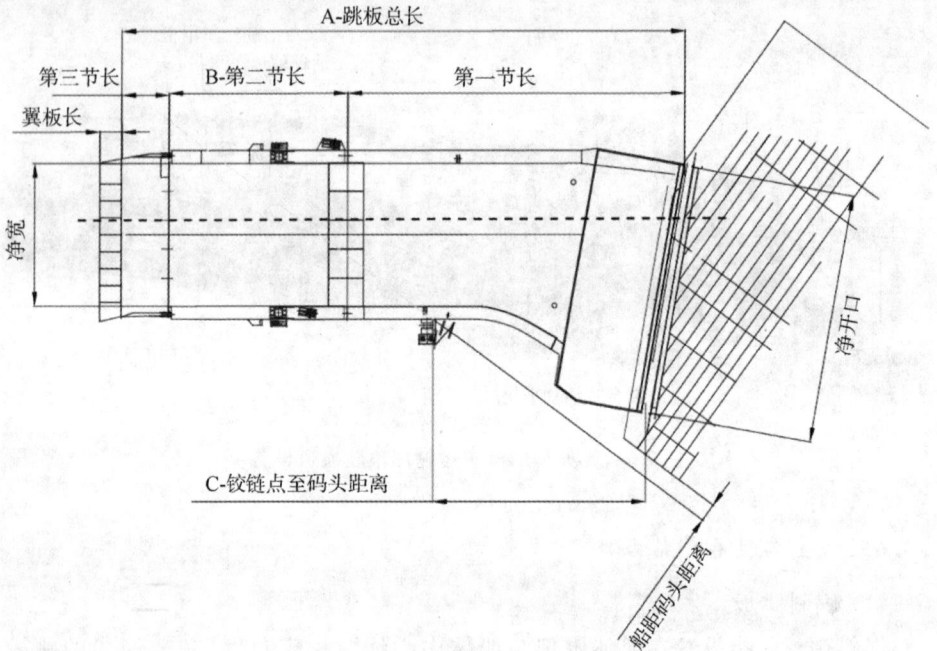

图 7-148　艉斜跳板搭接至码头面的俯视图

图 7-149 所示为艉斜跳板在收藏和工作位置的侧视图,当码头高度较高时,应当特别留意艉斜跳板第 1 节靠码头侧的大梁底部结构不会与码头面相碰。

当潮水和船舶吃水发生变化时,为了保证跳板与码头之间的空隙,需要调节跳板第 1 节和第 2 节之间的角度,其调节方式分为液压自动调节和手动分档调节两种。

采用手动分挡调节时,第 1 节与第 2 节之间角度的调节通过角度调节销配合设有挡位的座板来完成,如图 7-150 所示。

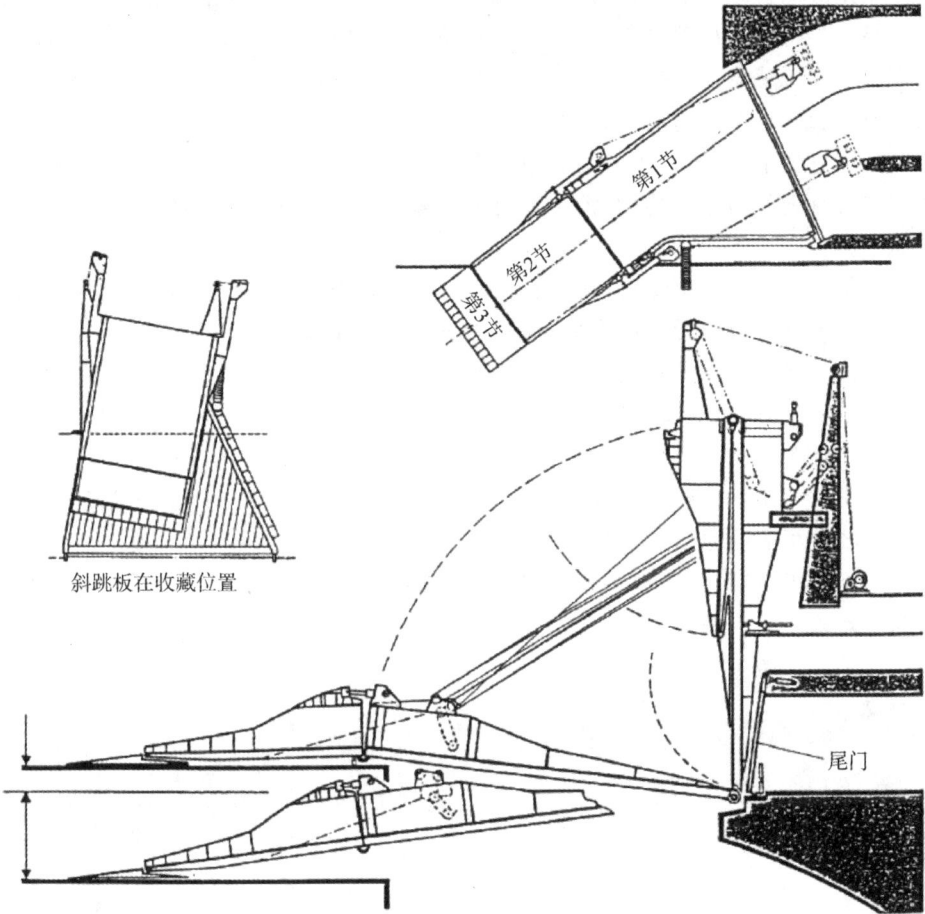

斜跳板在收藏位置

尾门

图 7-149　艉斜跳板在收藏和工作位置的侧视图

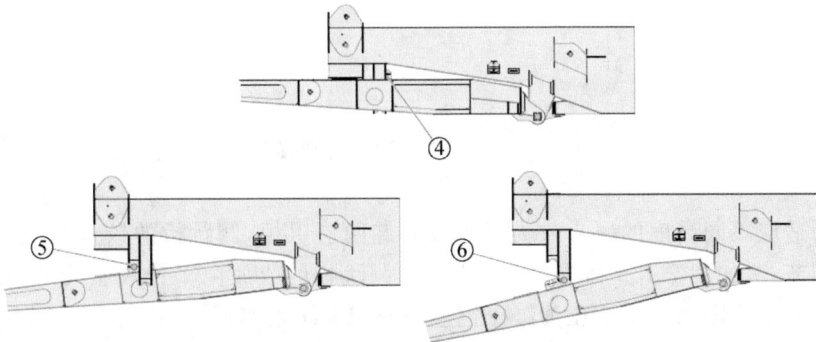

④

⑤　　　　　　　　　　⑥

图 7-150　艉斜跳板第 1 节与第 2 节角度的手动分挡调节

采用液压自动调节时,跳板第1节每侧大梁的端部各铰接有一个液压油缸,该油缸另一端顶住跳板的第2节,从而保持第1节与第2节之间的角度。跳板结构底部另设有传感器,可探测跳板至码头面的距离,当传感器感应到此距离小于设定值时,控制系统将通过控制油缸的伸缩来自动调节第1节与第2节之间的角度。

装卸过程中,为了防止由于船舶吃水及潮差的变化引起钢丝绳的松弛,通常主绞车应带有钢丝绳张紧功能,绞车通过一直收放钢丝绳来保证其始终处于张紧的状态。

当偶尔需要通过艉斜跳板装载特别重载的货物时,为了减小艉斜跳板结构所受的力并降低码头所受的压力,可以额外采用带有载荷支持功能的主绞车。载荷支持功能是指当特别重载的货物需要驶过艉斜跳板时,主绞车通过钢丝绳给跳板施加一定的支持力,从而实质上降低跳板所受的负载。

(2)侧跳板

侧跳板为布置在舷侧平行中体段的直跳板,其与船体中心线成90°夹角,一般仅用作轻型车辆的通道。侧跳板由一节主结构和码头翼板组成。

根据船东需求,侧跳板的铰链可设计为固定式或可调节式。图7-151所示为带固定式铰链的侧跳板。

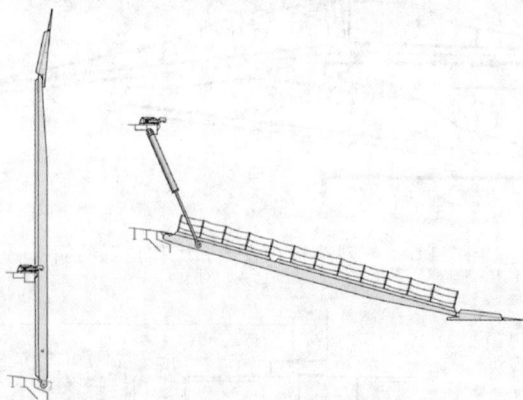

图 7-151 带固定式铰链的侧跳板

为适应不同高度的码头或为了可以装卸两层甲板,侧跳板的铰链高度可设计为可调节式,如图7-152和图7-153所示。侧跳板的收放由1台液压绞车实现,铰链高度的调节则由1个液压油缸+钢丝绳导向系统来实现。

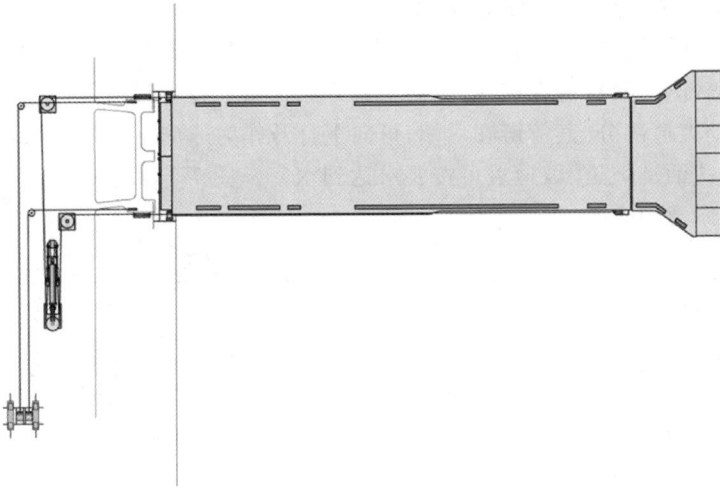

图 7-152　铰链高度可调节的侧跳板(俯视图)

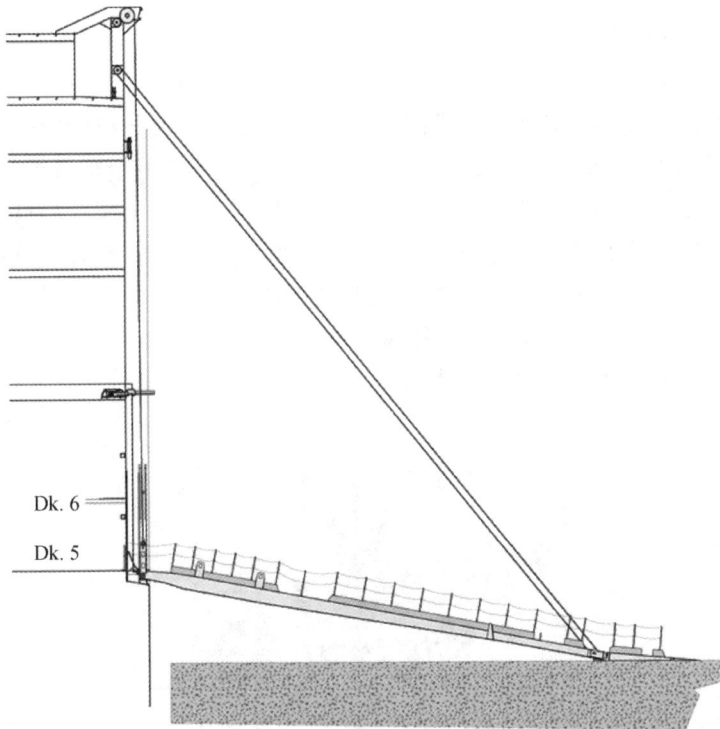

图 7-153　铰链高度可调节的侧跳板(侧视图)

（3）组合式活动坡道/坡道盖

组合式活动坡道/坡道盖常见于汽车运输船，可分为前后两块结构。前一块结构为坡道盖部分，其铰链在前端，可向上打开后提供下方坡道所需的净高。后一块结构为活动坡道部分，其铰链在后端，可向下打开作为通向下一层甲板的坡道。关闭时，组合式活动坡道/坡道盖可按要求达到水密。图 7-154 所示为组合式活动坡道/坡道盖示意图。

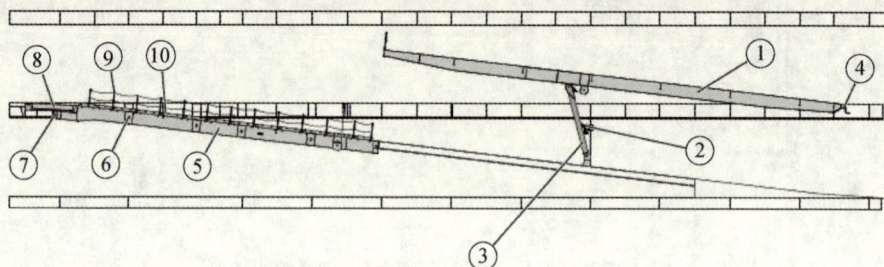

图 7-154　组合式活动坡道/坡道盖示意图

（4）活动汽车甲板（顶升式）

汽车运输船上广泛设置活动汽车甲板，其块数很多，通常由液压顶升车顶升升降。液压顶升车是一辆带有剪刀式液压升降平台的柴油机车，若要升降某块活动甲板，顶升车先停在该板块下面，然后伸出四只液压支腿把整个车身撑起来让车轮离地，接着剪刀式液压平台逐渐升高并托起该板块并升（降）至某一高度，最后让板块的四个角搁在设于立柱上的固定（活动）支撑座上。需要注意的是，顶升车不能在倾斜的坡道上进行顶升操作。因此，当某块活动汽车甲板位于坡道之上时，该块甲板需采用动力升降式。图 7-155 所示为液压顶升车顶升活动汽车甲板示意图。表 7-36 所示为液压顶升车的典型参数。

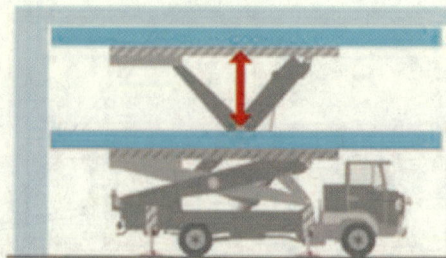

图 7-155　液压顶升车顶升活动汽车甲板示意图

表 7-36　顶升车典型参数表

参数	数值
车辆尺寸	7.6 m×2.8 m×1.9 m(长×宽×高)
托盘尺寸	6.0 m×2.8 m(长×宽)
最大顶升高度	5.6 m
最大顶升质量	25t
顶升速度	5 m/min
最小转弯半径	7.2 m
最大爬坡能力	~11°
轴重	3.2t/2 轮(前轴),8.2t/4 轮(后轴)
载荷最大偏心	6:4
一个操作回合时间	~10 min

　　活动汽车甲板的板块划分是一项重要工作,通常应以舷侧(舱壁)、立柱和强肋骨等主要结构作为板块划分的界限。一般而言,每块活动甲板的长边不应超过 18 m,质量不应超过顶升车的顶升能力。取决于甲板块的载荷和尺寸,其支撑点数量可选择 4 个或 6 个。需要注意的是,活动汽车甲板的至少 2 个角应靠近立柱或舷侧结构等船体垂直构件,用于设置甲板块升降时的导向装置。图 7-156 所示为活动汽车甲板的 3 种典型布置。

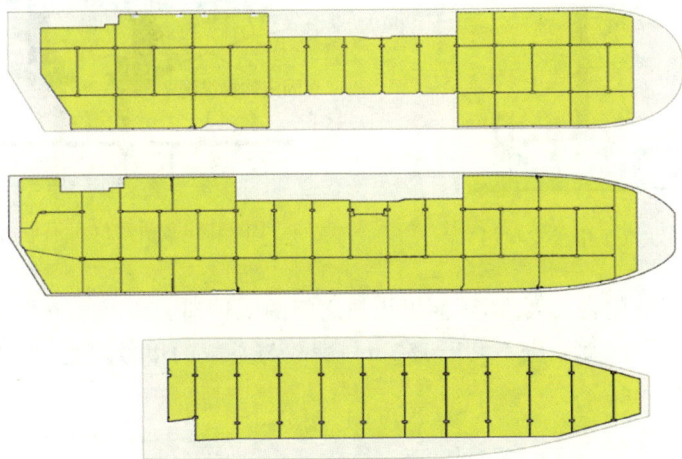

图 7-156　活动汽车甲板的 3 种典型布置

根据船东需求,活动汽车甲板可设置一个或两个工作位置(高度),以及一个收藏位置(高度)。顶升式活动汽车甲板的结构厚度一般为 300～420 mm,其在工作位置需另外考虑 65～80 mm 的自身结构变形及制造公差,在收藏位置也需留有 120～160 mm 的顶部间隙用于考虑上层甲板的结构变形以及顶升时所需的超高。顶升式活动甲板在收藏位置以及高工作位置(当设有 2 个工作位置时)的支撑点通常采用如图 7-157 所示的活动支撑座。

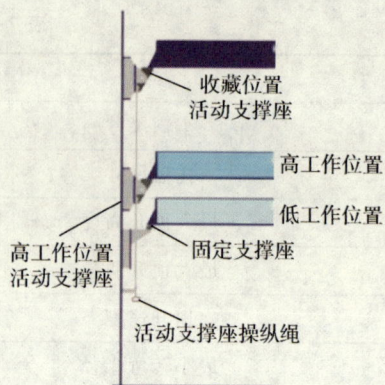

图 7-157　活动支撑座

当需要在舱内设置支撑点时,可以选用如图 7-158 所示的吊杆支撑工作位置的甲板块,并用如图 7-159 所示的固定钩来固定收藏位置的甲板块。

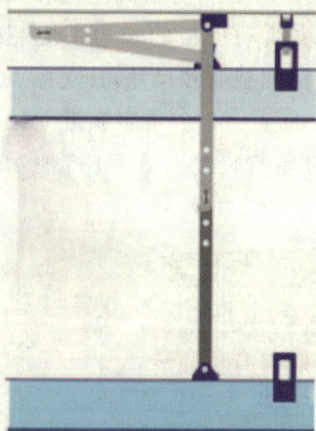

图 7-158　活动汽车甲板支撑吊杆

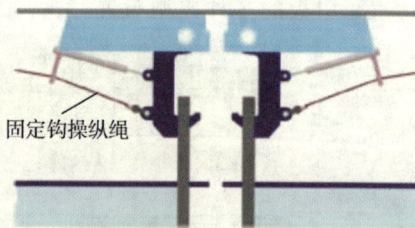

图 7-159　活动汽车甲板的固定钩

为满足车辆的行驶要求,不同甲板块之间的空档间隙应不大于 30 mm,两块空载甲板块之间的高度差应不大于 15 mm,满载与空载的甲板块之间的高度差应大约为 50～60 mm。

7.2.7　滚装通道设备传动与控制

7.2.7.1　概述

滚装通道设备的传动方式分为液压和电动两种，目前以液压传动为主流。液压传动采用液压绞车或液压油缸作为执行机构来驱动负载，从而实现设备的开关或者升降。电动传动则采用电动绞车或电动缸作为执行机构来驱动负载，从而实现设备的开关或者升降。液压和电动传动的优缺点对比如表 7-37 所示。

表 7-37　液压和电动传动的优缺点对比

	液压传动	电动传动
优点	输出力大、容易实现过载保护、适合有防爆要求的环境	环保、节能、系统简单易于安装
缺点	传动效率低、对温度变化敏感、存在液压油泄露的风险、维护费用高	相对于液压油缸，电动缸输出力小、体积大、不容易实现过载保护

图 7-160 所示为驱动锁紧装置的电动执行器。

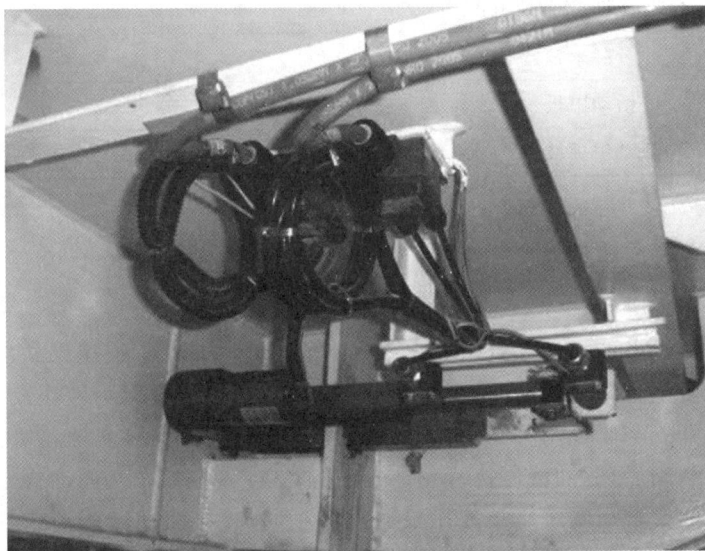

图 7-160　驱动锁紧装置的电动执行器

滚装通道设备的操作速度不应要求过快,否则会带来成本的大幅增加。表 7-38 所示为液压滚装通道设备的典型操作时间,不含打开和关闭锁紧装置所需的时间。

表 7-38　液压滚装通道设备典型操作时间

设备	操作时间/min
艉斜跳板	15～20
艉跳板(单节)	3～5
艉跳板(两节)	5～7
侧跳板	～10
艏门	1～2
艏跳板	～3
坡道盖	2～3
固定坡道门	～1
活动/双斜坡道(大型)	3～5
活动/双斜坡道(小型)	2～3
组合式活动坡道/坡道盖	～3
升降平台	～1
活动甲板	1～2
活动甲板坡道	～2

7.2.7.2　液压系统设计

(1) 系统概述

滚装通道设备的液压系统由三大单元组成,即动力单元(液压泵站)、控制单元(液压阀组)及执行单元(液压油缸或液压绞车)。当执行单元为液压绞车时,液压系统可分为开式与闭式两种系统。开式液压系统是指液压泵从油箱吸油,液压油经过各种控制阀后,驱动液压执行元件(液压油缸或液压绞车),回油再经过换向阀回到油箱。闭式液压系统是指液压泵输出液压油,直接驱动液压马达,做完功后,液压油从液压马达直接回液压泵,形成一个封闭的循环回路。开式与闭式液压系统的优缺点对比如表 7-39 所示。

表 7-39　开式与闭式液压系统的优缺点对比

	开式系统	闭式系统
优点	适合驱动多个需要同时工作的设备、成本低	减小系统发热和能耗、油箱体积小、控制阀组简单、可根据需要采用高压
缺点	油箱体积大、系统发热大	成本高、对油液的清洁度要求高

（2）液压部件介绍

①液压泵站

液压泵站为液压系统的动力单元,向系统提供所需的足量液压油用以驱动设备在规定的时间内完成操作。液压泵站通常由 2～4 台电机驱动的液压泵以及供液压油冷却循环用的循环泵组成,液压泵站通常同一时间仅操作一个设备,其流量基于其所驱动的需求最大的单个设备的需求。当泵站的 1 台电机或者液压泵发生故障时,剩下的电机或者液压泵可以继续在降速下操作设备。为了在液压系统失效时,应急打开滚装通道设备的锁紧装置,通常额外配置一个小型的手动泵。图 7-161 所示为开式液压泵站外观照片。

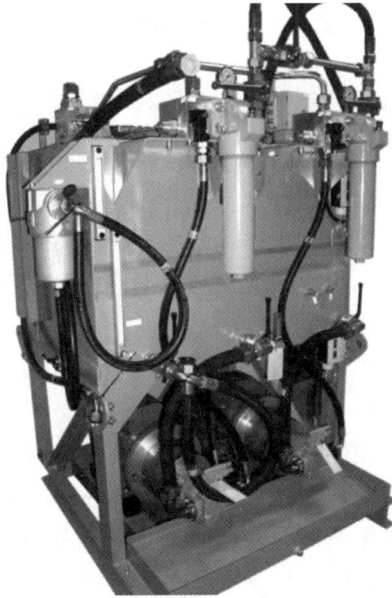

图 7-161　开式液压泵站外观照片

②液压阀组

液压阀组为液压系统的控制单元,用来控制系统中的液体压力、流量和方向等。液压阀组可分为手动、电控和液控控制,目前主流采用的是电控电磁阀。液压阀组按照安装方式可分为板式阀、管式阀、叠加阀、螺纹插装阀和盖板阀等。图7-162所示为液压阀组外观照片。

图 7-162　液压阀组外观照片

③液压油缸和液压绞车

液压油缸和液压绞车为液压系统的执行单元,用于驱动设备实现各个动作。滚装通道系统所使用的液压油缸和液压绞车应满足船用的防腐蚀要求,特别是露天安装时。在滚装通道设备的主操作油缸上通常安装有平衡阀,其作用是当发生液压油管爆裂等状况时防止负荷不受控制地下落引发危险。

④液压管路

液压管路是指液压系统中传输工作流体的管道,其尺寸和壁厚应按照船级社规范设计。液压管路的安装是滚装通道设备安装的一项主要工作,其安装质量直接关系到液压系统的工作性能和可靠性。在安装完成后,液压管路应进行串油,直至达到系统所要求的清洁度(一般为 NAS 8 级或更高),最后按照船级社规范要求进行压力试验。安装在船体内部的液压管路通常采用碳钢管,安装在露天区域的液压管路应采用不锈钢管。所有与液压管路相连的液压部件(阀、油缸、软管等)应配有必要的接头。液压管路在滚装通道设备与船体之间的连接过渡需予以考虑。

(3)典型设计

某货滚船配置有如表 7-40 所列的滚装通道设备,其液压系统采用开式系统。液压泵站由 3 台电机驱动的液压泵以及 1 台供冷却液压油用的循环泵组成。

表 7-40　某货滚船滚装通道设备列表

设备代码	设备名称	说明
A	艉直跳板	单节,液压绞车操作
B	坡道盖	单节,端铰链开启
C	引水员门	左右舷各一扇,垂直滑移开启

图 7-163 所示为某货滚船全船滚装通道设备液压系统图。

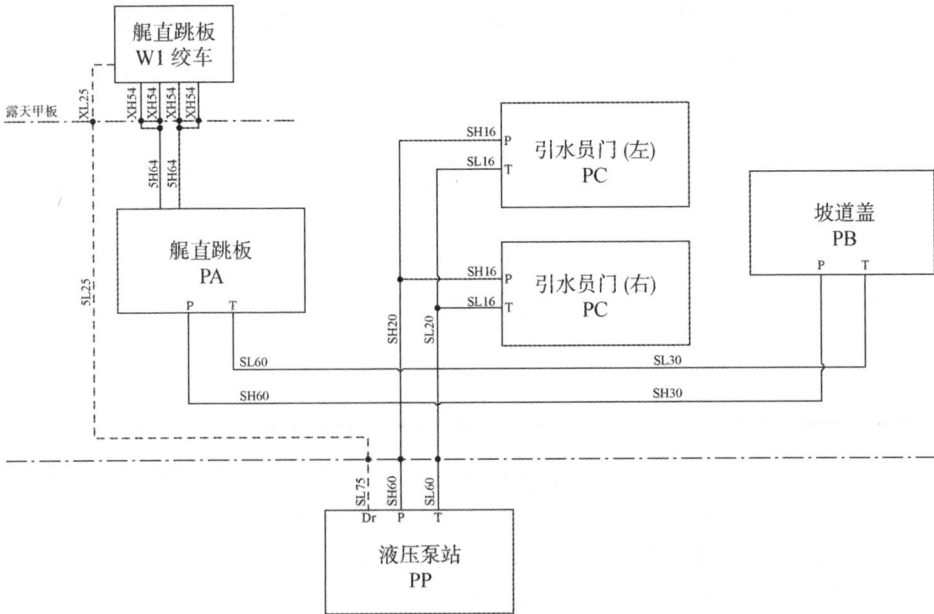

图 7-163　某货滚船全船滚装通道设备液压系统图

7.2.7.3　电气系统设计

（1）系统概述

滚装通道设备动作复杂,需要适应多工况的要求,较多地采用 PLC 控制。滚装通道设备在船上的分布比较广,设备之间的距离也较远,其 PLC 控制架系统分为集中式和分布式两种。集中式控制系统指控制全船设备的 PLC 整合集中在一个控制柜内,包含了整船所有的输入/输出物理点数,这也意味着需要将各个设备通过电缆接线至 PLC 控制柜。分布式控制系统指控制全船设备的 PLC 分散设置在各个设备的控制柜内,整个控制系统分为多个小系统,各个设备之间相对独立。集中式和分布式控制系统的优缺点对比如表 7-41 所示。

表 7-41　集中式和分布式控制系统的优缺点对比

	集中式控制系统	分布式控制系统
优点	成本低	全船接线量小,控制柜尺寸小,调试方便
缺点	全船接线量大,控制柜尺寸大,测试复杂,维修性差	成本高

（2）滚装通道设备的防爆要求

为了排除装卸货时货舱内车辆排放的大量废气以及航行过程中车辆油箱挥发的可燃气体,滚装船上应配备有效的通风系统。SOLAS 公约规定滚装船上的通风系统应达到表 7-42 中对于不同滚装处所的通风次数要求。

表 7-42　滚装处所通风次数要求

滚装处所	通风次数/(次/小时)
客船上的特种处所	10
乘客多于 36 人的客船上的封闭式滚装处所(不含特种处所)	10
乘客不多于 36 人的客船上的封闭式滚装处所(不含特种处所)	6
货船上的所有滚装处所	6

SOLAS 公约还规定,当通风系统能够以每小时至少 10 次的换气速率对封闭式滚装处所(位于舱壁甲板以下的特种处所除外)提供持续通风时,位于每层甲板和车辆平台(应开有足够大的空气孔)450 mm 高度以上,且防护等级达到 IP55 及以上,且表面温度不超过 200 ℃ 的电气设备可采用非防爆型设备。除前述以外的所有位于封闭式滚装处所的电气设备应采用防爆型设备,这包括所有位于每层甲板 450 mm 高度以下的电气设备。

需要说明的是,当通风系统故障不能对封闭式滚装处所有效提供每小时至少 10 次的换气速率时,所有安装在封闭式滚装处所的非防爆型电气设备应在滚装处所以外的位置与电源断开。为了满足此功能,滚装通道设备与通风系统之间应设置控制联锁。另外,某些滚装船的通风系统常设有码头和航行两种模式,只有在艉直(斜)跳板打开的情况下,通风系统才能在码头模式下工作。这种情况下,滚装通道设备与通风系统之间也应设置相应的控制联锁。

由于航行过程中所有滚装通道设备都是禁止操作的,在航行过程中配电板通常不向滚装系统提供动力电源,仅仅通过驾驶室的 DC24V 电源作为监控使用。

当滚装船的封闭式滚装处所需要装运危险品时,应另外根据危险品的类别判定是否需要采用防爆型电气设备及相应的防爆等级,如表 7-43 所示。

表 7-43　危险品类别及相应的防爆等级要求

危险品类别	防爆等级	温度等级	防护等级
1.1～1.6(1.4S 除外)	ⅡA	T5	IP65
2.1(仅限氢和氢混合物)	ⅡC	T4	
2.1(不包括氢和氢混合物)	ⅡB	T4	
3(仅限闪点＜23 ℃液体)	ⅡB	T4	
6.1(仅限闪点＜23 ℃液体)	ⅡB	T4	
8(仅限闪点＜23 ℃液体)	ⅡB	T4	
9(仅限会挥发可燃气体的固体)	ⅡB	T4	

注：根据 IMDG 规则，不允许在甲板下堆装以下级别的危险品：2.3、4.3(闪点＜23 ℃液体)和 5.2。

（3）电气部件介绍

① 磁感应式接近开关

滚装通道设备的电气系统中广泛采用磁感应式接近开关，其主要用于探测设备或机械部件（如液压锁紧装置等）是否到位。磁感应式接近开关由一对磁铁和探头组成，一般磁铁安装在运动部件上，探头安装在固定部件上，当磁铁随运动部件移动至靠近探头足够近的距离时，探头收到感应而导通。图 7-164 所示为磁感应式接近开关。

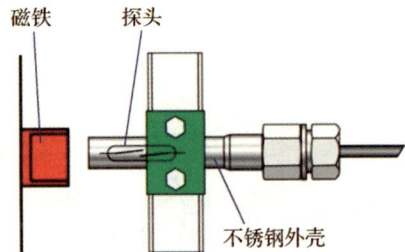

图 7-164　磁感应式接近开关

② 电缆和接线盒

电缆和接线盒是滚装通道设备电气系统中必不可少的部件，其在不同的电气设备之间起到传送信号和电力的作用。滚装通道设备电气系统中的电缆和接线盒，有的安装在船体上，有的安装在设备本体结构上。电缆在滚装通道设备与船体之间的连接过渡需予以考虑。

③ 控制面板

控制面板是就地控制滚装通道设备的电气柜。滚装通道设备通常采用 PLC 控制，可实现一键开/关功能。图 7-165 所示为某艉直跳板的控制面板。

对于艉斜跳板，常将其控制面板设在露天甲板上的单独房间内，如图 7-166 所示。

当需要在设备操作过程中走近观察时，可采用图 7-167 所示的有线遥控控制板。

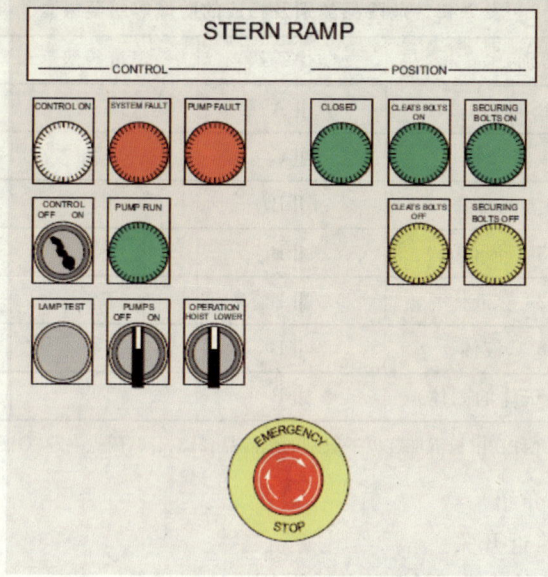

图 7-165　某艉直跳板的控制面板

图 7-166　某艉斜跳板的控制面板

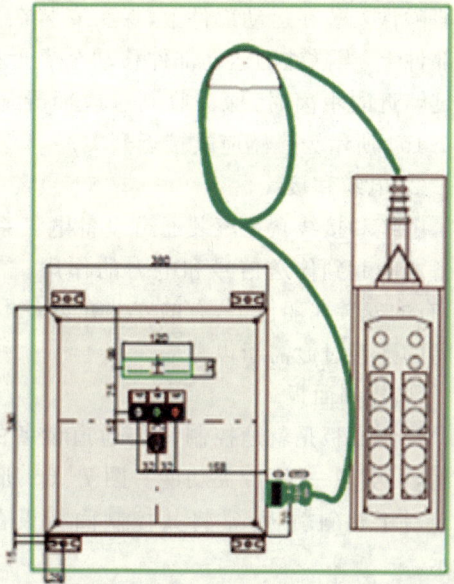

图 7-167　有线遥控控制板

④ 驾驶室指示面板

《SOLAS 公约》要求所有密性滚装通道设备须在位于驾驶室内的指示面板上显示其开关状态,面板上必须安装一个选择开关,具有"到港"和"航行"两种模式。在"航行"模式下,若密性设备未完全关闭并锁紧,需发出声光报警。对于通向滚装货舱区域的外部水密设备需要设置漏水传感器,一旦进水达到一定值必须在驾驶室指示面板上发出声光报警。

该驾驶室指示面板应为双路供电,一旦主电源出现故障,应急电源应自动切入。航行过程中密性滚装通道设备的状态信息需传输至 VDR(航行记录仪)。图 7-168 所示为 mimic 形式的驾驶室指示面板。

图 7-169 所示为触摸屏形式的驾驶室指示面板。

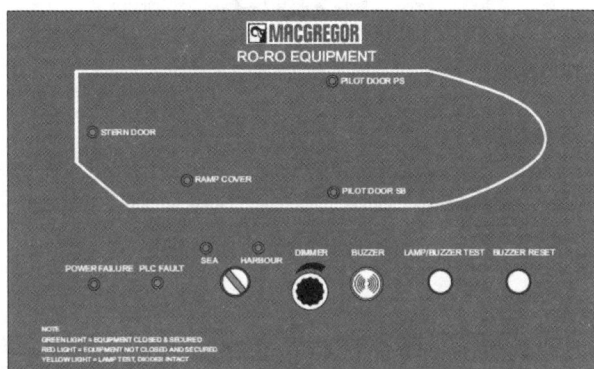

图 7-168　mimic 形式的驾驶室指示面板

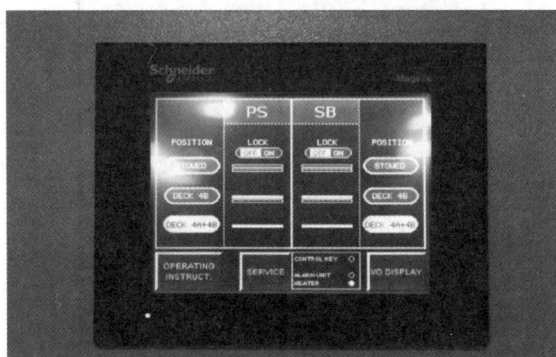

图 7-169　触摸屏形式的驾驶室指示面板

⑤ 泵站启动器

泵站启动器是液压泵站的电机启动设备,其可实现电机的平稳启动,还能实现对电机的制动、过载和缺相保护等。图 7-170 所示为泵站启动器。

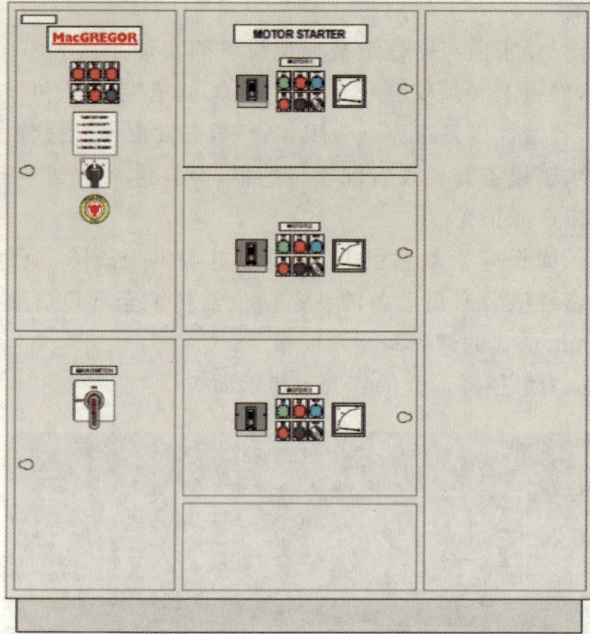

图 7-170　泵站启动器

⑥ PLC 控制柜

　　PLC 控制柜是指内置控制全船滚装通道设备 PLC 的电气柜。图 7-171 所示为 PLC 控制柜。

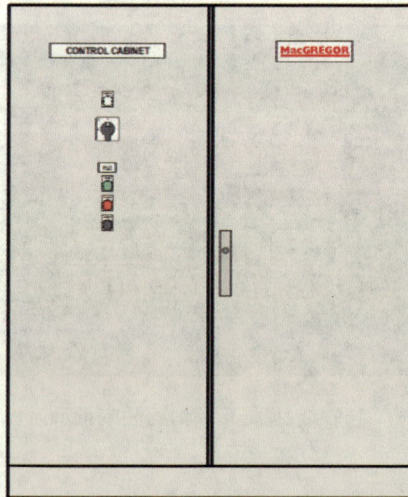

图 7-171　PLC 控制柜

（4）典型设计

某货滚船配置有如表 7-40 所列的滚装通道设备，其电气系统采用集中式控制。图 7-172 所示为该船滚装通道设备的电缆系统图，该系统图反映了在不同的电气单元之间是如何由电缆相连的。

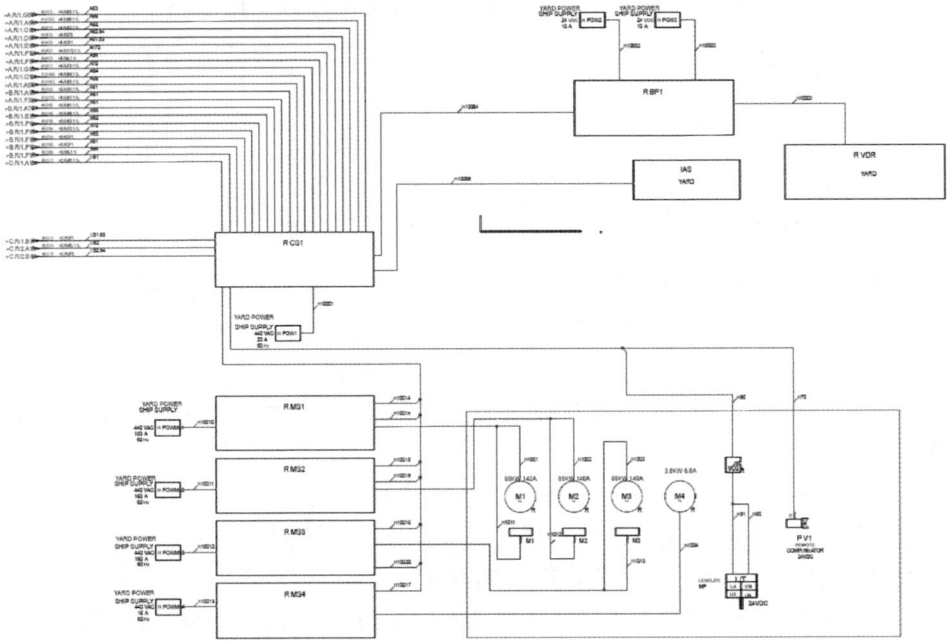

图 7-172　某货滚船滚装通道设备电缆系统图

第8章　货物装载和系固

8.1　货物装载和系固简述

货物在船上的装载和系固是从 20 世纪 30 年代发展起来的有关船舶航运安全的一门学科。IMO A. 714(17)决议通过的《货物堆装和系固安全实用规则》(Code of Safe Practice for Cargo Stowage and Securing,CSS 规则)及其修正案是指导船上货物装载和系固的重要规则,该规则的实施促进了船上货物装载和系固技术的发展。

船舶运输的货物通常分为标准货、半标准货和非标准货三大类。

标准货是指已根据货物的特定形式,在船上设置了经主管机构(一般由船旗国委托船级社)批准的系固系统的货物,如集装箱。

半标准货是指在滚装船上设置的经批准的系固系统仅适用于有限变化的货物单元,如各种道路车辆、滚装拖车、铁路车辆等。

非标准货系指需要专门单独堆放和系固安排的货物,如无专用系固设备的集装箱、卷筒钢板、重件货、木材等。非标准货如果没有良好的堆放和系固会产生滑移或翻转,它们是潜在的危险源,特别需要强调下列 12 种非标准货,即:非为运输集装箱而专门设计和装备的船舶甲板上或舱内的集装箱、移动式罐柜、移动式容器、轮载(滚动)货物、机车和变压器等重件货、成卷钢板、重金属制品、锚链、散装金属废料、挠性中间散装容器、甲板下原木以及成组货物等,它们的堆放和系固会对船舶航行安全造成潜在威胁。

CSS 规则包含:总则、货物安全堆装和系固原则、标准化堆装和系固系统、半标准化堆装和系固系统、非标准化堆装和系固系统、在恶劣气候中可能采取的行动、货物移动时可采取的行动等 7 个章节和 14 个附则,分别对各种不同货物(即上述 12 种非标准货)的安全堆装和系固要求做了明确的规定。

8.2　标准货——集装箱的装载和系固

8.2.1　集装箱的种类和尺寸

8.2.1.1　集装箱及其相应参数

（1）集装箱：系指运输货物的设备，它应具有以下特点：耐用及足够的强度可重复使用；专门设计为在没有中间再装货的情况下，由一个或多个方式快速方便地运输货物；乃是适合于快速操作的设备，特别是能从一种运输方式转换到另一种运输方式；设计成能容易装满货物和卸出货物；其内部的体积大于或等于 $1\ m^3$。

（2）标准集装箱：系指在船上设置了经批准的系固装置用于箱子的紧固、绑扎和支撑，该箱子就是标准集装箱。

（3）非标准集装箱：系指在船上需要专门单独堆放和配置系固装置的箱形结构的箱体。

（4）自重：集装箱自重系指包括永久性地附连在箱体上的设备和空箱的质量，一般以 t（吨）表示。

（5）载重：集装箱载重系指在箱内货物的实际质量，一般以 t（吨）表示。

（6）最大载重：集装箱最大载重系指装在箱内货物的最大允许质量，一般以 t（吨）表示。

（7）总重：系指集装箱自重加上集装箱的载重，一般以 t（吨）表示。

（8）额定质量：集装箱额定质量也称集装箱最大总质量，系指集装箱自重加上集装箱最大载重，一般以 t（吨）表示。额定质量是集装箱的固有特性，是根据 ISO 标准或其他标准定出的。

8.2.1.2　分类及尺寸

船用集装箱统称为货物集装箱，可分为一般货物集装箱和冷藏货物集装箱两大类。为方便使用，实现箱子装船的互换性、布置的机动性及吊装运输的可操作性，国际上对集装箱的外形尺寸、箱柱件、箱角件的尺寸和位置、额定质量等做了统一明确的规定，制定了标准系列。因此，就集装箱而言，出现了以国际标准为主导，地区标准、国家标准和公司标准为辅助的格局。

（1）标准集装箱按使用区域可分为国际标准集装箱、地区标准集装箱、国家标准集装箱以及公司标准集装箱，如下所述：

① 国际标准集装箱系指世界各国都认同的、通用的国际标准箱，得到广泛使

用。国际标准化委员会集装箱分委员会(ISO/TC104)从 1968 年开始制定了一系列集装箱标准,如 ISO 668《系列 1,集装箱分类、外形尺寸和额定质量等级》,后来又出现了 ISO 1496-1:1984 和 ISO 1496-1:1990 等标准箱,之后虽陆续做了多次修改,但其外形尺寸基本保持一致,主要的修改内容是增加了箱角承受的拉力与压力以及提高了集装箱堆垛强度等,额定质量也有一定的调整。根据最新的 2013 年资料,ISO 668 集装箱的外形尺寸及额定质量等如图 8-1 和表 8-1 所示。

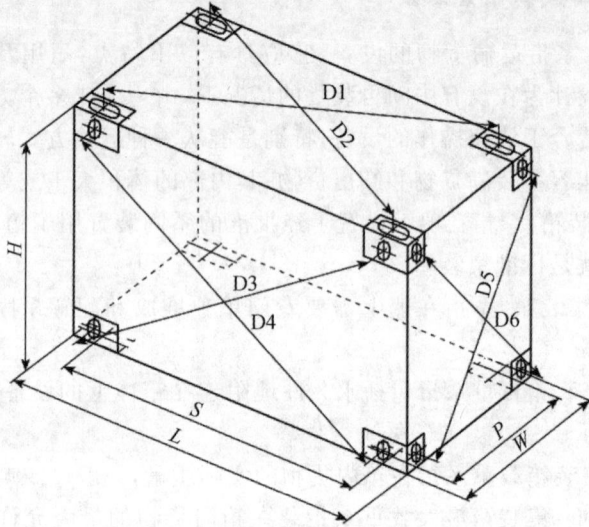

图 8-1　国际标准集装箱的外形

②　地区标准集装箱系指某一地区(如欧洲、美洲、亚洲等)根据本地区的实际情况和法规制订的仅适用于特定地区的集装箱标准,例如欧洲的集装箱标准是根据国际标准,结合本地区的实际情况而制定的,它的外形尺寸和安装尺寸略有改变,表 8-2 列出了地区和公司标准集装箱参数表。

③　国家标准集装箱系指某个国家根据本国的实际情况,如本国的桥梁高度、铁路运输和道路车辆运输的限制等,参照国际标准制订的集装箱标准。我国制定的集装箱标准 GB1413-85《集装箱外部尺寸和额定质量》规定了八种型号的集装箱,根据额定质量划分为:30t—1AA、1A 和 1AX 型;20t—1CC、1C 和 1CX 型;10t—10D 型;5t—5D 型。除 10D 型和 5D 型外,其余型号集装箱参数与表 8-1 相同,但我国的国家标准,对集装箱高度做了限制,其最大高度为 2 591 mm。

④　公司标准集装箱系指某些较早从事集装箱运输的大公司或集团根据自身条件和需要制定的本公司标准集装箱,比较著名的有美国和欧洲的一些公司,如SEA LAND、MATSON、BELL LINES 等。

表 8-1　国际标准集装箱的尺寸和重量

规格	型号		40'				30'				20'		
			1A	1AA	1AAA	1AX	1B	1BB	1BBB	1BX	1C	1CC	1CX
高度	H	ft	8'	8'6"	9'6"	<8'	8'	8'6"	9'6"	<8'	8'	8'6"	<8'
		mm	2438_{-5}^{0}	2591_{-5}^{0}	2896_{-5}^{0}	<2438	2438_{-5}^{0}	2591_{-5}^{0}	2896_{-5}^{0}	<2438	2438_{-5}^{0}	2591_{-5}^{0}	<2438
长度	L	ft	40'				$29'11\tfrac{1}{4}"$				$19'10\tfrac{1}{2}"$		
		mm	12192_{-10}^{0}				9125_{-10}^{0}				6058_{-6}^{0}		
	S	mm	11990_{-10}^{0}				8923_{-10}^{0}				5854_{-6}^{0}		
宽度	W	ft	8'										
		mm	2438_{-5}^{0}										
	P	mm	2259_{-4}^{0}										
对角线差 |D$_1$-D$_2$|及 |D3-D4|			≤19 mm				≤16 mm				≤13 mm		
对角线差 |D$_5$-D$_6$|			≤10 mm				≤10 mm				≤10 mm		
额定重量 kg			30 480				30 480(25 400)				30 480(24 000)		

注：① 括号内的数字是 ISO 668 在 2006 年修订之前采用的额定重量。

表 8-2　地区和公司标准集装箱的参数对照

名称	俯视图	长度 ft	长度 mm	高度 ft	高度 mm	宽度 ft	宽度 mm
53'	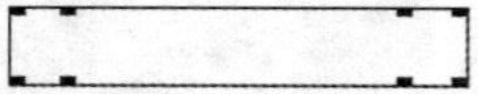	53'	16 150	$9'6\frac{1}{2}''$	2 908	8'6"	2 591
49'ISO		49'	14 935	9'6"	2 896		2 600
$2\times24\frac{1}{2}'$ ISO	 51	$2\times24\frac{1}{2}'$	2×7442	9'6"	2 807		2 600
48'	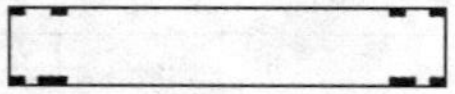	48'	14 630	$9'6\frac{1}{2}''$	2 908	8'6"	2 591
45'	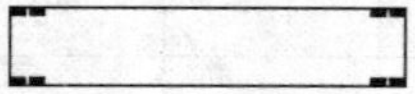	45'	13 720	$9'6\frac{1}{2}''$	2 908	8'	2 438
43'		43'	13 103	9'6"	2 896		

表 8-2（续）

名称	俯视图	长度 ft	长度 mm	高度 ft	高度 mm	宽度 ft	宽度 mm
40' ISO		40'	12 192	9'6"	2 896	8'	2 438
				9'	2 743		
				8'6"	2 591		
				8'	2 438		
2×20'ISO		2×20'	2×6058	8'6"	2 591		
				8'	2 438		
				9'6"	2 896		
40'EURO		40'	12 192	9'6"	2 896		2 500
				8'6"	2 591		
40' BELL LINES		40'	12 192				2 500
35' SEA LAND		35'	10 660	8'6"	2 591	8'	2 438
30'ISO		30'	9 125	8'6"	2 591	8'	2 438
				8'	2 438		
24'MATSON		24'	7 430	8'6"	2 591	8'或8'6"	2 438 或 2 591
				9'6"	2 896		

（2）标准集装箱按运输货物的种类可分为一般货物集装箱及冷藏集装箱,如下所述:

①一般货物集装箱又可分为:

a. 通用干货集装箱(也称杂货集装箱),这是用于无需温度控制的典型箱型,在全部集装箱运输中占比重最大;

b. 罐式集装箱,通常用于运输酒类、油类、化学品和液化气等液体类货物而设置的集装箱;

c. 干散货集装箱,通常为用于运输粉状或颗粒状货物而设有特殊结构或设备的集装箱;

d. 台架和平台集装箱。台架式集装箱没有箱顶和侧壁,甚至连端壁也去掉,只有底板和四个角柱的集装箱。平台式集装箱是在台架式集装箱上再简化而只保留底板的一种特殊结构集装箱,通常用于各种机械、车辆等货物的装载运输。

② 冷藏集装箱是指专为运输要求保持一定温度的冷冻货或低温货的集装箱。该类集装箱在通常的环境下,应能使箱内的温度保持在 $+25 \sim -25$ ℃之间可控的任一温度上。随着新鲜水果、蔬菜、鱼类、肉类等食品的运输量增加,在海运集装箱总数中,冷藏集装箱所占的比例正在上升。

冷藏集装箱本身没有冻结能力,原则上在装载冷冻货或低温货时,货物在装箱前必须进行预冷冻,使货物温度降低至设定温度以下然后装箱。因此,冷藏集装箱是一种带有冷冻装置且能把具有一定温度的货物保持在设定温度下进行运输的隔热集装箱。在运输过程中,为高效率发挥其冷藏作用,要求冷冻机能自动启动以保持箱内始终处于设定温度下。

机械式冷藏集装箱有气冷和水冷两种冷却方式。采用气冷时,需要供气,如供气不足则会影响冷却效果。一般气冷方式的冷藏集装箱大多堆放在甲板上,而水冷方式的冷藏集装箱可以堆放在舱内。

通常,20′冷藏集装箱既有采用气冷又有采用水冷的,它可以放置在甲板上,也可以放置在舱内。而40′冷藏集装箱一般只有气冷,因此大多堆放在甲板上。

值得注意的是,无论是装在舱内或装在甲板上的冷藏集装箱,其布置位置通常应尽量靠近机舱,带冷冻机的一端向船尾方向。在舱内布置时应防止冷风短路而影响冷却效果,冷藏集装箱之间应保持一定的间距,舱内应有适当的通风换气次数。

目前,国际间运输的冷藏集装箱绝大部分采用带有内藏式机械冷冻装置的电驱动冷藏集装箱。冷藏集装箱的外形尺寸、角件、角柱及安装尺寸等均应符合国际标准 ISO 668 或 ISO 1496 的要求。

由于冷藏集装箱在运输和装卸过程中,将有可能受到震动、摇摆和冲击的影

响,因此要求冷藏集装箱在下列条件下,不会妨碍冷冻装置的运转:

  a.　在高低不平的公路上运输时,保持正常运转;

  b.　当装船航行时,在下列摇摆和垂荡运动条件下冷冻装置能正常工作:

  • 横摇:周期 13 s,横摇角 30°;

  • 纵摇:周期 8 s,纵摇角 8°;

  • 垂荡:周期 9 s,振幅 2.2 m。

  标准冷藏集装箱的参数列于表 8-3,其中,1A 和 1AA 型 40′冷藏集装箱以及 1C 和 1CC 型 20′冷藏集装箱是目前国际上使用最普遍的冷藏集装箱。

8.2.2　集装箱的布置与系固

  对于集装箱的堆装与系固,世界各主要船级社的规范都有明确的要求。本手册受篇幅所限只能选择具有代表性的船级社的要求予以录入,其他船级社的要求可查阅本章主要参考文献中所列之各国船级社规范。

8.2.2.1　集装箱的排列

  集装箱在船上的排列布置,无论是在露天甲板上、货舱盖上或货舱内的双层底上、中间甲板上,一般都是按纵向排列,对于其他排列方式,只要通过系固计算证明其合理性,并取得船级社的认可,也可被接受。

  图 8-2 所示为集装箱在船上的布置坐标图,系参照国际标准 ISO 9711-1:1990《集装箱与集装箱在船上的配载信息第 1 部分:箱位坐标》确定的典型的集装箱布置及其箱位坐标。在船上装载的任一堆集装箱或任一个集装箱都可以通过其所在的"行"(纵向位置坐标)、"列"(横向位置坐标)、"层"(垂向位置坐标)、"堆"(由纵向位置坐标和横向位置坐标所确定的垂向集装箱的组合体)和"垛"(指某一行集装箱的数个集装箱堆之间用集装箱的横向连接件连接成一个整体)组成的编号很容易地被找到。

8.2.2.2　集装箱的布置原则

  (1)纵向布置原则

  集装箱在船舶的甲板、货舱盖以及艏楼和艉楼甲板上或货舱内,纵向堆放的"行"数及布置取决于船舶的总布置,即取决于甲板的纵向空间长度、货舱盖长度、货舱开口长度等因素,还要考虑集装箱堆的绑扎系固和箱格导轨架装置所需空间长度以及人员的横向通道等因素。但必须确保集装箱的布置在航行和装卸作业中不能与船上的固定设备相冲突,并方便操作人员进行绑扎系固操作。

表 8-3 标准冷藏集装箱参数

箱型 ISO668	高度				宽度				长度				额定重量	
	mm	公差 mm	ft. in	公差 in	mm	公差 mm	ft. in	公差 in	mm	公差 mm	ft. in	公差 in	kg	lb
1A (40')	2 438	0 / −5	8′	0 / −3/16	2 438	0 / −5	8′	0 / −3/16	12 192	0 / −10	40′	0 / −3/8	30 480	67 200
1AA (40')	2 591	0 / −5	8′6″	0 / −3/16	2 438	0 / −5	8′	0 / −3/16	12 192	0 / −10	40′	0 / −3/8	30 480	67 200
1B (30')	2 438	0 / −5	8′	0 / −3/16	2 438	0 / −5	8′	0 / −3/16	9 125	0 / −10	$29'11\frac{1}{4}''$	0 / −3/8	25 400	56 000
1BB (30')	2 591	0 / −5	8′6″	0 / −3/16	2 438	0 / −5	8′	0 / −3/16	9 125	0 / −10	$29'11\frac{1}{4}''$	0 / −3/8	25 400	56 000
1C (20')	2 438	0 / −5	8′	0 / −3/16	2 438	0 / −5	8′	0 / −3/16	6 058	0 / −6	$19'10\frac{1}{2}''$	0 / −1/4	20 320	44 800
1CC (20')	2 591	0 / −5	8′6″	0 / −3/16	2 438	0 / −5	8′	0 / −3/16	6 058	0 / −6	$19'10\frac{1}{2}''$	0 / −1/4	20 320	44 800
1D (10')	2 438	0 / −5	8′	0 / −3/16	2 438	0 / −5	8′	0 / −3/16	2 991	0 / −5	$9'9\frac{3}{4}''$	0 / −3/16	10 160	22 400
1E	2 438	0 / −5	8′	0 / −3/16	2 438	0 / −5	8′	0 / −3/16	1 968	0 / −5	$6'5\frac{1}{2}''$	0 / −3/16	7 110	15 700
1F	2 438	0 / −5	8′	0 / −3/16	2 438	0 / −5	8′	0 / −3/16	1 460	0 / −3	$4'9\frac{1}{2}''$	0 / −1/8	5 080	11 200

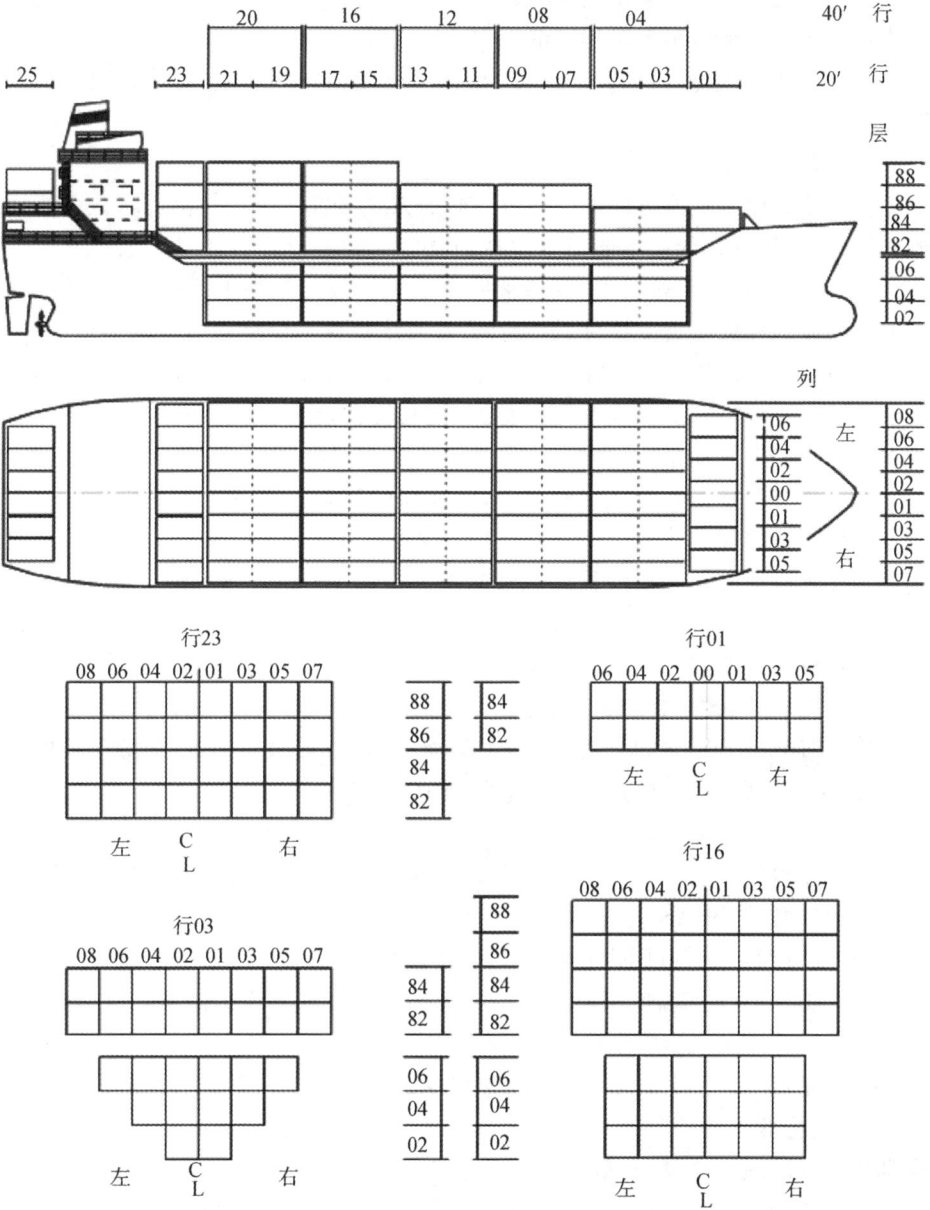

图 8-2　集装箱布置坐标图

　　纵向堆放在舱内的集装箱，一般应堆放在货舱开口的长度范围内，以便集装箱装卸时不与船体结构相碰。

当船舶的甲板上装有甲板起重机等起重装置时,集装箱应堆放在吊臂进行起吊作业的半径范围或吊杆可伸展的工作范围内。

在装载集装箱时,门端(door-end)应该尽可能朝向船尾,这对装在船首部的集装箱尤其重要。

(2) 横向布置原则

集装箱在船的宽度方向即横向以"列"的方式布置于甲板、货舱盖,以及艏楼和艉楼甲板上,最重要的是不能超出船体的宽度。通常设置在最靠近舷边的一"列"集装箱,其一侧跨在货舱盖上,另一侧跨在舷边甲板的箱柱上。因此,在舷边甲板上必须安装立柱或垂直支撑件,但立柱或垂直支撑件不应堵塞船上的通道,也不能妨碍人员对设备的操作和使用。如果集装箱是跨舱盖和舷边立柱,那么一侧的箱脚底座(立柱上或舱盖上)应为可滑移式,滑移方向(纵向或横向)应根据船体变形情况及舱盖的形式而定。

如果集装箱横向布置在货舱盖上,则其横向间距应充分考虑盖板的横向变形以及两块盖板之间的接缝等情况,应留有足够的空隙,以便在装卸时各层集装箱之间不会发生碰撞。集装箱的横向标准间距一般为 25 mm、38 mm 或 80 mm,应根据具体情况确定。如果由于舱盖变形造成集装箱列与列之间距离过小,则可以通过局部调整集装箱底座的高度来弥补。

集装箱在舱内横向以"列"的方式布置时,应注意靠舱壁一侧的集装箱与船体结构(如舷侧纵舱壁)之间应留有适当的距离,尤其在舱口角隅处,集装箱或舱内导轨结构应与角隅板的圆弧边保持足够的间隙。

(3) 高度方向布置原则

集装箱以"层"的方式布置在上甲板或货舱盖上时,其高度不应挡住驾驶室前方的视线。按《SOLAS 公约》第 V 章 22 条的要求,驾驶员从指挥操舵位置看海面,船首前方两舷 10°范围内视线受阻的距离(盲区)应不大于 2 倍船长(总长)或500 m,取其小者。其高度也不应超过甲板起重机吊臂允许的高度,不应妨碍起重机的正常工作,也不能碰到起重机的旋转体。

集装箱以"层"的方式堆放在货舱内的双层底上、中间甲板上或舱内的台阶上时,其高度应低于货舱盖的下底板或加强筋面板,并留有一定的间隙,此间隙应考虑到货舱盖的最大挠度,一般不小于 100 mm。

集装箱无论布置在甲板上、货舱盖上还是货舱内,重箱要放在下面,既利于降低船舶的重心高度,同时也能改善集装箱系固绑扎的效果,对船舶安全航行有利。

8.2.2.3 甲板以上集装箱的布置与系固

(1) 堆放不超过两层集装箱的系固

如果在除艏楼甲板和艉楼甲板以外的甲板上或货舱盖上,堆放不超过两层箱的情况下,一般是不需要绑扎的,特别是对较大的集装箱船更是如此。计算表明,堆一层集装箱时,作用于箱上的外力不会超出集装箱的许用负荷。但是,堆放于船首尾端(通常为距船首 0.25 L 前或距船尾 0.25 L 后)的集装箱,由于较大的船体运动加速度以及首部上浪载荷,应通过系固计算确定是否需要绑扎。

对于无须绑扎的集装箱的系固布置而言,在一个 40 ft 集装箱箱位中布置两个 20 ft 集装箱时,其纵向间距为 76 mm,横向间距最小为 25 mm,但 38 mm 和 80 mm 也属于标准横向间距,根据集装箱布置需要都可采用。

在甲板上或货舱盖上仅堆放两层集装箱时,可采用底转锁与甲板上或货舱盖上的底座(如燕尾槽底座、插孔底座、梅花形底座等)连接,箱子层与层之间也用转锁相连,以防止集装箱的水平位移和翻转。有在箱顶安装桥型连接器,把集装箱堆与堆横向相连。这种做法可以把受风力或较重的集装箱堆的载荷分摊到相邻集装箱堆中,这会增加相邻较轻集装箱上的受力,给整个集装箱堆垛的绑扎计算带来不确定性。同时这种做法要求码头工人或船员必须爬到箱顶上去拆装桥型锁。出于对码头工人人身安全考虑,在某些国家(比如美国)的港口是不允许这种操作的。

(2) 堆放三层及三层以上的集装箱系固

一般堆放三层以上集装箱时,除了集装箱层与层之间的转锁连接外,还应通过计算确定是否考虑额外的绑扎或支撑。图 8-3 所示为需要绑扎的集装箱典型布置。

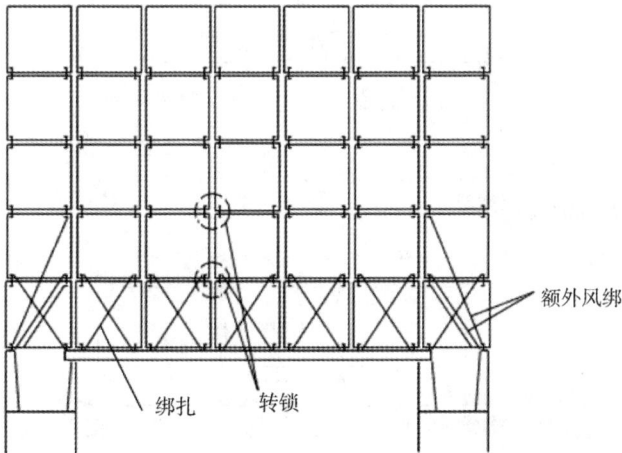

图 8-3 需要绑扎的集装箱典型布置

绑扎杆中的预紧力应该尽可能小，一般考虑 5 kN。如果是单根绑扎，应该尽量考虑绑到上层集装箱的下角件。

对于需要绑扎的集装箱，其前后端的绑扎应尽可能对称布置。如果两个 20 ft 集装箱堆放在 40 ft 箱位中，20 ft 集装箱之间 76 mm 的间隙是不足以进行绑扎操作的。在这种情况下，20 ft 箱的堆重应按照不绑扎的要求来设计。如果两个 20 ft 集装箱之间考虑绑扎通道，则可以结合舱盖的设计有多种选择，即 40 ft 集装箱相对于舱盖前后对称或非对称布置，会影响底座和眼板的数量，如图 8-4 所示。采用非对称布置方式，可以节省一排集装箱箱脚底座，但是会造成 40 ft 集装箱前后两端的绑扎杆长度和角度不对称，或者需要额外增加一排绑扎眼板，保持 40 ft

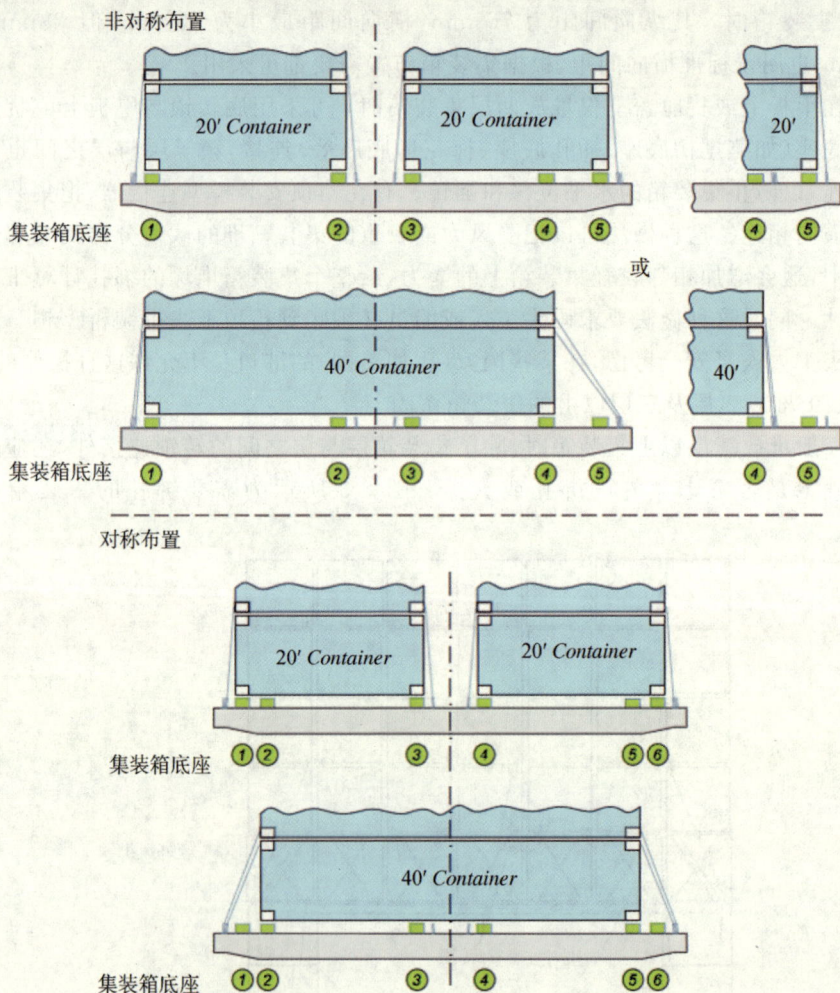

图 8-4　舱盖上集装箱的纵向位置及其绑扎布置

前后两端绑扎布置对称。如果采用对称布置,会增加一排集装箱箱脚底座。

　　一般所说的集装箱绑扎多为内绑,即在所绑的集装箱宽度范围内交叉绑扎(见图 8-5)。但现在随着甲板上集装箱堆放层数和堆重的增加,外绑的情况也越来越多。外绑即绑扎杆位于所绑集装箱宽度的外侧(见图 8-5)。通常外绑用在多层绑扎桥上。外绑较内绑最大的优点是,外绑杆作用在集装箱的受拉一侧,而非内绑在受压的一侧,绑扎杆的利用率更高,对提高堆重及堆重分布效果明显。

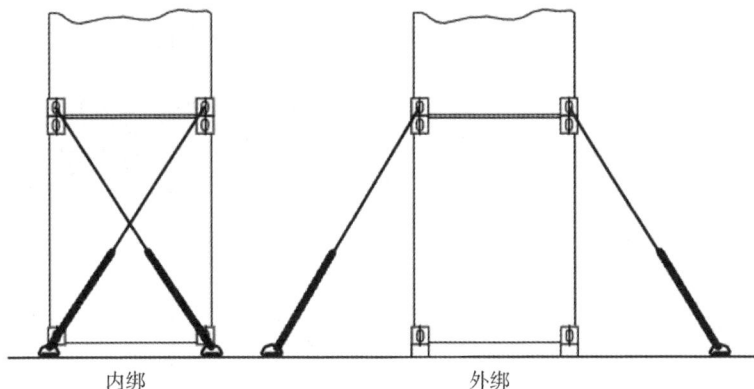

内绑　　　　　　　　　　外绑

图 8-5　集装箱的绑扎

　　但是外绑也存在着明显的缺点:

　　①正因为外绑杆是系固在集装箱的受拉侧,集装箱间扭锁的垂向间隙会给绑扎杆的受力产生极大的影响。目前船级社建议在计算时假定的间隙值为:半自动扭锁为 12 mm,全自动锁为 20 mm。

　　②外绑杆位于相邻集装箱的位置,这使绑扎操作流程变得复杂,尤其是当只要卸某几列集装箱时,可能需要把整行的集装箱的绑扎杆全都卸掉。

　　③遇到外绑双绑的情况,为避免上下两根杆的干涉,上面绑扎杆的钩头需要特殊设计,避免超长的钩头产生附加负荷,造成集装箱角件损坏。

　　④考虑到由于船体扭变,横向相邻盖板会产生较大的纵向相对位移,导致在盖板接缝处相邻两堆绑扎的集装箱角件发生纵向位置交错。在绑扎桥上,为了验证外绑在这种情况下的可行性,一般要求做等比例的车间模型试验。在舱盖层面,要禁止跨盖板的外绑布置。

　　另外,如果集装箱的外侧(通常为受风侧)受较大拉力,垂直绑也是一个经常使用的方法。为了最大限度分担该处扭锁的垂向拉力,垂直绑扎件(一般为花篮螺丝)中设置平衡弹簧,释放由于扭锁间隙造成的垂向位移。

　　除了采用绑扎的方式以外,对甲板上的多层集装箱也可以采用横向支撑结构系固的方法,可有效地承受集装箱水平方向的受力,并限制其位移,比如甲板导轨结构(见图 8-6)。集装箱在导轨中的布置及其受力情况可以参考货舱导轨。不同于货舱内的导轨，甲板上的导轨不能连接到类似横舱壁的强结构上，所以一般都设计成自持式(self-supporting)的桥型结构，好像绑扎桥结构。应特别注意风浪对导轨外侧集装箱的影响。如果集装箱的装载层数超出导轨的高度，则这层集装箱应该用转锁与下层集装箱相连或采用额外的垂向绑扎。

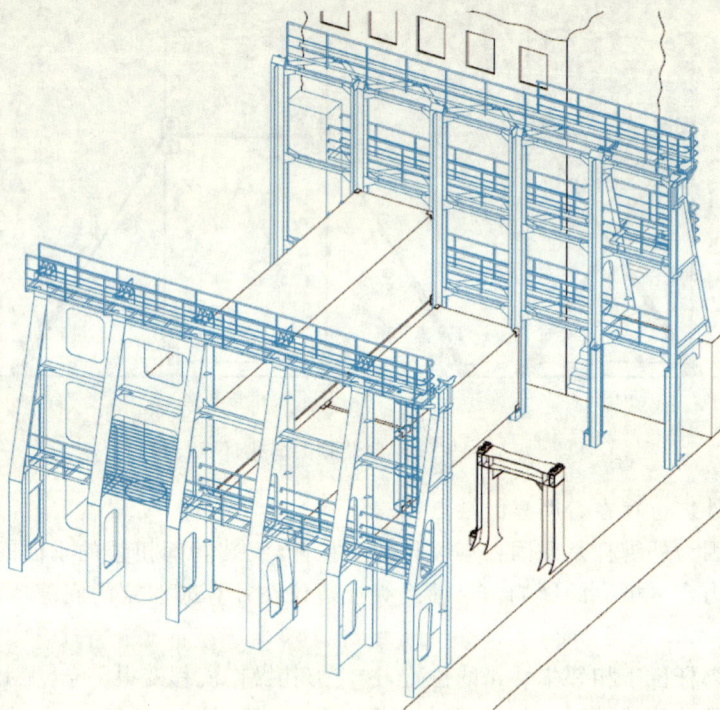

图 8-6　甲板导轨

（3）绑扎桥装置

一般来说，集装箱船堆放在甲板以上的集装箱数占总箱数的 60% 以上，大型集装箱船或巴拿马型集装箱船堆放在甲板以上的集装箱数也要占总箱数的 50% 以上，目前集装箱的堆放高度最大已经达到 12 层（22 000 TEU 超大型集装箱船），同时舱盖上最大堆重也达到 220 t/40 ft 堆。如果绑扎点还是从底层开始作用，堆高和堆重会受到限制。绑扎桥装置可以抬高绑扎点的位置，使绑扎杆的效率更高，从而提高集装箱的层数以及堆重。如图 8-7 所示，较高的绑扎桥可以使集装箱堆重更大，并使堆重分布得到进一步的改善。

绑扎桥装置是指在集装箱的纵向间距内或在两舱口围板纵向间距内，在船的宽度方向上设置的一层或多层桥式操作平台,并在平台上设置绑扎眼板或眼环等供绑扎高处的集装箱用,这种桥式平台结构就是绑扎桥。如图 8-8 所示。

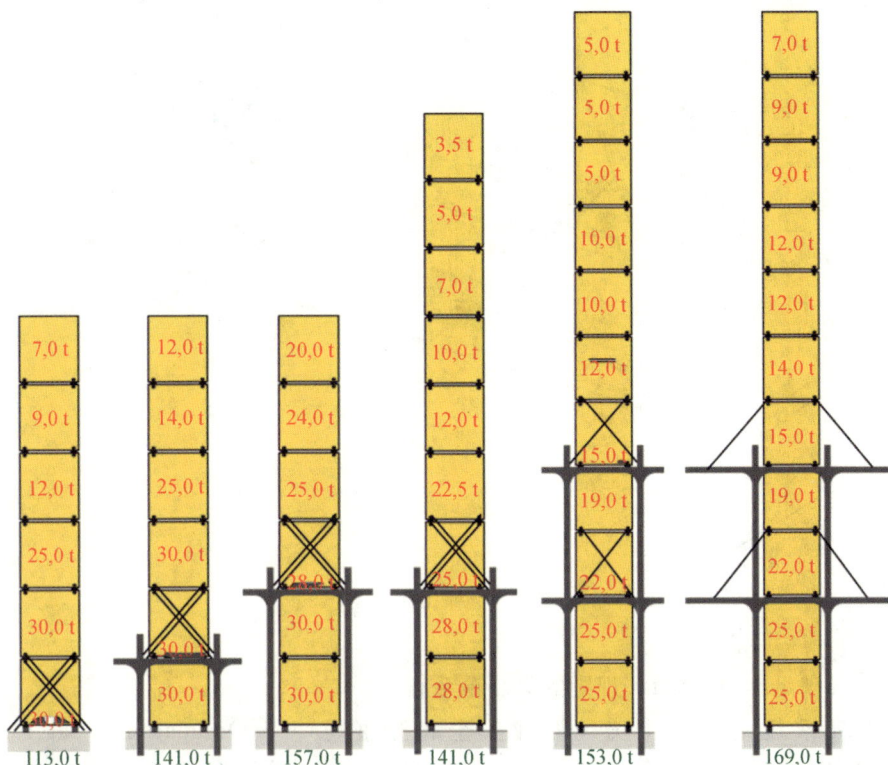

图 8-7　绑扎桥对集装箱堆重的影响

　　绑扎桥的宽度应根据前后两货舱之间的舱口围宽度和集装箱的纵向间距而定,一般绑扎桥的结构宽度在 1 200 mm 左右。

　　绑扎桥的设计应考虑与货舱盖及集装箱的布置相互配合,既不妨碍货舱盖的关闭和吊离,也不妨碍集装箱的就位和吊离,还应考虑绑扎的可能性。在绑扎桥内尽可能多地存放绑扎杆以及花篮螺丝等系固件,便于系固件的存放和取用。在平台上要给冷藏集装箱留有电源插座及配件的安装位置。绑扎桥的垂直立柱应该可以作为吊离式舱盖板操作时的导向装置。

　　基于以上布置上的特点,可以看出绑扎桥一般适用于标准的采用吊离式舱盖的集装箱船上。

　　绑扎桥根据绑扎要求可以有多层。现在最大的 22 000 TEU 超大型集装箱船的绑扎桥已经做到 4 层高度,最外侧受风列绑扎平台(micky mouse)高度达到5 层。

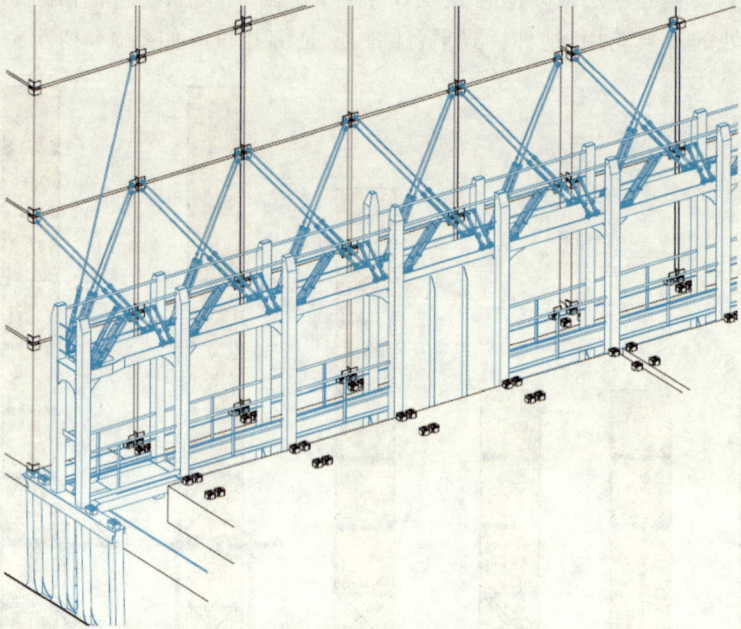

图 8-8　绑扎桥装置

（4）满足美国 OSHA 规则的集装箱系固

OSHA 规则系指由美国职业安全和健康局（US Occupational Safety & Health Administration, OSHA）制定的关于集装箱系固操作的规则，适用于在美国港口作业的船舶。

OSHA 规则的基本要求是禁止（或限制）码头工人和船员或雇员攀登到集装箱的顶上进行操作，例如操作一般的手动转锁进行系固或解锁，在美国港口是不允许的，因而出现了半自动转锁和中间自动可锁堆锥。对两个 20 ft 集装箱在一个 40 ft 集装箱箱位中，20 ft 箱外端两个采用半自动转锁，中间 76 mm 间隙处的两个采用中间自动可锁堆锥。在集装箱吊至船上前，应在码头上进行操作，把锁具挂到集装箱对应位置的底部角配件上，然后把集装箱连同挂在底角处的半自动转锁和中间自动可锁堆锥吊至船上，使该箱对准下一层的箱子，使半自动转锁和自动可锁堆锥插入下层箱的角件孔内，半自动锁和中间自动可锁堆锥可自动卡紧并锁住，无需人员在船上进行操作。

反之，如果要把上层的集装箱吊离，要先由船员借助于操作杆拉动半自动转锁的手柄，使半自动转锁与下层箱前面的两个顶角件脱开，吊箱时，半自动锁所在的集装箱外端略有抬高，前后呈微小角度的倾斜，继续吊起，可使中间自动可锁堆锥脱离下一层箱顶的角件，然后将集装箱吊离，吊至码头，工人再将锁具从箱脚卸下，其过程如图 8-9 所示。

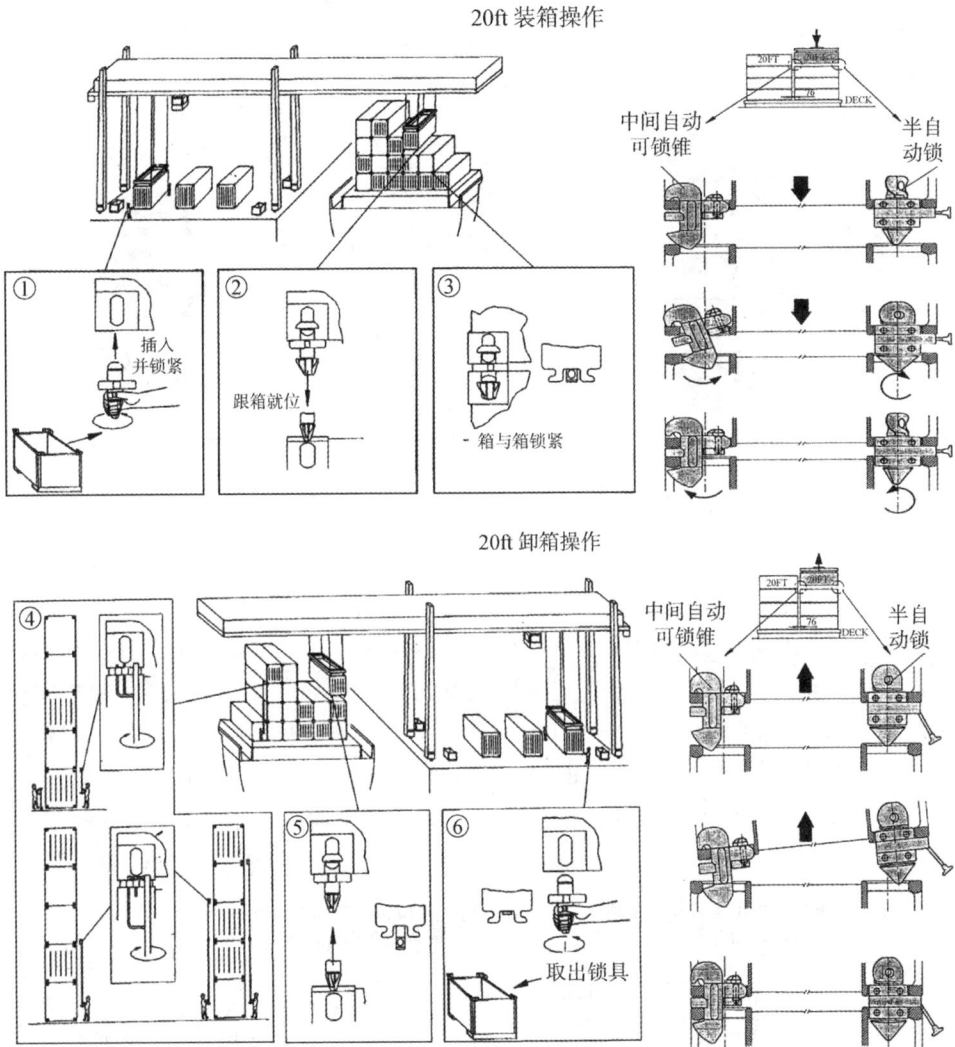

图 8-9　按 OSHA 规则装卸集装箱示意图

　　目前，在半自动锁具的基础上，各家绑扎件厂商又陆续开发出了全自动锁具（见图 8-10），使装卸集装箱变得更加简便，完全无需船员在船上进行开锁操作，而且不再需要中间自动可锁锥，减少了船上锁具的种类，也便于码头工人的操作。但是全自动锁具在使用中的可靠性是人们一直关心的问题，船级社因此提出专门针对全自动锁的功能性试验的要求。另外，全自动锁在操作时，对集装箱角件孔的磨损情况也会比较严重。对于集装箱下角件的磨损或变形较大的情况,锁件往往不能有效地挂箱。这些问题将随着全自动锁的普及愈发引起关注。2013 年通过的海安会 MSC.355(92)决议关于《1972 年国际集装箱安全公约》(CSC)的修正案,针对全自动锁,要求集装箱角件顶板磨损后的最小厚度从原来标准的 23 mm 提高到 26 mm。

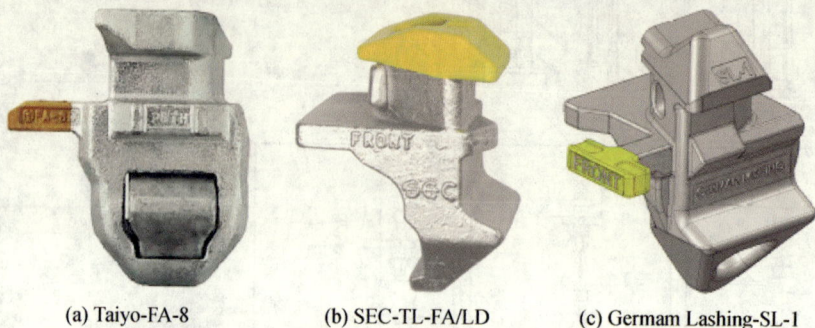

(a) Taiyo-FA-8   (b) SEC-TL-FA/LD   (c) Germam Lashing-SL-1

图 8-10   Taiyo,SEC 和 German Lashing 公司的全自动锁具

(5)绑扎通道要求

IMO CSS 规则附则 14《甲板集装箱安全系固作业指南》(MSC.1/Circ.1352)规定了甲板上集装箱绑扎的操作空间及通道的要求,适用于 2015 年 1 月 1 日后铺龙骨的集装箱船。具体实施则是通过船级社对船厂或设计单位提交的《货物安全通道布置图》简称 CSAP(Cargo Safety Acces Plan)进行审查并予以认可。规则不仅对人员在集装箱绑扎系固操作时通行安全的各种设施如栏杆及扶手、梯子、人孔盖等的设计提出了要求,同时对绑扎所需要的最小空间也做出规定(见图 8-11 及图 8-12),这对集装箱的布置,进而对船的总体布置会带来较大的影响。

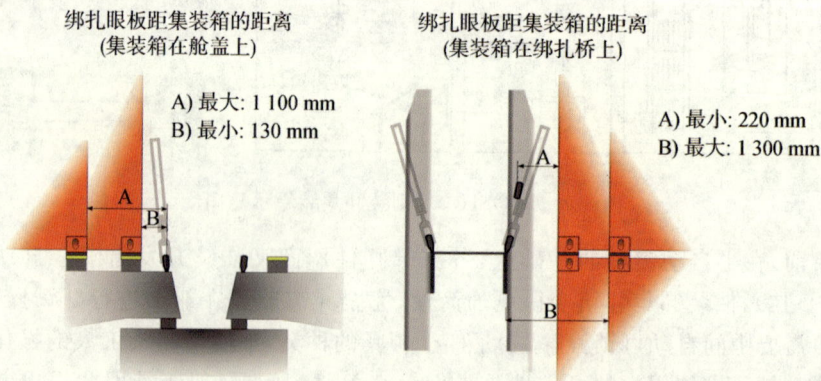

绑扎眼板距集装箱的距离
(集装箱在舱盖上)

A) 最大: 1 100 mm
B) 最小: 130 mm

绑扎眼板距集装箱的距离
(集装箱在绑扎桥上)

A) 最小: 220 mm
B) 最大: 1 300 mm

图 8-11   绑扎眼板距集装箱的最小和最大距离

绑扎通道上有保护栏杆
(集装箱在舱盖上)

A) 集装箱距保护栏杆
最小距离: 750 mm

B) 保护栏杆之间最
小距离: 600 mm

绑扎通道上无保护栏杆
(集装箱在舱盖上)

A) 集装箱端最小绑
扎距离: 750 mm

B) 舱盖之间最小净
宽度: 600 mm

绑扎桥上通道宽度要求

A) 保护栏杆之间最小距离: 750 mm
B) 绑扎眼板之间最小距离: 600 mm
C) 其他障碍物之间最小距离: 600 mm

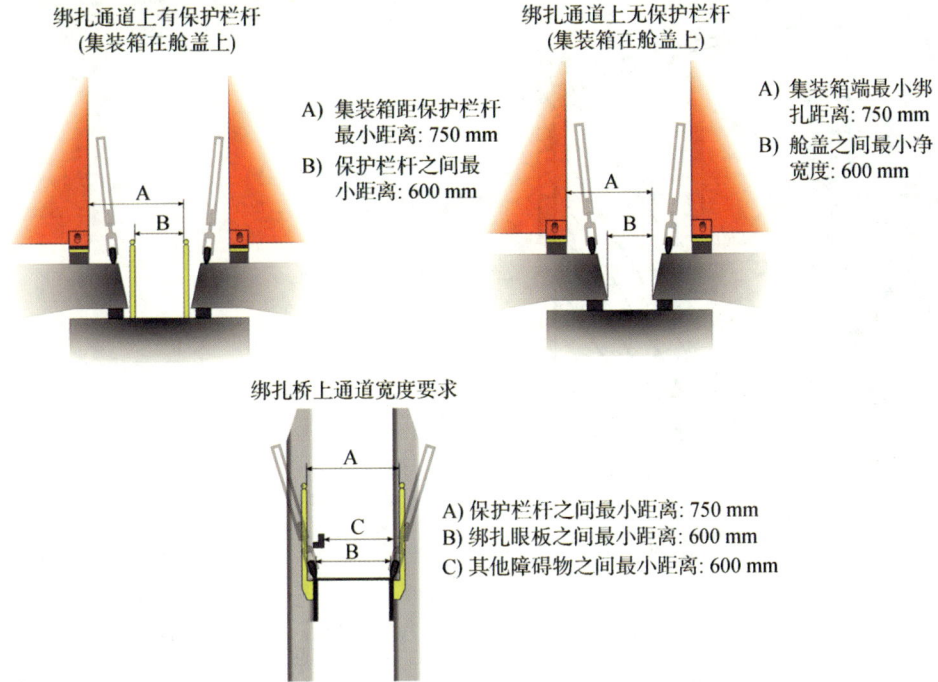

图 8-12 绑扎空间和通道的宽度

8.2.2.4 舱内集装箱的布置和系固

（1）舱内设导轨的集装箱布置方式

对全集装箱船来说，舱内设置导轨无疑是装载集装箱最有效的设计。没有多余的活动绑扎件，可以最大程度地提高集装箱的装卸效率，所以舱内固定的 40 ft 集装箱导轨架是全集装箱船的标准设计。采用等边角钢（如 L150×150）或其他类似的型材（如 T 型材等）作为约束和支撑集装箱的构件，通过水平或垂直的肘板与横舱壁或支承舱壁相连，能把作用于集装箱的外力传递到舱壁上。

40 ft 集装箱两端完全由导轨约束，无需其他任何固定或活动的紧固件。舱底在导轨端焊接有固定锥（welded cone），在 40 ft 中间（两个 20 ft 箱的 76 mm 的 ISO 间隙处）设导向块（guide fitting）。如果两个 20 ft 集装箱装在 40 ft 集装箱导轨中，则导轨端的固定锥可限制集装箱的纵向滑移，而导向块可以阻止集装箱的横向位移。上下 20 ft 集装箱之间，通过堆锥（stacking cone）连接，保证箱子的层与层之间没有相对错位。这种布置能够满足 OSHA 规则的要求，如图 8-13 所示。

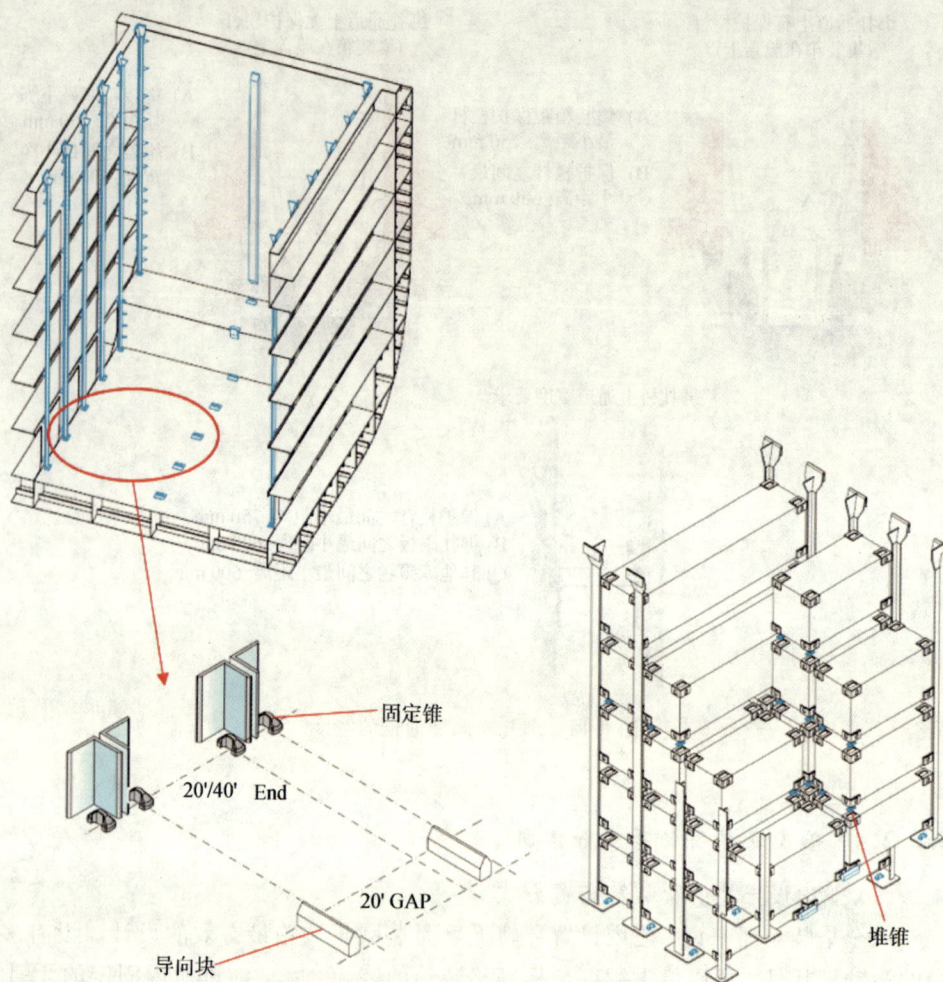

固定锥

20'/40' End

20' GAP

导向块

堆锥

图 8-13 舱内集装箱固定导轨的布置

　　导轨架应有足够的强度、足够的长度和连续性,能对集装箱提供有效的支撑和约束。垂直方向上,应该在适当的间距安装中间肘板或连接板,其垂向间距由导轨上的作用力的分布来确定,一般设置在集装箱角的同一水平面上。

　　考虑到集装箱吊装进导轨,在导轨的顶部都应装有导口,并具有足够的强度以承受集装箱角的冲击(图 8-14)。导口建议采用垂向的加强肘板与舱壁或舱口围结构相连。同时考虑集装箱在装卸时,箱体角件在导轨内侧的滑动摩擦,垂直导轨的壁厚一般不小于 12 mm。

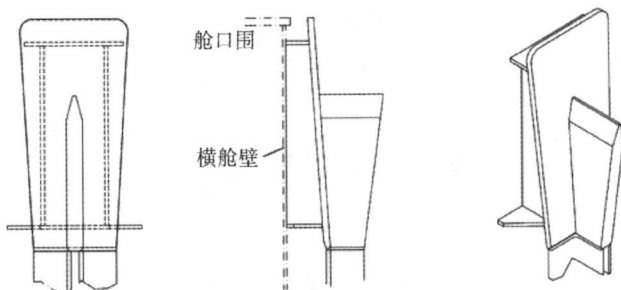

图 8-14　导轨导头(舱口中间区域)的典型设计

导轨下部不应与舱底板直接焊接,必须通过连接板。现在也有将导轨下端设计成距舱底以上一段距离(1～2 m),并用水平肘板和舱壁连接。

如果导轨位于舱口角隅处(见图 8-15),导轨及其加强结构应该避开舱口角隅的圆弧板,同圆弧板边缘焊接是绝对禁止的。水平或垂直的加强肘板应尽可能设置在横舱壁处,尤其是位于上甲板及舱口围角隅处的加强肘板。

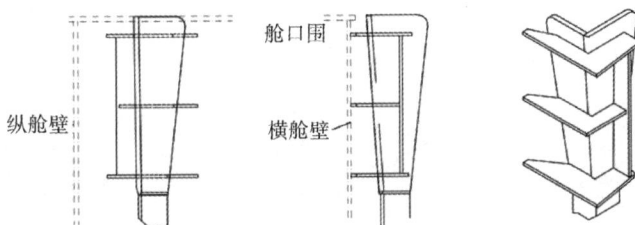

图 8-15　导轨导头(舱口角隅处)的典型设计

为了保证集装箱有效地受到约束和保护,集装箱在导轨中的总间隙,横向不超过 25 mm,纵向不超过 38 mm。

对特殊的集装箱如 45 ft 的欧洲宽箱("Geest" container),由于其角件的形状尺寸需要,导轨的布置和设计应做相应的调整以满足对集装箱的支撑要求,如图 8-16 所示。

对一些小型集装箱船,货舱内可能不只装 20 ft/40 ft 的集装箱,也会考虑装载一些其他长度的集装箱,如 30 ft 或 45 ft 集装箱,或者不装集装箱,偶尔装非标的杂货。这时固定的导轨会影响装货的灵活性,于是活动导轨就不失为一种折中的方案(参见图 8-17)。

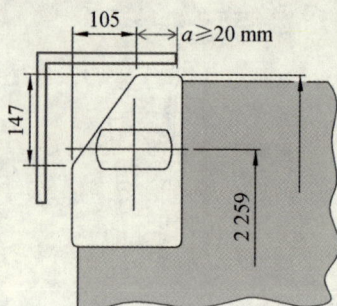

图 8-16　欧洲宽箱导轨的设计要求

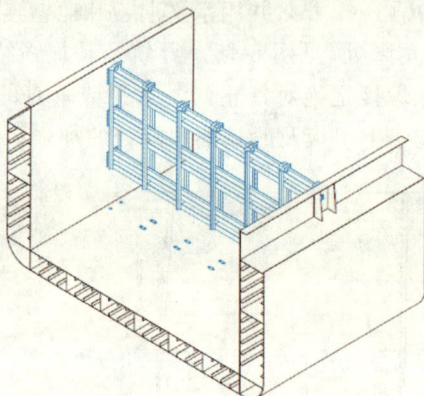

图 8-17　舱内集装箱活动导轨的布置

与固定导轨不同,作用于活动导轨上的集装箱力由导轨结构自身承受,并最终由几个和船体结构(纵舱壁、双层底等)连接的装置(counter bearing)传递到船体结构上。其安装操作,一般需要借助船上或岸上的吊机。如果舱内采用活动式导轨,舱底一般配有埋入式底座,集装箱和船底以及集装箱与集装箱之间,上下通过堆锥连接。

(2) 舱内无导轨的集装箱布置方式

对多用途船或者上面提到的小型集装箱船来说,因为舱内货品种类不确定,一般希望货舱内壁没有固定的凸出物(如导轨)。集装箱通过活动的横向连接器(即横向支撑),把力传递到纵舱壁上。图 8-18 所示为典型的舱内集装箱横向支撑形式,在集装箱堆与堆之间采用横向双堆锥连接,在舷侧的集装箱堆上下采用单堆锥,而集装箱堆与纵舱壁之间设置横向支撑(单压元件)或横向拉压元件。顶部的集装箱之间可以用桥型连接器连接,假如最顶层也需要支撑到纵舱壁上。舱底配有埋入式底座,集装箱和舱底通过单底锥连接。

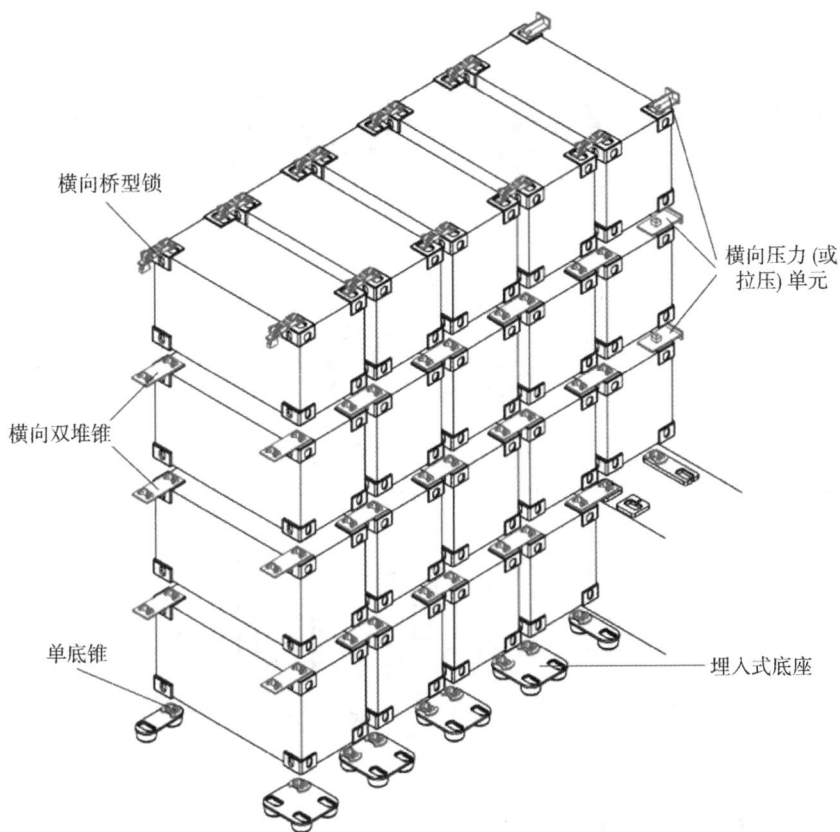

图 8-18 舱内集装箱横向连接的布置

如果集装箱堆与纵舱壁之间采用单压元件(见图 8-19),只由一侧纵舱壁承受来自集装箱的压力。纵舱壁上无需开槽或焊接凸出的连接座,只要在舱壁支撑位置的反面考虑加强就可以了。

如果集装箱堆与纵舱壁之间采用拉压元件(见图 8-20),集装箱力由两侧纵舱壁同时承受(一侧受拉,另一侧受压),力的大小相比采用单压元件减少一半。另外纵舱壁上需要开槽或焊接凸出的连接座(counter bearing,见图 8-21),并考虑舱壁反面加强。

货舱内采用横向支撑的方法,从集装箱的系固效果来说,等同于采用导轨形式,可以使舱内集装箱的堆重达到最大。但同时也带来了集装箱的装载限制,即同一垛(bay)内的集装箱的长度及高度必须一致,否则就无法做到横向连接。同时,一般横向连接的活动件也需要船员或码头工人到箱顶进行手动操作,这不符合OSHA 规则的要求。

图 8-19　典型单压元件

图 8-20　典型拉压元件

图 8-21　凸出及埋入式连接座

8.2.3　集装箱系固设备

8.2.3.1　系固设备的形式

集装箱系固设备是由集装箱系固装置或系统组成的设备,是伴随着集装箱货物运输的出现而发展起来的设备。在 20 世纪 80 年代以后由于海运集装箱船的快速发展,船用集装箱系固设备也得到了较大的发展,出现了导轨架、半自动转锁、半自动悬挂式堆锥、自动可锁堆锥、拉压型支撑装置及绑扎桥等。

导轨架与绑扎桥也是集装箱系固设备,是系固装置或系统的重要组成部分,前面已做了详细的叙述。这里介绍集装箱紧固件、绑扎件和支撑件等设备。

集装箱系固件可分为固定件与活动件,按系固方式又可分为紧固件、绑扎件与支撑件。

固定件是指永久性地固定在船体构件上的系固件,如表 8-4 所示。

表 8-4　固定紧固件

名称	草图	力的名称	SWL /kN	PL /kN	BL /kN
燕尾槽底座 DOVETAIL FOUNDATION	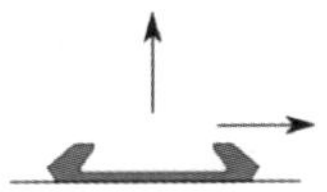	拉力 P	250	313	500
		剪力 S	210	263	420
埋入式插孔底座 FLUSH ISO SOCKET	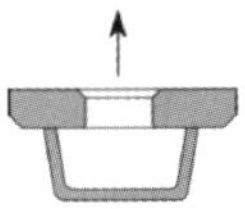	拉力 P	250	375	500
升高式插孔底座 RAISED ISO SOCKET	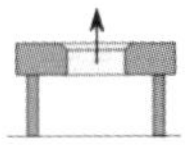	拉力 P	250	375	500
	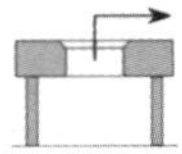	剪力 S	210	263	420
绑扎眼环 LASHING RING	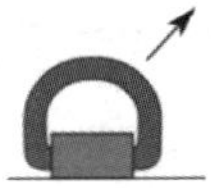	拉力 P	245	307	490
绑扎眼板 LASHING EYE PLATES		拉力 P	245	307	490

注：SWL— 安全工作负荷；PL—验证负荷；BL—破断负荷。参照 DNVGL 规范（Clas Guideline-CG-060，2019）

　　活动件是指人的体力可以搬运、安装、拆卸、携带的集装箱紧固件、绑扎件与支撑件。表 8-5 所示为活动的集装箱紧固件，表 8-6 为绑扎件，这些表中列出的均为常用的系固件。实际使用时又从这些品种中派生出许多产品，如为不同箱高的集装箱之间连接的"高底脚桥型连接器"和"高底脚堆锥"、能跟随集装箱横向位移的"移动式插孔底座"或"移动式燕尾槽"等。

表 8-5　活动紧固件

名称	草图	力的名称	SWL /kN	PL /kN	BL /kN
燕尾槽转锁 DOVETAIL TYPE TWISTLOCK		拉力 P	250	313	500
		剪力 S	210	263	420
中间转锁 TWISTLOCK		拉力 P	250	313	500
		剪力 S	210	263	420
桥型连接器 BRIDGE FITTING		拉压力 P	210	263	420
单式中间堆锥 SINGLE STACKING CONE		剪力 S	210	263	420
双式中间堆锥 DOUBLE STACKING CONE		剪力 S	560	620	730
连接板 Linkage plate		拉力 P	150	188	300
拉压单元 Buttres		拉压力 P 层与层间	650	715	850
		顶层	250	275	325

注:SWL—安全工作负荷;PL—验证负荷;BL—破断负荷。参照 DNVGL 规范(Clas Guideline -CG-060, 2019)

表 8-6　绑扎件

名称	草图	力的名称	SWL/kN	PL/kN	BL/kN
绑扎杆 LASHING BAR		拉力 P	245	307	490
绑扎链 LASHING CHAIN		拉力 P	80	100	200
绑扎钢丝绳索 LASHING WIRES		拉力 P	200	250	450
花篮螺丝 TURNBUCKLE		拉力 P	245	307	490

注:SWL—安全工作负荷;PL—验证负荷;BL—破断负荷。参照 DNVGL 规范(Clas Guideline -CG-060, 2019)

8.2.3.2　系固设备的制造与试验

对于包含特定的与集装箱系固相关的船级符号,如"Container Ship"等,所有的集装箱系固设备都应该获得船级社授予的产品证书。产品证书的签发一般基于产品材料证书、产品设计认可、原型试验和产品试验等几个步骤,最后由船级社签发产品证书。

(1) 材料

集装箱系固设备的材料应该满足认可的国内及国际标准,并由船级社认可的生产厂家提供试验报告及证书。

(2) 产品设计认可

每种集装箱系固设备的图纸,应包含必需的产品信息,如尺寸、材料、破断载荷等,都需要提交船级社审查并认可。

(3) 原型试验

除导轨架和绑扎桥等支承结构件,系固设备及其配件均需根据产品设计的认可图纸进行原型试验。至少每种取 3 件进行原型试验,模拟实际系固情况,以确定其在验证负荷(PL)时,试件应无永久变形,或在破断负荷时,无明显的损坏。安全工作负荷(SWL)、验证负荷(PL)和破断负荷(BL)的关系可参见表 8-4～表 8-6 根据 DNVGL 的规范要求。对其他船级社的试验负荷要求,可参见表 8-7。

表 8-7 CCS、LR、BV、ABS 对产品试验负荷要求

	验证负荷		破断负荷	
	SWL≤400	SWL>400	SWL≤400	SWL>400
LR，CCS	1.5×SWL	SWL+200	2×SWL	SWL+400
BV	1.3×SWL		2×SWL	
ABS	1.1×SWL		2×SWL	

对全自动锁,船级社会额外要求做操作试验,或称为功能试验,主要检验全自动锁在实际工况下(主要是横摇)的可靠性,并测量取得锁在集装箱角件中的最大垂向间隙。

当产品的设计图纸认可及原型试验完成并获船检证书后,产品可向船级社申请形式认可,形式认可的有效期为 5 年。

(4) 产品试验

对于每一批生产的集装箱系固设备中,应抽取 2% 做产品试验,即在每 50 件(不足 50 件仍按 50 件计)中选 1 个试件,并用试验负荷(PL)对其进行试验。试验后,试件应无永久变形和明显的缺陷。对特殊的活动绑扎件,如绑扎链和绑扎钢丝绳的产品试验应根据各船级社具体要求,如 LR 就规定采用破断力作为试验的载荷。试验完成后,由船级社验船师签发产品证书,并在每个产品上打上与证书相对应的钢印号码。

绑扎件、支撑件及紧固件的实际受力应不大于产品额定的安全工作负荷(SWL),出厂产品或证书应标明安全工作负荷值(SWL)。

8.2.4　集装箱的许用负荷

集装箱及其系固装置中的每一个构件或设备都要受到外力的作用,而且相互制约,但系统中的每一构件或设备所受到的力或应力均不应超过构件和设备自身的许用负荷或许用应力。

无论采取何种方式对集装箱或集装箱堆进行系固、绑扎及支撑,作用在集装箱上的力,均应不超过集装箱的许用负荷。对集装箱的许用载荷,如对角件上允许的绑扎受力要求,各家船级社的标准不尽相同,这直接影响了对绑扎计算结果的评估,尤其对外绑方式的计算。这里给出的是 DNVGL 的标准,其他船级社可根据各自的规范要求。

（1）作用于角件上的绑扎力（图 8-22）

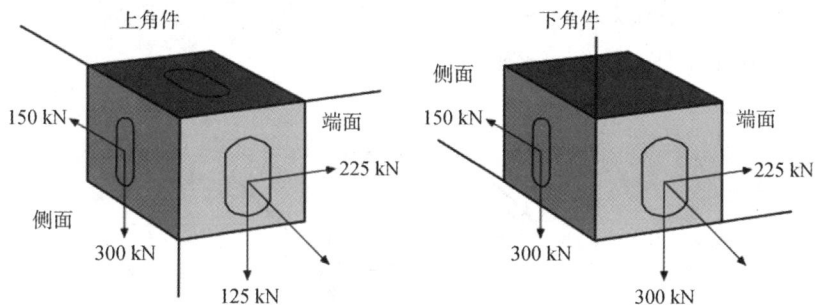

图 8-22　角件上的许用绑扎力

（2）端壁或侧壁上的扭变力（图 8-23）

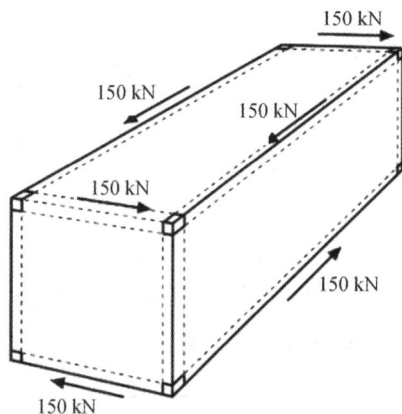

图 8-23　端壁或侧壁上的许用扭变力

（3）作用于角件上的垂向拉力和压力（图 8-24）

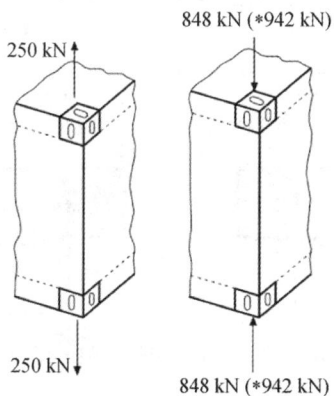

图 8-24　角件上的垂向拉力和压力的许用值

＊对满足 ISO 1496-2(2013)新标准的集装箱,当装在舱内导轨中时,最下一层箱顶可承受最大 942 kN 的压力。

（4）作用于角件上的横向水平力（图 8-25）

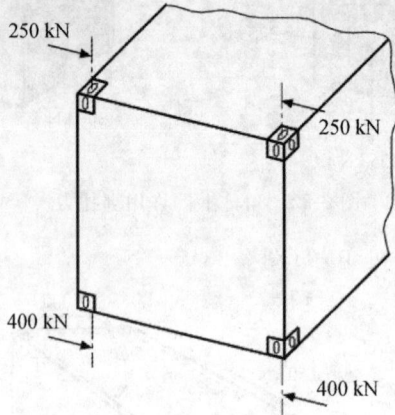

图 8-25　角件上的横向水平力的许用值

针对舱内集装箱垛采用横向连接支撑的布置方式,纵舱壁上横向拉压单元的最大受力在箱子层与层之间处为 250 kN＋400 kN＝650 kN。

（5）对于 45 ft 与 40 ft 集装箱混装,作用于角件上的垂向压力（图 8-26）

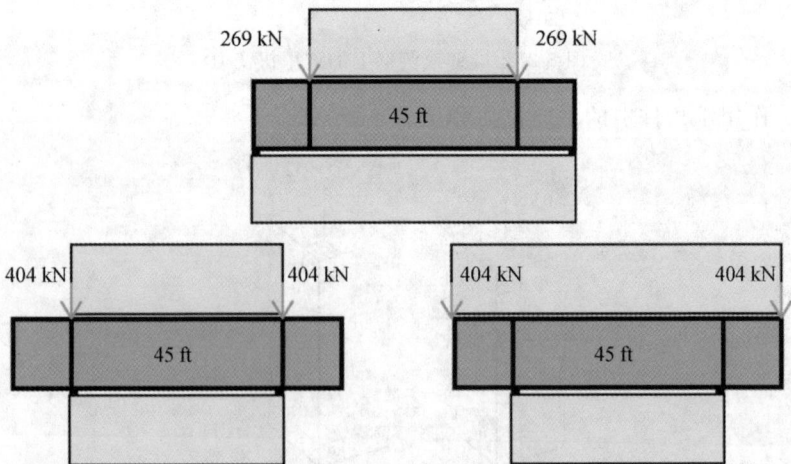

图 8-26　45 ft 与 40 ft 集装箱混装的压力许用值

45 ft 集装箱其余许用负荷同 40′ 标准集装箱。

（6）对于特殊尺寸（如 43′、48′、53′）的非标集装箱，厂家需提交试验数据，作为系固绑扎计算的依据。

8.2.5　集装箱系固系统的受力计算及其许用负荷

船上装载的集装箱受到集装箱总质量产生的静负荷、船舶运动产生的动负荷、风浪等引起的外力，以及为保证安全载运所加的绑扎件产生的系固力的作用。

8.2.5.1　船舶运动加速度和集装箱的受力

要确定集装箱上所受的惯性力（F_x、F_y 及 F_z），就应该先根据船舶装载工况及船舶运动特性得到集装箱重心处的三向加速度（a_x、a_y、a_z），如图 8-27 所示。外力均作用于集装箱的重心位置，一般取 0.45 倍的集装箱高度位置。

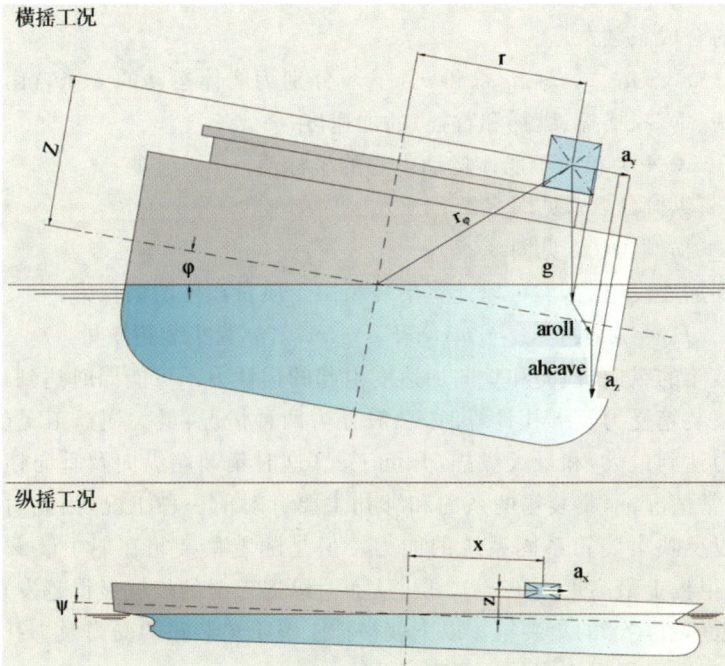

图 8-27　船舶的运动及集装箱所受的加速度力

对于集装箱加速度的计算方法，一般来说有两种，一是回归公式，二是直接计算。无论采用哪种，都需要满足船级社规范的要求。采用回归公式是一种比较老的方法，GL 在 2012 年以前的规范中，通过概率统计得出一系列的简化公式来求出集装箱的横向、垂向和纵向的加速度系数（b_q、b_v、b_l）。这种方法的好处在于计算方便,计算时所需的船舶的参数也不多,对小型集装箱船（船长在 120 m 左右）较适用。不足之处是精度不够,会造成较大的误差,不适合大型集装箱船或长宽比（L/B）较小的集装箱船。直接计算法是目前各大船级社普遍采用的方法,基于等效设计波（EDWs）的概念,根据船舶的各项参数和工况,计算出船上任意位置的集装箱的加速度值（a_x、a_y、a_z）。这种方法可以比较精确地计算各种船舶工况下,任意位置集装箱的加速度。但是计算复杂,必须借助软件或实验手段。各船级社对直接计算加速度的表述和方法略有不同,基本原理可以参考下式,实际应用可由各船级社提供软件或计算表格计算获得。

$$a_x = C_{XG}\,g\sin\,(f_\beta\psi) + f_\beta(C_{XS}\,a_{surge} + C_{XP}\,a_{pitch}\,z - C_{XY}a_{yaw}\,y) \quad (8.2.1)$$

$$a_y = C_{YG}\,g\,\sin\,\varphi + f_\beta(C_{YS}\,a_{sway} + C_{YY}\,a_{yaw}\,x) - C_{YR}\,a_{roll}\,z \quad (8.2.2)$$

$$a_z = f_\beta(C_{ZH}\,a_{heave} - C_{ZP}\,a_{pitch}\,x) + C_{ZR}\,a_{roll}\,y \quad (8.2.3)$$

式中　　$a_z f_\beta$、C_{XG}、C_{XS}、C_{XP}、C_{XY}、C_{YG}、C_{YS}、C_{YY}、C_{YR}、C_{ZH}、C_{ZP} 和 C_{ZR} ——为与波形有关的合成系数;

a_{surge}、a_{sway}、a_{heave}、a_{roll}、a_{pitch} 和 a_{yaw} ——分别为船体运动的 6 个自由度（纵荡、横荡、垂荡、横摇、纵摇和首摇）的加速度;

x、y、z——为相对于船体运动中心的坐标值;

ψ——纵倾角（°）,见图 8-27;

φ——横倾角（°）,见图 8-27。

在得到加速度值后,就可以计算集装箱由于质量产生的惯性力,

$$F_x = ma_X;\ F_y = ma_Y;\ F_Z = ma_Z(m\ 为集装箱质量,t)$$

由集装箱的纵向、横向和垂向加速度引起的惯性力不可能同时达到最大值,所以在进行集装箱受力及绑扎计算时,一般分为两种情况:最大横摇工况（即集装箱横向惯性力达到最大）和最大纵摇/升沉工况（这时集装箱纵向及垂向惯性力达到最大）。通常情况下,集装箱的系固和绑扎主要针对前一种工况,因此对横摇工况的计算可以反映集装箱系固系统的能力。但是随着集装箱在船上装载的层数增加,目前在甲板上最高可达 12～13 层,从而对纵摇工况的校核显得越发重要,尤其是对于靠近船首尾部的集装箱。以下就横摇工况下集装箱的受力及绑扎计算进行分析,纵摇工况可根据相应的加速度依此类推。

8.2.5.2　无横向支撑的集装箱堆受力及绑扎计算

（1）无绑扎的集装箱堆受力计算

以图 8-28 所示的甲板上受风的集装箱堆为例,箱与箱之间靠转锁相连,没有绑扎。第 i 层单个集装箱受横向平行于甲板的力为 F_{qi}（kN）,按下式计算:

$$F_{qi} = F_{yi} + F_{wi} \qquad (8.2.4)$$

式中　F_{yi}——第 i 层集装箱所受横向惯性力，kN；

　　　F_{wi}——第 i 层集装箱所受风力，kN，一般仅对最外侧受风的集装箱堆。

为方便起见，F_{wi} 值可参考 DNVGL 规范要求：最下一层为 30 kN/20 ft 和 60 kN/40 ft；第二层及以上为 15 kN/20 ft 和 30 kN/40 ft。对其他非 20 ft 或 40 ft 标准箱的情况，可按比例推算。对内侧集装箱堆受风面积的考虑，各家船级社的要求也有差异，如 ABS 规定，当横向相邻的集装箱堆间距离不超过 5 m 时，内侧的集装箱的风载荷可不计入。集装箱堆间距离为 5 m 或以上，内侧的集装箱的风载荷应完全计入。当暴露面积小于 1/3 的侧向面积时，风载荷可以忽略。对外侧集装箱风力的影响，各家船级社都进行了更深入细致的研究，如采用计算流体力学模型或风洞试验等手段，力求风力更精确可靠。图 8-29 所示，为 DNVGL 在其 2019 年规范中给出的外侧集装箱风力的折减系数。

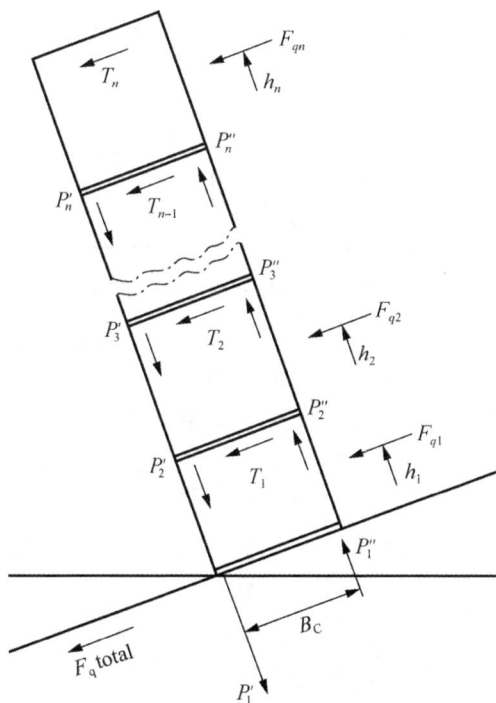

图 8-28　集装箱受力示意

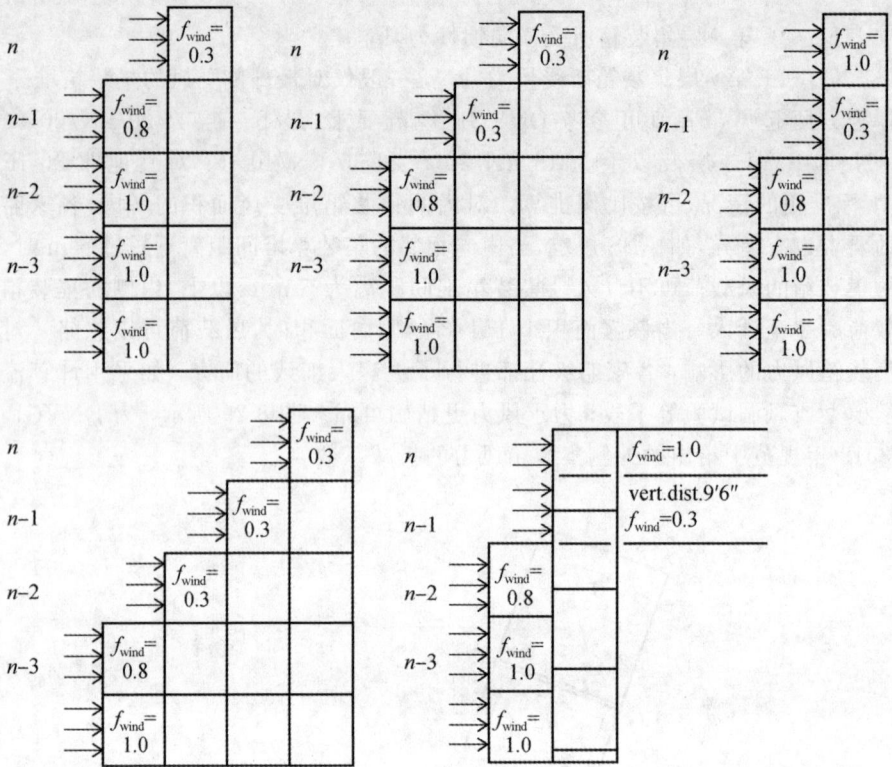

图 8-29　集装箱受风力折减系数

假设横向风力均匀地分布到集装箱的侧面,惯性力作用在集装箱的重心位置,再由上下纵梁传递到两端的上下横梁上,一般取集装箱的重心位置为 0.45 倍的集装箱高度(LR 取 1/3 箱高),则作用在集装箱每端上横梁分摊的力是

$$0.225F_{yi} + 0.25F_{ui}$$

对不绑扎的情况,集装箱可假定为刚性,不考虑变形量,则根据力的分配,每层箱顶的横向扭变力为 T_i(kN),按下式计算:

$$T_i = 0.225F_{yi} + 0.25F_{ui} + 0.5[F_q(i+1) + \cdots + F_{qn}] \tag{8.2.5}$$

每层箱一侧箱脚的受压力为 P'_i(kN),按下式计算:

$$P'_i = (F_{qi}h_i + \cdots + F_{qn}h_n)/(2B_c) + (F_{zi} + \cdots + F_{zn})/4 \tag{8.2.6}$$

每层箱另一侧箱脚的上跳力为 P''_i(kN),按下式计算:

$$P''_i = (F_{qi}h_i + \cdots + F_{qn}h_n)/(2B_c) - (F_{zi} + \cdots + F_{zn})/4 \tag{8.2.7}$$

式(8.2.6)及式(8.2.7)中,

h——集装箱重心距第 i 层箱底的垂直高度;

B_c——集装箱箱脚中心的横向间距，可取 2.26 m。

（2）有绑扎的集装箱堆受力计算

集装箱的绑扎装置一般为绑扎杆（lashing bar）和花篮螺丝（turnbuckle）的组合，也可用钢丝绳或钢链组成。一端绑在集装箱箱角，另一端与绑扎眼板或眼环固定。绑扎杆中的计算受力应该不大于其安全工作负荷（SWL）。

图 8-30 所示为在第 2 层集装箱的下箱脚处用绑扎装置斜拉系固，左图为内绑，右图为外绑。

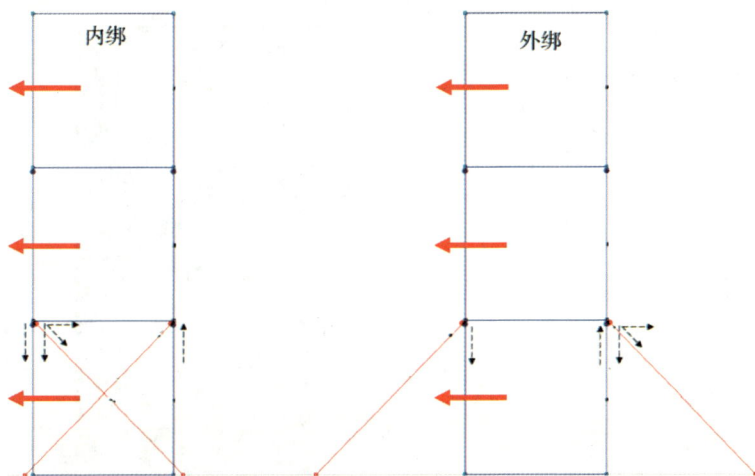

图 8-30　集装箱的绑扎

通过求解集装箱的横向变形量（δ）及绑扎杆的拉伸长度（Δl），建立绑扎力（Z）和扭变力（$\mathrm{RF_{T1}}$）之间的平衡关系，如图 8-31 及式（8.2.8）所示。

$$\mathrm{RF_{T1}} = \mathrm{RF'_{T1}} - (Z_0 + \Delta Z)\sin\alpha \ (\mathrm{kN}) \tag{8.2.8}$$

式中　$\mathrm{RF'_{T1}}$——不考虑绑扎时，第一层箱顶的扭变力，kN；

Z_0——绑扎预紧力，kN；

$\Delta Z = \delta\sin\alpha E_z A/\ell$——由外力引起绑扎杆拉伸而产生的绑扎力；

$Z = Z_0 + \Delta Z$——为绑扎杆中总的力；

α——绑扎角度（°）；

A——绑扎杆有效截面积，cm²；

E_z——绑扎装置总的弹性模量，包括绑扎杆，花篮螺丝及眼板。按如下取：

钢丝绳 10 000 kN/cm²；

绑扎链 4 000 kN/cm²；

绑扎杆 14 000 kN/cm²（长度小于 400 cm，绑到第一层）；17 000 kN/cm²

（长度大于 400 cm，绑到第二层以上）

ℓ——绑扎装置的长度，cm；

δ——集装箱在绑扎点位置横向变形量（cm）按下式计算：

$$\delta = C_c T_1 + v$$

v——集装箱底座处的滑动位移，cm，一般可取为 0 cm，在最底两层门端最大可取 0.4 cm；

C_c——集装箱横向框架的柔度，如无实际资料，可按表 8-8 选取。

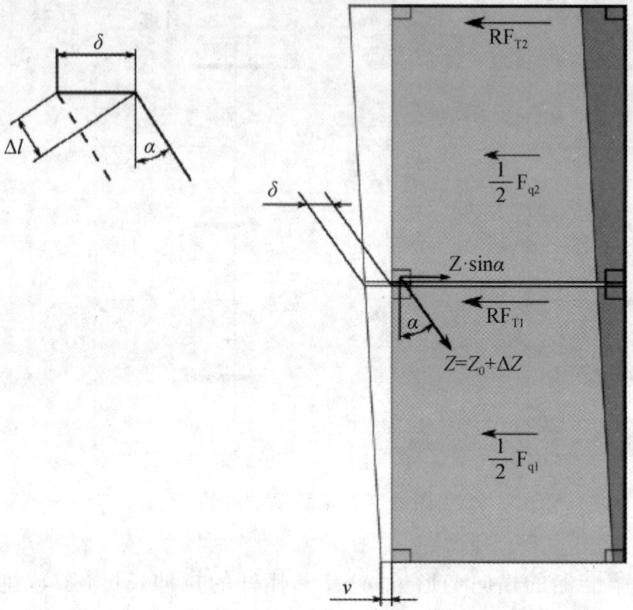

图 8-31　集装箱的绑扎受力示意

表 8-8　集装箱横向框架的柔度 C_c（cm/kN）

箱高/m	门　端	封闭端	侧壁
2.438(8′)	2.70×10^{-2}	0.60×10^{-2}	1.64×10^{-2}
2.591(8′6″)	2.86×10^{-2}	0.65×10^{-2}	1.75×10^{-2}
2.743(9′)	3.03×10^{-2}	0.70×10^{-2}	1.85×10^{-2}
2.896(9′6″)	3.13×10^{-2}	0.75×10^{-2}	1.96×10^{-2}

绑扎装置所产生的绑扎力(Z)应不超过其最大的安全工作负荷(SWL,一般取 250 kN)。同时还须考虑集装箱角件上的许可负荷,尤其是当箱底角件采用外绑时,目前 ABS 和 BV 都规定绑扎力的水平分量不得大于 150 kN。

如果不考虑转锁在集装箱角件内的垂向间隙(图 8-32(a)),内绑和外绑计算的绑扎力及最终的横向扭变力是没有差别的。但是由于绑扎力的垂向分量 $Z\cos\alpha$ 在内绑和外绑时的作用位置不同(内绑时作用在集装箱堆受压一侧 $P' + Z\cos\alpha$,而外绑时作用在受拉一侧 $P'' - Z\cos\alpha$),使绑扎点以下的集装箱脚的垂向受力 P' 和 P'' 在不同的绑扎方式下有较大的不同,对于由垂向受力而引起集装箱系固系统失效的情况来说,外绑方式明显优于内绑方式,这也是船东偏向采用外绑的主要原因。

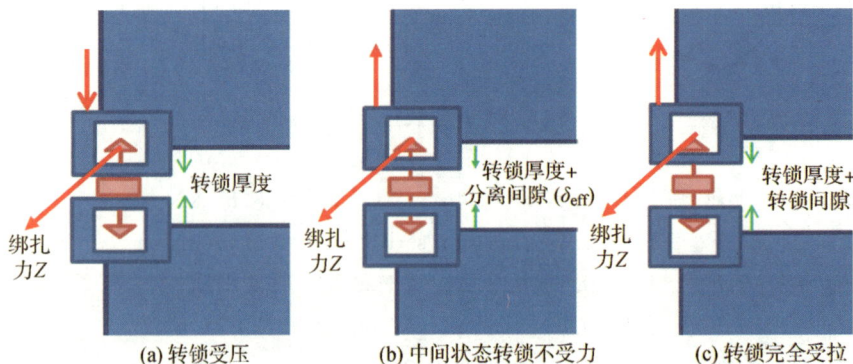

图 8-32　转锁垂向间隙对外绑的影响

事实上如果在最上一层外绑点(集装箱下箱脚)存在向上的合力(见图 8-32(b)或(c))时,箱脚在该处就会产生分离间隙(δ_{eff}),绑扎杆中会由于拉伸($\Delta l = \delta_{eff}\cos\alpha$)而增加额外的拉力。船级社规定转锁中的最大垂向间隙,手动或半自动锁一般为 12 mm,全自动锁为 20 mm。取更小的数值,需要征得船级社同意。

(3) 典型算例

图 8-33 所示为一甲板上(考虑受风)的 40 ft 标准箱堆,在第二层底角处分别采用单根交叉内绑和斜外绑,绑扎杆的规格和绑扎角度相同。以此作为典型算例分析绑扎对集装箱受力的影响,以及内外绑扎的差别。

假设已知各层集装箱的横向加速度 $a_y = 0.5\ g$,垂向加速度 $a_z = 1.1\ g$。并且假设每个集装箱的重心高度为 0.5 倍的箱高(实际规范一般规定 0.45 倍箱高,甚至 0.3 倍箱高),这样每个集装箱所受的惯性力的高度与受风合力的高度一致,使下式中力的表达式简化。则各层箱所受的横向力 F_{qi} 如下:

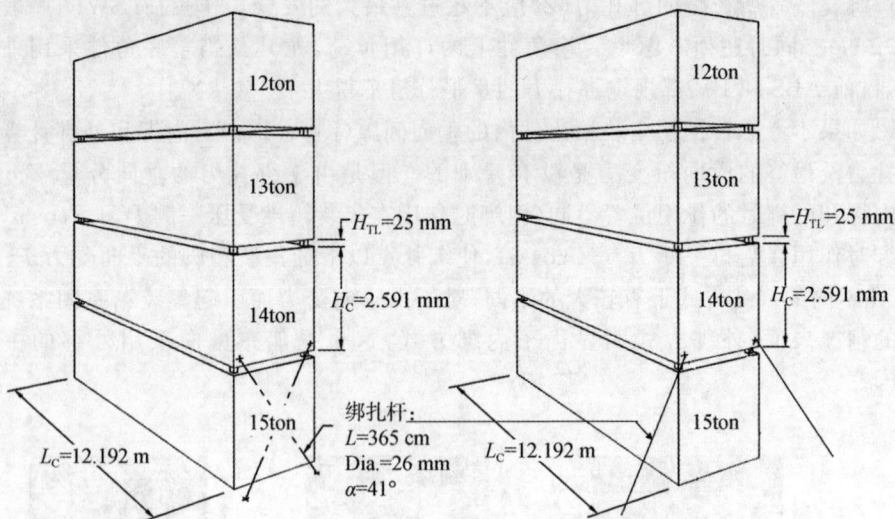

图 8-33　40 ft 集装箱堆绑扎算例

$F_{q4} = F_{y4} + F_{w4} = 12t \times 0.5 \times 9.81 \ m/s^2 + 30 \ kN = 88.86 \ kN$

$F_{q3} = F_{y3} + F_{w3} = 13t \times 0.5 \times 9.81 \ m/s^2 + 30 \ kN = 93.77 \ kN$

$F_{q2} = F_{y2} + F_{w2} = 14t \times 0.5 \times 9.81 \ m/s^2 + 30 \ kN = 98.67 \ kN$

$F_{q1} = F_{y1} + F_{w1} = 15t \times 0.5 \times 9.81 \ m/s^2 + 60 \ kN = 133.58 \ kN$

① 不考虑绑扎时，每层箱顶的扭变力 T_i 如下：

$T_4 = 0.25 \times F_{q4} = 22.22 \ kN$

$T_3 = 0.25 \times F_{q3} + 0.5 \times F_{q4} = 23.44 + 44.43 = 67.87 \ kN$

$T_2 = 0.25 \times F_{q2} + 0.5 \times F_{q3} + 0.5 \times F_{q4} = 24.67 + 46.89 + 44.43 = 115.99 \ kN$

$T_1 = 0.25 \times F_{q1} + 0.5 \times F_{q2} + 0.5 \times F_{q3} + 0.5 \times F_{q4}$

$\quad = 33.40 + 49.34 + 46.89 + 44.43 = 174.06 \ kN > 150 \ kN$

每层箱脚垂向压力 P' 如下：

$P_{4'} = T_4 \ H_c / 2.260 + 12t \times 1.1 \times 9.81 Nm/s^2 / 4 = 57.84 \ kN$

$P_{3'} = T_3 (H_c + H_{TL}) / 2.260 + 13t \times 1.1 \times 9.81 \ m/s^2 / 4 + P_{4'} = 171.47 \ kN$

$P_{2'} = T_2 (H_c + H_{TL}) / 2.260 + 14t \times 1.1 \times 9.81 \ m/s^2 / 4 + P_{3'} = 343.50 \ kN$

$P_{1'} = T_1 (H_c + H_{TL}) / 2.260 + 15t \times 1.1 \times 9.81 \ m/s^2 / 4 + P_{2'} = 585.44 \ kN$

每层箱脚垂向拉力 P'' 如下：

$P_{4''} = T_4 \ H_c / 2.260 - 12 \ t \times 1.1 \times 9.81 \ m/s^2 / 4 = -6.9 \ kN$

$P_{3''} = T_3 (H_c + H_{TL}) / 2.260 - 13 \ t \times 1.1 \times 9.81 \ m/s^2 / 4 + P_{4''} = 36.59 \ kN$

$P_{2''} = T_2 (H_c + H_{TL}) / 2.260 - 14 \ t \times 1.1 \times 9.81 \ m/s^2 / 4 + P_{3''} = 133.08 \ kN$

$P_{1''} = T_1(H_c + H_{TL})/2.260 - 15\ t \times 1.1 \times 9.81\ m/s^2/4 + P_{2''} = 294.09\ kN > 250\ kN$

计算结果汇总如表 8-9。

表 8-9　不考虑绑扎的集装箱受力（kN）

	扭变力 T_i	箱脚压力 P_i'	箱脚拉力 P_i''
第 4 层	22.22	57.84	−6.9
第 3 层	67.87	171.47	36.59
第 2 层	115.99	343.50	133.08
第 1 层	174.06	585.44	294.09

由此可见，在不绑扎的情况下，第一层箱的扭变力和底层箱脚的向上拉力都超出许用要求。

② 考虑内绑对绑扎力的影响

按图 8-30 及式(8.2.8)，当 $Z_0 = 0\ kN$ 时，则总的绑扎力 $Z = \Delta Z$，

$$\Delta Z = \delta \sin \alpha EzA/\ell$$

其中，绑扎杆等效弹性模量 $Ez = 14\ 000\ kN/cm^2$，

绑扎杆截面积 $A = \pi 2.6^2/4 = 5.309\ cm^2$，

绑扎杆计算长度 $L = 365\ cm$。

绑扎力 ΔZ 使扭变力 T_1 减小，第二层底边（或第一层顶边）的横向位移即端壁横向扭变变形量为

$\delta = C_c(T_1 - \Delta Z \sin \alpha) + v$，假定 $v = 0$，则有

$\delta = C_c(T_1 - \delta \sin^2 \alpha Ez A/\ell)$，可得变形量如下：

门端　$C_c = 2.7 \times 10^{-2}\ cm/kN$，$\delta = 1.397\ cm$

封闭端 $C_c = 0.6 \times 10^{-2}\ cm/kN$，$\delta = 0.685\ cm$

并由此得绑扎力

门端　　$\Delta Z = 186.6\ kN$

封闭端　$\Delta Z = 91.5\ kN$

因此在考虑内绑后，集装箱的受力结果如表 8-10 所示，满足集装箱的强度标准。

表 8-10　内绑时的集装箱受力（kN）

	门端			封闭端		
	扭变力 T_i	箱脚压力 P_i'	箱脚拉力 P_i''	扭变力 T_i	箱脚压力 P_i'	箱脚拉力 P_i''
第4层	22.22	57.84	−6.9	22.22	57.84	−6.9
第3层	67.87	171.47	36.59	67.87	171.47	36.59
第2层	115.99	484.33	133.08	115.99	412.56	133.08
第1层	51.64	584.57	152.39	114.03	585.01	224.61

③ 内绑改为外绑

在其他条件都保持不变，且不考虑转锁的垂向间隙的情况下，绑扎力的垂直分量的作用点位置发生变化，表 8-10 中第 2 层以下的 P' 和 P'' 会有调整，如表 8-11 所示。

表 8-11　外绑时不考虑转锁垂向间隙的集装箱受力（kN）

	门端			封闭端		
	扭变力 T_i	箱脚压力 P_i'	箱脚拉力 P_i''	扭变力 T_i	箱脚压力 P_i'	箱脚拉力 P_i''
第4层	22.22	57.84	−6.9	22.22	57.84	−6.9
第3层	67.87	171.47	36.59	67.87	171.47	36.59
第2层	115.99	343.50	−7.75	115.99	343.50	64.02
第1层	51.64	443.74	11.56	114.03	515.96	155.5

从计算结果来看，外绑对集装箱箱脚垂向力的分布更合理。对于门端，第二层底箱脚的拉力小于 0，即箱脚没有分离的趋势。而对于封闭端，该处箱脚受拉力大于 0，上下箱脚之间存在分离间隙，即绑扎杆会由于箱脚垂直向上的位移而产生额外的拉伸力 $\Delta Z' = 64.02$ kN/cos 41°$= 84.8$ kN，对应绑扎杆拉伸长度引起箱脚垂向分离的间隙为

$\delta_{\text{eff}} = 84.8\ell/(Ez\,A)/\cos 41° = 5.5$ mm ＜ 转锁的垂向最大间隙

最终的外绑情况下集装箱的受力结果如表 8-12 所示。

表 8-12　外绑并考虑转锁垂向间隙后的集装箱受力（kN）

	门端			封闭端		
	扭变力 T_i	箱脚压力 P_i'	箱脚拉力 P_i''	扭变力 T_i	箱脚压力 P_i'	箱脚拉力 P_i''
第 4 层	22.22	57.84	-6.9	22.22	57.84	-6.9
第 3 层	67.87	171.47	36.59	67.87	171.47	36.59
第 2 层	115.99	343.50	-7.75	115.99	343.50	0.0
第 1 层	51.64	443.74	11.56	58.40	451.57	91.48

外绑时绑扎杆的受力：

门端　　　$Z=186.6$ kN

封闭端　　$Z=176.3$ kN

8.2.5.3　横向支撑的集装箱堆受力及系固计算

（1）集装箱堆横向刚性支撑

无导轨的货舱内，集装箱可采用横向连接，并设置压力单元或拉压单元支撑于纵舱壁上。这种系固方式可以认为是横向刚性支撑的受力，如图 8-34 所示，舱内由 5 层箱组成的集装箱垛，其支撑力 F_{shore}（kN）按下式计算：

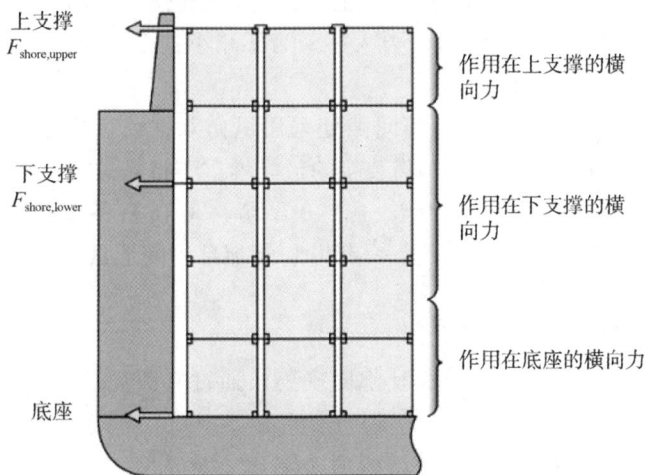

图 8-34　刚性支撑的支点受力

$$F_{\text{shore, upper}} = 2\, n\, F_q\, f_r\, / \, 4 \leqslant 250 \text{ kN} \qquad (8.2.9)$$

$$F_{\text{shore, lower}} = 5\, n\, F_q\, f_r\, / \, 4 \leqslant 650 \text{ kN} \qquad (8.2.10)$$

式中　F_q——平均每个集装箱所受的横向力，kN；

n——横向连接的集装箱堆数；

f_r——折减系数，当横向并列集装箱堆数 n 超过 4，且集装箱的层数为 m 时，

$$(n-m) \leqslant 4 \text{ 时}, \quad f_r = 1 - (n-4)^2 / (2\,n\,m)$$

$$(n-m) > 4 \text{ 时}, \quad f_r = (8+m) / (2\,n)$$

(2) 集装箱在导轨中的受力

集装箱在导轨结构内的受力情况，大致可以分两种，一种为集装箱两端由导轨支撑，如舱内 40 ft 集装箱在 40 ft 导轨内；另一种为集装箱一端由导轨支撑，另一端自由，如 20 ft 集装箱在 40 ft 导轨内。

两端都由导轨支撑的集装箱，其箱角各传递 1/4 的水平惯性力到导轨上，最底一层集装箱的箱脚的压力 $\text{CPL}_1(\text{kN})$ 为

$$\text{CPL}_1 = Ga_z / 4 \tag{8.2.11}$$

式中 G——总堆重，t；

a_z——垂向加速度，m/s^2。

底层箱顶所受的压力最大应不超过 848 kN（或 942 kN，根据 ISO 1496-2 2013 的要求）。

如果是两个 20 ft 集装箱布置在 40 ft 箱的导轨中的情况（布置情况可参见图 8-13），导轨端一侧上下两个箱角各传递 1/3 的横向惯性力到导轨结构上。导轨中间，20 ft 箱自由端受力通过扭转变形，把力传递到导轨端。20 ft 箱的最大堆重取决于最底层 20 ft 箱自由端的扭变力大小。为了减小这个扭变力，增加 20 ft 集装箱的堆重，一般会采用两种方法：

① 每层的两个 20 ft 箱在中间间隙处采用纵向双锥前后连接，形成一个等效的 40 ft。用这种方式，一般 20 ft 集装箱的最大堆重不得超过 120 t。

② 在 20 ft 集装箱堆上，至少压一层 40 ft 箱。20 ft 箱和 40 ft 箱之间在导轨端用堆锥相连。这样可以限制最上一层 20 ft 箱端部的变形量。

8.2.5.4 集装箱绑扎桥的强度

对绑扎桥的结构，目前各船级社都明确要求通过有限元计算进行强度校核及变形量分析。

有限元模型采用板壳单元，按结构的实际尺寸及厚度。为了保证计算的准确性，一般会要求模型包含一部分船体结构。图 8-35 所示为 LR 对绑扎桥的有限元模型的范围及边界条件的要求。

计算模型的载荷一般采用绑扎计算的结果，但是在大多数的情况下，会根据绑扎杆的安全工作负荷（SWL）的百分比来进行加载。比如之前 GL 船级社提出过 61%SWL，但只对内绑情况适用；BV 船级社要求按 70%SWL（$\text{SWL}_{max} = 250$ kN）。

图 8-36 为 ABS 船级社的推荐方法。

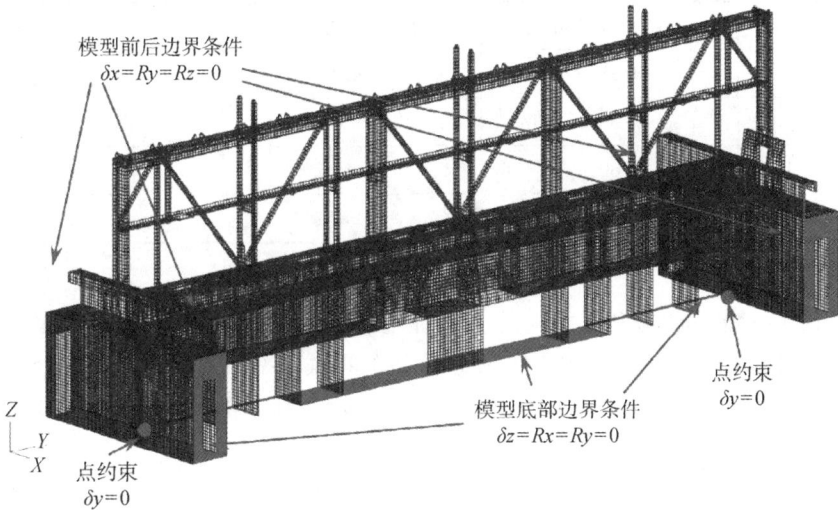

图 8-35　绑扎桥有限元计算模型

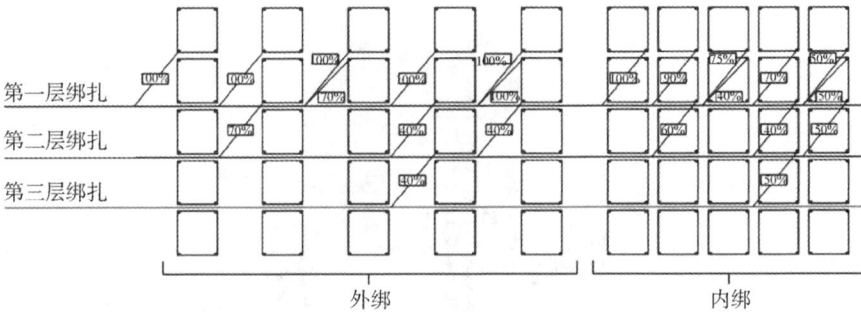

图 8-36　绑扎桥绑扎载荷(根据 ABS 2019 规范)

　　校核绑扎桥强度时,应按绑扎力分别加载于绑扎桥前部、后部以及前后同时加载的工况进行计算。

　　绑扎桥本身的变形量,船级社没有要求,但会作为绑扎杆的弹性支撑对绑扎计算有影响。一般船级社规范限定绑扎桥结构最大横向变形量为:

　　1 层绑扎桥:10 mm;

　　2 层绑扎桥:25 mm;

　　3 层绑扎桥:35 mm。

　　各种工况下,绑扎桥结构强度的许用应力如表 8-13 所示。

表 8-13　绑扎桥结构许用应力

船级社	正应力/(N/mm²)	剪应力/(N/mm²)	合成应力/(N/mm²)
LR	$0.80\sigma_F$	$0.46\sigma_F$	$0.90\sigma_F$
ABS	$0.80\sigma_F$	$0.53\sigma_F$	$0.90\sigma_F$
DNVGL	$0.80\sigma_F$	$0.40\sigma_F$	$0.88\sigma_F$
BV	$0.85\sigma_F$	$0.85\sigma_F$	$0.85\sigma_F$

注:σ_F—材料屈服应力,N/mm²。

对于靠近尾部机舱和螺旋桨的绑扎桥,在空载情况下的振动情况可根据船东和船检的要求进行验证。应该避免使绑扎桥的自振频率和主机或螺旋桨的激振频率(当主机功率在80%NCR,10%MCR ～ 110%MCR 范围时)一致,产生共振。

8.2.5.5　集装箱甲板立柱的强度

当集装箱跨舱盖和舷边立柱布置时(见图 8-37),甲板立柱本身的强度及其甲板下结构加强应该予以计算。

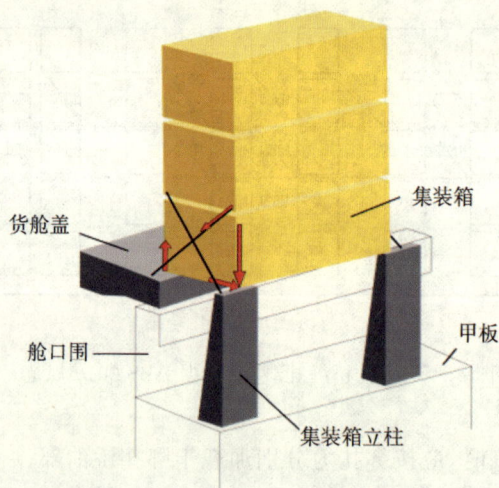

图 8-37　集装箱箱柱受力

立柱本身结构可以简化为梁系模型。最不利的载荷工况为底层集装箱箱脚的压力 P' 和总水平力($T_1+F_{q1}/4$)的共同作用。集装箱底横梁上的水平力会分摊到舱盖上的箱脚和立柱上的箱脚上,作用在立柱上的箱脚横向力可按如下考虑:

(1)对于箱柱顶上安装横向滑移式箱脚,实际使用时,由于船体变形,舱盖与箱柱之间存在相对位移,箱柱上的集装箱箱脚相对于箱柱上表面会有相对的滑移,水平力为箱脚在箱柱顶面的滑动摩擦力,即 $P'\mu$(对于钢与铸钢表面 $\mu=0.25$;对于钢与钢表面 $\mu=0.50$)。

(2) 对于非横向滑移的箱脚,箱柱顶的最大横向力会使箱柱顶端产生横向变形量为 7~10 mm(考虑箱脚,转锁及底座之间的间隙加上舱盖横向可能的滑动间隙)。剩余的横向力由舱盖上的箱脚承担。

任何情况下集装箱底横梁上的总横向剪力不大于 210 kN。

8.2.5.6 独立式导轨的强度及稳定性

如果作用在导轨(角钢或 T 型材)的集装箱载荷不直接通过水平肘板传递给船体承重结构,如横舱壁等,而是由导轨自身的框架结构来传递,一般为横向连杆结构,再由框架传到船体其他结构上。这种导轨被称为独立式导轨。通常,活动导轨是一种独立式导轨。

独立式导轨按照与船体连接的方式大致可分为 2 种,即横向连杆与船体结构(纵舱壁)连接和横向连杆不与船体结构连接,如图 8-38 所示。

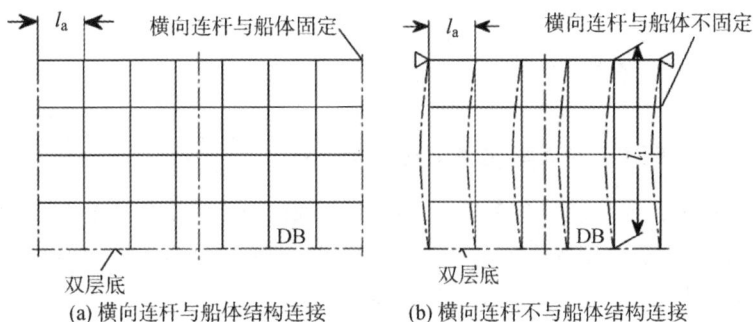

(a) 横向连杆与船体结构连接   (b) 横向连杆不与船体结构连接

图 8-38 独立导轨形式

导轨结构的强度计算可以是有限元或梁系的方法。对受压的细长杆如横向连接杆的稳定性(失稳)可按下式计算:

$$A_{s\ req} = 10 \cdot \frac{P_s}{\sigma_p} \qquad (8.2.12)$$

式中 $A_{s\ req}$——要求的连杆横剖面面积,cm^2;

P_s——连杆受压力,kN;

σ_p——取自表 8-14。

$$\lambda_s = \frac{s_K}{i_s} \qquad (8.2.13)$$

式中　s_K——连杆有效长度 cm；

　　　当连杆端部为焊接连接时，$s_K=0.7l_a$；

　　　当连杆端部为螺栓连接或无固定时，$s_K=l_a$；

　　l_a——连杆实际长度 cm，见图 8-38；

　　$i_s=\sqrt{\dfrac{I_s}{A_s}}$，cm；

　　I_s——连杆最小剖面惯性矩，cm^4。

表 8-14　横杆细长度

细长度 λ_s	许用压应力 σ_p/(N/mm^2)
≤100	$167-0.008\cdot\lambda_s^2$
>100	$8,7\cdot10^5/\lambda_s^2$

8.3　半标准货——车辆的装载与系固

8.3.1　道路车辆的装载布置与系固

8.3.1.1　道路车辆的种类和基本参数

道路车辆的品种繁多，但其主要外形尺寸则受到公路的宽度和转弯半径、桥梁的通行高度和宽度、涵洞和隧道的通行能力等多种因素的制约。因此，道路车辆的基本参数受相关国家标准及行业标准的限制。

我国生产的道路车辆主要有带栏板的载重汽车、不带栏板的平板式载重汽车、柜式冷藏车、柜式邮政车、罐式载重车或罐式拖车、带栏板的拖车、不带栏板的平板车和平板拖车、20′和40′集装箱载重车或拖车、低平板车挂车、半挂牵引车、自卸半挂车、集装箱半挂车、水泥罐式载重车、燃油罐式载重车、轿车等。表 8-15 列出了一般载重汽车等级指标，表 8-16 为我国生产的典型载重汽车的外形尺寸和质量参数，表 8-17 列出了柜式货车和拖车(挂车)的外形尺寸和质量参数。

8.3.1.2　道路车辆在船上的布置

这里所述的装载道路车辆的船舶系指专门运载车辆的船舶，如：滚装船、客滚船、火车渡船及汽车渡轮等。如果道路车辆在普通货船的货舱内或甲板上载运，则应按非标准货的装载与系固处理，本节所述的布置原则及系固方式不适用。

表 8-15　一般载重汽车等级指标

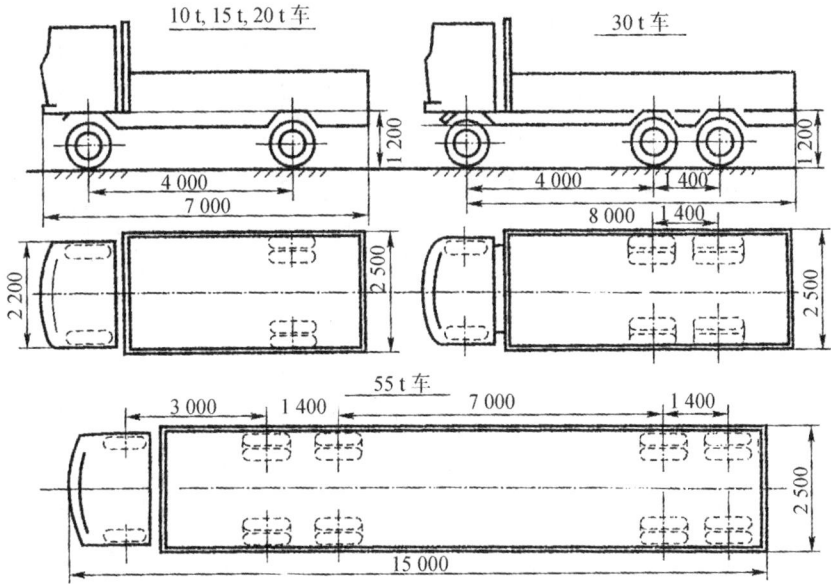

一般载重汽车等级指标

汽车总重 /t	主要指标								
	载重量 /t	前轴重力 /kN	中轴重力 /kN	后轴重力 /kN	轮轴距 /m	轮横向距离 /m	前轮着地长度和宽度 /m	中后轮着地长度和宽度 /m	外形尺寸 $L \times B$ /m
10	5	30	—	70	4.0	1.8	0.20×0.25	0.20×0.50	7×2.5
15	8	50	—	100	4.0	1.8	0.20×0.25	0.20×0.50	7×2.5
20	12	70	—	130	4.0	1.8	0.20×0.30	0.20×0.60	7×2.5
30	18	60	—	2×120	4.0+1.4	1.8	0.20×0.30	0.20×0.60	8×2.5
55	38	30	2×120	2×140	3.0+1.4+7.0+1.4	1.8	0.20×0.30	0.20×0.60	15×2.5

表 8-16 主要的国产载重汽车

车型	生产厂商	设备质量/t	载重量/t	总质量/t	外形尺寸/mm			轴距/m	轮横距/m	
					长	宽	高		前轮	后轮
解放牌 CA1091	第一汽车制造厂	4.1	5.0	9.1	7 205	2 476	2 395	4.05	1.8	1.74
解放牌 CA1091L	第一汽车制造厂	4.21	5.0	9.405	7 205	2 476	2 395	4.45	1.8	1.74
解放牌 CA1091L2	第一汽车制造厂	4.65	5.0	9.845	8 745	2 476	2 425	5.06	1.8	1.74
解放牌 CA1091K2L2	第一汽车制造厂	4.93	5.0	10.13	8 745	2 476	2 425	5.06	1.8	1.74
解放牌 CA1091LK2	第一汽车制造厂	4.35	5.0	9.545	7 205	2 476	2 395	4.05	1.8	1.74
解放牌 CA1091K3	第一汽车制造厂	4.195	5.0	9.39	7 205	2 476	2 395	4.05	1.8	1.74
解放牌 CA1092	第一汽车制造厂	4.29	5.0	9.485	7 205	2 476	2 435	4.05	1.8	1.74
东风牌 EQ1090	第二汽车制造厂	4.08	5.0	9.29	6 910	2 470	2 455	3.95	1.81	1.8
东风牌 EQ2D140	第二汽车制造厂	4.28	5.0	9.49	6 910	2 470	2 460	3.95	1.81	1.8
东风牌 EQF140	第二汽车制造厂	4.08	5.0	9.29	6 910	2 470	2 455	3.95	1.81	1.8
东风牌 EQ1145	第二汽车制造厂	5.77	8.0	13.98	8 160	2 470	2 433	4.0+1.25	1.81	1.8
东风牌 EQ144	第二汽车制造厂	5.1	8.0	13.20	8 165	2 476	2 388	4.2+1.25	1.81	1.8
东风牌 EQ240	第二汽车制造厂	5.01	2.5	7.72	6 530	2 400	2 990	3.7+1.1	1.774	1.774

表 8-16 （续）

车型	生产厂商	设备质量/t	载重量/t	总质量/t	外形尺寸/mm			轴距/m	轮横距/m	
					长	宽	高		前轮	后轮
东风牌 EQ245	第二汽车制造厂	6.08	3.5	9.79	6 844	2 400	3 302	4.025 +1.25	1.876	1.87
跃进牌 NJ1061DA	南京汽车制造厂	2.8	3.0	5.98	6 110	2 076	2 319	3.308	1.584	1.485
跃进牌 NJ1061DA	南京汽车制造厂	2.94	2.5	5.83	5 990	2 076	2 169	3.308	1.584	1.485
跃进牌 NJ1061DA	南京汽车制造厂	2.775	3.0	5.95	6 050	2 076	2 160	3.308	1.584	1.485
跃进牌 NJ1061DA	南京汽车制造厂	2.815	3.0	5.87	6 050	2 076	2 169	3.308	1.584	1.485
跃进牌 NJ1061DA	南京汽车制造厂	2.98	2.5	5.87	5 990	2 076	2 169	3.308	1.584	1.485
跃进牌 NJ1061DA	南京汽车制造厂	2.65	3.0	5.81	6 150	2 076	2 191	3.308	1.584	1.485

表 8-17　柜式货车和拖车（挂车）

车型及示意图	空车质量/t	载重量/t	总质量/t	外形尺寸/mm		
				长	宽	高
柜式冷藏车(JG5120XLC)	～7.0	5.5	～12.5	9 660	2 485	3 465

表 8-17 （续 1）

车型及示意图	空车质量/t	载重量/t	总质量/t	外形尺寸/mm 长	宽	高
柜式邮政车（SYJ5150XYZ） 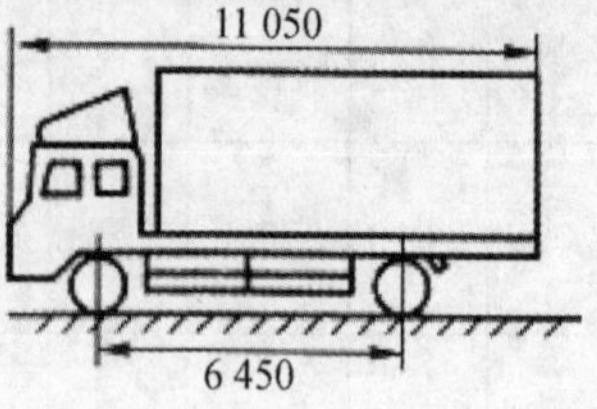 11 050 6 450	8.15	7.195	15.34	11 050	2 490	3 240
罐式拖车（SP9330GFL） 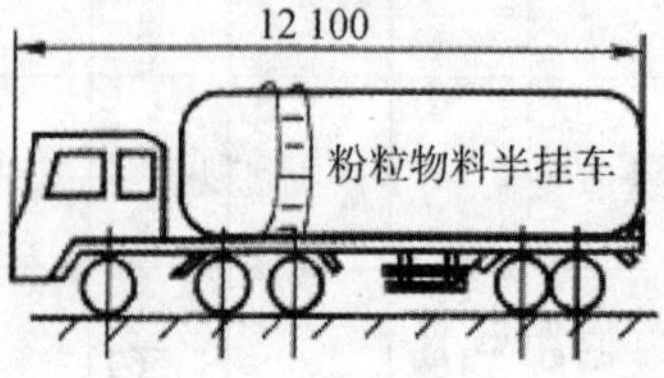 12 100 粉粒物料半挂车	10.0	23.0	33.0	12 100	2 490	3 730
拖车（STY9200） 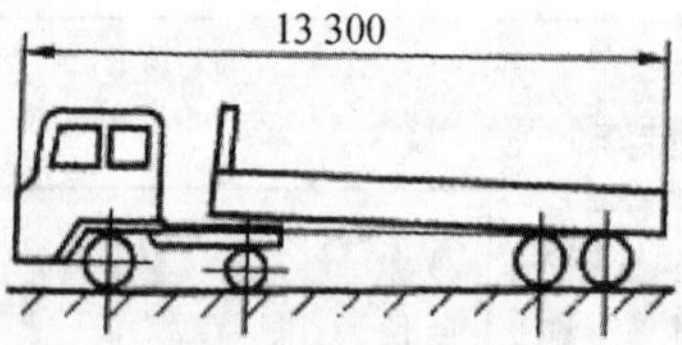 13 300	4.5	11.0	15.5	13 300	2 490	2 650
平板拖车（SDG9200TJZP） 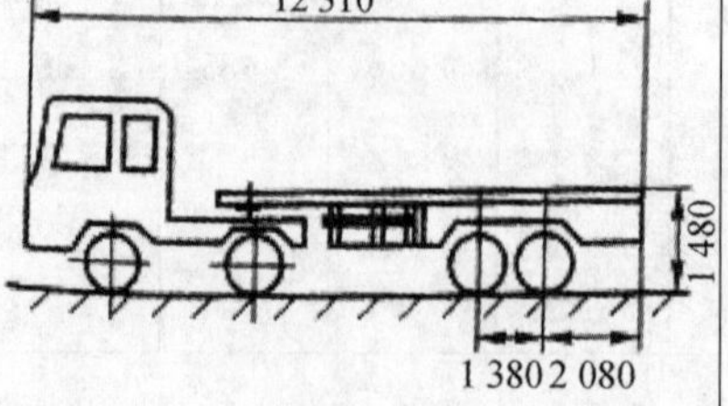 12 310 1 480 1 380 2 080	4.5	15	19.5	12 310	2 480	1 480

表 8-17　（续 2）

车型及示意图	空车质量/t	载重量/t	总质量/t	外形尺寸/mm		
				长	宽	高
40′集装箱拖车（SH283KA） 15 490　12 192　3 970　2 800 1 430　3 200　22.35 t 5.67 t　9.98 t	12.96	25.04	38.0	15 490	2 490	2 800
20′集装箱载重车 约 9 360　6 058　3 970				9 360	2 490	2 800

道路车辆在船舶甲板上通常以纵向布置为主,并根据车辆甲板的情况划定车辆通行道及停放区域,一般应遵循以下原则:

（1）无论车辆甲板的大门及跳板是首尾开启、舷侧开启还是与船舶成某一角度开启,车辆通行道及停放区的设置应确保车辆进出便利。

（2）在车辆之间应留有足够的通道,以便于车辆驾驶人员上下车及船上工作人员进行系固绑扎的操作。

（3）在有多层载车甲板的船上,总是将重型车辆直接布置在跳板这一层,并且靠近船的中部。中小型车辆通常布置在上、下层载车甲板,一般是先下后上。

（4）在同一层甲板上布置时,通常在载车甲板前端或后端先装载一部分中小型车辆,然后在载车甲板中间部分装载重车,之后再在前端或后端的空余甲板上装载部分中小型车辆。

8.3.1.3　道路车辆的系固

道路车辆的系固方式,应该根据其在船上的装载位置和受力计算结果确定。

系固以绑扎（横向、纵向、垂向）为主要手段，辅以垫块、支撑（垂向、横向）等方法将车辆安全地系固于所装载的甲板或货舱内。

（1）车辆系固点及其要求

车辆系固点是指安装在车体机构上，供绑扎链、钢丝绳或绑扎带上的钩子、卸扣、蘑菇头等牢固系缚的节点。系固点的开孔应能穿过绑扎链、钢丝绳或绑扎带，并且系固点应允许不同方向的绑扎。车辆系固点如果是开孔的，则开孔的尺寸应该不影响车体机构的强度，但必须是能使绑扎钩等可靠系固。一般开孔内径为 80 mm，但开孔的形状可以是圆、长圆或其他形状。

车辆系固点的位置应该设置在操作人员容易进入的地方，并且操作安全方便，特别对安装有侧护围栏的车辆应更加注意。

小轿车的系固点设置不同于载重汽车的系固点设置，由于小轿车的总质量一般在 3.5 t 以下，一般仅需在车前部和尾部的车架底盘上设置圆形或"U"形环系固点，且可供两根绑扎织物带系固，其最大系固载荷（MSL）通常为 10 kN。

车辆系固点有多种形式，需要根据所装载车辆的特点予以设计确定。常用的系固点形式及其主要技术参数如表 8-18 所示。系固点的设计应考虑安全、可靠、质量轻以及便于在车辆主体机构上安装和操作方便。

（2）甲板系固点及其要求

甲板系固点是指安装在甲板、舱壁等船体结构上，供从车辆上引出的绑扎链、钢丝绳或绑扎带的另一端头上的钩子、卸扣、蘑菇头等系缚牢固的节点。

甲板系固点的设置应根据所载车辆的受力计算和车辆的尺寸决定。系固点的纵向距离一般不超过 2.5 m，通常系固点应设置在横梁或船体结构的强构架上，否则要进行局部加强。系固点的横向距离一般在 2.8~3 m 之间，在船首和船尾区域内纵向、横向距离可以布置得更密一些。

每个甲板系固点在承受最大系固载荷（MSL）时，不应产生永久变形。如果设计要求系固点同时系缚多根绑扎设备时，其最大系固载荷（MSL）也应根据绑扎根数成倍增加。

对于偶尔装载道路车辆的船舶，甲板系固点的纵向和横向间距、强度以及结构局部加强等应做专门的考虑，以确保道路车辆的安全装载和堆放。

甲板系固点的形式要与绑扎设备的接头相适应，在甲板上安装后，应能承受车辆及货物的重压而不会发生永久变形。

甲板系固点的形式很多，常用的有突出式、埋入式、D 令环式、眼板式及波浪式等，其形式和最大系固载荷、破断负荷及参考质量列于表 8-19。特种车辆或有特殊要求的甲板系固点应根据需求特别设计。

表 8-18　车辆系固点的形式及技术参数

车辆系固点示意图	形式	最大系固载荷 MSL/kN	破断负荷 BL/kN	参考质量 /kg
图 1 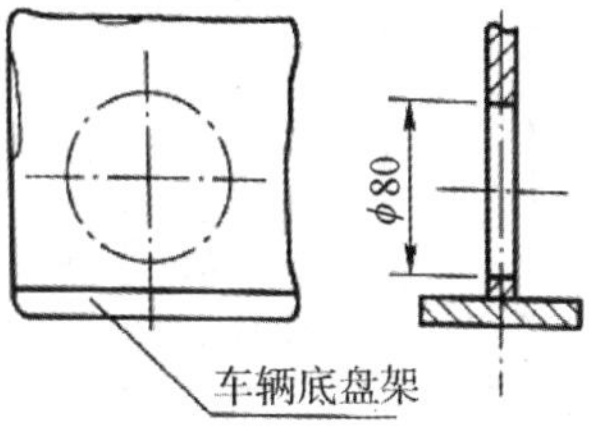 车辆底盘架	开口型	120	240	
图 2 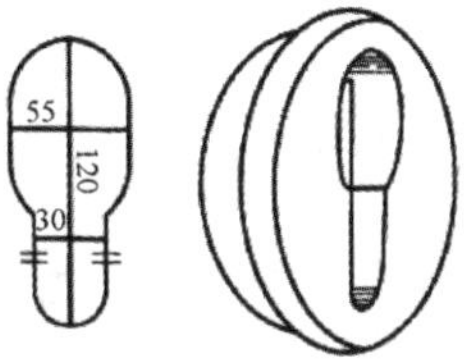	蘑菇头 插孔式	120	240	
图 3 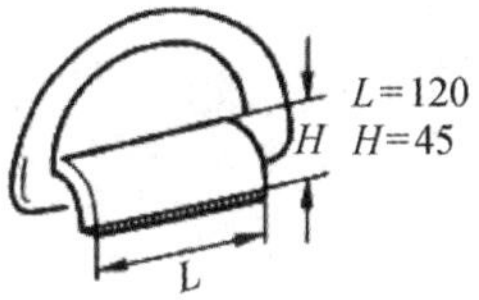	D 令环 （可用于甲板 系固点）	120	240	4.0
图 4 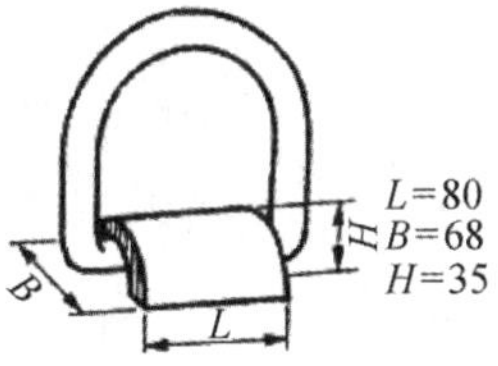 (可用甲板系固点)	D 令环 （轿车绑扎 D 令）	10	20	1.7
图 5 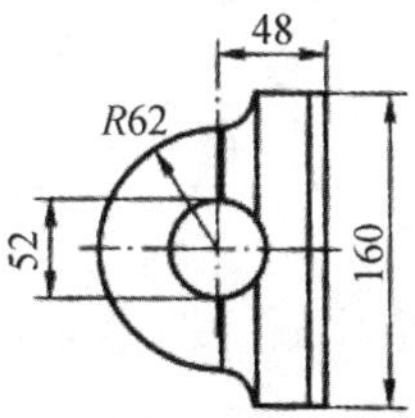	眼板	120	240	约 2.0

表 8-19　甲板系固点的形式及技术参数

甲板系固点示意图	形式	最大系固载荷 MSL/kN	破断负荷 BL/kN	参考质量 /kg
图 1 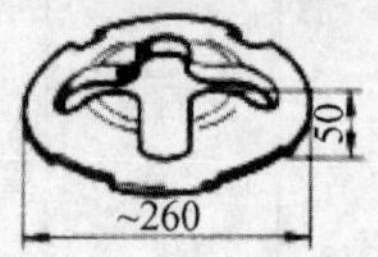	突出式(4 点)	4×120	4×240	约 4.0
图 2 	突出式(2 点)	2×120	2×240	约 3.6
图 3 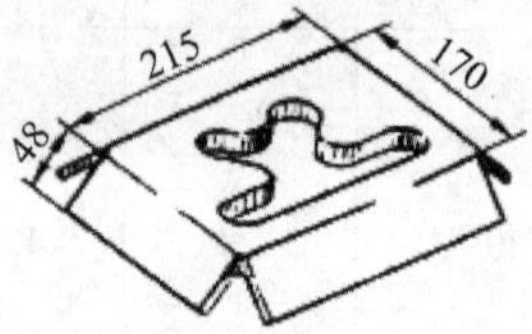	突出式(4 点)	4×120	4×240	约 6.5
图 4 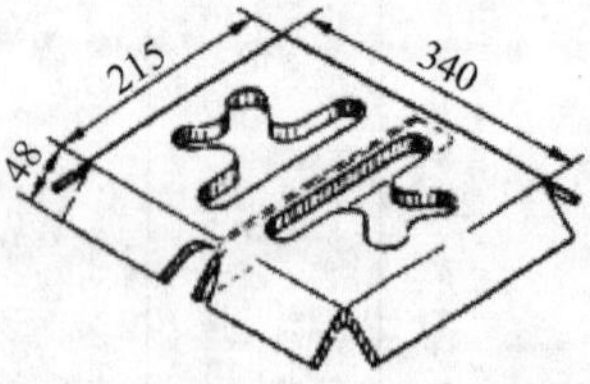	突出式(8 点)	8×120	8×240	约 12.0
图 5 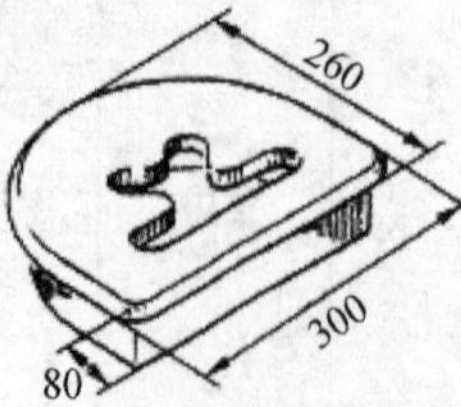	埋入式(4 点)	4×120	4×240	约 17.2

表 8-19　（续 1）

甲板系固点示意图	形式	最大系固载荷 MSL/kN	破断负荷 BL/kN	参考质量 /kg
图 6 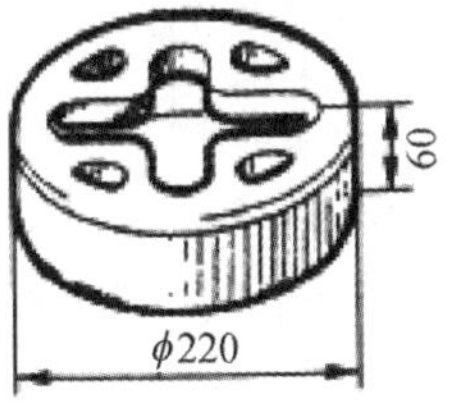	埋入式（4 点）	4×120	4×240	约 7.8
图 7 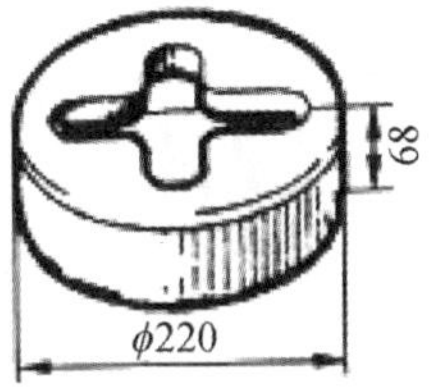	埋入式（4 点）	4×120	4×240	约 8.6
图 8 	埋入式（8 点）	8×120	8×240	约 27.5
图 9 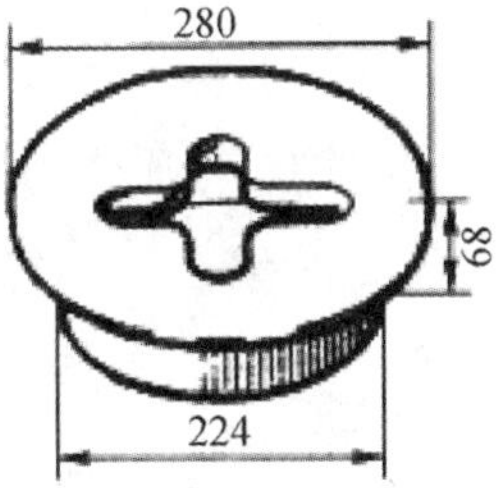	埋入式（4 点）	4×120	4×240	约 11.5

表 8-19 （续 2）

甲板系固点示意图	形式	最大系固载荷 MSL/kN	破断负荷 BL/kN	参考质量 /kg
图 10 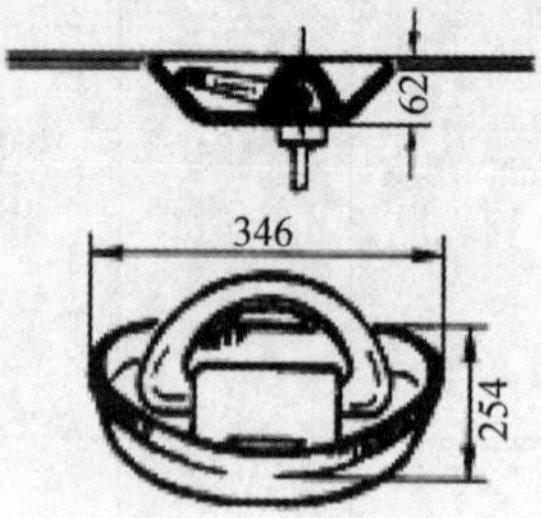 62 346 254	埋入式 D 令环	120	240	约 12.5
图 11 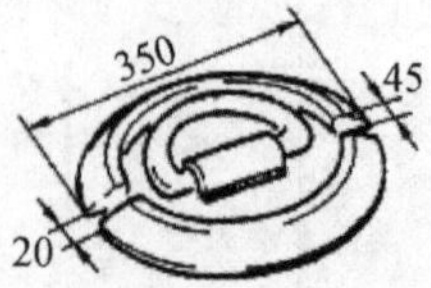 350 45 20	突出式 D 令环	120	240	约 4.0
图 12 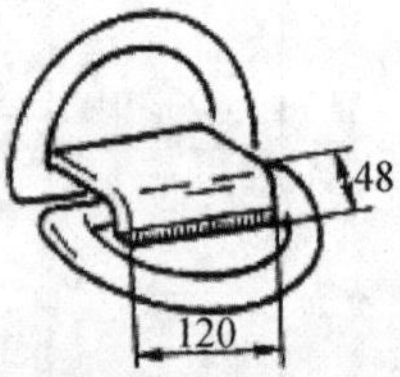 48 120	突出式双 D 令环	2×120	2×240	约 7.0
图 13 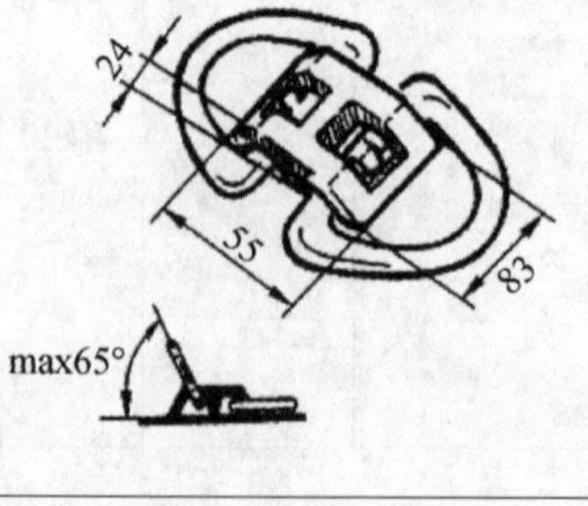 24 55 83 max65°	突出式双 D 令环 （轿车绑扎）	2×22	2×44	约 1.0

表 8-19 　（续 3）

甲板系固点示意图	形式	最大系固载荷 MSL/kN	破断负荷 BL/kN	参考质量 /kg
图 14 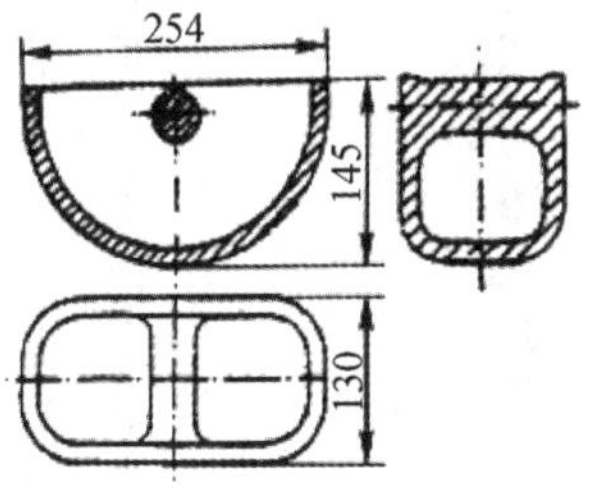	埋入式（单点）	120	240	约 8.0
图 15 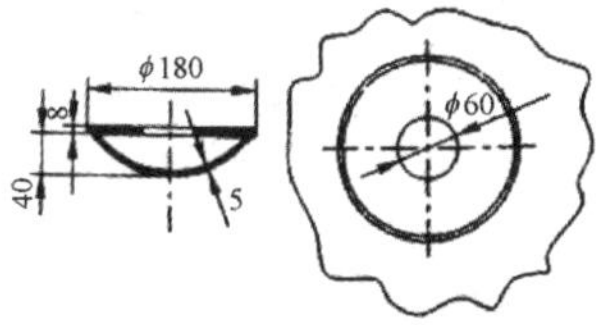	碗形埋入式（轿车绑扎）	10	20	约 0.3
图 16 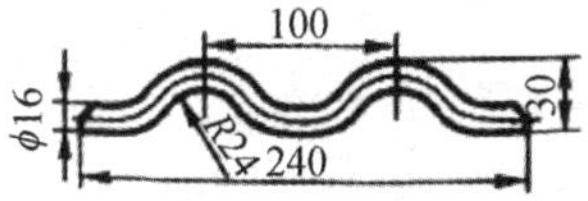	波浪形（轿车绑扎）	10	20	约 0.5

（3）车辆绑扎件

车辆绑扎件是绑扎系统的重要组成部分，通常系指可用人力搬运和操作的一些部件，如：绑扎链、绑扎钢丝绳、绑扎编织带等以及它们的附件如连接接头（钩子、蘑菇头、卸扣、绑扎环等）和张紧器。

车辆绑扎件在承受最大系固载荷（MSL）后，不应产生永久变形，对车辆绑扎件的破断负荷（BL）要求如下：

对于钢质绑扎链 　BL≥2×MSL；

对于反复使用的钢丝绳 　BL≥3.3×MSL；

对于锦纶织物带 　BL≥3×MSL。

常用的绑扎链、绑扎钢丝绳及纤维织物绑扎带的组成如图 8-39、图 8-40 和图 8-41 所示。

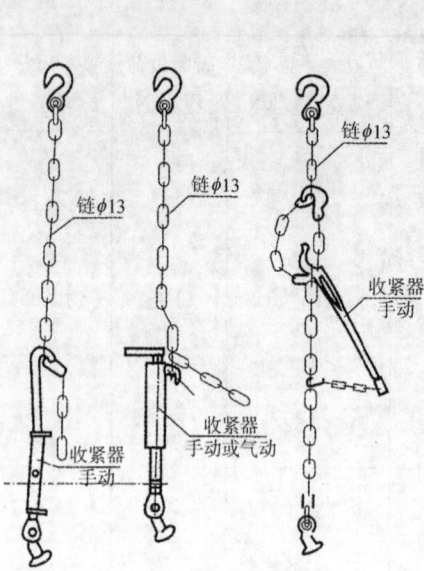

图 8-39　绑扎链

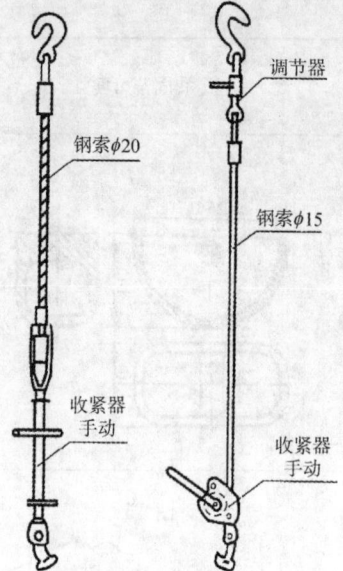

图 8-40　绑扎钢丝绳

产品编码	破断载荷/kN	适用带宽/mm	总体长度/m	成套质量/kg
RS1-01	20	25	8	1.45
RS1-02	20	50	8	3.90
RS1-03	80	75	8	18.50

产品编码	破断载荷/kN	适用带宽/mm	总体长度/m	成套质量/kg
RS1-01	20	25	8	1.45
RS1-02	50	50	8	3.90
RS1-03	80	75	8	18.50

产品编码	破断载荷/kN	适用带宽/mm	总体长度/m	成套质量/kg
RS1-01	20	25	8	1.15
RS1-02	50	50	8	3.25
RS1-03	80	75	8	12.5

产品编码	破断载荷/kN	适用带宽/mm	总体长度/m	成套质量/kg
RS1-01	20	25	8	1.15
RS1-02	50	50	8	3.25
RS1-03	80	75	8	12.5

图 8-41　纤维织物绑扎带

　　车辆绑扎件、车辆系固点及甲板系固点的组合,即为车辆绑扎装置,其中绑扎件的连接接头和张紧器也是有效系固的重要部件。连接接头的形式以钩子、卸扣及环为主,张紧器的形式通常为杠杆式、单双头螺杆及紧带扣等。表 8-20 列出了常用的张紧器,表 8-21 列出了绑扎设备接头。

表 8-20　张紧器的形式及技术参数

张紧器示意图	形式	最大系固载荷 MSL/kN	破断负荷 BL/kN	参考质量 /kg
图 1 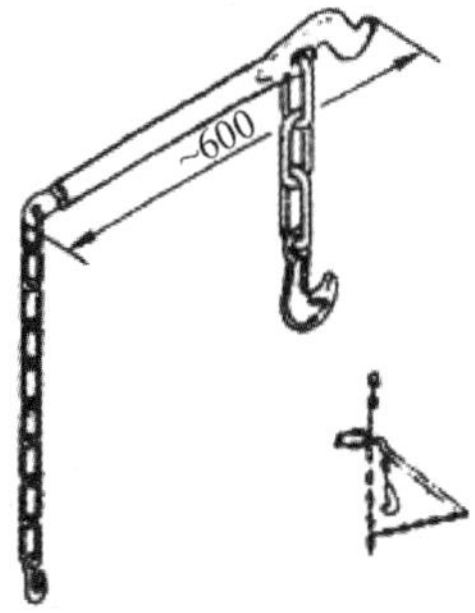	杠杆式(手动)	100	200	约 1.8
图 2 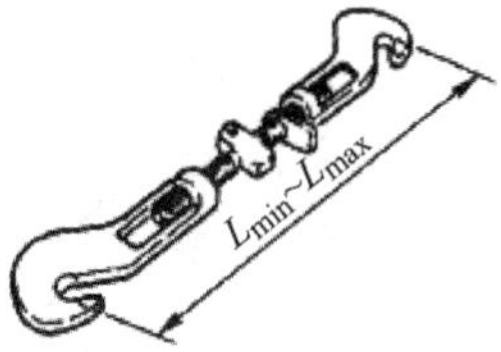	带双钩头开式螺杆(手动)	100	200	约 3.3
图 3 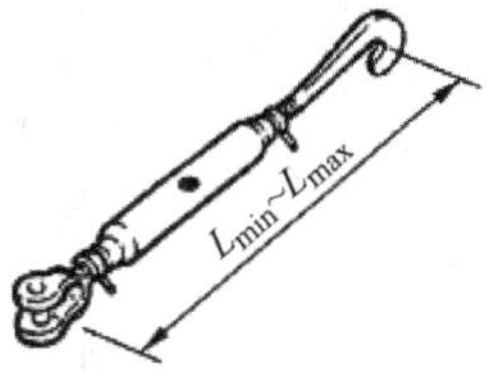	带叉钩头闭式螺杆(手动)	122.5	245	约 7.2

表 8-20 （续）

张紧器示意图	形式	最大系固载荷 MSL/kN	破断负荷 BL/kN	参考质量 /kg
图 4 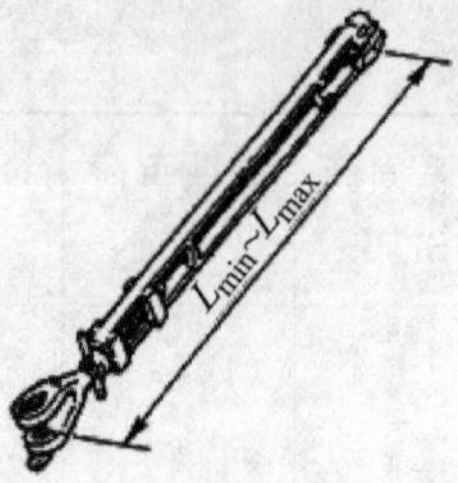 见注①	带单叉头节式（手动）	176.5	353	约 15
图 5 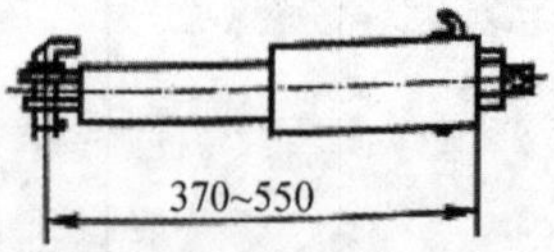 370~550	带叉钩头闭式螺杆（气动）	100	200	约 11.5
图 6 A=27 (带宽) B=230 C=90 D=101 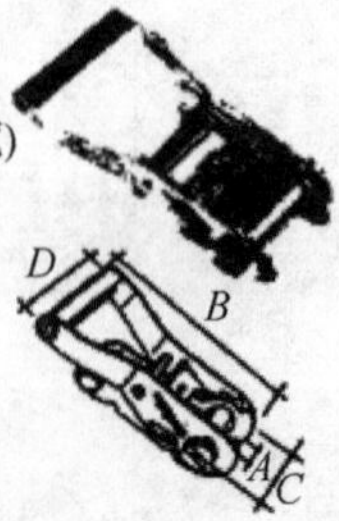 见注②	止回式（手动）	6.6～26.4	20～80	约 0.2
图 7 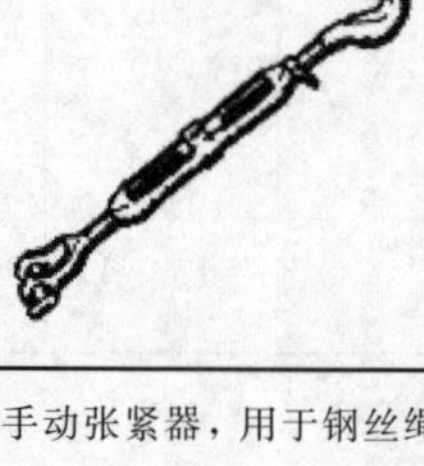 	带叉钩头开式螺杆（手动）	100	200	约 6.5

注：①节式手动张紧器，用于钢丝绳绑扎收紧。

②止回式手动张紧器，用于尼龙带或锦纶带的绑扎收紧。

表 8-21　绑扎设备接头的形式及技术参数

连接接头示意图	形式	最大系固载荷 MSL/kN	破断负荷 BL/kN	参考质量/kg
图 1 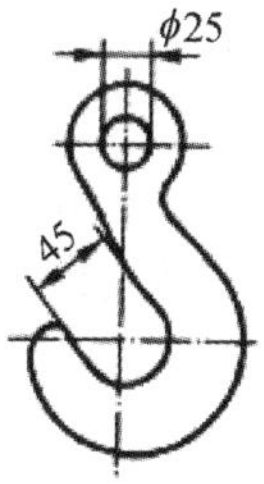 	绑扎钩	100	200	约 2.0
图 2 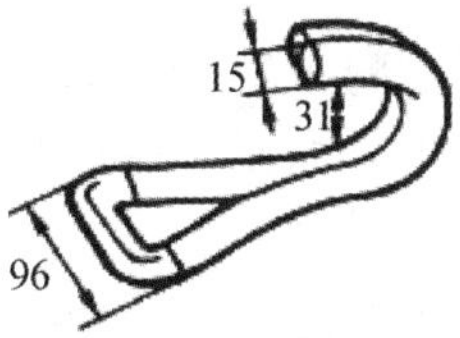 	绑扎钩（轿车用）	10	30	
图 3 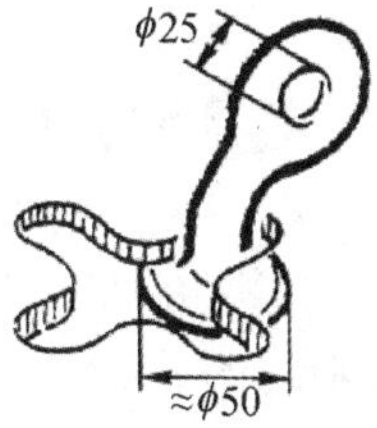 	蘑菇头	100	200	约 0.8
图 4 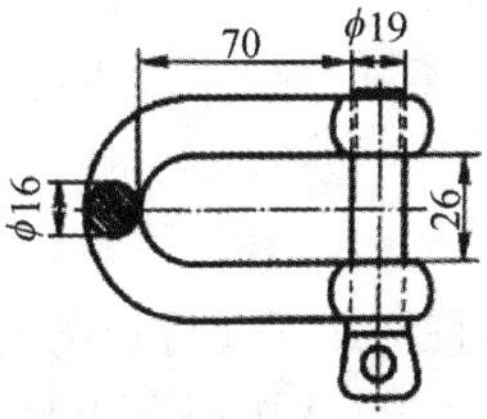 	卸扣	100	200	约 0.9

表 8-21 （续）

连接接头示意图	形式	最大系固载荷 MSL/kN	破断负荷 BL/kN	参考质量 /kg
图 5 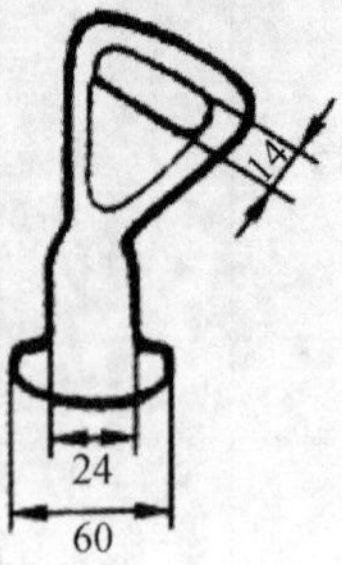	蘑菇头(轿车用)	10	30	

（4）载重汽车的绑扎设计

载重汽车的绑扎设计，应对于装载的汽车按其在船上的布置位置进行受力计算，以确定车辆系固点的数量和甲板系固点的数量及布置，确定绑扎件的最大系固载荷 MSL。

图 8-42 所示为典型的载重汽车绑扎布置，应注意以下几点：

① 车辆系固点和甲板系固点之间的绑扎件（钢丝绳、链条、绑扎带等）与水平面或垂直面之间的夹角应该为 30°～60°。横向绑扎（以制止车辆横向移动为目标的绑扎系固）时，绑扎件与甲板面的垂向系固角 α 应不大于 60°，否则不能计入横向绑扎。绑扎件与横向垂直面之间的水平系固角 β 应不大于 30°，否则也不能计入横向绑扎。

② 车辆系固点上的绑扎件在纵向平面上应该有前（或后）夹角，形成纵向绑扎（以制止车辆纵向移动为目标的绑扎系固）力。通常以车辆中段分界，在车首段向前及向外倾斜某一夹角，在车尾段向后及向外倾斜某一夹角，其夹角 γ 没有特别限制，但不能太大。绑扎装置的设计应考虑安全通道，以便于在整个航行过程中可以供检查人员对绑扎装置进行定期检查和收紧加固。

③ 如果用钩子、蘑菇头、卸扣、凸缘眼板等将绑扎件系在车辆系固点和甲板系固点上，其设计应保证在航行过程中，即使绑扎件松动，接头也不会从系固点脱落。

④ 在车辆上任何一个系固点的开孔，通常仅适用于一根绑扎件进行绑扎。如果需要穿过两根或多根绑扎件，则应对车辆系固点进行特别加固或特别设计。

⑤ 根据船舶的特点和预期计划航次的天气状况和海况，并按照车辆绑扎设计的要求，船长应决定每个航次所用的系固点和绑扎件的数量。

⑥ 船长有权根据道路车辆的规格、质量、船舶装货状况以及该航次的天气和

海况条件决定能否安排该车辆装船。

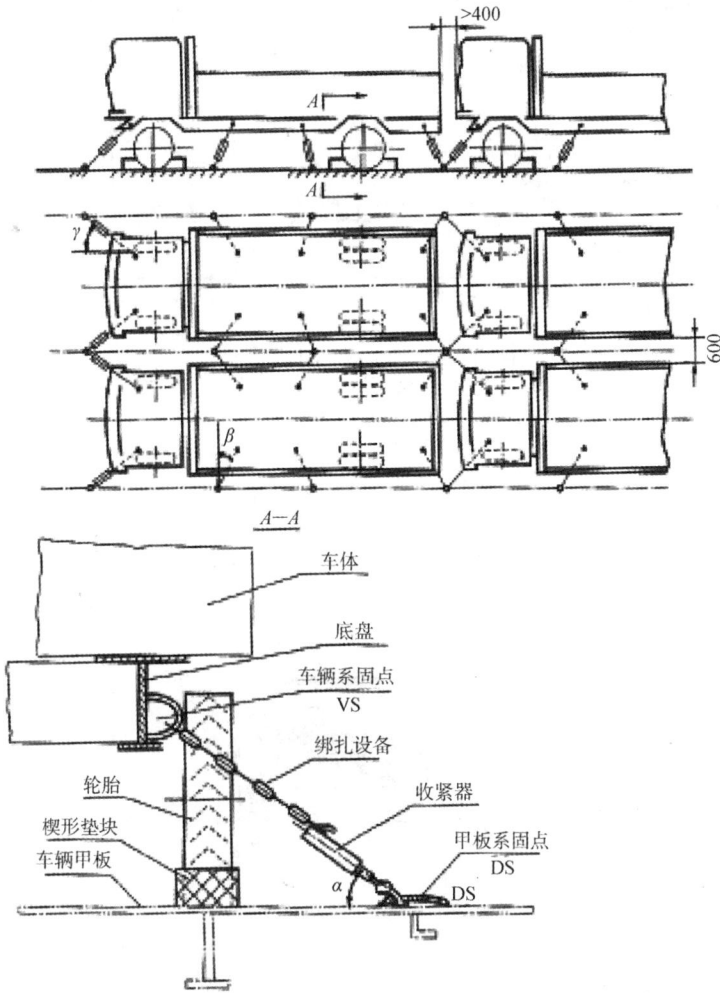

图 8-42　载重汽车的绑扎布置

　　(5) 轿车的绑扎设计

　　轿车在船上的绑扎不同于载重汽车的绑扎,因为轿车尺寸小,质量轻,其总质量一般不超过 3.5 t,因此,可采用锦纶织物带绑扎轿车。通常,一辆轿车只需 4 个甲板系固点,而车辆系固点则应根据轿车本身决定,前后端至少各有一个系固点,且允许每个系固点穿两根绑扎带。

　　图 8-43 是较为典型的轿车绑扎布置,它的甲板系固点横向间距约为 2.8 m,纵向间距视车身的长度而定。由于轿车车身低矮,车辆重心较低,所以绑扎带在系固

点上的水平夹角(包括横向绑扎角和纵向绑扎角)一般不大于35°。

绑扎轿车的甲板系固点大多采用D令环,也有采用碗形系固点和波浪形系固点,见表8-19和图8-43所示。

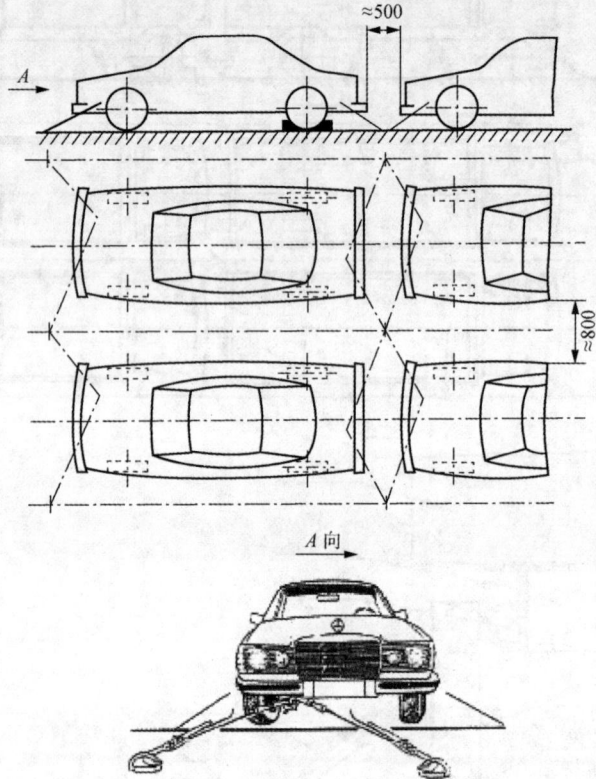

图 8-43 轿车的绑扎布置

(6) 车轮止动装置

车轮止动装置通常使用木质楔形垫块、橡胶楔形垫块或塑胶楔形垫块,将其垫在车轮下,以阻止车轮前后滚动或滑动。对于载重汽车,主要是在后轴轮胎的前后垫以楔形垫块,并将前后楔块用链条连接收紧。对于轿车只要在前轮胎的前面和后轮胎的后面垫以楔形垫块就可以了。

楔形垫块有多种形式和尺寸,应与车辆轮胎相匹配。如在一个轮胎前后垫两个垫块,则要用小链或纤维索连接前后垫块,如图8-44所示。这种方式适用于载重汽车、轿车、拖车等车辆轮胎的止动。

目前,专用的车辆运输船舶大多采用橡胶垫块。用作垫块的橡胶材料应有良好的强度、硬度和适度的弹性,并有良好的耐油、耐海水及耐酸碱性能。

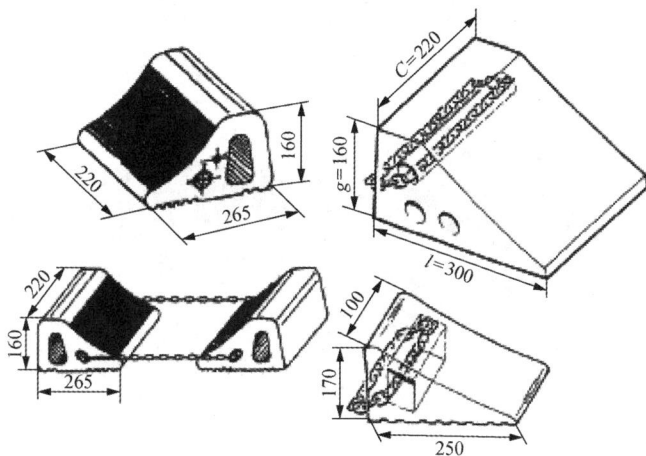

图 8-44　楔形垫块装置

（7）垂向支撑装置

垂向支撑装置用以支撑各种车辆的车体或车架，并承受由船舶运动引起的垂向力，以减少或降低车辆轮压及分散车辆甲板负荷。

垂向支撑装置通常分两种形式，一是单点式支撑，用来支撑载重车辆的车架。这是由于车辆车架的载荷一般都是通过车辆的避震装置及充气轮胎传递到甲板上的，过分大的突加动载荷会造成车辆避震装置失效或充气轮胎损坏。因此，利用垂向支撑装置可以把部分动载荷直接传递到甲板上，从而达到保护装运车辆安全的目的。

另一种是凳式支架，用来支撑集装箱挂车或其他货物挂车的车体，使拖车车头和挂车能够分开。通常，在滚装船舶装车时，拖车车头需要往返码头多次拖带集装箱挂车上船，而集装箱挂车往往是单轴挂车形式，因此，当拖车车头和挂车分开时，需要用凳式支架来替代挂车的前轴支撑。凳式支架以钢质构件为主，凳面用硬木制成，它可借助底架的两个轮子任意移动，当位置确定后，可将轮子抬起，全部载荷由支架承受。

垂向支撑装置的高度一般是可以调节的，在支撑装置与车体的接触面处应垫以摩擦系数较大的材料，以增加摩擦力。垂向支撑装置应支撑在车体的强结构处，如车辆底盘的加强结构或挂车的立柱处，图 8-45 所示为拖车的垂向支撑和绑扎。

垂向支撑装置通常包括主体、底座和升降机构。按操作方式可分为：手动螺杆单点式支撑；气动螺杆单点式支撑、气动千斤顶单点式支撑、液动千斤顶单点式支撑；固定高度凳式支架和升降高度凳式支架等。几种常见的垂向支撑形式如图 8-46 所示。

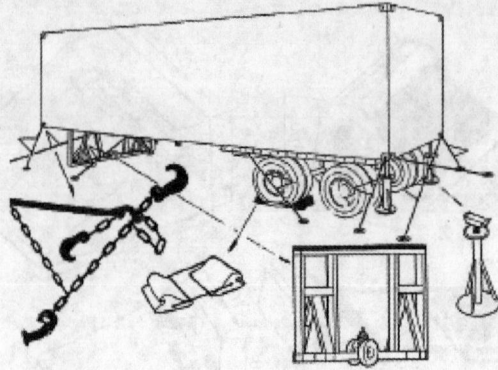

图 8-45　拖车的垂向支撑和绑扎

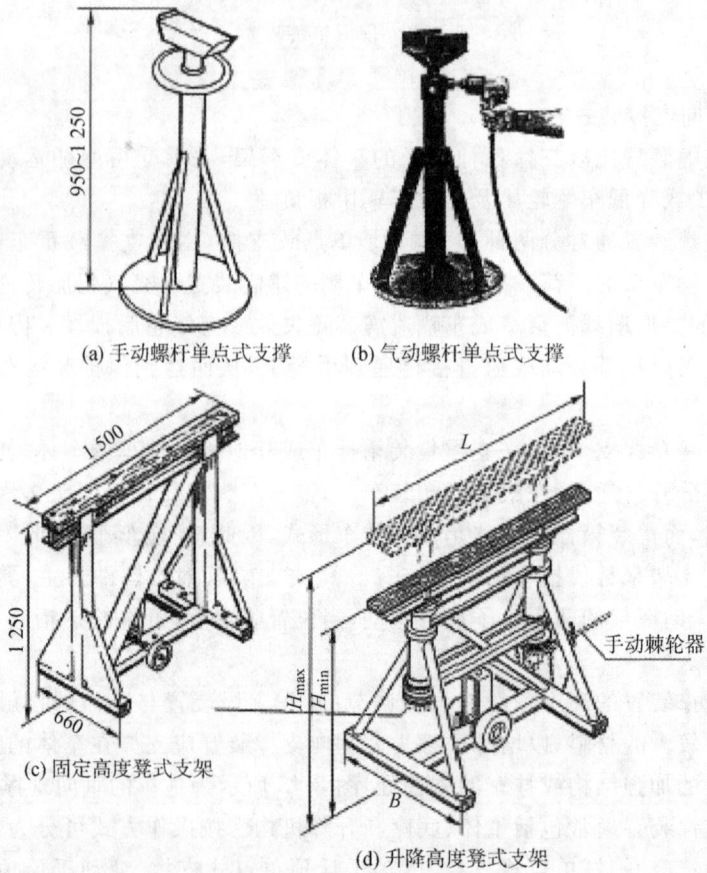

(a) 手动螺杆单点式支撑　　(b) 气动螺杆单点式支撑

(c) 固定高度凳式支架

(d) 升降高度凳式支架

图 8-46　常见的垂向支撑

8.3.2　铁路车辆的布置与系固

8.3.2.1　概述

这里要说明的是,用船舶运输的铁路车辆一般系指普通快车和慢车,而且主要是运输货物的货车。高速列车不在船舶运输之列,因为它将失去高速的含义。

与道路车辆一样,铁路车辆也属于半标准货物单元,船上设置的经批准的系固装置仅适用于有限变化的铁路车辆。

铁路车辆在船上的布置及系固技术有些可以借鉴道路车辆,但与道路车辆不同,有它的特殊性。

8.3.2.2　铁路车辆的类型

铁路车辆通常分为客车和货车两大类。

（1）客车的分类和组成

客车的品种繁多,可按其用途、构造速度和使用范围划分。按用途可分为:硬座车、软座车、硬卧车等 15 种;按构造速度可分为普通客车、快速客车等 5 种;按使用范围可分为 3 种,详见表 8-22。

表 8-22　客车类型表

序号	分类方式	类别	简要说明
1	按用途分	硬座车（YZ）	设有硬席座椅设备的座车
		软座车（RZ）	设有软席座椅设备的座车
		硬卧车（YW）	设有硬席卧铺设备的卧车
		软卧车（RW）	设有软席卧铺设备的卧车
		餐车（CA）	设有厨房、餐室、储藏室等设备的车辆
		行李车（XL）	设有行李间及行李员室等设备的车辆
		邮政车（UZ）	设有邮政间及邮政员办公室等设备,供运输邮件使用的车辆
		发电车（FD）	设有动力机械驱动的发电设备的车辆,车上还装有空调发电车等

表 8-22 （续）

序号	分类方式	类别	简要说明
		公务车(GW)	供国家机关工作人员办公专用的车辆
		试验车(SY)	设有试验仪器设备供科学技术研究使用的车辆
		医疗车(YL)	设有医疗设备，供行程医疗服务的车辆
		卫生车(WS)	设有简单的医疗设备，供运输伤病员的车辆
		维修车(WX)	设有检查和维修铁道线路设备的车辆
		特种车(TZ)	具有特种用途的车辆
		整合车(ZH)	一辆车同时设有两种或两种以上用途的车内设备的车辆
2	按构造速度分	普通客车	80～120 km/h
		快速客车	140～160 km/h
		准高速客车	160 km/h
		客运专线,快速通道,快速客车	200 km/h
		高速客车	250 km/h 及以上
3	按使用范围分	国际联运客车	用于国际联运如:中-蒙-俄,中-越,中-朝等
		非限定区间客车	适用于国内广大地区
		限定区间客车	用于限定区间

客车由车体及其设备如转向架、制动装置、车钩、缓冲器、电气照明装置、给水卫生设备、通风空调与采暖装置以及内部设备等组成,发电车还装有发电机组及配套设备,特种客车还要根据需要配备相应的专用设备如医疗卫生器械、仪器仪表等。

（2）客车主要技术参数

我国客车的车型主要有"21"型、"22"型、"25"型三种,"21"型客车在1953—1961年生产,目前已经淘汰。"22"型客车于1956—1994年生产,目前少数慢车还在使用。"25"型客车属于第三代车型,从1965年开始研制,随着结构的不断改进、更新,至1998年底已研究开发出"25A"型、"25G"型、"25B"型、"25Z"型、"25K"型等系列产品220多个品种。第三代客车目前广泛使用在各条铁路线上,它的结构特性、外形尺寸及质量指标都具有代表性。

"25"型客车除了车体长为25.5 m外,车辆高度一般为4.433 m,车体宽度约

3.1 m,构造速度为 140～160 km/h。因此,了解"25"型客车就基本掌握了我国需要船运的铁路客车概况,图 8-47 所示为"25A"型客车的车体结构和横剖面图。表 8-23 列出了典型的铁路车厢的外形尺寸、自重及定员等参数。

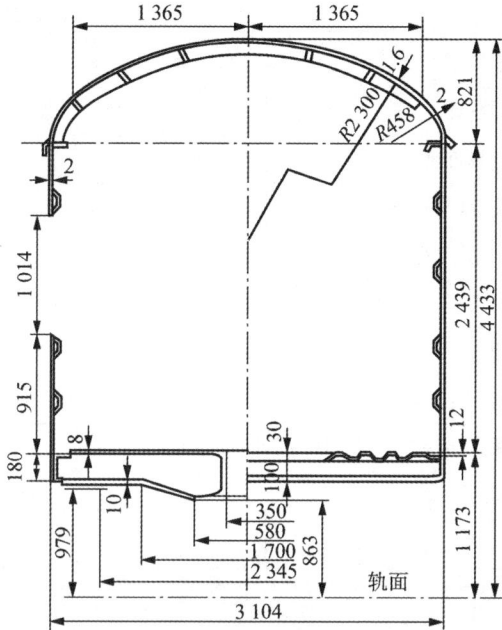

图 8-47 25A 型客车车体结构断面图

表 8-23 典型铁路车厢参数表

序号	名称及车型	自重/t	定员	长×宽/mm	车辆高度/mm
1	YZ_{22} 型硬座车	45	120 人(14.4 t)	23 600×3 106	4 283
2	YW_{22} 型硬卧车	45	77 人	23 600×3 106	4 283
3	YZ_{25A} 型空调硬座车	41.7	128 人(15.36 t)	25 500×3 104	4 433
4	YW_{25A} 型空调硬卧车	45.8	66 人(7.92 t)	25 500×3 104	4 433
5	RW_{25A} 型空调软卧车	42.8	36 人	25 500×3 104	4 433
6	CA_{25A} 型空调餐车	45.7	48 人	25 500×3 104	4 433
7	YZ_{25G} 型空调硬座车	44.5	118 人(14.16 t)	25 500×3 104	4 433
8	RZ_{25G} 型空调软座车	51	80 人	25 500×3 104	4 433

表 8-23 （续）

序号	名称及车型	自重/t	定员	长×宽/mm	车辆高度/mm
9	YW₂₅G型空调硬卧车	48	66人	25 500×3 104	4 433
10	YZ₂₅B型硬座车	46	128人(15.36 t)	25 500×3 104	4 433
11	RW₁₉K型高级软卧车	45.2	16人	25 500×3 105	4 433
12	RZT₂₅Z型特等软座车	45.8	42人	25 500×3 105	4 433
13	YW₁₈A型国际旅游硬卧车	55.3	36人	23 600×3 106	4 286
14	SYZ₂₅型双层硬座车	51.9	186人	25 500×3 105	4 750
15	SRW₂₅B型双层软卧车	56	50人	25 500×3 105	4 750
16	SYW₂₅B型双层硬卧车	53.6	80人	25 500×3 105	4 750
17	SCA₂₅B型双层餐车	52.8	72人	25 500×3 105	4 750
18	SRZ₂₅F型双层软座包房车	51.9	92人	25 500×3 104	4 750
19	SCA₂₅K型快速双层餐车	53.5	72人	25 500×3 105	4 750
20	YZ_M1型米轨硬座车	27.5	62人	16 004×2 650	3 658

（3）货车的分类

由于货车运输的货物千差万别，相应的货车形式多种多样，按适用范围可分为通用货车与专用货车，按轨道间距可分为准轨货车与米轨货车。通常按货车的结构和所运输货物的种类不同可分为敞车、棚车、平车、罐车、长大货物车、保温车、漏斗车、自翻车、家畜车等。部分货车车种及型号见表 8-24。

表 8-24 货车车种及型号表

车种	型号	车种	型号	车种	型号
敞车	C	自翻车	KF	保温车	B
棚车	P	漏斗车(矿石、煤、盐)	K	家畜车	J
平车	N	漏斗车(粮食)	L	运小汽车双层平车	SQ
集装箱车	X	集装箱、平车两用车	XN	冷冻板冷藏车	BSY
罐车	G	液化气体罐车	GY	架桥机车辆	JQ
守车	S	长大货物车	D	铺轨机车辆	PG

注：守车——监视货车车厢的人员居住和休息的车辆。

作为对货车的一般了解，这里简单介绍在船舶运输中经常遇到的敞车、棚车及家畜车、罐车等列车，图 8-48 所示为这些车辆的横向视图。

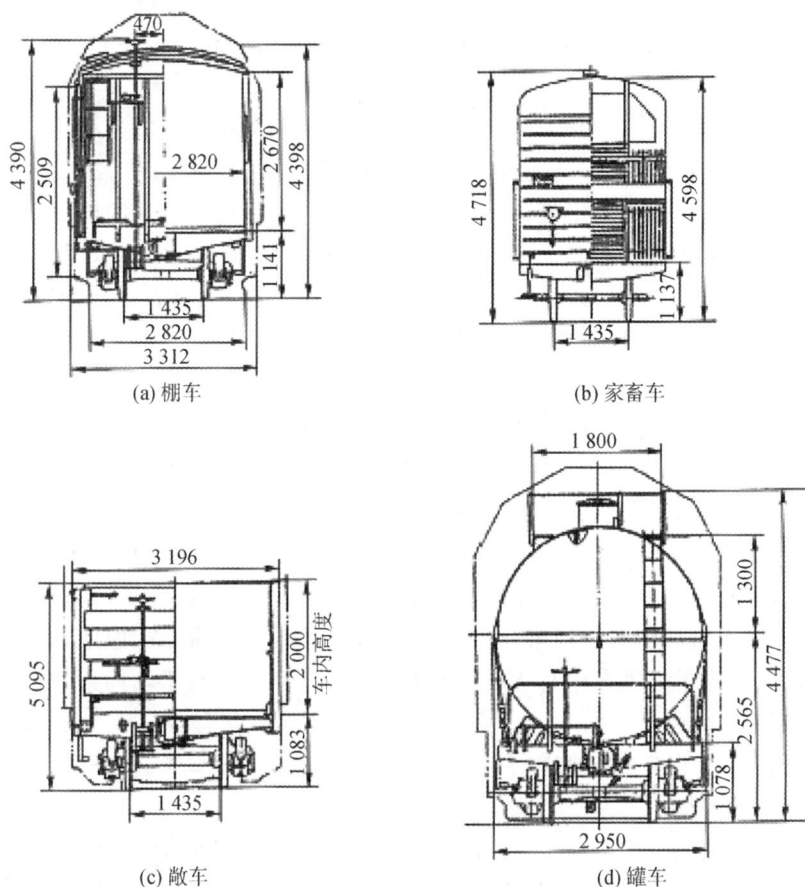

(a) 棚车

(b) 家畜车

(c) 敞车

(d) 罐车

图 8-48　几种货车的典型横向视图

棚车设有车顶和门窗，可防日晒和雨雪侵袭，供运输各种需防止货物失散和损失的列车。专用棚车主要用于装运农药及有毒物品。通用棚车运输的货物范围较广，通用性较强，P_{62} 型、P_{62N} 型、P_{64} 型是主型棚车。家畜车是一种设有适合运输活家畜设备的棚车。

敞车不设车顶，供运输各种无需严格防止失散和损失，也无需防日晒和雨雪侵袭的货物如运输煤、矿石、沙石等散粒货物以及木材、钢材、集装箱等货物的列车。

罐车是指设有罐体，供装运液体、液化气体和粉状货物的列车。G_{60} 型轻油罐车载重量达 52 吨，该车经济技术指标较好，具有代表性。运输水泥和氧化铝粉等粉状物的罐车也是用途较广的罐车。

除上述货车外,还有许多铁路货车的车型。目前国内通过船上装运的火车车辆主要是旅客列车,货车的品种规格不多。这里对货车不作更多的介绍,如需要在船上装载货列时,应了解相应的列车的主要参数和主体结构等资料。

8.3.2.3 铁路车辆的布置

铁路车辆在船上装载时,一般应布置在主甲板上,通常是纵向布置。承载铁路车辆的甲板可以是露天主甲板,也可以是大舱内的主甲板。根据渡轮靠码头的方式和与铁路的接轨方式,大舱可以是前后畅通的,也可以是一端开敞,另一端封闭的。通常采用比较多的形式是艏端封闭,艉端开敞,即船尾靠码头与铁路接轨的方式。即使是艉端开敞,也应根据渡轮的航线确定是全开敞还是设置水密艉门,两者均可。

对于铁路车辆在船上的装载布置,在火车渡轮设计时就应对所需载运的铁路车辆的类型、外形尺寸、质量、每航次运载列车数量等都有明确的要求。这样,才能根据港口、码头、与铁路接轨的形式等确定船舶的长度、宽度、设计吃水、设置的列车股道数等主要参数。在此前提下,铁路车辆在甲板上的布置一般应该注意:二股道列车之间应留有供工作人员对列车进行绑扎和检查维修的间距,一般不小于600 mm。对于最靠船舷的股道,也应留有绑扎检修通道,除非在船舷的股道之外另有可供工作人员对列车进行绑扎和检修的空间,但列车与船舷构架之间的间距应不小于350 mm。

如果在车辆甲板上分股道,则股道的间距应确保列车车辆进出时不影响其他股道上列车的安全。

在每个股道的长度方向上,除了考虑每节车厢的长度外,还要考虑车厢的“换长”(即车厢之间的车钩缓冲器)大约为900~1 100 mm。在每个股道的前端部,通常会设置列车的纵向绑扎装置——车钩缓冲器。图 8-49 所示为铁路车辆布置和系固示意图。

8.3.2.4 铁路车辆的系固

与道路车辆一样,铁路车辆也是以绑扎为主,但铁路车辆在渡船上载运时又有其特殊性。

首先,由于列车车轮和铁轨之间的摩擦系数特别小,因此,仅靠绑扎还不能保证防止纵向滑移,必须采取特殊的楔形轨道轮垫来限制车轮在铁轨上的滑动。道路车辆的楔形垫块只要直接垫在车辆轮胎下面即可,而铁路车辆的车轮是骑在铁轨上的,因此铁路车辆的楔形垫块必须设计成有效地防止车轮与铁轨之间发生相对移动。

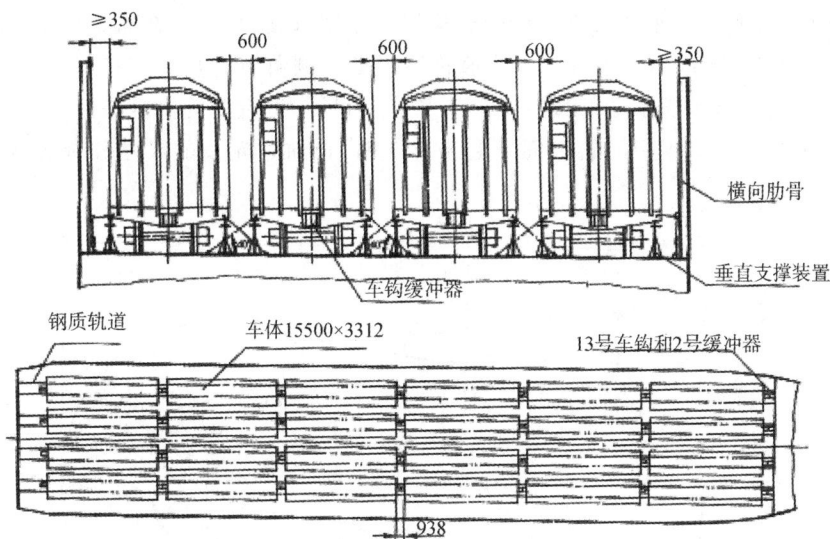

图 8-49　铁路车辆布置和系固示意图

其二,铁路车辆的前后轮轴和列车车厢支承的避震设施比较好(特别是旅客列车),因此必须在列车轮轴避震器前后的主樑上设置垂向支撑装置,用于支承由垂向加速度产生的垂向载荷,并有利于对车辆进行有效绑扎。

其三,铁路车辆在装载股道上时,每节车厢是互相连接的。作为整列车厢的纵向系固,通常在股道的端头设置与船舶主甲板固定连接的车钩缓冲器,并通过车钩缓冲器将整列车纵向固定在船舶的主甲板上,这是铁路车辆纵向系固的重要措施之一。

道路车辆采用的一些系固技术,如甲板系固点、绑扎设备等也可以用于铁路车辆的系固。

在固定航线上运行的铁路车辆的系固点完全可以设置在列车上,如欧洲的火车渡船其车辆系固点基本上设置在列车上。但是,我国的铁路网络广,车辆种类多,流动性大,要在每节车厢上设置系固点是不现实的。必须根据铁路车辆底架的结构特点,设计出适用于大部分铁路车辆底架(其纵侧梁为 18、20、22、24 号槽钢)的列车绑扎钩。图 8-50 所示为我国设计的通用列车绑扎钩,它同列车底架结构纵侧梁连接,作为列车的绑扎系固点。参照 GB/T3077-2015 合金结构钢的标准,该绑扎钩的材料为 42CrMo,最大绑扎力 MSL＝120 kN,破断拉力 BL＝240 kN。

与道路车辆的楔形垫块不同,铁路轨道上的楔形垫块采用钢质底座与橡胶复合的楔形轨道轮垫如图 8-51 所示。钢质底座骑在轨道上,圆弧形楔垫块与车轮钢圈贴合。轨道轮垫可以成对使用,安置在同一个车轮的前后端,也可以用在一组车轮的前后端,通常用小链条将前后轮垫连接并张紧,以阻止车轮在轨道的前后方向运动如图 8-52 所示。也可将单个轨道轮垫用二个侧向螺钉直接与轨道固定,这种方法一般用于每股道末端的最后一个车厢,作为另一道重要的安全措施,把该股道末端列车与船舶主甲板的轨道固定起来。此时,该轨道轮垫的尺寸和强度应作专门考虑。

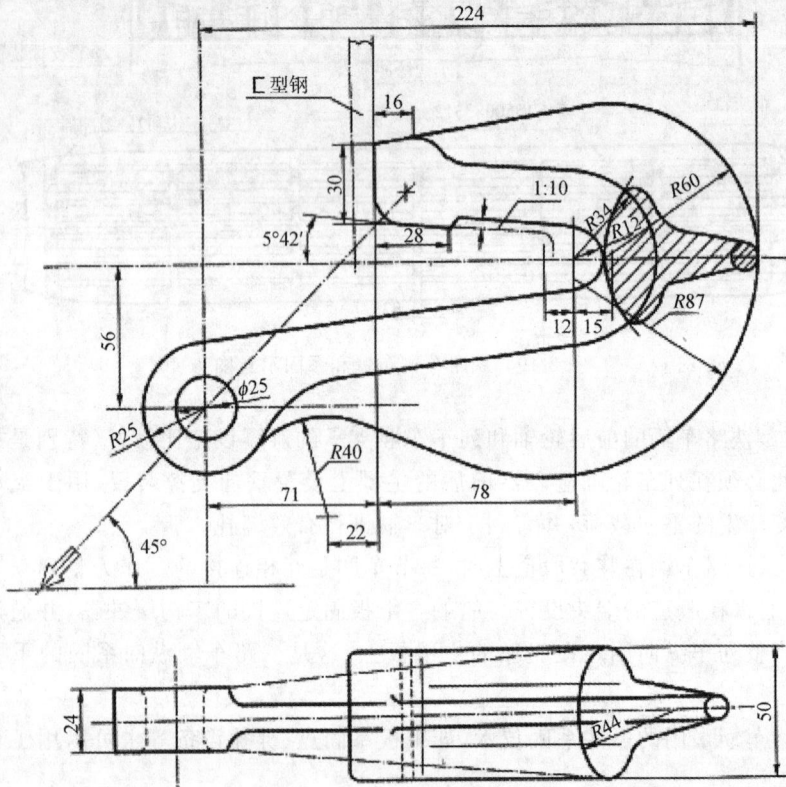

图 8-50　通用列车绑扎钩

车钩缓冲装置是铁路车辆车体纵向连接的重要部件,也是铁路车辆在船舶结构上的重要系固设备。图 8-53 所示为车钩缓冲装置的一般结构形式,它由车钩、缓冲器、钩尾框、前从板和后从板等组成,使车辆具有连挂、牵引和缓冲三种功能。

我国客车上采用 1 号和 15 号车钩;货车上使用 2 号和 13 号车钩。随着列车速度的提高和牵引力的增加,1 号和 2 号车钩已经不能适应运输要求,正在逐渐被淘汰。现在新制造的客车采用 15 号车钩,新制造的货车采用 13 号车钩。16 号和 17 号连锁转动式车钩用于 C_{63} 运煤敞车上。几种主要车钩的主要尺寸列于

表 8-25。

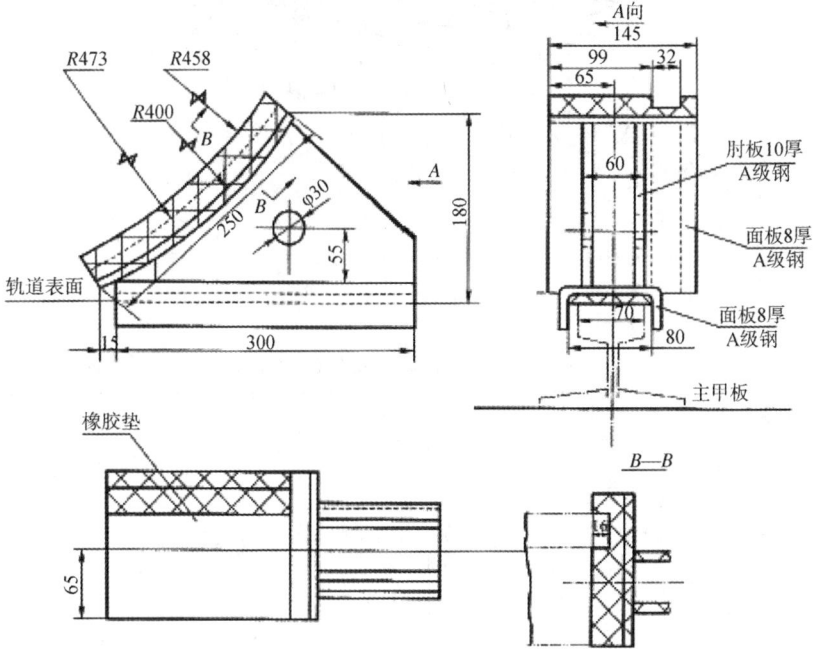

图 8-51　楔形轨道轮垫

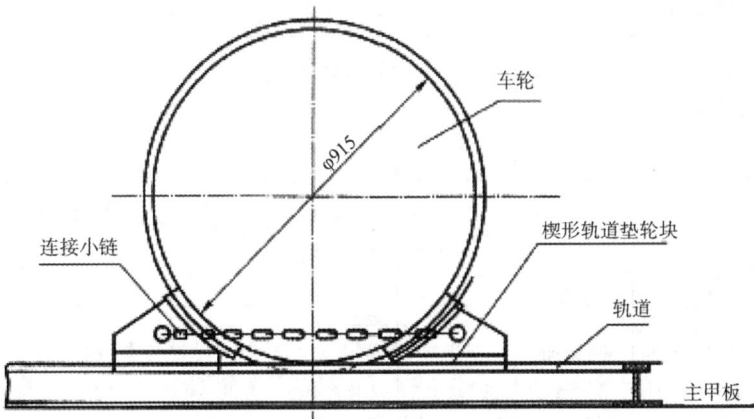

图 8-52　轨道楔形轮垫止轮装置示意

　　我国铁路车辆上所用的缓冲器,客车为 1 号环形弹簧缓冲器,货车为 2 号环形弹簧缓冲器、MX-1 橡胶缓冲器和 3 号摩擦式缓冲器等。3 号缓冲器容量小,性能不稳定,已逐渐被淘汰。我国几种主要缓冲器的参数见表 8-26。

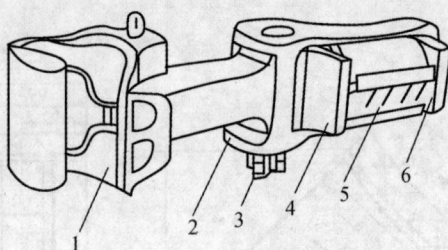

1—车钩;2—钩尾框;3—钩尾销;4—前从板;5—缓冲器;6—后从板。

图 8-53　车钩缓冲装置

表 8-25　主型(标准型)车钩的主要尺寸

	名称	1 号	2 号	13 号	15 号	16 号	17 号
尺寸/mm	钩舌高	280	280	300	280	280	280
	钩颈 (宽×高)	130×130	178×127	203×166	176×130	φ179	163.5× 163.5
	钩尾至钩舌 连线距	1 778	788	845	1 000	732.5	735
	钩尾至钩头 台肩距离	1 518	540	540	663	571	572
	钩身壁厚	17.5	20	垂直面 22; 水平面 19~22	25	17.5	17.5
	钩耳孔形状	圆孔 φ42 +0.6/0	圆孔 φ42 +0.62/0	长孔 φ42~φ44	圆孔 φ42	长圆孔 φ44 ~φ45.5	长圆孔 φ44 ~φ45.5
	钩舌销直径	φ41	φ42	φ41	φ42	φ41	φ41
	钩尾 (宽×高)	圆弧面 130×232	平面 127×232	平面 135×166	圆弧面 130×130	球面 212×155	圆弧面 131×171
	尾销孔	φ52	长圆孔 93×34	长圆孔 110×44	长圆孔 130×50	长圆孔 110×100	长圆孔 110×100
	钩尾销	φ50	长圆孔 93×32	长圆孔 100×40	长圆孔 92×32	φ97	φ98

表 8-25 （续）

名称	1 号	2 号	13 号	15 号	16 号	17 号
材料	ZG230-450	ZG230-450	ZG230-450；ZG-25MnCrNiMo	ZG230-450；ZG-25MnCrNiMo	QG-E1；ZG-25MnCrNiMo	QG-E1；ZG-25MnCrNiMo
最大承载力/kN	1 600～1 700	1 600～1 800	2 400-2 600/3 000 以上	1 600-1 800；2 400-2 600	3 432	3 432
质量/kg	238.5	164	203	166.4	232.5	240.6
开启方式	下作用	上、下作用	上、下作用	下作用	下作用	下作用
使用车辆	21 型客车	部分货车	新造货车	新造客车	C63	C63

表 8-26 **我国铁路车辆几种主型缓冲器的性能参数**

型号	1 号	2 号	3 号	MX-1	G1	G2	MX-2	MT-2	MT-3
类型	摩擦式	摩擦式	摩擦式	摩擦橡胶式	摩擦式	摩擦式	摩擦橡胶式	摩擦式	摩擦式
外形尺寸/mm	514×317×228	514×317×228	568×317×225	568×318×226	514×317×228	514×317×228	563×318×228	555×320×227	555×320×227
最大作用力/kN	580	1 200	900	1 700	800	1 630	1 800	2 000～2 300	2 000
行程/mm	61～68	64～68	58～60	65	73	73	76	83	83
容量/kJ	14	23～24	18～20	40～43	18	42	45	54～65	45
吸收能量/kJ	10	13～14	14～17	35～40	13.5	37～43	38	46～55	37
能量吸收率/%	72	57	78-85	90	75	75	85	≥80	≥80
质量/kg	106	116	184	133	106	116	160	175	175

近年来提出了多种缓冲器的改进方案,如 G1 型、G2 型等,在保持原 1 号、2 号结构形式基本不变的前提下,增大了容量,改善了性能。1990 年以后研制的 MT-2、MT-3 型缓冲器已经批量生产,满足了近期内重载列车对缓冲器的要求。

在铁路车辆系固中,对车钩缓冲器的要求并不高,主要是强度要求。通常选择铁路上成熟可靠的型号,既适合与各种型号的列车车钩连接,同时又便于在船舶主甲板上安装固定。将车钩缓冲器用于火车渡船每个轨道上列车的纵向绑扎系固是最简捷可靠的措施之一。

8.4 甲板木材货的绑扎

8.4.1 甲板木材货的绑扎及其索具

运木船可在舱内和甲板上装载木材,这里仅讨论在甲板上堆装木材的绑扎和系固。

所谓甲板木材货系指装载在船舶露天干舷甲板或上层建筑甲板上的木材,但不包括造纸木浆或类似的货物。其堆装、系固和安全措施应满足 IMO A. 1048(27) 决议《木材甲板货运输船安全实用规则》(替代原 IMO A. 715(17) 决议)的要求。

安全运输木材甲板货的基本原则,是使货堆尽可能密实、紧凑和稳定,防止因货堆中的移动造成绑索松弛,并在货堆内产生约束效应,最大限度降低货堆的渗透率。

甲板木材货绑扎是运木船运载甲板木材货重要的必不可少的手段和措施。甲板木材货的绑扎是各种绑扎方式的组合,常用的绑扎方式有横跨式钢丝绳索绑扎、横跨式链条绑扎、顶层捆绑绑扎、中间层拱背形绑扎、穿鞋带式摆动绑扎等。

木材绑扎系统由绑扎设备、甲板边板上的固定眼板、固定立柱、可倒立柱、绑扎设备和可倒立柱的操纵设备等组成。

8.4.2 木材绑扎系统

8.4.2.1 绑扎索具的基本要求

(1) 每一绑索均应从木材甲板货上绕过,并缚紧于合适的眼板,绑索系柱或其他合适的装置上。绑扎钢丝绳和链条及其附件的强度应满足下述要求:

① 钢丝绳、链条及其附件的破断负荷应不小于 133 kN。钢丝绳的安全工作负荷应不小于 40 kN,钢质链条的安全工作负荷应不小于 66.5 kN。

② 钢丝绳及其附件在受到预拉后产生初始张力，其在 80% 的破断负荷（106.4 kN）时，伸长率应不超过 5%。

③ 验证试验负荷应不小于 40% 的破断负荷（53.2 kN），试验后应不产生永久变形。

（2）每一绑索都应设有张紧装置，其位置应使其在需要时能安全有效地工作。张紧装置产生的载荷不应小于：

水平部分为 27 kN；

垂直部分为 16 kN。

（3）当收紧器与钢丝绳或链条连接后，收紧器螺杆的剩余螺纹长度应不小于整个螺纹长度的一半或剩余张紧能力不小于总张紧力的一半，以便今后使用。

（4）每一绑索都应设有能调整绑索长度的装置或设备。

（5）对在甲板上连续堆放的货堆，绑索的间距应使每段货堆各端的两根绑索尽可能靠近甲板木材货的端部。

（6）如果使用钢丝绳夹作为钢丝绳的接头，为防止强度降低，应符合下列要求：

① 钢丝绳夹的数量和规格应与钢丝绳的直径相匹配，其数量不得少于 3 个，间距不小于 150 mm；

② 夹头的鞍座部分应装在动载端的绑扎钢丝绳上，"U"形螺栓应装在静载端的绑扎钢丝绳上或较短的一端，如图 8-54 所示。

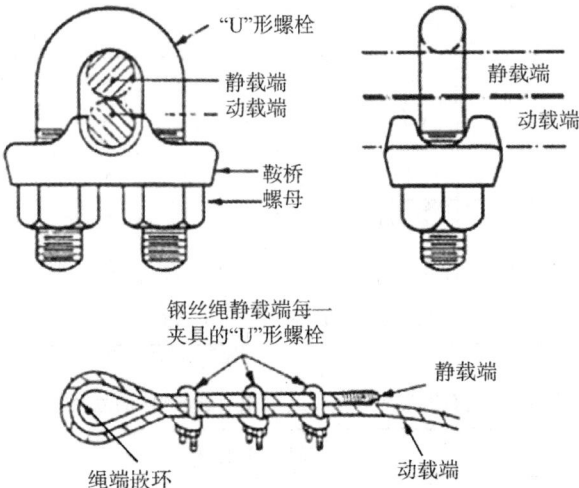

图 8-54　钢丝绳夹头的配置

③ 钢丝绳夹应先上紧至明显卡进钢丝绳中,然后待绑扎钢丝绳受力后再最终上紧。

(7) 应给钢丝绳夹或其他夹具、卸扣和收紧器等零件的螺纹及螺旋套及活动部分涂上油脂,加以润滑和防腐蚀。

(8) 大钢夹仅适用于六股右旋钢丝绳,左旋钢丝绳或其他不同结构形式者不得与大钢夹合用。

8.4.2.2 立柱的基本要求

(1) 立柱的材料应保证具有足够的强度,一般为钢质,同时应该考虑其他相关的因素,如甲板木材货的宽度,质量和高度,木材的种类,摩擦系数,是否有其他额外的绑索等。

(2) 立柱中心线纵向距离不超过 3 m,应使每段木材都能被两根立柱支撑。

(3) 立柱应通过角钢或其他等效的插座有效地固定在甲板或舱盖上,并按 CSM(《货物系固手册》)的要求进行系固。

(4) 立柱的强度设计应根据甲板货所承受的横向加速度、货物的特性以及货物的堆高来确定,如表 8-27 至表 8-29 所示。

表 8-27 支撑圆木或散装锯木的立柱所需的剖面模数　　　　　　　（cm³）

高度/m	横向加速度/(m/s²)							
	3.0	3.5	4.0	4.5	5.0	5.5	6.0	6.5
2	107	150	193	235	278	321	363	406
3	330	474	618	762	906	1 050	1 194	1 338
4	756	1 097	1 438	1 780	2 121	2 462	2 803	3 144
5	1 452	2 118	2 785	3 451	4 118	4 784	5 451	6 117
6	2 486	3 638	4 790	5 941	7 093	8 245	9 396	10 548
7	3 926	5 755	7 584	9 413	11 242	13 070	14 899	
8	5 840	8 570	11 300	14 030	16 759			

表 8-28 支撑结实(扭变强度为 7 kN/m)的锯木包装件的立柱所需的剖面模数 （cm³）

高度/m	横向加速度/(m/s²)						
	3.0	3.5	4.0	4.5	5.0	5.5	6.0
2					26	70	115
3		22	70	118	165	213	378

表 8-28　（续）

高度/m	横向加速度/(m/s²)						
	3.0	3.5	4.0	4.5	5.0	5.5	6.0
4	124	237	350	463	576	689	953
5	458	679	900	1 120	1 341	1 562	1 927
6	1 040	1 421	1 803	2 184	2 565	2 946	3 405
7	1 934	2 539	3 144	3 748	4 353	4 958	5 563
8	3 202	4 104	5 007	5 909	6 812	7 714	8 617
9	4 907	6 192	7 477	8 761	10 046	11 331	12 615

表 8-29　支撑较不结实(扭变强度为 3.5 kN/m)的锯木包装件的立柱所需的剖面模数

(cm³)

高度/m	横向加速度/(m/s²)						
	3.0	3.5	4.0	4.5	5.0	5.5	6.0
2	3	32	61	90	118	147	176
3	524	660	797	934	1 071	1 207	1 344
4	724	1 095	1 466	1 837	2 208	2 579	2 950
5	725	1 304	2 084	2 864	3 644	4 423	5 203
6	1 645	2 248	2 982	4 393	5 804	7 215	8 626
7	3 055	4 011	4 966	7 200	9 512	11 824	14 136

8.4.2.3　散装及包装锯木的绑扎要求

（1）对于散装或包装锯木，应使用立柱。对于装在舱盖上的包装锯木，立柱的作用仅是防止产生滑动。此外，还应在整个木材甲板货长度内用额外独立的绑索系固，如图 8-55 所示。

（2）绑索的最大间距应根据绑索附近的木材甲板货的最大高度确定：

① 高度 2.5 m 及以下，间距应为 3 m；

② 高度大于 2.5 m，间距为 1.5 m；

③ 在甲板货的最前后两端，上述间距应减半。

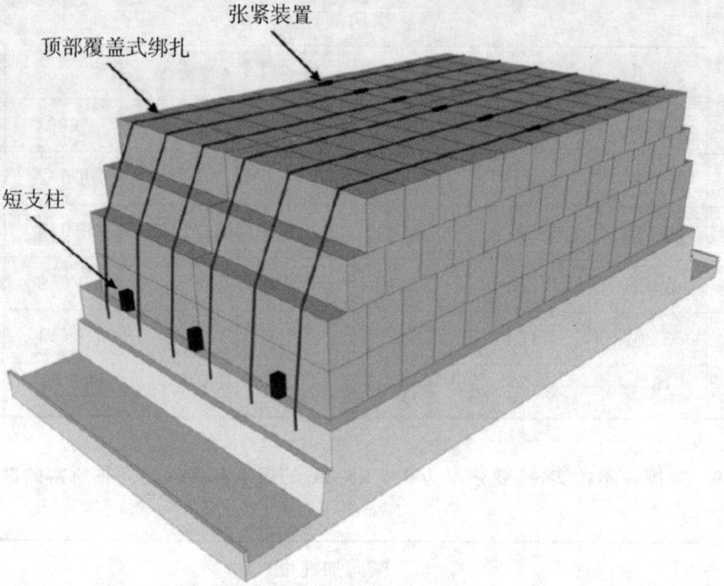

图 8-55　包装锯木的绑扎

（3）应尽可能把长而结实的木材包装件堆放在最外侧靠上方的位置，并保证至少有两根绑索可以绕过并系固。

（4）当甲板最外侧包装木的长度小于 3.6 m 时，绑索间距应相应减小。

（5）在木材堆的外侧顶上，应该设置用适当材料制造的圆角件，以防止绑索收紧时的压力对木材造成损伤，也可减少绑索自身的磨损。

8.4.2.4　圆木的绑扎要求

（1）圆木应由立柱支撑，在其整个长度范围内，顶部覆盖式绑索的间距应小于 1.5 m。如果船上有绞车或其他可用的张紧系统可用，该顶部覆盖式绑索（基索）可与波形绑索组合使用，如图 8-56 所示。

（2）如果圆木甲板货堆装在舱盖或更高的位置，除了上面提到的顶部覆盖式绑索和波形绑索外，还应做进一步的系固，如倒钩钢丝绳绑索（hog lashing wire），连接每一对左右舷立柱，如图 8-57 所示。

起重机或绞车进
行波形绑索预紧

张紧滑轮 & 花篮螺
丝或者水平张紧器

波形绑索

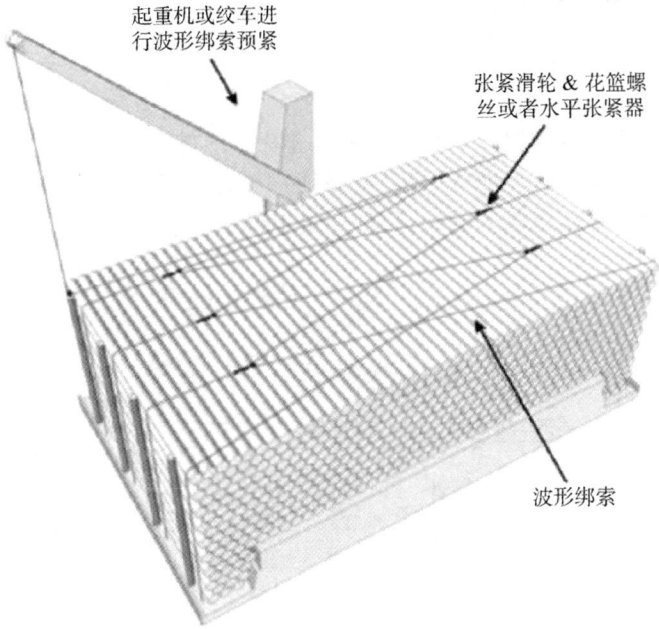

图 8-56　圆木的绑扎(波形绑索的收紧装置)

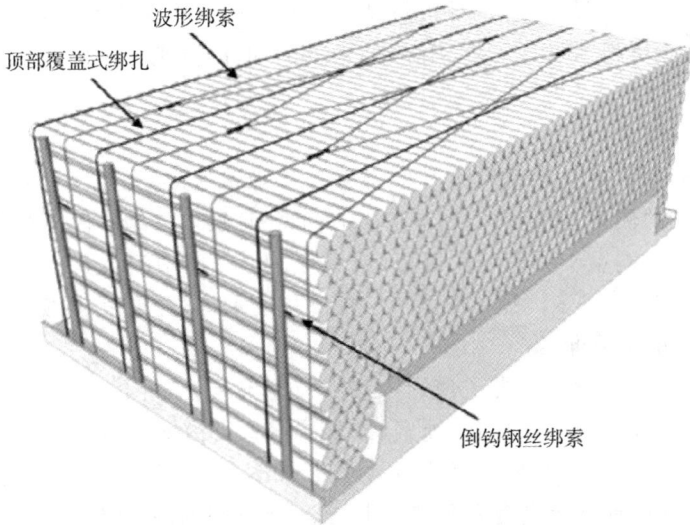

波形绑索

顶部覆盖式绑扎

倒钩钢丝绑索

图 8-57　圆木的绑扎(中间层加倒钩钢丝绳绑索)

8.4.2.5 木材绑扎设备

（1）顶部覆盖式绑索

顶部覆盖式绑索是指横跨绑扎的钢丝绳。该索的一端系于舷边甲板边板的眼板（或眼环）上，然后紧贴甲板木材货的侧面并绕过木材货的上表面，到木材货的另一侧面，把另一端系于另一舷的眼板（或眼环）上如图 8-58 所示。在横跨钢丝绳的中间应设置收紧器，用以收紧钢丝绳，把甲板木材货压紧、压实。

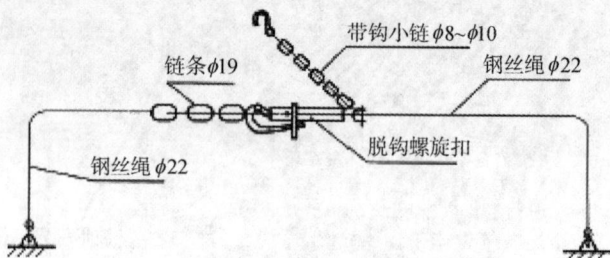

图 8-58 顶部覆盖式绑索装置

（2）横跨链

横跨链是指横跨绑扎的链条，其一端系于舷边甲板边板的眼板（或眼环）上，紧靠甲板木材货的侧面，并绕过木材货的上表面，到木材货的另一侧面，把另一端系于另一舷的眼板（或眼环）上如图 8-59 所示。在横跨的链条中间设置收紧器，用以收紧绑扎链，把甲板木材货压紧、压实。图中（a）和（b）分别显示两种不同的收紧器形式。

（3）顶层捆索

顶层捆索系一根长的钢丝绳，其一端系于一舷甲板边板的眼板（或眼环）上，然后紧靠木材货的侧面，并绕过木材货的上表面，将顶层木材绕一圈后捆绑起来。再把钢丝绳的另一端系于另一舷的眼板（或眼环）上，并用中间收紧器收紧捆绑顶层的钢丝绳如图 8-60 所示。顶层捆索用于捆绑顶层木材，且压紧、压实下面的木材。

（4）倒钩钢丝绳绑索

在堆装木材的过程中，为了使圆木在甲板上堆装更牢固，在货堆高度约四分之三处横向设置略带拱形的钢丝绳索，该索被称为倒钩钢丝绳绑索。倒钩钢丝绳绑索两端系于两舷立柱的眼板上，用人力拉紧如图 8-61 所示。当在该层上面再压木材时，该层的倒钩钢丝绳绑索会进一步收紧，所以倒钩钢丝绳绑索一开始在铺放时不应拉得太紧。倒钩钢丝绳绑索的目的是有助于在整个货堆中产生尽可能均匀的张力，从而在各立柱上产生向舷内的拉力。

脱链索

绑扎链
$\phi 19$

链条收紧器

卸扣

眼板

(a)

松紧螺旋装置　　脱钩　掣链环

绑扎链
$\phi 19$

(b)

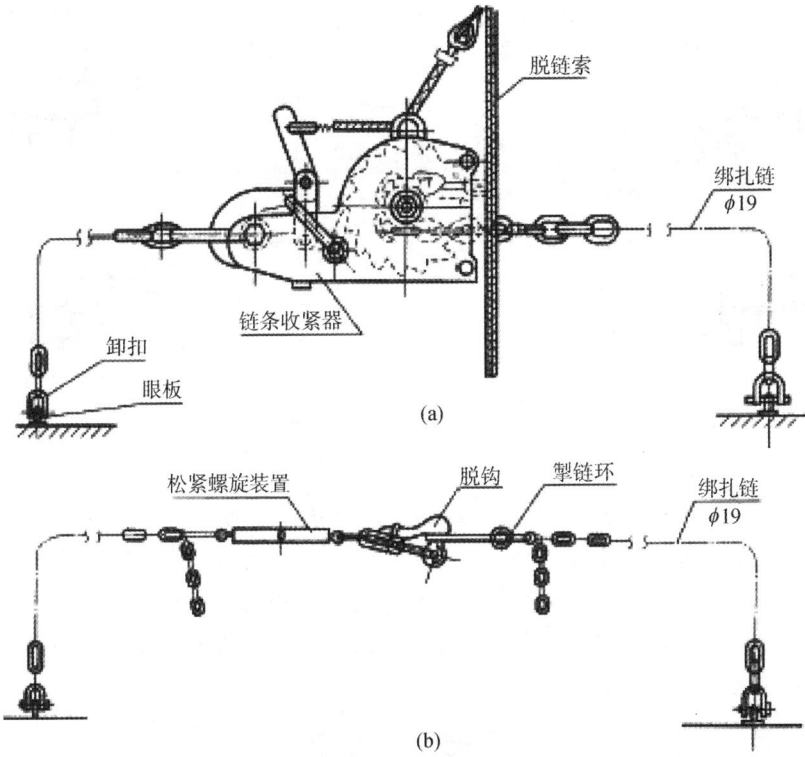

图 8-59　横跨链装置

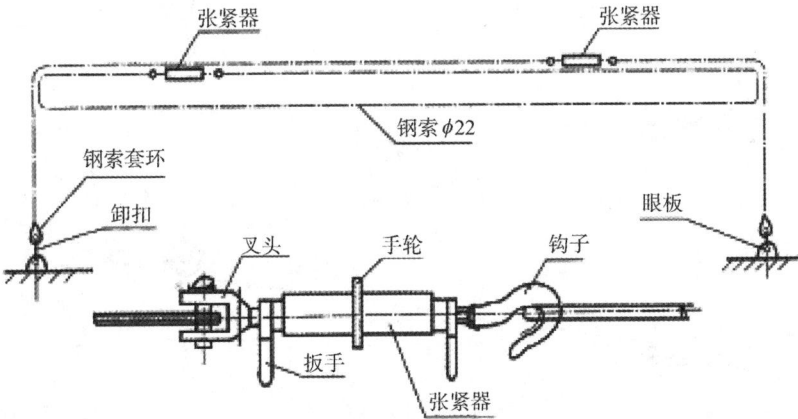

张紧器　　　　　　　　　张紧器

钢索 $\phi 22$

钢索套环

卸扣

叉头　　　手轮　　　钩子

眼板

扳手

张紧器

图 8-60　顶层捆索装置

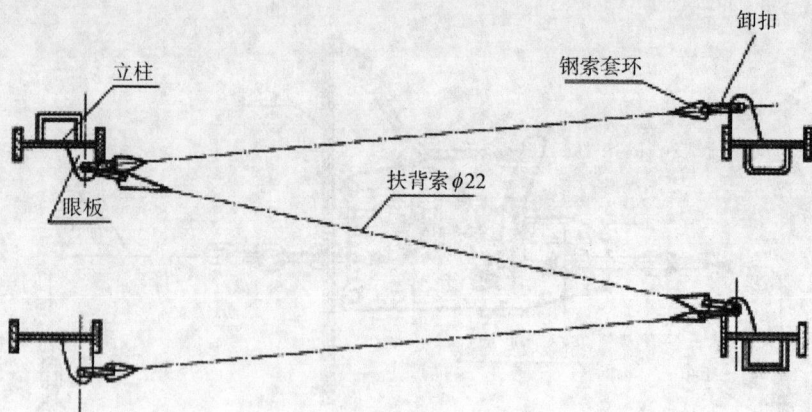

图 8-61 倒钩钢丝绳绑索装置

（5）波形绑索

波形绑索是一根很长的钢索，一端系于上层建筑端壁的固定眼板上，另一端在甲板木材货的上表面像穿鞋带似的穿过一系列的开口滑车（开口滑车系在基索上）之后，系于甲板起重机的柱体上或桅屋的围板上。并用起重机吊钩或绞车卷筒等加以收紧，把甲板木材货压紧、压实，起到绑扎大宗木材货的作用。这种类似穿鞋带的绳索称为波形绑索如图 8-62 所示。

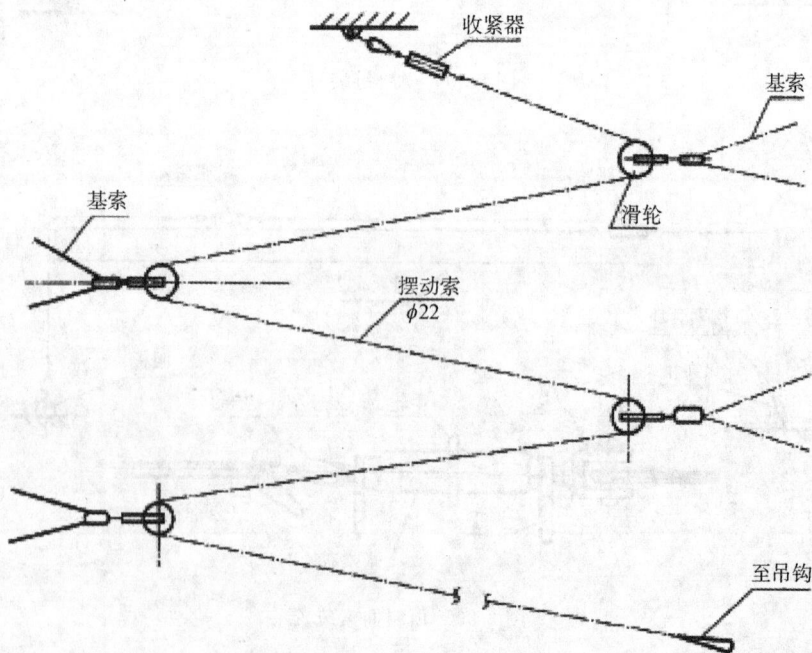

图 8-62 波形绑索装置

（6）基索

基索系指波形绑索的根基索。一种方法是将该索穿过开口滑车的长环，并将其两端分别系在一舷的甲板边板的固定眼板（或眼环）上，起到系住开口滑车的作用，且承受波形绑索作用在开口滑车上的力，如图 8-63(a)所示。另一种方法是将该索的一端系于开口滑车的长环上，另一端则系在一舷的甲板边板的固定眼板（或眼环）上，如图 8-63(b)所示。基索与开口滑车连接处须设置收紧器，使波形绑索始终处于收紧状态。

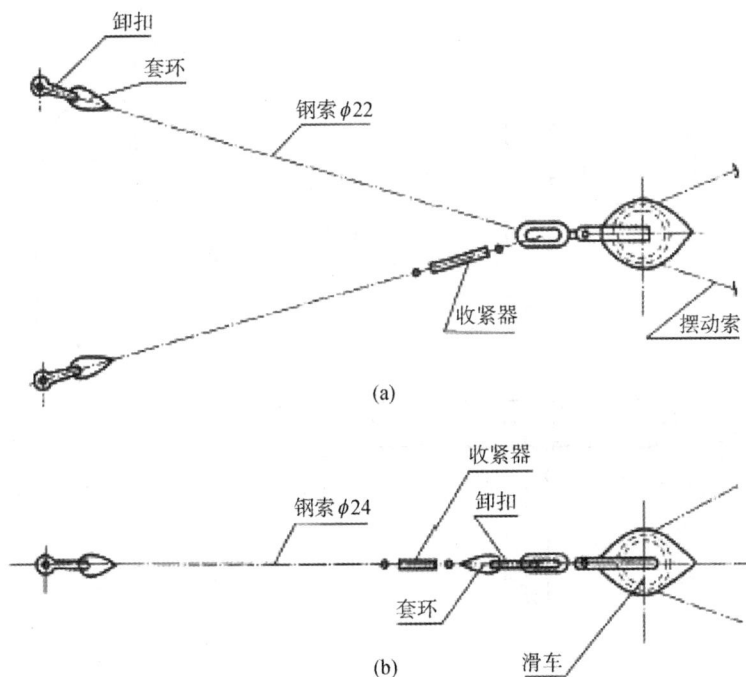

图 8-63　基索装置

（7）固定眼板

设置在舷侧甲板边板上的用于木材绑扎的固定眼板或固定眼环是与船舶连接的主要绑扎固定点，另有部分设置在上层建筑前端壁上、桅屋（与起重柱连在一起的甲板室）的围壁上或起重机的柱体上的眼板和设置在立柱上的眼板则是与船舶连接的辅助绑扎固定点。图 8-64 所示的固定眼板（眼环）中，(a)为单眼长孔眼板，安全工作负荷（SWL）为 66.5 kN；(b)为三眼长孔眼板，安全工作负荷（SWL）为 66.5 kN×3。

(a) 单眼长孔眼板

(b) 三眼长孔眼板

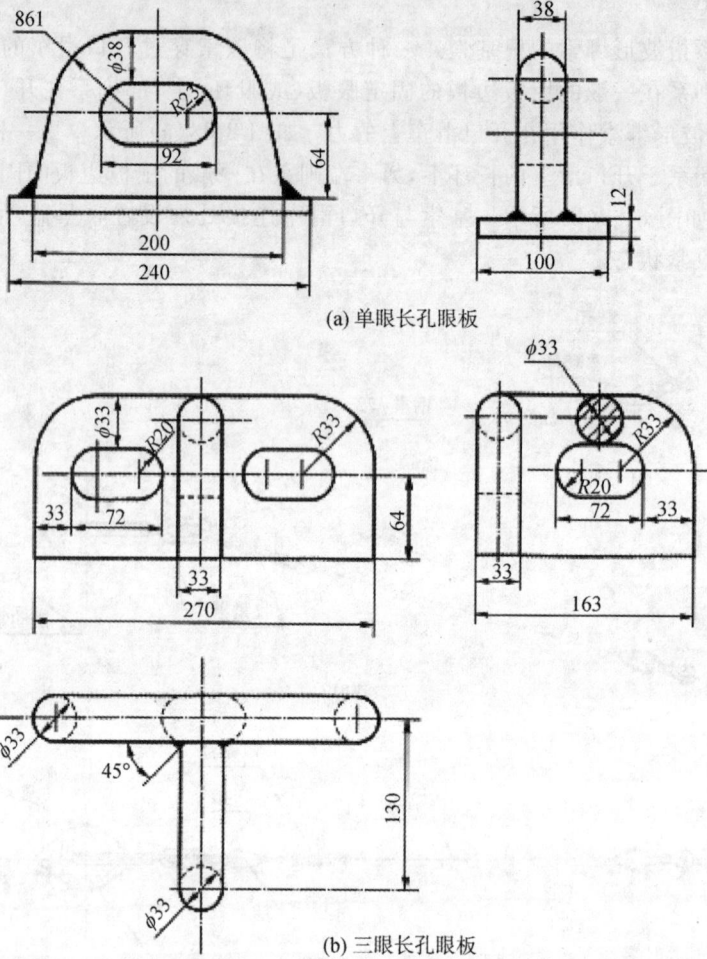

图 8-64　固定眼板（眼环）

（8）立柱

立柱是甲板木材货绑扎的重要构件之一。倒钩钢丝绳绑索的末端系固在立柱的眼板上，从而使立柱承受横向的集中载荷。同时，在船舶左右摇摆时，立柱也是甲板木材货的依靠物，立柱受木材货的挤压而产生横向均布载荷。

立柱，按材质可分为木质立柱和钢质立柱；按固定方式可分为固定立柱、可拆立柱和可倒立柱。目前运木船上用得较多的是钢质固定立柱和可倒立柱。

① 固定立柱

固定立柱通常设置在引水员（梯）登船处、舷边货舱口纵向范围内及货舱口两端设备处所。

固定立柱按形式可分为单柱固定立柱、双柱固定立柱、三柱或四柱固定立柱等。图 8-65 所示为典型的三柱固定立柱。

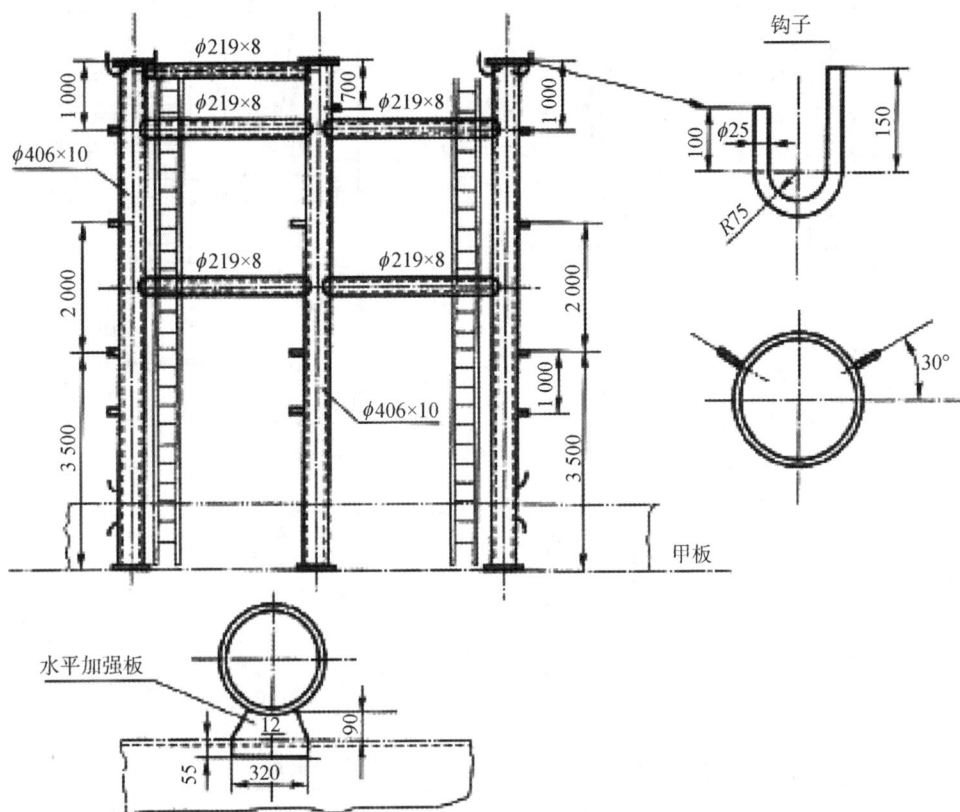

图 8-65　三柱固定立柱

② 可倒立柱

可倒立柱设置在货舱盖区域的两舷处,是堆装在货舱盖上和货舱盖两侧甲板木材货的绑扎和依靠的重要构件。

图 8-66 所示的立柱既是可倒立柱,也是可拆立柱,由工字钢柱体、底座、立柱限位装置、眼板等组成,紧靠舷墙安装,立柱限位装置固定在舷墙面板上。如要将立柱倒下,只要卸下立柱的限位装置,与舷墙脱离,借助于起重设备就可将立柱倒下,若再拆去螺栓即可把立柱吊离,储存在港口或码头上。

可倒立柱的柱体一般采用工字钢结构,其截面尺寸可根据甲板木材货的堆放高度而定。英国 LR 船级社推荐的可倒立柱截面尺寸如表 8-30 所示,可据此估算可倒立柱的质量,但实际的尺寸应由计算确定。

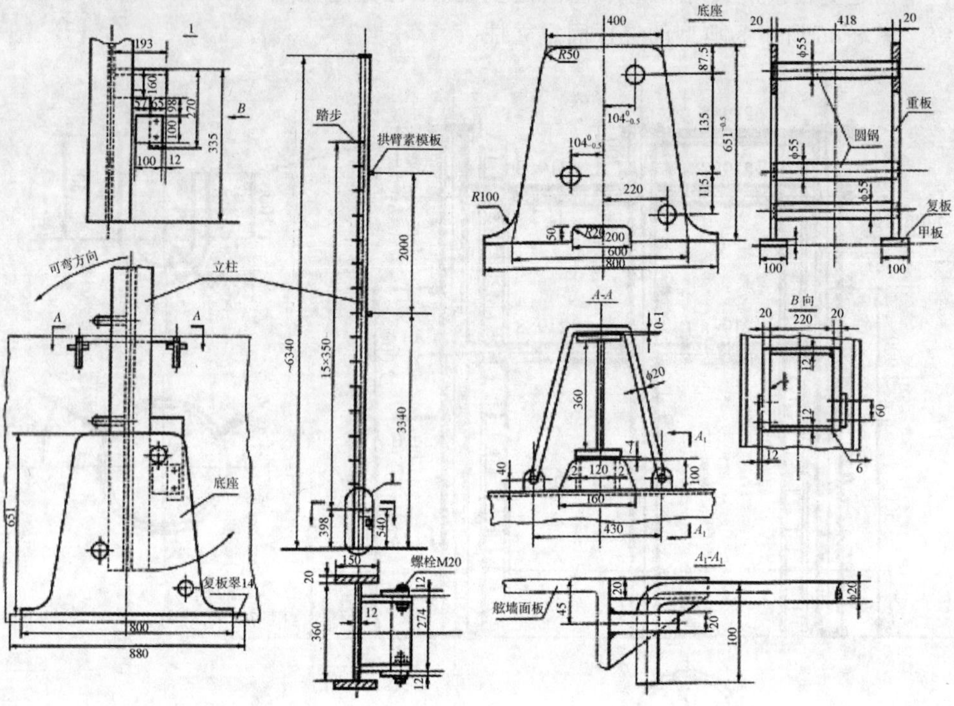

图 8-66 可倒立柱结构

表 8-30 可倒立柱截面尺寸和木材装载高度

木材堆放高度/m	H/mm	t/mm	B/mm	d/mm
6.0	300	10	150	19
7.5	330	12	150	20
8.0	380	12	150	20
8.5	400	12	150	20

工字型
截面图

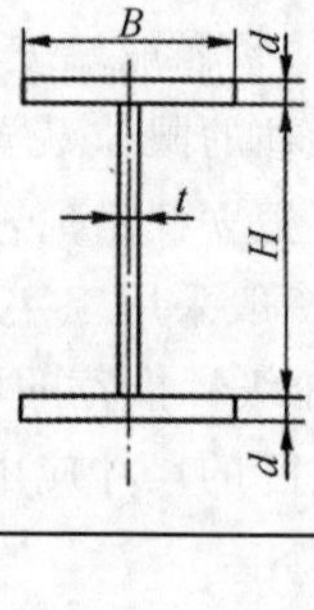

可倒立柱在舷边的布置及操作示意如图 8-67 所示。该图显示,一组纵向布置的可倒立柱上部用直径 19 mm 的钢丝绳连接,呈倾斜状态,通过导向滑车将钢丝绳引向甲板起重机的吊钩上,当吊钩起升就将立柱竖起,当吊钩下降,就可将立柱倒下,搁置在甲板上。

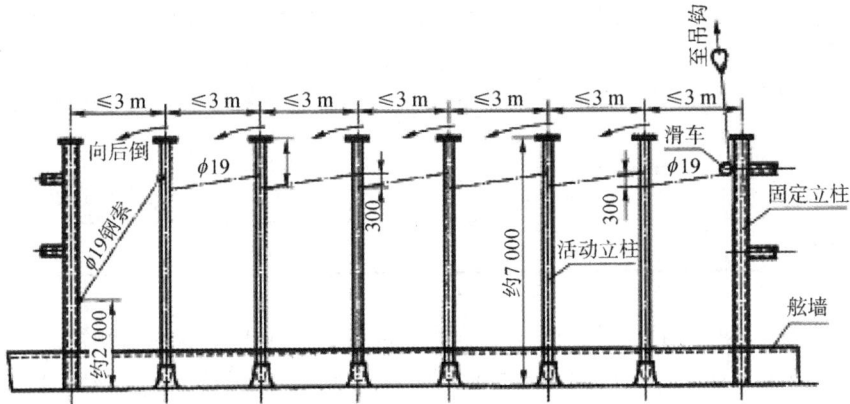

图 8-67 可倒立柱操作示意

8.4.3 木材绑扎的理论计算

木材绑扎设备的布置根据木材货的形式及木材堆装高度采用综合性的绑扎布置。除了以上推荐的甲板木材货的绑扎方式以外,IMO A. 1048(27) 决议《木材甲板货运输船安全实用规则》提供了根据木材物理特性的木材绑扎计算方法,从而使木材货在甲板/舱盖上的绑扎方法更加灵活多样。

8.4.3.1 木材货的物理特性

（1）堆装因数

不同类型木材甲板货密度和堆装因数的典型值如表 8-31 所示。

表 8-31 木材甲板货的密度和堆装因数的典型值

木材货类型		密度/(吨/m³)	体积因数/ (m³ 舱容/m³ 货物)	堆装因数/ (m³ 舱容/每吨货物)
锯木	端部平整的锯木包装件	0.5～0.8	1.4～1.7	1.8～3.4
	端部不平的锯木包装件	0.5～0.8	1.6～1.9	2.0～3.8
	端部平整的刨木包装件	0.5	1.2～1.4	2.4～2.8

表 8-31 （续）

木材货类型		密度/(吨/m³)	体积因数/ (m³ 舱容/m³ 货物)	堆装因数/ (m³ 舱容/每吨货物)
圆木	针叶圆木,新材(有树皮)	0.9～1.1	1.5～2.0	1.4～2.2
	阔叶圆木,新材(有树皮)	0.9～1.5	2.0～2.5	1.3～2.8
	圆木,干材(有树皮)	0.65	1.5～2.0	2.3～3.1
	去皮针叶圆木,新材	0.85～1.2	1.5～2.0	1.2～2.4
	去皮阔叶圆木,新材	0.9～1.0	1.5～2.5	1.5～2.8
	去皮圆木,干材	0.6～0.75	1.2～2.0	1.6～3.3

实际装载期间,通过反复核查船舶排水量可得到更为准确的货物质量值。航行期间,甲板上堆装的无遮盖的木材货可能因吸水和结冰而增重,应该特别注意因此对船稳性的影响。

（2）摩擦系数

货物静止时,静态摩擦力阻止其滑动。当发生移动后,物质的接触阻力减少而由动态摩擦力对滑动起反作用。静态摩擦力可通过倾斜试验测定。角度 ρ 在木材货开始滑动时测得,静态摩擦系数 μ 按下式计算:

$$\mu = \tan \rho$$

动态摩擦系数如未专门测量,可取为静态值的 75%。在设计木材绑扎装置时,可采用表 8-32 中所列静态摩擦系数值。

表 8-32　锯木包装件静摩擦系数

接触面	非冬季工况干或湿	冬季工况
油漆钢板	0.45	0.05
锯木	0.50	0.30
塑料罩布或吊货网	0.30	0.25
针叶圆木(有树皮)对应油漆钢板	0.35	
针叶圆木(有树皮)各层之间	0.75	

（3）锯木包装件的刚性

锯木包装件的扭转强度 RS 的定义为:包装件在其坍塌或变形不超过其宽度 B

的 10％或最多 100 mm(见图 8-68(a))的情况下,每米包装长度所能承受的水平力 ($F\cos\alpha$)。该值可用图 8-68(b)所示的试验装置测量,角 α 不得大于 30°。由托运人测量的数据应作为《SOLAS 公约》第 VI 章要求的货物资料的一部分提供给船长。

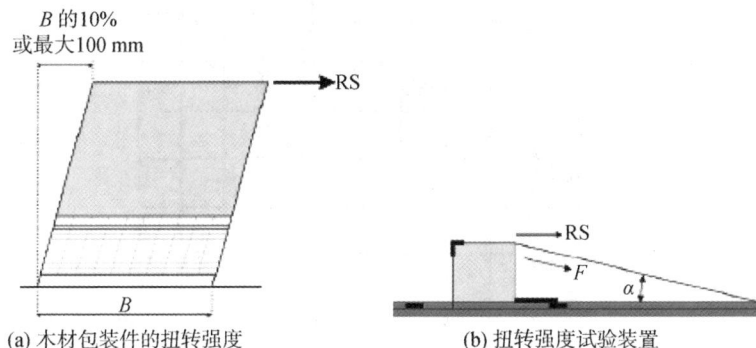

图 8-68　木材包装件的扭转强度和试验装置

8.4.3.2　作用于木材货的加速度和力

甲板木材货系固装置在横向应按 CSS 附则 13 的要求(见本章 8.5.3 节 8.5.3.1 条),根据所产生的加速度以及风力和波浪力进行设计。只有当充分采取措施避免加速度在恶劣迎浪下过大时,木材甲板货方可不做纵向专门系固。

按 CSS 附则 13 计算所得的横向加速度可乘以一个折减系数 f_R,该系数视预定航行期间的预计最大有义波高 H_M(m)按式(8.4.1)计算。

$$f_R = \sqrt[3]{\frac{H_M}{19.6}} \qquad (8.4.1)$$

式(8.4.1)中,数值 19.6 为假定将在北大西洋产生的二十年波。不同海域和季节的相关有义波高可从"海浪统计"中查得。

折减系数 f_R 也可通过预定航行期间的预计最大有义波高 H_M 从图 8-69 中查取。

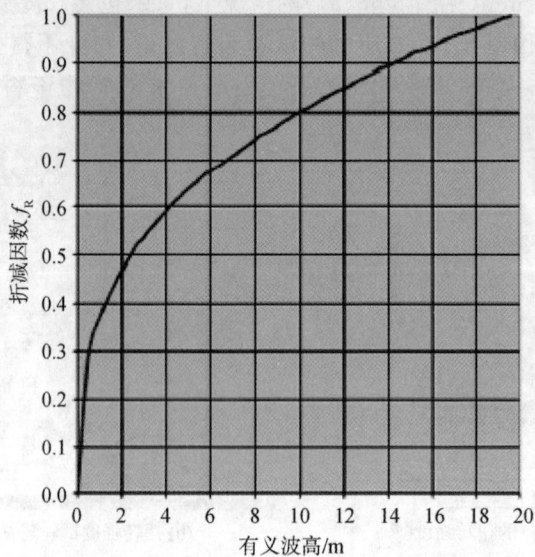

图 8-69　折减系数与预计有义波高函数曲线

8.4.3.3　系固装置安全系数

（1）按最小破断强度（MBL）计算绑扎索最大系固力（MSL），见本章 8.5.1 节表 8-33。

（2）绑扎索的最大许用计算强度（CS）作为 MSL 的函数。计算中所用的绑扎索和立柱的最大许用计算强度（CS）按下式获取：

$$CS \leqslant \frac{MSL}{1.35} \qquad (8.4.2)$$

8.4.3.4　系固装置的设计标准

对一些典型的绑扎设计，本手册根据规范规则给出设计的标准，对其他不同的绑扎方案可以此类推。计算式(8.4.3)至式(8.4.16)中使用的符号说明如下：

a_t——货堆前端或后端的甲板货重心处最大横向加速度，m/s^2；

B——甲板货宽度，m；

b——各堆包装件宽度；

CS——绑索计算强度，kN；

f_R——预计海况造成的加速度折减因数；

g_0——重力加速度 $9.81\ m/s^2$；

H——甲板货高度,m;

h——拱背索在甲板以上系于立柱的高度,m;

k——计及拱背索时的因素,

如不用拱背索,则 $k=1$;

如用拱背索,则 $k=1.8$;

L——系固甲板货或甲板货段的长度,m;

L_L——每根绑索的长度,m;

$M_{bending}$——立柱设计弯矩,kN·m 计;

MSL——货物系固装置最大系固载荷,kN;

m——系固甲板货或甲板货段的质量,t,包括吸收水分和可能结冰;

N——各舷所计及货段的支撑立柱数量;

n——绑索数量;

n_b——甲板货每侧底部遮挡装置数量;

n_P——每行并排包装件堆数量;

P_S——无法避免的海浪晃动压力,kN,基于每 m² 暴露面积 1 kN,见 CSS 规则附件 13;

T_V——绑索垂直部分预张力,kN;

T_H——绑索水平部分预张力,kN;

P_W——风压,kN,基于每 m² 受风面积 1 kN,见 CSS 规则附件 13;

q——木材包装件层数;

R_S——木材包装件每米扭转强度,kN/m,根据材料物理特性;

α——舱口盖顶板与绑索夹角,(°);

δ——甲板货因绑扎装置的弹性而产生的少量横向移动,m;

ε——绑扎设备弹性因数,取为绑索的 MSL 载荷下产生的伸长率分数;

$\mu_{dynamic}$——木材甲板货和船舶甲板/舱口盖动态摩擦系数,计为静态摩擦值的 70%;

$\mu_{internal}$——锯木包装件内部的动态摩擦系数;

μ_{static}——木材甲板货和船舶甲板/舱口盖静态摩擦系数。

(1) 纵向堆装的包装木材的顶部覆盖式绑扎

顶部覆盖式绑扎(见图 8-70)是一种摩擦绑扎法,该方法通过施加垂向压力使得靠外侧的甲板货(图 8-70 中阴影部分)层与层之间(包括与船体甲板/舱口盖之间)的摩擦力增加,以达到横向力的平衡如式(8.4.3)所示。

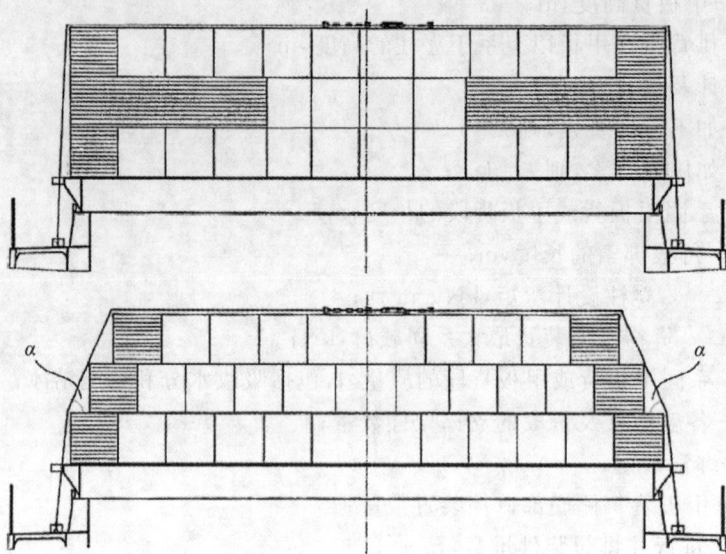

图 8-70　包装木材的顶部覆盖式绑扎

$$(m \cdot g_0 + 2 \cdot n \cdot T_V \cdot \sin \alpha) \cdot \mu_{static} \geqslant m \cdot a_t + P_W + P_S \qquad (8.4.3)$$

木材包装件的高度不同或者在纵列之间插入垂直结实的板条(见图 8-71),都可以防止木材层与层之间的滑动。

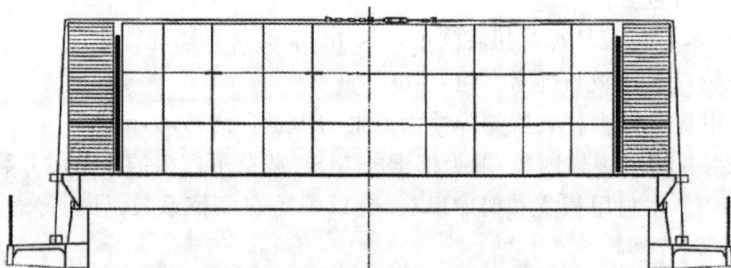

图 8-71　加垂直板条防止层间滑动

如果木材层与层之间存在滑移,则滑移层以上木材货的力平衡式如下,

$$(m_a \cdot g_0 + 2 \cdot n \cdot V_V \cdot \sin \alpha) \cdot \mu_{static\,a} \geqslant m_a \cdot a_t + P_{W_a} + P_{S_a} \qquad (8.4.4)$$

为防止因底层木材货因扭变而坍塌,底层以上的货物力平衡式如下式所示,

$$n_p \cdot L \cdot R_s \geqslant m_a \cdot (a_t - 0.5g_o) + P_{W_a} + P_{S_a} \qquad (8.4.5)$$

(2) 纵向堆放的包装木材的环捆式绑扎

环捆式绑索总是成对使用,有两种绑扎方式。方法一:绑索从货物一侧经货物

下面拉到另一侧,经货物上面回到原侧,如图 8-72 所示;或者方法二:绑索可在货物的下部系固于舱口盖上的某一点,如图 8-73 所示。

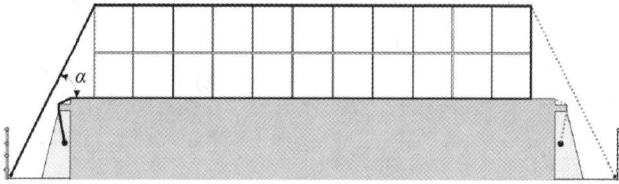

图 8-72　方法一,绑索在货物和船体结构(舱盖)之间,需要考虑磨损

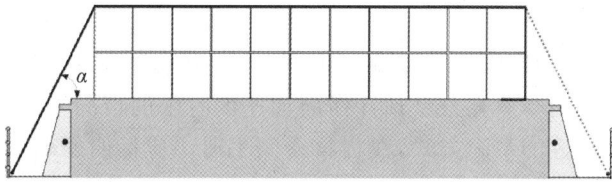

图 8-73　方法二,绑索短,拉伸长度小,便于收紧,可以减少货物的移动

绑索数量和强度的选择应满足如下平衡关系式(8.4.6)

$$(m \cdot g_0 + n \cdot \mathrm{CS} \cdot \sin \alpha) \cdot \mu_{\mathrm{dynamic}} + n \cdot \mathrm{CS} + n \cdot \mathrm{CS} \cdot \cos \alpha \geqslant m \cdot a_t + P_\mathrm{W} + P_\mathrm{S}$$

$$(8.4.6)$$

为防止因底层木材货扭变而坍塌,底层之上的货物力的平衡式如下

$$n_p \cdot L \cdot R_\mathrm{S} + n \cdot \mathrm{CS} \cdot \cos \alpha \geqslant m_a \cdot (a_t - 0.5g_0) + P_{\mathrm{W}_a} + P_{\mathrm{S}_a} \quad (8.4.7)$$

甲板货因绑索伸长而产生的横向移动量 δ 按下式计算,

$$\delta = L_L \cdot \frac{(\mathrm{CS} - T_V)}{\mathrm{MSL}} \cdot \varepsilon \qquad (8.4.8)$$

对绑索的伸长率 ε,除非设备商提供专门的证书,一般钢丝绳和链条取 2%,绑扎带取 7%。

在船舶满载甲板木材货的工况下,由于货物移动产生的船舶横倾角不得大于 5°。

$$A_\mathrm{H} = \arctan\left(\frac{M_\mathrm{H}}{G'M \cdot \Delta}\right) \qquad (8.4.9)$$

式中　A_H——横倾角,(°);

　　　M_H——由于货物移动产生的横倾力矩(N·m);

　　　$G'M$——按自由液面修正后的初稳性高,m;

　　　Δ——船舶实际排水量,t。

（3）纵向堆放包装木材的底部阻挡装置和顶部覆盖式绑索绑扎

阻挡装置是指堆装的货物紧靠船上的一种阻挡结构或固定件，一般可以是立柱。对于扭变量大的货物，底部应充分阻挡并加上顶部的覆盖式绑索。底部阻挡装置的强度（MSL）应满足以下关系式：

$$(m \cdot g_0 + 2 \cdot n \cdot T_V \cdot \sin \alpha) \cdot \mu_{static} + n_b \cdot \frac{MSL}{1.35} \geqslant m \cdot a_t + P_W + P_S$$

(8.4.10)

为防止底层包装件发生扭转变形，底层以上堆装货物（m_a）的质量应有所限制，并保证如下的力平衡：

$$n_p \cdot L \cdot R_S \geqslant m_a \cdot (a_t - 0.5 g_0) + P_{W_a} + P_{S_a}$$

(8.4.11)

（4）摩擦系固

在限制的海域（如遮蔽海域），圆木可横向堆装并仅以底部阻挡和/或层间摩擦方式系固。仅在层间摩擦充分且预计横向加速度有限的情况下，方可如此做。假如只是采用层间摩擦的系固方式，在货物系固手册中应标明船舶最大假定的横倾角。图 8-74 至图 8-79 所示为受限海域的圆木堆装方式，图中标有①的部分为纵向堆装圆木，用立柱系固；标有②的部分为横向堆装圆木，以摩擦式系固并加上或不加底部阻挡。

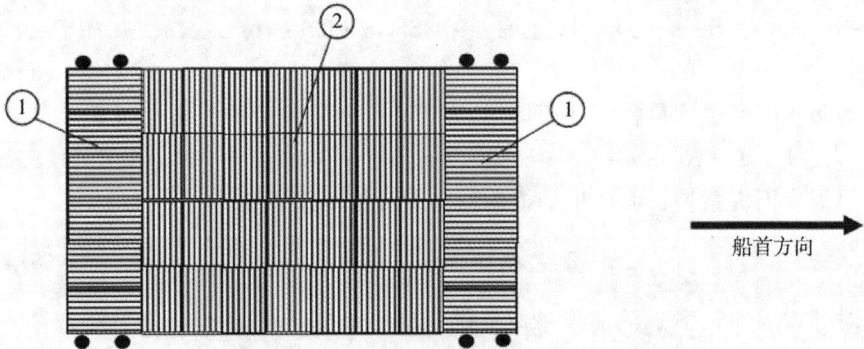

图 8-74 受限海域圆木堆装方式

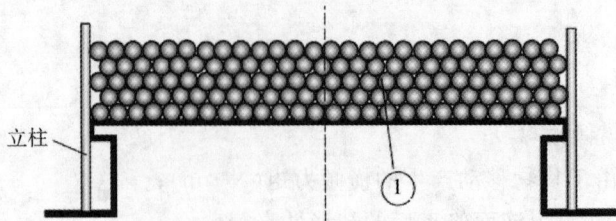

图 8-75 纵向堆装圆木，用立柱系固

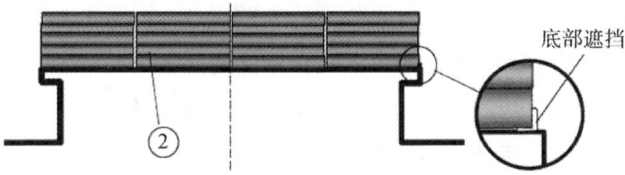

图 8-76 横向堆装圆木,以摩擦力系固并加底部阻挡装置

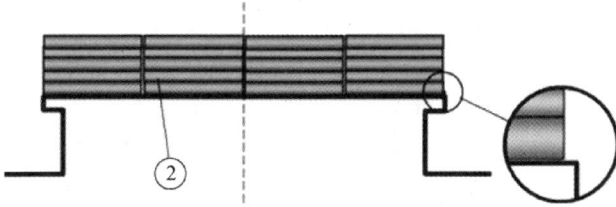

图 8-77 横向堆装圆木,仅以摩擦力系固(舱盖上涂防滑漆或铺防滑材料)

(备选 1)

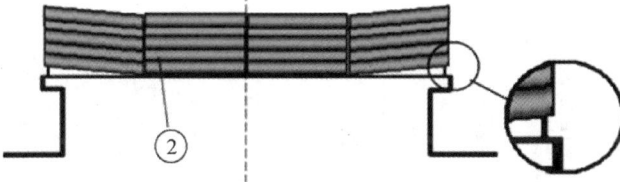

图 8-78 横向堆装圆木,仅以摩擦力系固(舱盖上涂防滑漆或铺防滑材料)

(备选 2)

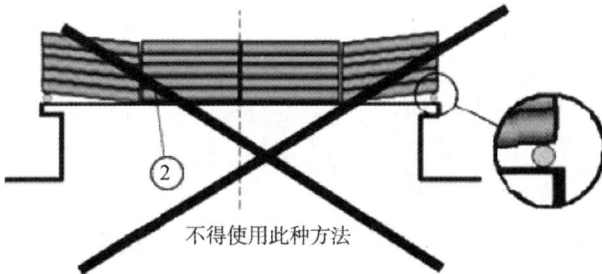

不得使用此种方法

图 8-79 横向堆装圆木,仅以摩擦力系固

底部阻挡装置的强度(MSL)应满足以下关系式:

$$m \cdot g_0 \cdot \mu_{\text{static}} + n_b \cdot \frac{\text{MSL}}{1.35} \geqslant m \cdot a_t + P_W + P_S \qquad (8.4.12)$$

层与层之间的摩擦力，应达到如下式所示的力平衡：

$$m \cdot g_0 \cdot \mu_{\text{static}} \geqslant m \cdot a_t + P_W + P_S \qquad (8.4.13)$$

（5）立柱的设计弯矩和强度标准

① 对载运圆木或散装锯木的船，立柱的设计弯矩 M_{bending} 根据以下计算所得：

$$CM_{\text{bending1}} = 0.1 \cdot \frac{H^2}{k \cdot B \cdot N} \cdot m \cdot g_0$$

$$CM_{\text{bending2}} = \frac{H}{3 \cdot k \cdot N} \cdot (m \cdot (a_t - 0.6 \cdot \mu_{\text{static}} \cdot g_0) + P_W + P_S)$$

$$M_{\text{bending}} \geqslant 1.35 \cdot \max(CM_{\text{bending1}}, CM_{\text{bending2}}) \qquad (8.4.14)$$

如果立柱和顶部覆盖式绑索配合使用，立柱的设计弯矩 M_{bending} 可减小 12%。

② 对包装锯木，立柱的设计弯矩 M_{bending} 可根据以下计算所得：

$$CM_{\text{bending1}} = \frac{m}{n_p \cdot k \cdot N} \cdot \left(a_t \cdot \frac{H}{2} - g_0 \cdot \frac{b}{2}\right) \cdot \frac{1 - (1 - f_i)^n}{f_i} \quad \text{（防倾所需弯矩）}$$

式中

$$f_i = \mu_{\text{internal}} \cdot \frac{2b}{H}$$

$$CM_{\text{bending2}} = \frac{H}{2 \cdot k \cdot N} \cdot m \cdot (a_t - \mu_{\text{internal}} \cdot g_0) \cdot \frac{q-1}{2q} \quad \text{（防滑所需弯矩）}$$

$$CM_{\text{bending3}} = \frac{H}{k \cdot N} \cdot [m \cdot a_t - (n_p - 4)(q - 2) \cdot L \cdot R_S] \cdot \frac{q-1}{2q}$$

$$\text{（防扭转变形所需弯矩）}$$

$$M_{\text{bending}} \geqslant 1.35 \cdot \max(CM_{\text{bending1}}, CM_{\text{bending2}}, CM_{\text{bending3}}) \qquad (8.4.15)$$

③ 如果立柱和倒钩钢丝绳绑索配合使用，每根倒钩钢丝绳绑索要求的最大系固载荷（MSL）应为

$$\text{MSL} \geqslant \frac{M_{\text{bending}}}{2 \cdot h} \qquad (8.4.16)$$

④ 由设计弯矩产生的应力最大不能超过该处立柱材料的极限应力的 50%。

8.4.4 人员保护及安全措施

运木船的露天甲板上堆满了木材货，而且通常堆装的高度也比较高，足以对人员的生命造成威胁。因此，必须采取有效措施，确保人员行走和操作的安全。如果在甲板上或木材顶面上设有方便行走的通道，供引水员或船员从船外或居住舱室安全地到达船舶所有需要到达的场所，则必须在甲板木材货的上表面和甲板上按下述方法设置行走通道：

（1）引水员梯处应设置通向桅屋或甲板室的通道，其高度不小于 2 m，宽度不小于 600 mm。

（2）在甲板木材货的上表面，靠近船体中心线处，沿纵向设置一条通道，该通道由两道平行的间距不小于 1.0 m 的护索装置组成。每道护索装置高度不小于 1.0 m，由三根护索（垂向间距不大于 330 mm）和栏杆柱（间距不大于 3.0 m）组成，栏杆柱用大钉固定在甲板木材货的上表面，护索用收紧器加以收紧。

（3）在甲板木材货上表面的两侧设置护索装置，并在船体中心线处设置安全索。两侧的护索装置平行于船体中心线设置，至少高出甲板木材货上表面 1.0 m，护索装置设置三根护索（垂向间距不大于 330 mm），每根护索须配置收紧器，护索的栏杆柱（护索柱）安装在立柱顶部。此外，在尽量靠近船体中心线处，设置一根配置收紧器的安全索，安全索一般采用直径 20 mm 的钢丝绳。护索和安全索的栏杆柱（支柱）间距不应使索过分下垂，一般情况下间距不大于 3.0 m。

当甲板木材货上表面不平整时，应在木材货上铺设一条宽不小于 600 mm 的安全走道，走道应可靠而牢固地装在安全索的下方或靠近安全索处。

（4）在甲板木材货的上表面，仅在船体中心线处设置安全索，也是安全通道选择的方案之一。该方案可以替代上述（2）和（3）两种安全通道，即在尽可能地靠近船体中心线处设置一根高于甲板木材货上表面 2 m 或 2 m 以上的安全索，供配备有坠落保护系统的船员挂钩用。该安全索装有收紧器，使安全索始终张紧。

8.5 半标准货及非标准货的货物单元受力计算

8.5.1 系固装置的强度及安全系数

本节的货物单元是指半标准货与非标准货的货物单元，如道路车辆、铁路车辆、甲板木材货、卷筒钢板等。

当系固装置是由若干部件连接而成（如钢丝绳连接卸扣、钩子或收紧器，再连接甲板眼板），则最大系固负荷（MSL）应是对整个绑扎装置而言。各种系固装置的最大系固负荷（MSL）列于表 8-33。

当采用改进的计算方法估算货物系固装置的数量及布置时，考虑到各个装置之间受力的不均匀性，以及由于装配不当引起的强度降低等因素，系固装置的计算强度（CS）值应在 MSL 值的基础上考虑安全系数为 1.5，即

$$CS = MSL/1.5 \qquad (8.5.1)$$

尽管引入了安全系数，还应尽量采用长度和材料性质接近的系固装置，以使各装置的弹性特性达到基本一致。

表 8-33 由破断强度确定的 MSL

系固装置名称	MSL/kN
卸扣、环、甲板眼板、低碳钢收紧器	50% 破断强度
纤维索(绳)	33% 破断强度
纤维网状绑扎件	50% 破断强度
钢丝绳(一次性使用)	80% 破断强度
钢丝绳(可重复使用)	30% 破断强度
钢带(一次性使用)	70% 破断强度
链	50% 破断强度

8.5.2 经验估算法

经验估算法基于以下的假定:

(1) 货物单元任一侧(左舷和右舷)的系固装置的最大系固负荷(MSL)之和应等于该货物单元的质量。

(2) 本方法实际上是将横向加速度的值取为 1 g(9.81 m/s^2),适用于所有尺度的船舶,不管其堆放位置、稳性和堆放条件、季节和运营区域。另外,本方法不考虑系索角度的不利作用以及同类系固点间的不均匀性,也未考虑摩擦的有利作用。

(3) 横向绑扎索与甲板之间的夹角应不大于 60°,并且使用适当的材料以产生足够的摩擦。夹角大于 60°的系索只能用于防止货物翻转而不能计入与经验方法有关的系索之中。

由上可知,经验估算法比较简单方便,是一种粗略的估算,可在方案设计阶段使用,以便粗略地估算绑扎设备的形式、强度和数量。若做详细而比较完整的计算,可用"改进计算法"最后确定系固装置的布置和所需的数量。

8.5.3 改进计算法

8.5.3.1 力的计算

作用在货物单元上的纵向(x)力、横向(y)力和垂向(z)力可按下式计算:

$$F_{(x, y, z)} = ma_{(x, y, z)} + F_{w(x, y)} + F_{s(x, y)} \tag{8.5.2}$$

式中 $F_{(x, y, z)}$——货物单元的纵向力、横向力和垂向力,kN;

m——货物单元的质量,t;

$a_{(x, y, z)}$——货物单元的纵向、横向和垂向加速度,m/s^2,基本加速度值见表 8-34;

$F_{w(x,y)}$——由风压造成的纵、横向力,kN;

$F_{s(x,y)}$——由浪的拍击造成的纵、横向力,kN。

确定基本加速度时,货物装载位置如图 8-80 所示。

表 8-34　基本加速度值　　　　　　　　　　　　　　　　　(m/s²)

横向加速度 a_y									纵向加速度 a_x
甲二层	7.1	6.9	6.8	6.7	6.7	6.8	6.9	7.1	7.4	3.8
甲一层	6.5	6.3	6.1	6.1	6.1	6.1	6.3	6.5	6.7	2.9
二甲板	5.9	5.6	5.5	5.4	5.4	5.4	5.6	5.9	6.2	2.0
低货舱	5.5	5.3	5.1	5.0	5.0	5.1	5.3	5.5	5.9	1.5
X/船长	0.1	0.2	0.3	0.4	0.5	0.6	0.7	0.8	0.9	
垂向加速度 a_z									
	7.6	6.2	5.0	4.3	4.3	5.0	6.2	7.6	9.2	

注:横向加速度值包括因重力、纵摇和垂荡而引起的平行于甲板的分力。垂向加速度值不包括重力分力。X 为货物单元的重心距 A.P 的距离(m)。

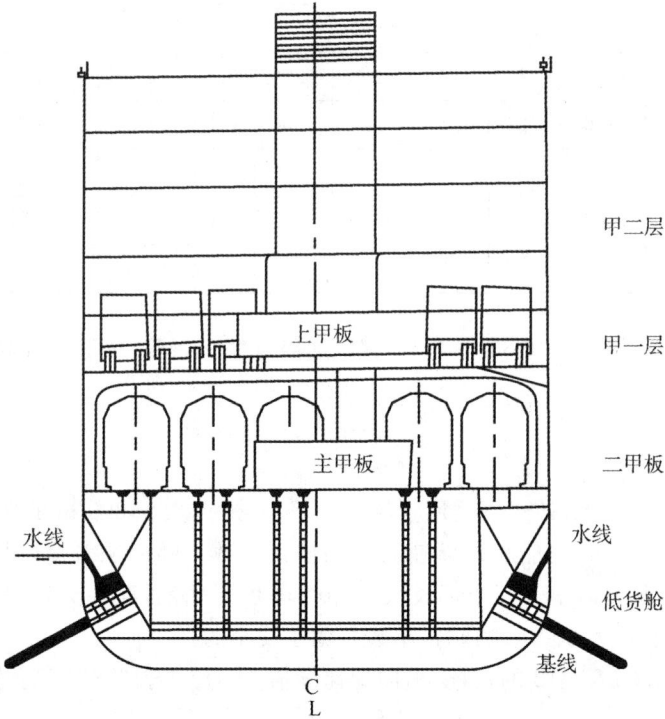

图 8-80　货物装载位置

（1）基本加速度值的修正

表 8-34 的基本加速度值仅在满足下列所有条件时有效：

① 船在无限航区航行；

② 全年营运；

③ 25 天为一个航次；

④ 船长为 100 m；

⑤ 服务航速为 15 kn；

⑥ $B/GM_0 \geqslant 13$（B 为船宽；GM_0 为初稳性高度）。

若在有限航区航行，列表值可在考虑季节和航次的航行时间后减小，减小后的值应得到相关船级社的认可。

a. 对于船长不是 100 m 且服务航速不是 15 kn 的船舶，则其基本加速度值（a_x、a_y、a_z）应乘以表 8-35 的修正系数进行修正。

表 8-35　与船长和航速有关的修正系数

航速/kn	船长/m										
	50	60	70	80	90	100	120	140	160	180	200
9	1.20	1.09	1.00	0.92	0.85	0.79	0.70	0.63	0.57	0.53	0.49
12	1.34	1.22	1.12	1.03	0.96	0.90	0.79	0.72	0.65	0.60	0.56
15	1.49	1.36	1.24	1.15	1.07	1.00	0.89	0.80	0.73	0.68	0.63
18	1.64	1.49	1.37	1.27	1.18	1.10	0.98	0.89	0.82	0.76	0.71
21	1.78	1.62	1.49	1.38	1.29	1.21	1.08	0.98	0.90	0.83	0.78
24	1.93	1.76	1.62	1.50	1.40	1.31	1.17	1.07	0.98	0.91	0.85

对于未直接列入表 8-35 中的船长/航速组合修正系数，按下式计算：

$$k_1 = \frac{0.345\upsilon}{\sqrt{L}} + \frac{58.62L - 1\,034.5}{L^2} \qquad (8.5.3)$$

式中　υ——航速，kn；

L——船长，m，该式不适用于船长小于 50 m 或大于 300 m 的船舶。

由表 8-35 可知，与船长及航速有关的修正系数是随船舶航速的增加而增加，而随船长的增加而减少。对于船长大于 200 m 的运输船，若在无正确的修正系数的情况下，取船长为 200 m 的修正系数是偏于安全的。

b. 对于 $B/GM_0 < 13$ 的情况，横向加速度值（a_y）应按表 8-36 进行修正。

表 8-36　当 B/GM_0 ＜13 时的修正系数

B/GM_0	7	8	9	10	11	12	13
甲二层	1.56	1.40	1.27	1.19	1.11	1.05	1.00
甲一层	1.42	1.30	1.21	1.14	1.09	1.04	1.00
二甲板	1.26	1.19	1.14	1.09	1.06	1.03	1.00
低货舱	1.15	1.12	1.09	1.06	1.04	1.02	1.00

显而易见,该修正系数是随着货物单元堆放的甲板高度增高而增加,但随 B/GM_0 值的增加而减小。

（2）关于风力的说明

应注意,风浪力（$F_{w(x,y)}$、$F_{s(x,y)}$）只存在于露天甲板的货物单元。

①风力＝1 kN/m²;

②浪的飞溅力＝1 kN/m²。实际的飞溅力可能大得多,该数值可以被认为经采取保护措施后的剩余部分。仅就高于露天甲板或舱口 2 m 以下的范围内的甲板货考虑飞溅力。在限制航区航行的船舶可以忽略飞溅力。

8.5.3.2　力和力矩的平衡计算

力和力矩的平衡计算应包括如下内容:

向左、右舷的横向滑移;

向左、右舷的横向翻转;

由于摩擦减少而发生的前后方向的纵向滑动。

（1）横向滑移

横向滑移的平衡计算应在如下条件下进行,如图 8-81 所示。

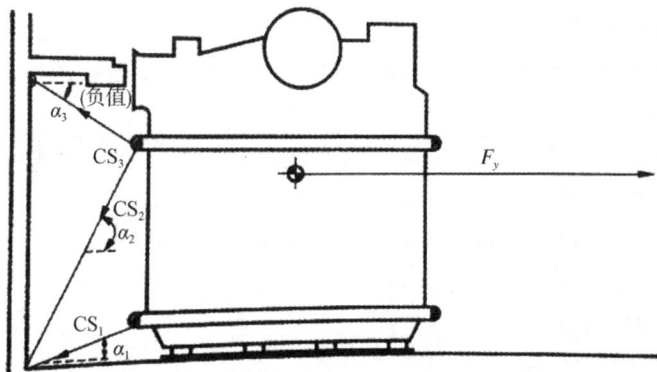

图 8-81　横向力的平衡

$$F_y \leqslant \mu_{\mathrm{mg}} + \mathrm{CS}_1 f_1 + \mathrm{CS}_2 f_2 + \cdots + \mathrm{CS}_n f_n \tag{8.5.4}$$

式中　F_y——由外力假设而得到的横向力,kN;

　　　　m——货物单元的质量,t;

　　　　n——纳入计算的绑扎索根数;

　　　　g——重力加速度,$g = 9.81$ m/s^2;

　　　　μ——摩擦系数:

　　　　　　$\mu = 0.4$,潮湿或干燥的木材-木材;

　　　　　　$\mu = 0.3$,钢-木或钢-橡胶;

　　　　　　$\mu = 0.1$,干燥的钢-钢;

　　　　　　$\mu = 0.0$,潮湿的钢-钢;

　　　　CS——系固装置的计算强度,kN;

　　　　f——μ 和垂向系固角(绑扎角)α 的函数,见表 8-37。

表 8-37　关于 μ 和 α 的函数的 f 值($f = \mu\sin\alpha + \cos\alpha$)

μ	α												
	-30	-20	-10	0	10	20	30	40	50	60	70	80	90
0.4	0.67	0.80	0.92	1.00	1.05	1.08	1.07	1.02	0.95	0.85	0.72	0.57	0.40
0.3	0.72	0.82	0.93	1.00	1.04	1.04	1.02	0.96	0.87	0.76	0.62	0.47	0.30
0.1	0.82	0.91	0.97	1.00	1.00	0.97	0.92	0.83	0.72	0.59	0.44	0.27	0.10
0.0	0.87	0.94	0.98	1.00	0.98	0.94	0.87	0.77	0.64	0.50	0.34	0.17	0

当垂向系固角 α 大于 60°时,将降低系固设备在防止货物单元滑动方面的作用,在横向滑移或纵向滑移的平衡计算中,不计入该系固设备,除非它用于防止货物单元翻转和提供预应力。

水平系固角不应大于 30°,否则该系固索不应纳入横向滑移的平衡计算中。但是车辆绑扎除外。

(2) 横向翻转

横向翻转平衡(见图 8-82)应满足下式:

$$F_y a \leqslant bmg + \mathrm{CS}_1 c_1 + \mathrm{CS}_2 c_2 + \cdots + \mathrm{CS}_n c_n \tag{8.5.5}$$

式中　F_y、m、g、CS——同式(8.5.4);

　　　　a——翻转力臂,m;

　　　　b——稳定力臂,m;

　　　　c——系固力臂,或称绑扎索力臂,m。

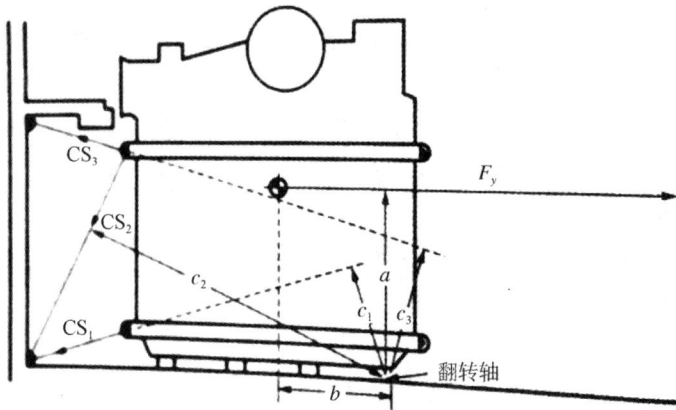

图 8-82　横向翻转平衡

8.5.3.3　纵向滑动

在正常情况下,横向系固装置(绑扎设备)在纵向有较小的偏角,其产生的纵向分力足以防止货物单元的纵向滑移。如纵向的摩擦系数太小,则纵向滑移的平衡计算应满足下式:

$$F_x \leqslant \mu(mg - F_z) + CS_1 f_1 + CS_2 f_2 + \cdots + CS_n f_n \qquad (8.5.6)$$

式中　F_x——由外力假设而得到的纵向力,kN;

　　　　n、μ、m、g——同式(8.5.4);

　　　　F_z——由外力假设而得到的垂向力,kN;

　　　　CS——纵向系固设备(绑扎设备)的计算强度,kN。

需要注意的是,在进行纵向滑动平衡计算时,横向绑扎索的纵向分力不应大于 0.5 CS。

8.6　《货物系固手册》及编制纲要

8.6.1　《货物系固手册》的用途

《货物系固手册》(Cargo Securing Manual,CSM,简称《手册》)是船舶货物布置、堆放和系固的总结性文件,全面反映了船舶主要参数、货物信息、系固设备的布置、数量、尺寸和强度等资料,相应地阐明了货物受力计算的方法,还对系固设备的应用及其强度要求提出了指导性意见,并对系固设备的维护保养提出要求和相应的措施。

符合《SOLAS 公约》适用范围，除装载散装固体和液体货物以外货物的船舶应随船配备经主管机关批准的 CSM。因此，《手册》是船上必备的重要文件之一，为船长和船员进行有效的装载和系固货物提供指导，以达到安全航行的目的。《手册》还提供给港口国、船旗国的检查人员、船级社的验船师及其他有关机关人员上船检查时使用。

《手册》是装载货物的船舶在海上航行的通行证之一，因此，《手册》在编制成册后必须提交船籍国的主管机构、船级社等有关部门审查和批准成为有效文件。《手册》也是船舶在海上航行、装货的法律文件。

应根据所编写船舶的类型编制与该船相适应的手册。目前，海安会通函 MSC. 1/Circ. 1353《货物系固手册编制指南》是编制《手册》的依据。应符合 IMO A. 714(17)决议通过的《货物堆装和系固安全实用规则》(CSS 规则)及其修正案，包括 MSC/Circ. 691(第 1 章及附则 5 的修订)，MSC/Circ. 740(附则 12 的修订)，MSC/Circ. 1026(附则 13 的修订)，MSC. 1/Circ. 1352(新增附则 14 甲板集装箱安全系固作业指南)的要求。

8.6.2 《货物系固手册》编制纲要

手册的编制有规定的格式，封面主要位置上要用较大而清晰的字体突出《××××船货物系固手册》的主体，下方为编制单位名称及编制日期；扉页上应明确：船名、船籍国、船型、船东、船级社、IMO 登记号、船舶主要参数(船长、型宽、型深、吃水、服务航速、总吨位、初稳性高度)。然后按下述内容编写，这里不做详细叙述，只做概要的介绍。

8.6.2.1 总则

总则包括在本《手册》中使用的术语定义，对本《手册》的一般概述，货物的信息资料。

8.6.2.2 系固设备的配置及其检查保养

内容包括：

(1) 固定式系固设备的配置

列出固定式系固设备的形式、数量、材质和最大系固载荷(MSL)，并列出图表。

(2) 活动系固设备的配置

讲明便携式系固设备的形式、数量、材质和最大系固载荷(MSL)等，并列出图表。

（3）系固设备的检查和维护保养

内容包括定期检查和维护保养,说明对所有零部件的日常外观检查和保养,按行政主管机关的要求进行定期的检查和测试,船上应备有足够数量的系固设备的备品,对不同种类系固设备的检查和维护保养的具体要求。检查和保养的各项内容,包括有关验收、维护、修理或报废的程序,检查时间、人员、项目及检查结果以及进行的修理,均应记录在 CSM 所附的记录簿中。

8.6.2.3　非标准货和半标准货的堆放和系固

内容包括:

（1）使用和安全须知

阐述货物系固的一般原则,货物对运输的适合性,货物配载,货物系固布置,磨损和撕裂后的残剩余强度,船上的监督和管理,避免摩擦力不足的问题,进入围蔽处所需要注意的问题,船长需考虑的一般要素,货物堆放和系固的声明,导致货物损失的原因,船员或码头工人对货物系固的安全须知。

（2）对作用在货物单元上的力的估算

根据 CSS 附则 13《对非标准货物绑扎装置有效性的评估方法》,描述作用在货物单元上的力的情况及有关因素,对货物系固布置有效性的评估方法,把货物单元受力计算的内容载入手册中。

（3）堆装各种货物单元、车辆和货物堆剁时,便携式系固设备的应用

说明正确使用便携式系固设备以及考虑便携式系固设备数量及强度时,船长应考虑的问题,并明确应用便携式系固设备的数量和绑扎角度都要在本《手册》中加以描述。

（4）对滚装船的补充要求

本条上述（3）款提到的要求同样适用于滚装船。此外,对滚装船提出补充要求,内容包括:

①船舶甲板上的系固点;

②道路车辆上的系固点;

③绑扎件;

④车辆的装运。

（5）散货船

本条上述（3）款提到的要求同样适用于散货船。

如果散货船装卸的货物为《SOLAS 公约》第Ⅵ或第Ⅶ章所提及的"货物单元",应根据主管机关认可的《货物系固手册》堆装和系固货物。

（6）木材甲板货

说明木材甲板货的堆装与系固方法，且应符合 A.1048(27)决议《木材甲板货运输船安全实用规则》和《1966 年载重线公约》第 44 条的要求。

按原《木材甲板货运输船安全实用规则》(A.715(17)决议)批准的现有《货物系固手册》可继续有效。

8.6.2.4 集装箱和其他标准货的安全堆装和系固

主要内容如下：

(1) 使用和安全须知

① 正确使用系固设备须知。

② 船上与岸上人员使用系固设备和对集装箱或其他标准货的系固与解除系固的安全须知。

(2) 堆装和系固须知

① 堆装与系固方案。

② 甲板上和甲板下的堆码与系固原则。

(3) 其他允许的堆装方式

(4) 作用在货物单元上的外力，内容系指集装箱的受力和系固计算。

8.6.2.5 货物安全通道布置(CSAP)

专门设计为载运集装箱的船舶应提供货物安全通道布置(cargo safe access plan)来证明人员具有安全通道进行集装箱系固操作。CSAP 应为安全进行货物堆装和系固布置提供详细的布置，并应包含以下人员工作区域的内容：

(1) 护栏；

(2) 平台；

(3) 走道；

(4) 梯子；

(5) 出入口盖；

(6) 设备存放设施的位置；

(7) 照明设施；

(8) 舱口盖/立柱上的集装箱堆列；

(9) 冷藏箱插座；

(10) 急救站及应急通道。

8.6.2.6 手册应包含以下相应的附件内容

附件 1. 货物系固设备的更新记录表。

附件 2. 货物系固设备的检查、保养和维护记录表。

根据船舶装运的货物种类，作为附件，在手册最后添加以下相应的附则内容：

（1）CSS 附则 1. 非为运输集装箱而专门设计和装备的船舶的甲板上的集装箱的安全堆装与系固。

（2）CSS 附则 2. 移动式罐柜的安全堆装与系固。

（3）CSS 附则 3. 移动式容器的安全堆装与系固。

（4）CSS 附则 4. 轮载（滚动）货物的安全堆装与系固。

（5）CSS 附则 5. 机车、变压器等重件货的安全堆装与系固。

（6）CSS 附则 6. 成卷钢板的安全堆装与系固。

（7）CSS 附则 7. 重金属制品的安全堆装与系固。

（8）CSS 附则 8. 锚链的安全堆装与系固。

（9）CSS 附则 9. 散装金属废料的安全堆装与系固。

（10）CSS 附则 10. 柔性中型散装容器的安全堆装与系固。

（11）CSS 附则 11. 甲板下原木的安全堆装与系固。

（12）CSS 附则 12. 成组货物的安全堆装与系固。

（13）CSS 附则 14. 甲板集装箱安全系固作业指南。

（14）A.1048(27)决议 木材甲板货运输船安全实用规则。

第9章 船舶减摇装置

9.1 船舶减摇装置简述

9.1.1 减摇装置的作用

当船舶在海上航行或停泊时，由于受风浪的影响，会产生横摇、纵摇、垂荡等摇摆运动，船舶的摇摆会对船舶航行安全和作业产生有害影响，主要表现在以下方面：

（1）降低船舶的动稳性储备，尤其在不利条件下，可能会使船舶失去稳性而倾覆；

（2）增大航行阻力，降低航速、增加油耗、延误航期；

（3）恶化仪器、设备、系统和机械的运行条件，甚至导致工作失常和损坏；

（4）恶化船的操纵性，降低船舶推进性能（螺旋桨效率下降，甚至出水等），导致失速或偏航；

（5）使船上固定不牢的货物移动、碰撞损坏、落水；

（6）恶化船员和乘客的居住生活条件，造成乘员不适和晕船等。

在船舶的摇摆运动中，横摇的影响最大，因而通常所说的船舶减摇（除特别说明外）即指减小船舶的横摇运动。如舭龙骨、减摇水舱、减摇鳍等，主要作用都是为了减小横摇。对于单体船来说，减横摇是船舶减摇的中心问题。

9.1.2 减摇装置的形式

船舶减摇作为一门学科已经有一百多年的历史，先后出现了三百五十多种减摇装置，其中实际应用推广的主要有舭龙骨、减摇鳍、减摇水舱和减摇陀螺等。

9.1.2.1 舭龙骨

舭龙骨是一种历史悠久、结构简单且使用最为广泛的减摇装置。舭龙骨沿船舶的流线方向设置于船长中部两舷的舭部处,其每一舷的面积一般为 L(船长)$\times B$(船宽)的 $2\%\sim4\%$,其宽度应能保证船舶在靠离码头或搁浅时,不会损及舭龙骨自身结构。

舭龙骨的主要作用是利用其在船舶摇摆时产生的阻尼,减小船舶的横摇角,并使横摇周期稍有延长。舭龙骨在船舶设计时,通常作为船体结构的一部分进行设计。

9.1.2.2　减摇鳍

减摇鳍是在船舶中剖面附近(中前或中后),左、右两舷处水线下一定深度处的具有机翼形剖面的鳍。对于减摇需求较大的船舶可安装两对减摇鳍。按减摇鳍是否可收入船体内可划分为非收放式(见图 9-1)和收放式(见图 9-2)减摇鳍装置。

图 9-1　非收放式减摇鳍装置

图 9-2　收放式减摇鳍装置

减摇鳍装置的工作原理为：当船舶以一定的航速前进时，设置在舷部的鳍与水流方向形成攻角，在鳍上产生了升力 P_y。在控制系统的操纵下转动鳍角，使得，左右舷的两个鳍上产生大小相等方向相反的升力，形成了与船舶摇摆方向相反的力矩，即为减摇力矩。减摇力矩与波浪的扰动力矩呈相反的极性，达到了主动抗衡波浪对船舶产生的摇摆，大大地减小了船的摇摆。

9.1.2.3 减摇水舱

减摇水舱按照工作原理可分为被动式、可控被动式和主动式。

主动式减摇水舱是往水舱内注入压缩空气，利用气压控制处于不同位置的水舱内的水位高度，进而利用水重力产生的复原力矩减摇。这种方式虽然减摇效果很好，但由于功率消耗过大，目前一般只用于抗倾。

被动式减摇水舱是通过结构设计使舱内水振荡的固有频率（以下简称水舱固有频率）接近于船舶的横摇固有频率（以下简称船舶固有频率），并在船舶横摇响应最大的频率范围内，水舱依据双共振原理实现减摇。这种方式结构简单、造价低、维护维修方便，目前仍有一定的应用。但这种方式不能适应装载以及海况的变化，偏离设计工况时不但不能减摇，有时反而会增摇。

可控被动式减摇水舱是对被动式减摇水舱的改进，通过增加控制装置调节水舱固有频率或水位振荡与船舶横摇的相位差来适应装载和海况的变化，是减摇水舱的发展方向。"可控"是指水舱的固有频率或振荡相位可控，能适应装载和海况变化；"被动"是指减摇的能量来源于波浪，设备的功耗仅用于控制，功耗很小。当前国内外新造船舶在配置减摇水舱时绝大多数都采用可控被动式。

其中尤以可控被动式 U 形水舱（图 9-3）应用最为广泛，其功耗低，能适应装载和海况的变化，避免了长周期时的增摇现象，在各种航速下都能发挥较好的减摇效果。目前在公务船、科考船、工程船、物探船、货船、渔业加工船、巡逻船等等各种船舶上得到应用。

U 形水舱的工作原理是依靠舱内水的左右振荡产生的周期性力矩实现减摇。船在波浪力矩的作用下发生横摇，当波浪力矩频率与

图 9-3　可控被动式 U 形水舱

船舶固有频率接近时，船舶横摇角最大且滞后波浪力矩大约 90°。同理，船舶横摇带动舱内水振荡产生减摇力矩，当船舶横摇频率与水舱固有频率接近时，水舱产生的减摇力矩值达到最大，且滞后船舶横摇大约 90°。波浪力矩、船舶横摇角、减摇力矩三者之间相位关系如图 9-4 所示。这种物理现象称之为双共振，此时水舱减摇

力矩值达到最大且与波浪力矩反向,减摇效果最佳。水舱的工作过程示意如图 9-5
所示。

---波浪力矩
船舶横摇角
减摇力矩

图 9-4　波浪力矩、船舶横摇及减摇力矩的相位关系

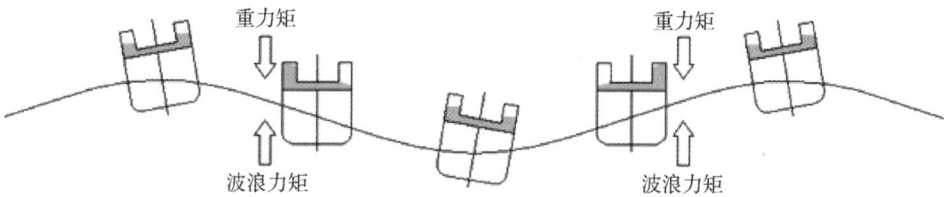

图 9-5　水舱工作过程示意

　　船上装有 U 形水舱时,船的横摇运动与舱内水的运动相互影响。在仅考虑船
舶横摇的情况下,可以将"船舶-水舱"简化为二自由度振荡系统,即船舶横摇角度 φ
与舱内水的相对位移 z 之间的关系系统,从而可以得到在不同频率波浪力矩激励
下的船舶横摇运动响应,如图 9-6 所示。

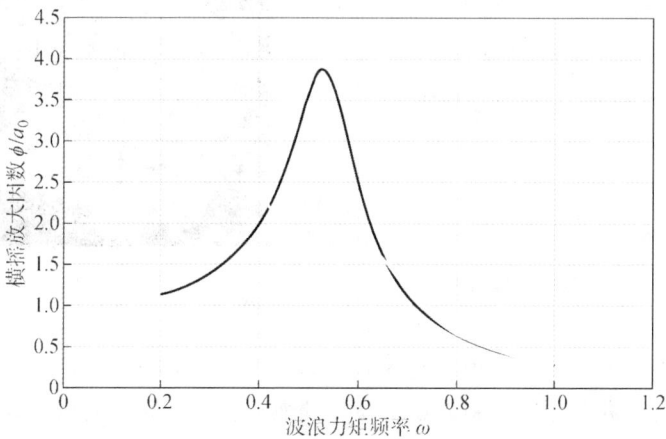

图 9-6　水舱工作前后船舶横摇响应对比

当波浪力矩频率、水舱固有频率、船舶固有频率三者相同时（即图 9-6 中的谐振点），减摇水舱所产生的减摇力矩值最大。此时，减摇水舱中，水的振荡频率与波浪频率的相位差达到最大值，为 $180°$。因此，决定水舱所产生的力矩能否充分用于减摇的因素是相位差。当相位差过小时，水舱产生的力矩表现为增摇力矩。

装有减摇水舱的船舶，在谐振点时，其减摇效果最为明显。当波浪力矩频率偏离船舶固有频率时，减摇效果下降，并呈现双峰现象，且在低频波浪力矩下，出现增摇现象。

可控被动式的减摇水舱基本原理就是通过控制设备，使舱内水振荡产生的力矩尽可能大，且相位差尽量接近 $180°$，以充分发挥水舱的减摇能力，并避免增摇区域的出现。

9.1.2.4 减摇陀螺

船舶减摇陀螺装置是控制力矩陀螺理论在船舶减摇领域的一种特殊应用，其核心部件是绕转子轴高速自转的转子（或称飞轮）。转子支撑在一个框架上（称为内框），内框可绕进动轴前后进动。整个飞轮及内框安装于另一框架上（称为外框），外框与船舶刚性连接。在海浪的激励下，船舶带着外框绕船舶横摇轴摇摆，利用大惯量转子高速旋转时的陀螺稳定效应使船舶摇摆减小，如图 9-7 及图 9-8 所示。

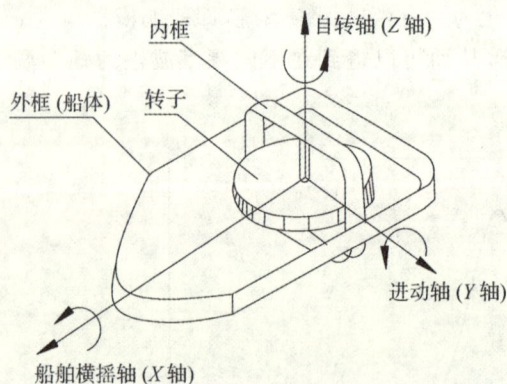

图 9-7　减摇陀螺原理图　　　　　　　　　　图 9-8　减摇陀螺装置

由于陀螺产生的减摇力矩与进动角速度及进动角度密切相关，因此在实际海况中必须对陀螺进动加以控制以获得最佳的效果。减摇陀螺装置在实际海况中根据船舶的横摇状态，通过液压系统实时地对陀螺进动进行调节，使在每个横摇周期内都能产生最大的减摇力矩，并使陀螺进动控制在最大进动角以内。

相较其他船舶减摇方式,减摇陀螺装置具有如下优点:

(1) 减摇效果优异,装船容量足够时一般可达 80% 以上。

(2) 可在任意航速下实现减摇。

(3) 无舷外附体,不会产生附加阻力。

(4) 由于减摇陀螺直接产生的是力矩,因此可以安装在船舶任何位置,安装非常灵活。

(5) 由于减摇陀螺装置是依靠高速转子的自稳定效应减摇的,自身消耗功率相对较小。

9.1.3　减摇装置的选择

通常在选择减摇装置时应考虑如下因素:

(1) 减摇效果。减摇鳍的减摇效果最好,被动可控式减摇水舱和被动式减摇水舱次之。但因减摇鳍的减摇作用与船速平方成正比,在低速下效果差,不宜使用。减摇水舱则无此类限制,可用于低航速或需在停泊状态下工作的船舶。

(2) 舱内空间占有率。减摇水舱比减摇鳍占据更大的船舶有效空间。

(3) 对航速和功率的影响。减摇水舱因设在船体内部,不增加船体阻力。减摇鳍则从两舷伸入水中,且船体上有开口,会增加船舶在静水中的航行阻力。

(4) 所需功率。减摇鳍装置中使鳍转动需要较大功率,且与许多因素有关。而被动可控式减摇水舱的开阀功率很小,可忽略不计。

(5) 质量。通常,减摇水舱中的水量相当于船舶总排水量的 1%～4%,减摇鳍装置的质量则只占船舶总排水量的 0.5%～1%。

9.2　船舶在海浪中的运动

9.2.1　船舶运动的一般情况

船舶在海浪中的运动有六个自由度,通常以船的首尾方向为 x 轴、左右舷方向为 y 轴、上下方向为 z 轴建立的坐标系(图 9-9)描述船舶的运动,绕 x、y 和 z 轴的角位移振荡运动分别叫作横摇、纵摇和艏摇,沿 x、y 和 z 方向的线性位移振荡运动分别叫作纵荡、横荡和升沉。

如前所述,船舶的摇摆运动中,以横摇的影响最大,因而通常所说的船舶减摇(除特别说明外)即指减小船舶的横摇运动。

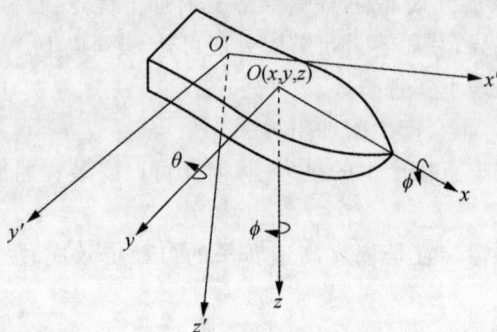

图 9-9　船舶的运动自由度

9.2.2　船舶横摇的基本方程

9.2.2.1　船舶横摇时的受力

船舶在波浪中的横摇受到以下四种力的作用(见图 9-10):

(1) 复原力。当船舶横摇达到某一角度 φ 时,此时浮力和重力不再在同一垂直线上,形成一个使船舶恢复到原来位置的力矩,即复原力矩 M。当横摇角不太大时,可以按下式确定:

$$M(\varphi) = K_\varphi \varphi = -Wh\varphi \quad (9.2.1)$$

式中　W——船的重力,N;

$\qquad W = 1000\Delta g$,Δ 为船舶排水量,t,g 为重力加速度,m/s^2;

$\qquad h$——船舶初稳心高,m;

$\qquad \varphi$——船舶横摇角,rad。

负号表示复原力矩方向与横摇角方向始终相反。

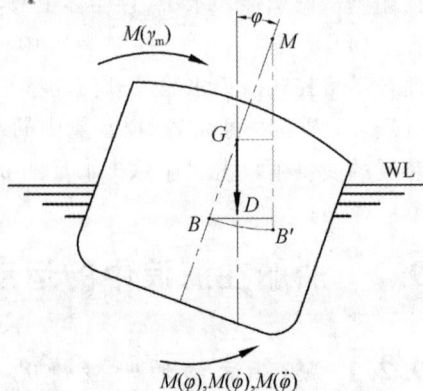

图 9-10　船体横摇受力示意图

(2) 阻尼力。船舶在水中横摇时,由于船体和水之间的相对运动,船体受到阻力的作用。对于转动,则表现为阻尼力矩的形式。阻尼力矩主要包括:摩擦阻尼、兴波阻尼、漩涡阻尼。此外,还有升力引起的阻尼、舭龙骨的兴波阻尼、舭龙骨与船体的干扰阻尼等。

船舶横摇阻尼力矩与船体形状、装载情况、舭龙骨、横摇频率和幅值等多种因素有关。横摇阻尼是角速度的函数,一般表示为

$$M(\dot{\varphi}) = K_P\dot{\varphi} + K_{PP}\,|\dot{\varphi}|\,\dot{\varphi} \tag{9.2.2}$$

大角度横摇时,阻尼力矩与角速度成平方关系且更接近于实际情况,即

$$M(\dot{\varphi}) = K_{PP}\,|\dot{\varphi}|\,\dot{\varphi} \tag{9.2.3}$$

小角度横摇时,认为船舶是时间恒定的线性系统,阻尼力矩与角速度呈线性关系:

$$M(\dot{\varphi}) = K_P\dot{\varphi} = -2N\dot{\varphi} \tag{9.2.4}$$

(3)惯性力。船舶在横摇过程中有角加速度存在,必然产生惯性力矩。横摇的惯性力矩由两部分组成,即船体本身的惯性力矩和附加惯性力矩。一般来说,它们都与角加速度呈线性关系

$$M(\ddot{\varphi}) = -I_x\ddot{\varphi} + K_{\dot{p}}\ddot{\varphi} = -(I_x + J_x)\ddot{\varphi} = -I'_x\ddot{\varphi} \tag{9.2.5}$$

(4)波浪扰动力。波浪对正浮状态船体的扰动力矩由三部分组成,分别为复原扰动力矩、阻尼扰动力矩、惯性扰动力。波浪对船体总的扰动力矩可以写成:

$$M(\alpha_e,\ \dot{\alpha}_e,\ \ddot{\alpha}_e) = -K_\varphi\alpha_e - K_P\dot{\alpha}_e - K_{\dot{p}}\ddot{\alpha}_e \tag{9.2.6}$$

一般情况下,$K_P\dot{\alpha}_e$ 和 $K_{\dot{p}}\ddot{\alpha}_e$ 与 $K_\varphi\alpha_e$ 相比量值较小,于是上式可简化为

$$M(\alpha_e) = -K_\varphi\alpha_e = Wh\alpha_e \tag{9.2.7}$$

式中 α_e——有效波倾角。

9.2.2.2 船舶横摇时的运动方程

根据物体动平衡原理,船舶的平衡条件为 $\sum M = 0$,即联立式(9.2.1)、式(9.2.4)、式(9.2.5)和式(9.2.7),则得到横摇运动微分方程:

$$-I'_x\ddot{\varphi} + K_P\dot{\varphi} - Wh\varphi + Wh\alpha_e = 0 \tag{9.2.8}$$

有效波倾角 α_e 可写成:

$$\alpha_e = \alpha_{eA}\sin \omega t \tag{9.2.9}$$

式中 α_{eA}——有效波倾角幅值。

引入符号:

$$n = -\frac{K_P}{2I'_x},\quad \text{为衰减系数}$$

$$\omega_\varphi = \sqrt{\frac{Wh}{I'_x}},\quad \text{为横摇固有频率}$$

$$T_\varphi = \frac{2\pi}{\omega_\varphi},\quad \text{为横摇固有周期}$$

则横摇运动微分方程可写成:

$$\ddot{\varphi} + 2n\dot{\varphi} + \omega_\varphi^2\varphi = \alpha_{eA}\omega_\varphi^2\sin \omega t \tag{9.2.10}$$

设 $\zeta = \dfrac{n}{\omega_\varphi}$，为无因次衰减系数，则

$$\ddot{\varphi} + 2\zeta\omega_\varphi\dot{\varphi} + \omega_\varphi^2\varphi = \alpha_{eA}\omega_\varphi^2\sin \omega t \qquad (9.2.11)$$

这是一个二阶常系数非齐次微分方程式，它代表了作为线性系统的船舶横摇方程。从物理学观点来看，船体相当于一个能量转换器，输入是波浪的有效波倾角 α_e，输出是船舶横摇角 φ。该线性系统传递函数为：

$$H(S) = \frac{\omega_\varphi^2}{S^2 + 2\zeta\omega_\varphi S + \omega_\varphi^2} \qquad (9.2.12)$$

频率响应函数为

$$H(j\omega) = \frac{\omega_\varphi^2}{(j\omega)^2 + 2\zeta\omega_\varphi(j\omega) + \omega_\varphi^2} \qquad (9.2.13)$$

响应幅值算子为

$$|H(j\omega)|^2 = \frac{\omega_\varphi^4}{(\omega_\varphi^2 - \omega)^2 + 4\zeta^2\omega_\varphi^2\omega^2} \qquad (9.2.14)$$

根据谱分析理论，对于线性系统，输出谱密度等于输入谱密度乘以系统的响应幅值算子：

$$S_\varphi(\omega) = |H(j\omega)|^2 S_{\alpha_e}(\omega) = \frac{\omega_\varphi^4}{(\omega_\varphi^2 - \omega)^2 + 4\zeta^2\omega_\varphi^2\omega^2} S_{\alpha_e}(\omega) \qquad (9.2.15)$$

由此得到有效波倾角谱密度和船舶横摇角谱密度之间的计算关系。

波浪谱密度函数，通常取 ITTC 单参数谱：

$$S_\zeta(\omega) = \frac{0.78}{\omega^5}\exp\left(-\frac{3.12}{(\zeta_W)_{1/3}^2\omega^4}\right) \qquad (9.2.16)$$

由波浪理论，波倾角与波幅有如下关系：

$$\alpha = \frac{\omega^2}{g}\zeta_A(\text{rad})，或表示为 \alpha = \frac{57.3\omega^2}{g}\zeta_A(°) \qquad (9.2.17)$$

式中，$\zeta_A = 2\zeta_W$，其中 ζ_A 为波幅，ζ_W 为波高。

由此，波倾角谱密度与海浪波高谱密度之间的关系可按下式计算：

$$S_a(\omega) = \left(\frac{57.3}{g}\right)^2\omega^4 S_\zeta(\omega) \qquad (9.2.18)$$

由波浪理论，波倾角和有效波倾角有如下关系：

$$\alpha_e = \chi_B\chi_T\alpha\sin \mu \qquad (9.2.19)$$

式中　χ_B 和 χ_T ——分别为船宽修正系数和吃水修正系数，可由有关资料查得；

　μ ——浪向角，通常取共振浪向角 $\mu = \mu_P$。

共振浪向角下，波倾角谱密度与有效波倾角谱密度之间的关系为

$$S_{\alpha_e}(\omega) = (\chi_B\chi_T)^2\sin^2\mu_p S_a(\omega) \qquad (9.2.20)$$

有浪向时,波浪与船舶相互作用的遭遇频率按下式计算:

$$\omega_e = \left| \omega - \frac{\omega^2 V}{g}\cos(\mu_P) \right| \qquad (9.2.21)$$

令 $\omega_e = \omega_\varphi$, $\omega = \omega_*$ (ω_* 为波倾角谱密度峰值对应的波浪圆频率),则得到共振航向角计算式:

$$\mu_P = \cos^{-1}\frac{g(\omega_* - \omega_\varphi)}{\omega_*^2 V} \qquad (9.2.22)$$

共振航向角下,船的横摇角谱密度函数按下式计算:

$$S_\varphi(\omega) = \frac{\omega_\varphi^4}{(\omega_\varphi^2 - \omega_e)^2 + 4\zeta^2\omega_\varphi^2\omega_e^2}S_{a_e}(\omega) \qquad (9.2.23)$$

减摇以后的船舶横摇方程:

$$\ddot{\varphi} + 2\zeta\omega_\varphi\dot{\varphi} + \omega_\varphi^2\varphi = \alpha_{eA}\omega_\varphi^2\sin\omega t - K_q \qquad (9.2.24)$$

式中,K_q 为鳍产生的减摇力矩项。

采用角速度控制的减摇鳍工作后,即令 $K_q = 2\zeta_s\omega_\varphi\dot{\varphi}$,则船舶横摇方程可写为:

$$\ddot{\varphi} + 2\zeta_0\omega_\varphi\dot{\varphi} + \omega_\varphi^2\varphi = \alpha_{eA}\omega_\varphi^2\sin\omega t \qquad (9.2.25)$$

式中,$\zeta_0 = \zeta + \zeta_s$,其中 ζ_s 为减摇鳍产生的附加阻尼系数。

减摇以后船的横摇角谱密度函数由下式计算:

$$S_{\varphi1}(\omega) = \frac{\omega_\varphi^4}{(\omega_\varphi^2 - \omega_e)^2 + 4\zeta_0^2\omega_\varphi^2\omega_e^2}S_{a_e}(\omega) \qquad (9.2.26)$$

鳍的有效静特性 φ_s:

$$K_q = \frac{DH\varphi_s}{I'_{xx}} = \omega_\varphi^2\varphi_s = 2\zeta_s\omega_\varphi\dot{\varphi} \qquad (9.2.27)$$

式中,$\varphi_s = \dfrac{2\zeta_s}{\omega_\varphi}\dot{\varphi}$。

鳍的有效静特性谱密度函数按下式计算:

$$S_{\varphi_s}(\omega) = \frac{4\zeta_s^2\omega_e^2}{\omega_\varphi^2}S_{\varphi1}(\omega) = \frac{4\zeta_s^2\omega_e^2\omega_\varphi^2}{(\omega_\varphi^2 - \omega_e)^2 + 4\zeta_0^2\omega_\varphi^2\omega_e^2}S_{a_e}(\omega) \qquad (9.2.28)$$

谱密度函数的数字特征,n 阶谱距由下式计算:

$$m_n = \int_0^\infty \omega^n S_x(\omega)\,\mathrm{d}\omega \quad n = 0,1,2,\cdots \qquad (9.2.29)$$

0 阶谱距即谱密度下的面积,在数值上等于随机过程的方差;2 阶谱距在数值上等于随机过程速度的方差;4 阶谱距在数值上等于随机过程加速度的方差。

谱宽参数:

$$\varepsilon = \sqrt{1 - \frac{m_2^2}{m_0 m_4}} \qquad (9.2.30)$$

谱宽修正后的方差：

$$m_0' = \left(1 - \frac{\varepsilon^2}{2}\right)m_0,\text{如果 }\varepsilon < 0.4，\text{方差可不进行修正。}$$

横摇随机过程统计特性通常按下列方式描述：

$$平均值 = 1.25\sqrt{m_0'} \tag{9.2.31}$$

$$三一平均值 = 2.0\sqrt{m_0'} \tag{9.2.32}$$

$$十一平均值 = 2.55\sqrt{m_0'} \tag{9.2.33}$$

$$百三平均值 = 2.99\sqrt{m_0'} \tag{9.2.34}$$

9.2.2.3 船舶摇摆的阻尼系数

船舶摇摆时的阻尼力及阻尼力矩导致船舶摇摆的衰减，无因次衰减系数 $\zeta = \frac{n}{\omega_\varphi}$ 是表征横摇性能的重要参数。ζ 值越大，横摇自由衰减越快，规则波中的频率响应函数就越小，尤其是对谐摇区的影响最为显著。为了减小船舶自身的横摇幅值，在船舶设计中总是希望 ζ 值能大一些。

模型试验资料表明，在线性范围内，无舭龙骨的船，$\zeta = 0.035 \sim 0.05$；有舭龙骨的船，$\zeta = 0.055 \sim 0.07$。随着横摇幅值的增加，阻尼的线性假设不再适用，而阻尼力矩与角速度平方成比例的非线性关系更接近于实际情况：

$$2\zeta = \frac{2\nu}{\omega_\varphi} = \frac{2}{\pi}\frac{\omega}{\omega_\varphi}\phi_A B \tag{9.2.35}$$

谐摇时，$\omega = \omega_\varphi$，则 $2\zeta = \frac{2}{\pi}\phi_A B$。

平方阻尼关系相当线性化以后，无因次衰减系数 ζ 是横摇幅值的函数。求衰减系数的可靠方法是模型试验，以船模在静水中及波浪中的摇摆试验确定是最为精确的，因此，在可能的情况下最好是在试验池中进行模型摇摆试验。

在缺乏试验资料的情况下，可采用近似公式计算：

(1) 贝尔登公式

$$B_{10} = 0.00184\frac{LB^4}{DhT_\varphi^2}, \quad B_{20} = 0.8B_{10} \tag{9.2.36}$$

(2) 尼古拉也夫公式

$$2\zeta = k_1\frac{LB^4}{D(B^2 + H^2)}\phi_A \tag{9.2.37}$$

式中，L、B、H、D 为船长、型宽、型深、排水量；$k_1 = 0.055 \sim 0.060$；ϕ_A 为横摇幅值，如果有舭龙骨，上式的计算结果应乘以 1.5。

（3）渡边公式

$$B_{20} = \frac{Ld}{DhT_{\varphi}^2}\left\{\left(0.02 + 1.1C_B\frac{d}{L}\right) + \sigma_0\frac{A_b}{L^2}\right\}\left\{l^3\left[1 + \frac{1}{4}\left(\frac{d}{l}\right)^2\right] + \frac{f(C_w)B^4}{64d}\right\}$$

$$(9.2.38)$$

式中　L、d、D、C_B——分别为船长、吃水、排水量、方形系数；

　　　h、T_{φ}——初稳性高、横摇固有周期；

　　　$l = z_g - \dfrac{d}{2}$——重心到吃水之半的距离；

　　　A_b——单侧舭龙骨的面积；

　　　σ_0——方形系数 C_B 和舭龙骨长宽比 β 的函数，可查阅有关图表得到；

　　　$f(C_w)$——水线面系数 C_w 的函数，可查阅有关图表得到。

9.3　减摇鳍装置的形式

9.3.1　减摇鳍装置的组成

减摇鳍装置是集机械、液压系统和电气电控系统等各种不同功能的部件组成的设备的总成。

（1）机械部分，包括鳍及其执行机构、润滑系统以及鳍座或鳍箱（收放式）等，其中：

①鳍：与船的舵叶类似，是置于水下的重要刚性结构体。它生成和承载船舶减摇作用的水动力。

②执行机构：它是多个机械传动机构或部件的组装。它承载和向船体传导鳍上的作用力和力矩，同时，又是执行鳍动作的机构。它是装置的重要的结构躯体，勾画了装置的基本结构轮廓，表征了装置的结构形式。

③鳍座或鳍箱：是执行机构在船上安装就位的结构，它与船体焊装成一体，成为船体的结构加强部分，承载鳍与执行机构传导来的力和力矩。

（2）液压部分：包含由电机、泵、各类阀件、油箱、滤器及液压管路附件、仪表器件等组装而成的液压机组和多个液压缸等，并构成完整的有多个液压回路组成的液压系统。它是装置自动控制系统（阀控缸电液压伺服系统，或阀控-泵控缸的电液压伺服系统）的重要中间环节，起着承上启下的作用，承载着能量的转换、传递和控制功能。鳍的各种动作都是借助它强有力的液压"肌肉"系统来实现的。

（3）电气电控部分：包含控制箱、启动箱或操纵箱、接线箱，以及置于驾驶室或集控室的控制面板等。其中，电气系统是装置的动力启动、工作程序等的功能系统，多由电气器件构成强电电路；电控系统是装置控制信号的检测、综合、运算、放大和传输及反馈等的功能系统,多由微电子器件构成弱电电路,在装置自动控制系统中起着"大脑与神经"的重要功能。

9.3.2 减摇鳍的形式及其在船上的布置

9.3.2.1 减摇鳍装置的形式

按照鳍存放方式可分为以下两种:

(1) 非收放式减摇鳍装置,系指鳍不能收进船体内的减摇鳍装置,如图 9-11 所示;

(2) 收放式减摇鳍装置,系指两舷的鳍可收进船体内的减摇鳍装置。其中,鳍向船首收入的减摇鳍装置为前收式减摇鳍装置(图 9-12);鳍向船尾收入的减摇鳍装置为后收式减摇鳍装置(图 9-13)。

图 9-11 非收放式减摇鳍装置

图 9-12 前收式减摇鳍装置

图 9-13 后收式减摇鳍装置

9.3.2.2 减摇鳍装置的布置

减摇鳍装置的布置如图 9-14 所示,其中,左侧的图为设置在左舷的非收放式减摇鳍,右侧的图为设置在右舷的收放式减摇鳍。鳍及其执行机构等在船的两舷呈对称布置)。

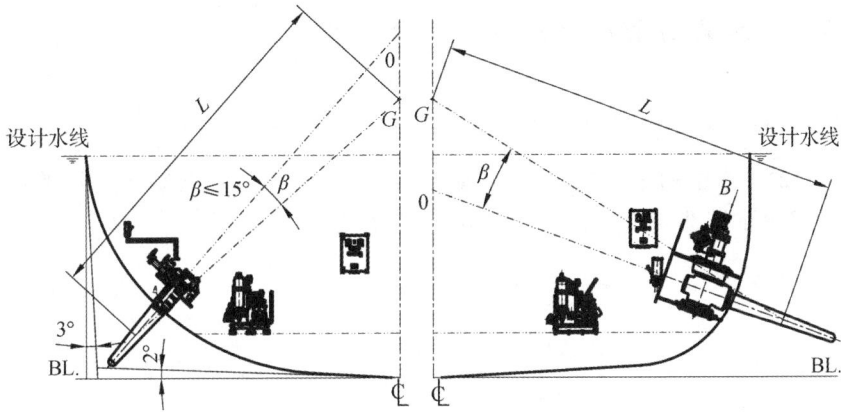

图 9-14　减摇鳍在船上的布置

减摇鳍布置的基本要求为：

（1）对配置一对鳍（左、右舷各一只）的船舶来说，鳍在船长度方向上的位置应尽量靠近船舯，该位置稳定力臂最长，由此减摇力矩大。

（2）对配置二对鳍（左、右舷各二只）的船舶来说，前、后两鳍沿船长度方向上距离不小于 10 倍鳍的弦长。对常规船型（小水线双体船等特殊船型除外）来说，前鳍距船首柱的距离和后鳍距船尾柱的距离一般应不小于 1/3 船长。

（3）鳍轴线与压力中心至船重心之间的连线的夹角 β 应不大于 15°，这有利于充分发挥鳍上升力的有效分量（保证力臂 L 的长度）。

（4）对非收放式减摇鳍装置应保证在船的横倾角 3°时，鳍距离船舷最远的端点不超出设计吃水状态下鳍位处船体浸水横剖面的外框线，同时，还应从船体基线的上侧给出 2°的避碰安全角（对于无搁浅可能的船舶或已有其他附体超出船体基线时，可另做约定）。

（5）对非收放式减摇鳍，应保证鳍轴中心线与其在船壳板外侧交点处的外法线重合，确保鳍在其转角范围内不与船体相碰。鳍角的零位线应与设计航速下给出的鳍位处流线角（或舭龙骨纵长连线）一致。这些是鳍座定位焊装的重要依据，在船体放样时应复核确认。

（6）当鳍位处有舭龙骨，且在同一水平线上时，应中断舭龙骨，避免干扰。舭龙骨距离鳍的前缘应不小于一倍平均弦长，距离鳍后部边缘不小于二倍平均弦长。如果鳍和舭龙骨不在同一水平线上，两者之间的垂向距离应在一倍平均弦长以上。

（7）在鳍区小于两倍鳍弦长的距离内，不得设置吸水口和排水口。

9.3.3 减摇鳍的水动力特性及面积计算

9.3.3.1 减摇鳍的水动力特性

减摇鳍在水中的运动如同机翼,如图 9-15 所示,鳍相对于稳定水流的运动速度为 V,且鳍的弦线与水流方向成夹角 α,称为迎角。

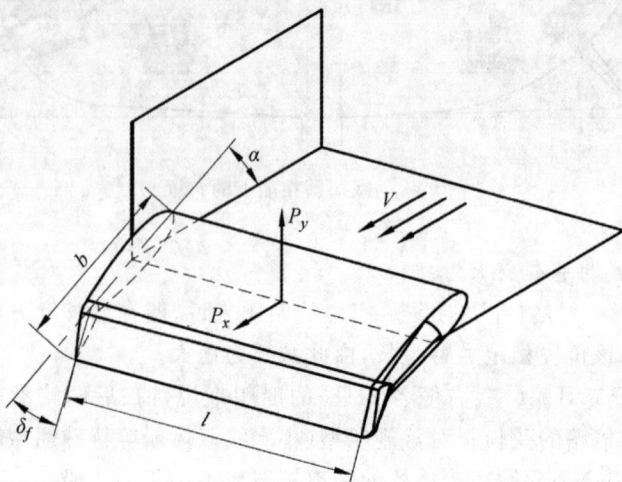

图 9-15　鳍受力示意图

根据机翼理论可知,在鳍上将产生两个方向上的力:

(1) 垂直于运动方向的力(升力)

$$P_y = \frac{1}{2}\rho V^2 S C_L \qquad (9.3.1)$$

(2) 平行于运动方向的力 P_x(阻力)

$$P_x = \frac{1}{2}\rho V^2 S C_D \qquad (9.3.2)$$

(3) 沿鳍轴方向的力矩

$$M = \frac{1}{2}\rho V^2 S b C_M \qquad (9.3.3)$$

式(9.3.1)至式(9.3.3)中:

　　C_L——升力系数;

　　C_D——阻力系数;

　　C_M——力矩系数;

ρ——海水密度,kg/m³;

V——流速,通常为取航速,m/s;

$S=l\times b$——鳍面积,m²,l 为鳍展长,b 为鳍平均弦长。

通常,鳍的流体性能研究经以下流程:初步选型→运用数值模拟技术,进行优化→经流体试验获得确认结果。每个实用的鳍产品系列都应以它的流体性能图谱为设计依据。这些图谱资料主要通过空泡水筒或风洞模型试验获得。

9.3.3.2 减摇鳍的面积

按照船舶的主尺度(包括设计排水量 D,初稳心高 $h=\overline{GM}$ 等)和设计海况及减摇效果指标等要素可对减摇鳍的面积做出估算。

(1)船舶所需的最大减摇力矩 M_{st} 为

$$M_{st}=\frac{Dh\varphi_s}{57.3} \tag{9.3.4}$$

(2)所需的鳍面积

$$S_F=\frac{M_{st}}{\frac{1}{2}\rho V^2 C_L L} \tag{9.3.5}$$

式中　S_F——单鳍面积,m²;

ρ——海水密度,kg/m³;

V——设计航速,m/s;

C_L——升力系数,根据所选鳍型的流体动力学图谱查取;

L——鳍升力相对于舰船横摇轴线的力臂长度,m;

φ_s——减摇鳍装置的静特性值,(°)。减摇鳍装置的静特性即为减摇鳍装置的设计容量,亦称波倾角容量。其物理意义:相当于它产生的稳定力矩在静力作用下可使船产生的静横倾角值。若该值取得小,减摇效果低;取得过大,效果提高不快,反而导致价格成本急剧增加。一般经验常取 5°左右(4°~6°),已可适应大多数船的适航海况条件。

9.3.3.3 减摇效果量化表示法

考虑到船舶在不规则波中的横摇情况,减摇装置的减摇效果可以用三种量化表示法:

(1)用减摇前与减摇后的三一横摇幅值的比值来表示,称为减摇倍数,即

$$K=\frac{(\varphi_{1/3})_{未减摇}}{(\varphi_{s1/3})_{减摇}} \tag{9.3.6}$$

其中,未减摇横摇角和减摇后的横摇角可按本章 9.2.2 节"船舶横摇的基本方程"

所述的方法得到。

（2）用减摇百分数来表达减摇效果，即

$$K_1 = \frac{(\varphi_{1/3})_{\text{未减摇}} - (\varphi_{s1/3})_{\text{减摇}}}{(\varphi_{s1/3})_{\text{未减摇}}} \times 100\% \qquad (9.3.7)$$

从上述两关系式中可以看出，减摇比和减摇百分数之间存在如下关系：

$$K_1 = 1 - \frac{1}{K} \qquad (9.3.8)$$

（3）用减摇后的剩余摇摆角来表达减摇效果。

减摇效果属于某一设计海况下的指标。剩余摇摆角等减摇效果指标的提出应根据船型、用途、船舶耐波性衡准要素及限定条件，以及考虑装置的经济成本合理选定。一般情况下，可把任意航向角下应保证的剩余摇摆角规定为：对小型船舶为3°～5°，对中型船舶为4°～6°，对大型船舶为5°～7°。当然，当其他条件相同时，通常客船的摇摆角应当比货船小。对货船，建议允许摇摆角为8°～10°。图9-16给出了船舶的未减摇和减摇以后的效果预报结果。

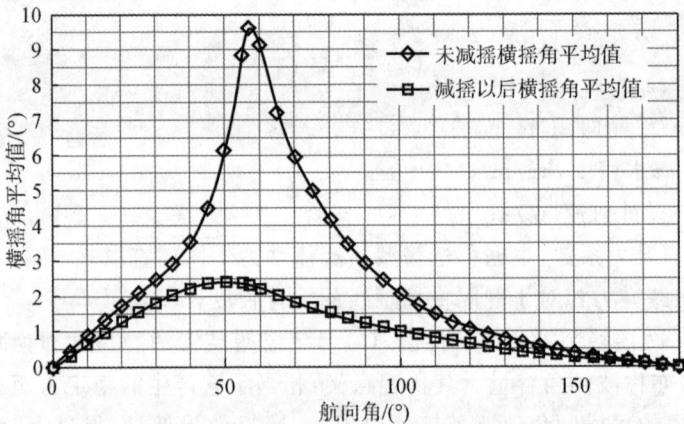

图 9-16　减摇效果预报

9.3.4　鳍翼的形式

减摇鳍的减摇原理是利用鳍翼的流体升力效应提供的减摇力矩来抵抗波浪的扰动力矩，从而实现有效减小船舶横摇的幅度。

由于鳍翼运动为上下转动，鳍角转角向上时鳍升力向上，鳍角转角向下时鳍升力向下，为使左右舷鳍升力一致，鳍翼剖面通常选用对称翼型，而NACA系列翼型最为常见。NACA系列翼型推迟了鳍在空泡状态下的扰流，有相当高的升力系数、较小的阻力系数。随着环流速度的增加,临界点变化较小。

　　为减小鳍翼的面积,希望提高鳍翼的 C_y 值,并降低 C_x 值。为此,应尽可能增大鳍翼的展弦比,减小鳍翼的厚度,但应保证鳍翼有足够的强度。增加展弦比使得鳍的升力梯度上升,最大转角减小,同时,在保持鳍面积不变的情况下,缩短了鳍的弦长,减少鳍轴上的流体动力扭矩,有利于降低转鳍功率。其不利因素,对非收放式鳍来说,展弦比增加,导致鳍翼的长度增大,可能超出船侧避碰角和基线侧避碰角的限制要求。非收放式减摇鳍,其鳍翼的展弦比一般小于等于 1。收放式减摇鳍的鳍翼则采用大展弦比,常会使鳍翼的结构强度设计和减摇鳍的布置带来困难。

　　减摇鳍鳍翼的平面形状大多为梯形或矩形。

　　非收放式减摇鳍常采用梯形鳍翼(图 9-17),并根据具体的船舶选择不同的展弦比。

　　收放式减摇鳍一般采用矩形鳍翼,又有多种形式,如鱼尾鳍和襟翼鳍等。

　　鱼尾鳍(图 9-18)虽然单位面积的升力比襟翼鳍小,但由于其结构简单,可降低制造成本。

图 9-17　梯形鳍翼

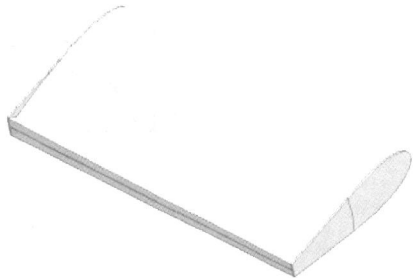

图 9-18　鱼尾鳍

　　矩形襟翼鳍(图 9-19)的剖面为 NACA 型,流体试验表明,其升力系数比鱼尾鳍增加 20％以上,但需配置襟翼结构及相应的襟翼传动机构,工艺较为复杂。

　　矩形襟翼鱼尾鳍(图 9-20)则是在襟翼后缘呈鱼尾形,主翼的翼梢采用分段导流板组合形式,外侧两个导流板在中部断开,形成中部流体通道。尾翼翼梢采用弧形导流板与垂直的翼梢端板组合形式,弧形导流板中间形成流体通道。鳍翼的鱼尾形后缘改变了鳍表面压力分布,使鳍上下表面压差增加,从而增加鳍的流体升力系数。流体试验表明,矩形襟翼鱼尾鳍比原来的矩形襟翼鳍的最大升力系数增加 11％以上(图 9-21)。

图 9-19　矩形襟翼鳍

图 9-20　矩形襟翼鱼尾鳍

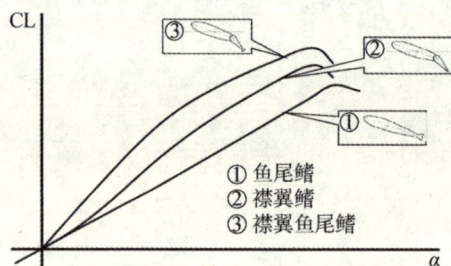

图 9-21　各鳍形对升力的影响对比

9.4　减摇鳍的执行机构

9.4.1　非收放式减摇鳍的执行机构

　　非收放式减摇鳍的执行机构由支承座、密封装置、配油阀板组、鳍柄组、鳍轴组、转鳍油缸、锁紧机构、鳍角发送器等组成。非收放式执行机构主要功能是实现转鳍运动,为保证安全和维持机构的正常工作,还需其他的辅助功能,包括锁零功能、密封功能、润滑功能等。为了实现上述功能,设置了相应的结构和执行零部件,其对应关系如表 9-1 所示。

表 9-1　非收放式执行机构功能与执行零部件对应表

序号	功能	执行零部件
1	转鳍	转鳍油缸、鳍柄、鳍轴
2	密封	海水密封装置、O 形圈
3	润滑	手动润滑泵系统、油杯
4	信号反馈	鳍角发送器
5	角度指示	指针、鳍角发送器
6	安全保护	鳍角发送器电气限位、机械限位块
7	复零	转鳍油缸
8	锁零	锁紧机构、鳍柄
9	配油	配油阀板
10	承载	支承座、鳍座

（1）转鳍功能

转鳍运动是执行机构的主要功能。与转鳍运动直接相关的零部件有转鳍油缸、鳍柄、鳍轴。其中，鳍轴通过大小两个圆锥滚子轴承支承在支承座上。鳍轴外端通过锥度配合及键连接与鳍组连成一体。鳍上产生的流体力通过鳍轴传递给支承座。

鳍柄与鳍轴之间通过双键固定连接成为一体。转鳍油缸活塞杆与鳍柄之间通过鳍柄销形成铰链连接。转鳍油缸通过油缸铰轴和关节轴承支承在支承座上，形成铰链连接，如图 9-22 所示。

转鳍时，左右两只转鳍油缸的有杆腔和无杆腔分别进油，分别产生推力和拉力，对鳍柄一推一拉形成力偶，从而带动鳍轴转动，实现转鳍功能。转鳍的速度和方向由液压机组的流量和油液流向确定。转鳍油缸产生的反作用力通过铰轴传递至支承座。图 9-23 所示为非收放式执行机构的三维模型。

（2）海水密封功能

为防止海水进入执行机构内部，在支承座外端安装有海水密封装置（图 9-24），其主要结构包括刮污盖、储油环、支撑环、密封盖、Y 形密封圈、防尘圈等。

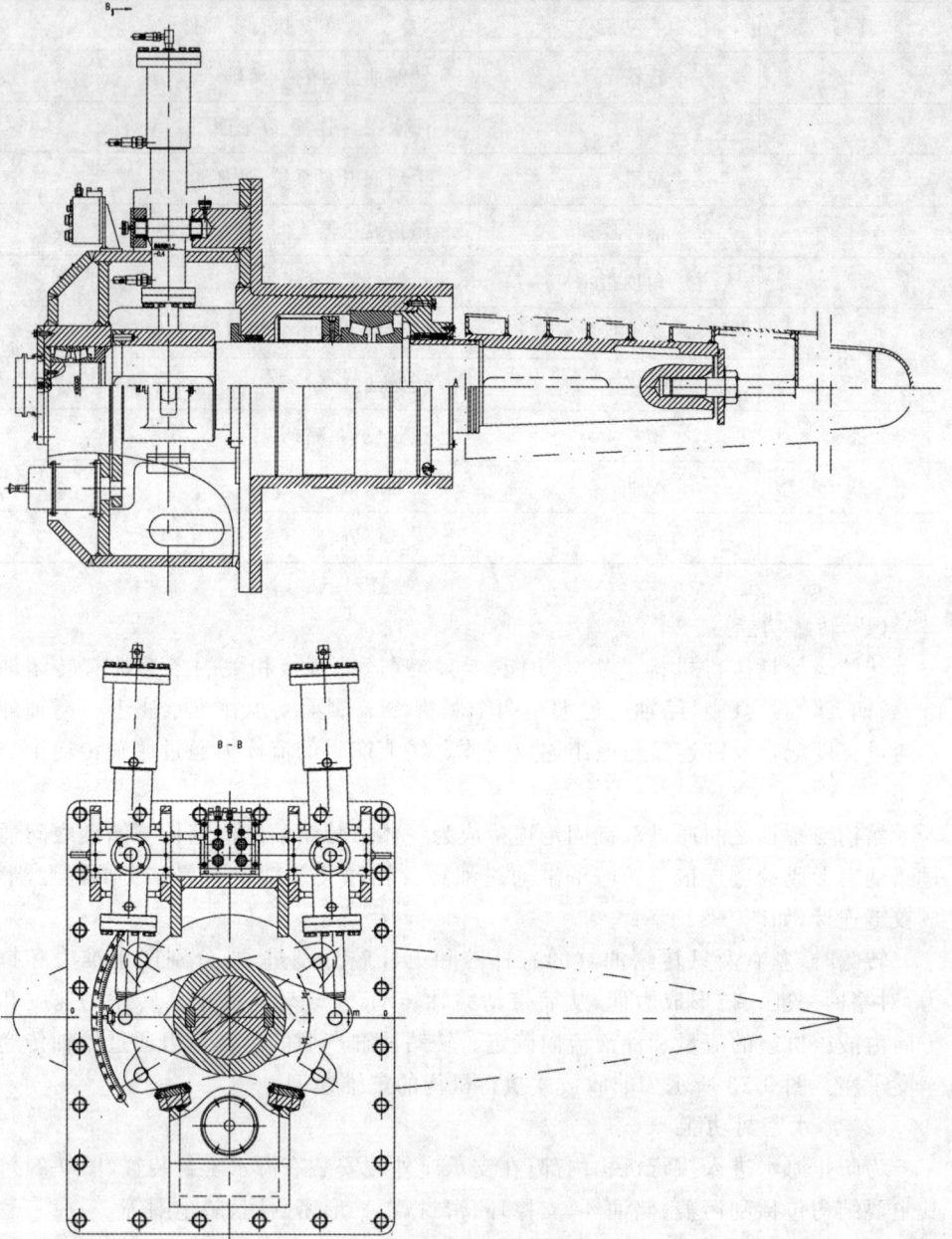

图 9-22 非收放式执行机构典型结构

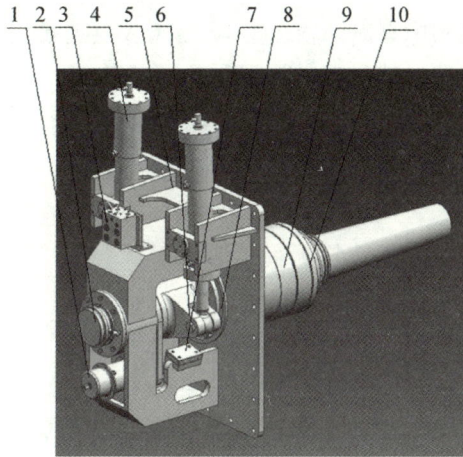

1—锁紧机构；2—鳍角发送器；3—配油阀板；4—转鳍油缸；5—支承座；6—鳍柄；
7—限位块；8—润滑通道；9—鳍轴组；10—O 形圈。

图 9-23　非收放式执行机构的三维模型

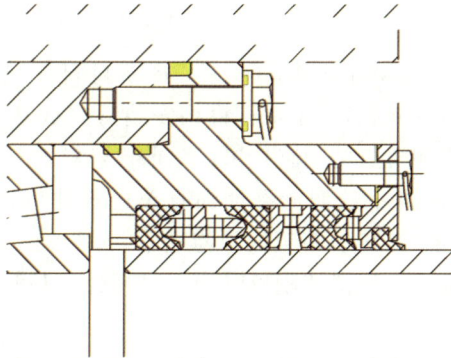

图 9-24　海水密封装置

　　密封装置中，防尘圈和密封圈的唇边与鳍轴轴套形成摩擦副。密封圈安装后通过挤压产生的压缩量保持密封能力。其中防尘圈安装于刮污盖内，以防止较大颗粒的杂物进入执行机构。Y 形密封圈共有 3 道，2 道唇口朝外，用来防止海水进入执行机构，1 道唇口朝内，可防止大轴承和密封圈内的润滑油脂流出。

　　密封装置中的储油环和支撑环用于支撑 Y 形密封圈，并形成油腔以储存润滑脂。

（3）润滑功能

如前所述，执行机构中有滚动轴承支承、若干铰链连接点和海水密封装置摩擦副，这些构件的运动部位保持足够的润滑是执行机构正常工作的必要条件。主要润滑点有大轴承、密封装置、小轴承、转鳍油缸铰轴和鳍柄销等，如图 9-25 所示。

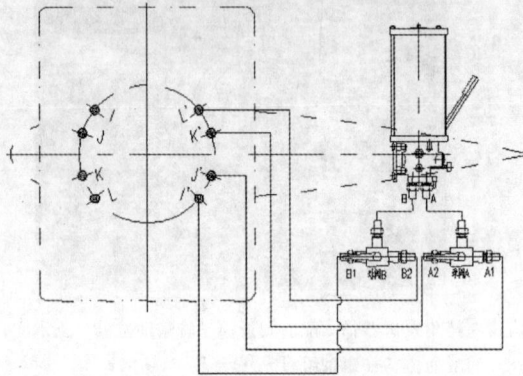

图 9-25　非收放式执行机构单鳍润滑系统图

大轴承和密封装置的润滑通过手动润滑泵系统来进行润滑，其润滑通道从支承座内部通过，四条油道中，两条油道通往 Y 形密封圈，一条通往大轴承；另一条通往支承座和鳍座之间的间隙，用于执行机构安装后测试鳍座和支承座之间 O 形圈密封的完好性。通往润滑点的油路在出厂之前已经接好，需要加油时，只需拧开相应的放气油口螺塞，通过手动润滑泵加油直至放气油口冒油为止，再将螺塞拧上。小轴承、转鳍油缸铰轴、鳍柄销等润滑点所需油脂量较少，可通过设置在相应润滑点处的油杯进行加油。润滑油脂可采用 1 号复合铝基润滑脂。

（4）信号反馈功能

作为整个减摇鳍装置控制系统的有机组成部分，执行机构的角度信号需要反馈给控制系统，以构成完整的减摇鳍装置闭环控制系统。承担鳍角反馈任务的装置是鳍角发送器，由底座、上盖、凸轮、连接轴、指针、刻度盘、旋转电位器、多圈绕线电位器、微动开关等组成如图 9-26 所示。鳍角发送器安装在支承座上。

鳍角发送器与鳍轴之间通过连接轴连接，连接轴与鳍轴一起转动，连接轴再拨动鳍角发送器上的凸轮转动，凸轮带动旋转电位器的转轴转动，复现鳍轴的角度信息，并由电位器形成与鳍角成比例的电信号，反馈给控制系统。

（5）鳍角指示功能

鳍柄上安装有指针，与安装在支承座上的刻度盘相配合可指示鳍的机械转角，作为电控系统角度指示的基准。鳍角发送器实为该机械转角指示的复示器。

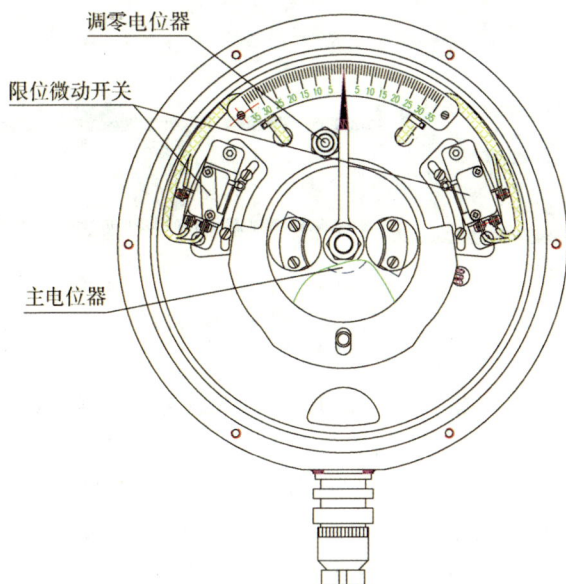

图 9-26　鳍角发送器

（6）安全保护功能

减摇鳍装置在运行过程中，如果控制系统发生故障，有可能导致执行机构的失控，使鳍转角超出设计工作角，导致鳍轴上的负荷超出设计能力，给设备的安全造成威胁。因此，执行机构上设置了电气限位和机械限位双重保护措施。

电气限位，当鳍转角超出设计工作角时，执行机构鳍角发送器上的凸轮触动限位微动开关，鳍角超限信号接通并传递至电控设备，使系统停机复零并锁紧。机械限位，在极端情况下，鳍角限位保护系统失效，执行机构支承座上的机械限位块将发挥作用，可以使鳍转角限制在机械限位角内。

（7）复零功能和锁零功能

复零功能和锁零功能是指减摇鳍装置停止工作时，鳍必须回到零位并锁紧。

复零功能依靠转鳍油缸上特殊设计的复零活塞实现。转鳍油缸内部结构如图9-27 所示，为二级结构缸，下端为普通单出杆双作用油缸，用于转鳍。上端为复零油缸，当需要复零时，转鳍油缸顶端油口进油，其余油口与油箱连通，复零活塞在压力油的作用下向下运动，并推动转鳍活塞杆运动，进而带动鳍柄、鳍轴转动，直到复零活塞与缸体上的定位挡肩发生接触，此时鳍正好回复到零位。

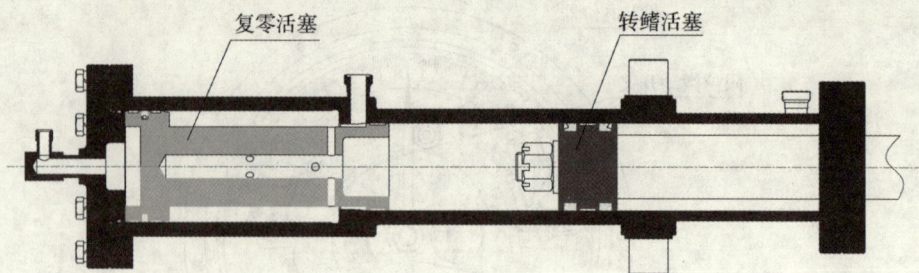

图 9-27　转鳍油缸

当鳍回复到零位后,依靠锁紧机构(图 9-23 件号 1)和鳍柄上的销孔锁紧在零位,锁紧机构安装在支承座上。鳍零位锁紧装置为一个带压缩弹簧的小油缸如图 9-28 所示。其动作原理(见图 9-29)为,当鳍完成复零后,此时锁紧机构有杆腔已完成泄压,且插销已对准鳍柄上的销孔。在弹簧力作用下,插销插入鳍柄上的销孔,使鳍可靠地保持在零位。当需要装置工作时,锁紧油缸有杆腔进油,克服弹簧力,将插销从销孔中拔出,使鳍柄可在转鳍油缸的推动下工作。当锁紧机构的插销完成"上锁"或"解锁"功能后,其内部相应的微动开关发出相应的电信号并传递至电控箱。此外,在失电情况下,通过拧动锁紧机构上端顶杆可实现手动"上锁""解锁"功能。

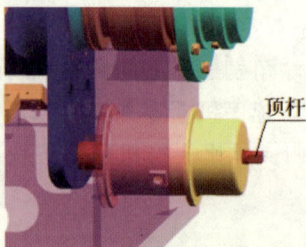

图 9-28　锁紧示意图

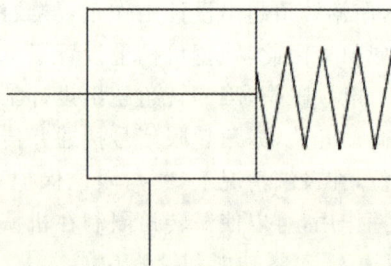

图 9-29　锁紧机构原理图

(8) 配油功能

配油功能由配油阀板组(见图 9-23 件号 3)来实现。液压机组的压力油连接至配油阀板,再通过执行机构的内部管路分别连接至左、右转鳍油缸的转鳍油口和复零油口、锁紧机构。配油阀板组上配有可排气的测压接头,可用于释放油缸及管路内部的空气。

（9）承载功能

执行机构的所有零部件均支承在支承座（见图 9-23 件号 5）上，结构如图 9-30所示。执行机构组装完毕后，安装于鳍座上，并用螺栓固定。支承座主要由大小轴承座、关节轴承座、面板、限位块及其他板类零件等焊接组成。支承座用于安装鳍轴组、转鳍油缸等零部件，并将各零部件上的载荷传递至船体。

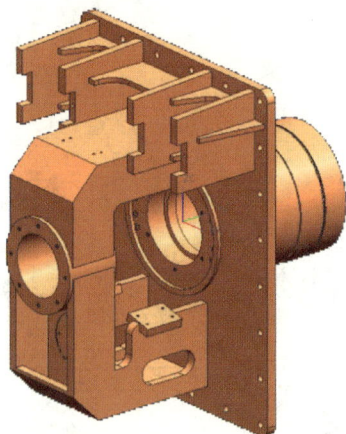

图 9-30　支承座

安装执行机构时，必须保证支承座的零位线与鳍座上的零位线对齐，以保证执行机构零位的准确。

9.4.2　前收式减摇鳍的执行机构

前收式执行机构主要由下支承座、上支承座、十字头组、密封衬套、鳍轴组、鳍柄、连杆组、导向筒、锁零挡块、转鳍油缸、反馈装置、回转盘、推力环、收放油缸、襟翼驱动机构、锁紧机构、鳍角发送器等组成。执行机构安装在鳍箱上，鳍安装在执行机构的鳍轴上，三者构成减摇鳍装置的机械组合体。前收式执行机构的典型结构如图 9-31 和图 9-32 所示。前收式执行机构的主体功能是实现转鳍运动和收放鳍运动，为了保证安全和维持机构的正常工作，还需其他的辅助功能，包括锁零功能、密封功能、润滑功能等。为了实现上述功能，设置了相应的结构和执行零部件。功能与执行零部件的对应关系如表 9-2 所示。

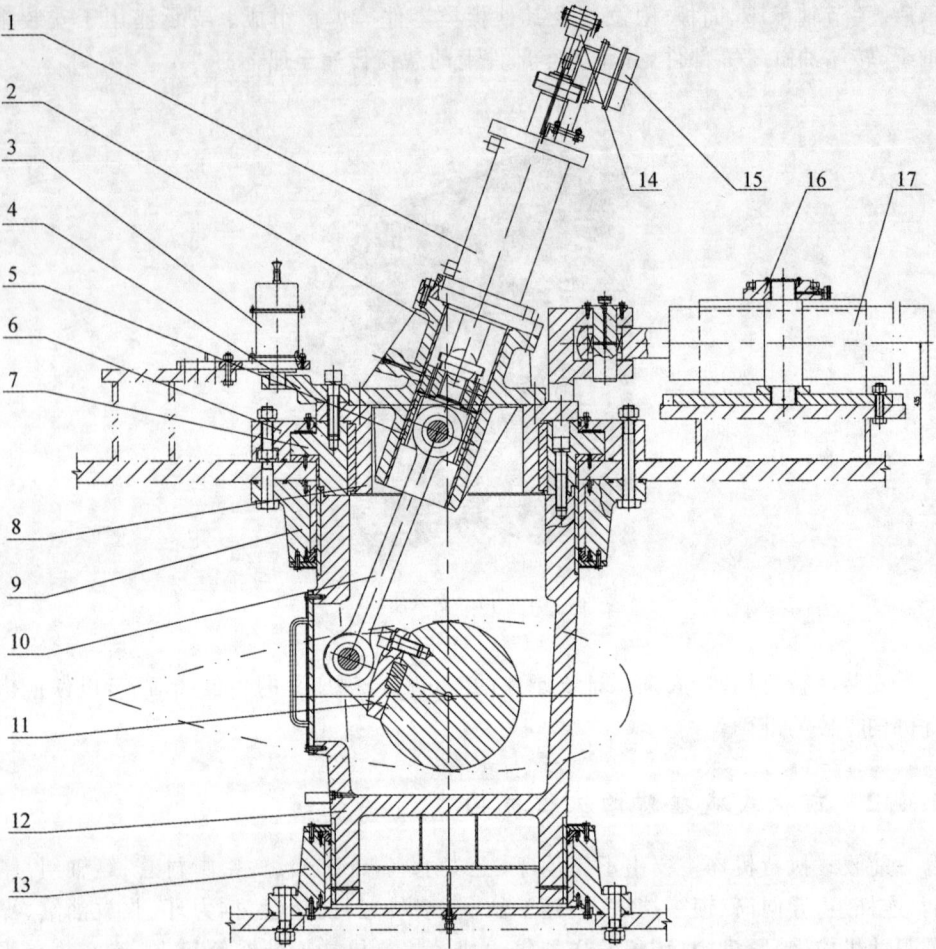

1—转鳍油缸;2—导向筒;3.锁紧机构;4—锁零挡块;5—导向活塞;6—压盖;7—推力环;8—回转盘;
9—上支承座;10—转鳍连杆;11—鳍柄;12—十字头;13—下支承座;14—反馈机构;15—鳍角发送器;
16—收放缸座;17—收放油缸。

图 9-31　前收式执行机构典型结构(右视图)

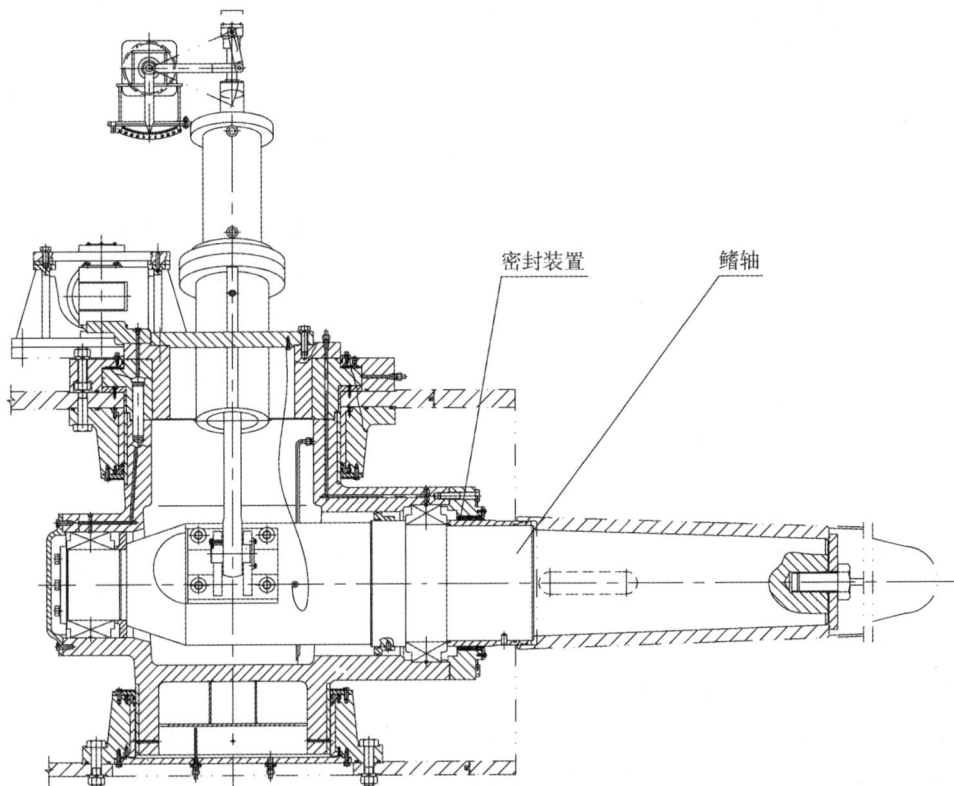

图 9-32 前收式执行机构典型结构（正视图）

表 9-2 前收式执行机构功能与执行零部件对应表

序号	功能	执行零部件
1	转鳍	转鳍油缸、鳍柄、鳍轴、襟翼传动机构
2	密封	海水密封装置、O 形圈
3	信号反馈	鳍角发送器
4	角度指示	指针、鳍角发送器
5	收放鳍	收放油缸、回转盘
6	安全保护	鳍角发送器电气限位、机械限位块
7	润滑	手动润滑泵系统、油杯，十字头腔注机油
8	承载	十字头、推力环、鳍箱
9	锁零	锁紧机构、锁零挡块
10	收放到位指示	行程开关

（1）转鳍功能

转鳍运动是执行机构的主要功能。与转鳍运动直接相关的零部件有转鳍油缸、导向活塞、转鳍连杆、鳍柄、鳍轴组等。其中，鳍轴通过大小两个圆锥滚子轴承支承在十字头上。鳍轴外端通过锥度配合及键连接与鳍组联成一体。鳍组上产生的流体力通过鳍轴传递给十字头、鳍箱。

鳍柄与鳍轴之间通过螺栓和键连接成为一体。还有部分前收式执行机构的鳍柄为轴套式结构（图 9-33），通过双键与鳍轴连接，不需要螺栓连接。

转鳍油缸为双出杆双作用缸。转鳍油缸活塞杆下端与导向活塞通过螺纹连接成一体。转鳍连杆一端与导向活塞铰接，另一端与鳍柄铰接。转鳍时，转鳍油缸进油推动活塞杆和导向活塞沿着导向筒内孔直线运动，通过转鳍连杆的传递，带动鳍轴转动，实现转鳍功能。

收放式减摇鳍一般采用升力系数高、减摇效果好的襟翼鳍。该型鳍由主翼和襟翼两部分组成，主翼安装在鳍轴上，襟翼通过襟翼轴与主翼连接。襟翼相对主翼转动，其转角取决于主翼的转角和襟翼传动

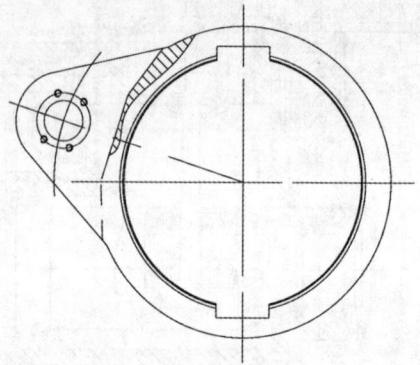

图 9-33　轴套式鳍柄

机构，如图 9-34 所示。当主翼绕鳍轴转过 α 角时，在襟翼传动机构的限制下，襟翼绕襟翼轴相对主翼转过 β 角。

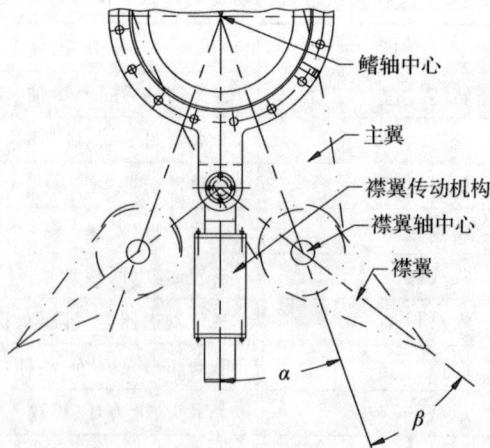

鳍轴中心
主翼
襟翼传动机构
襟翼轴中心
襟翼

图 9-34　襟翼传动机构原理

为保证转鳍运动的正常运转,转鳍连杆和导向活塞、鳍柄之间的铰接转动副、导向活塞与导向筒之间的滑动副都需要保持良好的润滑。

(2)海水密封功能

为防止海水进入执行机构内部,在十字头端支承座外端安装有海水密封装置,其结构形式和功能与非收放式执行机构一致。另外,上、下支承座处分别设置两道密封防止海水进入。

(3)信号反馈功能

作为整个减摇鳍装置控制系统的重要组成部分,执行机构的角度信号需要反馈给控制系统,以构成完整的减摇鳍装置闭环控制系统。承担鳍角反馈任务的部件是鳍角发送器,其结构与非收放式执行机构鳍角发送器一致。由于鳍角发送器采用的旋转电位器,需要将转鳍油缸的直线位移转换为角度位移,因此在油缸上安装有鳍角反馈机构。鳍角发送器安装在反馈机构上,如图 9-35 所示。

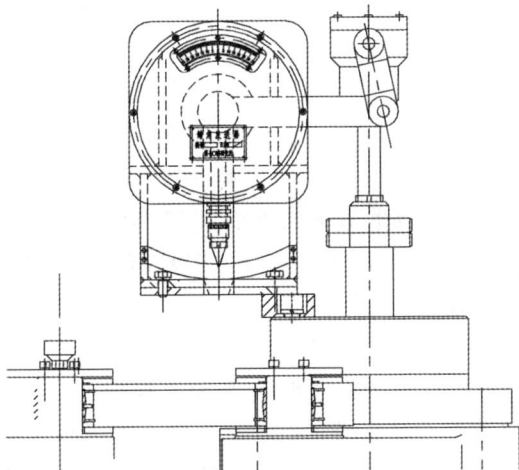

1—摇杆;2—连杆;3—连接轴;4—活塞杆。

图 9-35 鳍角反馈机构

反馈机构的连接轴拧在转鳍油缸活塞杆上端的螺孔中,与活塞杆连成一体。活塞杆的直线运动通过连杆传递至摇杆组件。摇杆组件带动鳍角发送器上的凸轮转动,进而使旋转电位器的转轴转动,复现鳍轴的角度信息,并由电位器形成与鳍角成比例的电信号,反馈给控制系统。

在鳍角发送器内设两组微动开关,分别用作鳍角电气限位报警和收放过程鳍角零位偏差报警。

（4）鳍角指示功能

鳍角反馈机构上安装有指针和刻度尺,可以指示鳍的机械转角。该机械转角为电控系统角度指示的基准。因此机械零位的确定非常重要。

减摇鳍装置出厂时需记录机械零位活塞杆外伸尺寸,该尺寸可作为调整鳍角反馈机构指示零位的基准,如与出厂尺寸相同,表明此时鳍处于零位,鳍角发送器上指针指向"0"刻度。

（5）收放鳍功能

前收式执行机构的收放鳍动作由收放油缸执行,收放油缸为单出杆双作用油缸,通过铰轴安装于鳍箱的收放缸座上,收放油缸活塞杆端部与回转盘通过收放销铰接,回转盘通过螺栓和销与推力环、十字头连成一体。

鳍放出状态时,当需要收鳍时,收放油缸的无杆腔进油,使活塞杆向船尾运动,带动回转盘、十字头等部件向船首方向旋转,从而把鳍收入鳍箱。放鳍过程相反,收放油缸的有杆腔进油,使活塞杆向船首方向运动带动回转盘、十字头向船尾方向旋转,从而把鳍放出鳍箱。

鳍箱上设置有挡块,作为鳍放到位和收到位的机械止挡。同时,鳍箱上安装有行程开关,当鳍收到位或放到位时,回转盘上的撞块触发行程开关动作,行程开关发出电信号提供给电控系统。为保证收放鳍功能的正常,必须保持相对运动部位的良好润滑。包括收放油缸与收放缸座铰轴、收放油缸与回转盘铰轴、十字头与上支承座配合面、十字头与下支承座配合面等。同时,必须注意保持收放油缸活塞杆表面清洁,防止表面损伤。

（6）安全保护功能

安全保护功能包括收放鳍过程保护、转鳍安全保护、收到位机构锁紧。

收放鳍安全保护是为了保证鳍在收放过程中不与鳍箱发生碰撞,进行收放鳍动作之前必须将鳍回复到±3°之内。如果鳍转角处于允许的范围之外,鳍角发送器微动开关由凸轮触发,微动开关将向控制系统发出电信号,并指令液压系统驱动鳍组回复到±3°之内。

转鳍安全保护系指减摇鳍装置运行过程中,如果控制系统发生故障,有可能导致执行机构的失控,如果没有安全保护措施,将使鳍转角超出设计工作角,使得鳍轴上的负荷超出设计标准,给设备的安全造成威胁,故执行机构上设置了电气限位和机械限位双重保护措施。电气限位为当鳍转角超出设计工作角时,执行机构鳍角发送器上微动开关将向控制系统发出鳍角超限电信号,使系统停机复零。其中机械限位为在极端情况下,鳍角限位保护系统失效,转鳍油缸上的机械撞块将发挥作用,可以使鳍转角限制在机械限位角内。

收到位机构锁紧系指鳍收进时,利用锁紧机构锁住回转盘上的锁零挡块,克服滑出力,使鳍始终处于收入状态。锁零挡块如图 9-36 所示,安装在回转盘上并通过螺栓和销连成一体。锁零挡块两端的 U 形槽即为锁槽。

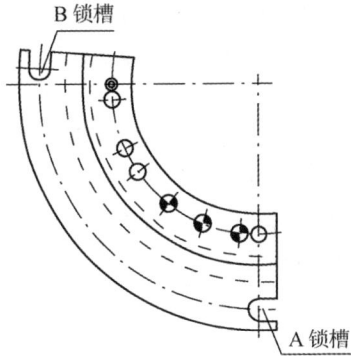

图 9-36 锁零挡块

锁紧机构安装在鳍箱上,原理和结构与非收放式减摇鳍装置锁紧机构一致,鳍处于放出状态,此时锁紧机构的插销在弹簧力作用下插入 A 锁槽(图 9-37),使锁零挡块无法逆时针转动,保证鳍始终处于放出状态。当需要将鳍收入鳍箱时,锁紧机构进油将销拔出,收放油缸推动回转盘和锁零挡块逆时针转动。鳍收到位后,插销插入 B 锁槽,使鳍保持在收入状态。当锁紧机构的销完成"上锁"或"解锁"功能后,其内部相应的微动开关发出相应的电信号并传递至电控箱。

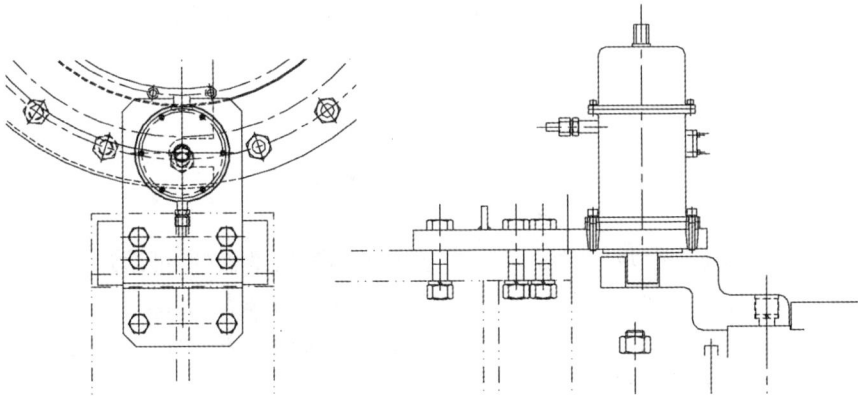

图 9-37 锁零挡块

（7）润滑功能

执行机构上有滚动轴承支承、导向活塞、若干铰链连接点、海水密封装置、十字头等运动副,这些有相对运动的部位保持足够的润滑是执行机构正常工作的必要条件。主要润滑点有转鳍运动润滑点和收放运动润滑点。转鳍运动润滑点:大轴承、密封装置、小轴承、导向活塞、鳍柄销等。收放运动润滑点:收放缸座铰轴、收放销、上下支承座等。

大小轴承、上下支承座和内外 Y 形圈的润滑通过手动润滑系统进行润滑,如图 9-38 所示。其润滑通道从推力环和十字头的内部通过,每条油道进油口均有对应的放气口。需要加油时,切换球阀位置,拧开相应的放气油口螺塞,通过手动润滑泵加油直至放气油口冒油为止,再将螺塞拧上。

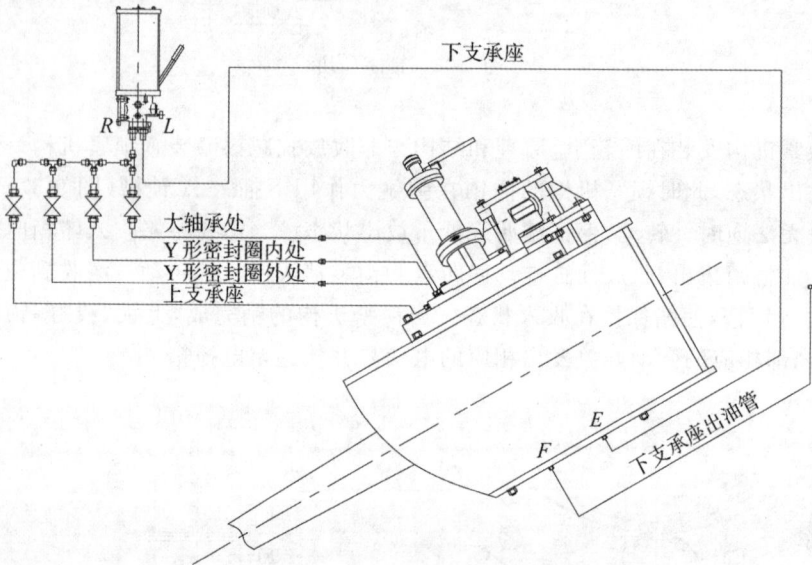

图 9-38 前收式执行机构单鳍润滑管路图

收放缸座铰轴、收放销等润滑点由于润滑所需油脂量较少,可通过设置在相应润滑点处的油杯进行加油。润滑油脂可采用 1# 复合铝基润滑脂。

导向活塞、鳍柄销等润滑点在十字头内部灌注机油润滑,油位的高度应确保导向活塞上的销轴可以得到润滑。

（8）承载功能

执行机构的所有零部件均支承在鳍箱上,鳍箱为舷向开口的半封闭箱体构件,与船体焊接,可视为船体的一部分。执行机构的上、下支承座通过螺栓与鳍箱连接,其他部件分别安装在支承座和鳍箱上,所有的负载最终通过鳍箱传递给船体。

9.4.3　后收式减摇鳍的执行机构

　　后收式执行机构主要由下支承座、上支承座、十字头组、海水密封装置、鳍轴组、鳍柄、连杆组、推力环组件、收放机构、转鳍油缸、反馈装置、襟翼驱动机构、锁紧机构、鳍角发送器等组成,如图 9-39、图 9-40 和图 9-41 所示。执行机构安装在鳍箱上,鳍安装在执行机构的鳍轴上,三者构成减摇鳍装置的机械组合体。

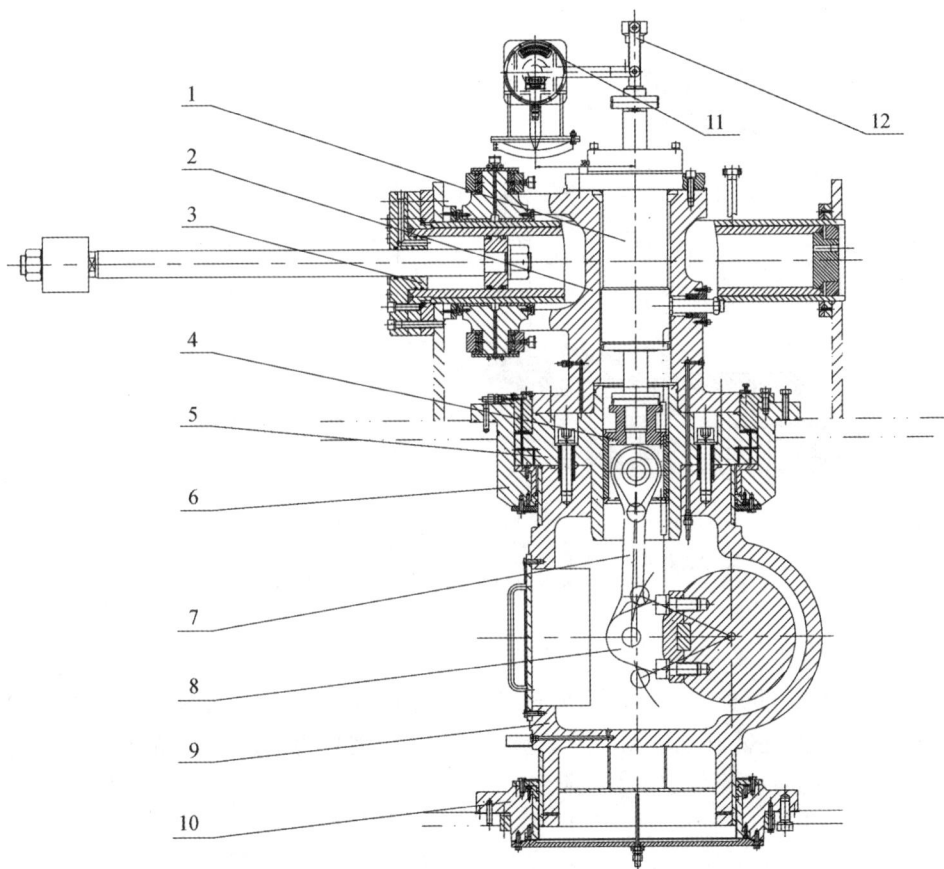

1—转鳍油缸;2—回转体;3—收放油缸;4—导向活塞;5—推力环;6—上支承座;7—转鳍连杆;8—鳍柄;
9—十字头;10—下支承座;11—鳍角发送器;12—反馈机构。

图 9-39　后收式执行机构典型结构(右视图)

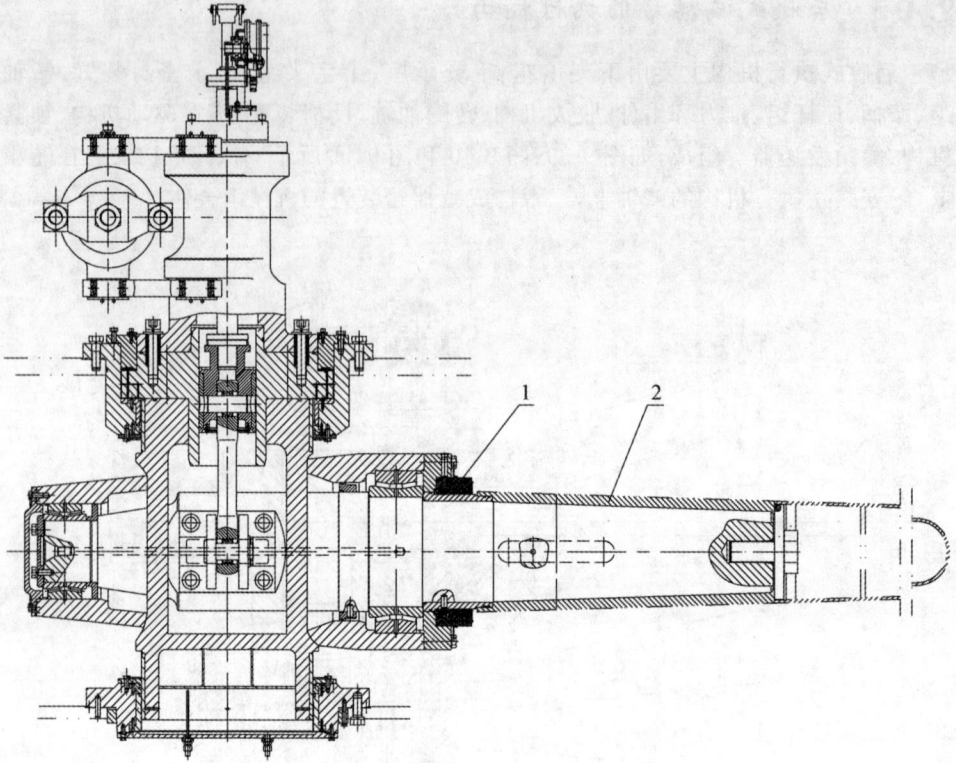

1—密封装置;2—鳍轴。

图 9-40 后收式执行机构典型结构(正视图)

后收式执行机构主体功能是实现转鳍运动和收放运动,为保证安全和维持机构的正常工作,还需其他辅助功能,包括锁零功能、密封功能、润滑功能等。功能与执行零部件的对应关系如表 9-3 所示。

1—收放油缸；2—滑套；3—收放连杆；4—导向套筒；5—转鳍油缸锁紧机构；6—反馈机构；7—鳍角发送器；8—回转体；9—上支承座；10—十字头；11—襟翼传动机构；12—密封装置；13—鳍轴组。

图 9-41　后收式执行机构三维模型

表 9-3　后收式执行机构功能与执行零部件对应表

序号	功能	执行零部件
1	转鳍	转鳍油缸、鳍柄、鳍轴、襟翼传动机构
2	密封	海水密封装置、O 形圈
3	信号反馈	鳍角发送器、反馈装置
4	角度指示	指针、鳍角发送器
5	收放鳍	收放机构（收放油缸、滑套、导向套筒、回转体、收放连杆等）
6	安全保护	鳍角发送器电气限位、机械限位块
7	润滑	手动润滑泵系统、油杯，十字头腔注机油
8	承载	十字头、推力环、鳍箱、上下支承座
9	锁零	锁紧机构、滑套
10	收放到位指示	行程开关

9.4.4 鳍座和鳍箱

鳍座(图 9-42)作为非收放式减摇鳍装置部件,制作后焊接到船体上,可视为船体结构的一部分。其中,鳍座与船体以及相关加强结构连接(图 9-43),执行机构安装于鳍座上,两者之间采用螺栓连接,其中部分螺栓为铰制孔用螺栓,用于承受扭矩。减摇鳍装置产生的水动力通过鳍座及其加强结构传递至船体。为防止海水进入舱内,执行机构支承座的外圆和鳍座内孔之间采用 O 形圈密封。

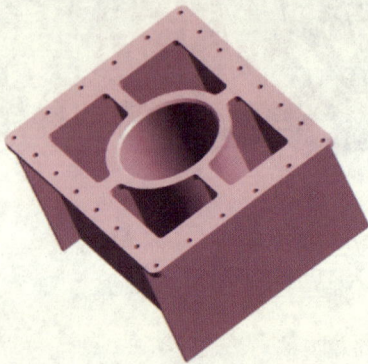

图 9-42 鳍座

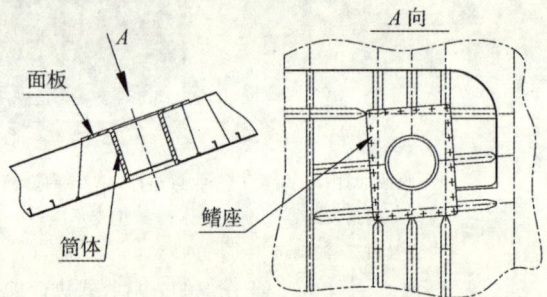

图 9-43 鳍座船上安装结构图

鳍箱(图 9-44)是收放式减摇鳍装置中的承载部件,与船体焊接,执行机构的所有零部件均支承在鳍箱上。执行机构中的上、下支承座用螺栓与鳍箱相连接,其他部件分别安装在支承座和鳍箱上,鳍翼上产生的所有负载均通过鳍箱传递给船体,形成减摇力矩。鳍箱外板与船体外板光顺线型一致,肋位肋距与船体结构一致。

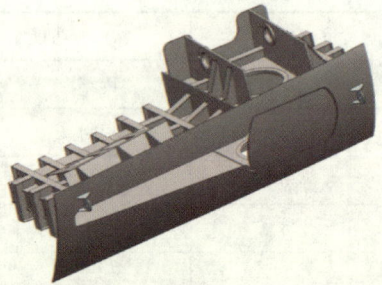

图 9-44 鳍箱

9.5 减摇鳍装置的液压系统

9.5.1 基本液压回路

基本液压回路按执行机构和转鳍缸的伺服控制可分为以下四种形式:

（1）非收放式阀控液压回路,包括转鳍回路（主回路）、复零回路和零位锁紧回路。

（2）非收放式泵控型液压回路,包括转鳍回路（主回路）、复零回路、零位回路、伺服（或比例）回路和补油回路。

（3）收放式阀控型液压回路,包括转鳍回路（主回路）、收放回路（与非收放式阀控型的区别在于没有复零缸,改为收放缸）和收放锁紧回路。

（4）收放式泵控型液压回路,包括转鳍回路（主回路）、收放回路（与非收放式泵控型的区别在于没有复零缸,改为收放缸）、收放锁紧回路、伺服（或比例）回路和补油回路。

9.5.2　阀控型与泵控型液压系统原理

在转鳍伺服（比例）回路中,按采用的液压控制元件不同,又可分为:

①阀控缸系统——由伺服（或比例）方向（流量）阀利用节流原理对转鳍缸的运动采用闭环形式。该系统通常适用小功率系统,但采用比例阀后有运用功率增大的趋势,并采用恒压变量泵代替定量泵的供油方式,达到节能目的。

②阀控-泵控缸（亦简称泵控缸）系统——由伺服（或比例）方向（流量）阀利用节流原理对变量泵的变量机构运动采用闭环形式（第一级）控制,继而改变变量泵的方向和流量,通过容积式原理以闭环形式（第二级）控制转鳍液压缸的运动。该系统通常适用大功率系统。泵控型液压回路相对于非收放型或收放型阀控型液压回路在原有三个回路基础上增加了两个回路:伺服（或比例）回路和补油液压回路。

减摇鳍液压系统与其他类型系统相比,液压执行机构的功率/质量比和扭矩/惯量比大,结构紧凑。另外,液压系统解决散热问题比较方便,工作介质（液压油）兼有润滑作用,具有工作平稳、寿命长等优点。但精密的液压元件对防污染要求高（即对工作介质和管系的清洁度高）,同时,因各种不当原因引起工作介质（油）的外漏,易污染环境的压力在增大（实质上,即对密封防漏要求更高）等,这些缺点在设计、制造或使用维护等方面必须十分重视。

（1）非收放式阀控液压系统

非收放式阀控液压系统如图 9-45 所示,启动减摇鳍装置,电动机工作,恒压变量泵建压,压力油通过复零回路进入复零缸使鳍复零,电磁阀（19）得电,压力油通过锁紧回路进入锁紧缸完成解锁。电磁阀（20）得电,压力油经过阀（20）、过滤器（22）、电液伺服阀（23）和液控单向阀（24）进入转鳍油缸实现转鳍。鳍便按控制系统对电液伺服阀（23）的输入信号进行转动。电磁溢流阀（13）起安全阀作用,同时通过电磁换向阀的切换完成电动机空载启停功能。

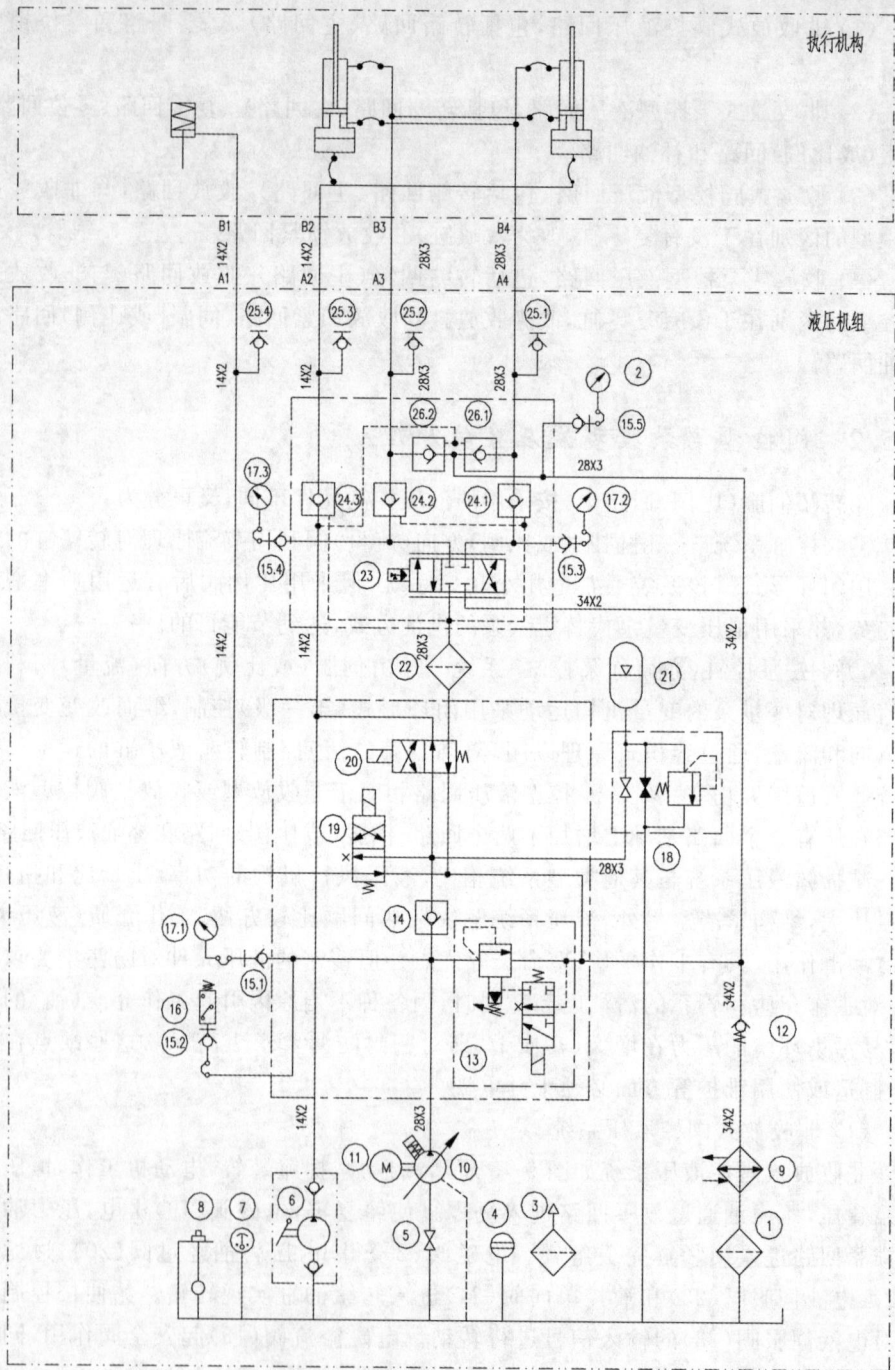

图 9-45　非收放式阀控液压系统原理图

（2）非收放式泵控液压系统

非收放式泵控液压系统如图 9-46 所示，启动减摇鳍，电动机工作，双联叶片泵建压。复零补油泵压力油通过复零回路进入复零缸完成鳍复零。电磁阀 3DT 得电，伺服解锁泵压力油通过锁紧回路进入锁紧缸完成解锁。解锁完成后电磁阀

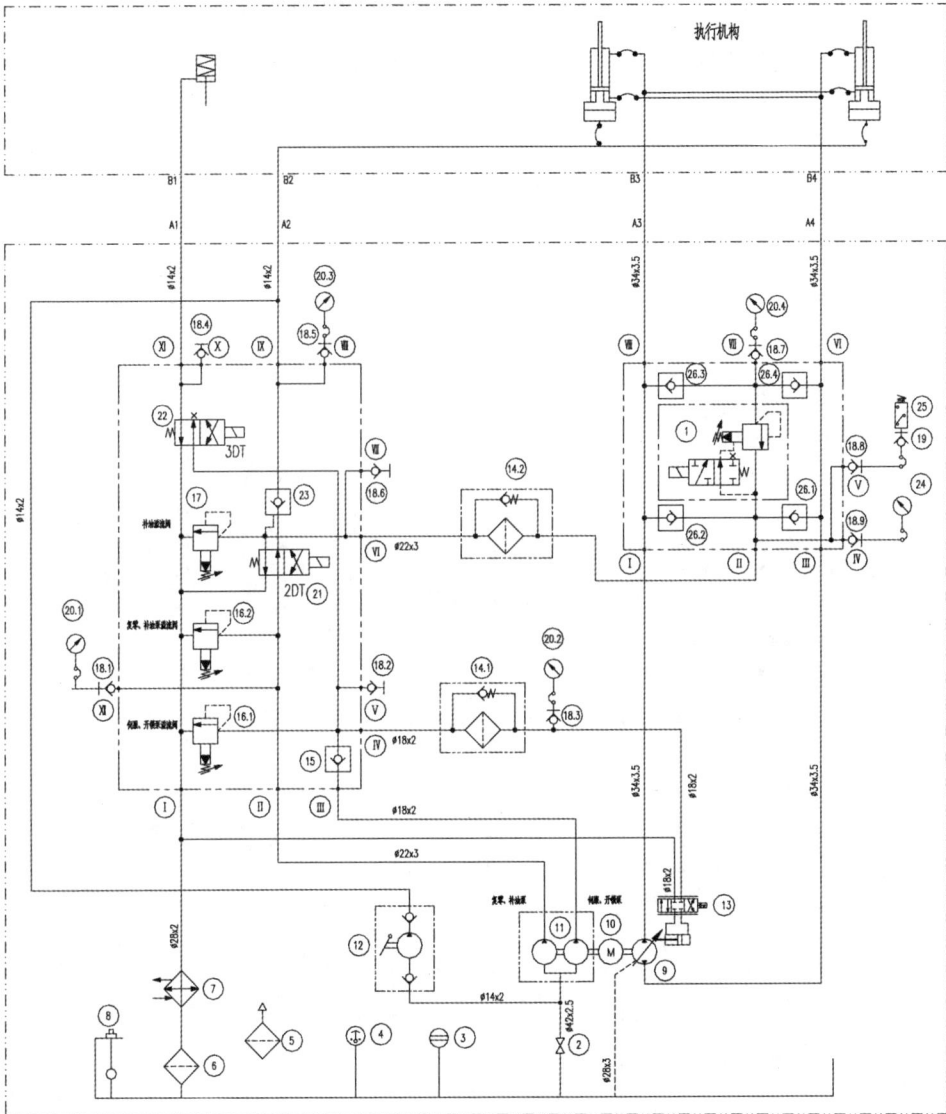

图 9-46 非收放式泵控液压系统原理图

2DT 得电,复零补油泵压力油进入补油回路,同时电磁溢流阀 1DT 得电,转鳍回路建压,控制系统通过调节伺服阀(13)的输入信号从而控制柱塞泵的方向和流量,进而实现鳍按照控制信号运转。电磁溢流阀(1)起溢流阀作用。

(3)收放式泵控液压系统

收放式泵控液压系统如图 9-47 所示,启动减摇鳍,电动机工作,双联叶片泵建

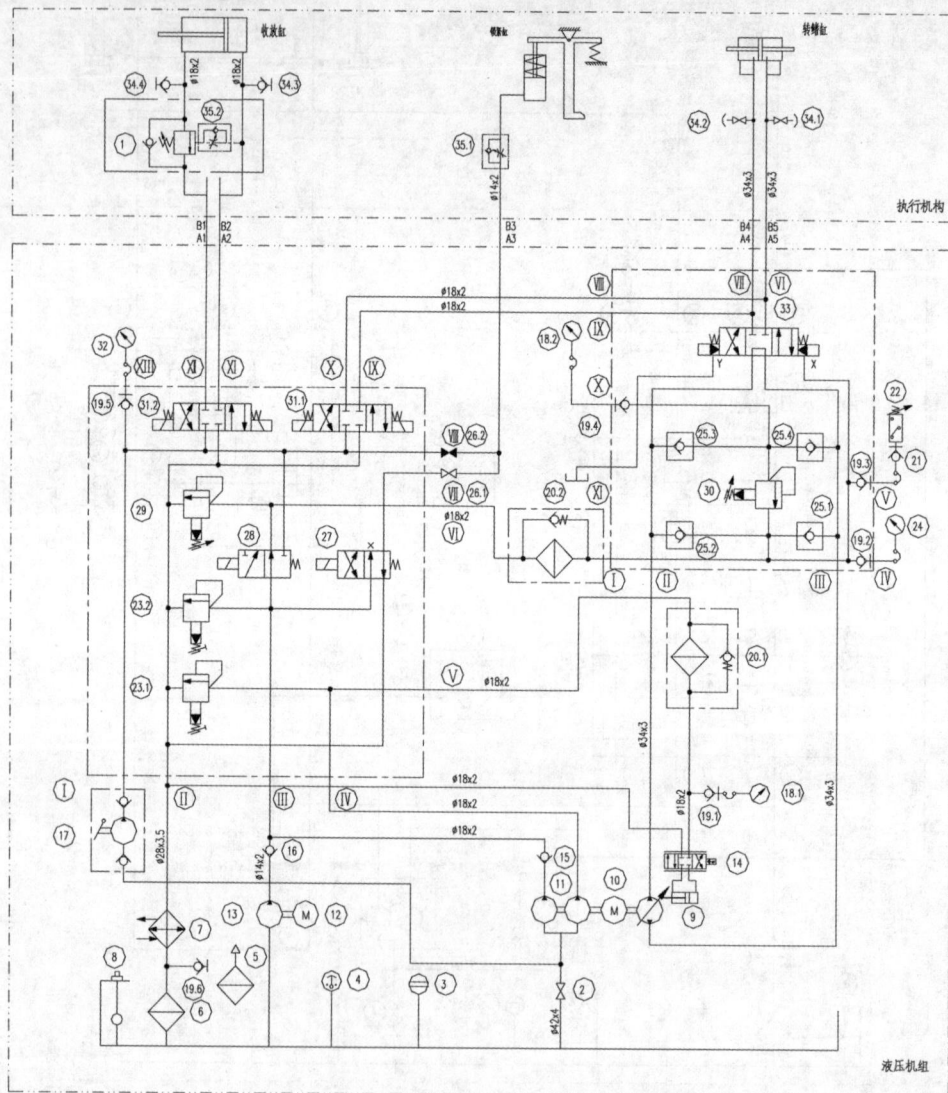

图 9-47　收放式泵控液压系统原理图

压,阀(27)得电,泵(11)压力油经阀(27)进入锁紧回路完成解锁,然后经阀(31.1)进入转鳍缸完成鳍回复±3°以内,继而阀(28)、(31、2)得电,压力油进入收放回路完成放鳍动作。鳍放到位后,阀(28)失电,泵(11)压力油经补油回路进入闭式回路低压侧。控制信号输入伺服阀,伺服泵(10)压力油通过伺服阀(14)驱动变量柱塞的变量机构,进而改变柱塞泵的方向和流量,实现转鳍功能。

轴向柱塞变量泵(9)、转鳍阀组、转鳍油缸一起构成转鳍主油路,油路压力由主阀块上转鳍溢流阀(30)调节,转鳍时电液换向阀(33)处于通电状态,主油路工作压力可从转鳍压力表(18.2)读出。

为保证主油路正常工作,必须不断向主油路补油。补油油源由双联叶片泵(11)中的大流量泵供给(原理图双联叶片泵中左侧的叶片泵),油路压力由副阀块上补油溢流阀(29)调节,工作压力可从补油路上的压力表(24)读出。补油压力低时,油液无法冲开单向阀进入主油路,将使主油路无法正常工作甚至烧坏轴向柱塞变量泵。为此在补油油路中设一压力传感器(22),当补油压力低于 0.8 MPa 时发出报警信号,机组将停止工作。该油路称补油油路,供油的叶片泵称补油泵(11)。变量泵(9)出油方向和流量大小由泵上伺服油缸的位置决定,伺服油缸由伺服阀(14)驱动,伺服阀的出油方向和流量大小决定了伺服油缸运动方向和速度。伺服阀(14)由双联叶片泵(11)中小流量泵供油(原理图双联叶片泵中右侧的叶片泵),油路压力由副阀块上伺服溢流阀(23.1)调节,工作压力可从伺服油路上的压力表(18.1)读出。该油路称伺服油路,供油的叶片泵(11)称伺服泵。

收放油路油源也由补油泵(11)提供。当电磁换向阀(28)(称供油电磁阀)通电时,补油泵(11)的油液不再进入补油油路,油路压力由副阀块上收放溢流阀(23.2)控制,工作压力可从收放油路上的压力表(32)读出。收放鳍时应首先接通电磁换向阀(27),解除收放机构锁紧状态;接通电磁换向阀(31.1)使鳍回复至±3°范围内再通过电磁换向阀(31.2)进行放鳍或收鳍,此时电液换向阀(33)处于断开状态。

(4) 收放式阀控液压系统

收放式阀控液压系统如图 9-48 所示,启动减摇鳍,电动机工作,叶片泵建压,压力油经阀(26.2)进入锁紧缸完成解锁,阀(29.1)得电,压力油进入转鳍缸完成鳍回复至±3°以内。然后阀(29.2)得电,压力油进入收放缸完成放鳍功能,鳍放到位后恒压变量柱塞泵(9)、转鳍阀组、单向阀、蓄能器、转鳍油缸一起构成转鳍伺服油路,油路压力由恒压变量柱塞泵上调节阀调节,伺服压力可从压力表(22.1)中读出,转鳍压力可从压力表(22.2、22.3)中读出。

当伺服压力过高时,从安全考虑,在油路中设一压力传感器(23),当伺服压力高于 16 MPa 时发出报警信号,机组将停止工作。收放油路油源是由叶片泵(11)提供。当收放油路电磁溢流阀(20.2)通电时,油液打循环,当收放油路电磁溢流阀

(20.2)失电时,收放油路可做收放和复零动作,工作压力可从收放压力表(21)读出。放鳍时应首先接通开锁电磁阀(26.2)解除收放机构锁紧状态;接通复零电磁阀(29.1),使鳍回复至±3°范围内;再通过操纵收放电磁阀(29.2)进行放鳍或收鳍。在收放时,电磁溢流阀(20.1)通电,伺服油路卸压,电磁阀(20.1)断电、液控单向阀(28.1、28.2)控制油路卸压。

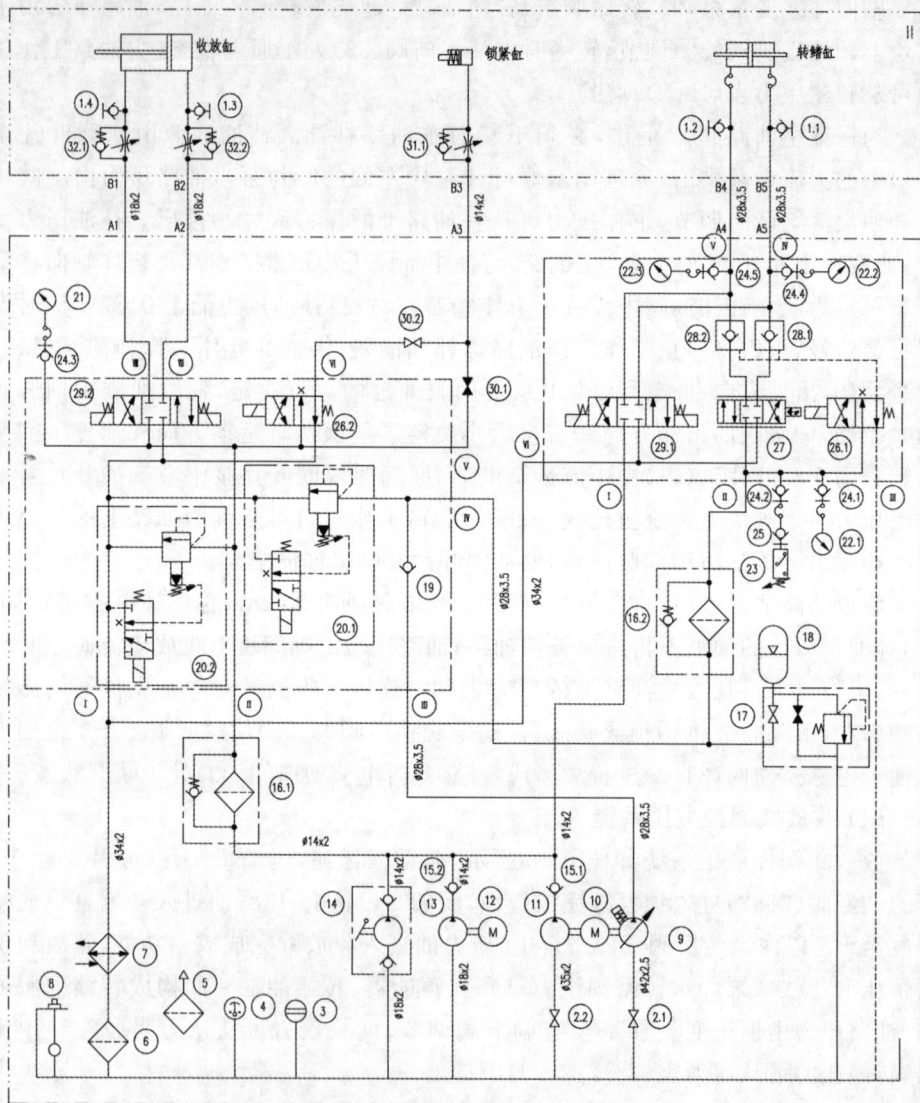

图 9-48　收放式阀控液压系统原理图

9.5.3 单元液压回路补充说明

由前述系统原理可见,其分支的液压回路有:转鳍回路、复零回路、锁紧回路、手动回路、伺服回路、补油回路和收放回路等单元。现将其主要单元液压回路说明如下:

(1)转鳍回路(图 9-49 和图 9-50)

主系统按照陀螺仪检测到的船舶横摇角速度信号驱动鳍转动,大反馈(鳍角发送器)检测鳍角信号并将陀螺仪信号与该信号进行比较,二者的差值放大后控制伺服阀。阀控系统的伺服阀按照该控制信号直接控制输出的负载所需的压力和流量。泵控系统伺服阀接收到该控制信号后驱动变量泵的变量机构,变量机构控制泵输出负载所需的流量。

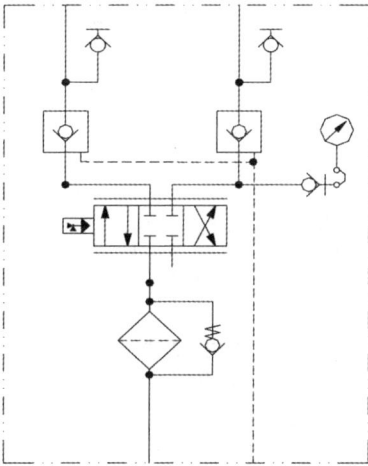

图 9-49 阀控系统转鳍回路

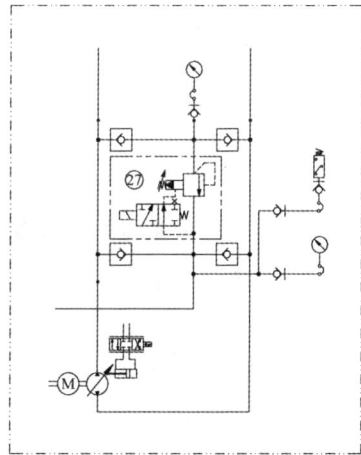

图 9-50 泵控系统转鳍回路

(2)复零回路(图 9-51、图 9-52 和图 9-53)

系统停机上锁或者开机开锁之前,需要通过复零系统将鳍推至零位。

(3)收放回路(图 9-54)

收放系统用来将收放式减摇鳍从鳍箱放出或者收进鳍箱。

(4)锁紧回路(图 9-55)

锁紧系统用来将鳍锁在零位或锁在鳍箱中,而在系统开启时自动开锁。

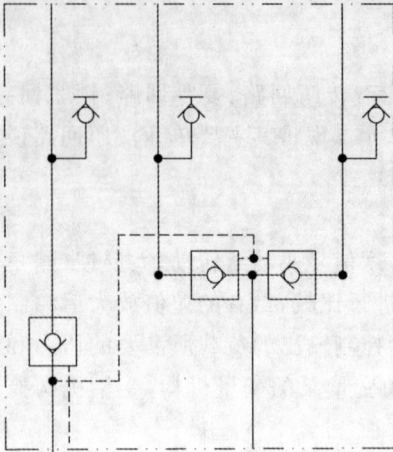

图 9-51　非收放式阀控系统复零回路

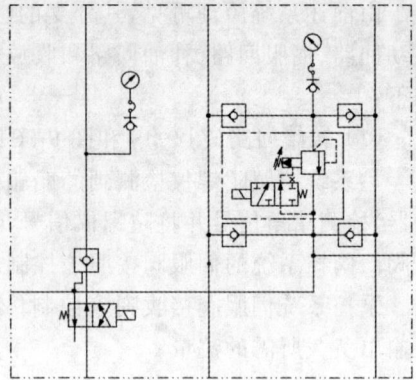

图 9-52　非收放式泵控系统复零回路

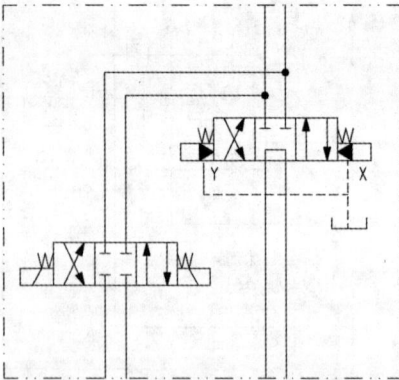

图 9-53　收放式泵控系统复零回路

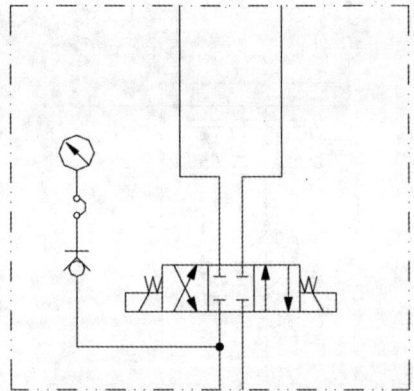

图 9-54　收放式收放回路

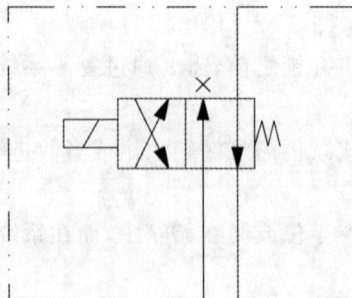

图 9-55　锁紧回路

9.6　减摇鳍装置的控制原理

减摇鳍装置控制原理框图如图 9-56 所示。减摇鳍装置的控制是一个多回路反馈闭环控制系统。当波浪力矩作用在船上时,船将产生横摇角 α,减摇鳍装置中的传感器将测量当前的船舶横摇角、角速度等参数值,控制器根据参数值与系统中的相关参数进行比较,然后通过运算、处理形成转鳍指令信号 U_a,同时船的航速信号也被引入减摇鳍装置控制系统中,经航速处理后鳍角指令为 U_{av},经过伺服放大器控制电液伺服阀进而控制柱塞泵及转鳍油缸,最后带动鳍叶根据控制规律运动,鳍角 α 随鳍角指令 U_{av} 转动,在水流作用下,鳍上产生的升力形成一个与波浪力矩相抗衡的稳定力矩 φ_S,从而减小船的横摇角。伺服放大器、电液伺服阀、柱塞泵、转鳍油缸和油泵反馈装置、鳍角发送器等一起构成转鳍伺服系统。所以,如何根据传感器的参数进行转鳍指令的运算和处理是减摇鳍装置控制的关键。

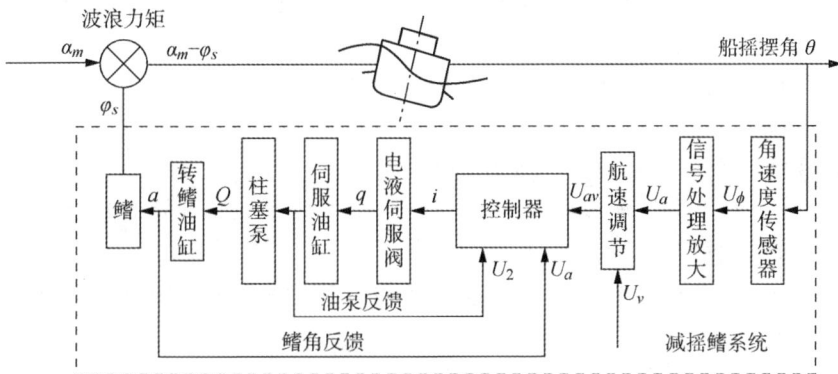

图 9-56　减摇鳍装置控制原理框图

减摇鳍装置属于闭环反馈系统,在实际产品中,鳍角反馈闭环是必须的,而油泵反馈则根据液压机组的功率来进行配置。

通过对船舶横摇角速度进行 PID 运算后,可得到控制液压机组流量的信号,由船舶在海浪中的运动可知,船舶运动滞后波浪运动 $90°$,减摇鳍运动滞后船舶运动 $90°$,通过对比分析船舶横摇角和减摇鳍角度的相位,可知减摇鳍控制策略的正确性。

附录　参考资料①

［1］中国船舶工业集团公司,中国船舶重工集团公司,中国造船工程学会.船舶设计实用手册:舾装分册.3 版.北京:国防工业出版社,2013.

［2］中国船级社.钢质海船入级规范(2018).北京:人民交通出版社,2018.

［3］中国船级社.钢质海船入级规范 2019 年修改通报.北京:人民交通出版社,2019.

［4］中国船级社.钢质海船入级规范 2020 年修改通报.北京:人民交通出版社,2020.

［5］中国船级社.国内航行海船入级规范(2018).北京:人民交通出版社,2018.

［6］IMO.1974 年国际海上人命安全公约 2014 综合文本(中英文合订本).中国船级社,译.北京:人民交通出版社,2015.

［7］中华人民共和国海事局.国际航行海船法定检验技术规则(2014).北京:人民交通出版社,2014.

［8］中华人民共和国海事局.国内航行海船法定检验技术规则(2020).北京:人民交通出版社,2020.

［9］BV 船级社.钢质海船入级规范(2018).

［10］NK 船级社.钢质海船入级规范(2018).

［11］ABS 船级社.钢质海船入级规范(2018).

［12］DNV GL 船级社.钢质海船入级规范(2018).

［13］中国船级社.材料与焊接规范(2018).北京:人民交通出版社,2018.

［14］盛振邦,刘应中.船舶原理:下册.上海:上海交通大学出版社,2003.

［15］API RP2SK. Design and Analysis of Stationkeeping System for Floating Structures, Third Edition, October 2005.

---

① 由于本书的第一版出版较早,且许多是引用的国外的资料,因此有些规范、规则、标准查不到出处。为了方便读者查阅,已尽量查询资料的相关出版信息,查不到的资料仅保留了作者提供的信息。本书仅对国内出版的图书类文献进行了格式的规范处理,对其他文献并未对格式进行规范处理;对于国际规则、国标类文献,标注了规则号、国标号,方便需要的读者查询。

[16] IACS Req. 2007. Requirements Concerning Mooring, Anchoring and Towing.

[17] IACS Rec10. Equipement.

[18] DNV. Rules for Classification of Ship (2012).

[19] DNV-OS-E301. Position Mooring (2008). Ch. 3 Sec. 2.

[20] GL. Rules for Classification and Construction (2010).

[21] BV. Rules for Classification of Steel Ships (2010).

[22] LR. Rules and Regulations for the Classification of Ships (2010).

[23] GB/T 546—2006 霍尔锚.

[24] GB/T 711—1995 斯贝克锚.

[25] CB/T 3972—2009 AC-14 锚.

[26] CB/T 3221—2008 波尔 N 型锚.

[27] CB/T 4132—2011 轻量型锚.

[28] CB/T 4181—2011 海军锚.

[29] GB/T 549—2017 电焊锚链.

[30] CB* 286—1984 铸钢闸刀掣链器.

[31] CB/T 178—1996 螺旋掣链器.

[32] CB/T 3844—2000 滚轮闸刀掣链器.

[33] CB* 3138—1983 导轨滚轮舌形掣链器.

[34] CB* 877—1984 掣锚器.

[35] CB 288—1964 掣链钩.

[36] CB* 3133—1983 锚链管.

[37] CB/T 290—1995 导链滚轮.

[38] CB 531—1966 简易弃锚器.

[39] CB 887—1977 水密螺旋弃锚器.

[40] CB* 3143—1983 插闩式弃锚器.

[41] 吴斐文.交流变频调速与变频器//船舶电气系统高新技术论文选集,2011.

[42] OCIMF. Mooring Equipment Guidelines. Fourth Edition.

[43] OCIMF. Recommendations for Oil Tanker Manifolds and Associated Equipment. Fourth Edition, 1991.

[44] OCIMF. Recommendations for Equipment Employed in the Bow Mooring of Conventional Tankers at Single Point Moorings. Fourth Edition, 2007.

[45] OCIMF. Ship to Ship Transfer Guide (Petroleum). Fourth Edition 2005.

[46] IMO MSC/Circ. 1175. Guidance on shipboard Towing and Mooring E-

quipment.

[47] Resolution MSC. 35（63）. Adoption of Guidelines for Emergency Towing Arrangements on Tankers.

[48] IACS UR A2. Shipboard fittings and supporting hull structures associated with towing and mooring on conventional ships，2017.

[49] IACS Rec. 10. Anchoring，Mooring and Towing Equipment，2016.

[50] 巴拿马运河管理局.《作业部 N-1-2020 航运通告（OP Notice to Shipping No. N-1-2020）》.

[51] 苏伊士运河管理局. 苏伊士运河航行规则. 吴根生，译. 中国船舶及海洋工程设计研究院.

[52] SUEZ CANAL AUTHORITY. Rules of Navigation. Edition December 2015.

[53] 美国联邦政府法规. 船舶通过圣劳伦斯航道共同规则（摘录）. 吴正廉，译. 中国船舶及海洋工程设计研究院《有关国际及各国规则条令汇集 19》，1999.

[54] GB/T 3893—2008 造船及海上结构物甲板机械术语和符号.

[55] GB/T 4446—1995 系泊绞车.

[56] ISO 13795《Welded steel bollards for sea-going vessels（船用钢质焊接带缆桩）》.

[57] ISO 13797《Cruciform bollards（十字形带缆桩）》.

[58] ISO 13798《Recessed bitts(Steel plate type)（钢板结构嵌入式带缆桩）》.

[59] ISO 13799《Recessed bitts(Casting type)（铸造结构嵌入式带缆桩）》.

[60] ISO 13713《Mooring chocks（系泊导缆孔）》.

[61] ISO 13729《Closed chocks（闭式导缆孔）》.

[62] ISO 13728《Panama chocks（巴拿马导缆孔）》.

[63] ISO 13767《Shipside roller fairleads（舷侧滚轮导缆器）》.

[64] ISO 13776《Pedestal fairleads（导向滚轮）》.

[65] ISO 13733《Universal fairleads with upper roller（带上滚柱的滚柱导缆器）》.

[66] ISO 13742《Universal fairleads without upper roller（不带上滚柱的滚柱导缆器）》.

[67] JSDS-4 造船舾装设计准则：大型船系泊装置设计. 陆兆昌，等译. 七〇八研究所《船舶装置文集》，1981.

[68] 林德辉. 巴拿马运河及其 N-1-2018 对船舶的要求[J]. 船舶，2018（2）：85-94.

[69] CCS 指导性文件 GD 02—2012. 海上拖航指南(2011). 北京:人民交通出版社,2012.

[70] IMO. 海安会通函 MSC/Circ. 884 海上安全拖航导则.

[71] GB/T 6946—2008 钢丝绳铝合金压制接头.

[72] CB/T 637—1995 弹簧拖钩.

[73] CB* 3064—1979 气控弹簧拖钩.

[74] IMO. MSC. 48(66)决议,通过《国际救生设备(LSA)规则》.

[75] IMO. MSC. 425(98)决议,通过《国际救生设备(LSA)规则》修正案.

[76] IMO. MSC. 81(70)决议,通过《经修正的救生设备试验建议案》.

[77] IMO. MSC. 200(80)决议,通过《经修正的救生设备试验建议案》修正案.

[78] IMO. MSC. 226(82)决议,通过《经修正的救生设备试验建议案》修正案.

[79] IMO. MSC. 274(85)决议,通过《经修正的救生设备试验建议案》修正案.

[80] IMO. MSC. 295(87)决议,通过《经修正的救生设备试验建议案》修正案.

[81] IMO. MSC. 321(89)决议,通过《经修正的救生设备试验建议案》修正案.

[82] IMO. MSC. 323(89)决议,通过《经修正的救生设备试验建议案》修正案.

[83] IMO. MSC. 378(93)决议,通过《经修正的救生设备试验建议案》修正案.

[84] IMO. MSC. 427(98)决议,通过《经修正的救生设备试验建议案》修正案.

[85] IMO. MSC. 472(101)决议,通过《经修正的救生设备试验建议案》修正案.

[86] IMO. MSC/Circular. 809 通函,《有关客滚船上带顶篷两面可用救生筏、自扶正救生筏和快速救助艇(含试验)的建议》.

[87] IMO. MSC/Circular. 895 通函,《有关客滚船直升机降落区域的建议》.

[88] GB 4302—2008 救生圈.

[89] GB 4303—2008 船用救生衣.

[90] CB/T 640—2005 救生圈架.

[91] CB/T 3068—1991 气胀救生筏架.

[92] CB/T 3268—2011 重力倒臂式吊艇架装置.

[93] GB/T 4445—1994 救生艇绞车.

[94] GB 11626—1989 救助艇绞车.

[95] GB/T 16303—2009 船舶与海上技术 自由降落式救生艇降放装置.

[96] 中国船级社. 船舶与海上设施起重设备规范(2007). 北京:人民交通出版社,2007.

[97] 中华人民共和国海事局. 起重设备法定检验技术规则(1999). 北京:人民交通出版社,1999.

[98] Гурович А Н, Асиновский В. И. Лозгачев Б. Н. Гринберг. Д. А.

Справоченик по Судовым уст-ройствам. Ленинград；Судострение,1973.

[99] 1966 年国际载重线公约及 1988 年议定书修正案.

[100] IACS UR S21A Evaluation of Scantlings of Hatch Covers and Hatch Coamings and Closing Arrangements of Cargo Holds of Ships（rev. 1 Corr2. Mar. 2019）

[101] IACS Rec. 14 Hatch cover securing and tightness（Corr. 1 Oct 2005）

[102] Association of European Vehicle Logistics. Operations Quality Manual . Version 4. 03,2009.

[103] International Maritime Organization. A. 581（14）Guidelines for securing arrangements for the transport of road vehicles on Ro-Ro ships[S]. London：IMO,2011.

[104] GB 1589—2016 道路车辆外廓尺寸、轴荷及质量限值.

[105] International Association of Classification Societies. Unified Requirements S8. Bow doors and inner doors,2003.

[106] International Association of Classification Societies，Unified Requirements S9. Side Shell Doors and Stern Doors，2003.

[107] Lloyd's Register . Rules and Regulations for the Classification of Ships，2014.

[108] RINA S. p. A . Rules for the Classification of Ships,2015.

[109] LR. Rules and Regulations for the Classification of Ships，Part 3，Chapter 14，Cargo Securing Arrangements，July 2020.

[110] LR. Ship Right Design and Construction Procedure for the Assessment of Container Ship Lashing Bridge Structure，April 2016.

[111] ABS. GUIDE FOR CERTIFICATION OF CONTAINER SECURING SYSTEMS SEPTEMBER 2019.

[112] BV. Structural Rules for Container Ships，Rule Note NR625 DT R03 E，January 2020.

[113] DNVGL. CLASS GUIDELINE Container securing DNVGL-CG-0060 Edition May 2019.

[114] RULES FOR CLASSIFICATION，Part 5 Ship types，Chapter 2 Container ships，Section 8 Container securing arrangements，Edition February 2019.

[115] IMO. A. 714(17)决议,《货物堆装和系固安全实用规则》及其 1994/1995 修正案.

[116]　IMO. MSC/Circ. 745 通函,《货物系固手册编制指南》.

[117]　IMO. A. 1048(27)决议,《木材甲板货运输船安全实用规则》.

[118]　IMO. A. 581(14)决议,《客滚船载运道路车辆紧固装置指南》.

[119]　IMO. A. 533(13)决议,《载运货物运输单元和车辆安全装载和系固时应考虑的因素》.

[120]　中国船级社. 货物系固手册编制指南(2015). 北京:人民交通出版社,2015.

[121]　Mac GREGOR NAVIRE Company. CONTAINER STOWAGE AND LASHING. CONVER-OSR Gmbh Hamburg.

[122]　陈小剑. 船舶货物布置与系固. 上海:上海交通大学出版社,2011.

[123]　中国铁道部. 铁路机车车辆科技手册. 北京:中国铁道部出版社,2002.

[124]　严隽耄,成建民. 车辆工程. 北京:中国铁道部出版社,2004.

[125]　IMO. A. 489(XII)决议,《货物单元和其他实物在非分格式集装箱船上的安全堆装和系固》.

[126]　IMO. MSC/Circ. 812 通函,《对滚装船运输道路车辆系固装置指南(A. 581(14)决议)和货物堆装和系固安全实用规则(A. 714(17)决议)的修正案》.

[127]　ISO 668—2013《系列 1,集装箱分类、外形尺寸和额定重量等级》.

[128]　SEC Products & Services Catalogue,July 2014.